Erläuterungsbuch

zum

Erbschaftssteuergesetz

mit sämtlichen einschlägigen Gesetzen
und Verordnungen

nach dem Stand vom 1. Juli 1924

Zugleich 4. Auflage von: Das Reichserbschaftssteuergesetz vom
3. Juni 1906 von Geh. Finanzrat Dr. F. W. R. Zimmermann
in Braunschweig

in gänzlich neuer Bearbeitung.

Von

Dr. F. W. R. Zimmermann — Kammerpräsident a. D.

D. Ludewig — Regierungsrat

beide in Braunschweig.

1925.
München, Berlin, Leipzig.
J. Schweitzer Verlag (Arthur Sellier).

Druck von Dr. F. P. Datterer & Cie., Freising-München

Vorwort.

Meine ersten drei Erläuterungsbücher zu der Deutschen Erbschaftsbesteuerung fußten im Großen und Ganzen auf dem Reichserbschaftssteuergesetz 1906, in welches die neuen gesetzlichen Regelungen, welche stets eine weitere Auflage notwendig machten, entsprechend eingearbeitet waren. Das mußte an sich zu einer gewissen Breite und Schwerfälligkeit führen und die Erläuterung mit Ausführungen belasten, bei denen häufig das historische Interesse das für den praktischen Gebrauch aktuelle überwiegen konnte. In dem vorliegenden Erläuterungsbuch ist mit diesem Verfahren gebrochen; es erscheint als eine von Grund aus neue Bearbeitung, bei der Zusammenhang mit dem Früheren teils durch Übernahme von noch unverändert geltendem, teils durch Verweisung auf den vorgehenden Kommentar aufrecht erhalten ist.

Der dadurch erweiterten Aufgabe glaubte ich mit Rücksicht auf vorgeschrittenes Lebensalter und ein störend wirkendes Augenleiden, speziell hinsichtlich der sehr erwünschten schnellen Erledigung, allein nicht mehr voll gewachsen zu sein. Mit aufrichtigem Dank muß ich es anerkennen, daß Herr Regierungsrat Ludewig, Mitglied des Landesfinanzamts Abteilung Braunschweig, seine bewährten Kräfte zur tätigen Mitarbeit in entgegenkommender Weise zur Verfügung stellte. Bei gemeinsamer Festlegung der gesamten Ausgestaltung des Werkes haben wir die eigentliche Erläuterung sachlich in der Weise geteilt, daß Herr Regierungsrat Ludewig die §§ 1—25 des Gesetzes, ich den Rest mit Ausführungsbestimmungen usw. bearbeitete. Die Einheitlichkeit des Ganzen wurde durch stets wechselseitiges Benehmen mit einander, auch bezüglich der Einzelheiten, zu wahren gesucht.

Die früheren Grundlagen des Werkes sind im Allgemeinen beibehalten, da ihre Bewährung anzunehmen stand; es gilt dieses namentlich bezüglich der Art der Berücksichtigung des Bürgerlichen Rechts und der Reichsabgabenordnung. In erster Linie wurde angestrebt, den praktischen Gebrauch tunlichst zu erleichtern. Dazu ist jetzt bei jedem Paragraphen ein kurzer Nachweis über gewisse Hauptmomente wie Verhandlungen der gesetzgebenden Faktoren, Ausführungsbestimmungen, Regierungserlasse, frühere gesetzliche Regelung, Schrifttum, Rechtsprechung vorangeschickt, ebenso ein Inhaltsverzeichnis hinsichtlich der einzelnen Anmerkungen. Auf Anziehung der Rechtsprechung ist in vorragendem Grade Wert gelegt; alle Veröffentlichungen und Sammlungen höchstgerichtlicher Entscheidungen sind dazu nach Möglichkeit genützt. Als eine vielleicht beachtenswerte Neuerung dürfte sich die uneingeschränkte Berücksichtigung des Schrifttums darstellen, welches sich in jüngster Zeit auf stark verbreiterter Grundlage in den zahlreichen Steuerzeitschriften spezielleren und allgemeineren Charakters entfaltet hat. Auf die einschlagenden Einzelaufsätze ist an den betreffenden Stellen durchweg hingewiesen worden, so daß es einem Jeden ermöglicht ist, sich über eine bestimmte Frage eingehender zu unterrichten. Die Anwendung von Abkürzungen für Gesetze, Verordnungen usw. wurde auf das Gebräuchlichste beschränkt, weil bei einer weiteren Ausdehnung die stets leicht auftauchenden Zweifel über die Bedeutung den praktischen Gebrauch beeinträchtigt haben würden. Die weniger bedeutungsvolle Erläuterung der Ausführungsbestimmungen ist der Raumersparnis wegen auf die notwendigsten Bemerkungen eingeengt. Wie schon in der vorigen Auflage ist von einem Abdruck der Muster mit einer Ausnahme abgesehen. Das frühere eigene Verzeichnis der gerichtlichen Entscheidungen ist im Hinblick auf die Zusammenfassung der Rechtsprechung bei den einzelnen Paragraphen fallen gelassen. Der Vervollständigung des Sachregisters, dessen Wert für den praktischen Gebrauch wohl kaum hoch genug einzuschätzen ist, wurde nach jeder Richtung hin Aufmerksamkeit gewidmet.

Die eigenartigen, im Ganzen wenig erfreulichen Verhältnisse in der Steuergesetzgebung der jüngsten Zeit, welche in ihrer Auswirkung auf die Erbschaftsbesteuerung in der Einleitung übersichtlich veranschaulicht sind, mußten eine ungünstige Rückwirkung auf die Herausgabe unseres Erläuterungsbuchs haben, die teils den Zeitpunkt des Erscheinens, teils die Ausgestaltung trifft. Nach Erlaß des Geldentwertungsgesetzes vom 20. März 1923 und mit Berücksichtigung desselben war das Erläuterungsbuch druckreif fertiggestellt. An den Druck heranzutreten hatte ich jedoch Bedenken, weil mehr oder weniger verbürgt verlautete, daß in kürzerer Frist wiederum eine durchgreifendere Änderung in der Erbschaftsbesteuerung zu erwarten stände. Bis in dieser Richtung eine feste Entscheidung gefallen, wurde die Drucklegung ausgesetzt. Solches erwies sich als gerechtfertigt, denn neben zahlreicheren kleineren Regelungen von nebensächlichem Einfluß erschienen die drei Steuernotverordnungen des Reichspräsidenten mit ihren einschneidenden Eingriffen auch in die Erbschafts- und Schenkungsbesteuerung, die nunmehr neue Arbeit erforderten. Da in Folge der eigenartigen Ordnung bezüglich des Inkrafttretens der Einzelbestimmungen das Frühere auch in späterer Zeit neben dem Neuen zur Anwendung zu bringen war, so mußte das bisher schon Bearbeitete im ganzen Umfang beibehalten und das neu Vorgeschriebene damit ergänzend vereinigt werden. Daß die Übersichtlichkeit hierunter litt, war als notwendige Folge in Kauf zu nehmen. Die beabsichtigte abgeklärte Einheitlichkeit des Erläuterungsbuchs, welche in der ersten Bearbeitung zum Durchbruch gebracht war, schwand ebenmäßig; mannigfache Komplikationen mußten sich wieder geltend machen. Der darin liegenden Erschwerung für den praktischen Gebrauch wurde tunlichst durch Verschiedenheit im Druck, Hinweisen usw. entgegenzuarbeiten gesucht. Ganz zu beseitigen war sie nicht, weil in den besonderen Gesetzgebungsverhältnissen begründet. Durch die unumgängliche Einarbeitung des reichen Materials der neuen Regelung wurde die Absicht, den Umfang des Erläuterungsbuchs wesentlich, etwa auf die Hälfte des bisherigen, zu verringern und damit gleicherzeit auf die Auswerfung des Preises einzuwirken, leider zum großen Teil vereitelt. Während die erste Bearbeitung sich etwa in der besagten Abgrenzung hielt, mußte für die verwickelteren Neuregelungen noch ein größerer Raum in Anspruch genommen werden, zumal auch, um etwas Vollständiges zu bringen, alle Verordnungen, Erlasse, Entscheidungen, Aufsätze usw., welche vor Abschluß des Druckes verlautbart bezw. bekannt wurden, in Rücksicht zu ziehen waren. Man wird demgegenüber jedoch betonen können, daß das Erläuterungsbuch in seiner jetzigen Ausgestaltung nach jeder Richtung hin die gesamte breite Masse der in den Einzelheiten vielfach nebeneinanderlaufenden derzeitigen Deutschen Erbschafts- und Schenkungsbesteuerung zur Darstellung bringt. Möge es in dieser Form von dem beabsichtigten Nutzen sein.

Braunschweig 1924.

F. W. R. Zimmermann **D. Ludewig.**

Inhaltsverzeichnis.

Abkürzungen.

Die allgemein gebräuchlichen, ohne Weiteres lösbaren Abkürzungen einzelner Worte oder Wortzusammenfassungen, ebenso die lediglich das RE StG. 1906 betreffenden Kürzungen sind fortgelassen.

A. siehe BRAusfB.

AG. = Ausführungsgesetz.

Amtl. Mitt. = Amtliche Mitteilungen über die Zuwachssteuer, die Reichsbesitzsteuer und die Reichserbschaftssteuer. Herausgegeben vom Reichsschatzamt.

AO. siehe RAO.

Aron = Das Reichserbschaftssteuergesetz mit Erläuterungen und Ausführungsbestimmungen. Herausgegeben von Erich Aron. Leipzig 1906.

AStR = Allgemeine Steuer-Rundschau.

Ausf.Best. = Ausführungsbestimmungen des Reichsministers der Finanzen.

BA. = Bank-Archiv.

BGB. = Bürgerliches Gesetzbuch für das Deutsche Reich vom 18. August 1896.

BGBl. = Bundes-Gesetzblatt des Norddeutschen Bundes.

BlfBF. = Blätter für das Bayerische Finanzwesen.

BRAusfB. = oder weiter gekürzt A. = Ausführungsbestimmungen des Bundesrats = beschlossen unter dem 16. Juni 1906 — zum Reichserbschaftssteuergesetz.

BStG. = Besitzsteuergesetz vom 8. Juli 1913.

DJZ. = Deutsche Juristen-Zeitung.

DR = Das Recht, Rundschau für den Deutschen Juristenstand.

Dr. A. Hoffmann = Das Reichserbschaftssteuergesetz vom 3. Juni 1906 nebst den Ausführungsbestimmungen des Bundesrats und den Vollzugsanweisungen Preußens, Bayerns, Sachsens, Württembergs und Badens. Erläutert von Dr. Albrecht Rudolf Hoffmann, Leipzig 1907.

DStBl. = Deutsches Steuerblatt.

DStZ. = Deutsche Steuer-Zeitung.

DVR. = Deutsche Verkehrs-Rundschau.

E. = Entwurf.

EG. z. BGB. oder EG. BGB = Einführungsgesetz zum Bürgerlichen Gesetzbuche vom 18. August 1896.

EntPr. OVerwG. i. St. = Entscheidungen des Preußischen Oberverwaltungsgerichts in Staatssteuersachen.

ESt. = Erbschaftssteuer.

EStG. = Erbschaftssteuergesetz.

E. Zimmermann = Das Reichserbschaftssteuergesetz vom 3. Juni 1906 nebst den Ausführungsbestimmungen des Bundesrats und der Badischen Vollzugsverordnung. Erläutert von Emil Zimmermann. Karlsruhe 1907.

Finger, EStG. 1919 oder 1. Aufl. = Erbschaftssteuergesetz vom 10. September 1919 nebst Ausführungsbestimmungen. Textausgaben mit Anmerkungen und Sachverzeichnis von Chr. Finger Berlin 1920.

Finger EStG. 1922 oder 2. Aufl. = Erbschaftssteuergesetz vom 20. Juli 1922 in der Fassung der Bekanntmachung vom 7. August 1922 und des Gesetzes vom 20. März 1923 (Geldentwertungsgesetz). Erläutert von Chr. Finger, Oberregierungsrat, Geh. Finanzrat, Berlin 1923.

FM. = Finanzminister oder Finanzministerium.
Frommhold, Kommentar = Kommentar zum Bürgerlichen Gesetzbuch von Biermann, Frommhold (Erbrecht), Gareis, Riedner, Opet und Oertmann. Berlin 1898/99.
Gämlich = Deutsches Erbschaftssteuergesetz vom 3. Juni 1906 mit Erläuterungen, den Ausführungsbestimmungen und einem Sachregister. Herausgegeben von Richard Gämlich. Dresden 1906.
GO. = Grundbuchordnung in der Fassung vom 20. Mai 1898.
GRFH. = Gutachten des Reichsfinanzhofs.
GruchotsBeitr. oder weiter gekürzt Gru. = Beiträge zur Erläuterung deutschen Rechts. Begr. v. Gruchot.
HGB. = Handelsgesetzbuch für das Deutsche Reich vom 10. Mai 1897.
Hoffmann siehe Dr. A. Hoffmann und U Hoffmann.
Josewski = Kommentar zum Reichserbschaftsteuer-Gesetz vom 3. Juni 1906 mit einem Anhange: Erbschaftssteuer-Ausführungsbestimmungen und Verzeichnis der Erbschaftssteuer-Ämter und Oberbehörden unter Angabe ihrer Geschäftsbezirke von Hermann Josewski. Köln 1906.
JW. = Juristische Wochenschrift.
KO. = Konkursordnung für das Deutsche Reich in der Fassung vom 20. Mai 1898.
Marcus EStG. 1919 oder 1. Aufl. = Erbschaftssteuergesetz vom 10. September 1919 nebst Ausführungsbestimmungen. Gemeinverständlich erläutert von Josef Marcus. Berlin 1920.
Marcus EStG. 1922 oder 4. Aufl. = Erbschaftssteuergesetz in den Fassungen des Abänderungsgesetzes vom 20. Juli 1922 und des Gesetzes über die Berücksichtigung der Geldentwertung vom 20. März 1923. Von Josef Marcus, Geh. Justizrat Amtsgerichtsrat a. D. Berlin 1923.
Mirre EStG. 1919 oder 1. Aufl. = Erbschaftssteuergesetz vom 10. September 1919 nebst Ausführungsbestimmnngen und den wichtigsten Vorschriften der Reichsabgabenordnung erläutert von Ludwig Mirre. Mannheim 1920.
Mirre EStG. 1922 oder 2. Aufl. = Erbschaftssteuer-Gesetz in der Fassung vom 7. August 1922. Von Ludwig Mirre, Geh. Regierungsrat und Reichsfinanzrat. Mannheim 1923.
MRVJ. = Mitteilungen der Steuerstelle des Reichsverbandes der Deutschen Industrie.
NF. = Neue Folge.
NStR. = Neue Steuer-Rundschau.
Plank, Kommentar = Bürgerliches Gesetzbuch nebst Einführungsgesetz erläutert von Dr. G. Planck. 1. und 2. Auflage. Berlin 1898/1902.
Pr. oder Preuß. = Preußisch.
Preuß. AG. z. BGB. = Preußisches Ausführungsgesetz zum Bürgerlichen Gesetzbuch.
Pr.Obertribunal oder PrObTrib. = Preußisches Obertribunal.
RAO. auch AO. = Reichsabgabenordnung vom 13. November 1919.
RE. = Regierungsentwurf.
REStG. = Reichserbschaftssteuergesetz vom 3. Juni 1906.
RFH. = Reichsfinanzhof.
RFM. = Reichsfinanzminister.
RG. = Reichsgericht.
RGbH. = Rundschau für G. b H.
RGBl. = Reichsgesetzblatt.
RGE. = Entscheidungen des Reichsgerichts in Zivilsachen.

RGU. = Urteil des Reichsgerichts, siehe auch Urt. d. RG.
RK = Reichskanzler.
RMBl. = Reichsministerialblatt.
RMdF. = Reichsminister der Finanzen.
RStBl. = Reichssteuerblatt.
RStGB. = Strafgesetzbuch für das Deutsche Reich in der Fassung vom 26. Februar 1876.
RTKomm. = Reichstagskommission.
RZBl. = Zentralblatt für das Deutsche Reich.
SlRFH. = Sammlung der Entscheidungen und Gutachten des Reichsfinanzhofs. Herausgegeben vom Reichsfinanzhof.
StA. = Steuer-Archiv.
Staudinger = J. v. Staudingers Kommentar zum Bürgerlichen Gesetzbuch und dem Einführungsgesetze 5./6. Auflage.
StNV. = Steuernotverordnung.
StPO = Strafprozeßordnung für das Deutsche Reich vom 1. Februar 1877.
StW = Steuer und Wirtschaft.
StZdL. = Die Steuerzeitung des Landwirts.
U. Hoffmann = Das Erbschaftssteuergesetz für das Deutsche Reich vom 3. Juni 1906. Erläutert von Ulrich Hoffmann. Berlin 1906 (2. vermehrte und verbesserte Auflage, Berlin 1911, bei Anziehung besonders gekennzeichnet).
URFH. = Urteil d. Reichsfinanzhofs.
VB. oder Vorb. = Vorbemerkung.
VerBSt. = Vermögen, Bilanz und Steuer.
VGH. = Verwaltungsgerichtshof.
WBG. = Wehrbeitragsgesetz vom 3. Juni 1913.
Wunsch = Erbschaftssteuergesetz vom 3. Juni 1906 nebst Ausführungsbestimmungen. Erläutert von Dr. jur. Franz Wunsch Berlin 1907. Auch 2. Auflage 1915.
ZfZuSt. = Zeitschrift für Zollwesen und Reichssteuern, begründet von Kunkel.
ZfZuV. = Zeitschrift für Zölle und Verbrauchssteuern mit Beilage „Steuerstrafrecht."
Zimmermann siehe E. Zimmermann.
Zimmermann-Mühe = Das Erbschaftssteuergesetz vom 10. September 1919 erläutert von Emil Zimmermann und Dr. Wilhelm Mühe. Stuttgart 1919.
ZPO. = Zivilprozeßordnung für das Deutsche Reich in der Fassung vom 20. Mai 1898.
ZStFr. = Zeitgemäße Steuerfragen und Zeitschrift für Steuerstrafrecht.
Zw-Jahrg. = Zwischen-Jahrgang.
NB. Die ohne weiteren Zusatz einer Zeitschrift usw. beigefügten Römischen Ziffern zeigem den betreffenden Jahrgang oder Band an.

Einleitung.

1. **Der Entwicklungsgang der Erbschaftsbesteuerung,** wie er sich im Allgemeinen und insbesondere in Deutschland bis zu dem Erbschaftssteuergesetze vom 10. September 1919 einschließlich vollzogen hat, ist in den **früheren** Auflagen des Kommentars entsprechend berücksichtigt und speziell in den Einleitungen näher dargelegt. Jetzt nochmals darauf einzugehen, dürfte daher erübrigen; es sei hier lediglich auf das Frühere verwiesen.

Daß mit dem bezeichneten **Erbschaftssteuergesetz 1919 kein eine längere Dauer versprechender Abschluß** in der Deutschen Erbschafts- und Schenkungsbesteuerung erzielt war, stand wohl von Anfang an nach der überhasteten Formulierung mit mannigfachen inneren Widersprüchen und nach der unverkennbaren Überspannung der Besteuerung als solcher fest. Schon die bei der Verhandlung im Plenum der Nationalversammlung abgegebene Erklärung der Deutschnationalen Fraktion der Nationalversammlung, welche in der Einleitung zur dritten Auflage des Kommentars Seite 12/13 wörtlich wiedergegeben ist, läßt mit einer gewissen Sicherheit darauf schließen. Kaum war das Gesetz verlautbart, so wurden auch bereits beachtenswerte Stimmen laut, welche nach dieser und nach jener Richtung hin in mehr oder weniger dringender Weise eine **Abänderung** desselben forderten.[1])

2. Die erste hinsichtlich einer Abänderung sich bietende Gelegenheit, das Gesetz über Änderungen im Finanzwesen vom 8. April 1922, ging

---

[1]) In der fraglichen Beziehung sei auf folgende besondere Erscheinungen im Schrifttum hingewiesen: **Curtius**, Die Reform des Erbschaftssteuerrechts. BA. XXI S. 354; **Kaulla**, Notwendige Änderungen des Erbschaftssteuergesetzes. BA. XIX S. 255; **Köppel**, Notwendigkeit einer Abänderung des Erbschaftssteuergesetzes AStR. V Sp. 134; **Marcus**, Die Anträge auf Änderung des Erbschaftssteuergesetzes. Das Gleiche macht sich aber auch in den allgemeinen Betrachtungen zum neuen Erbschaftssteuergesetz geltend so: **Ball**, Zum Erbschaftssteuerrechte. NStR I S. 185; **Breit**, Kritische Streifzüge in dem neuen Erbschaftsteuerrecht. NStR. I S. 61, 79, 103, 124; **Kaufmann**. Nochmals Einkommensteuer und Erbschaftssteuer. NStR. II S. 103; **Kloß**, Das neue Erbschaftssteuergesetz im Vergleich zum bisherigen Rechtszustand. MittSt. XIX S 162; **Marcus**, Das neue Erbschaftssteuergesetz. DStZ. VIII Sp. 71; **Marcuse**, Einiges aus dem Erbschaftssteuergesetze. NStR I S. 184; **Mirre**, Zum Erbschaftssteuerrecht. NotV. XX S 82; **Roest**, Einkommensteuer und Erbschaftssteuer, NStR. II S 69; **Roth**, Das neue Erbschaftssteuergesetz unter besonderer Berücksichtigung des Kinder- und Ehegattenerbes. NStR. I S 38, 56; **Talmon-Gros**, Einfluß der Familienverhältnisse auf Umfang und Höhe der Erbschaftssteuer nach dem Gesetz vom 10. September 1919. StA. XXIII S 176, 199, 224; **Talmon-Gros**, Behandlung von Fahrnis im Erbschaftssteuergesetze vom 10. September 1919. DStZ. IX Sp. 17; **Werneburg**, Aus dem Reichserbschaftssteuergesetz. ZfZuRSt. XIX S. 54; **Wünschmann**, Erbschafts- und Schenkungssteuer. JW. XX, S. 93; **F. W. R. Zimmermann**, Die neue Erbschaftsbesteuerung in Deutschland ZStFr. Abh H. 9, (nicht in vollem Umfang angezogen).

allerdings ohne eine unmittelbare Nutzung vorüber. Im Anschluß daran ergriff jedoch nunmehr der Reichstag die Initiative zunächst in den beiden Anträgen von Curtius-Becker und Genossen einerseits, und Hergt und Genossen andererseits, die dem 11. Ausschuß überwiesen wurden. Für die sich in zwei Lesungen vollziehenden Verhandlungen der letzteren bildete von den weiter gestellten Abänderungsanträgen der von Herold und Genossen ausgegangene als der vollständigste die Unterlage. Mit der üblichen Überstürzung gelangte die Sache zum Abschluß. Das Plenum des Reichstags gebrauchte zwei Sitzungen am 15. Juli 1922 (zweite Lesung) und am 17. Juli (dritte Lesung), um nach dem ziemlich dürftigen Ausschußbericht die Abänderungen, mit denen sich die Regierung durchweg einverstanden erklärt hatte, zu beschließen, so daß solche schon unter dem 20. Juli 1922 verlautbart werden konnten. In dem so entstandenen Gesetz zur Abänderung des Erbschaftssteuergesetzes vom 20. Juli 1922 (RGBl. 1922 I S. 610) Artikel 3 war der Reichsminister der Finanzen ermächtigt, das Gesetz 1919, soweit es nicht durch das neue Gesetz ausdrücklich abgeändert wird, diesem anzupassen und den Text in fortlaufender Nummernfolge durch das Reichsgesetzblatt bekanntzugeben. Dementsprechend hat der Reichsminister der Finanzen eine vollständige neue Fassung des Erbschaftssteuergesetzes, Erbschaftssteuergesetz 1922, mit der Bekanntmachung vom 7. August 1922 (RGBl. 1922 I S. 695) veröffentlicht. Unter dem gleichen Datum erließ derselbe auf Grund des Artikels II Abs. 4 des Abänderungsgesetzes vom 20. Juli 1922 die Verordnung zur Überleitung des Erbschaftssteuerrechts (RGBl. 1922 I S. 708). Die Bestimmung des bezeichneten Artikels II ist im § 48 Abs. 4 des neugefaßten Gesetzes wiederholt; sie überträgt es dem Reichsminister der Finanzen, die näheren Überleitungsbestimmungen zu erlassen und dabei insbesondere vorzusehen, daß auf Antrag der Steuerpflichtigen Familienstiftungen, die vor dem Tage der Verkündigung des Erbschaftssteuergesetzes errichtet, und Vorerbschaften, die vor diesem Tage angefallen sind, nach den bisher geltenden Vorschriften besteuert werden.

Mit den Veröffentlichungen vom 7. August 1922, deren Vorschriften mit Wirkung vom 1. Juli 1921 an in Kraft gesetzt wurden, war wiederum eine Stufe der Deutschen Erbschaftsbesteuerung abgeschlossen, die sich allerdings nur eine kurze Frist in alleiniger, in sich abgeschlossener Geltung erhielt, dabei bezw. unter den sich schnell anschließenden Einzelergänzungen jedoch bisher und voraussichtlich für längere Folge die eigentliche Grundlage der Besteuerung bildet. Wie sich dieses neue Erbschaftssteuergesetz 1922 von dem früheren 1919 abscheidet, wird in allen Einzelheiten durch die Kommentierung klargelegt werden; der Raumersparnis wegen, sehen wir davon ab, hier noch eine Zusammenfassung auch nur der vortretenderen Änderungen zugeben. Von dem Reichsfinanzminister wurden hinsichtlich der neuen Gesetzesformulierung unter dem 5. August 1922 „Richtlinien für die Anwendung des neuen Erbschaftssteuergesetzes“ erlassen, welche gleicherweise in der Kommentierung besondere Berücksichtigung finden mußten.[2]

[2]) Zu dem Erbschaftssteuergesetze 1922 seien folgende allgemeine Darlegungen aus dem Schrifttum hervorgehoben: Bartsch, Das Erbschaftssteuergesetz vom 20. Juli 1922. NStR. III S. 201: Bartsch, Die Verordnung zur Überleitung des Erbschaftssteuerrechts vom 7. August 1922.

Auf Grund der §§ 27 Abs. 2, 41 Abs. 1, 49 des neugefaßten Erbschaftssteuergesetzes hat der Reichsminister der Finanzen, soweit erforderlich mit Zustimmung des Reichsrats — letztere war allgemein nach § 49 und für den Spezialfall des § 41 Abs. 1 vorgeschrieben — Ausführungsbestimmungen zum Erbschaftssteuergesetz unter dem 31. Januar 1923 erlassen. Dieselben sind in dem Reichsministerialblatt (1923 S. 151) veröffentlicht.

3. Die nunmehr in rascher Folge einsetzenden weiteren Modifikationen der Erbschaftsbesteuerung gehen jedoch im Wesentlichen nicht von einer Änderung der maßgebenden Ansichten über die Grundsätze der Besteuerung aus, sondern sind im Großen und Ganzen notwendige Folgeerscheinungen der elementaren Umgestaltung in den allgemeinen wirtschaftlichen Verhältnissen Deutschlands, speziell der einschneidenden Umbildung der Währung. Der umgestalteten Lage des Wirtschafts- und Geldmarktes mußte sich aber die Steuergesetzgebung insgesamt anpassen. Demgemäß kommen hier durchweg allgemeine Steuergesetze in Frage, welche in erster Linie mit ihren Vorschriften die sämtlichen Steuern einheitlich treffen wollen, daneben aber, soweit erforderlich, einschlagende Sonderbestimmungen für die verschiedenen Steuerarten und die Einzelsteuern erbringen. Insgesamt lassen sich dieselben wiederum in zwei Abschnitte gliedern.

Den ersten Abschnitt bildet das Gesetz über die Berücksichtigung der Geldentwertung in den Steuergesetzen vom 20. März 1923 (RGBl. 1923 I S. 198). Der Hauptsache nach ist das Gesetz dazu bestimmt, das Steuererträgnis insgesamt der rapide fortgeschrittenen und noch weiter fortschreitenden Geldentwertung gegenüber auf einen angemessenen, die staatliche Finanzlage einigermaßen sichernden Fuß zu bringen. Dabei mußte naturgemäß die Bewertung vorzugsweise mit berührt werden (Artikel II des Gesetzes). Auf das Erbschaftssteuergesetz insbesondere beziehen sich die Vorschriften in Artikel I § 5 und in Artikel II § 3. Eine nähere Übersicht über die Einzelheiten des Gesetzes erübrigt wiederum; denselben wird in der Kommentierung an den entsprechenden Stellen ausführlich Rechnung getragen werden.[3])

NStR. III S. 228; Berolzheimer, Das neue Erbschaftssteuergesetz. StW. I Sp. 953; Curtius, Die Novelle zum Erbschaftssteuergesetz (Gesetz vom 20. Juli 1922). AStR. V S. 690; Curtius, Das Gesetz zur Änderung des Erbschaftssteuergesetzes. JW. LI. S. 1557; Goetz, Änderung des Erbschaftssteuergesetzes vom 20. Juli 1922. Verbst. III S. 18; Kipp, Das neue Erbschaftssteuergesetz. DJZ XXVII Sp. 535; Löffler, Das neue Erbschaftssteuergesetz. Verbst. III S. 14; Marcus, Die Erbschaftssteuernovelle vom 20 Juli 1922. DStZ. XI Sp. 904; Mirre, Kritische Besprechung des neuen Erbschaftssteuergesetzes. AStR. V Sp. 961; Sunder, Das neue Erbschaftssteuergesetz. StA. XXV S. 200; Wünschmann, Aus dem neuen Erbschaftssteuergesetze. JW. LI. S. 1559; Wurzel, Ein neues Erbschaftssteuergesetz. DStBl. IV Sp. 542. — Die einzige Kommentierung, welche das Erbschaftssteuergesetz 1922 bereits vor weiteren Modifikationen desselben und auch vor Erlaß der Ausführungsbestimmungen behandelt, ist die 2. vollständig umgearbeitete Auflage des Kommentars von Mirre.

[3]) Aus dem Schriftum sei auf folgende, das Geldentwertungsgesetz allgemein behandelnde Aufsätze verwiesen: Arlt, Berücksichtigung der Geld-

Nach Erlaß des Gesetzes vom 20. März 1923 wurde vom Reichsfinanzministerium eine offizielle Ausgabe „Erbschaftssteuergesetz in der Fassung der Bekanntmachung vom 7. August 1922 mit den Änderungen durch das Gesetz über die Berücksichtigung der Geldentwertung in den Steuergesetzen vom 20. März 1923 nebst Überleitungsverordnung und Ausführungsbestimmungen" veranstaltet, welche speziell den Behörden eine erleichternde Handhabe für den praktischen Gebrauch bieten sollte. Die hier erscheinende genaue aber recht weitläufige Titulierung des Gesetzes wird man dem ursprünglichen „Erbschaftssteuergesetz 1922" gegenüber mit Rücksicht auf die nachfolgende Entwicklung im „Erbschaftssteuergesetz 1922 im weiteren Sinn" kürzen können. Die durch das Geldentwertungsgesetz herbeigeführten Änderungen des ErbStG. 1922 sind in einem Erlaß des RMdF vom 14 April 1923 III E 3588 zusammengestellt und kurz erläutert.[4])

4. Der zweite Abschnitt der weiteren Ergänzung der Erbschaftsbesteuerung, welcher im Wesentlichen auf den drei Steuernotverordnungen beruht, wurde gewissermaßen eingeleitet durch die Verordnung des Reichspräsidenten über Steueraufwertung und Vereinfachungen im Besteuerungsverfahren vom 11. Oktober 1923 (RGBl 1923 I S. 939), welche kurz als „Aufwertungsverordnung" bezeichnet wird und in drei vom Reichsfinanzminister gegebenen besonderen Durchführungsbestimmungen

---

entwertung bei den Bewertungsvorschriften in dem Gesetz vom 20. März 1923. RGBl. XIV Sp. 106; Beud Die abgeänderten Bewertungsrichtlinien zur Zwangsanleihe und Vermögenssteuer. DStZ. XII Sp. 180; Boethke, Das Geldentwertungsgesetz. DStBl. VI Sp. 107; Erler, Das Geldentwertungsgesetz. DStZ. Sp. 171; Karger, Zweifelsfragen im Geldentwertungsgesetz. DStZ. XII Sp. 215; Koppe, Das Geldentwertungsgesetz. DStZ. XII Sp. 111; Marcuse, Das Geldentwertungsgesetz. Übersicht RStR. VI Sp. 73; R. Ott, Die Berücksichtigung der Geldentwertung in den Steuergesetzen auf Grund des Gesetzes vom 20. März 1923. AStR. VI Sp. 157. Von Pistorius, Das Geldentwertungsgesetz JW. LII S. 561; Potthast, Das Gesetz über die Berücksichtigung der Geldentwertung in den Steuergesetzen und Gesellschaft mit beschränkter Haftung. RGbH. XIV Sp. 99; Stamm, Das Geldentwertungsgesetz. Verbst. III S. 71; Strutz, Das Gesetz über die Berücksichtigung der Geldentwertung in den Steuergesetzen vom 20. März 1923. StW. II Sp. 225; Wünschmann, Bedenkliches zur Berücksichtigung der Geldentwertung in den Steuergesetzen. AStR. VI Sp. 165; Zarden, Der Entwurf eines Gesetzes über die Berücksichtigung der Geldentwertung in den Steuergesetzen DJZ. XXVIII Sp. 73; Zarden, Das Gesetz über die Berücksichtigung der Geldentwertung. DJZ. XXVIII Sp. 202.

[4]) Nach diesem Stadium der Gesetzgebung erschienen zwei besondere Kommentierungen: Die zweite Auflage von Finger als „Erbschaftssteuergesetz vom 20. Juli 1922 in der Fassung der Bekanntmachung vom 7. August 1922 und des Gesetzes vom 20. März 1923 (Geldentwertungsgesetz) nebst Ausführungsbestimmungen" und die vierte Auflage von Marcus als „Erbschaftssteuergesetz in den Fassungen des Abänderungsgesetzes vom 20. Juli 1922 und des Gesetzes über die Berücksichtigung der Geldentwertung vom 20. März 1923 nebst Ausführungsbestimmungen und Überleitungsverordnung."

vom 13. Oktober 1923 (RGBl. 1923 I S. 951), vom 27. Oktober 1923 (RGBl. 1923 I S. 1032) und vom 12. November 1923 (RGBl. 1923 I S. 1089) weiter ausgebaut wurde. Die Aufwertungsordnung bezieht sich wiederum auf die gesamten Reichssteuern, (nur Zölle und Tabaksteuer sind ausgenommen) und ist dementsprechend lediglich allgemein gehalten; sie bringt daher keine Abänderung in der Gesetzesformulierung, sondern stellt im Großen und Ganzen nur die Zahlung auf eine andere Unterlage, wie solches in der Kommentierung entsprechend berücksichtigt wird.[5])

Die nunmehr einsetzenden, kurz als die Steuernotverordnungen bezeichneten, in sich zusammenhängenden gesetzlichen Eingriffe hatten den Grundzweck, die schleunige Beschaffung möglichst reicher Einnahmen aus den Steuern für das Reich zu ermöglichen, ein Zweck, der in umfassender Weise auf dem Gebiet der gesamten Besteuerung durchgeführt wurde. Die erste Steuernotverordnung des Reichspräsidenten vom 7. Dez. 1923 (RGBl. 1923 I S. 1177) bildet nur eine Einleitung des Ganzen, sich im Wesentlichen auf Vorverlegung einzelner Zahlungstermine und Umstellung auf Goldmark beschränkend; die Erbschaftsbesteuerung wird nicht besonders berührt. Den Hauptteil und eigentlichen Kern enthält die Zweite Steuernotverordnung vom 19. Dezember 1923 (RGBl. 1923 I S. 1205), welche auf Grund des Ermächtigungsgesetzes vom 8. Dezember 1923 (RGBl. 1923 I S. 1179) nach Anhörung eines Ausschusses des Reichstags und eines Ausschusses des Reichsrats von der Reichsregierung erlassen wurde. Dieselbe gibt nicht nur allgemeine Grundbestimmungen für die Steuergesetzgebung insgesamt, sondern greift speziell in fast sämtliche Einzelsteuergesetze mit mehr oder weniger einschneidender Änderung der Spezialvorschriften derselben ein. Auch das Erbschaftssteuergesetz wurde ausgiebig namentlich durch den Artikel III mit verhältnismäßig zahlreichen Neuerungen betroffen. Im § 2 genannten Artikels wurde des Weiteren der Reichsminister der Finanzen ermächtigt, Bestimmungen zu erlassen, welche die beschleunigte Entrichtung der Erbschaftssteuer bezwecken. Unter letzterer Ermächtigung und gleichzeitig zur Ausführung der Zweiten Steuernotverordnung ergingen vom Reichsminister der Finanzen die Durchführungsbestimmungen über die Bewertung des Vermögens und die beschleunigte Steuer-

[5]) Mit der Aufwertungsordnung im Allgemeinen beschäftigen sich wesentlich folgende Aufsätze: Arlt, Aufwertung. DStBl. VI Sp. 371; Ball, Steuer-Aufwertung. DStZ. XII Sp. 529; Büchting, Steueraufwertung, Anrechnung geleisteter Zahlungen, Zurückerstattung zu viel gezahlter Steuer. RStR. IV S. 225; Dehning, Zur Auslegung der Aufwertungsverordnung. DStZ. XII Sp. 604; Grau, Das Ende der Aufwertungsfrage. D. R. XXVIII Sp. 57; Hedemann, Ein Nachwort zur Aufwertungsfrage. DJZ XXIX Sp. 187; Hermann, Die Steueraufwertung. RStR. IV S. 234; Kloß, Wertbeständige Steuern. MRBJ. S. 279; Marcuse, Die Zahlung der Steuer in Gold. RStR. IV S. 233; Marcuse, Streifzüge durch die Aufwertungsverordnung. RStR. IV S. 259; Nasse, Die Aufwertung der Reichssteuern. AStR. VI Sp. 507; Stamm, Steuer-Aufwertung bei Einkommensteuer, Körperschaftssteuer und Rhein-Ruhr-Abgabe. AStR. VI Sp. 487; Stamm, Steuer-Aufwertungstabelle. DStZ. XII S. 619; Wünschmann, Steueraufwertung. StW. II Sp. 927.

entrichtung bei der Erbschaftssteuer" v. 28. März 1924 (Reichsministerialblatt 1924 S 147), welche in einem Erlaß des Reichsfinanzministers vom gleichen Datum III C 5 300, betr Erbschaftssteuer, insbesondere Erläuterungen zu den Durchführungsbestimmungen v. 28. März 1924 eine weitere Ergänzung fanden. Schon vorher waren in einem Erlaß des Reichsministers der Finanzen v. 14. Jan. 1924 III C 5 30, betr. Änderung des Erbschaftssteuergesetzes durch die Zweite Steuernotverordnung, die Einzeleingriffe und Neuerungen letzterer Verordnung für die Finanzbehörden in eingehender Weise gekennzeichnet. In diesem Erlaß war zugleich vorgeschrieben, daß das Erbschaftssteuergesetz in der Fassung der Zweiten Steuernotverordnung im Geschäftsgange als „Erbschaftssteuergesetz 1928" zu bezeichnen sei. Die gesamten Einzelheiten dieser breiteren Regelung werden wieder in der Kommentierung an den entsprechenden Stellen Berücksichtigung finden; eine nochmalige Zusammenfassung derselben erweist sich demgegenüber als überflüssig.[6])

Ebenmäßig auf Grund des Ermächtigungsgesetzes vom 8. Dezember 1923 erschien als Abschluß die Dritte Steuernotverordnung vom 14. Februar 1924 (RGBl. 1924 I S. 74, welche wiederum allgemeinen steuerlichen Inhalts ist und nur einzelne ausdrückliche Änderungen in den Einzelsteuergesetzen bringt. Berührt werden speziell die Aufwertung, der Geldentwertungsausgleich, der Finanzausgleich, die Vereinfachung der Steuerrechtspflege und des Steuerstrafrechts, sowie Sonstiges.[7])

---

[6]) Aus dem Schrifttum über die Zweite Steuernotverordnung sei Folgendes hervorgehoben: Delbrück, Die 2. Steuernotverordnung. AStR. VI Sp. 516; Engel, Die Erledigung schwebender Steuerverfahren durch die Entlastungsverordnung und die zweite Steuernotverordnung. DStZ. XIII Sp. 34; Evers, Zweifelsfragen über die 2. Steuernotverordnung Art. I § 2 (Körperschaftssteuer) StW. III Sp. 199; Heinrich, Die zweite Steuernotverordnung vom 19 Dezember 1923. JW. LIII S. 493; Hempelmann, Der Bankbetrieb und die Buchführung auf wertbeständiger Grundlage nach der zweiten Steuernotverordnung. BA. XXIII S. 101; Koppe, Die Steuernotverordnungen. DStZ XII Sp. 582; Liebhardt, Die Neuregelung des Steuerabzuges durch die 2. Steuernotverordnung, insbesondere die Besteuerung des privaten Dienstaufwands. AStR. VII Sp. 61; Marcuse, Die Goldbilanz nach der 2. Steuernotverordnung und die Goldbilanzverordnung. RStR. V S 33; Marcuse, Die 2. Steuernotverordnung vom 19. Dezember 1923. RStR. IV S. 253; Zarden, Die zweite Steuernotverordnung. DJZ. XXIX Sp. 99; E. Zimmermann, Glossen zur 2. Steuernotverordnung. DStBl. VII Sp. 164.

[7]) Im Schrifttum wird die Dritte Steuernotverordnung folgendermaßen behandelt: Beuck, Vereinfachung der Steuerrechtspflege durch die Dritte Steuernotverordnung DStZ. XIII Sp. 139; Boesebeck, Die allgemeinen steuerrechtlichen Bestimmungen der dritten Steuernotverordnung vom 14. Februar 1924. StW. III Sp. 305; Boethke, Dritte Steuernotverordnung und Finanzausgleichsgesetz. DStBl. VII Sp. 162; Erfurth, Tabellarische Übersicht über die Aufwertungsbestimmungen nach Art. I und II der dritten Steuernotverordnung DStZ. XIII Sp. 121; Heinrich. Vereinfachung der Steuerrechtspflege nach der dritten Steuernotverordnung. DStZ. XIII Sp. 133; Kloß, Vereinfachung der Steuerrechtspflege. MRBJ. VII

5. Mit dem Vorausgeführten sind diejenigen ändernden Neuerungen, welche sich auf die sozusagen leitenden Grundsätze der Erbschafts- und Schenkungsbesteuerung bezogen, zur Umstellung gebracht und zwar mit dem allgemeinen Vorbehalt, daß die näheren Einzelheiten in der Kommentierung berührt werden sollen. Neben diesen unmittelbaren grundlegenden Änderungen tritt aber in der Gesamtsteuergesetzgebung ein weiterer mehr mittelbarer Eingriff zur Erscheinung, welcher im Wesentlichen auf einer anderweiten Ordnung in dem Steuerverfahren und dem Steuervollzug beruht. Es ist eine charakteristische Eigenheit der neuesten Steuergesetzgebung, daß sie zahlreiche gewisse Einzelgegenstände des Verfahrens oder des Vollzuges zu einer besonderen, in sich geschlossenen Ordnung herausgreift, welche wiederum für die sämtlichen Einzelsteuern übereinstimmend zur Geltung kommt. Unter der eigengearteten wirtschaftlichen Allgemeinentwicklung sind auch diese Ordnungen mannigfacher Umgestaltung ausgesetzt gewesen, die sich teils in der Form des Gesetzes, teils in der Verordnung vollzogen. Wenn die Erbschafts- und Schenkungssteuer als solche durchweg auch nur mittelbar beeinflußt wurde, so durfte doch die Kommentierung daran nicht vorübergeben. Nach dem ganzen Rahmen der letzteren konnte dieses im Wesentlichen durch kürzeres Herausheben der grundsätzlichen Regelung in jenen Gesetzen und Verordnungen geschehen, wie solches auch tatsächlich an den entsprechenden Stellen zur Durchführung gebracht ist. Zur allgemeinen Kennzeichnung sei hier nur auf einige der fraglichen Ordnungen verwiesen, so auf die Steuerzinsordnungen, namentlich das Steuerzinsgesetz vom 11. August 1923 und die Steuerzinsverordnung vom 6. März 1924, behufs Allgemeinregelung der Zinszahlung, auf die Beitreibungsordnung vom 23. Juni 1923, behuf Ordnung der Behörden und des Verfahrens der Beitreibung, auf die Abrundungsordnungen vom 31. März 1923, 4. Oktober 1923, 31. Oktober 1923 behuf gleichmäßiger Abrundung bei den Steuerzahlungen, auf die Stundungsordnung vom 29. Januar 1923 mit den Ergänzungen vom 26. September 1923 und vom 21. Dezember 1923 behuf Erzielung einer Übereinstimmung hinsichtlich der Stundung, auf die

S. 32; Lehmann, Die Aufwertung von Markforderungen und die Besteuerung der Inflationsprämien (Art. I—IV der 3. Steuernotverordnung). StW. III Sp. 249; Marcuse, Aufwertung und Geldentwertungsausgleich (3. Steuernotverordnung Art. I—IV). RStR. V S. 61, 81, 102, 109; Mugel. Die Regelung der Aufwertungsfrage in der dritten Steuernotverordnung. DJZ. XXIX Sp. 182; Simon, Die 3. Steuernotverordnung. MRVJ. VII S. 34; Warneyer, Die Aufwertung nach der 3. Steuernotverordnung. DStZ. XIII Sp. 115; Warneyer, Rechtsgültigkeit der dritten Steuernotverordnung. DStZ. XIII Sp. 182; Zarden, Die dritte Steuernotverordnung. DJZ. XXIX Sp. 175. — Im Anschluß hieran sei noch auf zwei neue Kommentierungen des Erbschaftssteuergesetzes, welche die Veränderungen desselben bis in die neueste Zeit berücksichtigen, hingewiesen: Erbschaftssteuergesetz. In der Fassung der Zweiten und Dritten Steuernotverordnung, sowie den neuen Durchführungsbestimmungen vom 28. März 1924. Von Dr. Berolzheimer, Regierungsrat in Speyer. Stuttgart. Erbschaftssteuergesetz vom 19. Dezember 1923 mit Erläuterungen zu den neuen Vorschriften. Von Josef Marcus, Geh. Justizrat, Amtsgerichtsrat a. D. Fünfte Auflage. Berlin, Spaeth und Linde.

Kleinbetragsanordnung vom 3. Oktober 1922 mit den weiteren Verordnungen vom 6. Januar 1923 und vom 28. Febr. 1923 behuf Abschneidung unverhältnismäßiger Weiterungen durch die Geringfügigkeit der Steuerschuld, auf die Geldstrafengesetze vom 27. April 1923, vom 13. Oktober 1923 und vom 23. November 1923 behuf allgemeiner Anpassung der Geldstrafen an die Geldentwertung usw.

6. Durch die derzeitige, im vorliegenden Kommentar erläuterte Formulierung der Deutschen Erbschafts- und Schenkungsbesteuerung ist allerdings ein gewisser Abschluß erzielt worden, durch welchen die bezügliche Besteuerung mit den Allgemeinverhältnissen in tunlichstem Einklang zu setzen gesucht ist. Wenn man nun auch nach der ganzen Art und Weise, in der sich die neue Regelung durchgesetzt hat, berechtigt erscheinen dürfte, für das neue Gesetz eine längere unveränderte Dauer wie früher anzunehmen, so kann von einem endgültigen Abschluß unter keinen Umständen die Rede sein. Der Entwicklungsgang insgesamt, die an sich flüssigere Natur der Steuer und die Ungeklärtheit der Deutschen Allgemeinverhältnisse muß dem entgegenstehen. Dazu kommt, daß zahlreiche Wünsche hinsichtlich der Besteuerung unerfüllt geblieben sind. Bei dem erreichten Ausgleich der Parteien mußte manches zurückgestellt werden. Speziell sind auch die weitgehendsten Forderungen auf Beseitigung des schrankenlosen Erbrechts und Begründung eines Erbrechts des Staats außer Acht gelassen. Auf einer Grundlage haben sich letztere in der deutschen Gesellschaft für Reichs-Erbrecht konsolidiert, welche ihre Zwecke durch Herausgabe einer Schriftenfolge als „Finanzpolitische Zeitfragen" zu verfolgen bestrebt ist. Nach keiner Richtung hin ist also mit einer bleibenden Ruhe zu rechnen.

Erbschaftssteuergesetz

in der Fassung der Bekanntmachung vom 7. August 1922

(Reichsgesetzbl. I S. 695)

mit den Änderungen

durch das Gesetz über die Berücksichtigung der Geldentwertung in den Steuergesetzen vom 20. März 1923,

(Reichsgesetzbl. I S. 198)

und durch die Zweite und Dritte Steuernotverordnung vom 19. Dezember 1923 bzw. 14. Februar 1924

(Reichsgesetzbl. 1923 I S. 1205 bzw. 1924 I S. 74).

I. Teil.

Steuerpflicht.

1. Gegenstand der Erbschaftssteuer.

§ 1.

(1) Der Erbschaftssteuer unterliegen:

1. der Erwerb von Todes wegen,
2. Schenkungen unter Lebenden,
3. Zweckzuwendungen.

(2) Soweit nichts Besonderes bestimmt ist, gelten die Vorschriften dieses Gesetzes über den Erwerb von Todes wegen auch für Schenkungen und Zweckzuwendungen, die Vorschriften über Schenkungen auch für Zweckzuwendungen unter Lebenden.

a) Aussch.-Ber.: S. 2, 3, 10, 20, 21;
b) Richtl.: S. 2 (B 2);
c) Ges. 19: § 1 (geändert);
d) Schriftt.:
e) Rechtspr.:

} vgl. zu §§ 2—4.

1. In dem § 1 werden die Gegenstände der Besteuerung im allgemeinen umgrenzt. Sie umfassen ein Dreifaches: den Erwerb von Todes wegen, Schenkungen unter Lebenden und Zweckzuwendungen. Diese Gegenstände werden hier nur kurz als die Besteuerung begründend herausgehoben. Die nähere Festlegung darüber, was unter denselben in der in Frage stehenden steuerlichen Beziehung zu verstehen, welcher innere Gehalt ihnen für die Besteuerung beizumessen ist, wird dem folgenden Teil über die Steuerpflicht vorbehalten und geschieht getrennt für die drei im Gesetz zusammengefaßten Steuerfälle, insbesondere in den §§ 2—4. Alles Nähere wird daher bei diesen Paragraphen bzw. den sich unmittelbar anschließenden zu behandeln sein.

2. Gegenüber der bisherigen Gesetzesfassung fällt namentlich auf:

a) Die Streichung der bisherigen Ziff. 1 (Nachlaßsteuer), womit sich die Notwendigkeit der Fortlassung der §§ 2—19 a. F. ergeben hat. Bei Besprechung des zum Ausgangspunkte der Beratungen der Abänderungsanträge zum Erbschaftssteuergesetze gemachten Antrages Herold und Gen. (Nr. 400) im Ausschusse erklärt ein Vertreter der Reichsregierung sein Einverständnis mit der Aufhebung der Nachlaßsteuer, weil die seinerzeit für ihre Einführung maßgebenden Gründe durch den inzwischen erfolgten Ausbau des Steuersystems des Reichs, namentlich durch Einführung des Vermögenssteuergesetzes vom 8. April 1922, hinfällig geworden seien. Es komme hinzu, daß das Aufkommen der Nachlaßsteuer den Verwaltungskosten nicht entspreche, insbesondere deshalb nicht, weil bei der Feststellung des der Nachlaßsteuer unterworfenen Vermögens andere Grundsätze anzuwenden seien, als bei der Feststellung des Vermögens zum Zwecke der Erbanfallsteuer. Gegenüber einem von sozialdemokratischer Seite erhobenen Bedenken führte ein Regierungsvertreter weiter aus: Der Nachlaß werde auch für die Zwecke der Erbanfallsteuer festgestellt. Der Vorteil der Beseitigung der Nachlaßsteuer sei darin zu finden, daß eine doppelte, verschiedenartige Feststellung des Nachlasses vermieden und dadurch die notwendige Vereinfachung des Veranlagungsgeschäfts erreicht werde. — (Bericht des 11. Ausschusses der I. Wahlperiode, Druckf. Nr. 4856);

b) die Hervorhebung der Zweckzuwendungen als besonderer Besteuerungsgegenstand;

c) die einheitliche Bezeichnung der für alle drei Besteuerungsgegenstände vorgesehenen Steuer als Erbschaftssteuer. Die Begriffe der Erbanfall- und Schenkungssteuer sind dem neuen Gesetze fremd.

3. Der § 1 verdankt seine gegenwärtige Fassung einem in zweiter Lesung gestellten Abänderungsantrage. Die ursprüngliche Fassung, die auch in erster Lesung angenommen wurde, enthielt für die drei Besteuerungsgegenstände kurze Begriffsentwickelungen, die jedoch nach Auffassung des Berichterstatters zu Auslegungszweifeln führen konnten. Im Hinblick auf die sehr ins einzelne gehenden Aufzählungen der §§ 2—4 erschien die Begriffsentwickelung in § 1 auch durchaus überflüssig. — Die in zweiter Lesung geschehene Änderung des Abs. 2 ist nur redaktioneller Art.

4. Der zweite Absatz unseres Paragraphen entspricht dem § 40 Abs. 1 Satz 5 des Gesetzes vom 10. September 1919, wonach die Vorschriften über die Erbanfallsteuer sinngemäß auf die Schenkungssteuer anzuwenden waren. Die Gleichstellung in der Behandlung der Zweckzuwendungen unter Lebenden und der Schenkungen unter Lebenden ergibt sich schon aus der Verwandtschaft beider Begriffe. Bringt man Erbanfall und Schenkung in Vergleich, so entspricht dem Erblasser der Scherker, dem Erwerber des Erbanfalls der Beschenkte. Bei einer sinngemäßen Anwendung der Erbanfallsteuer auf die Schenkungssteuer werden daher bei letzterer überall, wo bei der Erbanfallsteuer die Verhältnisse des Erblassers und des Erwerbers maßgebend sind, an Stelle dieser die Verhältnisse des Schenkers und des Beschenkten zu berücksichtigen sein. Das RESt G. 06 hat dieses Moment nochmals besonders verlautbart; die Begründung zum Entwurf des Gesetzes 19 stellt es als ohne weiteres aus der Anordnung der sinngemäßen Anwendung folgend hin. Bei der Zweckzuwendung steht der mit der Ausführung der Zuwendung Beschwerte dem Bedachten bzw. Beschenkten gleich (vgl. § 18 Abs. 2 Ges.).

Die durch Abs. 2 erfolgte Gleichstellung der drei Besteuerungsgegenstände wird zu den folgenden Gesetzesparagraphen im einzelnen zu erläutern sein. Nachstehend sei eine kurze Übersicht der materiellen Vorschriften (§§ 2—25) gegeben, je nachdem sie auf alle oder nur auf einzelne Besteuerungsgegenstände Anwendung finden. Die Vorschriften sind in Gruppen zusammengestellt, von denen Gruppe a diejenigen Bestimmungen enthält, die nur für den Erwerb von Todes wegen anzuwenden sind, b diejenigen, die nur für die Schenkungen unter Lebenden, c diejenigen, die nur für die Zweckzuwendungen gelten. Gruppe d gilt für den Erwerb von Todes wegen und Schenkungen unter Lebenden, e für Erwerb von Todes wegen und Zweckzuwendungen, f für Schenkungen und Zweckzuwendungen.

a) §§ 5, 6, 9 Abs. 3 § 18 Abs. 3, §§ 19, 22 Abs. 1 Ziff. 6 und 12;
b) § 22 Abs. 1 Ziff. 13, Abs. 2;
c) §§ 4, 22 Abs. 1 Ziff. 16, 18;
d) §§ 13, 22 Abs. 1 Ziff. 1, 7—11, § 25;
e) §§ 2, 7, 12 Abs. 3 Ziff. 1—3, Abs. 5, §§ 14, 15, 18 Abs. 4—6, 7 S. 2;
f) §§ 3, 20, 22 Abs. 1 Ziff. 17;
g) §§ 8, 9 Abs. 1 und 2, §§ 10 und ~~11~~, 12 Abs. 1, 2, 3, 4 Ziff. 4, Abs. 5, Abs. 7 und 8, §§ 16, 17, 18 Abs. 1, 2, 8, 7 S. 2, §§ 21, 22 Abs. 1 Ziff. 2—5, 14, 15, Abs. 3—5, §§ 23, 24.

Die Gesetzesvorschriften des II. Teiles (§§ 26 ff.) gelten grundsätzlich für alle Besteuerungsgegenstände, soweit nicht aus der Fassung Abweichendes erhellt.

Zu betonen ist übrigens, daß das Gesetz nur die Anwendung der Vorschriften über den Erwerb von Todes wegen auch für Schenkungen und Zweckzuwendungen, sowie der Vorschriften über Schenkungen auch für Zweckzuwendungen, nicht aber umgekehrt die Anwendung der Vorschriften für Zweckzuwendungen auf Schenkungen oder der Vorschriften über letztere für den Erwerb von Todes wegen ermöglicht (a. A. scheinbar Roth in Marcuse, Das neue Reichssteuerrecht, 2. Aufl., S. 371).

§ 2.

(¹) Als Erwerb von Todes wegen gilt:

1. der Erwerb durch Erbanfall, durch Vermächtnis (§§ 2147 ff. des Bürgerlichen Gesetzbuchs) oder auf Grund eines geltend gemachten Pflichtteilanspruchs:

2. der Erwerb auf Grund einer Nachfolge in ein Hausgut, Lehen, Fideikommiß oder Stammgut oder in ein sonstiges gebundenes Vermögen;
3. der Erwerb durch Schenkung auf den Todesfall (§ 2301 des Bürgerlichen Gesetzbuchs) sowie jeder andere Erwerb, auf den die für Vermächtnisse geltenden Vorschriften des bürgerlichen Rechtes Anwendung finden;
4. der Erwerb von Vermögensvorteilen, der auf Grund eines vom Erblasser geschlossenen Vertrags unter Lebenden von einem Dritten mit dem Tode des Erblassers unmittelbar gemacht wird.

(²) Als vom Erblasser zugewendet gilt auch:
1. der Übergang von Vermögen auf eine vom Erblasser angeordnete Stiftung;
2. was jemand infolge Vollziehung einer vom Erblasser angeordneten Auflage oder infolge Erfüllung einer vom Erblasser gesetzten Bedingung erwirbt, es sei denn, daß eine einheitliche Zweckzuwendung vorliegt;
3. was jemand dadurch erlangt, daß bei Genehmigung einer Zuwendung des Erblassers Leistungen an andere Personen angeordnet oder zur Erlangung der Genehmigung freiwillig übernommen werden;
4. was als Abfindung für einen Verzicht auf den entstandenen Pflichtteilsanspruch oder für die Ausschlagung einer Erbschaft oder eines Vermächtnisses von dritter Seite gewährt wird;
5. was als Entgelt für die Übertragung der Anwartschaft eines Nacherben gewährt wird.

(³) Das Erlöschen von Leibrenten und anderen von dem Leben einer Person abhängigen Lasten gilt nicht als Erwerb von Todes wegen.

a) Aussch.-Ber.: S. 3, 11, 20, 21;
b) Richtl.: S. 3;
c) Ges. 19: § 20 (geändert);
d) Schriftt.: Müller, Zur Auslegung des § 2 Abs. 3 des Gesetzes vom 20. Juli 22 in RStR. III Sp. 235; Bartsch, § 2 Abs. 3 des neuen Erbschaftssteuergesetzes in RStR. IV Sp. 28; Talmon-Gros, Die steuerliche Behandlung der Familienstiftungen nach dem Erbschaftssteuergesetz 1922 in DVR. XIV S. 213; Lion, Änderung und Errichtung von Testamenten im Hinblick auf die Erbschaftssteuer in ZStFr., Heft Dez. 1919 S. 2; F. W. Zimmermann, Berücksichtigung von Abmachungen der Erbbeteiligten bei Festsetzung der Erbschaftssteuer, Zf. zu St. VIII. Bd. S. 168 ff.; Löffler, Von der Erbschaftssteuer, Verbst. III. Jg. S. 108; Stölzle, Der Pflichtteilsanspruch im Lichte des ErbschStG. vom 19. Dezember 1923 in JW. LIII S. 520.

e) Rechtspr.: Zu Abs. 1 Ziff. 1: (Note 4) URFH. 3. Mai 1922, StuW. I, 733 und 31. Mai 1922, das. betr. Erwerb auf Grund partikularer Güterrechte. — (Note 6) URG. 6. Dezember 1906, JW. 1907 S. 49 und 14. Januar 1907, das. S. 143; 2. April 1908, Rhein. Archiv V, S. 257; Beschl. KG. 5. Juli 1915, RGE. 87 S. 109; URG. 10. Oktober 1912, JW. 1913 S. 141; 14. Juni 1917 und 12. Juli 1917 in BlfBF. 1918 S. 4 und 7, sämtl. betr. Testamentsform. — (Note 7) URG. 9. November 1907, JW. 1907 S. 837 betr. gemeinschaftlichen Erbvertrag. — (Note 9) URFH. 4. Juni 1919, Sl. I S. 99 und 29. März 22, MrozStRspr. A 409, 14. Juli 1923, Sl. XII S. 218; ferner URG. 4. Februar 1919 in Erl. RMdF. v. 4. April 1919, III. Fg. 2165 betr. Vermächtnis. — (Note 11) URG. 26. Juni 1893, JW. 1893 S. 397; 15. Oktober 1901, JW. 1901 S. 813; 27. Februar 1893, RGE. 31, 244 betr. Erfüllung nichtiger Testamente. — (Note 14) URFH. 10. Mai 1922, DBR. XIV S. 281 = StuW. I Sp 734 betr. Geltendmachung des Pflichtteils. — (Note 17) URG. 2. November 1880 und 24. Februar 1892, RGE. 3, 193 und 29, 193 betr. Ausschlagung der Erbschaft zugunsten Dritter. — (Note 19) URFH. 23. April 1919, Sl. I, 28; 26. März 1919 Sl. I, 24; 5. Juli 1921 Sl. VI 341; 27. April 1922, DBR. XV S. 65, sämtl. betr. Abmachungen der Erbbeteiligten über die Verteilung;

zu Abs. 1 Ziff. 2: (Note 21) URG. 26. Mai 1905, RGE. 61, 29 betr. Bedeutung der Fideikommißeigenschaft. — (Note 24) URG. 20. Oktober 1884, JW. 1884 S. 315 und 13. Juni 1913 in Erl. d. Reichskanzlers v. 19. Juli 1913 II A 8557 und 24. Oktober 1905, RGE. 61, 402 betr. Steuerpflicht bei Errichtung eines Familienfideikommisses. — (Note 28) URFH. 23. Juni 1921, Sl. VI S. 293 betr. preuß. Gesetzgebung nach der Revolution betr. Fideikommisse usw. — (Note 29) URFH. (vgl. Note 28) betr. steuerliche Behandlung der Fideikommisse;

zu Abs. 2 Ziff. 1: (Note 37) URFH. 28. Juli 1920 Sl. III, 221 und 21. März 1923, DBR. XV, S. 130 betr. Steuerfreiheit der Stipendiaten;

zu Abs. 2 Ziff. 3: (Note 44) URFH. 14. März 1919 in Erl. RMdF. vom 14. Mai 1919, III W. 4046 betr. staatliche Genehmigung der Zuwendung; URG. 11. Juni 1911, RGE. 76, 384 betr. Erwerbszeitpunkt;

zu Abs. 2 Ziff. 4: (Note 51) URFH. 23. Juli 1921, RStR., SprS. IV S. 9 betr. analoge Anwendung der Ziff. 7 § 20 und Ziff. 2 und 6 § 40 Ges. 19;

zu Abs. 3: (Note 58) URG. 23. Mai 1906 und 12. Dezember 1907, RGE. Bd. 63, 324 bzw. 67, 204 betr. Leibrente (Begriff);

f) AB.: §§ 3 ff., 16, 18—21.

Inhaltsübersicht:

1. Vergleich mit Ges. 19.
2. Geschichtliche Entwickelung.
3. Erwerb von Todes wegen.
4. Erbfolge.
5. Besonders kraft Gesetzes.
6. Testament.
7. Erbvertrag.
8, 9 Vermächtnis.
10, 11. Unwirksame Testamente.
12, 13. Pflichtteil.
14. Dessen Geltendmachung.
15. Entstehen der Steuerschuld nach Ziff. 1.
16, 17. Ausschlagung, Anfechtung des Erwerbes.
18. Nachträgliche Maßnahmen des Erwerbers.
19, 20. Abmachungen der Erbbeteiligten.
21. Abs. 1 Ziff. 2 Begriffe.

Zur Entstehung.

1. Im Einklang mit dem Gesetze von 1919, aber abweichend von dem RErbStG. 1906, welches den Gegenstand der Erbschaftssteuer getrennt in vier einzelnen Paragraphen (§§ 1—4) behandelte, hat das neue Gesetz dasjenige, was als Erwerb von Todes wegen gelten und danach der Erbschaftssteuer unterliegen soll, in den einen § 2 zusammengezogen. An materiellen Änderungen enthält die Neufassung unseres Paragraphen gegenüber dem entsprechenden § 20 a. F. nur:

a) Die Streichung der bisherigen Ziff. 5 a. F. und die Neuschaffung der Ziff. 1 des Abs. 2 n. F. Damit sind also die Bezüge aus Familienstiftungen jetzt steuerfrei. Die neue Ziff. 1 Abs. 2 besagt etwas Selbstverständliches; neu ist auch nur die Ausdehnung der ersten Ausstattungen von Stiftungen auf Familienstiftungen. Die Befreiungsvorschrift des bisherigen § 33 Nr. 5 ist gefallen;

b) die Neuschaffung der Nr. 5 in Abs. 2, die in Verbindung mit § 12 Abs. 3 eine für die Praxis des alten Gesetzes nicht unbestrittene Frage regelt. Zu dem Ziele, den Erwerb von Todes wegen auf breitester Grundlage und tunlichst vollständig zu erfassen, ist damit ein bedeutender Schritt getan.

Die übrigen Änderungen des § 20 a. F. sind lediglich formell. Dahin gehören:

aa) Die äußerliche Zerreißung der 9 Erwerbsfälle in zwei Abschnitte zu 4 bzw. 5 Ziffern. Die Verschiedenheit der Einleitungsworte beider Absätze dürfte nur dem Zwecke dienen, klarzustellen, daß in den Erwerbsfällen des Abs. 2 für die Anwendung der maßgebenden Steuerklasse (§§ 9, 10) das Verhältnis des Erblassers zum Begünstigten maßgebend sein soll. Von diesem Standpunkte aus erscheint aber die Unterstellung der Ziff. 1 unter Abs. 2 wegen der Sonderregelung in § 9 Abs. 2 nicht ganz glücklich. Ausschußbericht und Richtlinien geben keine Auskunft;

bb) die Zerlegung der bisherigen Ziff. 4 a. F. in zwei gesonderte Ziffern (Abs. 2 Nr. 2 und 3) unter weiterer Ausgestaltung der Ziff. 3 a. F. Allerdings scheinen Abs. 2 Nr. 2 und 3 auch kleine materielle Änderungen des früheren Zustandes zu enthalten (vgl. Anm. 39, 44);

cc) die Überweisung des bisherigen Abs. 2 a. F. in den § 9 Abs. 2 n. F., soweit sie noch Bedeutung hat;

dd) der Zusatz des Abs. 3 n. F., der selbstverständlich erscheint.

Bei Heranziehung der Familienstiftungen zur Steuer ist § 3 der Überleitungsverordnung zu vergleichen.

2. Der § 2 ist bei den Ausschußberatungen in der Form des Antrags Herold in beiden Lesungen unverändert und debattelos angenommen. Die Richtlinien beleuchten kurz die beiden vorerwähnten materiellen Änderungen; eine kritische Besprechung wird nur die Erläuterung zu Nr. 5 Abs. 2 n. F. erfordern (vgl. unten Note 55).

Von der Begründung des Gesetzes 1919 sind noch die Ausführungen zum Pflichtteilserwerb von Interesse, die hier wörtlich folgen:

In Abweichung vom bisherigen Erbschaftssteuergesetze soll als Erwerb von Todes wegen nur der Erwerb auf Grund eines geltend gemachten Pflichtteilsanspruchs gelten. Der Pflichtteilsanspruch entsteht mit dem Erbfall, ohne Ausschlagungsbefugnis (§§ 2317, 1942, 1946 des Bürgerlichen Gesetzbuchs), so daß ein unentgeltlicher Verzicht des Pflichtteilsberechtigten auf den entstandenen Pflichtteilsanspruch eine Schenkung und in diesem Falle nach dem geltenden Gesetz auch noch die Schenkungssteuer zu entrichten ist. Diese Härte soll die neue Vorschrift beseitigen. Vgl. auch § 37 Abs. 3 des Entwurfs. Die vom Erblasser geschaffene Lage ist der Ausschluß des Erben (§ 2303 des Bürgerlichen Gesetzbuchs), der infolgedessen zunächst gar nichts aus dem Nachlaß erhält. Dieser Lage gemäß soll der Pflichtteil der Erbanfallsteuer erst bei Geltendmachung durch den Pflichtteilsberechtigten unterworfen werden, ist also bis dahin auch nicht als ungewisses oder unsicheres Recht zu besteuern. Es ist vielmehr bis dahin ein unbekannter, nach § 46 des Entwurfs zu behandelnder Anspruch. Dies gilt auch für die Fälle der §§ 1505, 1511 des Bürgerlichen Gesetzbuchs.

Absatz 1 Nr. 1.

3. Abs. 1 Nr. 1 entspricht dem Begriffe des Erwerbs von Todes wegen, wie solcher im § 1369 des BGB. zum Ausdruck kommt:

„§ 1369. Vorbehaltsgut ist, was die Frau durch Erbfolge, durch Vermächtnis oder als Pflichtteil erwirbt (Erwerb von Todes wegen)."

4. Durch Erbfolge wird erworben, wenn mit dem Tode einer Person (Erbfall) deren Vermögen (Erbschaft) als Ganzes auf eine oder mehrere andere Personen (Erben) übergeht; vgl. BGB. § 1922. Der Erwerb durch Erbfolge kann entweder kraft Gesetzes (Intestaterbfolge) oder nach dem Willen des Erblassers (d. i. des Beerbten) sich vollziehen. Die gesetzliche Erbfolge ist im BGB. in §§ 1924 ff. geregelt; wegen der bedeutsamen Ausgleichungspflicht der Abkömmlinge untereinander sind BGB. §§ 2050 ff. zu vergleichen. Die Erbfolge nach dem Willen des Erblassers kann wiederum auf einer einseitigen Verfügung von Todes wegen, Testament, oder auf einer zweiseitigen solchen Verfügung, Erbvertrag, beruhen; im BGB. finden sich die näheren Vorschriften über das Testament in §§ 2064 ff., die über den Erbvertrag in §§ 2274 ff. Auch der als erbrechtliche Folge eintretende Erwerb auf Grund eines partikularrechtlichen Güterrechts ist Erwerb v. Tw. (RGH. vom 31. Mai 1922 für den nach Mainzer Landrecht eintretenden Nießbrauchserwerb — Art. 200 EG. BGB. — und vom 3. Mai 1922 für den Erwerb der statutarischen Portion des märkischen Ehegatten, StuW. Jg. I S. 733, 734).

Die Erbfolge erfordert neben dem vorerwähnten Berufungsgrunde (Gesetz, letztwillige Verfügung) noch ein Doppeltes, nämlich den Tod einer natürlichen Person (juristische Personen, wie Vereine und Stiftungen können zwar erben, aber nicht beerbt werden) und die Koexistenz des Erben, d. h. letzterer, mag er gesetzlich oder letztwillig berufen sein, muß zur Zeit des Erbfalles leben oder doch erzeugt sein (BGB. § 1923). Bei **Verschollenen** (BGB. § 13) gilt als Zeitpunkt des Todes der in dem die Todeserklärung aussprechenden Urteile (dem sog. Ausschlußurteile) festgesetzte Tag, der stets vor dem Erlaß des Urteils liegen muß (des näheren vgl. BGB. § 18). Dieser Zeitpunkt ist auch auf dem Gebiete des Erbrechts für die Frage der Koexistenz und der Bestimmung der Person des Erben maßgebend. Die Fiktion des § 81 Abs. 5 AO., wonach bei Verschollenen der Tag der Rechtskraft des Ausschlußurteils als Todestag für die Steuergesetze gilt, ändert an dieser rein bürgerlichrechtlichen Frage natürlich nichts. Über die Bedeutung des § 81 Abs. 5 AO. für die Erbschaftssteuer ist namentlich die Note 12 zu § 18 zu vergleichen.

5. Die Erbfolge kraft Gesetzes (gesetzliche Erbfolge, Intestaterbfolge) tritt ein, soweit eine wirksame Verfügung von Todes wegen fehlt oder soweit der Erwerb des erwählten Erben als nicht erfolgt anzusehen ist. Als gesetzliche Erben beruft das BGB. die Verwandten, den Ehegatten und den Fiskus; nebeneinander kommen nur die ersteren beiden, die Verwandten und der Ehegatte, derart in Betracht, daß der Ehegatte stets neben den Verwandten berufen wird; der Fiskus ist nur in Ermangelung von Verwandten und Ehegatten als gesetzlicher Erbe berufen. Die Berufung der Verwandten beruht auf dem Parentelsystem, d. h. auf dem Grundsatze, daß Verwandte, die mit dem Erblasser die näheren Stammeseltern gemeinsam haben, solche Verwandte ausschließen, welche durch entferntere Stammeseltern mit dem Erblasser verbunden sind. In Anwendung dieses Grundsatzes stellt das BGB. fünf in sich geschlossene Ordnungen mit der Maßgabe auf, daß ein Verwandter zur Erbfolge nicht berufen wird, solange ein Verwandter einer vorhergehenden Ordnung vorhanden ist. Innerhalb der drei ersten Ordnungen treten an die Stelle der näheren, zur Zeit des Erbfalls nicht mehr lebenden Verwandten die entfernteren Verwandten derselben Ordnung ein; in der vierten und den folgenden Ordnungen entscheidet die Gradesnähe. Wer in den ersten drei Ordnungen verschiedenen Stämmen angehört, erhält den in jedem dieser Stämme ihm zufallenden Anteil; jeder Anteil gilt als besonderer Erbteil.

Unter den Verwandten sind gesetzliche Erben erster Ordnung die Abkömmlinge des Erblassers, zweiter Ordnung die Eltern des Erblassers und deren Abkömmlinge, dritter Ordnung die Großeltern des Erblassers und deren Abkömmlinge, vierter Ordnung die Urgroßeltern des Erblassers und deren Abkömmlinge, und endlich fünfter und der ferneren Ordnungen die entfernteren Verwandten des Erblassers und deren Abkömmlinge. Neben den Verwandten ist stets der überlebende Ehegatte, dem das BGB. ein volles gesetzliches Erbrecht zuerkennt, berufen und zwar neben Verwandten der ersten Ordnung zu 1/4, neben solchen der zweiten Ordnung und neben Großeltern zu 1/2 der Erbschaft; treffen mit letzteren Abkömmlinge von solchen zusammen, so erhält der Ehegatte auch von der anderen Hälfte noch das, was nach den Grundsätzen für die dritte Ordnung auf diese Abkömmlinge fallen würde; sind weder Verwandte erster und zweiter Ordnung noch Großeltern vorhanden, so erbt der Ehegatte alles; außer dem Erbteil erhält der Ehegatte neben Verwandten der zweiten Ordnung oder neben Großeltern noch den sog. Voraus (vgl. § 1932).

Ist ein Verwandter oder ein Ehegatte nicht vorhanden, so ist der Fiskus des Bundesstaates oder Landes, dem der Erblasser zur Zeit des Todes angehört hat, gesetzlicher Erbe; hat der Erblasser mehreren Bundesstaaten oder Ländern angehört, so ist der Fiskus eines jeden dieser Staaten zu gleichem Anteile zur Erbfolge berufen; war der Erblasser ein Deutscher, der keinem Bundesstaate oder Lande angehörte, so ist der Reichsfiskus gesetzlicher Erbe; BGB. § 1936. Der Fiskus kann die Erbschaft nicht ausschlagen; BGB. § 1942. Unberührt bleiben einmal die landesgesetzlichen Vorschriften, nach welchen im Falle des § 1936 BGB. an Stelle des Fiskus eine Körperschaft, Stiftung oder Anstalt des öffentlichen Rechts gesetzlicher Erbe ist, und ferner die landesgesetzlichen Vorschriften, nach welchen dem Fiskus oder einer anderen juristischen Person in Ansehung des Nachlasses einer verpflegten oder unterstützten Person ein Erbrecht, ein Pflichtteilsanspruch oder ein Recht auf bestimmte Sachen zusteht, Art. 138 und 139 EG. BGB.

6. Das BGB. kennt nur eine Form der einseitigen Verfügung von Todes wegen: die letztwillige Verfügung oder das Testament. Durch Testament kann der Erblasser einmal einen anderen als den gesetzlichen Erben zum Erben bestimmen, ferner einen Verwandten oder seinen Ehegatten von der gesetzlichen Erbfolge ausschließen, ohne einen Erben einzusetzen, ferner einem anderen, ohne ihn als Erben einzusetzen, einen Vermögensvorteil zuwenden (Vermächtnis) und endlich den Erben oder einen Vermächtnisnehmer zu einer Leistung verpflichten, ohne einem anderen ein Recht auf die Leistung zuzuwenden (Auflage). Ein Testament kann der Erblasser nur persönlich errichten. Die Fähigkeit zur Errichtung eines Testaments bestimmt sich im allgemeinen durch die über die Geschäftsfähigkeit überhaupt geltenden Vorschriften; ein Testament können demnach nicht errichten die geschäftsunfähigen Personen, die wegen Geistesschwäche, Verschwendung oder Trunksucht entmündigten Personen, sowie Personen, welche sich im Zustande der Bewußtlosigkeit oder vorübergehender Störung der Geistestätigkeit befinden; Personen, welche in der Geschäftsfähigkeit beschränkt sind, bedürfen zur Errichtung eines Testaments der Zustimmung ihres gesetzlichen Vertreters nicht; ein Minderjähriger kann ein Testament errichten, wenn er das sechzehnte Lebensjahr vollendet hat. Ein gemeinschaftliches Testament kann nur von Ehegatten errichtet werden (BGB. § 2265).

Das BGB. gibt zwei ordentliche Formen für die Errichtung des Testaments, das öffentliche Testament vor dem Richter oder Notar und das eigenhändige (holographe) Testament. Das öffentliche Testament wird entweder in der Weise errichtet, daß der Erblasser dem Richter oder Notar seinen letzten Willen erklärt, oder in der Weise, daß er eine (offene oder verschlossene) Schrift mit der mündlichen Erklärung übergibt, dieselbe enthalte seinen letzten Willen. Das eigenhändige oder Privattestament in der ordentlichen Form wird durch eine von dem Erblasser unter Angabe des Orts und des Tags ihrem ganzen Inhalte nach eigenhändig geschriebene und unterschriebene Erklärung errichtet. Daneben sind noch drei außerordentliche Testamentsformen mit nur beschränkter Wirkung zugelassen: das Testament vor dem Gemeindevorsteher bei Gefahr im Verzuge, das Testament in einem wegen Seuchengefahr abgesperrten Orte und das Testament an Bord eines deutschen Schiffes (Seetestament) (§§ 2249 ff. BGB.). Bezüglich des Militärtestamentes ist § 38 des Wehrgesetzes vom 23. März 1921 (RGBl. S. 329) (Art. 44 EG. BGB.) zu vergleichen. Die Aufhebung des Testaments geschieht durch Widerruf oder durch Errichtung eines abweichenden neuen Testaments (vgl. §§ 2253 ff., 2271, 2293 BGB.).

Die Formvorschriften für die Errichtung eines Privattestaments sind streng auszulegen. So ist eine Testamentserrichtung für rechtsungültig erklärt, weil die Ortsbezeichnung nicht, wie es der § 2231 Ziff. 2 BGB. vorschreibt, von dem Erblasser selbst geschrieben, sondern vielmehr vorgedruckt war (Urt. des RG. vom 2. April 1908 Rheinisches Archiv Bd. 105 — n. F. Bd. 3 — S. 257). Andererseits entscheidet das Urteil des RG. vom 14. Januar 1907, daß die Angabe des Ortes auch mittels einer allgemein üblichen und unter Berücksichtigung der Umstände zweifelsfreien Abkürzung (Bln = Berlin) erfolgen könne, vgl. JW. 1907 S. 143 Nr. 25. Ein offenkundiger Schreibfehler in der Jahrhundertziffer (1800 statt 1900) wird nicht als Ungültigkeitsgrund angesehen in dem Urteil des RG. vom 6. Dezember 1906 JW. 1907 S. 49 Nr. 11. Sprache und Schrift können beliebig sein, auch Stenographie ist gestattet (sächs. OLG. 28, 150). Auch der Stoff ist gleichgültig (Schiefertafel, JW. 1910, 291). Die Unterschrift muß regelmäßig den Zunamen enthalten (nicht z. B. „Dein Vater", OLG. 26, 234), doch ist der Vorname bei Testamenten in Briefform genügend, wenn die Person des Testators feststeht (RG. 87, 109).

Die bleischriftliche Durchstreichung der Tagesangabe eines eigenhändigen Testaments hat das Reichsgericht in dem Urt. v. 10. Oktober 1912 nicht als eine Veränderung an der Testamentsurkunde erachtet, durch die der Wille, eine schriftliche Willenserklärung aufzuheben, ausgedrückt zu werden pflegt (BGB. § 2255). JW. 1913 S. 41 Nr. 30; BlfBF. 1913 S. 191. Über die Frage, inwieweit Zusätze zu einem eigenhändigen Testament, insbesondere zu einem eigenhändigen gemeinschaftlichen Testament, einer besonderen Orts- und Zeitangabe bedürfen, gibt ein Urt. d. RG. v. 14. Juni 1917 nähere Ausführungen, BlfBF. 1918 S. 4. Desgleichen handelt ein Urt. d. RG. v. 12. Juli 1917 über die Angabe des Ortes und des Tages der Verhandlung bei der Testamentserrichtung (BGB. § 2241) sowie über die Ergänzung der Angabe aus anderen mit der Testamentserrichtung zusammenhängenden Schriftstücken, BlfBF. 1918 S. 7.

Zur Vollstreckung seines letzten Willens kann der Erblasser einen oder mehrere Testamentsvollstrecker ernennen. Gesetzlich umfaßt der Wirkungskreis des Testamentsvollstreckers neben der Ausführung der letztwilligen Verfügungen des Erblassers auch ohne besondere Anordnung des Erblassers die Auseinandersetzung zwischen den Miterben, zu welchem Zwecke ihm die Verwaltung des Nachlasses eingeräumt ist. In erster Linie sind für den Umfang der Aufgabe des Testamentsvollstreckers stets die Anordnungen des Erblassers maßgebend, welche eine erweiternde oder einschränkende Begrenzung für denselben vornehmen können. Das Rechtsverhältnis zwischen dem Erben und dem Testamentsvollstrecker bestimmt sich im allgemeinen nach den Vorschriften über den Auftrag; jedoch ist die Stellung des Testamentsvollstreckers eine von den Erben unabhängigere; so können letztere namentlich in die Verwaltung desselben nicht eingreifen.

Neben einer Reihe von Auslegungsregeln, teilweise allgemeiner Art, meist aber mehr für spezielle Fälle (vgl. §§ 2061 ff., 2087 ff., 2147 ff. u. a.), stellt das BGB. bei der Möglichkeit einer verschiedenen Auslegung der Testamentsbestimmungen als Grundsatz auf, daß, wenn der Inhalt einer letztwilligen Verfügung verschiedene Auslegungen zuläßt, im Zweifel diejenige Auslegung vorzuziehen ist, bei welcher die Verfügung Erfolg haben kann (§ 2084 BGB.). Im Anschluß hieran ist auf eine eingehendere zusammenfassende Darstellung, welche insbesondere die Bestimmungen des Erbschaftssteuergesetzes berücksichtigt, von Dr. Lion-Berlin „Änderung und Errichtung von Testamenten in Hinblick auf die Erbschaftssteuer" in den Zeitgemäßen Steuerfragen, Monatsheft vom Dezember 1919 S. 2 ff. hinzuweisen.

7. Die zweiseitige Verfügung von Todes wegen ist der Erbvertrag, welchen das BGB. allgemein ohne Beschränkung auf bestimmte Personen (z. B. Eheleute, Verlobte) oder ein bestimmtes höheres Lebensalter der Vertragschließenden zugelassen hat. Ein Erbvertrag kann nur vor einem Richter oder vor einem Notar bei gleichzeitiger Anwesenheit beider Teile unter Beobachtung der für die Errichtung eines öffentlichen Testaments geltenden Vorschriften geschlossen werden; auch ist die persönliche Anwesenheit des Erblassers Vorbedingung; eine erleichterte Form ist für den Erbvertrag zwischen Ehegatten oder zwischen Verlobten, welcher mit einem Ehevertrag in derselben Urkunde verbunden ist, zugelassen. In einem Erbvertrage können vertragsmäßig nur Erbeinsetzungen, Vermächtnisse und Auflagen verfügt werden; außerdem darf aber jeder der Vertragschließenden in dem Erbvertrage einseitig jede Verfügung treffen, welche durch Testament angeordnet werden kann. Der Erbvertrag hat speziell deshalb eine besondere Bedeutung, weil er es ermöglicht, verschiedene Zwecke, für welche das BGB. besondere Normen nicht aufstellt, in juristischer Form zu erreichen; es gilt dieses namentlich für das vom BGB. nicht aufgenommene Institut der Einkindschaft, für die Verpfründungsverträge, für die Versorgungsverträge und für die Regelung bäuerlicher Verhältnisse. Nach Urt. d. RG. vom 9. November 1907 ist die Errichtung gemeinschaftlicher Erbverträge mit gegenseitiger Erbeseinsetzung oder mit Erbeseinsetzung eines Dritten auch unter Nichtehegatten als zulässig erklärt, JW. 1907 S. 837 Nr. 14.

8. Der Erwerb durch Vermächtnis bedingt, daß der Erblasser durch Testament oder Erbvertrag einem anderen, ohne ihn zum Erben einzusetzen, einen Vermögensvorteil zugewendet hat (Vermächtnis); vgl. BGB. § 1939. Die näheren Vorschriften über das Vermächtnis enthält das BGB. im §§ 2147 ff.

9. Das Vermächtnis ist die durch Testament oder Erbvertrag angeordnete Zuwendung eines Vermögensvorteils an einen anderen (Bedachten, Vermächtnisnehmer) ohne dessen Erbeinsetzung; auch mehrere können mit einem Vermächtnis bedacht werden und zwar in verschiedener Weise. Beschwert mit einem Vermächtnis kann sowohl der Erbe wie ein anderer Vermächtnisnehmer werden, doch ist im Zweifel ersteres anzunehmen: auch ein Erbe kann mit einem Vermächtnis bedacht werden und gilt solches insoweit, als es den Erben selbst beschwert, als Vermächtnis. Da das Vermächtnis eine testamentarische oder erbvertragliche Anordnung ist, so finden im allgemeinen die Vorschriften über diese letztwilligen Verfügungen hinsichtlich der Fähigkeit zu solchen Anordnungen, deren Gültigkeit, Anfechtung usw. auf das Vermächtnis Anwendung. Der Erwerb des Vermächtnisses tritt von selbst ein, doch ist Ausschlagung zugelassen; mit der Annahmeerklärung des Bedachten hört dessen Ausschlagungsrecht auf. Der Anfall des Vermächtnisses trifft in der Regel mit dem Erbfall zusammen. Die Zuwendung begründet für den Bedachten nur ein Forderungsrecht gegenüber dem Beschwerten, einen Anspruch auf Leistung des vermachten Gegenstandes seitens des letzteren, nicht ein dinglich oder unmittelbar wirkendes Recht in bezug auf den vermachten Gegenstand. Die Vermächtnisforderung ist Nachlaßverbindlichkeit, der Bedachte also Nachlaßgläubiger. In dem Urt. d. RG. v. 4. Februar 1919 (den Regierungen mitgeteilt durch Schreiben des Reichsfinanzministers vom 4. April 1919 III Fg. 2165) sind folgende hier einschlagende Grundsätze ausgesprochen: 1. Wer nur einzelne bestimmte Sachen zugewendet erhält, ist nicht Erbe oder Nacherbe (§§ 1922, 2100 BGB.). 2. Haben in Gütergemeinschaft lebende Ehegatten durch Erbvertrag sich gegenteilig zu Erben eingesetzt und für den Todesfall des Überlebenden einem Dritten einen bestimmten Nachlaßgegenstand zugewendet, so ist der Bedachte ein Vermächtnisnehmer des letztversterbenden Ehegatten. 3. Überläßt im vorgedachten Fall der überlebende Ehegatte noch zu Lebzeiten den Gegenstand der letztwilligen Zuwendung dem Dritten, so liegt darin eine steuerpflichtige Schenkung. — Die Frage, ob in einem speziellen Fall Vermächtnis oder Dienstlohn vorliegt, wird näher in einer Entscheidung d. württemb. FM. vom 21. Juni 1910 behandelt, WABl. 1911 Beibl. 1 S. 23. Mit Schreiben vom 27. Juli 1919 III Fg. 8173 hat der Reichsminister der Finanzen den Ländern eine Entscheidung des Reichsfinanzhofes vom 4. Juni 1919 übersandt, worin folgende Grundsätze ausgesprochen werden: 1. Dem Vermächtnisnehmer gebührt das Vermächtnis und seine Nutzung vom Zeitpunkte des Todes des Erblassers; durch § 2014 BGB. wird nicht etwa jeder Vermächtnisanspruch zu einem bis zum Ablauf von drei Monaten nach Annahme der Erbschaft oder bis zur Inventarerrichtung befristeten Anspruch. 2. Wird die Fälligkeit des Vermächtnisses durch letztwillige Bestimmung hinausgeschoben, so vermindert sich der Wert des Vermächtnisses und es erhöht sich gleichzeitig der Wert der Zuwendung an den Erben um den Wert der Zinsen vom Todestage des Erblassers bis zum Fälligkeitstage des Vermächtnisses. Sl. RFH. Bd. 1 S. 99. Das Vermächtnis braucht nicht notwendig in einer Vermögensvermehrung zu bestehen (RFH. 29. März 1922 in Mrozek, Steuerrechtsprechung, betr. Vermächtnis eines Anspruchs auf Abschluß eines Kaufvertrags zu bestimmtem Preise). Das Vermächtnis, ein Nachlaßgrundstück zu einem bestimmten Preise zu kaufen, ist bezüglich des den

Preis übersteigenden Teils des gemeinen Wertes erbschaftssteuerpflichtig (RFH., Urt. 14. Juli 1923, Bl. XII S. 218). Letztwillig angeordnete Vergütungen an Testamentsvollstrecker sind nur insoweit Vermächtnisse, als sie übermäßig sind (BGB. § 2221, OLG. 14, 301; 18, 317; vgl. Note 36 zu § 12).

10. Von einem Erwerb von Todes wegen durch Testament oder Erbvertrag kann nur dann die Rede sein, wenn das demselben unterliegende Rechtsgeschäft (Testament, Erbvertrag) rechtsverbindlich und rechtlich wirksam ist. Nach dem BGB. gibt es verschiedene Arten der Unwirksamkeit eines Rechtsgeschäfts.

Einmal die Nichtigkeit. Ein nichtiges Rechtsgeschäft ist hinsichtlich der gewollten rechtlichen Wirkung so anzusehen, wie wenn es nicht vorgenommen wäre; es kann niemals wirksam werden. Generell werden vom BGB. als nichtig bezeichnet: die Rechtsgeschäfte, welche von einem Geschäftsunfähigen (BGB. § 104) oder im Zustande der Bewußtlosigkeit oder der vorübergehenden Störung der Geistestätigkeit vorgenommen sind (BGB. § 105) — vgl. hierzu §§ 2229, 2230 BGB., oben, Anm. 6 —, die Rechtsgeschäfte, bei denen die vorgeschriebene Form nicht beobachtet ist (BGB. §§ 125, 2231 ff., oben Anm. 6), die Rechtsgeschäfte, welche gegen ein gesetzliches Verbot oder gegen die guten Sitten verstoßen (BGB. §§ 134, 138), sowie in besonderen Fällen die Rechtsgeschäfte, bei denen es an dem erforderlichen Willen fehlt (BGB. §§ 116—118). Daneben sind im BGB. Arten von Rechtsgeschäften oder auch einzelne Rechtsgeschäfte in größerer Zahl als nichtig oder unwirksam mit den Folgen der Nichtigkeit hingestellt worden; neben den Verträgen, die auf eine unmögliche Leistung gerichtet sind (BGB. § 306), wollen wir in dieser Beziehung nur folgende hier eventuell einschlagende Fälle herausheben: den Vertrag über den Nachlaß usw. eines noch lebenden Dritten (BGB. § 312); letztwillige Verfügung zugunsten eines Ehegatten bei nichtiger oder vor dem Tode des Erblassers aufgelöster Ehe, desgl. zugunsten eines Verlobten bei Auflösung des Verlöbnisses vor dem Tode des Erblassers (BGB. § 2077); Einsetzung einer zur Zeit des Erbfalls noch nicht erzeugten Person anders wie als Nacherbe (BGB. § 2101); Vermächtnisse, die auf eine zur Zeit des Erbfalls unmögliche Leistung gerichtet sind (BGB. § 2171); Annahme oder Ausschlagung eines Vermächtnisses unter einer Bedingung oder einer Zeitbestimmung (BGB. § 2180); Annahme oder Ausschlagung des Amtes eines Testamentsvollstreckers unter einer Bedingung oder Zeitbestimmung (BGB. § 2202); Zuwendung an eine bei der Errichtung des Testaments als Richter usw. mitwirkende Person (BGB. § 2235); Verbot des Erblassers der Testamentseröffnung alsbald nach seinem Tode (BGB. § 2263); die das Recht des vertragsmäßig Bedachten beeinträchtigende Verfügung von Todes wegen nach Abschluß eines Erbvertrages (BGB. § 2289); Vertrag, durch den sich jemand verpflichtet, eine Verfügung von Todes wegen zu errichten oder nicht zu errichten, aufzuheben oder nicht aufzuheben (BGB. § 2302).

Zweitens die Anfechtbarkeit. Ein anfechtbares Rechtsgeschäft ist von Anfang an mit einem Mangel behaftet, welcher aber nur dann berücksichtigt wird, wenn er von demjenigen, welchem das Gesetz das Recht dazu einräumt, geltend gemacht wird. Das Rechtsgeschäft besteht und ist wirksam, solange die Anfechtung nicht erfolgt ist. Wird es von dem Anfechtungsberechtigten angefochten, so ist es als von Anfang an nichtig anzusehen (BGB. § 142 Abs. 1). Die Anfechtung ist ausgeschlossen, wenn der Anfechtungsberechtigte das Rechtsgeschäft bestätigt oder wenn die für die Anfechtung bestimmte Frist abgelaufen ist; das Rechtsgeschäft ist sodann voll wirksam. Allgemeine Gründe, aus denen das BGB. die Anfechtbarkeit zugesteht, sind Irrtum, widerrechtliche Drohung, arglistige Täuschung. Über die Anfechtbarkeit der letztwilligen Verfügung sind im BGB. besondere Bestimmungen in den §§ 2078 ff. getroffen, über die Anfechtbarkeit des Erbvertrags desgleichen in den §§ 2281 ff.; wann die Anfechtung zulässig, regeln dabei bezüglich der letztwilligen Verfügung die §§ 2078 und 2079, bezüglich des Erbvertrages der § 2281 Abs. 1, auf die verwiesen wird.

Endlich ist die schwebende Unwirksamkeit und die relative Unwirksamkeit hervorzuheben, welche hier aber nur von geringer Bedeutung sind. Bei der schwebenden Unwirksamkeit ist das Rechtsgeschäft zur Zeit unwirksam, kann jedoch noch wirksam werden. Wird gewiß, daß die Wirksamkeit nicht eintreten kann, so ist das Rechtsgeschäft im praktischen Ergebnis ebenso unwirksam wie ein nichtiges Rechtsgeschäft. Eine schwebende Unwirksamkeit liegt namentlich in den Fällen vor, wenn das BGB. für ein Rechtsgeschäft die Zustimmung eines Dritten erfordert, die Wirksamkeit einer Willenserklärung davon abhängig macht, daß ein bestimmter Tatumstand später nicht eintritt, oder dergleichen. Eine relative, d. h. bestimmten Personen gegenüber wirkende Unwirksamkeit hat das BGB. für einzelne bestimmte Fälle begründet (vgl. BGB. §§ 135, 1128, 1130; KO. §§ 6, 7, 15 ff.). Das Rechtsgeschäft wird in solchen Fällen, obwohl es im allgemeinen wirksam ist, doch bestimmten Personen gegenüber so behandelt, wie wenn es nicht bestände.

11. Die Rechtsunwirksamkeit kann die ganze Erbschaft oder einen Teil derselben betreffen. Für letzteres streitet die Vermutung (§§ 2085, 2161, 2195, 2235 BGB.), sofern die Verfügungen nicht bei gemeinschaftlichen Testamenten oder Erbverträgen korrespektiv verknüpft sind (§§ 2270, 2298 BGB.). Wird durch die Rechtsunwirksamkeit der Gesamtnachlaß berührt, so tritt die gesetzliche Erbfolge, Intestaterbfolge, ein; wird nur ein Teil des Nachlasses berührt, so gelangt dieser Teil an denjenigen, an welchen er nach den Verhältnissen des betreffenden Falles gelangt sein würde, wenn die rechtsunwirksame Verfügung überhaupt nicht erlassen wäre. Dementsprechend entsteht auch die Steuerpflicht, welche durch irgendwelche Verfügungen der Beteiligten nicht geändert werden kann. Liefert bei Vorhandensein eines rechtsunwirksamen Testaments der gesetzliche Erbe den Nachlaß an den Testamentserben aus, so wird dadurch an seiner Steuerpflicht nichts geändert, da er Erbe bleibt und der Testamentserbe nicht Erbe wird (Urt. d. RG. vom 26. Juni 1893, JW. 1893 S. 397 unter Nr. 56); je nach den Umständen kann sich die Auslieferung des Nachlasses als eine Schenkung des gesetzlichen Erben an den Testamentserben darstellen, welche dann neben der Steuerpflicht aus der Erbschaft (gesetzlicher Erbe) auch noch eine Steuerpflicht aus der Schenkung für den Beschenkten (Testamentserbe) begründen würde. Auch wenn die Auslieferung in Erfüllung eines vom Erblasser ausgesprochenen Wunsches erfolgen würde, kann ein erbschaftssteuerlicher Anfall nicht entstehen (Urt. d. RG. vom 15. Oktober 1901, JW. 1901 S. 813 unter Nr. 35). Ebensowenig kann die vorhandene Rechtsunwirksamkeit eines Testaments durch ein Anerkenntnis von seiten dessen, dem das Testament in erster

Reihe entgegenstehen würde, beseitigt werden (Urt. d. RG. vom 27. Februar 1893, RGE. Bd. 31 S. 244). Soweit aber die Nichtigkeit auf Formmangel beruht, greift bezüglich der steuerlichen Behandlung der § 15 des Gesetzes in besonderer Weise ein, vgl. § 15 und das zu diesem Paragraphen Ausgeführte.

12. Nach gesetzlicher Vorschrift können den Pflichtteil ein Abkömmling, die Eltern und der Ehegatte des Erblassers, wenn sie durch Verfügung von Todes wegen von der Erbfolge ausgeschlossen sind, von dem Erben verlangen; jedoch sind entferntere Abkömmlinge und die Eltern insoweit nicht pflichtteilsberechtigt, als ein Abkömmling, der sie von der gesetzlichen Erbfolge ausschließen würde, den Pflichtteil verlangen kann oder das ihm Hinterlassene annimmt. Das nähere hierüber ist im BGB. in §§ 2303 ff. geregelt. Dementsprechend begründet die gesetzlich zuerkannte Berechtigung auf den Pflichtteil zwar ein Forderungsrecht gegen den Erben, aber kein Erbrecht.

13. Das Recht des Pflichtteils beruht darauf, daß nach dem BGB. die Verfügungsfreiheit des Erblassers zugunsten bestimmter nächster gesetzlicher Erben (der Pflichtteilsberechtigten) insofern beschränkt ist, als diesen Personen kraft Gesetzes ein Recht auf eine bestimmte Quote ihres gesetzlichen Erbteils (auf den Pflichtteil) gewährt ist, der ihnen nur aus besonderen Gründen durch letztwillige Verfügung entzogen werden kann. Das Recht auf den Pflichtteil steht den Abkömmlingen, den Eltern und dem Ehegatten des Erblassers zu. Der Pflichtteil besteht in allen Fällen in der Hälfte des Wertes des gesetzlichen Erbteils; bei der Berechnung wird der Bestand und der Wert des Nachlasses zur Zeit des Erbfalls zugrunde gelegt. Der Pflichtteilsberechtigte hat sich dasjenige, was ihm von dem Erblasser durch Rechtsgeschäft unter Lebenden mit der Bestimmung der Anrechnung zugewendet worden ist, auf den Pflichtteil anrechnen zu lassen (BGB. § 2315). Auch die Ausgleichungspflicht der Abkömmlinge ist bei der Pflichtteilsberechnung zu berücksichtigen (das. § 2316). Der Pflichtteilsanspruch ist vererblich und übertragbar. Bezüglich der Bestimmung der Steuerklasse im Falle der Vererbung vgl. Anm. 13 zu § 18. Er begründet für den Pflichtteilsberechtigten jedoch nur ein Recht darauf, den Wert des Pflichtteils in Geld zu erhalten. Sofern die Pflichtteilsberechtigte als Erbe den Pflichtteil nicht voll und unbeschränkt und ohne Lasten erhält, hat er einen Anspruch auf das fehlende, bezüglich dessen das BGB. für die einzelnen möglichen Fälle besondere Vorschriften trifft. Im Falle der Beeinträchtigung des Pflichtteilsrechts durch Schenkungen unter Lebenden seitens des Erblassers ist ein Pflichtteilsergänzungsanspruch gegeben (§§ 2325 ff.), der rechtlich dem Pflichtteilsanspruch gleichsteht, also auch steuerrechtlich ihm gleich zu behandeln ist, namentlich bezüglich der sich an die Geltendmachung anknüpfenden Steuerfolge (Anm. 14). Gleicher Behandlung unterliegen auch die in §§ 1505, 1511 Abs. 2 und 2287 Abs. 1 BGB. behandelten Fälle; auf die Vorschriften des BGB. wird der Kürze halber verwiesen. Der Pflichtteilsanspruch gehört zu den Nachlaßverbindlichkeiten; er ist weder ein Erbrecht noch ein gesetzliches Vermächtnis, sondern eine mit dem Erbfalle entstehende gesetzliche Nachlaßforderung. Die Gründe, wegen derer der Erblasser den einzelnen Pflichtteilsberechtigten den Pflichtteil entziehen kann, führt das BGB. besonders auf; dieselben charakterisieren sich durchweg als schwere Verletzungen des zwischen dem Erblasser und dem Pflichtteilsberechtigten bestehenden natürlichen und sittlichen Verhältnisses; eine analoge Ausdehnung auf ähnliche Fälle erscheint nicht zulässig (§ 2333 ff.).

14. Den Pflichtteilsanspruch sieht das Gesetz auch in seiner neuen Fassung (in Übereinstimmung mit dem Gesetz von 1919) im Gegensatz zu dem Bürgerlichen Recht und zu dem lediglich dem letzteren folgenden RErbStG. 1906 nur dann als einen steuerpflichtigen Erwerb von Todes wegen an, wenn er von dem Berechtigten geltend gemacht wird. Die Rechtslage, wie sie sich ohne die ausdrücklich getroffene Einschränkung des Gesetzes stellt, ist in der Begründung zum Entwurf 1919 (vgl. oben Note 2) näher dargelegt. Tatsächlich hat auch die Rechtsprechung unter der Herrschaft des Gesetzes von 1906 den Pflichtteilsanspruch im Hinblick auf die Unzulässigkeit der Ausschlagung ohne Rücksicht auf etwaigen späteren Verzicht des Berechtigten der Erbanfallsteuer und den Verzicht der Schenkungssteuer unterworfen. Der innere Grund für die Neuerung des Gesetzes ist darin zu sehen, daß der Härte vorgebeugt werden soll, welche unzweifelhaft und ebenso unberechtigt entstehen würde, wenn nach dem uneingeschränkt geltenden Recht der mit dem Erbfall ohne Ausschlagungsbefugnis begründete Pflichtteilsanspruch ohne weiteres erbanfallsteuerpflichtig und demnächst ein unentgeltlicher Verzicht des Berechtigten auf den entstandenen Pflichtteilsanspruch schenkungssteuerpflichtig werden würde. Letzteres würde für den tatsächlich gleichen Erwerb eine Doppelbesteuerung bedeuten, die billigerweise zu vermeiden sein dürfte. Da das Bürgerliche Recht den Pflichtteilsanspruch mit dem Erbanfall ohne weiteres und ohne Ablehnungsbefugnis ins Leben treten läßt, so ist für dasselbe die Geltendmachung des Pflichtteilsanspruchs kein fester und irgendwie näher bestimmter Begriff. Bei der Geltendmachung handelt es sich danach lediglich um ein tatsächliches Eingreifen des Berechtigten von nicht näher festgelegter Art, durch welches dessen Absicht, den Pflichtteilsanspruch für sich in Wirklichkeit zu sichern, zur Erscheinung kommt. Die Art dieses tatsächlichen Eingreifens wird sich regelmäßig durch die unterliegenden Sonderverhältnisse des einzelnen Falles bestimmen. Dasselbe kann sich ebensowohl durch eine ausdrückliche oder sonstige Erklärung wie auch durch entsprechende Handlungen vollziehen. Je nachdem der Pflichtteilsanspruch mit anderen Erbansprüchen verbunden oder durch solche beeinflußt bzw. irgendwie bestimmt ist, werden hier Verschiedenheiten mannigfachster Art in der tatsächlichen Form obwalten können. Zweifellos liegt eine Geltendmachung des Pflichtteilsanspruchs und damit der unbedingte Eintritt der Steuerpflicht dann vor, wenn aus einer bestimmten Handlung des Berechtigten oder dem tatsächlichen Handeln desselben überhaupt die Absicht desselben erhellt, auf seinen Anspruch nicht zu verzichten. Jedenfalls wird aber in allen Fällen eine empfangsbedürftige Willensäußerung zu erfordern sein, die mit dem Willen des Pflichtteilsberechtigten demjenigen zugegangen sein muß, für den sie bestimmt war, z. B. dem Erben, einem Nachlaßvertreter, dem Gericht, dem Finanzamt. Das bloße Schreiben eines nicht oder nicht mit dem Willen des Pflichtteilsberechtigten abgesandten Briefes genügt sonach nicht. Wenn der RFH. in einer Entscheidung vom 10. Mai 1922 (abgedruckt in DVR. XIV 211 und StuW. I Sp. 734) im Hinblick auf die Entstehungsgeschichte die „Geltendmachung" für gleichbedeutend mit „nicht verzichten" erklärt, so ist das bedenklich. „Geltendmachen" ist eine positive Handlung, „nicht verzichten" eine negative Unterlassung und es heißt dem Sprachgebrauche doch zu sehr Gewalt antun, wenn man positiv und negativ gleichstellen will. Selbstverständlich ist, daß nach dem das Rechtsleben beherrschenden Grundsatze von Treu und Glauben das Schweigen der Geltendmachung gleichkommen kann (z. B. der Pflichtteilsberechtigte erklärt sich auf eine ihm von der Steuerbehörde unter Fristsetzung übersandte Berechnung des Wertes seines Anspruchs nicht). Aber dann liegt im Schweigen eben eine schlüssige Handlung, also etwas Positives. Bis eine Geltendmachung des Pflichtteilsanspruchs in irgendeiner Weise stattgefunden hat, verbleibt die Besteuerung, wie die Begründung des Gesetzentwurfs zum Ausdruck bringt, in der Schwebe. Der Anspruch ist demnach nicht als ungewisses oder unsicheres Recht zu behandeln, sondern gilt als unbekannter Anspruch, bezüglich dessen nach den allgemeinen Vorschriften der Reichsabgabenordnung die Notwendigkeit einer späteren Steuerausgleichung anzuerkennen ist. Es hat dieses auch bei der fortgesetzten allgemeinen Gütergemeinschaft in den hier einschlagenden Fällen zur Anwendung zu kommen, so hinsichtlich des Rechts eines anteilsberechtigten Abkömmlings auf Ergänzung des Pflichtteils (BGB. § 1505) und bei Ausschließung eines gemeinschaftlichen Abkömmlings von der fortgesetzten Gütergemeinschaft durch letztwillige Verfügung eines Ehegatten (BGB. § 1511). Über den inneren Zusammenhang mit den Vorschriften der §§ 12 Abs. 6 und 22 vgl. die Noten zu diesen Paragraphen.

15. Die Frage der E n t s t e h u n g der Steuerschuld ist für die drei Besteuerungsgegenstände in § 18 Abs. 1 des neuen Gesetzes besonders geregelt; es ist deshalb auf die Noten zum genannten Paragraphen zu verweisen. Hier sei kurz hervorgehoben, daß die Entstehung der Steuerschuld, die allgemein auf den Zeitpunkt des Anfalls abgestellt ist, beim Erbschaftserwerb grundsätzlich n i c h t mit dem t a t s ä c h l i c h e n, sondern mit dem r e c h t l i c h e n Erwerbe, d. h. dem Erbfalle, zusammenfällt. Ebenso liegt die Sache für den Vermächtnisnehmer, da der § 2176 BGB. den Rechtserwerb desselben nach den gleichen Grundsätzen regelt. Für die Entstehung der Steuerschuld des Pflichtteilsberechtigten muß jedoch in dieser Auflage der Standpunkt vertreten werden, daß hierfür erst die G e l t e n d m a c h u n g des Anspruchs durch den Berechtigten in Frage kommen kann (vgl. Anm. 13 zu § 18). Sondergrundsätze haben für den bedingten und befristeten Erwerb zu gelten (vgl. Noten 7—9 zu § 18).

16. Also: Beim Erbschaftserwerb tritt die Steuerpflicht mit dem rechtlichen Erwerbe ein. Nach bürgerlichem Recht (BGB. § 1942) begründet bereits der Erbfall den Übergang der Erbschaft auf den oder die berufenen (gesetzlichen oder eingesetzten) Erben, aber unbeschadet des Rechtes, die Erbschaft auszuschlagen. Der E r b s c h a f t s e r w e r b ist also zunächst a u f l ö s e n d b e d i n g t durch gültige A u s s c h l a g u n g (Ausnahme: BGB. § 1942 Abs. 2 für den Fiskus als g e s e t z l i c h e n Erben). Die Ausschlagung muß frist- und formgerecht (§§ 1944, 1945) geschehen. Sie ist ausgeschlossen, wenn entweder die gesetzliche Frist verstrichen oder die Erbschaft inzwischen angenommen ist, was formlos (auch durch schlüssige Handlungen wie die Ingebrauchnahme der Erbschaftsstücke) geschehen kann (BGB. § 1943). Annahme und Ausschlagung sind bedingungs- und fristfeindlich und können nicht auf Teile der Erbschaft beschränkt werden (§§ 1947—1950 BGB.; vgl. auch § 1951 das.). Ist die Ausschlagung rechtsgültig (vgl. hierzu auch BGB. §§ 1950, 1951), so fällt die Erbschaft demjenigen an, der berufen sein würde, wenn der Ausschlagende zur Zeit des Erbfalls nicht gelebt hätte. Der Anfall gilt als mit dem Erbfall erfolgt.

Aber auch nach erfolgter wirklicher oder wegen Fristablaufs fingierter Annahme ist der Rechtserwerb und damit die Entstehung der Steuerschuld noch abhängig von der nichterfolgten Anfechtung der Annahme bzw. Versäumung der Ausschlagungsfrist oder Ausschlagung der Erbschaft (BGB. §§ 1954, 1957; vgl. auch § 1949). Selbstverständlich hindert aber die bloße Anfechtungsmöglichkeit die Steuerfestsetzung nicht. Wird angefochten, so gewährt § 214 Abs. 2 AO. eine Berichtigungsmöglichkeit.

Bezüglich des Vermächtnisanfalls gelten ähnliche Grundsätze wie beim Erbschaftsanfall. Die Ausschlagung ist jedoch hier form- und fristlos, die Anfechtung der Annahme und Ausschlagung den allgemeinen Grundsätzen der §§ 119 ff. BGB. unterworfen. Beim Pflichtteilserwerb kommt, wie gesagt, eine Ausschlagung nicht in Frage. Stellt man, wie hier geschehen, die Entstehung der Schuld auf die Geltendmachung des Anspruchs ab, so kann die Entstehung noch von der Möglichkeit der Anfechtung der Geltendmachungserklärung nach allgemeinen Grundsätzen (§§ 119—124, 142 ff. BGB.) beeinflußt werden. Selbstverständlich ist, daß ein Irrtum im Beweggrunde, zu dem auch ein solcher über die erbschaftssteuerlichen Folgen gehören würde, unbeachtlich ist (BGB. § 119), nicht aber z. B. ein Verschreiben (der Pflichtteilsberechtigte schreibt dem Erben, er verlange seinen Pflichtteil, wobei er das Wort „nicht" versehentlich ausläßt).

17. Da Annahme und Ausschlagung einer Erbschaft nach § 1947 BGB. nicht unter einer Bedingung oder Zeitbestimmung erfolgen können, so wird die Ausschlagung zugunsten eines anderen auf die Erbeneigenschaft des in dieser Weise Ausschlagenden keinen Einfluß ausüben, sofern jener Zusatz sich nicht überhaupt als unwirksam erweist. Planck Note 3 § 1947 sagt hierüber: „Aus § 1947 und § 1953 ergibt sich, daß die Ausschlagung einer Erbschaft ‚zugunsten eines anderen' unwirksam ist. Wird als Begünstigter derjenige bezeichnet, welchem die Erbschaft nach § 1953 Abs. 2 zufolge der Ausschlagung anfällt, so ist der Zusatz bedeutungslos und unschädlich. Erfolgte jedoch die Ausschlagung zugunsten anderer Personen, die nicht oder nicht allein an Stelle des Ausschlagenden berufen sind, so muß der Zusatz als eine Bedingung aufgefaßt werden, die trotz der Unmöglichkeit ihres Inhalts nach § 1947 die Ausschlagung unwirksam macht." Für den ersteren Fall ist folgeweise die Ausschlagung wirksam; der Ausschlagende wird nicht Erbe und es kann für ihn eine Steuerpflicht nicht entstehen. Im zweiten Fall ist die Ausschlagung unwirksam; der Ausschlagende wird bzw. bleibt Erbe und unterliegt damit auch der Steuerpflicht so, als wäre die bedingte Ausschlagung nicht erfolgt. Ob und wie im zweiten Fall die Ausschlagung zugunsten eines anderen als ein besonderes Rechtsgeschäft zu behandeln, ob darin eine rechtswirksame lästige oder schenkungsweise Veräußerung zu erblicken, entscheidet sich nach den besonderen Umständen des jeweiligen praktischen Falls. Vor dem BGB. ist vom RG. entschieden, daß die Ausschlagung einer Erbschaft zugunsten eines Dritten eine Antretung der Erbschaft mit gleichzeitiger Übertragung derselben auf einen Dritten sei (Urt. d. RG. vom 2. November 1880, RGE. Bd. 3 S. 193), auch daß eine derartige Ausschlagung für den, zu dessen Gunsten sie erfolgt ist, wie eine Schenkung und zwar unmittelbar durch Erklärung und Akzeptation wirke (Urt. d. RG. vom 24. Februar 1892, RGE. Bd. 29 S. 193). Zu beachten ist, daß das BGB. besondere Formvorschriften sowohl für die Veräußerung der Erbschaft, Erbschaftskauf (§§ 2371, 2385), wie auch für die Veräußerung eines Erbanteils (§ 2033) gibt, von deren Erfüllung die Gültigkeit abhängt, ebenso wie bei einer schenkungsweisen Übertragung die Vorbedingungen der Schenkung, wie sie zu § 3 näher ausgeführt werden, erfüllt sein müssen. Stellt sich die Ausschlagung der Erbschaft zugunsten eines anderen als eine rechtsgültige Schenkung dar, so entsteht unbeschadet der Steuerpflicht des Erben und ohne irgendwelche Veränderung derselben eine weitere Steuerpflicht des Beschenkten aus der Schenkung.

In einer ähnlichen Weise wie im letzteren Fall tritt unmittelbar aneinanderschließend eine zwiefache Steuerpflicht bezüglich ein und derselben Erbschaftsmasse ein, wenn ein Erbe vor Ablauf der Ausschlagungsfrist, ohne die Erbschaft ausgeschlagen zu haben, verstirbt und seine Erben einmal die ihnen von ihm zufallende Gesamterbschaft antreten, sowie ferner bezüglich der ihrem Erblasser angefallenen Erbschaft von dem Ausschlagungsrecht, das auf sie übergegangen, keinen Gebrauch machen. Die dem ersten Erben und demnächstigen Erblasser angefallene Erbschaft geht nach dem Stande bei seinem Tode also mit dem nach § 1952 Abs. 1 BGB. vererblichen Ausschlagungsrecht und der eventuell für die Erbschaftsmasse zur Entstehung kommenden Steuerpflicht auf seine Erben über. Treten die letzteren die Gesamterbschaft an und schlagen die ihrem Erblasser vor seinem Tode angefallene Erbschaft nicht aus, so liegen zwei Erbfälle vor und es entsteht danach eine zwiefache Steuerpflicht. Zunächst ist über die dem ersten Erben und demnächstigen Erblasser angefallene Erbschaft zu entscheiden; dieselbe ist ein Rechtserwerb für jenen geworden und es ist damit eine Steuerpflicht für den bezüglichen Erbfall entstanden, die nach dem Verhältnis des ersten Erben und demnächstigen Erblassers zu seinem Erblasser zu bemessen ist. Die Verpflichtung zur Entrichtung der bezüglichen Steuer ruht als eine Nachlaßverbindlichkeit auf dem Gesamtnachlaß des ersten Erben und demnächstigen Erblassers und geht mit letzterem auf seine Erben über. Zu dem letzteren Gesamtnachlaß gehört aber wiederum das Erbschaftsvermögen, welches dem ersten Erben und demnächstigen Erblasser von seinem Erblasser überkommen ist; ebenso wie für den übrigen Nachlaß entsteht demnach auch für dieses letztere Erbschaftsvermögen eine Steuerpflicht, welche sich nach dem Verhältnis der letzten Erben zu ihrem Erblasser bemißt. Auch diese Steuerpflicht wird durch die ersterwähnte Steuerpflicht nicht weiter berührt.

18. Nachträgliche Maßnahmen des Erwerbers, die er freiwillig trifft, vermögen die einmal entstandene Steuerpflicht auch dann nicht zu beeinflussen, wenn sie dem letztwillig nicht bindend festgelegten Willen des Erblassers entsprechen, z. B. in Fällen, in denen der Erblasser einen Dritten (Nichtverwandten) zum Alleinerben mit dem letztwillig nicht zum Ausdruck gebrachten Willen eingesetzt hatte, daß der eingesetzte Erbe lediglich als Testamentsvollstrecker fungieren und den Nachlaß an die Verwandten des Erblassers nach dessen mündlich bei Lebzeiten getroffenen Anordnungen herausgeben solle. Die Erbschaftssteuer mußte hier von dem dem formell eingesetzten Erben rechtlich zugefallenen Erwerbe nach dessen Verhältnis zum Erblasser und ohne Abzug des Wertes der den eigentlichen

Bedachten herauszugebenden Nachlaßteile entrichtet werden. — Überweist der Erbe die Erbschaftsgegenstände an diejenigen, welchen sie vom Erblasser zugedacht waren, so stellt sich diese Zuwendung ohne rechtliche Verpflichtung unbedingt als Schenkung dar und würde dementsprechend steuerlich zu behandeln sein. Unter der Geltung des Gesetzes von 1906 half hier u. U. der § 56 Abs. 2, wonach die auf Erfüllung einer Anstandspflicht gerichteten Schenkungen steuerfrei waren. Heute kann bei Vorliegen von Härten nur nach § 108 AO. geholfen werden. Vgl. aber § 15 Ges.

19. Wenngleich für die Erhebung der Erbanfallsteuer in erster Linie der Rechtserwerb, welchen jemand von Todes wegen macht, als maßgebend zu erachten ist, so ist doch bis zu einem gewissen Grade daneben auch der tatsächliche Erwerb, soweit er materiell als dem Rechtserwerb gleichstehend zu erachten ist, zu berücksichtigen. Dieses kommt zunächst in den Einzelbestimmungen des § 2 über dasjenige, was als Erwerb von Todes wegen anzusehen ist, zur Erscheinung und macht sich sodann im § 12 des Gesetzes geltend, welcher die Bereicherung des Erwerbers der Berechnung der Erbschaftssteuer zugrunde legt. Einen weiteren Hinweis darauf, wie ein tatsächlicher Erwerb der Erbschaftssteuer unterliegen solle, gab die Begründung des Bundesrats zum Entwurf des RESt G. 1906, indem sie nach allgemeiner Charakterisierung des Gegenstandes der Erbschaftssteuer und des Erwerbes von Todes wegen fortfährt: „Hierher gehört auch, was vergleichsweise zur Befriedigung eines zweifelhaften oder bestrittenen Anspruchs auf einen Erwerb von Todes wegen gewährt wird." Diese Erklärung, welche an den Reichstag gelangte und dort unangefochten blieb, bildet danach als die übereinstimmende Absicht der beiden gesetzgebenden Faktoren beim Erlaß des Gesetzes eine authentische Interpretation, welche unbedingt zu beachten ist. Es war damit die früher streitige Frage, ob durch Abmachungen der Erbbeteiligten über die Erbschaft der Gegenstand der Besteuerung beeinflußt werden könne, ob derartige Abmachungen bei der Steuerfestsetzung von der Steuerbehörde beachtet werden dürften bzw. müßten, von vornherein in bejahendem Sinne entschieden. Die Rechtsprechung des Reichsgerichts, welche bezüglich der Preußischen Gesetzgebung erfolgte, hatte gegenüber der Frage einen verschiedenen Standpunkt eingenommen; die Urteile vom 4. Februar 1895, vom 27. Mai 1895 und vom 28. Mai 1897 (PrZBl. 1895 S. 88 ff.; JW. 1895 S. 364 unter 17, 1897 S. 367 unter 35) erklärten die Berücksichtigung von Abmachungen der Erbbeteiligten über die Erbschaft bei der Steuerfestsetzung für unzulässig, während die späteren Urteile vom 16. Oktober 1900 und vom 15. Februar 1901 (GruchotsBeitr. Bd. 45 S. 905; RGZ. Bd. 48 S. 303), letzteres namentlich unter eingehenderer Begründung, die entgegengesetzte Ansicht aussprachen. Die Entscheidungen der obersten Landesfinanzbehörde in Preußen wechselten in der gleichen Weise wie die Rechtsprechung, wohl wesentlich im Hinblick auf letztere. Bei Erlaß des RESt G. 1906 war die Ansicht, welche die Zulässigkeit einer Berücksichtigung der Abmachungen der Erbbeteiligten über die Erbschaft für die Steuerfestsetzung anerkannte, die vorherrschende, doch ging man mit dieser Anerkennung verschieden weit. Daß ein Vergleich Erbbeteiligter über die Gültigkeit eines Testaments von der Steuerbehörde unter Umständen zu berücksichtigen, auch eventuell die Abfindungssumme von der Masse abzurechnen sei, ist anerkannt in der Verf. SFM. vom 11. November 1907 Nr. 5021; desgleichen, daß ein Vergleich über Testamentsauslegung eventuell zu berücksichtigen in der Verf. SFM. vom 23. Oktober 1908 Nr. 4340. Daß dasjenige, was vergleichsweise zur Befriedigung eines zweifelhaften oder bestrittenen Anspruchs auf einen Erwerb von Todes wegen gewährt wird, auch zum Erwerb von Todes wegen gehört, ist in der Badischen Vollzugsverordnung zum RESt G. § 25 ausdrücklich hervorgehoben und näher ausgeführt; desgl. auch in Verf. BdFM. vom 22. April 1909 Nr. 4819. Nach einer Entscheidung d. Württemb. FM. vom 4. November 1910 sind Zuwendungen, welche seitens des durch Testament eingesetzten Erben dritten Personen zur Befriedigung bestrittener Intestaterbansprüche, wenn auch unter der Betonung der Freiwilligkeit der Zuwendung und unter Ablehnung jedes rechtlichen Zugeständnisses gemacht werden, nicht schenkungssteuer-, sondern erbschaftssteuerpflichtig. WABl. 1911 Beibl. 4 S. 127. In einer Entscheidung des Reichsfinanzhofes vom 23. April 1919 sind folgende Grundsätze ausgesprochen: 1. Nach ständiger Rechtsprechung folgt aus der Natur der Erbschaftssteuer als einer Bereicherungssteuer, daß ein ernstlicher Vergleich über ein ungewisses oder streitiges erbrechtliches Verhältnis für die Erhebung der Steuer maßgebend ist. Das gleiche gilt für die vergleichsweise Regelung eines Verkehrsvorgangs, dessen rechtliche Natur als Schenkung unter den Beteiligten ungewiß oder streitig ist. 2. Für die Frage, wann ein durch Vergleich geregelter Erwerbsanfall im Sinne des § 61 RESt G. gilt, ist der Rechtsvorgang maßgebend, über den der Streit oder die Ungewißheit bestand. In gleicher Richtung bewegt sich das Urteil des RFH. vom 26. März 1919 (Samml. RFH. Bd. 1 S. 24). Es betont, daß auch bei Auslegung zweifelhafter g e s e t z l i c h e r Vorschriften (nicht nur bei zweifelhaften letztwilligen Anordnungen) ein Vergleich oder ein Einverständnis aller Beteiligter für die Steuerbehörde bindend sein müsse, wenn die Beteiligten sich von der Absicht, das Gesetz zu erfüllen, und nicht von Billigkeitsgründen haben leiten lassen. Dagegen betont das Urteil vom 5. Juli 1921 (Samml. RFH. Bd. 6 S. 341) mit Recht, daß, wenn Zweifel über die Auslegung nicht möglich sind, eine von den eingesetzten Erben nach Annahme der Erbschaft getroffene Vereinbarung über eine der testamentarischen Erbfolge nicht entsprechende Gestaltung ihrer vermögensrechtlichen Beziehungen für die Steuerbehörde selbst dann nicht bindend sei, wenn sie ernstlich gemeint und nicht zum Zwecke der Steuerumgehung getroffen ist. Andererseits kann der Umstand, daß ein Erbe bei der Auseinandersetzung mehr erhält als ihm zusteht, noch nicht zur Annahme einer Schenkung führen (Urt. d. RFH. vom 27. April 1922; DBStR. XV S. 65).

20. Mit der in der vorstehenden Note angeführten Erklärung der Begründung des Bundesrats war die grundsätzliche Zulässigkeit einer Berücksichtigung der A b m a c h u n g e n d e r E r b b e t e i l i g t e n ü b e r d i e E r b s c h a f t durch die Steuerbehörde bei der Steuerfestsetzung allgemein anerkannt; nach Lage der Sache ist die Erklärung in diesem weiteren Sinne aufzufassen und nicht lediglich auf den Wortlaut und eine „vergleichsweise" Gewährung zu beschränken. Damit ist aber keineswegs gesagt, daß jede fragliche Abmachung ohne weiteres die Anerkennung der Steuerbehörde für die Steuerfestsetzung zu finden hätte. Letzteres ist nach den allgemeinen zur Anwendung zu bringenden Grundsätzen vielmehr stets nur bei dem Vorhandensein ganz bestimmter Voraussetzungen der Fall.

Diese Voraussetzungen, welche auch jetzt unter dem neuen Gesetz als solche anerkannt werden müssen, sind folgende:

a) Durch die Abmachung muß eine Ungewißheit oder Unsicherheit, welche sich bezüglich der Erbschaft zwischen den Erbbeteiligten geltend gemacht hat, beseitigt sein. Ob diese Ungewißheit oder Unsicherheit zu einem förmlichen Rechtsstreit unter den Erbbeteiligten geführt hat oder nicht, ist ohne Bedeutung. Den Gegenstand der Ungewißheit usw. kann sowohl eine rechtliche Frage — Zweifel über die Erbberechtigung, Kollision von Pflichtteilsrechten mit testamentarischen Ansprüchen usw. — wie eine tatsächliche Frage — Verteilung von Erbschaftsgegenständen, nähere Bestimmung eines einzelnen Gegenstandes usw. — bilden. Die Ungewißheit muß tatsächlich bestanden haben; sie darf nicht etwa nur scheinbar vorhanden oder gar fingiert gewesen sein, so daß sich hinter der Abmachung eine einseitige Verfügung des oder der Erbberechtigten verbirgt. Dahingegen kommt es lediglich darauf an, daß die Unsicherheit oder Ungewißheit zwischen den Erbinteressenten nach deren Auffassung über die rechtlichen und tatsächlichen Unterlagen ihres Verhältnisses zur Erbschaft bestanden hat; teilt die Steuerbehörde diese in der Abmachung natürlich bona fide zum Austrag gekommene Auffassung der Erbbeteiligten nicht, so kann sie daraus einen Grund, um der Abmachung die Anerkennung zu versagen, nicht herleiten. Anders liegt jedoch die Sache, wenn die Ungewißheit oder Unsicherheit in einem Irrtum der Erbbeteiligten über die Sachlage begründet ist; sofern der objektive Tatbestand, auf Grund dessen die Erbbeteiligten eine Abmachung getroffen haben, nicht derart, wie sie angenommen, ist und sofern bei Bekanntsein des richtigen Tatbestandes für die Erbbeteiligten ein Anlaß, um im fraglichen Fall Abmachungen zu treffen, überhaupt nicht gegeben war, kann eine Anerkennung derartiger Abmachungen durch die Steuerbehörde nicht in Frage kommen (§ 779 BGB.). Ohne Belang ist es wieder, wenn die vorhanden gewesene Ungewißheit oder Unsicherheit später in einer Weise, wie sie von Anfang an im Bereich der Möglichkeit gelegen hat, auch normalen Verhältnissen durchaus entsprechen würde, jedoch von den Interessenten nicht gewollt war bzw. von ihnen nicht erwartet werden konnte, z. B. durch ein von anderer Seite herbeigeführtes gerichtliches Urteil, beseitigt worden ist, ohne daß damit die Abmachungen als solche hinfällig wurden bzw. zu werden brauchten.

b) Es muß ein wirkliches Abkommen zwischen den Erbbeteiligten getroffen sein, das sich materiell zum mindesten bis zu einem gewissen Grade als ein Ausgleich zwischen widerstreitenden Ansichten derselben darstellt. Das Abkommen als solches darf nicht fingiert sein, sich nicht in Wirklichkeit als eine einseitige Verfügung des einen Erbbeteiligten zugunsten des anderen charakterisieren, wie beispielsweise bei einer Abmachung über lediglich Erhöhung eines Vermächtnisses, selbst wenn eine solche im Sinne des Erblassers geschehen sein würde. Für die Beurteilung der bei dem Ausgleich gemachten gegenseitigen Zugeständnisse ist wiederum die Auffassung der Beteiligten maßgebend; die Steuerbehörde darf einem Abkommen nicht aus dem Grunde die Anerkennung verweigern, weil sie den einen Teil in dem Abkommen für übervorteilt erachtet.

c) Das Abkommen muß sich ausschließlich auf die Erbschaft oder die Erbschaftsmasse als solche beziehen. Sobald die Erbbeteiligten Abmachungen nicht allein über Erbschaft oder Erbschaftsmasse treffen, sondern gleichzeitig und ineinandergreifend damit auch ein anderes zwischen ihnen bestehendes Verhältnis regeln, kann eine Berücksichtigung bei der Steuerfestsetzung nicht stattfinden. Ein solcher Fall würde beispielsweise vorliegen, wenn ein Erbberechtigter auf einen Teil seiner zweifellosen oder auch zweifelhaften Erbansprüche zugunsten eines anderen nur um deswillen verzichtete, weil ihm dieser andere entsprechende Vorteile in einem von ihnen gemeinsam betriebenen Geschäft einräumte.

d) Die Abmachung darf nicht zu dem Zwecke, um eine geringere Besteuerung herbeizuführen, getroffen sein (§ 5 AO.). Liegt ein solcher Zweck klar zutage, so kann die Steuerbehörde ein Abkommen lediglich aus diesem Grunde und ohne dasselbe auf das Vorhandensein oder Fehlen der sonstigen Voraussetzungen zu prüfen, zurückweisen; sie hat dasselbe bei der Steuerfestsetzung unberücksichtigt zu lassen. Ist aber der Zweck der Steuerverminderung nicht gegeben, so bleibt es ohne Bedeutung, ob unter Zugrundelegung der Abmachungen der Erbbeteiligten der Steuerbetrag sich höher oder niedriger wie unter einem anderen eventuell für die Erb- oder Erbschaftsauseinandersetzung anzuwendenden Modus berechnet. Die Steuerbehörde wird die Berücksichtigung eines allen Voraussetzungen entsprechenden und nicht zum Zwecke der Steuerminderung abgeschlossenen Abkommens nicht aus dem Grunde verweigern können, weil sich danach ein geringerer Steuerbetrag, wie sonst möglicherweise zu erheben sein würde, ergäbe. Sie darf aber andererseits ebensowenig ein nicht den Voraussetzungen entsprechendes Abkommen lediglich aus dem Grunde, weil es sich für den Steuerfiskus besonders vorteilhaft darstellt, bei der Steuerfestsetzung berücksichtigen.

e) Im übrigen ist für die Abmachungen der Erbbeteiligten in Hinsicht auf die Anerkennung bei der Steuerfestsetzung keine weitere Beschränkung gegeben. Die Abmachungen können von sämtlichen Erbbeteiligten oder auch nur von einzelnen derselben getroffen werden, ebenso von jeder Kategorie von Erbbeteiligten in sich oder gegenüber anderen Kategorien; sie können sich auf die ganze Erbschaft oder nur auf einen Teil derselben, desgleichen auf jeden Gegenstand der Erbschaftsmasse beziehen. Namentlich ist es ohne Bedeutung, wenn behuf der tatsächlichen Durchführung eines Abkommens von einem Erbbeteiligten auch auf Mittel, welche nicht zur Erbschaftsmasse gehören sondern seinem eigenen Vermögen entstammen, gegriffen wird oder gegriffen werden muß. Besonders zu beachten sind jedoch die Wertfestsetzungen in den Abmachungen der Erbbeteiligten; es wird hier stets sorgfältig zu prüfen sein, ob es die Absicht der Beteiligten gewesen ist, den wirklichen Wert des oder der einzelnen Gegenstände festzulegen oder ob nicht aus speziellen durch das sonstige Verhältnis gegebenen Rücksichten eine besondere Bewertung, höhere oder niedere, vorgenommen ist; im letzteren Fall dürfte die Wertbemessung, welche auch der Voraussetzung unter b nicht entsprechen würde, bei der Steuerfestsetzung nicht zur Anwendung gebracht werden.

f) Unter welchem Rechtsgeschäft die Abmachungen der Erbbeteiligten im einzelnen Fall getroffen sind, bleibt auf die Frage nach Anerkennung bei der Steuerfestsetzung ohne Einfluß. Das Rechtsgeschäft muß gültig sein und den Anforderungen des BGB. entsprechen. Meist wird ein Vergleich vorliegen. Ebenso kann es sich auch um ein Anerkenntnis handeln. Für den Vergleich ist der § 779 des BGB. zu beachten, wonach dessen Unwirksamkeit eintritt, wenn der nach dem Inhalt des Vertrags als feststehend zugrunde gelegte Sachverhalt der Wirklichkeit nicht entspricht und der Streit oder die Ungewißheit bei Kenntnis der Sachlage nicht entstanden sein würde. Auch die erfolgreiche Anfechtung des Vergleichs aus allgemeinen Rechtsgründen (§§ 119—124, 142 ff. BGB.) beseitigt dessen Wirkung. — Bezüglich des Anerkenntnisses vgl. BGB. §§ 781, 782. Eine Form ist hiernach nicht erforderlich, wenn das Anerkenntnis im Wege des Vergleichs oder der Abrechnung erteilt wird.

Die vorstehenden Ausführungen finden in entsprechender Weise auf Abmachungen Anwendung, welche ein Erbe mit einem Dritten, nur an der Erbschaftsmasse aktiv oder passiv Beteiligten (Nachlaßgläubiger, Nachlaßschuldner) trifft, vgl. Note 23 zu § 18. Inwieweit die gleichen Grundsätze für Berücksichtigung gerichtlicher Urteile Platz greifen vgl. Note 2 zu § 18. Näheres über diese ganze Frage in meinem Aufsatz „Berücksichtigung von Abmachungen der Erbbeteiligten bei Festsetzung der Erbschaftssteuer" ZfZuSt. VIII. Bd., 1908, S. 168 ff. und S. 213 ff.

Abs. 1 Nr. 2.

21. Das RESt G. 1906 begründete in § 3 nur für den Erwerb durch Eintritt eines Lehens- oder Fideikommißfalles eine Steuerpflicht. Die Nachfolge in Haus- und Stammgüter sowie sonstige gebundene Vermögen hat das Gesetz 19 hinzugefügt. Letzteres erklärte das zu diesen Gütermassen gehörige Vermögen als Nachlaß des verstorbenen Inhabers im Sinne der Nachlaßsteuer (§ 2 das.). Lehen sind Sachgüter — regelmäßig Grundbesitz —, deren nutzbares Eigentum jemand unter der Bedingung einer dem Obereigentümer zu erweisenden besonderen Treue gegen den von diesem ihm zu leistenden Schutz besitzt. Fideikommisse sind Vermögensgegenstände — Grundbesitz, Geldkapitalien oder sonstige Sachgüter — die nach einer von Todes wegen oder unter Lebenden getroffenen Anordnung des Eigentümers auf seine oder eines Dritten Geschlechtsnachfolger wesentlich zur Erhaltung des Ansehens und des Glanzes der Familie unveräußerlich übergehen sollen. Unter Hausgut versteht man Vereinigungen von Sachgütern, welche nach landes- oder hausgesetzlichen Vorschriften auf die im EG. BGB. Art. 57 bzw. zum Teil auch im Art. 58 bezeichneten Persönlichkeiten vererbt und von diesen entsprechend genutzt werden. Stammgüter sind Güter (Grundbesitz), welche nach Gesetz oder Herkommen in der Familie — meist des höheren oder des niederen Adels — vererbt werden und bei welchen der Eigentümer in der freien Verfügung durch die Rechte der Erben beschränkt ist.

Sonstiges gebundenes Vermögen bedeutet Vermögen, bei denen die Bindung „nach landesgesetzlichen Vorschriften (Artikel 57 bis 59 des Einführungsgesetzes zum Bürgerl. Gesetzbuch)" erfolgt ist. Der § 2 des Ges. 1919 hob dieses durch Hinzufügung der vorstehend in Häkchen gesetzten Worte hervor, wie es auch in § 80 AbgO. geschehen ist. Damit scheiden solche Vermögen hier aus, bei denen der Eigentümer oder Nutzungsberechtigte durch Privatwillensakt gebunden ist, wie die Vorerbschaft. In Frage kommen außer den bereits hervorgehobenen Familienfideikommissen, Lehens-, Stamm- und Hausgütern sonstige durch autonome Satzung des Hochadels gebundene Gütermassen (Art. 57 und 58 EG. BGB.), sowie die landwirtschaftlichen Erbgüter nach dem bayer. Gesetz vom 12. Februar 1855 und dem hessischen Gesetz vom 11. September

1858 (Staudinger, Anm. A 2 d zu Art. 59 EG. BGB.). Die in Art. 59 EG. BGB. erwähnten allodifizierten Lehen sind ehemalige Lehen, die gesetzlich oder vertraglich in das freie Vermögen (Allod) des ehemaligen Lehnsmannes übergegangen, also nicht mehr gebunden sind.

22. Auf den Erwerber des Lehens und des Fideikommisses, Hausguts, Stammguts usw. geht Eigentum über, aber nur ein beschränktes Eigentum. Der jeweilige Inhaber des Familienfideikommisses ist im Gebiet des Gemeinen Rechts stets als Eigentümer der Fideikommißgrundstücke anzusehen; die Fideikommißeigenschaft der Grundstücke hat für ihn nur die Bedeutung, daß er zugunsten seiner Nachfolger in der Veräußerungs- und sonstigen Verfügungsfähigkeit beschränkt ist (Urt. d. RG. vom 26. Mai 1905, RGE. Bd. 61 S. 29). In welcher Weise und bis zu welchem Grade die Beschränkung des Eigentums stattfindet, bestimmt sich für den einzelnen Fall unter großer Verschiedenheit nach der Landesgesetzgebung und den Regelungen der unter derselben weiter maßgebenden Faktoren. So sieht das PrALR. den Inhaber als „Untereigentümer", das rheinische Recht als bloßen Nutznießer an. Der Eigentumsübergang bzw. der Erwerb vollzieht sich bei dem Lehen und dem Familienfideikommisse niemals unter der Gesamtnachfolge, wie sie sonst das Prinzip des Erbrechts des BGB. bildet, sondern stets nur als eine gesonderte, aus der Masse der Erbschaft ausgeschiedene Erbfolge. Was den Anfall anlangt, so ist noch auf die Sonderheit hinzuweisen, daß der Erwerb hier nicht ausschließlich infolge des Todes einer Person, sondern ebenso infolge Verzichts, Unfähigkeit, Entsetzung usw. des früheren Inhabers stattfinden kann, daß es sich tatsächlich also nicht nur um einen Erwerb von Todes wegen, sondern auch um einen solchen unter Lebenden handeln kann. Nach dem Ber. d. RTKomm. bezüglich des REStG. 1906 S. 8 wurde in der Kommission die Frage berührt, wie es sich verhalte, wenn der Übergang eines Fideikommisses durch Verzichtleistung seitens des Fideikommißinhabers eintrete. Daraufhin erwiderte der Berichterstatter, „daß, wenn der Inhaber auf sein fideikommissarisches Recht vollständig Verzicht leiste, allerdings ein Fideikommißfall vorliege; daß ein solcher aber nicht vorliege, wenn der Inhaber unter Beibehaltung seines Rechts lediglich auf den Bezug der Nutzungen zum Vorteile eines anderen verzichte, in welchem Falle unter Umständen eine Schenkung anzunehmen sei. Ein Widerspruch gegen diese Auffassung wurde nicht erhoben.

23. Die Steuerpflicht entsteht mit dem Eintritt der Nachfolge, also für den regelmäßigen Fall in dem Augenblick, in welchem die Güter des gebundenen Besitzes nach der Sukzessionsordnung von dem einen Inhaber auf den anderen übergehen, wobei wiederum lediglich der Rechtserwerb, nicht der tatsächliche Erwerb maßgebend ist. In einer Verf. SFM. vom 21. Oktober 1908 Nr. 4020 ist ausgesprochen, daß der Anfall eines Fideikommisses erst beim Ableben des bisherigen Besitzers oder bei der sonstigen satzungsmäßigen Erledigung seines Besitzes begründet sei. Dem entsprach es auch, wenn in der Begründung zu § 61 des REStG. 1906 — Anwendung der bisherigen Gesetze auf einen Erwerb, welcher bei Inkrafttreten des Gesetzes schon begründet ist — folgendes angeführt war: „Daß ein Erwerb durch Eintritt eines Lehns- oder Fideikommißfalls (§ 3 Nr. 1 des Gesetzes) in dem bezeichneten Sinne nicht früher als mit diesem Eintritte selbst als begründet angesehen werden kann, daß insbesondere die Errichtung des Lehens oder Fideikommisses nicht schon als

Grund des Erwerbes in diesem Sinne gelten soll, wird nicht näherer Ausführung bedürfen."

24. Zweifelhaft schon bei Erlaß des REStG. 1906, sowie auch noch jetzt nach dem neuen Gesetz, ist die nach der bereits durchgeführten bzw. bevorstehenden Auflösung der Fideikommisse (vgl. Anm. 28) übrigens untergeordnete Frage, wie es sich mit der Steuerpflicht bei der Errichtung eines Familienfideikommisses usw. verhalte, ob bei dem Übergang schon ein Fideikommißfall vorliege oder eventuell eine Schenkung oder ein Vermächtnis, das entsprechend belastet sein würde; je nach der Entscheidung dieser Frage würde sich die Besteuerung verschieden zu gestalten haben, indem sie einerseits nach den Nutzungen, andererseits nach der Substanz vorzunehmen sein würde. Dem Sinne des Gesetzes dürfte es am meisten entsprechen, wenn dem Lehens- und Fideikommißfall eine weitergehende Bedeutung beigelegt und dadurch die Steuerpflicht nach Ziff. 2 in weitere Grenzen gebracht wird. Demnach würde bei der Errichtung eines Familienfideikommisses usw. durch eine Verfügung von Todes wegen bei dem Eintritt des ersten Inhabers ein Fideikommißfall anzunehmen sein, auch wenn das Fideikommiß erst mit dem Anfall ins Leben tritt; vgl. hierzu auch Urt. d. RG. vom 20. Oktober 1884, JW. 1884 S. 315 Nr. 61. Dem entgegenstehend ist unter dem REStG. 1906 ein Urt. d. RG. vom 13. Juni 1913 (Schreiben des Reichskanzlers vom 19. Juli 1913 II A 8557) ergangen, in welchem ausgeführt wird, daß der § 1 des REStG. keinen Unterschied zwischen dem Erwerber der Substanz und der Nutzungen mache. Wenn in einer Verfügung von Todes wegen die Errichtung eines Fideikommisses bestimmt worden sei, dessen erster Besitzer mit dem Erben nicht identisch, so sei das Fideikommiß dem ersten Besitzer als durch die Verfügung von Todes wegen zugewandt anzusehen, auch wenn erst die Erben des Stifters die Stiftungsurkunde verlautbart hätten. Eine durch die Errichtung eines Fideikommisses fällige Landesstempelabgabe könne neben derjenigen aus § 1 REStG. fällig sein. Die Vorschrift des § 3 Abs. 1 REStG. finde auf den Erwerb des ersten Besitzers keine Anwendung. Vgl. PrZBl. 1913 S. 334; BlfBF. 1914 S. 45; BremABl. 1913 S. 139. Ob dieses Urteil der anderweitigen Fassung des jetzigen Gesetzes gegenüber sich wird aufrecht erhalten lassen, erscheint zweifelhaft. Nach Mirre (1. Aufl.) Anm. 7 Abs. 2 zu § 20 wird der erste Erwerber eines Stammguts usw. bereits nach Ziff. 1 steuerpflichtig. Erfolgt die Errichtung des Familienfideikommisses usw. durch Rechtsgeschäft unter Lebenden, so sind zwei Fälle zu unterscheiden. Einmal: der Stifter beruft sich selbst zum ersten Besitzer des Fideikommisses; in diesem Falle liegt ein steuerpflichtiger Fideikommißfall nicht vor, denn es findet ein Eigentumsübergang bzw. ein Erwerb von Eigentum nicht statt, der Stifter hat lediglich das ihm bereits zustehende Eigentum am Stiftungsgut entsprechend beschränkt. Im anderen Fall beruft der Stifter einen Dritten zum ersten Besitzer, auf welchen zuerst das Fideikommißgut nach der Stiftungsurkunde in beschränktem Eigentum übergeht; für diesen Fall ist mit Dr A. Hoffmann Anm. 1a zu § 3 anzunehmen, daß mit diesem ersten Eigentumsübergang der erste Fideikommißfall gegeben ist, daß folgeweise dieser Eigentumsübergang als ein Erwerb von Todes wegen nach § 2 Ziff. 2, § 6 und nicht als eine Schenkung nach § 3 steuerlich zu behandeln ist, vgl. auch E. Zimmermann Note 2 Abs. 2 zu § 3. Erfordern die maßgebenden landesgesetzlichen Vorschriften für die Errichtung von

Familienfideikommissen usw. besondere Formalitäten wie eine besondere Verlautbarung, eine landesherrliche Genehmigung usw., so kann vom Eintritt des Familienfideikommißfalls unter allen Umständen erst mit Erfüllung dieser Formalitäten die Rede sein, weil erst dann ein bezüglicher Eigentumsübergang möglich ist; die Steuerpflicht ist von jenen Formalitäten in der gleichen Weise abhängig; vgl. Urt. d. RG. vom 24. Oktober 1905, RGE. Bd. 61 S. 402, JW. 1906 S. 45 Nr. 59.

25. Da bei der Nachfolge in gebundenes Vermögen Eigentum, wenn auch nur beschränktes, übergeht, so würde an und für sich die Versteuerung nach dem Eigentumswert unter Berücksichtigung der Beschränkung zu erfolgen haben. Bei der wesentlichen Bedeutung der letzteren legte aber schon das RESTG. 1906 nur die Nutzungen, welche das fragliche Eigentum gewährt, der Besteuerung zugrunde; es ergibt sich dieses aus dem Wortlaut des früheren § 3 Ziff. 1 sowie aus der Begründung zum derzeitigen Gesetzentwurf. Das neue Gesetz hat die Frage in § 6 in gleichem Sinne entschieden. (Ebenso das Ges. 19 in § 22.) Der Steuersatz ist, wie sich aus § 9 Abs. 2 Ges. ergibt, nach dem Verwandtschaftsverhältnisse zwischen dem Inhaber und seinem letzten Nachfolger zu bemessen. — Für die Entnahme der Steuer vgl. § 19 Ges.

26. Was die rechtliche Stellung anlangt, so finden auf das im Hausgut, Fideikommiß, Lehen, Stammgut usw. gebundene Vermögen die Bestimmungen des BGB. keine Anwendung. Im allgemeinen bestimmt zunächst der Art. 59 EG. BGB. folgendes:

„Art. 59. Unberührt bleiben die landesgesetzlichen Vorschriften über Familienfideikommisse und Lehen, mit Einschluß der allodifizierten Lehen, sowie über Stammgüter."

Dementsprechend behält nicht nur die bisherige Gesetzgebung der Einzelstaaten in ihrem vollen Umfange Gültigkeit, sondern es ist auch den Einzelstaaten die Freiheit gegeben, noch für die Folge auf dem fraglichen Gebiete gesetzgeberisch regelnd vorzugehen. In der gleichen Weise bleibt dasjenige, was nach Maßgabe der betreffenden Landesgesetzgebung den bisherigen Rechtsstand der Familienfideikommisse und Lehen im einzelnen begründet, zu Kraft bestehen, so namentlich alle diejenigen bezüglichen Einzelregelungen, welche im Rahmen der Landesgesetzgebung durch Hausgesetze, Familienstatut, Herkommen, Stiftungsurkunden usw. getroffen wurden. Als hauptsächlich in Frage kommende landesgesetzliche Vorschriften über die Lehen führt Niedner EG. BGB. in Oertmann Komm. z BGB. an: Preuß. Landr. I Tit. 18 §§ 13 ff.; Bayer. Lehnsedikt vom 7. Januar 1808; Bad. Lehnsges. vom 12. August 1807; Gothaisch. Lehnsmandat vom 6. Januar 1800; Kursächs. Mandat vom 30. April 1764; Altenburgisches Lehnsmandat vom 5. Juni 1795; Waldecker Lehnsedikt vom 1. September 1670 (Ges. vom 19. Februar 1827). Als Landesgesetze über Fideikommisse hebt Gierke zu dem Artikel Fideikommisse im Handwörterbuch der Staatswissenschaften hervor: Bayer. Mandat von 1672; Cod. Max. Bav. civ. III c 10; Bayer. Edikt vom 26. Mai 1818 und Ges. vom 11. September 1829; Preuß. Allg. Landr. II Tit. 4 §§ 47 ff.; Preuß. Ges. vom 15. Februar 1840 und vom 5. März 1855; Preuß. Verf.U. Art. 40; Ges. vom 5. Juli 1852; Bad. Landrecht Art. 577 c a—c v; Weimar. Ges. vom 22. April 1833; Hannov. Ges. vom 13. April 1836; Braunschw. Ges. vom 28. März 1837, vom 19. März 1850 und vom 20. Mai 1858; Oldenburg. Ges. vom 28. März 1852; Großherzogl. hess. Ges. vom 13. September 1858; Sächs. BGB. §§ 2527—2541; Anhalt. Ges. vom 17. April 1870. Zu vgl. v. Staudinger Kommentar, VI. Bd. S. 206 Note 4 zu Art. 59.

27. Hinsichtlich des Hausguts im besonderen greifen die Art. 57 und 58 EG. BGB. Platz, auf die verwiesen wird.

Durchweg sind in den Ausführungsbestimmungen zum BGB., die von den einzelnen Bundesstaaten erlassen worden sind, nähere Regelungen getroffen und Hinweise auf die in Frage kommenden und noch als gültig anzusehenden Vorschriften gegeben. Zu vgl. in dieser Richtung v. Staudinger Kommentar, VI. Bd. S. 201, 204 Note 7 zu Art. 57 und Note 5 zu Art. 58.

28. Angesichts der nachrevolutionären Gesetzgebung des Reichs und der Länder werden die gebundenen Vermögen im Laufe der Jahre zunehmend an Bedeutung verlieren. Zunächst sind nach Art. 109 der neuen Reichsverfassung vom 11. August 1919 die öffentlich-rechtlichen Vorrechte .... der Geburt oder des Standes aufzuheben. Sonach ist eine Neubindung von Vermögen auf Grund der Hausverfassungen (Art. 57, 58 EG. BGB.) jedenfalls ausgeschlossen. Ferner gebietet Art. 155 RVerf. die Aufhebung der Fideikommisse. Ob damit auch die Aufhebung anderer gebundener Gütermassen verlangt ist, kann zweifelhaft erscheinen. An und für sich sind derartige Eingriffe in die Privatwirtschaft durch Gesetzgebungsakte zweifellos eng auszulegen. Andererseits ist bei der Einstellung des Gebotes in den von der Verteilung, Nutzung, Bearbeitung und Ausnutzung des Bodens handelnden Art. 155 RVerf. und der offenbar gegen die Bindung von Liegenschaften gerichteten Tendenz des Gebotes nicht einzusehen, warum beispielsweise Lehn- und Stammgüter, die in Grundstücken bestehen, anders behandelt werden sollten, wie Fideikommisse. Andererseits ist kein Grund zu einem Verbote solcher Fideikommisse ersichtlich, die nicht in Grund und Boden bestehen. Selbstverständlich ist mit dem Gebote der Aufhebung der Fideikommisse gleichzeitig ein Verbot der Neubegründung ausgesprochen.

Schon vor dem Inkrafttreten der neuen RVerf. hatte die Gesetzgebung einzelner Länder die Aufhebung gebundener Güter verfügt und ihre Neubegründung und Vergrößerung untersagt. (Bayer. Ges. 28. März — 14. Juni — nach der Verfassung: 25. August 1919 und AusfVO. 26. September 1919. — Preuß. VO. 10. März 1919). Den nachrevolutionären Entwicklungsgang der preußischen Fideikommißgesetzgebung gibt das Gutachten des RFH. vom 23. Juni 1921 (Samml. Bd. VI S. 293) wie folgt wieder:

„Schon vor Erlaß der Reichsverfassung ...... hatte die „preußische Staatsregierung durch die Verordnung über Familien-„güter (FGVO.) vom 10. März 1919 (GesS. S. 39) die Auflösung „der standesherrlichen Hausvermögen, Familienfideikommisse, Lehen „und Erbstammgüter angeordnet und den Familien durch Schaffung „eines vereinfachten Familienschlußverfahrens die Möglichkeit ge-„geben, die freiwillige Auflösung bis zum 1. April 1921 zu be-„schließen. Diejenigen Familiengüter, die bis dahin nicht aufgelöst „sind, sollten durch Verordnung des Staatsministeriums aufgelöst „werden. Es folgte das Gesetz über die Aufhebung der Standesrechte „des Adels und die Auflösung der Hausvermögen vom 23. Juni „1920 (AdG., GesS. S. 367), das eine Anzahl von Abweichungen „und Neuerungen gegenüber der FGVO. bringt. Diese Neuerungen

„sind durch die Verordnung des Staatsministeriums vom 22. September 1920 zur Ergänzung der Verordnung über Familiengüter „vom 10. März 1919 (ErgVO., GesS. S. 431) auf Familienfideikommisse zum großen Teil übertragen und neben die hierfür geltenden Bestimmungen der FGVO. gesetzt. In der ErgVO. ist gleichzeitig eine Erstreckung der Frist für die freiwillige Auflösung unter „gewissen Voraussetzungen bis zum 1. April 1922 ausgesprochen „worden. Auf Grund einer in § 5 ErgVO. erteilten Ermächtigung „hat dann der Justizminister durch Bekanntmachung vom 30. Dezember 1920 (GesS. 1921 S. 77) die FGVO. in der für die Familienfideikommisse, Erbstammgüter und Lehen geltenden Neufassung „bekannt gemacht, nachdem am 22. November die im § 3 AdG. angekündigte Verordnung des Staatsministeriums über die Zwangsauflösung der Familiengüter und Hausvermögen (ZAVO.) vom „19. November 1920 veröffentlicht war (GesS. S. 463)."

Im übrigen ist zu bemerken, daß die freiwillige Auflösung durch Familienschluß entweder eine sofortige oder eine allmähliche sein kann. Bei letzterer müssen jedoch die Vorschriften der §§ 1, 5 und 6 der ZAVO. betr. des Zeitpunktes des Freiwerdens, der Ermächtigung der Auflösungsbehörde an den Besitzer zur Verfügung und Verpflichtungsbegründung bezüglich des Gutes und betr. der Fortgeltung der Verträge gewahrt sein (§ 38 ZAVO. und § 9c FGVO.). Bei der Zwangsauflösung geht beim Wegfall des am 1. April 1921 vorhandenen Besitzers das Fideikommißvermögen usw. auf den zunächst folgenden Abkömmling des Besitzers über und wird in dessen Hand frei. Ist der nächste Folgeberechtigte kein Abkömmling, so schließt sich die Umwandlung in freies Vermögen nur dann nicht unmittelbar an den Übergang auf den Folger an, wenn dieser keinen folgeberechtigten Abkömmling hat. Erhält er einen solchen später, so wird bei dessen Geburt das Vermögen frei. Hat er bis zu seinem Tode keinen folgeberechtigten Abkömmling erhalten, so vererbt sich das Vermögen zunächst noch nach den für das Fideikommiß usw. geltenden Folgebestimmungen und wird in der Hand des neuen folgeberechtigten Anwärters freies Vermögen.

Von steuerlichem Interesse ist noch die Bestimmung der §§ 14, 15 ZAVO., wonach Waldungen, Deich- und Weingüter auf Antrag des Besitzers, in dessen Hand das gebundene Vermögen frei geworden ist, sofern die geschlossene Erhaltung im öffentlichen Interesse liegt, vor Erteilung des Auflösungsscheins in eine Stiftung umgewandelt werden können (vgl. Anm. 31 zu § 3).

29. Im Anschluß an die vorerwähnte preußische Gesetzgebung hat auf Antrag des Reichsministers der Finanzen der RFH. in seinem umfangreichen Gutachten vom 23. Juni 1921 (Samml. Bd. VI S. 292ff.) u. a. ausgesprochen, daß auf Grund des Erbschaftssteuergesetzes (1919) eine Steuerpflicht, insbesondere eine Verpflichtung zur Zahlung der Erbanfallsteuer gemäß § 20 Ges. a. F. nicht gegeben sei. Insbesondere ist die Anwendungsmöglichkeit der — jetzt fortgefallenen — Ziff. 5 § 20 Abs. 1 (Anfall von Bezügen aus Familienstiftungen) sowie auch die analoge Heranziehung gleicher Ziffer wie der Ziff. 2 (entspricht Ziff. 2 n. F.) mit Recht abgelehnt. Der gleiche Grundsatz ist bezüglich der bei der freiwilligen Auflösung den Anwärtern zugesprochenen Abfindungen ausgesprochen. Für die Anwendung der Novelle 22 dürfte aus der neuen

Ziff. 8 des § 3 mit Sicherheit hervorgehen, daß der Gesetzgeber sowohl im bindungsfreien Erwerb des Besitzers wie im Erwerb der Abfindungen nach dem Auflösungsbeschlusse unter der in Ziff. 8 § 3 gegebenen Voraussetzung der Freigebigkeit zwar eine Schenkung unter Lebenden, niemals aber eine Zuwendung von Todes wegen erblickt (vgl. auch Anm. 32 zu § 3). Im gleichen Gutachten führt der RFH. ferner aus, daß bei der freiwilligen allmählichen Auflösung sowie bei der Zwangsauflösung derjenige Folger, in dessen Hand das Vermögen frei wird, zwar als Nachfolger von Todes wegen anzusehen sei, aber nur die Nießbrauchssteuer aus § 22 Ges. 19 (§ 6 n. F.) zu entrichten habe (vgl. Anm. 2 zu § 6).

Abs. 1 Nr. 3.

30. Eine sachlich gleiche Vorschrift enthielt das bisherige RESt G. im § 20 Ziff. 3 und das Gesetz 1906 im § 1 Abs. 2 unter Ziff. 1.

Welche Schenkungen als Verfügungen von Todes wegen zu beurteilen sind, bestimmt der § 2301 des BGB. in folgender Weise:

„§ 2301. Auf ein Schenkungsversprechen, welches unter der Bedingung „erteilt wird, daß der Beschenkte den Schenker überlebt, finden die „Vorschriften über Verfügungen von Todes wegen Anwendung. „Das gleiche gilt für ein schenkweise unter dieser Bedingung er„teiltes Schuldversprechen oder Schuldanerkenntnis der in den „§§ 780, 781 bezeichneten Art.

„Vollzieht der Schenker die Schenkung durch Leistung des zuge„wendeten Gegenstandes, so finden die Vorschriften über Schen„kungen unter Lebenden Anwendung."

Das BGB. hat die früher vielfach umstrittene Schenkung auf den Todesfall (mortis causa donatio) als ein besonderes in der Mitte zwischen Schenkung unter Lebenden und Vermächtnis stehendes Rechtsinstitut beseitigt und trifft lediglich nach dem tatsächlichen Verhältnis die Entscheidung, ob eine Behandlung als Verfügung von Todes wegen oder eine solche als Schenkung unter Lebenden Platz greifen soll. Jedes Schenkungsversprechen usw. unter der Bedingung, daß der Beschenkte den Schenker überlebt, ist als Verfügung von Todes wegen zu behandeln, jede durch Leistung des zugewendeten Gegenstandes vollzogene Schenkung als Schenkung unter Lebenden. Im ersteren Fall finden daher die für die Verfügungen von Todes wegen gegebenen Formvorschriften Anwendung, während sie im letzteren Fall nicht Platz greifen. Die erbschaftssteuerliche Regelung schließt sich dem eng an: für den ersten Fall ist sie hier unter Ziff. 3 erfolgt, für den zweiten dagegen kommen die Vorschriften des § 3 in Betracht. Die besonderen Vorschriften, welche das Gesetz für die Schenkungen unter Lebenden trifft, finden allein für den zweiten Fall, nicht aber für den ersten Anwendung.

31. Nach der Natur der Sache mußte dem Erwerb von Todes wegen ohne weiteres ein Erwerb gleichgestellt werden, auf welchen die für Vermächtnisse geltenden Vorschriften Anwendung finden. An sich fällt zunächst darunter ein Erwerb nach § 1969 des BGB., der sog. Dreißigste. — Bezüglich dieses Erwerbes ist aber nach § 22 Ziff. 6 ausdrücklich eine Befreiung ausgesprochen.

Auch ist hierher der Fall zu rechnen, wo einem Dritten durch letztwillige Verfügung der Betrag zugewendet wird, der einem anteilsberechtigten Abkömmlinge nach Beendigung der fortgesetzten Gütergemeinschaft gebührt, ihm aber entzogen worden ist (§ 1514 in Verbindung mit §§ 1512, 1513 Abs. 1 BGB.).

Des ferneren gehört hierher der Fall des Voraus, welchen der § 1932 des BGB. folgendermaßen regelt:

„§ 1932. Ist der überlebende Ehegatte neben Verwandten der „zweiten Ordnung oder neben Großeltern gesetzlicher Erbe, so ge„bühren ihm außer dem Erbteile die zum ehelichen Haushalte ge„hörigen Gegenstände, soweit sie nicht Zubehör eines Grundstückes „sind und die Hochzeitsgeschenke als Voraus. Auf den Voraus finden „die für Vermächtnisse geltenden Vorschriften Anwendung."

Abs. 1 Nr. 4.

32. Das bisher geltende RErbStG. enthält in seinem § 20 unter Ziff. 6, das Ges. 1906 in § 3 unter Ziff. 3 übereinstimmend die gleiche Vorschrift.

Folgerichtig unterwarf das Gesetz 1919 auch den gleichen Erwerb der Nachlaßsteuer (§ 8 Abs. 1 Ziff. 1). Einen Grund für diese Einführung einer besonderen Steuerpflicht sah man für die frühere Gesetzgebung darin, daß in den fraglichen Fällen eine ähnliche Wirkung wie mit den Schenkungen von Todes wegen erzielt wird, da hier ebenmäßig der begünstigte Dritte mit dem Eintritt des Todes des Versicherungsnehmers unentgeltlich bereichert wird und deshalb eine gleichmäßige steuerliche Behandlung geboten ist.

Die Vorschrift trifft insbesondere den Fall, in welchem der Erblasser in einem Lebensversicherungsvertrag die Zahlung der Versicherungssumme oder Rente an einen Dritten bedungen hat; es sind dafür im wesentlichen die §§ 330 und 331 BGB. maßgebend. Unbedingte Voraussetzung für das Platzgreifen der Vorschrift ist stets, daß der Anspruch des Dritten erst mit dem Tode des Erblassers fällig wird. Eine Versicherungssumme, welche nach der Vertragsbestimmung schon vor dem Tode des Erblassers zu beanspruchen war bzw. zur Zahlung gelangt ist, kann niemals unter die Vorschrift der Ziff. 4 fallen, ebensowenig wie solches bezüglich derjenigen Abfindungen der Fall sein wird, welche der Erblasser bei einem Gutsübergabevertrage für Angehörige oder Dritte als sofort und unabhängig von seinem Tode zahlbar ausbedungen hat.

Zu beachten ist übrigens, daß sich der Gesetzgeber in bewußten Gegensatz zum Bürgerlichen Rechte setzt, wenn er den Erwerb auf Grund einer Verfügung unter Lebenden als Erwerb von Todes wegen anspricht.

33. Die Steuerpflicht entsteht mit dem Tode des Erblassers (vgl. § 18); sie kann gemäß der Fassung der Vorschrift nur insoweit entstehen, als durch Vertrag ein Vermögensvorteil für den Erwerber sich ergibt. Neben den im § 330 BGB. berührten Lebensversicherungs- und Leibrentenverträgen, Schenkungen unter einer Auflage, Vermögens- und Gutsübernahmen mit Abfindungen für andere gehören auch Unfallversicherungsverträge, Verträge mit Sterbekassen u. dgl. hierher, sobald sich diese Verträge als zugunsten eines Dritten abgeschlossen darstellen. Nicht unter die Steuervorschrift fallen gesetzliche Ansprüche, welche ein Dritter mit dem Tode des Erblassers erwirbt, wie Ansprüche aus dem Unfallversicherungsgesetz, auf Witwengehalt, auf Waisengeld usw.

34. Hinsichtlich der Besteuerung eines Erwerbs aus Lebensversicherungen heben sich je nach den verschieden gearteten

Unterlagen im einzelnen drei Fälle voneinander ab. Ist in dem Versicherungsvertrage überhaupt keine Person benannt, zu deren Gunsten die Versicherung abgeschlossen sein sollte, oder ist die Versicherung allgemein zugunsten des Nachlasses abgeschlossen, so gehört der Anspruch auf die mit dem Tode des Erblassers fällig werdende Versicherungssumme nach dem Bürgerlichen Recht zu der Erbschaftsmasse und ist folgeweise in dieser wie jeder andere Nachlaßgegenstand nach Ziff. 1 des Paragraphen der Steuer unterworfen und dementsprechend steuerlich zu behandeln. Ist in dem Versicherungsvertrage die Zahlung „an die Erben" festgelegt, so greift der § 167 Abs. 1 des Gesetzes über den Versicherungsvertrag vom 30. Mai 1908 (RGBl. 1908 S. 263) Platz, der folgendes vorschreibt: „§ 167 Abs. 1. Soll bei einer Kapitalversicherung die Leistung des Versicherers nach dem Tode des Versicherungsnehmers erfolgen und ist die Zahlung an die Erben ohne nähere Bestimmung bedungen, so sind im Zweifel diejenigen, welche zur Zeit des Todes als Erben berufen sind, nach dem Verhältnisse ihrer Erbteile bezugsberechtigt. Eine Ausschlagung der Erbschaft hat auf die Berechtigung keinen Einfluß." In diesem Falle gehört der Anspruch auf die Versicherungssumme nicht unmittelbar zum Nachlaß; er wird erst durch die Vorschrift der Ziff. 4 des Paragraphen zum Erwerb von Todes wegen und damit der Steuerpflicht unterworfen. Wurde der Versicherungsvertrag ausdrücklich zugunsten einer bestimmten dritten Person verlautbart, so zählt der Anspruch auf die Versicherungssumme allgemeinrechtlich nicht zum Nachlaß; er ist aber steuerlich auf Grund der besonderen Vorschrift unter Ziff. 4 als ein Anspruch von Todes wegen anzusehen und als solcher zu behandeln; die Steuer trifft den Dritten, zu dessen Gunsten die Versicherung abgeschlossen war. Erwirbt der Dritte, zu dessen Gunsten der Versicherungsvertrag vereinbart ist, den Anspruch auf die Versicherungssumme als einen fälligen bereits bei Lebzeiten des Erblassers, so handelt es sich lediglich um eine Schenkung, welche steuerlich den Grundsätzen des § 3 unterliegen würde.

Abs. 2 Nr. 1.

35. Die erbschaftsteuerliche Behandlung der Stiftung ist bezüglich des Erwerbes von Todes wegen durch die Neufassung des Gesetzes auf gänzlich veränderte Grundlage gestellt. Nach der bisherigen Fassung (Ges. 1919: § 2 Ziff. 5, § 33 Ziff. 5; Ges. 1906: § 3 Ziff. 2, § 11 Ziff. 5) bestanden zunächst Sondervorschriften für Familienstiftungen, d. h. Stiftungen, die wesentlich im Interesse einer oder bestimmter Familien gemacht sind. Bei solchen waren nur die Bezüge, welche infolge Todesfalls an den stiftungsmäßig oder gesetzlich dazu Berufenen gelangten sowie der Erwerb des Stiftungsvermögens, sofern dieses infolge Erlöschens der Stiftung an die stiftungsmäßig oder gesetzlich dazu Berufenen fiel, erbanfallsteuerpflichtig, die erste Dotierung inländischer Stiftungen dieser Art auf Grund letztwilliger Verfügung des Stifters aber steuerfrei, sofern eben die Bezüge aus der Stiftung als Erwerb von Todes wegen anzusehen waren oder das Stiftungsgeschäft zur Vollziehung einer letztwillig angeordneten Auflage oder deshalb errichtet worden war, weil der Erblasser von der Errichtung einen Erwerb von Todes wegen abhängig gemacht hatte (§ 33 Ziff. 5 a. F., betr. der abweichenden Fassung des Gesetzes 1906 vgl. das. § 11 Ziff. 5). Bei allen übrigen letztwillig errichteten

Stiftungen war, ohne daß das Gesetz eine besondere Hervorhebung dieses Umstandes für nötig hielt, der Erwerb auf Grund letztwilligen Stiftungsgeschäftes steuerpflichtig gemäß § 20 Ziff. 1 a. F.

36. Die Novelle hat die Sonderstellung der Familienstiftungen beseitigt. Durch Aufhebung der Ziff. 5 § 20 a. F. ist der Eintritt in die Stiftungsbezüge infolge Todesfalls des früheren Berechtigten steuerfrei geworden; die Einreihung unter eine andere Ziffer des § 2 oder unter § 3 erscheint ausgeschlossen und entspricht nicht dem Willen des Gesetzgebers. Der früher leitende Gedanke, daß die in Ziff. 2 ausgesprochene Steuerpflicht des Erwerbes gebundenen Vermögens eine Gleichstellung des hier in Rede stehenden Erwerbes nötig mache, ist also fallen gelassen. Der Erwerb bei Aufhebung einer Stiftung ist jedoch steuerpflichtig geblieben, aber als Schenkung unter Lebenden (§ 3 Ziff. 9). Die Befreiungsvorschrift des § 33 Ziff. 5 a. F. (Erstausstattung letztwillig errichteter Familienstiftungen durch den Erblasser) ist beseitigt. Befreiungen und Bevorzugungen von Stiftungen anderer Art sind bestehen geblieben (vgl. §§ 21 Ziff. 2, 22 Ziff. 15, 23 Ziff. 2). — Die Ausstattung von auf Grund eines Stiftungsgeschäfts unter Lebenden errichteten Stiftungen ist durch § 3 Ziff. 7 erfaßt.

37. Die Fassung unserer Ziffer ist nicht ganz glücklich. Sie soll besagen, daß Vermögen, welches auf Grund letztwilliger Verfügung auf eine vom gleichen Erblasser letztwillig errichtete Stiftung übergeht, als vom Erblasser zugewendet gilt. Daran läßt der mehrfache Gebrauch des Wortes „Erblasser" und die Einstellung der Vorschrift in § 2 (Erwerb von Todes wegen) keinen Zweifel; der Wortlaut geht aber darüber hinaus. An sich besagt die Vorschrift etwas Selbstverständliches. Denn obwohl eine letztwillig errichtete Stiftung erst durch staatliche Genehmigung (vgl. BGB. § 80), also nach dem Tode des Erblassers entsteht, gilt sie doch für Zuwendungen des Stifters als schon vor dessen Tode entstanden (§ 84 das.). Sie kann also erben und mit Vermächtnissen bedacht werden; die §§ 1923, 2101 Abs. 1, 2178, 2179 gelten hier nicht. Bezüglich der Gültigkeit letztwilliger Verfügungen, besonders auch der Form, ist auf die Bemerkung oben zu 6 ff. zu verweisen. — Steuerpflichtig ist nur die bewidmete Stiftung; die Stipendiaten (auch die ersten) sind es selbst dann nicht, wenn sie der Erblasser benannt hat (RFH. Samml. Bd. III S. 321; ähnl. RFH. 21. März 1923, DStR. XV S. 130).

38. Vermögen braucht die Stiftung nur zur Durchführung ihrer Zwecke. Die Bewidmung der Stiftung kann daher sowohl im Stiftungsgeschäfte wie in einem gesonderten Akte, vom Stifter selbst wie von dritten Personen ausgehen (v. Staudinger, Kommentar zum BGB., Vorbem. zu §§ 80—88 II 4 gegen Planck, Anm. 3 zu § 81 BGB.). Steuerpflichtig ist jede Art letztwilliger Bewidmung, gemäß Abs. 2 Ziff. 1 jedoch nur die durch den Erblasser, die durch Dritte gemäß Abs. 1 Ziff. 1. Daß die Stiftung das ihr letztwillig Zugewandte ausschlagen kann, ist die Folgerung aus dem hier vertretenen Standpunkt, daß die Dotierung nicht zum Stiftungsakte notwendig ist. (Betr. Ausschlagung vgl. oben Anm. 16, 17.)

Bezüglich der Entstehung der Steuerpflicht vgl. Anm. 14 zu § 18, bezüglich der Bestimmung der Steuerklasse § 9 Abs. 2 Ges.

Daß die letztwillige Bewidmung einer unter Lebenden errichteten Stiftung nach Abs. 1 Ziff. 1 steuerpflichtig ist, bedarf kaum der Erwähnung.

39. Die Ziffer hat nur die Ausstattung der Stiftungen im Rechtssinne, d. h. der mit Rechtsfähigkeit umkleideten Vermögensmassen gemäß §§ 80 ff. BGB. im Sinne. Die Begründung sog. fiduziarischer Stiftungen oder Zweckvermögen, d. s. Zuwendungen an eine bestehende juristische Person (z. B. Stadt, Hochschule) mit der Auflage der Verwaltung unter besonderem Namen und zu bestimmter Zweckverwendung ist durch § 4 Ges. n. F. erfaßt.

Abs. 2 Nr. 2.

40. In Ziff. 4 § 20 des Ges. 1919 waren in Übereinstimmung mit der völlig gleichlautenden Bestimmung in § 1 Abs. 2 Ziff. 2 des Ges. 1906 folgende drei Erwerbsfälle der Erbanfallsteuer unterworfen:

a) Der Erwerb infolge der Vollziehung einer durch Verfügung von Todes wegen angeordneten Auflage;

b) der Erwerb infolge der Bewirkung einer Leistung, von welcher der Erblasser einen Erwerb von Todes wegen abhängig gemacht hat;

c) sofern ein Erwerb der Genehmigung einer Behörde bedarf, dasjenige, welches infolge der Vollziehung einer Anordnung dieser Behörde erlangt ist.

Unsere Ziffer hat die Erwerbsfälle a und b übernommen; der zu c ist der nächsten Ziffer überwiesen. Dabei ist in der Novelle der Erwerbsfall zu a nur einer redaktionellen Änderung unterworfen (die Worte „durch Verfügung von Todes wegen" sind durch die Worte „vom Erblasser" ersetzt). Der Fall b hat jedoch eine zweifelsfreie Erläuterung dahin erfahren, daß nicht nur, wie nach dem Wortlaute alter Fassung angenommen werden kann, der Erwerb infolge Bewirkung einer einen andern Erwerb aufschiebend bedingenden Leistung der Steuer unterworfen ist, sondern auch der Erwerb infolge Bewirkung einer den andern Erwerb auflösend bedingenden Leistung.

Die durch die Worte „es sei denn . . . ." eingeleitete Einschränkung der Neufassung wurde im Hinblick auf die Einführung des Begriffes „Zweckzuwendung" in § 4 Ges. notwendig.

41. Den Begriff der Auflage enthält § 1940 BGB.:

„§ 1940. Der Erblasser kann durch Testament den Erben oder „einen Vermächtnisnehmer zu einer Leistung verpflichten, ohne einem „anderen ein Recht auf die Leistung zuzuwenden (Auflage)."

Die näheren Bestimmungen über die Auflage gibt das BGB. in den §§ 2192—2196. Von besonderer Bedeutung ist die Vorschrift des § 2194, wonach die Vollziehung der Auflage von den hier genannten Personen erzwungen werden kann (vgl. auch §§ 2203, 2208 Abs. 2, 2223 BGB.). Einen indirekten Zwang zur Vollziehung enthält § 2196 das.

Von dem Vermächtnis unterscheidet sich die Auflage dadurch, daß sie nur die Verpflichtung zu einer Leistung für den beschwerten Erben oder Vermächtnisnehmer begründet, ohne dem Dritten ein Gläubigerrecht auf die Leistung, einen selbständigen Anspruch auf das Zugewendete zu gewähren. (Anders die Auflage bei der Schenkung — vgl. BGB. §§ 525 ff., 330 S. 2.) Die Auflage ist demnach nur eine Beschwerung, aber keine Zuwendung einer Bereicherung, selbst wenn, wie häufig der Fall, der Vollzug dem Dritten zum Vorteil gereicht. Dem dem Gesetz zugrunde liegenden Zweck und der Billigkeit mußte es entsprechen, die Auflagen in denjenigen Fällen, in welchen sie für den Dritten einen Vermögensvorteil bedeuten und ihm einen Erwerb bringen, für die Erbschaftssteuererhebung, ebenso wie unter Ziff. 3 des Paragraphen die sog. gesetzlichen Vermächtnisse, den Vermächtnissen gleichzustellen. Hierzu bedurfte es einer besonderen gesetzlichen Vorschrift, wie sie hier gegeben ist.

Bei der Auflage kann es sich niemals um einen von dem tatsächlichen Erwerb zu unterscheidenden Rechtserwerb handeln; sie kommt für den durch sie Bereicherten stets nur durch den tatsächlichen Erwerb zum Vollzuge; folgeweise kann die Steuerpflicht hier nur mit dem tatsächlichen Erwerb entstehen. Die Steuerpflicht ist jedoch selbständig für den Erwerb durch Auflage begründet; es ist deshalb für dieselbe ohne Bedeutung, ob der mit der Auflage Beschwerte für seine Person der Steuerpflicht unterworfen ist oder Steuerfreiheit genießt und ob das durch die Auflage Erworbene aus dem Nachlaß des Erblassers oder aus dem Vermögen des Beschwerten stammt.

Als Beispiel der einen Dritten begünstigenden Auflage mag die vom Erblasser einem Erben oder Vermächtnisnehmer in Auflageform auferlegte Verpflichtung erwähnt werden, einem Dritten in irgendeiner Form Unterhalt zu gewähren, ihn insbesondere studieren zu lassen.

Die Auflage ist eine Nachlaßverbindlichkeit (BGB. § 1967) und mindert den Wert der Zuwendung, an welche sie geknüpft ist (§ 12 Ges.).

42. Bedingung ist der einem Rechtsgeschäft vom Erklärenden (hier Erblasser) zugefügte, in der Zukunft liegende ungewisse Umstand, von dessen Eintritt das Wirksam werden (aufschiebende = Suspensivbedingung) oder Wirksam bleiben (auflösende = Resolutivbedingung) abhängt. Das BGB. regelt die Wirkungen des bedingten Rechtsgeschäfts in §§ 158 ff., vgl. auch §§ 2074 ff., 2104, 2105, 2177 ff. Wie aus den Worten „infolge Erfüllung" erhellt, kommen hier nur solche Bedingungen in Frage, deren Eintritt von dem Willen und der Tätigkeit (Erfüllung) des bedingt Berechtigten entweder ausschließlich (Potestativbedingung) oder teilweise (gemischte Bedingung) abhängt, nicht aber ausschließlich vom Zufall (kasuelle Bedingung). Ob aber der Eintritt der Bedingung eine Veränderung der zur Zeit des Erbfalls bestehenden Lage (affirmative Bedingung) oder ein Bestehenbleiben derselben (negative Bedingung) erfordert, ist für die Anwendung der Ziffer gleichgültig, ebenso, ob die Bedingung aufschiebend oder auflösend ist. Anwendungsfälle: Der Erblasser setzt den A unter der (affirmativen gemischten Suspensiv-)Bedingung zum Erben ein, daß A dem X die Mittel zum Studium gewährt oder sicherstellt; A erfüllt die Bedingung oder tut das Seinige zur Erfüllung (§ 2076 BGB.). Der Erblasser setzt den A unter der (negativen, potestativen Resolutiv-)Bedingung zum Erben ein, daß A dem X den Unterhalt, den er bislang schon freiwillig gewährte, weiter beläßt oder unter der (affirmativen, potestativen Resolutiv-)Bedingung, daß A dem X von jetzt an Unterhalt gewährt (vgl. § 2075 BGB.).

Auch hier entsteht die Steuerschuld erst mit dem tatsächlichen Anfall (vgl. Note 15 zu § 18).

Bezüglich des Unterschiedes zwischen der Erbeseinsetzung (bzw. Vermächtniszuwendung) unter einer Auflage und unter einer aufschiebenden (= Suspensiv-)Bedingung sei hier kurz hervorgehoben, daß der unter einer Auflage Berechtigte den Erwerb sogleich macht, aber gehalten ist, die Auflage zu vollziehen, während der bedingt Berechtigte nicht gehalten ist, die Bedingungen zu vollziehen, den Erwerb aber nur dann machen kann, wenn er sie erfüllt. (Auflage zwingt, aber suspendiert nicht — Bedingung zwingt nicht, aber suspendiert.) Der Erwerb von Todes wegen selbst, der unter einer Auflage oder Bedingung gemacht wird, ist nach Abs. 1 Ziff. 1 zu versteuern.

43. Ziff. 2 Abs. 2 gilt nicht, wenn eine einheitliche Zweckzuwendung vorliegt; alsdann greift § 4 Ges. ein. Die Folge ist, daß beim Vorliegen einer Zweckzuwendung nicht der durch die Vollziehung der Auflage oder Bedingung Begünstigte, sondern der mit der Ausführung der Zuwendung Beschwerte der Steuerschuldner ist (vgl. § 18 Abs. 2 Ges.). Da nach den Verhandlungen im Reichstagsausschuß und den vom Reichsfinanzminister gegebenen Richtlinien der Kern der Zweckzuwendung in der Begünstigung eines von der Person losgelösten Zweckes liegt, unsere Ziffer aber gerade in der Begünstigung einer Person durch Erfüllung der Auflage oder Bedingung den Steuerfall erblickt, so erscheint der einschränkende Zusatz fast selbstverständlich. Gedacht ist wohl an die zahlreichen Grenzfälle, in denen durch die Erfüllung des durch Auflage oder Bedingung begünstigten Zweckes auch bestimmte Personen unmittelbare Vermögensvorteile erlangen. Beispiel: Der Erblasser vermacht einer Hochschule eine Summe, aus deren Einkünften vom Rektor oder Senat zu bestimmende begabte und bedürftige Studierende Zuschüsse zum Studium erhalten sollen. Steuerpflichtig ist hier die Hochschule und nicht die auserwählten Studierenden (§ 18 Abs. 2 Ges.).

Bezüglich der der Besteuerung zugrunde zu legenden Steuerklasse (§§ 9, 10 Ges.) vgl. oben Note 1 unter aa, bezüglich der Begriffe „erlangt" — „erwirbt" vgl. Note 28 zu § 3.

Abs. 2 Nr. 3.

44. Die Vorschrift entspricht der an letzter Stelle in Ziff. 4 a. F. getroffenen Bestimmung. Sie erscheint gegenüber der früheren Fassung allerdings klarer und auch vollständiger, da nicht nur der Erwerb infolge Anordnung der genehmigenden Behörde, sondern auch der auf freiwilliger Leistung des Bedachten beruhende steuerpflichtig gemacht ist, sofern die Leistung zur Erlangung der Genehmigung erfolgt.

Die Vorschrift bezieht sich auf diejenigen Fälle, in welchen eine Zuwendung zu ihrer Gültigkeit der staatlichen Genehmigung (vgl. auch EG. BGB. Art. 86) bedarf, wie dies beispielsweise nach Art. 6 Preuß. AG. BGB. (Preußische Gesetz-Samml. 1899 S. 181), Art. 7 Bayer. AG. BGB., Art. 140 Württ. AG., Art. 8 Bad. AG., Art. 12—14 Hess. AG. BGB. der Fall ist. Vor Erteilung einer solchen Genehmigung wird u. a. geprüft, ob der Zuwendende nicht etwa durch übertriebene Freigebigkeit sittliche Pflichten gegen hilfsbedürftige Angehörige verletzt habe, und es wird zutreffendenfalls die Genehmigung von der Bedingung abhängig gemacht, daß der mit der Zuwendung Bedachte diesen Angehörigen gewisse Beträge zukommen läßt. Es entspricht der Billigkeit, die letzteren nicht von dem Bedachten, sondern von den durch sie bereicherten Angehörigen nach ihrem Verhältnisse zum Erblasser versteuern zu lassen; hierzu bedurfte es, da die Angehörigen die Beträge nicht als Erben oder Vermächtnisnehmer erhalten, einer ausdrücklichen gesetzlichen Vorschrift.

Die staatliche Behörde, welche die Genehmigung erteilt, wird der Steuerbehörde entsprechende Mitteilung zu machen haben. Die Steuerpflicht entsteht auch hier mit dem tatsächlichen Erwerb (vgl. Note 16 zu § 18).

In einer den Gliedstaaten vom Reichsminister der Finanzen mit Schreiben vom 14. Mai 1919 III W. 4046 mitgeteilten Entscheidung des RFH. vom 14. März 1919 sind hierzu folgende Grundsätze ausgesprochen: Für die Rechtsgültigkeit einer nach Art. 6 § 1 Preuß. AG. BGB. erteilten behördlichen Genehmigung zur Annahme einer Zuwendung (vgl. auch Art. 86 EG. BGB.) ist es ohne Bedeutung, ob die Genehmigung auf Antrag des Bedachten oder gegen seinen Willen erteilt worden ist. Die Verjährung des Steueranspruchs läuft erst vom Zeitpunkt der Erteilung der behördlichen Genehmigung der Zuwendung an.

Zu Art. 6 Preuß. AG. BGB. hat das RG. (Entsch. Samml. Bd. 76 S. 384) ausgeführt, daß der Erwerb sich erst durch die vorgesehene staatliche Genehmigung vollziehe. Nach gleicher Entscheidung soll für die Bemessung der Wertgrenze, von der aufwärts Schenkungen und Zuwendungen von Todes wegen der staatlichen Genehmigung bedürfen (derzeit 5000 Mk., nach Gesetz Nr. 13 der Preuß. GesSamml. 1922 S. 77 auf 50000 Mk. erhöht), der Reinwert der Zuwendung (ohne Abzug der Lasten und Verbindlichkeiten) maßgebend sein.

Bezüglich der der Besteuerung zugrunde zu legenden Steuerklasse (§§ 9, 10 Ges.) vgl. oben Note 1.

Abs. 2 Nr. 4.

45. In der Hauptsache schließt sich die Bestimmung, die mit der Ziff. 7 des Ges. 1919 wörtlich übereinstimmt, dem § 2 Ziff. 2 des RESt G. 1906 an. Nur ist die an letzterer Stelle aufgeführte Abfindung für einen Erbverzicht ausgeschieden und mit unter die Schenkungssteuer gestellt, weil es sich um einen Verzicht durch Vertrag mit dem Erblasser handelt. Andererseits ist nach Maßgabe der anderweiten Stellungnahme des Gesetzes zu dem Pflichtteilsanspruch die Abfindung für einen Verzicht auf den entstandenen Pflichtteilsanspruch neu eingestellt.

46. Da das neue Erbschaftssteuergesetz nur den geltend gemachten Pflichtteilsanspruch als steuerpflichtigen Erwerb von Todes wegen gelten läßt, so wird ein entstandener Pflichtteilsanspruch durch den Verzicht des Pflichtteilsberechtigten der Steuer entzogen. Ebensowenig wird aber an und für sich dasjenige, was dem Pflichtteilsberechtigten als Abfindung für den ausgesprochenen Verzicht von dem durch letzteren Bereicherten geleistet wird, als Erwerb von Todes wegen angesehen und zur steuerpflichtigen Erbschaftssteuermasse gezogen werden können. Billigerweise wird jedoch die Bereicherung des Pflichtteilsberechtigten durch seinen Verzicht in gleicher Weise, wie solches in anderen ähnlich liegenden Fällen geschehen ist, der Steuer zu unterwerfen sein, zumal andernfalls das bezügliche Verfahren leicht zu Umgehungen der Erbschaftssteuer benutzt werden könnte. Dem vorzubeugen ist der innere Zweck der besonderen Heranziehung desjenigen, was für den Verzicht auf den entstandenen Pflichtteilsanspruch gewährt wurde, zur Erbschaftssteuer. Über die Abfindung wird regelmäßig eine vertragliche Abmachung zwischen dem Pflichtteilsberechtigten und demjenigen, dem der Verzicht auf den Pflichtteil zum Vorteil gereicht, getroffen werden.

47. Das Gesetz erklärt nur die Abfindung für steuerpflichtig, die für den Verzicht auf den entstandenen Pflichtteilsanspruch gewährt wird.

Der Pflichtteilsanspruch entsteht mit dem Erbfalle (§ 1922 BGB.) unmittelbar kraft Gesetzes (§ 2317 BGB.). Ausnahmsweise setzt er zur Geltendmachung die Ausschlagung der Erbschaft oder eines Vermächtnisses voraus (§§ 2306, 2307 BGB.), aber auch hier gilt er vermöge der Fiktion der §§ 1953, 2180 BGB. gleichwohl als mit dem Erbfalle entstanden (Kommentar d. RGRäte, Anm. 1 zu § 2317 BGB.). Ein Vertrag, durch den sich jemand zum Verzichte auf einen künftigen Pflichtteil gegen Vergütung verpflichtet, würde gemäß § 312 Abs. 1 BGB. nichtig sein, sofern er nicht entweder als Erbverzicht (BGB. §§ 2346 ff.) in den hierfür vorgesehenen Formen mit dem Erblasser oder unter künftigen gesetzlichen Erben gemäß § 312 Abs. 2 in der Form gerichtlicher oder notarieller Beurkundung abgeschlossen ist. Die Gewährung der Abfindung für einen Erbverzicht ist gemäß § 3 Ziff. 5 steuerpflichtig. Liegt ein Fall des § 312 Abs. 2 vor, so ändert der Vertrag, der zum Verzichte auf den künftigen Pflichtteil verpflichtet, nichts daran, daß der Pflichtteilsanspruch — vorausgesetzt, daß die Voraussetzungen der §§ 2303—2309 BGB. vorliegen — mit dem Tode des Erblassers dennoch zunächst für den Verzichtenden entsteht. Vermöge der obligatorischen Bindung des gemäß § 312 Abs. 2 BGB. abgeschlossenen Vertrages kann der Vertragsgegner vom Verzichtenden die Verzichtserklärung erzwingen (vgl. § 894 ZPO.). Da aus den Einzelfällen des § 2 Ges. als Wille des Gesetzgebers erhellt, lückenlos alle durch den Tod eines Dritten selbständig vermittelten Erwerbsfalle der Steuerpflicht zu unterwerfen, so wird eine gemäß § 4 AbgO. vorgenommene Auslegung unserer Ziffer dahin führen müssen, auch die in Erfüllung des obligatorischen Verzichtvertrages (§ 312 Abs. 2 BGB.) gewährte Abfindung der Steuerpflicht zu unterwerfen und zwar mit dem Zeitpunkte des Entstehens des Pflichtteilsanspruchs, oder — sofern die Gewährung der Abfindung in Erfüllung der obligatorischen Verpflichtung erst später geschieht — mit dem Zeitpunkte der Gewährung (vgl. Note 49). Eine Steuerfreiheit einer derartigen Abfindung könnte zu Steuerersparnissen führen, gegen welche auch § 5 AbgO. keinen ausreichenden Schutz gewähren würde.

48. Bezüglich der Annahme und Ausschlagung einer Erbschaft oder eines Vermächtnisses sind die §§ 1942 ff., 2142, 2176 BGB. und die Bemerkung oben in Anm. 16 und 17 zu vergleichen. Ähnlich wie der Verzicht auf den Pflichtteil ist die Ausschlagung der Erbschaft vor dem Erbfall nur in der Form des Erbverzichtes (§§ 2346 ff. BGB.) dinglich wirksam (Komm. RG. Note 2 zu § 1946 BGB.). Möglich ist aber auch hier eine nur obligatorisch wirksame Vereinbarung unter den künftigen gesetzlichen Erben nach § 312 Abs. 2 BGB., vermöge deren der eine sich zur Ausschlagung des künftigen gesetzlichen Erbteiles, der andere zur Entrichtung einer Abfindung verpflichtet. Hier müssen sinngemäß die Ausführungen der Note 47 gelten, so daß die Steuerpflicht aus unserer Ziffer mit dem Erbfalle bzw. der späteren Vollziehung des Abfindungsversprechens eintritt.

49. Nach dem klaren Wortlaute des Gesetzes gilt als vom Erblasser zugewendet nur die gewährte Abfindung. „Gewähren" bedeutet aber nach der Sprache des Gesetzes im Gegensatze zu „versprechen" einen dinglichen, auf Eigentumsverschaffung gerichteten Akt (vgl. BGB. § 138, StGB. § 333). Es muß daher im Gegensatze zur früheren Auflage der Standpunkt vertreten werden, daß in den in Abs. 2 Ziff. 4 erfaßten

Fällen die Steuerpflicht erst mit dem dinglichen Vollziehungsakte (tatsächlichem Erwerbe) eintritt. — Vgl. im übrigen die eingehendere Begründung in Note 17 zu § 18. — Ein Abfindungsversprechen wird daher erst steuerpflichtig, wenn und soweit Erfüllung erfolgt ist. Wegen des Begriffes „Erfüllung" vgl. BGB. §§ 363 ff.; selbstverständlich stehen die sog. Erfüllungssurrogate: Leistung an Erfüllungs Statt (BGB. § 364), Hinterlegung (BGB. §§ 372 ff.) und Aufrechnung (das. §§ 387 ff.), sowie der Erlaß (das. § 397) der Erfüllung gleich.

„Von dritter Seite" gewährt, bedeutet „nicht vom Erblasser" gewährt. Gleichwohl ist, wie aus den Einleitungsworten des Abs. 2 hervorgeht, für die Auswahl der Steuerklasse (§§ 9, 10 Ges.) stets das Verhältnis des Verzichtenden oder Ausschlagenden zum Erblasser zugrunde zu legen (vgl. Note 1 unter aa), so daß der Erwerb regelmäßig steuerfrei ist, wenn der Erblasser der Ehegatte des Verzichtenden oder Ausschlagenden ist (§ 9 Abs. 1 Ziff. 2 Ges.), in allen anderen Fällen aber stets nach dem Verhältnis zum Erblasser steuerpflichtig, ohne Rücksicht auf das Verhältnis zwischen dem Gewährenden und dem Empfänger der Abfindung.

50. Ist die Ausschlagung der Erbschaft oder des Vermächtnisses oder der Verzicht auf den Pflichtteil unwirksam, nichtig oder erfolgreich angefochten (vgl. z. B. BGB. §§ 105 ff., 116—125, 142 ff., für die Ausschlagung speziell §§ 1944, 1945, 1947, 1949, 1950, 1954 ff., 2180), so ist der Besteuerung aus Abs. 2 Ziff. 4 damit der Boden entzogen. An ihre Stelle tritt die Besteuerung des Erwerbes gemäß Abs. 1 Ziff. 1. In gleicher Weise kommt die Steuerpflicht aus unserer Ziffer in Fortfall, wenn der Ausschlagende gar nicht Erbe geworden ist, die Vermächtnisanordnung nichtig war oder der Verzichtende nicht pflichtteilsberechtigt war oder wenn die der Gewährung der Abfindung vorangegangene Abmachung von vornherein nichtig oder erfolgreich angefochten ist. Solange in diesen Fällen freilich der Gewährende von seinem Rückforderungsrecht (§§ 812, 815 BGB.) keinen Gebrauch macht, muß es bei den steuerlichen Folgen der Gewährung der Abfindung bewenden (vgl. das in Note 8 zu § 18 wiedergegebene Urt. d. RFH. vom 12. Juli 1922).

Abs. 2 Nr. 5.

51. Die Vorschrift ist im Zusammenhang mit §§ 7 und 12 Abs. 3 zu verstehen. Danach wird der Nacherbe erst im Falle des Eintritts der Nacherbfolge besteuert. Seine Anwartschaft gehört nicht zu seinem Nachlasse, folglich begründet die Vererbung derselben keine Steuerpflicht; überträgt aber der Nacherbe die Anwartschaft unter Lebenden entgeltlich, so wird das Entgelt als vom Erblasser von Todes wegen erworben versteuert.

Die Gesetze 1906 und 1919 enthalten keine Regelung im Sinne unserer Ziffer bzw. des § 12 Abs. 3. Der Nacherbe wurde als Erbe behandelt (§ 23 Ges. 1919, § 27 Ges. 1906), die Anwartschaft regelmäßig als zum Nachlaß gehörig. (So die 3. Aufl. dieses Kommentars, Anm. 5 zu § 23, ähnlich Ehm, A. Hoffmann.) Für eine Besteuerung der für die Übertragung der Anwartschaft gewährten Abfindung war höchstens gemäß § 40 Ges. a. F. Raum; als Zuwendung von Todes wegen konnte die Abfindung nicht angesehen werden. (Vgl. Entsch. RFH. vom 23. Juli 1921, RStR., SprSamml. IV S. 19, die es ablehnt, aus § 20 Ziff. 7 und § 40 Ziff. 2 und 6 a. F. ein allgemeines steuerrechtliches Prinzip herzuleiten, wonach die Gewährung einer Entschädigung für den Wegfall eines Rechtes oder einer Rechtslage, die bei weiterer Entwicklung zu einem eine Steuerpflicht begründenden Tatbestande hätte führen können, als teilweise Verwirklichung des Tatbestandes gelten zu lassen und in entsprechender Höhe als steuerpflichtig zu behandeln.)

52. Nacherbe ist ein Erbe, der erst Erbe wird, nachdem zunächst ein anderer (Vorerbe) Erbe geworden ist (BGB. § 2100 — vgl. die Bemerkungen zu § 7 Ges.). Die Erbschaft fällt dem Nacherben erst mit dem Eintritte des Falles der Nacherbfolge, also regelmäßig mit dem Tode des Vorerben an (§§ 2139, 2106 BGB.). Vorher ist der Vorerbe wahrer Erbe, freilich in der Verfügung über die Erbmasse beschränkt durch das Recht des Nacherben (§§ 2112 ff. BGB.); der Nacherbe erlangt aber bereits durch den Tod des Erblassers eine Anwartschaft auf den demnächstigen Anfall, die, sofern nicht ein anderer Wille des Erblassers anzunehmen ist (vgl. auch §§ 2094, 2096 BGB.), vererblich ist. Die Anwartschaft ist grundsätzlich übertragbar, auch dann, wenn der Nacherbe unter einer aufschiebenden Bedingung eingesetzt ist, also seine Anwartschaft nur dann vererbt, wenn er den Eintritt der Bedingung erlebt hat; allerdings ist hier die Wirksamkeit der Übertragung dadurch bedingt, daß der Nacherbfall tatsächlich eintritt, der Nacherbe also den Eintritt der Bedingung erlebt (Komm. RG. Anm. 3 zu § 2108). Die Übertragbarkeit der Anwartschaft, die das Gesetz (§ 2108) selbst als Recht bezeichnet, wird gemäß § 137 BGB. mit dinglicher Wirkung vom Erblasser nicht ausgeschlossen werden können; ein obligatorischer Ausschluß der Übertragbarkeit ist dagegen in der Form einer Auflage (§ 2192 BGB., vgl. auch § 2278 Abs. 2 das.) möglich.

53. Der auf die Veräußerung der Anwartschaft gerichtete Vertrag, folgeweise auch das einen Teil des Vertrages bildende Versprechen eines Entgeltes für die Übertragung, bedarf der gerichtlichen oder notariellen Beurkundung (§§ 2371, 2385 Abs. 1 BGB., vgl. auch Komm. RG. Anm. 2 zu § 2371). Vor dem Erbfalle ist der Übertragungsvertrag gemäß § 312 BGB. nichtig.

54. Die Steuerpflicht ist auch hier (wie in Ziff. 4) an die Gewährung des Entgeltes, also den dinglichen Übereignungsakt geknüpft (vgl. oben Note 49). Ist die die Verpflichtung zur Gewährung des Entgeltes enthaltende Vereinbarung nichtig, unwirksam oder erfolgreich angefochten, oder besteht die Anwartschaft nicht oder tritt die für die Vereinbarung gesetzte Bedingung (s. oben Note 52) nicht ein, so kommt auch die Steuerpflicht aus unserer Ziffer in Fortfall (vgl. auch oben, Anm. 50).

55. Nach den Richtlinien des Reichsfinanzministers (S. 3 Nr. 3 Abs. 5) ist im Falle des Eintritts der Nacherbfolge in der Person des Erwerbers der Anwartschaftsrechte dieser Vorgang erneut nach § 23 Novelle (= § 7 n. F.) zu versteuern. Zu Unrecht bestreitet das Dr. Berolzheimer (Das neue Erbschaftssteuergesetz in StuW. 1. Jahrg. Sp. 958/9) mit dem Hinweis, daß ein Erwerb von Todes wegen nicht vorliege. Letzteres erscheint jedoch nicht zutreffend, denn die unter Lebenden erworbene Anwartschaft wird durch den Eintritt der Nacherbfolge erst zu einem realisierbarem Erbrechte. Wollte man die erneute Steuerpflicht verneinen, so kann die Übertragung der Anwartschaft bequem zu Steuerersparnissen verwandt werden, ohne daß § 5 AbgO. hier ausreichenden Schutz gewährt. Wenn z. B. der Erblasser seine Ehefrau

zur Vorerbin, seinen Sohn als Nacherben einsetzt, dieser aber seiner Ehefrau, an deren Eingebrachten ihm ohnedies die Nutznießung zusteht, die Anwartschaft schenkweise überträgt, so würde — vgl. § 9 Abs. 1 I 1 Abs. 2 — die Erbschaftssteuer für den Übergang des Vermögens von einer Generation zur andern erspart sein, wenn der Eintritt der Nacherbfolge in der Person der Erwerberin der Anwartschaft steuerfrei bleibt. Ob hier § 5 AbgO. helfen könnte, ist eine nicht einfache Tatfrage; regelmäßig wird ein Mißbrauch nicht angenommen werden können, weil Abs. 2 Ziff. 2 und 3 nicht zutreffen werden. Das Ergebnis der Steuerfreiheit würde danach dem Zwecke des Gesetzes (§ 4 AbgO.), den Erwerb von Todes wegen, in möglichst großem Umfange zu treffen, nicht gerecht werden.

Es wird sich deshalb nur fragen können, nach welcher Steuerklasse (§§ 9, 10 Ges.) der Eintritt des Nacherbfolgefalles in der Person des Erwerbers der Anwartschaft zu besteuern ist. Nach den Richtlinien soll das Verwandtschaftsverhältnis (?) des Anwartschaftserwerbers zum Nacherben (das doch gar nicht zu bestehen braucht) zugrunde gelegt werden. Das ist nicht verständlich, denn ein erneuter Erwerb des Anwartschaftserwerbers vom Nacherben (Überträger der Anwartschaft) tritt doch gar nicht ein; zudem träte wieder entgegen dem Zwecke des Gesetzes Steuerfreiheit ein, wenn der Erwerber Ehegatte des Übertragenden ist (§ 9 Abs. 1 I 1 Abs. 2). Es bleiben sonach noch zwei Möglichkeiten übrig, nämlich entweder das Verhältnis zwischen dem Vorerben bzw. Erblasser (§ 7 Abs. 2) und dem Anwartschaftserwerber, oder dasjenige zwischen ersterem und dem Übertragenden (ursprünglichen Nacherben) entscheiden zu lassen. Für ersteres spricht der Wortlaut des § 7 Abs. 2, für letzteres die Erwägung, daß eine Anwartschaft auch in steuerlicher Beziehung nicht anders übertragen werden kann, als sie ohne die Übertragung zu besteuern wäre, daß m. a. W. durch eine Übertragung unter Lebenden nicht der Steuersatz willkürlich geändert werden kann. Diese Erwägung dürfte durchschlagen.

Im übrigen sind die Noten zu § 7 zu vergleichen.

56. Die Vorschrift dürfte auch für die Übertragung der Anwartschaft des Nachvermächtnisnehmers (§ 7 Abs. 4 Ges., § 2191 BGB.) gelten, soweit hier überhaupt eine Übertragungsbefugnis besteht. Die in § 7 Abs. 4 Ges. ausgesprochene Gleichstellung mit der Nacherbschaft wird zur Anwendung der Vorschrift führen müssen.

57. Nach Einfügung unserer Ziffer, die das Entgelt für die Übertragung der Anwartschaft besteuert, und des Abs. 3 § 12, wonach die Vererbung der Anwartschaft steuerfrei geworden ist, bleibt die Frage offen, ob die Übertragung der Anwartschaft unter Lebenden, die unentgeltlich oder gegen unangemessen geringes Entgelt erfolgt, noch der Besteuerung aus § 3 Ges. unterworfen werden kann. Die Frage muß verneint werden, da die Anwendung des § 1 Abs. 2 Ges. zu dem Schlusse führt, daß die Anwartschaft als nicht nur nicht zum Nachlasse, sondern auch nicht zum Vermögen des Nacherben gehörig angesehen werden muß. Dann ist aber der weitere Schluß notwendig, daß etwas, was kein Vermögensstück bildet, auch nicht verschenkt werden kann. Allerdings würde es, wenn der Gesetzgeber die Anwartschaft nicht als Vermögensbestandteil des Nacherben ansehen wollte, nahe gelegen haben, dieses durch entsprechende Fassung des § 12 Abs. 3 zum Ausdruck zu bringen, anstatt auf dem Umwege des § 1 Abs. 2 zum gleichen Ergebnis zu führen. Andererseits ist aber doch kein Grund ersichtlich, daß die Anwartschaft des Nacherben für den Erwerb von Todes wegen anders behandelt werden sollte, als für den Erwerb unter Lebenden (so im Ergebnis Mirre, Bem. 17 zu § 12).

Abs. 3.

58. Die Gesetze 1919 und 1906 kannten eine dem Abs. 3 entsprechende Bestimmung nicht; daß die Vorschrift aber etwas Neues bringt, muß dennoch bezweifelt werden.

Zunächst hat die Vorschrift nur das Erlöschen der darin bezeichneten Rechte durch den Tod des Berechtigten zum Gegenstand, wenngleich die Fassung der Vorschrift allgemeiner gehalten ist. Aber die etwa noch ferner in Frage kommenden Erlöschensarten, wie Erlaß (BGB. § 397), bei dinglichen Rechten Aufgabeerklärung und Löschung (das. § 875), bei Unterhaltsansprüchen Tod des Verpflichteten (das. §§ 1572, 1615) könnten ohne das nicht als Erwerb von Todes wegen gewertet werden.

Der Begriff der Leibrenten ist im BGB. (vgl. §§ 759 ff. das.) nicht entwickelt. Das Reichsgericht (ERGZ. 63, 324) bezeichnet sie als wiederkehrende, gleichmäßige, auf längere Zeit, im Zweifel auf die Lebensdauer des Rentenberechtigten, in Geld oder Naturalien zu entrichtende Leistungen (vgl. auch ERGZ. 67, 204). Als weitere, von dem Leben einer Person abhängige Lasten kommen in Frage: das Nießbrauchsrecht (BGB. § 1061), die diesem ähnlichen Nutzungsrechte des Ehemanns am Eingebrachten der Frau (BGB. § 1363) und der Eltern am unfreien Kindesvermögen (BGB. §§ 1649, 1686), die unvererblichen subjektiv persönlichen Reallasten (BGB. § 1105 ff.) insbesondere die landesrechtlichen Altenteilsleistungen, auch wohl die leibrentenähnlichen Schadensersatzrenten aus §§ 843, 844 BGB. und verwandten Vorschriften (Reichshaftpflicht = Automobilhaftpflichtgesetz u. a.), sowie Unterhaltsansprüche der Ehegatten (BGB. §§ 1360 ff.), geschiedenen Ehegatten (das. §§ 1578 ff.), Verwandten (das. §§ 1601 ff.) oder unehelichen Kinder (das. §§ 1708 ff.).

59. In der RStR. Jg. III S. 202 und Jg. IV S. 28 ff. wird von Steuerinspektor Bartsch der Nachweis zu führen gesucht, daß Abs. 3 die Vorschrift des § 145 Abs. 3 Satz 2 AbgO. für das Erbschaftssteuerrecht außer Kraft setze. Nach genannter Vorschrift ist der Wert von Renten und ähnlichen auf die Lebenszeit des Berechtigten abgestellten Leistungen, deren Wert nach Abs. 2 § 145 nach der erfahrungsmäßigen Lebensdauer des Berechtigten angenommen ist, durch Nachveranlagung auf den wahren Stand zurückzuführen, sofern es sich um den Wegfall der Rente als Last handelt und die Leistung eine erheblich kürzere Zeit (die in S. 1 Abs. 3 näher bestimmt ist) bestanden hat, als bei der früheren Bewertung angenommen ist. Der Gedankengang des Verfassers geht kurz dahin, daß zwischen beiden Gesetzesbestimmungen (AbgO. § 145 Abs. 3 S. 2 und EStG. § 2 Abs. 3) ein so offenbarer Widerspruch bestehe, daß für beide nebeneinander im Erbschaftssteuerrecht kein Raum sei. Bei der unzweideutigen Ausdrucksweise sei auch ein etwaiger anderer Wille des Gesetzgebers unbeachtlich. Nach § 1 Abs. 3 AbgO. gehe aber das EStG. als lex specialis (besser wäre zu setzen: als lex posterior, jüngeres Gesetz) der AbgO. vor. Man könnte den Folgerungen der letzten beiden Sätze i. A. beitreten, wenn tatsächlich eine unüberbrückbare Kluft zwischen beiden Vorschriften bestände. Dem ist aber nicht so. § 145 AbgO. enthält eine materielle Bewertungsvorschrift, die durch die in Abs. 3 S. 2 vorgesehene

Nachveranlagungsmöglichkeit einen formalistischen Einschlag enthält. § 3 Abs. 2 ESt G. hat, zunächst äußerlich genommen, mit der Bewertung nichts zu tun. Wäre er eine Bewertungsvorschrift, so hätte er seinen Platz wohl auch in § 32 Ges. finden müssen. Vielmehr läßt schon die äußere Fassung („. . . gilt nicht als Erwerb von Todes wegen") erkennen, daß die Vorschrift in erster Linie eine Überspannung des Begriffs „Erwerb von Todes wegen", insbesondere eine analoge Anwendung der in den einzelnen Ziffern der Vorabsätze als Erwerb von Todes wegen aufgeführten Fälle verhindern will. Denn da der Grundgedanke des § 2 offenbar auf eine restlose Erfassung aller als Erwerb von Todes wegen denkbaren Fälle geht, liegt die Möglichkeit nahe, auch die in Abs. 3 erwähnten Fälle der Besteuerung zu unterwerfen. Ein Erwerb von Todes wegen braucht ja nicht notgedrungen in eine Vermehrung der Aktiven, er kann auch in einer Verminderung der Passiven bestehen. Wäre umgekehrt vorgeschrieben, daß ein Erlöschen von Leibrenten usw. als Erwerb von Todes wegen zu gelten habe, so müßte eben der Verpflichtete mit dem Tode des Berechtigten wegen der durch Wegfall seiner Belastung entstandenen Bereicherung zur Erbschaftssteuer veranlagt werden. Sonach hat § 2 Abs. 3 seine durchaus selbständige Bedeutung. Die Unabhängigkeit der Vorschrift von § 145 Abs. 3 S. 2 tritt in denjenigen Fällen klar zutage, in denen nicht eine durch Verfügung von Todes wegen, sondern eine entgeltlich unter Lebenden (z. B. durch Rentenkauf) begründete Rente oder gar eine kraft gesetzlicher Bestimmung bestehende Last, wie eine Schadensrente, eine Unterhaltspflicht, eine gesetzliche Nutznießung durch den Tod des Berechtigten fortfällt. Denn in allen diesen Fällen kam eine erbschaftssteuerliche Veranlagung vorher gar nicht in Frage, so daß auch eine „Nachveranlagung" im Sinne des § 145 Abs. 3 Satz 2 begrifflich ausgeschlossen ist. Hätte unser Absatz eine über seinen Wortlaut hinausgehende Bedeutung einer Aufhebung der genannten Vorschrift der Abgabenordnung, so hätte der Gesetzgeber das zum Ausdruck bringen müssen. (Im Ergebnis gl. Ans. — ohne Begründung — Mirre, Anm. 28 zu § 2, Finger, Bem. 23 zu § 2.)

Auf einem anderen Gebiete liegt es, ob unter diesen Umständen der Abs. 3 überhaupt notwendig gewesen wäre. Das ist freilich zu verneinen. Denn die unter den Einzelziffern der Vorabsätze angeführten Fälle umfassen die im Abs. 3 bezeichneten Fälle zweifellos nicht (vgl. auch Note 60)

Allgemeinbemerkungen zu § 2.

60. Die Vorschriften des § 2 gelten gemäß § 1 Abs. 2 sinngemäß auch für die Besteuerung der Zweckzuwendungen von Todes wegen (§ 4 Ziff. 1), nicht aber für Schenkungen und Zweckzuwendungen unter Lebenden. Insbesondere erscheint eine auf § 1 Abs. 2 gestützte Ausdehnung des Abs. 3 dahingehend unzulässig, daß das Erlöschen von Leibrenten usw. durch Akte des Berechtigten unter Lebenden (z. B. schenkweiser Erlaß nach § 397 oder — bei dinglichen Rechten — gemäß § 875 BGB. — durch Aufgabeerklärung und Löschung) nicht der Schenkungssteuer unterworfen werden können. Denn nach Fassung und Sinn gilt Abs. 3 nur für den Erwerb von Todes wegen; ein Grund, den schenkweisen Erlaß von Leibrenten usw. anders zu behandeln, als den von anderen Forderungen, ist nicht ersichtlich.

61. Die Aufzählung der Fälle des Erwerbs von Todes wegen in § 2 ist erschöpfend. Eine analoge Anwendung auf hier nicht geregelte

Fälle, z. B. Erlöschen einer Nacherbschaft oder einer Konkurrenzklausel durch Tod (Mirre, Anm. 28 zu § 2) ist unstatthaft.

§ 3.

(1) Als Schenkung im Sinne des Gesetzes gilt:

1. jede Schenkung im Sinne des bürgerlichen Rechts;
2. jede andere freigebige Zuwendung unter Lebenden, soweit der Bedachte durch sie auf Kosten des Zuwendenden bereichert wird;
3. was infolge Vollziehung einer von dem Schenker angeordneten Auflage oder infolge Erfüllung einer einem Rechtsgeschäft unter Lebenden beigefügten Bedingung ohne entsprechende Gegenleistung erlangt wird, es sei denn, daß eine einheitliche Zweckzuwendung vorliegt;
4. was jemand dadurch erlangt, daß bei Genehmigung einer Schenkung Leistungen an andere Personen angeordnet oder zur Erlangung der Genehmigung freiwillig übernommen werden;
5. was als Abfindung für einen Erbverzicht (§§ 2346, 2352 des Bürgerlichen Gesetzbuchs) gewährt wird;
6. was ein Vorerbe dem Nacherben mit Rücksicht auf die angeordnete Nacherbschaft vor ihrem Eintritt herausgibt;
7. der Übergang von Vermögen auf Grund eines Stiftungsgeschäfts unter Lebenden;
8. eine freigebige Zuwendung bei Auflösung eines Fideikommisses oder anderweitiger Aufhebung der Bindung von Vermögen;
9. was bei Aufhebung einer Stiftung erworben wird.

(2) Im Falle des Abs. 1 Nr. 6 ist der Versteuerung auf Antrag das Verhältnis des Nacherben zum Erblasser zugrunde zu legen.

(3) Gegenleistungen, die nicht in Geld veranschlagt werden können, werden bei der Feststellung, ob eine Bereicherung vorliegt, nicht berücksichtigt.

(4) Die Steuerpflicht einer Schenkung wird nicht dadurch ausgeschlossen, daß sie zur Belohnung oder unter einer Auflage gemacht oder in die Form eines lästigen Vertrages gekleidet wird.

(5) Ausstattungen, die Abkömmlingen zur Einrichtung eines den Vermögensverhältnissen und der Lebensstellung der Beteiligten angemessenen Haushalts gewährt werden, gelten nicht als Schenkung, sofern zur Zeit der Zuwendung ein Anlaß zur Ausstattung gegeben ist und der Zweck der Zuwendung innerhalb

zweier Jahre erfüllt wird. Ausstattungen, die über das angegebene Maß hinausgehen, sind insoweit steuerpflichtig.

a) Aussch.-Ber.: S. 3, 11, 22, 23. b) Richtlinien: S. 3, 4.

c) Ges. 1919: § 40 (geändert).

d) Schriftt.: Roth, Der erweiterte steuerliche Schenkungsbegriff, RStR. III, 257. — F. W. R. Zimmermann, Einige Sonderheiten bezüglich der Steuerpflicht bei den Schenkungsversprechen, ZStFr. III, 78. — v. Werthern, Nochmals die Steuerpflicht von Gratifikationen und sonstigen Zuwendungen an Angestellte, DStZ. VIII, 127. — Wünschmann, Unterliegt der Verzicht an ehemännlicher Nutznießung der Schenkungssteuer? JW. 1920, 125. — Breit, Gütergemeinschaftsabrede und Schenkung, StuW. I, 555. — Mirre, Die gemischte Schenkung im Steuerrecht, DVR. XIII, 1. — Wurzel, Schenkweise gegebene Rentenversprechen, DVR. XIII, 54. — Fürnrohr, Unterliegen Änderungen des ehelichen Güterrechts der Schenkungssteuer? DStZ. IX, 170. — Mirre, Schenkungen zwischen Gesellschaft und Gesellschaftern, DVR. XV, 1. — Hirschwald, Steuerfreie Zuwendungen unter Lebenden an eigene und fremde Kinder, RStR. V, 99, 137. — Derselbe, Umwandlung eines Unternehmens in eine Aktiengesellschaft und Schenkungssteuer, RStR. VI Sp. 330. — Währer, Ausstattung und Schenkungssteuer, BlfVF. XXIX Heft 1/3. — F. W. R. Zimmermann, Die Ausstattung nach § 40 Abs. 3 Ges. 1919, ZStFr. I, 42. — Hirschfeld, Ausstattung, Aussteuer, Mitgift, JW. 1920, 551. — Marcuse, Ausstattung, Aussteuer, Mitgift, JW. 1920, 99. — Pagenkopf, Der Begriff der Ausstattung im Steuerrecht, DJZ. 1920, 228. — Levin, Die Behandlung der in Rentenform gewährten Ausstattung an Kinder in der Reichssteuergesetzgebung, ZStFr. I, 129. — Bühler, Ausstattung und Vermögensübergabe an Kinder nach dem Erbschaftssteuergesetz, JW. XX, 98. — Pahl, Ausstattung und Reichsfinanzhof, DJZ. XXVII, 343. — Krüger und Koch, Aussteuerrenten, DStZ. XI S. 1078. — Mirre, Ein Urteil des RFH. über die Schenkungssteuerpflicht bei der Gründung von Aktiengesellschaften und Gesellschaften mit beschränkter Haftung = Urt. d. RFH. 13. Dezember 1922, Sl. XI S. 112, StuW. Jg. II Sp. 17 ff., das. Sp. 525. — Becker, Die Schenkungssteuerpflicht von Gesellschaftsgründungen, RGbH. XIV Sp. 136. — Dr. Carl Becher, Die Schenkungssteuerpflicht von Gesellschaftsgründungen, MRBJ. VI S. 208. — Stölzle, Die freigebige Zuwendung unter Lebenden in StA. XXVII S. 29. — Mirre, Wohlfahrtskonten und Schenkungssteuer in DStZ. XIII Sp. 143.

e) Rechtspr.: zu Abs. 1 Ziff. 1 und 2: (Note 4) URFH. 29. März 1922 Sl. IX S. 12, betr. Zuwendung. — (Note 5) GRFH. 23. Juni 1921 Sl. VI S. 301, Setzung objektiven Rechts = Zuwendung. — (Note 8) URG. in JW. 1903 S. 131 [290] und 16. Oktober 1908 RGE. 70, 17, ferner URFH. 12. Juli 1922 in StuW. I Sp. 988, betr. Richterfordern der Schenkungsabsicht. — (Note 9) URFH. 13. Dezember 1922 Sl. XI S. 117, betr. Vermögensminderung bei Schenkung. — (Note 10) URFH. 25. Mai 1921 StuW. I Sp. 262 = DStZ. X S. 368 = DStBl. IV S. 128 und RG. in RGE. 62 S. 390, betr. fiduziarische Vermögensmehrung, URFH. 21. Februar 1923, StuW. II Sp. 574 und 25. Oktober 1922, StuW. II Sp. 147, betr. Schenkungen aus Gesamtgut, URG. 23. April 1887 in GruchBeitr. 31 S. 1055, betr. schenkweise Zession. — (Note 11) URFH. 13. Dezember 1922 Sl. XI S. 112 und 16. März 1922, StuW. I Sp. 589, ferner RG. in RGE. 59 S. 423, betr. Schenkungen an Gesellschaften und Gesellschafter. — (Note 12) URG. 8. November 1922 RGE. 105 S. 308, OLG. Kiel 9. Oktober 1915 und 16. November 1916 in Warneyer, Jahrb. 1917 S. 68, betr. Treuhänder als Beschenkter; URFH. 10. November 1921 RStR. Sp. S. V S. 21 und URG. 7. Mai 1909, RGE. 71 S. 141, betr. Schenkung an Stiftung. — (Note 13) URFH. 28. Oktober 1921 Sl. VII S. 192, betr. Schenkung an offene Handelsgesellschaft; RFH. 26. November 1920 Sl. IV S. 126, betr. Hingabe eines Heiratsguts an Schwiegersohn. — (Note 14) URFH. 9. Juni 1921 und 21. Juni 1922, StuW. I Sp. 262 bzw. RStR. V Sp. 841, betr. Erfüllung verjährter Forderungen; URFH. 29. März 1922, StuW. I Sp. 627, betr. Erfüllung formungültiger Schenkungsversprechen durch Erben. — (Note 16) URFH. 9. Juni 1921 Sl. VI S. 185, betr. Unentgeltlichkeit; URFH. 11. April 1923 Sl. XII S. 55, betr. Dienste des künftigen Hofannehmers; URFH. 27. April 1922 Sl. IX S. 224, betr. Aussteuerversprechen; URFH. 18. Januar 1923 und 23. Januar 1923, DVR. Jg. 23 S. 82, betr. Erfüllung satzungmäßiger Zwecke. — (Note 18) URFH. 16. März 1922, JW. LI S. 946 [24], betr. Erwerb von Aktien unter Nennwert; URFH. 18. Januar 1923 DVR. XV S. 65, 11. April 1923, DVR. XV S. 130, betr. Aufnahme von Gesellschaftern ohne Gegenleistung. — (Note 20) URG. 11. April 1902, GruchBeitr. 46 S. 1153, betr. Schenkungsversprechen an Vermögensverwalter; OLG. Rostock 24. April 1911 in BlfVF. 1912 S. 31, betr. Form des Versprechens, die Schenkungssteuer zu tragen; URG. 7. Februar 1919 (Schr. RMdF. 7. April 1919 III W. 2889), betr. Zuwendung an Angestellte zwecks Vergütung außerordentlicher Dienste; URG. 29. März 1912 (Schr. RKzl. 11. Juni 1912 II A 6170), betr. Errichtung nicht rechtsfähiger Stiftungen; UOLG. Stuttgart 2. Juli 1915, Warneyer Jahrb 1917 S. 68, betr. Schmiergelder; UOLG. Dresden 25. Januar 1916, Warneyer Jahrb. 1917, 68, betr. nachträgliche Vereinbarung einer Gegenleistung; UOLG. Hamburg, das., betr. Schenkungswillen; URG. 3. März 1917, das. und URFH. 27. April 1922, DVR., betr. Mißverhältnis von Leistung und Gegenleistung; RG. 26. November 1915, Warneyer, Jahrb. 1917 S. 91 = Vergleich ist keine Schenkung; RG. 15. Juni 1915, Warneyer, Jahrb. 1915 S. 255 = Erbteilungsvertrag ist Vergleich. — (Note 22) URG., RGE. 54 S. 284 und 90 S. 178 betr. Schenkungen durch Pfandbestellung u. a.; URG. 22. November 1915, RGE. 87 S. 301; RFH. 9. Dezember 1912, 18. Februar 1921, 29. März 1922, Sl. IV S. 243, V S. 72, IX S. 9, betr. Abschluß von Güterverträgen = Schenkung. — (Note 24) URFH. 9. Juni 1921, Sl. VI S. 185, betr. Freigebige Zuwendung. — (Note 25) URFH. 9. Juni 1921, 26. März 1921, 29. März 1922, Sl. VI S. 183 und 347, IX S. 12, betr. Steuerpflicht von Ausstattungen; URFH. 10. Januar 1923, StuW. II 312, betr. Abschichtung der Abkömmlinge;

zu Ziff. 6: (Note 30) URFH. 28. Juni 1922 Sl. X S. 153, betr. Behandlung nach Ges. 1919; RGE. 95 S. 278, betr. Bestimmung des Eintritts der Nacherbfolge durch den Vorerben; URFH. 19. Oktober 1922, StuW. II Sp. 81, betr. Zuwendung durch Forderungsbegründung;

zu Ziff. 7: (Note 31) GRFH. 23. Juni 1921 Sl. VI S. 315, betr. Stiftungen gelegentlich der Auflösung von Fideikommissen; URFH. 25. November 1922, DStBl. VI Sp. 88/89 = StuW. II Sp. 147; 18. Oktober 1922, StuW. I Sp. 1146, betr. Satzungsänderung bei Familienstiftungen;

zu Ziff. 8: (Note 32) GRFH. 23. Juni 1921 Sl. V S. 292;

zu Abs. 3: (Note 35) URFH. 22. März 1922, DVR. XV S. 15 betr. nicht geldwerte Gegenleistung (Eheschließung);

zu Abs. 4: (Note 37) URG. 8. November 1922, RGE. 105 S. 308, betr. Schenkung unter einer Auflage; URFH. 28. Oktober 1921 Sl. S. 192 und 27. April 1922, DVR. XV S. 65, ferner URG., RGE. 29 S. 265; 68 S 328; 81 S. 365 (17. Februar 1912), betr. gemischte Schenkungen;

zu Abs. 5: (Note 42) URFH. 27. April 1922 Sl. IX S. 225; 18. November 1921 Sl. VII S. 332; 27. September 1921 Sl. VII S. 30; 26. März 1921 Sl. V S. 197; 13. Dezember 1922 RStR. Sp. S. IV S. 108, betr. Ausstattung zur Einrichtung des Haushalts; URFH. 16. Dezember 1921 Sl. VIII S. 61, betr. angemessenen Haushalt. — (Note 44) URFH. 27. April 1922 Sl. IX S. 224; 18. November 1921 Sl. VIII S. 332; 13. Dezember 1922, StuW. II Sp. 311, ferner OLG. 2 S. 441 und 15 S. 416, betr. Anlaß zur Ausstattung. — (Note 47) URFH. 29. März 1922, DVR. XV S. 45, betr. Besteuerung von Ausstattungen vor nachgewiesener Verwendung.

Allgemeines: (Note 47) URFH. 7. Juli 1920 und 31. Januar 1923 Sl. III S. 173 bzw. DVR. Jg. 1923 S. 82, betr. Besteuerung nichtiger Schenkungen; URFH. 28. Oktober 1921 Sl. VII S. 192, betr. Beweislast für die Annahme einer Schenkung.

f) AB.: §§ 12 ff., 17, 18—21.

Inhaltsübersicht:

Zur Entstehung.

1. Der § 3 entspricht im wesentlichen dem § 40 Ges. 1919; äußerliche Gliederung und Fassung sind z. T. abweichend, auch materielle Änderungen finden sich.

Satz 1 § 40 a. F. ist in veränderter Fassung durch Abs. 1 Ziff. 1 n. F. ersetzt, Satz 2 a. F. mit geringer sachlicher Änderung durch Ziff. 2 n. F.:

Satz 3 a. F. entspricht dem Abs. 3 n. F., Satz 4 ist als entbehrlich fortgelassen. Satz 5 hat in § 1 Abs. 2 n. F. seinen Ersatz gefunden.

Abs. 2 a. F. enthielt in sechs Ziffern in wesentlicher Übereinstimmung mit § 55 Abs. 2, 3, § 2 Nr. 1, 2 und § 3 Nr. 4 Ges. 1906 (neu war nur Abs. 2 Nr. 4) die der Schenkung gleichgestellten Erwerbsfälle. Von ihnen sind Ziff. 1 in Anlehnung an § 2 Abs. 2 Nr. 2 und 3 in den Ziff. 3 und 4 n. F. mit geringer materieller Änderung, Ziff. 2 unverändert in Ziff. 5 n. F., Ziff. 5 mit leichter formeller Änderung in Ziff. 7 n. F. übernommen. Als selbstverständlich, weil unter Ziff. 2 n. F. fallend (vgl. Richtl. S. 4 Abs. 2), sind Ziff. 3 und 4 a. F. fortgelassen. Ziff. 6 a. F. war im Hinblick auf die völlig geänderte Behandlung der Stiftungen jedenfalls insoweit unzeitgemäß geworden, als sie Abfindungen für den Verzicht auf einen Erwerb der im § 20 Nr. 5 bezeichneten Art besteuerte. Mit der gänzlichen Aufhebung der Ziffer ist aber auch die Abfindung für einen Verzicht auf Nachfolge in ein gebundenes Vermögen steuerfrei geworden, da diese Abfindung als Gegenleistung für den Verzicht nicht unter Ziff. 1 und 2 n. F. fallen kann, auch unter keiner der anderen Ziffern des § 3 oder unter § 2 zu bringen ist. Insbesondere behandelt Ziff. 5 n. F. nur die Abfindung für einen Erbverzicht im Sinne des BGB.; für analoge Ausdehnung ist kein Raum. Über den Grund der Neuregelung schweigen Ausschußbericht und Richtlinien. Neu ist die Ziff. 6 n. F.; für die Praxis des früheren Gesetzes vgl. RFH. 28. Juni 1922 (Samml. Bd. X S. 153). Ziff. 8 n. F. ist dem Gutachten des RFH. über die steuerliche Behandlung der Fideikommisse (Samml. Bd. VI S. 292) angepaßt, Ziff. 9 hat sein Vorbild in § 20 Ziff. 5 a. F. Die Ausdehnung der Steuerpflicht über die Familienstiftung hinaus entspricht der die Sonderstellung der letzteren beseitigenden neuen Gesetzgebung.

Abs. 3 Satz 1 a. F. ist in Abs. 5 n. F. mit einschneidender materieller Einschränkung wiedergegeben. Satz 2 daselbst hat in § 18 Abs. 1 Aufnahme gefunden.

Abs. 4 des § 3 n. F. entspricht wörtlich dem § 42 Abs. 2 a. F.

2. Bei den Ausschußberatungen wurde § 3 (= § 20a des Antrags Herold) in erster Lesung unverändert in der Fassung des Antrages, in zweiter Lesung mit kleiner formeller Änderung (Zerlegung der bisherigen Ziff. 8 in Ziff. 8 und 9 unter Anpassung des Wortlautes an das Gutachten des RFH. über die Behandlung der Fideikommisse und Berichtigung eines Druckfehlers in Abs. 2, wo zunächst die Worte „Nr. 6" fehlten) angenommen. Erörterungen haben weder im Ausschusse noch im Plenum des Reichstages stattgefunden. Die amtlichen Richtlinien enthalten Erklärungen zu Abs. 1 Nr. 2, 6, 8, 9 und Abs. 15.

Zu Abs. 1 Ziff. 1.

3. Für den Begriff der Schenkung verweist das neue Gesetz ausdrücklich auf das Bürgerliche Gesetzbuch, dessen Bestimmungen auch schon — ohne ausdrücklichen Hinweis — auf die Schenkungen unter Lebenden im Sinne des § 40 Satz 1 a. F. angewandt wurden (Begründung des Entwurfs EStG. 1919, RFH., Samml. VI S. 184). Das BGB. bestimmt:

„§ 516. Eine Zuwendung, durch die jemand aus seinem Vermögen einen andern bereichert, ist Schenkung, wenn beide Teile darüber einig sind, daß die Zuwendung unentgeltlich erfolgt.

Ist die Zuwendung ohne den Willen des Andern erfolgt, so kann ihn der Zuwendende unter Bestimmung einer angemessenen Frist zur Erklärung über die Annahme auffordern. Nach dem Ablaufe der Frist gilt die Schenkung als angenommen, wenn nicht der andere sie vorher abgelehnt hat. Im Falle der Ablehnung kann die Herausgabe des Zugewendeten nach den Vorschriften über die Herausgabe einer ungerechtfertigten Bereicherung gefordert werden.

§ 517. Eine Schenkung liegt nicht vor, wenn jemand zum Vorteil eines Anderen einen Vermögenserwerb unterläßt, oder auf ein angefallenes, noch nicht endgültig erworbenes Recht verzichtet oder eine Erbschaft oder ein Vermächtnis ausschlägt."

Hiernach erfordert der bürgerlichrechtliche Schenkungsbegriff ein Fünffaches, nämlich:

objektiv

a) eine Zuwendung (Bem. 4—8),

b) eine Vermögensverminderung des Zuwendenden (Bem. 9),

c) eine Bereicherung des Begünstigten (Bem. 10—15);

subjektiv

d) eine Einigung des Zuwendenden und des Bereicherten über die Unentgeltlichkeit der Zuwendung (Bem. 16—19),

e) ferner darf nicht das System des BGB. den Begriff der Schenkung ausschließen (Bem. 21, 22).

4. Der Begriff der Zuwendung ist im Schrifttum lebhaft bestritten. Der Kommentar der Reichgerichtsräte zum BGB. nennt in der 1. Auflage Zuwendung im weitesten Sinne jede übereignung aus eigenem in fremdes Vermögen, wobei der Sprachgebrauch zugleich eine freiwillige, dem Empfänger vorteilhafte Leistung im Auge habe (Anm. 1 zu § 516). Etwas abweichend entwickelt die 3. Auflage des gleichen Kommentars (S. 633) den Begriff als eine erlaubte Handlung, durch die jemand einem anderen beabsichtigterweise einen Vermögensvorteil verschafft. Noch weiter geht Mirre. (Anm. 4 zu § 3 Ges.: Zuwendung ist die absichtliche Verursachung und die absichtliche zum eigenen Schaden erfolgende Nichthinderung des Vorteils eines andern.) Das richtige dürfte der RFH. (Samml. Bd. IX S. 12) treffen, wenn er die neuere Begriffsentwicklung der Reichsgerichtsräte zugrunde legt, dabei aber das für das Steuerrecht unbrauchbare Erfordernis der Verschaffung als erlaubter Handlung fallen läßt. Allerdings läßt die Entsch. Bd. IX S. 12 dahingestellt, ob gerade ein Vermögensvorteil verschafft sein müsse und Mirre (a. a. O. sowie in StuW. Jg. I Sp. 205) will jenes Erfordernis, das er für den Schenkungsbegriff zwar unentbehrlich hält, für den Zuwendungsbegriff fallen lassen mit dem Hinweis, daß andernfalls das BGB. zum Schenkungsbegriffe nicht auf die Notwendigkeit der Vermögensvermehrung hätte verweisen brauchen. Hier scheint jedoch übersehen zu sein, daß die Verschaffung eines vermögensrechtlichen Vorteils, die u. E. im Begriffe der Zuwendung zwingend liegt, nicht gerade in einer Vermögensvermehrung (Bereicherung) zu bestehen braucht (vgl. Note 6).

Hiernach gehört zur Zuwendung:

α) eine Handlung (Bem. 5),

β) die Verschaffung eines vermögensrechtlichen Vorteils (Bem. 6),

γ) die Absicht der Vermögensverschaffung (Bem. 7).

5. Die Zuwendung erfordert zwar eine Handlung des Zuwendenden. Daß diese aber in einem Rechtsgeschäft, also einer Willenserklärung mit gewolltem Erfolge besteht, ist nicht absolut notwendig. Auch Rechtshandlungen im eigentlichen Sinne (Besitzüberlassung, Besitzerwerb für Dritte, Dienstleistungen jeder Art) können Zuwendungsakte darstellen. Daß hier allerdings regelmäßig die für den Schenkungsbegriff unerläßliche Vermögensminderung und gleichzeitige Bereicherung eines Dritten fehlen werden, liegt auf anderem Gebiete (vgl. Noten 9, 10 ff.)

Mit Mirre (Anm. 5 zu § 3) ist anzunehmen, daß auch prozessuale Handlungen (Anerkenntnis des Anspruchs) und Unterlassungen (Säumnis im Termin, Unterlassung geeigneter Verteidigung) zu Zuwendungen führen können. Nicht minder auch die Setzung objektiven Rechts, wie das der RFH. (Ges. vom 23. Juni 1921, Samml. VI S. 301) für reichsgesetzliche Dotationen an Feldherrn und Staatsmänner und für autonome Familienschlüsse bei Auflösung von Fideikommissen annimmt.

Daß auch Unterlassungen den positiven Handlungen gleichstehen, daher „Zuwendungen" darstellen können, wenn deren sonstige Erfordernisse zutreffen, ist selbstverständlich (z. B. Nichtkündigung ungünstiger Verträge oder Kapitalsanlagen — Mirre a. a. O. —). Die Unterlassung eines Vermögenserwerbs ist zwar u. U. „Zuwendung", aber kraft § 517 BGB. keine Schenkung. Der Verzicht auf den Pflichtteil ist nach § 22 Ziff. 12 steuerfrei.

6. Die Handlung des Zuwendenden muß dem Begünstigten einen vermögensrechtlichen Vorteil verschaffen.

αα) Vermögensrechtlich muß der Vorteil sein. Gewährung immaterieller Güter, wie Darbietung eines Kunstgenusses, von körperlicher Pflege, sittlicher Fürsorge oder Erziehung scheiden also aus.

ββ) Vermögensvorteil braucht nicht Vermögensvermehrung zu sein; letztere ist freilich für den Begriff der Schenkung, nicht aber für den der Zuwendung erforderlich (vgl. Note 10).

γγ) Der Vorteil muß verschafft sein; die bloße Ermöglichung desselben genügt nicht. Aus diesem Grunde kann die in § 517 BGB. erwähnte Unterlassung eines Vermögenserwerbs keine Zuwendung sein, solange nicht der Begünstigte den damit erstrebten Vermögensvorteil tatsächlich erlangt hat.

7. „Zuwendung" erfordert endlich die Absicht der Vorteilsverschaffung (RFH. Samml. Bd. IX S. 12). Vielleicht ist es richtiger, an Stelle der irreführenden Worte „die Absicht" die Worte „den Vorsatz" zu setzen, m. a. W. der Zuwendende muß die Begünstigung des Dritten in sein Wissen und Wollen aufnehmen. Für die Begründung der Steuerpflicht ist dieses Erfordernis von nachgeordneter Bedeutung, soweit eine Schenkung nach BGB. in Frage kommt, denn dieser Begriff erfordert ja über das Erfordernis einseitigen Vorsatzes hinaus die Einigung der Beteiligten über die Unentgeltlichkeit. Seine selbständige Bedeutung behält der Begriff der Zuwendung und damit der einseitige Vorsatz in den Fällen der Ziff. 2 unseres Paragraphen. Ob der Vorsatz der Begünstigung der alleinige ist, ob er überhaupt der ausschlaggebende von mehreren ist, dürfte gleichgültig sein. Nur gänzlich fehlen darf er nicht. Ein wissentliches Verjährenlassen einer Forderung durch Unterlassen der Klageerhebung (BGB. §§ 209 ff.) ist jedenfalls dann keine Zuwendung, wenn der Vorsatz des Berechtigten lediglich auf Ersparung von Ärger oder

Kosten gerichtet ist. Andererseits ist z. B. eine Ausstattung gerade wegen des Begünstigungsvorsatzes Zuwendung und die Vereinbarung allgemeiner oder partieller Gütergemeinschaft ist es jedenfalls dann, wenn dieser Vorsatz erweislich ist (vgl. Note 22). Auch den „gemischten Schenkungen" (vgl. Note 38b) ist gerade der Begünstigungsvorsatz nötig, wenn nicht, was bürgerlichrechtlich erforderlich ist, gar die Einigung über die Unentgeltlichkeit vorliegt.

In dem Begriffe des Begünstigungsvorsatzes liegt zugleich die Freiwilligkeit der Leistung, die nicht, wie die gesetzliche Unterhaltspflicht oder die Aussteuer auf gesetzlichem Zwange beruhen darf (vgl. Note 24).

8. Andererseits gehört die **Bereicherungsabsicht** (animus donandi) weder zum Begriffe der Zuwendung im allgemeinen noch der Schenkung im besonderen. Die Bereicherungsabsicht beeinflußt die Zuwendung nur motivisch. Der Beweggrund spielt aber im Rechtsleben im allgemeinen, so hier im besonderen keine Rolle. (So im Ergebnis Komm d. RGRäte, 3. Aufl., S. 636 Nr. 5, RG. in JW. 1903, 131 [390], Entsch. RGE. 70, 17, Urt. d. RFH. vom 12. Juli 1922, StuW. Jg. I Sp. 988). Ob der Beweggrund ein rein selbstsüchtiger ist, z. B. die Schenkung einer Feuerspritze an eine Dorfgemeinde seitens einer Versicherungsgesellschaft, um das Risiko zu mindern — RFH. Samml. IX S. 12/13 —, ob er gar ein arglistiger, von der Hoffnung beeinflußter ist, das Geschenk (z. B. ein bissiger Hund) möge dem Begünstigten im Ergebnis Schaden bringen, ist gleichgültig.

9. Der Schenkungsbegriff erfordert, daß die Zuwendung aus dem Vermögen des Zuwendenden stammt, also sein Vermögen vermindert. Daß diese **Vermögensminderung** in ihrer Höhe der Bereicherung des Bedachten entsprechen muß, ist dem Gesetze nicht zu entnehmen (vgl. auch RFH. Samml. XI S. 117 a. F.). Unentgeltliche Dienst- und Arbeitsleistungen mindern das Vermögen des Leistenden nicht, mögen sie auch regelmäßig sonst gegen Vergütung erfolgen, wie Dienste der Rechtsanwälte oder Behandlung durch Ärzte oder Werkerstellungen. Das gilt selbst dann, wenn der Leistende um der unentgeltlichen Leistung willen eine entgeltliche Leistung aufgeben muß, denn aus der noch nicht vollzogenen Leistung entsprang auch kein Anspruch, der zum Vermögen gehörte (a. A. v. Staudinger, Anm. I 3b zu § 516 BGB.). Anders natürlich dann, wenn der Leistende auf den bereits entstandenen Vergütungsanspruch verzichtet. — Die Überlassung von Einkünften, ohne Aufopferung des Vermögensstammes kann Vermögensminderung und damit Schenkung sein. (Vgl. Komm. RG., Anm. 2 zu § 516. Das hier gewählte Beispiel — Überlassung der Wohnung in einem Zinshaus — kann aber nur dann zutreffen, wenn die Wohnung andernfalls Mietzins eingebracht hätte.)

Daß die Vermögensverminderung das subjektive Moment des Bewußtseins des Zuwendenden von der Minderung erfordere (Mirre in StuW. I S. 206), ist nicht anzuerkennen. Vermögensminderung und Bereicherung sind rein objektive Begriffe.

Bezüglich der Person des Zuwendenden hat der Reichskanzler (Reichsschatzamt) in einem an die Landesregierungen gerichteten Schreiben vom 21. April 1913 II A 2447 sich dafür ausgesprochen, daß bei Schenkungen seitens einer Erbengemeinschaft oder seitens in Gütergemeinschaft lebender Ehegatten nicht einheitliche Schenkungen, sondern Schenkungen der einzelnen Miterben oder Ehegatten vorliegen, und diesen Standpunkt eingehend begründet. Dem sind die Bundesstaaten meist ausdrücklich beigetreten. ZfZuSt. 1913 S. 214; PrZBl. 1913 S. 175. Ebenso URFH 25. Oktober 1922, StuW. II S. 147.

Bei Miterben wird angenommen werden müssen, daß die ihrerseits erfolgende Zuwendung das Vermögen eines jeden von ihnen nach dem Verhältnis der Erbteile mindert.

10. Die Zuwendung muß einen andern bereichern, d. h. durch die Zuwendung muß eine Vermehrung des Vermögens des Beschenkten bewirkt sein. Hierin liegt eine gewisse Beziehung zu der Vorschrift des § 12 des Gesetzes, nach welcher die Erbschaftssteuer von dem Betrage, um welchen der Erwerber durch den Anfall bereichert worden ist, berechnet werden soll; die bezüglichen Ausführungen zu letzterem Paragraphen müssen entsprechend Platz greifen. Es ist danach namentlich notwendig, daß es sich bei der Zuwendung um einen wirklichen Vermögenswert handelt, der sich entsprechend in Geld abschätzen läßt. Von einer Bereicherung kann besonders nicht in Fällen einfacher Freigebigkeit die Rede sein, wie bei Erteilung von Unterricht oder von Auskunft oder bei der Überlassung bloßer Liebhaberwerte, wozu z. B., von Ausnahmen abgesehen, Briefschaften gehören. Bloß fiduziarische Vermögensvermehrung des Beschenkten stellt keine Bereicherung desselben dar (RFH. 25. Mai 1921, StuW. I Sp. 262 = DStZtg. X, 368 = DStBl. IV S. 128, RGZ. 62, 390).

Worin im übrigen die verschaffte Vermögensvermehrung besteht, ist gleichgültig. Die Zuwendung kann im besonderen sich ebenso auf Sachen wie auf Rechte beziehen; sie kann durch Verschaffen von Eigentumsrechten, von dinglichen Rechten, von Forderungsrechten, desgleichen aber auch durch Erlaß einer Schuld, durch Befreien von Verbindlichkeiten oder Lasten, durch Ersparung von Ausgaben usw. vollzogen werden. Eine Schenkung kann ferner durch die Abtretung einer Forderung ausgeführt werden; die Abtretung hat hierbei keine andere Bedeutung als die Übergabe bei der Schenkung körperlicher Sachen; Urt. d. RG. vom 25. April 1887: GruchBeitr. 31 S. 1055. Darüber, inwieweit Rechtsverhältnisse, die das Bürgerliche Recht außerhalb des Schenkungsbegriffes behandelt, wie Darlehen, Leihe, Stärkung der Schuld durch Bürgschafts- oder Pfandbestellungen Bereicherungen bzw. Schenkungen darstellen können, vgl. unten Noten 21, 22, 25).

11. Dem Bereicherungsbegriff wesentlich ist die Vermögensvermehrung, von der keine Rede sein kann, wenn und soweit gleichwertige Gegenleistungen, die in Geld veranschlagbar sind (Abs. 3!), gegeben werden. Aus diesen Gründen sind Beiträge an Vereine (wenigstens an solche, die die Förderung ihrer Mitglieder bezwecken, vgl. Note 80 zu § 22) keine Schenkungen, ebensowenig Kapitaleinzahlungen bei der Gründung einer Aktiengesellschaft, Kommanditgesellschaft auf Aktien, Gesellschaft mit beschränkter Haftung, Genossenschaft und ähnlicher wirtschaftlicher Rechtsgebilde oder auch nachher mit oder ohne Kapitalerhöhung — bei mehreren Gesellschaftern usw. jedenfalls dann nicht, wenn die Beiträge oder Einzahlungen im Verhältnis zueinander gleichwertig sind oder für höhere Leistungen entsprechend höhere Gegenwerte gegeben werden. Nicht anders liegt es bei Sachleistungen, selbst wenn sie unter ihrem Werte eingebracht werden, bei mehreren Beteiligten wieder vorausgesetzt, daß alle im Verhältnis zueinander und zu den gewährten Gesellschaftsrechten gleichwertige Leistungen eingebracht haben. Denn in allen Fällen erhält der Leistende eine vollwertige Gegenleistung: den Geschäftsanteil, die Aktie usw. — bzw bei Einzahlungen ohne Kapitalserhöhung — eine Wertserhöhung seines Rechtes. Ist nur ein Gesellschafter usw. vorhanden, so kann aus gleichem Grunde niemals eine Bereicherung der Gesellschaft vorliegen. Ähnlich: die für die Schenkungen an Gesellschaften und Gesellschafter bedeutungsvolle Entsch. RFH. vom 13. Dezember 1922 (DBStR. XV S. 46 = DStZ. XII S. 86, Samml. XI S. 112), die noch folgende Grundsätze aufstellt:

a) Bringt nur einer oder bringen nur einzelne Beteiligte bei der Gründung Gegenstände unter ihrem Werte ein, so kann nicht von einer Bereicherung der noch gar nicht entstandenen Gesellschaft gesprochen werden, wohl aber von einer solchen der andern Gründer. (Beispiel: Vater und Sohn begründen eine G. m. b. H. mit 100000 Mk. Stammeinlage, zu dem jeder 50000 Mk. geben soll. Der Vater bringt an Stelle der 50000 Mk. ein Geschäft im Werte von 1000000 Mk. ein. Ergebnis: Schenkung an den Sohn in Höhe von $\frac{100000 - 50000}{2} = 475000$ Mk.) (So auch Urt. d. RFH. Samml. XII S. 59.)

b) Wendet jemand nach der Gründung einer A.-G. oder G. m. b. H., an der er nicht beteiligt ist, etwas zu, so ist die Gesellschaft im Zweifel bereichert, nicht aber die Gesellschafter, selbst wenn diese dem Zuwendenden sämtlich bekannt sind. Die Bereicherung der Gesellschafter ist nur eine Reflexwirkung der Bereicherung der Gesellschaft. Ist die Bereicherung der Gesellschafter beabsichtigt, so könnte eine Besteuerung dieser nur unter der Voraussetzung des § 5 AbgO. eintreten, also wenn durch ein ungewöhnliches, in der Absicht der Steuerersparnis vorgenommenes Geschäft eine höhere Steuer vermieden ist.

c) Hat nach der Gründung ein Gesellschafter der Gesellschaft eine unentgeltliche Zuwendung gemacht, so ist die Gesellschaft (nicht die Gesellschafter) bereichert und zwar in voller Höhe, nicht nur im Verhältnis des Wertes der ihm nicht gehörigen Anteile zu dem Werte der ihm gehörigen.

Gerade im letzten Punkt (c a. E.) erscheint die Entscheidung, die insoweit den gleichen Gedanken vertritt, wie das Urt. vom 16. März 1922 (StuW. I Sp. 589), nicht unbedenklich. Richtig ist, daß die G. m. b. H., die A.-G. nicht nur zivilrechtlich, sondern auch wirtschaftlich selbständige Rechtspersonen sind, daß auch, da sie als juristische Personen ihr eigenes Vermögen haben, der Grundgedanke des § 80 Abs. 2 AbgO. auf diese Fälle nicht ausgedehnt werden kann. Andererseits tritt aber in der Höhe des Verhältnisses der eigenen Anteile zu den fremden mit der Zuwendung gleichzeitig eine Erhöhung des Wertes der eigenen Anteile ein. Hier handelt es sich nicht nur um eine bloße Reflexwirkung fremder Bereicherung, sondern um eine die Bereicherung mindernde Gegenleistung, dem Falle zu a vergleichbar. Wäre das nicht der Fall, so wäre nicht einzusehen, inwiefern nicht auch die außerhalb der Kapitalerhöhung erfolgende Hingabe seitens des Alleingesellschafters an die Gesellschaft eine Bereicherung der letzteren darstellen sollte. — So im Ergebnis auch Mirre, Anm. 7 zu § 3, Komm. RG. Anm. 3 zu § 516 BGB., RGZ. 59, 423. Vgl. ferner die sehr ausführliche und beachtliche Stellungnahme von Fürnrohr in DStZtg. XII S. 120.

12. Zwar erfordert die „Bereicherung“ einen wirklichen (materiellen) und endgültigen Akt, weshalb der Sammler von Gaben als nur treuhänderische Durchgangsperson, der sie nur vorübergehend für den eigentlich Bedachten verwahrt, nicht bereichert erscheint (RGZ. 62 S. 386 ff.

und 105 S. 308; vgl. auch OLG. Kiel 9. Oktober 1915, 16. November 1916 in Warneyers Jahrb. 1917 S. 68). Indessen ist eine juristische Person von ihren Zwecken nicht zu trennen. Sie ist durch ihr zugeflossene Zuwendungen auch dann materiell und endgültig bereichert, wenn sie die zugewandten Beträge zu ihrem satzungsmäßigen Zweck wieder verausgabt hat. Eine Stiftung hat an den ihr zugewandten Beträgen nicht nur fiduziarisches Eigentum (RFH. vom 10. November 1921, RStR., Spruchsamml. V S. 21 — ähnlich RG. vom 7. Mai 1909, RGZ. 71 S. 141 ff. und RGZ. 105 S. 308). Über den im Anschluß hieran entwickelten Begriff der Zweckzuwendungen vgl. § 4 Ges.

13. Die Person des Bereicherten ist nicht immer zweifelsfrei festzustellen. Bezüglich der Zuwendungen an Gesellschaft und Gesellschafter vgl. oben Anm. 11, ferner Urt. d. RFH. 28. Oktober 1921 (Samml. VII S. 192 ff.), welches im Anschluß an Samml. II S. 197 für die Geltung des Gesetzes 1906 die Möglichkeit der Beschenkung einer offenen Handelsgesellschaft zugibt. Für das heutige Recht dürfte auch aus § 80 Abs. 2 AbgO. nichts Gegenteiliges folgern. Im Falle der Hingabe eines Heiratsgutes an den mit der Tochter des Schenkers im gesetzlichen Güterstande lebenden Schwiegersohn spricht die Vermutung für die Beschenkung der Tochter (RFH. 26. November 1920, Samml. IV S. 126). Hochzeitsgeschenke werden regelmäßig Geschenke an beide Ehegatten darstellen (Seufferts Archiv 62, 317), daher beiden Ehegatten je zur Hälfte zuzurechnen sein (vgl. § 80 Abs. 2 AbgO.). Schenkungen an einen in Gütergemeinschaft lebenden Ehegatten gelten als nur diesem gemacht, URFH. 25. Oktober 1922, StuW. II Sp. 147.

14. Die Erfüllung sog. natürlicher (unklagbarer) Verbindlichkeiten ist jedenfalls dann eine Bereicherung des natürlichen Gläubigers, wenn dieser von vornherein keinen klagbaren Anspruch hatte (So die Erfüllung von Spiel- und Wettschulden BGB. §§ 762 ff., eines Ehemäklerversprechens das. § 656, einer sittlichen Pflicht oder einer auf den Anstand zu nehmenden Rücksicht, das. § 814; bzüglich der Ausstattung vgl. Note 40.) Andererseits liegt eine Bereicherung da nicht vor, wo die ursprüngliche Klagbarkeit durch bloße Einrede entkräftet ist (verjährte Forderung, durch Zwangsvergleich novierte Forderung, RFH. 9. Juni 1921, StuW. I Sp. 262 — für Erfüllung verjährter Pflichtteilsansprüche RFH. 21. Juni 1922, AStR. V Sp. 841); denn in diesen Fällen erhält der Begünstigte nur das, was ihm zusteht.

Die Erfüllung von Rechtsgeschäften, die wegen Formmangels nichtig sind, stellt eine Bereicherung dar (vgl. aber § 15 Ges.). Erfüllt der Erbe ein wegen Formmangels unwirksames Schenkungsversprechen, so liegt eine Schenkung des Erben vor, dies selbst dann, wenn der Erblasser dem Erben — außerhalb des Testaments — den Auftrag erteilt hatte, das Versprechen aus dem Nachlaß zu erfüllen (RFH. 29. März 1922, StuW. I Sp. 627).

15. „Bereicherung" ist ähnlich der Vermögensminderung (Anm. 9) ein objektiver Begriff. Das Bewußtsein des Bereichernden von der Bereicherung (Mirre in StuW. I S. 206) ist daher nicht erforderlich.

16. Die Beteiligten müssen sich endlich darüber einig sein, daß die Zuwendung unentgeltlich erfolgt. Unentgeltlich ist eine Zuwendung dann, wenn ihr keine Verpflichtung zu einer Gegenleistung gegenübersteht und wenn durch sie auch nicht eine privatrechtliche oder öffentlichrechtliche Verbindlichkeit erfüllt werden soll (RFH. 9. Juni 1921, Samml. VI,

185 im Anschluß an Planck, BGB. Anm. 3 zu § 516). Eine Zuwendung kann auch die nachträgliche Entlohnung geleisteter Dienste darstellen; dann fehlt es an der Unentgeltlichkeit. Der demnächstige Hofannehmer wird Dienste im Hofe regelmäßig in der Erwartung späterer Entlohnung leisten. Vgl. URFH. 11. April 1923, Samml. XII S. 55. Unentgeltlichkeit und Bereicherung decken sich nicht, denn letztere als Vermögensmehrung kann auch bei der Erfüllung oder auch dem bloßen Abschlusse entgeltlicher Verträge vorliegen. Andererseits ist der scheinbar objektive Begriff der Unentgeltlichkeit von dem subjektiven Moment der Einigung der Beteiligten (bei der Schenkung i. e. S.) oder doch dem einseitigen Willen des Zuwendenden (bei dem erweiterten Schenkungsbegriff = freigebiger Zuwendung im Sinne des ErbschStG. Ziff. 2 unseres Paragraphen) nicht zu trennen, denn ausschließlich vom Willen hängt es ab, ob und inwieweit eine Verpflichtung des andern Teiles begründet, eine eigene Verbindlichkeit erfüllt werden soll. Eine Grenze dafür, was als rechtliche Verpflichtung anzusehen ist, wird sich nicht allgemein und grundsätzlich ziehen lassen; es werden dafür immer die besonderen Umstände der einzelnen Arten von Fällen, eventuell auch des einzelnen Sonderfalls, maßgebend sein müssen. Eine Schenkung liegt nicht vor, wenn ein Vater sich der Militärbehörde gegenüber verpflichtet, seinem Sohn einen Zuschuß zu zahlen, bis dessen Einkommen eine bestimmte Höhe erreicht, weil hier der Vater in Erfüllung der ihm obliegenden Unterhaltspflicht (§§ 1601, 1610 BGB.) gehandelt hat; Entsch. d. PrFM. vom 21. März 1910 III 21 310/09.

Aussteuerversprechungen (BGB. § 1620) sind weder Schenkungen noch freigebige Zuwendungen, weil eine gesetzliche Aussteuerpflicht besteht (RFH. 27. April 1922, Samml. IX S. 224). Über die Behandlung von Ausstattungen i. w. S. vgl. Note 25. — Die Zuwendung eines Kapitals seitens einer Firma an eine mit juristischer Persönlichkeit ausgestattete Pensionskasse ist nicht als Schenkung angesehen, weil der Pensionskasse dafür in ihren Satzungen die rechtlich erzwingbare Verpflichtung auferlegt ist, den Angestellten der Firma als Zwangsmitgliedern der Kasse die in den Satzungen für die Mitglieder usw. festgesetzten Pensionen und Erziehungsgelder zu gewähren und diese Leistungen der Kasse rechtlich als Vergütung für die Dienstleistungen der Angestellten an die Firma sich darstellen; Verf. PrFM. vom 9. Mai 1910 III 9122 (an die Bundesstaaten weitergegeben durch Schreiben des Reichsschatzamts vom 31. Mai 1910 II 6721).

Die zur Erfüllung einer Bedingung gemachte Zuwendung ist nicht unentgeltlich. Auch die Übernahme einer nicht vermögensrechtlichen Gegenleistung (Heirat, Erfüllung ideeller Zwecke) schließt den Begriff der Unentgeltlichkeit bürgerlichrechtlich aus (Komm. RG. Anm. 4 zu § 516, RGZ. 62, 277). Das Steuerrecht läßt hier allerdings eine Sonderbehandlung eintreten (§ 3 Abs. 3 Ges.). Auch die Erfüllung satzungsmäßiger Zwecke (satzungsmäßige Pflicht juristischer Personen, bestimmte Beträge gemeinnützig zu verwenden) ist keine Zuwendung (RFH. 18. Januar 1923 und 31. Januar 1923 — DVR. Jg. 1923 S. 82).

17. Die Schenkung ist ein Vertrag und untersteht mithin den allgemeinen Vorschriften über das Zustandekommen solcher (BGB. §§ 104 bis 157): auf seiten des Beschenkten genügt, soweit keine Auflage an die Schenkung geknüpft ist, beschränkte Geschäftsfähigkeit (BGB. § 107). Allerdings tritt das Merkmal der Einigung wegen der durch Ziff. 2 unseres

Paragraphen erfolgten Erweiterung des Schenkungsbegriffs für das Steuerrecht durchaus zurück.

In den beiden folgenden Noten sind weitere hier einschlagende Einzelheiten nach den zur Entscheidung gebrachten Modalitäten herausgegriffen, welche brauchbare Richtlinien auch für die Zukunft abgeben werden.

18. Wenn in einem Vertrage zur Regelung eines dem öffentlichen Recht angehörigen Rechtsverhältnisses z. B. in einem Vertrage über Abtretung von Gelände zur Herstellung oder Verbreiterung einer Straße eine unentgeltliche Leistung von einem Vertragsteil zugesagt wird, so ist im Zweifel keine Schenkung anzunehmen; Verf. BdStb. vom 16. April 1907 Nr. 11 861 und vom 17. Mai 1907 Nr. 15 409, vgl. E. Zimmermann Note 3 zu § 55. Nach einer von U. Hoffmann 2. Aufl. Anm. 2c VII zu § 55 angeführten Verf. PrFM. vom 24. Januar 1910 III 1361 liegt keine Schenkung vor, wenn jemand, um die Genehmigung einer Lotterie zu erlangen, sich verpflichten muß, aus dem Ertrage einer wohltätigen Anstalt einen Betrag zu überweisen; die Behörde, welche die Überweisung zur Bedingung macht, ist nicht Schenkerin, weil die Zuwendung nicht aus ihrem Vermögen kommt. Des weiteren zieht U. Hoffmann a. a. O. unter IX eine Verf. PrFM. vom 24. Juni 1909 III 7712 an, nach welcher die Zuwendung einer öffentlichen Bibliothek von seiten des Staats an die Stadt, in der sich die Bibliothek befindet, keine Schenkung ist, wenn die Stadt sich zur Erhaltung der Bibliothek für die Allgemeinheit gegen Gewährung eines Zuschusses verpflichtet; es wollten vielmehr beide Teile ihre öffentlichrechtlichen Aufgaben erfüllen und ihre gegenseitigen Leistungen danach bemessen. In einer Verfügung des PrFM. vom 29. April 1911 III 6111 ist ausgesprochen, daß Abkommen, durch die Gemeinden dem Justizfiskus Grundstücke zur Errichtung von Gerichtsgebäuden zur Verfügung stellen, sich unter Umständen als reichssteuerpflichtige Schenkungen darstellen können.

Die Überlassung der Hälfte der Aktien seitens der Aktionäre einer Aktiengesellschaft gegen Übernahme der Verpflichtung dafür zu sorgen, daß jeder andere Aktionär der Gesellschaft gleichfalls die Hälfte seines Aktienbesitzes überlasse, ist keine Schenkung; Verf. SFM. vom 9. September 1907 Nr. 3978. Dahingegen ist in der Quittungserteilung über einen Teil des Kaufpreises mit Rücksicht auf Dienste, welche die Käuferin (Schwiegertochter) und ihr Ehemann dem Verkäufer geleistet haben, eine steuerpflichtige Schenkung zu sehen; Verf. SFM. vom 25. April 1907 Nr. 1671. — Gestattet eine Aktiengesellschaft neuen Aktionären zum Nennwert ausgegebene Aktien mit einem geringeren Betrage zu bezahlen, so liegt hierin eine steuerpflichtige Zuwendung (RFH. 16. März 1922, JW. LI S. 946 [24]).

Aufnahme in eine offene Handelsgesellschaft ohne Einbringen oder Gegenleistung des Aufgenommenen ist keine Schenkung der Gesellschaft, deren Vermögen hierdurch gar nicht berührt wird (RFH., Urt. vom 18. Januar 1923, DVR. XV S. 65); sie kann aber eine Schenkung seitens der übrigen Gesellschafter darstellen (RFH. 11. April 1923, DVR. XV S. 130).

19. Die Erfüllung einer sittlichen oder einer Anstandspflicht wird nicht als rechtliche Verpflichtung anzusehen sein, denn wenn der § 534 BGB. auch für die Schenkungen, durch welche einer sittlichen Pflicht oder einer auf den Anstand zu nehmenden Rücksicht entsprochen wird, die Rückforderung und den Widerruf ausschließt, so entzieht er ihnen dabei keineswegs den Charakter als Schenkungen, und, da sie als solche rechtlich bestehen bleiben, unterliegen sie ebenso wie jede andere Schenkung der Steuerpflicht. Dahingegen wird bei denjenigen Zuwendungen, welche nach einer weiter vorherrschenden Üblichkeit an das Personal für häusliche oder wirtschaftliche Dienstleistungen oder an Angestellte in Gewerbebetrieben zu bestimmten Gelegenheiten, wie namentlich Weihnachten, gemacht zu werden pflegen, regelmäßig die rechtliche Verpflichtung das überwiegende sein; man wird sie meist nicht als unentgeltliche ansehen können, weil sie in erster Linie in Rücksicht auf die geleisteten Dienste und als eine, wenn auch außerordentliche, Vergeltung für diese erfolgen. Sind dieselben im Dienstvertrage besonders, wenn auch ohne feste Abgrenzung der Höhe nach, ausbedungen, so können sie natürlich niemals als Schenkungen in Frage kommen.

Wegen der belohnenden Schenkungen, der Schenkungen unter einer Auflage und der sog. gemischten Schenkungen vgl. Abs. 4 unseres Paragraphen und die Noten 36—38.

20. Für die Form der Schenkung ist der § 518 BGB. maßgebend:

„§ 518. Zur Gültigkeit eines Vertrags, durch den eine Leistung schenkweise versprochen wird, ist die gerichtliche oder notarielle Beurkundung des Versprechens erforderlich. Das Gleiche gilt, wenn ein Schuldversprechen oder ein Schuldanerkenntnis der in den §§ 780, 781 bezeichneten Art schenkweise erteilt wird, von dem Versprechen oder der Anerkennungserklärung.

Der Mangel der Form wird durch die Wirkung der versprochenen Leistung geheilt."

Nur die obligatorische schenkweise Verpflichtung bedarf also einer besonderen Form, nicht dagegen die Realschenkung durch sofortige Überweisung der Schenkungsgegenstände, welcher Grundsatz besonders in dem zweiten Absatz des angeführten Paragraphen zum Durchbruch kommt. Der Wille, eine Schenkung zu bewirken, kann auch einem anderen als dem Beschenkten insbesondere einem Vermögensverwalter gegenüber zur äußeren Erscheinung gelangen, Urt. d. RG. vom 11. April 1902, Gruch.-Beitr. 46 S. 1153. Das Versprechen des Schenkers, die Schenkungssteuer zu tragen, bedarf nach § 518 BGB. der notariellen oder gerichtlichen Beurkundung. Urt. d. OLG. Rostock vom 24. April 1911 BlfBF. 1912 S. 31.

Nach dem Urt. d. RG. vom 7. Februar 1919 — mitgeteilt durch Schreiben des Reichsministers der Finanzen vom 7. April 1919 III W 2889 — ist eine Zuwendung, die eine Gesellschaft einem ihrer Angestellten über das ihm vertragsmäßig Gebührende hinaus macht, keine Schenkung, wenn die Gesellschaft damit gewisse außerordentliche Dienste des Angestellten abgelten will, da es in diesem Fall an einer Einigkeit der Vertragsparteien über die Unentgeltlichkeit der Zuwendung fehlt; auch die belohnende Schenkung erfordert diese Einigkeit; Amtl. Mitt. 1919 S. 179. Ein Urt. d. RG. vom 2. März 1912 — mitgeteilt durch Schreiben des Reichskanzlers (Reichsschatzamt) vom 11. Juni 1912 II A 6170 — nimmt eine steuerpflichtige Zuwendung auch dann an, wenn die Erben eines geschäftlichen Unternehmens zur Unterstützung hilfsbedürftiger Arbeiter des Unternehmens eine Bestandteil des Vermögens der Stifter verbleibende, also nicht rechtsfähige Stiftung errichten, sofern sie sich untereinander und dem Testamentsvollstrecker gegenüber in einer rechtsverbindlichen Weise zur Leistung des Stiftungskapitals verpflichtet haben. ZfZuSt. 1913 S. 20; BlfVF. 1912 S. 251; SBBl. 1912 S. 485; WABl. 1913 Beibl. 4 S. 86.

Wenn einem Bankier eine gewisse Leistung versprochen wird, damit er einem Dritten Kredit in der Höhe dieser Leistung gewähre, so liegt weder eine Schenkung noch ein Schenkungsversprechen vor; Urt. d. RG. vom 13. November 1908. — Eine Schenkung ist es, wenn dem Vertreter einer Vertragspartei von der anderen Partei eine Provision (Schmiergeld) dafür zugesagt wird, daß er das Geschäft mit der letzteren gemacht hat (Stuttgart, 2. Juli 1915, Warneyers Jahrb. der Entsch. in Zivilsachen 1917 S. 68; BlfVF. 1918 S. 71). — Für eine ursprünglich nach beiderseitiger Absicht unentgeltlich gewährte Leistung kann nachträglich eine Gegenleistung vereinbart werden; geschieht dies, so fehlt es an dem zu einer Schenkung gehörenden Einverständnis darüber, daß die Gegenleistung unentgeltlich sei (Dresden, 25. Januar 1916, Warneyers Jahrb. 1917 S. 68; BlfVF. 1918 S. 71). — Der Schenkungswille ist nicht mit dem Bewußtsein des Mißverhältnisses zwischen Leistung und Gegenleistung gleichbedeutend, sondern setzt den Willen voraus, die Leistung als unentgeltliche zuwenden zu wollen (Hamburg, 13. November 1914, Warneyers Jahrb. 1917 S. 68; BlfVF. 1918 S. 72). — Ein Vertrag, durch den sich jemand zu einer Leistung gegen Gegenleistung verpflichtet, kann niemals ein Schenkungsvertrag sein. Ob zwischen Leistung und Gegenleistung ein Mißverhältnis besteht, ist dafür, ob ein Schenkungsvertrag vorliegt, nicht entscheidend (RG. vom 3. März 1917, Warneyers Jahrb. 1917 S. 68; BlfVF. 1918 S. 72; Urt. d. RFH. 27. April 1922, DVStR. XV S. 65). — Liegt ein Vergleich vor, so ist ohne weitere Untersuchung über den materiellen Charakter eine Schenkung zu verneinen, denn der Vergleich ist seiner Natur nach ein gegenseitiger Vertrag (RG. vom 26. November 1915, Warneyers Jahrb. 1917 S. 91; BlfVF. 1918 S. 72). — Ein Erbteilungsvertrag hat regelmäßig die Natur eines Vergleichs (vgl. Bem. 19 zu § 2). Die in ihm ausgesprochene zinslose Stundung der Auszahlung des Anteils an Miterben ist noch keine Schenkung (Urt. d. RG. vom 15. Juni 1915, Warneyers Jahrb. 1915, 14. Jg. S. 255; BlfVF. 1917 S. 68). Durch Hinterlegung eines Betrages bei einer Bank zugunsten einer Anstalt ohne deren Annahme ist eine Schenkung noch nicht begründet, sondern vielmehr erst durch den notariellen Vertrag, in welchem die Annahme erklärt wurde.

Das Schenkungsversprechen als solches löst noch keine Steuerpflicht aus, vielmehr tritt letztere erst mit der Ausführung der Zuwendung ein (§ 18 Ges., ähnlich § 40 Abs. 3 S. 2 a. F.). Bezüglich der Ausführung, die nach § 518 Abs. 2 BGB. den etwaigen Formmangel heilt, vgl. Noten 18—22 zu § 18.

21. Endlich darf (vgl. Mirre, Anm. 14 zu § 3) nicht das System des BGB. den Schenkungsbegriff ausschließen. Hervorzuheben ist hier namentlich der § 517 BGB., wonach das Unterlassen eines Vermögenserwerbes zum Vorteil eines andern, der Verzicht auf ein angefallenes, noch nicht endgültig erworbenes Recht sowie die Ausschlagung einer Erbschaft oder eines Vermächtnisses nicht als Schenkung gelten. Bezüglich des Unterlassens eines Vermögenserwerbes erscheint das selbstverständlich, denn insofern liegt eben keine Vermögensverminderung vor; betreffs der beiden andern Fälle bedurfte es jedoch der besonderen Hervorhebung, denn auch ein nur angefallenes, z. B. aufschiebend bedingtes oder befristetes (nicht bloß „betagtes“) Recht bilden veräußerliche und vererbliche Vermögensbestandteile und Erbschaft und Vermächtnis gehen unbeschadet des Ausschlagungsrechtes auf Erben oder Vermächtnisnehmer über (BGB. §§ 1922, 1942, 2176). — Weiter schließt der § 1624 BGB. für die sog. Ausstattung den Schenkungsbegriff insoweit aus, als die Ausstattung das den Umständen, insbesondere den Vermögensverhältnissen des Gebers entsprechende Maß nicht übersteigt.

Für das Steuerrecht hat die im System des BGB. liegende Einschränkung wegen der durch Ziff. 2 EStG. geschehenen Erweiterung des Schenkungsbegriffes eine nur untergeordnete Bedeutung. So können sowohl Ausstattungen wie Verzichtleistungen auf angefallene Rechte unter den dort gegebenen Voraussetzungen der Erbschaftsbesteuerung unterliegen (vgl. Note 25).

22. Zu beachten ist ferner, daß die im BGB. besonders geregelten Rechtsverhältnisse wegen dieser besonderen Regelung allein keineswegs dem Schenkungsbegriffe entrückt sind, sofern nur die allgemeinen Voraussetzungen der Schenkung vorliegen. So sind unentgeltliche Dienst- und Arbeitsleistungen nicht wegen der Regelung in den §§ 662 ff. BGB. keine Schenkungen, sondern deshalb, weil sie weder Vermögensminderungen noch Bereicherungen darstellen (vgl. Noten 9 und 10). Eine einfache Leihe wird gleichfalls keine Vermögensminderung darstellen und eine Bereicherung nur dann, wenn der Entleiher Aufwendungen spart. Dagegen erfüllt die unentgeltliche Überlassung fruchttragender Sachen mit Fruchtziehungsgestattung regelmäßig die Erfordernisse der Schenkung, ebenso auch die unentgeltliche Überlassung einer Mietwohnung im Zinshause wenigstens dann, wenn andernfalls eine entgeltliche Vermietung möglich gewesen wäre und der Zuwendungsvorsatz (Note 7) feststeht.

Die zinslose Hingabe eines Darlehns kann eine Vermögensminderung jedenfalls dann nicht sein, wenn das Geld auch sonst nicht nutzbringend angelegt wäre; eine Bereicherung ist sie nur dann, wenn der Empfänger dadurch Aufwendungen erspart, die Möglichkeit nutzbringender Anlage allein ist noch keine Vermögensvermehrung. Die Begründung des II. Senats des RFH. im nicht veröffentlichten Urteil vom 30. Juni 1920 (vgl. Samml. IX S. 11 unten), eine Schenkung könne hier deshalb nicht in Frage kommen, weil ein solches Geschäft unter eine im BGB. besonders geregelte Kategorie falle, erscheint nicht stichhaltig. Bei der Auslobung wird es regelmäßig an dem Zuwendungsvorsatz fehlen, da der Empfänger noch unbekannt ist; das System des BGB. steht aber auch hier der Schenkung nicht entgegen. — Bei der unentgeltlichen Verwahrung liegt im allgemeinen weder eine Vermögensminderung vor noch ein Zuwendungsvorsatz. — Über Schenkungen durch gesellschaftliche Leistungen vgl. oben Bem. 11. — Leibrenten können auch schenkweise versprochen werden. — Stärkungen von Rechten durch Bürgschaftsleistung (BGB. §§ 765 ff.), Schuldübernahme jeder Art (§§ 414 ff.), Pfandbestellung (§§ 1204 ff.), Eingehung wechselrechtlicher Verpflichtungen u. dgl. werden regelmäßig keine Schenkungen darstellen. Sie können es aber dann sein, und zwar zugunsten des Gläubigers, wenn der Schuldner völlig vermögenslos ist (vgl. RGZ. 90, 178; 54, 284). — Vergleiche (BGB. § 779) können als solche nicht Schenkungen sein, weil ihr Rechtszweck (Beseitigung eines Streites oder einer Ungewißheit im Wege gegenseitigen Nachgebens) den

Zuwendungsvorsatz ausschließt (vgl. oben Note 18). Soweit letzterer vorhanden, kann eine gemischte Schenkung in Frage kommen (Bem. 38b).

Auch familien- und erbrechtliche Akte können Schenkungen darstellen, namentlich Ehe- und Erbauseinandersetzungsverträge (vgl. aber Bem. 19 und 20 zu § 2). Zu lebhaften Erörterungen hat die Frage Anlaß gegeben, ob und inwieweit in der ehevertraglichen Einführung einer Gütergemeinschaft, zumal der allgemeinen Gütergemeinschaft, eine Schenkung liegen könne. Der RFH., der die Möglichkeit der Schenkung bereits in seinem Urteile vom 18. Februar 1921 (Samml. V S. 72) bejaht hatte, nimmt in seiner Entscheidung vom 29. März 1922 (Samml. IX S. 9 ff. = StuW. I Sp. 627) ausführlich zu der Frage Stellung. Hiernach soll der Zuwendungsvorsatz und damit die Schenkung regelmäßig verneint werden, wenn die Vereinbarung zur Zeit der Eheschließung oder doch zu einer Zeit getroffen wird, in der die Ehegatten noch mitten im Erwerbsleben stehen, selbst wenn die beiderseitigen Vermögensmassen erheblich verschiedenen Wert haben. Wird aber die Vereinbarung getroffen, nachdem sich die Ehegatten bereits aus dem Erwerbsleben zurückgezogen haben oder soweit gelangt sind, daß eine Zurruhesetzung in Erwägung gezogen wird, so spricht die Vermutung dafür, daß der wohlhabendere Ehegatte das Vermögen des andern vermehren wolle. In Frage könnte lediglich kommen, daß der reichere Ehegatte den Vorteil beabsichtigt, beim Tode des andern die Gütergemeinschaft fortzusetzen. — Die zitierte Entscheidung läßt es im übrigen dahingestellt, ob der Annahme einer Schenkung i. S. des BGB. dessen System entgegenstehe, weil die § 40 Abs. 1 Satz 2 a. F. (jetzt § 3 Ziff. 2) zu gleichem Ergebnis führe. U. E. lassen sich aus dem System des BGB. keine Bedenken herleiten (ebenso RG. 22. November 1915: RGE. 87, 301). — Bezüglich der Errungenschaftsgemeinschaft führt eine Entscheidung des RFH. vom 9. Dezember 1920 (Samml. IV S. 243) aus: Werden bei Begründung der Errungenschaftsgemeinschaft zum Eingebrachten eines Gatten gehörige Grundstücke in die Gemeinschaft aufgenommen, so hängt es von den Verhältnissen des Einzelfalls ab, ob eine Schenkung vorliegt. — Die angeschnittene Frage hat durch die regelmäßige Freilassung des Gattenerbes von der Steuer (§ 9 I I Abs. 2) wesentlich an Bedeutung verloren.

Da die elterliche Nutznießung am Kindeserbe als unmittelbar auf Gesetz beruhendes Recht niemals der Erbschaftssteuer unterliegt, so stellt auch der Verzicht auf die Nutznießung keine steuerpflichtige Schenkung dar (ebenso Mirre, Anm. 12 zu § 3).

Zu Abs. 1 Ziff. 2.

23. Die Ziffer entspricht dem § 40 Abs. 1 Satz 2 a. F.; die Bereicherung braucht aber nicht mehr mit dem Willen des Zuwendenden geschehen. Damit ist jedoch die Steuer nicht ausschließlich auf das objektive Moment der Bereicherung und Vermögensminderung verstellt. Vielmehr liegt in dem Begriffe der „Zuwendung" das Wissen und Wollen des Vorteils des anderen (oben Note 7). Daß dieser Vorteil zu einer Vermögensmehrung führt, liegt im Begriff der Bereicherung; der Zuwendende braucht aber diese Vermögensmehrung nicht mehr zu wollen, ja nicht einmal um sie zu wissen (Anm. 15). Das Fehlen der fraglichen Worte ist daher nicht gänzlich bedeutungslos (a. A. Berolzheimer in StuW I Sp. 960), wenngleich die Hervorhebung der Bedeutung des

Fehlens der Worte gerade für die sog. gemischten Schenkungen (Richtl. S. 3) nicht recht einzusehen ist.

Die Ausdehnung des bürgerlichrechtlichen Schenkungsbegriffes war dem Gesetze 1906 noch fremd. Scharf abfällig kritisiert Roth (RStR. 3. Jg. S. 257 und in Marcuse, Das neue Reichssteuerrecht, 2. Aufl. S. 340 ff.) den erweiterten steuerlichen Schenkungsbegriff, den er als im Widerspruch mit den Grundsätzen des Rechts- und Wirtschaftssystems befindlich ansieht. Beim Vertrage hänge der Rechtszweck stets ab vom übereinstimmenden Willen der Vertragsparteien. Soweit dieser nicht auf Gewährung und Empfang einer unentgeltlichen Zuwendung gerichtet sei, könne weder eine Freigebigkeitshandlung vorliegen, noch eine Bereicherung das Ergebnis sein. Dem kann nicht beigetreten werden. „Bereicherung" ist ein vom Willen der Beteiligten völlig losgelöster Begriff (Anm. 15) und auch „Freigebigkeit" erfordert zum wenigsten keine Willensübereinstimmung (Anm. 24).

24. Der erweiterte Schenkungsbegriff erscheint als vom Gesetzgeber hinreichend klar umrissen. Erfordert wird:

a) eine Zuwendung (vgl. Noten 4—8), welche
b) unter Lebenden erfolgt sein und
c) freigebig sein muß, auch
d) zu einer Bereicherung des Bedachten (Noten 10—15) führen und
e) auf Kosten des Zuwendenden erfolgt sein muß.

Fast sämtliche der vorstehenden Merkmale sind bereits eingehend erörtert. Nachzuholen ist nur:

Zuwendung „unter Lebenden" bildet den Gegensatz zur Zuwendung von Todes wegen, d. h. derjenigen Zuwendung, deren Wirksamwerden den Tod des Verfügenden zur Voraussetzung hat (v. Staudinger, Komm. z. BGB., Bem. 1 zu § 1937). Selbstverständlich scheiden aber für die Anwendung der Ziff. 2 diejenigen Fälle aus, welche der Gesetzgeber gewollt als Zuwendungen von Todes wegen regelt, z. B. § 2 Abs. 1 Ziff. 4 Ges. (vgl. Bem. 32 zu § 2).

„Freigebig" schließt ein Dreifaches in sich:

α) Die Unentgeltlichkeit, d. h. der Zuwendung darf keine Verpflichtung zur Gegenleistung gegenüberstehen und es darf durch sie auch keine privat- oder öffentlichrechtliche Verbindlichkeit erfüllt werden (RFH. 9. Juni 1921, Samml. VI S. 185),

β) die Zuwendung darf nicht auf einer Rechtspflicht beruhen (RFH. das.) und

γ) der Zuwendende muß sich der Unentgeltlichkeit (α) und Freiwilligkeit (β) bewußt sein. Ein Bereicherungswille wird nicht erfordert.

Über den Begriff „auf Kosten des Zuwendenden" vgl. Note 25 c.

25. Der erweiterte Schenkungsbegriff zeigt demnach gegenüber der Schenkung i. e. S. (Ziff. 1) folgende Unterschiede:

a) An Stelle der vertragsmäßigen Einigung über die Unentgeltlichkeit wird lediglich die einseitige Freigebigkeit (Note 24) erfordert.

b) Das System des BGB. steht dem Begriffe der freigebigen Zuwendung nirgends hindernd entgegen. Deshalb unterliegt der Verzicht auf angefallene, aber noch nicht endgültige erworbene Rechte, z. B. aufschiebend bedingte oder befristete Rechte (§§ 158, 163 BGB.), zum Vorteil anderer, u. U. sogar der unterlassene Vermögenserwerb trotz § 517 BGB. der Erbschaftssteuer, nicht minder auch eine Ausstattungsgewährung

(§ 1624 BGB.), soweit nicht eine Rechtspflicht besteht (das. § 1620) oder Abs. 5 unseres Paragraphen die Befreiung zuläßt (Urteile RFH. 9. Juni 1921, Samml. VI S. 183 — 26. März 1921, Samml. VI S. 347 — 29. März 1922, Samml. IX S. 12). Auch die freiwillige Abschichtung der Kinder durch den überlebenden Vater nach Bremer Güterrecht ist eine freigebige Zuwendung (URFH. 10. Januar 1923 und Beschl. 25. Oktober 1922, StuW. II Sp. 312). Dagegen ist die Ausschlagung der Erbschaft, des Vermächtnisses, die an und für sich wohl den Erfordernissen des § 3 Ziff. 2 genügen kann, dennoch nie der Besteuerung unterworfen. Für das Gesetz 1906 war das selbstverständlich, weil ihm der erweiterte Schenkungsbegriff fremd war. Daß das Gesetz 1919 (und ihm folgend die Novelle 22) den Verzicht auf den Pflichtteil steuerfrei hätten lassen wollen (§ 40 Abs. 3 Satz 1 a. F., § 22 Ziff. 12 n. F.), die Ausschlagung von Erbschaft und Vermächtnis aber der Steuer unterwerfen, ist ausgeschlossen, denn der Pflichtteilsanspruch sollte im Gesetze 1919 gerade dem Erbrecht und Vermächtnis gleichgestellt werden (Mirre, Bem. 14 zu § 3). Diese auf § 4 AbgO. gestützte Auslegung erscheint um so unbedenklicher, als sich für die Ausschlagung der Nacherbfolge, soweit die Nacherbschaft noch nicht angefallen ist, sich die Steuerfreiheit schon aus § 12 Abs. 3 Ges. ergibt.

c) Wenn die Zuwendung sodann auf Kosten des Zuwendenden geschehen sein soll, so ist darin wieder eine Erweiterung der entsprechenden Vorschrift bei der Schenkung, daß letztere aus dem Vermögen des Schenkers gemacht sein müsse, zu erblicken. Die Ausführungen für die Schenkung in Note 9 greifen hier nicht in demselben Maße Platz. Das ganze Verhältnis liegt vielmehr freier. Die Zuwendung braucht nicht aus dem Vermögen des Zuwendenden zu stammen; sie muß nur auf seine Kosten erfolgt sein, also eine gewisse Belastung seines Vermögens bewirkt haben. Wie und in welchem Umfange sich diese Belastung tatsächlich vollzogen hat, ist dabei wiederum ohne Bedeutung, so insbesondere, ob die Belastung eine größere oder eine geringere, auch im Verhältnis zur Zuwendung gewesen ist, ob sie unmittelbar aus dem Vermögen oder nur mittelbar aus demselben geschah u. dgl. Die Zuwendung muß überhaupt eine Belastung oder Kosten für den Zuwendenden verursacht haben; sie darf für letzteren nicht kostenlos gewesen sein. Insofern kommt hierdurch in abgeschwächter Form das beiderseitige persönliche Verhältnis zum Durchbruch; es muß auf der einen Seite (Beschenkter) ein Gewinn (Bereicherung), auf der anderen Seite (Schenker) ein Verlust (Kosten) durch die Zuwendung entstanden sein. Es braucht sich aber keineswegs um Aufgabe von Gegenständen zu handeln, die bereits zum Vermögen des Zuwendenden gehörten. Gerade auf diesem Erleichterungsmoment den Schenkungen gegenüber beruht mit die Bedeutung für die Heranziehung der weiteren Zuwendungen ohne Gegenleistung zur Steuer. Dasselbe bietet namentlich auch die Möglichkeit jene besonderen Fälle, welche der § 517 BGB. nicht als Schenkung gelten läßt, unter die Steuerpflicht zu bringen. Diese Fälle sind für das praktische Leben von einer keineswegs zu unterschätzenden Bedeutung.

Zu Abs. 1 Ziff. 3 und 4.

26. Ziff. 3 und 4 entsprechen der Ziff. 1 Abs. 2 § 40 a. F., welche demnach ähnlich der Ziff. 4 § 20 a. F. in zwei Ziffern zerlegt ist. Beide Ziffern geben mit entsprechenden Änderungen das wieder, was die Ziff. 2

und 3 Abs. 2 § 2 n. F. als Erwerb von Todes wegen enthalten. Auch die materiellen Änderungen und Ausfeilungen jener Ziffern des § 2 gegenüber dem Gesetze 1919 machen unsere Ziffern mit, also sowohl die Klarstellung, daß neben dem infolge der Erfüllung einer Suspensivbedingung gemachten Erwerbe auch der infolge Erfüllung einer Resolutivbedingung gemachte steuerpflichtig sein soll (Ziff. 3), wie auch die Erweiterung der Ziff. 4 durch Aufnahme des Erwerbes infolge freiwilliger Übernahme von Leistungen zur Erlangung der Genehmigung von Schenkungen. Auch die Einschränkung der Ziff. 2 Abs. 2 § 2 durch Ausschaltung der einheitlichen Zweckzuwendungen ist in Ziff. 3 § 3 wiederholt. In allen diesen Beziehungen genügt es, auf die Bem. 40—44 zu verweisen.

Bezüglich der Schenkung unter einer Auflage vgl. BGB. §§ 525 ff., ferner Abs. 4 § 3 unseres Gesetzes und die Bem. 36 zu letzterem.

27. Neu ist gegenüber der Ziff. 1 Abs. 2 § 40 a. F. noch:

a) daß die Bedingung, infolge deren Erfüllung der Erwerb gemacht ist, nicht mehr notwendig einer Schenkung hinzugefügt zu sein braucht, sondern einem beliebigen — einseitigen oder zweiseitigen — Rechtsgeschäfte unter Lebenden (Note 24) auch einem entgeltlichen Vertrage wie Kauf, Tausch, Miet-Dienst- oder Werkvertrage angehängt sein kann;

b) die Hinzufügung der Worte „ohne entsprechende Gegenleistung“ in Ziff. 3. Diese Worte sollen wohl keine materielle Änderung gegenüber der früheren Fassung zum Ausdruck bringen, vielmehr nur im Anschluß an die Änderung zu a klarstellen, daß ein entgeltlicher Erwerb nicht steuerpflichtig sein soll.

Viel ist mit dem Zusatze nicht gewonnen. Zunächst kann es zweifelhaft sein, ob die neuen Worte nur zu dem letzten der in Ziff. 3 behandelten Erwerbsfälle oder auch zu dem ersten (Erwerb durch Auflagevollzug) gehören sollen. Anzunehmen ist letzteres, denn auch der Erwerb infolge Auflagevollzug kann entgeltlich sein. (Vgl. auch § 330 Satz 2 BGB., wonach dem durch die Auflage begünstigten Dritten im Zweifel ein unmittelbarer Anspruch auf Vollziehung gewährt wird.)

Weiter: Was heißt „entsprechende“ Gegenleistung? Ist damit ein rein objektiver Maßstab, gemessen nach dem gemeinen Werte beider Leistungen, angelegt? Ist ferner, sofern eine „nicht entsprechende“ Gegenleistung bewirkt ist, der gesamte Erwerb steuerpflichtig oder nur der den Wert der Gegenleistung übersteigende Teil?

U. E. sollen die Ziff. 3 ff. nicht Steuerobjekte schaffen, die völlig außerhalb des Rahmens der freigebigen Zuwendung liegen, sie sollen vielmehr die in Ziff. 1 und 2 gegebenen Grundtypen wirkungsvoll ergänzen. Ziff. 3 insonderheit trägt dem Umstande Rechnung, daß die hier bezeichneten Erwerbsfälle nicht eigentlich das Vermögen des Anordnenden, eher schon das des Erfüllenden mindern, daß sie noch nicht einmal auf Kosten des Anordnenden zu geschehen brauchen. Aber auch sie setzen eine „freigebige Zuwendung“ des Anordnenden, also das Wissen und Wollen der Vorteilszuführung (Note 7), die Unentgeltlichkeit und Freiwilligkeit, sowie deren Bewußtsein (Note 24 a. E.) voraus. Folglich gibt die „entsprechende“ Gegenleistung keinen objektiven Maßstab, sondern ist nach dem Vorbilde der „gemischten“ Schenkungen (Bem. 38 b) nach der Willensrichtung der Beteiligten, wenigstens aber des Anordnenden zu bemessen. — Bezüglich der Gegenleistung ist noch Abs. 3 unseres Paragraphen zu vergleichen.

Weiter wird anzunehmen sein, daß, wenn eine nicht entsprechende Gegenleistung bewirkt ist, nur der Überschuß steuerpflichtig ist.

Nicht hierher, sondern unter Ziff. 1 und 2 gehören übrigens die Fälle, in denen bei einem gegenseitigen Vertrage nach Anordnung eines der Vertragschließenden die diesem gebührende Gegenleistung ganz oder teilweise direkt dem Dritten zuzuführen ist.

28. „Erlangt" im Sinne unserer Ziffern ist natürlich nur dasjenige, welches dem Vermögen des Begünstigten zugeführt ist, ihn also bereichert (vgl. Note 10 ff.). Geleistete Dienste können also nur unter dem Gesichtspunkte der Ersparnis von Ausgaben „Erlangtes" darstellen (vgl. auch § 12 Ges.). Für die Bemessung der Steuerklasse ist das Verhältnis des Begünstigten zum Anordnenden bzw. Schenkenden maßgebend. Bezüglich des Zeitpunktes der Entstehung der Schuld vgl. § 18.

Zu Abs. 1 Ziff. 5.

29. Die Ziff. 5 enthält einen derjenigen Erwerbsfälle, welche das Gesetz in dem grundsätzlichen Bestreben nur solche Fälle unter die Erbanfallsteuer zu bringen, in denen der Erwerb wirklich von einem Todesfall oder einem diesem steuerrechtlich gleichstehenden Ereignis abhängt, abweichend von dem RErbStG. 1906, aber in Übereinstimmung mit dem Gesetze 1919 nicht als Erwerb von Todes wegen, sondern als Schenkung aufführt. (Vgl. § 40 Abs. 2 Ziff. 2 Ges. 1919 und § 2 Ziff. 2 Ges. 1906.)

Die nähere Regelung für den Erbverzicht geben außer den im Gesetze angeführten §§ 2346 und 2352 die §§ 2347—2351 das. Hervorzuheben ist, daß sowohl der Erbverzicht (= Vertrag zwischen dem Erblasser einerseits und seinen gesetzlichen oder eingesetzten Erben oder Vermächtnisnehmern andererseits, vermöge dessen die Erben oder Vermächtnisnehmer auf ihr Erbrecht — Vermächtnis — und gleichzeitig ihr Pflichtteilsrecht verzichten) wie der Vertrag, durch den der Erbverzicht aufgehoben wird, der gerichtlichen oder notariellen Beurkundung bedürfen. — Bezüglich der Entstehung des Anspruchs vgl. § 18 und Note 18 das.

Zimmermann-Mühe Anm. 31 letzter Absatz zu § 40 und Finger (Anm. 8 zu § 3) wollen hier auch den Fall einreihen, wo ein an einem Erbvertrag als Vertragspartei Beteiligter auf das ihm Zugewendete gegen eine Abfindung verzichtet; ein solcher Verzicht falle zwar nicht unter den § 2352 BGB., sondern unter den § 2290 BGB.; er stehe aber dem Erbverzicht in seiner wirtschaftlichen Bedeutung völlig gleich; die Abfindung für solchen sei sonst als Schenkung kaum zu erfassen. Da aber die Gesetzesvorschrift lediglich vom Erbverzicht spricht und ausschließlich den § 2352 BGB. dazu anzieht, so wird die Ausdehnung nicht als genügend begründet erscheinen können, wenn auch im übrigen den Ausführungen als solchen beizupflichten ist. Dahingegen wird die Berechtigung bezüglich des Falles nicht zu versagen sein, wo ein gemeinschaftlicher Abkömmling einem der Ehegatten gegenüber für den Fall, daß die Ehe durch dessen Tod aufgelöst wird, auf seinen Anteil am Gesamtgut der fortgesetzten Gütergemeinschaft verzichtet (§ 1517 BGB.) und für den Verzicht eine Abfindung erhält. Für diesen Fall wird man das Vorliegen eines Erbverzichts gegen Abfindung anerkennen können, weil auf ihn die Vorschriften über den Erbverzicht nach Abs. 2 des § 1517 BGB. Anwendung finden.

Für die Bestimmung der Steuerklasse ist das Verhältnis zwischen dem Verzichtenden und dem die Abfindung Leistenden maßgebend.

Zu Abs. 1 Ziff. 6.

30. Die Vorschrift ist neu. Die Behandlung zur Zeit der Geltung des früheren Gesetzes war streitig. In seinem Urteil vom 28. Juni 1922 (Samml. X S. 153) behandelt der RFH. die vorzeitige Übereignung durch den befreiten Vorerben an den Nacherben im Sinne des § 40 Abs. 2 Ziff. 4 a. F. (betraf die Steuerpflicht der mit Rücksicht auf ein künftiges Erbrecht geschehenen Zuwendungen) als steuerpflichtig; die Höhe der Bereicherung bestehe hier regelmäßig in dem nach dem Alter des Vorerben gemäß § 145 AbgO. kapitalisierten Werte der einjährigen Nutzung des Nachlasses. Bezüglich der einfachen Vorerbfolge dürfte die Frage kaum anders zu entscheiden gewesen sein. Nach den Richtlinien (S. 3 unten) soll Nr. 6 klarstellen, daß die Substanz des vom Vorerben herausgegebenen, zur Nachlaßmasse gehörigen Vermögensteils als Anfall zu versteuern ist, nicht etwa bloß der kapitalisierte Wert der Nutzungen der herausgegebenen Vermögensteile. Nachdem jetzt gemäß § 7 Abs. 1 Ges. der Vorerbe stets als Erbe, nicht mehr, wie früher, regelmäßig als Nießbraucher zu behandeln ist, hätte das einer besonderen Hervorhebung kaum noch bedurft. Die jetzige Lage ist jedenfalls die, daß der Nacherbe, mag der Vorerbe auf den Überrest eingesetzt oder sonst irgendwie befreit oder gewöhnlicher Vorerbe sein, stets bei vorzeitiger Herausgabe die Substanz als Beschenkter zu versteuern hat. Immer muß aber die Herausgabe eine vorzeitige sein, also vor dem Eintritt der Nacherbfolge geschehen. Nicht hierher gehört daher der Fall, daß der Erblasser dem Vorerben letztwillig gestattet, den Zeitpunkt des Nacherbfolgeeintritts selbst zu bestimmen — was zweifellos zulässig ist (RGE. 95, 278; vgl. Hirschwald in JW. 1923 S. 139) — und der Vorerbe hiervon zu Lebzeiten Gebrauch machte. Bezüglich der Begriffe des Vor- und Nacherben vgl. Anm. 57 zu 2 Ges., ferner BGB. §§ 2100 ff. (§§ 2136—2138 enthalten insbesondere die Stellung des „befreiten" Vorerben). Behält sich der Vorerbe die Nutzung der Substanz bei der Herausgabe vor, so ist ihr Wert von der Bereicherung abzuziehen. Voraussetzung für die Steuerpflicht bildet aber in allen Fällen die Herausgabe der Vermögensteile (vgl. § 18 Satz 1 Ges. und Bem. 18 das.); für Bestimmung der Steuerklasse ist Abs. 2 dieses Paragraphen zu beachten.

Zeitpunkt des „Eintritts" der Nacherbfolge ist regelmäßig der Tod des Vorerben (BGB. § 2106).

Ziff. 6 entspricht dem Grundgedanken der Ziff. 4 Abs. 2 § 40 a. F. (vgl. oben Bem. 1). Die unter diese frühere Ziff. 4 fallenden Fälle, z. B. die vorzeitige Hofübereignung an den demnächstigen Anerben, sind nach wie vor steuerpflichtig (vgl. Note 28 zu § 40 der 3. Aufl. dieses Kommentars).

Nach URFH. 19. Oktober 1922, StuW. II Sp. 148, sind Schenkungen des Nacherben an den Vorerben auch in der Form der Begründung einer Forderung möglich, soweit diese nach Absicht der Parteien die Vorerbschaft belasten soll.

Zu Abs. 1 Ziff. 7.

31. Dem bisherigen Recht entstammt die Vorschrift der Ziff. 7, welche in einer ohne materiellen Einfluß etwas geänderten Fassung den § 40 Abs. 2 Ziff. 5 Ges. 1919 (§ 55 Abs. 3 Ges. 1906) wieder gibt.

Wie die Begründung einer Stiftung von Todes wegen nach § 2 Abs. 1 Ziff. 1 Ges. — besonders unter der Bestimmung des § 84 BGB., der die Stiftung für die Zuwendungen des Stifters stets als schon vor dessen Tode entstanden gelten läßt — steuerpflichtig ist, so unterstellt die Ziff. 7 das Stiftungsgeschäft unter Lebenden der Steuerpflicht. Nachdem im § 80 BGB. allgemein bestimmt worden, daß zur Entstehung einer rechtsfähigen Stiftung außer dem Stiftungsgeschäfte die Genehmigung des Bundesstaats erforderlich ist, in dessen Gebiete die Stiftung ihren Sitz haben soll, gibt § 81 die Vorschriften für Form (Schriftform des Errichtungsaktes) und Widerruf, § 82 die für die Pflicht des Stifters zur Übertragung des ausgesetzten Vermögens auf die Stiftung. In dieser Beziehung ist zu beachten, daß nur der Übergang von Forderungen und anderen Rechten mit der Entstehung (Genehmigung) der Stiftung sich gleichzeitig vollzieht, und auch nur dann, wenn zu der Übertragung der bloße Abtretungsvertrag genügt (§§ 398, 413 BGB., Beispiel: gewöhnliche, nicht hypothekarisch gesicherte Forderung, Urheberrecht) und nicht aus dem Stiftungsgeschäft ein anderer Wille des Stifters erhellt. In allen andern Fällen (Übergang körperlicher Sachen, Hypothekenforderungen, Grund- und Rentenschulden, Reallasten u. a.) geht das in dem Stiftungsgeschäfte zugesicherte Vermögen erst mit dem dinglichen Übereignungsakte (z. B. §§ 925, 929, 1154, 1192, 1199, 873 BGB.), zu dessen Vornahme der Stifter indes verpflichtet ist, auf die Stiftung über. Das ist wichtig für die Frage der Entstehung der Schuld (vgl. oben Bem. 18 zu § 18).

Die Steuer wird nach Klasse V des § 9 erhoben; für sog. Familienstiftungen vgl. § 9 Abs. 2, zweiter Halbsatz. Vgl. jedoch auch § 21 Nr. 2, § 22 Ziff. 15, § 23 Ziff. 2 Ges.

Die Ziffer behandelt lediglich die Bewidmung von Stiftungen im Rechtssinne. Die Begründung fiduziarischer (d. h. nicht rechtsfähiger) Stiftungsmassen unter Lebenden fällt unter Ziff. 1 bzw. § 4 Ges.

Nach der Fassung unserer Ziffer (Übergang . . . auf Grund . . .) ist Identität zwischen dem Stifter und demjenigen gefordert, von dem die Bereicherung der Stiftung ausgeht.

Bezüglich der durch die Auflösungsbehörden gelegentlich der Auflösung preußischer Fideikommisse begründeten Stiftungen (Preuß. Verordnung vom 30. Dezember 1920, GesSamml. 1921 S. 77 § 9b, sowie Verordnung vom 19. November 1920, GesSamml. 1920 S. 463 §§ 10, 14 ff.) ist mit dem Gutachten des RFH. vom 23. Juni 1921 (Samml. VI S. 309 ff., bes. 315) anzunehmen, daß Steuerfreiheit eintritt, weil die Begründung der Stiftung durch die Behörde erfolgt, das Vermögen aber von der Familie herstammt, also „Stifter" und Bewidmende nicht identisch sind.

Werden die Satzungen einer Familienstiftung, bei der die Bezüge infolge Todesfalls erworben werden, nachträglich durch Familienschluß dahin geändert, daß die Ausschüttung der Bezüge in das Ermessen des Stiftungsvorstandes gestellt wird, so ist diese Änderung steuerrechtlich der Einrichtung einer neuen Stiftung gleichzustellen. Das auf die Stiftung übergegangene Vermögen im Sinne des § 40 Abs. 2 Nr. 5 (a. F., jetzt

§ 3 Abs. 1 Ziff. 7) besteht in den von den Stiftern zugewendeten Stiftungskapitalien. (Urt. d. RFH. vom 25. November 1922, DStBl. Jg. VI Sp. 88/89 = StuW. II Sp. 147; ebenso Urt. d. RFH. 18. Oktober 1922, StuW. I Sp. 1146.)

Zu Abs. 1 Ziff. 8.

32. Die Ziffer ist neu. Über die Behandlung im Ausschusse vgl. oben Bem. 2. Die ursprüngliche Fassung lautete: „8. was bei der Auflösung eines Fideikommisses, anderweitiger Aufhebung der Bindung von Vermögen und bei der Aufhebung einer Stiftung erworben wird." Die Einschiebung des Wortes „freigebig" entspricht dem Gutachten des RFH. vom 23. Juni 1921 (Samml. VI S. 292, vgl. Bem. 28 ff. zu § 2). Bezüglich des Begriffs der Freigebigkeit vgl. oben Bem. 24. In Frage kommen sowohl freigebige Zuwendungen an den bisherigen Inhaber wie an die künftigen Anwärter. Regelmäßig werden in beiden Fällen nur Umwandlungen von Vermögenswerten in solche anderer Form von schätzungsweise gleichem Werte (RFH.) in Frage kommen. Nur soweit der Begünstigte mehr erhält, wie er bei Fortsetzung des Fideikommisses usw. zu erwarten gehabt haben würde, kann eine Unentgeltlichkeit und damit Freigebigkeit in Frage kommen; hinzutreten muß das Bewußtsein der Unentgeltlichkeit und der Freiwilligkeit (Bem. 24). — Für die Bestimmung der Steuerklasse vgl. § 9 Abs. 2 Halbs. 1.

Bezüglich der Entstehung der Steuerschuld vgl. Bem. 18 zu § 18.

Zu Abs. 1 Ziff. 9.

33. Die Vorschrift ist neu, nur für Familienstiftungen bestimmte § 20 Ziff. 5 a. F., daß der Erwerb des Vermögens infolge Erlöschens einer solchen durch die stiftungsgemäß oder gesetzlich dazu Berufenen als Erwerb von Todes wegen zu versteuern sei. Wie die Bestimmung der Erwerber erfolgt ist — ob insbesondere durch Satzung oder Stiftungsorgane —, ist gleichgültig (Richtl. S. 4 Abs. 2). Nach BGB. § 88 erfolgt der Anfall an die verfassungsmäßig Berufenen, d. h., da reichsgesetzliche Vorschriften fehlen, durch zwingendes Landesgesetz, Stiftungsgeschäft oder nachgiebiges Landesgesetz; für Preußen vgl. AG. Art. 5 § 2.

Bezüglich der Bestimmung der Steuerklasse vgl. § 9 Abs. 2 Satz 1, bezüglich der Entstehung der Schuld Note 18 zu § 18.

Zu Abs. 2.

34. Die Regelung entspricht durchaus § 7 Abs. 2 Satz 2 Ges. Für die sich hieran knüpfenden Zweifelsfragen sind daher die Bem. 6 zu § 7 zu vergleichen. In Ermangelung eines entsprechenden Antrages ist auch hier das Verhältnis des Nacherben zum Vorerben zugrunde zu legen.

Zu Abs. 3.

35. Die Vorschrift entspricht dem § 40 Abs. 1 Satz 3 a. F., welcher lautete: „Die Übernahme von Gegenleistungen steht der Annahme einer Bereicherung insoweit nicht entgegen, als es sich dabei um nicht geldwerte Leistungen handelt." Nicht eben zur Erhöhung der Klarheit sind die Worte „nicht geldwerte Leistungen" ersetzt durch „Gegenleistungen, die nicht in Geld veranschlagt werden können". Mit Recht weist Roth in Marcuse, Das neue Reichssteuerrecht, S. 342, darauf hin, daß es solche Leistungen gar nicht gebe, denn letzten Endes liegt es in der Willkür der

Beteiligten, jede Leistung in Geld abzuschätzen — unbeschadet der Schranke in BGB. § 138. Gemeint sind offenbar Leistungen, die auch unter Berücksichtigung des persönlichen Interesses des Leistenden (Mirre, Anm. 24 zu § 3) nicht in Geld veranschlagt zu werden pflegen, wie Eheschließung (RFH., Urt. vom 22. März 1922, DVR. Jg. XV S. 15), Verpflichtung, die Kinder in bestimmtem Bekenntnisse zu erziehen, Verpflichtung, den ehelichen Wohnsitz nicht zu verlegen oder bestimmte Ehrenämter zu übernehmen, Einwilligung zu bestimmten familienrechtlichen Akten, wie Übernahme der Vormundschaft durch die Frau, Annahme an Kindes Statt, Ehelichkeitserklärung u. a. Auch Mitgliedschaftsrechte reiner Idealvereine gehören hierher, so daß Beiträge an solche der Steuerpflicht unterliegen können. Des näheren vgl. § 22 Ziff. 17 Ges. und Note 80 zu § 22. Der Auffassung Mirres (a. a. O.), daß ein bloßes Liebhaberinteresse des Leistenden an der Erlangung der Gegenleistung die Annahme eines Geldwertes nicht rechtfertige (Erlangung von Liebesbriefen), ist beizutreten. Anders, wenn objektiv wertlose Briefschaften in der Hand des Leistenden Geldwert haben.

Immer muß es sich um bestimmte, in sich geschlossene Leistungen handeln, denen ein Geldwert nicht beizumessen ist. Die Bestimmung wird keineswegs erfüllt, wenn eine einheitliche Gegenleistung in Frage steht, welche als solche vollen Geldwert hat, deren Geldwert aber hinter dem Wert der Zuwendung zurückbleibt, so daß sich bei Ausgleich der Werte von Zuwendung und Gegenleistung ein Überschuß zugunsten der ersteren ergibt. Diese Fälle sollen nicht, auch nicht etwa nur bezüglich des letzteren Überschusses, unter die Steuerpflicht gebracht werden, unbeschadet der sich aus Abs. 4, letzte Alternative, ergebenden Möglichkeit der Annahme einer gemischten Schenkung (vgl. Bem. 38). Lediglich wenn und insoweit — also bei gleichzeitigem Vorhandensein von selbständiger geldwerter Leistung und selbständiger Leistung ohne Geldwert — eine wirkliche Leistung ohne Geldwert in Frage steht, greift die Vorschrift Platz; dann allein wird eine Steuerpflicht begründet. Wenn freilich die Gegenleistung hinter der Zuwendung nach ihrem Geldwert ganz verschwindet, daß tatsächlich von einer eigentlichen Gegenleistung überhaupt nicht mehr gesprochen werden kann, muß der rein formelle Gesichtspunkt zurücktreten und die Steuerpflicht begründet erscheinen. Ebenso liegt es, wenn die Gegenleistung nur fingiert oder zum Zwecke der Steuerumgehung vorgeschoben ist. In diesen Fällen ist zu verfahren, wie wenn eine Gegenleistung überhaupt nicht vorhanden wäre. Den Nachweis, daß die Leistung einen Geldwert nicht besitzt, hat die Steuerbehörde zu erbringen, weil es sich dabei um ein Moment handelt, durch welches die Steuerpflicht überhaupt erst begründet wird.

Zu Abs. 4.

36. Die Bestimmung entspricht wörtlich der Vorschrift des § 42 Abs. 3 Ges. 1919, die ihrerseits dem § 56 Abs. 2 Satz 3 Ges. 1906 entnommen ist. Die Befreiungsschrift des letzteren Gesetzes in § 56 Abs. 2 Satz 1 zugunsten der sog. Anstandsschenkungen ist jedoch gefallen.

Daß die sog. belohnenden Schenkungen immerhin Schenkungen bleiben und daher steuerpflichtig sind, ist eigentlich selbstverständlich, denn die Belohnung ist nur der rechtlich grundsätzlich unerhebliche Beweggrund der Leistung. Indes ist die Grenze flüssig gegenüber denjenigen Fällen, in denen die Belohnungsform bei durchaus entgeltlichen Zuwendungen gewählt wird, wie Weihnachtsgratifikationen und ähnliche Belohnungen an Angestellte oder Beamte, welche Abgeltungen von Diensten oder Erfolgsherbeiführungen darstellen (vgl. die Motive des Regierungsentwurfes zu § 61 Abs. 2 Satz 2 = § 56 Abs. 2 Satz 3 Ges. 1906 und oben Note 19).

37. Die Schenkung unter Auflage läßt das Bürgerliche Recht als vollwertige Schenkung zu; sie kommt daher schon deshalb für die Steuerpflicht in Frage. Maßgebend sind im wesentlichen die §§ 525 und 526 BGB.

Die Auflage besteht in der Festlegung eines Nebenzwecks, der eben dadurch erreicht werden soll, daß die Annahme der Zuwendung zu der Erfüllung desselben zwingt; die Grundlage des Geschäftes als Schenkung muß aber durch die Auflage unberührt bleiben (RGE. 105 S. 308, Urt. 8. November 1922). Wird die Auflage Hauptzweck, so kommt eine Zweckzuwendung (§ 4) in Frage. Die Auflage bedarf keiner besonderen Form. Sie ist hier nicht wie beim Testament im § 1940 BGB. gesetzlich bestimmt und kann ebensowohl in einer geldwerten Leistung, wie z. B. Unterhaltsgewährung, Setzung eines Grabdenkmals, als in einer Handlung ohne Vermögenswert, z. B. Annahme eines Namens, bestehen; desgleichen kann sie sowohl zugunsten des Schenkers, wie zugunsten des Beschenkten wie auch zugunsten eines Dritten gemacht werden. Nach Urt. d. RG. vom 13. März 1908 liegt eine Schenkung auch dann vor, wenn mit der Zuwendung eine Auflage verbunden ist, die den Wert der Zuwendung erschöpft. Durch die Auflage wird der Wert der Schenkung in entsprechender Weise vermindert; dieses muß wiederum Einfluß auf die Steuerpflicht haben. Soweit die Auflage in Geld veranschlagt werden kann, spricht § 12 Abs. 8 das für die Regel aus (vgl. Bem. 35 ff. zu § 12). Besteht die Auflage in einer Handlung ohne Vermögenswert, so bleibt sie an sich unberücksichtigt; sind jedoch mit derselben gewisse Unkosten verknüpft, wie eventuell Gebühren oder Stempel bei Annahme eines Namens, so werden diese in Absatz gebracht werden können. Übersteigen, wie im Falle des § 526 BGB., die zur Vollziehung der Auflage notwendigen Aufwendungen den Wert der Zuwendung, so muß die Steuerpflicht überhaupt fortfallen.

38. Die in die Form eines lästigen Vertrags gekleidete Schenkung kann sein:

a) eine verschleierte Schenkung, d. h. das entgeltliche Geschäft (z. B. der Kauf) soll die Schenkung verdecken. In solchem Falle ist das entgeltliche Geschäft als Scheingeschäft nichtig (BGB. § 117 Abs. 1), die dissimulierte (verdeckte) Schenkung gültig (Abs. 2 das.) — bei Schenkungsversprechen unter der Voraussetzung der Formwahrung (§ 518 BGB.). Hier versteht sich die Steuerpflicht von selbst;

b) eine gemischte Schenkung, d. h. die Schenkung ist mit einem ernst gemeinten entgeltlichen Geschäfte (gegenseitigem Vertrag, wie Kauf, Tausch, Miete, Pacht, Dienst-, Werkvertrag, Vergleich, Gesellschaft) dergestalt verbunden, daß die Gegenleistung unter dem wirklichen Werte angesetzt wird, bezüglich des darüber liegenden Teiles oder eines Teiles desselben aber die fünf Voraussetzungen der Schenkung (oben Note 3 a. E.) gegeben sind. Für das Steuerrecht erfährt der Begriff der gemischten Schenkung durch Ziff. 2 unseres Paragraphen die bekannte Erweiterung, daß an Stelle des Einverständnisses der Vertragschließenden über die Unentgeltlichkeit die einseitige Freigebigkeit genügt, daß auch das System des BGB. den erweiterten Schenkungsbegriff nicht ausschließt (vgl.

Note 24). Ein Hauptanwendungsfall ist die als verfrühte Erbfolge gedachte Hofüberlassung an den demnächstigen Anerben gegen Ausbedingung eines den Wert nicht entfernt erreichenden Altenteiles für den überlassenden (und dessen Ehegatten), gegebenenfalls auch von Abfindungen für die Geschwister des Übernehmers.

39. Die Motive des Regierungsentwurfs zum Gesetze 1906 führten dazu aus:

„Die sog. gemischten Schenkungen (vgl. Entscheidungen des Reichsgerichts in Zivilsachen Bd. 29 S. 265) sind nicht besonders erwähnt. Ist ein entgeltliches Geschäft zwar ernsthaft gemeint, stehen aber Leistung und Gegenleistung in einem so auffallenden Mißverhältnisse, daß an der Absicht der Vertragschließenden, einen von ihnen zu bereichern, nicht gezweifelt werden kann, so hat die Praxis bisher auch ohne ausdrückliche Bestimmung kein Bedenken getragen, eine gemischte Schenkung anzunehmen und den den Wert der Gegenleistung übersteigenden Wert der Leistung mit dem Schenkungsstempel zu belegen."

Diese Ausführungen erscheinen in doppelter Hinsicht ungenau. Zunächst wird der Begriff der gemischten Schenkung ausschließlich durch die Willensrichtung der Vertragschließenden oder doch des Zuweisenden bestimmt. Zur Feststellung dieses Willens wird freilich das objektive Mißverhältnis zwischen Leistung und Gegenleistung einen wertvollen Anhalt geben, aber es ist weder das einzige noch überhaupt ein notwendiges Kriterium des Willens (RFH., Urt. vom 28. Oktober 1921, Samml. VII S. 192). Ist sich z. B. der Käufer einer Sache der unverhältnismäßigen Höhe des von ihm für angemessen gehaltenen Kaufpreises nicht bewußt oder hat er ein besonderes Interesse (auch bloßes Liebhaberinteresse) an der Erlangung der Sache, so hat er nicht den Willen der freigebigen Zuwendung. Beweispflichtig ist stets die Steuerbehörde (die zit. Entsch.). Sodann ist es offenbar falsch, einfach den den Wert der Gegenleistung übersteigenden Teil der Leistung als Schenkung aufzufassen, wie die Motive es in Anlehnung an die frühere Rechtsprechung des Reichsgerichts (RGE. 29 S. 265—268, 328) wollen. Schon in seinem Urteile vom 17. Februar 1913 (RGE. 81 S. 365) rückt das Reichsgericht offenbar von dieser Ansicht ab. Es behandelt den Fall der unentgeltlichen Verfügung durch den Vorerben (BGB. § 2113 Abs. 2) und läßt hier entscheiden, ob und inwieweit ein guter Haushalter, d. h. ein Vorerbe, der auf seine künftige Herausgabepflicht gegenüber dem Nacherben gebührend Rücksicht nimmt, nach den ganzen Umständen des Falles sich zu einer Verfügung über Nachlaßgegenstände zugunsten eines Dritten bewogen finden durfte. Für das Steuerrecht ist hiermit zunächst nichts gewonnen, denn da zur Annahme der gemischten Schenkung die Willensrichtung der Beteiligten bzw. des Zuwendenden ausschlaggebend ist, kann auch nur diese Willensrichtung wieder die Höhe des freigebigen Teils der Leistung bestimmen. Hier wird aber, wenn der Willen des Zuwendenden nicht anderweit feststeht, das Verhalten des guten Haushalters allerdings den Anhalt geben müssen, sonach zweifellos nicht allein das äußerliche Mißverhältnis beider Leistungen, sondern z. B. auch rein persönliche Verhältnisse. Sonach ist es unabweisbar, daß die steuerlichen Bewertungslinien weder für die Annahme einer gemischten Schenkung überhaupt, noch für die Bestimmung der Höhe der Schenkung im besonderen schlechthin Anwendung finden können (vgl. Urt. d. RFH. vom 27. April 1922, DVR. XV S. 65). Behält sich z. B. der Hofabgeber bei der Übertragung eine Leibzucht vor, so kann, um das Vorhandensein und die Höhe der Schenkung festzustellen, nicht einfach der nach § 145 AbgO. kapitalisierte Wert der Leibzucht zugrunde gelegt werden; Krankheit oder Gesundheit des Abgebenden können vielmehr sein — maßgebendes — subjektives Ermessen durchaus abweichend beeinflussen (vgl. die zit. Entsch. RFH. Samml. VII S. 192 und Mirre, Bem. 10 zu § 3).

Zu Abs. 5.

40. Die Vorschrift ersetzt den § 40 Abs. 3 Satz 1 Ges. 1919. Letzterer lautete: „Ausstattungen, die Abkömmlingen zur Errichtung eines angemessenen Haushalts gewährt werden, sowie der Verzicht auf den Pflichtteil gelten nicht als Schenkung." Abgesehen davon, daß der Verzicht auf den Pflichtteil unter die Steuerbefreiungen des § 22 n. F. (Ziff. 12) aufgenommen ist, enthält die Neufassung gegenüber dem früheren Gesetze folgende Erläuterungen bzw. Ergänzungen:

1. Die Einschiebung der Worte „den Vermögensverhältnissen und der Lebensstellung der Beteiligten" zwischen die Worte „eines" und „Haushalts" a. F.,
2. die durch den mit „sofern" eingeleiteten Nachsatz erkenntlichen beiden Einschränkungen der Steuerfreiheit,
3. die Erläuterung in Satz 2, wonach nur das Übermaß der Ausstattung steuerpflichtig ist.

Zweck der Neufassung ist die Hineinarbeitung der Rechtsprechung des RFH. zur bisherigen Bestimmung (Richtl. S. 4 Abs. 3). Wirklich neu ist danach nur die Beschränkung, daß der Zuwendungszweck innerhalb zweier Jahre erfüllt sein muß.

41. Den Begriff der Ausstattung bestimmt das BGB. in seinem § 1624 Abs. 1: „§ 1624 Absatz 1. Was einem Kinde mit Rücksicht auf seine Verheiratung oder auf die Erlangung einer selbständigen Lebensstellung zur Begründung oder zur Erhaltung der Wirtschaft oder der Lebensstellung von dem Vater oder der Mutter zugewendet wird (Ausstattung), gilt, auch wenn eine Verpflichtung nicht besteht, nur insoweit als Schenkung, als die Ausstattung das den Umständen, insbesondere den Vermögensverhältnissen des Vaters oder der Mutter, entsprechende Maß übersteigt." Daneben kennt das BGB. als engeren Begriff den der Aussteuer, nach § 1620 Abs. 1 Satz 1: „§ 1620 Abs. 1 Satz 1. Der Vater ist verpflichtet, einer Tochter im Falle ihrer Verheiratung zur Einrichtung des Haushaltes eine angemessene Aussteuer zu gewähren, soweit er bei Berücksichtigung seiner sonstigen Verpflichtungen ohne Gefährdung seines standesmäßigen Unterhalts dazu imstande ist und nicht die Tochter ein zur Beschaffung der Aussteuer ausreichendes Vermögen hat." Das Steuergesetz verfährt insofern eigenartig, als es der erstangeführten Rechtsbestimmung die allgemeine Bezeichnung „Ausstattung", der letztgenannten das eingeschränktere Begriffsmoment „Einrichtung eines angemessenen Haushalts" entnimmt und aus beiden seine Vorschrift zusammenfügt. Im übrigen unterfällt bürgerlichrechtlich die Aussteuer dem weiteren Begriffe der Ausstattung. Sie ist derjenige Teil der Ausstattung, zu deren Gewährung die Eltern der heiratenden Tochter gegenüber verpflichtet sind, der der Tochter also unter den gegebenen

Voraussetzungen einen klagbaren Anspruch auf Gewähr gibt, während die Ausstattung i. w. S. nur eine natürliche Verbindlichkeit darstellt.

Während die Aussteuer als Erfüllung einer gesetzlichen Pflicht stets steuerfrei ist — wenigstens so weit die gesetzliche Pflicht reicht, vgl. § 1621 BGB. —, ist die Ausstattung grundsätzlich aus § 3 Ziff. 2 Ges. steuerpflichtig (oben Note 25 unter b).

Die Steuerfreiheit bildet die Ausnahme und erfordert:

a) daß die Ausstattung zur Errichtung eines den Vermögensverhältnissen und der Lebensstellung der Beteiligten angemessenen Haushalts gewährt wird (Note 42),
b) daß sie Abkömmlingen gewährt wird (Note 43),
c) daß zur Zeit der Zuwendung ein Anlaß zur Ausstattung gegeben ist (Note 44),
d) daß der Zuwendungszweck innerhalb zweier Jahre erfüllt wird (Note 45).

42. Die Ausstattung muß der Einrichtung eines Haushalts dienen; ob sie in Natur (Hausrat, Kleidung, Wäsche) gewährt wird oder in einem Geldbetrage bzw. Wertpapieren zur Beschaffung, ist gleichgültig (vgl. OLG. 4, 105, wonach den Eltern ein Wahlrecht zusteht, ob sie die Aussteuer in Geld oder in Natur gewähren wollen, und JW. 1906, 458, wonach die Tochter unter Umständen, z. B. bei Entfremdung von Vater und Tochter, die Aussteuer gemäß § 242 BGB. in Geld fordern kann; Urt. d. RFH. vom 27. April 1922, Samml. IX S. 225). Für die eigentliche Naturalaussteuer ist die Befreiungsvorschrift nach der durch das Geldentwertungsgesetz vom 20. März 1923 bedingten Neufassung des § 22 Ziff. 4a Ges. überhaupt bedeutungslos, weil Hausrat, der Abkömmlingen zufällt, voll steuerfrei ist. Auch die Eintragung einer Hypothek zugunsten des Auszustattenden kann insofern der Einrichtung des Haushalts zu dienen bestimmt sein, als der Begünstigte durch die für die Abtretung der Hypothek erlangte Valuta die Mittel zur Einrichtung erhalten soll (Urt. d. RFH. vom 18. November 1921, Samml. VII S. 332). Inhaltlich deckt sich die steuerfreie Ausstattung mit der Aussteuer der Tochter. Ein Grundstück, das zwecks Berufsausübung übereignet wird, fällt nicht darunter; hier kann Befreiung aber aus § 22 Ziff. 13 (§ 42 Ziff. 2 a. F.) in Frage kommen (Urt. d. RFH. vom 27. September 1921, Samml. VII S. 30; vgl. auch Urt. d. RFH. vom 26. März 1921, Samml. V S. 197). Wenn die Zuwendungen in auf dem väterlichen Gute eingetragenen Hypotheken bestehen, ist es als ausgeschlossen anzusehen, daß sie zur Ergänzung des Haushalts der Töchter bestimmt sind (Urt. d. RFH. vom 13. Dezember 1922, RStR. Sp. S. IV S. 108). Die Auffassung, daß steuerfreie Ausstattung einer Tochter nur dann vorliege, wenn sie Aussteuer im Sinne des bürgerlichen Rechts ist, wenn sie also im Falle der Verheiratung der Tochter und nach den Bedürfnissen des Haushalts zur Zeit der Eheschließung gewährt wird, bekämpft indessen Urt. d. RFH. vom 27. April 1922 (Samml. IX S. 223 = StuW. I Sp. 736). Inhaltlich müsse die Ausstattung der Aussteuer entsprechen, zeitlich könne sie lange Zeit nach der Eheschließung liegen, auch nachdem die Tochter bei der Verheiratung bereits eine angemessene Aussteuer erhalten, also keinen Anspruch mehr auf solche habe (vgl. auch BGB. § 1622). Auch die Erhaltung des angemessenen Haushalts fällt darunter mit der Maßgabe, daß regelmäßige, fortlaufende Zuwendungen hierzu nicht „Ausstattungen“

sein, Steuerfreiheit vielmehr nur aus § 22 Ziff. 13 genießen können (zit. Entsch.).

Die Zuwendung muß angemessen sein. Die Worte „den Vermögensverhältnissen und der der Lebensstellung der Beteiligten" stellen die vom Urt. d. RFH. vom 16. Dezember 1921 (Samml. VIII S. 61) in bezug auf § 42 Ziff. 2 a. F. (= § 22 Ziff. 13 Ges.) vermißte Relation her. Im übrigen braucht (der zit. Entsch. zufolge) die angemessene Ausstattung nicht notwendig „standesgemäß" zu sein, soll sich aber über die „notwendige" erheben. Innerhalb dieser Grenzen soll als „angemessen" gelten, was unter Zugrundelegung der verständigen Anschauung der Allgemeinheit, nicht bloß der Standesgenossen der an der Zuwendung Beteiligten, als zur Lebensführung in dem Bevölkerungskreise, dem der Empfänger angehört, unter den herrschenden allgemeinen wirtschaftlichen Zeitverhältnissen als ausreichend gelten muß. Die Lebensführung soll sich in bescheidenen Grenzen halten.

Maßgebend für Angemessenheit ist ausschließlich der Zeitpunkt der Zuwendung (ebenso Mirre, Anm. 27 zu § 3).

43. Die Ausstattung muß Abkömmlingen gewährt werden; hiermit geht der steuerliche Begriff über den bürgerlichen, wonach nur Kinder in Frage kommen (BGB. § 1624), hinaus. Der Auffassung Mirres (Bem. 26a zu § 3), daß hierunter alle Personen der Steuerklassen I und II § 9 außer den Ehegatten, also auch entgegen dem Bürgerlichen Rechte die vom Vater anerkannten unehelichen Kinder und deren Abkömmlinge fallen, ist in Hinblick auf § 4 AbgO. beizutreten. Bezüglich der Person des Bedachten vgl. auch oben Note 13.

44. Einen „Anlaß" zur Ausstattung können z. B. bilden: Heirat, Verlöbnis, Selbständigmachung, die infolge Familienzuwachses oder aus anderen Gründen notwendige Erweiterung des Haushalts (Urt. d. RFH. vom 27. April 1922, Samml. IX S. 224), auch der Umstand, daß ein Abkömmling durch den Krieg um seine Habe gebracht ist und sich neu einrichten muß (Urt. d. RFH. vom 18. November 1921, Samml. VII S. 333). Der Anlaß muß zur Zeit der Zuwendung gegeben sein, die Einrichtung des Haushalts also in naher Aussicht stehen (Urt. d. RFH. vom 13. Dezember 1922, StuW. II Sp. 311). Ein solcher liegt bei der Aussteuerung unverlobter Töchter jedenfalls nicht vor, ebensowenig wie die Tochter vor ihrer Verheiratung einen rechtlichen Anspruch auf Aussteuer hat (OLG. 2, 441 — 15, 416). Andererseits genügt als Anlaß das Verlöbnis — jedenfalls dann, wenn dadurch die Einrichtung des Haushalts in einigermaßen Nähe gerückt war. Bei der Frage nach dem Anlaß wird nicht zu kleinlich verfahren werden dürfen. — Tritt der Anlaß erst nach der Ausstattung ein, z. B. eine bereits in Geld ausgestattete Tochter verlobt sich später, so wird die Schenkung nicht etwa steuerfrei, denn die Steuerpflicht war eine unbedingte. § 214 Abs. 2 AbgO. greift hier nicht Platz.

Gleichgültig ist es für die Anwendung der Befreiungsvorschrift, ob der Abkömmling genügend eigenes Vermögen zur Beschaffung der Ausstattung hatte, gleichgültig auch der Beweggrund zur Zuwendung (so auch Mirre, Bem. 26d zu § 3).

45. „Zweck" der Zuwendung ist die Einrichtung des angemessenen Haushalts. Diese muß also binnen zweier Jahre vom Tage der Zuwendung an gerechnet vollzogen sein. (Der Tag der Zuwendung wird nicht mitgerechnet, wegen der Fristberechnung vgl. BGB. §§ 187, 188.)

Ob der ursprüngliche Anlaß noch besteht, erscheint unerheblich (z. B. die zur Zeit der Ausstattung mit X verlobte Tochter heiratet vor Ablauf der beiden Jahre den Y und richtet gleichzeitig ihren Haushalt ein). Bedeutungslos ist es auch, ob die Einrichtung des Haushalts gerade mit den geschenkten Mitteln erfolgt. Der Nachweis der Verwendung der Mittel wird sich kaum führen lassen, wird auch vom Gesetze nicht gefordert (a. A. für Ges. 1919 scheinbar Urt. d. RFH. vom 27. April 1922, Samml. IX S. 225, ferner Urt. d. RFH. vom 13. Dezember 1922, RStR. IV S. 108, wonach es nur darauf ankommt, wie die Gegenstände der Zuwendung selbst verwendet sind). — Eine Ausdehnung der Frist ist natürlich unzulässig. Erhält ein Sohn eine Ausstattung gelegentlich seines Verlöbnisses und geht das Verlöbnis zurück, heiratet aber der Sohn 2¼ Jahr nach der Ausstattung ein anderes Mädchen und beschafft sich jetzt die Einrichtung, so wird an der Steuerpflicht nichts geändert (Roth in Marcuse, Das neue Reichssteuerrecht, S. 346). Die Sache dürfte auch kaum anders liegen, wenn die verlobte Tochter vor der Verheiratung in Geld ausgesteuert wird, aber erst nach Ablauf der beiden Jahre heiratet und ihren Haushalt einrichtet. Der Umstand, daß die Tochter nunmehr einen Rechtsanspruch auf Aussteuer gemäß BGB. § 1620 erlangt hat, ändert m. E. nichts daran, daß die Zuwendung durch Fristablauf unbedingt steuerpflichtig geworden ist; eine unentgeltliche Zuwendung kann nicht durch spätere Ereignisse zu einer entgeltlichen werden (a. A. Roth a. a. O.). Auch § 214 Abs. 2 AbgO. hilft hier nicht.

Ist ein Anlaß zur Zuwendung gegeben, der Zweck aber noch nicht erfüllt, so ist die Schenkung m. E. gemäß § 81 Abs. 2 AbgO. auflösend steuerpflichtig (a. A. Mirre, Anm. 26e zu § 3). Demgemäß ist die Steuer zunächst festzusetzen, doch hat Berichtigung (§ 214 AbgO.) und Erstattung zu erfolgen, wenn die Bedingung eingetreten ist, d. h. die Zweckerfüllung nachgewiesen wird (vgl. auch Urt. d. RFH. vom 27. April 1922, Samml. IX S. 225 für Anwendung des Gesetzes 1919).

46. Daß die unangemessen hohe Ausstattung nur wegen des Übermaßes steuerpflichtig ist, entspricht der Rechtsprechung des RFH. zum Gesetz 1919 (Urt. d. RFH. vom 18. Januar 1922, Samml. VIII S. 129). Wird die Ausstattung teils in steuerfreien Hausrat einschließlich Wäsche und Kleidungsstücken (§ 22 Ziff. 4a), teils in Geld oder Wertpapieren gewährt, so ist für die Feststellung der Angemessenheit lediglich maßgebend, welcher Geldbetrag zur Vervollständigung der bereits steuerfrei gewährten Haushaltseinrichtung bis zu einer angemessenen im Sinne des Gesetzes notwendig ist.

Zuwendungen, die zugleich zur Ausstattung und zu andern Zwecken dienen, sind nach dem Verhältnis des zur Anschaffung von Haushaltungseinrichtungsgegenständen oder Gegenständen des persönlichen Gebrauchs bestimmten Teiles steuerfrei. Der betreffende Betrag wird gemäß § 82 Abs. 1 AbgO. vorläufig besteuert mit der Maßgabe, daß im Falle später nachgewiesener bestimmungsmäßiger Verwendung Erstattung einzutreten hat (Urt. d. RFH. vom 29. März 1922, DStR. Jg. XV S. 45).

Allgemeinbemerkungen zu § 3.

47. Bezüglich der Nichtigkeit, Anfechtbarkeit und Unwirksamkeit der Schenkung sind Note 10 zu § 2 Ges. und BGB. §§ 116—125, 134—144 zu vergleichen. Hervorzuheben ist aber, daß die Nichtigkeit die Steuerpflicht jedenfalls so lange unberührt läßt, als nicht die Wirkungen des Rechtsgeschäftes rückgängig gemacht sind (vgl. Urt. d. RFH. vom 7. Juli 1920, Samml. III S. 173 ff. und vom 31. Januar 1923, DVR. Jg. 1923 S. 82). Erfolgt die Rückgängigmachung, so hat gemäß § 214 Abs. 2 AbgO. Berichtigung des Steuerbescheides zu erfolgen.

Die Beweislast für das Vorhandensein einer Schenkung trifft die Steuerbehörde (Urt. d. RFH. vom 28. Oktober 1921, Samml. VII S. 192).

48. Die Anwendung der Vorschriften des § 3 für die Zweckzuwendungen folgt aus § 1 Abs. 2; die Anwendbarkeit für Verfügungen von Todes wegen ist dagegen nicht ohne weiteres gegeben (vgl. Note 4 zu § 1 a. E., ferner Note 59 zu § 2 bezüglich der Anwendbarkeit der Vorschriften des § 2 auf Schenkungen).

§ 4.

Als Zweckzuwendung gilt:

1. bei einer Zuwendung von Todes wegen:
   a) eine der Zuwendung beigefügte Auflage zugunsten eines Zweckes;
   b) eine Leistung zugunsten eines Zweckes, von der die Zuwendung abhängig gemacht ist, soweit die Bereicherung des Erwerbers durch die Anordnung gemindert wird;
2. bei einer freigebigen Zuwendung unter Lebenden:
   a) eine der Zuwendung beigefügte Auflage zugunsten eines Zweckes oder eine Leistung zugunsten eines Zweckes, von der die Zuwendung oder ein gegenseitiger Vertrag abhängig gemacht ist;
   b) eine in einem entgeltlichen Vertrage vereinbarte Leistung zugunsten eines Zweckes, sofern das Entgelt nicht der Umsatzsteuer unterliegt.

a) Aussch.-Ber.: S. 3, 11—13, 24, 25.
b) Richtl.: S. 4.
c) Ges. 1919: —
d) Schriftt.: Roth, Zweckzuwendung (§ 4 Erbschaftssteuergesetz), RStR. III S. 234. — Stölzle, Die Zweckzuwendung nach dem neuen Erbschaftssteuergesetz, AStR. V Sp. 1022. — Wassertrüdinger, Zur Erbschaftssteuerpflicht der Zweckzuwendungen an Vereine, ZStFr. III S. 181. — Mirre, Auftrag und Zweckzuwendung, DVR. XV S. 49 und AStR. Jg. VI S. 305.
e) Rechtspr.: (Note 4) URFH. 14. März 1919; 26. März 1919; 14. Mai 1919; 18. November 1921; 16. März 1922 in Sl. I S. 11, 20 und 57, VII S. 326, StuW. I Sp. 624/25 zum Begriff. — (Note 6) URFH. 7. Februar 1923 (DVR. XV S. 50, Sl. XI S. 257), betr. Kriterium längerer Verwaltungstätigkeit. — (Note 7) URFH. 21. Februar 1923, DVR. XV S. 49 ff., betr. Auftrag und Zweckzuwendung; URFH. 21. Oktober 1921, StuW. I Sp. 262; URFH. 26. April 1922, StuW. I Sp. 625; URFH. 22. April 1921, StuW. I Sp. 261, 12. Mai 1923, AStR. VI, 546 = StuW. II S. 695, betr. Erfordernis der Mittelsperson; URFH. 21. Ok-

tober 1921, Sl. VII S. 172; 21. März 1923 VI A 25/23 in Reichsanzeiger Nr. 126 vom 2. Juni 1923 = Sl. XII S. 39; 27. September 1922, Sl. X S. 240; 31. Januar 1923, DBR. Jg. 1923 S. 82, betr. Erfordernis der Absonderung aus dem Vermögen des Zuwendenden; URFH. 18. November 1921, Sl. VII S. 326, betr. Zweckzuwendungen an nichtrechtsfähige Vereine. — (Note 11) URG. 21. Februar 1912, RGE. 78 S. 304, ferner RGE. 93 S. 290, betr. gegenseitige Verträge.

f) AB.: §§ 15—18.

Inhaltsübersicht:

1. Neu ist die Einführung der Zweckzuwendung als besonderen Gegenstandes der Erbschaftssteuer, nicht aber der Begriff selbst. Vielmehr hatte schon unter der Herrschaft des Gesetzes 1906 das Reichsgericht und ihm folgend der Reichsfinanzhof (vgl. die im folgenden wiedergegebene Begründung des Regierungsvertreters im Reichstagsausschuß) aus der Tatsache, daß das frühere Recht die Besteuerung von Zuwendungen zu kirchlichen, mildtätigen und gemeinnützigen, mithin unpersönlichen Zwecken kannte, die Steuerpflicht von Zweckzuwendungen im Sinne des neuen Gesetzes gefolgert. Im Gesetze 1919 ließen die Vorschriften der §§ 30 Satz 1 (wonach bei einer Zuwendung zugunsten eines bestimmten Zweckes der Beschwerte steuerpflichtig war) und 35 Abs. 3 (wonach Zuwendungen zu ausschließlich kirchlichen, mildtätigen oder gemeinnützigen Zwecken . . . hinsichtlich der Besteuerung ebenso zu behandeln waren, als ob zum gleichen Zwecke eine Stiftung errichtet und auf diese der Betrag der Zuwendung übergegangen wäre) auf die Steuerpflicht der Zweckzuwendungen allgemein schließen.

2. Der Antrag Herold u. Gen. (Nr. 400 der Reichstagsdrucksachen), der dem Ausschusse zur Beratung vorlag, gab den Begriff der Zweckzuwendung in Art. 1 Nr. 4 (§ 20b) in einer von der jetzigen gesetzlichen Fassung etwas abweichenden Form. Insbesondere war als besonderer Fall eingegliedert die jährliche Entrichtung von mehr als 5000 Mk. Vereinsbeiträgen seitens derselben Person an Vereine, die nicht unmittelbar die Förderung ihrer Mitglieder zum Zwecke haben. Abs. 2 besagte, daß als Anordnungen zugunsten eines Zweckes auch Anordnungen zugunsten eines nicht geschlossenen Personenkreises gelten sollen. Abs. 3 enthielt Bestimmungen, wer als Zuwendender zu gelten habe (Erblasser bzw. Vertragsgegner dessen, der die Leistung übernommen hat), während Abs. 4 in § 22 als besondere Befreiungsvorschrift (Ziff. 18) Eingang gefunden hat.

Die Nr. 4 Art. 1 des Antrags Herold wurde im Ausschuß in erster Lesung ohne Erörterung angenommen, nachdem Einverständnis darüber erzielt war, daß die Regierung in zweiter Lesung den Begriff an der Hand der Rechtsprechung erläutern solle. In zweiter Lesung erklärte der Berichterstatter, daß mit Rücksicht auf entstandene Zweifel eine ausführliche Erklärung der Reichsregierung über Begriff und Bedeutung der Zweckzuwendung erwünscht wäre. Vertreter der Parteien schlossen sich dem an; besonderes Bedenken errege, daß nach der Fassung des § 20b alle Verträge zugunsten Dritter, Akkreditive von Banken u. dgl. als steuerpflichtige Zweckzuwendungen zu behandeln seien.

Die dann folgende Erklärung des Regierungsvertreters (unten Bem. 3) beseitigte die Bedenken der Parteivertreter, es wurde jedoch gewünscht, daß die Erörterungen über diese Frage im Ausschuß durch einen ausführlichen Bericht des Berichterstatters festgehalten wurden. Hierauf wurde der § 20b in der gegenwärtigen Fassung (Antrag Nr. 425 Ziff. 3) angenommen.

Im Plenum des Reichstages hat § 20b zu keinen Erörterungen Anlaß gegeben. Die Richtlinien des Reichsfinanzministers geben lediglich die Verhandlungen des Sitzungsberichtes im Auszug wieder.

3. Die gewünschte Erklärung des Regierungsvertreters lautete dem Ausschußberichte (Nr. 4856 S. 11 ff.) zufolge:

Der Begriff der Zweckzuwendung sei dem Schrifttum und der Rechtsprechung seit langem bekannt. Bereits das alte preußische Erbschaftssteuergesetz von 1873/1891/95 habe die allgemeine Vorschrift enthalten, daß, wenn ohne Begründung einer Stiftung Zuwendungen zu milden, gemeinnützigen oder öffentlichen Zwecken angeordnet oder einem Erben, Vermächtnisnehmer usw. Leistungen zu gleichen Zwecken aufgetragen seien, diese hinsichtlich der Besteuerung ebenso zu behandeln seien, als ob zu demselben Zwecke eine Stiftung im Betrage der Zuwendung oder Leistung angeordnet wäre. Dem Erbschaftssteuergesetz von 1906 habe man diesen Gedanken ebenfalls zugrunde gelegt. Er sei aber nur insofern im Gesetze zum Ausdruck gekommen, als der § 12 Abs. 1 Nr. 3 für Zuwendungen zu den bezeichneten Zwecken eine Ermäßigungsvorschrift aufgestellt habe. Hieraus habe das Reichsgericht in einer im 75. Bd. seiner Entsch. S. 379 ff. veröffentlichten Entscheidung den Schluß gezogen, daß das Gesetz grundsätzlich davon ausginge, Zuwendungen zu besonderen Zwecken, der Erbschaftsbesteuerung in derselben Weise zu unterwerfen, wie Zuwendungen, durch die bestimmte Personen bereichert wurden. Als Steuerpflichtiger sei der mit der Ausführung der Zuwendung Beschwerte anzusehen. Dieselbe Ansicht habe auch der RFH. in verschiedenen Entscheidungen (S. 1 S. 11 und 57) für das Erbschaftssteuergesetz von 1906 vertreten. Dieser Rechtsprechung habe das Gesetz von 1919 Rechnung getragen, indem es in § 35 Abs. 3 die Vorschriften des preußischen Erbschaftssteuergesetzes übernommen habe. Damit habe, wie der RFH. in verschiedenen Urteilen, namentlich auch in einer Entscheidung im 7. Bande S. 324 vom November 1921 ausgeführt habe, auch das Gesetz von 1919 den Grundsatz anerkannt, daß allgemein Zuwendungen zu bestimmten Zwecken in gleicher Weise steuerpflichtig seien, wie Zuwendungen an Personen, und zwar nicht bloß, wenn es sich um Verfügungen von Todes wegen handle, sondern gemäß § 40 auch für Zuwendungen unter Lebenden. Diese Rechtsprechung habe der RFH. in seinem Urteil vom 16. März 1922*) noch weiter ausgebaut. Dort seien die von der Rechtsprechung entwickelten Gedankengänge wie folgt zusammengefaßt:

---

*) = StuW. I. Jg. Sp. 624/25.

„Es ist zuzugeben, daß die Beschwerdeführerin durch den in Frage stehenden Vertrag nicht bereichert ist. Bereits im Einspruchsbescheid ist jedoch zutreffend ausgeführt, daß das Erbschaftssteuergesetz vom 10. September 1919 nicht nur Zuwendungen der Steuer unterwirft, durch die eine bestimmte Person bereichert wird, sondern auch Zuwendungen zugunsten eines bestimmten Zwecks. Allerdings handeln die §§ 30 Halbsatz 2 und 35 Nr. 3 nur von Verfügungen von Todes wegen. Der 1. Senat des RFH. hat jedoch in der Entscheidung vom 18. November 1921 (Bd. 7 S. 326) mit Recht ausgeführt, die Worte im § 40 Abs. 1 Satz 1 ‚der gleichen Besteuerung unterliegen' und dem Satze 5 ‚die Vorschriften über Erbanfallsteuer sind sinngemäß anzuwenden' bedeuteten auch eine Bezugnahme auf die materiellen Vorschriften über Erbanfallsteuer. Danach fielen unter die Schenkungen im Sinne des Steuerrechts auch die Zweckzuwendungen unter Lebenden. Die Zweckzuwendungen werden regelmäßig in der Form von Zuwendungen unter einer Auflage gemacht. Die Steuer kann jedoch nicht dadurch umgangen werden, daß statt dessen ein gegenseitiger Vertrag vereinbart wird. Das Finanzamt hat mit Recht auf § 42 Abs. 2 des Erbschaftssteuergesetzes von 1919 (ebenso § 56 Abs. 2 des Gesetzes von 1906) hingewiesen, wonach die Steuerpflicht einer Schenkung nicht dadurch ausgeschlossen wird, daß sie in die Form eines lästigen Vertrags gekleidet wird. Dabei ist gleichgültig, ob eine Steuerumgehung beabsichtigt ist, wovon im vorliegenden Falle zweifellos keine Rede sein kann. Gerade bei Zweckzuwendungen kommt es häufig vor, daß die Form eines lästigen Vertrags gewählt wird. Es würde dem Zwecke des Gesetzes widersprechen, wenn in solchen Fällen die Steuer für Zweckzuwendungen nicht erhoben würde. Denn es hat dieselbe wirtschaftliche Bedeutung, ob z. B. jemand einem Gebirgsverein 20000 Mk. mit der Auflage übergibt, einen bestimmten Weg ausbessern zu lassen, oder mit dem Gebirgsverein einen gegenseitigen Vertrag schließt, wonach er sich zur Zahlung von 20000 Mk. und der Gebirgsverein zur Ausbesserung des Weges verpflichtet. In beiden Fällen hat der Betreffende unter Benutzung einer Mittelsperson aus seinem Vermögen 20000 Mk. zur Erreichung eines Zwecks aufgewendet."

Das Wesentliche der Zweckzuwendung erblicke hiernach der RFH. darin, daß der Zuwendende sich einer Mittelsperson bediene, um dem Zwecke, den er zu begünstigen beabsichtige, die Zuwendung zuzuführen. Immer aber müsse in diesem Falle nach Ansicht des RG. sowohl wie des RFH. durch den Zweck nicht eine bestimmte Person, sondern ein unbestimmter Personenkreis oder etwas Unpersönliches begünstigt werden. Aus diesem Grunde schieden die Verträge zugunsten einer dritten Person ohne weiteres aus. Ebenso auch die kaufmännischen Akkreditive als solche, denn der Natur der Sache nach könne ein Akkreditiv nur auf eine bestimmte Person gestellt werden.

Zweckmäßig sei es gewesen, dieser vom RG. aus verschiedenen zerstreuten Gesetzesbestimmungen gefolgerten Zweckzuwendung einen gesetzlichen Niederschlag zu geben, um in der praktischen Anwendung Zweifel auszuschließen. Dabei die Verträge zugunsten Dritter ausdrücklich auszunehmen, sei gefährlich, weil dadurch ein unberechtigter Gegenschluß für andere Zuwendungen an Personen nahegelegt werde.

Im § 20b sei auch der Fall enthalten, daß die Leistung zugunsten eines Zweckes gegen Entgelt übernommen werde. Auch hierfür habe der RFH. das Vorliegen einer Zweckzuwendung anerkannt. Voraussetzung sei dabei, daß derjenige, der die Zuwendung mache, den Vertrag nicht abgeschlossen habe um der Gegenleistung willen, sondern den Vertrag nur als Mittel benutze, um einen bestimmten Zweck zu verwirklichen. Ob diese Voraussetzungen vorliegen, sei Tatfrage. Dem trage aber der Antrag des Berichterstatters Rechnung.

Allgemeine Voraussetzungen.

4. Hiernach gehört ein Doppeltes zum Wesen der Zweckzuwendung:

a) Die Begünstigung eines unpersönlichen Zwecks (5 und 6),
b) die Verwendung einer Mittelsperson zur Erreichung des beabsichtigten Zwecks (7).

Beide Voraussetzungen haben in der Fassung des § 4 ihren nicht zweifelsfreien Niederschlag gefunden; die erste in der jedesmaligen Einfügung der Worte „zugunsten eines Zweckes" in sämtlichen vier Fällen des Paragraphen (Ziff. 1a und b sowie 2a und b), die zweite einmal in der Verwendung des Wortes „Zuwendung" in Ziff. 1 und 2, welches die Loslösung aus eigenem Vermögen, wenn nicht die juristische, so die wirtschaftliche (vgl. b) voraussetzt, zum andern wiederum in der Zufügung der Worte „zugunsten eines Zweckes", welche die bleibende Begünstigung des Empfängers der Zuwendung ausschließen.

5. Letzten Endes verfolgt jede Zuwendung den Zweck einer Begünstigung. Das Ziel kann sein entweder die Begünstigung einer bestimmten Person oder bestimmten Personenmehrheit oder die Begünstigung von Zwecken, zu denen auch die Begünstigung von zunächst noch unbestimmten Personen (z. B. der Armen, von unbemittelten Studenten u. a.) gehört. Nach der Entstehungsgeschichte unseres Paragraphen kann es keinem Zweifel unterliegen, daß nur das letztere Begünstigungsziel mit einer Zweckzuwendung verknüpft sein kann.

Daß die Person, der die Zuwendung gemacht ist (Mittelsperson), von der Zuwendung überhaupt keinen Vorteil haben dürfe, liegt nicht im Wesen der Zweckzuwendung. Letztere berührt es also nicht, wenn der Zuwendungsempfänger die Straße, die er ausbauen soll, täglich zu benutzen pflegt oder wenn die Stadtgemeinde, der ein Beitrag zur Straßenpflasterung gegeben ist, die Kosten der immerhin wünschenswerten Pflasterung erspart hat; anders, wenn die Stadt bereits die Pflasterung beschlossen hatte (Mirre, Bem. 2 zu § 4).

Von einer Zweckzuwendung kann aber dann keine Rede sein, wenn die Zuwendung trotz der an sie geknüpften Auflage (Bedingung) ausschließlich oder doch vorwiegend den Vorteil des Empfängers der Zuwendung bezweckt, wenn z. B. jemand ein Betrag mit der Auflage (unter der Bedingung) der Verwendung zum Studium, zum Kuraufenthalt u. a. zugewandt wird, noch weniger, wo der Zweck nur den Umfang der Zuwendung bestimmen soll (vgl. § 2156 BGB., sog. Zweckvermächtnis). Auch die Zuwendung an eine juristische Person mit der ausdrücklichen oder stillschweigenden Bestimmung, daß die Empfängerin die Zuwendung zu ihren Zwecken verwenden soll, ist nicht die Begünstigung eines unpersönlichen Zwecks und daher keine Zweckzuwendung. Anders, wenn die getroffene Zweckbestimmung nur einen Ausschnitt aus dem Kreise der Zwecke der juristischen Person umfaßt oder darüber hinausgeht (RFH. Samml. I S. 20).

6. Mit dem Wesen der Zweckzuwendung unvereinbar ist die Begünstigung einer bestimmten Person oder eines von vornherein bestimmbaren Personenkreises durch die mit der Zuwendung verbundenen Auflage (Bedingung). Solchenfalls greifen vielmehr die Besteuerungsvorschriften des § 2 Abs. 2 Ziff. 2 und § 3 Abs. 1 Ziff. 3 Platz. Der praktische Unterschied zeigt sich vornehmlich darin, daß in diesen letzteren Fällen als Steuerpflichtiger unter Mithaftung des Schenkers der durch die Auflage oder Bedingung Begünstigte, nicht der durch sie Beschwerte erscheint (§ 18 Ges.), daß ferner die Steuer nach dem Betrage, durch den der durch die Auflage — Bedingung — Begünstigte bereichert wird, zu errechnen ist, nicht, wie bei der Zweckzuwendung, von dem Wert der Verpflichtung des mit der Zuwendung Beschwerten (§ 12 Ges.; vgl. auch Abs. 7 das.). Die Grenzen des § 4 gegenüber dem § 2 Abs. 2 Ziff. 2 bzw. § 3 Abs. 1 Ziff. 3 sind flüssig. Nicht für richtig halte ich es, die Entscheidung ohne Rücksicht auf die Begünstigung bestimmter Personen darauf abzustellen, ob mit der Zuwendung eine längere Verwaltungstätigkeit verbunden ist (Mirre, Anm. 3 zu § 4). Allerdings hat sich der RFH. in einer Entscheidung vom 7. Februar 1923 dieses Kriterium zugeeignet (vgl. Mirre in DBStR. XV S. 50, Samml. XI S. 257). Die Entscheidung behandelt folgenden Fall: Zwei Kaufleute hinterlegen ein beträchtliches Vermögen bei einer Bank mit der Bestimmung, daß die Bank das Vermögen verwalten und die Zinsen zum Unterhalte einer Schwägerin der Kaufleute und deren Kinder verwenden soll. Einen Anspruch sollen diese nicht haben. Das Vermögen soll den Kindern bei Erreichung eines bestimmten Alters ausgehändigt werden; solange das Vermögen noch nicht verteilt ist, sollen die Schenker und deren Angehörigen im Falle der Verarmung ein beschränktes Rückforderungsrecht haben. — Der RFH. stellte einmal fest, daß eine Ausscheidung aus dem Vermögen der Hinterleger stattgefunden habe, daß mithin eine Zuwendung unter Auflage, kein Auftragsverhältnis vorliege (vgl. Note 7). Sodann entschied er, daß die Beschränkung der Auflage auf bestimmte Personen die Annahme der Zweckzuwendung nicht hindere; solche liege jedenfalls dann vor, wenn mit der Zuwendung eine längere Verwaltungstätigkeit verbunden sei, da dann der Beschwerte als Vertreter eines Zwecks und nicht als mit einer Auflage Belasteter anzusehen sei. Es wurde deshalb die einheitliche Versteuerung der dem Bankhause übergebenen Beträge für richtig erklärt.

Die gedachte Entscheidung betrifft freilich die Anwendbarkeit des Gesetzes 1906 und mag sich unter dessen Herrschaft allenfalls halten lassen. Nachdem aber bei Beratung des Gesetzes 1922 der Regierungsvertreter in den Ausschußberatungen ausdrücklich hervorgehoben hatte, daß „immer nach Ansicht des Reichsgerichts und des Reichsfinanzhofs durch den Zweck nicht eine bestimmte Person, sondern ein unbestimmter Personenkreis oder etwas Unpersönliches begünstigt werden müsse" (oben Note 3), würde das Hereinziehen des Kriteriums längerer Verwaltungstätigkeit seitens des die Zuwendung Entgegennehmenden unabhängig von der Bestimmtheit des durch die Auflage Begünstigten, um so mehr geeignet sein, Verwirrung in die Begriffe zu tragen, als gerade durch diese Erklärung die Bedenken der Parteivertreter zerstreut wurden; denn letztere hatten besondern Wert darauf gelegt, die Verträge zugunsten Dritter und kaufmännische Akkreditive auszuscheiden und nach der Erklärung des Regierungsvertreters sollte gerade durch das unpersönliche Moment der Zweckzuwendung diese Ausscheidung gewährleistet sein. Für so bedeutungsvoll wurde diese Erklärung gehalten, daß derjenige Parteivertreter, der die Bedenken bezüglich der Verträge zugunsten Dritter erhoben hatte, die Festhaltung dieser Erörterungen durch ausführlichen Bericht wünschte (Note 3 a. E.). In dem vom RFH. entschiedenen Falle handelt es sich aber gerade um einen Vertrag zugunsten Dritter, mit der Maßgabe allerdings, daß dem Dritten ein direkter Anspruch auf Leistungsvollzug zunächst nicht gegeben ist. Nach dem zu achtenden Willen des Gesetzgebers (§ 4 AbgO.) fällt der genannte Tatbestand nicht unter den Begriff der Zweckzuwendung. Ebensowenig liegt allerdings eine Zuwendung unter einer Auflage vor, da die Bank lediglich als Mittelsperson gedacht ist (Urt. d. RGZ. 105, 308; vgl. Bem. 12 zu § 3). Richtig dürfte sein, trotz der Ausscheidung des hinterlegten Betrages aus dem Vermögen der Hinterleger zunächst überhaupt keine steuerpflichtige Zuwendung anzunehmen. Denn auch die durch die Auflage Begünstigten haben mangels eigener Rechte keine Bereicherung erfahren; erst dann und nur insoweit liegt eine (gemäß § 3 Ziff. 1 und 2 für steuerpflichtig zu erklärende) Zuwendung vor, wenn die Begünstigten durch Vollziehung des Willens der Hinterlegenden eine Bereicherung erfahren, also zunächst nur nach Maßgabe der ausgezahlten Zinsen. Nicht rechtlich, aber wirtschaftlich gehört das Depot noch den Hinterlegern und der Verwahrer vollzieht lediglich den Auftrag der ersteren.

7. Der Zuwendende muß sich einer Mittelsperson bedienen. Das schließt einmal aus, daß er eine juristische Person erst schafft, um seine Zwecke zu verwirklichen; hier greift vielmehr § 2 Abs. 2 Nr. 1 oder § 3 Abs. 1 Ziff. 7 ein. Sodann muß eine Ausscheidung des zugewandten Betrages aus dem sonstigen Vermögen des Zuwendenden bereits vor der Verwirklichung des Zwecks eingetreten sein. Daher ist die Ausführung des Zweckes durch den Zuwendenden selbst oder einen bloß Beauftragten des Zuwendenden (Angestellten, Vorstand oder Geschäftsführer einer juristischen Person, Rechtsanwalt — vgl. Mirre, Auftrag und Zweckzuwendung in DVStR. XV S. 49 ff.) keine Zweckzuwendung. Allerdings darf die Auftragsform nicht bloß gewählt sein, um die Zweckzuwendung zu umgehen (Mirre a. a. O., statt einer Zweckzuwendung an eine Gemeinde wird dem Gemeindevorsteher der Auftrag erteilt, den Betrag zu verteilen). Verfolgt der Geschäftsherr eigene Interessen, so liegt regelmäßig ein Auftrag und demgemäß keine Zweckzuwendung vor (vgl. die von Mirre a. a. O. zitierte Entsch. d. RFH. vom 21. Februar 1923).

Erklärt jemand selbst in rechtlich verpflichtender Form, einen Betrag zu bestimmten Zwecken verwenden zu wollen, so fehlt es natürlich an der Mittelsperson (Urt. d. RFH. vom 21. Oktober 1921, StuW. I Sp. 262 = Samml. VII S. 177). Ebensowenig kann von der Verwendung einer Mittelsperson dann die Rede sein, wenn der Zuwendende sich die Entscheidung über die Verwendung des Stiftungsvermögens vorbehält; hier liegt nur eine steuerfreie (vgl. Bem. 10 zu § 3) fiduziarische Vermögensübertragung vor (Urt. d. RFH. vom 26. April 1922, StuW. I Sp. 625). Auch die Weiterübertragung fiduziarischen Vermögens auf einen andern

Treuhänder ist keine Zweckzuwendung (Urt. d. RFH. vom 22. April 1921, StuW. I Sp. 261).

Wenngleich die bloße Absonderung und getrennte Verwaltung eines Vermögensbestandteils zur Annahme einer Zweckzuwendung nicht genügt (Urt. d. RFH. vom 21. Oktober 1921, Samml. VII S. 172), so sind an das Erfordernis der Ausscheidung des zugewandten Vermögens doch keine zu strengen Anforderungen zu stellen. Insbesondere ist es gleichbedeutend, ob die Mittelsperson das Eigentum mit der Auflage bestimmter Verwendung erhält oder ermächtigt wird, das Eigentum bestimmungsgemäß zu übertragen (Urt. d. RFH. vom 21. März 1923 VI A 25/23, veröffentlicht im Deutschen Reichsanzeiger Nr. 126 vom 2. Juni 1923 = Samml. XII S. 39). Es kann deshalb dahingestellt bleiben, ob eine zivilrechtlich gültige Zuwendung vorliegt, wenn jemand Vorschriften über die Bildung eines Stiftungsvorstandes trifft und diesem von ihm geschaffenen Organe Rechte einräumt, die zugunsten eines Zweckes geltend zu machen sind. Es kommt vielmehr darauf an, ob nach den Verkehrsanschauungen eine Einräumung von Rechten an eine vom Einräumenden verschiedenen Rechtsperson vorliegt. Trifft eine Aktiengesellschaft bei Begründung einer nichtrechtsfähigen Stiftung Bestimmung über den (nach seiner Zusammensetzung von der Aktiengesellschaft unabhängigen) Stiftungsvorstand und erhält dieser Verfügung über das Zweckvermögen, so liegt damit eine Zweckzuwendung im Sinne des Gesetzes vor (Urt. d. RFH. vom 27. September 1922, Samml. X S. 240; ähnlich Urt. d. RFH. vom 31. Januar 1923, DVR. Jg. 1923 S. 82 und Urt. d. RFH. vom 12. Mai 1923, StuW. II Sp. 695 Nr. 658).

Nicht erforderlich ist die Rechtsfähigkeit der Mittelsperson. Ist diese ein nichtrechtsfähiger Verein, so ist die Gesamtheit seiner Mitglieder beschwert (Urt. d. RFH. vom 18. November 1921, Samml. VII S. 327). Ist aber eine Mittelsperson nicht vorhanden und damit auch keine Zweckzuwendung, so ist überhaupt keine Schenkungssteuerpflicht begründet (Urt. d. RFH. vom 12. Mai 1923, AStR. VI Sp. 546, betr. Errichtung einer nicht rechtsfähigen Beamtenpensionskasse).

Zweckzuwendung von Todes wegen (Nr. 1).

8. Zu vergleichen sind: wegen des Begriffes der Zuwendung von Todes wegen, ihrer Arten, der Form, der Fälle der Rechtsunwirksamkeit und ihrer Folgen Bem. 3—11 zu § 2, wegen des Begriffs der Auflage Bem. 41 das., der Bedingung und des Unterschiedes zwischen Zuwendung unter Bedingung und Auflage Bem. 42 das.

Nach Fassung der Ziff. b („eines Zweckes, von der die Zuwendung abhängig gemacht ist") können Zweifel bestehen, ob der Gesetzgeber nur die aufschiebende Bedingung, von deren Eintritt das Wirksamwerden der Zuwendung abhängt, im Sinne hat, oder auch die auflösende Bedingung, die nur von Bedeutung für das Wirksambleiben ist. Fälle letzterer Art werden sich namentlich bei gemischten Zweckzuwendungen, d. h. solchen einheitlichen Zuwendungen ergeben, die sich nur zu einem Teile als Zweckzuwendungen darstellen. Beispiel: Der Erblasser vermacht dem A ein Landgut unter der — auflösenden (§ 2075 BGB.) — Bedingung, daß A während der Dauer seines Lebens jährliche Aufwendungen für einen unpersönlichen Zweck macht. Es besteht kein verständiger Grund, nicht auch hier eine Zweckzuwendung anzunehmen.

9. Der zur Vollziehung der Auflage (Bedingung) zu verwendende Betrag kann entweder vom Erblasser fest bestimmt sein (Beispiel: Der mit der Zuwendung Bedachte soll 1000000 Mk. unter bedürftige Studierende verteilen) oder es fehlt an einer Bestimmung hierüber und nur der Zweck ist genau festgelegt (Beispiel: Der Bedachte soll mit zugewandten Mitteln einen Hausanstrich vornehmen, eine Gedenktafel anbringen lassen). Im ersteren Falle kann der mit der Zuwendung Bedachte die von ihm nach dem Werte der Verpflichtung zu entrichtende Steuer (§§ 18 Abs. 2, 12 Abs. 1) von dem Betrage, der zur Ausführung des Zweckes zu verwenden ist, selbstverständlich kürzen. Im letzteren Falle muß er die Auflage bzw. Bedingung ohne Rücksicht auf die von ihm zu entrichtende Steuer ausführen, wobei er im Falle der Auflage die Ausführung allerdings insoweit verweigern kann, als der Wert der Zuwendung zur Vollziehung der Auflage einschließlich der Entrichtung der Steuer nicht ausreicht. Bei der Bedingung hat der mit der Zuwendung Bedachte aber nur die Wahl, die Bedingung voll zu erfüllen, oder durch Nichterfüllung auf den Erwerb zu verzichten bzw. (bei auflösender Bedingung) das Erlangte herausgeben zu müssen (BGB. §§ 812 Satz 2, 820 Satz 2). Vollzieht der Bedachte die Auflage oder erfüllt er die Bedingung trotzdem, so liegt eine Zweckzuwendung doch nur insoweit vor, als der Wert der Zuwendung reicht. Denn wenn eine Zweckzuwendung anzunehmen ist, „soweit die Bereicherung des Erwerbers durch die Anordnung gemindert wird" (Ziff. 1 letzter Halbsatz), so kann eine solche eben insoweit nicht in Frage kommen, als die Bereicherung hinter dem zur Vollziehung der Anordnung erforderlichen Betrage zurückbleibt. Das gleiche Ergebnis zeitigt übrigens auch die Anwendung des § 12 Abs. 1 Ges. Ob eine nach § 3 Nr. 1 oder 2 zu versteuernde freigebige Zuwendung des Bedachten vorliegt, kann nur nach den hierfür gegebenen Voraussetzungen beurteilt werden; Grundvoraussetzung wäre natürlich, daß jemand da ist, der durch Vollzug der Anordnung im Sinne des Gesetzes bereichert ist.

Zu Zweifeln kann die Behandlung der mit einer gewöhnlichen Zuwendung gemischten Zweckzuwendungen, also derjenigen Fälle geben, in denen dem Bedachten nach Erfüllung der Anordnung des Erblassers noch eine Bereicherung verbleibt. Da es sich um eine einheitliche Zuwendung handelt, der Steuerschuldner auch als Erwerber der Zuwendung und gleichzeitig als der mit der Ausführung der Zweckzuwendung Beschwerte für beide Teile der Zuwendung derselbe ist, so steht einer einheitlichen Veranlagung der Steuer nichts im Wege. Indessen ist zu beachten, daß die Besteuerung der Zweckzuwendung, sofern nicht §§ 21, 23, 24 Ges. eingreifen, stets in der V. Klasse erfolgt (§ 9 Abs. 1 unter Klasse V), während der den Bedachten bereichernde Teil der Zuwendung nach dem verwandtschaftlichen Verhältnis des Erwerbers zum Erblasser zu versteuern ist. Zur Feststellung der dem Bedachten verbleibenden Bereicherung muß also zunächst der zur Ausführung der Anordnung erforderliche Betrag ermittelt und nebst der für die Zweckzuwendung zu entrichtenden Steuer vom Werte der Zuwendung abgezogen werden. § 16 Ges. ist nicht anzuwenden. — Vgl. bezüglich der vorbehandelten Fragen Mirre, Bem. 4 zu § 4.

Zweckzuwendung unter Lebenden (Nr. 2).

10. Zu vergleichen sind: Bezüglich des Begriffs der freigebigen Zuwendung unter Lebenden die Noten 24 und 25, 4—8, 10—15 zu § 3, bezüglich des Begriffs der Auflage unter Lebenden Note 37 das., der Bedingung und ihrer Arten Note 42 zu § 2. Trotz Fehlens der Worte „soweit die Bereicherung des Erwerbers durch die Anordnung gemindert wird", kann auch hier die Zweckzuwendung nicht weiter gehen, wie die Bereicherung (vgl. § 12 Abs. 1 Ges. und Bem. 9 oben). Auch im übrigen gelten hier sinngemäß die Ausführungen der vorstehenden Bemerkung.

Die Zuwendung muß stets eine freigebige sein. Wer die Zuwendung macht in Ausführung einer ihm vertraglich oder gesetzlich obliegenden Verpflichtung, handelt nicht freigebig (Note 24 zu § 3). Deshalb liegt auch keine Zweckzuwendung vor, wenn zur Beilegung einer gegen ihn schwebenden Privatklagesache (§§ 414 ff. StPO.) und Vermeidung drohender Verurteilung der Angeschuldigte eine Zuwendung an einen Dritten (z. B. Gemeinde) übernimmt, die der Zuwendungsempfänger zu einem bestimmten Zwecke (z. B. Verteilung unter Ortsarme) verwenden soll. Ebensowenig liegt eine Zweckzuwendung vor, wenn die Zweckbestimmung des Zugewendeten bereits bestand und nur dessen Verwaltung in andere Hände überging (Entsch. d. RFH. vom 18. Januar 1923, Samml. XI S. 201, betr. den Fall, daß nach den Satzungen eines Viehhändlerverbandes über die Verwendung eines etwaigen Überschusses zu Zwecken der Förderung der Viehzucht und Viehhaltung der Oberpräsident zu bestimmen hat und in Ausführung dieser Bestimmung der Überschuß einer andern Person übertragen ist).

11. Zweckzuwendung ist nach der letzten Alternative der Ziff. 2a auch eine Leistung zugunsten eines Zwecks, von der ein gegenseitiger Vertrag abhängig gemacht ist. Die Begriffsbestimmung der gegenseitigen Verträge fehlt im BGB. Es sind das Verträge, bei denen sich beide Teile zu Leistungen verpflichten, deren jede nur mit Rücksicht auf die erwartete und im Verkehr als gleichwertig aufgefaßte Gegenleistung übernommen wird. Dazu gehören: Kauf, Tausch, Miete, Pacht, Dienst- und Werkvertrag, Vergleich (RGE. 93, 290), auch wohl der Gesellschaftsvertrag (RGE. 78, 304) und der entgeltliche Verwahrungsvertrag, nicht aber z. B. Schenkung, Leihe, Darlehn (zweifelhaft! Darlehn gegen Hypothekbestellung gehört zu den gegenseitigen Verträgen).

Der Gesetzgeber will die Leistung zugunsten eines Zwecks, von welcher der gegenseitige Vertrag abhängig gemacht wird, nur bei einer freigebigen Zuwendung als Zweckzuwendung besteuern. Da der gegenseitige Vertrag geradezu im Gegensatz zur freigebigen Zuwendung steht, ist die Fassung des Gesetzes ein logisches Ungeheuer. Gemeint dürfte sein: Derjenige Vertragschließende, welcher dem andern Teile die Bedingung auferlegt (und der regelmäßig infolge entsprechender Minderung der ihm gebührenden oder Erhöhung der ihm obliegenden Leistung die Kosten der Ausführung wirtschaftlich zu tragen hat), muß unentgeltlich und freiwillig (Bem. 24 zu § 3) die Förderung des Zweckes wollen. Beispiel: A überträgt dem B werkvertraglich die Ausführung von Neubauten unter der Bedingung, daß B ein Armenhaus zu Selbstkostenpreisen errichte.

12. Ziff. 2b ist in doppelter Weise unklar: Zunächst ist auch mit dem Begriffe des entgeltlichen Vertrages die freigebige Zuwendung unverträglich. Die Ausführungen am Schlusse der Vorbemerkung gelten auch hier. Sodann gibt der Schlußhalbsatz („sofern das Entgelt nicht der Umsatzsteuer unterliegt") zu manchen Zweifeln Anlaß. Einmal unterliegt nicht das Entgelt der Umsatzsteuer, sondern die Lieferung oder Leistung

(§§ 1, 17, 22, 25, 26 UmsStG.), das Entgelt bildet nur die Bemessungsgrundlage für die Steuer (§ 8 UmsStG.). Ferner zeitigt die Hineinziehung der Umsatzsteuerpflicht Folgen, die über den nach dem Ausschußbericht (S. 13) gewollten Erfolg erheblich hinausgehen. Nach dem Berichte des Ausschusses soll der Zusatz lediglich zum Ausdruck bringen, daß der Zuwendende (richtiger: der die Leistung Auflegende) den Vertrag nicht um der Gegenleistung willen abschließen dürfe, sondern den Vertrag nur als Mittel benutzen wolle, um einen bestimmten Zweck zu verwirklichen. Dazu hätte es nun freilich des Zusatzes nicht bedurft, denn dieser Wille des Gesetzgebers kommt schon in den allerdings verunglückten Einleitungsworten der Ziff. 2 (bei einer freigebigen Zuwendung . . .) zum Ausdruck. Mit Recht weist aber Roth (Marcuse, Das neue Reichssteuerrecht, 2. Aufl. S. 348 und RStR. III S. 234) an der Hand von Beispielen nach, daß das Hereinziehen der Umsatzsteuerpflicht zu kaum verständlichen Verneinungen der Erbschaftssteuerpflicht führen müsse. Beispiele: Sammler D überläßt dem Sammler E seine wertvolle Sammlung gewebter orientalischer Teppiche für 6000000 Mk. und die Verpflichtung des E, diese Teppiche in einem Ausstellungsraum kunstgewerblichen Studien dienstbar zu machen. Der Vorgang ist umsatzpflichtig (§ 22 UmsStG.) und schenkungssteuerfrei. — Gutsbesitzer A verkauft dem B, einem hervorragenden landwirtschaftlichen Theoretiker und Praktiker, sein Gut weit unter Wert mit der Verpflichtung des B, auf dem Gute eine landwirtschaftliche Schule mit unentgeltlichen Kursen zu errichten. Der Vorgang ist umsatzsteuerfrei, also erbschaftssteuerpflichtig.

Endlich muß es nach der Fassung der Ziff. 2b zweifelhaft erscheinen, ob die generelle Umsatzsteuerpflicht der Leistung oder Lieferung die Annahme der Zweckzuwendung ausschließt, oder ob eine Zweckzuwendung anzunehmen ist, wenn eine der zahlreichen Befreiungsvorschriften des Umsatzsteuergesetzes (z. B. §§ 2 und 3 das.) im Einzelfalle die Umsatzsteuer ausschließt. Die letztere Annahme würde die schon ohnehin schwierige Anwendung der Vorschrift noch mehr erschweren und dürfte daher abzulehnen sein.

13. Ein „e n t g e l t l i c h e r" V e r t r a g braucht weder ein gegenseitiger (Note 11) zu sein, noch ein schuldrechtlicher. Unter die Ziff. 2b dürfte also auch der Fall zu bringen sein, daß in einem Erbverzichtsvertrage (BGB. §§ 2346, 2352) der Verzichtende sich die Leistung zugunsten eines unpersönlichen Zweckes versprechen läßt. § 3 Abs. 1 Ziff. 5 greift insoweit nicht ein.

Allgemeinbemerkungen zu § 4.

14. Für die Besteuerung von Zweckzuwendungen kommen insbesondere noch in Frage: § 9 Klasse V (Steuerklasse), § 12 Abs. 1 (Bemessungsgrundlage), § 18 Abs. 1 (Entstehung der Schuld) und Abs. 2 (Steuerschuldner), §§ 21, 22 Ziff. 15—18, §§ 23, 24 (Befreiungen und Ermäßigungen). Vgl. auch § 1 Abs. 2 über die Anwendbarkeit der Vorschriften über Verfügungen von Todes wegen und Schenkungen u. a. Nicht anwendbar erscheinen § 10 Abs. 2 und 3 und § 11 Ges. (vgl. Bem. das.).

Die Erfüllung des Zwecks ist keine Schenkung, auch keine freigebige Zuwendung im Sinne des § 3 Ziff. 2, da eine Rechtspflicht erfüllt wird (Mirre, Bem. 10 zu § 4).

§ 5.

(1) Im Falle der Fortsetzung der ehelichen Gütergemeinschaft (§§ 1483 ff., 1557 des Bürgerlichen Gesetzbuchs, Artikel 200 des Einführungsgesetzes zum Bürgerlichen Gesetzbuch) wird der Anteil des verstorbenen Ehegatten am Gesamtgut so behandelt, wie wenn er ausschließlich den anteilsberechtigten Abkömmlingen angefallen wäre.

(2) Im Falle des Todes eines anteilsberechtigten Abkömmlings gehört dessen Anteil am Gesamtgut zu seinem Nachlaß. Als Erwerber des Anteils gelten diejenigen, denen der Anteil nach § 1490 Satz 2 und 3 des Bürgerlichen Gesetzbuches zufällt.

a) Aussch.-Ber.: S. 3, 13, 24, 25.

b) Richtl.: —

c) Ges. 1919: §§ 21, 12 (abweichende Fassung).

d) Schriftt.: Buck, Die steuerliche Behandlung der fortgesetzten Gütergemeinschaft nach Bürgerlichem Recht und Rhein.-Westf. Güterrecht, DStZ. IX S. 176. — Pagenkopf, Die Behandlung der fortgesetzten Gütergemeinschaft bei der Kriegszuwachs- und der Erbschaftssteuer, DJZ. XIX S. 1016. — Bender, Die erbschaftssteuerliche Behandlung des dem überlebenden Ehegatten beim Tode des anderen Ehegatten auf Grund eines aufrecht erhaltenen güterrechtlichen Erbrechts zukommenden Erwerbs-Nießbrauchs, StuW. Jg. 1923 S. 83.

e) Rechtspr.: (Note 3) URFH. 31. Mai 1922, StuW. Jg. I Sp. 733, betr. Behandlung des als erbrechtliche Folge eines landesgesetzlichen Güterrechts eintretenden Nießbrauchs, URFH. 5. April 1922, StuW. Jg. I Sp. 623 = AStR. V Sp. 655 = DStBl. IV Sp. 485 = DBR. XV S. 29, betr. Anwendungsgebiet der §§ 12, 21 Ges. 1919, die sich auf alle Rechtsfolgen beziehen, die sich als Ausfluß eines Güterrechts ergeben und nicht erbrechtlicher Natur sind. — (Note 4) URFH. 25. Oktober 1922, StuW. Jg. II Sp. 82, betr. Auseinandersetzung des Gesamtguts.

Inhaltsübersicht:

1. Der § 5 Ges. entspricht im wesentlichen dem § 21 Ges. 1919 in Verbindung mit § 12 das. Nach letzterem sollte im Falle der Fortsetzung der ehelichen Gütergemeinschaft der Anteil des verstorbenen Ehegatten am Gesamtgut Gegenstand der Nachlaßsteuer sein in gleicher Weise, wie wenn er zum Nachlaß gehörte. Ferner sollte (§ 12 Abs. 2 a. F.) im Falle des Todes eines anteilsberechtigten Abkömmlings dessen Anteil am Gesamtgut zu seinem Nachlaß gehören. § 21 a. F. erklärte sodann den § 12 für die Erbanfallsteuer für entsprechend anwendbar. Trotz abweichender Fassung ändert das neue Gesetz am bisherigen Zustand (soweit Erbanfallsteuer in Frage kam) nichts (vgl. für Ges. 1919: Urt. d. RFH. vom 13. Dezember 1922, StuW. II Sp. 309, demzufolge der überlebende Ehegatte nicht als Erwerber gilt). Die Neufassung enthält im wesentlichen eine gesetzliche Festlegung dessen, was die Begründung zum Entwurf (§ 19 Ges. 1919) sagte. In dieser Begründung hieß es:

„Hierzu sind die Bemerkungen zu § 11 des Entwurfs zu vergleichen. Der Anteil des erstverstorbenen Ehegatten am Gesamtgut wird also so behandelt, wie wenn er ausschließlich den anteilsberechtigten Abkömmlingen angefallen wäre; in derselben Weise werden die Personen, denen bei Wegfall eines anteilsberechtigten Abkömmlings vor Auseinandersetzung der fortgesetzten Gütergemeinschaft sein Anteil nach §§ 1483, 1490 des Bürgerlichen Gesetzbuchs anwächst, als steuerpflichtige Erwerber dieses Anteils behandelt."

Im Ausschuß ist der § 5 in der ursprünglichen Fassung des Antrags Herold (Nr. 5 = § 21 Ges.) unverändert in beiden Lesungen debattelos angenommen, ebenso im Reichstagsplenum. Die Richtlinien erörtern ihn nicht.

2. Fortgesetzte Gütergemeinschaft ist die Fortsetzung des bisherigen Güterstandes im Falle des Todes eines Ehegatten durch den überlebenden Gatten und die gemeinschaftlichen Abkömmlinge, soweit letztere als gesetzliche Erben berufen und nicht durch Erbunwürdigkeit (§§ 1506, 2339), Verzicht (§§ 1491, 1517) oder letztwillige Verfügung bzw. Erbvertrag (§ 1511) ausgeschlossen sind. Nach BGB. tritt sie nur ein als Fortsetzung der allgemeinen Gütergemeinschaft (§ 1483) und der Fahrnisgemeinschaft (§ 1557) und zwar bei ersterer kraft Gesetzes, sofern sie nicht durch Ehevertrag (§ 1508) oder letztwillige Verfügung (§ 1509) ausgeschlossen ist oder der überlebende Ehegatte die Fortsetzung ablehnt (§ 1484 Abs. 1), bei letzterer nur dann, wenn sie durch Ehevertrag vereinbart ist, wobei aber ebenfalls eine Ausschließung durch entgegengesetzten Ehevertrag oder letztwillige Verfügung sowie eine Ablehnung durch den überlebenden Ehegatten möglich ist (Komm. RG. Anm. 4 zu § 1557).

Da nach Art. 200 EG. BGB. für den Güterstand alter, d. h. vor 1. Januar 1900 geschlossener Ehen die bisherigen Gesetze maßgebend bleiben, so ist nach Maßgabe des Landesrechtes eine Fortsetzung der Gütergemeinschaft bei landesgesetzlichen Güterständen, also gegebenenfalls auch bei Errungenschaftsgemeinschaft möglich. Auch für derartig fortgesetzte Gütergemeinschaften gilt § 5 Ges. Soweit nach Landesgesetz eine Fortsetzung mit Seitenverwandten eintritt, wird der Anteil des verstorbenen Ehegatten gleichfalls als zum Nachlaß gehörig anzusehen und so zu behandeln sein, wie wenn er ausschließlich den Seitenverwandten angefallen wäre (vgl. Mirre, Anm. 2 zu § 5).

3. Während nach BGB. (§§ 1483, 1557) der Anteil des verstorbenen Ehegatten am Gesamtgut nicht zu dessen Nachlaß gehört (im übrigen, d. h. bzüglich des Vorbehalts- und Sondergutes — §§ 1439, 1440 —, tritt jedoch Beerbung des Verstorbenen nach allgemeinen Vorschriften ein), wird es durch die Fiktion des § 5 Ges. so angesehen, wie wenn der Anteil den anteilsberechtigten Abkömmlingen nach dem Verhältnisse ihrer gesetzlichen Erbteile (vgl. § 1503 BGB.) angefallen wäre. Folglich tritt eine Besteuerung der Abkömmlinge gemäß § 2 Ziff. 1 in der Klasse I oder II des § 9 ein. Für die Bemessung der Bereicherung (§ 12 Ges.) kommt nicht in Betracht, daß dem überlebenden Ehegatten, mag er der Mann oder die Frau sein, stets die stärkere Stellung des Mannes, also dessen Verwaltungs- und weitgehendes Verfügungsrecht (BGB. §§ 1487, 1443) zusteht. Der Anteil des verstorbenen Ehegatten besteht übrigens in der ideellen Hälfte des Wertes des nach Berichtigung der Gesamtgutsverbindlichkeiten verbleibenden Überschusses des bisherigen Gesamtgutes.

Im Gegensatze zu dem Verwaltungs- und Verfügungsrechte des überlebenden Ehegatten bei fortgesetzter Gütergemeinschaft mindert der als erbrechtliche Folge eines Güterstandes landesgesetzlicher Art gemäß Art. 200 EG. BGB. eintretende Nießbrauch des überlebenden Gatten den Erwerb der anderen Erben und ist anderseits als erbrechtliche Bereicherung vom Ehegatten zu versteuern (Urt. d. RFH. vom 31. Mai 1922, StuW. Jg. I Sp. 733, betr. den bei der Errungenschaftsgemeinschaft des Mainzer Landrechts eintretenden Nießbrauch; fortgesetzte Gütergemeinschaft tritt hier nicht ein). — Vgl. Bender, Die erbschaftssteuerliche Behandlung des dem überlebenden Ehegatten beim Tode des andern Ehegatten auf Grund eines aufrecht erhaltenen güterrechtlichen Erbrechts zukommenden Erwerbs-Nießbrauchs in StA. Jg. 1923 S. 83 —; ferner Urt. d. RFH. vom 5. April 1922, StuW. Jg. I Sp. 623 = AStR. V Sp. 655 = DStBl. IV Sp. 485 = DVR. XV S. 29, betr. Anwendungsgebiet der §§ 12 und 21 Ges. 1919.

4. Die fortgesetzte Gütergemeinschaft endet durch einseitige Aufhebung des überlebenden Ehegatten (BGB. § 1492), durch dessen Wiederverheiratung (§ 1493) oder Tod bzw. Todeserklärung (§ 1494), sowie durch rechtskräftiges Urteil auf Klage eines anteilsberechtigten Abkömmlings. Steuerrechtliche Folgen hat hiervon lediglich die Endigung durch Tod bzw. Todeserklärung des Ehegatten. Dessen gesamter Nachlaß (Anteil an der Gemeinschaft + sonstiges Vermögen) vererbt sich alsdann einheitlich nach allgemeinen Grundsätzen; die Besteuerung erfolgt nach § 2 Ges.

Nach Beendigung der fortgesetzten Gütergemeinschaft erfolgt die Auseinandersetzung des Gesamtgutes in Anlehnung an die Vorschriften der Auseinandersetzung bei Aufhebung der allgemeinen Gütergemeinschaft (BGB. §§ 1498 ff., 1549). Steuerrechtliche Folgen kann die Auseinandersetzung nur zeitigen, wenn einer der Beteiligten mehr erhält, wie ihm gesetzlich zukommt. Hier können Ziff. 1 und 2 § 3 Ges. Platz greifen (ebenso Urt. d. RFH. vom 25. Oktober 1922, StuW. II Sp. 82).

5. Gemäß §§ 1490 Satz 1, 1549 BGB. gehört, wenn ein anteilsberechtigter Abkömmling stirbt, dessen Anteil am Gesamtgut nicht zu seinem Nachlasse. Der sonach unvererbliche Anteil fällt, falls er Abkömmlinge hinterläßt, die anteilsberechtigt (d. h. den in allgemeiner Gütergemeinschaft befindlich gewesenen Ehegatten gegenüber gesetzlich erbberechtigt — § 1483) sein würden, wenn er den verstorbenen Ehegatten nicht überlebt hätte, an die Abkömmlinge nach dem Verhältnis gesetzlicher Erbfolge. Hinterläßt er solche Abkömmlinge nicht, so wächst sein Anteil den übrigen Abkömmlingen, und, wenn solche nicht vorhanden sind, dem überlebenden Ehegatten an. Die hiernach durch den Anfall (die Anwachsung) Begünstigten werden steuerrechtlich als erbrechtliche Erwerber des Anteils behandelt; bemessen wird die Steuer im Sinne des § 12 Abs. 1 Ges. nach dem Werte des ihnen angefallenen (angewachsenen) Anteils ohne Rücksicht auf das Verwaltungs- und Verfügungsrecht des überlebenden Ehegatten. Die Steuerklasse (§ 9) richtet sich nach dem verwandtschaftlichen Verhältnis des Erwerbers zum verstorbenen Abkömmling.

6. Die gleichen bürgerlichrechtlichen Wirkungen, wie der Tod eines ohne Hinterlassung von Abkömmlingen gestorbenen Abkömmlings hat der nach Eintritt der fortgesetzten Gütergemeinschaft erfolgende Verzicht eines anteilsberechtigten Abkömmlings auf den Anteil am Gesamtgute (§ 1491, bes. Abs. 3 BGB.); der Anteil wächst also den übrigen anteilsberechtigten Abkömmlingen bzw. dem überlebenden Ehegatten an. Mirre (Anm. 5 zu § 5) will diesen Verzicht nach § 1 Abs. 2 Ges. als Schenkung behandeln. Dem kann nicht beigestimmt werden. § 1 Abs. 2 schreibt zwar die Anwendung der Vorschriften des Gesetzes über den Erwerb von Todes wegen auch für Schenkungen vor; daraus folgt aber durchaus nicht, daß der Verzicht des Abkömmlings die steuerrechtlichen Wirkungen der Schenkung auslöst, wie der Tod diejenigen der Erbfolge nach sich zieht. § 1 Abs. 2 setzt aber doch gerade voraus, daß eine Schenkung vorliegt. Richtig wird sein, den Fall nach den allgemeinen Grundsätzen der Ziff. 1 und 2 § 3 Ges. zu behandeln. Hiernach scheidet eine Besteuerung unbedingt insoweit aus, als der Abkömmling eine Abfindung für den Verzicht erhalten hat, was doch die Regel bilden wird. Nur soweit der Wert der Abfindung hinter dem des Anteils zurückbleibt, kann unter den weiteren Voraussetzungen der freigebigen Zuwendung (vgl. Noten 23—25 zu § 3) eine Steuerpflicht in Frage kommen — ebenso natürlich im umgekehrten Falle, soweit der Wert der Abfindung den des Anteils übersteigt.

Mit dem Falle des § 1491 BGB. (Verzicht nach Eintritt der fortgesetzten Gütergemeinschaft) ist der des § 1517 das. nicht zu verwechseln. Hier ist der Fall behandelt, daß noch vor Eintritt der fortgesetzten Gütergemeinschaft ein gemeinschaftlicher Abkömmling durch Vertrag einem der Ehegatten gegenüber für den Fall der Auflösung der Ehe durch dessen Tod auf seinen Anteil am Gesamtgut der fortgesetzten Gütergemeinschaft verzichtet. Da ein solcher Verzicht bürgerlichrechtlich (§ 1517 Abs. 2 BGB.) als Erbverzicht behandelt wird, erscheint auch die steuerliche Gleichbehandlung mit einem solchen, also die Anwendung des § 3 Ziff. 5 gerechtfertigt (vgl. Note 29 zu § 3). Der Verzicht selbst ist steuerfrei. Wird übrigens die Ehe in anderer Weise als durch den Tod des Vertragsgegners, z. B. durch den Tod des andern Ehegatten oder durch Scheidung aufgelöst, so wird der Verzicht gegenstandslos und die etwa geleistete Abfindung unterliegt der Rückforderung aus § 812 Satz 2 BGB. Demgemäß besteht ein Anspruch des etwa veranlagten Abkömmlings auf Aufhebung des Steuerbescheides gemäß § 214 Abs. 2 AbgO., sofern die Wirkungen rückgängig gemacht sind.

§ 6.

Der Erwerber auf Grund einer Nachfolge in ein Hausgut, Lehen, Fideikommiß oder Stammgut oder in ein sonstiges Vermögen wird als Nießbraucher behandelt.

a) Aussch.-Ber.: —
b) Richtl.: —
c) Ges. 1919: § 22 (unverändert).
d) Schriftt.: —
e) Rechtspr.: (Note 2) GRFH. 23. Juni 1921, Sl. VI S. 307, betr. Besteuerung des Folgers, in dessen Hand das Gut frei wird; URFH. 14. Juni

1922, StuW. I Sp. 987, betr. Erwerber einer Hauswirtsstelle mecklenburgischen Rechtes.

1. Die Vorschrift entspricht wörtlich dem § 22 Ges. 1919, der seinerseits durch die Verhandlungen in der Nationalversammlung erst in das Gesetz aufgenommen wurde. Die Regelung des § 22 a. F. für die Erbanfallsteuer bedeutete eine Abweichung gegenüber der Behandlung für die Nachlaßsteuer; nach § 2 a. F. galt nämlich das gebundene Vermögen als Nachlaß des verstorbenen Inhabers. In den Verhandlungen des Ausschusses und Reichstagsplenums sowie in den Richtlinien ist die Vorschrift nicht erörtert.

2. Unter Nießbrauch versteht das Zivilrecht (BGB. §§ 1030, 1068, 1061) das unvererbliche, als dingliche Belastung auf fremden Sachen oder Rechten ruhende Recht einer bestimmten Person, die Nutzungen — und zwar grundsätzlich sämtliche Nutzungen — der Sache oder des Rechts zu ziehen. Wegen des Begriffs der Nutzungen vgl. BGB. § 100.

Der Nießbrauch kennzeichnet sich danach als ein Nutzungsrecht. Der Wert desselben ist der Natur der Sache entsprechend nach dem Wert der einzelnen oder der terminlichen Nutzung einerseits und der Wiederkehr oder der Dauer der Nutzungen andererseits zu bemessen. Die näheren allgemein zur Anwendung zu bringenden Vorschriften hierfür gibt die Reichsabgabenordnung (§§ 144 ff.). Bei dem gebundenen Vermögen wird es sich regelmäßig um einen Nießbrauch auf die Lebenszeit des zur Nachfolge berufenen Erwerbers handeln. Der § 145 AbgO. setzt den Wert der auf die Lebenszeit einer Person beschränkten Nutzungen oder Leistungen nach dem Lebensalter dieser Person, und zwar nach dem niedern oder höheren Alter in neun Stufen abgegliedert auf ein entsprechend Mehrfaches des Wertes der einjährigen Nutzung fest. Gegenüber der auf gleicher Grundlage erfolgten Festlegung des Gesamtwerts durch das RErbStG. 1906 in seinem § 18 erscheint die neue Wertbemessung niedriger. Erweist sich die wirkliche Dauer der Nutzung oder Leistung um ein erhebliches, im einzelnen näher bestimmtes Maß geringer, so kann auf Antrag Berichtigung der Steuerveranlagung nach der wirklichen Dauer ebenso wie nach dem bisherigen RErbStG. erfolgen (vgl. AbgO. § 145 Abs. 3).

Daß das Anerbengut nicht mit zum gebundenen Vermögen zu zählen sei, wird von Zimmermann-Mühe, Anm. 2 zu § 22 mit Recht hervorgehoben. Anderseits soll nach Urt. d. RFH. vom 14. Juni 1922 (StuW. I Sp. 987) der Erwerber einer Hauswirtsstelle mecklenburgischen Rechtes als Nießbraucher behandelt werden, wiewohl ein gebundenes Vermögen nicht vorliegt.

Sowohl bei der Zwangsauflösung wie bei der freiwilligen Auflösung preußischer Fideikommisse (vgl. Anm. 28 und 29 zu § 2) erwirbt der Folger, in dessen Hand das Gut frei wird, das Vermögen noch auf Grund einer Nachfolge in das Fideikommiß, braucht also nur die Nießbrauchersteuer zu zahlen (Gutachten d. RFH. vom 23. Juni 1921, Samml. VI S. 307 ff.).

Für die Begleichung der Steuerschuld vgl. § 19 Ges.

§ 7.

(1) Der Vorerbe gilt als Erbe.

(2) Beim Eintritt des Falles der Nacherbfolge haben diejenigen, auf die das Vermögen übergeht, den Erwerb als vom

Vorerben stammend zu versteuern. Auf Antrag ist der Versteuerung das Verhältnis des Nacherben zum Erblasser zugrunde zu legen.

(3) Tritt der Fall der Nacherbfolge nicht durch den Tod des Vorerben ein, so gilt die Vorerbfolge als auflösend bedingter, die Nacherbfolge als aufschiebend bedingter Anfall. In diesem Falle ist dem Nacherben die vom Vorerben entrichtete Steuer abzüglich desjenigen Steuerbetrags anzurechnen, welcher der tatsächlichen Bereicherung des Vorerben entspricht.

(4) Nachvermächtnisse und beim Tode des Beschwerten fällige Vermächtnisse stehen den Nacherschaften gleich.

(5) Wenn bei einem bäuerlichen Anerbengute zunächst eine ungeteilte Erbengemeinschaft eintritt, so gilt als Erwerb für die einzelnen Erben der Erbanfall mit der Maßgabe, daß es so angesehen wird, als wenn die Erbauseinandersetzung zugleich mit diesem stattgefunden hätte.

a) Aussch.-Ber.: S. 4, 13, 24—27.
b) Richtl.: S. 4.
c) Ges. 1919: § 23 (verändert).
d) Schriftt.: Arlt, über die Bewertung des Nießbrauchsrechts an einem Betriebsvermögen, Nießbrauchsvermächtnis und Wirtschaft, DStBl. IV Sp. 11. — Winter, Die Besteuerung der Vor- und Nacherbschaft nach neuem Erbschaftssteuergesetz, DVR. XIV S. 216. — Talmon-Gros, Die Behandlung der Vor- und Nacherbschaft im Erbschaftssteuergesetz 1922. — Trost, Nutznießung, Nießbrauch und Erbschaftssteuer, StA. XXVI S. 202.
e) Rechtspr.: (Note 4) URG. 9. November 1912, JW. 1913 S. 136 (Nr. 14) = BlfVJ. JW. 1911 S. 283 und 1918 S. 434; OLG. 18 S. 335 und 21 S. 337, betr. Vorerbschaft oder Nießbrauch.
f) Ausf.-Best.: § 52.

Inhaltsübersicht:

1, 2. Geschichtliche Entwicklung.
3. Vergleich mit dem Ges. 1919.
4. Bürgerliches Recht.
5. Abs. 1.
6. Verhältnis zwischen Vorerben u. Nacherben (Erwerber des Vermögens); Ausdehnung der Fiktion des Abs. 2 Satz 1.
7. Abs. 2 Satz 2.
8. Abs. 3.
9. Anwendbarkeit des § 148 Satz 2 AbgO.?
10. Zu Abs. 3 Satz 2.
11. Abs. 4.
12, 13. Abs. 5.
14. Nießbrauch an einer Erbschaft.
15. Weitere steuerliche Behandlung der Vor- und Nacherbfolge.

1. Der § 23 des Gesetzes 1919, der die Regelung der Besteuerung des Vor- und Nacherben enthielt, entsprach in seinen Abs. 1—3 wörtlich dem § 27 des Ges. 1906; Abs. 4, die einzige Bestimmung des § 23, welche — als Abs. 5 — dem § 7 n. F. eingegliedert ist, wurde von der Nationalversammlung in den § 23 gebracht.

Der Regierungsentwurf zum Ges. 1919 (§ 20) wollte in Übereinstimmung mit der in § 2 für die Nachlaßsteuer getroffenen Regelung — hiernach sollte auch das Vermögen, welches jemand als Vorerbe hatte, zu seinem Nachlaß gehören — den Vorerben in allen Fällen als Erben behandelt wissen. Dem wurde in den Verhandlungen der Nationalversammlung widersprochen. Mit Entschiedenheit betonte man, daß aus rechtlichen, wie aus wirtschaftlichen Gründen die Behandlung als Nutzungserbe die richtigere sei und dementsprechend ein Antrag auf Wiederherstellung des § 27 des bisherigen REStG., in welchem diese sachgemäßere Behandlung angemessen durchgeführt sei, gestellt. Trotz des Widerspruchs von seiten der Regierung, insonderheit des Reichsministers der Finanzen, gelangte der Antrag zur Annahme (vgl. Drucksache 941 der verfassunggebenden deutschen Nationalversammlung S. 6 und 8). Auf diese Weise wurde der § 27 des früheren REStG. hier in das Ges. 1919 eingestellt.

Hiernach wurde der Vorerbe als Nießbraucher, der Nacherbe als Erbe des herauszugebenden Vermögens behandelt (Abs. 1). Nur bei der Einsetzung auf den Überrest und der befreiten Nacherbfolge sollten sowohl der Vorerbe vom vollen Betrage des Erwerbes, als der Nacherbe vom vollen Betrage des herauszugebenden Vermögens nach ihrem Verhältnisse zum Erblasser die Steuer entrichten; hierbei war die vom Vorerben entrichtete Steuer für den Teil der Erbschaft, für die der Nacherbe steuerpflichtig war, auf Antrag dem Nacherben so weit zu erstatten, als sie den Betrag überstieg, den der Vorerbe als Nießbraucher geschuldet haben würde.

Abs. 3 des § 23 ist als Abs. 4 in § 7 n. F. eingesetzt; es sollen aber nicht nur Nachvermächtnisse, sondern auch gewöhnliche, beim Tode des Beschwerten fällige Vermächtnisse den Nacherbschaften gleichstehen.

2. Der Antrag Herold u. Gen. (Nr. 400 der Reichstagsdrucksachen) brachte den § 23 Ges. in einer von der jetzigen Fassung nur insofern abweichenden Form, als der Abs. 3 in Satz 3 eine Bewertungsvorschrift enthielt. Es sollte nämlich als tatsächliche Bereicherung im Sinne des Vordersatzes der Wert des Nießbrauchs während der Dauer der Vorerbschaft gelten. Der § 23 wurde in der Fassung des Antrags 400 in erster Lesung angenommen. Eine Anfrage des Berichterstatters, ob auch der Ehegatte als Vorerbe nach der neuen Regelung wie ein Vollerbe zu versteuern sei, wurde vom Regierungsvertreter unter dem Hinweis bejaht, daß ein solcher Fall eine seltene Ausnahme darstelle, wenn, wie vorgeschlagen, die Besteuerung des Gattenerbes im wesentlichen beseitigt würde. — Satz 3 Abs. 3 fiel dann in zweiter Lesung, nachdem ein Regierungsvertreter erklärt hatte, daß dagegen im Hinblick auf die erschöpfende Regelung in der AbgO. Bedenken nicht beständen.

3. Die Unterschiede des § 7 n. F. und des § 23 Ges. 1919 lassen sich zusammenfassen wie folgt:

Gefallen ist die verschiedene Behandlung des gewöhnlichen und des befreiten Vorerben (§§ 2136—2138 BGB.); dagegen wird im neuen Gesetze geschieden, je nachdem der Nacherbfolgefall auf den Tod des Vorerben (Abs. 2) oder ein anderes Ereignis (Abs. 3) abgestellt ist. Im letzteren Falle findet eine Anrechnung der vom Vorerben entrichteten Steuer auf die vom Nacherben zu entrichtende gemäß Abs. 3 Satz 2 das. statt. Ferner ist hier im Unterschied zu Abs. 2 der Nacherbe als Erbe des Erblassers (nicht des Vorerben) zu behandeln. In beiden Fällen ist jedoch der Vorerbe als Vollerbe zu besteuern, nicht mehr als Nutzungserbe wie nach § 23 Abs. 1 im gewöhnlichen Falle. Endlich wurde früher im Falle gewöhnlicher Vorerbschaft neben dem Vorerben auch der Nacherbe sogleich nach dem Erbfall veranlagt, allerdings unbeschadet seines Rechtes, nach § 51 Abs. 1 (jetzt § 37 Abs. 1) Aussetzung bis zum Erlöschen der Vorerbschaft zu verlangen; im Fall des § 23 Abs. 2 trat Besteuerung des Nacherben erst im Falle des Eintritts seines Rechtes ein. Nach dem Ges. 1922 wird in allen Fällen der Nacherbe erst nach Eintritt der Nacherbfolge veranlagt.

Die Richtlinien des Reichsfinanzministers betonen die Gleichstellung der einfachen und befreiten Vorerbschaft und geben Ausführungen zu Abs. 2 und 3, insbesondere auch für die Berechnung der Bereicherung im Sinne des Satz 2 Abs. 3 (vgl. Bem. 10).

4. Die rechtliche Grundlage für die Nacherbfolge bildet der § 2100 BGB.:

„§ 2100. Der Erblasser kann einen Erben in der Weise einsetzen, „daß dieser erst Erbe wird, nachdem zunächst ein anderer Erbe ge„worden ist (Nacherbe)."

Rechtlich wird danach der Nacherbe erst Erbe mit dem Zeitpunkt oder dem Ereignis, mit welchem nach der Bestimmung des Erblassers die Nacherbfolge eintreten soll, oder mit dem Tode des Vorerben (Eintritt der Nacherbfolge). Das BGB. bestimmt hierüber: „§ 2139. Mit dem Eintritte des Falles der Nacherbfolge hört der Vorerbe auf Erbe zu sein, und fällt die Erbschaft dem Nacherben an." Die bereits beim Erbfalle erlangte Anwartschaft des Nacherben stellt sich aber als ein festes, nach dem BGB. als dinglich anzusehendes Recht auf die Nacherbfolge dar, welches er, sofern nicht ein anderer Wille des Erblassers anzunehmen ist, auf seine Erben überträgt, auch wenn er nur den Erbfall und nicht den Eintritt der Nacherbfolge erlebt hat. (§ 2108 Abs. 2 Satz 1; vgl. auch Bem. 52 zu § 2.) Die streitige Rechtsfrage, ob nach dem Eintritt des Erbfalls der Nacherbe die Erbschaft wirksam annehmen kann, auch wenn sie ihm noch nicht angefallen ist, hat das Reichsgericht in einem Urt. vom 9. November 1912 in bejahendem Sinne beantwortet, JW. 1913 S. 136 Nr. 14; BlfBF. 1913 S. 190. Der Vorerbe ist wirklicher Erbe; es ist sein Recht nur durch die Anwartschaft des Nacherben, mit Rücksicht auf welche ihm gesetzlich einzelne Beschränkungen auferlegt sind, gebunden; sonst ist grundsätzlich seine Stellung zunächst die gleiche, die er haben würde, wenn die Nacherbfolge nicht angeordnet wäre (vgl. BGB. §§ 2112 bis 2115). Außer den Verfügungsbeschränkungen ordnet das BGB. in den §§ 2116—2135 noch verschiedene Verpflichtungen des Vorerben an. Von den Beschränkungen und Verpflichtungen kann ihn aber der Erblasser zum größeren Teil nach § 2136 BGB. befreien (befreite Vorerbschaft).

Zu Abs. 1.

5. Der Vorerbe, der bürgerlichrechtlich Erbe ist, gilt auch steuerrechtlich als Erbe, mag es sich um eine einfache oder um eine befreite Vorerbschaft handeln. Nach der geschichtlichen Entwickelung der Vorschrift soll damit klargestellt sein, daß der Vorerbe die Substanz versteuern soll (vgl. auch die Richtlinien). Es erscheint deshalb abwegig, bei Berechnung der Bereicherung (§ 12 Ges.) bei der einfachen Vorerbschaft den Umstand als die Bereicherung mindernd anzuziehen, daß der Vorerbe durch die Rechte des Nacherben in der Verfügung über die Substanz gehindert ist (BGB. §§ 2113 ff.). Überdies würden die Finanzämter durch

die Notwendigkeit der Berechnung der Wertminderung infolge der Rechte des Nacherben vor eine kaum lösbare Aufgabe gestellt.

Für die Bemessung der Steuerklasse (§ 9) ist das Verhältnis zwischen Vorerben und Erblasser maßgebend.

Zu Abs. 2.

6. Der Abs. 2 betrifft ausschließlich die der Regel des BGB. (§ 2106 das.) entsprechend durch den Tod des Vorerben eintretende Nacherbfolge. „Diejenigen, auf die das Vermögen übergeht", können sein: Der (oder die) Nacherben, die diesen etwa eingesetzten Ersatzerben (BGB. §§ 2096 ff.) oder diejenigen, auf die die Anwartschaft durch Erbgang (BGB. § 2108 Abs. 2) oder Veräußerung (hierüber vgl. Bem. 55 zu § 21) übergegangen ist. Für Bestimmung der Steuerklasse ist maßgebend das Verhältnis zwischen Vorerben und Erwerber des Vermögens, im Falle der Veräußerung der Anwartschaft des Nacherben jedoch dasjenige zwischen Vorerben und Veräußerer (Anm. 55 zu § 2) — immer unbeschadet des nach Satz 2 gegebenen Antragsrechtes des Erwerbers. Ebenfalls muß das Verhältnis zwischen Vorerben und Erwerber (Veräußerer) für maßgebend erachtet werden für die Anwendung derjenigen Befreiungsvorschriften, welche auf die Steuerklasse des Erwerbers abgestellt sind, nämlich der Ziff. 1, 2, 4, 5, 9 des § 22, soweit wenigstens der Erwerb durch die Nacherbfolge in Frage kommt. Wenn der Nacherbe noch neben seiner Einsetzung als solcher etwas aus dem Nachlasse des Erblassers erhält, z. B. ein Vermächtnis oder die Vorteile des sog. Dreißigsten (BGB. § 1969, vgl. § 22 Ziff. 6), ist insoweit natürlich sein Verhältnis zum Erblasser maßgebend. Im übrigen dürfte die Sache so liegen, daß die Fiktion des Satz 1 Abs. 2 lediglich für die Berechnung der Steuer Bedeutung hat, nicht aber den Zweck verfolgt, den Vorerben für sämtliche in Betracht kommenden Vorschriften des Erbschaftssteuergesetzes entgegen den Bestimmungen des BGB. als Erblasser zu behandeln. Demnach ist für die Anwendung der Befreiungsvorschriften in Ziff. 10, 11 und 14 des § 22 das Verhältnis zum Erblasser maßgebend, nicht weniger auch für die Anwendung des § 13 Ges. In letzterer Hinsicht kommt es also lediglich darauf an, ob der Nacherbe im Haushalt oder Betriebe des bürgerlichrechtlichen Erblassers Dienste geleistet hat. Die gegenteilige Annahme würde dem Grundgedanken der erwähnten Befreiungs- bzw. Anrechnungsvorschriften, welche lediglich auf dem persönlichen Verhältnis zwischen Erblasser und Erwerber (Nacherben usw.) beruhen, nicht gerecht werden. Darüber hinaus erscheint es auch nicht angängig, im Sinne des § 17 Ges. den Vorerben als Erblasser zu behandeln. § 17 soll verhindern, daß die Erbschaftssteuer dadurch umgangen wird, daß jemand statt einer Zuwendung deren mehrere nacheinander in der beabsichtigten Höhe macht. Die Einsetzung des Nacherben geht aber nicht vom Vorerben aus, kann also niemals ein Steuerumgehungsakt des letzteren sein. Anderseits würde, wenn der Erblasser nicht als Zuwendender in Ansehung der Nacherbfolge angesehen wird, keine Zusammenrechnung des Wertes der Nacherbschaft mit solchen Zuwendungen stattfinden, die er dem Nacherben innerhalb der letzten zehn Jahre vor Eintritt der Nacherbfolge gemacht hat. Beides dürfte dem Willen des Gesetzgebers nicht entsprechen.

Aus dem Gesagten wird aber noch die letzte Schlußfolgerung zu ziehen sein, daß auch für die Bemessung der Steuer nach der Höhe des Erwerbes infolge des Eintritts der Nacherbfolge gemäß § 10 Abs. 2 Ges. keine Zurechnung des Wertes desjenigen stattfindet, was der Nacherbe infolge des Todes des Vorerben aus dessen Nachlaß als Erbe oder Vermächtnisnehmer oder in anderer Weise nach § 2 Ges. erhält: denn die Erhöhung des Steuersatzes nach § 10 Abs. 2 hat ihren Grund in der Höhe des von einer Person herrührenden Erwerbes. Rechtlich liegen aber zwei getrennte Erwerbsfälle vor; soll die Zusammenschweißung beider zu einem einheitlichen aus der Fiktion des § 7 Abs. 2 Satz 1 gefolgert werden, so wird man dem für die Erhöhung des Steuersatzes maßgebenden Gedanken nicht gerecht, schafft auch eine kaum zu rechtfertigende Inkongruenz zu § 17.

Die Frage der Dehnbarkeit der Fiktion des Satz 1 ist im Schrifttum bestritten. Zum gleichen Ergebnis kommt Roth in Marcuse, Das neue Reichssteuerrecht, 2. Aufl. S. 350, 351, der mit Recht darauf hinweist, daß eine Überspannung der Fiktion die schon ohnedies schwer zu rechtfertigende Kluft in der Behandlung der gemäß Abs. 2 und der gemäß Abs. 3 § 7 eintretenden Nacherbfolge noch erweitern müßte. A. A., wenigstens bezüglich der Anwendung auf §§ 17 und 12, Winter in DBR. Jahrg. 1922 S. 216 ff., anscheinend auch Mirre, Anm. 3 zu § 7.

7. Wird der Antrag gemäß Satz 2 Abs. 2 gestellt, so ist das Verhältnis zum Erblasser in allen Fällen zugrunde zu legen. Über Form und Frist der Antragstellung ist nichts gesagt. Der Antrag ist bei dem für die Besteuerung zuständigen Finanzamte bzw. bei der zuständigen Rechtsmittelbehörde zu stellen. Irgendeine Form braucht nicht gewahrt zu sein; auch fernmündliche Übermittelung dürfte ausreichen, unbeschadet des Rechtes der Empfangsbehörde, die Legitimation des Sprechenden zu prüfen. Schlüssige Handlungen genügen nach allgemeinen Regeln gleichfalls, doch dürfte aus dem bloßen Schweigen, auch auf eine Anfrage der Finanzbehörde, regelmäßig weder nach der einen noch nach der andern Richtung hin ein Schluß gezogen werden können. Auch im Rechtsmittelverfahren erscheint der Antrag noch möglich, freilich nur bis zur Entscheidung in der Berufungsinstanz, da die Rechtsbeschwerdeinstanz für neues tatsächliches Vorbringen grundsätzlich keinen Raum läßt. Nach rechtskräftiger Veranlagung der Steuer kann der Antrag nicht mehr gestellt werden. Der vor dem Eintritt der Nacherbfolge etwa gestellte Antrag ist gegenstandslos.

Hat der Steuerpflichtige auf sein Antragsrecht nach Satz 2 verzichtet, so ist der Antrag ausgeschlossen; andererseits ist aber auch wohl der Antrag unwiderruflich. Seine Richtigkeit, Anfechtbarkeit und Unwirksamkeit richten sich nach allgemeinen Grundsätzen (vgl. bes. BGB. §§ 104—144).

Antragsberechtigt ist jeder Nacherbe sowie jeder Erbe des Nacherben und Erwerber der Anwartschaft für sich allein. Stirbt ein Nacherbe aber nach dem Eintritt der Nacherbfolge, ohne daß sein Antragsrecht erloschen ist, so kann der Antrag nur von allen seinen Miterben gemeinschaftlich gestellt werden (Rückschluß aus BGB. § 2040 — im Ergebnis gl. Ans. Mirre, Bem. 3 zu § 7).

Zu Abs. 3.

8. Wenn der Erblasser keine andere Bestimmung getroffen hat, tritt die Nacherbfolge mit dem Tode des Vorerben ein (§ 2106 Abs. 1 BGB.). Der Erblasser kann aber auch anordnen, daß die Nacherbfolge eintreten soll: a) an einem bestimmten Tage, b) mit einem Ereignis, dessen Eintritt gewiß, bei dem der Zeitpunkt des Eintritts aber ungewiß ist (Tod eines Dritten) und endlich c) mit einem Ereignis, das nach Eintritt und Zeitpunkt (Heirat, Wiederverheiratung) oder nur nach Eintritt (Vollendung des dreißigsten Lebensjahres des Nacherben) unbestimmt ist. Nur im Falle c liegt eine Bedingung im Rechtssinne vor, während es sich in den beiden andern Fällen um befristete oder auch bloß betagte (JW. 1902, Beil. S. 191) Anordnungen handelt. Die Reichsabgabenordnung behandelt die gemäß b und c eingesetzten Nacherbfolgen als aufschiebend bedingte Vermögensanfälle (vgl. § 151 AbgO.), während es nach dem für die steuerliche Behandlung maßgeblichen Erbschaftssteuergesetz (vgl. § 1 Abs. 3 AbgO.) nicht zweifelhaft sein kann, daß alle drei Fälle gleich zu behandeln sind, nämlich die Vorerbfolge als auflösend, die Nacherbfolge als aufschiebend bedingter Anfall. Demnach sind auch hier beide als Substanzerben zu besteuern und zwar der Vorerbe sofort nach dem Gesamtwerte des ihm Nachgelassenen (§ 12 Ges.), also auch dann, wenn er keine freie Substanzverfügung hat und die Dauer seines Rechtes von vornherein bestimmt ist. Der Nacherbe wird wie im Falle des Abs. 2 erst mit Eintritt der Nacherbfolge zur Steuer herangezogen (§ 147 AbgO.) und zwar nach dem Werte des Nachlasses zur Zeit des Eintritts seines Rechtes (§ 12 Ges.). Die tatsächliche Bereicherung ist entscheidend; es dürfte daher nicht angängig sein, für die Berechnung der Steuer des Nacherben die vom Vorerben entrichtete Steuer dem Anfall hinzuzurechnen (a. A. Mirre, Bem. 4 zu § 7). Doch wird hier der Nacherbe in jeder Beziehung als Erbe des Erblassers behandelt, wie das seiner bürgerlichrechtlichen Stellung entspricht.

9. Zweifelhaft kann erscheinen, ob für Anwendung des § 148 Satz 2 AbgO. Raum ist, ob m. a. W. der Vorerbe beim Eintritt der Nacherbfolge Berichtigung der Veranlagung (§ 214 AbgO.) nach dem tatsächlichen Werte seines Erwerbes verlangen kann. Kann der Vorerbe das, so ist Satz 2 Abs. 3 unseres Paragraphen überflüssig, denn die berichtigte Steuer des Vorerben würde demjenigen Steuerbetrage entsprechen, welchen der Nacherbe nicht kürzen kann, weil er der tatsächlichen Bereicherung des Vorerben entspricht. Es ist danach anzunehmen, daß die Regelung der Berichtigungsmöglichkeit nach Abs. 3 Satz 2 die den gleichen Zweck verfolgende Vorschrift des § 148 Satz 2 AbgO. der Regel des § 1 Abs. 3 das. entsprechend ausschließen soll (a. A. Winter in DStR. Jg. 1922 S. 218).

10. Zu Satz 2 sagen die Richtlinien des Finanzministers: „Beim Eintritt der Nacherbfolge kann . . . der Nacherbe auf die seinen Erwerb treffende Steuer die vom Vorerben entrichtete Steuer insoweit anrechnen, als sie den Steuerbetrag übersteigt, der der Bereicherung des Vorerben entspricht. Bei beschränkter Vorerbschaft kommt die Bereicherung dem kapitalisierten Wert der Nutzung (§§ 144 ff. AbgO.), bei einer Vorerbschaft mit Verbrauchsrecht dem tatsächlich verbrauchten Teil der Erbmasse, vermehrt um den kapitalisierten Wert der Nutzung des an den Nacherben übergehenden Teils der Erbmasse gleich." — Dem ist hinzuzufügen: Für die Berechnung des Wertes der vom Vorerben gezogenen Nutzung ist AbgO. § 144 Satz 1 und 2 und Abs. 3, sowie § 146 Abs. 1 das. heranzuziehen. Danach wird der Wert gefunden durch Zusammenzählen der einzelnen Jahreswerte unter Abrechnung der Zwischenzinsen berechnet, jedoch nicht über den zum gesetzlichen Zinssatz kapitalisierten Jahreswert hinaus. Ist der gemeine Wert des Gesamtbezugs der Nutzungen bekannt, so ist er zugrunde zu legen. Als einjähriger Betrag der Nutzung einer Geldsumme ist im Zweifel ein Satz von 4 v. H. der Summe anzusetzen. Steht der Wert der einzelnen Jahresnutzungen rechnerisch fest, so ist er zugrunde zu legen, andernfalls ist er zu schätzen. Der Wert der Nutzungen beweglicher körperlicher Sachen wird, gleichgültig, ob er in der Eigenbenutzung oder in sonstiger Verwertung besteht, insoweit außer Ansatz bleiben müssen, als der Anfall an den Vorerben steuerfrei war. Ein gleiches gilt von der Nutzung aus sonstigen steuerfreien Anfällen (vgl. § 22 Ges.).

Für die Berechnung der Nutzungen dient die nachfolgende Hilfstafel, Anlage 1 zu den Ausführungsbestimmungen zum Besitzsteuergesetz = Hilfstafel 1 der Ausführungsbestimmungen zum Erbschaftssteuergesetz (§ 33).

Hilfstafel

über den gegenwärtigen Gesamtwert einer Rente oder Nutzung im Werte von 1 Mk. auf eine bestimmte Anzahl von Jahren (§ 144 Abs. 1 AbgO.).

Anzahl der Jahre	Gesamtwert		Anzahl der Jahre	Gesamtwert		Anzahl der Jahre	Gesamtwert	
	Mark	Pf.		Mark	Pf.		Mark	Pf.
1	1	0,0	29	17	66,3	57	23	22,0
2	1	96,2	30	17	98,4	58	23	32,7
3	2	88,6	31	18	29,0	59	23	43,0
4	3	77,5	32	18	58,9	60	23	52,8
5	4	63,0	33	18	87,4	61	23	62,4
6	5	45,1	34	19	14,8	62	23	71,5
7	6	24,2	35	19	41,1	63	23	80,3
8	7	00,2	36	19	66,5	64	23	88,7
9	7	73,3	37	19	90,8	65	23	96,9
10	8	43,5	38	20	14,3	66	24	04,7
11	9	11,1	39	20	36,8	67	24	12,2
12	9	76,0	40	20	58,5	68	24	19,4
13	10	38,5	41	20	79,3	69	24	26,4
14	10	98,6	42	20	99,3	70	24	33,0
15	11	56,3	43	21	18,6	71	24	39,5
16	12	11,8	44	21	37,1	72	24	45,6
17	12	65,2	45	21	54,9	73	24	51,6
18	13	16,6	46	21	72,0	74	24	57,3
19	13	65,9	47	21	88,5	75	24	62,8
20	14	13,4	48	22	04,3	76	24	68,0
21	14	59,0	49	22	19,5	77	24	73,1
22	15	02,9	50	22	34,2	78	24	78,0
23	15	45,1	51	22	48,2	79	24	82,7
24	15	85,7	52	22	61,8	80	24	87,2
25	16	24,7	53	22	74,8	81	24	91,5
26	16	62,2	54	22	87,3	82	24	95,7
27	16	98,3	55	22	99,3	83	24	99,7
28	17	33,0	56	23	10,9	84 u. mehr	25	00,4

Ist der Wert der jährlichen Nutzungen schwankend, wie das namentlich bei Substanzverbrauch der Fall sein wird, so bleibt nichts übrig, als den durchschnittlichen Jahreswert der Nutzungen zu berechnen und den gefundenen Betrag nach vorstehender Hilfstafel umzurechnen. Beispiel: Jahreswert der Nutzungen (Nutzungsdauer fünf Jahre) 100 000 Mk., 90 000 Mk., 80 000 Mk., 70 000 Mk., 60 000 Mk.; Gesamtsumme 400 000 Mk.; Jahresdurchschnitt 80 000 Mk.; Multiplikator 4,63, Nutzungswert 370 400 Mk. Da derjenige Steuerbetrag abzuziehen ist, welcher der tatsächlichen Bereicherung des Vorerben entspricht, so wird der Nachweis nachzulassen sein, daß der Vorerbe Nutzungen nicht gezogen hat, welche er hätte ziehen können.

Zu Abs. 4.

11. Bezüglich des Nachvermächtnisses trifft der § 2191 BGB. Anordnung:

§ 2191. Hat der Erblasser den vermachten Gegenstand von einem „nach dem Anfalle des Vermächtnisses eintretenden bestimmten Zeit„punkt oder Ereignis an einem Dritten zugewendet, so gilt der erste „Vermächtnisnehmer als beschwert.

„Auf das Vermächtnis finden die für die Einsetzung eines Nach„erben geltenden Vorschriften des § 2102, des § 2106 Abs. 1, des „§ 2107 und des § 2110 Abs. 1 entsprechende Anwendung."

Zu den beim Tode des Beschwerten (Erben oder andern Vermächtnisnehmers, BGB. §§ 2147, 2148) fälligen Vermächtnissen gehören im Zweifel auch solche, bei denen die Erfüllungszeit dem freien Belieben des Beschwerten überlassen ist (BGB. § 2181).

Die Gleichstellung gedachter Vermächtnisarten mit der Nacherbschaft bedingt, daß in allen Fällen der Nachvermächtnisnehmer — bei den beim Tode des Beschwerten fälligen Vermächtnissen der Bedachte — erst mit dem Anfalle an ihn (vgl. § 18 Ges.) steuerpflichtig wird. Im übrigen hat der Nachvermächtnisnehmer, wenn der Anfall an ihn mit dem Tode des Vorvermächtnisnehmers eintritt, diesen als vom letzteren stammend zu versteuern, vorbehaltlich seines Antragsrechts aus Abs. 2 Satz 2; das gleiche gilt vom Vermächtnisnehmer, dessen Vermächtnis beim Tode des Beschwerten fällig wird. Erwirbt aber der Nachvermächtnisnehmer das Vermächtnis nicht durch den Tod des Vorvermächtnisnehmers, so greift Abs. 3 ein; auch Satz 2 das. ist anwendbar.

Befreite Vorvermächtnisse sind dem Gesetze unbekannt.

Zu Abs. 5.

12. Die Vorschrift des Abs. 4 ist von der Nationalversammlung in das Ges. 1919 gebracht worden. Die Vorschrift hat nur da eine praktische Bedeutung, wo kraft der in Gültigkeit verbliebenen landesgesetzlichen Regelung (vgl. EG. BGB. Art. 64) des bäuerlichen Güterrechts das System des Anerbenrechts mit der gleichzeitigen Folgeerscheinung der ungeteilten Erbengemeinschaft (gemeinsame Wehre) gilt. Diese ungeteilte Erbengemeinschaft tritt ein, wenn bei dem Tode eines Hofbesitzers der Anerbe, d. i. der designierte Hofübernehmer nicht sogleich in den Besitz und die Wirtschaft des Hofes eingewiesen werden kann. Letzteres ist namentlich der Fall, wenn der verstorbene Hofbesitzer neben einem minderjährigen Anerben noch andere Erben, die einen Anspruch auf Versorgung aus dem Hofe haben, wie beispielsweise seine Ehefrau und seine Tochter, hinterlassen hat. Auf die Witwe, den Anerben und die Tochter geht zunächst der Hof mit der zugehörigen Hinterlassenschaft in ungeteilter Erbengemeinschaft (gemeinsamer Wehre) über und verbleibt in solcher, bis der Anerbe bei erlangter Volljährigkeit oder dem sonst gesetzten Zeitpunkte den Hof selbständig zu eigen übernimmt und gleichzeitig in entsprechender Auseinandersetzung die übrigen Berechtigten der ungeteilten Erbengemeinschaft wegen ihrer Versorgungsansprüche aus dem Hofe abgefunden werden. Wenn während der ungeteilten Erbengemeinschaft oder der gemeinsamen Wehre ein Berechtigter verstirbt, so wächst der Anteil desselben den übrigen Berechtigten zu. Eine Steuerpflicht löst der Wegfall nicht aus; vielmehr hat jeder Erwerber den Erwerb nach seinem Verhältnis zum Erblasser zu versteuern.

13. Bei der ungeteilten Erbengemeinschaft läßt sich der Erwerb jeder einzelnen, an solcher beteiligten Person erst bestimmen, wenn der Anerbe in den Besitz und die Bewirtschaftung des Hofes eintritt. Zu diesem Zeitpunkt findet die Erbauseinandersetzung bezüglich der Hinterlassenschaft des verstorbenen Hofeigentümers statt, bei der die Abfindungen der neben dem Anerben vorhandenen Erben des Hofbesitzers, die einen Anspruch auf Versorgung aus dem Hofe haben, festgelegt werden. Wie der Hof mit seinem Zubehör den Erwerb oder Erbanfall des Anerben bildet, so stellen die Abfindungen der sonstigen Berechtigten aus der Erbengemeinschaft deren Erwerb oder Erbanfall dar. Anerbe und sonstige Berechtigte sind dementsprechend zu der Erbschaftssteuer heranzuziehen. Nach der Bestimmung des Abs. 5 soll es so angesehen werden, als wenn die Erbauseinandersetzung zugleich mit dem Erbanfall stattgefunden hätte. Wenngleich sich der Gegenstand des einzelnen Erbanfalls erst bei der Erbauseinandersetzung im Zeitpunkt der Hofübernahme bestimmt, soll doch die Bewertung dieser Gegenstände und damit die Steuerberechnung auf den Zeitpunkt des Erbanfalls zurückbezogen werden. Dieses entspricht lediglich den allgemeinen Grundsätzen, wie sie überall im einzelnen durchgeführt sind.

Allgemeinbemerkungen zu § 7.

14. Wirtschaftlich ähnliche Zwecke, wie die Anordnung der einfachen Vorerbschaft, nämlich die Erhaltung der Substanz für bestimmte Personen unter gleichzeitiger Einräumung von Nutzungsrechten für Dritte, verfolgt die Anordnung des Nießbrauchs an einer Erbschaft oder einem Erbteil (BGB. § 1089). Allerdings besteht ein erheblicher Unterschied in der rechtlichen Stellung des Vorerben und des Nießbrauchers, denn ersterer ist immerhin Erbe, daher Gesamtnachfolger des Erblassers und Alleineigentümer (bei der Vorerbschaft bezüglich eines Erbteils Miteigentümer) der Erbmasse. Der Nießbraucher ist aber bloßer Vermächtnisnehmer und hat als solcher lediglich einen obligatorischen Anspruch auf Bestellung des Nießbrauchsrechts an den einzelnen zur Erbschaft gehörigen Gegenständen (§§ 1089, 1085 BGB.). Steuerrechtlich wird der Nießbraucher nicht gemäß § 7 als Vorerbe, sondern gemäß § 2 Ziff. 1 Ges. als Vermächtnisnehmer behandelt, wobei seine Bereicherung (§ 12 Ges.) gemäß §§ 145, 146 nach seinem Lebensalter, bei auflösend bedingten oder befristeten Rechten nach § 144 das. zu bemessen ist.

Ob Anordnung einer Vorerbschaft oder eines Nießbrauchs vorliegt, ist Tatfrage. Die Wahl des Ausdrucks ist nicht unbedingt entscheidend (vgl. hierzu JW. 1911 S. 283, 1918 S. 434; OLG. 1918 S. 335 und 1921 S. 337).

15. Für die steuerliche Behandlung der Vor- und Nacherbfolge sind noch folgende Gesetzesbestimmungen zu beachten: § 2 Abs. 2 Ziff. 5 (Besteuerung des Entgelts für die Übertragung der Anwartschaft des Nacherben), § 3 Ziff. 6 (Besteuerung des vom Vorerben dem Nacherben vorzeitig Herausgegebenen), § 12 Abs. 3 (die Anwartschaft des Nacherben gehört nicht zu seinem Nachlaß), § 18 Abs. 5 (Entrichtung der durch die Vorerbschaft veranlaßten Steuer aus Mitteln der Vorerbschaft), ferner § 1 der Überleitungsverordnung vom 20. Juli 1922 (s. Anm. 7 ff. zu § 48). Für die Entstehung der Steuerschuld ist § 18 und die Noten dazu zu vergleichen.

§ 7 hat Bedeutung nur für den Erwerb von Todes wegen. Auch Zweckzuwendungen von Todes wegen können in die Form von Vor- und Nacherbschaften sowie Vermächtnissen der in Abs. 4 bezeichneten Art gekleidet sein.

II. Persönliche Steuerpflicht.

§ 8.

(1) Die Steuerpflicht tritt ein:

I. für den gesamten Erbanfall, wenn der Erblasser zur Zeit seines Todes oder der Erwerber zur Zeit des Eintritts der Steuerpflicht ein Inländer ist.

Als Inländer gelten:

1. Deutsche, es sei denn, daß sie sich seit länger als zwei Jahren dauernd*) im Ausland aufgehalten haben, ohne einen Wohnsitz im Inlande zu haben oder Auslandsdeutsche im Sinne des § 20 Abs. 1 Nr. 3 des Gesetzes gegen die Steuerflucht vom 26. Juli 1918 (Reichsgesetzbl. S. 951) sind. Diese Ausnahme findet keine Anwendung auf Reichs- oder Staatsbeamte und Militärpersonen, die im Ausland ihren Wohnsitz haben. Wahlkonsuln gelten nicht als Beamte im Sinne dieser Vorschrift;
2. Ausländer, die im Deutschen Reiche einen Wohnsitz oder in Ermangelung eines solchen ihren dauernden Aufenthalt haben;
3. juristische Personen des öffentlichen und des bürgerlichen Rechts, alle Berggewerkschaften, nichtrechtsfähige Personenvereinigungen, Anstalten, Stiftungen und andere Zweckvermögen, sofern sie den Sitz oder den Ort der Leitung im Inlande haben;

---

*) Die durch Sperrdruck hervorgehobenen Worte sind durch das Geldentwertungsgesetz vom 20. März 1923 (RGBl. I S. 198) neu eingefügt.

II. für den Erbanfall, soweit er in inländischem Grund- oder Betriebsvermögen, in einem Nutzungsrecht an einem solchen Vermögen *oder in im Inlande befindlichen Sachen, Forderungen gegen inländische Schuldner**) oder in solchen Rechten besteht, deren Übertragung an eine Eintragung in inländische Bücher geknüpft ist, in allen anderen Fällen.

(²) Soweit die Steuerpflicht im Auslande befindliche Grundstücke,**) Sachen, Forderungen gegen ausländische Schuldner oder Rechte, deren Übertragung an eine Eintragung in ausländische Bücher geknüpft ist, betrifft, ist auf Antrag die von dem ausländischen Staat aus Anlaß des Erbfalls erhobene Steuer bei Berechnung der Erbschaftssteuer als Nachlaßverbindlichkeit abzuziehen. Inwieweit statt dessen bei Gewährung der Gegenseitigkeit eine Anrechnung der ausländischen Steuer auf die inländische Steuer erfolgt, bestimmt der Reichsminister der Finanzen.

(³) Ist im Falle des Abs. 1 I ein Teil des Vermögens der inländischen Besteuerung auf Grund von Staatsverträgen entzogen, so ist die Steuer nach dem Steuersatz zu erheben, der dem ganzen Erwerb entspricht.

a) Aussch.-Ber.: S. 2, 4, 13, 14, 26—28. b) Richtl.: S. 4, 5.

c) Ges. 1919: § 24 (geändert).

d) Schrifttum.: Talmon-Gros, Zwei Merkblätter zum Erbschaftssteuergesetz in der Fassung vom 7. August 1922, DStZtg. XI Sp. 987. — Stölzle, Die persönliche Steuerpflicht nach dem neuen Erbschaftssteuergesetz, ZStFr. Jg. IV S. 19. — Bartsch, Die Ausgleichsverträge Deutschlands mit der Tschecho-Slowakei und Österreich auf dem Gebiete der Abgaben von Todes wegen, RStR. Jg. 1923 S. 114.

e) Rechtspr.: (Note 8) URFH. 17. November 1920 in Mrozek, Komm. z. AbgO. Bem. 6 zu § 62, betr. Wohnsitz; URFH. 28. April 1922, StuW. Jg. I S. 707 desgl. — (Note 10): URFH. 27. November 1919, 9. März 1920, 30. Juli 1920, 9. Dezember 1919; Sl. II, 27; II, 200; III, 230; II, 66. — (Note 13) URFH. 4. Juni 1920, Sl. III, 49, betr. dauernder Aufenthalt; PrOVG. in Steuers. XVIII, 16, desgl. — (Note 24) URFH. 27. November 1919, 9. März 1920, Sl. II S. 118 bzw. 306, betr. Betriebsvermögen. — (Note 29) URFH. 5. Juli 1922, RStBl. 1922 S. 275, betr. Steuerbefreiung nach Art. 297 j Fried.-Vertr.

Inhaltsübersicht:

---

*) Die durch Kursivdruck kenntlichen Worte sind durch die zweite Steuernotverordnung vom 19. Dezember 1923 (RGBl. I S. 1205 ff.) gestrichen.

**) Siehe Anm. S. 100.

1. Das Gesetz 1906 enthielt die Regelung der persönlichen Steuerpflicht in den §§ 5—9, das Gesetz 1919 im § 24 (für die Nachlaßsteuer im § 14). Die neue Regelung weicht von der im Ges. 1919 namentlich in folgenden Punkten ab:

a) Das neue Gesetz kennt nur eine unbeschränkte Steuerpflicht (Ziff. I) und eine (auf inländisches Vermögen) beschränkte (Ziff. II). Das Ges. 1919 kannte außerdem noch eine Steuerpflicht für den gesamten Erbanfall mit Ausnahme des ausländischen Grund- und Betriebsvermögens und Nutzungsrechten daran, falls Erwerber und Erblasser zwar Ausländer waren, letzterer aber im Inlande Wohnsitz oder dauernden Aufenthalt hatte (§ 24 Ziff. II a. F.). Das Ges. 1922 unterwirft diesen Fall der unbeschränkten Steuerpflicht (Ziff. I 2), gibt aber Milderungen im neugeschaffenen Abs. 2 (d).

b) Das Ges. 1922 führt den Begriff des Inländers ein. Unbeschränkte Steuerpflicht tritt ein, wenn Erblasser oder Erwerber zur maßgebenden Zeit Inländer ist. Das bedingt:

α) eine Erweiterung der unbeschränkten Steuerpflicht für den Fall, daß der Erblasser Ausländer mit inländischem Wohnsitz oder Aufenthalt ist, indem der Erwerber auch dann unbeschränkt steuerpflichtig ist, wenn er Ausländer mit ausländischem Wohnsitz oder Aufenthalt ist. Früher griff hier § 24 Ziff. II ein (vgl. unter a und d);

β) eine Verengung der unbeschränkten Steuerpflicht in zweifacher Richtung: Einmal entfällt die unbeschränkte Steuerpflicht, wenn Erwerber oder Erblasser sich länger als zwei Jahre dauernd im Auslande ohne inländischen Wohnsitz oder Aufenthalt aufhalten; nach dem Ges. 1919 hatte ein ausländischer Aufenthalt eines deutschen Erblassers überhaupt keinen Einfluß auf die Fortdauer der unbeschränkten Steuerpflicht, während letztere entfiel, wenn der deutsche Erwerber sich länger als drei Jahre ohne inländischen Wohnsitz oder Aufenthalt dauernd im Auslande aufhielt. Sodann entfällt die unbeschränkte Steuerpflicht, wenn der Erblasser „Auslandsdeutscher", der Erwerber aber nicht „Inländer" im Sinne des Gesetzes ist.

c) Die Ausdehnung der beschränkten Steuerpflicht auf das gesamte inländische Vermögen des Erblassers, während früher nur das inländische Grund- und Betriebsvermögen sowie Nutzungsrechte daran der beschränkten Steuerpflicht unterworfen war (Ziff. II Ges. 1922, Ziff. III Ges. 1919).

d) Neu ist die Einfügung der Abs. 2 und 3 in das Gesetz. Abs. 2 bietet eine Ausgleichsmöglichkeit für die sich aus Streichung der bisherigen Ziff. II (s. oben b α) ergebenden Erweiterung der unbeschränkten Steuerpflicht.

e) Mehr redaktionell ist die Änderung in Ziff. I 3 (früher I 1 c).

2. Bei den Ausschußberatungen wurde in erster Lesung der § 24 (jetzt § 8) in der Fassung des Antrags Herold u. Gen. (400) angenommen. Bereits bei Beginn der Verhandlungen hatte ein Regierungsvertreter folgendes ausgeführt:

„Was die Besteuerung der Auslandsdeutschen anlange, so seien diese nach dem weitgehenden Prinzip der Staatsangehörigkeit, das das Gesetz von 1919 beherrsche, grundsätzlich mit dem gesamten Vermögen besteuert worden. Praktisch habe aber dieses Prinzip in weitem Umfange versagt, weil das Auslandsvermögen der im Ausland wohnenden Deutschen dem Zugriff des deutschen Steuerfiskus tatsächlich entzogen gewesen sei. Andererseits habe die drohende Besteuerung den Auslandsdeutschen Anlaß gegeben, ihre Staatsangehörigkeit zu wechseln. Die vorgeschlagene Behandlung der Auslandsdeutschen stelle daher keinen nennenswerten finanziellen Verlust dar. Der darin liegende Verzicht werde weit durch die Vorschrift überwogen, nach der bisher von der Erbschaftsteuer freie Gegenstände, die im Inland belegen und daher wirksam erfaßbar seien, in die Besteuerung einbezogen würden. Die Besteuerung der inländischen Hypotheken und der im Inlande belegenen Forderungen usw. stelle eine sachgemäße Ergänzung der bestehenden Vorschriften dar, die sich ähnlich auch in ausländischen Steuergesetzen finde und daher eine geeignete Grundlage für den Abschluß von Doppelbesteuerungsverträgen bieten werde." (Aussch.-Ber. S. 27.)

Eine geringfügige Abänderung des § 8 (§ 24) ist in zweiter Lesung durch Annahme des Antrages Nr. 425 Ziff. 4 zustande gekommen. Die in zweiter Lesung vorgenommene Änderung, die nach dem Hinweis des Berichterstatters lediglich eine Anpassung an das Vermögensteuergesetz bezweckt, besteht in der Einfügung der Militärpersonen in Ziff. I 1 vorletzter Satz, in unbedeutenden redaktionellen Änderungen in Ziff. I 2 und Ziff. II, sowie in einer Zergliederung der „sonstigen Personenvereinigungen" (Fassung der ersten Lesung) in Ziff. I 3.

In den Beratungen im Plenum ist dem Abs. 3 gegenüber der Ausschußfassung die jetzige wesentlich vereinfachte Fassung gegeben. Bezüglich der früheren Fassung sei auf S. 26 des Ausschußberichtes verwiesen.

Das Geldentwertungsgesetz vom 20. März 1923 hat dann die aus dem vorgedruckten Texte ersichtlichen Änderungen redaktioneller Art in Ziff. I 1 und Abs. 2 gebracht.

Die Richtlinien geben erläuternde Ausführungen zu den gegenüber dem Ges. 1919 eingetretenen Änderungen (vgl. insbesondere Note 12).

Durch Art. III der zweiten Steuernotverordnung vom 19. Dezember 1923 (RGBl. I S. 1205 ff.) sind mit Wirkung für die nach dem 30. Juni 1923 eingetretenen Erbfälle (§ 2 das.) in Abs. 1 II die Worte „oder in im Inlande befindlichen Sachen, Forderungen gegen inländische Schuldner" gestrichen (vgl. Note 26).

Zu Abs. 1 Ziff. I.

3. Nach Ziff. I soll die unbeschränkte Steuerpflicht einmal eintreten, wenn der Erblasser (d. i. der Beerbte) zur Zeit seines Todes „Inländer“ ist. Ist der Erblasser verschollen (BGB. § 13), so muß der bürgerlichrechtlich als Todestag angenommene Tag (BGB. § 18) entscheidend sein; die steuerrechtliche Fiktion des § 81 Abs. 5 AbgO. (vgl. Bem. 4 zu § 2) versagt hier. Die unbeschränkte Steuerpflicht tritt auch dann ein, wenn der Erwerber zur Zeit des Eintritts der Steuerpflicht Inländer ist. Über den Begriff des Erwerbers ist Note 5 zu § 9 Ges., über die Entstehung der Steuerschuld sind § 18 Abs. 1 und die Noten dazu zu vergleichen.

Wie in Note 30 zu zeigen sein wird, gilt § 8 seinem Wortlaute zuwider auch für Zweckzuwendungen jeder Art und für Schenkungen unter Lebenden. Demgemäß gilt für die Voraussetzungen der unbeschränkten Steuerpflicht einer Zweckzuwendung von Todes wegen das gleiche, wie bezüglich des Erbanfalls mit der Maßgabe, daß an Stelle der Inländereigenschaft des Erwerbers diejenige des Beschwerten (= Mittelsperson) treten muß. Bei Schenkungen oder Zweckzuwendungen unter Lebenden steht natürlich der Schenker dem Erblasser gleich, zweifelhaft ist aber, wann die Inländereigenschaft des Schenkers gegeben sein muß. Mit Mirre (Bem. 1 zu § 8) ist anzunehmen, daß der Zeitpunkt des Eintritts der Steuerpflicht auch hier entscheidend ist, bei der Schenkung also der Zeitpunkt der Ausführung, nicht etwa der des Schenkungsversprechens, das ja die Steuerpflicht noch gar nicht begründet.

4. Als Inländer gelten zunächst sämtliche Deutsche mit den demnächst zu erörternden beiden Ausnahmen. Was unter einem Deutschen zu verstehen ist, entscheidet einerseits das Reichs- und Staatsangehörigkeitsgesetz vom 22. Juli 1913 (RGBl. 1913 S. 583), das allerdings schon durch den Friedensschluß tatsächlich wesentlich modifiziert erscheinen muß, und andererseits die Verfassung des Deutschen Reichs vom 11. August 1919 (RGBl. 1919 S. 1383). Die maßgebenden Bestimmungen des Gesetzes vom 22. Juli 1913 sind: „§ 1. Deutscher ist, wer die Staatsangehörigkeit in einem Bundesstaat (§§ 3—32) oder die unmittelbare Reichsangehörigkeit (§§ 33—35) besitzt. § 2. Elsaß-Lothringen gilt im Sinne dieses Gesetzes als Bundesstaat. — Die Schutzgebiete gelten im Sinne dieses Gesetzes als Inland. § 3. Die Staatsangehörigkeit in einem Bundesstaate wird erworben 1. durch Geburt (§ 4), 2. durch Legitimation (§ 5), 3. durch Eheschließung (§ 6), 4. für einen Deutschen durch Aufnahme (§§ 7, 14, 16), 5. für einen Ausländer durch Einbürgerung (§§ 8—16). § 17. Die Staatsangehörigkeit geht verloren 1. durch Entlassung (§§ 18 bis 24), 2. durch den Erwerb einer ausländischen Staatsangehörigkeit (§ 25), 3. durch Nichterfüllung der Wehrpflicht (§§ 26, 29), 4. durch Ausspruch der Behörde (§§ 27—29), 5. für ein uneheliches Kind durch eine von dem Angehörigen eines andern Bundesstaats oder von einem Ausländer bewirkte und nach den deutschen Gesetzen wirksame Legitimation, 6. für eine Deutsche durch Eheschließung mit dem Angehörigen eines andern Bundesstaates oder mit einem Ausländer. § 33. Die unmittelbare Reichsangehörigkeit kann verliehen werden 1. einem Ausländer, der sich in einem Schutzgebiete niedergelassen hat, oder einem Eingeborenen in einem Schutzgebiete, 2. einem ehemaligen Deutschen, der sich nicht im In-

land niedergelassen hat; dem ehemaligen Deutschen steht gleich, wer von ihm abstammt oder an Kindes Statt angenommen ist." Die neue Verfassung des Deutschen Reiches vom 11. August 1919 (RGBl. 1919 S. 1383) greift mit folgenden Bestimmungen ein: „Artikel 2. Das Reichsgebiet besteht aus den Gebieten der deutschen Länder. Andere Gebiete können durch Reichsgesetz in das Reich aufgenommen werden, wenn es ihre Bevölkerung kraft des Selbstbestimmungsrechts begehrt. Artikel 110. Die Staatsangehörigkeit im Reiche und in den Ländern wird nach den Bestimmungen eines Reichsgesetzes erworben und verloren. Jeder Angehörige eines Landes ist zugleich Reichsangehöriger. — Jeder Deutsche hat in jedem Lande des Reichs die gleichen Rechte und Pflichten wie die Angehörigen des Landes selbst." Die Reichsangehörigkeit, also die Eigenschaft als Deutscher, ist in einer im wesentlichen übereinstimmenden Weise sowohl von dem Ges. 1913 wie von der neuen Verfassung des Deutschen Reichs mit der Staatsangehörigkeit in einem Bundesstaate oder Lande in eine unmittelbare, untrennbare Verbindung gebracht; sie kann regelmäßig, abgesehen von der besonders hervorgehobenen Verleihung der unmittelbaren Reichsangehörigkeit, nur mit der letzteren Staatsangehörigkeit erworben und verloren werden. Die einzelnen Gründe, vermöge derer ein Erwerb oder ein Verlust der Staatsangehörigkeit in einem Bundesstaate oder Lande eintreten kann, sind in dem Ges. 1913 des näheren festgelegt worden. Die Möglichkeit eines gleichzeitigen Besitzes der Staatsangehörigkeit in mehreren Bundesstaaten oder Ländern ist gegeben, da der Staatsangehörige eines Bundesstaates oder Landes, ohne seine frühere Staatsangehörigkeit aufzugeben, daneben die Staatsangehörigkeit eines oder auch mehrerer Bundesstaaten erwerben und diese Mehrheit von Staatsangehörigkeiten auf seine Nachkommen übertragen kann. Ebenso wird es nach der maßgebenden Gesetzgebung vorkommen, daß ein Deutscher neben seiner deutschen Staatsangehörigkeit eine Staatsangehörigkeit als Ausländer besitzt (§ 25 Ges. 1913); in diesem Falle ist die deutsche Staatsangehörigkeit bei der Bestimmung nach der räumlichen Begrenzung des Besteuerungsrechts stets ausschlaggebend. Die sog „Schutzgenossen" des Reichs sind keine Reichsangehörigen. Dazu gehören Staatsangehörige befreundeter Mächte, die mangels eigener konsularischer Vertretung unter Reichsschutz gestellt sind, sowie in konsularischen Jurisdiktionsbezirken Personen, die durch konsularischen Schutzbrief als solche aufgenommen sind. Bei der Erbschaft eines Verschollenen ist anzunehmen, daß der Verschollene in dem durch die Todeserklärung festgelegten Zeitpunkt seines Todes die gleiche Staatsangehörigkeit besessen hat, wie bei dem Beginn der Verschollenheit; vgl. EG. BGB. Art. 9; als Wohnsitz dürfte eventuell der letzte nachweisbare Wohnsitz zu gelten haben. In diese grundlegenden, allgemein zur Anwendung kommenden Vorschriften greifen die einzelnen Bestimmungen des am 28. Juni 1919 unterzeichneten Friedensvertrages zwischen Deutschland und den alliierten und assoziierten Mächten — Gesetz über den Friedensschluß zwischen Deutschland und den alliierten und assoziierten Mächten vom 16. Juli 1919, RGBl. 1919 S. 687 ff. — in mannigfacher Richtung ein. Es werden Gebietsteile vom Deutschen Reiche endgültig abgetrennt und über die Staatsangehörigkeit der Bewohnerschaft, insbesondere für eine Übergangszeit, Sonderbestimmungen getroffen, die unter sich je nach der Zuschlagung der fraglichen Einzelgebiete zu fremden Staatswesen unterschiedlich ausgestaltet sind. Es werden daneben wiederum Gebiete geschaffen, deren Zugehörigkeit zum Deutschen Reiche zunächst in Frage gestellt und von demnächstigen Volksabstimmungen abhängig gemacht ist. Gegenwärtig steht nur noch die bezüglich des Schicksals des Saargebietes vorzunehmende Abstimmung (Art. 49 Vertr. §§ 34 ff. der Anlage dazu) aus. Auch die Verhältnisse zu den anderen Staaten werden in eigenartiger, gegebenenfalls hier einschneidender Weise geregelt. Die ganzen hierdurch bedingten Verhältnisse sind aber zur Zeit noch zu sehr im Fluß, um als abgeschlossen betrachtet werden zu können. In vielen Beziehungen sind besondere Ausführungs- und sonstige Einzelregelungen bereits erfolgt, andere werden noch zu erwarten sein. Wir sehen daher hier von einer näheren Darlegung ab, zumal solche schon an und für sich sehr umfassend sein müßte, dieses aber bei der teilweisen Unbestimmtheit der Verhältnisse noch wesentlich verstärkt werden würde. Hervorgehoben sei, daß folgende Artikel des Friedensvertrages bzw. Staatsverträge die Regelung bezüglich der Staatsangehörigkeit der Bewohner der abgetretenen Gebietsteile enthalten: Eupen-Malmedy Art. 36, 37 — Elsaß-Lothringen, Anlage zu Art. 79 — an Polen abgetretene Gebietsteile Art. 91 nebst Ausführungsbestimmungen vom 3. Dezember 1921 (RGBl. S. 1491) und dem Deutsch-polnischen Abkommen über Oberschlesien vom 15. Mai 1922 (RGBl. Teil II S. 238 ff.), Teil II, Art. 25—39 — Danzig Art. 105, 106 und Vertrag vom 8. November 1920, betr. Optionsfragen (RGBl. 1921 S. 186 und 1607) — Memel Art. 99 (nähere Regelung fehlt) — Nordschleswig Art. 112, 113 und Vertrag vom 24. Juli 1922 (RGBl. 1922 S. 686; Ausführungsbestimmungen vom 27. Juli 1922, RGBl. 1922 S. 688) — Hultschiner Ländchen und sonstige Regelung zwischen Deutschland und der Tschecho-Slowakei Art. 84, 85 sowie Vertrag vom 29. Juni 1920 (RGBl. S. 2227, 2284 ff.) nebst Ratifikationsbekanntmachung vom 21. September 1922 (RGBl. II S. 763).

5. Die Staatsangehörigkeit der Saarländer wird durch den Friedensvertrag zunächst nicht berührt (§ 27 der Anlage zu Art. 50). Indes ermächtigt ein Erlaß des Reichsfinanzministers vom 14. Mai 1921 III a 2602 die Finanzämter, deutsche Erblasser, Schenker oder Erwerber, die lediglich im Saargebiet Wohnsitz oder dauernden Aufenthalt haben, als Ausländer zu behandeln und dort belegene Grundstücke bei der Berechnung der Steuer nicht zu berücksichtigen.

6. Deutsche sind — mit der in Ziff. I 1 Satz 2 gekennzeichneten Unterausnahme (Bem. 11) — einmal dann nicht als Inländer anzusehen, wenn sie sich seit länger als zwei Jahren dauernd im Auslande aufgehalten haben, ohne einen Wohnsitz im Inlande zu haben. Durch die Herabsetzung der Aufenthaltsfrist von drei Jahren auf zwei Jahre (gegenüber dem Ges. 1919) ist die Übereinstimmung mit der entsprechenden Vorschrift des Besitzsteuergesetzes (§ 11 Ziff. I 1) hergestellt. Nach dem Wortlaut der Vorschrift und nach dem inneren Grundzusammenhang ist nebeneinander ein dauernder Aufenthalt im Auslande von länger als zwei Jahren, und ein ebenso langer Mangel eines Wohnsitzes im Inlande für das Inkrafttreten der Ausnahmevorschrift zu verlangen. Die Frist muß streng ausgelegt werden; die zwei Jahre müssen in beiden Fällen voll abgelaufen sein, erst mit dem ersten Tage des dritten Jahres, also bei Ablauf voller zwei Jahre vor dem Erbanfall, kann die Ausnahmebestimmung zur Anwendung kommen.

Das oben durch Sperrdruck gekennzeichnete Wort „dauernd" ist erst durch das Geldentwertungsgesetz vom 20. März 1923 (RGBl. S. 198) in das Gesetz aufgenommen. An und für sich gilt der neue Text nur für Erwerbe, für welche die Steuerpflicht nach dem 31. Dezember 1922 entstanden ist (Art. VII Abs. 4 GeldentwG.), doch ist eine materielle Änderung durch die bewußte Einschiebung nicht eingetreten. Die Einfügung soll nur die bei der Fassung des Ges. 1922 wohl nur versehentlich unterlassene textliche Gleichstellung mit dem Ges. 1919 bzw. dem Besitzsteuergesetze herstellen (Erlaß des Reichsfinanzministers III C 3588 vom 14. April 1923 B 1). Das Wort „dauernd" soll zum Ausdrucke bringen, daß ein Aufenthalt bald im Auslande, bald im Inlande selbst bei Fehlen eines inländischen Wohnsitzes die Inländereigenschaft nicht nimmt. Dagegen wird durch eine vorübergehende Rückkehr in das Inland, welche sich von vornherein als solche kennzeichnet, der dauernde Aufenthalt im Auslande nicht unterbrochen. Demgemäß wird die Zeit einer derartigen vorübergehenden Rückkehr in die von Anfang an laufende Frist des Auslandsaufenthalts einzurechnen sein. Ein Wohnsitz im Inlande kann unter diesen Umständen nicht begründet werden.

7. Ausland ist jedes nicht zum deutschen Reichsgebiete gehöriges Land. Die gegenwärtigen Reichsgrenzen ergeben sich aus Art. 2 der Reichsverfassung vom 11. August 1919 in Verbindung mit Art. 27—30 des Friedensvertrages. Die durch den Friedensvertrag und die späteren auf Grund der Abstimmungsergebnisse abgegebenen interalliierten Entscheidungen vom Reiche abgetrennten Gebiete sind erst mit Erlöschen der deutschen Souveränität Ausland geworden. Als maßgebender Zeitpunkt kommt hierfür in Betracht:

Bezüglich Elsaß-Lothringen vermöge der in Art. 51 des Friedensvertrages ausgesprochenen Zurückbeziehung der Zeitpunkt des Waffenstillstands vom 11. November 1918, wobei es freilich zweifelhaft sein könnte, ob jene Zurückbeziehung nur im Verhältnis der vertragschließenden Staaten zueinander Bedeutung haben soll. Indes entspricht es der durch den Waffenstillstand bereits geschaffenen Lage, wonach die deutsche Verwaltung in Elsaß-Lothringen tatsächlich sofort aufhörte, das bisherige Reichsland seither als Ausland zu betrachten;

bezüglich der übrigen durch den Friedensvertrag abgetrennten Gebiete der Zeitpunkt der Ratifikation des Vertrages, d. i. der 10. Januar 1920 (Bek. vom 11. Januar 1920, RGBl. S. 31 — vgl. Art. 440 Abs. 7 Fried.-Vertr.). Hierzu gehören auch die ehemaligen deutschen Schutzgebiete, die steuerrechtlich — was freilich zweifelhaft sein kann — als Inland zu betrachten waren (vgl. Kriegssteuergesetz vom 21. Juni 1916 § 12);

bezüglich des dänisch gewordenen Teiles von Nordschleswig der 15. Juni 1920 und

des durch die Abstimmung polnisch gewordenen Teiles von Oberschlesien der 20. Oktober 1921 (Tage der diesbezüglichen Entscheidungen der Botschafterkonferenz).

Zum Inland gehören die deutschen Staatsschiffe (d. h. in erster Linie die Kriegsschiffe, sodann aber auch alle anderen Schiffe, welche dauernd und ausschließlich im Dienste des Staats verwendet werden wie Zollkutter, Sanitätsschiffe usw.), selbst wenn sie in fremden Küsten- und Eigengewässern sich befinden, und die deutschen Handelsschiffe auf offener See und in fremden Küstengewässern (nicht in fremden Eigengewässern), weil völkerrechtlich die Schiffe „überhaupt und in allen Beziehungen als schwimmende Gebietsteile des Staates, dessen Flagge sie führen, gelten"; vgl. v. Liszt, Völkerrecht 5. Aufl. S. 92.

8. Für das Entfallen der unbeschränkten Steuerpflicht nach Ziff. I 1 wird zwar nur ein länger als zweijähriger Aufenthalt (nicht Wohnsitz) des Deutschen im Auslande gefordert, doch darf während dieser Zeit oder später kein inländischer Wohnsitz bestehen. Der Begriff des Wohnsitzes richtet sich für das gesamte Steuerrecht ausschließlich nach § 62 AbgO. Danach wird für das Bestehen eines solchen nicht, wie nach § 7 BGB., eine ständige Niederlassung, mithin ein persönlicher Aufenthalt an einem Orte gefordert, den jemand zum dauernden Mittelpunkte seiner Lebensverhältnisse macht. Vielmehr bestimmt § 62 Abs. 1 AbgO. in wesentlicher Übereinstimmung mit dem alten Reichsdoppelsteuergesetze vom 13. Mai 1870 (22. März 1909) und dem bisherigen Steuerrechte der Einzelstaaten: „Einen Wohnsitz im Sinne der Steuergesetze hat jemand da, wo er eine Wohnung unter Umständen inne hat, die auf die Absicht der Beibehaltung einer solchen schließen lassen." Damit ist der Wohnsitz an ein mehr äußerliches Moment, eben das Innehaben einer Wohnung geknüpft. Die Wohnung braucht nicht zu dauerndem Aufenthalt eingerichtet sein; auch Sommerwohnungen und Jagdhäuser genügen (Urt. d. RFH. vom 17. November 1920 III A 8/20, zitiert in Mrozek, Erläuterungsbuch der AbgO., 2. Aufl., Bem. 6 zu § 62). Demgemäß wird vom Erfordernis der Heizbarkeit abzusehen sein. Immerhin muß die Wohnung so eingerichtet sein, daß sie nicht nur zu vorübergehendem Aufenthalte genügt (Mrozek a. a. O.) und ohne wesentliche Veränderung, wenigstens ihrer Bestimmung entsprechend zu den bestimmten Jahreszeiten benutzt werden kann. Zimmer im Gasthause, selbst einfache Schlafstellen können genügen. Eine standesmäßige Unterkunft braucht die Wohnung nicht zu bieten, vielmehr entscheidet ausschließlich das Ermessen des Inhabers, ob er sie für ausreichend hält; es kann aber natürlich aus der mangelhaften Einrichtung auf den Willen des Inhabers geschlossen werden, sie nicht beibehalten oder nur als „Absteigequartier" benutzen zu wollen (Mrozek a. a. O. Anm. 7).

Das Innehaben einer Wohnung setzt das Hausrecht über dieselbe voraus. Der Entwurf der AbgO. zu § 62 verlangte das besonders. Der Zusatz wurde als nicht unbedingt notwendig gestrichen, doch sollte damit keine Änderung der bisherigen Steuerrechtsprechung (die jenes Erfordernis aufstellt) bezweckt werden. Indes ist das Erfordernis des Hausrechts weit zu fassen. Auch Familienangehörigen, die die Wohnung teilen, Chambregarnisten, Schlafburschen ist die Innehabung zuzugestehen, nicht aber Logiergästen, die aus Gefälligkeit aufgenommen sind. Bei geschlossenen Anstalten fehlt es regelmäßig mangels Verfügungsrechtes des Untergebrachten an einer Innehabung (Aufenthalt in Kranken- oder Irrenhäusern, Strafanstalten u. a.).

Erfordert wird die Absicht der Beibehaltung, also die Absicht, die Wohnung nicht nur vorübergehend inne zu haben. „Dauernde" Beibehaltung wird im Gegensatze zum Doppelsteuergesetze und auch zum ursprünglichen Entwurfe des § 62 Abs. 1 nicht erfordert. Die Absicht der Beibehaltung erfordert nicht die Absicht der Benutzung, wie letztere auch nicht zum Begriff der Innehabung gehört.

Daß jemand auch nach Steuerrecht mehrere Wohnsitze haben kann, erscheint nach dem Vorgetragenen selbstverständlich.

Ist ein Wohnsitz begründet, so wird er durch die bloße Nichtbenutzung der Wohnung noch nicht aufgehoben. Vielmehr findet eine Aufhebung erst statt, wenn entweder die Wohnung als solche, d. h. als eine nicht nur zur vorübergehenden Benutzung eingerichtete, entfällt oder der Steuerpflichtige die Innehabung verliert. Letzteres setzt regelmäßig den Aufhebungswillen des Pflichtigen voraus (vgl. Urt. d. RFH. vom 28. April 1922, StuW. Jg. I S. 707, betr. Ausweisung). Es dürfte allerdings zu weit gehen, dem Willen allein ausschlaggebende Bedeutung beizumessen. So dürfte die Vollstreckung eines Räumungsurteils den Aufgabewillen ersetzen.

Nicht berechtigt erscheint es, den Begriff des abgeleiteten Wohnsitzes der Ehefrau und der Kinder (§§ 10, 11 BGB.) oder den gesetzlichen Wohnsitz der Militärpersonen (§ 9 das.) ohne weiteres auf das Steuerrecht zu übertragen (a. M. Mrozek a. a. O., Bem. 13 zu § 62 AbgO.; gl. Ans. Mirre, Bem. 8 zu § 8 Ges.). Steuerrechtlich kann es nur darauf ankommen, ob Frau oder Kinder die Wohnung des Mannes bzw. Vaters teilen; für Militärpersonen ist der Begriff des dienstlichen Wohnsitzes (Bem. 9) zu beachten. Unbedenklich erscheint es aber, den § 8 BGB. zu verwenden, wonach Personen, die geschäftsunfähig oder in der Geschäftsfähigkeit beschränkt sind, ohne den Willen des gesetzlichen Vertreters einen Wohnsitz weder begründen noch aufheben können (vgl. auch § 83 AbgO.). Danach dürften solche Personen (also auch minderjährige Kinder) ohne Rücksicht auf die Innehabung einer Wohnung an einem andern Orte ihren steuerlichen Wohnsitz an dem Orte haben, den der Wille des gesetz. Vertreters ihnen zuweist, vorausgesetzt, daß eine Wohnung im Sinne vorstehender Ausführungen ihnen dort zur Verfügung steht. Studierende oder Schüler, die von den Eltern außerhalb ihres Heimatsortes untergebracht sind, erwerben dort regelmäßig keinen Wohnsitz, schon weil der Aufenthalt nur als vorübergehend gedacht ist. Anderseits begründen Minderjährige, die mit Willen des gesetzlichen Vertreters in Dienst oder Arbeit treten, am Dienst- oder Arbeitsorte regelmäßig ihren Wohnsitz (Mrozek a. a. O. Anm. 13 d).

9. § 62 Abs. 2 AbgO. bestimmt den Begriff des dienstlichen Wohnsitzes: „Einen dienstlichen Wohnsitz im Sinne der Steuergesetze haben Personen, denen ein öffentliches Amt oder eine öffentliche dienstliche Stelle dauernd verliehen ist; er ist an dem Orte, der ihnen zur Ausübung ihres Berufes angewiesen ist.“ Der dienstliche Wohnsitz ist danach unabhängig von dem Innehaben einer Wohnung. Besteht er im Inlande, so dürfte er ohne Rücksicht auf das Vorliegen eines gewöhnlichen Wohnsitzes die unbeschränkte Steuerpflicht begründen.

Einen dienstlichen Wohnsitz haben nicht nur Inhaber eines dauernden öffentlichen Amtes (Reichs-, Staats-, Kommunalbeamte), sondern auch diejenigen, denen eine öffentliche dienstliche Stelle dauernd verliehen ist. Auch Geistliche, Kirchenbeamte, Militärpersonen gehören hierhin, nicht aber Personen, die vom Reiche vorübergehend, z. B. auf kündbaren privaten Anstellungsvertrag angestellt sind oder Abgeordnete, Handelsrichter, Schöffen u. a.

10. Die unbeschränkte Steuerpflicht entfällt ferner grundsätzlich bei den sog. Auslandsdeutschen im Sinne des Steuerfluchtgesetzes vom 26. Juli 1918. Den Begriff gibt § 20 Abs. 1 Nr. 3 genannten Gesetzes wie folgt:

„Als Auslandsdeutsche gelten Personen, die vor dem Kriege ihren Wohnsitz oder gewöhnlichen Aufenthalt im Ausland hatten und sich entweder bei Ausbruch des Krieges vorübergehend im Inland aufhielten oder während des Krieges ins Inland gekommen sind und spätestens ein Jahr nach Beendigung des Krieges mit allen Großmächten ins Ausland zurückkehren; für Personen, welche vor dem Kriege in einem feindlichen Lande ihren Wohnsitz hatten, läuft diese Frist nicht früher ab, als ein Jahr nach Beendigung des Krieges mit diesem Lande." Der Anlaß, welcher dazu führte, die auf diese Weise charakterisierten Auslandsdeutschen besonders herauszuheben, ergibt sich aus der Begründung des Entwurfs für das Gesetz über die Steuerflucht, welche zunächst allgemein folgendes anführt:

„Wie strenge die gegen die Steuerflucht zu treffenden Maßnahmen aber auch sein müssen, so ist doch anderseits darauf zu achten, daß sie auf die zu Zwecken der Steuerflucht unternommenen Auswanderungen beschränkt bleiben, und daß insbesondere nicht davon betroffen werden Auswanderungen, die im volkswirtschaftlichen Interesse zu begünstigen sind. Gilt es doch, nach dem Kriege den deutschen Überseehandel, der sich durch deutschen Fleiß, Unternehmungsgeist und Intelligenz so mächtig entwickelt hatte, und dem der Krieg besonders tiefe Wunden geschlagen hat, zu neuer Blüte zu bringen, Zerstörtes wieder aufzubauen und abgebrochene Beziehungen wieder anzuknüpfen! Um dieses Ziel, die Wiederaufnahme deutscher Weltwirtschaftspolitik, auf die das Deutsche Reich nicht verzichten kann, zu erreichen, dürfen aber denen, die nach dem Kriege als Pioniere des Deutschtums wieder hinausgehen, keinerlei Fesseln angelegt werden, die ihnen den ohnehin schon harten Konkurrenzkampf noch weiter erschweren könnten. Das Schwergewicht liegt somit auf einer richtigen Abwägung der Interessen, die einerseits der Fiskus und die Allgemeinheit an einer Verhinderung der Steuerflucht und anderseits die Volkswirtschaft, insbesondere vom Standpunkt des deutschen Außenhandels, an ungehemmter wirtschaftlicher Betätigung hat. Diesem Gedanken tragen die §§ 20 und 21 des Entwurfs Rechnung."

Demnächst ist zu der einschlagenden Stelle des § 20 das Nachstehende besonders herausgehoben, das hier gleicherweise als maßgebend zu erachten ist:

„Befreit sind ferner Auslandsdeutsche, die nach dem Kriege wieder hinausgehen, sowie Personen, die sich in ein deutsches Schutzgebiet begeben. Ihre Freilassung ist im Interesse des Wiederaufbaues des deutschen Überseehandels geboten. Befreit sind die Auslandsdeutschen aber nur dann, wenn sie unter gleichen oder ähnlichen Verhältnissen ins Ausland zurückkehren, wobei das Land jedoch nicht unter allen Umständen dasselbe zu sein braucht. Steuerfrei würde

z. B. nicht sein, wer vor dem Kriege einen Plantagenbetrieb in Südamerika hatte und sich nach dem Kriege als Rentner in Zürich niederläßt."

Unter Ausland, Inland, Wohnsitz, gewöhnlichen Aufenthalt ist das gleiche, wie sonst in erbschaftssteuerlicher Beziehung zu verstehen, so daß lediglich das in den Noten 7—9 und 13 Ausgeführte in Frage kommt.

Da der Friede mit Amerika am 11. November 1921 ratifiziert ist, rechnet das Jahr, binnen dem die Rückkehr in das Ausland vollzogen sein muß, von diesem Zeitpunkte an.

Aus einschlägigen Entscheidungen des RFH. sei erwähnt: Vor dem Kriege bedeutet vor Ausbruch des Krieges, also mindestens noch am 3. August 1914. Hatte also ein Auslandsdeutscher seinen Wohnsitz oder gewöhnlichen Aufenthalt bereits anfangs 1914 aufgegeben, so verliert er die Eigenschaft als Auslandsdeutscher im Sinne des § 20 StFlG. (Samml. Bd. II S. 27). Die Anwendung des Begriffs Auslandsdeutscher wird nicht dadurch ausgeschlossen, daß jemand neben ausländischem Wohnsitz und gewöhnlichem Aufenthalte noch einen inländischen Wohnsitz und zeitweiligen Aufenthalt, auch inländischen Grundbesitz hatte (Samml. Bd. II S. 200 und Bd. III S. 230). Die Eigenschaft des Auslandsdeutschen wird nicht dadurch begründet, daß jemand in einem infolge des Versailler Friedens abgetretenen Gebiete seinen Aufenthalt beibehält (Samml. Bd. II S. 66). — Vgl. Dr. Herrmann, Das Steuerfluchtgesetz in Marcuse, Das neue Reichssteuerrecht. —

11. Unbeschränkte Steuerpflicht tritt wieder für Reichs- und Staatsbeamte usw. ein (Ziff. I 1 Satz 2). Der Begriff der Reichs- und Staatsbeamten ist im weitesten Sinne zu fassen; insonderheit fallen, soweit solches noch in Frage kommen kann, Offiziere, Beamte der Schutzgebiete und Angehörige der Schutztruppe in entsprechender Stellung darunter. Daß Offiziere, Schutzgebietsbeamte und Offiziere der Schutztruppe von der gleichen Bestimmung des Besitzsteuergesetzes getroffen werden, ist in der Verf. d. Preuß. Finanzministers vom 27. Februar 1914 II 2760 ausgesprochen. Nach ausdrücklicher Anordnung des Gesetzes — gleichlautend im Besitzsteuergesetz § 11 — gelten Wahlkonsuln nicht als Beamte im Sinne der Vorschrift. Dieselben unterliegen mithin der persönlichen Steuerpflicht nicht, wenn sie sich länger als zwei Jahre dauernd im Auslande aufgehalten haben, ohne einen Wohnsitz im Inlande zu haben. Im Gegensatz zu den Berufskonsuln (consules missi), die voll die Rechte und Pflichten der Reichsbeamten haben und Besoldung aus Reichsmitteln beziehen, üben die Wahlkonsuln (consules electi) ihre amtliche Tätigkeit nur nebenberuflich aus und bedürfen keiner besonderen Vorbildung, ebenso wie sie keine eigentliche Besoldung, sondern nur durch gewisse, ihnen zugewiesene Gebühren, eine Vergütung erhalten; sie werden regelmäßig aus reichsangehörigen Kaufleuten im Auslande erwählt.

Betreffs des „dienstlichen Wohnsitzes" vgl. oben Bem. 9.

Sofern Reichs- oder Staatsbeamte, die ihren dienstlichen Wohnsitz im Auslande hatten, nach ihrem Ausscheiden aus dem Dienst im Auslande verbleiben, ohne einen Wohnsitz im Deutschen Reiche zu haben, sind sie nicht steuerpflichtig, wenn sie sich ohne einen Wohnsitz in Deutschland seit mehr als zwei Jahren im Ausland aufgehalten haben.

12. Unbeschränkt steuerpflichtig sind ferner Ausländer mit inländischem Wohnsitz oder — in Ermangelung des Wohnsitzes — inländischem Aufenthalt. Zu den Ausländern gehören auch Staatenlose. Die Richtlinien des Reichsfinanzministers (Satz 4 unten, Ziff. 7) folgern, daß der Nachlaß eines auslandsdeutschen Erblassers mit inländischem Wohnsitz oder Aufenthalt ebenfalls unbeschränkt steuerpflichtig sei. Die Annahme dürfte, obwohl sie der Wortlaut der Ziff. I 2 nicht deckt, dem Sinne des Gesetzes entsprechen (§ 4 AbgO.).

13. Bezüglich des Begriffes „Wohnsitz" vgl. Bem. 8 und 9. Dem Wohnsitz des Ausländers im Inlande steht sein dauernder Aufenthalt daselbst gleich. Maßgebend für diesen Begriff ist § 63 AbgO., welcher lautet: „Einen gewöhnlichen oder dauernden Aufenthalt im Sinne der Steuergesetze hat jemand dort, wo er sich unter Umständen aufhält, die auf die Absicht schließen lassen, an diesem Orte oder in diesem Lande nicht nur vorübergehend zu verweilen." Maßgebend ist hiernach die aus den Umständen des Einzelfalls zu schließende Absicht, nicht nur vorübergehend zu verweilen; auf die tatsächliche Dauer kommt es nicht an. Aufenthalt zur Kur genügt nicht, vgl. aber RFH. Samml. Bd. III S. 49, wonach eine Sommer für Sommer wiederholte Sommerfrische ausreichend ist. Ununterbrochener Aufenthalt im Inland wird nicht erfordert, doch müssen Unterbrechungen immerhin Ausnahmen bilden (vgl. Becker, Erläuterungsbuch zur AbgO., Note 1 zu § 63).

Wie die Wohnsitzbegründung setzt auch die Begründung eines dauernden Aufenthaltes Geschäftsfähigkeit voraus; darauf läßt schon die vom Gesetze erforderte Absicht des Verweilens schließen. Daß nicht voll geschäftsfähige Personen nach dem Willen ihres gesetzlichen Vertreters einen dauernden Aufenthalt haben können, wird anzunehmen sein (gl. Ans. Becker a. a. O., Anm. 1 zu § 63 AbgO., auch wohl Mirre, Anm. 9 zu § 8 Ges., a. A. z. T. Mrozek, Kommentar zur AbgO., 2. Aufl., Anm. 2 zu § 63, der beschränkte Geschäftsfähigkeit zur Begründung dauernden Aufenthalts genügen läßt).

Ein dauernder Aufenthalt im Inlande ist auch dann gegeben, wenn jemand ohne gewöhnlichen Aufenthalt an einem bestimmten Orte im Lande von Ort zu Ort zieht (Zigeuner).

Eine brauchbare Zusammenstellung der Rechtsprechung zu § 2 Abs. 1 des Doppelsteuergesetzes (der dem § 63 AbgO. entsprach) enthält Mrozek a. a. O., Anm. 1a zu § 63, auf die hier verwiesen wird. Hervorgehoben sei, daß zur Begründung des Aufenthalts körperliches Verweilen nötig ist, nicht aber zur Fortsetzung; zur Beendigung ist körperliche Abwesenheit und der Mangel des Rückkehrwillens erforderlich. Kriegsgefangenschaft begründet keinen dauernden Aufenthalt im Auslande (PrOVG. in Steuers. Bd. 18 S. 6).

14. Die Inländereigenschaft haben ferner die in I Ziff. 3 genannten Rechtsgebilde mit inländischem Sitz oder Leitungsort. Vorangestellt sind die juristischen Personen des öffentlichen oder bürgerlichen Rechts; es sind das rechtlich organisierte und als Einheit rechtsfähige menschliche Verbände (v. Staudinger, Komm. zum BGB. Vorbem. III zum 2. Titel, 1. Abschn. des Allgemeinen Teils), entweder in der Form reiner Personenvereinigungen (= Vereine) oder solche, deren Schwerpunkt in der Verwaltung eines Vermögens liegt (= Stiftungen). Zu den juristischen

Personen des öffentlichen Rechtes gehören u. a. a) nach Reichsrecht: der Reichsfiskus (= das Reich in vermögensrechtlicher Beziehung), dessen einzelne Ressorts indessen keine Rechtspersönlichkeit haben, ferner die Reichsbank, die Reichsdarlehnskassen, die Träger der sozialpolitischen Versicherung (Krankenkassen, Versicherungsanstalten, Berufsgenossenschaften, Reichsversicherungsanstalt für Privatangestellte), die der Reichsgewerbeordnung (Innungen, Innungsverbände, Innungsausschüsse, Handwerkskammern), b) nach Landesrecht: die Einzelstaaten, Gemeinden, Gemeindeverbände, Staatsbanken, öffentliche Sparkassen und Kreditanstalten, Hochschulen jeder Art, u. U. auch andere Lehranstalten, die anerkannten Religionsgesellschaften, Schul- und Kirchenverbände, nach katholischem Kirchenrechte die einzelnen Pfarreien, Bistümer, auch (Bayern) Domkapitel, Klöster, geistliche Bruderschaften, ferner die Handels- und Landwirtschaftskammern, c) nach Völkerrecht: ausländische Staaten, Gemeinden und Körperschaften entsprechend den zu a und b angeführten. — Von den juristischen Personen bürgerlichen Rechts sind hervorzuheben a) nach Reichsrecht: die Vereine (BGB. § 21) und Stiftungen (das. § 80), die Aktiengesellschaften (HGB. § 178), Kommanditgesellschaften auf Aktien (das. § 320), die Gesellschaften mit beschränkter Haftung (Gesetz vom 20. Mai 1898), die eingetragenen Genossenschaften (Gesetz vom 20. Mai 1898), die Versicherungsvereine auf Gegenseitigkeit (Gesetz vom 12. Mai 1901, §§ 15 ff.), die Kolonialgesellschaften (Gesetz vom 2. Juli 1899), b) nach Landesrecht: Wasser-, Deich- und Waldgenossenschaften (EG. BGB. Art. 65, 66, 83) und u. U. die Gewerkschaften des Bergrechts (Art. 67 das., vgl. Note 15). c) Einem Vereine, der seinen Sitz nicht in einem Bundesstaate hat, kann in Ermangelung besonderer reichsgesetzlicher Vorschriften Rechtsfähigkeit durch Beschluß des Reichsrats verliehen werden (BGB. § 23). Es handelt sich hier um Vereine, die auch nach ausländischem Rechte noch keine Rechtsfähigkeit besitzen. Sind sie nach ausländischem Rechte bereits rechtsfähig, so bedarf es für das Inland der Anerkennung der Rechtsfähigkeit durch Reichsratsbeschluß. Indessen sind ausländische Erwerbsgesellschaften des Handelsrechts ohne weiteres im Inlande als rechtsfähig anzusehen, sofern Gegenseitigkeit verbürgt ist (vgl. v. Staudinger a. a. O., Bem. 4 zu § 23).

Alle juristischen Personen sind als rechtsfähige Gebilde fähig, als Erbe, Schenker oder Beschenkter aufzutreten. Beerbt werden können indes nur natürliche Personen. Erwerbsbeschränkungen enthält EG. BGB. Art. 86, auf den verwiesen wird.

Für die juristischen Personen sind die zahlreichen Befreiungs- und Begünstigungsvorschriften zu beachten. Vgl. §§ 21, 23 und 22 Ziff. 3, 15 und 17.

15. Eine Berggewerkschaft ist regelmäßig dann vorhanden, wenn zwei oder mehr Personen ein Bergwerk betreiben (vgl. § 94 Preuß. Allgem. Berggesetz vom 18. Juli 1907). Die Berggewerkschaften neueren Rechtes (für Preußen die nach Inkrafttreten des Ausführungsgesetzes zum BGB. begründeten) sind juristische Personen, während die des älteren Rechts ein bloßes Miteigentum (communio pro partitus indivisis) der das Bergwerk Betreibenden darstellten. Daß auch sie im Sinne des Erbschaftssteuergesetzes aktiv erbfähig sowie (aktiv und passiv) schenkungsfähig sind, dürfte nach der Fassung des Gesetzes („alle" Berggewerkschaften) anzunehmen sein.

16. Nichtrechtsfähige Personenvereinigungen, Anstalten usw. kommen für die unbeschränkte Steuerpflicht nur dann in Frage, wenn sie erb- und schenkungsfähig sind, auch einen Sitz oder Leitungsort haben. Inwieweit Erb- und Schenkungsfähigkeit vorliegt, ist im einzelnen sehr streitig:

a) Der nicht rechtsfähige Verein (BGB. § 54) ist bürgerlichrechtlich weder erb- noch schenkungsfähig, da ihm die Rechtsfähigkeit fehlt, ihm auch nicht eine besondere Erwerbsfähigkeit (ähnlich den Handelsgesellschaften, vgl. c) zugesprochen ist (gl. A. Komm. d. Reichsgerichtsräte, Bem. 1 zu § 54; a. A. Planck, Komm. z. BGB., Bem. 3f zu § 54, geteilter Ansicht v. Staudinger, Komm. z. BGB., 3./4. Aufl., Bem. 3a zu § 54 und Bem. 7 zu § 1923). Steuerlich erscheint es indes gerechtfertigt, einen weitherzigeren Standpunkt einzunehmen, da zahlreiche Einzelgesetze auch nicht rechtsfähigen Personenvereinigungen steuerliche Rechtsfähigkeit zuerkennen. Unerläßlich dürfte freilich eine korporative Organisation sein, die die Vereinigung als ein von ihren Mitgliedern getrenntes Gebilde erscheinen läßt. Aber das liegt beim nicht rechtsfähigen Vereine gerade vor. Für Zweckzuwendungen hat der RFH. (Urt. vom 18. November 1921, Samml. Bd. VII S. 327; vgl. Bem. 7 zu § 4 Ges.) anerkannt, daß der nicht rechtsfähige Verein Mittelsperson sein könne; eine Ausdehnung der steuerlichen Rechtsfähigkeit für Zuwendungen anderer Art erscheint geboten (vgl. auch Mirre, Bem. 15 zu § 9).

b) Die Gesellschaft Bürgerlichen Rechts (BGB. § 705) kommt für die Erbschaftsteuer als Steuersubjekt mangels korporativen Zusammenschlusses und eines eigentlichen Sitzes oder Leitungsortes nicht in Frage. Schenkungen, die von ihnen ausgehen oder ihnen gemacht werden, sind den Gesellschaften nach dem Verhältnis ihrer Beteiligung zuzurechnen.

c) Offene Handelsgesellschaften (HGB. § 105) oder Kommanditgesellschaften (das. § 161) sind trotz mangelnder juristischer Persönlichkeit zum Rechtserwerb befähigt (HGB. §§ 124, 161 Abs. 2) und folgeweise erb- und schenkungsfähig, letzteres auch in passiver Hinsicht (vgl. v. Staudinger, a. a. O. Bem. 7 zu § 1923; Staub, Komm. z. HGB. Bem. 3 zu § 124; Urt. d. RFH. Samml. VII S. 197). Dagegen ist

d) die stille Gesellschaft (HGB. § 335) der bürgerlichrechtlichen (b) gleich zu achten.

e) Aus den Erwägungen zu a dürfte auch die Reederei (HGB. §§ 489 ff.) als erb- und schenkungsfähig anzusehen sein.

f) Erbengemeinschaften oder güterrechtlichen Gemeinschaften sind mangels irgendwelcher äußerlichen Selbständigkeit weder erb- noch schenkungsfähig (vgl. Note 9 zu § 3).

Im übrigen sind die Noten 4 und 5 zu § 9 zu vergleichen.

17. Anstalten sind Einrichtungen zur Erreichung bestimmter Zwecke. Das BGB. verwendet den Begriff nur für Anstalten öffentlichen Rechts (BGB. § 89). Nicht rechtsfähige Stiftungen unterfallen dem Begriff der Zweckvermögen; ein konstruktioneller Unterschied scheint nicht ersichtlich. Es sind das Vermögensmassen, die ohne Begründung eines Rechtssubjekts bereits bestehenden (meist juristischen) Personen angegliedert werden mit der Auflage der Verwendung zu bestimmten Zwecken. Da bei ihnen stets eine steuerpflichtige Mittelsperson, d. i. der Beschwerte (§ 18 Abs. 2), vorhanden ist, richtet sich die unbeschränkte

Steuerpflicht derselben zunächst nach der Inländereigenschaft des Beschwerten. Die Hervorhebung in Ziff. I 3 bezweckt offenbar die Begründung unbeschränkter Steuerpflicht der gesamten Zuwendung ohne Rücksicht auf die Inländereigenschaft der Mittelsperson für den Fall inländischen Sitzes oder Verwaltungsortes des Vermögens.

18. Sitz und Leitungsort decken sich nicht notwendig. Der Sitz einer juristischen Person entspricht dem Wohnsitz der natürlichen. Für das Vereinsrecht bestimmt § 24 BGB., daß sich der Sitz in erster Linie nach der Satzung (vgl. § 57 das.) richte; in Ermangelung anderer Bestimmung ist der Verwaltungsort maßgebend. Der satzungsgemäß bestimmte Sitz darf mit der wahren Sachlage nicht im Widerspruch stehen (Motive BGB. I, 77), denn so wenig wie der Wohnsitz kann der Sitz durch bloße Willenserklärung bestimmt werden (v. Staudinger, a. a. O., Bem. 4b zu § 23). § 24 BGB. gilt auch für das Aktienrecht (Staub, a. a. O., Anm. 17 zu § 182 HGB.) und überhaupt für juristische Personen des Privatrechts. Offene Handelsgesellschaften und Kommanditgesellschaften können als Sitz (§ 106 Ziff. 2, § 161 Abs. 2 HGB.) nur den Ort ihrer Zentralleitung anmelden (Staub, a. a. O., Anm. 4 zu § 106). Da das Gesetz die Inländereigenschaft davon abhängig macht, daß der Sitz im Inlande liegt, so genügt das Vorhandensein einer Zweigniederlassung (§ 13 HGB.) nicht.

Neben dem inländischen Sitze begründet auch der inländische Leitungsort die Inländereigenschaft. Entscheidend ist die Zentralleitung; im Zweifel entscheidet die kaufmännische (Mrozek, Anm. 3 zu § 52 AbgO.; Becker, Anm. 2 das.). Eine selbständige Bedeutung gewinnt der Leitungsort nur da, wo er vom Sitz verschieden ist oder von einem eigentlichen Sitze nicht gesprochen werden kann (z. B. beim nicht rechtsfähigen Verein).

Betreffs „Inland" vgl. Note 7.

Zu Abs. 1 Ziff. II.

19. Ziff. II behandelt die beschränkte Steuerpflicht. Sie betrifft zunächst den Erbanfall, die Schenkung, die Zweckzuwendung, die in inländischem Grund- oder Betriebsvermögen besteht. Hierzu sei vorweg geschickt, daß die neueste Steuergesetzgebung im Reichsvermögensteuergesetz vom 8. April 1922 die bisherige Dreiteilung des Vermögens zwar beibehält, an Stelle des Kapitalvermögens der früheren Gesetzgebung aber das „sonstige Vermögen" treten läßt. Wir scheiden also Grund-, Betriebs- und sonstiges Vermögen. Letzteres unterliegt der beschränkten, von der Inländereigenschaft losgelösten Steuerpflicht nur in den in Note 26 zu erläuternden Ausnahmefällen.

20. Das Erbschaftssteuergesetz erläutert den Begriff des Grundvermögens nicht. Es erscheint daher angebracht, den im Steuerrecht durchgehend verwandten Begriff zugrunde zu legen, wie ihn auch das Ges. 1919 in § 3 Ziff. 1 und § 4 brachte und das Vermögensteuergesetz im § 6 Ziff. 1 und § 7 verwendet. Hiernach umfaßt das Grundvermögen Grundstücke einschließlich Zubehör und Berechtigungen, die den Vorschriften des bürgerlichen Rechts über Grundstücke unterliegen.

a) Der Begriff der Grundstücke ist gegenüber dem bürgerlichrechtlichen weit zu fassen. Außer der Grundfläche gehören Gebäude nicht nur dann dazu, wenn sie Bestandteile sind, sondern auch dann, wenn sie in Ausübung eines Rechtes an einem fremden Grundstücke mit letzterem verbunden (BGB. § 95 Satz 2), folgeweise bürgerlichrechtlich bewegliche Sachen sind (ERGZ. Bd. 59 S. 19): Also sind auch Gebäude, die in Ausübung eines Erbbaurechtes errichtet, bürgerlichrechtlich also wesentliche Bestandteile dieses Rechts sind (§ 12 Verordn. betr. Erbbaurecht vom 15. Januar 1919), steuerrechtlich Grundstücke. Selbstverständlich fallen zu nur vorübergehenden Zwecken errichtete Gebäude, wie Baubuden, nicht unter die Gebäude in diesem Sinne.

b) Zu den Grundstücken gehören auch deren Bestandteile, insbesondere die wesentlichen Bestandteile im Sinne der §§ 93, 94 BGB. Bestandteile sind körperliche Gegenstände, die entweder von Natur eine Einheit bilden oder durch Verbindung ihre Selbständigkeit derart verloren haben, daß sie während der Verbindungsdauer als Einheit erscheinen. Sie werden zu wesentlichen Bestandteilen entweder

α) durch wirtschaftliche Rücksichten, nämlich durch die Erwägung, daß sie voneinander nicht ohne Zerstörung oder wesentliche Veränderung voneinander getrennt werden können (§ 93 BGB.), z. B. Maschinen ohne Rücksicht auf die Art der Verbindung, wenn sie für den Betrieb eines zu bestimmten gewerblichen Zwecken eingerichteten Gebäudes bestimmt sind, welches ohne sie seinem Charakter entkleidet würde, wie Schmelzöfen einer Gießerei;

β) durch die feste Verbindung mit dem Grund und Boden, insbesondere Gebäude und zusammenhängende Erzeugnisse (§ 94 Abs. 1 BGB.); den Gegensatz bildet nicht lose Verbindung, sondern leichte Ablösbarkeit (JW. 1905 S. 387) oder

γ) durch die Einfügung zwecks Herstellung des Gebäudes (§ 94 Abs. 2 BGB.) wie Fenster, Türen, auch Bierautomaten, Lifts, Speisenaufzüge, die bei der Herstellung des Gebäudes eingebaut sind. Entscheidend ist hier nicht (wie zu β) die Art der Verbindung, sondern der Zweck.

c) Auch einfache Bestandteile gehören zum Grundstücke. Dahin gehören die mit dem Eigentume am Grundstücke verbundenen Rechte (§ 96 BGB.), wie Grunddienstbarkeiten notwendigerweise (§ 1018 das.), Vorkaufsrechte (§ 1094 Abs. 2) und Reallasten (§ 1105 Abs. 2) wahlweise, ferner — landesrechtlich — Apothekenberechtigungen und ähnliche Realgewerbegerechtigkeiten. Andererseits sind nur die zu einem vorübergehenden Zwecke mit dem Grund und Boden verbundenen oder in ein Gebäude eingefügten Sachen (selbst Bauten) keine Bestandteile des Grundstücks bzw. Gebäudes (§ 95 Satz 1 und Abs. 2 BGB.). Wegen § 95 Satz 2 vgl. oben unter a.

d) Zubehör eines Grundstücks sind nicht Grundstücksteile, wohl aber Grundvermögen. Es sind das selbständige bewegliche Sachen, die, ohne Bestandteile der Hauptsache zu sein, dem wirtschaftlichen Zwecke der Hauptsache zu dienen bestimmt sind (daher in einem Abhängigkeitsverhältnis stehen, also den Zweck nicht erst ermöglichen), zu ihr in einem entsprechenden räumlichen Verhältnisse stehen (beim Neubau z. B. dort lagernde Baumaterialien, nicht aber solche, die noch in der Materialienhandlung lagern) und endlich vom Verkehr als Zubehör angesehen werden. Vorübergehende Benutzung begründet die Zubehöreigenschaft nicht, vorübergehende Trennung hebt sie nicht auf (§ 97 BGB.). Als Zubehör sind z. B. anerkannt: Feldbahn beim Landgut, Ausschmückungspflanzen bei Gärtnerei, Marmorkamin beim Wirtshaus, nicht Ziegel bei Ziegelei, Kostüme bei Theater, Betriebsvorräte jeder Art, Schweine bei Molkerei. Gemäß § 18 sind dem wirtschaftlichen Zwecke der Hauptsache zu dienen bestimmt, also beim Vorliegen der weiteren Erfordernisse auch Zubehör: 1. bei einem für einen gewerblichen Betrieb dauernd eingerichteten Gebäude (z. B. Mühle, Schmiede, Brauhaus, Fabrik) die zum Betriebe bestimmten Maschinen (natürlich nur, soweit sie nicht Bestandteile sind, vgl. b) und sonstigen Gerätschaften (z. B. Einrichtung einer Gastwirtschaft, eines Hôtel garni, auch die zum Vertrieb der Erzeugnisse dienenden Gerätschaften, nicht aber die Erzeugnisse selbst); 2. bei einem Landgut das zum Wirtschaftsbetriebe (nicht auch zum Verkauf) bestimmte Gerät und Vieh, die zum Weiterbetriebe bis zur nächsten Ernte voraussichtlich notwendigen Erzeugnisse (Saatgut und zum Verbrauch bestimmte Erzeugnisse), sowie der auf dem Gute gewonnene Dünger.

Da vorübergehende Trennung die Zubehöreigenschaft nicht aufhebt, ist es begrifflich nicht ausgeschlossen, daß Zubehör eines inländischen Grundstücks im gegebenen Augenblick (Erbfall, Schenkungserwerb) im Auslande sich befindet. Es unterliegt gleichwohl der beschränkten Steuerpflicht.

e) Früchte (§ 99 BGB.) gehören zum Grundvermögen nur, soweit sie Bestandteile (§ 94 das., oben b β) oder Zubehör sind (§ 98 Ziff. 2, oben d).

f) Endlich sind Grundvermögen die Berechtigungen, die bürgerlichrechtlich als Grundstücke behandelt werden. Reichsgesetzlich kommt nur das Erbbaurecht in Betracht (BGB. §§ 1012 ff. bzw. Verordn. betr. Erbbaurecht vom 15. Januar 1919), landesgesetzlich z. B. Bergwerkseigentum und andere Abbauberechtigungen (Art. 67, 68 EG. BGB.), Fähr- und Mühlengerechtigkeiten, Fischereiberechtigungen, Realgewerbeberechtigungen (Apothekengerechtigkeiten u. a.), Bann- und Zwangsrechte, Erbbegräbnisse, Erbpacht- und Erbzinsrechte. Kuxe älteren Bergrechts (d. h. für Preußen Anteile der vor Inkrafttreten des Ausführungsgesetzes zum BGB. entstandenen Gewerkschaften) sind zwar bürgerlichrechtlich Teile des unbeweglichen Vermögens, dürften aber steuerrechtlich nicht dahin zu rechnen sein (vgl. Strutz, Komm. z. VermögensStG. Anm. 2 Abs. 2 zu § 7).

g) Hervorzuheben ist, daß Grundstücke nebst Bestandteilen und Zubehör zum Betriebsvermögen gehören können; dann sind sie nicht Grundvermögen (Note 24). Für Anwendung der Ziff. II ist das belanglos.

21. Auch bezüglich des Betriebsvermögens dürfte die Begriffsentwickelung des Vermögenssteuergesetzes (§ 6 Nr. 2 und § 8), die wörtlich der des Erbschaftssteuergesetzes 1919 § 3 Nr. 2 und § 5 entspricht, zu verwenden sein. Nach § 6 Nr. 2 VermStG. ist Betriebsvermögen das dem Betriebe der Land- oder Forstwirtschaft, des Bergbaues oder eines Gewerbes dienende Vermögen. Nach § 8 das. gehören zu ihm alle dem Unternehmen gewidmeten Gegenstände (Abs. 1), ferner auch aus dem Betriebe herrührende und andere Vorräte, die zur Weiterveräußerung bestimmt sind (Abs. 2).

Notwendig für die beschränkte Steuerpflicht des Betriebsvermögens ist, daß es sich um inländisches handelt. Dazu gehört — soweit ein gewerblicher Betrieb in Frage kommt —, daß sich im Inlande (Note 7) die Hauptniederlassung, mindestens aber eine Zweigniederlassung (HGB. § 13) befindet, d. i. eine auf die Dauer berechnete Einrichtung, von der aus selbständig Geschäfte abgeschlossen werden, die denen des Hauptgeschäftes gleichartig sind (Staub, Komm z. HGB. Anm. 5 zu § 13). Eine einfache Betriebsstätte oder ein Warenlager genügt also nicht. Dagegen ist es bedeutungslos, ob die zum inländischen Betriebsvermögen gehörigen Sachen sich im entscheidenden Augenblicke (Erbfall, Schenkungserwerb) im Auslande befinden oder zu ihm gehörige Forderungen gegen Ausländer sich richten. Gerade hierin zeigt sich die selbständige Bedeutung der beschränkten Steuerpflicht des inländischen Betriebsvermögens, da im übrigen sich die beschränkte Steuerpflicht schon aus der Heranziehung bestimmter Gegenstände des „sonstigen Vermögens" in Ziff. II ergibt.

22. Der Begriff des Betriebsvermögens setzt also zunächst den — selbständigen, d. h. vom Eigentümer, Nießbraucher oder Pächter geführten — Betrieb der Land- oder Forstwirtschaft (einschließlich der nicht gewerblich betriebenen Gärtnerei, des Wein- und Obstbaues, der Viehzucht und der sog. landwirtschaftlichen Nebenbetriebe als Brennerei, Ziegelei, Brauerei, Müllerei, Molkerei, Zuckerfabrik, Jagd, Fischerei, Sägewerk, Gruben, Brüche, Torfstiche), des Bergbaues oder eines Gewerbes voraus. Unter Gewerbebetrieb ist die im einzelnen weitverzweigte wirtschaftliche Tätigkeit desjenigen zu verstehen, der sich mit der Verarbeitung und dem Vertrieb der Rohstoffe zum Absatz an Dritte für eigene Rechnung befaßt. In steuerlicher Hinsicht wird jetzt allgemeiner, nach dem Vorgang für das Preußische Ergänzungssteuergesetz auch für das Besitzsteuergesetz, als Gewerbe jede erlaubte selbständige, dauernde und auf Erwerb gerichtete Privattätigkeit bezeichnet, welche sich als Beteiligung am allgemeinen wirtschaftlichen Verkehr darstellt. Nicht unter die gewerbliche Tätigkeit fallen die Dienstleistungen der gewerblichen Angestellten und Arbeiter, die Berufstätigkeit der Rechtsanwälte und Ärzte, die rein wissenschaftliche, künstlerische und beamtliche Betätigung, die persönlichen Dienste, die Lohnarbeit und die Urproduktion. Ob das Gewerbe stehend oder im Umherziehen betrieben wird, ist ohne Bedeutung. Der Begriff des Betriebes ist in weitester Ausdehnung zu nehmen. Folgeweise fallen insbesondere alle diejenigen Einrichtungen und Ausgestaltungen darunter, welche dem Absatz und der kaufmännischen oder sonstigen Verwertung der gewonnenen wie der verarbeiteten Produkte der verschiedenen Art dienen sollen und tatsächlich dienen. Ebenso rechnen dazu alle Nebenbetriebe, welche den eigentlichen Hauptbetrieb in irgendeiner Weise zu fördern oder nutzbar auszubauen bestimmt sind. Bezüglich der Land- und Forstwirtschaft ist schon auf derartige Nebenbetriebe hingewiesen. Ähnlich finden sich solche beim Bergbaubetrieb, dem sich namentlich umfassend der Hüttenbetrieb angliedert, und in der größten Mannigfaltigkeit beim Gewerbebetrieb, bezüglich dessen nur auf die sog. Riesenbetriebe in einzelnen Gewerbszweigen hingewiesen werden soll. Selbstredend ist daneben, daß das Betriebsvermögen auf alle einzelnen Zweige des Betriebes auszudehnen ist und namentlich auch durch den Umfang des Betriebs nicht bestimmt wird. Zum Gewerbebetrieb rechnet danach nicht nur die unmittelbare Herstellung der Ge- und Verbrauchsgegenstände in Handwerk, in Fabrik usw., sondern auch die Ausbesserung derselben nach jeder Richtung hin. Auch die Handelstätigkeit mit Warenumsatz, Geschäftsvermittlung, Versicherung usw. ist inbegriffen wie ebenso die gewerbsmäßige Bautätigkeit.

23. Die einzelnen Vermögensstücke sollen dem Unternehmen gewidmet, also in eine gesicherte Beziehung zum Unternehmen gebracht sein. Das setzt zunächst voraus, daß das Unternehmen bereits begonnen hat und noch besteht. Im übrigen wird der Anfangspunkt regelmäßig in dem Augenblick liegen, wo die Vermögensgegenstände für das Unternehmen erworben oder beschafft werden und damit in irgendeiner Art aus einem anderen Eigentums- oder Besitzkreise tatsächlich in den des Unternehmens übergehen. Dabei ist es nicht erforderlich, daß die Vermögensstücke dem Zwecke, dem sie für das Unternehmen dienen sollen, bereits zugeführt und nutzbar gemacht sind. So ist es beispielsweise nicht erforderlich, daß Maschinen, welche für das Unternehmen bestimmt sind, bereits ihrem Zweck entsprechend aufgestellt und in Gebrauch genommen sind; sie gelten vielmehr als dem Unternehmen gewidmet, sobald sie für dasselbe angekauft und übernommen sind. Dementsprechend sind auch alle Maschinenteile und ähnliche Vermögensstücke, die bei dem Unternehmen zum Ersatz oder überhaupt zu demnächstiger Verwendung auf Lager gehalten werden, bereits dem Unternehmen gewidmet. Andererseits verliert ein Vermögensgegenstand jene unmittelbare Beziehung zum Unternehmen noch nicht dadurch, daß er seine eigentliche Zweckbestimmung für das Unternehmen nicht mehr erfüllt bzw. derselben selbst für die Dauer entzogen wird. Den Endpunkt bezeichnet vielmehr erst der Augenblick, in dem die unmittelbare Beziehung zum Unternehmen vollständig beseitigt wird. Um in dem obigen Beispiel zu verbleiben, so gelten die Maschinenteile, welche als unbrauchbar geworden, als abgenutzt oder als durch andere Einrichtung überholt aus dem eigentlichen Betriebe ausgeschaltet, aber noch auf dem Lager des Unternehmens oder sonstwie bei demselben gehalten werden, immer noch als dem Unternehmen gewidmet. Letzteres hört erst auf, wenn sie durch Verkauf, Abschiebung auf ein anderes Unternehmen oder sonstwie von dem Unternehmen abgestoßen werden. In der ganzen zwischen dem bezeichneten Anfangs- und Endpunkt liegenden Zeitspanne sind die Vermögensstücke dem Unternehmen gewidmet und sind als dem Betriebsvermögen zugehörig zu betrachten. Äußerlich kennzeichnet sich ein Vermögensstück als dem Unternehmen gewidmet gegebenenfalls dadurch, daß es in dem Geschäftsinventar oder in der Bilanz des Unternehmens aufgeführt ist. Als notwendige Vorbedingung kann letzteres aber nicht in Betracht kommen. Insbesondere werden Forderungen als aus dem Unternehmen ausgeschieden anzusehen sein, wenn sie oder der ihnen entsprechende Geldbetrag nicht weiter im Geschäftsbetriebe verwendet werden sollen. Dieses muß jedoch unzweideutig in Erscheinung getreten sein. Das gleiche wird für Wertpapiere gelten, welche dem Unternehmen irgendwie gewidmet waren, so insbesondere durch Hinterlegung oder Verpfändung behuf Kreditierlangung bei Banken, Kreditinstituten, Steuerbehörden oder sonstigen Dritten; vgl. Strutz, Kommentar zum Kriegssteuergesetz Anm. 39 zu § 1 unter a. In allen Fällen ist für die Frage, ob Vermögensstücke einem Unternehmen gewidmet sind, stets nur das tatsächliche Verhältnis entscheidend. Sie gelten als gewidmet, wenn sie für das Unternehmen wirklich beschafft sind. Daß die Vermögensgegenstände dauernd für das Unternehmen bestimmt sind oder daß eine derartige bleibende Bestimmung von vornherein anzunehmen stand, ist nicht erforderlich; eine an sich nur vorübergehend gedachte Bestimmung begründet für die betreffende Zeit stets eine Widmung für das Unternehmen. Ohne Belang bleibt ebenfalls, ob die Vermögensstücke für das Unternehmen wirtschaftlich notwendig waren oder ob sie als entbehrlich zu erachten, ob sie für den Zweck des Unternehmens ausreichend sind oder nicht u. dgl. Die vom Gesetz geforderte Widmung für das Unternehmen setzt auch nicht voraus, daß die Gegenstände ausschließlich in dem Betriebe verwendet werden; eine zeitweise anderweite Verwendung, selbst wenn sich dieselbe mit einer gewissen Regelmäßigkeit wiederholt, steht jener Widmung nicht entgegen, sofern nur die Gegenstände für den Betrieb beschafft und in erster Linie für denselben bestimmt sind. Letzteres wird namentlich bei Fuhrwerken, Gespannen, Automobilen usw. praktisch werden können, wenn solche außerhalb des Betriebes zu persönlichen oder anderen Zwecken mit benutzt werden.

24. Dem Betriebsvermögen sollen alle dem Unternehmen gewidmeten Gegenstände angehören. Was unter Gegenstand zu verstehen, ist grundsätzlich weder im Bürgerlichen Gesetzbuch noch in der Steuergesetzgebung (Wehrbeitragsgesetz, Besitzsteuergesetz, Erbschaftssteuergesetz) näher festgelegt. Zweifellos steht wohl fest, daß dem Begriff eine weite Auslegung gegeben werden muß, wie solches in der Einzelbenennung des § 9 VermStG. geschieht. Er wird namentlich nicht auf körperliche Sachen zu beschränken sein, sondern umfaßt ebenso Rechte. Er begreift alles, was an Sachen und Rechten als Mittel zur Betriebsführung in Betracht kommen kann. In erster Linie muß man dabei allerdings auf die materielle Seite Gewicht legen; im wesentlichen werden die materiellen Betriebsmittel als Gegenstände des Betriebsvermögens anzusehen sein. Bei einer bezüglichen Umgrenzung für das EStG. wird man auf die früher in gleicher Frage bezüglich des Preußischen Ergänzungssteuergesetzes, des Wehrbeitragsgesetzes und des Besitzsteuergesetzes getroffenen Entscheidungen zurückzugreifen haben. Nach Urt. d. RFH. Bd. II S. 118 sind ideelle Werte wie Firma und Kundenkreis regelmäßig nur werterhöhende Eigenschaften. Sie werden aber Bestandteile des Betriebsvermögens, wenn sie gegen Entgelt erworben und in die Bilanz eingestellt sind. Unter gleichen Voraussetzungen können auch Immaterialgüterrechte wie Verlags-, Urheber-, Patentrechte Betriebsvermögen bilden. Rein persönliche Rechte wie Schankkonzessionen und Apothekenkonzessionen können jedoch — im Gegensatz zu förmlichen veräußerlichen und vererblichen Privilegien dieser Art — nicht in Frage kommen (vgl. Urt. d. RFH. Bd. II S. 306).

Im übrigen gehören sowohl das stehende Anlagekapital wie das umlaufende Betriebskapital zum Betriebsvermögen. Auch Beteiligungen an fremden Unternehmungen (Portefeuillewerte) kommen in Betracht. Für die Beteiligung an Gesellschaften ist zu sagen, daß solche an einer Erwerbsgesellschaft, bei denen der Gesellschafter als Unternehmer anzusehen ist, Betriebsvermögen darstellen. Dahin gehören Beteiligungen an einer offenen Handelsgesellschaft (HGB. § 105), einer Kommanditgesellschaft — auch als Kommanditist (das. § 161), einer Reederei (das. § 489), einer gewerbetreibenden Gesellschaft bürgerlichen Rechts (BGB. § 705), einer Kommanditgesellschaft auf Aktien als persönlich haftender Gesellschafter (HGB. § 320), nicht aber die Beteiligung eines stillen Gesellschafters, die darlehnsartigen Charakter hat (§ 335 HGB.). Ingleichen werden Beteiligungen an solchen Erwerbsgesellschaften, die eigene

Rechtspersönlichkeit besitzen, wie Aktien, Geschäftsanteile einer G. m. b. H., Kuxe, Guthaben bei einer Genossenschaft regelmäßig nicht zum Betriebsvermögen gehören. Die Regierungsvorlage zum Vermögenssteuergesetz enthielt in § 8 noch einen dritten Absatz, demzufolge auch die vorgenannten Anteile an inländischen Gesellschaften stets Betriebsvermögen sein sollten. Der Reichstag strich jedoch diesen Absatz und fügte statt dessen in § 9 (sonstiges Vermögen) die Ziff. 3 ein.

Da alle dem Betriebe gewidmeten Gegenstände Betriebsvermögen sind, so sind es unter den gegebenen Voraussetzungen auch Grundstücke nebst Bestandteilen und Zubehör. Nur bezüglich der land- und forstwirtschaftlichen Grundstücke mit Nebenbetrieben und Zubehör ist die Eigenschaft als Grundvermögen anzunehmen. Für das Besitzsteuergesetz schrieben das die Ausführungsbestimmungen in § 54 vor und für das neue Vermögenssteuergesetz ist ein gleiches nach den Gesetz gewordenen „Richtlinien" dazu anzunehmen, welche die land- und forstwirtschaftlichen und die gärtnerischen Grundstücke (letztere natürlich mit Ausnahme der zur gewerbsmäßig betriebenen Kunst- und Handelsgärtnerei gehörigen) unter Grundvermögen anführen. Sonach kommt für die Land- und Forstwirtschaft, abgesehen von dem zur Fortführung der Wirtschaft notwendigen Bargeld, Genossenschaftsguthaben und ausstehenden Betriebsforderungen, nur das dem Pächter oder Nutznießer gehörige Inventar als Betriebsvermögen in Frage.

25. Endlich bilden noch Betriebsvermögen Vorräte, sofern sie entweder

a) aus dem Betrieb herrühren oder
b) zur Weiterveräußerung bestimmt sind.

In letzterer Hinsicht ist nach der Entstehungsgeschichte des Reichsnotopfergesetzes, dem diese Vorschrift vom Vermögenssteuergesetze entlehnt ist, anzunehmen, daß hierhin auch solche Vorräte gehören, die mit dem Betriebe in gar keinem Zusammenhange stehen, selbst solche, die keinem Gewerbetreibenden, Land- oder Forstwirte gehören. Die Folge ist eine vom Gesetzgeber gewollte (vgl. Strutz, Komm. zum VermStG. Note 10 zu § 8).

Bezüglich der aus dem Betriebe herrührenden Vorräte verlangt Strutz (a. a. O. Anm. 8), der den bezüglichen Relativsatz in Abs. 2 § 8 VermStG. auch auf diese Vorräte bezieht, daß sie gleichfalls zur Weiterveräußerung bestimmt sein müssen. Dem kann nur mit der Einschränkung beigestimmt werden, daß solche aus dem Betriebe herrührenden Vorräte, die als Anlagekapital des Betriebes demnächst dienen sollen (z. B. Möbel einer Möbelfabrik als Kontorutensilien), auch schon vor der Widmung (Note 23) als Betriebsvermögen angesehen werden müssen.

26. Vom sonstigen Vermögen im Sinne des § 6 Nr. 3 (§ 9) VermStG. unterliegen der beschränkten Steuerpflicht der Ziff. II nur:

a) Nutzungsrechte an inländischem Grund oder Betriebsvermögen der in den vorangehenden Noten gedachten Art. Es sind das dingliche oder nur persönliche Rechte, alle oder einzelne Nutzungen (= Früchte und Gebrauchsvorteile — § 100 BGB. —) des im Inland belegenen Grund- oder Betriebsvermögens zu ziehen. In Frage kommen u. a. die eigentumsähnlichen Berechtigungen des Inhabers eines Stamm-, Lehns- oder Fideikommißgutes, eines Meier-, Erbzins- oder

Erbpachtgutes. Das Nießbrauchsrecht (BGB. § 1030) ist unübertragbar (§ 1059 das.) und daher unvererblich; ein gleiches gilt vom Wohnungsrecht gemäß § 1093 das. Beide Rechte kommen daher für die Anwendung der Ziff. II nur dann in Frage, wenn sie durch letztwillige Verfügung oder Schenkungsakt erst begründet werden. Neben den genannten dinglichen Berechtigungen kommen auch lediglich obligatorische Nutzungen in Frage, die verbt bzw. schenkweise übertragen oder letztwillig oder schenkweise begründet werden.

b) Im Inlande (Note 7) befindliche Sachen. Im Sinne des § 90 BGB., der anzuwenden sein wird, sind Sachen nur körperliche Gegenstände, also begrenzte Teile der menschlichen Außenwelt, nicht nur feste Stoffe, sondern auch flüssige oder gasförmige, sofern sie in Behältern befindlich sind. Unkörperliche Rechte gehören nicht dahin, wohl aber z. B. Wertpapiere jeglicher Art, d. h. Papiere, an deren Innehabung die Ausübung des Rechtes geknüpft ist, wie Schuldverschreibungen auf den Inhaber, Aktien, Kuxe u. a. Verbriefen Wertpapiere zugleich Forderungen, so wird es auf die Verkehrsauffassung ankommen, ob der Schwerpunkt auf dem Papiere oder auf der zugrunde liegenden Forderung liegt. Im ersteren Falle (Schuldverschreibungen auf den Inhaber, Bankkonten, Reichskassenscheine) entscheidet das im Inland befindliche Papier, im letzteren (Wechsel) der inländische Schuldner (vgl. c). Verbrieft das Papier ein Anteilsrecht (Aktie, Kux), so entscheidet stets die Belegenheit des Papieres. Bloße Beweisurkunden wie Schuldscheine oder auch hinkende Inhaberpapiere im Sinne des § 808 BGB. (Sparkassenbücher, Pfand-, Depot- und Versicherungsscheine) oder gar Legitimationszeichen (Garderobemarken, Gepäckscheine) begründen nicht die beschränkte Steuerpflicht, vielmehr entscheidet auch hier die Person des Schuldners bzw. — bei Legitimationszeichen letztgenannter Art — die Belegenheit der dem Inhaber gehörigen Sache.

Nach dem Wortlaute des Gesetzes ist es bedeutungslos, ob sich die Sachen nach dem Willen des Berechtigten oder ohne diesen, ob sie sich dauernd oder nur vorübergehend im Inlande befinden. Demgemäß unterliegen Reisegepäck eines im Inlande verstorbenen Passanten, bei inländischen Banken deponierte Effekten (so Mirre, Bem. 12 zu § 8), zur Ausübung des Stimmrechts ins Inland versandte Aktien, ja selbst gestohlene Sachen, die ohne Willen des Berechtigten in das Inland verbracht sind, der beschränkten Steuerpflicht. Aus den Ausschußverhandlungen läßt sich für das Gegenteil nichts entnehmen. Nachteiligen Folgerungen kann nur durch Staatsverträge (Note 28) abgeholfen werden.

Wie bereits in Note 2 a. E. hervorgehoben, ist der Anfall der vorstehend genannten Sachen für die nach dem 30. Juni eingetretenen Steuerfälle, bei denen also die Steuerschuld nach diesem Tage entstanden ist (§ 18), steuerfrei — Art. III § 1 Nr. 1, § 2 der 2. Steuernotverordnung vom 19. Dezember 1923 (RGBl. I S. 1205 ff.).

c) Forderungen gegen inländische Schuldner. Neben den schuldrechtlichen Forderungen jeder Art (BGB. § 241) kommen wohl auch dingliche Ansprüche (z. B. der Eigentumsanspruch aus BGB. § 985) in Frage. Anteilsrechte (Aktien, Kuxe) sind keine Forderungen. Betreffs der Abgrenzung gegenüber der Sache bei verbrieften Forderungen vgl. unter b. Bei sog. Nebenrechten, die der Verstärkung der Forderung dienen

(Bürgschaften, Pfandrechten) dürfte die Person des Hauptschuldners maßgebend sein. Der Begriff des „inländischen" Schuldners ist der Ziff. 1 Nr. 1—3 unseres Paragraphen zu entnehmen.

Guthaben bei Banken gehören hierher (Richtlinien Nr. 7 S. 5), aber auch rückständige Forderungen aus Verkäufen ins Inland (Mirre, Bem. 12). Schädigungen deutschen Kredits kann nur durch Staatsverträge vorgebeugt werden. Die steuerliche Erfassung solcher Forderungen wird allerdings oft Schwierigkeiten bereiten.

d) Rechte, deren Übertragung an eine Eintragung in inländische Bücher geknüpft ist. Die Richtlinien erwähnen als Beispiel deutsche Patente. Das trifft im Hinblick auf die in § 19 Abs. 2 des Patentgesetzes vom 7. April 1891 getroffene Regelung zu, wonach die Übertragung des Patentes nach außen hin erst Wirkungen äußert, nachdem sie in die Patentrolle eingetragen ist. Ein gleiches dürfte für die Warenzeichen gelten (§ 7 des Warenzeichengesetzes vom 12. Mai 1894). Weiter nennen die Richtlinien Hypotheken und Grundschulden (denen die Rentenschulden zuzurechnen sind, § 1199 BGB.) an inländischen Grundstücken. Hier ist indessen einmal zu beachten, daß sich die Übertragungen der normalen Briefhypotheken und Briefgrund- und Rentenschulden außerhalb des Grundbuchs vollziehen können, nämlich durch Briefübergabe und schriftliche Abtretungserklärung (BGB. §§ 1154 Abs. 1 und 1192). Da indes die schriftliche Form der Abtretungserklärung durch Eintragung in das Grundbuch ersetzt wird (§§ 1154 Abs. 2 und 1192), ein Grund für eine verschiedene steuerrechtliche Behandlung der Buch- und Briefgrundpfänder aber nicht ersichtlich ist, so läßt sich hieraus zunächst kein Grund gegen die beschränkte Steuerpflicht der Briefschulden herleiten. Ein weiteres Bedenken besteht gegen die beschränkte Steuerpflicht der Hypotheken (nicht auch der von der Forderung losgelösten Grund- und Rentenschulden) aus der Erwägung, daß sie pfandgleichen Charakter tragen, nämlich der Sicherung einer (Geld-)Forderung dienen (BGB. § 1113). Liegt hier der Schwerpunkt in der Forderung, so entscheidet die Eigenschaft des Schuldners als In- oder Ausländer (vgl. zu b), liegt der Schwerpunkt im sichernden Recht, so entscheidet die Bucheintragung. Verkehrsüblich wird wohl das Gewicht auf beide Momente zu verteilen sein. Da eine Trennung von Forderung und Recht nicht durchführbar erscheint, dürfte es richtig sein, die beschränkte Steuerpflicht aus beiden Gesichtspunkten zu bejahen, sie also anzunehmen, wenn entweder der Schuldner Inländer ist oder das Grundstück im Inlande belegen ist.

Ob zu den Rechten auch Forderungen gehören, erscheint nach dem Sprachgebrauch des BGB. zweifelhaft. Für das Steuerrecht besteht jedenfalls kein innerer Grund, Forderungen von der beschränkten Steuerpflicht auszuschließen, wenn ihre Abtretung von einer Bucheintragung abhängt. Daher sind auch Reichs-, Staats- und Gemeindeschuldbuchforderungen hierher zu rechnen.

Nach Mirre (Anm. 12 zu § 8) sind unter inländischen Büchern nur öffentliche Bücher zu verstehen; danach sollen Namensaktien nicht hierher gehören. Die Frage dürfte deshalb ihre Erledigung finden, weil die Eintragung in das Aktionärverzeichnis (HGB. § 222) ausschließlich Bedeutung für die Frage hat, wer der Aktiengesellschaft gegenüber als Aktionär anzusehen ist. Die Rechtswirksamkeit der Übertragung ist im übrigen von der Umschreibung im Verzeichnis unabhängig (vgl. HGB. § 223).

Zu Abs. 2.

27. Die Vorschrift bildet einen Ausgleich gegenüber der sehr weitgehenden unbeschränkten Steuerpflicht nach Ziff. I in Abs. 1 und bietet einen Ersatz für die fortgefallene beschränktere Steuerpflicht nach § 24 Ziff. II Ges. 1919. Bezüglich der Begriffe Ausland und Sachen vgl. oben Note 7 bzw. 26 b; die Begriffe des ausländischen Schuldners und der an die Eintragung in ausländische Bücher geknüpften Rechte ergeben sich durch Gegenschluß aus den Erörterungen in Note 26 unter c und d.

Mit Mirre (Bem. 13 zu § 8) ist anzunehmen, daß bei Berechnung der Bereicherung (§ 12 Ges.) nur diejenige Steuer abzuziehen ist, die der Staat erhebt, in dessen Bezirk sich die Sachen usw. befinden. Zutreffend ist auch, daß die gesamte von dem ausländischen Staate erhobene Steuer abzuziehen ist, also auch soweit sie auf andere Sachen und Rechte Bezug hat. Wird die deutsche Steuer indes außer von den ausländischen Gegenständen noch von andern Sachen oder Rechten erhoben, so ist der Abzug der ausländischen Steuer nur nach dem Verhältnisse des Wertes der ausländischen Gegenstände zum Werte des gesamten von der inländischen Steuer betroffenen Objektes zulässig. Das folgt aus der Gesetzesfassung („Soweit . . . . . betrifft"). Der Antrag ist formlos; er kann im Rechtsmittelverfahren bis zum Erlaß des Berufungsurteils gestellt werden (vgl. Note 7 zu § 7).

Die Anrechnung der ausländischen Steuer auf die deutsche Steuer ist nur auf Grund einer Entscheidung des Reichsfinanzministers zulässig, welche lediglich auf Antrag im Einzelfalle ergehen soll (Erl. RMF. vom 30. August 1922, DStBl. Jg. 1922/23 S. 36).

Zu Abs. 3.

28. Staatsverträge der in Abs. 3 genannten Art sind nach dem Inkrafttreten der AbgO. gemäß § 7 gen. Ges. zulässig. Die auf Grund des § 6 Abs. 4 des ErbschStG. 1906 ergangenen Ausgleichsbestimmungen dürften sich lediglich auf das alte Gesetz beziehen und mit dem Inkrafttreten der AbgO. hinfällig geworden sein (vgl. Ehm, 1. Aufl., Bem. 5 zu § 14 Ges. 1919). Anders liegt es natürlich bezüglich der förmlichen, beide Teile bindenden Staatsverträge, die vor dem Inkrafttreten der AbgO. geschlossen sind. Indes ist hier zu beachten, daß die zwischen Deutschland und den Alliierten (Assoziierten) vor dem Friedensschluß abgeschlossenen Verträge mit den in den Art. 282—287 des Friedensvertrages bezeichneten, hier nicht interessierenden Ausnahmen hinfällig geworden sind, sofern nicht die Wiederinkraftsetzung seitens einer der alliierten oder assoziierten Mächte im Verhältnis zu ihr verlangt wird (Art. 282 Abs. 1, 289 Fried.-Vertr.). Von der letzteren Befugnis hat bislang Griechenland Gebrauch gemacht. Vgl. Bekanntmachung des Reichsministers des Auswärtigen vom 6. Februar 1921, wonach das Übereinkommen zwischen Deutschland und Griechenland über die Besteuerung des beweglichen Nachlaßvermögens vom 1. Dezember/18. November 1910 (RGBl. 1912 S. 173) am 30. Juni 1920 wieder in Kraft getreten ist. Nach einer Verordnung vom 12. Juli 1923 (RGBl. I S. 427) findet das genannte Übereinkommen unter Voraussetzung der Gegenseitigkeit auch auf Erbfälle in der Zeit vom 30. Juni 1917 bis 29. Juli 1920 Anwendung. Ferner sind nach Art. 290 und 292 Fried.-Vertr. die mit Österreich und

Rußland getroffenen Besteuerungsabkommen (RGBl. 1918 S. 116 bzw. RGBl. 1875 S. 136) aufgehoben. Nach dem Friedensvertrage sind bislang die hier einschlagenden Staatsverträge zwischen dem Deutschen Reiche und der Tschechoslowakischen Republik bzw. der Republik Österreich zur Vermeidung der Doppelbesteuerung auf dem Gebiete der Abgaben von Todes wegen vom 18. März bzw. 28. Mai 1922 (RGBl. 1923 Teil II S. 86 bzw. S. 98) abgeschlossen. Die Verträge sind mit den am 17. Mai 1923 in Wien erfolgten Austausch der Ratifikationsurkunden in Kraft getreten (Bekanntm. vom 12. Juni 1923, RGBl. II S. 292). Ferner gehört hierher die Verordnung zur Beseitigung der Doppelbesteuerung auf dem Gebiete der Erbschaftssteuer im Verhältnis zur Freien Stadt Danzig vom 19. November 1923, RGBl. II S. 427.

Die Anwendung des Abs. 3 bietet im übrigen kaum Schwierigkeiten. Beispiel: A, der zur Zeit seines nach dem 31. Dezember 1922 (Geldentwertungsgesetz vom 20. März 1923, Art. VII Abs. 4) erfolgten Todes in Deutschland ausschließlich seinen Wohnsitz, in Österreich aber Grundbesitz hat, wird von seinem Großsohn beerbt. Nach Art. I und II des oben angezogenen Vertrages zwischen Deutschland und Österreich unterliegt das Grundvermögen in Österreich, das übrige Nachlaßvermögen in Deutschland ausschließlicher Besteuerung. Beträgt die gesamte nach § 12 zu errechnende Bereicherung 5000000 Mk., wovon 3000000 Mk. auf den Grundbesitz entfallen, so werden von den in Deutschland zu versteuernden 2000000 Mk. gemäß §§ 8 Abs. 3, 9 Ziff. II, 10 Abs. 1 und 2 11 v. H. = 220000 Mk. Erbschaftssteuer erhoben. Bei Anwendung der Befreiungsvorschriften des § 22 Ges. wird, soweit die Befreiung von einer bestimmten Höhe des Erwerbes abhängig gemacht ist, der nach Staatsverträgen nicht der deutschen Steuer unterworfene Teil des Erwerbes mit zu berücksichtigen sein. Beispiel: Der deutsche Staatsangehörige hatte zur Zeit seines Todes seinen Wohnsitz in Prag. Er hinterläßt beweglichen steuerpflichtigen Nachlaß in Deutschland und in Böhmen im Werte von je 400000 Mk., wovon nach Art. II des oben genannten Vertrages zwischen Deutschland und der Tschecho-Slowakei nur die in Deutschland befindlichen Nachlaßteile der deutschen Steuer unterworfen werden. Erbe ist der Großsohn X. Steuerfreiheit auf Grund des § 22 Ziff. 1 tritt nicht ein.

Betreffs Anwendung des § 17 Ges. vgl. das. Note 8a.

Allgemeinbemerkungen zu § 8.

29. Für die Anwendung des § 8 ist zu beachten, daß nach völkerrechtlichen Grundsätzen, nach Staatsverträgen oder auch Reichsgesetzen bestimmte Personen ganz oder zum Teil der Erbschaftssteuer entzogen sein können. In Betracht kommen:

a) Nach Völkerrecht gelten als exterritorial, d. h. der inländischen Staatsgewalt (mithin auch Steuergewalt) nicht unterworfen: Oberhäupter und Regenten (nicht auch Präsidenten) ausländische Staaten nebst Gefolge, Angehörige fremder Truppen, die sich mit Genehmigung des Reichs im Inlande aufhalten, Chefs und Mitglieder der beim Reich beglaubigten Missionen, deren Familienmitglieder, Geschäftspersonal und nichtdeutsche Dienerschaft, nicht aber Konsuln oder Kommissare mit Sonderauftrag.

b) Nach Art. 9 der Vereinbarung zwischen den Vereinigten Staaten von Amerika, Belgien, dem Britischen Reiche und Frankreich einerseits und Deutschland anderseits vom 28. Juni 1919 (RGBl. S. 1337) sind die alliierten Truppen oder ihr Personal sowie der „Hohe Ausschuß" (d. i. der interalliierte Ausschuß für die Rheinlande — Art. 2 das. —) und sein Personal von deutschen direkten Steuern frei. Daß zu diesen direkten Steuern auch die Erbschaftssteuer zu rechnen ist, erscheint zweifelsfrei, obwohl die Stellung gerade dieser Steuer in der Theorie bestritten ist.

c) Dagegen ist die Vorschrift des Art. 297 j Fried.-Vertr., wonach der Betrag der Abgaben und Steuern auf das Kapital, die von Deutschland auf die Güter, Rechte und Interessen der Staatsangehörigen der alliierten oder assoziierten Mächte seit dem 11. November 1918 bis zum Ablauf von drei Monaten nach dem Inkrafttreten des Friedensvertrages erhoben worden sind, an die Berechtigten zurückzuzahlen sind, für die Erbschaftssteuer nicht anwendbar (Urt. d. RFH. vom 5. Juli 1922, RStBl. 1922 S. 275).

d) Nach § 1 e der Verordnung vom 7. August 1922 über den Ausgleich von Härten bei der Durchführung der Reichssteuergesetze in Helgoland (RGBl. S. 713) wird den Helgoländern aus Billigkeitsgründen die Nachlaßsteuer und Erbanfallsteuer nach dem Ges. 1919 erlassen, soweit der Erblasser vor dem 1. April 1926 gestorben ist und die Beteiligten sämtlich Helgoländer sind (d. h. grundsätzlich am 13. Februar 1921 ihren Wohnsitz seit fünf Jahren in Helgoland gehabt haben — des näheren vgl. § 3 Verordn.). Befinden sich unter den Erben oder Bedachten auch andere Personen als Helgoländer, so wird die Erbanfallsteuer soweit erlassen, als sie Helgoländer betrifft. Die Verordnung gilt auch für die Herrschaft des Ges. 1922, welches ja lediglich eine Neufassung des Ges. 1919 ist. Für Schenkungen gilt sie nicht (gl. Ans. Mirre, Bem. 16 zu § 8).

e) Nicht hierher gehören die sachlichen Steuerbefreiungen, wegen deren die §§ 21 ff. Ges. und die Vorbemerkung dazu zu vergleichen sind.

30. Nach § 1 Abs. 2 Ges. steht die Anwendung des § 8 für alle drei Arten der Erbschaftssteuer außer Zweifel (vgl. oben Note 3).

§ 9. (EStG. 1922).

(1) Die Erbanfallsteuer wird nach dem persönlichen Verhältnis des Erwerbers zu dem Erblasser in folgenden 5 Klassen erhoben:

I. Klasse:

1. Der Ehegatte und die ehelichen Kinder des Erblassers *mit Ausnahme der an Kindes Statt angenommenen Personen,* ferner diejenigen Kinder, welchen die rechtliche Stellung ehelicher Kinder zukommt, sowie die eingekindschafteten Kinder, sofern diesen die rechtliche Stellung ehelicher Kinder zukommt.

   Der Erwerb des Ehegatten unterliegt der Steuer jedoch nur dann, wenn der Altersunterschied zwischen den Ehegatten mehr als zwanzig Jahre beträgt und die Ehe noch nicht fünf Jahre bestanden hat.

2. die vom Vater anerkannten unehelichen Kinder.

II. Klasse:

Die Abkömmlinge der zu I bezeichneten Kinder. *Hierzu gehören auch die Abkömmlinge der in 1 Nr. 2 genannten Art.*

III. Klasse:

1. Die Eltern;

2. die voll- und halbbürtigen Geschwister.

IV. Klasse:

1. Die Großeltern und die entfernteren Voreltern;
2. die Abkömmlinge ersten Grades von Geschwistern;
3. die Schwieger- *und Stief*eltern;
4. die Schwieger- *und Stief*kinder;
5. *die an Kindes Statt angenommenen Personen und diejenigen ihrer Abkömmlinge, auf welche sich die Wirkung der Annahme an Kindes Statt erstreckt, soweit sie nicht in die I., II. oder III. Klasse gehören.*

V. Klasse:

Alle übrigen Erwerber, *soweit es sich nicht um einen Erwerb der in den §§ 21, 23, 24 bezeichneten Art handelt.* Hierunter fallen auch Zweckzuwendungen, *soweit nicht die Vorschriften der §§ 21, 23, 24 anwendbar sind.*

(²) Im Falle des § 2 Abs. 1 Nr. 2 gilt als Erblasser, in den Fällen des § 3 Abs. 1 Nr. 8 und 9 als Schenker der zuletzt Berechtigte; im Falle des § 2 Abs. 2 Nr. 1 und 3 Abs. 1 Nr. 7 ist der Besteuerung das Verwandtschaftsverhältnis des Erblassers oder Schenkers zu dem nach der Stiftungsurkunde entferntest Berechtigten zugrunde zu legen, sofern die Stiftung wesentlich im Interesse einer Familie oder bestimmter Familien gemacht ist.

(³) Im Falle des § 2269 des Bürgerlichen Gesetzbuchs und soweit der überlebende Ehegatte an die Verfügung gebunden ist, sind die mit dem verstorbenen Ehegatten näher verwandten Erben und Vermächtnisnehmer als seine Erben anzusehen, soweit sein Vermögen beim Tode des überlebenden Ehegatten noch vorhanden ist.

§ 9. (ESt G. 1923).

(¹) Die Erbschaftssteuer wird nach dem persönlichen Verhältnis des Erwerbers zu dem Erblasser in folgenden 5 Klassen erhoben:

I. Klasse:

1. Der Ehegatte und die Kinder des Erblassers einschließlich der Stiefkinder und der an Kindes Statt ange-

nommenen Personen, ferner diejenigen Kinder, welchen die rechtliche Stellung ehelicher Kinder zukommt, sowie die eingekindschafteten Kinder, sofern diesen die rechtliche Stellung ehelicher Kinder zukommt.

Der Erwerb des Ehegatten unterliegt der Steuer jedoch nur dann, wenn der Altersunterschied zwischen den Ehegatten mehr als zwanzig Jahre beträgt und die Ehe noch nicht fünf Jahre bestanden hat.

2. Die vom Vater anerkannten unehelichen Kinder:

II. Klasse:

Die Abkömmlinge der zu I bezeichneten Kinder einschließlich der Abkömmlinge der in I Nr. 2 genannten Art sowie der Abkömmlinge der an Kindes Statt angenommenen Personen, auf welche sich die Annahme an Kindes Statt erstreckt.

III. Klasse:

1. Die Eltern und Stiefeltern;
2. die voll- und halbbürtigen Geschwister.

IV. Klasse:

1. die Großeltern und die entfernteren Ureltern;
2. die Abkömmlinge ersten Grades von Geschwistern;
3. die Schwiegereltern;
4. die Schwiegerkinder.

V. Klasse:

Alle übrigen Erwerber und die Zweckzuwendungen, soweit nichts anderes vorgeschrieben ist.

Abs. 2 u. 3 unverändert.

a) Aussch.-Ber.: S. 4, 14, 28—31.

b) Richtl.: S. 5.

c) Ges. 1919: § 26 (wenig geändert).

d) Schriftt.: Marcus, Vergünstigungen von Ehefrauen und Abkömmlingen nach dem neuen Erbschaftssteuergesetz, DStZ. XII, 305. — Montanus, Erbschaftssteuerfreiheit der Ehegatten, Verbst. Jg. 3 S. 53. — Lang, Steuerlich zweckmäßige Form letztwilliger Verfügungen, JW. Jg. LI S. 1561. — Dr. Carl Walther, Ehefrau und Kinder, Verbst. XV Sp. 13, 20.

e) Rechtspr.: (Note 25) URFH. 3. Mai 1922, DVR. Jg. 23 S. 80, betr. „zuletzt Berechtigter“ nach Abs. 2. — (Note 27) URG. 21. März 1911, RGE. 76, 20 und RFH. 19. Oktober 1922, StuW. II Sp. 81, betr. Anwendbarkeit früheren Rechts, wenn ein Ehegatte vor 1900 gestorben; URG. 7. Februar 1905, RGE. 60, 115, betr. gemeinschaftliche Testamente; URFH. 11. Juni 1919 in Schreiben des RMdF. III Fg. 8218 vom 27. Juli 1919, betr. Testamentsauslegung. — (Note 28) URG. 5. Dezember 1911, ZfZuSt. 1912 S. 217, BlfVF. 1912 S. 120, WABl. 1913 Beibl. 1 S. 20; 23. April 1912, ZfZuSt. 1912 S. 21, BlfVF. 1912 S. 276, WABl. 1913,

Beibl. 4 S. 88, BremABl. 1912 S. 114; 23. Mai 1913, RGE. 82 S. 305; 20. Januar 1914, PrJBl. 1914 S. 194; 27. April 1912, DStZtg. Jg. 1 S. 68/69; 4. März 1912, RGE. 79, 32, BlFB. 1913 S. 190; 4. Februar 1919, Schreiben des RMdF. III Fg. 2165; 4. April 1919, sämtlich betr. Auslegung gemeinschaftlicher Testamente.

Inhaltsübersicht:

1. Vergleich mit Ges. 1919.
2. Geschichtliche Entwicklung.
3. Grundlage der Klassenzugehörigkeit.
4. Erblasser, Schenker.
5. Erwerber.
6. Ehegatte, Gültigkeit der Ehe.
7. Kinder.
8. Ausnahmen: an Kindes Statt angenommene Personen.
9. Rechtl. Stellung ehelich. Kinder.
10. Einkindschaftsvertrag.
11. Steuerpflicht des Ehegatten.
12. Anerkannte uneheliche Kinder
13. Klasse II.
14. Eltern.
15. Geschwister.
16. Großeltern, Voreltern.
17. Abkömmlinge ersten Grades von Geschwistern.
18. Schwieger- und Stiefeltern.
19. Schwieger- und Stiefkinder.
20—23. Klasse IV Nr. 5.
24. Klasse V.
25, 26. Abs. 2.
27, 28. Gemeinschaftl. Testament. Gesetzliche Grundlage. Auslegungsfragen.
29. Bürgerlichrechtliche und steuerliche Wirkungen nach § 2269 BGB.
30—32. Voraussetzungen der Anwendung des Abs. 3.
33. Abweichung der steuerlichen Behandlung vom BGB. — Gebundenheit des überlebenden Ehegatten.
34, 35. Vorhandensein des Vermögens des Erstverstorbenen.
36. Inwieweit gilt der vom verstorben. Ehegatten herrührende Anfall als selbständiger Erwerb?
37. Gleich nahe Verwandtschaft des Dritterben mit beid. Ehegatten?
38. Übergangsvorschriften.
39. Einwirkung des § 1 Abs. 2.
40. Die Änderungen der zweiten Steuernotverordnung.

1. Der § 9 entspricht dem § 26 Ges. 1919 (§ 59 Ges. 1906). Abweichungen sind:

a) Die grundsätzliche Steuerfreiheit des Gattenerwerbes (I Klasse 1 Abs. 2);

b) die Streichung der Klasse V mit entsprechender Umbenennung der Klasse VI;

c) die Einschiebung der Zweckzuwendungen in Klasse V (vormals VI);

d) die durch die besonderen Steuerfälle in den §§ 2 und 3 Ges. zwecks Bestimmung der Klasse notwendig gewordenen Erläuterungen, während der bisherige Abs. 2 in § 26 infolge der durchaus abweichenden Regelung der Besteuerung des Vor- und Nacherben hinfällig geworden ist;

e) nur redaktioneller Art ist die Streichung des Wortes „ehelichen" in Abs. 1 I Nr. 1, Halbs. 1 und der Worte „die unehelichen Kinder der Mutter und" in Abs. 1 I Nr. 2.

Auch die Hinzufügung des zweiten Satzes in Abs. 1 II dient der Klarstellung. In der 3. Auflage dieses Kommentars wurde für das Ges. 1919 eine abweichende Auffassung vertreten.

2. In den Ausschußberatungen ist der § 9 (Nr. 9 des Antrags Herold) in erster und zweiter Lesung unverändert angenommen; in erster

Lesung wurden Bedenken gegen die zu weit gehende Begünstigung der Ehegatten und die Streichung der Klasse V erhoben. In den Verhandlungen des Reichstags selbst ist § 9 nicht erörtert.

Die Richtlinien des Reichsfinanzministers heben die Änderungen zu a und b der Note 1 hervor und weisen auf die Streichung der §§ 34 und 36 des Ges. 1919 hin.

Betreffs der durch die zweite Steuernotverordnung vom 19. Dezember 1923 hervorgerufenen Änderung der Eingruppierung in die einzelnen Klassen vgl. Note 40.

Zu Abs. 1.

3. Nach der Klasse bestimmt sich der Steuersatz (§ 10 Abs. 1 Ges.). Maßgebend ist das persönliche Verhältnis zwischen Erwerber und Erblasser (Schenker) zur Zeit der Entstehung der Steuerschuld (§ 18 Abs. 1 Ges.), also für den Erwerb von Todes wegen zur Zeit des Anfalls, für Schenkungen unter Lebenden zur Zeit der Ausführung der Zuwendung. Ist ein für die Bestimmung der Klasse wesentliches familienrechtliches Band zur maßgebenden Zeit noch nicht geknüpft (z. B. die Annahme an Kindes Statt noch nicht bestätigt, die Legitimation noch nicht erfolgt) oder bereits wieder gelöst (z. B. die Ehe geschieden oder für nichtig erklärt), so scheidet es aus. Kommen an sich mehrere Steuerklassen in Frage (z. B. die erwerbende Ehegattin ist zugleich Nichte des Erblassers und erbt auch als solche — BGB. § 1934), so ist natürlich die dem Erwerber günstigere zugrunde zu legen.

Bei Zweckzuwendungen kommt nur Klasse V in Frage (s. das.).

4. Der Erblasser ist der Beerbte; er kann nur eine natürliche Person sein. Für die Besteuerung der Schenkung (§ 3), für die unser Paragraph gleichfalls Geltung hat (§ 1 Abs. 2, vgl. unten Note 39), tritt an seine Stelle der Schenker. Als solcher kommt auch eine juristische Person, ein nicht rechtsfähiger Verein, eine offene Handels- oder Kommanditgesellschaft, eine Reederei in Frage (vgl. Note 16 zu § 8). Allerdings kann bei nicht rechtsfähigen Gebilden oft zweifelhaft sein, ob nicht die Schenkung von den einzelnen Vereinsmitgliedern bzw. Gesellschaftern ausgeht. Beim nicht rechtsfähigen Vereine wird freilich regelmäßig die Schenkung von der Organisation ausgehen, bei einer offenen Handelsgesellschaft, einer Kommanditgesellschaft oder Reederei dagegen, soweit nicht die Schenkung förmliche Geschäftsunkosten darstellt (z. B. Zuwendungen an Angestellte oder zu gemeinnützigen Zwecken) regelmäßig von den einzelnen Gesellschaftern oder Reedern (ebenso Mirre, Bem. 15 zu § 9) und zwar nach dem Verhältnisse ihrer Beteiligung, soweit nicht besondere Umstände (z. B. Buchungen) andere Schlüsse zulassen (vgl. auch Urt. d. RFH. vom 18. Januar 1923 VI A). Geht die Schenkung von den Gesellschaftern (Reedern) aus, so liegen juristisch und steuerrechtlich so viel Schenkungen vor, als Schenker vorhanden sind; für jede von ihnen ist das persönliche Verhältnis zwischen Schenker und Erwerber maßgebend. Liegt eine einheitliche Schenkung der Gesellschaft usw. vor, so ist die Besteuerung stets in Klasse V vorzunehmen.

Für die Person des Schenkers vgl. noch Note 10 zu § 3. Hinzugefügt sei, daß eine Schenkung (anders Zuwendung von Todes wegen, BGB. §§ 2064, 2274) auch durch gesetzliche Vertreter, Bevollmächtigte oder Verwaltungsberechtigte erfolgen kann. Alsdann entscheidet das Verhältnis zum Vertretenen. Zweifelhaft liegt der Fall bei Schenkungen des Testamentsvollstreckers (BGB. § 2205). Mirre (Bem. 15 zu § 9) will hier das Verhältnis des Erwerbers zum Erblasser maßgebend sein lassen. Da die rechtliche Konstruktion des Testamentsvollstreckers (öffentlicher Funktionär, nicht Vertreter) für das Steuerrecht zu der unbrauchbaren Folgerung führen würde, daß als Schenker der Testamentsvollstrecker selbst aufzufassen wäre, andererseits der Testamentsvollstrecker den — wirklichen oder angenommenen — Willen des Erblassers (nicht der Erben) vollzieht, so erscheint die Ansicht Mirres richtig, um so mehr, als nach der von ihm in Note 13 zu § 12 wiedergegebenen Entscheidung des RFH. vom 15. Februar 1922 derartige Anstandsschenkungen als Nachlaßverbindlichkeiten angesehen werden sollen (vgl. Note 24 a. E. zu § 12). § 4 AbgO. trägt diese Auffassung.

Schenkungen seitens des Vorerben, zu denen er nur im Rahmen des § 2113 Abs. 2 Satz 2 BGB. (Anstandsschenkungen) befugt ist, dürften als nur von ihm gemacht anzusehen sein. Bei Schenkungen anderer Art, die vom Nacherben genehmigt werden, soll es nach Mirre (Bem. 16 zu § 9) so angesehen werden, als habe der Vorerbe die kapitalisierte Nutznießung, der Nacherbe die (um die Nutznießung verminderte) Substanz geschenkt. Logisch erscheint das richtig, wenngleich die dadurch herbeigeführte Zerreißung einer doch einheitlichen Schenkung nicht sonderlich befriedigt.

5. Der Erwerber kann in allen Fällen sowohl eine natürliche wie juristische Person oder eine organisierte Gemeinschaft ohne Rechtsfähigkeit (offene Handelsgesellschaft, Kommanditgesellschaft, nicht rechtsfähiger Verein, Reederei) sein. Freilich ist in Fällen letztgenannter Art wieder zu prüfen, ob tatsächlich die Organisation oder ihre Mitglieder bedacht sind. Bei nicht rechtsfähigen Vereinen wird regelmäßig ersteres, bei den andern genannten handelsrechtlichen Organisationen letzteres der Fall sein, sofern nicht Anstandsschenkungen vorliegen (Mirre, Bem. 15 zu § 9). Für die Bestimmung der Steuerklasse ist in beiden Fällen die vorgehende Note zu vergleichen.

Gleichgültig für die Person des Erwerbers ist es, ob am Erwerbe dritten Personen (Ehemann, Eltern) gesetzliche Nutznießungsrechte zustehen oder ob der Erwerb bei bestehender Gütergemeinschaft Gesamtgut wird.

Die Person des Bedachten kann mehr oder weniger unbestimmt gelassen sein. Für letztwillige Verfügungen sind die §§ 2066—2073, 2065 Abs. 2 BGB., für Vermächtnisse und Auflagen daneben die §§ 2151, 2193 zu vergleichen. Für freigebige Zuwendungen unter Lebenden ist es nach den Grundsätzen der Vertragsfreiheit zulässig, die Bestimmung des Bedachten dem Vertragsgegner oder einem Dritten zu überlassen.

Klasse I.

6. Zur Klasse I gehört, sofern die in Note 11 zu erörternde Ausnahme Platz greift, zunächst der Ehegatte des Erblassers (Schenkers). Die Formvorschriften für die Eingehung der Ehe enthalten die §§ 1316 bis 1321 BGB. Wesentliches Formerfordernis in dem Sinne, daß das Fehlen Nichtigkeit der Ehe begründet, ist aber nur die Bestimmung des § 1317 das. (Erklärung beider Verlobten in gleichzeitiger persönlicher Anwesenheit vor einem Standesbeamten, die Ehe miteinander eingehen zu wollen). Selbstverständlich muß die Ehe im entscheidenden Augenblicke wirksam bestehen. Sie darf also einmal nicht rechtskräftig geschieden sein. Rechtskräftig ist das Urteil dann, wenn es mit einem Rechtsmittel nicht mehr angefochten werden kann, sei es, daß auf die Einlegung eines Rechtsmittels verzichtet oder die Rechtsmittelfrist abgelaufen ist oder daß die zulässigen Rechtsmittel erschöpft sind; stirbt einer der Ehegatten vor rechtskräftiger Erledigung des Scheidungsprozesses, so ist der Rechtsstreit in der Hauptsache als erledigt anzusehen (ZPO. § 628). Ob die Aufhebung der ehelichen Gemeinschaft (BGB. § 1575) der Scheidung gleichzuachten ist (vgl. BGB. § 1586) ist sehr zweifelhaft. Nach der Regierungsbegründung zum Ges. 1906 (vgl. Note 18) ist das aber anzunehmen.

Ferner darf die Ehe nicht in einer nach außen hin wirksamen Weise nichtig sein. Das BGB. regelt die Nichtigkeit unter Ausschluß der allgemeinen Nichtigkeitsgründe ausschließlich in den §§ 1323—1328 und zählt fünf Gründe auf: a) Verletzung wesentlicher Form (§§ 1324, 1317), b) Mangel der Willensfreiheit eines Gatten (§ 1325), c) Doppelehe (§ 1326), d) Ehe mit nahe Verwandten oder Verschwägerten (§§ 1327, 1310 Abs. 1), e) Verstoß gegen das Verbot der Eheschließung wegen Ehebruchs (§§ 1328, 1312). Heilbar ist der Mangel in den Fällen zu a durch Eintragung ins Heiratsregister und zehnjähriges (bei vorgängigem Tode eines Gatten dreijähriges) Miteinanderleben als Ehegatten, ohne daß Nichtigkeitsklage erhoben war — zu b durch Bestätigung — zu e durch nachträgliche Befreiung. Die Nichtigkeit darf aber von der Veranlagungsbehörde nur dann beachtet werden, wenn entweder die Ehe auf erhobene Nichtigkeitsklage hin rechtskräftig für nichtig erklärt oder bereits (durch Tod oder Scheidung) aufgelöst oder wegen Formmangels nichtig ist, ohne in das Heiratsregister eingetragen zu sein (§ 1329 BGB.). Nicht ausgeschlossen ist es, daß das Reich als Interessent gemäß § 632 Satz 2 ZPO. die Nichtigkeitsklage erhebt. Wird die Ehe für nichtig erklärt, so ist sie damit als von Anbeginn an nichtbestehend zu betrachten. Es muß alsdann eine Veranlagung bzw. eine Berichtigung gemäß § 214 AbgO. stattfinden.

Auch die erfolgreiche Anfechtung der Ehe führt deren Nichtigkeit herbei. Die Anfechtungsgründe enthält das BGB. in den §§ 1330—1335 und 1350; ausgeschlossen ist die Anfechtung in den Fällen der §§ 1337 bis 1339, 1350 Satz 2 und Abs. 2. Sie erfolgt regelmäßig durch Klageerhebung (BGB. § 1341; ZPO. §§ 606 ff.); ist aber die Ehe durch den Tod des zur Anfechtung berechtigten Ehegatten aufgelöst, durch öffentlich beglaubigte Erklärung (BGB. § 129) gegenüber dem Nachlaßgericht (BGB. § 1342). Die Anfechtung geltend zu machen, ist lediglich Sache des anfechtungsberechtigten Ehegatten bzw. seines gesetzlichen Vertreters (BGB. § 1336). Die angefochtene Ehe ist als von Anfang an nichtig anzusehen (BGB. § 1343 Abs. 1). Solange die Anfechtung nicht wirksam geworden ist (d. h. das sie aussprechende Urteil nicht rechtskräftig geworden bzw. im Falle des § 1342 BGB. die Erklärung nicht formgerecht abgegeben ist), darf die Veranlagungsbehörde sie nicht berücksichtigen; ist sie aber wirksam erfolgt, so hat eine Veranlagung bzw. Neuveranlagung des Erwerbers stattzufinden.

7. Zur Klasse I gehören ferner die **Kinder** des Erblassers. Gemeint sind solche Kinder, die dem Erblasser (Schenker) gegenüber nach bürgerlichem Rechte verwandt sind, mithin a) die ehelichen Kinder im Verhältnis zu Vater und Mutter, b) die unehelichen Kinder im Verhältnis zur

Mutter. Gegenüber der Rechtslage nach dem Ges. 1919 ist trotz veränderter Fassung nichts geändert (vgl. Note 1 unter d).

a) Ein Kind ist ehelich unter der vierfachen Voraussetzung (BGB. § 1591): α) daß es nach Eingehung der Ehe geboren ist, β) daß die Frau es vor oder während der Ehe (nach gemeinem Rechte nur „während" der Ehe) empfangen hat, γ) daß der Mann der Frau während der Empfängniszeit (d. i. die Zeit vom 181.—302. Tage vor der Geburt des Kindes, einschließlich beider Tage, wobei der Zeitraum zugunsten des Kindes über 302 Tage erstreckt werden kann — § 1592 BGB.) beigewohnt hat, δ) daß das Kind aus einer Beiwohnung des Mannes empfangen ist. Dabei streitet für die letzte Voraussetzung eine nur durch den Nachweis offenbarer Unmöglichkeit der Empfängnis zu widerlegende Vermutung (§ 1591 Satz 2). Auch für die Beiwohnung des Mannes besteht die Vermutung wenigstens soweit die Empfängniszeit in die Ehe fällt, sonst nur, wenn der Mann gestorben ist, ohne die Ehelichkeit angefochten zu haben (§ 1591 Abs. 2). In allen Fällen darf aber die Veranlagungsbehörde sich bei Bemessung der Steuerklasse auf die Unehelichkeit des nach der Eheschließung geborenen Kindes nur dann berufen, wenn:

1. das Kind später als 302 Tage nach Auflösung der Ehe geboren ist, oder
2. der Mann die Ehelichkeit des Kindes mit Erfolg angefochten hat, oder
3. der Mann gestorben ist, ohne das Anfechtungsrecht (durch Zeitablauf — § 1594 BGB. — oder durch — formlos gültige — Anerkennung des Kindes — § 1598 das. —) verloren zu haben (§ 1593 BGB.).

Zu 2 ist nachzutragen, daß die Geltendmachung der Unehelichkeit eines während der Ehe oder innerhalb 302 Tagen nach ihrer Auflösung geborenen Kindes zu Lebzeiten des Mannes nur diesem, ausnahmsweise seinem gesetzlichen Vertreter (§ 1595 Abs. 2 BGB.), zusteht und zwar im Wege der Anfechtung. Letztere erfolgt durch Klageerhebung gegen das Kind (BGB. § 1596; ZPO. §§ 641 ff.), wobei das Kind mit rückwirkender Kraft als unehelich anzusehen ist, sobald das die Unehelichkeit feststellende Urteil Rechtskraft erlangt hat (vgl. Bem. 6). Ist das Kind gestorben, so erfolgt die Anfechtung durch öffentlich beglaubigte Erklärung (§ 129 BGB.) gegenüber dem Nachlaßgericht. Auch hier gilt das Kind rückwirkend als unehelich, vorausgesetzt, daß die Anfechtung materiell begründet war. Ausgeschlossen ist die Anfechtung durch Zeitablauf (§ 1594 BGB. = ein Jahr nach Kenntnis von der Geburt) oder durch Anerkennung des Kindes in irgendwelcher Form (§ 1598 das.). Hat der Mann hiernach das Anfechtungsrecht verloren, so steht damit die Ehelichkeit des Kindes unverrückbar fest und muß vom Finanzamte unterstellt werden. Liegt andererseits eine der vorstehend zu 1—3 angeführten Bedingungen vor, so bedarf es für die Geltendmachung der Unehelichkeit im Veranlagungsverfahren keiner besonderen Form; zu beweisen ist aber: im Falle 1 lediglich, daß das Kind später als 302 Tage (Fristberechnung § 187 BGB.) nach Auflösung der Ehe geboren ist, wobei dem Kinde der Nachweis der Erstreckung der Empfängniszeit gemäß § 1592 Abs. 2 freisteht, im Falle 2, daß ein rechtskräftiges Urteil vorliegt, das die Unehelichkeit im Anfechtungsprozesse feststellt, im Falle 3 einmal, daß der Mann gestorben ist, ohne das Anfechtungsrecht verloren zu haben, sodann sind die zunächst für die Ehelichkeit sprechenden Vermutungen (oben zu γ und δ, § 1591 Abs. 1 Satz 2 und Abs. 2) zu widerlegen.

Erfolgt nach geschehener Veranlagung eine wirksame Anfechtung, so hat Neuveranlagung (§ 212 AbgO.) zu erfolgen.

b) Ein uneheliches Kind ist im Rechtssinne nur mit der Mutter und deren Verwandten verwandt (§ 1589, bes. Abs. 2 BGB.) und hat nur im Verhältnisse zu diesen die Stellung eines ehelichen Kindes. Das rein natürliche Verwandtschaftsverhältnis zum außerehelichen Erzeuger beeinflußt diesem gegenüber die Steuerklasse nur, wenn der Erzeuger das Kind anerkannt hat (Klasse I Nr. 2, Note 12).

8. Die hinter den Worten „die ehelichen Kinder des Erblassers" eingeschaltete Ausnahme der an Kindes Statt angenommenen Personen hätte besser hinter der nächsten Alternative (Kinder, welchen die rechtliche Stellung ehelicher Kinder zukommt) ihren Platz gefunden; denn die an Kindes Statt angenommenen Personen sind nicht Kinder des Erblassers, sondern gelten nur als solche. Natürlich soll die schiefe Stellung der Ausnahme nicht etwa besagen, daß Kinder, die von dritten Personen an Kindes Statt angenommen sind, auch im Verhältnis zu den eigenen Eltern nicht in die Klasse I einzureihen sind. Wegen der durch die zweite Steuernotverordnung vom 19. Dezember 1923 in dieser Hinsicht eingetretenen Änderung vgl. Noten 40 und 20. Bezüglich der jetzt gleichfalls in Klasse I eingereihten Stiefkinder vgl. Note 19.

9. Die rechtliche Stellung ehelicher Kinder haben:

a) Die Kinder aus einer nichtigen (auch infolge erfolgreicher Anfechtung nichtig gewordenen) Ehe (vgl. BGB. §§ 1323 ff.) unter der doppelten Voraussetzung, daß sie im Falle der Gültigkeit der Ehe ehelich sein würden (BGB. §§ 1591 ff., vgl. Note 7a) und wenigstens einer der Ehegatten, von der Anfechtbarkeit wegen Drohung abgesehen (BGB. § 1704), die Nichtigkeit oder Anfechtbarkeit (BGB. § 1343 Satz 2, § 142 Abs. 2) der Ehe bei der Eheschließung nicht gekannt hat (§ 1699 Abs. 1 BGB.). Beruht jedoch die Nichtigkeit der Ehe auf einem Formmangel und ist die Ehe nicht in das Heiratsregister eingetragen (sog. Nichtehe, BGB. §§ 1324, 1344 Abs. 2), so sind die ihr entsprossenen Kinder in jeder Beziehung unehelich. Bezüglich der Nichtigkeit und Anfechtbarkeit der Ehe vgl. Bem. 6.

Die Veranlagungsbehörde hat die sich aus § 1699 BGB. etwa ergebende Unehelichkeit der Kinder aus nichtiger oder anfechtbarer Ehe erst dann zu beachten, wenn die Nichtigkeit der Ehe rechtskräftig festgestellt (bzw. die Anfechtung nach § 1342 BGB. erfolgt) oder die Ehe aufgelöst ist (vgl. Note 6, BGB. §§ 1329, 1341, 1342), es sei denn, daß es sich um eine Nichtehe (§ 1344 Abs. 2) handelt. Einer besonderen Form bedarf es für die Geltendmachung der Unehelichkeit alsdann nicht mehr, jedoch hat die Veranlagungsbehörde die Voraussetzungen der Unehelichkeit zu beweisen, also (von der Nichtehe abgesehen) entweder die Bösgläubigkeit beider Ehegatten oder die Voraussetzungen, von denen die Unehelichkeit der nach Eingehung der Ehe geborenen Kinder abhängt (Note 7a 1—3).

Neuveranlagungen gemäß § 212 AbgO. sind auch hier möglich, wenn die Ehe nach der Veranlagung des Kindes für nichtig erklärt, angefochten oder aufgelöst und die Unehelichkeit nunmehr vom Finanzamt geltend gemacht wird.

b) Die nach der Geburt durch Eheschließung von Vater und Mutter legitimierten unehelichen Kinder (BGB. § 1719). Da eine Vermutung für die Legitimation an sich nicht besteht, so ist dem Finanzamte der Nachweis zu erbringen, wenn der Bedachte die Steuerpflicht aus Klasse I in Anspruch nimmt. Indes genügt hierfür die Beibringung eines die Ehelichkeit des Kindes feststellenden rechtskräftigen Urteils in einem zwischen dem Ehemann der Mutter und dem Kinde anhängig gemachten Familienstandsprozesse, da ein solches Erkenntnis Wirkung für und gegen alle hat (§ 643 ZPO.). Auch wird das Finanzamt die Vorlage einer öffentlichen Urkunde als genügend ansehen müssen, in der der Ehemann die Vaterschaft nach der Geburt des Kindes anerkannt hat; denn diese Urkunde begründet die Vermutung der Beiwohnung in der Empfängniszeit und die Beiwohnung die nur durch den Nachweis offenbarer Unmöglichkeit entkräftbare Vermutung des Empfängnisses aus ihr (BGB. § 1720).

Ist die nachfolgende Ehe nichtig (auch im Falle erfolgreicher Anfechtung), so berührt das die Legitimation nur dann, wenn das Kind auch ohnehin nach § 1699 unehelich wäre (§ 1721, vgl. oben unter a).

c) Die auf Antrag des Vaters (§ 1725 BGB.) durch eine Verfügung der Staatsgewalt für ehelich erklärten Kinder (§ 1723 BGB.). Über die weiteren Voraussetzungen der Ehelichkeitserklärung sind die §§ 1723 Abs. 2, 1735 BGB. zu vergleichen. Für die Anwendung der Klasse I wird der dem Finanzamte zu erbringende Nachweis der erfolgten Ehelichkeitserklärung genügen. Der Nachweis, daß die Ehelichkeitserklärung mangels eines wesentlichen Erfordernisses (vgl. aber BGB. § 1735) nichtig sei, liegt der Steuerbehörde ob.

d) Auch an Kindes Statt angenommene Kinder haben die rechtliche Stellung ehelicher Kinder des Annehmenden. Kraft der in Note 8 erörterten Ausnahmebestimmung gehören sie aber nicht in die Klasse I (vielmehr in die Klasse IV).

e) Endlich hat das uneheliche Kind gegenüber der Mutter und den mütterlichen Verwandten „die rechtliche Stellung eines ehelichen Kindes" (BGB. § 1705). Nach dem Willen des Erbschaftssteuergesetzes dürfte es jedoch schon als „Kind des Erblassers (Schenkers)" in die Klasse I gehören (Note 7 b).

10. Der sog. Einkindschaftsvertrag ist ein ursprünglich rein erbrechtlicher, nach und nach aber zu einem familienrechtlichen Vertrage ausgestalteter, auf dem Boden alten fränkischen Rechtes heimischer Vertrag, durch welchen zwischen Kindern erster Ehe und deren Vater bzw. Mutter mit dem zweiten Ehegatten der letzteren die völlige Gleichstellung derselben mit den Kindern zweiter Ehe vereinbart wird. Die Einkindschaft ist dem BGB. fremd; auch das EG. BGB. übergeht dieselbe mit Stillschweigen, wie sowohl die Begründung zum RErbStG. 1906 (vgl. Note I zu § 11 der zweiten Auflage des Kommentars) wie die zum Entwurf des Ges. 1919 übereinstimmend anführen. Es bleiben jedoch Einkindschaftsverträge, die vor dem Inkrafttreten des BGB. abgeschlossen wurden (vgl. dazu auch Art. 203 des EG. BGB.), und die vermögensrechtlichen speziell erbrechtlichen Wirkungen derselben, welche unter dem BGB. auch durch einen Erbvertrag erzielt werden können, in Kraft. Planck, Kommentar Anm. 5 zu Art. 209 EG. BGB. führt dazu aus: „Unzweifelhaft und unbestritten ist, daß die vermögensrechtlichen Wirkungen des Einkindschaftsvertrages durch den Eintritt des BGB. nicht berührt werden. Denn in vermögensrechtlicher Beziehung hat der Einkindschaftsvertrag den Charakter eines Erbvertrages bzw. Erbverzichts und die Wirksamkeit eines Erbvertrages oder Erbverzichtvertrages, der vor dem Inkrafttreten des BGB. abgeschlossen ist, bestimmt sich, auch wenn der Erblasser nach diesem Zeitpunkte stirbt, gemäß Art. 214, 217 nach den bisherigen Gesetzen. Es bleiben also insbesondere das Erbrecht der eingekindschafteten Kinder gegenüber dem Stiefelternteil und ihr Anspruch auf den Voraus nach Maßgabe der bisherigen Gesetze unberührt." Vgl. auch Staudinger, Anm. V zu Art. 209 EG. BGB. Die eingekindschafteten Kinder sollen jedoch nur insofern in Klasse I Berücksichtigung finden, als ihnen die rechtliche Stellung ehelicher Kinder zukommt. In letzterem liegt der gerechtfertigte innere Grund dafür, daß sie hier eingestellt sind.

11. Die Vorschrift in Klasse II Abs. 2 läßt den Ehegatten nur ausnahmsweise steuerpflichtig erscheinen. Die beiden in Abs. 2 genannten Voraussetzungen müssen zusammentreffen. Für die Fristberechnung sind BGB. § 187 Abs. 1 und Abs. 2 (bes. Satz 2) und § 188 Abs. 2 zu vergleichen. Hiernach findet die Befreiung noch statt, wenn die Eheleute am gleichen Tage (mit 20jährigem Unterschied) Geburtstag haben oder ein Ehegatte am Tage der fünften Wiederkehr des Hochzeitstages stirbt (so Mirre, Bem. 4 zu § 9).

12. Da an und für sich für das uneheliche Kind nur eine Verwandtschaft der Mutter gegenüber Platz greift bzw. dasselbe nur dieser gegenüber die rechtliche Stellung eines ehelichen Kindes hat, so kommen die unehelichen Kinder als solche nur bei dem Nachlaß der Mutter unter Klasse I zum Zuge. Aus Billigkeitsrücksichten ist unter einer weitergehenden, den Zeitverhältnissen entsprechenden Toleranz jedoch die Vorschrift für die vom Vater anerkannten unehelichen Kinder verallgemeinert und auch auf den Nachlaß des Vaters ausgedehnt. Das RESt G. 1906 hatte die anerkannten unehelichen Kinder sowie deren Abkömmlinge in der Klasse II, seit 1913 Klasse III, herausgehoben.

Die Bestimmung, daß uneheliche, vom Vater anerkannte Kinder in bevorzugter Weise steuerpflichtig sein sollen, bedeutet eine Abweichung von dem bürgerlichen Recht. Nach § 1589 Abs. 2 BGB. gelten ein uneheliches Kind und dessen Vater nicht als verwandt; hieran wird durch die Anerkennung des Vaters, welche nach dem BGB. überhaupt nur für den Beweis der Vaterschaft eine Bedeutung hat, nichts geändert. In erbschaftssteuerlicher Beziehung sind nunmehr die vom Vater anerkannten Kinder und demnächst auch deren Abkömmlinge bestimmten Verwandtenkategorien gleichgestellt; es ist damit in gewisser Weise die uneheliche Abstammung dem Vater gegenüber als Verwandtschaft oder als der Verwandtschaft gleichstehend in steuerlicher Beziehung anerkannt.

Es kommen hier uneheliche Kinder jeder Art in Betracht, sofern sie nach dem BGB. als uneheliche gelten, also nicht nur die außer oder ohne jede Ehe erzeugten Kinder des Vaters, sondern auch die aus einer nichtigen Ehe desselben, einmal und zwar in diesem Falle ohne weiteres, wenn die Nichtigkeit der Ehe auf einem Formmangel beruht und die Ehe nicht in das Heiratsregister eingetragen ist, sowie ferner, aber hier erst nach der Nichtigkeitserklärung, sofern beide Ehegatten die Nichtigkeit der Ehe bei der Eheschließung gekannt haben; Kinder aus sonst nichtigen Ehen können nicht in Frage kommen, weil sie nach § 1699 BGB. als ehelich gelten; vgl. oben Note 9 unter a. Ebenso bleibt es ohne Bedeutung, wenn ein eheliches Kind von einem Dritten als von ihm erzeugt anerkannt wird; bei dem Erbfall dieses Dritten würde die günstigere Besteuerung nach Ziff. 2, weil sich diese ausdrücklich nur auf uneheliche Kinder bezieht, nicht Platz greifen können.

Nach der Begründung zum Entwurf des Ges. 1919 bedarf es für die fragliche Anerkennung keiner besonderen Form; insbesondere ist es nicht erforderlich, daß sie in einer öffentlichen Urkunde verlautbart ist. Es soll jede Art der Erklärung, auch eine nur mündliche, genügen. Die erfolgte Anerkennung muß selbstredend, um wirksam zu werden, entsprechend nachgewiesen sein. Schon das RESt G. 1906 forderte lediglich die Anerkennung des Vaters ohne für diese Anerkennung irgendeine Form vorzuschreiben. Die Anerkennung konnte auch bisher in jeder beliebigen Form schriftlich wie mündlich geschehen. Es wird sogar schon als genügend anzusehen sein, wenn die Tatsache der Anerkennung aus der ganzen Handlungsweise des Vaters mit Sicherheit festzustellen ist, wenn durch diese Handlungsweise die Anerkennung, welche als solche stets gegeben sein muß, tatsächlich begründet ist, nach welcher Richtung hin natürlich derjenige, welcher sich darauf beruft, den Beweis zu führen hat. Das Gesetz hat nach seinem unzweideutigen Wortlaut nur die „vom Vater anerkannten" Kinder entsprechend begünstigen wollen. Eine Anerkennung des Vaters bildet danach unter allen Umständen die Voraussetzung der Anwendbarkeit der fraglichen Steuervorschrift. Ist nachweislich diese Anerkennung nicht erfolgt, ist namentlich diese Anerkennung von dem Vater geradezu versagt, so kann der geringere Steuersatz nicht Platz greifen, demnach auch nicht, wenn der Erblasser trotz Bestreitens der Vaterschaft durch Urteil für den Vater erklärt worden ist. Für den letzteren Fall war allerdings unter dem PrESt G. durch Erl. d. PrFM. als zulässig anerkannt worden, daß das gerichtliche Urteil die Anerkennung ersetze. Es mußte aber schon für das RESt G. 1906 Dr. A. Hoffmann beigepflichtet werden, welcher (Note 6 zu § 10) anführt, daß der Grund der Steuervergünstigung nur in dem ethischen Moment gefunden werden könne, das darin liege, daß der Erblasser sich zur Vaterschaft bekannt habe, und daß andernfalls nicht einzusehen sei, warum die Anwendung des geringeren Steuersatzes nicht einfach von dem Nachweise der Vaterschaft abhängig gemacht wurde. Auch der § 894 ZPO. wird hier ohne Bedeutung sein, da das RESt G. selbständig Ordnung getroffen hatte und treffen konnte. And. M. U. Hoffmann Note 6 Abs. 2 zu § 10 (in der 2. Aufl. Anm. 7 Abs. 2 ist jedoch der hier vertretenen Ansicht beigepflichtet); Josewski Anm. 9 Abs. 3 zu § 10. Die hier vertretene Ansicht ist jedenfalls für das neue Gesetz aufrecht zu erhalten.

Klasse II.

13. Die Klasse II umfaßt ausschließlich die Abkömmlinge der zu Klasse I bezeichneten Kinder. Durch den Gebrauch des Wortes „Abkömmling" wird die Klasse in ihrem Umfang erweitert und in einen gewissen Gegensatz zu der Klasse I gestellt, welche sich lediglich auf Kinder, also auf die nächste Generation nach dem Erblasser bezieht. „Abkömmling" ist ein technischer Ausdruck des BGB., der die Kinder und die entferntere Deszendenz einer Person, speziell im Erbrecht die des Erblassers, bezeichnet (vgl. BGB. §§ 1924 ff.). Dabei wird jedoch der Ausdruck speziell bei den erbrechtlichen Bestimmungen durchweg auf die eheliche bzw. auf die verwandte Deszendenz beschränkt. In diesem Sinne ist der Ausdruck auch hier (mit der durch Satz 2 Klasse II getroffenen Ausnahme) zu nehmen. Die Klasse II begreift danach, dem Grade nach unbeschränkt, die gesamte eheliche bzw. verwandte Nachkommenschaft der zu Klasse I bezeichneten Kinder in sich. Des weiteren sind alle die einzelnen Arten der Kinder, welche die Klasse I aufführt, ebenso für Klasse II in Rücksicht zu ziehen, aber wiederum nur in dem Maße, wie sie in Klasse I zum Zuge kommen, also die ehelichen Kinder, die Kinder mit der rechtlichen Stellung ehelicher Kinder einschließlich der eingekindschafteten Kinder mit solcher Stellung und die vom Vater anerkannten unehelichen Kinder in ihren Abkömmlingen sowohl dem Nachlaß väterlicherseits wie mütterlicherseits gegenüber, die unehelichen Kinder im allgemeinen in ihren Abkömmlingen nur dem Nachlaß mütterlicherseits gegenüber. Legitimation durch nachfolgende Ehe, Ehelichkeitserklärung und väterliche Anerkennung finden für die Abkömmlinge der Klasse II in der gleichen Weise wie für Klasse I Anwendung. Die Abkömmlinge der in der Klasse I ausgenommenen an Kindes Statt angenommenen Personen sind für die Klasse II in gleicher Weise ausgeschlossen; sie kommen in Klasse IV unter Ziff. 5 allein und geschlossen in Betracht. Satz 2 stellt klar, daß auch die vom Vater anerkannten unehelichen Kinder zu den Abkömmlingen im Sinne des Satzes 1 zählen. Damit dürfte der Kreis der Abkömmlinge insoweit geschlossen sein, als zu ihnen alle diejenigen Personen gehören, die als „Kinder" für die Klasse I in Frage kommen können, also auch die durch Akt der Staatsgewalt für ehelich erklärten Kinder, wiewohl diese bürgerlichrechtlich nur als mit dem Vater verwandt gelten, nicht aber mit den Verwandten des Vaters, also auch nicht mit dessen Eltern und Voreltern (BGB. § 1737). Ein gleiches muß auch für die eingekindschafteten Kinder gelten (a. A. Mirre, Bem. 5). Denn wenn das Gesetz den entferntesten Kreis der Kinder im Sinne der Klasse I, nämlich die anerkannten unehelichen Kinder des Vaters, zu den „Abkömmlingen" zählt, so ist nicht einzusehen, warum nicht auch diejenigen Kreise darunter fallen sollten, die immerhin bürgerlichrechtlich als ehelich behandelt werden. Hat also A einen von ihm anerkannten unehelichen Sohn B und dieser einen von ihm anerkannten unehelichen Sohn C, ferner einen für ehelich erklärten Sohn D und eine eingekindschaftete Tochter seiner Frau aus erster Ehe E, so fallen C, D und E im Verhältnisse zu A in die Klasse II.

Bezüglich der durch die zweite Steuernotverordnung vom 19. Dezember 1923 erfolgten Erweiterung der Klasse II vgl. Noten 40 und 21.

Klasse III.

14. Die Klasse III führt unter Ziff. 1 die Eltern auf. In der Hauptsache kommen wiederum die gleichen gesetzlichen und sonstigen Grundsätze wie für die Kinder nur in umgekehrter Richtung in Betracht. So sind bei einem Nachlaß von ehelichen Kindern stets beide Eltern unter entsprechender Anwendung der Ausführungen in Note 6 ff. oben zu berücksichtigen und zwar selbst dann, wenn die Ehe der Eltern geschieden ist.

Bei den Kindern aus nichtigen Ehen, hat, sofern es sich um eine „Nichtehe" (§ 1699 Abs. 2 BGB.) handelt, nur die Mutter Elternstellung. Im übrigen sind, solange nicht die Ehe für nichtig erklärt, gemäß § 1342 angefochten oder aufgelöst ist, beide Eltern in Klasse III einzustellen, andernfalls jedenfalls dann, wenn die Kinder als ehelich gelten (vgl. oben Note 9a) und zwar ohne Rücksicht darauf, ob ein Elternteil bei der Eheschließung bösgläubig war. Daß der bösgläubige Vater nicht die aus der Vaterschaft sich ergebenden Rechte, also auch kein Erbrecht hat (BGB. § 1701), ändert an seiner steuerlichen Elternstellung nichts.

Bei den durch Eheschließung legitimierten Kindern haben beide Ehegatten Elternstellung, bei solchen, die durch Akt der Staatsgewalt für ehelich erklärt sind, Vater und Mutter (§ 1737 BGB.), nicht aber natürlich die mit dem Kinde nicht blutsverwandte Ehefrau des Vaters, die in Klasse V fällt.

Bei eingekindschafteten Kindern wird auch dem nicht blutsverwandten Ehegatten zweiter Ehe Elternstellung einzuräumen sein (a. A. scheinbar Mirre, Anm. 7).

Unehelichen Kindern gegenüber hat nur die Mutter Elternstellung, mögen sie von vornherein oder infolge Nichtigkeitserklärung der Ehe der Eltern (vgl. Note 9a) mit rückwirkender Kraft unehelich sein. Das gilt auch dann, wenn das uneheliche Kind vom Vater anerkannt ist. Die dem Kinde durch Ziff. 2 Klasse I und Satz 2 Klasse II gegebene Vorzugsstellung kommt dem Vater nicht zu, da es im Gesetze an einem entsprechenden Hinweise fehlt.

Adoptiveltern fallen unter Klasse V.

Stiefeltern sind durch die zweite Steuernotverordnung vom 19. Dezember 1923 aus der IV. in die Klasse III erhoben (vgl. Noten 40 und 18).

15. Unter Ziff. 2 werden die voll- und halbbürtigen Geschwister in die Klasse III eingestellt. Vollbürtige Geschwister sind solche, die beide Eltern, halbbürtige Geschwister solche, welche nur den Vater oder nur die Mutter gemeinsam haben. Sowohl durch die eheliche wie durch die uneheliche Abstammung wird das Geschwisterverhältnis begründet. Mehrere uneheliche Kinder derselben Mutter sind halbbürtige Geschwister, desgleichen ein voreheliches Kind der Mutter mit den aus einer später abgeschlossenen Ehe derselben entsprossenen Kindern. Infolge der Legitimation durch nachfolgende Ehe erlangt das uneheliche Kind in allen Beziehungen die rechtliche Stellung eines ehelichen Kindes; die Wirkungen der Legitimation erstrecken sich demnach auch auf die Abkömmlinge des Vaters; durch die Legitimation wird ein Geschwisterverhältnis begründet. Letzteres ist dagegen nicht der Fall bei der Ehelichkeitserklärung, weil nach § 1737 Abs. 1 BGB. die Wirkungen der Ehelichkeitserklärung sich nicht auf die Verwandten des Vaters erstrecken, und ebenso nicht bei der Annahme an Kindes Statt, da auch für diese der § 1763 BGB. die Wirkung auf die Verwandten des Annehmenden ausschließt. Kinder, welche beide Eltern in die Ehe mitgebracht haben — Kinder des Mannes aus einer früheren Ehe und Kinder der Frau aus einer früheren Ehe oder voreheliche Kinder derselben — sog. zusammengebrachte Kinder, sind nicht miteinander verwandt und stehen in keinem Geschwisterverhältnis. Ebenso sind mehrere uneheliche Kinder desselben Vaters von verschiedenen Müttern nicht miteinander verwandt. Ebensowenig besteht ein Geschwisterverhältnis zwischen ehelichen Kindern des Vaters und dem von ihm anerkannten unehelichen Kinde. Bezüglich der Kinder aus nichtiger Ehe sind die Ausführungen in Note 9 unter a zu vergleichen.

Klasse IV.

16. Die Klasse IV gliedert die ihr Zugehörigen unter fünf Ziffern voneinander ab. Unter Ziff. 1 werden zunächst die Großeltern und die entfernteren Voreltern aufgeführt. Mit den Großeltern und entfernteren Voreltern sind die sämtlichen Voreltern getroffen, d. h. diejenigen Personen, von denen der Erblasser mittelbar abstammt. Die eheliche und die uneheliche Abstammung kommt in der gleichen Weise wie bei den Eltern in Frage. Beim Erbfall eines ehelichen Kindes können Voreltern väterlicherseits und Voreltern mütterlicherseits vorkommen, bei dem Erbfalle eines unehelichen Kindes nur Voreltern mütterlicherseits. Die volle Wirkung der Legitimation durch nachfolgende Ehe zeigt sich auch hier; die dadurch legitimierten Kinder stehen den ehelichen Kindern bezüglich ihrer Stellung zu den Voreltern gleich; auf die Abkömmlinge der legitimierten Kinder findet gleichfalls dieses nach § 1722 BGB. entsprechend Anwendung, selbst wenn das legitimierte Kind vor der Eheschließung gestorben ist. Bei der Ehelichkeitserklärung ist nach § 1737 eine Wirkung für die Abkömmlinge des für ehelich erklärten Kindes gegeben, sie erstreckt sich jedoch nur bis auf den Vater; letzterer wird daher bei einem Erbfall solcher Abkömmlinge unter der Gruppe der Voreltern in Betracht kommen. Die Wirkungen der Ehelichkeitserklärung erstrecken sich nicht auf die Verwandten des Vaters; die Eltern und Voreltern des Vaters sind deshalb niemals als Voreltern des für ehelich erklärten Kindes und seiner Abkömmlinge anzusehen. Ebensowenig kommt das für ehelich erklärte Kind zu der Frau des Vaters in eine verwandtschaftliche Beziehung; die Frau und ihre Eltern usw. sind daher als Voreltern ausgeschlossen. Dagegen bleibt das Verwandtschaftsverhältnis zwischen dem Kinde und seinen Verwandten nach § 1737 Abs. 2 BGB. durch die Ehelichkeitserklärung unberührt; die letzteren werden daher als Voreltern entsprechend in Frage kommen können. Die Wirkungen der Annahme an Kindes Statt sind ganz die gleichen wie die der Ehelichkeitserklärung, nur gibt der zweite Satz des § 1762 BGB. dazu folgende Sonderschrift:

„§ 1762 Satz 2. Auf einen zur Zeit des Vertragsabschlusses „schon vorhandenen Abkömmling und dessen später geborene Abkömmlinge erstrecken sich die Wirkungen nur, wenn der Vertrag „auch mit dem schon vorhandenen Abkömmlinge geschlossen wird."

Die Anerkennung eines unehelichen Kindes durch den Vater begründet für die Eltern und Voreltern des letzteren keine Großeltern- bzw. Vorelternstellung (vgl. Note 14 a. E.).

17. Die Ziff. 2 stellt die Abkömmlinge ersten Grades von Geschwistern hier ein. Über deren Behandlung nach dem Ges. 1906 vgl. Note 11 zu § 26 der 3. Auflage dieses Kommentars.

Der Grad der Verwandtschaft bestimmt sich nach der Zahl der sie vermittelnden Geburten (BGB. § 1589 Abs. 1 Satz 3). Dementsprechend kommen eheliche und durch nachfolgende Ehe legitimierte Kinder der männlichen Geschwister, sowie eheliche und uneheliche (verwandte) Kinder der weiblichen Geschwister in Frage; Ehelichkeitserklärung und Annahme an Kindes Statt haben nach den in der vorigen Note angeführten Gesetzesvorschriften keine Wirkung, ebensowenig die Anerkennung eines unehelichen Kindes. Unter Geschwistern sind wiederum voll- und halbbürtige Geschwister zu verstehen; es finden die Ausführungen der Note 15 in gleicher Weise Anwendung.

18. Die Ziff. 3 stellt die Schwieger- und Stiefeltern in die Klasse IV ein. Doch sind die Stiefeltern durch die Zweite Steuernotverordnung vom 19. Dezember 1923 in die Klasse III erhoben (vgl. Note 40).

Mit den Schwieger- und Stiefeltern kommt zuerst das Verhältnis der Schwägerschaft in Frage, für welches der § 1590 BGB. bestimmend ist:

„§ 1590. Die Verwandten eines Ehegatten sind mit dem anderen Ehegatten verschwägert. Die Linie und der Grad der Schwägerschaft bestimmen sich nach der Linie und dem Grade der sie vermittelnden Verwandtschaft.

„Die Schwägerschaft dauert fort, auch wenn die Ehe, durch die sie begründet wurde, aufgelöst ist."

Die Schwägerschaft wird nur durch die Ehe, nicht durch die uneheliche Beiwohnung begründet, so daß also bei dem Erbfall eines unehelichen Kindes zwar der Ehegatte seiner Mutter als Stiefvater, nicht aber die Frau des unehelichen Vaters als Stiefmutter in Frage kommen kann, vgl. auch unten Note 19. Der Ehegatte der Mutter eines unehelichen Kindes steht dem Ehegatten des letzteren (des unehelichen Kindes) nicht als Schwiegervater gegenüber.

Das RESt G. 1906 hatte aber dem BGB. und speziell dem Abs. 2 des § 1590 gegenüber bezüglich der Berücksichtigung der Schwägerschaft eine Einschränkung zwar nicht ausdrücklich getroffen, aber doch gewollt, wie aus der im Reichstag nicht beanstandeten Begründung des Regierungsentwurfs zu § 30 Abs. 1 S. 30 hervorgeht, die folgendes ausspricht: „Bei Bestimmung des Steuersatzes wird nicht auf ein Verhältnis zurückgegriffen werden können, das durch gerichtliches Urteil oder durch Vertrag schon vor dem Anfalle des Erwerbes zu bestehen aufgehört hat. Namentlich wird ein Erwerb, der nach erfolgter Trennung einer Ehe oder nach aufgehobener Einkindschaft anfällt, lediglich nach demjenigen Abgabensatze versteuert werden müssen, der ohne Rücksicht auf das aufgehobene Verhältnis anwendbar sein würde. Als Trennung der Ehe in diesem Sinne wird auch die Aufhebung der ehelichen Gütergemeinschaft (§ 1575 BGB.) anzusehen sein." Erbschaftssteuerrechtlich sollte danach die Schwägerschaft nur dann als dauernd fortbestehend angesehen werden, wenn die sie begründende Ehe durch den Tod gelöst ist; wurde die Ehe aber in anderer Weise, speziell durch gerichtliches Urteil, vor dem Erbanfall gelöst oder aufgehoben, so kam das durch sie begründete Schwägerschaftsverhältnis nicht weiter zur Berücksichtigung. Es war damit die schon früher in einem Erl. d. SFM. (1902, 2260) vertretene Ansicht zur Annahme gekommen. Ob für das neue Gesetz (ebenso schon für das Ges. 1919) das gleiche anzunehmen ist, erscheint zweifelhaft und wird zu verneinen sein. (So für das frühere Recht die 3. Auflage dieses Kommentars, Note 12, und die dort Zitierten, für das Ges. 1922 scheinbar auch Mirre, Bem. 8 zu § 9.) Bei nichtigen und anfechtbaren Ehe ist jedenfalls — von der Nichtehe, § 1344 Abs. 2 BGB., abgesehen — Schwägerschaft solange anzunehmen, als die Ehe nicht für nichtig erklärt, gemäß § 1342 angefochten oder aufgelöst ist (vgl. Note 6).

Da die Legitimation durch nachfolgende Ehe dem unehelichen Kinde in allen Beziehungen und mit voller Wirkung die rechtliche Stellung eines ehelichen Kindes gibt, so begründet sie zwischen dem Ehegatten des legitimierten Kindes oder eines Abkömmlings desselben einerseits und dem Vater und der Mutter desselben andererseits ein

Schwägerschaftsverhältnis. Beim Erbfall des Ehegatten eines legitimierten Kindes sind daher Vater und Mutter des letzteren in der Kategorie der Schwiegereltern zu berücksichtigen.

Durch die Ehelichkeitserklärung wird eine Schwägerschaft nicht herbeigeführt (Satz 2, § 1737 Abs. 1 BGB.). Ebensowenig durch Annahme an Kindes Statt (das. § 1763 Satz 2).

19. Anschließend werden unter Ziff. 4 die Schwieger- und Stiefkinder in die Klasse IV gebracht. Indessen sind die Stiefkinder durch die Zweite Steuernotverordnung vom 19. Dezember 1923 in die Klasse I versetzt (vgl. Note 40). Der Entwurf zum REStG. hatte seinerzeit die Schwieger- und Stiefkinder, sowie auch die unehelichen vom Vater anerkannten Kinder und die an Kindes Statt angenommenen Personen in seiner Klasse I mit Eltern und Geschwistern zusammengestellt. Erst durch die Verhandlungen mit dem Reichstag wurden diese drei Kategorien in die Klasse II des derzeitigen Gesetzes gebracht und dabei anerkannt, daß erhebliche Gründe gegen die Gleichstellung dieser Personen mit Eltern und Geschwistern sprächen, vgl. Kommentar 2. Aufl. Note 14 Abs. 2 zu § 10.

Bezüglich der Schwieger- und Stiefkinder findet lediglich dasjenige, was in Note 18 des Paragraphen zu den Schwieger- und Stiefeltern ausgeführt worden ist, in entsprechender Weise Anwendung. Nach Maßgabe des hier Ausgeführten sind die außerehelichen Kinder einer Ehefrau als Stiefkinder des Ehemanns derselben anzusehen, was in einem auch vom Reichsschatzamt unter dem 18. November 1909 II 13 189 anerkannten Erl. d. PrFM. vom 8. Oktober 1909 III 16 607 bestätigt ist. Dieses dürfte auch jetzt noch als gültig anzusehen sein. Der Ehegatte eines unehelichen Kindes ist nicht Schwiegerkind des Ehegatten der Mutter des unehelichen Kindes.

20. Die Ziff. 5 endlich ist durch die Zweite Steuernotverordnung vom 19. Dezember 1923 beseitigt, nachdem die hier angeführten Personen durch die gleiche Verordnung in die Klassen I bzw. II versetzt sind (Note 40); sie führte als zur Klasse IV gehörig auf: die an Kindes Statt angenommenen Personen und diejenigen ihrer Abkömmlinge, auf welche sich die Wirkung der Annahme an Kindes Statt erstreckt, soweit sie nicht in die I., II. oder III. Klasse gehören. Die an Kindes Statt angenommenen Personen haben die rechtliche Stellung eines ehelichen Kindes, wurden aber in steuerlicher Beziehung nicht den ehelichen gleich behandelt, sondern sind ungünstiger als letztere gestellt. Es liegt hier wiederum wie bezüglich der vom Vater anerkannten Kinder (vgl. oben Note 12) nur nach entgegengesetzter Richtung eine Abweichung des Steuerrechts von dem bürgerlichen Recht vor. Diese enthielt schon das REStG. 1906, welches die an Kindes Statt angenommenen Personen nicht in die Steuerbefreiung der Abkömmlinge mit einbezog. Die derzeitige Begründung zum Gesetzentwurf erklärt dieses mit folgenden Worten:

„Nach § 1757 BGB. stehen den an Kindes Statt angenommenen Kindern die Rechte ehelicher Kinder zu. Gleichwohl erschien es nicht angemessen, ihnen auch in bezug auf die Erbschaftssteuer die gleiche Befreiung wie den ehelichen Kindern zu gewähren, wie sie auch nach den meisten der bisherigen Steuergesetze diese Begünstigung nicht genossen haben. Insbesondere war die Befürchtung nicht ganz von der Hand zu weisen, daß die Annahme an Kindes Statt zu einer Umgehung der Erbschaftssteuer benutzt werden könnte. Die an Kindes Statt angenommenen Kinder sind aber wenigstens in die unterste Steuerklasse eingereiht worden. Die gleiche Behandlung hat auch in Ansehung der Abkömmlinge eines an Kindes Statt angenommenen Kindes im Falle des § 1762 BGB. Platz zu greifen."

Für die Annahme an Kindes Statt ist im allgemeinen der § 1741 BGB. bestimmend:

„§ 1741. Wer keine ehelichen Abkömmlinge hat, kann durch Vertrag mit einem anderen diesen an Kindes Statt annehmen. Der Vertrag bedarf der Bestätigung durch das zuständige Gericht."

Die weiteren Vorbedingungen und Einzelheiten sind in den §§ 1742 ff. geregelt. Nach § 1749 kann von einem Ehepaar, aber auch nur von einem Ehepaar, ein Kind als gemeinschaftliches Kind angenommen werden. Der § 1757 bestimmt:

„§ 1757. Durch die Annahme an Kindes Statt erlangt das Kind die rechtliche Stellung eines ehelichen Kindes des Annehmenden.

„Wird von einem Ehepaar gemeinschaftlich ein Kind angenommen oder nimmt ein Ehegatte ein Kind des anderen Ehegatten an, so erlangt das Kind die rechtliche Stellung eines gemeinschaftlichen ehelichen Kindes der Ehegatten."

21. Die bezüglich der Abkömmlinge getroffene Beschränkung beruht auf dem § 1762 BGB., welcher vorschreibt:

„§ 1762. Die Wirkungen der Annahme an Kindes Statt erstrecken sich auf die Abkömmlinge des Kindes. Auf einen zur Zeit des Vertragsabschlusses schon vorhandenen Abkömmling und dessen später geborene Abkömmlinge erstrecken sich die Wirkungen nur, wenn der Vertrag auch mit dem schon vorhandenen Abkömmlinge geschlossen wird."

Als Abkömmlinge im Sinne des § 1762 BGB. (und damit auch im Sinne der Klasse IV Nr. 5) gelten im Verhältnis zum Vater die ehelichen und durch Eheschluß ehelich gewordenen (BGB. §§ 1719 ff.) Kinder — nicht aber auch die für ehelich erklärten Kinder (BGB. § 1737) oder eingekindschafteten (Note 10) Kinder oder die vom Adoptivkind seinerseits an Kindes Statt angenommenen Personen —, im Verhältnis zur Mutter daneben auch die unehelichen Kinder. Betreffs der erst nach dem Vertragsabschluß geborenen Abkömmlinge des Adoptivkindes können die Wirkungen des Annahmeverhältnisses durch den Annahmevertrag nicht ausgeschlossen werden.

22. Wie die Annahme an Kindes Statt nach dem § 1763 in ihren Wirkungen auf den Annehmenden beschränkt ist und des weiteren keine Verwandtschaft oder Schwägerschaft begründet, so greift die Vorschrift unter Ziff. 5 nur bezüglich des Erbfalls des Annehmenden Platz, nicht aber auch bezüglich des Erbfalls der Eltern oder der Voreltern oder des Ehegatten desselben. Nur wenn nach Maßgabe des oben in Note 20 angeführten § 1757 Abs. 2 ein Kind von einem Ehepaar gemeinschaftlich angenommen oder ein Ehegatte ein Kind des anderen Ehegatten angenommen hat, greift die Vorschrift für den Erbfall der beiden Ehegatten Platz. Sofern es sich um den Erbfall des angenommenen Kindes handelt, kann die Vorschrift überhaupt nicht bezüglich des Annehmenden in Frage kommen. Selbstverständliche Voraussetzung ist, daß das durch die Annahme an Kindes Statt begründete Rechtsverhältnis zur Zeit des Erbfalls noch zu Recht besteht, daß es nicht, wie nach § 1768 BGB. zulässig, wieder aufgehoben ist. Die gerichtliche Bestätigung des Annahmevertrages, welche nach dem oben in Note 21 angeführten § 1741 BGB. erforderlich ist, braucht zur Zeit des Erbfalls noch nicht erteilt zu sein, da nach § 1753 Abs. 3 BGB. die nach dem Tode des Annehmenden erfolgte Bestätigung die gleiche Wirkung hat, wie wenn sie vor dem Tode erfolgt wäre. Nichtigkeit des Annahmevertrages bedingt Berichtigung gemäß § 214 Abs. 2 AbgO.

23. Die an Kindes Statt angenommenen Personen sollen aber unter die Klasse IV nur fallen, „soweit sie nicht in die I., II. oder III. Klasse gehören". Wenn derartige Personen demgemäß nach einer anderen Qualifikation wie z. B. als vom Vater anerkannte uneheliche Kinder günstiger zu behandeln sein würden, so soll solches geschehen. Die an Kindes Statt angenommenen Personen können unter Klasse I Ziff. 2 (vom Vater anerkannte uneheliche Kinder) und dann ihre Abkömmlinge unter Klasse II oder unter Klasse III Ziff. 2 fallen. Je nach den Umständen kann aus der Annahme an Kindes Statt ohne weiteres auf die Anerkennung eines unehelichen Kindes geschlossen werden. In diesem Falle würde die letztere den Vorrang haben. Die Vorschrift entspricht der Billigkeit und dem allgemeinen Bestreben, die für den Pflichtigen günstigste Qualifikation in erster Linie zur Geltung zu bringen. Für das RErbStG. 1906 war nach Lage der Sache ein Bedürfnis für eine derartige Vorschrift nicht gegeben; sie erscheint deshalb im Ges. 1919 neu.

Klasse V.

24. Das Ges. 1919 schob als V. Klasse ein: 1. die Abkömmlinge zweiten Grades von Geschwistern, 2. die Geschwister der Eltern, 3. die Verschwägerten zweiten Grades der Seitenlinie. Das Ges. 1922 hat die bisherige Klasse V beseitigt und die darin angeführten Personen den übrigen Erwerbern gleichgestellt. Letztere bilden in ihrer Gesamtheit die Klasse V des neuen Gesetzes. Demgemäß zählen alle Erwerber, die nicht natürliche Personen sind, zu dieser Klasse mit Ausnahme der in Abs. 2 dieses Paragraphen herausgehobenen Familienstiftungen (vgl. Note 26). Ebenso fallen Zweckzuwendungen grundsätzlich in diese Klasse; auf die Klassenzugehörigkeit des Mittlers (Note 7 zu § 4) kommt es nicht an. Daß in allen Fällen die Befreiungs- und Begünstigungsbestimmungen der §§ 21, 23, 24 den Vorrang haben, hätte der Hervorhebung kaum bedurft.

Zu Abs. 2.

25. Beim Erwerb auf Grund einer Nachfolge in ein gebundenes Vermögen (§ 2 Abs. 1 Nr. 2), bei einer freigebigen Zuwendung im Falle der Auflösung eines Fideikommisses oder anderweiter Aufhebung der Bindung von Vermögen (§ 3 Abs. 1 Nr. 8) und beim Erwerbe im Falle der Aufhebung einer Stiftung (das. Nr. 9) gilt der zuletzt Berechtigte (also bei gebundenen Familiengütern nicht die Familie, sondern der letzte Inhaber) als Erblasser bzw. als Schenker. Wer bei einer Stiftung der zuletzt Berechtigte ist, ist nicht ganz zweifelsfrei. Offenbar ist nur an solche Stiftungen gedacht, deren Einkünfte nach einem von vornherein feststehenden Plane bestimmten Berechtigten (Destinataren) zugewiesen werden, wo also eine Art „Nachfolge" nach dem Vorbild gebundener Vermögen stattfindet. Ähnlich führt für das Ges. 1919 der RFH. im Urt. vom 3. Mai 1922 (DVR. Jg. 1923 S. 80) aus, daß ein zuletzt Berechtigter gemäß § 20 Abs. 2 (Abs. 1 Nr. 2 und 5) nicht vorhanden sei, wenn die Unterstützungen nach dem Ermessen des Stiftungsvorstandes bezahlt wurden. Die Entscheidung scheint auch für das neue Gesetz verwendbar. Waren mehrere Bezugsberechtigte vorhanden, sind auch mehrere Zuwendungen anzunehmen. Das Ergebnis befriedigt nicht sonderlich, erscheint aber doch annehmbarer, als wenn man eine einheitliche Zuwendung annehmen und dabei (willkürlich) das Verhältnis des Erwerbers zu dem am nächsten oder am entferntesten verwandten Vorgänger zugrunde legen wollte (im Ergebnis ebenso Mirre, Bem. 12 zu § 9).

26. Beim Übergang von Vermögen auf eine von Todes wegen oder unter Lebenden errichteten Stiftung (§ 2 Abs. 2 Nr. 1 bzw. § 3 Abs. 1 Nr. 7 Ges.) ist, sofern es sich um eine Familienstiftung (d. h. eine wesentlich im Interesse einer Familie oder bestimmter Familien errichtete Stiftung) handelt, für die Bestimmung der Steuerklasse das Verhältnis des Erblassers (Schenkers) zu dem nach der Stiftungsurkunde entferntest Berechtigten zugrunde zu legen. Kommen als Berechtigte nur Abkömmlinge im Sinne der Klasse II in Frage, so vollzieht sich die Besteuerung nach Klasse II; können auch Seitenverwandte begünstigt werden, so ist Klasse V zugrunde zu legen, sofern nicht Klasse III 2 oder IV 2 Platz greifen.

Zu Abs. 3.

27. Eine hervorragende Bedeutung, die wiederholt zu gerichtlichen Entscheidungen führte, gewann das gemeinschaftliche Testament zwischen Ehegatten, dem wir daher einige besondere Ausführungen widmen müssen. Bezüglich desselben greift der § 2269 BGB. Platz:

„§ 2269: Haben die Ehegatten in einem gemeinschaftlichen Te-
„stamente, durch das sie sich gegenseitig als Erben (d. h. Allein-
„erben, RG. 22. November 1906 in Komm. d. Reichsgerichtsräte,
„Bem. 1 zu § 2269) einsetzen, bestimmt, daß nach dem Tode des
„überlebenden der beiderseitige Nachlaß an einen Dritten fallen soll,
„so ist im Zweifel anzunehmen, daß der Dritte für den gesamten
„Nachlaß als Erbe des zuletzt versterbenden Ehegatten eingesetzt ist.
„Haben die Ehegatten in einem solchen Testament ein Vermächtnis
„angeordnet, das nach dem Tode des überlebenden erfüllt werden
„soll, so ist im Zweifel anzunehmen, daß das Vermächtnis dem Be-
„dachten erst mit dem Tode des überlebenden anfallen soll."

(Vgl. Planck, Komm. z. BGB. Note 4 zu § 2269). Daß bei einem in gleicher Weise abgeschlossenen Erbvertrage zwischen Ehegatten die Vorschrift des § 2269 ebenmäßig Anwendung finde, spricht § 2280 BGB. aus. Die Vorschrift des § 2269 greift bei bestehendem Zweifel — die stetige Voraussetzung für die Anwendbarkeit — für die gemeinschaftlichen Testamente von Ehegatten nur dann Platz, wenn beide Ehegatten nach dem 1. Januar 1900, dem Inkrafttreten des BGB. gestorben sind (Urt. d. RG. 21. März 1911, RGE. Bd. 76 S. 20). Der § 2269 ist jedoch stets nur bei bestehendem Zweifel über den Willen der Erblasser zur Anwendung zu bringen; Urt. d. RG. vom 7. Februar 1905 (RGE. Bd. 60 S. 115). Ebenso Urt. d. RFH. vom 19. Oktober 1922, StuW. II Sp. 81.

Bei dem gemeinschaftlichen Testament kann der Wille der Ehegatten dahin gerichtet sein, daß der von den Ehegatten berufene Dritte nur Ersatzerbe (BGB. § 2096) beider Teile sein soll, so daß der Erbgang nach dem zuerst Gestorbenen sich mit dessen Beerbung durch den Überlebenden völlig erschöpft und der Dritte den ganzen Nachlaß, also auch das darin enthaltene Vermögen des zuerst Gestorbenen nur als Erbe des Überlebenden und nur kraft seiner durch diesen erfolgten Einsetzung als Erbe erhält. Der Wille des Ehegatten kann aber auch dahin gehen, daß der überlebende Ehegatte Vorerbe (insbesondere befreiter) des Erstgestorbenen (§§ 2112 ff., 2136, 2137 BGB.) und der Dritte Erbe des Überlebenden wegen des von diesem herrührenden Vermögens und zugleich Nacherbe des zuerst Gestorbenen wegen des von diesem hinterlassenen Vermögens sein soll. Von diesen beiden Auslegungen ist im Zweifel der ersteren den Vorzug zu geben. Diese Bestimmung darf als eine Auslegungsregel nur Anwendung finden, wenn der Wille der Erblasser aus dem Inhalt des Testaments und aus dem ganzen inneren Zusammenhange der letztwilligen Verfügungen nicht zuverlässig ermittelt werden kann und auch bei Würdigung aller sonstigen in Betracht kommenden Verhältnisse Zweifel darüber bestehen bleiben, welche der beiden Beerbungsarten die Erblasser gewollt haben. Denn auch für Verfügungen von Todes wegen gilt die Bestimmung des § 133 BGB., wonach bei Auslegung einer Willenserklärung der wirkliche Wille zu erforschen und nicht an dem buchstäblichen Sinne des Ausdruckes zu haften ist; Erl. d. PrFM. vom 22. Oktober 1908 III 18512 (vgl. dazu Entsch. d. RFH. vom 11. Juni 1919, mitgeteilt durch Schreiben des RMdF. an die Länder, III Fg. 8218, vom 27. Juli 1919). Da in steuerlicher Beziehung hier allein das bürgerliche Recht maßgebend ist, so kann für die Steuerfestsetzung die Vorschrift des § 2269 nur in derjenigen Beschränkung, in welcher sie im BGB. zum Ausdruck gebracht ist, Geltung haben; sie kann nicht für alle entsprechend abgeschlossenen gemeinschaftlichen Testamente und Erbverträge — auch die anderer Personen als Ehegatten — Anwendung finden; a. M. nach einer Entscheidung des sächsischen Finanzministeriums Wahl, Sächs. EStG. Note 5 zu Art. 3; für die diesseitige Ansicht vgl. Frommhold, Komm. z. BGB. Note 2 zu § 2280.

Voraussetzung für die Anwendbarkeit des § 2269 ist die Gültigkeit des gemeinschaftlichen Testamentes (vgl. Noten 10 ff. zu § 2). Dazu gehört die Gültigkeit der Ehe und regelmäßig auch, daß sie vor dem Tode eines der Ehegatten nicht gelöst war (vgl. §§ 2268, 2077 BGB.).

28. Über die Auslegung des § 2269 BGB. bzw. des gemeinschaftlichen korrespektiven Testaments von Ehegatten verbreitet sich eine Reihe gerichtlicher Entscheidungen, die auch jetzt für eine steuerliche Beurteilung des einzelnen Falles von maßgebender Bedeutung zu erachten und deshalb nicht zu übergehen sind. Urt. d. RG. vom 5. Dezember 1911 (den Bundesregierungen durch Verf. vom 24. Februar 1912 II 889 mitgeteilt): In dem dem Rechtsstreite zugrunde liegenden Testamente haben sich die Eheleute gegenseitig zu Erben eingesetzt mit der Bestimmung, daß nach dem Tode des Überlebenden der gemeinschaftliche Nachlaß an Dritte fallen soll, daß dem Überlebenden aber das Recht vorbehalten bleiben solle, über einen Bruchteil des Nachlasses anderweit testamentarisch zu verfügen. Nach den Entscheidungsgründen werden durch diese Bestimmungen allein die Zweifel nicht beseitigt, ob die dritten Personen als Erben des Erstverstorbenen oder des Überlebenden eingesetzt sind. Es hat vielmehr die Rechtsvermutung des § 2269 BGB. Platz zu greifen, sofern nicht sonst noch ein anderer Wille der Eheleute ausdrücklich nachgewiesen wird. ZfZuSt. 1912 S. 217; BlfBF. 1912 S. 120; WABl. 1913 Beibl. 1 S. 20. — Urt d. RG. vom 23. April 1912 (mitgeteilt durch Schreiben vom 11. Juni 1912 II A 6822): Die Vermutung des § 2269 BGB. gilt nicht schon dann als ausgeschlossen, wenn in dem gemeinschaftlichen Testamente die Verwandten des Mannes und die der Frau je auf einen bestimmten Teil des beim Ableben des zuletzt versterbenden Ehegatten vorhandenen Nachlaßvermögens eingesetzt sind, es sei denn, daß die bestimmten Anteile dem Verhältnis entsprechen, in dem sich die von den beiden Ehegatten herrührenden Vermögensmassen zueinander verhalten, ZfZuSt. 1913 S. 21; BlfBF. 1912 S. 276; WABl. 1913 Beibl. 4 S. 88; BremABl. 1912 S. 114. — Urt d. RG. vom 23. Mai 1913 (Entsch. d. RG. in Zivils. Bd. 82 S. 305) und Urt. vom 20. Januar 1914 (PrZBl. 1914 S. 194): In den den Urteilen zugrunde liegenden Erbschaftsfällen handelte es sich um die Besteuerung von Nachlässen auf Grund gemeinschaftlicher Testamente, in denen sich die Ehegatten gegenseitig bedacht bzw. zu Erben berufen hatten, hiernächst aber für den Fall des Todes des überlebenden Ehegatten im ersten Falle beiderseitige Verwandte zu Erben je einer Hälfte des Nachlasses eingesetzt, im zweiten Falle Vermächtnisse für die beiderseitigen Verwandten ausgesetzt hatten. Zur Entscheidung stand beidemale die steuerliche Behandlung der letztwilligen Erwerbe der Verwandten des vor dem Inkrafttreten des REStG. vorverstorbenen Ehegatten, die die Erbschaftssteuerämter zur Reichserbschaftssteuer herangezogen hatten. Das Reichsgericht hat in beiden Fällen auf die Klage der Beteiligten die Besteuerung der Erwerbsfälle nach den beim Tode des Vorverstorbenen in Geltung gewesenen Landeserbschaftssteuergesetzen für geboten erachtet, mit Rücksicht darauf, daß deren Steuerpflicht als vor dem Inkrafttreten des REStG. „begründet“ im Sinne des § 61 REStG. zu gelten habe. — In einer Braunschw. Erbschaftssteuersache handelte es sich um ein gemeinschaftliches Testament von Ehegatten unter gegenseitiger Erbeseinsetzung und der Bestimmung, daß die Verwandten des einen Ehegatten das von ihm herrührende Vermögen, die Verwandten des anderen das von letzterem herrührende Vermögen nach Ableben des Überlebenden erhalten sollten. Der Erbschaftssteuerbescheid hatte die Anwendbarkeit des § 2269 BGB. verneint, weil ein Zweifel bezüglich der Nachlaßzuweisung nicht Platz greifen könne. Die Beschwerde gegen den Erbschaftssteuerbescheid ist in letzter Instanz durch Verfügung Braunschweig. Staatsministeriums vom 8. Februar 1917 abgelehnt.

Urt. d. RG. vom 27. April 1912: Haben Ehegatten ein gemeinschaftliches Testament errichtet, so ist für die Auslegung von dem auch der Vorschrift des § 2269 BGB. zugrunde liegenden Gedanken auszugehen, daß die Ehegatten ihr Vermögen als einheitliches ansehen, woraus sich dann ergibt, daß der Überlebende als uneingeschränkter Herr des gesamten beiderseitigen Nachlasses und die eingesetzten Verwandten für den gesamten Nachlaß als Erben des zuletzt verstorbenen Ehegatten anzusehen sind. Eine dahingehende Absicht wird allerdings als ausgeschlossen angesehen werden müssen, wenn im Testamente die Verwandten des Mannes als Erben des Nachlasses des Mannes und die Verwandten der Frau als die Erben ihres Nachlasses bezeichnet sind. In dem vorliegenden Testamente bestimmen aber die Erblasser, „daß nach unserem beiderseits erfolgten Ableben zu unseren Erben“ die unter A aufgeführten Verwandten des Mannes und die unter B aufgeführten Verwandten der Frau dergestalt eingesetzt sein, daß von der Verlassenschaft, die nach dem beiderseitigen Ableben vorhanden ist, die unter A genannten Erben die eine Hälfte, die unter B genannten die andere Hälfte erhalten. Diese Bestimmungen sprechen dafür, daß die Erblasser die beiderseitigen Vermögensmassen zu einer einheitlichen Erbmasse zusammengeworfen haben und daß von dieser Einheit, soweit beim Tode des überlebenden noch etwas vorhanden ist, die beiderseitigen Verwandten je die Hälfte erhalten sollen. Deutsche Steuerzeitung Jg. 1 1912/13 S. 68/69. — Urt. d. RG. vom 4. März 1912: Bezüglich des in einem gemeinschaftlichen Testament von Ehegatten einer Bestimmung beigefügten Vermerks „sofern der Überlebende, wozu er berechtigt sein soll, keine Änderungen vornimmt“, hat das Reichsgericht ausgesprochen, daß die Erbeseinsetzung auf dem eigenen, von ihm selbst erklärten Willen des Erblassers beruhen muß und daß sie, wenn sie einmal erklärt ist, auch von Dritten nicht willkürlich wieder umgestoßen werden kann, daß deshalb der Erblasser den überlebenden Ehegatten zu Änderungen seines letzten Willens nicht wirksam ermächtigen kann. Das hierauf gegründete Testament des überlebenden Ehegatten wurde daher als wirkungslos erachtet; nur bezüglich des eigenen Vermögens und der eigenen seinerzeit in dem gemeinschaftlichen Testament getroffenen Verfügungen wäre der Überlebende zum Widerruf ermächtigt gewesen, da vermöge der ihm eingeräumten Testierfreiheit die Bestimmungen der §§ 2270, 2271 BGB. augenscheinlich nicht in Frage kommen, Entsch. d. RG. Bd. 79 S. 32; BlfVJ. 1913 S. 190. — Urt. d. RG. vom 4. Februar 1919 (den Regierungen mitgeteilt durch Schreiben des Reichsministers der Finanzen vom 4. April 1919 III Fg. 2165): Haben in Gütergemeinschaft lebende Ehegatten durch Erbvertrag sich gegenseitig zu Erben eingesetzt und für den Todesfall des überlebenden einem Dritten einen bestimmten Nachlaßgegenstand zugewendet, so ist der Bedachte nur Vermächtnisnehmer des letztversterbenden Ehegatten. Überläßt der überlebende Ehegatte in diesem Fall noch bei Lebzeiten den Gegenstand der letztwilligen Zuwendung dem Dritten, so liegt darin eine steuerpflichtige Schenkung. — Die ganze Frage wird näher behandelt in einem Aufsatz von Freude-Cassel, Die Auslegung gemeinschaftlicher Testamente nach dem Preuß. Allgemeinen Landrecht, dem gemeinen Recht und dem Bürgerlichen Gesetzbuch. ZfZuSt. 1913 S. 231 ff. Eingehende Darlegungen enthält ferner der Mirresche Kommentar in Bem. 17 ff. zu § 9 Ges.

29. Ist im Falle des § 2269 BGB. der überlebende Ehegatte als Vorerbe, der Dritte als Nacherbe anzusehen, so ist der Ehegatte bezüglich seines vorhandenen Vermögens zwar zu Verfügungen berechtigt, bezüglich des ihm Nachgelassenen aber selbst im Falle befreiter Vorerbschaft (BGB. §§ 2136—2138) durch die Rechte des Nacherben in seiner Verfügungsbefugnis beschränkt, während der Dritte bereits mit dem Tode des Erstversterbenden (Vorerbfall) eine im Zweifel vererbliche Anwartschaft (BGB. § 2108 Abs. 2) erhält. Steuerrechtlich vollzieht sich die Beerbung im Falle der Vor- und Nacherbschaft nach § 7 Ges., wobei der Ehegatte regelmäßig steuerfrei sein wird. Im Falle der Vererbung als Einheit ist der überlebende Ehegatte in der Verfügung über das ihm Nachgelassene unter Lebenden nicht beschränkt, der Dritte erlangt keine vererbliche Anwartschaft. Auch hier wird der überlebende Ehegatte wiederum meist steuerfrei sein. Die Veranlagung des Dritten erfolgt wie im Fall der Nacherbfolge erst nach dem Tode des überlebenden Ehegatten und zwar hat er, sofern nicht Abs. 3 eingreift, den gesamten Nachlaß als vom Letztlebenden stammend zu versteuern. Bezüglich des nicht seltenen Falles, daß der überlebende Ehegatte nur als Nießbraucher (Vermächtnisnehmer) bedacht ist, vgl. Note 14 zu § 7.

Im Falle des Abs. 2 § 2269 BGB. (oben Anm. 27) erlangt der bedachte Vermächtnisnehmer mit dem Tode des Erstversterbenden im Zweifel noch keine vererbliche Anwartschaft, er muß also den Tod beider Ehegatten erlebt haben. Zur Versteuerung wird der Vermächtnisnehmer in allen Fällen erst nach dem Tode des Zweitversterbenden herangezogen (§§ 18 Abs. 1, 4 Abs. 3 Ges., §§ 151, 147 AbgO.). Im übrigen wird, mag die Vermutung des § 2269 Abs. 2 Platz greifen oder nicht, das Vermächtnis als von beiden Ehegatten als je zur Hälfte herrührend anzusehen und dementsprechend zu versteuern sein, sofern nicht aus der Fassung der letztwilligen Verfügung oder aus sonstigen Umständen zu folgern ist, daß das Vermächtnis von einem der Ehegatten allein angeordnet ist. Für letzteres dürfte aber der Umstand, daß der Vermächtnisnehmer nur mit einem der Ehegatten verwandt ist, allein noch nicht genügen; anders, wenn die Anordnung von einem Ehegatten allein getroffen ist. Gilt als Anordnender der Erstverstorbene, so ist § 7 Abs. 4 Ges. anzuwenden. Gilt aber die Vermutung des § 2269 Abs. 2, so greift § 9 Abs. 3 Ges. unter den hierfür gegebenen Voraussetzungen Platz.

30. Der dritte Absatz des Paragraphen verdankte der Initiative der Nationalversammlung seine Aufnahme in das Ges. 1919. Ein darauf hinauslaufender Antrag mit einer etwas anderen Fassung der Bestimmung — die jetzige wurde später von dem Unterausschuß mit der Regierung unter teilweise auch materieller Verschiebung festgelegt — wurde schon in der ersten Ausschußlesung gestellt und angenommen, nachdem der Reichsminister der Finanzen denselben für annehmbar erklärt hatte. Die Bestimmung greift für das gemeinschaftliche Testament von Ehegatten Platz, durch welches sie sich gegenseitig zu Erben eingesetzt und gleichzeitig bestimmt haben, daß nach dem Tode des überlebenden der beiderseitige Nachlaß an einen Dritten fallen solle oder daß ein angeordnetes Vermächtnis nach dem Tode des Letzterbenden zu erfüllen sei. Das Nähere über die Auslegung und die Wirkungen eines derartigen Testaments speziell nach bürgerlichem Recht ist schon oben in den Noten 27 und 28 ausgeführt worden; hierauf ist zunächst Bezug zu nehmen.

31. Die Bestimmung des Abs. 3 trifft jedoch nicht sämtliche gemeinschaftliche Testamente von Ehegatten gedachter Art, sondern ist in ihrer Anwendbarkeit nach zweifacher Richtung eingeschränkt. Einerseits muß das Testament unter den § 2269 BGB. fallen und andererseits muß der überlebende Ehegatte an die Verfügung gebunden sein. Nur „im Falle des § 2269 BGB." kommt die Sondervorschrift des Absatzes zur Geltung. Der § 2269 BGB. schreibt vor, daß bei derartigen gemeinschaftlichen Testamenten von Ehegatten im Zweifel anzunehmen sei, daß der Dritte für den gesamten Nachlaß als Erbe des zuletzt versterbenden Ehegatten eingesetzt ist, bzw. das nach dem Tode des überlebenden zu erfüllende Vermächtnis erst mit dessen Tode fällig sein soll. Die bezeichnete Einschränkung ist jedoch nicht streng nach dem Wortlaute in der Weise aufzufassen, daß die Rechtsvermutung des § 2269 tatsächlich zum Zuge gekommen sein und folgeweise Auslegungszweifel bestanden haben müssen. Nach der ganzen Lage der Sache und namentlich auch in Berücksichtigung der ersten Fassung des nach dieser angenommenen Antrags, in welcher die Bezugnahme auf den § 2269 BGB. sich überall nicht findet, kann man die besagten Worte nur so auffassen, daß der tatsächliche Erfolg, wie er im § 2269 BGB. verlautbart ist, gegeben sein muß. In Wirklichkeit hat der Fall so zu liegen, daß der Dritte für den gesamten Nachlaß als Erbe des zuletzt versterbenden Ehegatten zu gelten hat, bzw. das Vermächtnis nach dem Tode des Letztlebenden anfallen soll. Ob das darauf beruht, daß bei den nach der Fassung des gemeinschaftlichen Testaments bestehenden Zweifeln die Rechtsvermutung des § 2269 BGB. eingegriffen hat, oder darauf, daß es schon ohne weiteres aus der klaren Vorschrift des Testaments zu folgern stand, ist ohne Bedeutung. Ebenso würde es nichts ausmachen, wenn der § 2269 BGB. überhaupt nicht zur Geltung kommen könnte, weil es sich um ein vor dem 1. Januar 1900 errichtetes Testament handelt (vgl. dazu insbesondere Note 27).

32. Die zweite Einschränkung besagt, die Bestimmung solle nur Anwendung finden, „soweit der überlebende Ehegatte an die Verfügung gebunden ist". Für diese Gebundenheit spricht aber die Vermutung des § 2270 Abs. 2 BGB. in Verbindung mit § 2271 Abs. 2 das. Daß sich hierbei das Recht zur Aufhebung der Verfügung bei Verfehlungen des Bedachten erhält (BGB. §§ 2271 Abs. 2 Satz 2, 2294, 2336), ändert daran nichts. Daher wird die besagte Bindung des überlebenden Ehegatten unbedingt überall da als gegeben anzunehmen sein, wo in dem gemeinschaftlichen Testament eine Verfügungsfreiheit des Überlebenden entweder ausdrücklich ausgeschlossen oder überhaupt nicht erwähnt worden ist. Nur in denjenigen Fällen, in denen das gemeinschaftliche Testament dem überlebenden Ehegatten ausdrücklich eine Verfügung über den Nachlaß irgendwie einräumt, wird die Sonderbestimmung unseres Absatzes als unter der zur Erörterung stehenden Einschränkung beseitigt anzusehen sein. Für diese Fälle hat dann allerdings eine strenge Auslegung Platz zu greifen. Einmal ist es ohne Einfluß, in welcher Art und Weise dem Überlebenden die Verfügungsfreiheit erteilt worden ist und in welcher Art und Weise ihm die freie Verfügung auszuüben gestattet ist. Daneben ist es des weiteren namentlich ohne Bedeutung, ob der überlebende Ehegatte von seiner Verfügungsfreiheit insgesamt oder zum Teil Gebrauch gemacht hat oder nicht. Lediglich die Tatsache einer zugestandenen Verfügungsfreiheit schließt das Gebundensein des überlebenden Ehegatten aus; unter ihr allein wird die Voraussetzung, welche das Gesetz für die Anwendbarkeit seiner Sondervorschrift verlangt, hinfällig. Die Einschränkung soll aber nur „soweit" eine Bindung des Überlebenden vorliegt, zur Geltung kommen. Gestattet das gemeinschaftliche Testament dem überlebenden Ehegatten über einen Teil des Nachlasses oder über einzelne bestimmte Gegenstände desselben die freie Verfügung, so schließt das keineswegs die Gültigkeit der Sondervorschrift für den übrigen Nachlaß aus. Es werden dadurch lediglich die einzelnen Gegenstände oder der bestimmte Nachlaßteil betroffen. Bezüglich des übrigen Nachlasses erscheint der überlebende Ehegatte an die Verfügung des gemeinschaftlichen Testaments gebunden, so daß für diesen verbleibenden Nachlaß die Vorbedingung der Sondervorschrift erfüllt ist. Dieses kann allerdings dazu führen, daß die beiden abgeschiedenen Teile des Nachlasses je in einer eigenen Steuerklasse und damit verschieden hoch besteuert werden müssen, obwohl sie an den gleichen Erwerber fallen, vgl. die folgenden Noten.

33. Unter den beiden vorerörterten Voraussetzungen bringt unsere Bestimmung, wie auch sonst in Einzelfällen, eine besondere, von der des bürgerlichen Rechts abweichende Regelung. Während nach dem bürgerlichen Recht anzunehmen wäre, daß der Dritte für den gesamten Nachlaß als Erbe des zuletzt versterbenden Ehegatten eingesetzt ist, sollen nach steuerlichem Recht die mit dem erstverstorbenen Ehegatten näher verwandten Erben und Vermächtnisnehmer als seine Erben gelten. Diese Regelung tritt ein, ohne daß es eines besonderen Antrages bedürfte und ohne daß den Beteiligten das Recht zustände, insoweit das Verhältnis zum Letztlebenden angewandt zu sehen. Dem inneren Grundgedanken dieser Vorschrift, der eine Gleichbehandlung aller näheren Verwandten eines Erblassers im Auge hat und mit Rücksicht hierauf kaum auf eine besondere Vergünstigung der unmittelbar Betroffenen hinausläuft, muß unbedingt beigepflichtet werden. Vorweg ist zu bemerken, daß das entsprechend qualifizierte gemeinschaftliche Testament von Ehegatten eine im praktischen Leben sehr beliebte und häufig angewandte Form bildet, in welcher Eltern über die Verteilung ihres gesamten Nachlasses unter ihre Abkömmlinge verfügen, insbesondere wenn Abkömmlinge verschiedener Art, z. B. solche aus früheren Ehen neben solchen aus der letzten Ehe, dabei in Frage kommen. Als die Dritten, an die der Nachlaß beim Tode des letztversterbenden Ehegatten fällt, haben wir uns also in den meisten Fällen die Abkömmlinge, gegebenenfalls auch andere meist nahe Verwandte oder Verschwägerte der beiden Ehegatten, zu denken. Wenn die mit dem erstverstorbenen Ehegatten näher Verwandten lediglich nach dem bürgerlichen Recht als Erben des letztverstorbenen steuerlich behandelt würden, so stünden sie ungünstiger da, als wenn sie unmittelbar von ihrem näheren Verwandten, dem erstverstorbenen Ehegatten, geerbt hätten. Unter Umständen kann darin ein beträchtlicher Unterschied begründet sein, der unbedingt insofern ungerechtfertigt und ungerecht erscheinen muß, als das vererbte Vermögen von diesem näheren Verwandten herrührt. Ein Kind aus erster Ehe des erstverstorbenen Ehegatten, das in besagter Weise erst nach dem Tode seiner Stiefmutter zu dem aus dem Vermögen seines Vaters herrührenden Nachlaß gelangt, würde unter dem Grundsatz des bürgerlichen Rechts als Stiefkind in der IV. Klasse steuerlich zu veranlagen sein, während es seinem natürlichen Verhältnis zum Vater nach in die I. Klasse gehören würde. Diese Unbilligkeit will die Bestimmung des Abs. 3 ausgleichen. Ob dieses gerade in glücklicher Form geschehen ist, mag dahingestellt sein.

Die mit dem erstverstorbenen Ehegatten näher verwandten Erben und Vermächtnisnehmer sollen steuerlich als seine Erben angesehen werden. An und für sich klingt diese Regelung sehr einfach und naturgemäß; sie wirkt auch durchaus in der beabsichtigten

Richtung. Sie wird in der Anwendung überall da keine Schwierigkeiten bereiten können, wo von ihr voll und ganz der Erwerb des Einzelnen getroffen wird, wie solches vielleicht überwiegend der Fall sein mag. Es sind dann eben nur die in sich geschlossenen Erwerbe verschieden zu tarifieren, wobei Weiterungen nicht entstehen können. Unter den eigenen Voraussetzungen der Vorschrift und unter der Vielgestaltigkeit der Verhältnisse im praktischen Leben wird es sich aber häufiger ereignen, daß der Erwerb eines einzelnen Erben zu einem Teil nach einer niederen und zum anderen Teil nach einer höheren Tarifklasse zu veranlagen sein wird, wie wir am Schluß der vorhergehenden Note schon andeuteten. Ein praktisches Beispiel wird dieses am besten veranschaulichen:

Wir gehen von einem gemeinschaftlichen Testament zweier Ehegatten aus, in welchem dieselben zunächst sich gegenseitig als Erben einsetzen und sodann bestimmen, daß nach dem Tode des überlebenden der beiderseitige Nachlaß, vorbehaltlich eines demnächst noch zu berührenden Verfügungsrechts des überlebenden, zu gleichen Teilen an ein Kind erster Ehe des Vaters und an die beiden Kinder aus der Ehe der Testierenden, unter gegenseitiger Substitution dieser drei, fallen solle. Dem überlebenden Ehegatten wird das Recht eingeräumt, über den vierten Teil des Gesamtnachlasses frei zu verfügen, wodurch gegebenenfalls das Erbe der drei Kinder entsprechend eingeschränkt sein soll. Zunächst verstirbt der Ehemann, bald nach demselben die beiden Kinder aus der Ehe der Testierenden. Die überlebende Ehefrau macht von dem ihr eingeräumten Verfügungsrecht keinen Gebrauch. Alleiniger Erbe des gesamten Nachlasses wird das Kind erster Ehe des Ehemanns, Stiefkind der überlebenden Ehefrau, das nach bürgerlichem Recht als Erbe der letzteren gilt. Durch die Einzelvorschriften des Abs. 3 wird aber der Nachlaß steuerlich in zwei verschieden zu behandelnde Teile zerrissen. Da die überlebende Ehegattin zu einem Viertel über den Nachlaß frei verfügen konnte, so erscheint sie nur für drei Viertel desselben an die Verfügung des Testaments gebunden. Nur für diesen Teil kann nach ausdrücklicher Vorschrift des Gesetzes die eigengeartete steuerliche Behandlung des Nachlasses unter unserer Sonderbestimmung eintreten; das Verhältnis zu dem Vater, dem näheren Verwandten, ist das Maßgebende für eine solche. Für das verbleibende Viertel gilt lediglich die Vorschrift des bürgerlichen Rechts; das Stiefkind ist Erbe der Stiefmutter; dieses Verhältnis ist auch der steuerlichen Behandlung zugrunde zu legen. Den in seiner Gesamtheit an ihn fallenden einheitlichen Nachlaß aus dem gemeinsamen Testament von Vater und Stiefmutter hat der Erbe nach verschiedenen Steuersätzen zu versteuern, zu drei Viertel auf Grund seines Verhältnisses zum Vater, zu einem Viertel auf Grund seines Verhältnisses zur Stiefmutter. Die praktische Steuerveranlagung steht hier vor besonderen Schwierigkeiten, die in den folgenden Noten zu erörtern sein werden.

34. Bei der in der vorigen Note klargelegten besonderen und im Gegensatz zu dem bürgerlichen Recht stehenden steuerlichen Regelung ist in unserer gesetzlichen Vorschrift weiter die Einschränkung gemacht, daß sie nur gelten solle, soweit das Vermögen des erstverstorbenen Ehegatten beim Tode des überlebenden Ehegatten noch vorhanden sei. In ihrem inneren Grunde muß diese Einschränkung als durchaus gerechtfertigt anerkannt werden. Der Erbe aus dem gemeinschaftlichen Testament kann es niemals als Ungerechtigkeit empfinden, wenn er dasjenige, was ihm aus dem Vermögen des weiter mit ihm verwandten Ehegatten anfällt, auch nach dem Verhältnis, in welchem er zu dem tatsächlich ihm Vererbenden steht, zu versteuern hat. Für diesen Fall brauchte es keiner Sonderbestimmung. Nur da, wo es sich um einen Anfall aus dem Vermögen des mit ihm näher verwandten Ehegatten handelt, kann in der Versteuerung nach dem Verhältnis zu dem in weiterem Grade Verwandten eine unbillige Härte gefunden werden, welche durch die Sondervorschrift zu beseitigen war. Die demnach in sich vollbegründete Einschränkung trägt jedoch in der Art, wie sie im Gesetz gefaßt ist, dazu bei, die schon an sich verwickelten Verhältnisse für die praktische Durchführung der Besteuerung zu noch verwickelteren zu machen. Der Nachlaß wird nochmals in einer anderen Weise auseinandergerissen. Unter den Voraussetzungen der Sondervorschrift sehen wir ihn schon nach der Art der testamentarisch festgelegten Vererbung geschieden; die fernere Einschränkung trennt ihn des weiteren nach der Herkunft des Vermögens, ob die einzelnen Werte von dem einen oder dem anderen Ehegatten herrühren. Die Verwicklung wird dadurch in einem ganz wesentlichen Grade verschärft und zugleich auf an sich einfacher liegende Fälle übertragen. Überall wo der aus dem Vermögen des einen Ehegatten herrührende Nachlaß nicht ausreicht, um die vollen Erwerbe der mit ihm näher verwandten Erben zu decken — und dieses dürfte sich im praktischen Leben sehr häufig ereignen —, wird eine Versteuerung des einheitlichen Erbanfalls des einzelnen Erwerbers nach zwei verschiedenen Steuersätzen Platz greifen, wie wir auf eine solche in der vorigen Note schon hinzuweisen hatten. Durch die berührte Einschränkung wird die Zahl derartiger Fälle ganz außerordentlich vermehrt.

Die Schwierigkeit liegt gerade darin begründet, daß sich in der Wirkung der Vorschrift nicht Besteuerung und Steuerfreiheit, sondern Besteuerung nach diesem Steuersatz und Besteuerung nach jenem Steuersatz einander gegenüberstehen. Handelt es sich beispielsweise um vier Erwerbe von Erben, die mit dem erstverstorbenen Ehegatten näher verwandt sind, zu je 2 000 000 Mk., während der aus dem Vermögen des erstverstorbenen Ehegatten herrührende Nachlaßwert sich insgesamt nur auf 6 000 000 Mk. beläuft, so haben die sämtlichen vier Erben ihren einheitlichen Anfall zu drei Vierteln (1 500 000 Mk.) nach dem niedrigeren Steuersatz (Verhältnis zu dem näher verwandten Ehegatten) und zu einem Viertel (500 000 Mk.) zu dem höheren Steuersatz (Verhältnis zu dem letztversterbenden Ehegatten) zu versteuern. Auch für unser in der vorgehenden Note angeführtes Beispiel würde sich das Ergebnis je nach dem Verhältnis der Vermögen der beiden Ehegatten zueinander weiter verschieben. Nehmen wir als einfachsten Fall an, daß der Nachlaß zu der einen Hälfte aus dem Vermögen des einen und zu der anderen Hälfte aus dem Vermögen des anderen Ehegatten herrührt. Das von dem Vater herrührende Vermögen würde demnach nicht ausreichen, um den nach der Sondervorschrift an sich nach der Steuerklasse I zu versteuernden Nachlaßteil (3/4 des Gesamtnachlasses) zu decken. Die Anwendung der Sondervorschrift müßte dementsprechend eingeschränkt werden und es wären an Stelle von drei Vierteln nur die Hälfte des Nachlasses nach Steuerklasse I und an Stelle von ein Viertel die andere Hälfte nach Steuerklasse IV zu versteuern. Diese Verschiebung in dem besonderen Beispiel würde allerdings für die Durchführung der Besteuerung keine neue Schwierigkeit im Gefolge haben; dieselbe träfe der Hauptsache nach nur die Anteilsberechnung.

35. Das Gesetz verlangt zwar, daß das Vermögen des Erstverstorbenen noch vorhanden sein muß, nicht aber, daß es noch in gleichen Stücken vorhanden sein muß. Denn abgesehen davon, daß ein derartiges Erfordernis die dritten Erben und Vermächtnisnehmer vor eine oft schwierige Aufgabe des Nachweises stellen würde, entspricht die hier vertretene Auffassung auch dem im Erbrechte vertretenen Surrogationsprinzipe, alles das als Nachlaß erscheinen zu lassen, was mit Mitteln desselben, als Ersatzteile für Nachlaßstücke oder auf Grund dazu gehöriger Rechte erworben wird (vgl. z. B. §§ 2041, 2019 Abs. 1, 2111 BGB.). Gleicher Ansicht sind u. a. Mirre, Bem. 37 zu § 9, Finger, Anm. 19c zu § 9 und Roth in Marcuse, Das neue Reichssteuerrecht, 2. Aufl. S. 379. Soweit hiernach der Wert des am Tode des Letztlebenden vorhandenen Nachlasses mit dem Werte des Nachlasses des Erstverstorbenen sich deckt, wird das Finanzamt den Nachlaß als vom Erstverstorbenen herrührend ansehen können. Schwierigkeiten können sich aber daraus ergeben, daß der Wert des Nachlasses des Erstverstorbenen an dessen Todestage zwar regelmäßig bekannt sein wird, nicht aber immer zur Zeit des für die Wertermittlung maßgebenden Anfalls, der sich erst an den Tod des Letztverstorbenen knüpft (§§ 31, 18 Abs. 1 Ges.). Man denke an den Fall, daß der überlebende Ehemann an Stelle der von der verstorbenen Frau nachgelassenen Wertpapiere, vielleicht in mehrfachem Wechsel, andere Effekten angeschafft hat. Hier muß allerdings von dem dritten Erben oder Vermächtnisnehmer der Nachweis verlangt werden, welche vorhandenen Stücke den ursprünglichen vorhanden gewesenen entsprechen, also an der letzteren Stelle beschafft sind. Bei Bemessung der Zulänglichkeit des Nachlasses des Erstverstorbenen ist auch bezüglich der Nachlaßgrundstücke der gemeine Wert, nicht, wie bei der Bewertung zum Zwecke der Besteuerung meist der Ertragswert (§ 32 Abs. 1 Ges., § 152 AbgO.) zugrunde zu legen. Beispiel: Die Eheleute A haben einander gemäß § 2269 BGB. zu Erben eingesetzt und ferner bindend bestimmt, daß der Nachlaß nach dem Tode des überlebenden gleichteilig an den Sohn X des Ehemanns aus erster Ehe und die Schwester Y der Ehefrau fallen soll. Der Mann stirbt zuerst. Beim Tode der Frau sind vorhanden Werte von insgesamt 180000 GMk. (berechnet nach gemeinem Werte), wovon 100000 GM. aus dem Nachlasse des Mannes stammen, darunter ein Miethaus, dessen gemeiner Wert 80000 GM., dessen Ertragswert aber nur 40000 GMk. beträgt. Hier werden die gesamten 90000 GMk., die X erbt, durch den Nachlaß des A gedeckt, so daß seiner ganzen Besteuerung das Verhältnis zum Vater zugrunde gelegt wird. Dabei wird der Berechnung der Steuer aber der Ertragswert untergelegt, so daß jeder Erbe nur $\frac{140000}{2} = 70000$ GMk. zu versteuern hat.

Nicht einfach liegt die Sache auch dann, wenn beim Tode des überlebenden Ehegatten für den Erwerber ganz oder teilweise steuerfreie Nachlaßgegenstände vorhanden sind, die dem Nachlasse des Erstverstorbenen zugerechnet werden müssen, bei seinem Tode aber nicht vorhanden waren, z. B. der überlebende hat mit Mitteln des Nachlasses des Erstverstorbenen Hausrat (§ 22 Ziff. 4) angeschafft. Roth (a. a. O. S. 380) stellt folgendes Beispiel auf: „Die Eheleute A haben sich gegenseitig zu Alleinerben eingesetzt und zum Erben des überlebenden berufen den Neffen (N) der Ehefrau A zu 1/2 und eine anerkannte uneheliche Tochter des Ehemannes (T) zu 1/2; der Ehemann stirbt und hinterläßt 1000000 Mk., darunter für 400000 Mk. Hausrat; als die Ehefrau A stirbt, sind 1260000 Mk. vorhanden, darunter für 700000 Mk. Hausrat." Roth meint hier, von dem Hausrat des Gesamtnachlasses seien dem in Höhe von $\frac{1000000}{2}$ Mk. Wert vorhandenen väterlichen Nachlaß der T $\frac{700000}{2} \times \frac{1000000}{1260000} = 277788$ Mk. zuzurechnen. Es betrage also (§ 22 Abs. 1 Ziff. 4) ihr steuerbarer väterlicher Erbteil 222222 Mk., ihr steuerbarer Gesamterbteil 352222 Mk., wovon 130000 Mk. dem Nachlaß der Frau A entstammten. Das Ergebnis erscheint nicht zutreffend. Richtiger dürfte sein anzunehmen, daß von dem vorhandenen Hausrat 260000 Mk. dem Nachlaß der Frau und die restlichen 440000 Mk. dem des Mannes zuzurechnen sind. Hiernach würde der Erwerb der T vom Ehemann A aus 220000 Mk. Hausrat und 280000 Mk. sonstigem Vermögen, von der Ehefrau A aus 130000 Mk. Hausrat bestehen, während der Erwerb des N (350000 Mk. im Hausrat, 280000 Mk. in sonstigem Vermögen) der Regel des § 2269 BGB. entsprechend ausschließlich nach dem Verhältnis des N zur Frau A besteuert wird. Zweifelhaft möchte aber sein, ob man die T nicht zu dem Nachweise zulassen mußte, daß noch mehr Hausrat aus dem Nachlasse des Ehemannes angeschafft ist, was ihrer Besteuerung günstiger erscheinen könnte. Die Frage wird zu bejahen sein. Im Endergebnis muß natürlich der Erwerb der T an Hausrat aus beiden Nachlässen zusammen immer auf 350000 Mk. ($= \frac{700000}{2}$ Mk.) angenommen werden. Wie dabei T und N sich auseinandergesetzt haben, was also der Einzelne an Hausrat zugeteilt erhalten hat, kann gemäß der Ausführungen in den Noten 19 und 20 zu § 2 von Bedeutung sein.

36. Schwierigkeiten bereitet auch die Frage, ob und inwieweit der vom verstorbenen Ehegatten stammende Erwerb gemäß der Fiktion des § 9 Abs. 3 als s e l b s t ä n d i g e r E r w e r b anzusehen ist oder ob er nur im Zusammenhange mit dem vom überlebenden Ehegatten herrührenden Erwerbe betrachtet werden kann. Von der Entscheidung hängt es ab, ob die zahlreichen Befreiungs- und Begünstigungsvorschriften z. B. der §§ 13, 22 Ziff. 1—5, 7—11, 13, 14, § 25 auf jeden der Erwerbe für sich anzuwenden sind oder nicht. Da unter den Voraussetzungen des § 9 Abs. 3 Ges. die mit dem verstorbenen Ehegatten näher verwandten Erben und Vermächtnisnehmer als seine Erben anzusehen sind, so kann es zunächst nicht zweifelhaft sein, daß die genannten Befreiungs- und Begünstigungsvorschriften bei der Besteuerung des vom Erstverstorbenen herrührenden Erwerbes restlos anzuwenden sind (so auch Roth, a. a. O. S. 378). Weiter ist aber aus der Fassung des Abs. 3 (aus dem zweifachen Gebrauche des Wortes „soweit") zu folgern, daß, soweit seine Voraussetzungen nicht gegeben sind, soweit also der überlebende Ehegatte nicht gebunden oder das Vermögen des verstorbenen nicht mehr vorhanden ist, die dritten Erben oder Vermächtnisnehmer trotz näherer Verwandtschaft mit dem Erstverstorbenen dennoch als Erben des Letztverstordenen der Regel des § 2269 BGB. entsprechend zu behandeln sind. Das führt zu der weiteren logischen Folgerung, daß trotz einheitlichen Erwerbes zwei getrennte Anfälle als vorliegend zu erachten sind, auf die selbständig die genannten Begünstigungsvorschriften angewandt werden müssen. Ebenso muß für Anwendung der progressiven Staffelung in § 10 Abs. 2 und nicht minder auch für die Anwendung des § 17 Ges. eine Trennung beider Massen eintreten (a. A. Roth, a. a. O. S. 379; gl. A. scheinbar Mirre, Bem. 23 Abs. 2 Satz 3 zu § 9, Lang, JW. Jg. 1922 S. 1563, Finger, Anm. 19 c zu § 9). Ist also bei Vorliegen der Voraussetzungen des Abs. 3 § 9 der von den testierenden Eheleuten A als alleiniger Dritterbe eingesetzte X der ersteheliche Sohn des erstverstorbenen Ehemannes A und gleichzeitiger Stiefsohn der Ehefrau A und besteht der Nachlaß des Mannes außer aus Hausrat aus 480 000 Mk. steuerbaren Vermögens, der der Frau aber aus Hausrat im Werte von 1 980 000 Mk. und steuerbaren Vermögen in Höhe von 45 000 Mk., so ist X nach § 22 Ziff. 1, 2, 4 a und b in der Fassung des Geldentwertungsgesetzes vom 20. März 1923 überhaupt steuerfrei. Beträgt im gleichen Beispiel der Wert des steuerbaren Nachlasses des A und der Frau A je 1 500 000 Mk., so sind gemäß § 10 Abs. 2 die Sätze von 4,55 bzw. 10,4 v. H. auf jeden Erwerb anzuwenden, nicht solche von 5,95 bzw. 13,6 v. H.

Richtig ist, daß das Ergebnis nicht befriedigt. Wie Roth (a. a. O. S. 379) ausführt, ist es nicht abzusehen, warum ohne das „nähere Verhältnis" zum Erstverstorbenen der Anfall aus dem Gesamtnachlaß beider Ehegatten einheitlich und damit in stärkerer Progression besteuert werden müßte. Hinzu kommt, daß die Besteuerung als getrennte Vermögensmassen oder als Einheit mehr oder weniger auf den Zufall abgestellt ist, nämlich darauf, ob der mit dem Dritterben näher verwandte Ehegatte vor oder nach dem andern Ehegatten verstirbt. Aber diese Erwägungen können nicht durchschlagen. Der Abs. 3 § 9 ist in seiner Fassung ausreichend klar, die Gesetzesmaterialien ergeben auch keinen Anhalt für eine andere Auffassung. Die Auslegungsvorschrift des § 4 AbgO. kann aber nicht dazu dienen, eine unzweckmäßige Gesetzesvorschrift so auszulegen, wie es der Auslegende für zweckmäßiger hält, vorausgesetzt, daß die Vorschrift genügend klar gefaßt ist.

37. Endlich muß Abs. 3 in dem vielleicht häufigsten Falle gemeinschaftlicher Verfügung gemäß § 2269 BGB. versagen, daß der oder die Dritterben (Vermächtnisnehmer) mit beiden Ehegatten gleich nahe, z. B. als gemeinschaftliche Abkömmlinge verwandt sind. Hier kann auch bezüglich der Anwendung der Vorschriften der §§ 13, 22 der Dritterbe nur als Erbe des Letztverstorbenen angesehen werden, denn Abs. 3 greift nur für diejenigen Dritterben und Vermächtnisnehmer Platz, welche mit dem erstverstorbenen Ehegatten näher verwandt sind (a. A. Roth, a. a. O. S. 378). Für die Gesetzesauslegung gelten sinngemäß die Ausführungen am Ende der vorigen Note. Wollen die Ehegatten die Versteuerung als Einheit verhindern, so müssen sie die Abkömmlinge als Nacherben einsetzen (vgl. § 7, namentlich Abs. 2 Satz 2 Ges.).

38. Übergangsvorschriften enthalten der § 48 Abs. 2, bes. Satz 2 Ges. und § 1 der Überleitungsverordnung. Soweit die Vermutung des § 2269 BGB. reicht, ist danach stets dasjenige Gesetz anzuwenden, welches zur Zeit des Todes des überlebenden Ehegatten gilt. Ein gleiches gilt für die Anwendung der Vorschriften der Zweiten Steuernotverordnung (Note 40) gemäß § 16 der Durchführungsbestimmungen über die Bewertung des Vermögens usw. bei der Erbschaftssteuer vom 28. März 1924 (Reichsministerialblatt S. 147).

Allgemeinbemerkung zu § 9.

39. § 9 gilt für sämtliche drei Formen des der Erbschaftssteuer unterliegenden Erwerbes (§ 1 Ges.) mit der Maßgabe, daß Zweckzuwendungen grundsätzlich nur der Klasse V unterfallen und Abs. 3 ausschließlich für Zuwendungen von Todes wegen Bedeutung besitzt.

40. Für diejenigen Erwerbe, bei denen die Steuerschuld nach dem 30. Juni 1923 entstanden ist (§ 18 Ges.), enthält die Zweite Steuernotverordnung (N. V.) vom 19. Dezember 1923 (RGBl. S. 1205 ff.) folgende Änderungen in der Klassenzugehörigkeit (vgl. Art. III, §§ 1 und 3 das.):

a) Die Stiefkinder (Note 19) und die an Kindes Statt angenommenen Personen (Note 20) sind von der Steuerklasse IV in die Steuerklasse I versetzt, ferner

b) die Stiefeltern (Note 18) von der Steuerklasse IV in die Steuerklasse III und

c) die Abkömmlinge (Note 13) von Stiefkindern sowie von an Kindes Statt angenommenen Personen, auf welche sich die Annahme erstreckt (Note 21) von der Steuerklasse V bzw. IV in die Steuerklasse II.

Bezüglich der Zugehörigkeit zur Klasse II ist den Ausführungen in Note 13 anzufügen, daß auch Stiefkinder der „Kinder" der Klasse I und Abkömmlinge der Stiefkinder sowie diejenigen Personen, die von „Kindern" an Kindes Statt angenommen sind und diejenigen Abkömmlinge der letzteren, auf welche sich die Annahme an Kindes Statt erstreckt, zu den „Abkömmlingen" im Sinne der Klasse II mit Wirkung ab 1. Juli 1923 gehören dürften. Eine Ausnahme ist nur für die „Abkömmlinge" der an Kindes Statt angenommenen Personen geschaffen, da sie nach dem unzweideutigen Wortlaute des Gesetzes nur dann unter die II. Klasse fallen, wenn sich die Wirkungen der Annahme auf sie erstrecken. Dazu gehören aber weder Stiefkinder, noch uneheliche Kinder, noch Personen, die der an Kindes Statt Angenommene seinerseits an Kindes Statt angenommen hat (vgl. Note 21).

Die Änderung der Fassung bei Steuerklasse V ist redaktionell (vgl. Anlage 1 des Erlasses des Reichsfinanzministers III C 5 30 vom 14. Januar 1924 zu B 2 — S. 3) und schon durch die völlige Neugruppierung bzw. Umgestaltung der §§ 21, 23, 24 bedingt.

III. Berechnung der Steuer.

§ 10.

A. Fassung für Erwerbe, für welche, die Steuerschuld zwischen 1. Januar und 30. Juni 1923 (einschließlich beider Tage) entstanden ist.

(1) Die Erbschaftssteuer beträgt für die Steuerklassen

I	II	III	IV	V
3,5	5	6	8	14

vom Hundert)*.

(2) Der Steuersatz erhöht sich, wenn der Wert des Erwerbes

400 000	*Mark* übersteigt,	um	10	vom	Hundert
800 000	„ „	, „	20	„	„
1 200 000	„ „	, „	30	„	„
1 600 000	„ „	, „	40	„	„
2 000 000	„ „	, „	50	„	„
2 400 000	„ „	, „	60	„	„
2 800 000	„ „	, „	70	„	„
3 200 000	„ „	, „	80	„	„
3 600 000	„ „	, „	90	„	„
4 000 000	„ „	, „	100	„	„

und so fort, um je 10 vom Hundert der im Abs. 1 genannten Steuersätze, und zwar für je weitere *400 000 Mark* bis zu einem Gesamtanfall von *10 000 000 Mark*, darüber hinaus für je weitere *600 000 Mark* bis zu einem Gesamtanfall von *16 000 000 Mark, und* darüber hinaus für je weitere *800 000 Mark* bis zu einem Gesamtanfall von *20 000 000 Mark*. Bei einem höheren Erwerb wird das Fünffache der Steuersätze des Abs. 1 erhoben.*)

(3) *Übersteigt das zur Zeit des Anfalls bereits vorhandene Vermögen des Erwerbers 4 000 000 Mark, so wird für je angefangene 400 000 Mark des übersteigenden Betrages ein Zuschlag von 10 vom Hundert des nach Abs. 1, 2 berechneten Steuerbetrags erhoben. Der Zuschlag darf die Hälfte des 4 000 000 Mark übersteigenden Betrage nicht überschreiten. Er darf ferner nicht mehr betragen als 100 vom Hundert der Steuer. Das vorhandene Vermögen eines Kindes (§ 9 Abs. 1 I 1) ist bei der Besteuerung des Anfalls aus dem Nachlass des letztverstorbenen Elternteils um einen Betrag zu kürzen, der dem Wert des Erwerbs entspricht, um den das Kind durch den Erbfall des vorverstorbenen Elternteils bereichert war. Diese Vergünstigung entfällt, wenn zwischen den beiden Erbfällen ein Zeitraum von mehr als 10 Jahren liegt.**)

(4) Der Unterschied zwischen der Steuer, die sich bei Anwendung des § 2 ergibt, und der Steuer, die sich berechnen würde, wenn der Erwerb die letztvorhergehende Wertgrenze nicht überstiegen hätte, wird nur insoweit erhoben, als er

a) bei einem Steuersatze bis zu 30 vom Hundert aus der Hälfte,
b) bei einem Steuersatze über 30 bis zu 50 vom Hundert aus drei Vierteln,
c) bei einem Steuersatz über 50 vom Hundert aus neun Zehnteln des die Wertgrenze übersteigenden Erwerbes gedeckt werden kann.

(5) *Die Steuer darf nicht höher sein, als 80 vom Hundert des der Steuer unterliegenden Erwerbes.*)*

(6) Als Erwerb im Sinne der Abs. *2, 4* gilt *die gesamte Bereicherung des Erwerbers, soweit sie nicht durch § 8 der inländischen Besteuerung entzogen ist.*)*

B. Fassung für die Erwerbe, für welche die Steuerschuld vor dem 1. Januar 1923 entstanden ist.

Abs. 1 wie oben.

Abs. 2 und 3.

Der Steuersatz erhöht sich, wenn der Wert des Erwerbes

100 000	Mark	übersteigt,	um	10	v. H.
200 000	"	"	"	20	" "
300 000	"	"	"	30	" "
400 000	"	"	"	40	" "
500 000	"	"	"	50	" "
600 000	"	"	"	60	" "
700 000	"	"	"	70	" "
800 000	"	"	"	80	" "
900 000	"	"	"	90	" "
1 000 000	"	"	"	100	" "

und so fort bis zu einem Gesamtanfall von 3 000 000 Mark um je 10 v. H. für je weitere 100 000 Mark, darüber hinaus bis zu einem Gesamtanfall von 5 000 000 Mark für je weitere 400 000 Mark um je 20 v. H. der im Abs. 1 genannten Steuersätze. Bei einem höheren Erwerbe wird das Fünffache der Steuersätze des Abs. 1 erhoben.

Übersteigt das zur Zeit des Anfalls bereits vorhandene Vermögen des Erwerbers 2 000 000 Mark, so wird für je angefangene 200 000 Mark des übersteigenden Betrags ein Zuschlag von 10 v. H. des nach Abs. 1, 2 berechneten Steuerbetrags erhoben. Der Zuschlag darf die Hälfte des 2 000 000 Mark übersteigenden Betrags nicht überschreiten. Er darf ferner nicht mehr betragen als 100 v. H. der Steuer.

Abs. 4, 5 wie oben, ebenso

Abs. 6, jedoch statt „Abs. 2 4“ „Abs. 2 bis 4“ zu lesen.

---

*) Die durch Kursivdruck kenntlichen Gesetzesstellen sind durch die Zweite Steuernotverordnung vom 19. Dezember 1923 (RGBl. I S. 1205 ff.) mit Wirkung für diejenigen Erwerbe, für welche die Steuerschuld nach dem 30. Juni 1923 entstanden ist (Art. III § 3 das.), teils (Abs. 1, 2, 6) geändert, teils (Abs. 3, 5) aufgehoben.

C. Fassung der Zweiten Steuernotverordnung (Erwerbe nach dem 30. Juni 1923).

§ 10.

(1) Die Erbschaftssteuer beträgt für die Steuerklassen

I	II	III	IV	V
2	4	6	8	14

vom Hundert des Erwerbes.

(2) Der Steuersatz erhöht sich, wenn der Wert des Erwerbes

5 000	Goldmark	übersteigt,	um	10	vom	Hundert,
10 000	„	„	„	20	„	„
15 000	„	„	„	30	„	„
20 000	„	„	„	40	„	„
25 000	„	„	„	50	„	„
30 000	„	„	„	60	„	„
35 000	„	„	„	70	„	„
40 000	„	„	„	80	„	„
45 000	„	„	„	90	„	„
50 000	„	„	„	100	„	„

und so fort um je 10 vom Hundert der in Abs. 1 genannten Steuersätze, und zwar für je weitere 10 000 Goldmark bis zu einem Gesamtanfall von 100 000 Goldmark, darüber hinaus für je weitere 20 000 Goldmark bis zu einem Gesamtanfall von 200 000 Goldmark, darüber hinaus für je weitere 30 000 Goldmark bis zu einem Gesamtanfall von 500 000 Goldmark und darüber hinaus für je weitere 50 000 Goldmark bis zu einem Gesamtanfall von 1 000 000 Goldmark. Bei einem höheren Erwerb wird das Fünffache der Steuersätze des Abs. 1 erhoben.

(3) Der Unterschied zwischen der Steuer, die sich bei Anwendung des Abs. 2 ergibt, und der Steuer, die sich berechnen würde, wenn der Erwerb die letztvorhergehende Wertgrenze nicht überstiegen hätte, wird nur insoweit erhoben, als er

a) bei einem Steuersatz bis zu 30 vom Hundert aus der Hälfte

b) bei einem Steuersatz über 30 bis zu 50 vom Hundert aus drei Vierteln,

c) bei einem Steuersatz über 50 vom Hundert aus neun Zehnteln des die Wertgrenze übersteigenden Erwerbes gedeckt werden kann.

Als Erwerb im Sinne der Abs. 1 bis 3 gilt unbeschadet der Vorschrift des § 8 Abs. 3, die Bereicherung des Erwerbers, soweit sie nicht steuerfrei bleibt.

a) Aussch.-Ber.: S. 4, 5, 14, 30—33. — Sitz.-Ber. (252. Sitzung): S. 8622, 8623.

b) Richtl.: S. 5, 6.

c) Ges. 1919: § 28 (geändert).

d) Schriftt.: Karger, Die neuen Sätze der Erbschaftssteuer (1922), DStZtg. Jg. XI Sp. 1029. — Studte, Zu § 10 Abs. 4 des neuen Erbschaftssteuergesetzes, DBR. Jg. XV S. 19. — Roth, Die Berechnung der Erbschaftssteuer, RStR. Jg. IV S. 27. — Wünschmann, Aus dem neuen Erbschaftssteuergesetze, JW. Jg. LI S. 1560/61. — Dr. Hager, Erbschaftssteuerberechnung bei teilweise steuerfreiem Erwerbe, DStZ. XII, 310. — Marcus, Die Abänderung des ErbschStG. durch die Zweite Steuernotverordnung in DStZ. XIII Sp. 28. — Roth, Das abgeänderte Erbschaftssteuerrecht in RStR. V S. 25. — Wurzel, Zur Änderung des ErbschStG. in DStBl. VII Sp. 16.

e) Rechtspr.: (Note 7) URFH. 14. Februar 1923, StuW. II, 408, betr. Vermögenszuschläge bei juristischen Personen. — (Note 19) URG. 19. Dezember 1911, RGE. 78, 158; 20. Oktober 1916 (Schreiben des Reichsschatzamts 27. November 1916 II A 10049), betr. Bereicherung im Sinne der §§ 28 Abs. 1, 29 ErbschStG. 1906.

f) Ausf.-Best.: §§ 38, 31.

Inhaltsübersicht.

1. Bestimmungen des Steuersatzes enthielten im Ges. 1906 der § 10, im Ges. 1919 der § 28. Die Regelung des neuen Gesetzes weicht von der früheren erheblich ab. Die wesentlichen Änderungen sind:

a) Das neue Gesetz hat den Grundsatz der Durchstaffelung (d. h. die Anwendung höherer Steuersätze immer nur auf den die letzte Stufe übersteigenden Wert) verlassen und ist zu dem der Zuschläge zum Grundsteuersatz (sog. Durchrechnung) zurückgekehrt. Um zu verhindern, daß bei geringer Überschreitung einer Grenze auf den diese überragenden Erwerbsteil ein ihn übersteigender Steuerbetrag erhoben wird, war die ausgleichende Vorschrift des Abs. 4 erforderlich. Daß die neue Regelung die erstrebte Vereinfachung gebracht hätte, läßt sich nicht sagen.

b) Die niedrigsten Hundertsätze der Steuerbeträge sind bei den Klassen II, III, IV die gleichen geblieben; der Satz der Klasse I ist um ½ v. H. heruntergesetzt; der Anfangssatz der Klasse V übersteigt den der früheren Klasse V um 4 v. H., bleibt aber hinter dem der Klasse VI des früheren Gesetzes um 1 v. H. zurück. Im übrigen sind die für die Erhöhung des Steuersatzes gegebenen Stufen der fortgeschrittenen Geldentwertung angepaßt.

c) Der Grundsatz der Zuschläge bei bereits vorhandenem erheblichen Vermögen ist in Abs. 3 beibehalten. Die Grenzen sind auch hier der Geldentwertung angepaßt.

d) Eine fernere Begünstigung des Pflichtigen gegenüber dem Ges. 1919 enthält der Abs. 5, demzufolge die Steuer nicht höher sein darf, als 80 v. H. (früher 90 v. H.) des der Steuer unterliegenden Erwerbs. Die durch Sperrdruck hervorgehobenen Worte sind im neuen Gesetze eingefügt, bedeuten aber keine Änderung des früheren Zustandes.

e) Nach Abs. 6 gilt als Erwerb die gesamte Bereicherung des Erwerbers, soweit sie nicht der inländischen Besteuerung durch § 8 entzogen ist: nach dem Ges. 1919 wurde die Steuer nach dem steuerpflichtigen Erwerb bemessen. Über die hierdurch herbeigeführte wesentliche Änderung, deren Dasein lebhaft bestritten wird, vgl. Noten 19 ff.

f) Gefallen ist Abs. 3 des alten Gesetzes, wonach vor dem 1. April 1935 angefallene Erwerbe durch Abschläge steuerlich begünstigt werden.

2. Der im Ausschuß beratene Antrag Herold (Nr. 400) enthielt in Abs. 1 für die Klassen I und V abweichende Anfangssätze (4 statt 3,5 und 12 statt 14 v. H.). In Abs. 3 war statt 2 000 000 Mk. (Satz 1 und 2) 1 000 000 Mk., statt 200 000 Mk. 100 000 Mk. zu lesen. Nach Abs. 4 sollte der infolge der Überschreitung früherer Wertgrenzen zu erhebende Mehrbetrag an Steuer und Zuschlag (Abs. 3) nur insoweit erhoben werden, als er aus der Hälfte des übersteigenden Betrages gedeckt werden kann; die dem Pflichtigen abzüglich der Steuer verbleibende Bereicherung sollte nicht geringer sein dürfen, als der Betrag, der sich bei einem Erwerb in Höhe der vorhergehenden Wertgrenze nach Abzug der hierfür zu entrichtenden Steuer ergeben hätte, zuzüglich der Hälfte des die Wertgrenze übersteigenden Betrages. In Abs. 4 Satz 3 (entsprechend Abs. 5 der geltenden Fassung) fehlten die Worte „der Steuer unterliegenden".

Dem Ausschuß lagen in erster Lesung fünf Abänderungsanträge vor, die bis auf einen abgelehnt wurden. Der angenommene Antrag, der den Abs. 4 in die jetzige Fassung brachte (die Worte „der Steuer unterliegenden" fehlten jedoch in Satz 3) wurde damit begründet, daß er dazu dienen solle, die Steuersätze beim Übergang auf höhere Wertgrenzen einander anzupassen und allzu starke Sprünge in der Staffelung zu vermeiden.

In zweiter Lesung erfolgte die Änderung der Anfangssätze in den Klassen I und V, trotzdem die Erhöhung des Grundsatzes in V in erster Lesung abgelehnt war. Abgelehnt wurde ein Antrag auf Nichtanwendung des Abs. 3 auf die Klassen I und II, angenommen jedoch der Antrag Nr. 431 Ziff. 1, der die Heraufsetzung der Zahlen des Abs. 3 verlangte. Endlich hat der Abs. 5 (früher Abs. 4 Satz 3) seine jetzige Fassung bekommen.

Im Plenum wurde zu § 10 kommunistischerseits ein Abänderungsantrag gestellt, der für die Klasse III—V höhere Anfangssätze und außerdem für größere Anfälle progressiv gesteigerte Sätze nach der Durchstaffelung vorsah. Der Antrag wurde abgelehnt.

3. Die Richtlinien des Reichsfinanzministers weisen kurz auf die wesentlichen Änderungen gegenüber dem Ges. 1919 hin und geben für die Anwendung des Abs. 4 Berechnungsbeispiele, die aber die sich bei dieser Anwendung ergebenden Schwierigkeiten mit keinem Worte streifen.

4. Das sog. Geldentwertungsgesetz vom 20. März 1923 brachte die aus dem vorgedruckten Texte ersichtlichen Änderungen der Abs. 2 und 3 (6), welche außer der Anpassung der Wertgrenzen an die Geldentwertung die wesentliche Begünstigung der Kinder (§ 9 Abs. 1 I 1) wegen der Anfälle aus dem Nachlaß des letztverstorbenen Elternteils enthalten, wenn zwischen den beiden Erbfällen ein Zeitraum von nicht mehr als zehn Jahren liegt (Abs. 3 Satz 3, 4). In Abs. 6 wurde das sinnwidrige Wort „bis" zwischen den Zahlen 2 und 4 gestrichen.

Der Regierungsentwurf des genannten Gesetzes enthielt wesentlich geringere Wertgrenzen. In Abs. 3 war als Satz 3 vorgesehen: „Zuschläge werden beim Anfall vom Kindeserbe nicht erhoben, soweit es sich um Vermögen aus schon angefallenem Kindeserbe handelt." Begründet sind die Änderungen mit dem Rückgang der Kaufkraft der Mark (S. 12 des Auszuges aus der Niederschrift der fünften Reichsratssitzung betr. Steuer- und Zollangelegenheiten, Tagung 1922).

Die Richtlinien des Reichsfinanzministers zur Änderung des Erbschaftssteuergesetzes durch das Geldentwertungsgesetz geben u. a. ein Beispiel für die Anwendung des Abs. 3 Satz 4.

Die Vorschriften des Geldentwertungsgesetzes gelten für die seit dem 31. Dezember 1922 erfolgten Anfälle.

Bezüglich der einschneidenden Neuregelung durch die Zweite Steuernotverordnung vom 19. Dezember 1923 vgl. Noten 25 und 5.

Zu Abs. 1 und 2.

5. **Die Höhe des Steuersatzes hängt ab:** a) von der Klassenzugehörigkeit des Erwerbers (§ 10 Abs. 1, § 9), b) von der Höhe des Erwerbes (§ 10 Abs. 2 und 6), c) von der Höhe des eigenen Vermögens des Erwerbers (§ 10 Abs. 3, § 11). Abs. 5 begrenzt die Höhe der Steuer. Die Worte „Erwerb" und „Gesamtanfall" in Abs. 1 sind im gleichen Sinne zu verstehen und nach Abs. 6 zu beurteilen.

Bezüglich der Einwirkung der Abrundungsvorschrift des § 35 Abs. 1 auf die Bemessung des Steuersatzes vgl. Note 17 zu diesem Paragraphen.

Die Auswirkung des Tarifs zeigen die folgenden drei Hilfstafeln, deren erste für diejenigen Erwerbe gilt, für welche die Steuerschuld nach dem 31. Dezember 1922, aber vor dem 1. Juli 1923 entstanden ist, deren zweite diejenigen Erwerbe betrifft, für welche die Steuerschuld vor dem 1. Januar 1923 entstanden ist (Art. VII Abs. 4 des Gesetzes vom 20. März 1923, RGBl. S. 209), während endlich Tafel C alle Erwerbe trifft, bei denen die Entstehung der Steuerschuld nach dem 30. Juni 1923 liegt. Bezüglich der Frage des Entstehens der Steuerschuld vgl. § 18 Abs. 1 Ges. und die Noten dazu.

Hilfstafel.

A. Für Erwerbe, für welche die Steuerschuld nach dem 31. Dezember 1922, aber vor dem 1. Juli 1923 entstanden ist.

Anfall bis einschl.	Steuerklasse I	II	III	IV	V
	v. H.	v. H.	v. H.	v. H.	v. H.
400 000 ℳ	3,5	5	6	8	14
800 000 „	3,85	5,5	6,6	8,8	15,4
1 200 000 „	4,2	6	7,2	9,6	16,8
1 600 000 „	4,55	6,5	7,8	10,4	18,2
2 000 000 „	4,9	7	8,4	11,2	19,6
2 400 000 „	5,25	7,5	9	12	21
2 800 000 „	5,6	8	9,6	12,8	22,4
3 200 000 „	5,95	8,5	10,2	13,6	23,8
3 600 000 „	6,3	9	10,8	14,4	25,2
4 000 000 „	6,65	9,5	11,4	15,2	26,6
4 400 000 „	7	10	12	16	28
4 800 000 „	7,35	10,5	12,6	16,8	29,4
5 200 000 „	7,7	11	13,2	17,6	30,8
5 600 000 „	8,05	11,5	13,8	18,4	32,2
6 000 000 „	8,4	12	14,4	19,2	33,6
6 400 000 „	8,75	12,5	15	20	35
6 800 000 „	9,1	13	15,6	20,8	36,4
7 200 000 „	9,45	13,5	16,2	21,6	37,8
7 600 000 „	9,8	14	16,8	22,4	39,2
8 000 000 „	10,15	14,5	17,4	23,2	40,6
8 400 000 „	10,5	15	18	24	42
8 800 000 „	10,85	15,5	18,6	24,8	43,4
9 200 000 „	11,2	16	19,2	25,6	44,8
9 600 000 „	11,55	16,5	19,8	26,4	46,2
10 000 000 „	11,9	17	20,4	27,2	47,6
10 600 000 „	12,25	17,5	21	28	49
11 200 000 „	12,6	18	21,6	28,8	50,4
11 800 000 „	12,95	18,5	22,2	29,6	51,8
12 400 000 „	13,3	19	22,8	30,4	53,2
13 000 000 „	13,65	19,5	23,4	31,2	54,6
13 600 000 „	14	20	24	32	56
14 200 000 „	14,35	20,5	24,6	32,8	57,4
14 800 000 „	14,7	21	25,2	33,6	58,8
15 400 000 „	15,05	21,5	25,8	34,4	60,2
16 000 000 „	15,4	22	26,4	35,2	61,6
16 800 000 „	15,75	22,5	27	36	63
17 600 000 „	16,1	23	27,6	36,8	64,4
18 400 000 „	16,45	23,5	28,2	37,6	65,8
19 200 000 „	16,8	24	28,8	38,4	67,2
20 000 000 „	17,15	24,5	29,4	39,2	68,6
darüber	17,5	25	30	40	70

Hilfstafel.

B. Für Erwerbe, für welche die Steuerschuld vor dem 1. Januar 1923 entstanden ist.

Anfall bis einschl.	Steuerklasse I	II	III	IV	V
	v. H.	r. H.	v. H.	v. H.	v. H.
100 000 ℳ	3,5	5	6	8	14
200 000 „	3,85	5,5	6,6	8,8	15,4
300 000 „	4,2	6	7,2	9,6	16,8
400 000 „	4,55	6,5	7,8	10,4	18,2
500 000 „	4,9	7	8,4	11,2	19,6
600 000 „	5,25	7,5	9	12	21
700 000 „	5,6	8	9,6	12,8	22,4
800 000 „	5,95	8,5	10,2	13,6	23,8
900 000 „	6,3	9	10,8	14,4	25,2
1 000 000 „	6,65	9,5	11,4	15,2	26,6
1 100 000 „	7	10	12	16	28
1 200 000 „	7,35	10,5	12,6	16,8	29,4
1 300 000 „	7,7	11	13,2	17,6	30,8
1 400 000 „	8,05	11,5	13,8	18,4	32,2
1 500 000 „	8,4	12	14,4	19,2	33,6
1 600 000 „	8,75	12,5	15	20	35
1 700 000 „	9,1	13	15,6	20,8	36,4
1 800 000 „	9,45	13,5	16,2	21,6	37,8
1 900 000 „	9,8	14	16,8	22,4	39,2
2 000 000 „	10,15	14,5	17,4	23,2	40,6
2 100 000 „	10,5	15	18	24	42
2 200 000 „	10,85	15,5	18,6	24,8	43,4
2 300 000 „	11,2	16	19,2	25,6	44,8
2 400 000 „	11,55	16,5	10,8	26,4	46,2
2 500 000 „	11,9	17	21,4	27,2	47,6
2 600 000 „	12,25	17,5	21	28	49
2 700 000 „	12,6	18	29,6	28,8	50,4
2 800 000 „	12,95	18,5	22,2	29,6	51,8
2 900 000 „	13,3	19	22,8	30,4	53,2
3 000 000 „	13,65	19,5	23,4	31,2	54,6
3 400 000 „	14	20	24	32	56
3 800 000 „	14,7	21	25,2	33,6	58,8
4 200 000 „	15,4	22	26,4	35,2	61,6
4 600 000 „	16,1	23	27,6	36,8	64,4
5 000 000 „	16,8	24	28,8	38,4	67,2
darüber	17,5	25	30	40	70

Hilfstafel.

C. Für Erwerbe, für welche die Steuerschuld nach dem 30. Juni 1923 entstanden ist.

Anfall bis einschließlich Goldmark	Steuerklasse I	II	III	IV	V
	vom Hundert				
5 000 . . .	2	4	6	8	14
10 000 . . .	2,2	4,4	6,6	8,8	15,4
15 000 . . .	2,4	4,8	7,2	9,6	16,8
20 000 . . .	2,6	5,2	7,8	10,4	18,2
25 000 . . .	2,8	5,6	8,4	11,2	19,6
30 000 . . .	3	6	9	12	21
35 000 . . .	3,2	6,4	9,6	12,8	22,4
40 000 . . .	3,4	6,8	10,2	13,6	13,8
45 000 . . .	3,6	7,2	10,8	14,4	25,2
50 000 . . .	3,8	7,6	11,4	15,2	26,6
60 000 . . .	4	8	12	16,6	28
70 000 . . .	4,2	8,5	12,6	16,8	29,4
80 000 . . .	4,4	8,8	13,2	17,6	30,8
90 000 . . .	4,6	9,2	13,8	18,4	32,2
100 000 . . .	4,8	9,6	14,4	19,2	33,6
120 000 . . .	5	10	15	20	35
140 000 . . .	5,2	10,4	15,6	20,8	36,4
160 000 . . .	5,4	10,8	16,2	21,6	37,8
180 000 . . .	5,6	11,2	16,8	22,4	39,2
200 000 . . .	5,8	11,6	17,4	23,2	40,6
230 000 . . .	6	12	18	24	42
260 000 . . .	6,2	12,4	18,6	24,8	43,4
290 000 . . .	6,4	12,8	19,2	25,6	44,8
320 000 . . .	6,6	13,2	19,8	26,4	46,2
350 000 . . .	6,8	13,6	20,4	27,2	47,6
380 000 . . .	7	14	21	28	49
410 000 . . .	7,2	14,4	21,6	28,8	50,4
440 000 . . .	7,4	14,8	22,2	29,6	51,8
470 000 . . .	7,6	15,2	22,8	30,4	53,2
500 000 . . .	7,8	15,6	23,4	31,2	54,6
550 000 . . .	8	16	24	32	56
600 000 . . .	8,2	16,4	24,6	32,8	57,4
650 000 . . .	8,4	16,8	25,2	33,6	58,8
700 000 . . .	8,6	17,2	25,8	34,4	60,2
750 000 . . .	8,8	17,6	26,4	35,2	61,6
800 000 . . .	9	18	27	36	63
850 000 . . .	9,2	18,4	27,6	36,8	64,4
900 000 . . .	9,4	18,8	28,2	37,6	65,8
950 000 . . .	9,6	19,2	28,8	38,4	67,2
1 000 000 . . .	9,8	19,6	29,4	39,2	68,6
darüber	10	20	30	40	70

Zu Abs. 3.

6. Nach Abs. 3 wird für diejenigen Erwerbe, deren Steuerschuld vor dem 1. Juli 1923 entstanden ist (vgl. Note 25), ein Zuschlag erhoben, dessen Höhe von dem zur Zeit des Anfalls (§ 18 Ges.) bereits vorhandenen Vermögen des Erwerbers abhängt. Für die Feststellung des Vermögens gelten die Vorschriften des § 11 Ges. Danach findet eine Neuberechnung auf den Anfall regelmäßig nicht statt, vielmehr sind frühere Feststellungen zugrunde zu legen. Sind dem Anfalle frühere Erwerbe vom gleichen Zuwendenden vorangegangen (§ 17 Ges.), so ist, wie aus Satz 4 unseres Absatzes zu folgern ist, der Wert der früheren Zuwendungen vom vorhandenen Vermögen nicht abzuziehen. Das muß selbst dann gelten, wenn bei einem einheitlichen Erwerbe verschiedene Teile desselben zu getrennten Zeiten anfallen, was z. B. der Fall ist, wenn der Erblasser demselben Bedachten zwei Vermächtnisse ausgesetzt hat, deren eines mit dem Erbfalle zur Entstehung gelangt (BGB. § 2176), während das andere erst später mit dem Eintritte einer Bedingung anfällt (das. § 2177). Auch hier ist beim späteren Anfall, der nach § 17 zu behandeln ist, der frühere Anfall vom Vermögen nicht zu kürzen, sofern nicht Satz 4 durchgreift. — Vgl. auch Note 10 zu § 17.

7. Das Vermögen des Erwerbers ist für den Zuschlag maßgebend. Über die Bestimmung des Erwerbers ist Note 5 zu § 9 zu vergleichen. Danach können auch juristische Personen sowie nicht rechtsfähige Personenvereinigungen als Erwerber in Frage kommen; das Vermögensteuergesetz (vgl. § 11 ErbschStG.) steht dem nicht entgegen, da es auch die genannten Vereinigungen für steuerpflichtig erklärt (§ 2 Ziff. 3, 4 VermStG.). Ebenso Urt. d. RFH. vom 14. Februar 1923, StuW. II Sp. 408.

Zweifelhaft ist aber, ob der Zuschlag auch für Zweckzuwendungen zu erheben ist. Zunächst ist die Mittelsperson bei solchen (Note 7 zu § 4) als Erwerber im Sinne des Abs. 3 S. 1 nicht anzusehen. Die Terminologie des Gesetzes spricht schon dagegen. So ist es ausgeschlossen, den § 13 Ges. auf Zweckzuwendungen anzuwenden; auch der § 18 Abs. 2 vermeidet für Zweckzuwendungen den Ausdruck „Erwerber". Nach dem Zwecke des Zuschlages, der besonders leistungsfähige Erwerber härter treffen soll, erscheint es richtig, als Erwerber im Sinne unserer Vorschrift nur denjenigen anzusehen, der endgültig bereichert ist. Das scheint um so notwendiger, als die Mittelsperson bürgerlichrechtlich überhaupt nicht Eigentümer der Zuwendung zu werden braucht, also diesen Falles gar nicht steuerrechtlich Erwerber sein kann (vgl. Note 7 zu § 4 und das dort zitierte Urt. d. RFH. vom 21. März 1923). Trotzdem ist Abs. 3 für Zweckzuwendungen nicht unanwendbar, da es dem Zwecke der Vorschrift entsprechen dürfte, das dem gleichen Zwecke etwa schon gewidmete Vermögen als solches des Erwerbers anzusehen, um so mehr, als das für die Berechnung maßgebende Vermögensteuergesetz und das Notopfergesetz die Steuerpflicht der Zweckvermögen anerkennen (ebenso Mirre, Bem. 3 zu § 11).

8. Der Zuschlag ist — abgesehen von der für die Gesamtsteuer geltenden Vorschrift des Abs. 5 unseres Paragraphen — in seiner Höhe in doppelter Hinsicht beschränkt. Er darf nämlich weder die Hälfte des 4 000 000 Mk. (für Anfälle vor dem 1. Januar 1923

2 000 000 Mk.) übersteigenden Betrages noch 100 v. H. der nach Abs. 2 berechneten Steuer übersteigen. Eine Abrundung des Vermögens ist übrigens im Erbschaftssteuergesetz nicht vorgesehen. Da indes regelmäßig die zur Vermögenssteuer (§ 11 Abs. 1) oder zum Reichsnotopfer (das. Abs. 2) erfolgte Feststellung maßgebend ist, so ist auch das nach beiden Gesetzen (§ 17 VermStG. und § 22 Abs. 5 RNG.) auf volle Tausende nach unten abgerundete Vermögen für die Bemessung des Zuschlages nach Abs. 2 zugrunde zu legen. Muß aber ausnahmsweise die Feststellung nach dem Erbschaftssteuergesetze selbst stattfinden (§ 11 Abs. 4), so mußte schon eine geringe Überschreitung einer Grenze zur Anwendung eines höheren Satzes führen. Die etwa notwendige Abrundung der Steuer (§ 35 Abs. 2 Ges. in Verbindung mit § 2 der Abrundungsverordnung vom 31. März 1923, RGBl. S. 247) erfolgt von dem durch den Zuschlag bereits erhöhten Gesamtbetrage der Steuer.

Die Einwirkung des eigenen Vermögens auf die Höhe der Steuer mag folgende Übersicht klarstellen:

Vermögen des Erwerbers		Zuschlag
a. für Anfälle vor dem 1. Jan. 1923*)	b. für Anfälle nach dem 31. Dez. 1922*)	
Bis einschließlich 2 000 000 ℳ	4 000 000 ℳ	
2 200 000 „	4 400 000 „	10 v. H.
2 400 000 „	4 800 000 „	20 „
2 600 000 „	5 200 000 „	30 „
2 800 000 „	5 600 000 „	40 „
3 000 000 „	6 000 000 „	50 „
3 200 000 „	6 400 000 „	60 „
3 400 000 „	6 800 000 „	70 „
3 600 000 „	7 200 000 „	80 „
3 800 000 „	7 600 000 „	90 „
darüber	. . . . . .	100 „

*) Vgl. Art. VII Abs. 4 des Ges. v. 20. März 1923 (RGBl. S. 209).

Die Begrenzung der Gesamtsteuer durch Abs. 5 (Höchstbetrag = 80 v. H.) wird nur für Erwerbe der V. Klasse über 7,6 Millionen Mark (für Anfälle vor dem 1. Januar 1923 über 3,8 Millionen Mark) praktisch.

Kleine Überschreitungen der Vermögensgrenzen können einen Zuschlag zur Folge haben, der den übersteigenden Betrag bei weitem übersteigt. Beispiel: Anfall in Klasse II von 4 400 000 Mk. bei einem Eigenvermögen in gleicher Höhe = 484 000 Mk. (11 v. H.), bei einem Eigenvermögen von 4 401 000 Mk. = 528 000 Mk. (12 v. H.). An einer das Mißverhältnis mildernden Bestimmung entsprechend der des Abs. 4 fehlt es auffälligerweise. Hier kann nur ein Erlaßantrag nach § 108 AbgO. helfen.

Bezüglich der Frage, ob gegebenenfalls zunächst der Zuschlag nach Abs. 3 zu berechnen und erst dann die Ermäßigung nach Abs. 4 vorzunehmen oder ob in umgekehrter Reihenfolge zu verfahren ist, vgl. Note 15.

9. Die Vorschriften in Abs. 3 Satz 4 und 5 sind vom Geldentwertungsgesetze zugesetzt und gelten demnach nur für solche Erwerbe, für welche die Steuerschuld nach dem 31. Dezember 1922 entstanden ist (Art. VII Abs. 4 des Ges. vom 20. März 1923, RGBl. S. 209 — vgl. § 18 Abs. 1 Ges.). Wann der Erwerb vom erstverstorbenen Ehegatten gemacht ist, ist für die Anwendung der Vorschrift mit der aus Satz 5 sich ergebenden Einschränkung (vgl. Note 13) gleichgültig.

10. Für den Begriff des Kindes im Sinne des Satz 4 verweist das Gesetz auf § 9 Abs. 1 I. Es kommen also in Frage: die ehelichen Kinder, die durch nachfolgende Ehe legitimierten Kinder, die Kinder aus nichtiger Ehe, sofern wenigstens ein Ehegatte gutgläubig war, die eingekindschafteten Kinder, denen die Stellung ehelicher Kinder zukommt, endlich die für ehelich erklärten Kinder. Dagegen kommen Adoptivkinder, Pflegekinder, entferntere Abkömmlinge nicht in Frage. Ebensowenig uneheliche Kinder, da der außereheliche Erzeuger weder bürgerlichrechtlich noch steuerrechtlich zu den Eltern zählt. Vgl. im übrigen Noten 7, 9, 10 zu § 9.

Wer zu den „Elternteilen" gehört, ergibt sich aus den vorgehenden Ausführungen. Ehegatten brauchen es nicht zu sein, da auch Kinder aus nichtigen Ehen und für ehelich erklärte Kinder, letztere im Verhältnis zum außerehelichen Erzeuger und zu ihrer Mutter (nicht der Frau des Erzeugers) an den Vorteilen des Satz 4 teilnehmen. Gegenüber eingekindschafteten Kindern, die die Stellung ehelicher Kinder haben, gelten als Elternteile im Sinn unserer Vorschrift: von den eigenen Eltern der länger lebende Teil und ferner dessen zweiter Ehegatte, mit dem der Einkindschaftsvertrag abgeschlossen ist (Note 10 zu § 9). Da Einkindschaftungen nach Inkrafttreten des BGB. ausgeschlossen sind, der Erstverstorbene der eigenen Eltern also vor 1900 gestorben sein muß, kommt letzterer als „Elternteil" nicht in Frage (Satz 5).

11. Welcher „Elternteil" früher stirbt, ist gleichgültig. Immer aber muß es sich um einen Erwerb von Todes wegen handeln, sowohl hinsichtlich der gegenwärtig vorzunehmenden Besteuerung wie auch bezüglich des zu kürzenden Betrages aus dem früheren Erwerb. Schenkungen unter Lebenden kommen also nach beiden Richtungen nicht in Frage. Daran ändert auch § 1 Abs. 2 Ges. nichts, denn diese Vorschrift gilt nur, soweit nichts Besonderes bestimmt ist. Zweck des Satzes 4 ist aber offenbar nur, Erwerbe aus dem Nachlasse der Ehegatten in jeder Hinsicht als Einheit zu behandeln und insoweit sich aus der Anwendung des § 17 ergebende Härten zu mildern. Sollten Schenkungen unter Lebenden gleichgestellt werden, so hätte es nahe gelegen, vor allem bei mehreren Zuwendungen seitens desselben Elternteils die gleiche Begünstigung eintreten zu lassen, was aber aus Satz 4 niemals gefolgert werden kann.

Welcher Art aber der Erwerb von Todes wegen ist, ist bedeutungslos, sowohl bezüglich der gegenwärtigen Besteuerung wie bezüglich des Abzugs der Bereicherung. Es kommen also alle in § 2 Ges. als Erwerb von Todes wegen angeführten Erwerbsfälle in Frage, abgesehen von dem des Abs. 2 Ziff. 1. Zweifelhaft könnte das wohl nur bei dem Erwerbe nach Abs. 1 Ziff. 4 sein, der bürgerlichrechtlich als Erwerb unter Lebenden gilt. Da ihn das Gesetz indessen als Erwerbsfall von Todes wegen anspricht, ist es folgerichtig, ihn auch nach Satz 4 als „Anfall aus dem Nachlaß" und als „Bereicherung durch den Todesfall" anzusehen.

Endlich macht es keinen Unterschied, ob die beiden Erwerbe auf gesetzlicher Erbfolge, Testament oder Erbvertrag beruhen.

12. Was gilt als Bereicherung durch den Erbanfall des vorverstorbenen Elternteils und nach welchem Zeitpunkt ist der Wert dieses Erwerbes zu berechnen? Bezüglich der ersteren Frage ist es natürlich, diejenigen Teile des Erwerbes als Bereicherung aufzufassen, die nach § 11 das für die Zuschlagsberechnung maßgebende Vermögen bilden, also z. B. den Hausrat im gleichen Umfange auszuschalten, wie das nach § 11 geschehen mußte. Denn andernfalls wären die Kinder über den offenbaren Zweck der Vorschrift hinaus begünstigt. Weiter aber wird man dem Zwecke, die beiderseitigen Nachlässe für die Vermögensberechnung als Einheit zu behandeln, nur gerecht, wenn dem am Stichtage der Vermögensfestsetzung (§ 11 Ges.) vorhandenen Vermögen nur diejenigen aus dem Nachlasse des Erstverstorbenen herrührenden Stücke gekürzt werden, die an diesem Stichtage noch vorhanden waren und zwar zum Werte an diesem Stichtage. Ob freilich diese Stücke ursprünglich im Nachlasse des Erstverstorbenen vorhanden waren, oder ob sie auf Grund eines zum Nachlasse gehörigen Rechtes oder als Ersatz für die Zerstörung, Beschädigung oder Entziehung eines Nachlaßgegenstandes oder durch ein Rechtsgeschäft erworben sind, das sich auf den Nachlaß bezog, ist gleich (vgl. Note 35 zu § 9).

Für die Durchführung der Kürzung wird in Berücksichtigung des § 11 Ges. zu scheiden sein, ob die frühere Zuwendung im Laufe eines Veranlagungszeitraumes bezüglich der Vermögenssteuer angefallen ist oder ob der Anfall bereits bei der Veranlagung zur Vermögenssteuer berücksichtigt war. Ersterenfalls ist die etwa nach § 25 VermStG. veranlaßte Steuerveranlagung nicht zu berücksichtigen, letztenfalls ist der Betrag abzuziehen, der nach § 25 hinzurechnen gewesen wäre, wenn der Anfall innerhalb eines Veranlagungszeitraumes erfolgt wäre, jedoch ohne Rücksicht darauf, ob die in § 25 VermStG. genannte Grenze von 50 000 Mk. erreicht wäre. Ist in dem nach § 11 Abs. 2 Ges. etwa maßgebenden Notopferbescheide der Anfall mitenthalten, so ist der um die gezahlte oder geschuldete Steuer gekürzte Wert der Zuwendung (berechnet nach der Zeit des Anfalls) abzuziehen.

13. Satz 5 entspricht dem Gedanken des § 17, wonach eine Zusammenrechnung nur in Ansehung der innerhalb 10 Jahren von derselben Person anfallenden Vermögensvorteile gilt. Die Berechnung des zehnjährigen Zeitraums geschieht nach BGB. §§ 187 Abs. 1, 188 Abs. 2 erster Halbsatz.

Zu Abs. 4.

14. Die Vorschrift dient der Vermeidung zu großer Sprünge, welche sich aus der Rückkehr zur Durchrechnung ergeben können (vgl. Note 1). Beträgt ein in der Klasse II nach dem 31. Dezember 1923 angefallener Erwerb (bei einem Vermögen des Erwerbers von unter 4 Millionen) 4 408 000 Mk., so beträgt die Steuer nicht 10,5 v. H. = 462 840 Mk., sondern 10 v. H. von 4 400 000 Mk. = 440 000 Mk. + $\frac{1}{2} \times 8000$ = 444 000 Mk.

Zweifelhaft ist bei Anwendung der Vorschrift, ob diese auch ein Zurückgehen auf eine vor der letztvorhergehenden Wertgrenze liegende Grenze gestattet. So beträgt z. B. bei einem vor dem 1. Januar 1923 in der V. Klasse gemachten Erwerbe von 2610000 Mk. die Steuer bei einem Zurückgehen auf die vorletzte Wertgrenze von 2500000 Mk. = 47,6 v. H. von 2500000 Mk. (= 1190000 Mk.) + ¾ × 110000 (= 82500 Mk.) = 1272500 Mk., während sie bei wörtlicher Anwendung des Abs. 4 zu berechnen ist mit 49 v. H. von 2600000 Mk. (= 1274000 Mk.) + ¾ × 10000 Mk. (= 7500 Mk.) = 1281000 Mk. Letzteres Ergebnis entspricht der Gesetzesfassung, wenngleich es als hart erscheint, daß ein Erwerb von 110000 Mk. mit einer Steuer von 91500 Mk. belegt erscheint (gl. A. Mirre, Bem. 5 a. E. zu § 9). Für Anfälle nach dem 31. Dezember 1922 sind derartige Ergebnisse ausgeschlossen, da die Wertgrenzen jetzt um mindestens 400000 Mk. auseinander liegen.

15. Fraglich ist, ob bei einem Zusammentreffen von Abs. 3 und Abs. 4 zuerst die letztere Vorschrift anzuwenden und danach erst der Zuschlag nach Abs. 3 zu erheben oder ob in umgekehrter Reihenfolge zu verfahren ist. Danach würde es sich richten müssen, ob der „Steuersatz", von dem in Abs. 4 unter a, b, c die Rede ist, der nach Abs. 2 allein oder der unter Zuziehung des Zuschlages nach Abs. 3 gefundene Hundertsatz ist. Dem Wortlaute des Gesetzes kommt die erstere Auffassung näher, weil der Abs. 4 von der Steuer spricht, die sich bei Anwendung des Abs. 2 ergibt und des Abs. 3 keine Erwähnung tut. Das Ergebnis scheint aber insofern recht unbefriedigend, weil der aus Abs. 4 sich ergebende Betrag mit dem Zuschlage aus Abs. 3 unterworfen wird und deshalb höher sein kann als der die Wertgrenze übersteigende Betrag. Ein Beispiel möge das veranschaulichen: Erwerb in Klasse V nach dem 31. Dezember 1922 = 6100000 Mk., Vermögen des Erwerbers = 20000000 Mk. Steuersatz nach Abs. 2 = 33,6 v. H. von 6000000 Mk. (= 2016000 Mk.) + ¾ × 100000 Mk. (= 75000 Mk.) = 2091000 Mk. + Zuschlag nach Abs. 3 (= 2091000 Mk.) = zusammen 4182000 Mk. Mithin Steuer von 150000 Mk. (= 4182000 — 4032000 Mk.) auf den die Grenze übersteigenden Erwerb von 100000 Mk. Nach der anderen Rechnung würde sich ergeben: Steuersatz von 6000000 Mk. Erwerb = 2016000 Mk. + Zuschlag (Abs. 3) (= 2016000 Mk.) = zusammen 4032000 Mk. + $^9/_{10}$*) × 100000 Mk. (= 90000 Mk.) = Gesamtsteuer von 4122000 Mk. Es fragt sich, ob dieses Ergebnis mit dem Willen des Gesetzgebers (§ 4 AbgO.) vereinbar ist. Für die Prüfung der Frage ist auf die Entstehungsgeschichte des Abs. 4 zurückzugehen. Wie bereits in Note 2 ausgeführt ist, enthielt der ursprünglich dem Reichstagsausschuß zur Beratung vorliegende Antrag Herold u. Gen. in Abs. 4 einen ausdrücklichen Hinweis auch auf Abs. 3: Der durch Überschreitung früherer Grenzen zu erhebende Steuermehrbetrag einschließlich des nach Abs. 3 zu berechnenden Zuschlages sollte nur insoweit erhoben werden, als er aus der Hälfte des übersteigenden Betrags gedeckt werden kann. Ferner sollte die dem Pflichtigen nach Abzug der Steuer verbleibende Bereicherung nicht geringer sein, als der Betrag, der sich bei einem Erwerb in Höhe der vorhergehenden Wertgrenze abzüglich der Steuer als Bereicherung ergeben hätte, zuzüglich der Hälfte des die Grenze übersteigenden Betrages.

---

*) Weil die Steuer unter Berücksichtigung des Zuschlages über 50 v. H. des Erwerbs beträgt.

Nach dieser Fassung konnte es nicht zweifelhaft sein, daß zunächst der Zuschlag berechnet werden und erst dann der Abs. 4 angewandt werden sollte. Hat der Antrag des Zentrums, der die gegenwärtige Fassung herbeigeführt hat, hieran etwas ändern wollen? Das ist kaum anzunehmen, denn nach seiner Begründung sollte der Antrag dazu dienen, die Steuersätze beim Übergang auf höhere Wertgrenzen einander anzupassen und allzu starke Sprünge in der Staffelung der Steuer zu vermeiden, also eigentlich das zu vertiefen, was die frühere Fassung klarer zum Ausdrucke gebracht hatte. Will man aber die Berechnung aus Abs. 4 vor der Zuschlagsberechnung vornehmen, so wird, wie das obige Beispiel zeigt, u. U. das gerade Gegenteil von dem erreicht, was die Antragsteller bezweckt haben. Danach scheint der Antrag nur die aus a—c der Neufassung sich ergebende Abstaffelung des zuzurechnenden Steuerunterschiedes bezweckt zu haben, aber keine Änderung in der Berechnung. Es dürfte also richtig sein, den Abs. 4 erst nach der Zuschlagberechnung anzuwenden.

16. Falls Abs. 3 Satz 2 eingreift, will Mirre (Bem. 5 Abs. 3 zu § 10) bei Beurteilung, welcher Steuersatz im Sinne des Abs. 4 a—c gilt, diese Vorschrift überhaupt nicht beachten. Er gibt folgendes Beispiel: Erwerb in Klasse V 2 550 000 Mk., Vermögen 2 001 000 Mk.; Steuersatz (nach altem Tarif) 49 + 4,9, also über 50 v. H. — Steuer bei Erwerb von 2 500 000 Mk. = 47,6 v. H. = 1 190 000 Mk. + 500 Mk. (wegen Abs. 3 Satz 2) + $^{9}/_{10}$ von 50 000 Mk. = 45 000 Mk., zusammen 1 235 000 Mk. Das scheint nicht richtig, da tatsächlich der Steuersatz nicht 49 + 4,9 v. H., sondern wegen Abs. 3 Satz 2 nur 49 v. H. auf 2 550 000 Mk. + 500 Mk., also immerhin noch unter 50 v. H. beträgt. Hiernach wären zu 1 190 000 Mk. + 500 Mk. noch $^{3}/_{4}$ von 50 000 Mk. = 37 500 Mk. hinzuzurechnen sein.

17. Zweifelhaft ist, ob die Vorschrift des § 35 Abs. 1 Ges., derzufolge für die Steuerberechnung der steuerpflichtige Betrag auf volle hundert (für Erwerbe nach dem 31. Dezember 1922 volle tausend) Mark nach unten abgerundet wird, auch für die Bemessung des erhöhten Steuersatzes nach Abs. 2 und folgeweise auch für Anwendung des Abs. 4 Bedeutung hat. Mirre setzt das voraus (Anm. 4 a. E. zu § 10). Indes spricht schon der Wortlaut des § 35 Abs. 1 gegen diese Annahme, denn Abs. 1 § 35 spricht von der Abrundung des steuerpflichtigen Betrages, Abs. 2 und 4 § 10 aber vom Erwerbe, d. i. die gesamte Bereicherung des Erwerbers (Abs. 6, vgl. Noten 19, 20 zu diesem Paragraphen). Sodann enthält § 35 Abs. 1 nur eine vereinfachende Berechnungsvorschrift, welche die Veranlagungsbehörde der Mühe entheben soll, mit komplizierten Zahlen bei Ausrechnung der Steuer zu rechnen; für die Bestimmung des Steuersatzes kann es aber durchaus gleichgültig sein, ob der zugrunde liegende Wert des Erwerbes eine runde Zahl darstellt oder nicht. Vor allem aber spricht die Auswirkung der Anwendung des § 35 Abs. 2 im Falle des Abs. 4 gegen diese Anwendung. Würde man nämlich jene Vorschrift anziehen, so würde beispielsweise ein nach dem 31. Dezember 1922 aber vor dem 1. Juli 1923 in der II. Klasse erfolgter Erwerb von 1 200 999,99 Mk. mit 72 000 Mk. besteuert werden müssen, ein solcher von 1 201 000 Mk. aber mit 72 500 Mk. Also würde ein Erwerb von 1 Pfg. 500 Mk. Steuern nach sich ziehen. Demgegenüber werden die sich aus der Abrundung des Steuersatzes (§ 35 Abs. 2 Ges., § 2 AbrundVO. vom 31. März 1923) ergebenden unbedeutenden Unebenheiten leicht zu tragen sein.

Zu Abs. 5.

18. Die Worte „der Steuer unterliegenden" sind erst in zweiter Lesung in den Abs. 5 (früher Abs. 4 Satz 3) eingefügt. Sie stellen klar, daß diejenigen Erwerbsteile, die steuerfrei bleiben (z. B. nach § 22 Ziff. 4 ff.), bei Berechnung der Steuerhöchstgrenze ausscheiden. Auch diejenigen Erwerbsteile scheiden aus, die nach § 8 der inländischen Besteuerung nicht unterliegen oder ihr durch Staatsverträge entzogen sind; § 8 Abs. 3 steht hier nicht entgegen (ebenso Mirre, Bem. 6 zu § 10).

Die Höchstgrenze kommt übrigens nur für Klasse V in Frage (vgl. Note 8). Abs. 5 ist durch den Fortfall des Abs. 3 mit Wirkung für die durch die Zweite Steuernotverordnung vom 19. Dezember 1923 getroffenen Anfälle gegenstandslos geworden und fortgefallen (Note 25).

Zu Abs. 6.

19. Der Abs. 6 stellt — für Erwerbsfälle, bei denen die Steuerpflicht vor dem 1. Juli 1923 entstanden ist — Note 25 — fest, daß als Erwerb im Sinne der Abs. 2, 4 die gesamte Bereicherung des Erwerbers gilt, soweit sie nicht durch § 8 der inländischen Besteuerung entzogen ist. Im Anschlusse hieran bestimmt § 12 Abs. 1, daß die Steuer von dem Betrage berechnet wird, um den der Erwerber durch den Anfall bereichert wird.

Was als „gesamte" Bereicherung aufzufassen ist, ist lebhaft umstritten. Die eine Auffassung (Finger, Anm. 7 zu § 10, Hager, DStZtg. Jg. 1923 Sp. 310), die sich auf den Wortlaut und die Entstehungsgeschichte berufen kann, nimmt den Begriff im bürgerlichrechtlichen Sinne, soweit das Gesetz selbst nicht Einschränkungen gebietet. Danach sind auch grundsätzlich die steuerfreien Erwerbsteile (z. B. nach § 22 Ges.) für die Bemessung des Steuersatzes aus Abs. 2 einzurechnen, wobei man allerdings bezüglich einzelner steuerfreier Teile zweifelhaft sein kann. Die entgegengesetzte Auffassung (Mirre, Wünschmann in JW. 1922 S. 1560/1 bzw. D. Steuerbl. Jg. 1923 Sp. 339, Engel in DSteuerArch. 1923 S. 198) geht davon aus, daß Abs. 6 nur klarstellen wolle, daß mehrere gleichzeitige Anfälle desselben Erblassers (Schenkers) zusammenzurechnen seien, z. B. Erwerb als Erbschaft und Vorausvermächtnis (BGB. § 2150) als Allod und gebundenes Vermögen (§ 2 Abs. 1 Ziff. 2), als Erwerb gemäß § 2 Abs. 1 Ziff. 1 und Abs. 1 Ziff. 4 u. a. Im übrigen führt Mirre (Bem. 8 zu § 10) zur Begründung seiner Ansicht an:

> Die sich bei der entgegengesetzten Auffassung ergebende Notwendigkeit der Festsetzung des Gesamtanfalls einschließlich sonst steuerfreier Teile,
>
> die durch § 22 Abs. 3 bedingte Notwendigkeit, Hausrat und andere steuerfreie Teile bei Berechnung der Grenzen nach § 22 Abs. 1 Ziff. 1 und 2 fortzulassen, bedinge die Notwendigkeit, steuerfreie Teile erst recht nicht bei den Steuerstufen in Ansatz zu bringen,
>
> die bekämpfte Ansicht führe dazu, die nach § 22 Nr. 12—14 befreiten Zuwendungen bei Anwendung des § 17 mitzuberücksichtigen (?),
>
> u. U. führe sie auch dazu, daß bei einem an sich steuerfreien Erwerbe wegen § 17 Ges. Nachveranlagungen notwendig seien; z. B. müsse ein Sohn, der früher 100000 Mk. in bar geschenkt erhalten

habe und nur Hausrat im Wert von 200000 Mk. erbe, die Differenz von 4,2 v. H. und 3,5 v. H. auf 100000 Mk. beim Erbfalle nachentrichten.

Zuzugeben ist ohne weiteres, daß die vorstehende Ansicht den Steuerbehörden die Veranlagung erheblich erleichtern und die sich aus Einrechnung oder Nichteinrechnung der einzelnen steuerfreien Erwerbsteile in die Bereicherung nach Abs. 6 ergebenden unerfreulichen Zweifel beseitigen würde. Für die Ansicht könnte auch geltend gemacht werden, daß der Begriff der Bereicherung vom Steuerrechte in teilweiser Abweichung vom bürgerlichen Rechte verwandt wird (vgl. z. B. § 12 Abs. 3, § 2 Abs. 1 Ziff. 1 bezüglich des Pflichtteilsanspruchs). Trotzdem muß aus der Entstehungsgeschichte die Richtigkeit der entgegenstehenden Ansicht gefolgert werden.

Bereits das Ges. 1906 schrieb in den §§ 28 Abs. 1 und 29 vor, daß die Steuer nach dem ganzen Erwerbe des Beteiligten und von dem Betrage zu berechnen sei, um welchen der Erwerber durch den Anfall bereichert worden sei. Unter seiner Herrschaft hatte der Reichskanzler anfänglich — im Gegensatz zum preußischen Finanzministerium — den Standpunkt vertreten, daß die der Steuer nicht unterliegenden Nachlaßbestandteile dem maßgebenden Erwerbe nicht zuzurechnen seien. In dem Entwurf zur Änderung des REStG., welcher von den verbündeten Regierungen bei der großen Finanzreform 1908/09 vorgelegt wurde, hatte man die Frage durch Einschiebung des Wortes „steuerpflichtigen" vor Erwerbes im Anfang des Abs. 2 in dem für die Anwendung der Staffelung mildesten Sinne zur Entscheidung bringen wollen. Nachdem aber das Abänderungsgesetz gescheitert war, hat auch der Reichskanzler (Reichsschatzamt) in einem Schreiben vom 9. Februar 1910 II 530 (ZfZuSt. 1910 S. 54) den strengeren preußischen Standpunkt als nunmehr für die Verwaltung maßgebend anerkannt. Das Reichsgericht nahm in seinem Urt. vom 19. Dezember 1911 (Samml. Bd. 78 S. 158 ff.) hiergegen insoweit Stellung, als es mit Rücksicht auf die durchschlagende Bedeutung des § 6 Abs. 1 Ges. aussprach, daß der nach der gedachten Gesetzesbestimmung steuerfreie ausländische Nachlaß eines ausländischen Erblassers auch bei Bemessung der Steuerstaffel auszulassen sei. Die hier interessierende Frage, ob auch die nach § 11 Ges. 1906 steuerfreien Teile (namentlich der Hausrat, § 11 Ziff. 4 f.) außer acht zu lassen seien, wurde offen gelassen, ebenso in einem späteren Urteile vom 20. Oktober 1916, welches vom Reichsschatzamt den Regierungen am 27. November 1916 unter II A 10049 mitgeteilt ist. Unter dem Einfluß der Rechtsprechung hat das Reichsschatzamt im Schreiben vom 10. Februar 1912 II 1434 und vom 2. Oktober 1912 II A 11066 seinen Standpunkt bezüglich der Einbeziehung des ausländischen Vermögens des ausländischen Erblassers für die Anwendung der Steuerstufe aufgegeben, nicht aber bezüglich der nach § 11 steuerfreien Teile.

Nachdem dann das Ges. 1919 die Erhebung der Steuer vom steuerpflichtigen Erwerbe vorschrieb (§ 28 Abs. 1), schien für dieses Gesetz die Streitfrage erledigt zu sein. Das Ges. 1922 hingegen ist unter Unterstreichung der Berechnung der gesamten Bereicherung wieder mehr zur Fassung des Ges. 1906 zurückgekehrt. Ist es hiernach schon unwahrscheinlich, daß der Gesetzgeber an dem Standpunkte des Ges. 1919 nichts hat ändern wollen, so wird das noch deutlicher durch die ausdrückliche

Ausschaltung des nach § 8 steuerfreien Nachlasses. Denn es wäre nicht zu verstehen, daß der Gesetzgeber, dem die Streitfragen unter der Herrschaft des Ges. 1906 nicht unbekannt sein konnten, den einen Streitpunkt heraushebt, den andern aber nicht, wenn er nicht eben wegen dieses andern Punktes die entgegengesetzte Auffassung vertritt. Hervorgehoben zu werden verdient aber noch, daß in zweiter Lesung in Abs. 5 zur Verdeutlichung die Worte „der Steuer unterliegenden" eingefügt sind. Diese Worte bilden einen deutlichen Gegensatz zu der „gesamten" Bereicherung in Abs. 6, der nicht künstlich hätte in das Gesetz hineingetragen werden dürfen, wenn der Gesetzgeber dem Sprachgebrauche zuwider sich im Grunde genommen das gleiche darunter vorgestellt hätte.

Für die Steuerfälle, welche unter die Zweite Steuernotverordnung vom 19. Dezember 1923 fallen, ist die erörterte Streitfrage gegenstandslos (vgl. Note 25).

20. Hiernach erscheint es geboten, den Begriff der „gesamten Bereicherung" bürgerlichrechtlich aufzufassen, also darunter eine jede Vermögensvermehrung des Erwerbers zu verstehen (vgl. Noten 10 ff. zu § 3), soweit nicht das Gesetz selbst Ausnahmen schafft. Als solche Ausnahmen sind aber nur ersichtlich:

a) Ausstattungen im Rahmen des § 3 Abs. 5.

b) Die Anwartschaft des Nacherben, die nach § 12 Abs. 3 nicht zum steuerbaren Nachlaß gehört.

c) Der Verzicht auf den Pflichtteilsanspruch (§ 22 Nr. 12), weil die Verbindlichkeit aus dem Pflichtteilsanspruch ohne Geltendmachung des Anspruchs vom Erben nicht als Belastung abgezogen werden kann (§ 12 Abs. 6), die Einbeziehung des Verzichtes in die Bereicherung also eine doppelte Berücksichtigung des Wertes des Anspruchs im Erwerbe des Erben zur Folge haben würde.

d) Erwerbe nach § 37 Ges., wenn der Pflichtige die Aussetzung der Versteuerung erlangt hat. Hier muß angenommen werden, daß die Aussetzung der Versteuerung die einstweilige Nichtberücksichtigung des fraglichen Vermögens in jeder Hinsicht zur Folge hat, um so mehr, als die Nachversteuerung unter Zurechnung des sonstigen bereits versteuerten Erwerbes geschehen muß, also eine doppelte Berücksichtigung des ohne Nutzung erworbenen und des sonstigen Vermögens bei der Berechnung der Steuern stattfinden müßte.

e) Der Gegenwert geleisteter Arbeit, der nach § 13 Ges. auf Antrag vom Anfalle abzuziehen ist, kann auch nicht für die Berechnung der Bereicherung wieder hinzugezählt werden.

f) Ebenso ist unter den Voraussetzungen des § 14 die Erbschaftssteuerversicherungssumme bei Feststellung des steuerpflichtigen Erwerbes von Todes wegen unberücksichtigt zu lassen, gilt also kraft gesetzlicher Anordnung nicht als Bereicherung.

Alle übrigen steuerfreien Erwerbsteile werden aber in die Bereicherung einzubeziehen sein, wobei es gleichgültig sein dürfte, auf welchen Erwägungen die einzelnen Befreiungsvorschriften beruhen. Demnach kommen nicht nur die nach § 22 Ziff. 4, 5 steuerfreien Erwerbsteile in Frage, sondern auch die nach Ziff. 6 bis 11, 13, 14, § 22 steuerfreien. In keinem der genannten Fälle steht das Gesetz der Annahme einer Bereicherung entgegen; ob im Einzelfalle die nach § 17 Ges. notwendige Zusammenrechnung der Erwerbe die Erhebung einer Nachsteuer bedingt, ist bedeutungslos (a. A. Mirre, Bem. 9 zu § 10).

Selbstverständlich ist, daß die Erwerbe nach § 22 Ziff. 1 und 2 bei beiden Berechnungsarten in voller Höhe in die Bereicherung einzubeziehen sind, sofern sie die steuerfreie Grenze überschritten haben (vgl. Note 7 zu § 22).

21. Zweckzuwendungen sind stets für sich allein zu betrachten, da die Mittelsperson (Note 7 zu § 4) weder als Erwerber noch als bereichert angesehen werden kann. Danach ist eine Zusammenrechnung weder mit dem von der Mittelsperson gemäß §§ 2, 3 Ges. gemachten Erwerbe noch mit andern, d. s. zugunsten eines andern Zweckes gemachten Zweckzuwendungen an dieselbe Mittelsperson möglich. Zugunsten desselben Zweckes erfolgte Zuwendungen an die gleiche Mittelsperson sind als Einheit zu versteuern; sind sie zum Zwecke der Ersparnis von Steuern an verschiedene Mittelspersonen gemacht, so kann u. U. § 5 AbgO. eingreifen.

22. Von der Gesamtbereicherung ist nur der Erwerb ausgeschlossen, der durch § 8 der inländischen Steuer entzogen ist. Bedeutung hat diese Ausnahme nur für die beschränkte Steuerpflicht in § 8 Abs. 1 Ziff. II, also für ausländische Erwerbsteile unter der Voraussetzung, daß in dem nach Ziff. I maßgebenden Zeitpunkte weder der Erblasser (Schenker) noch der Erwerber Inländer ist. Dagegen sind nicht abzurechnen diejenigen Vermögensteile, die auf Grund von Staatsverträgen der inländischen Besteuerung entzogen sind, denn der § 8 Abs. 3, der dieses Falles Erwähnung tut, spricht nicht etwa die Befreiung aus, sondern setzt sie voraus (ebenso Mirre, Bem. 7 zu § 10).

23. Bei Anwendung des Abs. 6 können solche nicht unter die Zweite Steuernotverordnung vom 19. Dezember 1923 (Note 25) fallenden Fälle zu Zweifeln Anlaß geben, in denen steuerpflichtige und steuerfreie Erwerbsteile in der Weise zusammentreffen, daß eine Wertgrenze des Abs. 2 um geringe Beträge überschritten, also die Anwendung des Abs. 4 (jetzt 3) § 10 erforderlich wird. In solchen Fällen muß der steuerfreie Betrag von der Wertgrenze, nicht von dem Gesamtbetrage der Bereicherung abgezogen werden (Mirre, Bem. 10 Abs. 1 zu § 10). Beispiele, die Anfälle in Klasse II nach dem 31. Dezember 1922, aber vor dem 1. Juli 1923 zum Gegenstande haben, mögen das veranschaulichen:

a) Steuerfreier Erwerb (§ 22 Ziff. 4 a) 2 000 000 Mk.,
steuerpflichtiger Erwerb . . . . . 2 410 000 „
Gesamterwerb 4 410 000 Mk.,

Wertgrenze 4 400 000 Mk. — 2 000 000 Mk. = 2 400 000 Mk.
Steuersatz bei 4 400 000 Mk. = 10 v. H. von 2 400 000 Mk.

ergibt . . . . 240 000 Mk.
+ ½ 10 000 = 5 000 „
Steuer = 245 000 Mk

b) Steuerfreier Erwerb . . . . . . 2 010 000 Mk.,
steuerpflichtiger Erwerb . . . . . 2 400 000 „
Gesamterwerb 4 410 000 Mk.

Wertgrenze 4 400 000 Mk. — 2 010 000 Mk. = 2 390 000 Mk. Steuersatz 10 v. H. von 2 390 000 Mk. = 239 000 Mk. + ½ 10 000 (= 5 000 Mk.) = zusammen 244 000 Mk.

c) Steuerfreier Erwerb . . . . . . 1 550 000 Mk.
steuerpflichtiger Erwerb . . . . . 2 860 000 „
Gesamterwerb 4 410 000 Mk.

Wertgrenze 4 400 000 Mk. — 1 550 000 Mk. = 2 850 000 Mk. Steuersatz 10 v. H. von 2 850 000 Mk. = 285 000 Mk. + ½ × 10 000 (= 5000 Mk.) = zusammen 290 000 Mk.

d) Für das Zusammentreffen von § 10 Abs. 4 und § 22 Abs. 4 gibt Mirre, (Bem. 10 Abs. 2 zu § 10) für die von ihm bekämpfte Berechnungsweise folgendes für einen Erwerbsfall vor dem 1. Januar 1923 zutreffendes Beispiel, das richtig berechnet erscheint:

Erwerb nach Klasse I, Hausrat 501 000 Mk., bar 602 000 Mk., zusammen = 1 103 000 Mk., Wertgrenze 1 100 000 Mk., — 501 000 Mk. — 599 000 Mk. Steuersatz 7 v. H. von 599 000 Mk. = 41 930 Mk. + ½ × 1000 Mk. (= 500 Mk. — § 22 Abs. 4) + ½ × 3000 Mk. (= 1 500 Mk. — § 10 Abs. 4), zusammen also 43 930 Mk.

Allgemeinbemerkung zu § 10.

24. Nach dem Vorgetragenen gelten alle Vorschriften unseres Paragraphen für sämtliche drei Fälle der Erbschaftssteuer (§ 1 Abs. 1 Ges.), wobei indessen für Zweckzuwendungen die Ausführungen in den Noten 7 und 20 zu beachten sind. Abs. 3 Satz 4 und 5 haben natürlich für Zweckzuwendungen keine Bedeutung.

Gesetz 1923.

25. Für diejenigen Erwerbe, für welche die Steuerschuld nach dem 30. Juni 1923 entstanden ist (§ 18 Ges.), schafft die Zweite Steuernotverordnung vom 19. Dezember 1923 (RGBl. I S. 1205 ff.) in Art. III § 1 Nr. 3 und § 3 einschneidende Änderungen, die der Erlaß des Reichsministers der Finanzen vom 14. Januar 1924 III C ⁵ 30 in Anlage 1 unter B 3 wie folgt wiedergibt:

„a) Der Steuersatz ist ermäßigt bei der Steuerklasse I von 3,5 auf 2 v. H., bei der Steuerklasse II von 5 auf 4 v. H.

b) Die Staffelung im Abs. 2 ist auf Goldmark abgestellt. Der nunmehr geltende Tarif ist aus Anlage 4 ersichtlich.

c) Der Zuschlag nach dem bisherigen Abs. 3 wegen des z. Z. des Anfalls bereits vorhandenen Vermögens des Erwerbers ist fortgefallen. Hierdurch sind der bisherige § 10 Abs. 5 sowie der bisherige § 11 des Gesetzes (Artikel III § 1 Nr. 4 N. V.) entbehrlich geworden. Die Steuer kann künftig höchstens 70 v. H. (d. i. das Fünffache des Grund-Steuersatzes von 14 v. H. der Steuerklasse V) betragen.

d) Künftig ist für die Anwendung der Abs. 1 bis 3 die Bereicherung des Erwerbers nur insoweit maßgebend, als sie nicht steuerfrei ist (§ 10 Abs. 4 der neuen Fassung); steuerfreier Hausrat z. B. bleibt daher bei der Bemessung des Steuersatzes unberücksichtigt."

Zu d der vorstehenden Ausführungen ist ergänzend zu bemerken, daß jede steuerfreie Bereicherung des Erwerbers als Erwerb im Sinne der Abs. 1 bis 3 ausscheidet, mag die Befreiung auf einem der als „Befreiungen" besonders bezeichneten Gründe (§§ 21 ff.) oder etwa auf § 2 Abs. 3, § 3 Abs. 5, § 12 Abs. 3, § 37 beruhen oder sich durch Umkehrungsschluß aus § 8 ergeben. Daß die Ausschaltung steuerfreier Teile als Erwerb im Sinne der Abs. 1 bis 3 nur unbeschadet der Vorschrift des § 8 Abs. 3 Platz greift, entspricht dem vor der Zweiten Notverordnung bestehenden Rechtszustande (Note 22). Hervorzuheben ist aber, daß — von dem Hinweise auf § 8 Abs. 3 abgesehen — die Neuregelung des Abs. 6 nicht eine Klarstellung, sondern eine eingreifende Änderung des bisherigen Rechtes bedeutet. Für die Anfälle, deren Steuerschuld vor dem 1. Juli 1923 entstanden ist, behalten also die Ausführungen in den Noten 19 ff. ihre volle Bedeutung.

Die Neuregelung des Abs. 6 (jetzt Abs. 4) gilt nur für den Begriff des Erwerbes im Sinne der Abs. 1 bis 3 unseres Paragraphen. In allen andern Fällen ist der genannte Begriff, soweit im Einzelfalle nichts anderes vorgeschrieben ist, aus § 12 Abs. 1 der Neufassung der Zweiten Steuernotverordnung zu entnehmen.

26. Abs. 2 § 10 stellt in seiner Neufassung die Berechnung der Bemessungsgrundlage, nämlich des Erwerbes und damit automatisch den Steuersatz auf die Goldmark. Wegen der Berechnung des Steuersatzes vgl. Hilfstafel C in Note 5. Zahlungen können nach Art. VI § 6 der Zweiten Steuernotverordnung durch Hingabe von Rentenmark oder Goldanleihe des Reichs, auch durch Zahlung von Banknoten, Reichskassenscheinen oder Darlehnskassenscheinen, die auf deutsche Währung lauten, geleistet werden. Bei Zahlung in Banknoten usw. geschieht die Umrechnung mit Hilfe des vom RMdF. bestimmten Goldumrechnungssatzes; maßgebend ist der Umrechnungssatz, der für den Tag der Zahlung oder Beitreibung gilt. Nähere Ausführungsbestimmungen sind noch zu erwarten.*)

Die näheren Grundsätze über die Bewertung des Erwerbes in Goldmark werden bei Besprechung des § 32 Ges. erläutert werden.

§ 11.

(1) *Für den Zuschlag nach § 10 Abs. 3 ist das Vermögen des Erwerbers massgebend, wie es bei der dem Erwerbe vorangegangenen Veranlagung zur Vermögenssteuer nach dem Gesetze vom 8. April 1922 (Reichsgesetzbl. I S. 335) festgestellt ist.*

(2) *Solange eine solche Veranlagung noch nicht stattgefunden hat, ist die Feststellung des Vermögensstandes für die Erhebung des Reichsnotopfers nach dem Gesetze vom 31. Dezember 1919 (Reichsgesetzbl. S. 2189) zugrunde zu legen. Dem für das Reichsnotopfer festgestellten Vermögen sind seit der letzten Veranlagung des Erwerbers eingetretene Vermögensanfälle hinzuzurechnen, soweit sie den Betrag von 50 000 Mark übersteigen. Hat sich das für das Reichsnotopfer festgestellte Vermögen des Erwerbers*

---

*) Inzwischen erschienen. Vgl. § 3 DurchfBest. über die Bewertung des Vermögens usw. vom 28. März 1924.

um mehr als den fünften Teil gemindert, so ist auf Antrag des Erwerbers sein Vermögen neu festzustellen.

(³) *Soweit das Vermögen von Ehegatten zusammmen veranlagt ist, ist es jedem Ehegatten zur Hälfte zuzurechnen, sofern die Anteile nicht anderweit feststehen.*

(⁴) *Fehlt es an einer in Abs. 1, 2 vorgesehenen Vermögensfeststellung, so ist das Vermögen des Erwerbers nach den Vorschriften des § 32 festzustellen.*

a) Aussch.-Ber.: S. 5, 14, 32, 33. b) Richtl.: S. 6.
c) Ges. 1919: § 29. d) Schriftt.: —
e) Rechtspr.: — f) Ausf.-Best.: §§ 21, 31.

Inhaltsübersicht.

1. Vergleich mit Ges. 1919. — Verordnung 19. Dezember 1923.
2. Reichstagsverhandlungen. Richtlinien.
3. Bedeutung rechtskräftiger Feststellung zur VermSt.
4. Die maßgebende Veranlagung nach VermStG.
5. Veranlagungsgrundsätze nach VermStG.
6. Bedingungslose Zugrundelegung der Veranlagung z. VermSt.
7. Verhältnis zu § 37 Ges.
8. Abs. 2. Voraussetzungen der Anwendung.
9. Stichtag für Notopferveranlagung.
10. Veranlagungsgrundsätze für die Feststellung des Notopfers.
11. Abs. 2 Satz 2. — Zweifelsfragen.
12. Abs. 2 Satz 3.
13. Abs. 3.
14. Abs. 4.
15. Einwirkung des § 1 Abs. 2.

1. Der § 11, der ausschließlich Bedeutung als Ergänzungsvorschrift zu § 10 Abs. 3 besitzt, ersetzt den § 29 Ges. 1919. Nach letzterer Vorschrift sollte im Gegensatze zur Neufassung eine besondere Feststellung des Vermögens und zwar nach den Vorschriften des Besitzsteuergesetzes stattfinden; § 5 letzteren Gesetzes, der das ausländische Grund- und Betriebsvermögen von der Besitzsteuer befreit, sollte indes keine Anwendung finden. Abs. 2 § 29 nahm von der Einrechnung in das Vermögen des Erwerbers solche Teile aus, die bei gleichzeitigem Erwerbe mit dem angefallenen Vermögen von der Erbanfallsteuer befreit sein würden.

Der Zuschlag nach Abs. 3 § 10 ist durch die Zweite Steuernotverordnung vom 19. Dezember 1923 (RGBl. I S. 1205 ff.) beseitigt. Infolgedessen ist der § 11 für diejenigen Erwerbe, deren Steuerpflicht nach dem 30. Juli 1923 entstanden ist (§ 18 Ges.) gegenstandslos geworden und durch die genannte Verordnung ebenfalls gestrichen (Art. III § 1 Nr. 4, § 3 das.).

2. Der Abs. 4 des § 11 (§ 29 a. F.) ist erst in zweiter Lesung im Ausschusse zugesetzt; nach der Erklärung des Berichterstatters bezweckt er nur eine notwendige Ergänzung des § 29. Im übrigen hat § 11 weder im Ausschuß noch im Plenum zu Erörterungen Anlaß gegeben.

Die Richtlinien des Reichsfinanzministers (S. 6) weisen darauf hin, daß eine besondere Feststellung des Vermögens des Erwerbers auf den Tag des Anfalls nach der neuen Fassung des § 29 grundsätzlich nicht mehr erforderlich ist. Der Anwendungsschwierigkeiten namentlich des Abs. 2 gedenken sie nicht.

Zu Abs. 1.

3. Maßgebend ist das zur Vermögenssteuer festgestellte Vermögen. Ob diese Feststellung den Vorschriften des Vermögenssteuergesetzes entsprechend tatsächlich erfolgt ist oder nicht, ist ohne Bedeutung. Die Feststellung ist die Grundlage für die Zuschlagsberechnung und kann von der die Erbschaftssteuer veranlagenden Behörde nicht auf ihre materiellen Grundlagen nachgeprüft werden. Aber die Feststellung muß rechtskräftig sein, d. h. mit den ordentlichen Rechtsmitteln nicht mehr anfechtbar sein. Vor der Rechtskraft der Veranlagung der Vermögenssteuer wird gemäß § 82 Satz 1 AbgO. zu verfahren sein, d. h. die Steuer vorläufig festgesetzt oder die Festsetzung ausgesetzt werden müssen. Im Falle vorläufiger Festsetzung ist nach rechtskräftiger Veranlagung zur Vermögenssteuer gegebenenfalls Berichtigung gemäß § 214 Abs. 1 AbgO. zulässig. Ist die Erbschaftssteuer vorbehaltlos veranlagt, so sind Berichtigungen (abgesehen vom Rechtsmittelverfahren) wohl nur gemäß AbgO. §§ 212 Abs. 3, 213 möglich.

Das Vermögenssteuergesetz kennt keinen nur das Vermögen feststellenden Bescheid. Demnach setzt die Feststellung des Vermögens den gemäß § 28 VermStG. schriftlich zu erteilenden Bescheid über die Steuer und dieser die Steuerpflicht (Note 5) voraus.

4. Maßgebend ist die dem Erwerbe vorangegangene Veranlagung. Der Zeitpunkt des Erwerbes ist aus § 18 Abs. 1 Ges. zu bemessen.

Nach § 14 VermStG. wird der Vermögenswert für drei Kalenderjahre, erstmalig auf Grund des Vermögensstandes vom 31. Dezember 1922, sodann zum 31. Dezember 1925 usw. festgesetzt. Für Betriebe mit regelmäßigen jährlichen Abschlüssen tritt auf Antrag des Pflichtigen an Stelle des Vermögensstandes am Schlusse eines Kalenderjahres der Stand am Schlusse des dem Veranlagungszeitraum unmittelbar vorangehenden Wirtschafts-(Geschäfts-)jahres. Wird die Steuerpflicht innerhalb eines Veranlagungszeitraums begründet, so ist der Vermögensstand beim Eintritt in die Steuerpflicht maßgebend; ähnliche Grundsätze gelten beim Übergang von der beschränkten zur unbeschränkten Steuerpflicht und bei der Erweiterung der beschränkten Steuerpflicht (Näheres vgl. § 14 VermStG.).

Erfolgen Neuveranlagungen oder Berichtigungen der früheren Veranlagung, so sind diese maßgebend. In Frage kommen einmal Fälle der Abgabenordnung: § 212 Abs. 2 (bei Bekanntwerden neuer Tatsachen oder Beweismittel), das. Abs. 3 und § 213 (bei Aufdeckung von Fehlern durch die Aufsichtsbehörde), § 214 (Berichtigung vorläufiger Veranlagungen). Aber auch das Vermögenssteuergesetz kennt zwei Fälle der Neuveranlagung: § 25 zum Nachteil des Pflichtigen (bei Erwerben nach §§ 20, 40 ErbschStG. 1919 = §§ 2 bis 4 n. F. im Betrage von mehr als 50000 Mk. findet eine Zurechnung zum früher festgestellten Vermögen mit Wirkung vom Beginne des auf den Erwerb folgenden Kalendervierteljahres statt) und § 26 auf Antrag des Pflichtigen zu seinem Vorteil (bei Vermögensminderungen um mehr als den fünften Teil oder durch

Ausscheiden solcher Gegenstände, die gemäß § 25 für den gleichen Zeitraum anderweit zur Vermögenssteuer herangezogen werden und zwar mit Wirkung vom Beginn des auf die Minderung folgenden Kalendervierteljahrs).

Wird wegen Schwierigkeit der Ermittlung des Vermögenswertes gemäß § 16 VermStG. ein Pauschsatz der Steuer vereinbart, so liegt eine nach Abs. 1 maßgebende Vermögensfeststellung nicht vor, so daß Abs. 2 bzw. Abs. 4 Platz greifen.

5. Das VermStG. regelt die subjektive Steuerpflicht in den §§ 2 bis 5 und zwar im § 2 die unbeschränkte (entsprechend § 8 Abs. 1 I ErbschStG.), im § 3 die beschränkte Steuerpflicht (entsprechend § 8 Abs. 1 Ziff. II ErbschStG.), im § 4 Befreiungen auf Grund des Staats- oder Völkerrechts (vgl. § 8 Abs. 3 ErbschStG.) und im § 5 solche von juristischen Personen, Personenvereinigungen und Zweckvermögen (ähnlich § 21 ErbschStG.).

An Unterschieden verdienen hervorgehoben zu werden:

a) Nichtdeutsche sind unbeschränkt vermögenssteuerpflichtig, wenn sie inländischen Wohnsitz oder inländischen gewöhnlichen Aufenthalt des Erwerbes wegen oder länger als 6 Monate haben,
b) die unbeschränkte Steuerpflicht der Ausländer erstreckt sich nicht auf das ausländische Grund- oder Betriebsvermögen,
c) die beschränkte Steuerpflicht erstreckt sich nur auf inländisches Grund- oder Betriebsvermögen.

Die objektiven Voraussetzungen der Steuerpflicht behandeln einmal die §§ 18 bis 22 VermStG., welche für den ersten Veranlagungszeitraum 1923/25 durch § 34 a (Geldentwertungsgesetz vom 20. März 1923, RGBl. S. 198, Art. I, § 3) ersetzt sind. Hiernach setzt die Steuerpflicht ein Mindestvermögen von 100000 Mk. (für $^{23}/_{25}$ von 400000 Mk.) voraus; für Kleinrentner und sonstige wirtschaftliche schwache Personen gelten höhere Grenzen (des Näheren vgl. §§ 22, 34 a Ges.).

Was als steuerbares Vermögen im Sinne des VermStG. gilt, besagen die §§ 6 bis 9 Ges. Unterschieden wird: Grund-, Betriebs- und sonstiges Vermögen. § 10 zählt Gegenstände auf, die nicht zum steuerbaren Vermögen gehören, namentlich Renten-, Pensions- und Kapitalabfindungsansprüche verschiedener Art sowie Hausrat und andere Mobilien, die nicht zum Grund- oder Betriebsvermögen gehören oder in § 9 Ges. besonders aufgezählt sind. §§ 11 und 12 behandeln die abzugsfähigen Schulden, Lasten und sonstigen Beträge, §§ 15 ff. und — für die erste Veranlagung — § 24 a des Gesetzes über die Zwangsanleihe (RGBl. 1922 I S. 601) in Verbindung mit Art. II § 4 GeldentwG. und den „Bewertungsrichtlinien" des Reichsfinanzministers die Wertermittlung.

6. Hat eine — rechtskräftige — Veranlagung des Erwerbers zur Vermögenssteuer stattgefunden, so ist diese bedingungslos der Vermögensberechnung nach § 10 Abs. 3, § 11 ErbschStG. zugrunde zu legen. Dementsprechend erscheint es nicht angängig, Vermögensteile, die nach dem VermStG. nicht steuerbar sind, dem Veranlagungsergebnis zuzurechnen, mag die Nichtzugehörigkeit zum steuerbaren Vermögen auf persönlichen Gründen beruhen, wie die des ausländischen Grund- und Betriebsvermögens (VermStG. § 2 Abs. 2 Ziff. 2) oder die des ganzen Vermögens mit Ausnahme des inländischen Grund- und Betriebsvermögens bei beschränkter Steuerpflicht (§ 3 VermStG.) oder mag sie auf

sachlichen Gründen beruhen (§§ 10 bis 12 VermStG.). Der teilweise abweichenden Auffassung von Mirre (Note 3 zu § 11), der nach dem Zwecke der Bestimmung nicht annimmt, daß bei Ausländern nur das steuerpflichtige Vermögen zu berücksichtigen sei, kann nicht beigepflichtet werden. Allerdings erscheint die Begünstigung vermögender Ausländer auffällig. Aber das neue Erbschaftssteuergesetz ist dem alten Ges. 1919, welches durch Ausschaltung des § 5 Besitzsteuergesetzes eine Begünstigung ausländischen Grund- und Betriebsvermögens vermied, nicht gefolgt, obwohl eine Ausschaltung entsprechender Vorschriften des VermStG. doch nahegelegen hätte, wenn die Mirresche Auffassung zuträfe. Im Gegenteil liegt nahe, daß der Gesetzgeber den Veranlagungsbehörden jede umständliche Vermögensberechnung ersparen wollte, indem er auf vorhandene Veranlagungen verwies.

Indes schließt die Befreiung von der Vermögenssteuer nach § 5 Ges. (vgl. Note 5) die Anwendung des Abs. 4 unseres Paragraphen nicht aus, soweit eine die Feststellung des Vermögens erfordernde Erbschaftssteuerpflicht überhaupt in Frage kommt, wie das z. B. bei Zuwendungen an Berufs- und Wirtschaftsvertretungen und wirtschaftliche Verbände (§ 5 Ziff. 9 VermStG.) der Fall sein kann.

7. Weiter ist beachtlich, daß nach dem VermStG. der Wert eines mit einem Nießbrauche belasteten Vermögens steuerpflichtig ist (unter Abzug des Nießbrauchs). Verlangt der Steuerpflichtige gemäß § 37 Ges. beim Erwerbe des mit dem Nießbrauche eines Dritten belasteten Vermögens Aussetzung der Besteuerung bis zum Erlöschen des Nutzungsrechtes, so würde bei Anwendung des VermStG. im Falle der nachgeholten Besteuerung die Vermögenssubstanz nicht nur als anfallendes, sondern auch als vorhandenes Vermögen besteuert werden müssen. Das dürfte nicht im Willen des Gesetzgebers liegen; mithin ist in einem solchen Falle bei Berechnung des Vermögens nach § 11 die Substanz des Angefallenen nicht einzurechnen (so Mirre, Bem. 4 zu § 37).

Bezüglich des Begriffs des „Erwerbers" vgl. Note 7 zu § 10.

Zu Abs. 2.

8. Die Vermögensfeststellung zum Notopfer ist maßgebend, solange eine Veranlagung zur Vermögenssteuer nicht stattgefunden hat. Das Wort „solange" ist unklar. Mit Mirre (Anm. 4 zu § 11) ist anzunehmen, daß Abs. 2 grundsätzlich nur anwendbar ist, wenn die Erbschaftssteuerschuld vor dem 31. Dezember 1922 entstanden ist, also die Veranlagung zur Vermögenssteuer nicht in Frage kommen kann. Es ist nicht anzunehmen, daß die Notopferveranlagung dann heranzuziehen ist, wenn die Erbschaftssteuerschuld nach dem Stichtage für die Vermögensfeststellung zur Vermögenssteuer entstanden ist, die Veranlagung zu dieser Steuer aber aus irgendwelchen Gründen sich verzögert.

Bezüglich der Bedeutung der rechtskräftigen Veranlagung des Vermögensstandes sind die Ausführungen in Note 3 zu vergleichen. Auch das Reichsnotopfergesetz kennt nur einen Steuerbescheid (§ 16 Ausf.-Best. z. RNG.), keine von der Steuerfestsetzung unabhängige Vermögensfeststellung. Die Rechtskraft der Festsetzung wird übrigens durch die Beschränkung der Rechtsmittel in § 28 des Zwangsanleihegesetzes beeinflußt.

9. Stichtag für die Festsetzung des Vermögens zum Notopfer ist der 31. Dezember 1919, an dessen Stelle auf Antrag für Betriebe mit regelmäßigen Jahresabschlüssen der Schluß desjenigen Wirtschafts- oder Rech-

nungsjahres tritt, dessen Ende in die Zeit zwischen dem 1. April 1919 und dem 31. März 1920 fällt. Neuveranlagungen oder Berichtigungen früherer Veranlagungen treten auch hier an die Stelle früherer Veranlagungen. In Frage kommen außer den Fällen der §§ 212 Abs. 2, 3 und 214 AbgO. (vgl. Note 4) die Vorschriften des § 56 Abs. 1 und 2 in der Fassung des Gesetzes vom 21. Juli 1921 (Neuveranlagung im Falle zu hoher oder zu niedriger Veranlagung bzw. wegen Neufestsetzung von Steuerkursen oder Steuerwerten von Wertpapieren) und des § 22 Abs. 2 (Feststellung der Entschädigungen nach Art. 297 i Fried.-Vertr.), während die des § 57 (Fassung des Gesetzes vom 21. Juni 1921) praktisch nicht in Frage kommen wird, da sie als Stichtag für die Neufestsetzung des Vermögensstandes den für die Festsetzung der Vermögenssteuer maßgebenden Tag — 31. Dezember 1922 — vorsieht, hier aber die Feststellung zur Vermögenssteuer vorgeht.

Für die Festsetzung der Abgabe in einem Pauschbetrage (§ 59 Ges.) vgl. Note 4 a. E.

10. Die subjektiven Voraussetzungen der Abgabepflicht sind in den §§ 2, 3, 5 RNG. im wesentlichen gleich denen der Vermögenssteuerpflicht geregelt (vgl. Note 5). §§ 23 ff. enthalten sachliche Voraussetzungen; die Steuerpflicht beginnt bereits bei einem Vermögen von über 5000 Mk. Was steuerbares Vermögen ist, besagen die §§ 6 bis 9, 12. Das RNG. kennt Grund-, Betriebs- und Kapitalvermögen; letzteres entspricht i. A. dem „sonstigen Vermögen" des VermStG. (§ 9), freilich mit bestimmten Einschränkungen. §§ 10 und 11 enthalten nicht abgabepflichtige Vermögensteile (u. a. Hausrat und sonstige Mobilien, die nicht zum Grund- oder Betriebsvermögen gehören), während §§ 13, 14 die Hinzurechnung von Schenkungen nach dem 31. Dezember 1916 an Abkömmlinge unter bestimmten Einschränkungen vorschreiben. Andererseits enthalten die §§ 15 und 17 die zulässigen Abzüge. Die §§ 18 bis 20 a behandeln endlich die Bewertungsgrundsätze, die von denen der AbgO. zum Teil abweichen.

Auch hier gilt die Notwendigkeit bedingungsloser Anwendung der Vermögensfestsetzung zum Notopfer — selbstverständlich im Rahmen des Abs. 2 unseres Paragraphen. Auf die Ausführungen in Note 6 ist zu verweisen. Indes muß angenommen werden, daß die nach §§ 13, 14 RNG. dem Vermögen des Abgabepflichtigen zuzurechnenden Schenkungen bei der Verwendung der Notopferveranlagung für die Feststellung des Vermögens zwecks Veranlagung zur Erbschaftssteuer wieder abgerechnet werden müssen. Denn die geschenkten Beträge sind aus dem Vermögen des Schenkers ausgeschieden und die Fiktion des § 13 RNG. dürfte nur für dieses Gesetz verwendbar sein.

11. Wohl namentlich im Hinblick auf Satz 2 Abs. 2 nennt Roth (in Marcuse, Das neue Reichssteuerrecht, 2. Aufl. S. 362) den § 11 vollkommen mißglückt. Tatsächlich bietet die Anwendung der einfach scheinenden Vorschrift erhebliche Schwierigkeiten.

a) Zunächst hat wohl nicht nur eine Hinzurechnung der seit der letzten Veranlagung des Erwerbers eingetretenen Vermögensanfälle zu erfolgen, sondern (mit der zu b, c zu besprechenden Einschränkung) allgemein derjenigen Vermögensanfälle, die nach dem Stichtage erfolgt sind, zu dem die nach Note 9 maßgebende Notopferveranlagung geschehen ist.

b) Was sind Vermögensanfälle im Sinne der Vorschrift? Im Hinblick darauf, daß nach dem VermStG. (§ 25) eine Neuveranlagung bei Erwerben nach §§ 20, 40 ErbschStG. 1919 im Betrage von mehr als 50000 Mk. zu erfolgen hat, liegt es nahe, auch nur solche Erwerbe (Anfälle von Todes wegen und Schenkungen) zu berücksichtigen. Aber der Wortlaut der Bestimmung des Satz 2 läßt eine so einschränkende Auslegung eigentlich nicht zu. Da das Gesetz von Vermögens*anfällen*, nicht Vermögens*vermehrungen* spricht, so scheiden außer Konjunkturgewinnen auch wohl alle Mehrungen aus, die durch eigene Tätigkeit des Erwerbers entstanden sind, also z. B. die Ergebnisse lukrativer zweiseitiger Verträge (Kaufpreise, Miet- und Pachtzinsen, Arbeitslöhne und Honorare, Gesellschaftsgewinne u. a.), selbst wenn sie nicht verbraucht, sondern zum Vermögen geschlagen werden. Nicht minder auch Erwerbe aus Spekulation oder einmalige größere Erwerbe aus eigener Tätigkeit, wie Lotteriegewinne, Schriftstellerhonorare, Patentverwertungen u. a. Doch die Grenze ist flüssig. Scheiden z. B. auch Mehrungen des Vermögens aus durch Auszahlung von Versicherungssummen, die doch letzten Endes auch durch Tätigkeit des Erwerbers erzielt sind? Die Frage ist wohl zu verneinen. Die in § 12 Ziff. 2 bis 5 und 9 EinkStG. genannten Kapitalempfänge, Kapitalabfindungen und Ehrensolde gehören zu den Vermögensanfällen, zweifellos auch Ausstattungen und Aussteuern, die nicht in Natur geliefert werden.

Aber es müssen doch wohl Anfälle ausscheiden, soweit sie in Vermögenswerten bestehen, welche nicht zu dem vermögenssteuer- oder notopferpflichtigen Vermögen gehören, also z. B. in Hausrat, Ansprüchen auf Renten u. a. bestehen. Zweifelhaft ist indessen, ob sich das Ausscheiden derartiger Vermögenswerte als Anfälle nach dem RNG. oder dem VermStG. richtet. Da die Veranlagung zur Vermögenssteuer regelmäßig entscheidet und die zum Notopfer nur ein Notbehelf ist, dürften die Vorschriften des VermStG. maßgebend sein.

c) Vermögensanfälle sind hinzuzurechnen, *soweit* sie den Betrag von 50000 Mk. übersteigen. Die Wahl des Wortes „soweit" scheint anzudeuten, daß bei einem Anfall über 50000 Mk. nur der diesen Betrag übersteigende Teilwert in Frage kommen soll. Trotzdem wird diese Auslegung abzulehnen und der Gesamtbetrag hinzuzurechnen sein, denn die durch „soweit" eingeleitete Einschränkung hat offenbar nur den Zweck, die Veranlagungsbehörde nicht mit zu unbedeutenden Hinzurechnungen aufzuhalten. Ist aber einmal die Notwendigkeit der Zurechnung gegeben, so besteht auch kein verständiger Grund, nur einen Teil der Zuwendung zuzurechnen. Übrigens sind nach § 25 VermStG. bei der hier vorgesehenen Neuveranlagung zweifellos die *vollen* Anfälle hinzuzurechnen.

d) Als Zeitpunkt für die Wertberechnung des angefallenen Vermögens im Sinne des Satz 2 kann wohl nur der des Anfalles dieses Vermögens in Frage kommen. Für eine Zusammenrechnung mehrerer Anfälle zwecks Feststellung der Wertgrenze von 50000 Mk. bietet die Vorschrift keinen Raum, soweit wenigstens die Anfälle zeitlich auseinanderfallen oder auf verschiedenen Rechtsgründen beruhen.

e) Unkosten, die mit dem Erwerbe verbunden sind, z. B. Erbschaftssteuer, sind natürlich vom Werte des Anfalls zu kürzen.

12. *Abs. 2 Satz 3* läßt eine Neufeststellung des Vermögens zu, ohne daß eine Berichtigung der Notopferveranlagung voranzugehen hätte.

In Abs. 1 fehlt eine gleiche Bestimmung, offenbar weil § 25 VermStG. unter ähnlichen Voraussetzungen eine Neuveranlagung zur Vermögenssteuer zuläßt, die der Berechnung nach Abs. 1 zugrunde zu legen wäre (Note 4). Im Notopfergesetze fehlt aber eine entsprechende Bestimmung, zumal § 57 genannten Ges. nicht anwendbar ist (Note 9).

Voraussetzung der Neufestsetzung ist, daß das für das Notopfer festgestellte Vermögen des Erwerbers um mehr als den fünften Teil gemindert ist. Das festgestellte Vermögen ist gleichbedeutend mit dem „steuerbaren" Vermögen, d. h. unter Einrechnung des unter der Besteuerungsgrenze liegenden Teiles (vgl. §§ 23, 26 NOG.) aber unter Ausschluß der steuerfreien Vermögensteile (§ 11 das.). Wertminderungen des Hausrats kommen also nicht in Frage. Worauf aber die Minderung beruht, ist gleichgültig; auch Kursschwankungen gehören hierher. Ausschlaggebend ist, daß die Wertminderung zur Zeit des zu besteuernden Erbschafts-(Schenkungs-)Anfalles vorhanden ist.

Weiter setzt die Neufestsetzung einen Antrag des Erwerbers voraus. Betreffs Form und Frist des Antrages usw. sind die Ausführungen in Note 7 Abs. 1 und 2 zu § 7 zu vergleichen. Die Neufestsetzung selbst wird nach Abs. 4 unseres Paragraphen (vgl. Note 14) zu geschehen haben.

Zu Abs. 3.

13. Nach § 13 VermStG. und § 16 NOG. wird für die Veranlagung dieser Steuer das Vermögen der Ehegatten zusammengerechnet, sofern sie nicht dauernd voneinander getrennt leben. Für die Erbschaftssteuerberechnung ist dieses Ergebnis unbrauchbar, so daß eine Auseinanderrechnung beider Vermögensmassen zu erfolgen hat. Stehen die Werte beider Massen fest oder sind sie wenigstens festzustellen (ebenso Mirre, Anm. 5 zu § 11), so sind diese Feststellungen zu verwenden. Natürlich entscheidet der Bestand und Wert an dem Stichtage der maßgeblichen Veranlagung (Noten 4 und 9). Auch kann die Feststellung der Werte beider Massen nur verwandt werden, soweit sie in den Rahmen der zugrunde zu legenden Veranlagung fällt, denn diese ist, wenn sie rechtskräftig ist, maßgebend, auch wenn sie falsch ist (vgl. Note 3). Ergibt die Feststellung des Wertes der beiden Massen einen andern Betrag, als den festgesetzten, so müssen die festgestellten Werte verhältnismäßig erhöht oder vermindert werden. Erst wenn die Anteile der Ehegatten (d. h. das Verhältnis beider Vermögensmassen) nicht anderweit zu ermitteln sind, erfolgt die Zurechnung je zur Hälfte. Die von Roth (a. a. O. S. 365) vertretene Ansicht, daß der Ehegatte darüber zu entscheiden habe, ob er sein Vermögen nachweisen oder Zurechnung zur Hälfte beanspruchen wolle, erscheint nicht richtig.

Zu Abs. 4.

14. Nur wenn keine Vermögensfeststellung nach Abs. 1, 2 vorliegt, soll eine Feststellung des Vermögens des Erwerbers erfolgen. Das Gesetz verweist auf § 32, der aber nur Bewertungsvorschriften enthält. Bezüglich der Frage, welche Vermögensteile zu berechnen sind, können nur die Bestimmungen des VermStG. maßgebend sein (Mirre, Bem. 7 zu § 12, Roth, a. a. O. S. 363). Hausrat scheidet also aus. Als maßgebender Zeitpunkt für die Wertberechnung kommt zweifellos der des Anfalles in Frage (ebenso Roth, a. a. O.), denn der Stichtag für die Veranlagung zur Vermögenssteuer, an den man allenfalls denken könnte, kann doch nur dann in Frage kommen, wenn die Veranlagung zur Vermögenssteuer selbst maßgebend ist. Ist letzteres nicht der Fall, so besteht kein Anlaß, den natürlichen Stichtag auszuschalten.

Allgemeinbemerkungen zu § 11.

15. Die Vorschriften unseres Paragraphen, der ausschließlich auf § 10 Abs. 3 Ges. verweist, kommen, wie jener, für sämtliche Arten der Erbschaftssteuer in Frage (§ 1 Abs. 2 Ges. — vgl. Note 7 a. E.).

§ 12.

(1) *Die Steuer wird berechnet von dem Betrage, um den der Erwerber durch den Anfall bereichert ist, bei der Zweckzuwendung von dem Werte der Verpflichtung des mit der Zuwendung Beschwerten.*)*

(2) Die infolge des Anfalles durch Vereinigung von Recht und Verbindlichkeit oder von Recht und Belastung erloschenen Rechtsverhältnisse gelten als nicht erloschen.

(3) Die Anwartschaft eines Nacherben gehört nicht zu seinem steuerbaren Nachlaß.

(4) Von dem Erwerbe sind insbesondere abzuziehen:

1. Die Kosten der Bestattung des Erblassers einschließlich der Kosten der landesüblichen kirchlichen und bürgerlichen Leichenfeierlichkeiten und der Kosten eines angemessenen Grabdenkmals.
2. Die im Falle der Todeserklärung des Erblassers dem Nachlasse zur Last fallenden Kosten des Verfahrens;
3. die Kosten der Eröffnung einer Verfügung des Erblassers von Todes wegen, die gerichtlichen und außergerichtlichen Kosten der Regelung des Nachlasses, die Kosten der gerichtlichen Sicherung des Nachlasses, einer Nachlaßpflegschaft, des Aufgebots der Nachlaßgläubiger und der Inventarerrichtung;
4. die Kosten eines für den Nachlaß oder wegen des Erwerbs geführten Rechtsstreits.

(5) Schulden und Lasten, die in wirtschaftlicher Beziehung zu nichtsteuerbaren Teilen des Erwerbs stehen, sind nicht abzuziehen. Beschränkt sich die Besteuerung auf einzelne Vermögensgegenstände (§ 24 Abs. 1 II, Abs. 3), so sind nur die in einer wirtschaftlichen Beziehung zu diesem Teile des Erwerbs stehenden Schulden und Lasten abzugsfähig.

(6) Verbindlichkeiten aus Pflichtteilsrechten können nur insoweit abgezogen werden, als der Anspruch auf den Pflichtteil geltend gemacht wird.

(7) Die Erbschaftssteuer wird nicht abgezogen.

(*) Ist eine Zuwendung unter einer Auflage gemacht, die in Geld veranschlagt werden kann, so ist die Zuwendung nur insoweit steuerpflichtig, als sie den Wert der Leistung des Beschwerten übersteigt, es sei denn, daß die Leistung dem Zwecke der Zuwendung dient.

*) Abs. 1 ist durch die Zweite Steuernotverordnung vom 19. Dezember 1923 (RGBl. I S. 1205 ff.) mit Wirkung für diejenigen Erwerbe, für welche die Steuerpflicht nach dem 30. Juni 1923 entstanden ist (§ 18 Ges.), geändert, wie folgt — Art. III, § 1 Nr. 5, § 3:

(¹) Als Erwerb gilt, soweit nichts anderes vorgeschrieben ist, der gesamte Vermögensanfall an den Erwerber. Bei der Zweckzuwendung tritt an die Stelle des Anfalls die Verpflichtung des Beschwerten.

a) Aussch.-Ber.: S. 4, 14, 28. b) Richtl.: S. 5.

c) Ges. 1919: §§ 25, 8 Abs. 2 und § 10.

d) Schriftt.: Beuckmann, Gehört ein Anspruch auf Rückforderung des vom Erblasser gezahlten Notopfers zu seinem Nachlaß? DBR. Jg. XV S. 27. — Trost, Nutznießung, Nießbrauch und Erbschaftssteuer, StA. XXVI S. 202.

e) Rechtspr.: (Note 2) Urt. RG. 14. Oktober 1905, JW. 1905 S. 684 Nr. 4; 30. November 1895, RGZ. 36 S. 249; 6. Oktober 1897, das. 39 S. 142, betr. Nichtbeachtlichkeit von Urteilen in Scheinprozessen; Urt. RG. 6. Juli 1915 in Schreiben des Reichsschatzamts vom 9. August 1915 II A 6915; ferner RGZ. 48 S. 301 und 69 S. 321, betr. Beachtlichkeit von Urteilen über einen Anfall und dessen Höhe; Beschl. RG. 29. Juni 1916, Amtl. Mitt. 1917 S. 51, PrZBl. 1916 S. 273, SBBl. 1916 S. 413, BremABl. 1917 S. 72, betr. Bedeutung des Erbscheins. — (Note 3) URG. 1. März 1892, JW. 1892 S. 188 Nr. 34, betr. Umfang der Bereicherung des Erwerbers; URFH. 2. Mai 1923, DBR. XV S. 128, betr. Bewertung von übertragenem Vermögen und Altenteil als Einheit. — (Note 5) URFH. 24. September 1921, Sl. VII, S. 47, betr. gesetzliche Verwaltung und Nutznießung am Gesamtgut fortgesetzter Gütergemeinschaft; URFH. 31. Mai 1922, StuW. Jg. I Sp. 733, betr. „Beisitz" des überlebenden Ehegatten. — (Note 6) URG. 26. Juni 1893, JW. 1893 S. 397 Nr. 56; 15. Oktober 1901 JW. 1901 S. 813 Nr. 35; 27. Februar 1893, RGE. 31 S. 244, betr. Bereicherung bei Erfüllung unwirksamer Testamente. — (Note 11) URFH. 28. Juli 1920, Sl. III, S. 249; URFH. 27. September 1922, StuW. I Sp. 1143, betr. Zuwendung des Nießbrauchs an einem gesetzlicher Nutznießung unterliegenden Vermögen (gegen RG., z. B. 18. Dezember 1908, JW. 1909 S. 145 Nr. 31; 17. Februar 1903, RGE. 54, 25; 8. Juni 1893, RGE. 31, 282 u. a.). — (Note 13) URG. 15. Juni 1896, GruchBeitr. 40 S. 1071; 4. Oktober 1910, ZfZuSt. 1911 S. 92; 30. Mai 1873, RGE. 5, 211; URFH. 12. November 1919, Schr. RMdF. 12. Januar 1920, III Mi 18062; URFH. 11. Juni 1919, Sl. I, 102; 27. November 1919, RStBl. 1920 S. 115; 27. April 1922, Sl. IX, 202, sämtliche betr. Umfang bzw. Berechnung der Bereicherung. — (Note 15) URFH. 26. November 1919, Schr. RMdF. 28. Januar 1920, III 9 Mi; 9. März 1922, StuW. Jg. I Sp. 622, betr. Anwendung des Abs. 2. —

(Note 20) USächsOVG., Amtl. Mitt. 1915 S. 199, betr. Behandlung rückständiger Steuerbeträge als Haushaltsschulden. — (Note 21) USächsOVG. 21. Januar 1915, Amtl. Mitt. 1915 S. 197, betr. Abzugsfähigkeit der Schuldenzinsen als Nachlaßverbindlichkeiten. — (Note 22) UPrOVG., Entsch. i. St. 6 S. 137, betr. Vormerkungen als Nachlaßschulden. — (Note 24) URG. 8. Juni 1893, RGE. 31, 282; 16. April 1901, Gruch.-Beitr. 45, 953; PrZBl. 1901 S. 186, betr. freiwillige Leistungen an Erblasser als Nachlaßverbindlichkeiten; URFH. 15. Februar 1922, StuW. Jg. I Sp. 475, betr. Anstandsschenkungen durch Testamentsvollstrecker. — (Note 25) URFH. 22. November 1922, Sl. XI, 88 = DVR. XV, 29, betr. Kosten für Trauerkleidung als Nachlaßverbindlichkeit; 27. Januar 1922, StuW. Jg. I Sp. 478, betr. angemessene Grabmalskosten. — (Note 28) URFH. 27. Januar 1922, StuW. Jg. I Sp. 478; 22. März 1922, Sl. IX S. 77 = StuW. Jg. I Sp. 622; URG. 26. Januar 1904, RGE. 56, 430; Bay.-VGH. 20. November 1906, BlfVF. 1907 S. 142, betr. Kosten der Regelung des Nachlasses. — (Note 30) URFH. 22. März 1922, Sl. IX S. 77 = StuW. I Sp. 622, Anwendung des § 12 Abs. 5. — (Note 31) UPrOVG. 14. Januar 1909; 25. Februar 1909; 1. Juli 1909, Entsch. i. St. S. 14, 207 ff. bzw. 214; 12. April 1902, Entsch. i. St. S. 10, 20; UBadVGH. 25. September 1915, Amtl. Mitt. 1916, 11, betr. wirtschaftliche Beziehung von Schulden nach § 12 Abs. 5. — (Note 36) URG. 8. Januar 1892, PrZBl. 1892 S. 94; 8. Juli 1913, DStZ. 1913 S. 134; 1. November 1918, Amtl. Mitt. 1919 S. 25, ZfZuSt. 1919 S. 137, betr. Honorar des Testamentsvollstreckers. — (Note 38) URFH. 26. April 1922, StuW. Jg. I Sp. 620, betr. Berücksichtigung der Auflage vor Vollziehung. — (Note 40) URG. 10. Oktober 1881, GruchBeitr. 26 S. 1135; 8. Januar 1892, PrZBl. 1892 S. 94, betr. Wertfeststellung von Zuwendung und Auflage.

Inhaltsübersicht.

26. Abs. 4 Nr. 2.
27, 28. Abs. 4 Nr. 3 (Kosten der Nachlaßregulierung).
29. Abs. 4 Nr. 4 (Kosten eines Rechtsstreits).
30. Abs. 5 (Allgemeines).
31. Wirtschaftliche Beziehung.
32. Nichtsteuerbare Erwerbsteile.
33. Abs. 5 Satz 2.
34. Abs. 6 und 7.
35. Abs. 8; Vergleich mit Ges. 1919 und 1906. Begründung.
36. Honorierung des Testamentsvollstreckers.
37. Zuwendung nach Abs. 8.
38, 39. Auflage.
40. Vergleich des Wertes von Zuwendung und Auflage.
41. Zweckauflagen.
42. Anwendungsgebiet (§ 1 Abs. 2).
43. Ges. 1923 (Abs. 1 n. F.).

1. Der § 12 faßt die bisherigen §§ 25 Abs. 1 bis 3, 8 Abs. 2 und 10 Ges. 1919 zusammen. Die Richtlinien des Reichsfinanzministers (S. 5 Nr. 8) betonen, daß eine materielle Änderung nicht vorliege. Das trifft mit der Maßgabe zu, daß Abs. 3 eine Neuregelung enthält, die im Hinblick auf die gänzlich veränderte Besteuerung des Vor- und Nacherben in §§ 7, 2 Abs. 2 Ziff. 5 Ges. notwendig wurde.

Im einzelnen ist zu bemerken:

Abs. 1 entspricht dem § 25 Abs. 1 mit einem erläuternden Zusatze für Zweckzuwendungen, Abs. 2 wörtlich dem § 8 Abs. 2, Abs. 3 ist neu. Abs. 4 entspricht mit einer in Note 29 zu erörternden wesentlichen Erweiterung dem § 10 Nr. 2 bis 5, Abs. 5 dem § 10 Nr. 1 Abs. 2, Abs. 6 und 7 dem § 25 Abs. 2 Satz 2 bzw. 3, Abs. 8 dem § 25 Abs. 3 daselbst mit einem Zusatze für auferlegte Leistungen, die dem Zwecke der Zuwendung dienen. Die Vorschriften der §§ 8 Abs. 2 und 10, die für die Nachlaßsteuer galten, waren durch § 25 Abs. 2 Satz 1 als für die Erbanfallsteuer verbindlich erklärt.

§ 25 Abs. 3 a. F. ist mit Abänderung als § 13 in das neue Gesetz aufgenommen.

Der § 12 (Nr. 8 des Antrages Herold u. Gen.) wurde im Reichstagsausschuß in erster Lesung unverändert angenommen, ebenso in zweiter Lesung mit der Maßgabe, daß in Abs. 3 das Wort „steuerpflichtigen" durch das zutreffendere „steuerbaren" ersetzt wurde. Erörterungen haben weder im Ausschusse noch im Plenum stattgefunden.

Die Richtlinien geben Beispiele zu Abs. 8, auf die in Note 41 zurückzukommen sein wird.

Bezüglich der durch die Zweite Steuernotverordnung vom 19. Dezember 1923 (RGBl. I S. 1205 ff.) erfolgten anderweiten Fassung des Abs. 1 vgl. Note 43.

Zu Abs. 1.

2. Der Paragraph stellt als allgemeinen Grundsatz für die Berechnung der Erbschaftssteuer auf, daß nur derjenige Betrag, um welchen der Erwerber durch den Anfall bereichert worden ist, den Gegenstand der Besteuerung bilden und der Steuerberechnung zugrunde gelegt werden solle. Aus dieser Vorschrift folgt ohne weiteres, daß die Steuer anderseits aus dem ganzen Erwerbe (vgl. § 10 Abs. 6) jedes einzelnen Erwerbers zu berechnen ist.

Für die Feststellung des Betrages, um welchen jeder einzelne Erwerber durch den Anfall bereichert worden ist, wird namentlich das rechtskräftige gerichtliche Urteil, welches bezüglich des Nachlasses zwischen Erbbeteiligten oder zwischen diesen und den Nachlaßbeteiligten (Nachlaßschuldner, Nachlaßgläubiger) ergangen ist, von einer besonderen Bedeutung sein. Das gerichtliche Urteil als solches hat materielle Rechtskraft lediglich bezüglich der am Prozeß beteiligten Parteien. Bei der Steuerberechnung usw. bildet das gerichtliche Urteil nur ein Einzelmoment in dem Gesamtverhältnis der zu berücksichtigenden Sachlage und ist dementsprechend zu behandeln. Wie bei jedem anderen Moment ist genau zu prüfen, ob das Urteil nach Maßgabe aller der in Betracht kommenden Umstände geeignet erscheint, bei der Festlegung der Steuer als tatsächliches Moment zugrunde gelegt zu werden. Das gerichtliche Urteil ist demnach nicht nur auf seine äußeren oder formellen Eigenschaften — ob rechtsgültig ergangen, ob rechtskräftig geworden usw. —, sondern bis zu einem gewissen Grade auch inhaltlich näher auf seine Anwendbarkeit bei Berechnung und Festsetzung der Steuer zu prüfen. Regelmäßig und in vollem Umfange wird nur dasjenige Urteil die Anerkennung der Steuerbehörde finden können, welches sich ausschließlich auf den Nachlaß und die durch denselben und mit demselben begründeten Verhältnisse bezieht. Möglicherweise wird aber auch bei einem Rechtsstreit, in welchem mit den Nachlaßverhältnissen andere Gegenstände gleichzeitig behandelt und vermischt sind, ein Teil des Urteils eine Berücksichtigung erlangen können, sofern dieser Teil des Urteils ausschließlich ein Nachlaßverhältnis als solches unbeeinflußt durch andere Verhältnisse klarstellt und zur Entscheidung bringt. Ist das Urteil in einem nur zum Schein geführten Prozesse ergangen, so wird es bei der Steuerfestsetzung niemals berücksichtigt und zugrunde gelegt werden können; vgl. Urt. d. RG. vom 14. Oktober 1905, JW. 1905 S. 684 Nr. 4; Urt. d. RG. vom 30. November 1895, RGZ. Bd. 36 S. 249; Urt. d. RG. vom 6. Oktober 1897, daselbst Bd. 39 S. 142. Einem Urteil, welches nachweislich lediglich deshalb veranlaßt worden ist, um nach dem Spruch desselben eine niedrigere Versteuerung Platz greifen zu lassen, wird die Steuerbehörde schon aus diesem Grunde die Berücksichtigung versagen dürfen und müssen; andererseits kann es aber bei einem Urteil, das wirklich und einwandfrei eine Streitfrage zwischen den Erbbeteiligten usw. zum Austrag bringt, niemals einen Grund für die Versagung einer Berücksichtigung abgeben, daß bei einer solchen Berücksichtigung die zu erhebende Steuer sich verringern würde. Hat die nähere Prüfung ergeben, daß das Urteil nach jeder Richtung hin in einwandfreier Weise erfolgt ist, so muß die Steuerbehörde dasselbe bei der Steuerberechnung und Steuerfestsetzung zugrunde legen und zwar ganz in der Weise, wie es ergangen ist. In dieser Beziehung und insofern erscheint die Steuerbehörde allerdings an das rechtskräftige gerichtliche Urteil gebunden, als sie im Fall einwandfreier Abgabe desselben nach der Rechtsauffassung des Urteils ihre Steuerberechnung vornehmen muß, gleichgültig, ob sie diese Rechtsauffassung teilt oder nicht. Dem Urteilsspruch als solchem gegenüber hat die Steuerbehörde sodann ein weiteres Prüfungsrecht nicht. Vgl. hierzu den Aufsatz von F. W. Zimmermann in ZfZuSt. 1909 S. 178 ff.

Ein später ergangenes Urt. d. RG. vom 6. Juli 1915 (den Bundesregierungen durch Schreiben des Reichskanzlers [Reichsschatzamt] vom 9. August 1915 II A 6915 mitgeteilt) bekräftigt erneut die schon früher ausgesprochenen Grundsätze, daß ein im ordentlichen Verfahren den Streit von Erbbeteiligten über einen Anfall oder dessen Höhe entscheidendes Urteil auch dem Fiskus gegenüber für die Steuererhebung maßgebend sei (Entsch. d. RG. Bd. 48 S. 301; Bd. 69 S. 321; Urt. vom 8. Dezember 1908 VII 88/08).

Näher über die Bedeutung des Erbscheins, zugleich aber auch im allgemeinen über die des Urteils und Vergleichs in Erbschaftssachen, verbreitet sich in jetzt noch Beachtung beanspruchender Weise ein Beschluß des Reichsgerichts vom 29. Juni 1916 (den Bundesregierungen durch Schreiben des Reichskanzlers [Reichsschatzamt] vom 15. Februar 1917 II A 1547 mitgeteilt) in folgender Weise:

„Der Anspruch des Fiskus auf die Erbschaftssteuer entsteht mit dem Anfall eines steuerpflichtigen Erwerbes von Todes wegen und bestimmt sich seiner Höhe nach nach dem Betrage, um welchen der Erwerber durch den Anfall bereichert worden ist (§§ 1 ff., 16, 29 REStG.). Der einmal entstandene Anspruch des Fiskus kann grundsätzlich durch den Eintritt späterer Ereignisse weder ganz noch teilweise aufgehoben werden, insbesondere sind private Abmachungen zwischen den einzelnen Nachlaßbeteiligten über die Art ihrer Auseinandersetzung oder gegenseitigen Abfindung auf ihre Steuerpflicht ohne Einfluß. Nur wenn zur Beseitigung eines über den Anfall oder über seine Höhe bestehenden Streites zwischen den Beteiligten ein Urteil ergeht oder ein Vergleich geschlossen wird, ist diese für die Beteiligten bindende endgültige Ordnung der erbrechtlichen Verhältnisse auch dem Fiskus gegenüber in Ansehung der Erbschaftssteuerpflicht maßgebend und der Fiskus nicht berechtigt, sich aus dem Grunde darüber hinwegzusetzen, weil sie auf einer unrichtigen Rechtsauffassung beruhe (RGZ. Bd. 48 S. 301, Bd. 69 S. 321). Der Erbschein steht aber hinsichtlich seiner rechtlichen Wirkung einem rechtskräftigen Urteil oder einem zwischen den streitenden Erbprätendenten geschlossenen Vergleich über ihre Beteiligung am Nachlaß nicht gleich; er schafft im Interesse der Verwaltung des Nachlasses und zum Schutze daran beteiligter redlicher Dritter lediglich eine vorläufige Ordnung des Erbrechts, dessen endgültige Ordnung der Parteivereinbarung oder der Entscheidung des Prozeßrichters vorbehalten bleibt. Der Inhalt des Erbscheins ist deshalb für die Erbschaftssteueransprüche des Fiskus nicht ohne weiteres maßgebend und nicht geeignet, dessen nach der wahren Rechtslage begründete Ansprüche zu beseitigen. Das Erbschaftssteueramt ist daher nicht gehindert, dem Erbschaftssteuerbescheid eine von dem Inhalt des Erbscheins abweichende Rechtsauffassung zugrunde zu legen. Ein Beschwerderecht gegen die Anordnung des Gerichts auf Erteilung oder Abänderung eines Erbscheins steht dem Fiskus nicht zu." Amtl. Mitt. 1917 S. 51; PrJBl. 1916 S. 273; SBBl. 1916 S. 413; BremABl. 1917 S. 72.

3. Die erste Voraussetzung für die Berechnung der Steuer oder für die tatsächliche Steuerpflicht ist die Bereicherung des Anfallerwerbers, und zwar muß sich eine Bereicherung als Endergebnis des gesamten Anfalls, also nach entsprechender Ausgleichung der auf dem Anfall beruhenden Berechtigungen und Verpflichtungen, herausgestellt haben; vgl. Urt. d. RG. vom 1. März 1892, JW. 1892 S. 188 Nr. 34. Dem entspricht es, daß bei Übergabeverträgen das übertragene Vermögen und der ausbedungene Altenteil als wirtschaftliche Einheit zusammen zu bewerten sind (Urt. d. RFH. vom 2. Mai 1923, DVR. XV S. 128). Damit ist es ausgeschlossen, daß für den Erben eines überschuldeten Nachlasses eine Steuer berechnet wird. Andererseits kann aber selbst bei einem überschuldeten Nachlaß ein einzelner Anfallerwerber, wie z. B. der Vermächtnisnehmer, sofern der Erbe den Nachlaß angetreten hat, als durch seinen Anfall bereichert zur Steuer herangezogen werden, weil die Steuer nicht für die Gesamterbmasse in Eins, sondern für den Erwerb jedes ein-

zelnen Beteiligten zu berechnen ist; Bereicherung, wenn neben überschuldetem Nachlaß Lebensversicherungsanspruch anfällt, Verf. BdStd. vom 19. Juni 1909 Nr. 17608. Dementsprechend kann andererseits bei einem weitaus nicht überschuldeten Gesamtnachlaß der einzelne Anfallerwerber durch Überlastung seines Erwerbes von der Besteuerung ausgeschlossen sein. Eine Bereicherung kann nicht in Frage kommen, wenn die Zuwendung nur eine scheinbare und deshalb für den Erwerber tatsächlich ohne Bedeutung ist, wie bei der Zuwendung eines Gegenstandes, der dem Bedachten bereits gehört, ihm eventuell vom Erblasser früher übereignet war, auf den er bereits anderweit einen fälligen Rechtsanspruch hat, oder wenn die Zuwendung sich von vornherein als eine unwirksame darstellen muß, z. B. weil der Bedachte auf den Gegenstand derselben schon früher endgültig verzichtet hatte oder aus besonderem Grunde von dem tatsächlichen Erwerb unbedingt ausgeschlossen ist.

4. Die Bereicherung des Anfallerwerbers muß sich gleichzeitig als ein wirklicher Vermögenszugang, als der Zugang eines Vermögens bzw. Vermögensstücks, d. h. eines in Geld schätzbaren Wertes, darstellen. Die Erbschaftssteuer wird stets nach einem Geldbetrage, in einem Prozentverhältnis zu einem solchen, berechnet; daher muß die Bereicherung in einem Geldbetrage ausdrückbar sein, um zur Steuer veranlagt werden zu können. Jeder durch den Anfall bewirkte Erwerb, der sich nicht in Geld schätzen läßt, bleibt für die Berechnung der Steuer gänzlich außer Betracht, nach aktiver Seite sowohl als nach passiver Seite; es gehören hierher namentlich kirchliche und politische Rechte, auch Familienrechte, soweit sie für einen Anfall überhaupt in Frage kommen können. Andererseits ist aber jeder in Geld schätzbare Vorteil, welchen der Bedachte durch den Anfall erlangt, sofern der Wert nicht rein subjektiver Natur ist, bei der Berechnung der Erbschaftssteuer zu berücksichtigen.

5. Um der Berechnung für die Erbschaftssteuer zu unterliegen, muß die Bereicherung durch Anfall im Sinne der §§ 2, 3 Ges. herbeigeführt sein; inwieweit als Bereicherung hier dasjenige in Frage zu kommen habe, was vergleichsweise zur Befriedigung eines zweifelhaften oder bestrittenen Anspruchs auf einen Erwerb von Todes wegen gewährt worden ist, bzw. überhaupt dasjenige, was durch Abmachungen der Erbbeteiligten von der Erbschaftsmasse erworben wird, vgl. oben Note 19 und 20 zu § 2. Immer ist die tatsächliche Gestaltung des Anfalls maßgebend, wenn sie sich nicht gegen das Gesetz vollzieht. Demgemäß sind sowohl Teilungsanordnungen des Erblassers wie die Gestaltung auf Grund der gesetzlichen Ausgleichungspflicht (BGB. §§ 2050 ff.) beachtlich. Wird dem Miterben so viel an ausgleichungspflichtigen Zuwendungen auf seinen Erbteil angerechnet, daß er vom Nachlaß nichts mehr erhält, so ist er auch nicht bereichert (vgl. das von Mirre, Anm. 9 zu § 12 gegebene Beispiel, das zutreffend erscheint). Die elterliche oder eheliche Nutznießung, welche an dem minderjährigen Kindern oder einer Ehefrau vermachten Vermögen dem Vater oder Ehemann nach Maßgabe familienrechtlicher oder familiengüterrechtlicher Gesetzesbestimmung (BGB. §§ 1649, 1363) zusteht, bleibt bei der Berechnung der Erbschaftssteuer nach jeder Richtung hin außer Betracht; der Vater bzw. Ehemann kann zur Erbschaftssteuer nicht herangezogen werden, weil für ihn der Erwerb der Nutznießung, als nicht auf den Anfall, sondern auf familienrechtlicher bzw. familiengüterrechtlicher Gesetzesbestimmung beruhend, sich nicht als ein Erwerb von

Todes wegen darstellt; die Kinder bzw. die Ehefrau haben den vollen Wert des ihnen vermachten Vermögens ohne irgendwelche Rücksicht auf die Nutznießung zu versteuern, denn diesen haben sie durch den Anfall erworben, wogegen die Nutznießung nicht auf dem Anfall beruht und demnach von dem Anfallwert nicht in Abzug gebracht werden kann; vgl. Verf. PrFM. vom 6. Juni 1910 III 11 011.

Gleichgelagert ist der Fall, wo nach Gesetz dem überlebenden Ehegatten am Gesamtgut der fortgesetzten Gütergemeinschaft Verwaltung und Nutzung zusteht. Sie stellt weder für den Ehegatten eine Bereicherung, noch für die Kinder eine ihre Bereicherung mindernde Last dar (Urt. d. RFH. vom 24. September 1921, Samml. Bd. VII S. 47). Dagegen ist der beim Tode eines Ehegatten eintretende Nießbrauch (Beisitz) des überlebenden Ehegatten am Nachlaß eine erbrechtliche Wirkung, daher eine Bereicherung des Ehegatten (Urt. d. RFH. vom 31. Mai 1922, StuW. Jg. I Sp. 735; vgl. Note 3 zu § 5).

Bezüglich der letztwillig zugewendeten Nutzung vgl. Note 11.

Ebenso liegt die Sache, wenn der Bedachte über Nachlaßgegenstände, ohne eine rechtliche Verpflichtung dazu zu haben, nach den besonderen, nur in moralisch bindender Form zum Ausdruck gebrachten Absichten des Erblassers verfügt; auch hier kann es nicht in Frage kommen, von denjenigen, welche der Bedachte die Nachlaßgegenstände zugewendet hat, eine Steuer aus Erbfall — ob wegen der Übereignung als eines selbständigen Aktes von Freigebigkeit eine Steuer auf Grund des § 3 Ges. in Betracht kommt, bestimmt sich nach den besonderen Umständen der Übereignung — zu erheben; letztere trägt nur der Bedachte, der allein die fraglichen Gegenstände durch Anfall erworben hat. Das gleiche würde gelten, wenn der Erbe, welchem die Auszahlung eines Vermächtnisses an einen Dritten auferlegt ist, den Betrag dieses Vermächtnisses nach eigenem Willen erhöht, selbstredend jedoch nur bezüglich dieser eigenwilligen Erhöhung; auch letztere kann sich selbständig als Schenkung darstellen und dadurch zu besonderer Besteuerung Anlaß bieten. Hierzu ist eine Verf. SFM. vom 26. Juli 1907 Nr. 3291 anzuführen, nach welcher die Erhöhung eines Vermächtnisses, auch wenn solche auf mündlicher, nicht rechtsverbindlicher Anordnung des Erblassers beruht, als Schenkung steuerpflichtig ist.

Anschließend sei besonders eines im praktischen Leben sich häufiger wiederholenden Falles gedacht, nämlich der Zuwendungen, welche von dem oder den Erben einem Hausgenossen des Erblassers, der sich um die Pflege desselben oder in sonstiger Beziehung um dessen Person — sei es in dienstlicher Stellung oder ohne eine solche — besonders verdient gemacht hatte, in Anerkennung hierfür gleichgültig in welcher Weise durch feste Geldsumme, als Rente usw. gemacht werden. Beruht die Zuwendung auf einer rechtsgültigen letztwilligen Verfügung des Erblassers, welche die Erben lediglich zur Ausführung bringen, so kann bezüglich der Zuwendung eine Bereicherung der Erben nicht vorliegen; der Betrag der Zuwendung ist, wie bei jedem Legat, von dem Anfall der Erben abzusetzen und ist selbständig von dem dadurch Bereicherten, dem Hausgenossen des Erblassers, zu versteuern, sofern nicht die Befreiungsvorschrift des § 22 Ziff. 10 Platz greifen sollte. Liegt eine letztwillige Verfügung des Erblassers bezüglich der Zuwendung nicht vor, so kann es sich immer nur um eine Zuwendung der Erben aus deren Vermögen handeln. Es macht dabei keinerlei Unterschied aus, ob für die Zuwendung eine zweifellos nicht rechtsgültige Verfügung des Erblassers Veranlassung bot (sofern nicht § 15 des Gesetzes Platz greift), ob durch dieselbe einem in mehr oder weniger bindender Form geäußerten Wunsch des Erblassers entsprochen wird, ob dieselbe lediglich aus dem freien Willen der Erben erfolgte oder ob etwas zwischen diesen Fällen Liegendes gegeben ist. Ebenso ist es ohne Belang, ob die Zuwendung tatsächlich aus der Erbschaftsmasse oder aus dem sonstigen Vermögen der Erben entnommen wird. Bei der Berechnung der Erbanfallsteuer aus dem Erbfall kann die Zuwendung überall nicht in Betracht gezogen werden; sie ist von der an die Erben fallenden und von diesen zu versteuernden Erbschaftsmasse nicht abzusetzen und ebensowenig ist sie als Erbanfall selbständig zu versteuern; die Befreiungsvorschrift des § 22 Ziff. 10 wird gleicherweise niemals zur Anwendung gebracht werden dürfen. Die Zuwendung stellt sich in den fraglichen Fällen regelmäßig als eine Schenkung der Erben an den Hausgenossen ihres Erblassers dar und ist dementsprechend nach den Vorschriften für die Schenkungen und auf Grundlage des Verhältnisses der Erben zu dem Hausgenossen zur Versteuerung zu bringen.

6. Zu beachten ist ferner, daß, soweit Anfälle von Todes wegen in Frage kommen, nur diejenige Bereicherung der Besteuerung zugrunde gelegt werden kann, welche sich als solche rechtlich wirksam darstellt. Bezüglich des Anfalls durch Testament oder durch Erbvertrag kommen daher hier die Vorschriften über die Rechtswirksamkeit bzw. die Unwirksamkeit der Rechtsgeschäfte (vgl. Noten 10 und 11 zu § 2) besonders in Frage. Eine letztwillige Verfügung usw., welche nichtig ist, kann, da sie rechtlich unwirksam ist und als nicht vorhanden angesehen werden muß, niemals eine Grundlage für die Besteuerung bilden; die Nichtigkeit bedingt für die Steuerbehörde Nichtbeachtung der betreffenden Verfügung bei der Steuerberechnung und Steuerfestsetzung. Die Nichtigkeit kann bezüglich der Verfügung in ihrem vollen Umfange oder nur bezüglich eines Teils der Verfügung vorhanden sein; sie kann eine Verfügung über den ganzen Nachlaß ebenso wie eine Verfügung über Teile des Nachlasses treffen; dementsprechend erstreckt sich die Wirkung auf die ganze Verfügung oder auf den betreffenden Teil derselben; sie berührt den gesamten Nachlaß oder nur einen Teil desselben. Im Zweifel hat die Unwirksamkeit einer von mehreren Verfügungen die der übrigen nicht zur Folge (§§ 2085, 2161, 2195 BGB.), wobei für gemeinschaftliche Testamente jedoch BGB. § 2270 zu beachten ist. Die tatsächliche Ausführung einer nichtigen Verfügung von Todes wegen seitens der Erbbeteiligten kann eine Änderung für die Sachbehandlung nicht begründen und bleibt für die Besteuerung des Erbfalls als solchen ohne Bedeutung, soweit nicht der § 15 des Gesetzes Anwendung findet. Ist ein Testament nichtig, so tritt die gesetzliche Erbfolge ein; liefert der gesetzliche Erbe den Nachlaß an den Testamenterben aus, so wird letzterer dadurch nicht Erbe; ebensowenig erwerben Vermächtnisnehmer durch Auszahlung nach nichtiger letztwilliger Verfügung durch Erbanfall; der gesetzliche Erbe ist allein Nachlaßerwerber und kommt ausschließlich für die Besteuerung des Erbfalls in Frage; die Auslieferung der Erbschaft und die Auszahlung der Vermächtnisse wird sich regelmäßig als Schenkung darstellen und der Steuer gemäß § 3 unterliegen (vgl. Urt. d. RG. vom 26. Juni 1893, JW. 1893 S. 397 Nr. 56; desgl. Urt. d. RG. vom 15. Oktober 1901,

JW. 1901 S. 813 Nr. 35). Die vorhandene Nichtigkeit einer letztwilligen Verfügung kann auch nicht durch ein Anerkenntnis von seiten dessen, dem die Verfügung in erster Linie entgegenstehen würde, mit objektiver Wirkung gegen Dritte beseitigt werden und bleibt sonach für die Steuerberechnung ebenfalls ohne Bedeutung (vgl. Urt. d. RG. vom 27. Februar 1893, RGE. Bd. 31 S. 244). Liegt nur bezüglich einer Einzelverfügung Nichtigkeit vor, so regelt sich die Sache in der gleichen Weise; an die Stelle des in der nichtigen Verfügung Bedachten treten diejenigen, welche ohne die Verfügung zum Anfall berufen sind (Erben, Anwachsungsberechtigte, Ersatzerben, Nacherben, Ersatzvermächtnisnehmer, Nachvermächtnisnehmer); diese letzteren allein sind steuerpflichtig; ihre Steuerpflicht wird auch nicht durch eine tatsächliche Ausführung der nichtigen Verfügung, die sich für die Regel wieder als Schenkung darstellen würde, beeinflußt. Die Sonderregelung in § 15 greift gegebenenfalls hier ein.

Liegt nicht Nichtigkeit sondern nur Anfechtbarkeit vor, so ändert sich die Sache. Die anfechtbare letztwillige Verfügung usw. besteht, solange die Anfechtung nicht erfolgt ist, zu Recht und ist wirksam. Sie kann also an und für sich sehr wohl die Grundlage für eine Besteuerung bilden. Die Steuerbehörde ist deshalb zweifellos berechtigt, die Berechnung und Festsetzung der Steuer nach der anfechtbaren Verfügung vorzunehmen. Ob sie von dieser Berechtigung Gebrauch machen soll oder nicht, wird sich stets nach den besonderen Umständen des jeweiligen Falls bestimmen. Solange die Anfechtbarkeit besteht, befindet sich der Rechtszustand in der Schwebe; eine endgültige Klärung findet derselbe erst mit der Entscheidung über die Anfechtung, wenn also solche durch Anfechtungserklärung usw. erfolgt oder durch ausdrücklichen oder stillschweigenden Verzicht (durch Genehmigung, Erfüllung usw.) bzw. Unterlassung in der etwa gegebenen Frist endgültig ausgeschlossen ist. Ist von dem Anfechtungsrecht Gebrauch gemacht, so ist die angefochtene Verfügung als von Anfang an nichtig anzusehen; es treten mithin die gleichen Folgen wie bei der Nichtigkeit ein. Hatte bereits eine Steuerberechnung und Steuerfestsetzung auf Grund der angefochtenen Verfügung stattgefunden, so ist dieselbe hinfällig und es hat eine neue Berechnung und Festsetzung — eventuell unter Erstattung bereits erlegter Steuerbeträge — stattzufinden (AbgO. § 214), wobei die frühere Verfügung als nicht vorhanden anzusehen und überhaupt wie bei der Nichtigkeit nach unserer obigen Darstellung zu verfahren ist. Ein gleiches Verfahren ist als erstes einzuschlagen, sofern die Besteuerung mit Rücksicht auf die Anfechtbarkeit nicht sogleich erfolgt, sondern ausgesetzt war. Wird die Anfechtbarkeit aber endgültig beseitigt, so gewinnt nunmehr die letztwillige Verfügung die volle rechtliche Wirksamkeit. Folgeweise ist sie auch der Steuerberechnung und Steuerfestsetzung ihrem ganzen Inhalt nach zugrunde zu legen; war dieses schon vor Beseitigung der Anfechtbarkeit geschehen, so bleibt die frühere Berechnung und Festsetzung bestehen und wird jetzt zu einer endgültigen. In gleicher Weise wie die Nichtigkeit kann die Anfechtbarkeit sowohl bezüglich einer letztwilligen Verfügung im ganzen wie auch nur bezüglich eines Teiles einer solchen Verfügung, sowohl bezüglich einer Verfügung über den Gesamtnachlaß wie bezüglich einer Verfügung über einen Nachlaßteil Platz greifen. Im Fall der Anfechtung ist die tatsächliche Regelung der Besteuerung die gleiche wie bei der Nichtigkeit. Die Anfechtbarkeit einer letztwilligen Verfügung kann an sich ein Erbrecht der gesetzlichen Erben noch nicht begründen;

dasselbe tritt vielmehr immer erst ein, wenn von dem Recht der Anfechtung Gebrauch gemacht ist. Geschieht letzteres nicht, so sind die in der letztwilligen Verfügung Bedachten selbständig zur Erbschaft berufen und dementsprechend steuerpflichtig; ein zweiseitiges Verhältnis wie bei der tatsächlichen Durchführung einer nichtigen letztwilligen Verfügung findet nicht statt; es kommt der Anfechtungsberechtigte nicht weiter in Betracht.

Handelt es sich um Schenkungen unter Lebenden, so sind die Ausführungen in Note 47 zu § 3 zu beachten.

7. Die Berechnung der Steuer soll gemäß der Vorschrift des Gesetzes nach der Bereicherung jedes Erwerbers, also nach dem ganzen Erwerbe jedes einzelnen Beteiligten erfolgen und ist danach diejenige Bereicherung der Berechnung zugrunde zu legen, welche sich als der ganze Erwerb des Beteiligten aus dem Anfall ergibt. Diese als ganzer Erwerb sich darstellende Bereicherung kann erst nach vollständiger Ausgleichung der positiven und der negativen Seite des Anfalls, der Gegenrechnung der Aktiva und der Passiva nach Maßgabe der im einzelnen vorzunehmenden Wertermittlung, zur Erscheinung kommen. Danach sind auf der einen Seite als Aktiva alle Vermögenswerte, d. h. in Geld schätzbare Werte, welche dem Bedachten aus dem Anfalle zugeflossen sind, in Rücksicht zu ziehen, mag es sich dabei um körperliche Sachen, um Forderungen, um Rechte oder um sonstige wirtschaftliche, in Geld ausdrückbare Vorteile handeln, während auf der anderen Seite als Passiva alles dasjenige in Betracht kommt, was dem Bedachten durch den Anfall an Verpflichtungen auferlegt ist, auch hier natürlich unter der Voraussetzung der Schätzbarkeit in Geld; es fallen hierher alle Nachlaßverbindlichkeiten (BGB. §§ 1967 ff.), zu denen speziell gehören einerseits alle Schulden und Lasten, welche schon bei Lebzeiten des Erblassers auf dem Erwerbe ruhten, und mit dem Anfalle auf den Bedachten übergehen, und andererseits alle Verpflichtungen, die dem Bedachten durch den Erblasser anläßlich des Anfalls auferlegt und von ihm mit und durch den Anfall zu erfüllen sind, wie Vermächtnisse, Auflagen usw., sowie endlich auch die gesetzlich dem Erben auferlegten Verpflichtungen, wie die Erfüllung des Pflichtteilsanspruchs, Tragung der Kosten der standesmäßigen Beerdigung des Erblassers usw. Maßgebend für dasjenige, was im einzelnen zu den Aktivis und Passivis des Anfalls zu rechnen ist, sind in erster Linie die Vorschriften des bürgerlichen Rechtes, wie sie speziell das BGB. gibt. Die Ausgleichung zwischen den Aktivis und Passivis bestimmt sich wiederum nach der Wertermittlung, welche für jeden Posten gesondert vorzunehmen ist, sofern nicht eine Zusammenfassung nach den besonderen Verhältnissen möglich oder geboten erscheint. Bei der Wertermittlung sind zunächst die dafür im Gesetz selbst gegebenen Vorschriften zu beachten; im übrigen hat eine sachgemäße Abschätzung und Wertbemessung zu erfolgen, welche den Umständen des besonderen Falls nach Tunlichkeit Rechnung zu tragen und sich des weiteren an die gesetzlichen Bestimmungen, wie sie im einzelnen auch die Reichsabgabenordnung erbringt, in entsprechender Weise zu halten hat. Den entscheidenden Zeitpunkt, auf welchen die Wertermittelung im einzelnen sowie die Ausgleichung zwischen Aktivis und Passivis zurückzubeziehen ist, bildet stets der des Eintritts der Steuerpflicht (§§ 31, 18 Abs. 1 Ges.).

8. Daß einerseits in die steuerpflichtige Masse alle zu dem Nachlaß gehörigen Forderungen oder die ausstehenden Forderungen einzurechnen seien, daß andererseits von der steuerpflichtigen Masse alle Schulden und Lasten, welche mit und wegen derselben übernommen werden, in Abzug kommen sollen, hat das Gesetz nicht ausdrücklich hervorgehoben; es erübrigte dieses, weil sachlich das Bezügliche schon ohne weiteres als durch den Abs. 1 des Paragraphen gegeben zu erachten ist und neben der allgemeinen Ordnung des letzteren nur das bürgerliche Recht nach Maßgabe des BGB. Anwendung findet. Um so mehr hat man sich bei der Bestimmung im einzelnen rein an das letztere zu halten. In der Begründung zu dem § 29 des Ges. 1906 ist folgendes ausgeführt: „Der steuerpflichtigen Masse ist auch der Wert der Forderungen und Rechte hinzuzurechnen, die der Masse gegen den Erwerber selbst zustehen oder die ihm erst mit dem Anfall erlassen werden. Dagegen kommen in Abzug nicht bloß die Schulden und Lasten, die auf dem Vermögen des Erblassers ruhten, z. B. die im Entwurfe nicht besonders erwähnten Kosten seiner letzten Krankheit, sondern auch die nach dem Tode des Erblassers erwachsenen Schulden und Lasten des Nachlasses, zu denen u. a. auch die im Abs. 3 bezeichneten Kosten gehören. Als abzugsfähig sind in dem Entwurfe zur Vermeidung von Weiterungen die Kosten der Beerdigung als solche, also nicht bloß die Kosten der standesgemäßen Beerdigung (BGB. § 1968, KO. § 224 Nr. 2) bezeichnet. Die Kosten eines Rechtsstreits unter den Erbbeteiligten selbst kommen für die Ermittelung der steuerpflichtigen Masse in Betracht." Vgl. auch Noten 18 ff.

9. Bei der Feststellung der Aktiva des Nachlasses machen besondere Schwierigkeiten die Forderungen bezüglich der Frage, ob und in welcher Höhe sie zu berücksichtigen sind. Grundsätzlich ist dabei folgendes zu beachten:

a) Die Forderung muß beim Tode des Erblassers bereits (wenn auch bedingt, vgl. aber AbgO. § 147) und noch als Anspruch bestanden haben; die Forderung muß im maßgebenden Zeitpunkt, dem des Anfalls, existent sein. Es ist dieses eine naturgemäße Vorbedingung. Auf der einen Seite fallen danach aus der steuerpflichtigen Masse alle diejenigen Forderungen aus, welche beim Erbfall noch nicht entstanden waren, und auf der anderen Seite alle diejenigen, welche in dem fraglichen Augenblick schon erloschen sind und dem Erblasser nicht mehr zustanden. Demnach ist die Forderung auf einen Lotteriegewinn in die steuerpflichtige Masse nur dann einzurechnen, wenn der Gewinn bereits vor dem Erbfall gezogen war, nicht aber, wenn die Ziehung erst nach dem Erbfall stattfand. Ebenso steht es bezüglich der Anteilscheine aus einem Prämienanlehen, bei denen Serienziehung und Prämieneinziehung maßgebend sein kann; der Prämiengewinn kommt nur in Frage, wenn er vor dem Erbfall gezogen ist, die Wertsteigerung für einen in der Serie gezogenen Anteilschein, wenn die Serienziehung dem Erbfall vorherging. Nach Maßgabe des Gesetzes betr. einen Anleihekredit für das Rechnungsjahr 1919 sowie die Ausgabe von Inhaberpapieren mit Prämien vom 29. August 1919 (RGBl. 1919 S. 1491 ff.) und der ihm durch § 3 dieses Gesetzes erteilten Ermächtigung, hat der Reichsminister der Finanzen unter der erforderlichen Zustimmung des Zehner-Ausschusses der Nationalversammlung bezüglich der Deutschen Spar-Prämienanleihe von 1919 bei Ausschreibung und Auflegung dieser Anleihe im November 1919 allgemein die steuerliche Vergünstigung ausgesprochen, daß bei jeder Art der Besteuerung die Prämienstücke dieser Anleihe bei einer Stückzahl bis zu

50 Stück höchstens zum Nennwert, vom 20. Jahre ab zum Kündigungswerte bewertet werden sollen. Diese Bewertungsvorschrift findet auf die Erbschaftssteuer Anwendung. Handelt es sich in dem Einzelfall um eine Besteuerung von mehr als 50 Stück, so werden die die Zahl 50 überschreitenden bezüglichen Prämienanleihestücke nach den allgemeinen Grundsätzen in Wert gestellt. Ist eine Forderung vor dem Tode des Erblassers durch Zahlung oder Aufrechnung oder sonst getilgt oder hat der Erblasser sie bereits bei Lebzeiten abgetreten, so kann dieselbe für die steuerpflichtige Masse nicht weiter in Betracht kommen. Eine Ausnahme bildet hier die Vorschrift des Abs. 2 für diejenigen Forderungen des Erblassers, welche der Anfallerwerber beim Anfall schuldet. Verjährte Forderungen werden an sich zu der steuerpflichtigen Masse zu zählen sein; durch die Verweigerung der Leistung seitens des Verpflichteten (BGB. § 222) verlieren sie aber den Wert und würden dann außer Betracht bleiben, da sie nunmehr unbeitreibbar sind (§ 143 Abs. 2 AbgO.). Ob dieser Fall vorliegt, ist Tatfrage. Weist der Bedachte nach, daß der Schuldner ernsthaft die Leistung weigert, so wird die Veranlagungsbehörde sich hierbei zu beruhigen haben.

b) Die Forderung muß in einem wirklichen Anspruch, in einem Recht bestehen. Lediglich Aussichten oder Hoffnungen auf das Entstehen einer Forderung oder auf eine Forderung, sowie gewöhnliche Anwartschaften ohne irgendwelchen Anspruch müssen daher für die steuerpflichtige Masse unberücksichtigt bleiben. Anders verhält es sich jedoch mit denjenigen Anwartschaften, welche schon einen gewissen Anspruch in sich schließen, welche auf den Rechtsnachfolger übertragbar und vererblich sind; diese sind, soweit sie einen wirklichen Anspruch enthalten, in die Masse einzustellen. Bezüglich der Anwartschaft des Nacherben vgl. aber Abs. 3. Genügend für die Einrechnung in die steuerpflichtige Masse ist es aber, daß die Forderung vom bürgerlichen Recht irgendwie als rechtlicher Anspruch anerkannt ist. Forderungen, denen das BGB. wesentlich nur die Klagbarkeit versagt, wie die aus Spiel- und Wettverträgen (BGB. § 762), die aus staatlich nicht genehmigten Lotterie- oder Ausspielungsverträgen (BGB. § 763) usw., sind gleich den verjährten Forderungen zu behandeln (vgl. oben unter a a. E.).

c) Die Forderung muß tatsächlich zum Nachlaß gehören. Das bedingt, daß sie dem Erblasser zugestanden hat und von diesem vererbt und auf den Nachlaß übertragen ist. Es können demgemäß rein persönliche Forderungen des Erblassers, welche nicht vererblich sind, für die steuerpflichtige Masse nicht in Frage kommen, ebensowenig Forderungen, welche dem Erblasser nicht zugestanden haben, auch wenn sie anläßlich des Erbfalls aber lediglich für dritte Personen zur Geltung gekommen sind. Zu den letzteren Forderungen gehören namentlich die Ansprüche der Erben gegeneinander aus der Ausgleichungspflicht (BGB. §§ 2050 ff.) und die Ansprüche aus einem vom Erblasser zugunsten eines Dritten geschlossenen Vertrage (BGB. §§ 328 ff.). Einen wesentlichen Fall der letzteren Ansprüche bildet die Forderung aus einem vom Erblasser abgeschlossenen Lebensversicherungsvertrag, vgl. darüber die folgende Note.

10. Für die Forderungen aus einem vom Erblasser abgeschlossenen Lebensversicherungs- oder Leibrentenvertrage sind wiederum zunächst die Vorschriften des BGB. maßgebend, welche die §§ 330, 331 BGB. enthalten. Nach Maßgabe dieser Vorschriften würden im regelmäßigen Fall Forderungen aus einem Lebensversicherungs- oder Leibrentenvertrage des Erblassers zugunsten eines Dritten nicht zu der steuerpflichtigen Masse gehören und demnach bei Berechnung der Erbanfallsteuer außer Ansatz bleiben müssen; denn es handelt sich in der Regel um das Recht des Dritten, welches er unmittelbar aus dem Vertrage bereits erworben hat und nicht etwa erst durch den Nachlaß erhält; letzterer ist vielmehr gänzlich unbeteiligt und kommt mit der Forderung aus dem Lebensversicherungsvertrage gar nicht in Verbindung, so daß auch an einer in dieser Weise zugunsten eines Dritten abgeschlossenen Lebensversicherung usw. die Pflichtteilsberechtigten keinen Anspruch haben. Hier greift jedoch die Sondervorschrift des § 2 Abs. 1 Ziff. 4 ein, indem sie bestimmt, daß Vermögensvorteile, die auf Grund eines von dem Erblasser abgeschlossenen Vertrages unter Lebenden von einem Dritten mit dem Tode des Erblassers unmittelbar erworben werden, als Erwerb von Todes wegen anzusehen sind. Damit ist der regelmäßige Fall des Lebensversicherungs- und Leibrentenvertrages ausdrücklich der Erbanfallsteuer unterworfen. Sofern aber aus einem solchen Vertrage mit Deutlichkeit der Wille des Erblassers erhellt, daß dem Dritten ein unmittelbares Recht aus demselben noch nicht zustehen, sondern daß er ein solches erst mit und durch den Erbfall erwerben solle, gehört die Forderung aus dem Lebensversicherungs- und Leibrentenvertrage ohne weiteres zu dem Nachlaß, zu der steuerpflichtigen Masse, und ist bei der Berechnung der Erbschaftssteuer dementsprechend zu berücksichtigen. Hat der Erblasser in dem Lebensversicherungsvertrage nur unbestimmt zugunsten seiner Erben, seiner Rechtsnachfolger die Vereinbarung getroffen, so greift wieder die Besteuerung aus § 2 Abs. 1 Ziff. 4 Platz. Das gleiche gilt, wenn der Erblasser in dem Lebensversicherungsvertrage eine Persönlichkeit, zu deren Gunsten er abgeschlossen sein solle, überhaupt nicht bezeichnet hat. Es werden demnach, wenn auch auf verschiedener rechtlicher Grundlage, alle Forderungen aus einem für den Todesfall abgeschlossenen Lebensversicherungs- oder Leibrentenvertrage der Erbanfallsteuer unterliegen und bei der Berechnung derselben zu berücksichtigen sein.

11. Besonders häufig auch im Rechtswege ist die Frage behandelt, wie zu verfahren, wenn jemand der Nießbrauch eines Vermögens vermacht ist, an dem ihm schon sowieso kraft Gesetzes (als Ehemann bzw. Vater des zum Eigentum des Vermögens Gelangenden) die Nutznießung zustehen würde. Nach der bisherigen Rechtsprechung des Reichsgerichts für das Ges. 1906 war anzunehmen, daß der in der fraglichen Weise Bedachte insoweit zur Steuer heranzuziehen ist, als er durch das ihm zugewendete Nießbrauchsrecht wirtschaftlich günstiger gestellt ist, wie durch das gesetzliche Nutznießungsrecht. Inwieweit dies der Fall ist, unterlag lediglich tatsächlicher Beurteilung. Die für jeden Einzelfall je nach den besonderen Verhältnissen desselben zu treffende Entscheidung konnte leicht und häufig darauf hinauslaufen, daß eine wirtschaftliche Bereicherung nicht vorlag. Vgl. Urt. d. RG. vom 17. März 1881 (RGE. Bd. 5 S. 211); Urt. d. RG. vom 9. November 1911 (GruchBeitr. Bd. 36 S. 698; PrZBl. 1892 S. 56); Urt. d. RG. vom 19. Mai 1891 (GruchBeitr. Bd. 40 S. 1096); Urt. d. RG. vom 1. April 1896 (JW. 1896 S. 294 Nr. 70); Urt. d. RG. vom 8. Juni 1893 (RGE. Bd. 31 S. 282; PrZBl. 1893 S. 272); Urt. d. RG. vom 17. Februar 1903 (RGE. Bd. 54 S. 25);

Urt. d. RG. vom 18. Dezember 1908 (JW. 1909 S. 145 Nr. 31); Urt. d. RG. vom 19. April 1910 (PrZBl. 1910 S. 285; BlfBF. 1910 S. 216; WABl. 1911 Beibl. 1 S. 40); desgleichen Verf. PrFM. vom 6. Juni 1910 III 11011 und vom 23. Juli 1910 III 12038.

Nunmehr hat der RFH. in seinem Gutachten vom 28. Juli 1920 (Samml. Bd. III S. 249) zur gleichen Frage im durchaus entgegengesetzten Sinne Stellung genommen und ausgeführt: Es führe zur größten Unbilligkeit, wenn man das Bestehen der familienrechtlichen Nutzungsrechte auf der einen Seite (vgl. oben Note 5) übergehe, in dem hier fraglichen Falle aber ausnahmsweise berücksichtige. Entweder müßten sie stets berücksichtigt werden, oder gar nicht; willkürliche Ausnahmen seien unstatthaft. Das Urt. d. RFH. vom 27. September 1922, StuW. I Sp. 143, bestätigt vorstehendes Gutachten. Die logische Berechtigung dieser Auffassung ist nicht zu bestreiten (gl. A. Mirre, Bem. 4 zu § 12). Stets ist aber zu prüfen, ob wirklich eine letztwillige Zuwendung des Nießbrauchs vorliegt. Der Fall kann auch so liegen, daß der Erblasser lediglich die Tatsache der gesetzlichen Nutznießung feststellen wollte (zit. Gutachten RFH.).

Beerbt der Vater ein Kind innerhalb der Zeit, für welche ihm an dem Vermögen desselben noch die gesetzliche Nutznießung zusteht, so hat der letztere Umstand auf die Besteuerung keinen Einfluß; die Steuer ist von dem vollen Wert des Vermögens schon deshalb zu zahlen, weil die Nutznießung kraft väterlicher Gewalt mit dem Tode des Kindes erlischt. Anders liegt die Sache dann, wenn jemand ein Vermögen erbt, an dem ihm bereits aus andern Rechtsgründen ein volles Nießbrauchsrecht zusteht, z. B. der Vater beerbt sein Kind, an dessen vom Großvater des Kindes herrührenden Vermögen ihm vom Erblasser bereits das lebenslängliche Nießbrauchsrecht vermacht war. Hier ist der Vater nur in Höhe des um den Wert des noch bestehenden Nießbrauchs geminderten Vermögens bereichert. Das gilt auch insoweit, als der Nießbrauch durch Erwerb der Substanz erlischt (BGB. §§ 1063, 1072), denn die Bereicherung kann nur unter Gegenüberstellung etwaiger durch den Anfall herbeigeführter Verluste berechnet werden (vgl. Abs. 2).

12. Auch dadurch, daß gewisse finanzielle bzw. nach Geldeswert bestimmbare Verpflichtungen, welche jemand rechtlich zu erfüllen hat, durch besondere Verfügung des Erblassers in anderer Weise ohne Inanspruchnahme des Verpflichteten geregelt werden, kann für letzteren eine Bereicherung gegeben sein; sie besteht in dem Wegfall der Aufwendungen, welche der Verpflichtete zur Erfüllung seiner Verpflichtung hätte machen müssen.

Eine Sondervorschrift enthält § 16 für den Fall, daß der Erblasser (Schenker) die vom Erwerber geschuldete Steuer einem Dritten auferlegt.

13. Die eigentlichen Bewertungsvorschriften bezüglich der durch den Anfall herbeigeführten Bereicherung enthalten § 32 Ges. und die Vorschriften der §§ 137 ff. AbgO. Hier seien verschiedene Einzelfälle betreffs der Bemessung des Umfanges der Bereicherung zusammengestellt:

a) Wenn eine Summe mit der Bestimmung, es solle die Zahlung erst ein Jahr nach dem Tode des Erblassers erfolgen, vermacht ist, so kann in keinem Falle der Nennwert der Zuwendung in Betracht kommen, vielmehr müssen, da der Zinsengenuß während jenes Jahres nicht dem

Vermächtnisnehmer, sondern dem Erben zuteil wird, die vorschriftsmäßigen Zinsen von der vermachten Summe in Abzug gebracht werden, um den Betrag der Zuwendung zu ermitteln (vgl. Urt. d. RG. vom 15. Juni 1896; GruchBeitr. Bd. 40 S. 1071). Die abgesetzten Zinsen bilden andererseits eine Bereicherung des Erben.

b) Bei der Steuerberechnung von Fideikommißfällen ist für die Ermittlung des Werts der Nutzungen nicht der Ertrag des Grundstücks zur Zeit des Fideikommißfalls, sondern der Zinsgenuß des an Stelle des Grundstücks getretenen Kapitals maßgebend, wenn mit der Ersetzung des Grundstücks durch ein zinstragendes Kapital zur Zeit des Fideikommißfalles zu rechnen war, und also ein zur sofortigen Wertermittlung nicht geeigneter Gegenstand vorlag; Urt. d. RG. vom 4. Oktober 1910; Schreiben des Reichskanzlers (Reichsschatzamt) vom 9. November 1910 II 13718; ZfZuSt. 1911 S. 92.

c) Wenn der Erbe einen Nachlaß, welcher lediglich durch die Höhe der ausgesetzten Vermächtnisse überschuldet ist, antritt und die Vermächtnisse auszahlt, so erscheinen die Vermächtnisnehmer durch Erwerb von Todes wegen bereichert und haben die Vermächtniswerte ohne Rücksicht auf die Überschuldung des Nachlasses zum vollen Betrage zu versteuern.

d) Steht einem Erwerber das ihm vom Erblasser Zugewendete schon aus einem anderen Rechtsgrunde zu, so gilt er nicht als durch einen Erwerb von Todes wegen bereichert; die fragliche Zuwendung ist nicht zu versteuern; Urt. d. RG. vom 30. Mai 1873, RGE. Bd. 5 S. 211.

e) In einer in der Beschwerdeinstanz erfolgten Entscheidung des Reichsfinanzhofes vom 12. November 1919 — mitgeteilt durch Schreiben des Reichsministers der Finanzen vom 12. Januar 1920 III Mi 18062 — ist ausgesprochen, daß Feststellungen über den Wert einer Forderung gegen die Beschwerdeführerin sich nicht auf Grund einseitiger Erklärungen dritter Personen treffen lassen, deren Interessen teilweise sogar bei Abgabe der Erklärungen den Interessen der Beschwerdeführerin zuwiderlaufen.

f) In einem Urteil des Reichsfinanzhofes vom 11. Juni 1919 — den Ländern durch Schreiben des Reichsministers der Finanzen vom 14. August 1919 III Fg. 8875 mitgeteilt — sind folgende beiden Grundsätze ausgesprochen: 1. Der Anteil eines zahlungsunfähigen Miterben an einer von ihm selbst geschuldeten Nachlaßforderung bleibt, als wertlos, bei Berechnung seines steuerpflichtigen Erbteils unberücksichtigt. 2. Der Anteil desselben Erben am übrigen Nachlaß gilt als Gegenwert für einen entsprechenden Teil seiner Schuld und ist nach § 10 REStG. voll zu versteuern, selbst wenn sonst die Zusammensetzung des Erbteils die Anwendung des § 11 Ziff. 4 f. REStG. rechtfertigen würde. Außerdem erhöht sich der steuerpflichtige Wert des Erbteils der Miterben um den Betrag der durch den Erbteil des Schuldner-Miterben gedeckten Forderung. Nach einer Bemerkung der Reichsregierung dazu kann die in dem Rundschreiben vom 10. Mai 1913 II A 5225 vertretene Ansicht, daß der Schuldner-Miterbe nicht nur durch seinen Erbteil, sondern auch um den Betrag bereichert sei, um den er anteilig Gläubiger der gegen ihn selbst bestehenden Nachlaßforderung geworden sei, damit nicht mehr aufrecht erhalten werden; Amtl. Mitt. 1919 S. 350; Samml. RFH. Bd. 1 S. 102.

g) Ideelle Werte, wie die Kundschaft, Firma, Warenzeichen sind in der Hand dessen, der sie geschaffen hat, nicht selbständige Vermögensgegenstände, sondern nur werterhöhende Eigenschaften, welche den Wert des Geschäftes, mithin des Betriebsvermögens, erhöhen. Ausnahmsweise sind sie als selbständige Vermögensteile anzusehen, z. B. wenn sie gegen Entgelt erworben und mit dem Betrage des Entgelts in die Bilanz eingestellt sind (Urt. d. RFH. vom 27. November 1919, RStBl. 1920 S. 115 — Mrozek, Komm. z. AbgO., 2. Aufl., Anm. 5 zu § 137). Sog. Immaterialgüterrechte, d. h. solche Individualrechte, die Gegenstand freien Güteraustausches sind, wie Patente, Urheber- und Verlagsrechte, ebenso vererbliche Konzessionen sind dagegen stets selbständige Vermögensstücke.

h) Nach Urteil des Reichsfinanzhofes vom 27. April 1922 (Samml. Bd. IX S. 202) gehören zu dem der Nachlaßsteuer unterliegenden Vermögen auch laufende Zins- und Gewinnansprüche; folgeweise findet bei Wertpapieren, die mit Gewinnanteilscheinen gehandelt werden, kein Dividendenabzug nach § 142 Abs. 3 AbgO. statt. Die Entscheidung dürfte auch für die Erbschaftssteuer des § 1 Nov. zu verwenden sein, da die vom RFH. gegebene Begründung (die Feststellung, was zum steuerpflichtigen Vermögen gehört, könne wohl durch den Begriff des steuerpflichtigen Einkommens derselben Person, nicht aber durch den des Einkommens eines Dritten, sei es auch des Erben, beeinträchtigt werden), auch für die Steuer des § 1 zutrifft.

14. Bei Zweckzuwendungen wird die Steuer von dem Werte der Verpflichtung des mit der Zuwendung Beschwerten berechnet. Die Bedeutung der Vorschrift ist nicht ganz klar. Offenbar ist gemeint, daß der Wert desjenigen Betrages maßgebend ist, den der Beschwerte zur Erreichung des Zweckes aufzuwenden hat, aber nur soweit sich die Verpflichtung im Rahmen des Zugewendeten hält. Mirre (Bem. 11 zu § 12) gibt folgendes Beispiel: Einer Stadt ist ein Grundstück zur Anlegung eines Schmuckplatzes zugewendet; steuerpflichtig ist höchstens der gemeine Wert, es ist nicht zuzurechnen, was die Stadt aufwenden muß. Das scheint richtig mit der Maßgabe, daß nicht nur höchstens, sondern überhaupt der gemeine Grundstückswert anzusetzen ist, sofern das ganze Grundstück dem Zwecke dienen soll. Wenn Mirre fortfährt: „Weniger als der gemeine Wert wäre anzunehmen, wenn derselbe Erfolg mit einem billigeren Grundstück zu erreichen wäre, denn hier bilde der Umstand, daß das Grundstück nicht bebaut werden dürfe, eine den Wert mindernde Last", so erscheint dieses Argument im Hinblick auf AbgO. § 138 Abs. 2 Satz 2 bedenklich, wie Mirre auch zugibt.

Zu Abs. 2.

15. Eine wörtlich gleiche Vorschrift wie die des Abs. 2 enthielt das bisher geltende Reichserbschaftssteuergesetz im § 8 Abs. 2. Die Vorschrift fand nicht nur auf die Nachlaßsteuer, sondern ebenso auf die Erbanfallsteuer Anwendung, wie im § 25 Abs. 2 des Gesetzes ausdrücklich verlautbart war. Die Begründung zum Entwurf des Ges. 1919 gibt dazu folgendes an: „Die Vorschrift des Abs. 2 folgt daraus, daß das Vermögen des Verstorbenen im Zeitpunkt seines Todes Gegenstand der Nachlaßsteuer ist und zu dem Vermögen daher seine Rechte gegenüber dem Erben, insbesondere seine Forderungen an den Erben, gehören, während seine Schulden an den Erben als Nachlaßverbindlichkeiten abzuziehen sind (§ 9 des Entwurfs)."

Der Abs. 2 stellt bezüglich eines besonderen Falles für die steuerliche Behandlung einen von dem bürgerlichen Recht in gewisser Beziehung abweichenden Grundsatz auf. Wenn durch den Anfall eine Vereinigung von Recht und Verbindlichkeit oder von Recht und Belastung herbeigeführt wird, wie solches der Fall ist, wenn Erbe und Erblasser für Recht und Verbindlichkeit oder für Recht und Belastung einander gegenüberstehen, so erlischt nach bürgerlichem Recht das diesbezügliche Rechtsverhältnis ohne weiteres (vgl. aber für Grundstücksrechte BGB. § 889) und kann demnach als solches für den Nachlaß nicht weiter in Frage kommen. Es darf einerseits nicht von einem Erwerbe des Erben und andererseits nicht von einer Belastung der Erbschaft die Rede sein; ebensowenig ist eine Zugehörigkeit zum Nachlaß gegeben. Dennoch ist die Vereinigung von Recht und Verbindlichkeit oder von Recht und Belastung für die durch den Erbfall herbeigeführte Umgestaltung in der wirtschaftlichen Lage der Beteiligten im ganzen immerhin von einer tatsächlichen Bedeutung. Sie übt in Wirklichkeit einen Einfluß nach der aktiven oder nach der passiven Seite hin auf die Bereicherung des Erben, also auf das für die Steuerpflicht in letzter Linie wesentlichste Moment, aus. Entsprechend ist das Verhältnis in bezug auf den Nachlaß als solchen. Danach könnte es nur gerechtfertigt erscheinen, eine Steuerpflicht durch eine besondere gesetzliche Vorschrift, wie sie der Abs. 2 des Paragraphen gibt, zu begründen oder zweifellos außer Frage zu stellen. Übrigens läßt auch das BGB. für eine Reihe von Einzelfällen in der gleichen Weise, wie das EStG. in steuerlicher Beziehung allgemein, die durch Vereinigung von Recht und Verbindlichkeit oder von Recht und Belastung erloschenen Rechtsverhältnisse als nicht erloschen gelten, so nach den Vorschriften in den §§ 1976, 1991, 2143, 2175, 2377; die bezügliche Bestimmung des Steuergesetzes bewegt sich danach keineswegs vollkommen außerhalb des Rahmens des bürgerlichen Rechts. Über die Tragweite der Bestimmung führt eine Entsch. des Reichsfinanzhofes vom 26. November 1919 — mitgeteilt durch Schreiben des Reichsministers der Finanzen vom 28. Januar 1920 III 9 Mi — aus, daß die Vorschrift des Erbschaftssteuerrechts, nach welcher die infolge des Anfalls durch Vereinigung von Recht und Verbindlichkeit oder von Recht und Belastung erloschene Rechtsverhältnisse nicht als erloschen zu gelten haben, in ihrer ganz allgemeinen Fassung nicht nur dann Anwendung zu finden habe, wenn Recht und Verbindlichkeit, Recht und Belastung infolge des Todes des Erblassers erlöschen würden, sondern auch beim Eintritt dieses Rechtsvorgangs durch fernere Ereignisse, welche auf die Berechnung der Erbschaftssteuer eine Rückwirkung ausüben könnten.

Die Anwendung des Abs. 2 führt folgerichtig dazu, daß der Erbe im Sinne des Steuerrechts gleichzeitig als Gläubiger und Schuldner einer ihm gegen den Erblasser zustehenden Forderung anzusehen ist. Ist die Forderung verjährt, so steht es in seinem Belieben, die Einrede der Verjährung geltend zu machen. Als Alleinerbe kann er daher grundsätzlich Absatz der Forderung vom Erwerbe beanspruchen, als Miterbe dann, wenn eine Berücksichtigung bei der Auseinandersetzung erfolgt (vgl. Urt. d. RFH. vom 9. März 1922, StuW. Jg. I Sp. 622).

16. Die weitere Behandlung der durch Vereinigung von Recht und Verbindlichkeit oder von Recht und Belastung an sich erloschenen aber für die Besteuerung nicht als erloschen geltenden Rechtsverhältnisse, so die Wertermittelung für dieselben, die Berechnung der Erbschaftssteuer usw. vollzieht sich ganz in der gleichen Weise wie bei den übrigen regelrechten Aktivis und Passivis der steuerpflichtigen Masse; es finden lediglich die allgemeinen Regeln ohne alle Einschränkung je nach den Sonderheiten des einzelnen Falles Anwendung und gilt das bezüglich dieser Platzgreifende auch hier.

Zu Abs. 3.

17. Die Vorschrift ist neu; sie bildet ein Gegengewicht gegen die Bestimmung des § 2 Abs. 2 Ziff. 5 (vgl. die Noten 51 ff. zu § 2). Die Bestimmung enthält nicht etwas Selbstverständliches, denn an und für sich gehören vererbliche Anwartschaften zur Bereicherung (Note 9 b). Auch bei Nachvermächtnissen (§ 7 Abs. 4) wird die Bestimmung anwendbar sein (vgl. Note 56 zu § 2).

Bezüglich der Anwendbarkeit der Vorschrift auf die Schenkungsbesteuerung vgl. Note 57 zu § 2.

Zu Abs. 4 (Allgemeines).

18. Wie bereits in Note 8 hervorgehoben ist, sind zur Feststellung der Bereicherung die den Erben treffenden Nachlaßverbindlichkeiten zu kürzen. Dazu gehören (BGB. §§ 1967 bis 1969): a) Die vom Erblasser herrührenden Schulden, b) die den Erben als solchen treffenden Verbindlichkeiten. Die letzteren sind zum Teil in dem § 1967 BGB. allgemein hervorgehoben — Verbindlichkeiten aus Pflichtteilsrechten, Vermächtnissen und Auflagen — zum Teil in den beiden folgenden §§ 1968 und 1969 besonders bestimmt — Beerdigungskosten, Unterhaltspflicht für Familienangehörige des Erblassers. Daneben können in Betracht kommen die Kosten der Testamentseröffnung, die Kosten der gerichtlichen Sicherung des Nachlasses, die Kosten einer Nachlaßpflegschaft oder Nachlaßverwaltung, die Kosten des Aufgebots der Nachlaßgläubiger, die Kosten der Inventarisierung, die Kosten des Nachlaßkonkurses, sowie die gegenüber einem Nachlaßpfleger, einem Testamentsvollstrecker oder einem Erben, der die Erbschaft ausgeschlagen hat, aus der Geschäftsführung dieser Personen entstandenen Verbindlichkeiten (vgl. hierzu Komm. d. Reichsgerichtsräte z. BGB., Anm. 3 zu § 1967). Ein großer Teil der vorgenannten Verbindlichkeiten ist übrigens in Abs. 4 besonders als abzugsfähig anerkannt. Im Gegensatz zu den ihn als solchen treffenden Verbindlichkeiten stehen Eigenverbindlichkeiten des Erben, die nicht abzugsfähig sind. Dies gilt insbesondere von den durch schuldvolle Verwaltung des Nachlasses aus §§ 1978 bis 1980, 2313, 2314, auch 2384 BGB. entspringenden Verbindlichkeiten des Erben.

19. Im Gegensatz zum Ges. 1919, welches in §§ 10 Ziff. 1, 25 Abs. 2 Satz 1 besonders hervorhob, daß die vom Erblasser herrührenden Schulden vom Nachlaßvermögen (Erwerbe) abzuziehen seien, setzt die Novelle das in Abs. 1 (Begriff der Bereicherung) als selbstverständlich voraus. Auch das Wort „insbesondere“ in Abs. 4 deutet auf diesen Willen des Gesetzgebers hin.

Während sowohl das Wehrbeitrags- wie das Besitzsteuergesetz und in Übereinstimmung damit auch das Preuß. Ergänzungssteuergesetz ausdrücklich persönliche und dingliche Schulden nebeneinander aufführen, ließ das Erbschaftssteuergesetz 1919 diese Unterscheidung fallen und sprach nur von Schulden schlechthin. Damit kam zum Ausdruck, daß Schulden im weitesten Sinne ohne weitere Rücksicht auf den Rechtsgrund und unbeschränkt zu berücksichtigen waren. Auch Lasten sind darin einbegriffen. Das gilt auch für das neue Gesetz. Allerdings ist nicht unbestritten, ob auch Verbindlichkeiten, welche nicht in der Verpflichtung zu einer Zahlung bestehen, sondern eine Sach- oder Dienstleistung zum Gegenstande haben, in Rücksicht zu ziehen sind. Da wir den Begriff der Schuld im weiten Sinne auffassen, müssen wir uns für eine Bejahung dieser Frage aussprechen, lediglich mit der Beschränkung, daß die Verpflichtung in Geld abschätzbar ist. Stets müssen es aber eigene Schulden des Erblassers sein; es können z. B. nicht die seines Ehegatten oder eines nahen Angehörigen in Frage kommen, selbst wenn mit Sicherheit anzunehmen stände, daß der Erblasser für die betreffenden Schulden aufgekommen wäre. Verbindlichkeiten des Erblassers, welche mit seinem Tode erlöschen, müssen selbstredend außer Betracht bleiben, weil sie zu dem maßgebenden Zeitpunkte überhaupt nicht mehr bestehen. Andererseits muß eine rechtsbeständige Schuld des Erblassers an den Erben zum Zuge kommen, weil nach Abs. 2 (vgl. oben Noten 15, 16) die infolge des Erbfalls durch Vereinigung von Recht und Verbindlichkeit oder von Recht und Belastung erloschenen Rechtsverhältnisse nicht als erloschen gelten. Sofern der Erblasser als Gesamtschuldner verpflichtet war, kann nicht ohne weiteres die Gesamtschuld als Ganzes unter die Nachlaßverbindlichkeiten eingestellt werden; das wird nur möglich sein, sobald feststeht, daß der Nachlaß nach Lage der Sache, etwa wegen Insolvenz der übrigen Verpflichteten, allein für die Gesamtschuld einzutreten haben würde; zunächst wird die Gesamtschuld nach Verhältnis auf die einzelnen Gesamtschuldner zu verteilen und dementsprechend in Ansatz zu bringen sein. Vgl. § 80 Abs. 2 RAbgO.

20. Eine materielle Verschiedenheit gegenüber den in Note 19 angeführten Gesetzen zeigt sich darin, daß Haushaltungsschulden von dem Abzug nicht ausgeschlossen sind, wie solches bei jenen geschehen. Die Haushaltungsschulden sind daher an sich uneingeschränkt und im weitesten Sinne hinsichtlich der Erbschaftssteuer abzugsfähig. Es kommen dabei die gesamten Schulden der Hauswirtschaft in Betracht, also nicht nur die des engeren Haushalts, sondern ebenso die für Wohnung, Kleidung, Bedienung, Erziehung usw. Auch rückständige Steuerbeträge, welche nach einem Urteil des Kgl. Sächs. Oberverwaltungsgerichts vom 4. März 1915 (vgl. Amtl. Mitt. 1915 S. 199) zu den Haushaltungsschulden zu zählen sind und daher auch nach § 9 Abs. 2 des WBG. nicht abzugsfähig sein würden, gehören hierher und sind für die Erbschaftssteuer als abzugsfähig anzuerkennen. Einschränkend macht sich aber die gemeinsame Wirkung zweier besonderer Vorschriften geltend, einmal die Steuerbefreiungsvorschrift für Mobilien und Hausrat, welche der § 22 Ziff. 4 des Gesetzes trifft, und sodann die weitere demnächst noch allgemein zu erörternde Sonderbestimmung in Abs. 5, daß Schulden und Lasten, die in wirtschaftlicher Beziehung zu nicht steuerbaren Vermögensteilen stehen, nicht abzugsfähig sind. Von der Abzugsfähigkeit ausgeschlossen werden dadurch insbesondere alle Schulden, welche zur Beschaffung, Erweiterung, Erneuerung und Erhaltung des mit dem Haushalt eng zusammenhängenden Hausrats eingegangen und entstanden sind. Ebenso gehören dahin aber auch die Beträge, welche zur Beschaffung der noch im Nachlaß befindlichen Haushaltsvorräte zu verrechnen sind. Soweit derartige Vorräte bis zum Tode des Erblassers aufgezehrt und verbraucht waren, bilden die für die Beschaffung eingegangenen Schulden abzugsfähige Nachlaßverbindlichkeiten, soweit die Vorräte noch vorhanden sind, steht die bezügliche Schuld in wirtschaftlicher Beziehung zu nicht steuerbaren Vermögensteilen und ist deshalb nicht abzugsfähig. Ähnlich liegt es auch bei den Verbindlichkeiten, welche aus Beschaffung von Wäsche, Kleidung usw. noch bestehen. Eine gewisse Freiheit der Ausgleichung wird man hierbei der Steuerbehörde aber wohl zuerkennen dürfen, daß sie, wenn der Steuerpflichtige nicht widerspricht, eine Schuld für nahezu verbrauchte Vorräte als voll abzugsfähig anerkennt und demgegenüber einer Schuld für noch fast vollständig vorhandene Vorräte die Abzugsfähigkeit voll abspricht. Sofern der Wert des Mobiliarbesitzes und des Hausrats insgesamt über die im § 22 Ziff. 4 b und c gesetzten Grenzen hinausgeht, werden die in wirtschaftlicher Beziehung zu Mobiliarbesitz und Hausrat stehenden Schulden nach dem Verhältnis zwischen steuerfreiem und steuerpflichtigem bezüglichen Vermögen für beide Teile abzusondern und dementsprechend nicht abzugsfähig oder abzugsfähig werden müssen.

21. Da anzunehmen ist, daß Schulden im weitesten Sinne abziehbar sind, so beschränkt sich die Abzugsfähigkeit keineswegs auf Kapitalschulden, sondern greift auch bezüglich der Schuldenzinsen Platz, wenngleich für das WBG. die Abzugsfähigkeit der Schuldzinsen durch Urteil des Kgl. Sächs. Oberverwaltungsgerichts vom 21. Januar 1915 (Amtl. Mitt. 1915 S. 197) verneint worden ist. Hat der Verstorbene Zins-, Miet-, Pacht- u. dgl. Ansprüche, welche Dritte gegen ihn haben, nicht erfüllt, die dementsprechend aus dem Nachlaß zu bestreiten sein würden, so kommen sie als vom Erblasser herrührende Schulden zum Abzug, selbstredend nur soweit, als sie beim Tode des Erblassers bereits fällig waren und somit den Nachlaß als solchen belasteten. Bezüglich der regelmäßig wiederkehrenden Leistungen, welche der Erblasser zu vertreten hatte, ist in derselben Art zu verfahren. Was trotz Fälligkeit beim Tode des Erblassers noch nicht geleistet war, ist abzugsfähige Schuld des Nachlasses. Ebenso liegt es mit Steuerrückständen, die auf einer Verpflichtung des Erblassers beruhen, wie schon in der vorigen Note hervorgehoben. Bezüglich der ungewissen und der zweifelhaften Verbindlichkeiten gibt die Bestimmung im ersten Satz des § 82 der RAbgO. die Richtlinie: „Ist ungewiß, ob oder inwieweit die Voraussetzungen für die Entstehung einer Steuerschuld eingetreten sind, insbesondere ob jemandem ein Gegenstand gehört oder ob ein Recht verwirklicht werden kann, so kann das Finanzamt die Steuer vorläufig festsetzen oder die Festsetzung gegen oder ohne Sicherheitsleistung aussetzen." Die Steuerbehörde hat danach im fraglichen Fall vollkommen freie Hand, ob sie die Entscheidung über die Abzugsfähigkeit oder die Höhe der Abzugsfähigkeit sofort treffen oder ob sie dieselbe aussetzen will. Wählt sie ersteres, so hat demnächst, wenn die Ungewißheit oder der Zweifel über die Verbindlichkeit gehoben ist, Berichtigung der Steuerveranlagung zu erfolgen.

22. Im allgemeinen wird bezüglich der vom Erblasser herrührenden Schulden noch Folgendes zu beachten sein. Die Schuld muß zur Zeit des Erbfalls ihrem Wesen nach rechtsbeständig gewesen sein. Bloße Vormerkungen im Grundbuche zur Erhaltung des Rechtes auf Eintragung einer Hypothek oder des Vorrechts für eine einzutragende Hypothek begründen noch keine Schulden, welche vom Aktivvermögen abzuziehen sind. Entsch. d. Preuß. Oberverwaltungsgerichts vom 8. Juni 1897, Entsch. PrOVerwG. i. St. Bd. 6 S. 137. Da jedoch der Erbe auch für diejenigen Schulden haftet, welche der causa nach vom Erblasser herrühren, aber erst später entstanden sind (vgl. Planck, Komm. z. BGB., Note 2 a zu § 1967, Komm. d. Reichsgerichtsräte, Anm. 2 zu § 1967), so werden solche von der steuerpflichtigen Masse in Abzug zu bringen sein. Der Schuld muß eine rechtliche Verpflichtung zur Bezahlung gegenüberstehen; Zahlungen, welche der Erbe ohne eine solche rechtliche Verpflichtung mit Rücksicht auf Sitte oder auf eine gewisse moralische Verpflichtung macht, können nicht als abziehbar in Betracht kommen, selbst wenn sie dem Sinne des Erblassers entsprechen sollten. Sofern der Erbe verjährte Ansprüche tilgt, gilt letzteres nicht, da hier immer noch ein Anspruch vorhanden war und dem Erben lediglich das Recht, die Leistung zu verweigern, zustand, ein Recht, von dem er nach freiem Ermessen Gebrauch machen und damit die Entscheidung auch bezüglich der Steuerpflicht nach der einen oder nach der anderen Seite hin treffen kann; ebenso Mirre, Anm. 12 zu § 12, a. M. E. Zimmermann, Note 8 zu § 29. Die Schuld muß tatsächlich zum Nachlaß gehören und diesen verpflichten; es darf sich dabei um keine rein persönliche Schuld des Erblassers, welche unvererblich ist, handeln, sowie nicht um eine Schuld, die der Erbe für sich erst übernommen, wenn er beispielsweise ein bestimmtes Vermächtnis um einen festen Betrag zu erhöhen versprochen hat oder dgl.

28. Abmachungen, welche der Erbe oder die Erben mit Dritten an der Erbschaftsmasse aktiv oder passiv Beteiligten, dem Nachlaßgläubiger oder dem Nachlaßschuldner, in rechtsgültiger Weise treffen, sind im allgemeinen ebenso wie die Abmachungen unter den Erbbeteiligten selbst bei der Steuerberechnung und Steuerfestsetzung zu berücksichtigen. Bezüglich ihrer grundsätzlichen Anerkennung greift dasjenige Platz, was oben in den Noten 19 und 20 zu § 2 über die Abmachungen unter den Erbbeteiligten ausgeführt wurde; den letzteren stellt die Abmachungen des Erben mit dem Nachlaßgläubiger ausdrücklich schon das an der fraglichen Stelle angezogene Urteil des Reichsgerichts vom 15. Februar 1901 gleich, das jetzt noch als maßgebend zu erachten sein wird. Um für die Steuerberechnung und Steuerfestsetzung anerkannt zu werden, müssen die Abmachungen zwischen Erben und Nachlaßgläubiger oder Nachlaßschuldner über Nachlaßschuld oder Nachlaßforderung im wesentlichen den gleichen Voraussetzungen wie die Abmachungen unter den Erbbeteiligten entsprechen. Bezüglich des Rechtsverhältnisses der Erbschaftsmasse, um welches es sich bei der Abmachung handelt, muß tatsächlich eine Ungewißheit oder Unsicherheit bestanden haben, welche beseitigt werden sollte und beseitigt worden ist; das Abkommen darf nicht bei durchaus klarer und zweifelloser Tat- und Rechtslage getroffen sein. Das Abkommen darf sich auch nicht als eine einseitige Verfügung der Erbschaftsmasse gegenüber darstellen, sondern als eine wirkliche zweiseitige Abmachung zwischen dem Erben und dem Nachlaßschuldner oder Nachlaßgläubiger, das unter einem gewissen gegenseitigen Nachgeben beider Teile erreicht ist. Das Abkommen muß lediglich die Erbschaftsmasse betreffen; wenn beziehungsweise auch soweit ein zwischen den Beteiligten sonst noch bestehendes rechtliches Verhältnis in dem Abkommen zugleich mit der Auseinandersetzung

wegen Erbschaftsschuld oder Erbschaftsforderung seine Regelung erfahren hat, so wird das Abkommen bei der Steuerfestsetzung nicht zugrunde gelegt werden können. Es darf sich nicht um eine Abmachung handeln, welche zu dem Zweck getroffen ist, eine geringere Versteuerung der Erbschaftsmasse herbeizuführen; andererseits ist aber eine unter alle den maßgebenden Voraussetzungen getroffene Abmachung ohne eine Rücksichtnahme darauf anzuerkennen, ob sie zu einem für den Steuerfiskus günstigeren oder ungünstigeren Ergebnis führt. Als unterliegendes Rechtsgeschäft wird der Vergleich und das Anerkenntnis in Betracht kommen können; Rechtsgültigkeit des gewählten Rechtsgeschäfts nach dem BGB. und Beobachtung der in letzterem vorgeschriebenen Form ist als ein Erfordernis für die steuerliche Anerkennung der Abmachung zu erachten.

24. Einen für die Praxis bedeutsamen Fall bilden die Forderungen, welche für den Unterhalt und die Verpflegung des Erblassers geltend gemacht werden. Das Gesetz — das frühere sowohl wie das jetzige — hebt diese Forderungen in keiner Weise besonders hervor; es ist deshalb auch keine Veranlassung — etwa unter Berücksichtigung scheinbarer Billigkeitsgründe — gegeben, dieselben irgendwie anders wie jede sonstige Erbschaftsschuld zu behandeln. Behuf Anerkennung derartiger Forderungen als Nachlaßverbindlichkeiten muß überzeugend nachgewiesen sein, daß nach Vereinbarung bzw. dem übereinstimmenden Willen von Erblasser und Fordernden die Verpflegung usw. des Erblassers gegen Entgelt und zwar gegen Entgelt in der geforderten Höhe geleistet werden sollte und geleistet worden ist. Irgendwelche Erleichterungen sind bei diesem Anlaß nicht zuzulassen (übereinstimmend hiermit Schreiben des Großherz. hess. Finanzministeriums vom 30. August 1907). Ein Fall, in welchem einer Person ein Vermächtnis von 2000 Mk. ausgesetzt war, zu welcher der Erblasser auf seinem Krankenlager geäußert, daß sie 1000 Mk. von den ausgesetzten 2000 Mk. für die Pflege haben sollte, ist nach einer Verf. PrFM. vom 20. März 1911 III 4858 dahin zu verstehen, daß die Bedachte eine besondere Vergütung für die Pflege nicht solle fordern dürfen, daß vielmehr das Vermächtnis in der Höhe von 1000 Mk. als Belohnung für die Pflege anzusehen sei; gleichwie aber nach § 56 Abs. 2 REStG. die Schenkungsabgabe auch von Schenkungen zu entrichten sei, die zur Belohnung gemacht würden, ebenso seien Vermächtnisse nicht deshalb von der Erbschaftssteuer befreit, weil der Erblasser sich zur Errichtung der Vermächtnisse durch Dienste veranlaßt gefühlt habe, die ihm von den Vermächtnisnehmern geleistet wurden. Durch einen Beschl. d. Bayr. VGH. vom 24. Mai 1909 (vgl. nebst Begründung BlfVF. 1919 S. 276) ist, wenn Abkömmlinge Eltern Unterhalt gewähren, auf Grund des § 685 Abs. 2 BGB. im Zweifel anzunehmen, daß die Absicht fehlt, von dem Empfänger Ersatz hierfür zu verlangen; solche Aufwendungen dürfen hiernach bei Beerbung des Abkömmlings auch nicht von dem steuerpflichtigen Betrage als Nachlaßschulden in Abzug gebracht werden, wenn keine genügenden Anhaltspunkte dafür bestehen, daß der Wille, Ersatz für den Abkömmling zu gewähren, zur Zeit der Unterhaltsgewährung vorhanden war. Hierzu sind noch verschiedene im allgemeinen mit dem Vorausgeführten im Einklang stehende Verfügungen ergangen; Ansprüche der fraglichen Art sind nicht zum Abzug zuzulassen, wenn der testamentarisch Bedachte, ohne sich vertragsmäßig verpflichtet zu haben, dem Erblasser die Dienste oder Pflegeleistungen aus verwandtschaftlicher

Rücksicht oder im Hinblick auf die Erbanwartschaft gewährt hat; Verf. BdSt. vom 28. Januar 1908 Nr. 3093 und Verf. BdFM. vom 31. Januar 1908 Nr. 1205. Keine Nachlaßverbindlichkeiten sind Verpflegungskosten, die in Erwartung der Schadloshaltung durch Erwerb von Todes wegen aufgewendet sind, Verf. SFM. vom 20. Juni 1917 Nr. 3097; andererseits sind in einem Falle durch Verf. SFM. vom 4. April 1908 Nr. 1435 die Kosten der Verpflegung und des Unterhalts des Erblassers als Nachlaßschulden anerkannt, weil aus den Umständen zu entnehmen war, daß die Aufwendungen nicht unentgeltlich in Erwartung der Erbschaft erfolgt waren, sondern den späteren Erben ein Forderungsrecht auf Ersatz seiner Auslagen und Bezahlung seiner Dienstleistungen schon bei Lebzeiten des Erblassers zustand. Nicht abzugsfähig ist Entgelt für Dienstleistungen, die in kinderähnlichem Verhältnisse annehmbar ohne eigentlichen Lohnanspruch geleistet sind; Verf. SFM. vom 30. März 1910 Nr. 1597. Den Aufwendungen für Unterhalt und Verpflegung sind sonstige in derselben Weise gemachte Leistungen gleichzustellen. Grundsätzlich ist davon auszugehen, daß nur die mit oder wegen der Erbschaft übernommenen Nachlaßverbindlichkeiten, nicht aber die zu deren Erlangung gemachten Aufwendungen abzugsfähig sind. Die von dem Erben mit Rücksicht auf eine zu erwartende oder bereits erfolgte Erbeseinsetzung freiwillig übernommenen Leistungen geben ihm keinen klagbaren Ersatzanspruch gegen den Erblasser oder gegen dessen Nachlaß und gehören mithin nicht zu den Nachlaßverbindlichkeiten; vgl. Urt. d. RG. vom 8. Juni 1893 (RGE. Bd. 31 S. 282; PrZBl. 1893 S. 272) und Urt. d. RG. vom 16. April 1901 (GruchBeitr. Bd. 45 S. 953; PrZBl. 1901 S. 186); desgleichen Verf. PrFM. vom 30. April 1910 III 7753. Nähere Ausführungen hierzu Josewski, Anm. 11 zu §§ 28 bis 30. Für die Folge greift hier die Befreiungsvorschrift ein, welche das neue EStG. im § 22 unter Ziff. 10 trifft. Anstandsschenkungen durch einen Testamentsvollstrecker mindern die Bereicherung des Erben (Urt. d. RFH. vom 15. Februar 1922, StuW. Jg. I Sp. 475 — vgl. auch Note 4 a. E. zu § 9).

Besondere Bewertungsvorschriften bezüglich der Schulden enthalten die §§ 10, 11 der DurchfBest. über die Bewertung des Vermögens usw., auf die hier verwiesen wird.

Insbesondere:

Ziff. 1.

25. Nach der Art und Weise wie die Abzugsfähigkeit der Beerdigungskosten geregelt ist, enthält die Vorschrift eine Erweiterung dem bürgerlichen Recht gegenüber und zwar in doppelter Beziehung, einmal, indem sie schlechthin von „Kosten der Bestattung des Erblassers" spricht, während nach § 1968 BGB. der Erbe nur die „Kosten der standesmäßigen Beerdigung des Erblassers" zu tragen hat. Diese Ausdehnung ist zur Vermeidung von Weiterungen vorgenommen, wie schon in der Begründung zum Entwurf des Ges. 1906 ausgeführt wurde. Sonach braucht die Bestattung weder standesmäßig zu sein, noch braucht sie in einer Beerdigung zu bestehen. Die zweite Erweiterung liegt in der Zufügung der Worte „einschließlich der Kosten der landesüblichen, kirchlichen und bürgerlichen Leichenfeierlichkeiten und der Kosten eines angemessenen Grabdenkmals"; sie ist erst bei den Verhandlungen über das Ges. 1906 durch den Reichstag in dessen kommissarischer Beratung vorgenommen. Nach dem derzeitigen Kommissionsbericht des Reichstags war der durch Annahme gebilligte Zweck der Änderung, „Differenzen der Behörden mit den Steuerpflichtigen, wie sie in der Praxis oft beobachtet worden seien, für die Zukunft möglichst auszuräumen"; auch war bei dem Antrag ferner betont, „daß es dringend wünschenswert sei, daß die Erbschaftsämter im Wege der Instruktion angewiesen würden, jede unnötige Belästigung der Steuerpflichtigen durch allzu kleinliches Vorgehen zu vermeiden". Die Ersetzung des Wortes „Beerdigung" durch „Bestattung" ist in der Begründung erklärt. Die Bestattungskosten sind jetzt schlechthin in jedem Falle von dem Nachlaßvermögen abzuziehen, also auch dann, wenn kraft der besonderen Rechtslage des Falles ein Dritter, am Nachlaß überhaupt nicht Beteiligter, zur Tragung der Bestattungskosten verpflichtet war. Ebenso wie bei der Beerdigung die Beschaffung einer Grabstätte zu den Bestattungskosten zu rechnen ist, wird solches bei der Verbrennung bezüglich des Erwerbs einer Urnenstätte in den zur Aufnahme solcher bestimmten Baulichkeiten, Urnenhallen oder dergleichen zu geschehen haben. Der Sargbeschaffung bei der Beerdigung entspricht die Urnenbeschaffung bei der Verbrennung. Werden Leichenfeierlichkeiten über das Landesübliche hinaus ausgedehnt, so hat der Erbe oder Veranstalter die überschießenden Kosten zu tragen. Unter dem Landesüblichen ist gleichzeitig das dem Stande und den Allgemeinverhältnissen des Erblassers Entsprechende zu verstehen. Im übrigen ist das zur Bestattung und zur Leichenfeierlichkeit Gehörige in einem weiteren Sinne aufzufassen. Es kommen sowohl die Kosten für die religiöse wie für die bürgerliche Feier in Betracht, so in erster Hinsicht die kirchlichen Gebühren, Kosten für Kapellenbenutzung, für Ausschmückung der Kapelle und dergleichen, in letzterer die gesamten Einsargungs- und Leichenüberführungskosten, letztere auch, wenn Überführung an einen anderen Ort den Verhältnissen entspricht, die Verpflegung des Leichengefolges (Leichenschmaus), soweit solche üblich oder erforderlich, die Beschaffung von Trauerkleidern (Urt. d. RFH. vom 22. November 1922, Samml. Bd. XI S. 88 = DVR. Jg. XV S. 29) usw. Nicht zu den Kosten der Bestattung bzw. der Leichenfeierlichkeit sind die Reisekosten des Trauergefolges zu rechnen, welche lediglich durch Teilnahme an der Beerdigung entstanden sind. Das Angemessene der Grabmalskosten richtet sich ausschließlich nach der Lebensstellung des Erblassers, unter Berücksichtigung seiner Bedeutung für die Familie und einen weiteren Kreis. Auf das hinterlassene Vermögen und die Ortssitte kommt es nicht an (Urt. d. RFH. vom 27. Januar 1922, StuW. Jg. I Sp. 478), noch weniger auf die Verhältnisse des Erben.

Ziff. 2.

26. Die nach Ziff. 2 begründete Abzugsfähigkeit für die im Falle der Todeserklärung des Erblassers dem Nachlaß zur Last fallenden Kosten des Verfahrens war bereits in das Gef. 1919 eingefügt. Das füllte eine Lücke der bisherigen Gesetzgebung aus. Die Vorschrift beruht auf dem § 971 der Zivilprozeßordnung vom 17. Mai 1898 (RGBl. 1898 S. 410) mit folgendem Wortlaut: „§ 971. Die dem Antragsteller erwachsenen Kosten, welche zur zweckentsprechenden Durchführung des Verfahrens notwendig waren, fallen, wenn die Todeserklärung erfolgt, dem Nachlasse zur Last." Es handelt sich danach um eine gesetzliche Nachlaßverbindlichkeit, deren Abzugsfähigkeit dadurch schon an sich gerechtfertigt erscheint. Die Todeserklärung selbst wird durch die §§ 13 bis 17 BGB. geregelt.

Ziff. 3.

27. Die schon im § 29 Abs. 3 des Ges. 1906 als abzugsfähig erklärten gerichtlichen und außergerichtlichen Kosten der Regelung des Nachlasses erscheinen in der nunmehrigen Fassung nach Maßgabe des § 224 Ziff. 4 KO. vom 17. Mai 1898 (RGBl. 1898 S. 612) ergänzt, der folgendes bestimmt: „§ 224. Masseschulden sind außer den im § 59 bezeichneten Verbindlichkeiten: . . . . 4. die Kosten der Eröffnung einer Verfügung des Erblassers von Todes wegen, der gerichtlichen Sicherung des Nachlasses, einer Nachlaßpflegschaft, des Aufgebots der Nachlaßgläubiger und der Inventarerrichtung." Der Fall liegt hier ähnlich wie zu Ziff. 2. Was zunächst die Kosten der Eröffnung einer Verfügung des Erblassers von Todes wegen anlangt, so sind dafür insbesondere die §§ 2259, 2263, 2273 BGB. maßgebend, welche sich in erster Linie auf die Eröffnung der Testamente beziehen, jedoch nach Maßgabe des § 2300 BGB. auch auf die Eröffnung der Erbverträge Anwendung finden. Alle diejenigen Kosten, welche durch die Ausführung der bezüglichen gesetzlichen Anordnungen an Gerichtsgebühren und Auslagen (Eröffnungsgebühren, Benachrichtigungsschreiben, Abschriftnahmen, Zufertigungen usw.) erwachsen, sind abzugsfähig. Nicht abzugsfähig sind jedoch diejenigen Kosten, welche den Beteiligten als solchen erwachsen, wie z. B. die Reisekosten anläßlich Teilnahme am Eröffnungstermin. Die gerichtlichen und außergerichtlichen Kosten der Regelung des Nachlasses begreifen alle diejenigen finanziellen Aufwendungen in sich, welche behuf rechtlicher und tatsächlicher Festlegung und Umgrenzung des Nachlaßvermögens in seinen Einzelheiten, sowie behuf Verteilung desselben auf die einzelnen Erwerber zu bestreiten sind. Namentlich fallen darunter die gesamten Kosten der regelmäßigen Nachlaßverwaltung, die Gebühren des Testamentsvollstreckers, die Kosten der Auseinandersetzung, die Teilungsveräußerungen u. dgl. Im einzelnen werden die Verhältnisse des praktischen Falles zu berücksichtigen sein, wodurch die Kosten bald ausgedehnter, bald beschränkter sich zeigen werden. Die Kosten der gerichtlichen Sicherung des Nachlasses sind namentlich durch den § 1960 BGB. bedingt, welcher das Nachlaßgericht verpflichtet, für die Sicherung des Nachlasses zu sorgen. Es handelt sich dabei insbesondere um die Anlegung von Siegeln, die Hinterlegung von Geld, Wertpapieren und Kostbarkeiten, die Aufnahme eines Nachlaßverzeichnisses, wie solches im Abs. 2 des angezogenen Paragraphen hervorgehoben wird. Die Bestellung eines Nachlaßpflegers für denjenigen, welcher Erbe wird, ordnet gleichfalls § 1960 BGB. an, die Nachlaßverwaltung, welche der Nachlaßpflegschaft gleichzustellen ist, der § 1975 BGB., während das Aufgebot der Nachlaßgläubiger durch die §§ 1970 bis 1974 BGB. und die Inventarerrichtung durch die §§ 1993 bis 2005 geregelt ist. Nach den bezüglichen Anordnungen bestimmen sich die Kosten, welche hier im einzelnen in Frage kommen können.

28. An Einzelfällen verdienen herausgehoben zu werden:

a) Der Begriff der „Kosten der Regelung des Nachlasses" ist weit auszulegen. Er umfaßt alle Kosten, die aufgewendet werden müssen, um die Erben in den Besitz des ihnen aus der Erbschaft Zukommenden zu setzen, also auch die Kosten der Auseinandersetzung und Teilung, die Kosten eines den Erben (auch wohl einem einzelnen Erben — Urt. d. RFH. vom 27. Januar 1922, StuW. Jg. I Sp. 478) zu erteilenden Erbscheins, die Kosten der Umschreibung der Nachlaßgrundstücke auf die Erben (oder einen Einzelerben), die Kosten der Bereinigung von Nachlaßschulden oder der Flüssigmachung von Nachlaßteilen zur Bereinigung von Nachlaßschulden oder zu Teilungszwecken. Ist auf Nachlaßgrundstücken eine Hypothek außer zur Bezahlung des Notopfers des Erblassers auch zur Bezahlung von Erbschaftssteuern aufgenommen, so kann die Aufnahme der Hypothek (d. h. die Kosten der Aufnahme) gleichwohl als unter die Regelung des Nachlasses fallend angesehen werden, weil die Erben nach § 87 Abs. 2 AbgO. für die Zurückhaltung von Mitteln zur Bezahlung dieser Steuern und die Bezahlung letzterer zu sorgen haben. Die entgegenstehende Entscheidung des RFH. vom 4. Juni 1919 (Samml. Bd. I S. 124) bezieht sich nur auf das Ges. 1906 (Urt. d. RFH. vom 22. März 1922, Samml. Bd. IX S. 77, StuW. Jg. I Sp. 622).

b) Sind aus der Erbschaftsmasse zu derselben gehörige Wertpapiere auf einen der Erben in der Weise übergegangen, daß für diesen Übergang der Beschaffungsstempel zu entrichten war (Urt. d. RG. vom 26. Januar 1904; RGE. Bd. 56 S. 430), so ist der tatsächlich gezahlte Anschaffungsstempel als Nachlaßverbindlichkeit von der zu versteuernden Erbschaftsmasse abzusetzen; Verf. des Reichskanzlers (Reichsschatzamt) vom 6. Januar 1908 II 10178/07. Dementsprechend dürfte auch, wenn durch die Nachlaßregelung bei einer Mehrheit von Erben die Veräußerung eines Grundstücks notwendig geworden ist, die Wertzuwachssteuer, die anläßlich solcher Veräußerung zu entrichten wäre, zu den Kosten der Nachlaßregelung zu zählen und als abzugsfähige Nachlaßverbindlichkeit anzusehen sein.

c) Die Kosten der Veräußerung von Nachlaßgegenständen, die ein Alleinerbe vornimmt, speziell auch die Vergütung, welche einem Verkaufsvermittler zu zahlen ist, können dagegen nicht in Absatz gebracht werden, da dieselben als nach dem Tode des Erblassers entstandene den gemeinen Wert der Masse und die Bereicherung des Erben nicht vermindert haben, auch zu den Kosten der Verlassenschaftsbehandlung als über den Rahmen einer solchen hinausgehend nicht zu rechnen sind; vgl. Entsch. d. Bayr. VGH. vom 20. November 1906 (BlfVF. 1907 S. 142).

d) Zur Regelung des Nachlasses gehört nicht die Erfüllung der Verpflichtungen des Erben gegenüber dem Nachlaßgericht und der Steuerbehörde (Urt. d. RFH. vom 27. Januar 1922, RStR. Sp. S. V S. 20 = StuW. Jg. I Sp. 478).

e) Als Kosten der Regelung des Nachlasses sind allgemein nur diejenigen Kosten anzusehen, welche tatsächlich für die Regelung des Nachlasses als solchen aufzuwenden sind, also nur diejenigen Kosten, welche entstehen, um den Nachlaß in entsprechender Weise an diejenigen auszuantworten, die an demselben berechtigt sind, um also die Bereicherung, wie sie für die Steuerpflicht in Frage kommt, zu vollziehen. Es gehören dazu aber nicht auch diejenigen Kosten, welche lediglich bedingt sind, um den Nachlaß für den oder die Erben nach der Eigenart derselben nutzbar zu machen. Die Kosten der Veräußerung von Nachlaßgegenständen werden demnach als Nachlaßverbindlichkeiten nur anzuerkennen sein, wenn sie, speziell mangels barer Mittel, notwendig waren, um Erbschaftsschulden zu bezahlen, Vermächtnisnehmer zu befriedigen usw. oder die Ausgleichung unter den Erben herbeizuführen, nicht aber, wenn die Veräußerung ausschließlich im Interesse eines Erben vorgenommen wurde, und für die Nachlaßregelung und -verteilung keine Bedeutung hatte, so beispielsweise, wenn der Erbe die ihm angefallenen Gegenstände nicht in eigene Nutzung nehmen kann und sie deshalb veräußert werden; auch eine Veräußerung, welche behuf Entrichtung der Erbschaftssteuer sich als notwendig gezeigt, würde zu letzterem zu rechnen sein. Ob die Veräußerung im fraglichen Falle durch einen Testamentsvollstrecker erfolgt ist oder nicht, ist ohne Einfluß (vgl. oben unter c und a).

29. Die Abzugsfähigkeit der Kosten eines für den Nachlaß geführten Rechtsstreits war in der gleichen Weise schon durch § 29 Abs. 3 des Ges. 1906 sowie § 10 Ziff. 5 (§ 25 Abs. 2 Satz 1) Ges. 1919 begründet. Vorbedingung war, daß der Rechtsstreit für den Nachlaß geführt wird. Das ist aber nicht im engsten Wortsinne zu nehmen, so daß nur ein Rechtsstreit, der für, nicht auch ein solcher, der gegen den Nachlaß, z. B. wegen einer Nachlaßverbindlichkeit, geführt wird, in Betracht kommen könnte. Die Kosten des letzteren fallen gleicherweise hierher. Der Rechtsstreit mußte sich nur in jedem Falle lediglich auf den Nachlaß beziehen.

Demgegenüber enthält unsere Ziffer die wesentliche Erweiterung, daß auch die Kosten eines wegen des Erwerbes, also im Interesse des einzelnen Erben geführten Rechtsstreits abzuziehen sind. Demnach sind auch die Kosten einschließlich der Anwaltsgebühren eines zur Erledigung des Prozesses abgeschlossenen Vergleiches (gerichtlichen wie außergerichtlichen) abziehbar, auch wohl die eines zur Vermeidung von Prozessen genannter Art abgeschlossenen Vergleichs. Zu den Rechtsstreitigkeiten, die wegen des Erwerbes geführt sind, gehören namentlich solche aus Erbschaftsansprüchen (BGB. § 2018), mögen sie vom Erben als Kläger oder Beklagten geführt werden, sowie aus Erbteilungsprozessen.

Daß die Prozeßkosten dann nicht abzugsfähig sind, wenn sie ohne Aussicht auf Erfolg angewandt sind, ist aus der Fassung der Vorschrift nicht ohne weiteres zu entnehmen (a. A. Mirre, Bem. 22 zu § 12).

Zu Abs. 5.

30. Der Abs. 5 trifft in seinem ersten Satze die Sonderbestimmung, daß Schulden und Lasten, welche in wirtschaftlicher Beziehung zu nicht steuerbaren Vermögensteilen stehen, nicht abzugsfähig sind. Dem liegt der Gedanke zugrunde, daß weder ein Rechts- noch ein Billigkeitsgrund dafür sprechen kann, Verbindlichkeiten, welche ausschließlich auf dem steuerfreien Vermögen ruhen bzw. auf dasselbe gegründet sind, von dem steuerbaren Vermögen als allgemeine Schuld in Abzug zu bringen. Dieser Gedanke war schon in dem REStG. 1906 verwirklicht, nur in einer anderen Form, indem § 9 dort bestimmt, daß Schulden und Lasten, welche nur auf einem steuerfreien oder nur auf einem steuerpflichtigen Teile der Masse haften, behuf der Berechnung der Steuer bei demjenigen Teile in Absatz kommen, auf welchem sie haften. Aus der geänderten Fassung folgert das Urt. d. RFH. vom 22. März 1922 (StuW. Jg. I S. 622 = Samml. Bd. IX S. 77), daß, wenn zum Nachlaß steuerbare und nicht steuerbare Vermögensteile gehören, die nicht zu letzteren in wirtschaftlicher Beziehung stehenden Schulden voll abzugsfähig seien, und nicht nur mit dem Teile, der anteilig auf die steuerbaren Vermögensteile entfalle.

Grundsätzlich werden, wie oben in Note 20 schon angeführt ist, alle diejenigen Schulden, welche für ein bestimmtes Vermögensstück oder einen abgesonderten Vermögensteil behuf Beschaffung, Herstellung, Erweiterung, Erneuerung, Verbesserung, Erhaltung oder dgl. eingegangen wurden, als in wirtschaftlicher Beziehung zu diesem Vermögensstück oder Vermögensteil stehend anerkannt werden müssen. Bei der Vielseitigkeit des wirtschaftlichen Lebens können für die Anwendung dieses Grundsatzes im einzelnen praktischen Fall immerhin noch Schwierigkeiten und Zweifel entstehen; vgl. dazu auch unter Note 3. In der zweiten Auflage des Kommentars war dazu u. a. folgendes ausgeführt, was jetzt noch entsprechend Platz greifen dürfte: „Der erste Absatz des § 9 stellt zunächst den allgemeinen Grundsatz auf, daß die auf einem bestimmten Teil oder Gegenstand der Erbschaftsmasse haftenden Schulden und Lasten von diesem Teil oder Gegenstand in Absatz zu bringen sind. Eine maßgebende nähere Anweisung für die Anwendung enthält folgende Verf. PrFM. vom 26. Februar 1909 III 3213: ‚Nach § 2174 BGB. begründet das Vermächtnis allerdings nur ein Forderungsrecht des Bedachten. Wenn hiernach auch zivilrechtlich das Vermächtnis wie jede andere Nachlaßverbindlichkeit auf dem ganzen Nachlasse und nicht auf einem einzelnen Teile des Nachlasses ruht, so haftet doch im Sinne REStG., wie dessen § 9 ergibt, das Vermächtnis einer bestimmten Nachlaßsache auf dieser Nachlaßsache und nicht auf dem ganzen Nachlasse; denn nach § 9 a. a. O. haften Schulden und Lasten auf einem Gegenstande der Masse nicht nur dann, wenn sie eine dingliche Belastung des Gegenstandes bilden, sondern auch dann, wenn sie zwar nur in einer persönlichen Verbindlichkeit bestehen, aber, wie ein Teil der Landeserbschaftssteuergesetze sich ausdrückt, mit und wegen der Masse übernommen werden, wie die Vermächtnisse. Soweit es sich daher um Vermächtnisse handelt, die auf bestimmte Teile des Nachlasses angewiesen sind oder bestimmte Nachlaßgegenstände betreffen, gelten ausschließlich diese Gegenstände als mit dem Anspruch des Bedachten belastet, so daß diese Verbindlichkeiten lediglich von den vermachten Nachlaßgegenständen abgezogen werden dürfen .... Hiernach sind die dinglichen Lasten und Schulden sowie auf bestimmte Gegenstände angewiesenen Vermächtnisse von dem Werte der hierbei in Betracht kommenden Nachlaßbestandteile in Abzug zu bringen. Auf den sodann verbleibenden — steuerpflichtigen und steuerfreien — Teil der Nachlaßmasse sind die allgemeinen Nachlaßschulden, insbesondere auch die Geldvermächtnisse verhältnismäßig zu verteilen.‘ Als Schulden und Lasten, welche nur auf einem Teile der Masse haften, werden neben den vorstehend gekennzeichneten Vermächtnissen, denen wiederum Pflichtteilsrechte und Auflagen gleichstehen, namentlich die dinglichen Belastungen der Grundstücke, Grunddienstbarkeiten, Nießbrauch, beschränkte persönliche Dienstbarkeiten, Vorkaufsrecht, Reallasten, Hypothek, Grundschuld, Rentenschuld in Betracht kommen, bezüglich der beweglichen Sachen, speziell auch der Wertpapiere, der Nießbrauch. Hypothekenzinsen sind bis zum Anfalle auf das Grundstück anzurechnen; Verf. SFM. vom 30. Januar 1908 Nr. 143.“

31. Was unter dem „in wirtschaftlicher Beziehung stehen“ verstanden werden soll, ist nicht genau für jede Entscheidung im einzelnen geklärt worden, obwohl bei Erlaß des Wehrbeitrags- und des Besitzsteuergesetzes eingehender darüber von den gesetzgebenden Faktoren verhandelt wurde. Die Begründung zum Entwurf des Wehrbeitragsgesetzes gab

hierzu nicht aufrecht zu erhaltende Ausführungen und wurde bei den Verhandlungen im Reichstag entsprechend eingeschränkt, jedoch auch so zu keinem befriedigenden Ergebnis führend. Vgl. wegen der Einzelheiten insbesondere Strutz, Komm. z. Kriegssteuergesetz, Anm. 50 b β zu § 1 S. 115. Der § 51 der Besitzsteuerausführungsbestimmungen des Bundesrats bringt danach folgende Erklärung: „Bei der Veranlagung von beschränkt steuerpflichtigen Personen (§ 11 Nr. II des Gesetzes) mit ihrem inländischen Grund- und Betriebsvermögen sind nur die in einer wirtschaftlichen Beziehung zu diesen Vermögensteilen stehenden Schulden und Lasten abzugsfähig. Sofern nicht besondere Umstände eine gegenteilige Annahme rechtfertigen, ist eine wirtschaftliche Beziehung zu dem in Grundstücken bestehenden Vermögen anzuerkennen, wenn die Schulden und Lasten auf den betreffenden Grundstücken ruhen." Eine feste Begriffsbestimmung und Umgrenzung ist damit aber auch nicht gegeben, nur soviel steht fest, daß in jedem einzelnen Fall die unterliegenden Sonderverhältnisse genau zu prüfen sind und danach Entscheidung zu treffen ist. Bezüglich der hier hauptsächlich in Betracht kommenden Hypothekenschuld kann jedoch die zunächst vertretene Ansicht nicht gehalten werden, daß vermöge der vorhandenen dinglichen Haftung des Grundstücks für die Schuld stets und ohne Ausnahme eine wirtschaftliche Beziehung der Schuld zum Grundstück vorhanden sei, welche die weitere Prüfung erübrige. Eine wirtschaftliche Beziehung ist im fraglichen Fall zweifellos nur dann vorhanden, wenn die Schuld für den Erwerb oder zum Zweck der Verbesserung oder Bebauung des Grundstücks eingegangen wurde. Allgemein wird eine wirtschaftliche Beziehung mit Recht namentlich dann angenommen, wenn die Schuld zur Zeit des Erwerbes des Grundstücks durch den letzten Eigentümer bereits auf dem Grundstücke haftete. Hat der Verstorbene die Schuld selbst aufgenommen, so ist eine wirtschaftliche Beziehung dann anzuerkennen, wenn durch die Schuldbelastung eine Erweiterung, Vervollkommnung oder Werterhöhung des Grundstücks ermöglicht ist, nicht aber wenn sie lediglich dem persönlichen Bedürfnis des Belastenden gedient hat. Eine Hypothekschuld, welche der Erblasser zur Erweiterung seines inländischen Gewerbebetriebes aufgenommen hat, ist abzugsfähig, auch wenn er damit ein nicht steuerpflichtiges Grundstück belastete. Dagegen ist eine Schuld, welche der Verstorbene behuf Beschaffung nicht steuerbarer Gegenstände für den eigenen Bedarf einging, nicht abzugsfähig, wenn auch ein inländisches Grundstück Sicherung dafür bietet. Für verschiedene Einzelfälle liegen Entscheidungen des Preuß. Oberverwaltungsgerichts vor. Eine Hypothek, die auf einem durch Erbschaft erworbenen Grundstück in Deutschland haftet, steht zu diesem insoweit in wirtschaftlicher Beziehung, als sie bereits vor dem Erbfall auf dem Grundstück lastete oder von dem Steuerpflichtigen zum Zwecke der Bezahlung der inländischen Erbschaftssteuer oder der Tilgung einer von ihm bei dem Erwerbe des Grundstücks übernommenen Hypothek aufgenommen ist. (Entsch. vom 1. Juli 1909, Entsch. d. PrOVerwG. i. St. Bd. 14 S. 218.) Eine wirtschaftliche Beziehung zwischen einer Verbindlichkeit und einem Grundstücke liegt nicht bloß vor bei denjenigen Verbindlichkeiten, die bereits zur Zeit des Erwerbes des Grundstücks durch den gegenwärtigen Eigentümer darauf hafteten und von ihm übernommen sind, sondern auch bei denjenigen neu von ihm eingegangenen Verbindlichkeiten, inhalts derer er nicht persönlicher Schuldner sein, sondern das

Grundstück belasten wollte, durch die also nicht eine persönliche, sondern eine dingliche Verpflichtung, insbesondere eine Reallast, begründet werden sollte; dies gilt in der Regel namentlich bei Altenteilen sowie bei den von den Besitzern von Stamm- und Fideikommißgütern zu entrichtenden Apanagen, Wittümern, Deputaten und Nadelgeldern. Entsch. vom 25. Februar 1909 und vom 14. Januar 1909, Entsch. d. PrOVerwG. i. St. Bd. 14 S. 207 ff. Eine Darlehensschuld, die das Mitglied einer im Deutschen Reich domizilierten offenen Handelsgesellschaft aufgenommen hat, um die Valuta als Einlage in die Gesellschaft einzubringen, haftet wirtschaftlich auf der Einkommensquelle des gesellschaftlichen Unternehmens. Entsch. vom 12. April 1902, Entsch. d. PrOVerwG. i. St. Bd. 10 S. 20. — Die Anweisung zum Preuß. Ergänzungssteuergesetz, Art. 17 V Abs. 3, bestimmt: „Ruht eine Schuld oder Last ungeteilt zugleich auf steuerbaren und nicht steuerbaren Vermögensteilen, so ist der Gesamtbetrag nach dem Verhältnis des Wertes der steuerbaren zu dem Werte der nicht steuerbaren Vermögensteile zu teilen und nur der dem ersteren entsprechende Teilbetrag der Schuld oder Last in Abzug zu bringen.“ Dieses wird hier entsprechend Anwendung zu finden haben, wenn eine Schuld oder Last einheitlich sowohl zu steuerbaren wie zu nicht steuerbaren Vermögensteilen in wirtschaftlicher Beziehung steht. Das Vorhandensein einer wirtschaftlichen Beziehung von Schulden und Lasten zu steuerfreien Vermögensteilen wird dadurch nicht ausgeschlossen, daß der Wert des ausländischen Grund- und Betriebsvermögens den Betrag der für seine Erwerbung und Bewirtschaftung gemachten Aufwendungen nicht erreicht und zur Deckung der für diese Aufwendungen gemachten Schulden nicht ausreicht; Urt. d. Bad. VGH. vom 25. September 1915, Amtl. Mitt. 1916 S. 11.

32. Der Begriff der „nicht steuerbaren Teile des Erwerbs“ ergibt sich aus den Befreiungsvorschriften des § 22, zumal Ziff. 4 und 5, und durch Rückschluß des § 8. In letzterer Hinsicht greift aber die Sondervorschrift des Satz 2 unseres Absatzes Platz.

33. Satz 2 führt zurück auf die beschränkte Steuerpflicht (§ 8 Abs. 1 II) und auf die Befreiung von Vermögensteilen auf Grund von Staatsverträgen (das. Abs. 3). Die Vorschrift entspricht derjenigen des Satz 2 im Zusatz zu Ziff. 1 in § 10 Ges. 1919. Die veränderte Fassung ist lediglich eine Folge der Erweiterung der beschränkten Steuerpflicht und der Einfügung des Abs. 3 in § 8 n. F. Im übrigen ist auf die Ausführungen der Vornoten, zumal der Note 30, zu verweisen.

Zu Abs. 6 und 7.

34. In Übereinstimmung mit § 25 Abs. 2 Satz 2 Ges. 1919, aber im Gegensatze zum Ges. 1906 bestimmt Abs. 6, daß Verbindlichkeiten aus Pflichtteilsrechten von dem Betrage des steuerpflichtigen Anfalls nur insoweit abgezogen werden können, als der Anspruch auf den Pflichtteil geltend gemacht ist. Der innere Grund der Vorschrift liegt in der anderweiten Stellungnahme des Gesetzes zum Pflichtteilsanspruch gegenüber dem Ges. 1906. Da nach § 2 Ziff. 1 nur der geltend gemachte Pflichtteilsanspruch als Erwerb von Todes wegen gilt, so werden Verbindlichkeiten aus Pflichtteilsrechten auch nur in entsprechender Weise in Abzug gebracht werden können. Der Erlaß der Vor-

schrift beruht auf zwingender Notwendigkeit und entspricht in seiner Form voll der Natur der Sache. Zu vergleichen sind die Ausführungen in Note 14 zu § 2.

Abs. 7 entspricht dem Satz 3 Abs. 2 in § 25 Ges. 1919 bzw. dem § 29 Abs. 3 Ges. 1906. Die innere Berechtigung, im fraglichen Falle die Abzugsfähigkeit auszuschließen, ist nicht zweifelhaft. Im übrigen wird, worauf Mirre (Bem. 26 zu § 12) mit Recht hinweist, nur der gerade zur Berechnung stehenden Erbschaftssteuer, nicht etwa bei Weitervererbung der für den ersten Erbfall erforderlichen die Abzugsfähigkeit versagt.

Eine Sondervorschrift enthält § 16 Ges., auf die verwiesen wird.

Zu Abs. 8.

35. Abs. 8 entspricht mit der in Note 41 zu erörternden Erweiterung dem Abs. 3 § 25 Ges. 1919, der seinerseits wortgetreu die Vorschrift des § 30 Ges. 1906 wiedergab. Derzeit hatte der § 30 seine jetzige Fassung erst durch den Reichstag erhalten. In dem Entwurf der Bundesregierungen zum RESt G. lautete er: „Ist eine Zuwendung unter einer Auflage gemacht, die in Geld veranschlagt werden kann, so kommt der Wert der Leistung von der Zuwendung in Abzug.“ Vom Reichstage ist die Fassung in der fraglichen Weise geändert, um klarzustellen, „daß die Steuerbehörde beweispflichtig ist, wenn sie behaupten will, daß in dem hier vorgesehenen Falle der Wert der Zuwendung den Wert der Leistung des Bedachten übersteigt“ (Kommissionsbericht). Es behält dieses die gleiche Bedeutung wie früher.

36. Insbesondere über die Honorierung des Testamentsvollstreckers verbreitete sich die Begründung zu dem RESt G. 1906 in folgender Weise: „Die Vorschrift findet auf den einem Testamentsvollstrecker als Vergütung für seine Tätigkeit durch Verfügung von Todes wegen zugewandten Betrag Anwendung; letzterer ist somit steuerpflichtig, wenn und insoweit nach den Umständen angenommen werden kann, daß der Wert der Zuwendung denjenigen der Leistung übersteigt.“ In einem Urt. d. RG. vom 8. Januar 1892 (PrZBl. 1892 S. 94) war bereits ausgesprochen, das durch den Erblasser festgelegte Honorar des Testamentsvollstreckers habe, soweit es die Vergütung für die von dem Testamentsvollstrecker aufzuwendende Mühewaltung überschreite, den Charakter eines Vermächtnisses und unterliege insofern der Erbschaftssteuer. In einem Urt. d. RG. vom 8. Juli 1913 ist eine Zuwendung von besonderer Höhe, welche bei der nicht rechtsverbindlichen Verpflichtung, das Amt eines Testamentsvollstreckers zu übernehmen, gemacht war, als Schenkung aufgefaßt, obwohl der Beschenkte sich zur Übernahme der Testamentsvollstreckung bereit erklärt hatte, Deutsche Steuerzeitung 1913 S. 134. Ein Urt. d. RG. vom 1. November 1918 (mitgeteilt durch Schreiben des Reichskanzlers [Reichsschatzamt] vom 4. Dezember 1918 III Rs 8300) erkennt, — ohne zu der Streitfrage, ob die einem Testamentsvollstrecker letztwillig ausgesetzte Vergütung sich stets als Zuwendung im Sinne des RESt G. darstelle, die unter der Auflage der Testamentsvollstreckung gemacht sei (§ 30 RESt G.), Stellung zu nehmen — in den Entscheidungsgründen an, daß eine rein sachlich betrachtet als angemessen zu erachtende derartige Vergütung nicht erbschaftssteuerpflichtig sei;

Amtl. Mitt. 1919 S. 25; ZfZuSt. 1919 S. 137. Vgl. auch Note 9 a. E. zu § 2.

37. Als Zuwendung kann hier jeder Erwerb von Todes wegen in Frage kommen und es ist gleichgültig, auf welchen oder auf einen wie gearteten Gegenstand sich die Zuwendung bezieht. Die Wertermittelung für den bezüglichen Erwerb hat vollständig nach den allgemeinen Regeln zu erfolgen.

38. Bezüglich der Auflage kommt wiederum dasjenige, was oben in Note 9 ausgeführt wurde, in einer entsprechenden Weise zur Anwendung. Die Auflage muß einmal durch den Anfall begründet und mit demselben existent werden. Die Auflage muß ferner die rechtliche Verpflichtung zur Erfüllung für den mit der Zuwendung Bedachten enthalten; sofern der Erblasser keine rechtliche Verpflichtung auferlegt, sondern nur die Erwartung oder den Wunsch auf Erfüllung der Auflage ausgesprochen hat, greift die Bestimmung des Abs. 8 nicht Platz; der Bedachte kann in letzterem Fall die Auflage lediglich nach seinem freien Willen erfüllen; wenn er dies aber tut, so darf er den Wert von der Zuwendung nicht in Abzug bringen.

In seinem Urt. vom 26. April 1922 (StuW. Jg. I Sp. 620) entscheidet der RFH. eine alte Streitfrage dahin, daß eine Auflage gemäß § 151 AbgO. vor ihrer Vollziehung nicht zu berücksichtigen sei. Der Steuerpflichtige sei darauf zu verweisen, daß eine entsprechende Erstattung der Steuer nach Vollziehung erfolgen werde (betr. Anordnung des Erblassers, seine Leiche überführen zu lassen). Die Auflage muß endlich vom Erblasser bestimmt bezeichnet sein und einen Vermögenswert enthalten, d. h. sie muß in Geld abschätzbar sein. Im übrigen kann die Auflage sowohl ein Tun wie ein Unterlassen zum Gegenstande haben; Beschränkungen sind in dieser Beziehung nicht gegeben. Wenn in der früheren Begründung der Gesetzesvorschrift nur die Zuwendung an den Testamentsvollstrecker herausgehoben ist (vgl. oben Note 36), so hat damit keineswegs gesagt sein sollen, daß diese den einzigen hier möglichen Fall abgeben könne; es ist vielmehr lediglich ein Hauptfall herausgegriffen. Der Auflage der Testamentsvollstreckung stehen beispielsweise gleich die Auflagen zur Unterhaltung und Pflege von Gräbern, zur Verrichtung von Gebeten, zum Lesen von Messen usw.; auch die dem Erben auferlegte Verpflichtung, die Erbschaftssteuer für Vermächtnisse zu entrichten, gehörte hierher.

39. Die Auflage als solche bestimmt sich im übrigen nach den Vorschriften des BGB., vgl. §§ 1940, 1941, 2192 bis 2196 das. und Note 41 zu § 2.

40. Der Wert der Zuwendung und der Wert der Auflage sind je für sich zu ermitteln und festzustellen und sodann gegeneinander auszugleichen. Die Wertfestlegung vollzieht sich im übrigen nach den allgemeinen Grundsätzen, doch ist besonders hervorzuheben, daß die Steuerbehörde an etwaige in dieser Beziehung getroffene Bestimmungen des Erblassers nicht gebunden ist, sondern stets den wahren Wert der Auflage zu ermitteln hat; vgl. Urt. d. RG. vom 10. Oktober 1881 (Gruch.-Beitr. Bd. 26 S. 1135) und Urt. d. RG. vom 8. Januar 1892 (PrZBl. 1892 S. 94). Über die Bewertung der Stiftung eines oder mehrerer jährlicher Seelenämter oder Messen (Anniversarien, Jahrestagstiftungen) sind für Baden besondere Bestimmungen erlassen, welche E. Zimmermann in der Note zu § 30 näher anführt. Nur der Überschuß des Wertes der Zuwendung über den Wert der Auflage ist steuerpflichtig.

Sinkt nach Abzug des Wertes der Auflage der Wert der Zuwendung unter eine der Freigrenzen des § 22, so tritt Steuerfreiheit ein. Trifft eine Befreiungsvorschrift des § 22 Ziff. 1 oder Ziff. 2 mit einer solchen der Ziff. 4 das. zusammen, hat also der Steuerpflichtige außer steuerbarem Vermögen noch ganz oder teilweise steuerfreie Mobilien, so wird der Wert der Auflage auf die beiden Vermögensmassen verhältnismäßig zu verteilen sein. Hat z. B. der Erblasser seinem Sohne neben 600000 Mk. in bar Hausrat im Werte von 1200000 Mk. hinterlassen und mußte der Sohn 240000 Mk. zur Vollziehung einer Auflage verwenden, so ist der abzugsfähige Betrag von 240000 Mk. auf die beiden Vermögensmassen im Verhältnis von 1:2 zu verteilen, so daß der Sohn 520000 Mk. zu versteuern hat. Es erscheint schief, zu folgern, daß der Sohn die zur Vollziehung der Auflage erforderliche Summe ausschließlich dem steuerbaren Vermögen entnommen hatte oder zu entnehmen brauchte, denn grundsätzlich belastet die Auflage den Gesamterwerb. Anders dürfte die Sache nur dann liegen, wenn die Auflage nach dem Willen des Erblassers ausschließlich aus bestimmter Vermögensmasse zu vollziehen war, z. B. der Erbe soll bestimmte Hausratsstücke einer Anstalt zur unentgeltlichen Benutzung überlassen.

41. Der Wert der zur Vollziehung der Auflage verwandten Leistung ist dann nicht abziehbar, wenn die Leistung dem Zwecke der Zuwendung dient. An sich bringt dieser Zusatz in Abs. 8 nichts Neues, sondern entspricht der praktischen Handhabung unter der Herrschaft des früheren Gesetzes. Danach ist bei sog. Zweckvermächtnissen (vgl. BGB. § 2156), wenn auf die Erfüllung des Zwecks durch Anordnung einer entsprechenden Auflage hingewirkt wird (Hingabe einer Geldsumme mit der Auflage, diese zu einer Studienreise zu verwenden), die Auflage nicht zu berücksichtigen. Die Richtlinien führen folgende Beispiele an: Wenn A dem B ein Pferd schenkt, so kann B bei Feststellung seiner Bereicherung den kapitalisierten Wert der Verpflegungskosten nicht vom Werte des geschenkten Pferdes kürzen; ebensowenig auch eine Stadtgemeinde die Kosten für Pflege, Erhaltung und Beaufsichtigung einer ihr geschenkten Gemäldesammlung. Die Beispiele kommen natürlich überhaupt nur in Frage, wenn die dem Bedachten obliegenden Leistungen eine Auflage darstellen. Ebenso wird die Anrechnungsfähigkeit einer Auflage dadurch ausgeschlossen, daß der mit derselben Beschwerte schon sowieso aus irgendeinem anderen Rechtsgrunde zu der in der Auflage bezeichneten Leistung verpflichtet ist. Grundsätzlich übereinstimmend liegt der Fall, wenn einer für gewisse festliegende Zwecke errichteten Stiftung, Anstalt usw. eine Zuwendung mit der Bestimmung, dieselbe für die fraglichen Zwecke zu verwenden, gemacht ist; hier ist die Anrechnungsfähigkeit ausgeschlossen, weil die Stiftung oder Anstalt die Zuwendung schon ohne weiteres in der fraglichen Weise zu verwenden hatte; anerkannt in der Verf. SFM. vom 27. November 1907 Nr. 5348, vom 7. Dezember 1907 Nr. 5433 und vom 15. Juni 1909 Nr. 2669. Ebenso wird man von einer Anrechnung abzusehen haben, wenn die Auflage lediglich den Interessen des mit derselben Beschwerten dient, der Beschwerte mithin die Auflage zu eigenen

Gunsten auszuführen hat; hier findet dadurch, daß die Auflage selbst und der Vorteil aus der Auflage die gleiche Person treffen, eine volle Ausgleichung statt; vgl. hierzu Mirre, Anm. 27 zu § 12.

Allgemeinbemerkung zu § 12.

42. Bezüglich der Anwendung des § 12 auf die drei Besteuerungsgegenstände vgl. Bem. 4 zu § 1.

Gesetz 1923.

43. Für diejenigen Anfälle, für welche die Steuerschuld nach dem 30. Juni 1923 entstanden ist, gibt die Zweite Steuernotverordnung vom 19. Dezember 1923 (vgl. die Note hinter dem Gesetzestexte des § 12) eine Klarstellung des Begriffes „Erwerb". Wie der Erlaß des Reichsministers der Finanzen vom 14. Januar 1924 III C 5 30 in Anlage 1 B 4 (Satz 4 oben) dazu bemerkt, enthalte die Neufassung keine sachliche Änderung, sondern nur eine Klarstellung der bisherigen Fassung. Hierzu ist zunächst festzustellen, daß § 12 Abs. 1 a. F. lediglich den Maßstab für die Berechnung der Steuer behandelte und somit nur eine Ergänzung des § 10 Abs. 2, 6 darstellen konnte, während die Neufassung eine gesetzliche Auslegung des Begriffs „Erwerb" gibt, die nach dem unzweideutigen Wortlaute überall da Platz greift, wo das Gesetz nicht selbst Ausnahmen festlegt. Insoweit ist die genannte Erläuterung des Erlasses ungenau. Richtig ist aber, daß der Begriff des „Erwerbes" der Neufassung dem der „Bereicherung" der alten Fassung entspricht; es kann in dieser Hinsicht auf die Noten 3 bis 14 verwiesen werden. Auch steuerfreie Teile gehören grundsätzlich zum Erwerbe.

Die gesetzliche Auslegung des Erwerbsbegriffes gilt überall da, wo nichts anderes vorgeschrieben ist. Eine ganz zweifelsfreie anderweite Begriffsbestimmungen ist aber nur für den Erwerb im Sinne der Abs. 1 bis 3 § 10 gegeben (§ 10 Abs. 4 der Neufassung), abgesehen von den Sonderbestimmungen in § 2 Abs. 3, § 7 Abs. 5 und § 26. Anderseits gilt die in § 12 Abs. 1 gegebene Auslegung für den Begriff „Erwerb" in § 2 Abs. 1 Nr. 1 bis 4, § 7 Abs. 2, § 9 I 1 Abs. 2, § 12 Abs. 4, §§ 19, 32 (Neufassung) Abs. 2, ohne daß hier freilich ein sonderliches Bedürfnis nach Festlegung des Begriffes ersichtlich wäre. Im hohen Maße zweifelhaft bleibt nach wie vor, was unter Erwerb im Sinne der Befreiungsvorschriften des jetzigen § 21 (früher § 22), zumal in Abs. 1 Nr. 1, 2, 3, 10, 11 zu verstehen sei und folgeweise auch im Sinne des § 17 und § 21 Abs. 5 der Neufassung, ob nämlich hierunter die gesamte Bereicherung unter Einschluß der steuerfreien Teile zu begreifen sei, oder ob letztere auszuscheiden haben. Letztere Auffassung kann nur damit begründet werden, daß in § 21 Abs. 4 n. F. (= § 22 Abs. 3 a. F.), also in der Bestimmung, daß jede Befreiungsvorschrift für sich anzuwenden ist, eine von der Regel des § 12 Abs. 1 abweichende Vorschrift zu erblicken sei. Wie in den Erläuterungen zu Abs. 4 § 21 Neufassung (Abdruck hinter §§ 21 bis 23 Ges.) zu zeigen sein wird, ist das tatsächlich anzunehmen. Wesentlich gestützt wird diese Auffassung dadurch, daß der RMdF. in seinem Erlaß III C 9460 vom 28. August 1923 sich damit einverstanden erklärt hatte, daß künftig bei der Veranlagung nach dem Urteil des Reichsfinanzhofs vom 7. März 1923 (Samml. XI S. 333), welches für das Verhältnis der Befreiungsvorschriften in Ziff. 1, 2 und 4 a. F. der hier vertretenen Auffassung zugestimmt hatte, verfahren werde und daß er im oben angezogenen Erlasse vom 14. Januar 1924 ausdrücklich bemerkt, daß die Neufassung keine sachliche Änderung darstelle. Die Äußerung fällt um so schwerer ins Gewicht, als angesichts des Zustandekommens der Zweiten Steuernotverordnung der Reichsfinanzminister als Gesetzgeber anzusehen ist. Allerdings steht der obigen Auffassung entgegen, daß dann für die Anwendung der sich aus § 12 Abs. 1 ergebenden Regel so gut wie kein Spielraum bleibt. Es ist bedauerlich, daß die gute Gelegenheit zu einwandfreier Klarstellung gründlich verpaßt ist.

§ 13.

Hat der Erwerber nach Vollendung des 15. Lebensjahres im Haushalt oder im Betriebe des Erblassers ohne Barlohn Dienste geleistet und dadurch eine fremde Arbeitskraft erspart, so wird auf Antrag ein der Arbeit und der Dienstzeit angemessener Betrag von dem Anfall abgezogen.

a) Aussch.-Ber.: S. 6, 16, 40, 41. b) Richtl.: S. 8.

c) Ges. 1919: § 25 Abs. 4 (geändert).

d) Schriftt.: Finger, Im Betriebe des Erblassers geleistete Dienste und Verpflegung des Erblassers, DStBl. VI S. 141, 178. — Derselbe zu §§ 13, 22 Abs. 1 Nr. 10 Ges. 19. 7. 22, DStBl. VI S. 241).

e) Rechtspr.: (Note 2) URFH. 1. März 1922; 11. April 1923; 29. März 1922, RStR. Sp. S. V S. 20; Sl. XII S. 55; Sl. IX S. 197 (betr. fremder Betrieb, Dienste des Hofannehmers, Verhältnis zu § 1617 BGB.).

Inhaltsübersicht.

1. Der § 13 ersetzt den § 25 Abs. 4 Ges. 1919, weicht aber in doppelter Hinsicht von diesem ab: a) durch entsprechende Einfügung ist klargestellt, daß die Dienste auch im Haushalt geleistet sein können, b) es wird nicht mehr ein von vornherein fester Betrag (für jeden Dienstmonat das Zehnfache des am Sitze des Erblassers festgesetzten Ortslohns), sondern ein der Arbeit und Dienstzeit angemessener Betrag vom Anfalle abgezogen.

Bei der Beratung der Novelle im Reichstagsausschuß wurde unsere Bestimmung (Nr. 16 des Antrags Herold = § 34 Ges.) in beiden Lesungen in der heute geltenden Fassung debattelos angenommen, ebenso bei den Verhandlungen im Reichstagsplenum. Die Richtlinien des Reichsfinanzministers begnügen sich mit der Feststellung, daß an Stelle der fortgefallenen Vorschrift des § 34 die vereinfachte Bestimmung des bisherigen § 25 Abs. 4 als § 34 Nov. aufgenommen sei.

2. Die Dienste müssen zunächst im Haushalt oder Betriebe des Erblassers geleistet sein.

Der Begriff Dienstleistung im „Haushalt“ ist weit zu fassen. Es gehören nicht nur Dienste rein häuslicher Art hierher, sondern auch z. B. solche von Gesellschafterinnen, Hauslehrern, Erziehern. Der „Betrieb“ des Erblassers ist wohl mit seinem „Geschäfte“ (BGB. § 1617) gleichbedeutend. Außer dem Betriebe der Land- oder Forstwirtschaft, des Bergbaues oder eines Gewerbes gehören auch die Ausübung sog. freier Berufe hierher. Nachdem auch die Dienste im Haushalt privilegiert sind, besteht zu einer engen Auslegung des Wortes „Betrieb“ jedenfalls kein Anlaß. Bemerkt sei, daß bei Beratung des § 25 a. F. der Abs. 4 sich zunächst auf die Mitarbeit in bäuerlichen Betrieben beschränken sollte; es wurde dann aber die weitere Fassung gewählt.

Der Betrieb muß für den Erwerber ein fremder sein. Hat der Erwerber in einem ihm und dem Zuwendenden gemeinsam gehörenden Betriebe ohne Barlohn gearbeitet und dadurch eine fremde Arbeitskraft erspart, so findet die Vorschrift keine Anwendung; auch eine anteilmäßige Verteilung der Dienste ist nicht angängig (Urt. d. RFH. vom 1. März 1922, RStR. Sp. S. V S. 20). Indes kann eine Zuwendung die nachträgliche Entlohnung geleisteter Dienste darstellen, dann liegt überhaupt keine unentgeltliche Zuwendung vor; regelmäßig leistet der demnächste Hofannehmer Dienste in der Erwartung späterer Entlohnung (Urt. d. RFH. vom 11. April 1923, Samml. Bd. XII S. 55).

Die Pflicht des Kindes, nach § 1617 BGB. Dienste im elterlichen Hauswesen oder Geschäfte zu leisten, steht der Anwendung der § 13 nicht entgegen (Urt. d. RFH. vom 29. März 1922, Samml. Bd. IX S. 197).

3. Die Dienstleistung ist des weiteren unter zwei Bedingungen gestellt. Der Dienstleistende darf einen Barlohn nicht erhalten haben. Ob und inwieweit er zur Entlohnung für seine Dienste vom Erblasser verpflegt ist oder Naturalien erhalten hat, ist ohne Bedeutung. Demgegenüber wird das Beziehen eines Barlohns streng auszulegen sein. Folgeweise ist es als gleichgültig anzusehen, inwieweit ein Barlohn gezahlt worden ist. Ein unzureichendes Entgelt, wenn es in Barlohn besteht, schließt die Anwendung der Vorschrift aus im Gegensatz zu der Vorschrift unter § 22 Ziff. 10. Dahingegen muß die Zahlung eines wirklichen Lohns in bar gefordert werden; gelegentliche Geldzuwendungen können an und für sich nicht als Lohnzahlungen angesehen werden, so insbesondere nicht ein sog. Taschengeld, das sich allerdings unter besonderen Umständen des einzelnen Falles auch als ein Barlohn charakterisieren kann und dann demgemäß zur Wirkung kommen muß. Die Verhältnisse des einzelnen praktischen Falls werden dabei stets zu berücksichtigen sein. Zuzweit soll die Dienstleistung derart einschneidend gewesen sein, daß dadurch eine fremde Arbeitskraft in dem Betriebe des Erblassers erspart worden ist. Der Erblasser soll demnach einen greifbaren Nutzen aus der Dienstleistung gehabt haben. Der Dienstleistende muß seine Kräfte nicht nur voll eingesetzt haben, sondern der Betrieb muß sie auch demgemäß voll verwertet haben, so daß sich tatsächlich die sonst notwendige Einstellung einer besonderen fremden Arbeitskraft für die fraglichen Dienste erübrigte. Dadurch ist schon an und für sich weiter bedingt, daß die Dienste mit einer gewissen Regelmäßigkeit geleistet sein müssen. Jedoch wird nach Lage der Sache nicht gefordert werden können, daß die Dienstleistung eine ununterbrochene gewesen sei. So wird die Vorschrift auch bei Saisonarbeit, wenn sie nur

regelmäßig oder mit mehrfacher Wiederholung erfolgte, Platz greifen können. Welche Art von Arbeitskraft tatsächlich erspart war bzw. als erspart anzusehen ist, hat wiederum keine Bedeutung. Auch hier entscheiden die Verhältnisse des Einzelfalls.

Kommen mehrere Erwerber im Sinne des § 13 in Frage (z. B. mehrere im Betriebe oder Haushalt tätige Kinder), die nicht jeder für sich, sondern nur durch ihr Zusammenwirken eine fremde Kraft erspart haben, so wird § 13 gleichwohl anzuwenden sein; dem geringeren Dienstaufwand entspricht ein geringerer Abzug, da letzterer der Arbeit und Dienstzeit angepaßt sein muß.

Daß die Anwendung der Begünstigungsvorschrift mit dem Hinweis versagt werden könne, der Erblasser habe bei stärkerer Ausnutzung solcher Arbeitskräfte, die ihm kraft Gesetzes zu Diensten verpflichtet sind (§§ 1356, 1617 BGB.), auch ohne die Dienste des Erwerbers nicht zur Einstellung fremder Kräfte zu schreiten brauchen, ist nicht anzunehmen, da es in das Ermessen des Erblassers gestellt werden muß, wieweit er von derartigen Diensten Gebrauch machen will.

4. Im übrigen ist die Vorschrift — und nach der Entstehung nicht ohne eine gewisse Absicht — jetzt so weit gefaßt, daß jederlei Dienstleistung unter dieselbe zu bringen sein wird, wenngleich in erster Linie und zunächst an ein einfaches Arbeitsverhältnis gedacht sein dürfte. Nach dem maßgebenden Wortlaut der Bestimmung ist es für deren grundsätzliche Anwendbarkeit ohne Einfluß, ob es sich um die Dienstleistung als Arbeiter des Betriebes, oder als Angestellter oder als Leiter desselben gehandelt hat. In allen drei Fällen muß die Bestimmung übereinstimmend Platz greifen. Hinsichtlich der Art der Dienstleistung ist also keinerlei Einschränkung gegeben. Ebensowenig setzt die Bestimmung irgendeine persönliche Beziehung oder eine Verwandtschaft zwischen dem Erblasser und dem Dienstleistenden voraus. Sie kann selbst hinsichtlich Persönlichkeiten zum Zuge kommen, welche dem Erblasser als solche vollkommen fremd gegenüberstehen bzw. zunächst gegenübergestanden haben. Auch die Dauer der Dienstleistung hat keinen Einfluß; namentlich kann eine Mindestgrenze hier nicht in Betracht kommen.

5. Der Abzug tritt nicht ohne weiteres, sondern nur auf Antrag des Erwerbers ein. Die Steuerbehörde als solche hat bei der Steuerberechnung die Vorschrift nicht zu berücksichtigen, auch wenn ihr bekannt sein sollte, daß nach Lage der Verhältnisse ein bezüglicher Abzug zulässig sein würde. Stellt der Erwerber des Erbanfalls keinen Antrag, so muß die Dienstleistung unberücksichtigt bleiben. Wie und wann der Antrag zu stellen ist, schreibt das Gesetz nicht vor; es greifen mithin die allgemeinen bezüglich jeden Antrags zu stellenden Erfordernisse Platz, d. h. der Antrag wird in analoger Anwendung des § 170 AbgO. schriftlich eingereicht oder zu Protokoll des Finanzamts gestellt werden können. Der Antrag muß von dem steuerpflichtigen Erwerber oder dem berechtigten Vertreter oder ordnungsmäßig Bevollmächtigten bei der Steuerbehörde eingebracht werden. Da eine Frist nicht vorgeschrieben, so wird der Antrag noch bis zur Erledigung des Steuerfalls, also bis zur Rechtskraft der Veranlagung, einzubringen sein. Der Antrag setzt in erster Linie einen Erbanfall (Schenkung) bezüglich des Antragstellers voraus. Letzterer hat außerdem die einzelnen Vorbedingungen für den Abzug nachzuweisen, so namentlich

die Dienstleistung nach Art und Dauer, die Nichtentlohnung in bar für dieselbe und die Ersparung einer Arbeitskraft. Hinsichtlich aller Einzelheiten ist der Nachweis so zu erbringen, daß die Steuerbehörde die Überzeugung von dem Vorhandensein der Vorbedingungen gewinnt. Insbesondere ist über die Zeit, innerhalb welcher nach Vollendung des 15. Lebensjahres die Dienstleistung im Betriebe des Erblassers unter den vorgeschriebenen Qualifikationen stattgefunden hat, Genaues zu erhärten, da danach die Höhe des Abzuges festzulegen ist. Nur die einwandfrei nachgewiesene Zeit wird in Anrechnung kommen können.

6. Abzuziehen ist ein der Arbeit und Dienstzeit angemessener Betrag. Mirre (Bem. 2 zu § 13) will die Geldentwertung in der Weise berücksichtigt wissen, daß nicht der zur Zeit der Leistung, sondern der zur Zeit des Erbfalls den Diensten angemessene Betrag anzusetzen sei. Dem ist beizutreten (§ 4 AbgO.). Die ganze Vorschrift ist auf die Erwägung zurückzuführen, daß es unbillig ist, wenn derjenige, der in Erwartung einer letztwilligen Zuwendung oder einer Schenkung Dienste ohne Vergütung leistet, in voller Höhe den Erwerb versteuern soll. Dieser Billigkeitserwägung würde aber nicht zum Siege verholfen, wenn in den Zeiten rapidester Geldentwertung ein Betrag abgesetzt wird, der vor langen Jahren einmal eine angemessene Bezahlung dargestellt hat. Tatsächlich erhält der Erwerber seine Leistungen erst mit dem Erwerbe vergütet; es erscheint folglich billig, die Vergütung dem Geldwerte zur Zeit des Erwerbes anzupassen, zumal auch die bürgerliche Rechtsprechung mehr und mehr dazu neigt, bei nicht rechtzeitig empfangener Leistung die Wirkungen der Geldentwertung in die Verzugsfolgen (Schadensersatz) einzuschließen. Danach wird die Veranlagungsbehörde lediglich zu prüfen haben, wie hoch gleichartige und gleichwertige Dienste zur Zeit des für die Steuerberechnung maßgebenden Ereignisses (§§ 31, 18 Abs. 1) am jeweiligen Dienstleistungsorte (nicht, wie nach dem Ges. 1919 am „Sitze“ des Erblassers) vergütet wurden. Dabei werden dem Erwerber etwa gewährte freie Kost und Unterkunft (gleichfalls mit dem Durchschnittswerte am Berechnungsstichtage und am Leistungsorte) gegenzurechnen sein (ähnlich Mirre a. a. O.; a. A. Finger, Anm. 8 zu § 13). Vgl. hierzu Note 48 zu § 22.

7. Bezüglich der Dienstleistungen des Nacherben vgl. Note 6 zu § 7.

8. Die Vorschrift des § 13 hat ihre Bedeutung auch für Schenkungen unter Lebenden; für Zweckzuwendungen kommt sie nicht in Frage.

§ 14.

Wenn in einem Lebensversicherungsvertrage bestimmt ist, dass die Versicherungssumme zur Zahlung der Erbschaftssteuer dienen soll und nach dem Tode des Versicherungsnehmers an das Reich abzuführen ist, so ist die Versicherungssumme bei Feststellung des steuerpflichtigen Erwerbes von Todes wegen unberücksichtigt zu lassen.

Übersteigt jedoch die Versicherungssumme den hiernach berechneten Steuerbetrag, so ist der Unterschiedsbetrag dem dadurch Bereicherten zuzurechnen und die Steuerfestsetzung zu berichtigen.

Die Begünstigung tritt nur ein, wenn der Erblasser sein Vermögen ganz oder teilweise Angehörigen der Steuerklassen I, II hinterlässt und die Versicherungssumme binnen einem Monat nach dem Tode des Versicherungsnehmers an eine Finanzkasse abgeführt ist. Das Versicherungsunternehmen ist verpflichtet, sobald es von dem Tode des Versicherungsnehmers Kenntnis erhalten hat, unverzüglich die Abführung der Versicherungssumme zu veranlassen.

Wird die Versicherungssumme vor dem Tode des Versicherungsnehmers fällig, so tritt die Begünstigung nur insoweit ein, als die Versicherungssumme binnen 3 Monaten nach der Fälligkeit abgeführt wird.

Bemerkung: § 14 ist durch die Zweite Steuernotverordnung vom 19. Dezember 1923 (RGBl. I S. 1205 ff.) mit Wirkung für diejenigen Erwerbe, für welche die Steuerpflicht nach dem 30. Juni 1923 entstanden ist (§ 18 Ges.), aufgehoben (Art. III § 1 Nr. 6, § 3 das.).

a) Aussch.-Ber.: S. 6, 7, 16.

b) Richtl.: —.

c) Ges. 1919: — (§ 9).

d) Schriftt.: Karger, Die Erbschaftssteuer-Lebensversicherung, DStZ. XI Sp. 989. — Wünschmann, Der Einfluß der Versicherung auf die Besteuerung, AStR. V S. 955. — Ders., Die Erbschaftssteuerversicherung, StuW. I Sp. 1103.

e) Rechtspr.: —. f) AusfBest.: § 47.

Inhaltsübersicht.

1. Die Vorschrift des § 14 ist neu; ihr **Vorbild** hat sie in § 9 **Ges. 1919**, demzufolge Versicherungsbeträge aus Versicherungen auf den **Todesfall**, welche der Versicherungsnehmer zugunsten des Reichs lediglich zur Berichtigung von Nachlaß- und Erbanfallsteuer aufgenommen hatte, zur **Hälfte** keinen Teil des steuerpflichtigen Nachlasses bilden sollten. Eine Berücksichtigung der Versicherungssumme bei Berechnung der Erbanfallsteuer war aber ausgeschlossen (vgl. Verf. RMdF. vom 2. März 1920 III 4407).

2. In dem im Reichstags**ausschuß** zur Beratung stehenden Antrag Herold u. Gen. — Nr. 400 der Ausschußdrucksachen — war in Nr. 19 die Einfügung unserer Vorschrift als § 37 Ges. vorgesehen. Gegenüber der jetzigen Fassung sollte nach Abs. 3 die Begünstigung nur eintreten, wenn der Erblasser Angehörigen der Steuerklassen I und II mindestens zwei Drittel seines Vermögens hinterläßt. In erster Lesung regte der Berichterstatter an, die Begünstigung in Abs. 3 dahin zu erweitern, daß sie ohne Rücksicht auf die Höhe der Erbbeteiligung von Personen der Klassen I und II eintreten solle. Mit Rücksicht auf die darin liegende technische Vereinfachung sagte ein Regierungsvertreter zu, zu dem Vorschlag in zweiter Lesung noch einmal Stellung nehmen zu wollen. Die Nr. 19 wurde darauf angenommen (Aussch.-Ber. Nr. 4856 S. 6/7).

In zweiter Lesung des Ausschusses stellte der Berichterstatter den bereits in erster Lesung angekündigten Antrag entsprechend der jetzigen Fassung, den er mit praktischen Erwägungen begründete. Der Antrag wurde daraufhin ohne Erörterung angenommen (Aussch.-Ber. S. 16).

Im Plenum ist § 14 nicht erörtert. Die „Richtlinien" nehmen zu den Zweifelsfragen des Abs. 3 keine Stellung.

Die Vergünstigung bei Erbschaftsteuerversicherungen ist durch die Zweite Steuernotverordnung vom 19. Dezember 1923 beseitigt (vgl. die Bemerkung unter dem Gesetzestext).

Ist eine Versicherungssumme auf Grund des § 14 Abs. 3 ErbschStG. 1922 an eine Finanzkasse abgeführt und noch nicht zurückgezahlt oder angerechnet worden, so ist der abgeführte Betrag in Höhe des Goldwerts, den er am Tage der Abführung gehabt hat, auf den Goldwert der Erbschaftssteuerschuld anzurechnen. In den Fällen des § 14 Abs. 4 ErbschStG. 1922 ist die abgeführte Versicherungssumme in Höhe des Goldwerts, den der Betrag am Tage der Abführung gehabt hat, zurückzuzahlen; eine Verzinsung des Rückzahlungsbetrags findet nicht statt. Für die Umrechnung auf den Goldwert ist § 3 ErbschStDB. mit der Maßgabe entsprechend anzuwenden, daß an die Stelle des Stichtags der Tag der Abführung der Versicherungssumme tritt (Erl. d. RMdF. vom 28. März 1924 III C 5 300 unter III).

Zu Abs. 1.

3. Abs. 1 enthält die Grundvoraussetzungen der Begünstigungsvorschrift, die durch die Einschränkungen in Abs. 3 noch beengt werden. Die beiden Grundvoraussetzungen sind:

a) Die unter b zu erörternde Bestimmung muß in einem „Lebensversicherungsvertrage" getroffen sein. Das Reichsgesetz über den Versicherungsvertrag vom 30. Mai 1908 setzt den Begriff der „Lebensversicherung" voraus. Nicht alle von Lebensversicherungsanstalten regelmäßig betriebene Geschäfte sind Lebensversicherungen. Jede Versicherung erfordert einen selbständigen Vertrag, kraft dessen die eine Partei gegen Entgelt eine Vermögensleistung für den Eintritt einer ungewissen, wirtschaftlich nachteiligen Tatsache verspricht (Ehrenberg); diese ungewisse Tatsache ist bei Lebensversicherung speziell der Tod oder auch das Erleben bestimmter Ereignisse (so bei der Aussteuerversicherung). Hier kann nur die Lebensversicherung i. e. S. in Frage kommen, bei der der Tod einer bestimmten Person (meist des Versicherungsnehmers) den Versicherungsfall auslöst und bei der die Leistung des Versicherers in der Zahlung einer festen, einmaligen Geldsumme besteht. Nicht ausgeschlossen ist, daß neben dem Tode der Versicherungsfall auch zu bestimmter Zeit (z. B. beim Eintritt des 50. Lebensjahres des Versicherten) eintritt; für diese Fälle ist Abs. 4 zu beachten.

Gleichgültig ist, ob die zu b zu besprechende Bestimmung im ursprünglichen Vertrage oder in einem Nachtrage dazu getroffen ist. Sie muß aber mit dem Versicherer, nicht etwa mit der durch die Versicherung begünstigten Person vereinbart sein.

b) Die Bestimmung muß dahin getroffen sein, daß die Versicherungssumme ganz oder teilweise — die Wendung „lediglich" zur Zahlung der Erbschaftssteuer .... ist vom neuen Gesetz nicht übernommen — zur Zahlung der Erbschaftssteuer dienen soll und nach dem Tode des Versicherungsnehmers an das Reich abzuführen ist. War unter Einwirkung des alten Gesetzes (§ 9) die Versicherung lediglich zur Berichtigung der Nachlaßsteuer aufgenommen, so wird unter der Herrschaft des neuen Gesetzes die Bestimmung dahin zu deuten sein, daß die Erbschaftssteuer im Sinne des § 1 Ges. aus der Versicherungssumme zu decken sei. Ist die Versicherung auch auf den Erlebensfall gestellt (vgl. oben zu a, Abs. 1 a. E.), so genügt es dennoch, wenn die Bestimmung auf Abführung der Versicherungssumme nach dem Tode des Versicherungsnehmers gerichtet ist. Die einschränkende Bestimmung des Abs. 4 gilt daneben.

4. An und für sich gehört die Versicherungssumme im Falle des Erwerbes von Todes wegen zum Nachlasse, selbst wenn der Lebensversicherungsvertrag zugunsten Dritter geschlossen war (§ 2 Abs. 1 Ziff. 4). Liegen jedoch die Voraussetzungen des § 14 Abs. 1 (sowie die des Abs. 3 und 4 das.) vor, so wird die Versicherungssumme bei Feststellung des Erwerbes nicht eingerechnet. Reicht beim Vorhandensein mehrerer Erben und Vermächtnisnehmer die Versicherungssumme zur Deckung aller Steuern nicht aus, so wird die Versicherungssumme, sofern der Erblasser nichts Abweichendes vorgeschrieben hat, unter die sämtlichen Erben und Vermächtnisnehmer verhältnismäßig zu teilen sein. Für die Ansicht Mirres (Bem. 3 zu § 14), daß die Summe in erster Linie den Erwerbern der Klassen I und II und den Erben vor den Vermächtnisnehmern zugute komme, ist m. E. nach dem Wortlaute des Gesetzes kein Raum. Zutreffen dürfte es aber (Mirre a. a. O.; Finger, Anm. 3 zu § 14), daß bei der Verteilung im Zweifel die Höhe der Steuern, nicht die des Erwerbes maßgebend ist. Beispiel: Erbfall nach dem 31. Dezember 1922. Steuerpflichtiger Erwerb des A (Sohnes), des B (Enkels) und der C (Mutter) je 1000000 Mk. = 1/3 des Nachlasses, Versicherungssumme, außerdem 100000 Mk. Steuer des A = 42000 Mk., des B 60000 Mk., der C 72000 Mk. Die Versicherungssumme ist den drei Beteiligten im Zweifel im Verhältnis von 7:10:12 zuzumessen, nicht im Verhältnis von 1:1:1.

Zu Abs. 2.

5. Die Anwendung der Vorschrift kann nicht zweifelhaft sein. Beispiel wie in Bem. 4, Versicherungssumme aber 200000 Mk. Soll, was als Wille des Erblassers anzunehmen sein wird, der Überschuß den Erben (nicht auch etwaigen Vermächtnisnehmern) nach dem Verhältnis ihrer Erbquoten zufallen, so ist der Unterschied zwischen der Versicherungssumme (200000 Mk.) und der ohne sie berechneten Erbschaftssteuern (42000 + 60000 + 72000 = 174000 Mk.), also 26000 Mk., den drei Erwerbern je zu 1/3 zuzurechnen, so daß ein jeder einen Erwerb von 1008000 Mk. (§ 35 Abs. 1 Ges.) zu versteuern hat.

Daß die Berechnung ungenau ist, ist nicht zu verkennen. Das Gesetz will aber die genaue Berechnung mit unendlicher Reihe gerade vermeiden (Wünschmann in AStR. Jg. V S. 957).

6. Die Steuerfestsetzung ist im Falle des Abs. 2 zu berichtigen, d. h. wenn bereits eine solche stattgefunden hatte. Das Nähere richtet sich nach § 214 Abs. 1 AbgO. Es steht indes nichts im Wege, die gesamte Steuerfestsetzung erst nach Klärung der Frage vorzunehmen, ob die Versicherungssumme die festzusetzenden Steuern übersteigt.

Zu Abs. 3.

7. In Ergänzung des Abs. 1 enthält der Abs. 3 zwei Einschränkungen der Begünstigungsvorschrift.

Einmal tritt die Begünstigung nur ein, wenn der Erblasser sein Vermögen ganz oder teilweise Angehörigen der Steuerklassen I und II (vgl. § 9) hinterläßt. Die Terminologie der neueren Gesetzgebung scheidet scharf zwischen dem Worte „wenn", welches die Bedingung schlechthin, und dem Worte „soweit", welches die eingeschränkte Bedingung einleitet. Es erscheint danach fehlsam, wenn Wünschmann (AStR. Jg. V S. 955), der im übrigen den sprachlichen Unterschied beider Worte anerkennt, die Begünstigung nur für den an die Angehörigen der Klassen I und II fallenden Erwerb eintreten lassen will, ihn aber für den Erwerb der neben den genannten Personen berufenen Erwerbern anderer Klassen versagen will. Wünschmann irrt auch in der Annahme, daß der Gesetzgeber nur die Begünstigung der Klassen I und II beabsichtigt habe. Die oben in Note 2 wiedergegebene Entstehungsgeschichte der Vorschrift spricht für das Gegenteil. Es sei nochmals hervorgehoben, daß der in den Ausschußberatungen gestellte Antrag des Berichterstatters, der die gegenwärtige Fassung des Abs. 3 wiedergibt, auf eine Erweiterung der Begünstigung hinzielte, die ohne Rücksicht auf die Höhe der Erbbeteiligung von Personen der Klassen I und II eintreten sollte. Auch wären die Worte „ganz oder teilweise" direkt sinnwidrig, wenn der Gesetzgeber, der im übrigen die beiden Bedingungsworte wohl auseinanderhält (vgl. Abs. 4, ferner § 18 Abs. 7, § 22 Ziff. 1 bis 4, 9 u. a.), gerade hier irrtümlich das falsche Wort gewählt hätte (im Ergebnis gl. A. Mirre, Bem. 5 zu § 14; Finger, Bem. 4 a zu § 14).

Danach kommt die Begünstigung auch den Angehörigen anderer Steuerklassen zu, sofern nur neben ihnen solche der Klassen I und II beteiligt sind. Immer aber muß letzteren wenigstens ein Teil des Nachlasses „hinterlassen" sein. Es ist also notwendig, daß diese Angehörigen in irgendeiner Form zum Erwerbe von Nachlaßteilen gelangen, sei es als gesetzliche oder gewillkürte Erben, als Pflichtteilsberechtigte, Vermächtnisnehmer oder in irgendeiner andern Form des § 2 Ges. Die Begünstigung greift also nicht ein, wenn sämtliche Berufenen der Klassen I und II den angefallenen Erwerb ausschlagen, ohne sonst von Todes wegen zum Erwerbe zu gelangen. Gleichfalls fällt die Begünstigung mit rückwirkender Kraft fort, wenn etwa die Annahme der Erbschaft oder des Vermächtnisses nachträglich mit Erfolg angefochten wird; hier greift § 214 Abs. 2 AbgO. ein.

Zu den Angehörigen der Klasse I gehört auch der Ehegatte, selbst wenn er der Regel entsprechend nicht besteuert wird (§ 9 Klasse I 1 Abs. 2). Wird er mit berufen, so tritt also die Begünstigung für sämtliche Erwerber ein (ebenso Mirre, Bem. 5 zu § 9).

Hinterläßt der Erblasser nur deshalb Angehörigen der Klassen I und

II einen geringen Betrag, um dritten Personen die Vergünstigung des § 14 zuzuwenden, so wird § 5 AbgO. eingreifen können (vgl. Mirre a. a. O.).

8. Ferner muß die Versicherungssumme binnen Monatsfrist nach dem Tode des Versicherungsnehmers an irgendeine (nicht notwendig die zuständige) Finanzkasse abgeführt sein. Da diese Voraussetzung unter dem Bedingungsworte „wenn" steht, so liegt auch hier der Schluß nahe, daß die ganze Versicherungssumme innerhalb der Frist abgeführt sein müsse. Hier ist indes Wünschmann (a. a. O., vgl. Note 7) zuzugeben, daß es unmöglich gewollt sein könne, die Steuerfreiheit der innerhalb des Monats gezahlten Summe davon abhängig zu machen, daß sie die ganze Versicherungssumme ist. Das gilt vor allem dann, wenn die Versicherungssumme den Steuerbetrag übersteigt, also das Reich den Überschuß ohnehin dem Nachlasse zurückzahlen müßte. Auch wäre die Anomalie gegenüber Abs. 4, wo das Bedingungswort „insoweit als" gebraucht ist, schlechterdings unverständlich. Es scheint also, als ob hier lediglich eine unsaubere Textausfeilung vorliegt.

Die Fristberechnung bestimmt sich nach §§ 187 Abs. 1, 188 BGB. (vgl. § 64 AbgO.). Innerhalb der Monatsfrist muß die Versicherungssumme abgeführt, d. h. im Besitze einer Finanzkasse sein. Hemmungen oder Unterbrechungen der Frist sind nicht vorgesehen, ebensowenig scheint eine Verlängerung dieser gesetzlich bestimmten, nicht zur Abgabe einer Erklärung dienenden Frist gemäß § 65 Abs. 1 AbgO. zulässig (a. A. Mirre, Bem. 6 zu § 14). Auch kann nach dem Wortlaute der Vorschrift kaum zweifelhaft sein, daß auch bei Zweifelhaftigkeit der Verpflichtung zur Zahlung die Frist dennoch mit dem Tode des Versicherungsnehmers beginnt.

9. Zweifelhaft kann sein, ob die in Abs. 3 Satz 2 dem Versicherungsunternehmer auferlegte Verpflichtung eine solche gegenüber dem Versicherungsnehmer (bzw. den begünstigten Dritten) ist — so Wünschmann a. a. O. S. 596 — oder gegenüber dem Reiche besteht. Ich möchte letzteres annehmen. Denn einmal ist es, wenn nicht ausgeschlossen, aber doch recht ungewöhnlich, daß ein Steuergesetz eine rein bürgerlichrechtliche Bestimmung treffen sollte. Sodann wird eine derartige, den Inhalt einer Schadensersatzpflicht bildende Pflicht des Versicherers sowieso aus den Grundsätzen der Geschäftsführung (BGB. §§ 675, 662, 276 in Verbindung mit § 330 das.) herzuleiten sein. Zuzugeben ist freilich, daß die Vorschrift als steuerliche Verpflichtung besser in § 18 Ges. Platz gefunden hätte (a. A. auch Finger, der jedoch dem Finanzamte das Recht geben will, gemäß §§ 202, 377 AbgO. mit Zwangsstrafen bzw. Ordnungsstrafen vorzugehen).

Auch über den Inhalt der Pflicht können Zweifel bestehen. Nach dem Wortlaute der Vorschrift ist anzunehmen, daß sich die Pflicht des Versicherers gegenüber dem Reiche in der unverzüglichen Veranlassung der Abführung der Summe erschöpft, also darin, daß er die Summe der Post oder einer andern zur Übermittelung geeigneten Anstalt oder Person übergibt. Als Schuldner einer Geldsumme kommt der Versicherer dem Reiche gegenüber wohl nicht in Frage. Das schließt jedoch nicht aus, daß die Steuerbehörde gegen den Versicherer als einen neben dem Schuldner persönlich in Anspruch genommenen Vollstreckungsschuldner gemäß § 299 Abs. 1 und 3 AbgO. Zwangsmaßregeln ergreifen kann, solange er seiner Verpflichtung zur Veranlassung der Abführung nicht nachgekommen ist.

„Unverzüglich" heißt ohne schuldhaftes Zögern (BGB. § 121). Solange begründete Zweifel an der Zahlungspflicht bestehen, besteht die Pflicht gegen das Reich nicht.

Zu Abs. 4.

10. Diese Vorschrift greift in allen Fällen ein, in denen der Versicherungsfall auch auf das Erleben abgestellt ist (vgl. oben Note 3 und Wünschmann, AStR. Jg. V S. 956). Mit Wünschmann (a. a. O.) ist auch anzunehmen, daß die Vertragschließenden unbeschadet der Begünstigung vor Eintritt der Fälligkeit deren Eintritt hinausschieben und so die Dreimonatsfrist beliebig verlängern können; denn die Begünstigung erfordert nach Abs. 1 ja lediglich die Bestimmung, daß die Summe nach dem Tode des Versicherungsnehmers an das Reich abzuführen ist. Im übrigen läßt die Wahl der Wendung „insoweit, als" keinen Zweifel, daß die Begünstigung in Höhe des rechtzeitig gezahlten Teiles der Summe stets eintritt. Die Fristberechnung ergibt sich wieder aus BGB. §§ 187 Abs. 1, 188 (vgl. AbgO. § 64).

Eine Verpflichtung zur Abführung der Versicherungssumme ist im Falle des Abs. 4 nicht gegeben, da Abs. 3 Satz 2 nur die Veranlassung der Abführung nach dem Tode des Versicherungsnehmers vorschreibt. Gleichwohl dürfte für die von Mirre (Bem. 7 zu § 14) angenommene Berechtigung des Versicherungsnehmers, die abgeführte Summe jederzeit zurückzuziehen, die gesetzliche Grundlage fehlen, soweit nicht die Zurückziehung vorbehalten ist. Auch für die nach Mirre gegebene Versicherungspflicht fehlt es an gesetzlicher Unterlage.

Allgemeinbemerkung zu § 14.

11. § 14 hat Bedeutung für jeden Fall des Erwerbes von Todes wegen (§ 2 Ges.), auch wenn er in der Form der Zweckzuwendung (§ 4 Ziff. 1) erfolgt. Dagegen erscheint seine Anwendung für Schenkungen und Zweckzuwendungen unter Lebenden ausgeschlossen (ebenso Finger, Anm. 1 zu § 14).

§ 15.

Erfüllt der Erbe eine wegen Formmangels nichtige Verfügung von Todes wegen, so ist nur die Steuer zu erheben, die bei Gültigkeit der Verfügung des Erblassers zu entrichten gewesen wäre.

a) Aussch.-Ber.: —. b) Richtl.: —.
c) Ges. 1919: § 43 (unverändert).
d) Schriftt.: Kern, Wegen Formmangels nichtige Schenkungen von Todes wegen und die Erbschaftssteuer, DVR. XIII S. 100.
e) Rechtspr.: (Note 2) URFH. 21. Juni 1922, StuW. Jg. I Sp. 988 und 5. Juli 1922.

Inhaltsübersicht.

1. Der § 15 entspricht wörtlich dem § 43 Ges. 1919, welcher darnach unverändert in das neue Gesetz übergegangen ist. Demgemäß ist die Vorschrift weder im Ausschußbericht noch in den Richtlinien des RMdF. erörtert. Dem Ges. 1906 war eine entsprechende Vorschrift unbekannt, doch bewegte sich die neuere Übung des Bundesrats (Staatenausschusses) beim Steuererlaß in solchen Fällen in gleicher Richtung. In der 3. Aufl. dieses Kommentars (Note 2 zu § 43) sind die hier einschlagenden Schreiben des Reichsschatzamts vom 2. November 1915 II A 9139[2] und vom 18. Juli 1910 II A 6635 wörtlich angeführt, worauf hier verwiesen sei.

2. Die Regelung erbringt den gleichen Erfolg, welcher vor dem Ges. 1919 nur auf dem regelmäßig größere Weiterungen verursachenden Wege jenes Erlasses durch den Bundesrat zu erreichen stand, ohne weiteres einfach im gewöhnlichen gesetzlichen Veranlagungsverfahren. Wenn der innere Grund und der Ausgangspunkt der Bestimmung auch in der gleichzeitigen Belegung desselben Objekts mit Erbanfallsteuer und Schenkungssteuer zu erblicken sein wird, so ist die Art und Weise der Regelung — entsprechend der Auffassung, welche sich im Bundesrat zuletzt bezüglich des Billigkeitserlasses durchgesetzt hatte — doch so gewählt, daß darin der wahre Wille des Erblassers als das in erster Linie Maßgebende zur Durchführung kommt. Die Vorschrift ist auf den Erben und auf die wegen Formmangels nichtige Verfügung von Todes wegen beschränkt. Nach ihrem Wortlaut greift sie nur Platz, wenn der Erbe eine derartige Verfügung von Todes wegen erfüllt. In den Schreiben des Reichskanzlers bezüglich des Billigkeitserlasses war auch des Vermächtnisnehmers gedacht, der gleicherweise durch eine rechtsungültige Verfügung belastet sein kann. Eine Ausdehnung der gesetzlichen Vorschrift auf den Vermächtnisnehmer erscheint deren Wortlaut gegenüber kaum verträglich, zumal das Gesetz sonst, wenn es eine derartige bezüglich des Erben getroffene Vorschrift auf den Vermächtnisnehmer angewandt wissen will, solches regelmäßig besonders verlautbart. A. M. Zimmermann-Mühe, Anm. 2 zu § 43, Finger (Anm. 1 c zu § 15), welche die Vergünstigung sinngemäß auch einem Vermächtnisnehmer zugestehen zu müssen glauben. Mit dem Sinne der Vorschrift scheint es aber vereinbar, wenn Mirre, Anm. 4 zu § 15, bei Erfüllung der rechtsungültigen Verfügung durch den Erben des Erben die Vorschrift angewendet wissen will (§ 4 AbgO.); denn der Erbe tritt ohne weiteres in die Rechtsstellung seines Erblassers ein.

Die Vorschrift greift allein dann Platz, wenn eine Verfügung von Todes wegen wegen Formmangels nichtig ist. Demnach muß eine Verfügung von Todes wegen, wie solche auf dem Gebiete des Erbrechts in Betracht kommt, vorliegen. Diese stellt sich als eine rechtsgeschäftliche Anordnung des Erblassers über sein Vermögen dar, die für die Zeit nach seinem Tode bestimmt ist, zu ihrer Wirksamkeit also den Tod des Erblassers als Voraussetzung hat und ist entweder eine einseitige, allein vom Erblasser ausgehende (Testament, letztwillige Verfügung i. e. S. BGB. § 1937), oder eine zweiseitige, vom Erblasser durch Vertrag mit einer anderen Person getroffene (Erbvertrag, BGB. § 1941); Erbverzichte (§§ 2346 ff.) gehören nicht hierher. Dem pflichtet Mirre, Anm. 2 zu § 15, bei, welcher noch besonders hervorhebt, daß die Vorschrift nicht anwendbar sei, wenn der Erblasser nur die Absicht geäußert habe, eine

Vorschrift von Todes wegen zu treffen, daran aber durch den Tod gehindert worden sei. Zweifelhaft ist, ob auch die Erfüllung einer nur mündlichen Anordnung des Erblassers unter den § 15 fällt. Zimmermann-Mühe (Anm. 3 zu § 43) bejaht die Frage, weil man unter Verfügung von Todes wegen nicht eine besondere Verfügungsform, sondern jede Anordnung verstehe, die der Erblasser für den Todesfall über seinen Nachlaß treffen dürfe. Dem ist beizutreten (ebenso die bei Mirre, Anm. 2 zu § 15 angeführte Entsch. d. RFH. vom 21. Juni 1922, StuW. Jg. I Sp. 988); ein bloßer Wunsch des Erblassers genügt aber nicht (Urt. d. RFH. vom 5. Juli 1922 das.). Die weitere Voraussetzung ist, daß die Verfügung von Todes wegen wegen Formmangels nichtig ist. Beruht die Rechtsungültigkeit auf einem anderen Grunde, so ist die Anwendbarkeit ausgeschlossen. Die Ansicht Mirres (Anm. 2 zu § 15), ein nach § 2252 BGB. nichtiges sog. Nottestament (Nichtigkeit, weil der Erblasser nach drei Monaten seit Errichtung des Testamentes noch lebt) sei formell nichtig, erscheint unbedenklich. § 15 dürfte auch dann Platz greifen, wenn eine Verfügung von Todes wegen, die eine frühere gleiche Verfügung widerruft (BGB. §§ 2254, 2258, 2289 bis 2292), nichtig ist, aber gleichwohl erfüllt wird.

Im übrigen sind die maßgeblichen Formvorschriften in BGB. §§ 2229 bis 2251 (Testament), 2267 (gemeinschaftliches Testament), 2276 (Erbvertrag) enthalten.

3. Der Erbe (Erbeserbe) muß die Verfügung von Todes wegen erfüllt haben. Worin die nichtige Anordnung besteht, ob demgemäß der gesetzliche (wahre) Erbe dem durch formell nichtige Verfügung eingesetzten Erben die Erbschaft beläßt, ob der Erbe formell nichtige Vermächtnisse, Auflagen oder Teilungsanordnungen erfüllt, ist gleichgültig. Zweifelhaft kann sein, ob der Erbe die Verfügung restlos erfüllt haben muß, was in der 3. Aufl. dieses Kommentars angenommen ist. Der Wortlaut der Vorschrift spricht freilich dafür, da der Gesetzgeber die entgegengesetzte Annahme durch das einschränkende Bedingungswort („insoweit, als") auszudrücken pflegt. Da indes der § 15 (§ 43 Ges. 1919) nach der Begründung zum Ges. 1919 nur eine Fortsetzung der bisherigen Übung sein soll, nach dieser aber der Grund des Erlasses in der Vermeidung doppelter Besteuerung des nämlichen Nachlaßteiles (Erbanfallsteuer des Erben, Schenkungssteuer des durch die Erfüllung seitens des Erben Begünstigten) erblickt wurde, so ist nicht einzusehen, warum die Begünstigung nicht auch bei teilweiser Erfüllung Platz greifen soll. (Im Ergebnis gl. A. Mirre, Anm. 4 zu § 15.) Alsdann hätte der durch die Erfüllung Begünstigte nur den erlangten Vorteil zu versteuern. Ähnliches greift Platz, wenn nur einer von mehreren Miterben die nichtige Verfügung ganz oder zum Teil erfüllt.

Mirre (Anm. 3 zu § 15) verlangt, daß die Erfüllung vor Erledigung des Erbfalls erfolgt sein müsse; aus dem Gesetze ist eine solche zeitliche Einschränkung nicht zu entnehmen. Immerhin kann die Länge der Zeit, die bei der Leistung seit dem Erbfalle verstrichen ist, als Zeichen dafür gewertet werden, daß es dem Erben nicht auf die Erfüllung des Willens des Erblassers, sondern auf eine Schenkung seinerseits ankam.

4. Bei Vorhandensein der erörterten Vorbedingungen soll nur diejenige Steuer erhoben werden, welche bei Gültigkeit der Ver-

fügung des Erblassers zu erheben gewesen wäre. Demnach ist steuerlich ganz so zu verfahren, als ob an Stelle der nichtigen Verfügung eine rechtsgültige vorläge; ebenso wie der Erbe sich über die Nichtigkeit der Verfügung hinwegsetzt, hat dieses auch die Steuerbehörde zu tun. Dementsprechend scheidet die Schenkung, welche an sich in der Erfüllung der nichtigen Verfügung zu erblicken ist, aus dem Versteuerungsverfahren gänzlich aus; sie gilt als nicht vorhanden. Die Erbschaftssteuer ist ganz nach den allgemeinen Grundsätzen festzulegen; insbesondere ist dabei ausschließlich das Verhältnis des durch die Erfüllung der nichtigen Verfügung Bereicherten zu dem Erblasser als das maßgebende anzusehen; das Verhältnis des ersteren zu dem Erben spielt keinerlei Rolle.

Es soll aber nur die Steuer erhoben werden, die bei Gültigkeit . . . zu entrichten gewesen wäre. Hierin scheint eine Einschränkung dahingehend zu liegen, daß keinesfalls eine höhere Steuer (d. h. Gesamtsteuer) zu erheben ist, als ohne Anwendung des § 15 zu erheben wäre. Mirre (Bem. 1 zu § 15) führt hierzu aus: „Wenn mehrere Miterben varhanden sind, kann es für den Vermächtnisnehmer (im Falle der Nichtigkeit des ihm ausgesetzten Vermächtnisses) günstiger sein, wenn § 15 nicht angewendet wird, weil z. B. bei der Annahme mehrerer Schenkungen die steuerpflichtige Höhe nicht erreicht wird. Es hängt dann von den Erben ab, ob sie die Zuwendung als Erfüllung des Vermächtnisses wollen, ... oder . . . . als gewöhnliche Schenkung . . . . Beide Vorteile zugleich können nicht zugestanden werden. Der Vermächtnisnehmer hat kein Wahlrecht." Das scheint nur mit der Maßgabe richtig, daß auch die Erben in dem Sinne kein Wahlrecht haben. Leisten sie an den Vermächtnisnehmer mit dem Willen, die Verfügung ihres Erblassers zu erfüllen, so haben sie damit gewählt. Alsdann greift § 15 mit der Maßgabe ein, daß die gesamte (von den Erben und von den durch deren Erfüllung Begünstigten) zu tragende Steuer nicht höher sein darf, als sie es ohne § 15 wäre.

5. § 15 hat Bedeutung nur für den Erwerb von Todes wegen einschließlich der Zweckzuwendungen des § 4 Ziff. 1.

§ 16.

Hat der Erblasser die Entrichtung der von dem Erwerber geschuldeten Steuer einem anderen auferlegt, so sind die Steuern so zu berechnen, wie wenn die Auflage nicht erfolgt wäre. Dies gilt nicht für Schenkungen, bei denen der Schenker die Zahlung der Steuer übernimmt.

a) Aussch.-Ber.: S. 8, 9, 17, 44, 45. b) Richtl.: S. 8.
c) Ges. 1919: § 52 (Satz 2 § 16 ist neu). d) Schriftt.: —.
e) Rechtspr.: —.

1. Der § 16 entspricht dem § 52 Ges. 1919. Satz 2 in § 16, der gegenüber dem Satz 1 daselbst eine wesentliche Einschränkung bedeutet, ist neu. Satz 2 in § 52 Ges. 1919 schrieb die Anwendung der Vorschrift des Satzes 1 auf Schenkungen schlechthin vor.

Die Vorschrift des § 52 war behuf Vereinfachung der Wertberechnung neu in das Ges. 1919 aufgenommen.

In dem den Ausschußberatungen zugrundeliegenden Antrage Herold u. Gen. bildete der jetzige § 16 die Nr. 30, die in beiden Lesungen wie im Plenum unverändert angenommen wurde. In erster Lesung wies ein Regierungsvertreter auf Anfrage darauf hin, daß Satz 2 § 52 (jetzt 16) der Klarstellung dienen solle. Sowohl für den Fall, daß der Erblasser die Steuer einem Dritten oder dem Nachlaß auferlegt habe, wie für den Fall, daß der Schenker die Steuer einem Dritten auferlegt habe, solle diese Auflage bei der Steuerberechnung unberücksichtigt bleiben, weil die Berechnung sonst insofern Schwierigkeiten mache, als Steuer von der Steuer zu erheben sei. Dagegen sei es unbillig, wenn der Schenker dem Beschenkten die Zuwendung steuerfrei zuwende, der Beschenkte also den Kapitalbetrag und die Steuer erhalte, den gleichen Grundsatz gelten zu lassen (Aussch.-Ber. S. 8).

Die Richtlinien des RMdF. verweisen auf den vorstehend wiedergegebenen Ausschußbericht mit dem Hinzufügen, daß, wenn der Schenker selbst die Steuer übernehme, für die Steuerberechnung als Gesamtbereicherung der Betrag gelte, der nach Abzug der tarifmäßigen Erbschaftssteuer den Nennbetrag der Schenkung ergebe (RG. vom 22. November 1912 — VII 308/12 —).

2. Das Gesetz wählt zwecks Umgehung umständlicher Berechnungen den einfachsten Weg. Es ordnet an, daß die Auflage, als welche sich die berührte Verfügung des Erblassers regelmäßig darstellt, bei der Berechnung der Erbanfallsteuern unberücksichtigt bleibt. Die Erbanfallsteuer soll veranlagt werden, als ob die Auflage nicht erfolgt wäre. Entsprechend findet das gleiche Verfahren statt bei Schenkungen und Zweckzuwendungen unter Lebenden, vorausgesetzt, daß der Schenker gleichzeitig einen Bedachten mit der Steuer für die andere Zuwendung beschwert. Diese Nichtberücksichtigung der bezüglichen Auflage muß selbstredend nach beiden Seiten hin, auf die Veranlagung sowohl des von der Steuer befreiten Erwerbers wie auch des mit der Zahlung der Steuer Belasteten, einwirken. Bei dem steuerfreien Erwerber wird der Bereicherung, welche er durch die vom Erblasser bzw. vom Zuwendenden angeordnete Befreiung von der Steuer erfährt, bei dem mit der Steuer Belasteten der ihm auferlegten Entrichtung der Steuer, die für ihn eine offensichtliche Beschwerung bedeutet, keine Rechnung getragen. Auf der einen Seite entfällt das Plus der Steuer aus der Bereicherung, auf der anderen Seite das Minus aus der abzugsfähigen Beschwerung. Die Steuerpflicht und die endgültige Entrichtung der Steuer wird für die betreffenden Fälle allerdings in einer den tatsächlichen Unterlagen nicht entsprechenden Weise verschoben, gegen die an sich grundsätzlich vielleicht Bedenken erhoben werden könnten. Es ist dabei jedoch zu beachten, daß der finanzielle Einfluß für beide Teile, Bereicherten wie Beschwerten, regelmäßig nur ein verhältnismäßig untergeordneter sein wird. Wie sich das Verfahren im einzelnen gestaltet, legt Mirre, Anm. 1 bis 3 zu § 16, in einer Reihe praktischer Beispiele dar, worauf hier verwiesen werden soll. Daß die Vorschrift nicht Platz greifen kann, wenn die Form des steuerfreien Vermächtnisses, wie in dem von Mirre a. a. O. Anm. 3 hervorgehobenen Falle, offensichtlich nur zur Umgehung der Steuer gewählt ist, wird keinem Zweifel unterliegen (§ 5 AbgO.).

Daß unter § 16 Abs. 1 auch der Fall gehört, in dem der Erblasser die Steuer dem Nachlaß auferlegt, ist bereits in Note 1 bemerkt.

3. Die Einschränkung des Satz 2 entspricht zwar, wie im Ausschußberichte hervorgehoben ist, der Billigkeit, sie bedeutet aber gleichzeitig

gegenüber dem Ges. 1919 eine erhebliche Erschwerung der Berechnung, die bei dem mehrfach hervortretenden Streben des Gesetzes nach möglichster Vereinfachung auffällig erscheinen muß.

In diesem Falle wird die Steuer nicht vom Nettobetrage der Zuwendung (z), sondern von deren Bruttobetrage (x) berechnet. Letzterer (x) wird gefunden durch Hinzurechnung der Steuer $\frac{y\ (\text{Hundertsatz}) \times x}{100}$ zum Nettobetrage (z). Also: $x = \frac{y\,x}{100} + z$; $\frac{100\,x - y\,x}{100} = z$; $(100 - y)\,x = 100\,z$. $x = \frac{100\,z}{100 - y}$. Bei dieser Formel steht z als Nettobetrag stets von vornherein fest, y (der Hundertsatz der Steuer) meist. Beispiel: x = 600000 Mk., y (bei Angehörigen der Steuerklasse II) = 5,5, also $x = \frac{600\,000\,000}{945}$ = (§ 35 Abs. 1!) 634000 Mk., mithin Steuer = 34870 Mk. Aber der Hundertsatz muß erst gesucht werden, wenn durch Hinzurechnung der Steuer zum Nettobetrage die für den letzteren gegebene Steuerstufe überschritten wird. Beispiel: Anfall nach dem 31. Dezember 1922 (vor dem 1. Juli 1923) in Klasse II, x = 1200000 Mk., Bestimmung, daß Schenker die Steuer trägt. Da schon bei 1200000 Mk. die Steuer 72000 Mk. beträgt, also die Zuwendung 1200000 Mk. übersteigt, muß y = 6,5 sein. Also $x = \frac{1\,200\,000\,000}{935}$ = 1283000 Mk. (§ 35 Abs. 1). Je größer der vermutliche Hundertsatz, desto umständlicher ist er zu bestimmen. Beispiel: wie vor, jedoch x = 12200000 Mk. Nach der Tabelle (vgl. § 10, Note 5, Tafel A) ist die Zahl (annähernd) zu bestimmen, die nach Abzug der für sie ausgeworfenen Steuer den Nettobetrag ergibt. Diese Zahl fällt hier offenbar in die Stufe zwischen 15,4 und 16 Millionen, also y = 22. Daher $x = \frac{1\,220\,000\,000}{100-22}$ = 15641000 Mk., Steuer hiervon 22 v. H.

Das Zusammenwirken unserer Vorschrift mit § 10 Abs. 4 Ges. mag endlich folgendes Beispiel zeigen: Zu suchen ist derjenige Betrag (z), der nach Abzug der auf ihn gemäß Abs. 4 § 10 zu errechnenden Steuer den Betrag der Schenkung ergibt. Ist letzterer = 1130000 Mk. bei einem im Januar 1923 in Klasse II angefallenen Erwerbe, so ergibt sich folgende Formel: $z = 1\,130\,000 + \frac{6 \times 1\,200\,000}{100}$ (= Steuer auf die nächste Wertgrenze) + ½ (z — 1200000 = Betrag nach § 10 Abs. 4) = 1 130 000 + 72 000 + ½ z — 600 000, daher ½ z = 602 000 z = 1204000 Mk. Die Gegenprobe ergibt auf 1204000 Mk. eine Steuer von 74000 Mk., so daß 1130000 Mk. netto verbleiben.

4. § 16 gilt für sämtliche Formen der Erbschaftssteuer (§ 1 Abs. 2).

§ 17.

(1) Mehrere innerhalb 10 Jahren von derselben Person anfallende Vermögensvorteile werden in der Weise zusammengerechnet, daß dem letzten Erwerbe die früheren Erwerbe nach ihrem

früheren Werte zugerechnet werden und von der Steuer für den Gesamtbetrag die Steuer abgezogen wird, welche für die früheren Erwerbe zur Zeit des letzten zu erheben gewesen wäre.

(²) Die durch jeden weiteren Erwerb veranlaßte Steuer darf nicht mehr betragen als *80 v. H.**) dieses Erwerbes.

a) Aussch.-Ber.: S. 7, 16, 42, 43. b) Richtl.: S. 8.

c) Ges. 1919: § 38 (geändert).

d) Schriftt.: Sunder, Zusammenrechnung mehrerer Erwerbe nach dem neuen Erbschaftssteuergesetz, DBR. XV S. 20. — Hendel, Äußerung zu vorstehendem Aufsatz, daselbst. — R. Becker, Ermäßigung der Schenkungssteuer durch neue Schenkungen, ZStFr. IV S. 85. — Wünschmann, Die Änderung des Erbschaftssteuergesetzes, AStR. VII Sp. 174. — Derselbe, Beiträge zum Erbschaftssteuerrechte, DStBl. VII Sp. 170. — Albrecht, Wie hoch ist die Schenkungssteuer bei mehreren aufeinanderfolgenden Schenkungen? (§ 17 ESt G.) RStR. V S. 97. — Stölzle, Die Zusammenrechnung mehrerer Anfälle im Erbschaftssteuergesetz, RStR. V S. 113.

e) Rechtspr.: (Note 10) RFH. 18. Oktober 1922, Sl. XI, S. 9, betr. Anwendung des § 10 Abs. 3 bei mehreren Anfällen (für Ges. 1919!).

f) AusfBest.: § 37.

Inhaltsübersicht.

1. Der dem § 17 unterliegende Grundgedanke, einer Steuerumgehung oder Steuerersparnis durch Zerlegung eines einheitlichen Anfalls in verschiedene zeitlich getrennte Anfälle vorzubeugen, war schon im Ges. 1906 in § 14 enthalten. Hiernach sollten die zwecks Steuerersparnis gemachten Zuwendungen seitens desselben Zuwendenden mit 5 jähriger zeitlicher Grenze bei der Steuerberechnung zusammengezogen werden. § 38 Ges. 1919 hat diesen Gedanken nicht nur in der Fassung umgebildet, sondern ihn auch materiell vertieft und erweitert. Nach ihm waren mehrere Vermögensvorteile der in §§ 20 und 40 (d. i. Erwerb von Todes wegen und Schenkungen), die der Erblasser dem Erwerber zugewendet hatte, bei Anwendung bestimmter, einzeln angeführter Gesetzesparagraphen zusammenzurechnen und zwar ohne zeitliche Grenze; eine bereits bezahlte Schenkungssteuer sollte angerechnet werden.

*) Mit Wirkung für diejenigen Steuerfälle, für welche die Schuld nach dem 30. Juni 1923 entstanden ist (§ 18), ist die durch Kursivdruck kenntliche Zahl durch **70 v. H.** ersetzt (Zweite Steuernotverordnung vom 19. Dezember 1923, RGBl. I S. 1205, Art. III, §§ 1 und 3).

Die neue Vorschrift des § 17 weicht von der des § 38 Ges. 1919 namentlich in folgenden Hinsichten ab: a) Das Gesetz kehrt zu einer zeitlichen Grenze der zusammen zu rechnenden Zuwendungen (10 Jahre) zurück, b) das Wort „zugewendete" (Vermögensteile) ist vermieden und durch „anfallende" ersetzt, c) es sind nicht mehr einzelne Gesetzesbestimmungen angeführt, bei deren Anwendung die Zusammenrechnung stattfindet, vielmehr findet die Zusammenrechnung grundsätzlich für die Errechnung der Steuer statt, d) zur Klarstellung ist hervorgehoben, daß die früheren Erwerbe nach ihrem früheren Werte zugezählt werden, e) nicht die bereits bezahlte Steuer wird abgezogen, sondern diejenige, die für die früheren Erwerbe zur Zeit des letzten zu erheben gewesen wäre, f) Abs. 2 ist neu eingefügt.

2. Im Antrage Herold u. Gen. bildete der jetzige § 17 die Nr. 20, die in beiden Lesungen des Ausschusses sowie im Plenum unverändert angenommen wurde. In erster Lesung des Ausschusses wies ein Regierungsvertreter auf die Schwierigkeiten hin, die die bisherige Fassung des § 38 mit der uneingeschränkten Zusammenrechnungspflicht den Veranlagungsbehörden gemacht habe (Aussch.-Ber. N. 4856 S. 7).

In den Richtlinien des RMdF. (S. 8) ist besonders darauf hingewiesen, daß bei der Zusammenrechnung der Wert des früheren Erwerbs zur Zeit der Zuwendung zugrunde zu legen sei, z. B. bei der Zuwendung von Wertpapieren der Kurswert z. Z. des Anfalls, nicht etwa der im Zeitpunkt der späteren Zuwendung. Für frühere Zuwendungen gezahlte Steuer sei auf die Steuer für die Summen aller Zuwendungen nur insoweit anzurechnen, als sie z. Z. des letzten Erwerbes zu erheben gewesen wäre.

Wegen der durch die Zweite Steuernotverordnung vom 19. Dezember 1923 erfolgten Änderung des Abs. 2 vgl. die Bemerkung unter dem Gesetzestext.

Zu Abs. 1.

3. Die Zusammenrechnung steht unter doppelter Bedingung: Einmal müssen die mehreren Vermögensvorteile von derselben Person anfallen. Bei einer natürlichen Person wird an der Identität durch Änderung der familienrechtlichen Stellung (z. B. durch Eheschließung oder Annahme an Kindes Statt) selbstverständlich nichts geändert. Bei den (seltenen) Anfällen seitens juristischer Personen oder Personenvereinigungen ohne Rechtspersönlichkeit wird, solange die juristische Person oder Vereinigung weiter besteht, trotz Personenwechsels an der Identität nichts geändert, wie andererseits eine Änderung des Rechtsgebildes (Personenvereinigung) trotz Gleichbleibens des Personenstandes die Identität zerstört (Umwandlung einer Gesellschaftsform in eine andere, Fusion auf seiten der übernommenen Gesellschaft u. a., nicht aber bloße Firmenänderung). Bezüglich der Zuwendungen an einen Nacherben vgl. Note 6 zu § 7.

Daß der Erwerber der mehreren Vorteile derselbe sein muß, ist als selbstverständlich nicht hervorgehoben. Die vorstehenden Ausführungen gelten auch hier.

Bezüglich der Identität bei Zweckzuwendungen vgl. unten Note 13.

4. Ferner muß der Anfall der mehreren Vermögensvorteile sich innerhalb 10 Jahren vollziehen. Die Frist rechnet von dem ersten

Anfall an; bezüglich der Berechnung vgl. BGB. §§ 187 Abs. 1, 188. Der Zeitpunkt des Anfalls bestimmt sich für alle in Frage kommenden Zuwendungen nach § 18 Abs. 1; bei Schenkungen unter Lebenden entscheidet also der Zeitpunkt der Ausführung der Zuwendung (ähnlich Mirre, Anm. 5 zu § 17). Der nach § 18 Abs. 1 zu berechnende Zeitpunkt dürfte auch dann maßgebend sein, wenn die früheren Zuwendungen unter der Herrschaft des Ges. 1906 oder 1919 angefallen sind.

5. Für die unter der Geltung der früheren Gesetze erfolgten Anfälle gilt der § 5 der Überleitungsverordnung vom 7. August 1922 (RGBl. I S. 708). Hiernach beschränkt sich die Anwendung des § 17 auf Anfälle seit dem 31. Dezember 1916. Im Schrifttum ist streitig, ob die in der Zeit vom 1. Januar 1917 bis zum 1. September 1919 (Inkrafttreten des Ges. 1919) erfolgten Anfälle an Angehörige der Steuerklassen III bis V mit heranzuziehen sind. Trotz des Wortlautes des § 17 verneint B. Hendel (DSR. Jg. XV S. 22) die Frage, weil § 72 Abs. 2 Ges. 1919 nur die nach dem 31. Dezember 1916 zugunsten von Personen der Steuerklassen I und II angefallenen Schenkungen unter den dort gegebenen näheren Voraussetzungen der Schenkungssteuer unterwirft, der § 17 Ges. 1922 aber, der doch nur eine Neufassung des § 38 Ges. 1919 sei, die unter der Herrschaft des Ges. 1906 angefallenen Schenkungen nicht in weiterem Umfange zur Steuer heranziehen könne, als eben § 38 Ges. 1919. Indes steht diese Auffassung mit dem Wortlaute des § 5 ÜVO. doch zu sehr im Gegensatze, als daß sie sich halten ließe. Daran vermögen auch die Ausführungen des RMdF. in den „Richtlinien" S. 8 unten (Nr. 28), daß der § 72 des bisherigen Gesetzes seine Wirksamkeit behalte und S. 9 (Nr. 3 unten), daß der 31. Dezember 1919 in § 5 ÜVO. mit Rücksicht auf die rückwirkende Kraft des § 72 Ges. 1919 gewählt sei, nichts zu ändern. Daß im übrigen das Ges. 1922 sich eine Rückwirkung über die des Ges. 1922 hinaus geben konnte, wird nicht zu bezweifeln sein (gl. A. im Ergebnis Mirre, Anm. 2 zu § 17).

6. In welcher Weise sich der Anfall der mehreren Vermögensvorteile vollzieht, ist gleichgültig. Das Gesetz spricht nicht von zugewendeten, sondern von anfallenden Vorteilen, so daß also auch der im Kampfe gegen den letzten Willen des Erblassers erstrittene Pflichtteil hierhin gehört (Roth in Marcuse, Das neue Reichssteuerrecht, 2. Aufl., S. 382). Immer aber muß ein Erwerb im Sinne der §§ 2 bis 4 Ges. in Frage kommen.

7. Mehrere Anfälle werden zusammen gerechnet. Die Mindestzahl 2 kann also beliebig überschritten werden, sofern die Anfälle sich nur innerhalb der zehnjährigen Frist (bzw. der Frist des § 5 ÜVO.) halten. Ein Anfall, der bereits mit früheren Anfällen zusammen versteuert war, kann mit einem späteren Anfalle nochmals versteuert werden.

Im übrigen hat § 17 nur die zeitlich auseinanderliegenden Anfälle im Auge: für die gleichzeitigen Anfälle folgt das gleiche Ergebnis aus § 10 Abs. 6 (§ 12 Abs. 1).

8. Das Gesetz spricht von Vermögensvorteilen bzw. Erwerben, meint aber offenbar nur solche, die ganz oder teilweise der Besteuerung unterliegen. An sich steuerfreie Anfälle scheiden für die Zusammenrechnung aus, auch wenn sie unter die §§ 2 bis 4 Ges. fallen. Im einzelnen ergibt sich folgendes:

a) Anfälle, die durch Rückschluß aus § 8 steuerfrei sind (z. B. Anfälle ausländischen Vermögens seitens ausländischer Erblasser an im Auslande wohnende Ausländer; Anfälle von Vermögensstücken, die durch Staatsverträge der inländischen Besteuerung entzogen sind), sind an und für sich steuerfrei, scheiden also für die Zusammenrechnung aus (ebenso Mirre, Anm. 3 zu § 17). Indes dürfte es richtig sein, im Hinblick auf § 8 Abs. 3 bei Bemessung des Steuersatzes für spätere Erwerbe unter den Voraussetzungen des § 17 auch auf Grund von Staatsverträgen befreite frühere Anfälle heranzuziehen.

b) Der gemäß § 9 I 1 Abs. 2 steuerfreie Erwerb der Ehegatten ist als solcher steuerfrei, wird daher auch dann späteren Erwerben nicht zugerechnet, wenn letztere nach Scheidung der Ehe erfolgt sind (so wohl auch Roth a. a. O. — vgl. Note 6 — S. 383).

c) Ein gleiches Bild gilt von dem nach § 13 vom früheren Erwerbe abgezogenen Betrage. Hier kann es zweifelhaft sein, ob, wenn der frühere Erwerb steuerfrei war, weil sein Wert hinter dem der Arbeit und Dienstzeit angemessenen Betrage zurückstand, der Überschuß dieses letzteren Betrages noch auf spätere Zuwendungen angerechnet werden kann. Die Billigkeit erfordert das und die Fassung des § 17 steht dem nicht entgegen.

d) Die nach § 21 steuerfreien Anfälle kommen für eine Zusammenrechnung überhaupt nicht in Frage.

e) Für die Befreiungsvorschriften des § 22 ist zunächst zu beachten, daß jede derselben für sich anzuwenden ist (vgl. § 22 Abs. 3 und Note 88 zu § 22). Im übrigen sind diejenigen früheren Anfälle, die nur bis zu bestimmter Höhe steuerfrei sind, das sind die Fälle der Ziff. 1, 2, 3 letzte Alternative, 4 (in der vor dem 1. Januar 1923 gültigen Fassung), 4 b und c (in der für das erste Halbjahr 1923 gültigen Fassung), 7 und 9, bei späteren Anfällen heranzuziehen. Hat also X seinem Bruder Y am 1. April 1923 in bar 40 000 Mk. und Hausrat im Werte von 1 980 000 Mk. geschenkt und am 1. Juni 1923 die gleichen Werte, so war Y zunächst steuerfrei, während er bei der zweiten Schenkung 80 000 Mk. (bar) + 1 960 000 Mk. (Hausrat), zusammen also 2 040 000 Mk. zu versteuern hat. Betreffs Ziff. 3 (zweite Alternative) ist § 23 Ges. mit heranzuziehen; der nicht steuerfreie Teil ist also mit 5 v. H. zu versteuern. Im Falle der Ziff. 7 ist nur derjenige Teil der früheren Zuwendung, der über die Beseitigung der Überschuldung hinaus zugewandt war, mit der späteren Zuwendung zusammenzurechnen.

War eine frühere Schuldbefreiung nach Ziff. 8 ganz oder teilweise befreit, so ist eine spätere Zuwendung zur Prüfung der Frage heranzuziehen, ob die Steuer aus der Hälfte der neben der erlassenen Schuld dem Bedachten angefallenen Zuwendung gedeckt werden kann. Hat also der Stiefvater dem Stiefsohn X im Januar 1923 eine zur Ausbildung des X begründete Schuld von 300 000 Mk. erlassen und ihm im März 1923 noch 40 000 Mk. geschenkt, wird die erste Zuwendung nunmehr bis zu einem Steuerbetrage von 20 000 Mk. steuerpflichtig (ebenso Roth a. a. O. S. 383/84). In gleicher Weise muß auch dann verfahren werden, wenn innerhalb der 10 Jahre vor erfolgter Schuldbefreiung, die gemäß § 22 Ziff. 8 befreit ist, eine Zuwendung erfolgt ist.

Finger (Anm. 8 c zu § 22) will in beiden Fällen den § 17 nicht anwenden, weil § 22 Ziff. 8 eine neben der erlassenen Schuld anfallende Zuwendung erfordere. Doch dürfte auf das Wort „neben" kein ausschlaggebender Wert zu legen sein, da nach § 17 die mehreren Zuwendungen als Einheit zu behandeln sind. Die hier vertretene Ansicht hindert aber auch Steuerumgehungen, die die gegenteilige leicht nach sich ziehen könnte. § 5 AbgO. bietet keinen ausreichenden Schutz, da die in Ziff. 1 das. geforderte Umgehungsabsicht nicht stets nachzuweisen sein wird. — Abweichender Ansicht auch Mirre, Anm. 21 zu § 22.

Bei allen übrigen Befreiungsfällen des § 22 führt die Anwendung des § 17 zu keiner Steuererhöhung. Ziff. 17 insbesondere enthält eine zeitlich geschlossene Befreiungsvorschrift (vgl. Note 8 [a] zu § 23). Das gleiche gilt von § 24.

f) Für die Anfälle nach § 23 kommt eine Zusammenrechnung nur im Zusammenhang mit § 22 Ziff. 3 in Frage, da im übrigen der Steuersatz von der Höhe des Erwerbes unabhängig ist.

An der vorstehenden Auffassung muß auch trotz der Änderung des § 12 Abs. 1 durch die Zweite Steuernotverordnung festgehalten werden (vgl. Note 43 zu § 12).

9. Die früheren Erwerbe werden nach ihrem früheren Werte, d. h. nach dem Werte ihres Anfalls (§§ 31, 18 Abs. 1) zugerechnet (vgl. das in den Richtlinien gegebene Beispiel oben Note 2).

10. Die Steuer wird von dem Gesamtbetrage der zusammen gerechneten Erwerbe gemäß §§ 10 ff. unter Berücksichtigung etwaiger Befreiungsvorschriften berechnet. Dabei werden die sämtlichen in Frage kommenden Erwerbe als Einheit angesehen — und für die Besteuerung dieser Einheit sind allein die gesetzlichen Bestimmungen wie die tatsächlichen Verhältnisse zur Zeit des letzten Erwerbs maßgebend. Insbesondere richtet sich die Steuerklasse ausschließlich nach den Verhältnissen zur Zeit des letzten Erwerbes, ebenso der Tarif, die Berechnung der Bereicherung, die Anwendung der Befreiungs- und Ermäßigungsvorschriften sowie die Höhe etwaiger Freigrenzen. Ist also X nach der ersten erhaltenen Zuwendung, aber vor der zweiten vom Schenker an Kindes Statt angenommen, so hat er die Gesamtzuwendung nach Klasse IV zu besteuern.

Der Behandlung aller zusammen gerechneten Zuwendungen als Einheit würde es entsprechen, daß bei Anwendung des § 10 Abs. 3 Ges. das durch die früheren Anfälle erworbene Vermögen ausscheidet. Für das Ges. 1919 hat der RFH. in seinem Urteil vom 18. Oktober 1922 (Samml. Bd. XI S. 9 = DStBl. Jg. VI S. 18 = AStR. Jg. V Sp. 976) diese Folgerung ausdrücklich anerkannt und ausgeführt: „Dasselbe Vermögen könne nicht gleichzeitig als anfallend und schon vorhanden behandelt werden. Es sei also der steuerpflichtige Wert der früheren Zuwendungen unter Abzug der etwa bereits gezahlten oder geschuldeten Steuer von dem Werte des in Wirklichkeit vorhandenen Vermögens abzuziehen; Wertsteigerungen oder Wertminderungen der früheren Zuwendungen kämen nicht in Betracht." Diese Ausführungen scheinen für das neue Gesetz nicht mehr verwertbar (a. A. Mirre, Anm. 7 zu § 17; Finger, Anm. 4 zu § 17), nachdem das Geldentwertungsgesetz vom 20. März 1923 in Abs. 3 des § 10 Ges. die Sätze 4 und 5 neu eingefügt hat. Denn die hier ausgedrückte Begünstigung der Kinder bezüglich des vom vorverstorbenen Elternteil herrührenden Vermögenszuwachses wäre nicht verständlich, wenn die gleiche Begünstigung ohnehin für Erwerbe jeder Art gegeben wäre (vgl. Noten 6, 10 ff. zu § 10).

11. Von der für den Gesamtbetrag errechneten Steuer wird die Steuer abgezogen, welche für die früheren Erwerbe zur Zeit des letzten zu erheben gewesen wäre. Hieraus folgt:

a) Die abzuziehende Steuer wird ausschließlich — im Gegensatz zu der Praxis des Ges. 1919 (vgl. Urt. d. RFH. vom 7. Januar 1921, Samml. Bd. IV S. 243) — nach den zur Zeit des späteren, jetzt zu versteuernden Erwerbs maßgebenden tatsächlichen und rechtlichen Verhältnissen berechnet — es ist also zu verfahren, wie wenn die frühere Zuwendung gleichzeitig mit der späteren angefallen wäre. Das gilt natürlich nur dann, wenn eine Zusammenrechnung überhaupt statthaft ist (vgl. Note 8). Beispiel 1: A hat dem nicht mit ihm verwandten B im Jahre 1920 20 500 Mk., im Jahre 1922 400 000 Mk. geschenkt, wofür dieser nach den damals geltenden gesetzlichen Bestimmungen 3000 Mk. bzw. 82 418 — 2870 = 79 548 Mk. (§ 17!) Steuer entrichtet hat. Nach der zweiten Zuwendung nimmt A den B an Kindes Statt an und hinterläßt ihm bei seinem im Januar 1923 erfolgten Tode noch steuerpflichtige 200 000 Mk. Demnach Steuer von 620 000 Mk. (§ 35 Abs. 1) in Klasse IV = 54 560 Mk. Für keinen der früheren Erwerbe erfolgt ein Steuerabzug, da beide nach den zur Zeit des dritten Anfalls maßgeblichen Bestimmungen steuerfrei gewesen sein würden. Beispiel 2: Die B hat von ihrem um 22 Jahre älteren Bräutigam im Jahre 1922 200 000 Mk. geschenkt erhalten und mit 31 200 Mk. versteuert. Im Januar 1923 beerbt sie nach erfolgter Heirat den A und erbt steuerpflichtige 500 000 Mk. Steuer 700 000 Mk. nach Klasse I 26 950 Mk.; ein Abzug findet nicht statt, da nach dem 31. Dezember 1922 erfolgte Anfälle an Angehörige der Klasse I unter 200 000 Mk. steuerfrei sind. Beispiel 3: A schenkt seiner um 22 Jahre jüngeren Ehefrau unmittelbar nach der Hochzeit im Jahre 1922 100 000 Mk., welche die Beschenkte mit 3500 Mk. versteuert hat. Nach der Scheidung schenkt er ihr im März 1923 nochmals 100 000 Mk. Steuer von 200 000 Mk. nach Klasse V = 28 000 Mk., hierauf anzurechnen 14 v. H. auf 100 000 Mk. = 14 000 Mk. — Das Ergebnis wäre das gleiche, wenn der Altersunterschied unter 20 Jahre wäre, denn hier würde der erste Anfall als absolut steuerfrei (Note 8 b) überhaupt nicht zugerechnet werden.

Sind mehr als zwei Erwerbe zusammenzurechnen, so dürfte es dem Willen des Gesetzgebers entsprechen, die früheren Zuwendungen bezüglich des Steuerabzugs als Einheit anzusprechen. Hat also A dem nicht verwandten B am 1. Februar, 1. März und 1. Juni 1923 je 50 000 Mk. geschenkt, so ist auf die letzte Steuer (14% von 150 000 Mk.) die auf 100 000 Mk. zu entrichtende in Abzug zu bringen.

b) Nicht die für den früheren Erwerb gezahlte Steuer kann abgezogen werden; diese scheidet für die Berechnung völlig aus. Gegen etwaige Härten (Beisp. 1 und 2 unter a) hilft lediglich Billigkeitsermäßigung aus § 108 AbgO. Eine Erstattung früher gezahlter Steuer ist auch aus § 48 Abs. 3 Ges. nicht möglich, da es sich bei der Zusammenrechnung aus § 17 gar nicht um einen nach dem Ges. 1922 steuerpflichtigen Vorgang handelt, die frühere Zuwendung vielmehr ein in sich abgeschlossener steuerpflichtiger Vorgang ist. (So überzeugend B. Henckel in DVR. Jg. XV S. 22.)

c) Wenn auf Grund des Ges. 1919 eine Steuerfreiheit bei früheren Zuwendungen eintrat, die das Ges. 1922 nicht kennt (z. B. § 27 Ges. 1919), wird diese Steuerbefreiung bei der Zusammenrechnung nicht berücksichtigt (a. A. Roth in Marcuse, Das neue Reichssteuerrecht, 2. Aufl., S. 384).

12. Die Ausführungen der Vornote müßten auch sinngemäß für die Zusammenrechnung derjenigen Erwerbe gelten, für die die Steuerschuld nach dem 30. Juni 1923 entstanden ist (vgl. Zweite Steuernotverordnung vom 19. Dezember 1923, RGBl. I S. 1205, Art. III §§ 1, 3), mit früheren Erwerben. Da indes diese Erwerbe nach ihrem Goldwerte berechnet werden (§ 10 Abs. 2 d. Neufassung), die ihm zuzurechnenden Erwerbe, deren Steuerschuld vor dem 1. Juli 1923 entstanden sind, nach Papiermark bewertet werden, so müßten letztere vor der Zurechnung auf ihren Goldwert umgerechnet werden, weil nur vergleichbare Größen zusammengezählt werden können. Indes sollen nach § 14 der Durchführungsbestimmungen über die Bewertung des Vermögens usw. vom 28. März 1924 zur Vereinfachung der Veranlagung nur in Goldmark zu bewertende Erwerbe — d. h. solche, für welche die Steuerschuld nach dem 30. Juni 1923 entstanden ist (Erl. RMdF. III C 5 300 vom 28. März 1924 Nr. 8) — zusammengerechnet werden.

Zu Abs. 2.

13. Abs. 2 bestimmt die Höchstgrenze der durch jeden weiteren Erwerb veranlaßten Steuer in Übereinstimmung mit § 10 Abs. 6 auf 80 v. H. (mit Wirkung für die Anfälle, für welche die Steuerschuld nach dem 30. Juni 1923 entstanden ist, auf 70 v. H.) dieses Erwerbes. Gemeint ist des Erwerbes, soweit er die Steuer veranlaßt, also steuerpflichtig ist. Des weiteren ist auf Note 18 zu § 10 zu verweisen.

Allgemeinbemerkungen zu § 17.

14. Die Zusammenrechnung findet bei allen der Erbschaftssteuer unterliegenden Erwerben (§ 1 Ges.) statt, auch bei Zweckzuwendungen. Hier kommt es allerdings im Sinne der in Note 3 hervorgehobenen Bedingungen der Zusammenrechnung nicht so auf die Identität der verwandten Mittelsperson an, als auf die Gleichartigkeit des Zwecks. Allerdings dürfte letztere die Identität der Mittelsperson voraussetzen (ebenso Mirre, Anm. 4 zu § 17).

15. Um die Zusammenrechnung zu erleichtern, schreibt § 37 Ausf.-Best. z. ErbschStG. den Finanzämtern vor, daß sie die ihnen bekannt gewordenen Anfälle unter Lebenden mit Ausnahme besonders aufgezählter steuerfreier Anfälle, bei denen eine Zusammenrechnung nicht in Frage kommt, zu den Einkommensteuerakten bzw. den Körperschaftssteuerakten des Schenkers mitzuteilen haben. Des Näheren wird auf die genannte Vorschrift verwiesen.

IV. Steuerschuld und Steuerschuldner.

§ 18.

Die Steuerschuld entsteht mit dem Zeitpunkt des Anfalls, bei Schenkungen unter Lebenden mit dem Zeitpunkt der Aus=

führung der Zuwendung, bei Zweckzuwendungen mit dem Eintritt der Verpflichtung des Beschwerten.

Steuerschuldner ist der Erwerber, bei einer Schenkung auch der Schenker und bei einer Zweckzuwendung der mit der Ausführung der Zuwendung Beschwerte.

Im Falle des § 5 sind die Abkömmlinge im Verhältnis der auf sie entfallenden Anteile, der überlebende Ehegatte für den gesamten Steuerbetrag Steuerschuldner.

Neben den in Abs. 2, 3 Genannten haftet der Nachlaß sowie jeder Erbe in Höhe des Wertes des aus der Erbschaft Empfangenen für die Steuer der am Erbfall Beteiligten als Gesamtschuldner.

Der Vorerbe hat die durch die Vorerbschaft veranlaßte Steuer aus den Mitteln der Vorerbschaft zu entrichten.

Haben Erben, gesetzliche Vertreter, Bevollmächtigte der Erben, Erbschaftsbesitzer (§ 2018 des Bürgerlichen Gesetzbuchs), Testamentsvollstrecker, Nachlaßpfleger oder Nachlaßverwalter den Nachlaß oder Teile desselben vor der Berichtigung oder Sicherstellung der Steuer anderen ausgeantwortet, so haften diese in Höhe des aus der Erbschaft Empfangenen persönlich für die Steuer, es sei denn, daß sie zur Zeit der Ausantwortung in gutem Glauben sind. Sie sind nicht in gutem Glauben, wenn ihnen bekannt oder infolge grober Fahrlässigkeit unbekannt ist, daß die Steuer weder entrichtet noch sichergestellt ist.

Versicherungsunternehmungen, die vor Berichtigung oder Sicherstellung der Steuer die von ihnen zu zahlende Versicherungssumme oder Leibrente in das Ausland zahlen oder ausländischen Berechtigten zur Verfügung stellen, haften in Höhe des ausgeantworteten Betrages für die Steuer. Das gleiche gilt für Personen, in deren Gewahrsam sich Vermögen des Erblassers befindet, soweit sie das Vermögen vorsätzlich oder fahrlässig vor Berichtigung oder Sicherstellung der Steuer in das Ausland bringen oder ausländischen Berechtigten zur Verfügung stellen.

Ob und inwieweit die Finanzämter in Fällen des Abs. 7 Erleichterung gewähren können, bestimmt der Reichsminister der Finanzen.

a) Aussch.-Ber.: S. 5, 14, 32 bis 35. b) Richtl.: S. 6.

c) Ges. 1919: Abs. 1: § 40 Abs. 3 Satz 2, § 45. — Abs. 2: § 30 Satz 1, § 41 Abs. 1. — Abs. 3: § 30 Abs. 2. — Abs. 4: § 30 Abs. 3. — Abs. 5: —. — Abs. 6: § 19 Abs. 1. — Abs. 7: § 19 Abs. 2. — Abs. 8: —.

d) Schrifttum.: Roth, Der Zeitpunkt des Entstehens der Erbschaftssteuerschuld, AStR. Jg. V Sp. 1020. — Thieme, Wann tritt die Steuerpflicht einer Schenkung ein? DStBl. Jg. V S. 103. — Dr. F. Wünschmann, Die Entstehung der Erbschaftssteuerschuld, AStR. VI Sp. 333. — Alvensleben und Winter, Wann entsteht die Steuerschuld bei Schenkungen von Grundstücken? DBR. XV S. 107.

e) Rechtspr. Abs. 1 (Note 8) URFH. 15. Februar 1922, StuW. Jg. I Sp. 473, betr. Entstehung der Steuerschuld bei staatlicher Genehmigung der Zuwendung; URFH. 12. Juli 1922, StuW. Jg. I Sp. 989, betr. Entstehung der Steuerschuld bei Zuwendungen an noch nicht rechtsfähige Vereine. — (Note 9) URFH. 22. Februar 1922, StuW. Jg. I Sp. 473, betr. Entstehung beim Erwerb bedingter Rechte. — (Note 10) URFH. 7. Januar 1921 Sl. IV S. 243 = RStR. Sp. Sl. III S. 18 = JW. L, 1163, betr. Rentenversprechen; URFH. 16. Dezember 1921 Sl. VIII S. 60 = JW. LI S. 736[10], desgl. — (Note 15) URFH. 28. Juni 1920 Sl. III S. 221, betr. Entstehung der Steuerschuld bei Anfällen nach § 2 Abs. 2 Ziff. 2. — (Note 18) URFH. 14. März 1923 Sl. XIII S. 34, betr. Ausführung der Schenkung — ebenso (Note 19) URFH. 11. März 1921, StuW. Jg. I Sp. 263; 27. Januar 1922, das. Sp. 480; 15. Mai 1922, das. Sp. 736; 17. Mai 1922 Sl. IX S. 276 = StuW. Jg. I Sp. 737 = DStBl. IV Sp. 628 = Sl. IX S. 5; 9. Februar 1922, RStR. Sp. Sl. V S. 21; 21. März 1922, StuW. Jg. I Sp. 629 = Sl. IX S. 31; 22. März 1922, StuW. Jg. I Sp. 628 = Sl. IX S. 5; 9. Februar 1922, RStR. Sp. Sl. V S. 2; 21. März 1921, StuW. Jg. I Sp. 263; 17. Mai 1922 Sl. X S. 237; 14. März 1923 Sl. XII S. 34 = StuW. Jg. II Sp. 575. — (Note 23) URFH. 16. März 1922, StuW. Jg. I Sp. 629, betr. Entstehung der Steuerschuld bei Zweckzuwendungen (veraltet!)

Abs. 2 (Note 28) 2. Februar 1923, StuW. Jg. II Sp. 403, betr. Bereicherung der Destinatäre bei Zweckzuwendungen.

Abs. 7 (Note 45) Urt. 29. März 1922 Sl. VIII S. 338 = StuW. Jg. I Sp. 624 = JW. LI S. 942[19], betr. Zahlung in das Ausland. — (Note 46) URFH. 25. Juni 1920 Sl. III S. 246 = RStR. Sp. Sl. 3 S. 17, betr. Gewahrsam der Banken.

Inhaltsübersicht.

1. Abs. 1 enthält für die drei Gegenstände der Erbschaftssteuer (§ 1 Ges.) die Festlegung des Zeitpunktes der Entstehung der Steuerschuld. Das Ges. 1919 kannte eine derartig allgemeine Bestimmung nicht. Nur bezüglich der Schenkungsversprechen bestimmte § 40 Abs. 3 Satz 2, daß die Steuerpflicht erst eintreten solle, wenn und soweit es vollzogen wird. Ferner sollte nach § 45 Ges. 1919 für die Steuerpflicht und Wertermittlung bei der Erbanfallsteuer der Zeitpunkt des Anfalls und bei der Schenkungssteuer der Zeitpunkt der Zuwendung maßgebend sein. Im übrigen mußte für die Entstehung der Steuerschuld lediglich § 81 Abs. 1 Satz 1 und 2 AbgO. entscheidend sein. Hiernach entsteht die Steuerschuld, ohne daß es einer Festsetzung des Betrages bedarf, mit der Verwirklichung des Tatbestandes, an den das Gesetz die Steuer knüpft. — Eine Änderung gegenüber dem früheren Rechtszustande dürfte die neue Regelung namentlich bezüglich der Zweckzuwendungen, in kleinerem Umfange auch bezüglich der Schenkungen bringen (vgl. Noten 23 und 18 a. E.).

Abs. 2 war im Ges. 1919 in § 30 Satz 1 (für die Erbanfallsteuer) und § 41 Abs. 1 (für die Schenkungssteuer) enthalten; eine Änderung liegt nicht vor.

Abs. 3 enthält gegenüber dem ihm entsprechenden § 30 Abs. 2 Ges. 1919 insofern eine materielle Änderung, als neben dem überlebenden Ehegatten auch die Abkömmlinge im Verhältnis ihrer Anteile bei der fortgesetzten Gütergemeinschaft (§ 5) haften.

Auch Abs. 4 enthält wesentliche Änderungen. Einmal haftet der Nachlaß jetzt schlechthin neben den eigentlichen Schuldnern für die Steuer, nicht mehr, wie nach § 30 Abs. 3 Ges. 1919 erst, wenn die Steuer von den Schuldnern nicht eingezogen werden kann. Sodann ist die beschränkte Haftung jedes Erben für die Steuerschuld der übrigen Beteiligten neu.

Abs. 5 ist neu.

Abs. 6 entspricht wörtlich dem § 19 Abs. 1 Ges. 1919, der indes nur für die Nachlaßsteuer galt. Ein gleiches gilt für den Abs. 7, der dem § 19 Abs. 2 Ges. 1919 mit den in Note 44 zu besprechenden Änderungen entspricht.

Abs. 8 ist neu.

2. Im Antrag Herold u. Gen. bildete der jetzige § 18 die Ziff. 13. Diese wurde in erster Lesung im Ausschusse unverändert angenommen, in zweiter Lesung nach Einschiebung der Worte „vorsätzlich oder fahrlässig“ in Abs. 7 Satz 2 und nach Einfügung des Abs. 8. Hierzu hatte der Antragsteller (Berichterstatter) ausgeführt, der Antrag sollte die Möglichkeit geben, die Härten, die sich bei Anwendung des § 19 Abs. 2

Ges. 1919 ergeben hätten, im Wege der Verwaltungsanordnung zu mildern.

Bei den Beratungen im Reichstags**plenum** wurde der Abs. 1 in der jetzigen Form ergänzt. Bis dahin lautete er: „Die Steuerschuld entsteht mit dem Zeitpunkt des Anfalls." Allerdings war eine dem jetzigen Abs. 1 entsprechende Bestimmung bezüglich der Entstehung der Steuerschuld bei Schenkungen und Zweckzuwendungen bereits in der zweiten Lesung des Reichstagsausschusses zu Nr. 23 des Antrags Herold als § 41 Abs. 1 Ges. beschlossen. In erster Lesung sollte nach dem hier vorliegenden Antrage bei der Schenkung die Steuerschuld mit dem Zeitpunkt der Zuwendung entstehen, was auf Anfrage von einem Regierungsvertreter damit begründet wurde, daß die Regelung des Ges. 1919 (vgl. Note 1 Abs. 1) zu Unzuträglichkeiten geführt habe, es sei angemessener, dem Ges. 1906 zu folgen und das Schenkungsversprechen, das einen klagbaren Anspruch auf Vollziehung verleihe, schon als Zuwendung anzusehen. In zweiter Lesung wurde der Antrag gestellt, den ersten Halbsatz des § 41 dahin zu fassen, daß bei Schenkungen die Steuerschuld mit dem Zeitpunkte der Ausführung der Zuwendung entstehe. Dieser Antrag wurde entgegen den Darlegungen des Regierungsvertreters angenommen; ein Antrag auf Übernahme des § 41 Abs. 1 in § 30 Abs. 1 wurde abgelehnt.

Die **Richtlinien** des RMdF. (S. 6) führen aus:

„Der § 30 Nov. paßt das Erbschaftssteuergesetz den Vorschriften „der Abgabenordnung (§§ 81 ff.) an. Abs. 4 dehnt im Anschluß an „den § 31 Abs. 2 Ges. von 1906 die Haftung für die Steuer „auf alle Erben bis zur Höhe des Empfangs aus. Abs. 6 und 7 „übernehmen die bisherige Vorschrift des § 19 in erweiterter Form. „Zu beachten ist, daß z. B. Banken nur bei vorsätzlicher oder fahr„lässiger Verletzung ihrer Pflichten haften."

Zu Abs. 1.

3. Wenn die Richtlinien des RMdF. die Anpassung des § 18 Ges. an § 81 AbgO. hervorheben, so trifft dieses für Schenkungen und Zweckzuwendungen nicht zu. Denn der „Tatbestand, an dessen Verwirklichung das Erbschaftssteuergesetz die Steuer knüpft" (§ 81 Satz 1 AbgO.), wäre bei der Schenkung bereits das formgültige Versprechen, bei der Zweckzuwendung der Tod des Erblassers bzw. (§ 4 Ziff. 2) die (formgültige) Anordnung des Zuwendenden. Auch für Zuwendungen von Todes wegen gilt die Anpassung des § 18 Ges. an § 81 AbgO. nur bedingt. Selbstverständlich geht § 18 Ges. in allen Fällen als neuere spezielle Vorschrift dem § 81 Abs. 1 AbgO. vor. In Übereinstimmung mit letzterem kommt es für die Entstehung der Steuer auf deren Festsetzung nirgends an.

4. Die hervorragende **Bedeutung des Abs. 1** zeigt sich zunächst für die Tatbestände des Gesetzes selbst. So bestimmt sich sowohl die persönliche Steuerpflicht (§ 8), wie die Klassenzugehörigkeit (§ 9), wie der Wert des Anfalls (§ 31) nach der Entstehung der Steuerschuld, ebenso auch — unbeschadet der Vorschrift des § 11 Abs. 1 und 2 — der Wert des bereits vorhandenen Vermögens (§ 10 Abs. 3, § 11 Abs. 4). Ferner ist der Zeitpunkt der Entstehung der Steuerschuld maßgebend für den Beginn der Verzinsung (§ 33), für die Bemessung der in den §§ 17, 22 Ziff. 5, 25 Ges. und § 5 ÜberlVO. genannten Zeiträume, auch für die

Beurteilung der für die Anwendung einzelner Befreiungsvorschriften (z. B. § 22 Ziff. 7 [8], 9, 15, 16 u. a.) wesentlichen Verhältnisse. Sodann kommt es für die Anwendung der durch das Geldentwertungsgesetz vom 20. März 1923 geschaffenen wesentlichen Umgestaltung der §§ (8) 10, 22, 24, 32, 35 Ges. bzw. für die Anwendung der Bestimmungen des Art. III der Zweiten Steuernotverordnung vom 19. Dezember 1923 mit seinen einschneidenden Änderungen auf den Zeitpunkt der Entstehung der Steuerschuld an und ebenso auch, soweit Schenkungen und Zweckzuwendungen in Frage kommen (§ 2 ÜberlVO.), für die Anwendung des Ges. 1922. Im übrigen entscheidet in letzterer Hinsicht ausschließlich der Tod des Erblassers (§ 48 Abs. 2 Ges., §§ 1, 3 ÜberlVO.).

Ferner hängen von der Entstehung der Steuerschuld im Sinne des § 17 ab: der Beginn der Verjährung der Steuerschuld (§ 122 AbgO.), die Möglichkeit der Sicherung der Schuld durch Arrest (§ 351 das.), die Zulässigkeit der Neuveranlagung nach § 212 Abs. 4 AbgO., die örtliche Zuständigkeit der Finanzämter zur Ermittlung und Veranlagung (§§ 51 ff. AbgO.), die Vererblichkeit der Steuerschuld (§ 95 Abs. 3 das.), die Geltendmachung der Steuerforderung im Konkurse (§§ 3, 65 KO.), die Abziehbarkeit der Steuer als Passivum bei der Vermögensbewertung (vgl. § 11 VermStG.).

5. Regelmäßig — d. h. soweit nicht der Abs. 1 etwas Abweichendes bestimmt — entscheidet der Zeitpunkt des Anfalls. Der Begriff des Anfalls richtet sich nach bürgerlichem Rechte; doch hat das Steuerrecht hier durch Sondervorschriften teilweise abweichend vom BGB. eingewirkt (vgl. Noten 12 und 13). Wenn der Erbfall sich nach ausländischem Rechte beurteilt (Art. 25 EG. BGB.), so tritt dieses an Stelle des Rechtes des BGB.

Die Anwendung auf die einzelnen Erwerbsfälle der §§ 2 bis 4 ist in den nachstehenden Noten (6 bis 23) dargestellt.

6. Der Erwerb durch Erbanfall und Vermächtnis vollzieht sich (sofern nicht ausländisches Recht in Frage kommt — Note 5) mit dem Tode des Erblassers (BGB. §§ 1922, 2176), es sei denn, daß der Erwerb aufschiebend bedingt oder befristet ist (Note 7). Ob der Erbe bereits tatsächlich den Erwerb angetreten hat, ob er überhaupt in der Lage war, den Erwerb anzutreten (Unkenntnis von der Berufung, Aufenthalt im Auslande oder Gefängnis, Konkurseröffnung u. a.), ja ob der Erwerb infolge der Ausschlagungsmöglichkeit ein noch nicht endgültiger ist (BGB. §§ 1942 ff., 2180), ist gleichgültig.

Wird die Erbschaft (das Vermächtnis) ausgeschlagen, so fällt die Erbschaft (das Vermächtnis) demjenigen an, welcher berufen sein würde, wenn der Ausschlagende zur Zeit des Erbfalls nicht gelebt hätte; der Anfall gilt als mit dem Erbfall erfolgt (BGB. §§ 1953 Abs. 2, 2180 Abs. 3). Danach muß für den infolge Ausschlagung Berufenen die Steuerschuld als gleichfalls mit dem Erbfalle entstanden gelten. A. A. Mirre, Anm. 7 zu § 18, der hier einen aufschiebend bedingten Erwerb annimmt und den Wert am Tage der Ausschlagung für maßgebend erklärt. Diese Konstruktion erscheint trotz § 4 AbgO. gegenüber dem Wortlaute des § 1953 Abs. 2 Halbs. 2 gewagt und auch willkürlich. Allerdings scheint die hier vertretene Ansicht wegen der drohenden Verjährung des Steueranspruchs gegen den Ersatzberufenen (§ 122 AbgO.) nicht ganz ungefährlich, da die Ausschlagung u. U. erst jahrelang nach dem Erbfalle erfolgen kann (§ 1944 Abs. 2 Satz 1 BGB.). Man wird indes annehmen dürfen, daß, solange die Ausschlagungsmöglichkeit noch besteht, die Veranlagung eines Erben (Vermächtnisnehmers) als vorläufige im Sinne des § 82 AbgO. aufzufassen ist, so daß § 214 Abs. 1 Satz 3 AbgO. helfend eingreift.

Wird die Annahme der Erbschaft oder des Vermächtnisses bzw. die Versäumung der Ausschlagungsfrist (BGB. § 1956) angefochten (BGB. §§ 1954 ff. — für Vermächtnisse §§ 119 ff. das.), so gelten die Ausführungen des vorstehenden Absatzes in gleicher Weise (vgl. BGB. § 142 Abs. 1). Betreffs des Verjährungsbeginnes des gegen den Ersatzberufenen gegebenen Steueranspruchs greift hier ohne weiteres AbgO. § 214 Abs. 1 Satz 3 ein (AbgO. § 214 Abs. 2).

7. Ist die Anordnung eines Vermächtnisses aufschiebend bedingt oder aufschiebend befristet und tritt die Bedingung oder der Termin erst nach dem Erbfalle ein, so erfolgt der Anfall des Vermächtnisses erst mit dem Eintritt der Bedingung oder des Termins (BGB. § 2178); ist der Bedachte zur Zeit des Erbfalls noch nicht erzeugt oder wird seine Person durch ein erst nach dem Erbfall eintretendes Ereignis bestimmt, so erfolgt der Anfall erst mit der Geburt bzw. dem Eintritte des Ereignisses (das. § 2179). Mit dem Anfalle erscheint auch die Entstehung der Steuerschuld entsprechend hinausgeschoben, und zwar ohne Rücksicht darauf, ob durch den Erbfall wenigstens eine vererbliche Anwartschaft begründet war, oder — wofür bei der Bedingung die Vermutung streitet (BGB. § 2074) — nicht. In letzterer Hinsicht a. A. Mirre, Bem. 3 zu § 18.

Gleiches gilt für die aufschiebend bedingte oder befristete Erbeseinsetzung (BGB. §§ 158 Abs. 1, 163), wobei jedoch zu beachten ist, daß der also Eingesetzte als Nacherbe gilt (BGB. § 2105).

Die Setzung einer auflösenden Bedingung oder eines Endtermins schiebt den Anfall und damit die Entstehung der Steuerpflicht nicht hinaus (BGB. §§ 153 Abs. 2, 163); ein gleiches gilt von der bloßen Betagung, d. i. der Hinausschiebung nur der Fälligkeit, nicht auch der Wirkung des Rechtsgeschäfts.

8. Der Setzung einer aufschiebenden Bedingung ist der Fall gleichzuachten, daß eine Zuwendung einer staatlichen Genehmigung bedarf (vgl. EG. BGB. Art. 86—88). Es ist also der Wert am Tage der Genehmigung, nicht der am Todestag des Erblassers maßgebend; gleichgültig ist, welcher Wert höher ist (Urt. d. RFH. vom 15. Februar 1922, StuW. Jg. I Sp. 473 und vom 14. März 1919, beide für das Ges. 1906). Im übrigen ist die Frage durchaus streitig. Das RG., das im Urt. vom 21. Oktober 1898 (JW. 1878 S. 639) auf dem hier vertretenen Standpunkt steht, läßt im Urt. vom 24. Juni 1916, RGE. 88 S. 335 in Übereinstimmung mit seinen Urteilen vom 2. März 1911 (RGE. 75 S. 406) und 17. Juni 1911 (RGE. 76 S. 384) dahingestellt sein, ob eine aufschiebende oder auflösende Bedingung (Kammergericht in Johow, 31, S. A 59) vorliege, während der Kommentar von Crusen, Müller und Hobrecht zum Preuß. AG. BGB. S. 127 der Genehmigung in Anwendung der §§ 159, 184 BGB. rückwirkende Kraft beilegen will. Das Urt. des RFH. vom 20. März 1923 (Samml. XII S. 86) endlich bejaht die

rückwirkende Kraft der Genehmigung für das Reichsnotopfergesetz und läßt im übrigen die Frage offen; es betrifft aber die privatrechtliche Genehmigung nach § 184 BGB. Wenn aber die Zuwendung noch vor der staatlichen Genehmigung vollzogen wird, so tritt die Steuerpflicht bereits mit der Vollziehung ein, wie ja auch die Beteiligten trotz Nichtigkeit eines Rechtsaktes dessen steuerliche Folgen jedenfalls solange gegen sich gelten lassen müssen, als die Wirkungen des Aktes nicht rückgängig gemacht sind. Ein gleiches gilt für Zuwendungen an einen Verein, bevor er rechtsfähig geworden ist (Urt. d. RFH. vom 12. Juli 1922, StuW. Jg. I Sp. 989).

9. Mit dem bedingten Erwerbe (Note 7) darf nicht verwechselt werden der (unbedingte) Erwerb bedingter Rechte oder Forderungen, also solcher Rechte usw., die bereits zur Gläubigerzeit des Erblassers (Schenkers) bedingt waren. Solchenfalls ist nach § 147 AbgO. zu verfahren, das Vermögen also erst zu berücksichtigen, wenn die Bedingung eingetreten ist; die Veranlagung ist also zunächst auszusetzen, es kann aber gemäß § 82 Abs. 2 AbgO. Sicherheit vom Erwerber gefordert werden. (Ein gleiches schrieb vor Inkrafttreten der AbgO. der § 48 Ges. 1919 vor.) Tritt die Bedingung ein, so ist die Steuerfestsetzung innerhalb der Verjährungsfrist nachzuholen oder zu berichtigen (§ 214 AbgO., ähnlich § 48 Ges. 1919). Mit Recht folgert hieraus Mirre (Anm. 4 zu § 18): „Nachholen" bedeute jedenfalls, daß sich die Berechnung nach den früheren Umständen zu richten habe; danach entstehe bei Erwerb eines bedingten Rechtes eine bedingte Steuerschuld, es richte sich also Verwandtschaftsverhältnis (d. h. im Sinne des § 9 die Klassenzugehörigkeit), Vermögen des Erwerbers, Anwendung des § 8 usw. (auch der Tarif!) nach dem Zeitpunkt des Erwerbs, nicht nach dem des Eintritts der Bedingung. — Wenn der Erwerber vor dem Eintritte der Bedingung (ungewissen Befristung) stirbt, so ist der Anfall nach seinem Verwandtschaftsverhältnis zum Erblasser zu versteuern, nachdem die Bedingung (der Termin) eingetreten ist. Außerdem hat in diesem Zeitpunkte auch die Versteuerung des Vermögensüberganges vom Erwerber auf dessen Erben stattzufinden (Urt. d. RFH. vom 22. Februar 1922, StuW. Jg. I Sp. 473 Nr. 439 — allerdings für Ges. 1906). Soll aber, wie das hier geschehen ist, als Zeitpunkt der Entstehung der Steuerpflicht derjenige des Erwerbs, nicht der des Bedingungseintritts angesehen werden, so erscheint es gegenüber § 31 Ges. nicht folgerichtig, mit Mirre (Bem. 4 zu § 18 a. E.) für den Wert die Zeit des Eintritts der Bedingung entscheiden zu lassen.

Bei der demnächstigen Nachholung der Besteuerung ist der nachzuversteuernde Erwerb mit einem etwa gleichzeitig erfolgten unbedingten Erwerbe als Einheit zu behandeln. Hatte also der unvermögende X bei einem Erwerbe in der II. Steuerklasse im Januar 1923 je 5 Millionen Mark steuerpflichtiges Vermögen bedingt und unbedingt erworben, so ist nach Eintritt der Bedingung die erste in Höhe von 550 000 Mk. erfolgte Steuerfestsetzung auf 1 700 000 Mk. zu berichtigen. Bei der zweiten berichtigenden Festsetzung ist weder das unbedingt erworbene, noch etwaiges anderes in der Zwischenzeit erworbenes Vermögen gemäß § 10 Abs. 3 steuererhöhend zu berücksichtigen.

Gleicherweise ist ein Erwerb solcher Rechte zu behandeln, die von einem nur bezüglich des Zeitpunktes des Eintritts ungewissen Ereignis abhängen (AbgO. § 151), während beim Erwerb sonstiger befristeter oder bloß betagter Rechte oder auflösend bedingter Rechte eine sofortige Steuerfestsetzung nach ihrem derzeitigen Werte stattzufinden hat.

10. Bezüglich des Entstehens der Steuerpflicht bei Rentenversprechen scheidet ein unter der Herrschaft des Ges. 1919 ergangenes, aber noch heute verbindliches Gutachten d. RFH. vom 7. Januar 1921 (Samml. Bd. IV S. 243 = RStR. Sp. S. III S. 18 = JW. Jg. L, 1163) in folgender Weise:

„Betrifft der Erwerb die Bestellung eines einheitlichen Rentenstammrechts, als dessen Erträge sich die einzelnen Rentenbezüge darstellen, so entsteht die Steuerpflicht mit dem Zeitpunkt, in dem der Rentenbestellungsvertrag rechtliche Wirkung erlangt. Die Steuer ist zu berechnen auf Grund des Wertes des Rentenstammrechts für diesen Zeitpunkt gemäß §§ 144, 145, 143 Abs. 3 AbgO. Betrifft aber die Schenkung die Bestellung selbständiger Ansprüche auf die einzelnen Rentenbezüge, so tritt die Steuerpflicht bezüglich jeder Rentenzahlung mit dem Zeitpunkte der Zahlung ein, die Steuer ist gemäß § 38 (jetzt § 17) zu berechnen."

Das Gutachten hat die Schenkung von Rentenversprechen im Auge, ist aber für die praktisch häufigen Rentenvermächtnisse wohl gleichmäßig verwendbar. Es ist dann in Satz 1 statt „mit dem Zeitpunkt, in dem .... erlangt" zu lesen: „mit dem Erbfalle".

Das angezogene Gutachten ist vom Urt. d. RFH. vom 16. Dezember 1921 (Samml. Bd. VIII S. 60 = JW. Jg. LI S. 736[10]) mit dem Hinzufügen bestätigt, daß auch nicht vererbliche Rentenrechte der Erbanfall- und Schenkungssteuer unterlägen.

11. Bei der Nacherbschaft und den in § 7 Abs. 4 genannten Vermächtnissen ist der Zeitpunkt des Eintritts der Nacherbschaft bzw. des Anfalls des Vermächtnisses maßgebend.

Bezüglich der Sondervorschrift des § 37 vgl. daselbst.

12. Ist der Erblasser für tot erklärt (BGB. §§ 13 bis 20, VO. vom 18. April 1916 bzw. 9. August 1917, ZPO. §§ 946 ff.), so ist zu beachten, daß nach § 81 Abs. 5 AbgO. für die Steuergesetze nicht der bürgerlichrechtliche, im Ausschlußurteil gemäß § 18 BGB. bestimmte Tag als Todestag gilt, sondern der Tag, mit dessen Ablauf das Ausschlußurteil rechtskräftig wird, d. i., da das Urteil mit gewöhnlichen Rechtsmitteln nicht anfechtbar ist (§ 957 Abs. 1 ZPO.), der Tag seines Erlasses (§ 952 ZPO.). Die genannte Bestimmung wirkt auf die Annahme des Erbfalls im Sinne des Erbschaftssteuergesetzes und damit auf die Entstehung der Steuerpflicht gemäß § 18 zurück. Andererseits hat sie aber keinerlei bürgerlichrechtliche Bedeutung; die Frage, wer Erbe des Verschollenen geworden ist, ist also lediglich nach BGB. (bzw. dem maßgebenden ausländischem Rechte — EG. BGB. Art. 25) zu beurteilen. Es ist demnach zu ermitteln, was am steuerrechtlichen Todestage als Vermögen des Erblassers vorhanden war und auf wen dessen Vermögen nach bürgerlichem (ausländischem Rechte) bis zu diesem Zeitpunkte vererbt ist. Für die Klassenzugehörigkeit des so ermittelten Erben ist dessen Verhältnis zum Verschollenen maßgebend, ebenso für die Anwendung der Begünstigungs- und Befreiungsvorschriften (z. B. der §§ 13 und 22 Ges.). Für die Höhe des Erwerbes und das vorhandene Vermögen entscheiden die Verhältnisse des für den Stichtag ermittelten Erben. Stichtag für sämtliche in Frage kommenden Bestimmungen ist der steuerrechtliche Todestag. Dazwischen liegende Erbfälle scheiden für die Besteuerung aus.

Naturgemäß hat der „steuerrechtliche" Todestag auch dann Bedeutung, wenn der Erwerber (Erbe, Bedachte, Beschenkte usw.) verschollen ist. Liegt dieser Todestag vor dem für den Erwerb gemäß § 18 entscheidenden Stichtage, so scheidet der Erwerb des Verschollenen für die Besteuerung aus.

13. Da nur der geltend gemachte Pflichtteilsanspruch der Steuer unterworfen ist, so kann auch nur der Zeitpunkt der Geltendmachung als der für die Entstehung der Steuerpflicht maßgebliche „Anfall" in Frage kommen (a. A. Roth in Marcuse, Das neue Reichssteuerrecht, 2. Aufl S. 359; gl. A. dagegen Mirre, Bem. 9 zu § 18 und Finger, Anm. 2a Abs. 4 zu § 18). Richtig ist, daß das BGB. den Pflichtteilsanspruch mit dem Erbfalle entstehen läßt (das. § 2317); dadurch ist indes das Steuerrecht nicht gehindert, für seine Zwecke den Zeitpunkt anders zu bestimmen und das ist hier erkennbar geschehen. Wäre es anders, so könnte es möglich sein, daß der Pflichtteilsberechtigte seinen Anspruch erst geltend macht (BGB. § 2332), nachdem der Steueranspruch bereits verjährt war (AbgO. §§ 121, 122).

Mit Mirre (a. a. O.) ist anzunehmen, daß, wenn die Erben des Pflichtteilsberechtigten den Pflichtteilsanspruch erst geltend machen, sie ihn nach ihrem Verhältnis zum ursprünglichen Erblasser zu versteuern haben. Nicht zu begründen ist aber (Mirre a. a. O.), daß, wenn dem Pflichtteilsberechtigten vor der Geltendmachung Befriedigung mit Nachlaßgegenständen angeboten wird, deren Wert zu diesem Zeitpunkt maßgebend sei. Für den Begriff „Geltendmachung" vgl. Note 14 zu § 2.

14. In den drei übrigen Erwerbsfällen des § 2 Abs. 1 Ges. (Ziff. 2, 3, 4) gilt der Tod des Erblassers als Anfall und damit Entstehungszeitpunkt gemäß § 18. Vollzieht aber der Schenker die Schenkung auf den Todesfall schon zu seinen Lebzeiten, so wird sie nach BGB. § 2301 Abs. 2 wie eine Schenkung unter Lebenden behandelt. Es dürfte keine Veranlassung vorliegen, sie steuerrechtlich anders zu behandeln; demgemäß ist die Steuerpflicht hier mit der Vollziehung begründet (a. A. Mirre, Bem. 10 zu § 18).

15. Im Falle des § 2 Abs. 2 Ziff. 1 (Übergang von Vermögen auf eine vom Erblasser angeordnete Stiftung gelten sinngemäß die Ausführungen in Note 8. Entscheidend ist also der Zeitpunkt der Genehmigung bzw. der etwa vorher erfolgten Vollziehung der Zuwendung.

Bei dem Erwerb infolge Vollziehung einer Auflage oder Erfüllung einer Bedingung (§ 2 Abs. 2 Ziff. 2) dürfte dem Wortlaute der Vorschrift entsprechend die Schuld erst mit der Vollziehung bzw. Erfüllung entstehen (so Urt. d. RFH. vom 28. Juni 1920, Samml. Bd. III S. 221 für das Ges. 1906).

16. Dem Wortlaute der Ziff. 3 Abs. 2 § 2 könnte entnommen werden, daß die Steuerschuld bei den in Frage kommenden Erwerbsfällen bereits mit der Anordnung bzw. Übernahme der Leistungen entsteht. Indes spricht ein Vergleich mit der fast gleichlautenden Ziff. 4 des § 3 dafür, daß gleichwie in letzterem Falle die Schuld jedenfalls nicht vor dem Zeitpunkte der Ausführung der Zuwendung, sofern dieser nach der

Genehmigung liegt, entstehen soll (vgl. Note 18). Da ein innerer Grund für eine unterschiedliche Behandlung dieser wesensgleichen Erwerbsfälle nicht ersichtlich ist, möchte der letzteren Auffassung der Vorzug zu geben sein (a. A. scheinbar Mirre, Bem. 13 zu § 18; gl. A. im Ergebnis: Finger, Anm. 2a Abs. 5 zu § 18).

17. In den Fällen des Abs. 2 Ziff. 4 und 5 § 2 spricht die Wahl der Worte „was .... gewährt wird" zwingend dafür, daß das Gesetz die Steuerpflicht an den dinglichen Erfüllungsakt knüpfen will, denn „gewähren" ist eben das sachenrechtliche Erfüllungsgeschäft (so bezüglich des gleichen Wortes in § 138 Abs. 2 BGB.: RG. Samml. Bd. 59 S. 95ff.). Danach entsteht die Schuld mit der „Gewährung", ein Begriff, der der „Ausführung" im Sinne der Note 19 gleichkommen dürfte. Auch innere Gründe sprechen zum wenigsten nicht gegen vorstehende Auffassung. Denn zugegeben, daß beide Fälle steuerrechtlich einen Erwerb von Todes wegen darstellen, so beruhen sie doch logisch (wie übrigens auch der Fall in Ziff. 3) auf einem Geschäfte unter Lebenden, und davon abgesehen ist in den Fällen des § 2 die Entstehung der Steuerpflicht durchaus nicht einheitlich geregelt. A. A. Mirre (Bem. 14 und 15) und Roth in Marcuse, Das neue Reichssteuerrecht, 2. Aufl. S. 360, die die Schuld an den wirksamen Abschluß des zwischen den Beteiligten geschlossenen Vertrages knüpfen wollen, gl. A. Finger, Anm. 2a Abs. 5 zu § 18.

18. Schon das Ges. 1919 bestimmte in § 40 Abs. 3 Satz 2, daß bei einem Schenkungsversprechen die Steuerpflicht erst eintrete, wenn und soweit es vollzogen werde. Wenn § 18 Abs. 1 die Entstehung der Steuerschuld bei Schenkungen unter Lebenden an die Ausführung der Zuwendung knüpft, so scheint insoweit an dem früheren Rechtszustand nichts geändert (so auch Urt. d. RFH. vom 14. März 1923, Samml. Bd. XII S. 34). Bezüglich der Entstehungsgeschichte der Vorschrift ist auf Note 2 zu verweisen.

Das Gesetz gibt betreffs der Entstehung der Schuld eine einheitliche Vorschrift für „Schenkungen unter Lebenden". Hiernach ist wohl nicht zweifelhaft, daß die Regelung alle Fälle des § 3 umfassen soll, wofür auch die in den meisten Ziffern wiederkehrende Auswahl eines Ausdrucks spricht, die auf die Anknüpfung der Steuerschuld an den dinglichen Erfüllungsakt schließen läßt (Ziff. 3, 4: erlangt wird, erlangt; Ziff. 5: gewährt wird; Ziff. 6: herausgibt; Ziff. 7: übergang; Ziff. 9: erworben wird). — Für das Ges. 1919 schien die für Schenkungsversprechen gegebene Vorschrift insoweit jedenfalls der Ausdehnung fähig, als sie auch für Zuwendungen im Sinne des § 40 Satz 2, z. B. für Ausstattungsversprechen, galt (vgl. Urt. d. RFH. vom 10. November 1921, AStR. Jg. V Sp. 273, ferner vom 22. März 1922, DVR. Jg. XV S. 15). Darüber hinaus erschien eine Erstreckung bedenklich.

Bezüglich der Entstehung der Steuerpflicht der Vereinsbeiträge vgl. Note 84 zu § 22 und Noten 6, 8 zu § 24.

19. Der Zeitpunkt der Ausführung wird nicht überall unzweifelhaft feststehen. Negativ ist festzustellen, daß ein Schenkungsversprechen selbst in der gesetzlichen vorgeschriebenen Form (BGB. § 518) keine Ausführung ist. Regelmäßig ist ein dinglicher Vollzugsakt zu fordern, durch welchen dasjenige erreicht wird oder wenigstens erstrebt wird, was versprochen ist. Das braucht nicht notwendig eine Eigentumsübertragung zu sein, denn das Ziel des Versprechens kann auch auf die Einräumung eines dinglichen Rechts, namentlich eines Nießbrauchs, einer anderen Dienstbarkeit, einer Reallast gerichtet sein. Auch genügt, wie angedeutet, der Vollziehungswille, ohne daß die Vollziehung formell gültig zu sein braucht. Für die Schenkung von Grundstücken steht demgemäß der RFH. in ständiger Rechtsprechung (Urt. vom 11. März 1921, StuW. Jg. I Sp. 263, vom 27. Januar 1922, das. Sp. 480, vom 15. Mai 1922, das. Sp. 736) in Anlehnung an § 80 Satz 1 AbgO. auf dem Standpunkte, daß in der Übergabe zu Eigenbesitz ohne Auflassung die Vollziehung des Schenkungsversprechens liege — selbst dann, wenn die Schenkung bürgerlichrechtlich wegen Formmangels nichtig ist (StuW. Jg. I Sp. 263). Geht der Eigentumswechsel — z. B. bei Grundstücken die Auflassung und Eintragung — der Einräumung der wirtschaftlichen Eigentümerstellung (Übergabe) voraus, so ist erstere maßgebend (zit. Entsch. d. RFH., Samml. Bd. XII S. 34). Ob Auflassung allein genügt, ist zweifelhaft. Thieme (DStBl. Jg. V S. 103) bejaht die Frage, da der Schenker mit der Auflassung das seinerseits Erforderliche getan habe, die Schenkung somit ausgeführt sei. Die Lösung entspricht trotz formaljuristischer Bedenken dem praktischen Bedürfnis und kann aus § 4 AbgO. begründet werden. Die Folgerung aus der vorgetragenen Auffassung wäre dann, daß in jedem Falle dinglicher Rechtsänderung (z. B. schenkweise Bestellung eines Grundpfandes) eine der Form des § 873 Abs. 2 BGB. entsprechende Einigungserklärung bzw. Eintragungsbewilligung genügen müßte (a. A. Finger, Anm. 2 b zu § 18).

Weiter liegt in der Novation (Umwandlung) des Schenkungsversprechens in eine andere Forderung, namentlich in eine Darlehnsforderung, eine Vollziehung (Ausführung) der Schenkung. So RFH. in wiederholter Rechtsprechung: Urt. vom 19. Mai 1922, Samml. Bd. IX S. 276; Urt. vom 27. September 1922, Samml. Bd. X S. 243 = StuW. Jg. I Sp. 737). Ein gleiches gilt für die hypothekarische Sicherung des Schenkungsversprechens (Mirre, Note 16; a. A. Finger, Anm. 26 Abs. 6) und für die Umwandlung im Vergleichswege.

Besteht die Schenkung in der Abtretung einer Forderung, so kann nur in dem Abschlusse des Abtretungsvertrages zwischen Schenker und Beschenkten der Vollzug erblickt werden, denn dieser allein, nicht etwa die Benachrichtigung des Schuldners oder gar die einseitige Erklärung bewirkt den Übergang der Forderung (BGB. § 398). Es scheint deshalb zu weitgehend, mit Mirre (Anm. 17 zu § 18) in der Annahme der Erklärung des Abtretenden eine steuerlich unbeachtliche „Formalität" zu sehen. Dagegen dürfte es richtig sein, bei einem Vertrage zugunsten Dritter den Vollzug schon in dem Zeitpunkte des Abschlusses des Vertrages zu erblicken (Mirre a. a. O.), vorausgesetzt, daß für den Begünstigten unmittelbar das Recht begründet wird, die Leistung zu fordern (BGB. §§ 328, 330). Selbstverständlich ist dabei freilich, daß der Begünstigte das Recht zurückweisen (BGB. § 333) und damit der Steuerpflicht die Grundlage entziehen kann.

20. An Einzelfällen aus der Rechtsprechung des RFH. seien noch hervorgehoben:

a) Urt. vom 22. März 1922 (StuW. Jg. I Sp. 629 Nr. 658 = Samml. Bd. IX S. 31). Die entrichteten Zinsen eines schenkweise versprochenen, aber noch nicht ausgezahlten Kapitals sind als selbständige freigebige Zuwendungen zu behandeln und daher grundsätzlich steuerpflichtig, nicht aber etwa als (auf Grund des Schenkungsversprechens) geschuldete Leistungen steuerfrei; denn die Steuer ist von der durch das Versprechen begründeten Leistungspflicht unabhängig.

b) Urt. vom 22. März 1922 (StuW. Jg. I Sp. 628 Nr. 659 = Samml. Bd. IX S. 5): Die Änderung des Inhalts der Verpflichtung ändert deren Charakter nicht. Wenn sich jemand zu einer Leistung verpflichtet hat und nachträglich mit dem Gläubiger Ersatz dieser Leistung durch eine andere (im fraglichen Falle Ablösung jährlicher Mitgiftzuschüsse durch einmalige Abfindung) vereinbart, so ist diese Vereinbarung ein lästiges Geschäft. War die erste Leistung aber schenkweise versprochen, so hat auch die neue Verpflichtung den Charakter einer Verpflichtung aus einem Schenkungsversprechen. War die erste Verpflichtung wegen Formmangels nichtig, so ist die zweite nicht gültig. Die schließliche Erfüllung ist Vollziehung des ursprünglichen, durch die nachträgliche Vereinbarung nur abgeänderten Schenkungsversprechens.

Bezüglich des für die Besteuerung maßgebenden Gesetzes führt das Urteil aus: Die zur Zeit der Anwendbarkeit des Ges. 1919 erfolgte Vollziehung eines Schenkungsversprechens ist auch dann nach diesem Gesetze steuerpflichtig, wenn das Versprechen vorher rechtsgültig erteilt war. — Für das Ges. 1922 gilt Entsprechendes schon nach § 2 ÜberlBO.

c) Urt. vom 9. Februar 1922 (RStR. Sp. S. V S. 21): Ein Schenkungsversprechen kann dann als vollzogen gelten, wenn die Gesellschafter einer offenen Handelsgesellschaft einem Dritten bei der Gesellschaft einen Betrag unentgeltlich zur freien Verfügung gestellt haben und die Gesellschaft dieses dem Dritten gegenüber anerkannt hat.

d) Urt. vom 21. März 1921 (StuW. Jg. I Sp. 263): Dagegen ist die Hinterlegung von Wertpapieren nebst Zinsscheinen keine Erfüllung des Schenkungsversprechens bezüglich der Zinsen.

e) Urt. vom 17. Mai 1922 (Samml. Bd. X S. 237): Wird durch den Vertragsabschluß ein auf die Dauer berechneter Zustand begründet, so ist schon damit das Versprechen vollzogen (Betr.: Schenkweise Einräumung einer Unterbeteiligung als Gesellschafter). Auch der Tod des Schenkers verändert den Charakter des Schenkungsversprechens.

f) Bezüglich der einen ähnlichen Gedanken aussprechenden Entscheidungen betreffs Rentenversprechen vgl. Note 11.

g) Bei einer gemischten Schenkung (Noten 38, 39 zu § 3) gilt die Zuwendung erst mit der Übergabe oder Übereignung (Auflassung) des zugewendeten Gegenstandes als ausgeführt. Ist die Ausführung unter der Herrschaft des Ges. 1922 erfolgt, so ist dieses maßgebend. — Urt. d. RFH. vom 14. März 1923, Samml. XII S. 34 = StuW. Jg. II Sp. 575.

21. Wird ein Schenkungsversprechen erst gegenüber den Erben des Beschenkten ausgeführt, so haben diese den Anfall nach ihrem Verhältnis zum Schenker zu versteuern (ebenso Mirre, Anm. 16 zu § 18). Dagegen ist das Verhältnis zum Schenker stets maßgebend, auch wenn erst dessen Erben die Schenkung ausführen.

22. Eine teilweise Ausführung der Schenkung kann die Steuerschuld auch nur zum entsprechenden Teile zur Entstehung bringen. Das gilt namentlich dann, wenn die Ausführung im Wege der Zwangsvollstreckung erzwungen wird.

23. Bezüglich der Zweckzuwendungen nahm das Urt. d. RFH. vom 16. März 1922 (StuW. Jg. I Sp. 629) an, daß die Steuerpflicht erst mit dem Zeitpunkte der Übertragung auf die Mittelsperson eintrete. Diese Entscheidung, die offenbar nur Zweckzuwendungen unter Lebenden im Auge hat, läßt sich auch für solche in diesem Umfange nicht mehr halten. Das Ges. 1922 stellt die Entstehung jetzt allgemein auf den Eintritt der Verpflichtung des Beschwerten (d. i. Verpflichtung zur Ausführung der Zuwendung) ab, der in den Einzelfällen verschieden, aber stets nach bürgerlichem Rechte, zu beurteilen ist:

a) Im Falle des § 4 Nr. 1 (Zweckzuwendung von Todes wegen) tritt die Verpflichtung ohne Rücksicht auf die Ausführung der Zuwendung oder deren Annahme durch den Beschwerten regelmäßig mit dem Erbfall ein. Soweit die Zuwendung an eine dem Zweck dienende Bedingung geknüpft ist, ist das selbstverständlich, ebenso, wenn der Erbe mit einer entsprechenden Auflage beschwert ist. Ist der Nachlaß durch die Auflage überschuldet, so greift § 1992 BGB. ein. Besteht die Zweckzuwendung in einem Vermächtnis mit entsprechender Auflage, so ist der Beschwerte (= Mittelsperson) erst dann zur Erfüllung verpflichtet, wenn er die Erfüllung des ihm zugewendeten Vermächtnisses seinerseits verlangen kann (§ 2186 BGB.), was aber regelmäßig mit dem Erbfalle bereits gegeben ist (BGB. § 2176). Hier sind ferner die Leistungsverweigerungs- und Kürzungsrechte aus BGB. §§ 2187 (bei unzureichendem Vermächtnis) und 2188 (bei Kürzung der zukommenden Zuwendung wegen Pflichtteilsansprüchen usw.) zu beachten, die ebenmäßig die Entstehung der Steuerschuld und ihre Höhe beeinflussen.

Selbstverständlich ist, daß der Erblasser in jedem Falle den Eintritt der Verpflichtung des Beschwerten zeitlich bestimmen kann. Wie solchenfalls die Zuwendung vor dem Eintritte der Verpflichtung zu behandeln wäre, müßte nach den Umständen des besonderen Falls entschieden werden.

b) Soweit die Zweckzuwendung mit einem Vertrage verknüpft ist (Ziff. 2 a letzte Alternative und Ziff. 2 b), wird die Verpflichtung grundsätzlich mit dem Abschluß des Vertrages eintreten, soweit nichts anderes bestimmt ist. Ist die Zuwendung unter Lebenden mit einer dem Zweck dienenden Bedingung verknüpft, so kommt es auf vertragsmäßige Vereinbarung an, wann die Verpflichtung eintreten soll; mangels besonderer Abrede wird die Verpflichtung mit der Ausführung der Zuwendung und nach Maßgabe der Ausführung entstehen.

Handelt es sich endlich um eine Schenkung unter einer Auflage, so kann deren Vollziehung erst verlangt werden, wenn der Schenker seinerseits geleistet hat (BGB. § 525). Das Leistungsverweigerungsrecht nach § 526 das. beeinflußt auch die Entstehung und die Höhe der Steuerschuld.

Ist die Auflage nicht an eine Schenkung i. e. S. gebunden, so dürfte das gleiche gelten.

Zu Abs. 2.

24. Abs. 2 handelt vom Steuerschuldner. Der Begriff entspricht dem des Steuerpflichtigen im Sinne des § 79 AbgO.; es ist also derjenige, der die Steuerschuld zu entrichten hat. Für die Stellung des Steuerschuldners, namentlich den Umfang seiner Haftung, die Voraussetzungen seiner Inanspruchnahme, gelten durchaus die Vorschriften der Reichsabgabenordnung. Daraus folgt, daß die Haftung eine prinzipale (die eines Hauptschuldners) und grundsätzlich auch eine unbeschränkte, d. h. eine solche mit dem ganzen Vermögen, nicht nur mit den erworbenen Gegenständen ist. Eine Ausnahme macht nur die Haftung des Erben (nicht aber auch der Vermächtnisnehmer, Auflage- oder Pflichtteilsberechtigten, der Beschenkten u. a.) für die Steuerschuld. Da letztere eine aus dem Nachlaß zu entrichtende Steuer ist (§ 87 Abs. 2; Becker, Komm. z. AbgO., 2. Aufl., Anm. 2 zu § 87) greift § 95 Abs. 3 AbgO. ein, wonach die Erben wie für Nachlaßverbindlichkeiten nach bürgerlichem Rechte haften. Letzteres steht zwar auf dem Boden der unbeschränkten Haftung (§ 1967 Abs. 1 BGB.), gibt aber dem Erben die Möglichkeit, seine Haftung durch die auf seinen Antrag erfolgende Anordnung einer Nachlaßverwaltung oder die Eröffnung des Nachlaßkonkurses oder die Geltendmachung der sog. Abzugseinreden zu beschränken (BGB. §§ 1975 ff., 1990 bis 1992; KO. §§ 214 ff.), solange er das Recht, die Haftung zu beschränken, noch nicht allen Gläubigern gegenüber verloren hat (BGB. § 2005).

Sind mehrere Steuerschuldner vorhanden, so haften sie als Gesamtschuldner (§ 95 Abs. 1 AbgO.), d. h. das Reich kann einen jeden von ihnen in voller Höhe in Anspruch nehmen, insgesamt aber nicht über die Höhe der Steuerschuld hinaus (BGB. § 421). Die Vorschrift des § 426 BGB., wonach die Gesamtschuldner im Verhältnis zueinander im Zweifel nach gleichen Teilen haften, ist für das Steuerrecht jedoch nur mit größter Vorsicht anwendbar. Denn in allen den Fällen, in denen einer der Gesamtschuldner als Hauptschuldner gedacht ist (und das ist die große Mehrzahl), ist im Innenverhältnis auch nur der Hauptschuldner verpflichtet, ja, der Verzicht auf Ersatz gegen den Hauptschuldner würde unter den weiteren gegebenen Voraussetzungen sogar eine Schenkung darstellen. Ausgleichspflichten gemäß § 426 BGB. bestehen also nur in kleinem Umfange, z. B. unter mehreren mit der Ausführung der gleichen Zweckzuwendung Beschwerten, unter mehreren Empfängern der gleichen Zuwendung, wohl auch unter mehreren Schenkern oder mehreren nach Abs. 4 in Anspruch genommenen Erben im Verhältnis zueinander.

Die Inanspruchnahme des Steuerschuldners erfolgt gemäß §§ 299 ff. AbgO., auf die hier verwiesen wird. Bei gesamtschuldnerischer Haftung mehrerer Steuerschuldner braucht eine bestimmte Reihenfolge nicht innegehalten zu werden. Der als Steuerschuldner in Anspruch genommene Erbe macht seine beschränkte Haftung gemäß § 301 Abs. 1 AbgO. im Wege der Klage gegen das Reich geltend. Zur Begründung der Klage gehört: a) daß Gegenstände gepfändet sind, die nicht zum Nachlasse gehören, an denen ihm aber ein Recht gemäß § 771 ZPO. zusteht, b) daß die Beschränkung seiner Haftung gemäß §§ 1975, 1990 ff. (1973, 1974) eingetreten sei. — Im Konkurs des Steuerschuldners ist der Fiskus wegen seiner Forderung bevorrechtigt (§ 61 Nr. 2 KO.).

25. Da ein Steuerschuldner vorhanden ist, sobald die Steuerschuld entstanden ist (Abs. 1), ist mit letzterem Augenblicke auch bereits die Einleitung eines Veranlagungsverfahrens mit anschließender Steuerfestsetzung und die Inanspruchnahme des

Steuerschuldners möglich. Insbesondere hindert die Ungewißheit, ob der Erbe oder der Vermächtnisnehmer das Zugewandte angenommen hat, die Festsetzung der Steuerschuld an sich nicht, wenngleich eine solche vor Lösung der Ungewißheit sich nur dann empfehlen könnte, wenn Verjährung droht. Andererseits kann in allen Fällen, in denen die Entstehung der Schuld von der Ausführung der Zuwendung abhängt, eine Steuerfestsetzung auch erst nach der Ausführung folgen.

26. In Anlehnung § 30 Abs. 1 Ges. 1919, § 31 Abs. 1 Ges. 1906 stellt der Abs. 2 den Grundsatz auf, daß der Erwerber der Steuerschuldner sei. Dieser Grundsatz gilt uneingeschränkt für alle Erwerbe von Todes wegen (§ 2) und durch Schenkung unter Lebenden (§ 3), nicht aber gilt er für Zweckzuwendungen aller Art. Die Fassung des Abs. 2 bringt letzteres zwar nicht klar zum Ausdruck, da das Wort „und" hinter Schenker auch darauf schließen lassen könnte, daß, wie bei einer Schenkung auch der Schenker, so bei einer Zweckzuwendung neben dem Erwerber auch der Beschwerte Schuldner sein solle. Die Fassung des § 30 Satz 1 Ges. 1919 ließ indes keinen Zweifel, daß bei einer Zweckzuwendung der Beschwerte, nicht auch der Erwerber Schuldner sei und es ist nicht anzunehmen, daß hieran etwas geändert werden sollte. Eine Heranziehung der Erwerber zur Steuer erscheint bei einer Zweckzuwendung auch praktisch undurchführbar. Vgl. auch Note 28.

Im übrigen ist der Begriff des Erwerbers aus den früheren Ausführungen zu entnehmen. Vgl. namentlich Note 5 zu § 9.

Solange ein Erwerber nicht vorhanden ist (vgl. Note 25), ist auch eine Festsetzung der Steuerschuld unmöglich. Ein gleiches gilt auch dann, wenn die Person des Erwerbers unbekannt ist. Das ist namentlich der Fall, wenn ungewiß ist, wer Erbe ist. In solchem Falle kann das Finanzamt gemäß § 1960 BGB. die Bestellung eines Nachlaßpflegers durch das Nachlaßgericht (§§ 72 ff. Ges. über die Angelegenheiten der freiwilligen Gerichtsbarkeit vom 17. Mai 1898) beantragen, welcher dann, zunächst ohne persönliche Haftung, aber bei Vermeidung einer solchen (§ 90 AbgO.), für die Bezahlung der Steuerschulden zu sorgen hat.

Im übrigen ist der Erwerber Steuerschuldner kraft öffentlichrechtlicher Verbindlichkeit. Die notwendige Folge hiervon ist, daß der Erwerber dem Staat gegenüber stets und unbedingt zur Zahlung der Steuer verpflichtet wird und bleibt, daß mithin letztwillige Verfügungen des Erblassers oder Vereinbarungen der an einer Erbschaft Beteiligten, durch welche eine anderweite Regelung bezüglich der Entrichtung der Erbschaftssteuer festgestellt worden ist, an jener Verpflichtung des Erwerbers als einer öffentlichrechtlichen nichts ändern und den Staat in keiner Weise beschränken oder binden können. Letztwillige Verfügungen und Vereinbarungen der fraglichen Art sind als solche, sofern ihnen nicht sonst ein Mangel anhaftet, in privatrechtlicher Beziehung vollkommen rechtsgültig und können demnach einen privatrechtlichen Anspruch des Steuerpflichtigen gegen die mit der Steuerzahlung Beschwerten auf Schadloshaltung begründen; sie sind aber dem Staat gegenüber, welcher sich nur an den Steuerpflichtigen zu halten hat und zu halten braucht, ohne Rechtswirkung. Vgl. hierzu § 16 Ges. und § 100 Abs. 2 AbgO.

Ist der Erwerber gestorben, so haben dessen Erben neben ihrer eigenen Steuerpflicht die Steuerpflicht jenes zu erfüllen. Der Vermögenszuwachs, auf den sich die erstere Steuerpflicht bezieht, der Anfall des ersten Erwerbers an den zweiten, ist in den letzteren Gesamtanfall einzurechnen, jedoch ist dabei das nach der erstberührten Steuerpflicht zu zahlende, da es aus einer Nachlaßverbindlichkeit gezahlt wird und dementsprechend den zweiten Anfall kürzt, in Absatz zu bringen.

27. Auch bei Schenkungen unter Lebenden (§ 3) ist in erster Linie der Beschenkte der Steuerschuldner, neben ihm aber auch der Schenker und zwar nach § 95 Abs. 1 AbgO. als Gesamtschuldner; im Innenverhältnis haftet jedoch der Beschenkte allein (vgl. Note 24 Abs. 2 — Mirre, Bem. 21 zu § 18), sofern nicht etwa der Schenker die Steuer übernommen hat (§ 16 Satz 2). Aber auch im letzteren Falle kann sich das Reich an den Beschenkten halten.

Für das Gesetz 1919 enthielt § 41 Abs. 1 die gleiche Regelung.

28. Bei Zweckzuwendungen jeder Art ist der mit der Ausführung der Zuwendung Beschwerte der Steuerschuldner. Derjenige oder diejenigen, denen die Vorteile der Zuwendung etwa zugute kommen (Destinatäre), haften als solche nicht (vgl. URFH. 2. Februar 1923, StuW. II, Sp. 403). Doch scheint eine Haftung im Rahmen des Abs. 4, d. h. als Empfänger des Nachlasses, nicht ausgeschlossen. Anderseits dürfte, soweit es sich um Zweckzuwendungen unter Lebenden handelt (§ 4 Nr. 2), die Haftung des „Schenkers" (Note 24), d. i. des Zuwendenden, neben der des Verpflichteten gegeben sein (ebenso Mirre, Bem. 22 zu § 18). Weiter dürfte auch mit Mirre (a. a. O.) anzunehmen sein, daß § 86 Abs. 2 AbgO. durch unsere Bestimmung nicht berührt wird, daß also der Beschwerte nicht persönlich haftet, sondern nur — allerdings bei Meidung eigener Haftung, § 90 — die Steuerschuld aus dem Zweckvermögen zu entrichten hat. Die Vorschrift des § 30 Abs. 1 Satz 2 Ges. 1919, der zufolge der Beschwerte im Zweifel die Steuer auf die Zuwendung anrechnen konnte, ist als selbstverständlich und zudem dem Privatrechte angehörend nicht übernommen. — Im übrigen entspricht die Haftung des Beschwerten dem § 30 Abs. 1 Satz 1 Ges. 1919.

Zu Abs. 3.

29. Nach § 5 Ges. gelten bei der fortgesetzten Gütergemeinschaft die dieselbe fortsetzenden Abkömmlinge steuerrechtlich als Erwerber des Anteils des verstorbenen Ehegatten. Dem entspricht die durch Abs. 3 gegenüber dem § 30 Abs. 2 Ges. 1919 neu eingefügte Stellung der Abkömmlinge als Steuerschuldner nach dem Verhältnis ihrer Anteile. Eine gesamtschuldnerische Haftung der Abkömmlinge ist damit nicht gegeben, andererseits ist ihre Haftung nicht auf den Wert der Anteile beschränkt. Die Anteile geben aber den Maßstab ab für die Höhe des Teiles der gesamten zu erhebenden Steuer, der auf den einzelnen Abkömmling fällt; das Verhältnis der auf die einzelnen Anteile entfallenden Steuerbeträge ist also gleichgültig. Beispiel: steuerpflichtiger Anteil des verstorbenen Ehegatten, Wert: 12 000 000 Mk. Gemeinschaftliche Abkömmlinge: A, Sohn mit eigenem Vermögen von 5 000 000 Mk. zur Hälfte, X, Y, Z, Enkel (Söhne des verstorbenen Sohnes B) ohne eigenes Vermögen zu je $^1/_6$ beteiligt. Erbfall im Januar 1923. Steuer für Erwerb des A (10,92 % von 6 000 000) 655 200 Mk., für den Erwerb des X, Y, Z je 7% von 2 000 000 Mk. = 140 000 Mk. Die Gesamtsteuer von 655 200 + 420 000 = 1 075 200 Mk. würde also unter A, X, Y, Z im Verhältnis von 3:1:1:1 zu zerlegen sein. Fraglich ist, ob auch diejenigen Abkömmlinge Steuerschuldner sind, die gar nicht steuerpflichtig sind. Beispiel: wie vor, steuerpflichtiger Wert des Anteils des verstorbenen Gatten jedoch nur 1200000 Mk. In diesem Falle wäre nur der Anteil des A von 600000 Mk. mit 5,005 v. H. zu versteuern; die andern Anteile sind steuerfrei, weil sie unter 500000 Mk. bleiben. Hier dürfte sich das Reich nicht nur an A (neben dem überlebenden Ehegatten), sondern auch an X, Y, Z halten können und zwar wieder nach Verhältnis der Anteile.

Neben den Abkömmlingen ist auch der überlebende Ehegatte für den gesamten Steuerbetrag Steuerschuldner und zwar Gesamtschuldner (§ 95 Abs. 1 AbgO.). Da kraft der besonderen Regelung des BGB. über die fortgesetzte Gütergemeinschaft insonderheit nach § 1487 in Verbindung mit § 1443 BGB. die Verwaltung des Gesamtgutes dem überlebenden Ehegatten zusteht, so entsprach es der Natur der Sache, diesem die Haftung für die Erbanfallsteuer aufzuerlegen. Auch diese Vorschrift ist lediglich praktischen Gesichtspunkten im Interesse der Steuererhebung entsprungen. Der überlebende Ehegatte soll nicht Steuerträger werden; deshalb hatte das Ges. 1919 (§ 30 Abs. 2) ihm die Befugnis ausdrücklich zuerkannt, mit der Steuer die einzelnen Anteile am Gesamtgut entsprechend zu belasten. Dieses Recht des überlebenden Ehegatten ist zwar in das jetzige Gesetz nicht besonders übernommen, dürfte aber gleichwohl fortbestehen. Dabei bleibt indessen die (freilich nur privatrechtliche) Frage offen, ob die Abkömmlinge im Innenverhältnis zueinander die Steuer nach dem Verhältnis der auf sie entfallenden Anteile oder der auf diese Anteile zu errechnenden Steuer zu tragen haben. Das letztere dürfte richtiger sein.

Vorbemerkungen zu Abs. 4, 6, 7.

30. Im Gegensatze zu Abs. 2 und 3, die vom Steuerschuldner handeln, behandeln die Abs. 4, 6, 7 bestimmte Haftungen, d. i. das Einstehen für fremde, eben des Hauptschuldners, Steuerschulden. Abgesehen davon, daß das steuerliche Ermittelungs- und Festsetzungsverfahren sich zunächst nicht gegen die Haftenden, sondern die eigentlichen Steuerschuldner richtet, unterscheidet sich die Haftung inhaltlich kaum von der Steuerschuld. Insbesondere haften die Haftenden neben dem Steuerschuldner als Gesamtschuldner (AbgO. § 95) und können demgemäß vom Finanzamt in Anspruch genommen werden (das. § 98), ohne daß ein Beitreibungsversuch gegen den Steuerschuldner vorangegangen zu sein brauchte. Gegen ihre Heranziehung haben sie die Rechtsmittel des Steuerpflichtigen (§ 99 das.), im Beitreibungsverfahren gelten sie als Vollstreckungsschuldner (§ 299 Abs. 3 das.), so daß die zwangsweise Beitreibung gegen sie in gleicher Weise wie gegen den Steuerschuldner selbst ohne vorgängiges gerichtliches Verfahren auf Grund der Bekanntgabe einer bloßen Zahlungsaufforderung möglich ist (§ 299 Abs. 4 das.).

Die Haftungen sind im § 18 ErbschStG. keineswegs erschöpfend geregelt. Abgesehen von der Haftung, die sich aus der Nichtbefolgung des § 14 Abs. 3 Satz 2 ergibt (vgl. Note 9 zu § 14), sind in der Abgabenordnung §§ 84 ff. verschiedene Haftungsfälle enthalten, die, soweit sie für die Erbschaftssteuer Bedeutung haben, in den Noten 31 und 32 Aufnahme finden sollen. Für den Inhalt dieser Haftungen gelten, soweit sie allein auf der Steuergesetzgebung beruhen (Note 31) die Ausführungen des Vorabsatzes, soweit sie aber auf bürgerlichem Rechte beruhen (Note 32), im allgemeinen nicht. Hierzu vgl. Note 32 a. Anf.

Im Gegensatze zu den Haftungen des § 18 Abs. 4, 6, 7 haben die in den folgenden beiden Noten zu erörternden Haftungen im allgemeinen auch Bedeutung für die anläßlich von Schenkungen unter Lebenden zu erhebenden Steuern.

31. An rein steuerrechtlichen Haftungen der AbgO. kommen in Frage:

a) Die Haftung der gesetzlichen Vertreter geschäftsunfähiger und in der Geschäftsfähigkeit beschränkter Personen sowie der gesetzlichen Vertreter (besser Organe) juristischer Personen (§ 84 AbgO.), der Vermögensverwalter (Ehemann bezüglich des eingebrachten Gutes der Frau und des Gesamtgutes bei Gütergemeinschaften, Konkurs-, Zwangs-, Nachlaßverwalter, Pfleger, Testamentsvollstrecker — § 85 das.), der Vorstände, Geschäftsführer, eventuell Mitglieder nicht rechtsfähiger Personenvereinigungen oder Zweckvermögen (§ 86 das.) sowie der Bevollmächtigten und machtlosen Stellvertreter — BGB. §§ 177 ff. — (§ 89 das.), insoweit die Genannten durch schuldhafte Verletzung der ihnen nach §§ 84 bis 86, 89 AbgO. obliegenden Pflichten die Verkürzung von Steueransprüchen oder zu Unrecht erfolgte Erstattungen bewirkt haben. Die den Genannten nach §§ 84 bis 86, 89 AbgO. obliegenden Pflichten sind die Erfüllung aller den Vertretenen bzw. Vermögenseigentümern (§ 85 AbgO.) obliegenden Pflichten (Steuererklärungs-, Aufklärungs-, Nachweisungspflicht u. a.) sowie die Fürsorgepflicht, daß die Steuern aus den verwalteten Mitteln entrichtet werden. Nach Urt. d. RFH. vom 12. Mai 1923 (RStR. VI Sp. 546) ist der mit einer Zweckzuwendung Beschwerte bezüglich der Haftung aus §§ 86 Abs. 2, 90 AbgO. dem Vertreter einer rechtsfähigen Stiftung gleichzuachten.

Zur Geltendmachung dieser Haftungen bedarf es der Genehmigung des Landesfinanzamts (§ 90 Abs. 2). Für die Haftung der Rechtsanwälte ist Abs. 3 das. zu beachten.

b) Beim Wegfall eines Steuerpflichtigen (Tod, Auflösung einer juristischen Person usw.) haben die Rechtsnachfolger, Testamentsvollstrecker, Erbschaftsbesitzer, Pfleger, Liquidatoren, Verwalter und die Bevollmächtigten der Genannten dafür zu sorgen, daß Mittel zur Bezahlung der vorher entstandenen und der aus einem Nachlaß zu entrichtenden Steuerschulden zurückbehalten und daß diese Steuern bezahlt werden; auf Verlangen ist aus dem Nachlaß oder der Masse Sicherheit zu leisten (§ 87 AbgO.). Soweit die Genannten durch schuldhafte Verletzung ihrer vorbezeichneten Pflichten die Verkürzung von Steueransprüchen oder die Gewährung von Erstattungen bewirkt haben, haften sie persönlich neben dem Pflichtigen. Abs. 2 Satz 1 zu a gilt auch hier (§ 90 AbgO.).

Die hier genannte Haftung tritt namentlich ein, wenn und soweit die bezeichneten Personen schuldhaft die ihrer Verwaltung unterliegende Vermögensmasse Dritten vor Entrichtung von Erbschaftssteuern ausgeantwortet haben und bildet somit ein Seitenstück zu der Haftung in Abs. 6 § 18 ErbschStG.

c) Wo Gesellschaften, Vereine oder Genossenschaften als solche erbschaftssteuerpflichtig sind, haften die einzelnen Gesellschafter und Mitglieder für die Steuer in der gleichen Weise, wie sie nach bürgerlichem

Recht für die sonstigen Schulden der Gesellschaft usw. haften (§ 93 AbgO.). Ist demnach eine offene Handelsgesellschaft Steuerschuldner, so haften die einzelnen Gesellschafter gesamtschuldnerisch, prinzipal und unbeschränkt für die Steuerschuld, ebenso die Komplementäre einer Kommanditgesellschaft, während die Kommanditisten nur in Höhe ihrer noch rückständigen Einlage, Aktionäre oder Gesellschafter einer GmbH. aber regelmäßig überhaupt nicht haften.

d) Nach § 97 AbgO. haben nach dem Tode oder Wegfall eines Steuerpflichtigen die Testamentsvollstrecker, Pfleger, Liquidatoren, Verwalter und Erbschaftsbesitzer (nicht aber Erben, Pflichtteils- und Auflageberechtigte, Vermächtnisnehmer), falls sie erkennen, daß der Pflichtige Steuererklärungen unrichtig oder unvollständig oder pflichtwidrig überhaupt nicht abgegeben hat, dieses bei Vermeidung persönlicher Haftung für die vorenthaltenen Steuerbeträge binnen Monatsfrist dem Finanzamte anzuzeigen.

32. Neben diese dem Steuerrechte entspringenden Haftungen treten noch solche des bürgerlichen Rechts. Für solche gelten die Vorschriften der AbgO. im allgemeinen nicht. Doch ist auch gegen die hienach Haftenden ohne vorgängige Klage die Zwangsvollstreckung auf Grund einer nach zuvorigem Gehör des Inanspruchgenommenen ergangenen Entscheidung des Finanzamts (Näheres vgl. § 303 AbgO.) möglich (§ 100 Abs. 1). Die einzige Ausnahme macht der Fall zu e.

In Frage kommen namentlich:

a) Die Haftung dessen, der das Vermögen des Steuerschuldners durch Vertrag übernimmt (BGB. § 419).

b) Die Haftung des Erbschaftskäufers (das. § 2382).

c) Die Pflicht des Nießbrauchers an einem Vermögen oder an einer Erbschaft, die Zwangsvollstreckung in das seinem Rechte unterliegende Vermögen wegen der vor der Bestellung entstandenen Steuerschulden des Bestellers zu dulden (§§ 1086, 1089 BGB.).

d) Bezüglich der Haftung des Ehemanns für die Erbschaftssteuerschuld der Frau ist zu scheiden:

aa) Bei bestehendem gesetzlichen Güterstande gehören Anfälle von Todes wegen oder unentgeltlich unter Lebenden an die Frau regelmäßig zum Eingebrachten der Frau. Bezüglich der Erbschaftssteuerschuld hat zwar der Mann in diesem Regelfalle die Zwangsvollstreckung in das Eingebrachte zu dulden (§ 1411 BGB., § 739 ZPO.), ohne jedoch persönlich zu haften. Denn da die Erbschaftssteuer auf dem Stammwert des Eingebrachten ruht (Komm. d. Reichsgerichtsräte z. BGB. Anm. 5 zu § 1385), kommt die persönliche Haftung aus §§ 1385, 1388 BGB. nicht in Frage.

Gehört der Erwerb ausnahmsweise zum Vorbehaltsgut (BGB. § 1369), so besteht weder eine persönliche Haftung des Mannes, noch eine Verpflichtung für ihn, die Zwangsvollstreckung in das Eingebrachte zu dulden (§ 1413 das.).

bb) Bei Gütertrennung kommen Haftungen des Mannes nicht in Frage.

cc) Bei allgemeiner Gütergemeinschaft fällt der Erwerb von Todes wegen und durch Schenkung regelmäßig in das Gesamtgut. Folglich hat der Mann die Vollstreckung in dieses wegen der Steuerschuld zu dulden (BGB. § 1459, ZPO. § 740) und haftet zudem für die Steuer auch persönlich und zwar ohne Rücksicht auf die Beendigung der Gemeinschaft (§ 1459 Abs. 2 BGB.).

Ist der Erwerb Vorbehaltsgut (BGB. §§ 1440 Abs. 2, 1369), so gilt das zu aa Abs. 2 Gesagte (das. §§ 1461, 1459 Abs. 2).

dd) Bei der Errungenschaftsgemeinschaft ist der fragliche Erwerb regelmäßig eingebrachtes Gut (BGB. § 1521), ausnahmsweise Vorbehaltsgut der Frau (das. §§ 1526, 1369). Es gelten sinngemäß die Ausführungen zu aa (vgl. namentlich BGB. §§ 1525 Abs. 2, 1413). Eine persönliche Haftung kommt überhaupt nicht in Frage.

ee) Bei der Fahrnisgemeinschaft ist der hier fragliche Erwerb nur dann Gesamtgut, wenn er bewegliches Vermögen betrifft und nur vorbehaltlich der §§ 1553, 1440 Abs. 2 in Verbindung mit § 1549. Insoweit gelten die Ausführungen zu cc Abs. 1 (§ 1549 BGB.).

Im übrigen ist der Erwerb eingebrachtes Gut und zwar ohne weiteres, wenn er unbewegliches Vermögen darstellt (§ 1551 das.), sonst nur bei entsprechender Bestimmung des Zuwendenden (§ 1553 Nr. 2 das.). Der Erwerb kann aber auch Vorbehaltsgut sein (§§ 1440 Abs. 2, 1369, 1549 das.). In beiden Fällen gelten die Ausführungen zu aa.

ff) In allen Fällen ist zu beachten, daß eine Haftung der Frau für die Erbschaftssteuerschuld des Mannes nirgends besteht.

e) Hat jemand vertraglich dem Reiche gegenüber die Steuerschuld eines anderen zu bezahlen oder dafür einzustehen (Bürge!) übernommen, so gilt ausschließlich das bürgerliche Recht. Danach muß gegen den so Haftenden zuerst ein vollstreckbarer Titel (Urteil, Vollstreckungsbefehl, vollstreckbare Urkunde usw.) vorliegen, ehe gegen ihn vollstreckt werden kann.

f) Zu beachten ist, daß Vater oder Mutter für die Erbschaftssteuer des Kindes nach bürgerlichem Recht nicht haften.

Zu Abs. 4.

33. Absatz 4 ordnet eine doppelte Haftung Dritter für die Steuer der am Erbfall Beteiligten neben diesen als Gesamtschuldner (Note 24 Abs. 2) an:

a) eine solche des Nachlasses in voller Höhe,

b) die eines jeden Erben, aber nur in Höhe des aus der Erbschaft Empfangenen.

Die Vorschrift bedeutet eine vollständige Änderung des früheren Zustandes, denn das Ges. 1919 kannte die Haftung zu b überhaupt nicht und die zu a nur als hilfsweise, nämlich dann, wenn die Steuer von den Hauptschuldnern nicht eingezogen werden konnte.

Gemeinsam ist den beiden Haftungen unseres Absatzes, daß sie für die Steuer der am Erbfall Beteiligten gegeben ist. Zweifelhaft ist, ob alle Erwerber im Sinne des § 2 und § 4 Abs. 1 als am Erbfall beteiligt gelten. „Erbfall" ist der Tod des Erblassers (§ 1922 BGB.); mit den „Beteiligten" sind offenbar diejenigen gemeint, die aus diesem Erbfall Nutzen ziehen. Die Frage ist aber, wieweit diese Beteiligung ausgedehnt werden darf. Zweifellos ist, daß außer den Fällen des § 2 Abs. 1 Ziff. 1 auch die der Ziffern 2 und 3 Abs. 1, Ziff. 1 und 2 Abs. 2, § 4 Abs. 1 hierher gehören. Auch in den Fällen der Ziffern 3 und 4 in Abs. 2 dürfte die genügend nahe Beziehung zum Erbfall gegeben sein und es steht wohl auch nicht im Wege, im Sinne des Steuerrechts den Erwerbsfall aus Abs. 1 Ziff. 4 mit hierunter zu bringen, obwohl er zivilrechtlich mit dem Erbfall nichts zu tun hat. Dagegen wäre es bedenklich, die Haftung auch für einen Erwerb nach Abs. 2 Ziff. 5 eintreten zu lassen, obwohl auch dieser Erwerb ohne den Erbfall ausgeschlossen ist. Aber letzten Endes läßt doch die Möglichkeit, die Anwartschaft des Nacherben jederzeit und ohne zeitlichen Bezug auf den Erbfall zu übertragen, den jedenfalls geforderten nahen Zusammenhang mit dem Erbfall vermissen, zumal für die Erben die Aussicht auf eine mögliche spätere, nach Zeit und Umfang ganz unbestimmte Haftung eine erhebliche Unsicherheit auslösen mußte. Im Ergebnis im wesentlichen gl. A.: Mirre (Anm. 26 zu § 18), der jedoch auch den Fall des § 2 Abs. 2 Nr. 4 von der Haftung ausschließt.

Zu der „Steuer" der Beteiligten gehören auch wohl Steuernachforderungen, selbst solche nach § 212 Abs. 3 AbgO. (Mirre, Note 30 zu § 518).

Aus der gesamtschuldnerischen Haftung neben den Hauptschuldnern folgt, daß der Inanspruchnahme der Haftenden eine solche der Hauptschuldner nicht voran zu gehen braucht.

34. Der **Nachlaß** als solcher haftet, und zwar mit Einschluß der einer Besteuerung nicht unterliegenden Teile. Im übrigen dürfte der Begriff bürgerlichrechtlich zu verstehen sein, so daß z. B. der Erwerb nach § 2 Abs. 1 Ziff. 4 ausscheidet; dagegen fällt nicht gebundenes Vermögen (§ 2 Abs. 1 Ziff. 2) mit hierunter, soweit hier überhaupt eine Haftung landesgesetzlich in Frage kommt. Nach dem Wortlaut der Vorschrift dauert die Haftung jedenfalls fort, auch wenn und soweit der Nachlaß bereits geteilt ist. Das ist von selbständiger Bedeutung für die Haftung solcher Personen, die nicht schon als Erben (Note 32) ohnehin haften, wie der Pflichtteilsberechtigte, Vermächtnisnehmer, Destinatäre (Note 28 usw.), soweit sie Nachlaßgegenstände zugewiesen erhalten haben. Die Verteilung muß aber im Hinblick auf den Erbfall erfolgt sein; durch Veräußerung eines Nachlaßteiles an einen Dritten wird, soweit sie dem Dritten Eigentum verschafft, der veräußerte Gegenstand seiner Eigenschaft als Nachlaßteil entkleidet; dagegen gehört ein gestohlener, verlorener oder sonst abhanden gekommener Gegenstand (vgl. § 935 BGB.) nach wie vor zum Nachlaß. Auch die sogen. Nachlaßsurrogate (BGB. § 2041) gehören zum Nachlaß.

Die Haftung des Nachlasses kann gemäß §§ 299 ff. AbgO. zwangsweise durchgeführt werden. Vollstreckungsschuldner ist dabei jeder, der Nachlaßgegenstände im Sinne der vorstehenden Ausführungen im Besitz hat (§ 299 Abs. 3). — Im Konkursfalle ist die Haftungsforderung gemäß § 61 Nr. 2 KO. bevorrechtigt.

35. Jeder **Erbe** haftet, also nicht der Pflichtteilsberechtigte, Vermächtnisnehmer, Erwerber nach § 2 Abs. 1 Ziff. 4, Auflageberechtigte, Destinatär (Note 28) u. a. Der Nachfolger in gebundenes Vermögen (§ 2 Abs. 1 Ziff. 2) steht dem Erben gleich. Im übrigen vgl. Noten 4 (Abs. 1) und 9 zu § 2, sowie die gesetzliche Auslegungsregel des § 2087 BGB.

Auch der Vorerbe ist Erbe, nicht minder auch der Nacherbe, selbst wenn er der Regel des § 7 Abs. 2 entsprechend steuerlich als Erbe des Vorerben gilt. Beide sind aber Erben nur während der Dauer ihrer Berechtigung (§ 2139 BGB.).

Ob der Erbe steuerpflichtig ist oder nicht, erscheint gleichgültig. Die Haftung tritt also auch im Falle des § 9 I 1 Abs. 2 und bei Vorliegen der Befreiungsvorschriften der §§ 22, 23 ein. Dagegen dürften die nach § 21 aus subjektiven Gründen steuerfreien Rechtsgebilde auch von der Haftung frei sein.

36. Der Erbe haftet nur in Höhe des Wertes des aus der Erbschaft Empfangenen. Daraus folgt:

a) Die Haftung des Erben ist beschränkt. Er haftet aber nicht mit dem aus der Erbschaft Empfangenen, sondern in Höhe des Wertes des Empfangenen, so daß seine Haftung ohne Rücksicht auf den Besitz der Nachlaßstücke fortbauert. Doch muß sich der Erbe im Vollstreckungsverfahren den Zugriff auf nicht zum Nachlaß gehörige Sachen dann nicht gefallen lassen, wenn er die Beschränkung seiner Haftung durchgeführt hat. Denn es kann nicht angenommen werden, daß seine Haftung für fremde Steuerschulden weiter gehen kann, wie für seine eigene (Note 24 Abs. 1).

Als Wert des Empfangenen wird der Wert zur Zeit des Anfalls maßgebend sein (vgl. § 31) und zwar der Nettowert nach Abzug aller den Erwerb belastenden Lasten und Schulden; auch die für den eigenen Erwerb zu entrichtende Erbschaftssteuer ist abziehbar. Die von Mirre (Anm. 27 zu § 18) bejahte Frage, ob der Erbe eine nachweislich zufällige Verschlechterung oder Wertminderung der noch in Natur vorhandenen Stücke abziehen kann, wird sich in der Regel dadurch erledigen, daß der Erbe die Haftung auf die überkommenen Stücke beschränken kann. Hat er aber die Beschränkungsmöglichkeit verloren, so dürfte er auch mit dem genannten Einwande nicht zu hören sein.

b) Maßgebend ist, was der Erbe aus der Erbschaft empfangen hat. Der § 1922 BGB. bezeichnet als „Erbschaft" das Vermögen des Erblassers. Das Wort ist daher gleichbedeutend mit „Nachlaß" (Komm. d. Reichsgerichtsräte, Bem. 6 zu § 1922), wird aber mehr subjektiv in Beziehung auf die Erben gebraucht. Es ist somit anzunehmen, daß sich die Haftung des Erben auf alles erstreckt, was er aus dem Nachlaß erhalten hat, sei es in seiner Eigenschaft als Erbe, sei es etwa als Zusatzpflichtteil (§ 2305 BGB.), als Vorausvermächtnis (das. § 2150), in Vollziehung einer ihn begünstigenden Auflage oder in anderer Weise. Für die gegenteilige, von Mirre (Bem. 27 zu § 18) vertretene Auffassung, die Haftung bestehe nur in Höhe des Wertes des als Erbteil Empfangenen, spricht auch nicht die Wahl des Wortes „Erbschaft" statt des gleichbedeutenden „Nachlaß". Wäre die enge Auffassung richtig, so hätte der Gesetzgeber, dem die Bedeutung des Wortes Erbschaft doch bekannt sein muß, statt „aus der Erbschaft" richtig „als Erbteil" oder „als Erbe" sagen müssen. Selbstverständlich muß es sich aber um Empfänge aus der Erbschaft handeln. Dahin gehören wohl Empfänge nach § 2 Abs. 1 Nr. 2, nicht aber solche aus Nr. 4 das. Ob eine Abfindung für einen Verzicht auf den entstandenen Pflichtteilsanspruch (BGB. § 2305) oder für die Ausschlagung eines Vermächtnisses (§ 2 Abs. 2 Nr. 4) sowie das Entgelt für die Übertragung der Nacherbenanwartschaft (Nr. 5 das.) als Surrogate des aus der Erbschaft Empfangenen mit einzubeziehen sind, ist zweifelhaft, dürfte aber zu bejahen sein. Auch nicht steuerpflichtige Nachlaßteile sind einzubeziehen.

c) In Höhe des Wertes des Empfangenen wird gehaftet. Daraus dürfte zu folgern sein, daß die Haftung erst mit dem tatsächlichen Empfange und nach Maßgabe des Empfangenen einsetzt.

Der haftende Erbe ist Vollstreckungsschuldner nach § 299 Abs. 3 AbgO.; in seinem Konkurse ist die Haftungsforderung nach § 61 Nr. 2 KO. privilegiert.

Zu Abs. 5.

37. Die Vorschrift ist neu. Was ihr Verhältnis zu denen der Abs. 2 und 4 anlangt, so ist anzunehmen, daß sie nicht etwa eine Beschränkung der Haftung des Vorerben auf die Mittel der Vorerbschaft schlechthin bedeuten soll, daß es vielmehr bei der zunächst unbeschränkten, regelmäßig freilich beschränkbaren Haftung des Steuerschuldners nach Abs. 2 (vgl. Note 24) und bei der Haftung aus Abs. 4 bleibt. Da des weiteren das Recht der Steuerbehörde, die Mittel der Vorerbschaft in Anspruch zu nehmen, schon aus der in Abs. 4 festgelegten Haftung des Nachlasses hervorgeht, dürfte der Zweck der Bestimmung in folgendem zu suchen sein:

a) In der Klarlegung des Rechtes des Vorerben, auch entgegen den Veräußerungsverboten der §§ 2113 ff. BGB. die an sich persönliche Schuld aus Mitteln der Vorerbschaft zu entnehmen,

b) in der Festlegung einer entsprechenden Pflicht, die zur persönlichen unbeschränkbaren Haftung des Vorerben führt, wenn er dieser Pflicht entgegen etwa den Nachlaß andern Empfangsberechtigten, namentlich dem Nacherben aushändigt (vgl. AbgO. §§ 87, 90),

c) in der Festlegung, daß der Vorerbe, der die Schuld etwa aus eigenen Mitteln bestritten hat, Ersatz aus den Mitteln der Vorerbschaft nehmen kann.

38. Durch die Vorerbschaft veranlaßt ist nicht nur die Steuer, die der Vorerbe als solcher zu entrichten hat, sondern letzten Endes auch diejenige, für die er als Haftender nach Abs. 4 in Anspruch genommen ist, ohne Ersatz erlangen zu können (so Mirre, Anm. 32 zu § 18). Ist der Vorerbe zugleich wegen eines andern gleichzeitig zugefallenen Erbteils zeitlich unbegrenzter Erbe, so ist „durch die Vorerbschaft veranlaßt" derjenige Teil der einheitlich zu erhebenden Steuer (§ 10 Abs. 6), der nicht zur Erhebung gelangt wäre, wenn der Erbe nicht auch zugleich Vorerbe wäre (vgl. das Beispiel bei Mirre a. a. O.). Wie gestaltet sich aber die Berechnung dann, wenn in einem derartigen Falle der Vorerbe noch aus Abs. 4 zu haften hat? Beispiel: Erbfall im Januar 1923: V (Angehöriger der Klasse II) erlangt 1 500 000 Mk. steuerpflichtig als Vorerbe, daneben 1 000 000 Mk. als zeitlich unbegrenztes Erbteil. Ferner ist V, ohne Ersatz erhalten zu können, für die einem Vermächtnisnehmer auferlegte Steuer in Höhe von 80 000 Mk. in Anspruch genommen. Gesamtsteuer für den Anfall von $2\frac{1}{2}$ Millionen = 200 000 Mk., für den Anfall als Erbteil = 60 000 Mk., mithin durch die Vorerbschaft veranlaßt: 140 000 Mk. Im nämlichen Verhältnis (140 : 60 = 7 : 3) dürfte auch die Haftungssumme aus Abs. 4 (80 000 Mk.) als durch die Vorerbschaft veranlaßt anzunehmen sein. Daher kann und muß der Vorerbe 140 000 + 56 000 = 196 000 Mk. den Mitteln der Vorerbschaft entnehmen.

Zu Abs. 6.

39. Der Abs. 6 entspricht wörtlich dem § 19 Abs. 1 Ges. 1919, der indes nur für die Nachlaßsteuer Geltung hatte. Wie bereits oben (Note 31 b) angeführt, bildet er das Seitenstück zu der Haftung der §§ 90, 87 AbgO. Er begründet nicht wie letztere Vorschriften die Haftung der Ausantwortenden, sondern der Empfänger.

40. Die Vorschrift setzt zunächst voraus, daß der Nachlaß oder ein Nachlaßteil von bestimmten Personen andern ausgeantwortet ist. Zur Raumersparnis kann die Begriffsentwicklung der Ausantwortenden, die eine rein bürgerlichrechtliche ist, nur kurz ausgeführt werden:

a) Der Begriff des Erben bestimmt sich nach BGB. §§ 1922, 1923. Im übrigen sind die Noten 35 zu diesem Paragraph, ferner 4 und 9 zu § 2 zu vergleichen.

b) Gesetzliche Vertreter der Erben sind diejenigen Personen, welche ohne weiteres durch Gesetz zur Vertretung berufen sind, welche ihre Vertretungsbefugnis auf das Gesetz stützen, so beispielsweise nach § 1630 BGB. der Vater für ein eheliches Kind, desgleichen die Mutter nach § 1686, der Vormund für den Mündel nach § 1793 BGB., der Pfleger nach § 1915 BGB. usw.; der Ehemann ist nicht zum gesetzlichen Vertreter seiner Ehefrau berufen (BGB. § 1354), desgleichen nicht der Konkursverwalter zum gesetzlichen Vertreter des Gemeinschuldners. In gleicher Weise kommen in Betracht die gesetzlichen Vertreter (besser Organe) der Körperschaften des öffentlichen Rechts, der juristischen Personen, der Genossenschaften, Handelsgesellschaften usw. Es kommen nur die gesetzlichen Vertreter der Erben, nicht auch die des Erblassers für die Haftung in Frage.

c) Bezüglich des Begriffs der Vollmacht vgl. § 167 BGB. Die Haftung trifft nicht etwa nur den oder die Bevollmächtigten der Gesamtheit der Erben eines Erbfalls, sondern auch jeden Sonderbevollmächtigten des einzelnen Erben bzw. Miterben, sofern er sich als ein wirklicher Vertreter darstellt und nicht nur einen besonderen Auftrag, wenn auch bezüglich des Nachlasses, zu erfüllen hat; vgl. Urt. d. RG. vom 25. November 1889 (JW. 1889 S. 522 Nr. 28; GruchotsBeitr. Bd. 34 S. 494). Nach der Natur der Sache kommen nur solche Bevollmächtigte der Erben in Frage, deren Vollmacht sich auf die Erbschaftsmasse bezieht und ihnen ein Verfügungsrecht über letztere gibt. Unter Umständen können Bevollmächtigte des Erblassers durch den Erbfall zu Bevollmächtigten der Erben werden; sie sind sodann in letzterer Eigenschaft haftbar.

Zu c und d. Ob derjenige, der als Vertreter auftritt, ohne es zu sein (machtloser Stellvertreter, falsus procurator, BGB. § 177), dem Vertreter gleich steht, ist zweifelhaft, kann aber im Hinblick auf die wesensgleiche Haftung des machtlosen Vertreters nach §§ 89, 90 BGB. wohl angenommen werden.

d) Betr. des Erbschaftsbesitzers vgl. § 2018 BGB. Der Begriff erfordert den Besitz von Nachlaßstücken auf Grund eines angemaßten Erbrechts (nichtiges Testament!).

e) Begriff und Obliegenheiten des Testamentsvollstreckers enthalten BGB. §§ 2197 ff., diejenigen

f) des Nachlaßpflegers BGB. § 1960. Auch der gemäß § 87 Abs. 3 AbgO. bestellte Pfleger ist ein solcher. Ordnungsmäßige Bestellung ist Voraussetzung. Ebenso

g) beim Nachlaßverwalter (BGB. § 1975).

41. Die in Abs. 6 aufgestellte Haftung des Empfängers ist eine persönliche Verpflichtung, die mit auf dem eigenen Vermögen ruht. Die grundlegende Voraussetzung für das Entstehen der Haftung ist, daß der Empfänger vor der Berichtigung oder Sicherstellung der Steuer den Nachlaß oder Teile desselben ausgeantwortet erhalten hat. Der betreffende Steuerfall muß sich demnach noch in Verhandlung befinden; er darf nicht durch Berichtigung oder Sicherstellung der Steuer zum Abschluß gekommen sein. Wie weit das Steuerverfahren vorgeschritten ist, hat weiter keine Bedeutung, ebenso ob es überhaupt schon begonnen hat; es darf nur nicht in vorbezeichneter Weise beendigt sein. Der Empfänger muß ferner durch eine der im Paragraphen speziell hervorgehobenen Persönlichkeiten (Note 40) in den Besitz von Nachlaßgegenständen gekommen sein. Hatte er den Besitz auf eine andere Weise ohne die Tätigkeit einer der bezeichneten Personen erlangt, so greift die Vorschrift des Abs. 6 nicht Platz. Endlich müssen ihm entsprechend Nachlaßgegenstände ausgeantwortet sein, so daß er tatsächlich in den Besitz derselben gelangt ist. Die Ausantwortung ist hier im weiten Sinne zu nehmen. Auch durch einen Schulderlaß kann eine Ausantwortung begründet sein, selbst durch die Bezahlung von Nachlaßschulden (Mirre, Bem. 33 zu § 18). In dem Urt. des RG. vom 5. Oktober 1915 ist ausgeführt, daß als ein „Ausantworten der Erbschaft usw." nicht nur Handlungen anzusprechen sind, die sich unmittelbar darauf richten, über Nachlaßwerte zugunsten eines anderen zu verfügen, sondern daß unter Umständen schon durch ein Dulden oder Unterlassen des Nachlaßverwalters usw. seine Haftung für die Erbschaftssteuer begründet wird. Dieses wird auch jetzt als zutreffend anzusehen sein. Ob steuerbares oder nicht steuerbares Nachlaßvermögen ausgeantwortet ist, macht keinen Unterschied aus; in beiden Fällen wird die Haftpflicht zur Anwendung zu kommen haben. Ebenso ist von Bedeutung, ob sich das Ausgeantwortete noch im Besitz des Dritten befindet oder nicht. Daß der Dritte selbst durch die Ausantwortung bereichert worden ist, bzw. daß die Ausantwortung zu diesem Zwecke geschehen sei, ist nicht erforderlich. Selbst wenn er durch die Ausantwortung keinerlei Vorteil gehabt hat, ist die Haftung begründet. Letztere ist jedoch stets in bestimmter Weise umgrenzt; sie geht nicht über die Höhe des aus der Erbschaft Empfangenen hinaus. Die Begrenzung ist selbstredend nach dem Wert abzumessen. Geht die Steuerforderung über den nach den allgemeinen Grundsätzen festzustellenden Wert desjenigen, was der Dritte aus dem Nachlaß ausgeantwortet erhalten hat, hinaus, so ist bezüglich des überschießenden eine Haftpflicht nicht begründet. Die Ausführungen oben in Note 36 sind auch hier zu beachten.

42. Die Haftung Dritter ist von der Gesetzesvorschrift unter eine weitere bestimmte Beschränkung gestellt. Sie soll nicht eintreten, wenn die Dritten, denen Nachlaßgegenstände ausgeantwortet wurden, zur Zeit der Ausantwortung im guten Glauben gewesen sind. Zugleich wird in einer ähnlichen Weise wie beispielsweise im § 932 BGB. in dem zweiten Satz des Absatzes hinzugefügt, wann guter Glaube ausgeschlossen sei, nämlich wenn ihnen bekannt oder infolge grober Fahrlässigkeit unbekannt gewesen, daß die Nachlaßsteuer weder berichtigt noch sichergestellt sei. Der Ausschließungsgrund kann selbstredend nur da und insoweit eintreten, wo und wie der gute Glaube für die einzelne, an sich haftbare Persönlichkeit nachgewiesen ist. Dieses ist namentlich dann zu beachten, wenn mehrere zugleich Haftbare vorhanden sind. Der Nachweis des guten Glaubens ist stets von dem gegebenenfalls Haftpflichtigen zu erbringen und hat sich einerseits auf die Unkenntnis des maßgebenden Punktes, daß eine Berichtigung oder Sicherstellung der Steuer nicht stattgefunden, zu beziehen, andererseits darauf, daß diese Unkenntnis nicht auf grobe Fahrlässigkeit zurückzuführen ist. Der Begriff der Fahrlässigkeit bestimmt sich nach dem BGB. § 276 Abs. 1 Satz 2: Fahrlässig handelt, wer die im Verkehr erforderliche Sorgfalt außer acht läßt. Für den Begriff der groben Fahrlässigkeit gibt das BGB. keinen besonderen objektiven Maßstab. Entscheidend muß immer sein, ob nach den Umständen des einzelnen Falles eine besonders schwere Verletzung der schuldigen Sorgfalt anzunehmen ist.

Der gute Glaube braucht nur zur Zeit der Ausantwortung vorhanden gewesen zu sein. Nachträglich begründeter böser Glaube begründet die Haftpflicht nicht.

43. Die Sicherstellung der Steuer wird subjektiv gefaßt werden müssen. Es genügt jede Handlung, die das Finanzamt als ausreichende Sicherstellung angenommen hat, selbst wenn sie eine solche objektiv genommen nicht darstellt; demnach braucht sich der gute Glaube auch nur auf diese subjektive Seite der Sicherstellung zu beziehen.

Zu Abs. 7.

44. Absatz 7 entspricht dem § 19 Abs. 2 Ges. 1919, der seiner Stellung nach aber nur für die Nachlaßsteuer Geltung hatte, mit folgenden Änderungen:

a) Während § 19 Abs. 2 Satz 1 Ges. 1919 nur die Ausfolgung der auf den Todesfall zu zahlenden Versicherungssummen in das Ausland verbot, will Abs. 7 die entsprechende Ausfolgung jeder Versicherungssumme verhindern, mit deren Auszahlung die Erhebung einer Erbschaftssteuer verknüpft ist. Danach ist auch die schenkweise Zuwendung der auf den Erlebensfall gestellten Versicherung (Aussteuerversicherung u. a.) betroffen und die Ausantwortung der Versicherungssumme der Haftung unterworfen.

b) Neben der Zahlung in das Ausland ist sowohl im Falle des Satz 1 wie des Satz 2 die Zurverfügungstellung an ausländische Berechtigte unter die Folge der Haftung gestellt.

c) In Satz 2 (nicht auch Satz 1) ist nur die vorsätzliche oder fahrlässige Verbringung oder Zurverfügungstellung der Haftung unterworfen.

45. Versicherungsunternehmungen sind nach dem Gesetze über die privaten Versicherungsunternehmen vom 12. Mai 1901 (RGBl. 1901 S. 139) § 1 Unternehmungen, welche den Betrieb von Versicherungsgeschäften zum Gegenstande haben. Das BGB. läßt nach Artikel 75 des Einführungsgesetzes die landesgesetzlichen Vorschriften, welche dem Versicherungsrecht angehören, unberührt, soweit nicht in dem BGB. besondere Bestimmungen getroffen werden. Bezüglich der privaten Versicherungsunternehmen ist sodann das obenbezeichnete, durch Gesetz vom 20. Dezember 1911 (RGBl. 1911 S. 985) abgeänderte Reichsgesetz erlassen und demnächst der Versicherungsvertrag durch Gesetz vom 30. Mai 1908 (RGBl. S. 263) eingehend geregelt. Aus dem letzteren Gesetz schlägt der zweite Satz des § 1 mit folgender Bestimmung hierher: „Bei der Lebensversicherung ist der Versicherer verpflichtet, nach dem Eintritte des Versicherungsfalles den vereinbarten Betrag an Kapital oder Rente zu zahlen oder die sonst vereinbarte Leistung zu bewirken." Die in letzterem begründete Auszahlungsverpflichtung der Versicherungsunternehmungen wird durch die Vorschrift des Absatz 7 behuf Sicherung des auf dem auszuzahlenden Betrage ruhenden steuerlichen Anspruchs eingeschränkt. Als Versicherungsunternehmungen kommen wohl ausschließlich diejenigen in Betracht, welche die Lebensversicherung zum Gegenstand ihres Geschäftsbetriebes gemacht haben, im übrigen aber dergleichen Versicherungsunternehmungen jeder Art (Aktiengesellschaften, Gegenseitigkeitsgesellschaften, Sterbekassen usw.); für dieselben gelten die Vorschriften im dritten Abschnitt des Gesetzes über den Versicherungsvertrag vom 30. Mai 1908 §§ 159—178. Ohne Einfluß ist, ob der Versicherungsvertrag von dem Erblasser selbst oder von einem Dritten in der Weise, daß die Versicherungsleistung in den Nachlaß zu fallen hat, mit der Versicherungsunternehmung vereinbart wurde. Ebenso ist es gleichgültig, ob nach den vom Erblasser getroffenen Vereinbarungen der Versicherungsbetrag in den Nachlaß oder unmittelbar an einen Dritten fällt bzw. auszuzahlen ist, da nach § 2 Ziffer 4 auch im letzteren Fall die Steuerpflicht begründet ist. Endlich spielt die Art der ausbedungenen Versicherungsleistung, ob Kapitalversicherung, ob Rentenversicherung in Frage steht, keine Rolle, denn die gesetzliche Vorschrift zieht ebensowohl die zu zahlenden Versicherungssummen wie die zu zahlenden Leibrenten an. Handelt es sich um eine Leibrente, so greift die Vorschrift bezüglich jeder einzelnen Rentenzahlung Platz. Die Haftung ist nur bis zur Berichtigung oder Sicherstellung der Steuer — gleichgültig wiederum durch wen solche erfolgt — und allein bei einer Zahlung ins Ausland oder Zurverfügungstellung an Ausländer begründet. Desgleichen ist sie auf die Höhe der ausgeantworteten Beträge beschränkt. Als Zahlung ist jede Leistung der Versicherungsunternehmung an den Empfangsberechtigten anzusehen, durch welche die Verpflichtung aus dem Versicherungsvertrage, sei es ganz sei es zum Teil, erfüllt wird. Die Haftung der Unternehmung ist eine persönliche, die voll auf dem Vermögen derselben ruht. Sie ist unbeschränkt ausgesprochen und folgeweise nicht dadurch ausgeschlossen, daß die Zahlung in das Ausland im guten Glauben oder ohne grobe Fahrlässigkeit geschehen ist.

Auch die Zurverfügungstellung an ausländische Berechtigte unterliegt der Haftung. „Zur Verfügung stellen" bedeutet die Einräumung einer Verfügungsmacht unabhängig von der Einwirkung des Unternehmens. Dem Sinne der Sicherungsvorschrift entspricht es, den Begriff der ausländischen Berechtigten mit einem ausländischen Wohnsitz oder Aufenthalt zu verbinden. Es sind das also alle diejenigen, die nicht nach § 8 I als Inländer gelten, wobei allerdings die zweijährige Frist der Ziffer I 1 ausscheidet (ebenso Mirre, Anm. 36 zu § 18).

Erforderlich ist der Abschluß des Versicherungsvertrages im Inlande, wobei aber die Vermittlung desselben auch im Auslande erfolgt sein kann. Ob die Zahlung in das Ausland usw. mit im Inlande oder im Auslande befindlichen Mitteln erfolgt ist, ist gleichgültig (Urt. d. RFH. vom 29. März 1922, Samml. Bd. VIII S. 338 = StuW. Jg. I Sp. 624 = JW. Jg. LI S. 942[19]).

Unter Hinweis auf vorgenanntes Urteil führt der Erlaß d. RMdF. vom 7. Juni 1923 (RStBl. Jg. 1922 S. 211) aus, daß § 18 Abs. 7 beispielsweise Anwendung finde, wenn

a) der Versicherungsvertrag im Inland abgeschlossen, jedoch — von vornherein oder nachträglich — die Übertragung des Versicherungsvertrags auf den Bestand einer ausländischen Geschäftsstelle oder die Auszahlung der Versicherungssumme im Ausland vereinbart worden ist;

b) die Versicherung bei einer im Ausland belegenen Geschäftsstelle eines inländischen Versicherungsunternehmens beantragt, der Versicherungsvertrag nach den Versicherungsbedingungen aber erst durch eine im Inland vorgenommene Rechtshandlung, etwa die Ausfertigung der Police, wirksam wird (Fall der oben zit. Entsch.);

c) die Versicherungssumme an einen nur vorübergehend im Inland weilenden ausländischen Verfügungsberechtigten ausgehändigt oder auf dessen Anweisung an eine inländische Bank oder sonstige Stelle gezahlt oder angewiesen wird.

46. Der zweite Satz des Absatzes dehnt die Haftung entsprechend auf alle Personen, in deren Gewahrsam sich Vermögen des Erblassers befindet, aus. In der Hauptsache trifft hier das in der vorigen Note Dargelegte mit den in der Natur der Dinge liegenden Modifikationen zu. Der Personenkreis, welcher durch die Vorschrift betroffen werden kann, ist ein unbeschränkter, denn es ist bezüglich der Persönlichkeit keine irgend gesetzliche oder rechtliche Qualifikation gefordert. Als tatsächliche Vorbedingungen sind lediglich gegeben, daß die betreffende Person Vermögen des Erblassers in Gewahrsam gehabt und in das Ausland gebracht oder ausländischen Berechtigten zur Verfügung gestellt hat. Gewahrsam ist kein eigener rechtlicher Begriff des BGB. Man hat darunter das faktische Verhältnis des Innehabens oder Inbergewalthabens zu verstehen, wobei die rechtliche Seite und der Grund des Innehabens ganz aus dem Spiele bleibt. Es ist danach vollkommen gleichgültig, ob die betreffende Persönlichkeit die Nachlaßgegenstände aus irgendeinem Rechtsgrunde besitzt oder nicht und ebenso, ob sie dabei im guten Glauben war oder nicht. Auch ein bewußt rechtswidriges Innehaben des Vermögens würde genügen, um die Vorschrift gegebenenfalls zur Anwendung kommen zu lassen. Banken und ähnliche Geldinstitute haben auch am Barguthaben eines Erblassers Gewahrsam (Urt. d. RFH. vom 25. Juni 1920, Samml. Bd. III S. 246 = RStR. Sp. S. III S. 17).

Die Haftung erfordert hier Vorsatz oder Fahrlässigkeit, die anders, wie nach Abs. 6 Satz 2, dem Haftenden nachgewiesen werden müssen. Vorsatz oder Fahrlässigkeit können den Tod des Erblassers, die Berichtigung oder Sicherstellung der Steuer oder die Ausländereigenschaft des Empfängers betreffen.

Zu Abs. 8.

47. Die Vorschrift ist neu; vgl. Note 1.

Im Erlaß vom 7. Juni 1923 (RStBl. Jg. 1923 S. 210) weist der RMdF. die Finanzämter an, die im § 18 Abs. 7 ausgesprochene Haftung nicht geltend zu machen, sofern der ins Ausland zu zahlende oder ausländischen Berechtigten zur Verfügung zu stellende Betrag im einzelnen Steuerfalle insgesamt 50000 Mk. nicht übersteigt. — Im gleichen Erlasse wird ausgesprochen, daß die zu § 19 Abs. 2 Ges. 1919 ergangenen Runderlasse vom 2. Februar 1922 — III, V 8541 — (Richtlinien für die Behandlung der Mitteilungen von bevorstehenden Auszahlungen in das Ausland) und vom 28. März 1922 — III, V 2061 — RStBl.

S. 148 — (unter Umständen sofortige Genehmigung zu Auszahlungen bis zu 90 v. H. des Vermögens oder der Versicherungssumme in das Saargebiet) sinngemäß auf die Fälle des Abs. 7 anzuwenden seien. Soweit künftige Steuerfälle noch unter das Ges. 1919 fielen, seien sie nach Maßgabe dieses Erlasses zu behandeln; ältere Runderlasse vom 6. Mai 1920 — III a 957 — Abs. 1, 2, vom 31. August 1920 — III a 3601 — und vom 25. Mai 1921 — III a 3001 — seien durch diesen Erlaß erledigt.

Allgemeinbemerkung zu § 18.

48. Während die Absätze 1 und 2 Bedeutung für alle drei Gegenstände der Erbschaftssteuer haben, gilt der Abs. 3 nur für den Erwerb von Todes wegen (§ 2) und die Absätze 4 bis 6 und 7 Satz 2 daneben auch für Zweckzuwendungen von Todes wegen (§ 4 Nr. 1). Dagegen kommt Abs. 7 Satz 1 und folgeweise auch Abs. 8 auch für Schenkungen und Zweckzuwendungen unter Lebenden in Frage.

§ 19.

(1) Bei einem Erwerb im Sinne des § 2 Abs. 1 Nr. 2 ist der Erwerber mit Genehmigung der Aufsichtsbehörde befugt, den Betrag der Steuer dem gebundenen Vermögen zu entnehmen und zu diesem Zwecke über die zu dem Vermögen gehörenden Gegenstände zu verfügen.

(2) Durch die Vorschrift des Abs. 1 wird die Befugnis des Inhabers nicht berührt, auf Grund solcher gesetzlicher, hausgesetzlicher oder stiftungsmäßiger Vorschriften, welche die Verfügung unter anderen Voraussetzungen zulassen, über das gebundene Vermögen zu verfügen.

(3) Fehlt eine Aufsichtsbehörde oder ist ungewiß, welche Behörde zur Aufsicht berufen ist, so gilt als Aufsichtsbehörde im Sinne des Abs. 1 das Oberlandesgericht, in dessen Bezirke das gebundene Vermögen sich seinem Hauptbestande nach befindet. Ist die Genehmigung von einem Oberlandesgericht erteilt, so kann nicht geltend gemacht werden, daß das Oberlandesgericht für die Genehmigung nicht zuständig gewesen wäre. Die Landeszentralbehörde kann bestimmen, daß an Stelle des Oberlandesgerichts eine andere Behörde tritt.

a) Aussch.-Ber.: —. b) Richtl.: —. c) Ges. 1919: § 31 (unverändert). d) Schriftt.: —. e) Rechtspr.: —.

Inhaltsübersicht.

1. Der § 19 entspricht dem § 31 Ges. 1919, der völlig unverändert übernommen ist. Demgemäß ist die Bestimmung weder in den Reichstagsberatungen noch in den Richtlinien erörtert worden.

Das Gesetz 1906 kannte eine derartige Erleichterungsvorschrift nicht. Die Nationalversammlung hat über die Einzelvorschriften nicht besonders verhandelt und dieselben unverändert gelassen. Die Begründung zum Gesetzentwurf rechtfertigt die Bestimmung auch in den Einzelheiten in folgender Weise:

„§ 28 will die Schwierigkeiten beseitigen, die sich bei gebundenem Vermögen für die Aufbringung der Steuer infolge der Verfügungsbeschränkungen ergeben, denen der Inhaber des gebundenen Vermögens durch die für dieses Vermögen geltenden Bestimmungen unterworfen ist. Er stimmt mit § 19 des Entwurfs eines Gesetzes über eine Kriegsabgabe vom Vermögenszuwachs überein, verlangt also auch die Genehmigung der Aufsichtsbehörde in allen Fällen. Dem Besitzer des gebundenen Vermögens kann nicht die mit dem Gedanken und dem Zwecke der Erhaltung des gebundenen Vermögens in Widerspruch stehende volle Selbständigkeit zur Verfügung über dieses Vermögen gegeben werden. Es darf nicht möglich sein, daß der Besitzer zum Zwecke der Aufbringung der Steuer ohne jede Kontrolle, ob die Verfügung notwendig ist, z. B. Familienstücke oder das alte Stammgut veräußert.

§ 28 soll dem Inhaber des gebundenen Vermögens die Verfügung zum Zwecke der Aufbringung der Steuer erleichtern, nicht erschweren. Es versteht sich daher von selbst, wird aber im Abs. 2 noch besonders hervorgehoben, daß da, wo auf Grund gesetzlicher, hausgesetzlicher oder stiftungsmäßiger Vorschriften der Inhaber unter anderen, insbesondere erleichterten Voraussetzungen (z. B. mit Zustimmung der nächsten beiden Anwärter, eines Kurators oder Familienrats), über das Vermögen verfügen kann, es ihm unbenommen bleibt, die Verfügung auch nach diesen Vorschriften zu treffen.

Abs. 3 regelt den Fall, daß eine Aufsichtsbehörde fehlt oder ungewiß ist, welche Behörde zur Aufsicht berufen ist. In Preußen ist in den landrechtlichen Gebieten und im Bezirke des Oberlandesgerichts Kiel das Oberlandesgericht Aufsichtsbehörde. Im übrigen Gebiete fehlt es bei Fideikommissen in der Regel an einer Aufsichtsbehörde. Das gleiche gilt in der Regel auch für Hausgüter, Lehen und Stammgüter. Wo sie fehlt, soll das Oberlandesgericht, in dessen Bezirk sich das gebundene Vermögen seinem Hauptbestande nach befindet, als diejenige Behörde, die mit den rechtlichen Verhältnissen gebundener Vermögen am besten vertraut ist, an ihre Stelle treten. Eine gleiche Bestimmung ist bereits in der preußischen Verordnung vom 13. September / 30. August 1916 über den Erwerb von Reichskriegsanleihe für Stiftungen, standesherrliche Hausgüter, Familienfideikommisse, Lehen und Stammgüter getroffen worden und hat sich dort bewährt. Die Landeszentralbehörden können jedoch im Einzelfall oder für alle Fälle die Zuständigkeit abweichend regeln, insbesondere z. B. bestimmen, daß für Thronlehen die Thronlehenskurie, für ritterschaftliche Stammgüter das Präsidium der Ritterschaft an die Stelle der Aufsichtsbehörde tritt. Um Bedenken abzuschneiden, die sich aus Zweifeln über die Zuständigkeit eines Oberlandesgerichts im Einzelfalle bezüglich der Rechtswirksamkeit der Genehmigung ergeben könnten, ist im Interesse der Rechtssicherheit bestimmt, daß, wenn ein Oberlandesgericht die Genehmigung erteilt hat, die Frage der Zuständigkeit nicht in Zweifel gezogen werden kann."

2. Eine Bestimmung wie die hier verlautbarte enthielt zuerst das Gesetz über den einmaligen außerordentlichen Wehrbeitrag vom 3. Juli 1913 (RGBl. 1913 S. 505) in seinem § 8, jedoch ohne daß die Vergünstigung an die Genehmigung einer Aufsichtsbehörde geknüpft war. Eine Wiederholung brachte der § 11 des Kriegssteuergesetzes vom 21. Juni 1916 (RGBl. 1916 S. 561), welcher nunmehr die bezügliche Verfügung über das gebundene Vermögen an die Genehmigung der Aufsichtsbehörde, sofern eine solche vorhanden, band. Danach ist die Vorschrift in entsprechender Fassung in die Gesetzentwürfe über eine Kriegsabgabe vom Vermögenszuwachs — der verfassunggebenden Deutschen Nationalversammlung vorgelegt vermittelst Schreiben des Reichsministers der Finanzen vom 16. Juni 1919 (Drucksache 373) — und über die Erbschaftsbesteuerung gelangt.

Absatz 1.

3. Die gesetzliche Vorschrift nimmt ausdrücklich auf den § 2 Absatz 1 Ziffer 2 Bezug. Sie kann mithin nur Anwendung finden, wenn es sich auf Grund dieses Paragraphen um einen Erwerb durch Nachfolge in ein Hausgut, Lehen, Fideikommiß oder Stammgut oder in ein sonstiges gebundenes Vermögen handelt. Die einschlagenden Begriffe sind teils in den Noten 21 ff. zu § 2 näher klargelegt, worauf hier zu verweisen. Berechtigt von der Sondervorschrift Gebrauch zu machen, ist ausschließlich der Erwerber, welcher durch den Erbfall in den Genuß des gebundenen Vermögens gesetzt ist. Welcher Art das gebundene Vermögen ist, bleibt ohne Einfluß, da die Sondervorschrift für jedes gebundene Vermögen unterschiedslos zur Anwendung kommt. Ob die Vorschrift zur Geltung gebracht werden soll oder nicht, ist an sich (vgl. jedoch die folgende Note) in das freie Ermessen des Erwerbers gestellt; ihm ist die Befugnis zur Anwendung eingeräumt, welche an besondere Bedingungen, wie übermäßige Belastung durch die Steuer oder dergleichen nicht geknüpft ist. Sofern dem gleichen Erwerber neben dem gebundenen Vermögen auch sonstiges steuerpflichtiges Vermögen anfällt, ist die in Eins auf den Gesamtausfall veranlagte Steuer anteilig nach dem Wertverhältnis des einzelnen Vermögensteils zu dem der Steuer zugrunde gelegten Gesamtwert auf gebundenes und sonstiges Vermögen zu verteilen; nur der auf ersteres entfallende Steuerbetrag darf dem gebundenen Vermögen entnommen werden.

4. Die Befugnis des Erwerbers gebundenen Vermögens bezieht sich nach der Fassung der Gesetzesvorschrift äußerlich auf ein Doppeltes, das aber innerlich miteinander in Zusammenhang steht. Der Erwerber kann den Betrag der Steuer dem gebundenen Vermögen entnehmen und des weiteren zu diesem Zwecke über die zu dem Vermögen gehörenden Gegenstände verfügen. An sich wird das allgemeine Verfügungsrecht des jeweiligen Nutznießers gebundenen Vermögens durch das Landesrecht bestimmt, da nach den Artikeln 57—59 des EG. BGB. die landesgesetzlichen Vorschriften über das gebundene Vermögen von dem BGB. unberührt bleiben. Hier greift die vorweg zum Zuge kommende reichsgesetzliche Vorschrift einschneidend ein. Sofern der Nutznießer des gebundenen Vermögens nach Maßgabe

der Landesgesetze oder der auf Grund solcher erlassenen Hausgesetze, Familienstatute oder dergleichen zur Verfügung über die Substanz des gebundenen Vermögens oder zur Veräußerung einzelner Vermögensstücke desselben an eine Genehmigung Dritter, wie Agnaten, Familienrat usw. gebunden ist, wird er von dieser Beschränkung frei, soweit Entnahme oder Veräußerung zur Bestreitung der Erbschaftssteuer dienen sollen und tatsächlich dienen. Die ihm eingeräumte Befugnis begründet für den Nutznießer gebundenen Vermögens ein selbständiges Recht, welches jedoch ausschließlich auf die Bestreitung der Erbschaftssteuer eingegrenzt ist und unter keinen Umständen darüber hinaus erweitert werden kann. Dahingegen darf der Nutznießer Dritten gegenüber nach freier Wahl entscheiden, wie er die Bestreitung der Steuer durchführen, ob er den Betrag der Steuer aus dem Vermögensstock entnehmen oder ob er einzelne Vermögensstücke und welche behuf Steuerentrichtung veräußern will; irgend ein Einspruchsrecht steht den Agnaten, dem Familienrat usw. in dieser Beziehung nicht zu. Ebenso untersteht es ausschließlich dem Ermessen des Nutznießers, wie er die Vermögensstücke veräußern will, an wen, zu welchem Preise usw. Aus der Natur der Sache ergibt sich dabei aber die Voraussetzung, daß die Interessen des gebundenen Vermögens bei der Veräußerung tunlichst gewahrt bleiben. Macht sich der Nutznießer bei der Veräußerung eines Dolus oder einer Fahrlässigkeit schuldig, so wird er dadurch den Agnaten usw. gegebenenfalls haftbar; die Veräußerung selbst würde allerdings nicht anzufechten sein.

5. Die Inanspruchnahme des Stammes des gebundenen Vermögens behuf Entrichtung der Erbanfallsteuer ist gesetzlich an die Genehmigung einer Aufsichtsbehörde geknüpft. Damit hat zweifellos eine Sicherung geboten werden sollen, daß der Nutznießer des gebundenen Vermögens von der ihm erteilten Befugnis in einer sachgemäßen, den jeweiligen Verhältnissen entsprechenden Weise Gebrauch macht. Es ergibt sich dieses aus der geschichtlichen Entwicklung. Danach begreift die Genehmigung der Aufsichtsbehörde nicht etwa nur die Erfüllung einer lediglich äußeren Formvorschrift in sich; es soll vielmehr durch dieselbe eine Sicherung sowohl für das gebundene Vermögen selbst wie auch für die an demselben irgendwie berechtigten Personen, wie Agnaten oder sonst Nachfolgeberechtigte geschaffen werden.

Der Aufsichtsbehörde muß daher unbedingt die Berechtigung zugestanden werden, vor der Erteilung ihrer Genehmigung eine unparteiische Sachprüfung der ganzen Sachlage und der beabsichtigten Inanspruchnahme des gebundenen Vermögens vorzunehmen und durch zu stellende Bedingungen, letztere den, abgesehen von solchen des Nutznießers, noch in Frage kommenden besonderen und allgemeinen Interessen anzupassen. Wenn die gesetzlichen Voraussetzungen für die Vermögensinanspruchnahme vorliegen, ist die Aufsichtsbehörde zwar nicht in der Lage die Genehmigung zu solcher zu versagen; sie hat aber dafür Sorge zu tragen, daß dieselbe in der durch die besondere Sachlage des einzelnen Falles bedingten Begrenzung erfolgt. Sie hat namentlich zu prüfen, welche Art der Inanspruchnahme des Vermögens — Veräußerung einzelner Vermögensstücke, hypothekarische Belastung, Eingriff in den Kapitalfonds — bei gleichzeitiger Beseitigung der den Nutznießer treffenden Härten den Interessen des gebundenen Vermögens und denen der daran weiter Berechtigten am sachgemäßesten entspricht. Ebenmäßig bezieht sich dieses auf die weiteren Einzelfragen, welche Vermögensstücke zur Veräußerung zu bringen, in welcher Art eine hypothekarische Belastung vorzunehmen und unter welchen Bedingungen usw. Welche Behörde als Aufsichtsbehörde einzutreten und die Genehmigung zu erteilen hat, bestimmt sich nach der bestehenden Landesgesetzgebung. Sofern letztere einen gewissen Instanzenzug für bezügliche Entscheidungen zuläßt, hat derselbe auch hier Platz zu greifen. — Mirre Anm. 1 zu § 19 will den Erwerber für die Entnahme der Steuer aus dem gebundenen Vermögen ersatzpflichtig machen; die Fassung der gesetzlichen Vorschrift bietet jedoch keine Handhabe hierfür, obwohl ein gewisser innerer Billigkeitsgrund nicht zu verkennen ist.

Absatz 2.

6. Die Vorschrift des Absatz 2 enthält etwas, was eigentlich selbstverständlich ist, wie schon die Begründung des Gesetzentwurfs hervorhebt (vgl. Note 1). Sofern die Inanspruchnahme des gebundenen Vermögens zur Deckung der Erbanfallsteuer sich nach den allgemeinen Regelungen in einfacherer Weise wie der des Absatzes 1 ermöglichen läßt, soll solches nicht ausgeschlossen sein. Der Nutznießer ist mithin an die Form des Absatz 1 nicht gebunden; er darf auch die leichtere allgemeine Form wählen; die Entscheidung ist lediglich in das Ermessen des Nutznießers gestellt. Die leichtere Form kann auf gesetzlichen, hausgesetzlichen oder stiftungsmäßigen Vorschriften beruhen. Die gesetzlichen Vorschriften sind wiederum die der Landesgesetzgebung. Die hausgesetzlichen und stiftungsmäßigen Vorschriften müssen formell und materiell zu Recht bestehen; sie müssen in der vorgeschriebenen bindenden Form erlassen bzw. getroffen sein, wofür wiederum die Landesgesetzgebung die nötigen Unterlagen zu bieten hat. Die anderen Voraussetzungen, unter denen die Inanspruchnahme des Vermögens sich nach gesetzlichen, hausgesetzlichen oder stiftungsmäßigen Vorschriften ermöglichen läßt, können beliebiger Art sein; sie können an sich leichter, aber auch schwerer wie die des Abs. 1 zu erfüllen sein.

Absatz 3.

7. Das Kriegssteuergesetz vom 21. Juni 1916, welches in die hier erörterte Vorschrift zuerst die Genehmigung der Aufsichtsbehörde einfügte, forderte eine solche nur da, wo eine derartige Aufsichtsbehörde vorhanden war. Das Erbschaftssteuergesetz läßt nunmehr diese Beschränkung fallen und macht die Genehmigung der Aufsichtsbehörde zur allgemeinen Voraussetzung. Dadurch wird es notwendig, zu bestimmen, was als Aufsichtsbehörde gelten soll, wenn nach den gesetzlichen Vorschriften des einzelnen Landes eine Aufsichtsbehörde für das gebundene Vermögen nicht besteht, wie solches häufiger der Fall sein dürfte. Dem trägt der Absatz 3 in erster Linie Rechnung, gleichzeitig daneben die Ungewißheit bezüglich der Aufsichtsbehörde mit einziehend.

8. Der Absatz 3 findet nur Anwendung, wenn eine Aufsichtsbehörde fehlt oder es ungewiß ist, welche Behörde berufen ist. Ein Fehlen der Aufsichtsbehörde wird man überall da annehmen müssen, wo die Landesgesetzgebung nicht ausdrücklich eine bestimmte Behörde als Aufsichtsbehörde über das gebundene Vermögen oder die betreffende Art dieses Vermögens eingesetzt hat. Wenn nur allgemein in einem Grundgesetz zum Ausdruck gebracht ist, Fideikommisse, Stiftungen und dergleichen unterliegen der Aufsicht des Staates, in der sonstigen Gesetzgebung aber Weiteres nicht verlautbart ist, so fehlt es an einer Aufsichtsbehörde; gegebenenfalls könnte auch die zweite Voraussetzung, die Ungewißheit über die berufene Behörde in Frage kommen. Daß eine selbständige Behörde lediglich zu dem fraglichen Aufsichtszweck besteht, ist nicht erforderlich; die Aufsicht kann anderen Behörden mit allgemeinerem Geschäftszweig gesetzlich übertragen sein. Nur das Vorhandensein einer derartigen Übertragung ist die Vorbedingung. Eine Ungewißheit darüber, welche Behörde zur Aufsicht berufen ist, wird namentlich durch die Lage des gebundenen Vermögens begründet werden, sei es, daß dieselbe sich über die örtlichen Bezirke mehrerer Aufsichtsbehörden erstreckt, sei es, daß sie von dem Wohnsitz des Nutznießers abweicht. Bei Fehlen oder Unbestimmtheit der Aufsichtsbehörde soll das Oberlandesgericht, in dessen Bezirke das gebundene Vermögen sich seinem Hauptbestande nach befindet, als Aufsichtsbehörde gelten. Unter allen Umständen ist mithin die örtliche Lage des gebundenen Vermögens das Entscheidende. Der Wohnsitz des Nutznießers ist ohne Bedeutung. Die Entscheidung ist nach der Lage der Hauptmasse des gebundenen Vermögens zu treffen; die tatsächlichen Verhältnisse jedes einzelnen Falles bilden die Unterlage.

9. Der zweite Satz des Absatz 3 schließt nach erteilter Genehmigung seitens eines Oberlandesgerichts, welches sich dementsprechend als zuständig für den einzelnen Fall erachtet hatte, eine nochmalige nachträgliche Prüfung der Zuständigkeitsfrage aus. Die Vorschrift ist im Interesse festerer und schnellerer Rechtssicherheit gegeben. Da in den Fällen des Abs. 3 das Oberlandesgericht als Aufsichtsbehörde die allein entscheidende Instanz bildet und Rechtsmittel gegen dessen Entscheidung nicht zugelassen sind, so ist die ordnungsmäßig abgegebene Entscheidung eine endgültige, die als solche allseitig anzuerkennen ist. Dieses bezieht sich auch auf die besonderen Bedingungen, unter welche das Oberlandesgericht die Genehmigung gestellt hat. Dieselben werden von dem Nutznießer des gebundenen Vermögens erfüllt bzw. beobachtet werden müssen.

10. Der letzte Satz des Absatz 3 gibt der Landeszentralbehörde in den Fällen des Absatz 3 das Recht, zu bestimmen, daß an Stelle des Oberlandesgerichts eine andere Behörde treten solle. Die Vorschrift entspricht dem allgemeinen Grundsatz, nach welchem für Angelegenheiten der fraglichen Art die Landesgesetzgebung zuständig ist; wie letztere allgemein die Aufsichtsbehörde über gebundenes Vermögen zu bestellen hat, so muß sie es auch für die Fälle des Absatz 3 können. Nach der Fassung der Vorschrift und ebenso aus dem ganzen Zusammenhang ist anzunehmen, daß die Landeszentralbehörde eine bezügliche Bestimmung sowohl generell wie auch für den einzelnen Fall zu treffen befugt sein soll. Sie kann dabei auf jede beliebige Behörde ohne weitere Beschränkung greifen, gegebenenfalls auch auf ein anderes Gericht. Landeszentralbehörde ist die oberste Regierungsbehörde des Landes.

§ 20.

Die Verjährung des Steueranspruchs beginnt nicht vor dem Tode des Schenkers, bei einer Zweckzuwendung unter Lebenden nicht vor Erfüllung der Verpflichtung.

a) Aussch.-Ber.: S. 42, 43.
b) Richtl.: S. 8.
c) Ges. 1919: § 41 Abs. 1 (wenig geändert).
d) Schriftt.: —.
e) Rechtspr.: (Note 3) URFH. 14. Januar 1920 in Schreiben des RMdF. III a 58 Mi vom 30. Mai 1920; 15. März 1922, StuW. Jg. I Sp. 592 betr. Unterbrechung der Verjährung.

Inhaltsübersicht.

1. Der § 20 entspricht in seinem ersten Halbsatze wörtlich dem Abs. 1 § 41 Ges. 1919, während der zweite Halbsatz neu hinzugesetzt ist.

In den Verhandlungen des Reichstagsausschusses wurde die Bestimmung (damals Abs. 2 zu § 41 = Nr. 23 Abs. 2 des Antrags Herold) in beiden Lesungen ohne Erörterung angenommen, ebenso im Reichstagsplenum. — Die Richtlinien des RMdF. (S. 8 Nr. 22) weisen darauf hin, daß § 20 in der neuen Fassung lediglich eine Anpassung an die Gesetzesänderung enthalte.

2. Der § 20 gibt eine Sondervorschrift bezüglich der Verjährung des Steueranspruchs bei Schenkungen. Eine eigene Gesamtregelung der Verjährung, wie sie das REStG. 1906 in seinem § 54 enthielt, kennt das Gesetz nicht; es greifen ausschließlich die allgemeinen Vorschriften der Reichsabgabenordnung Platz, welche dieselbe in den §§ 120 bis 126 trifft. Danach ist die bisherige zehnjährige Verjährungsfrist auf eine fünfjährige herabgesetzt, nur betreffs der hinterzogenen Beträge verbleibt die Frist von zehn Jahren (§ 121). Die Verjährung beginnt mit dem Ablauf desjenigen Jahres, in dem der Anspruch entstanden ist; ist die Zahlung gestundet oder Sicherheit geleistet worden, so beginnt die Verjährung mit dem Ablauf des Jahres, in dem die Stundung abgelaufen oder die Sicherheit erloschen ist. Bei hinterzogenen Steuern verjährt der Anspruch nicht, bevor die Strafverfolgung und Strafvollstreckung verjährt ist (§ 122). Bezüglich der für den Verjährungsbeginn entscheidenden Entstehung der Steuerschuld ist auf die erbschaftssteuerliche Sonderregelung in § 18 Abs. 1 Ges. und die Noten 3 bis 23 das. zu verweisen. Der Beginn der Frist ist im Anschluß an den § 201 BGB. auf den Schluß des Kalenderjahres gestellt; er erfolgt danach stets mit dem 1. Januar. Die Berechnung der Frist regelt sich entsprechend nach dem § 187 Abs. 2 und dem § 188 BGB. (§ 64 AbgO.).

§ 123 AbgO. enthält Vorschriften über Hemmung, § 124 das. Vorschriften über die wichtige Unterbrechung der Verjährung. Er lautet: „§ 124. Die Verjährung wird unterbrochen durch Zahlungsaufschub, durch Stundung, durch jede Anerkennung des Zahlungspflichtigen, durch eine schriftliche Zahlungsaufforderung und durch jede Handlung, die das zuständige Finanzamt zur Feststellung des Anspruchs oder des Verpflichteten vornimmt. Mit Ablauf des Jahres, in dem die Unterbrechung ihr Ende erreicht hat, beginnt eine neue Verjährung." Das Gesetz hebt zunächst die hauptsächlichsten Fälle eines Vorgehens der Steuerbehörde gegen den Steuerpflichtigen — daneben auch die Anerkennung des letzteren, welche nach der Natur der Sache stets eine Unterbrechung der Verjährung begründen muß — ausdrücklich hervor, bekräftigt dann aber durch die sich anschließende Verallgemeinerung in weitgehendstem Maße den Grundsatz, daß letzten Endes jede genügend bestimmte Handlung der Steuerbehörde, die sich gegen den Pflichtigen richtet, die Verjährung des gegen ihn laufenden Anspruchs unterbricht. Die allgemeinen Grundlagen für die Unterbrechung der Verjährung, welchen gegebenenfalls jetzt noch Beachtung zu schenken sein wird, behandelt in besonders eingehender Weise eine Entscheidung des Reichsfinanzhofs vom 14. Januar 1920 (mitgeteilt durch Rundschreiben des Reichsministers der Finanzen vom 30. Mai 1920 III a 58 Mi). Es wird darin namentlich geltend gemacht, daß Handlungen des Forderungsberechtigten allein zur Unterbrechung der Verjährung begrifflich nicht ausreichen können, wenn sie einmal nicht dem Steuerschuldner erkennbar geworden sind und ferner diesem nicht dartun, welcher bestimmte Betrag noch von ihm gefordert wird, sowie daß das bloße Erkennenlassen einer Absicht der Steuerbehörde, unter gewissen Voraussetzungen noch mit Forderungen an den Steuerschuldner nachträglich heranzutreten, begrifflich selbst dann keine Unterbrechung der Verjährung enthalte, wenn diese Absicht dem Steuerpflichtigen gegenüber verlautbart ist.

Die Unterbrechung wirkt stets nur bezüglich desjenigen Steueranspruchs, welchen der Staat gegen den bestimmten Steuerpflichtigen hat, dem gegenüber er bezüglich des Anspruchs entsprechend handelnd tätig geworden ist; haften mehrere Pflichtige für einen Anspruch, so unterbricht das Einschreiten gegen einen derselben nicht die Verjährung bezüglich des Anspruchs gegen die übrigen. Nach der Unterbrechung der Verjährung beginnt sofort eine neue Verjährungsfrist zu laufen, für welche das gleiche wie für die ursprüngliche Verjährung gilt.

Die Steuerfestsetzung und die Stundung einer vorläufigen Steuerschuld unterbricht die Verjährung nur in Höhe des festgesetzten Betrages, nicht auch wegen der nachzufordernden Beträge (Urt. d. RFH. vom 15. März 1922, StuW. Jg. I Sp. 592). Die Aufforderung zur Abgabe einer Steuererklärung dagegen bewirkt die Unterbrechung der Verjährung des ganzen Anspruchs (Becker, Komm. z. AbgO., 2. Aufl. Anm. 1 zu § 124).

3. In diese Allgemeinregelung greift § 20 insofern ein, als er bei der für S c h e n k u n g e n zu erhebenden Steuer den B e g i n n d e r V e r j ä h r u n g nicht vor dem Tode des Schenkers einsetzen läßt. Nach den Ausführungen in Note 2 müßte die Verjährung bereits mit dem Schlusse des Jahres zu laufen beginnen, in welches die Ausführung der Zuwendung fällt (§ 18). Dieses ändert die Vorschrift des § 20, indem sie in denjenigen Fällen, in welchen der Vollzug der Schenkung vor dem Tode des Schenkers liegt, den Lauf der Verjährung erst mit diesem Tode beginnen läßt. Praktisch läuft dieses darauf hinaus, daß für den regelmäßigen Fall, und damit weitaus überwiegend, der Beginn der Verjährungsfrist zeitlich weiter hinausgerückt wird als nach der allgemeinen Regelung. Denn regelmäßig findet der Vollzug der Schenkung durch den Schenker selbst bzw. unter persönlichem Eingreifen desselben statt, so daß der Vollzug vor dem Todestage des Schenkers liegen muß. Nur in besonders qualifizierten Fällen wird durch die eigenartige Ausgestaltung der Vollzug der Schenkung von einer persönlichen Tätigkeit des Schenkers unabhängig sein, so daß die Schenkung erst nach dem Tode des Schenkers zum Vollzuge kommt. Nur in diesen außerordentlichen Fällen wird eine Anwendung unserer Vorschrift nicht Platz greifen.

4. Nach der Fassung der Vorschrift kann es zweifelhaft sein, ob der Lauf der Verjährung mit dem Todestage des Schenkers oder mit dem Ablauf des Jahres, in welches der Todestag fällt, beginnen soll. Die Vorschrift sagt, daß die Verjährung nicht vor dem Tode des Schenkers ihren Anfang haben solle. Da die Reichsabgabenordnung die Verjährung nicht nur für den allgemeinen Fall, sondern durchweg auch bei den von ihr herausgehobenen Sonderfällen streng an das Kalenderjahr anschließt und die Frist stets erst mit dem Ablauf des Jahres, in welchem das maßgebende Ereignis usw. stattgefunden hat, beginnen läßt, so wird man annehmen müssen, daß ein Gleiches auch hier vom Gesetzgeber gewollt ist. Es greifen mithin lediglich die allgemeinen Bestimmungen in der Weise Platz, daß der Todestag des Schenkers an die Stelle des Zeitpunktes das Entstehen des Anspruchs tritt und mithin die Verjährung erst mit Ablauf des Jahres, in welches der Todestag des Schenkers fällt, beginnt. Wie bei dem regelmäßigen Lauf beginnt die Steuerverjährung in dem Anfang des Kalenderjahrs und wird lediglich nach letzterem geregelt. Im übrigen gelten ausschließlich die allgemeinen Vorschriften über die Verjährung, wie sie oben dargelegt sind.

5. Bei Zweckzuwendungen unter Lebenden würde ohne die Sonderregelung des § 20 die Verjährung mit dem Ablauf des Jahres zu laufen beginnen, in dessen Ende der Eintritt der Verpflichtung des Beschwerten fällt (Note 23b zu § 18). Hier greift der zweite Halbsatz des § 20 ein, wonach die Verjährung nicht vor der Erfüllung der Verpflichtung (nämlich des Beschwerten) beginnt.

Da die Steuerpflicht eine einheitliche ist, insbesondere auch ihre Entstehung bezüglich der gesamten Zuwendung an einen einheitlichen Zeitpunkt geknüpft ist (§ 18 Abs. 1), so kann es nicht zweifelhaft sein, daß bei teilweiser Verpflichtungserfüllung die Verjährung auch nicht wegen etwaiger Teilansprüche zu laufen beginnt, daß vielmehr die Verjährung erst nach der vollen Erfüllung einsetzt. Danach trifft es zu, daß bei den unselbständigen Stiftungen, bei denen ein Vermögen dauernd einem Zwecke gewidmet ist, durch § 20 jede Verjährung ausgeschlossen ist (Mirre, Bem. 1 zu § 20), wenigstens solange die Erfüllung der Zwecke anhält.

Im übrigen ist lediglich auf die Ausführungen der Noten 2 bis 4 zu verweisen; insbesondere schlagen die Ausführungen in Note 4 auch hier ein.

V. Befreiungen und Ermäßigungen.

Vorbemerkung (zu §§ 21 bis 25).

I. Die §§ 21 bis 25 enthalten eine Zusammenfassung persönlicher und sachlicher Befreiungen und Ermäßigungen, die indes nicht als vollständig gelten kann. Schon das Erbschaftssteuergesetz selbst enthält eine Reihe von Befreiungs- und Ermäßigungsvorschriften, die nicht im fünften Titel (§§ 21 bis 25) zusammengefaßt sind. Dahin gehören die aus § 3 Abs. 5, durch Rückschluß aus § 8 Abs. 1 II, aus § 9 Abs. 1 I 1, aus § 12 Abs. 3, aus § 13 und aus § 14 zu entnehmenden Begünstigungen. Hinzu treten Befreiungen und Begünstigungen teils staats- und völkerrechtlicher Natur (vgl. Note 28 zu § 8), teils solche, die aus besondern Gesetzen zu entnehmen sind (vgl. Bemerkungen II und III).

Finger (Vorbem. I zu §§ 21 bis 25) meint, daß der allgemeinen Klage der Finanzämter über die große Zahl der Befreiungen im Gesetz 1919 nicht Rechnung getragen sei. Immerhin kann der Neuregelung die Anerkennung nicht versagt werden, daß sie das sehr verzweigte Gebiet in erheblich übersichtlicherer Form zusammengestellt hat, als das im früheren Gesetze der Fall war.

II. Zwar keine allgemeine Befreiungs- oder Ermäßigungsvorschrift, wohl aber eine Handhabe zu Befreiungen und Ermäßigungen enthält § 108 der Reichsabgabenordnung. Hiernach kann der Reichsfinanzminister bzw. auf Grund der Übertragung der ihm zustehenden Befugnis das Landesfinanzamt oder Finanzamt für einzelne Fälle aus Billigkeitsgründen Steuern ganz oder teilweis erlassen oder Erstattung und Anrechnung bereits entrichteter Steuern verfügen (Abs. 1). Namentlich kann aber auch der Reichsfinanzminister mit Zustimmung des Reichsrats aus Billigkeitsgründen allgemein für Fälle bestimmter Art Befreiungen, Ermäßigungen, Erstattungen oder Anrechnung von Steuern vorsehen (Abs. 2). Von dieser Befugnis ist in zahlreichen hier einschlagenden Fällen Gebrauch gemacht. Hervorgehoben seien:

a) Erlaß III 2763 vom 4. Februar 1920: Ermächtigung an das Landesfinanzamt (LFA.) zum Erlaß der Schenkungssteuer für Neubeschaffung von Kirchenglocken an Stelle der im Kriege abgelieferten.

b) Erlaß III a 1499 vom 16. Mai 1920: Erlaßermächtigung an das LFA. in den Fällen des § 81 Abs. 5 AbgO. (Verschollenheit) bezüglich Nachlaß- und Erbanfallsteuer, wenn der Erblasser ein Kriegsteilnehmer war, der während seiner Kriegsteilnahme vermißt wurde — aber nur insoweit, als der Erwerber nach dem Gesetz 1919 mehr Steuern zu tragen hätte, als nach den bisherigen Vorschriften unter Zurechnung etwaiger Landessteuern.

c) Erlaß III a 3967 vom 18. August 1920: Erlaßermächtigung an das LFA. wegen neubeschaffter Orgelprospektpfeifen (wie a).

d) Erlaß III a 4898 vom 11. September 1920: Desgl. betreffs Zuwendungen von Personen oder Personenvereinigungen ohne inländischen Wohnsitz, Aufenthalt oder Sitz an inländische Stiftungen, Gesellschaften, Vereine oder Anstalten, die nur mildtätige Zwecke verfolgen oder zu ausschließlich mildtätigen Zwecken im Inlande — vgl. auch g —.

e) Erlaß III a 6048 vom 3. November 1920: Befreiungen der im Jahre 1920 an die „Deutsche Kinderhilfe" gemachten Zuwendungen von der Schenkungssteuer.

f) Erlaß III a 7552 vom 29. Dezember 1920: In den Fällen oben zu a, c und d kann der Erlaß der Schenkungssteuer schon vor der Vollziehung der Schenkung in Aussicht gestellt werden.

g) Erlaß III a 1794 vom 10. März 1921: Ausdehnung der im Erlaß zu d gegebenen Ermächtigung auf Auslandszuwendungen unter Lebenden an inländische Stiftungen usw., die nur kirchliche oder gemeinnützige Zwecke verfolgen oder zu nur kirchlichen oder gemeinnützigen Zwecken.

h) Erlaß VI V 4169 vom 28. Juni 1921: Befreiung von Zuwendungen an den Ausschuß zur Erhaltung des deutschen Kriegerkurhauses in Davos-Dorf zu diesem Zwecke, sofern sie schon angefallen sind oder im Jahre 1921 noch anfallen werden.

i) Erlaß III E 29942 vom 30. Oktober 1921: Befreiung von Schenkungen zur Unterstützung der von der Oppauer Explosion Betroffenen.

k) Erlaß III V 381 vom 24. März 1922: Desgl. von Zuwendungen an die „Altershilfe des deutschen Volkes" im Jahre 1922 und vorher.

l) Erlaß III V 1582 vom 26. August 1922: Desgl. zu den Sammlungen „Brüder in Not".

m) Erlaß III V 8803 vom 19. Dezember 1922: Zuwendungen an die Deutsche Notgemeinschaft Berlin, die bereits angefallen sind oder im Jahre 1923 noch anfallen werden, sind von der Schenkungssteuer frei.

n) Erlaß III C 1201 vom 26. Januar 1923: Ermächtigung an die Finanzämter, Zuwendungen unter Lebenden an eine Hilfsorganisation aus Anlaß der Besetzung des Ruhrgebiets von der Erbschaftssteuer zu befreien.

o) Erlaß III C 12818 vom 13. November 1923: Erlaß der Erbschaftssteuer unter Lebenden seitens der „Deutschen Pfarrhaushilfe in der Schweiz" (Geschäftsstelle Basel) zugunsten protestantischer Geistlicher.

III. Aus andern Reichsgesetzen seien noch folgende Befreiungen genannt, die sich teilweise auf § 108 Abs. 2 AbgO. (siehe zu II) stützen:

a) Nach § 10 der Verordnung zur Ausführung des § 59 des Einkommensteuergesetzes vom 12. Juni 1921 (RStBl. Jg. 1921 S. 281) sind von der Erbanfall- oder Schenkungssteuer befreit Zuwendungen an Vereinigungen oder Gesellschaften im Sinne des § 59 Abs. 1 b des Einkommensteuergesetzes, die als solche auf Grund genannter Verordnung (§§ 3—5) anerkannt (§§ 6 ff. das.) oder anzuerkennen sind, sowie an Länder, inländische Gemeinden (Gemeindeverbände) oder öffentlich genehmigte inländische Stiftungen, wenn der Tatbestand, an den das ErbschStG. die Steuer knüpft, in den Jahren 1920 bis einschließlich 1923 verwirklicht ist; die Befreiung tritt nur ein, wenn die Zuwendungen ausschließlich die Förderung des Kleinwohnungsbaus bezwecken und ihre Verwendung zu diesem Zwecke gesichert ist.

b) Nach §§ 1 und 5 der Verordnung über die Steuerbefreiung der Ansprüche und Entschädigungen auf Grund der Gewaltschädengesetze vom 2. Juli 1923 (RGBl. I S. 613) sind die Ansprüche aus diesen Gesetzen (Verdrängungs-, Kolonial- und Auslandsschädengesetz, sämtlich in der Neufassung vom 24. Oktober 1923, RGBl. I S. 1018) von der Erbschaftssteuer befreit, soweit sie an Abkömmlinge oder Eltern des Erblassers fallen. Diese Befreiung gilt auch für den Anfall von endgültigen und als Vorentschädigung an den Erblasser gezahlten Beträgen, sofern der Anspruch in der Person des Erblassers selbst entstanden war, der Erbfall nicht später als 5 Jahre nach Auszahlung eingetreten ist und der Unterhalt des Erben bis zum Erbfall im wesentlichen aus den Erträgen des Nachlaßvermögens bestritten worden ist. Im übrigen ist der Anfall von Vor- und Endentschädigungen nicht befreit (§ 5 VO.). § 6 VO. enthält Übergangsbestimmungen.

Mit dem Inkrafttreten d. VO. v. 24. Okt. 1923 sind die früheren gleichen Verordnungen vom 11. Mai 1923 (RGBl. I S. 293) und v. 10. Juli 1923 (RGBl. I S. 591) für künftige Fälle gegenstandslos geworden.

c) Nach § 12 des Reichsentlastungsgesetzes vom 4. Juni 1923 (RGBl. I S. 305 ff.) sind die in § 26 des Reichsausgleichsgesetzes bezeichneten Forderungen und die im Liquidationsschädengesetze geregelten Ansprüche aus § 8 des Gesetzes über Enteignungen und Entschädigungen aus Anlaß des Friedensvertrages vom 31. August 1919 sowie die auf diese Forderungen und Ansprüche zur Auszahlung gelangenden Ausgleichsbeträge und Entschädigungen mit den sich aus Abs. 3 und 4 gen. § ergebenden Einschränkungen von der Erbschaftssteuer befreit.

Die Befreiung tritt nur ein, soweit die Ansprüche den Abkömmlingen, Eltern oder Ehegatten — hier mit der sich aus § 9 I 1 Abs. 2 ErbschStG. ergebenden Einschränkung — anfallen. Des näheren sei auf §§ 17 ff. gen. Gesetzes verwiesen. (Vgl. auch die den gleichen Gegenstand betreffenden Verordnungen vom 11. Dezember 1922, RGBl. I S. 965, und vom 11. Mai 1923, RGBl. I S. 294.)

Zu b und c.

Der Erlaß des RMdF. vom 28. März 1924 III C 5 300, betr. Erbschaftssteuer enthält unter IV (S. 4 und 5) in Verbindung mit dem Erlaß vom 18. März 1924 III C 3 1000 unter I B 6 (S. 3) eine Übersicht der einschlägigen Vorschriften, der folgendes entnommen sei:

Unter den in den §§ 12, 17 Abs. 1, 2 des Reichsentlastungsgesetzes vom 4. Juni 1923 (RGBl. I S. 305), §§ 1, 5 der Verordnung vom 2. Juli 1923 (RGBl. I S. 613) bezeichneten Voraussetzungen, deren Vorliegen genau zu prüfen ist, sind folgende Forderungen, Ansprüche und Beträge von der Erbschaftssteuer befreit:

α) Ausgleichsforderungen (§ 12 Abs. 1, § 15 Abs. 1 des Reichsentlastungsgesetzes); an sich seien nur Valutaforderungen befreit, doch sei der RMdF. mit der Behandlung aller Ausgleichsforderungen als Valutaforderungen einverstanden, da die Unterscheidung zwischen Mark- und Valutaforderungen schwierig sei.

β) Entschädigungsansprüche aus dem Liquidationsschädengesetz (Fassung vom 20. November 1923, RGBl. I S. 1148) mit Ausnahme der in §§ 29, 41, 42 des Liquidationsschädengesetzes geregelten Ansprüche (§ 12 Abs. 1, § 15 Abs. 1 des Reichsentlastungsgesetzes).

γ) Entschädigungsansprüche aus der Gewaltschädenverordnung vom 28. Oktober 1923 (RGBl. I S. 1018 f.), vgl. § 1 Abs. 1, § 3 Abs. 1 der Verordnung vom 2. Juli 1923 (RGBl. I S. 613).

δ) Die im Jahre 1923 auf die unter α—γ bezeichneten Forderungen und Ansprüche gezahlten Beträge (§ 15 Abs. 2 des REntlastG., § 3 Abs. 2 der Verordnung vom 2. Juli 1923).

Liegen die Voraussetzungen der Befreiung (§§ 12, 17 Abs. 1, 2 des REntlastG. und §§ 1, 5 der Verordnung vom 2. Juli 1923) nicht vor, so sind die Forderungen usw. erbschaftssteuerpflichtig. Dann gelten für die Bewertung die § 17 Abs. 4, 7, § 19 Abs. 1 des REntlastG., §§ 25 bis 28, 43 des RAusgleichsG. (Fassung vom 20. November 1923, RGBl. I S. 1135), §§ 2, 3, 5 des Liquidationsschädengesetzes (Fassung vom 20. November 1923, RGBl. S. 1148).

Ferner sind nach § 18 des REntlastG. unter den in Abs. 6 daselbst gegebenen Voraussetzungen steuerfrei die im Eigentum Deutscher stehenden Vermögensgegenstände, die von einer ehemals feindlichen Macht beschlagnahmt waren und später wieder freigegeben worden sind, und die Reinerlöse, die von einer solchen Macht im Falle der Liquidation beschlagnahmten deutschen Vermögens den Berechtigten zur Verfügung gestellt worden sind. Die allgemeinen Voraussetzungen sind bei den Vermögensfreigaben in folgenden Staaten erfüllt:

Guatemala, Kuba, Südafrikanische Union (einschließlich des ehemaligen Deutsch-Südwest-Afrika), ferner Vereinigte Staaten von Nordamerika (allgemein bis 10000 Dollar), Japan (allgemein bis 10000 Yen, darüber hinaus in Alt-Japan und Korea 50 v. H., in Kiautschou und Südseegebieten 20 v. H.) und Brasilien (nur bezüglich der für die aus der Versteigerung von beschlagnahmten deutschen Schiffsladungen erzielten Erlöse).

Vgl. Erlaß des RMdF. vom 10. März 1924 $\frac{\text{III C 7 79}}{\text{V b 1181}}$, betr. Steuerbefreiung gemäß § 18 des REntlastG.

IV. Durch die Zweite Steuernotverordnung vom 19. Dezember 1923 (RGBl. I 1923 I S. 1205 sind die in den §§ 21 bis 23 enthaltenen Befreiungen und Ermäßigungen in teilweise abgeänderter Form mit Wirkung für diejenigen Erwerbe, deren Steuerpflicht nach dem 30. Juni 1923 entstanden ist (§ 18 Ges.) in dem einen § 21 (Abdruck und Erläuterungen hinter § 23) zusammengestellt. Sachliche Abänderungen der §§ 21 bis 23 sind durch Kursivdruck kenntlich.

§ 21.

(1) Von der Erbschaftssteuer sind befreit:

1. Anfälle an das Reich oder an ein Land, sowie solche Anfälle, die ausschließlich Zwecken des Reichs oder eines Landes dienen;

2. Anfälle an solche Gesellschaften, Anstalten oder Stiftungen, die ausschliesslich Zwecke des Reichs oder eines Landes verfolgen.

(2) Ob die Voraussetzungen des Abs. 1 vorliegen, bestimmt der Reichsminister der Finanzen.

a) Aussch.-Ber.: S. 14 Nr. 14.
b) Richtl.: S. 6 Nr. 13.
c) Ges. 1919: § 32 (kaum geändert).
d) Schriftt.: Stölzle, Steuerbefreiungen und Steuerermäßigungen aus öffentlichrechtlichen und sozialen Gründen nach dem ErbschStG. vom 20. Juni 1922 und 26. März 1923 ZStFr. IV S. 49, 86.
e) Rechtspr.: —.

Inhaltsübersicht.

1. Der § 21 entspricht dem § 32 Ges. 1919, der nur wenig geändert ist. Die alleinige materielle Änderung besteht darin, daß nach der Neufassung der RAbF. über das Vorliegen sämtlicher Befreiungsfälle des Paragraphen zu entscheiden hat, nicht nur über die der Nr. 2 alter Fassung. Nur redaktionell ist die Ersetzung des Wortes „Zuwendung" in beiden Ziffern durch „Anfall" (wohl geschehen im Hinblick auf die Regelung der Entstehung der Steuerpflicht in § 18 Abs. 1), sowie die Umgruppierung der Zuwendungen für Zwecke des Reichs oder eines Landes von Nr. 2 in Nr. 1.

Die ursprüngliche Fassung des Antrags Herold (Nr. 14) wies als einzige Änderung des § 32 Ges. 1919 den Ersatz des Wortes „Zuwendung" durch „Anfall" auf. Die Nr. 14 wurde in erster Lesung des Reichstagsausschusses angenommen, nachdem ein Regierungsvertreter in Beantwortung einer Frage des Berichterstatters, ob nicht beabsichtigt sei, Gemeinden die gleiche Vergünstigung zuteil werden zu lassen, auf § 35 (jetzt § 23) und die hierzu beabsichtigten Änderungen hingewiesen hatte. In zweiter Lesung wurde die jetzige Fassung des Paragraphen beschlossen, die auffälligerweise als lediglich redaktionelle Neufassung des § 32 bezeichnet wurde (Aussch.-Ber. S. 14 Nr. 14). Im Plenum ist die Vorschrift nicht erörtert.

Die Richtlinien weisen richtig auf die Erweiterung der Entscheidungsbefugnisse des Reichsfinanzministers hin (S. 6 Nr. 13).

Absatz 1 Ziffer 1.

2. Wenn man auch im allgemeinen als Grundsatz annehmen kann, daß der Staat von seiner eigenen Besteuerung frei bleibt, da ja andernfalls für die Regel nur der Ausgleich einer Verausgabung aus dem einen Posten des Staatshaushaltsplans durch eine übereinstimmende Vereinnahmung in einem anderen Posten desselben stattfinden würde, so waren bei der deutschen Erbschaftsbesteuerung die Unterlagen insofern andere, als der Steuerertrag nicht allein dem Reiche, sondern auch den einzelnen Staaten desselben und zwar zu ungleichen Anteilen nach Reich und Staat zufloß, mithin wegen Unstimmigkeit zwischen Verausgabung und Vereinnahmung ein tatsächlicher Ausgleich nicht stattfand. Dem hatte man im Ges. 1906 Rechnung getragen und eine Steuerbefreiung für Reich und Bundesstaaten nicht eintreten lassen. Jetzt hat man geglaubt, sich über diesen Sonderstand, der unverändert der gleiche geblieben ist, hinwegsetzen zu sollen, und unter Ziffer 1 des Paragraphen sowohl das Reich wie auch die Länder (Gliedstaaten) von der Steuer befreit. Nach der finanziell praktischen Seite hin wird dem darin liegenden grundsätzlichen Mangel kaum nennenswertere Bedeutung beizumessen sein.

3. Von der Steuer befreit bleiben allein diejenigen Zuwendungen, welche ausdrücklich an das Reich oder an ein Land (Gliedstaat) gemacht werden, welche mithin nur dem Reich oder dem Land (Gliedstaat) zugute kommen können. Wie die Zuwendung geschieht, ob durch Erbeinsetzung, Vermächtnis, Auflage an einen Dritten, durch Verfügung von Todes wegen oder Schenkung, ist dabei ohne Einfluß. Auch wenn nach den §§ 1936, 1942 BGB. der Fiskus eines Bundesstaats oder Landes gesetzlicher Erbe wird, ist die Vorschrift zur Anwendung zu bringen, ebenso wenn auf Grund landesgesetzlicher Vorschriften, welche unter dem Artikel 139 EG. BGB. unberührt bestehen geblieben sind, dem Fiskus

in Ansehung des Nachlasses einer verpflegten oder unterstützten Person ein Erbrecht, ein Pflichtteilsanspruch oder ein Recht auf bestimmte Sachen zusteht. Tritt aber nach Maßgabe der durch Artikel 138 EG. BGB. aufrecht erhaltenen landesgesetzlichen Vorschriften im Falle des § 1936 BGB. an Stelle des Fiskus eine Körperschaft, Stiftung oder Anstalt des öffentlichen Rechts als gesetzlicher Erbe ein, so versagt die Befreiungsbestimmung; für die fraglichen Körperschaften usw. bleibt gegebenenfalls die Möglichkeit einer Befreiung nach Ziffer 2 vorbehalten. Im übrigen ist die Vorschrift in strenger Einschränkung auszulegen. Sind dem Reich oder einem Gliedstaat Vermögenswerte unter der Auflage angefallen, sie ganz oder zu einem Teile für Zwecke, die nicht zu denen des Reichs oder des Gliedstaats gehören, zu verwenden, so wird die Zuwendung, soweit sie unter Ziffer 2 des Abs. 2 § 2 fällt, durch die Befreiungsvorschrift nicht gedeckt.

4. Die Befreiungsvorschrift ist weiter ausgedehnt auf Zuwendungen, die ausschließlich Zwecken des Reichs oder eines Landes dienen. Die Zuwendung kann in diesen Fällen an jede beliebige Persönlichkeit erfolgen; Voraussetzung für die Befreiung ist nur, daß sie ausschließlich Zwecken des Reichs oder eines Landes (Gliedstaates) dient. In Verbindung mit der vorerörterten Vorschrift (Note 2, 3) ergibt sich, daß Zuwendungen an Reich oder Länder zugunsten von irgendwelchen Zwecken derselben stets von der Steuer befreit bleiben, so Zuwendungen an das Reich für Zwecke eines Landes, Zuwendungen an ein Land für Zwecke des Reichs, Zuwendungen an ein Land für Zwecke eines anderen, bzw. das Gleiche auch in gemischtem Umfange.

5. Die in Frage stehende Steuerbefreiung, welcher sich in gleicher Richtung die Steuerermäßigungen unter § 22 Ziffern 15 und 16 anschließen, charakterisiert sich insofern eigenartig und von den übrigen Steuerbefreiungen und -Ermäßigungen unterschiedlich, als sie nicht wie durchweg die letzteren an eine Persönlichkeit, welcher ein Erwerb anfällt, sondern an die Zuwendung selbst unter der besonderen Zweckbestimmung derselben angegliedert ist. Maßgebend für die steuerliche Behandlung ist demnach nicht die Eigenart einer Person, sondern die in der Zweckbestimmung liegende bzw. durch sie zum Ausdruck kommende Eigenart der Zuwendung als solche. Bei der Beurteilung ist der innere Grund für die Vorschrift nicht außer acht zu lassen, daß der Gesetzgeber mit derselben die fraglichen Zweckzuwendungen nicht besonders mit einer Steuer hat belegen, sondern daß er gerade eine Steuervergünstigung für dieselben hat zur Einführung bringen wollen, um jene Zwecke, deren Verfolgung durch den Träger derselben (Staat) oder durch eigens dazu errichtete Stiftungen usw. anderenorts besonders privilegiert wird, allgemein in der gleichen Weise zu begünstigen. Die Zuwendung selbst muß stets derart sein, daß durch sie ein besonderer und in sich selbständiger Rechtserwerb begründet ist; nach Lage der Sache wird sie für die Hauptmasse der Fälle durch Auflage verwirklicht, sie kann aber ebensowohl bei der Erbeseinsetzung und durch Vermächtnis zur Wirkung kommen. Jenem inneren Grund der Befreiungsvorschrift wird es entsprechen, daß in denjenigen Fällen, in welchen die Zuwendung zu dem privilegierten Zweck an den Staat oder an eine in ähnlicher Weise privilegierte Stiftung usw. fällt, im allgemeinen die Zweckbestimmung nicht weiter besonders steuerlich berücksichtigt wird,

mithin einer bezüglichen Verwendungsanordnung des Erblassers nur eine deklaratorische Wirkung beigelegt wird; nur wenn aus den Umständen unzweideutig die Absicht des Erblassers erhellt, durch die Zweckbestimmung etwas Besonderes, rechtlich Selbständiges zu schaffen, wird unter dem Gesichtspunkt der Auflage eine getrennte steuerliche Behandlung für Substanzerwerb und Nutzungserwerb einzutreten haben. Bei einer Steuerbefreiung oder der Übereinstimmung der Steuersätze für die Ermäßigungen hat letzteres für den zu erhebenden Steuerbetrag keine besondere Bedeutung. Es kann für den Steuerpflichtigen in der Hauptsache nur dadurch eine Erschwerung bewirken, wenn für die Zweckzuwendung eine Sicherung bezüglich entsprechender Verwendung beschafft werden muß. Eine unabweisbare Folge jener oben bezeichneten besonderen steuerlichen Heraushebung der Zuwendungen zu einem der genannten Zwecke muß es aber sein, daß die Zuwendung selbst wiederum eine gewisse Selbständigkeit, etwas in sich Abgeschlossenes erhält. Sie erscheint von dem mittelbar oder unmittelbar Bedachten mehr oder weniger losgelöst, was sich des weiteren dadurch noch schärfer ausprägt, daß allein in fraglichem Falle die Steuer für die Zuwendung nicht von dem Erwerber, sondern von dem mit der Zuwendung Beschwerten nach § 18 des Gesetzes zu entrichten ist. Es muß dieses namentlich von Bedeutung werden, wenn es sich um mehrere Zuwendungen zu verschiedenen Zwecken, die von dem Erblasser in irgend einer Weise wie namentlich in der Person des Beschwerten vereinigt sind, handelt. Vorausgesetzt, daß jede Zuwendung zu dem einzelnen Zweck als solche abgegrenzt und speziell der Höhe nach ausgeworfen ist, wird eine jede derartige Zuwendung, weil sie durch den Verwendungszweck selbständig charakterisiert ist, auch steuerlich als etwas Selbständiges zu behandeln sein; die Steuerfestsetzung und -erhebung hat stets für die einzelne Zuwendung als solche und ohne Rücksicht auf die sonst noch vorliegenden Zuwendungen ähnlicher Art zu geschehen.

6. Die Steuerbefreiung greift nur Platz, wenn die Zuwendung ausschließlich dem Zwecke des Reichs oder eines Gliedstaates zu dienen bestimmt ist. Die Ausschließlichkeit der Zweckbestimmung, welche bei ähnlichen Fällen, namentlich bei Steuerermäßigungen, sowohl von dem früheren wie von dem jetzigen Gesetz in übereinstimmender Weise gefordert ist, setzt voraus, daß die Zuwendung allein für den einen besonders begünstigten Zweck bestimmt ist. Fördert die Zuwendung neben den staatlichen Zwecken auch andere nicht als staatliche anzuerkennende Zwecke, so muß die Steuerbefreiung versagt werden. Läßt sich bei einer mehreren Zwecken bestimmten Zuwendung eine fest abzugrenzende Scheidung nach diesen Zwecken in der Weise durchführen, daß für jeden einzelnen Zweck eine bestimmte Wertsumme in Ansatz gebracht werden kann, so wird für diejenige Wertsumme, welche auf Zwecke des Reichs oder eines Landes tatsächlich entfällt, die Steuerbefreiung einzutreten haben. Ist es aber nach den bezüglichen Anordnungen des Erblassers nicht möglich, eine bestimmte dem Zuwendungswillen entsprechende Abgrenzung ins Einzelne zu machen, so ist die Befreiung insgesamt zu versagen.

7. Als Zweck des Reiches oder eines Landes ist nur dasjenige anzuerkennen, was Staat oder Land als selbst zu erfüllen sich in Wirklichkeit zur Aufgabe gesetzt haben. Maßgebend sind die eigenen

Organisationen des ganzen Staatswesens, nach welchen das Reich und die einzelnen Länder den Umfang ihrer staatlichen Wirksamkeit festgelegt haben. Alle diejenigen Aufgaben, welche sie sich hierbei gesetzt haben und welchen sie dementsprechend nachzukommen tatsächlich bestrebt sind, müssen als Staatszwecke gelten. Die staatlichen Aufgaben des Reichs und damit die Zwecke desselben sind durch die Reichsverfassung festgelegt. In ähnlicher Weise bestimmen für die Regel Verfassungen oder auch sonstige eventuell der Verfassung angegliederte Gesetze die Aufgaben und Zwecke der Länder. Den dabei hervortretenden Verschiedenheiten ist Rechnung zu tragen, so daß eine gleichartige Zuwendung in dem einen Land als einen Staatszweck erfüllend anerkannt und danach von der Steuer befreit werden kann, in einem anderen mit einer abweichenden Organisation nicht. Hat ein Land (Gliedstaat) bestimmte Funktionen, die an und für sich sehr wohl als Staatszwecken entsprechend anzusehen wären und die es demgemäß auch selbst hätte auf sich nehmen können, auf eine ihm unterstehende öffentliche Körperschaft (Provinz, Kreis, Gemeinde) behufs selbständiger Erfüllung übertragen, so dient die solche fördernde Zuwendung nicht den Zwecken des Landes, sondern den Zwecken der betreffenden öffentlichen Körperschaft; die Steuerbefreiung kommt nicht zur Wirkung; daß mittelbar mit der Zuwendung auch dem Wohle des Staates als solchen gedient wird, bleibt hinsichtlich der Begründung der Steuerfreiheit ohne Bedeutung.

Abs. 1 Ziff. 2.

8. Des Ferneren erweitert die Ziff. 2 die Befreiungsvorschrift auf die Zuwendungen an solche Gesellschaften, Anstalten oder Stiftungen, die ausschließlich Zwecke des Reichs oder eines Landes verfolgen. Auch hier ist die Ausschließlichkeit des Verfolgens der Staatszwecke gefordert. Entsprechend findet das oben zu Note 6 Ausgeführte Anwendung. Bei Prüfung der Frage, ob eine derartige Ausschließlichkeit im einzelnen praktischen Fall vorhanden ist, werden die besonderen Ordnungen, Satzungen oder dergleichen der Gesellschaften usw. von ausschlaggebender Bedeutung sein. Verfolgt eine Gesellschaft, Anstalt oder Stiftung den Staatszweck nur obenhin oder im allgemeinen, ist aber in den Einzelheiten mehr oder weniger vortretend auf andere Zwecke zugespitzt, so muß derselben die Steuerbefreiung versagt werden. Dasselbe tritt ein, wenn der Staatszweck zwar das Wesentlichste und in erster Linie Vortretende bildet, daneben jedoch, wenn auch nur untergeordnet oder nebensächlich, andere Zwecke erfüllt werden. Die Befreiungsvorschrift fällt selbstredend nicht aus in dem Falle, daß eine Gesellschaft usw. gleichzeitig Zwecken des Reiches und eines Landes dient, da hier Zwecke zusammenkommen, welche übereinstimmend privilegiert sind. Hinsichtlich einer besonderen Qualifikation der Gesellschaften, Anstalten oder Stiftungen sind keinerlei Anforderungen gestellt. Demgemäß können Gesellschaften usw. jeder Art in Frage kommen.

Bei der durch die Zweite Steuernotverordnung erfolgten Neuregelung der Befreiungsvorschrift ist Ziff. 2 nicht mit übernommen (vgl. Abs. 1 Nr. 17 § 21 n. F. — hinter § 23 —).

9. Nach dem zweiten Absatz des Paragraphen soll der Reichsminister der Finanzen darüber entscheiden, ob die Voraussetzungen des Abs. 1 vorliegen.

Der RMdF. entscheidet ausschließlich (nicht etwa als letzte Instanz über den Finanz- und Landesfinanzämtern) und endgültig. Die Zweite Steuernotverordnung hat diese Regelung nicht mit übernommen (vgl. § 21 Abs. 1 Nr. 17 n. F., hinter § 23).

Auf Grund genannter Bestimmung sind folgende Befreiungen, zum Teil noch unter der Herrschaft des Ges. 1919 anerkannt:

a) (Erl. III Mi 16 128 vom 26. November 1919) Zuwendungen zugunsten der Kriegsbeschädigten und Kriegshinterbliebenen, soweit die Zuwendungen unmittelbar dem beim Reichsarbeitsministerium bestehenden Reichsausschuß der Kriegsbeschädigten- und Kriegshinterbliebenenfürsorge oder einer von ihm errichteten Hauptfürsorge- oder Fürsorgestelle zufließen.

b) (Erl. III a 4330 vom 23. August 1920) Zuwendungen an Universitäten.

c) (Erl. III V 708 vom 11. November 1922) Zuwendungen an die Nationalstiftung für die Hinterbliebenen der im Kriege Gefallenen, soweit die Zuwendungen im Rahmen der satzungsmäßigen Zwecke der Stiftung zu verwenden sind.

d) (Erl. III V 2592 vom 21. Mai 1922) Zuwendungen an den Landesausschuß für hygienische Volksbelehrung e. V. in Berlin, die ohne besondere Zweckbestimmung erfolgen.

e) (Erl. III V 36 737 vom 26. August 1922) Zuwendungen an das Deutsche Museum von Meisterwerken der Naturwissenschaft und Technik in München ohne besondere Zweckbestimmung.

f) (Erl. III V 6759 vom 6. September 1922) Zuwendungen an die Kaiser Friedrich-Stiftung für das ärztliche Fortbildungswesen ohne besondere Zweckbestimmung.

g) (Erl. III V 553 vom 1. Februar 1923) Zuwendungen an den Deutschen Reichsausschuß für Leibesübungen in Berlin ohne besondere Zweckbestimmung.

Wegen Zuwendungen, die den vorgenannten Stiftungen oder Anstalten mit besonderer Zweckbestimmung gemacht werden, soll die Entscheidung im Einzelfalle vorbehalten bleiben.

h) In einem Erlaß vom 10. Juli 1923 — III c 8131 — bringt der RMdF. sodann zum Ausdruck, daß er bei seinen bisherigen Entscheidungen nach § 21 Abs. 2 die Grenze zwischen Zuwendungen, die ausschließlich den Zwecken des Reiches oder eines Landes dienen und solchen des § 23 Abs. 1 Nr. 3 dahin gezogen haben, daß für die ersteren nur solche Bestrebungen zu beachten seien, die unmittelbar der Allgemeinheit dienten, wie die Pflege der Wissenschaft, daß dagegen die Förderung von Aufgaben, deren Erfüllung im wesentlichen zunächst der Selbsthilfe der Beteiligten überlassen bleiben müsse — wie z. B. Stipendienstiftungen für Studierende — in die zweite Gruppe einzubeziehen seien. Bei der wirtschaftlichen Notlage jedoch mußten manche Bestrebungen, die zugunsten der Gesamtheit früher durch Selbsthilfe der Nächstbeteiligten getroffen werden konnten, als Maßnahmen zum unmittelbaren Nutzen der Allgemeinheit angesehen werden. Demgemäß werde er in Erweiterung der bisherigen Verwaltungsübung auch solche Zuwendungen gemäß § 21 als befreit anerkennen, die ausschließlich Zwecken der Jugenderziehung und Volksbildung dienten. Darunter fielen auch Zuwendungen zur Linderung der wirtschaftlichen Notlage von Lehrkörpern, Schülern und Studierenden, für Zwecke der Säuglings-, Kinder- und Mutterfürsorge, für Zwecke der körperlichen Ertüchtigung der Jugend (Turn- und Sportwesen). Entsprechendes gelte auch für Anfälle an Gesellschaften, Anstalten oder Stiftungen mit entsprechenden Zwecken.

i) Der Erl. vom 20. Juni 1923 — III c 6125 — (RStBl. 1923 S. 226) erkennt an, daß Zuwendungen an die Wirtschaftshilfe der Deutschen Studentenschaft (Sitz Tübingen), an die Darlehnskasse der Deutschen Studentenschaft und an die der Wirtschaftshilfe der Deutschen Studentenschaft angeschlossenen Wirtschaftskörper steuerfrei sind, auch wenn sie zu einem bestimmten, ihr nach den Satzungen obliegenden Zwecke erfolgen. Bei anderen Zweckzuwendungen wird Entscheidung vorbehalten.

k) (Erl. III V 5847 vom 1. September 1922) Zuwendungen an das Missionshaus St. Michael in Steyl vgl. Note 7 a. E. zu § 23.

§ 22.

A. Fassung nach dem Geldentwertungsgesetze vom 20. März 1923 (RGBl. I S. 207).

(1) Steuerfrei bleiben ferner:

1. bei den Steuerklassen I, II, *III 1, IV 1, 5* ein Erwerb von nicht mehr als *500 000 Mark;*
2. bei den *übrigen Steuerklassen* ein Erwerb von nicht mehr als *50 000 Mark;*
3. *Zuwendungen der im § 23 genannten Art, sofern sie von physischen Personen, juristischen Personen oder Personenvereinigungen ohne Rechtspersönlichkeit anfallen, die im Inlande keinen Wohnsitz, Aufenthalt, Sitz oder Ort der Leitung haben, oder soweit der Wert der Zuwendung nicht mehr als 200 000 Mark beträgt;*
4. a) Hausrat, einschließlich Wäsche und Kleidungsstücke, sofern er Personen der Steuerklassen I, II anfällt,
   b) Hausrat, einschließlich Wäsche und Kleidungsstücke, soweit der Wert bei einem Anfall an Personen der Steuerklassen III, IV den Betrag von *2 000 000 Mark* nicht übersteigt,
   c) andere bewegliche körperliche Gegenstände, die nicht im Sinne des Vermögenssteuergesetzes zum Betriebsvermögen gehören oder Zubehör eines Grundstücks bilden oder im *§ 9* des Vermögenssteuergesetzes aufgezählt sind, sofern sie Personen der Steuerklassen I bis IV anfallen und soweit ihr Wert bei einem Anfall an Personen der Steuerklassen I, II den Betrag von *1 000 000 Mark,* bei einem Anfall an Personen der Steuerklassen III, IV den Betrag von *200 000 Mark* nicht übersteigt;

5. bei einem Anfall an Personen der Steuerklassen I, II
   a) Kunstgegenstände und Sammlungen, *sofern der Anschaffungspreis für den einzelnen Gegenstand weniger als 20 000 Mark oder für mehrere gleichartige oder zusammengehörige Gegenstände weniger als 200 000 Mark betragen hat,* oder sofern sie von lebenden oder *seit fünfzehn Jahren* verstorbenen deutschen Künstlern geschaffen sind;
   b) nicht zur Veräußerung bestimmte bewegliche körperliche Gegenstände, die geschichtlichen oder kunstgeschichtlichen oder wissenschaftlichen Wert haben und die sich seit mindestens zwanzig Jahren im Besitze der Familie des Erblassers befinden, sofern sie nach näherer behördlicher Anweisung den Zwecken der Forschung und Volksbildung nutzbar gemacht werden. Werden solche Gegenstände innerhalb zehn Jahren nach dem Erbfall veräußert, so tritt die Steuerbefreiung außer Kraft;
6. ein Erwerb nach § 1669 des Bürgerlichen Gesetzbuchs;
7. die Befreiung eines Steuerpflichtigen der Steuerklassen I, II von einer Schuld gegenüber dem Erblasser, soweit durch den Anfall lediglich die Beseitigung einer Überschuldung erreicht wird;
8. die Befreiung von einer Schuld gegenüber dem Erblasser, sofern die Schuld durch Gewährung von Mitteln zum Zwecke des angemessenen Unterhalts oder zur Ausbildung des Bedachten begründet worden ist oder der Erblasser die Befreiung mit Rücksicht auf die Notlage des Schuldners angeordnet hat und diese auch durch die Zuwendung nicht beseitigt wird. Die Steuerbefreiung entfällt, soweit die Steuer aus der Hälfte einer neben der erlassenen Schuld dem Bedachten anfallenden Zuwendung gedeckt werden kann;
9. ein Erwerb, der einem Steuerpflichtigen der Steuerklassen I, II, *Eltern oder Großeltern* des Erblassers anfällt, sofern der Erwerb zusammen mit dem sonstigen Vermögen des Erwerbers *100 000 Mark* nicht übersteigt und der Erwerber infolge körperlicher oder geistiger Gebrechen und unter Berücksichtigung seiner bisherigen Lebensstellung als erwerbsunfähig anzusehen ist oder durch die Führung eines gemeinsamen Hausstandes mit erwerbsunfähigen oder in der Ausbildung zu einem Lebensberufe begriffenen Abkömmlingen an der Ausübung einer Erwerbstätigkeit gehindert ist;

10. ein Erwerb, der Personen anfällt, die dem Erblasser in Erwartung einer letztwilligen Zuwendung unentgeltlich oder gegen unzureichendes Entgelt Pflege oder Unterhalt gewährt haben, soweit das Zugewendete als angemessenes Entgelt anzusehen ist;
11. Vermögen, das leibliche Eltern, Großeltern oder entferntere Voreltern ihren Abkömmlingen durch Schenkung oder Übergabevertrag zugewandt hatten und das an diese Personen zurückfällt;
12. der Verzicht auf den Pflichtteilsanspruch;
13. Zuwendungen unter Lebenden zum Zwecke des angemessenen Unterhalts oder zur Ausbildung des Bedachten;
14. Ruhegehalte und ähnliche Zuwendungen, die ohne rechtliche Verpflichtung früheren oder jetzigen Angestellten oder Bediensteten gewährt werden, Zuwendungen an Pensions- oder Unterstützungskassen des eigenen Betriebs, sowie die üblichen Gelegenheitsgeschenke;
15. Zuwendungen an inländische Kirchen, an inländische Stiftungen, Gesellschaften, Vereine oder Anstalten, die ausschließlich kirchliche Zwecke verfolgen, sofern ihnen die Rechte juristischer Personen zustehen, sowie Zuwendungen zu ausschließlich kirchlichen Zwecken innerhalb des Deutschen Reichs oder seiner Schutzgebiete oder zugunsten deutscher Reichsangehöriger im Auslande, sofern die Verwendung zu diesem Zwecke gesichert ist.

    Unter Kirchen sind alle inländischen Religionsgesellschaften, denen die Rechte juristischer Personen zustehen, unter kirchlichen Zwecken sind die Zwecke solcher Religionsgesellschaften zu verstehen. Den Religionsgesellschaften sind gleichgestellt inländische Vereinigungen, die sich die gemeinschaftliche Pflege einer Weltanschauung zur Aufgabe machen und denen die Rechte juristischer Personen zustehen; kirchlichen Zwecken sind die Zwecke solcher Vereinigungen gleichgestellt;
16. *Zuwendungen, die zu ausschließlich mildtätigen oder gemeinnützigen Zwecken aus öffentlichen Mitteln oder aus den Mitteln solcher juristischer Personen oder ihnen gleich zu erachtender Personengemeinschaften gemacht werden, die ausschließlich Zwecke der bezeichneten Art verfolgen;*
17. Beiträge an eine Personenvereinigung, die nicht lediglich die Förderung ihrer Mitglieder zum Zwecke hat, soweit die von einer Person dieser Personenvereinigung geleisteten Beiträge in einem Kalenderjahre *5000 Mark* nicht übersteigen;

18. *Zweck*zuwendungen, die der Pflege des Andenkens oder dem Seelenheile des Zuwendenden oder seiner Angehörigen dienen.

(²) Angemessen im Sinne des Abs. 1 Nr. 13 ist eine den Vermögensverhältnissen und der Lebensstellung des Bedachten entsprechende Zuwendung. Eine dieses Maß übersteigende Zuwendung ist im vollem Umfang steuerpflichtig.

(³) Jede Befreiungsvorschrift ist für sich anzuwenden.

(⁴) Übersteigt der Wert des Erwerbs einen der im Abs. 1 Nr. 1, 2 genannten Beträge oder der Wert des Erwerbs zusammen mit dem sonstigen Vermögen des Erwerbers den im Abs. 1 Nr. 9 genannten Betrag, so wird die Steuer nur insoweit erhoben, als sie aus der Hälfte des die Wertgrenze übersteigenden Betrags gedeckt werden kann.

(⁵) *Der Reichsminister der Finanzen wird ermächtigt, mit Zustimmung des Reichsrats die im Abs. 1 genannten Beträge der Veränderung des Geldwerts anzupassen.*

B. Fassung nach dem Gesetz vom 20. Juli 1922: Abs. 1 Nr. 1—3: wie zu A, jedoch zu lesen: in Nr. 1 statt 500000 Mark 50000 Mark, in Nr. 2 statt 50000 Mark 5000 Mark, in Nr. 3 statt 200000 Mark 10000 Mark.

4. Hausrat und andere bewegliche körperliche Gegenstände, sofern sie nicht im Sinne des Vermögensteuergesetzes zum Betriebsvermögen gehören oder Zubehör eines Grundstücks oder im § 9 Nr. 1 bis 6, 8 des Vermögensteuergesetzes besonders aufgezählt sind und soweit ihr Wert bei einem Anfall an Personen der Steuerklassen I, II den Betrag von 500000 Mark, bei einem Anfall an Personen der Steuerklassen III, IV den Betrag von 100000 Mark nicht übersteigt;

Nr. 5—18 wie zu A, jedoch in Nr. 9 statt 1000000 Mark 300000 Mark.

Abs. 2, 3 wie zu A, ebenso Abs. 4, jedoch statt 1, 2: 1 bis 5. Abs. 5 fehlt.

a) Aussch.-Ber.: S. 5, 6, 14 bis 16, 34 bis 41, 51 bis 53. — Sitz.-Ber.: Nr. 253 S. 8634.

b) Richtl.: S. 6, 7.

c) Ges. 1919: §§ 27, 33 (35 Abs. 1 Nr. 1 bis 3, Abs. 2) § 37 (§ 7), § 40 Abs. 3 Satz 1, § 42 — geändert.

d) Schriftt.: Talmon-Gros, Die steuerliche Behandlung von Vereinen im Erbschaftssteuergesetz 1922, ZStFr. III S. 177. — Derselbe, Steuerfreigrenzen im Erbschaftssteuergesetz 1922, DBR. Jg. 1923 (XV) S. 17 bis 19, 34 bis 38, 53 bis 55. — Finger, Im Betriebe des Erblassers geleistete Dienste und Verpflegung des Erblassers, DStBl. Jg. 1923 S. 141. — Derselbe: Zu §§ 13, 22 Nr. 10 ErbschStG. vom

20. Juli 1922 (20. März 1923), DStBl. Jg. 1923 S. 241. — Dr. R. Ott, Praktische Folgen des ErbschStG. (zu Ziff. 1), MRBZ. VI S. 141. — Wünschmann, Beiträge zum Erbschaftssteuerrecht (I. Hausrat, Kleidung, Wäsche), DStBl. VI Sp. 339. — Dr. Engel, Der steuerfreie Hausrat bei Ermittelung der Erbschaftssteuer, StR. XXVI, 198. — Bartsch, Sind die im § 22 Abs. 1 Ziff. 4 Ges. 1922 genannten Sachen steuerfrei oder nicht steuerbar? RStR. IV S. 207. — Dr. Karger, Hausrat und Erbschaftssteuerformular, Verbst. III, 123. — Marcus, Die Abänderung des Erbschaftssteuergesetzes durch die Zweite Steuernotverordnung, DStZ. XIII Sp. 28. — Roth, Das abgeänderte Erbschaftssteuerrecht, RStR. V S. 25. — Wurzel, Zur Änderung des Erbschaftssteuergesetzes, DStBl. VII Sp. 16. — Talmon-Gros, Befreiungen und Begünstigungen nach dem Erbschaftssteuergesetz 1923, DVR. XVI Ziff. 9. — Mirre, Die Änderung des Erbschaftssteuergesetzes durch die Zweite Steuernotverordnung, StuW. III Sp. 49. — Stölzle, Die steuerfreie Zuwendung von Hausrat und anderen körperlichen beweglichen Gegenständen nach dem Erbschaftssteuergesetz 1923, StuW. III Sp. 211. — Derselbe, Der steuerfreie Rückfall nach dem Erbschaftssteuergesetz, RStR. V S. 128.

e) Rechtspr.: Ziff. 1, 2 Abs. 3 (Note 3) URFH. 7. März 1922, DStZ. XII Sp. 283 = Sl. XI S. 333, betr. Verhältnis der Ziff. 1, 2 u. 4.

Ziff. 8 (Note 36) URFH. 23. Februar 1922, StuW. I Sp. 630, betr. Zuwendung zur Ausbildung. — (Note 37) URFH. 18. Mai 1921, das. Sp. 260, betr. Notlage.

Ziff. 9 (Note 42) URFH. 27. Januar 1922, StuW. I Sp. 479, betr. sonstiges Vermögen im Sinne der Ziff. 9. — (Note 43) URFH. 28. Juli 1920, Sl. III S. 220, betr. Erwerbsunfähigkeit bei Kindern; URFH. 10. Mai 1921, StuW. I Sp. 261 = Sl. VI S. 31; 27. Januar 1922, RStR. Sp. S. V S. 20 = JW. LI S. 942[80], betr. Erwerbsunfähigkeit.

Ziff. 10 (Note 46) URFH. 5. Mai 1921 und 5. Juli 1921, StuW. I Sp. 261 bzw. Sl. VI S. 252, betr. „Verpflegung" (Ges. 1919); URFH. 16. Juli 1919, Sl. I, desgl.; URFH. 27. Jaunar 1922, StuW. I S. 479 (vgl. auch Note 42, 43); URFH. 18. Januar 1923 Sl. XI S. 208 = StuW. II Sp. 405 = DVR. XV S. 45, betr. Anwendung auf juristische Personen.

Ziff. 11 (Note 51) URG. 28. November 1913, RGE. 83, 312, betr. Vermögen, Rückfall in Natur. — (Note 52) URG. 21. Januar 1916, Amtl. Mitt. 1916 S. 85, PrZBl. 1916 S. 80, betr. Überlassungsvertrag. — (Note 53) URG. 13. Dezember 1918, RGE. 94, 239, betr. Rückfall an den Zuwendenden.

Ziff. 14 (Note 58) URFH. 20. September 1922, DVR. 1922 S. 212, Sl. VII S. 177 = StuW. I Sp. 262 = JW. LI S. 943[21], betr. Pensionskassen; URFH. 21. Juni 1922, AStR. V Sp. 841, betr. Schaffung nicht rechtsfähiger Stiftungen. — (Note 61) URFH. 14. Februar 1923, StuW. II Sp. 407, betr. Zuwendungen an einen Pensionsverein. — (Note 62) URFH. 21. März 1923 Sl. XII S. 39, betr. Gelegenheitsgeschenke (Zweckzuwendungen).

Ziff. 15 (Note 64) URG. 5. Januar 1897, RGE. 38, 324 = JW. 1897 S. 98 Nr. 59, betr. Zuwendungen an einen bischöflichen Stuhl. — (Note 65) URFH. 26. März 1919 Sl. I S. 20, betr. Zuwendungen an juristische Personen. — (Note 67) URFH. 14. März 1919 Sl. I S. 10, betr. kirchliche Zweckzuwendungen. — (Note 69) URG. 27. Juni 1899, JW. 1899 S. 548 Nr. 61; 21. Oktober 1895, das. 1895 S. 611 Nr. 76; 16. Januar 1903, RGE. 55, 294; 8. November 1886, Bolze, 3, Nr. 968; 6. März 1899, JW. 1899 S. 292 Nr. 42; URFH. 11. Februar 1919 (Schreiben RMdF. III Fg. 7292); 14. Mai 1919 Sl. I S. 57, sämtliche betr. Sicherung der Zweckzuwendung. — (Note 71) URFH. 18. Oktober 1922, StuW. II Sp. 81, betr. kirchliche Zwecke.

Ziff. 16 (Note 73) URG. 8. November 1886, JW. 1886 S. 455 Nr. 41; URFH. 27. Januar 1922, Sl. VIII S. 176, betr. mildtätige Zwecke; URG. 29. Oktober 1888, JW. 1888 S. 448 Nr. 23; 4. Oktober 1912, PrZBl. 1912 S. 362; 16. Dezember 1891; GruchBeitr. 36 S. 1102; 20. September 1890, JW. 1890 S. 365 Nr. 15; 8. Mai 1893, das. S. 372 Nr. 92; 21. Dezember 1900, das. 1901 S. 95 Nr. 46, betr. mildtätige Stiftungen; 8. November 1886, JW. 1886 S. 455 Nr. 41; 20. September 1890, das. 1890 S. 365 Nr. 15; 16. Dezember 1891, GruchBeitr. 36 S. 1102; 27. Mai 1892, JW. 1892 S. 324 Nr. 51; 8. Mai 1893, das. S. 372 Nr. 92; 6. März 1899, JW. 1899 S. 292 Nr. 42; 9. November 1885, GruchBeitr. 32 S. 1067; 21. Februar 1895, JW. 1895 S. 212 Nr. 50; 21. Dezember 1900, das. S. 95 Nr. 46, betr. mildtätige Stiftungen (Einzelfälle). — (Note 75) BeschlRFH. 15. März 1921, Sl. V S. 194, betr. Gemeinnützigkeit. — (Note 76) BeschlRFH. 15. März 1921, Sl. V S. 194; URFH. 9. Dezember 1921, Sl. VII S. 330; 2. Dezember 1921, Sl. VIII S. 339; 14. Juli 1922, Sl. X S. 85; 19. Mai 1922, RStBl. 1922 S. 231; 13. Juni 1922, das. S. 232; 10. Mai 1921, das. S. 162; 16. September 1921, das. S. 87; 31. Mai 1922, JW. LII S. 93; 14. Februar 1923, StuW. II S. 407; 2. Juni 1923, StuW. XXIII Sp. 696, sämtliche betr. Gemeinnützigkeit (Einzelfälle). — (Note 77) URG. 27. Mai 1892, JW. 1892 S. 324 Nr. 51; 23. September 1895, das. 1895 S. 513 Nr. 35, 36, 38; 7. Mai 1894, das. 1894 S. 329; 6. Oktober 1898, das. 1898 S. 652 Nr. 34, betr. Zusammentreffen mehrerer privilegierter Zwecke. — (Note 78) URG. 10. März 1887, PrZBl. 87 S. 500; 31. Mai 1904 S. 213; 30. Januar 1896 S. 275 Nr. 37; 16. Januar 1903, RGE. 55 S. 294; 3. Januar 1911, Schreiben Reichsschatzamts 25. März 1911 II 2553, sämtliche betr. ausschließliche Gemeinnützigkeit (Einzelfälle). — (Note 79) BeschlRFH. 10. November 1920, RStBl. 21 S. 10; 3. Dezember 1920, das. S. 58; 14. Januar 1921, das. S. 108; 18. Februar 1921, das. S. 174; 11. Februar 1921, das. S. 176; 25. Februar 1921, das. S. 203; 4. März 1921, das. S. 204; 18. Februar 1921, das.; 25. Februar 1921, das.; 15. März 1921, das. S. 240; 5. Juli 1921, das. S. 371, sämtliche betr. ausschließlich gemeinnützige Zwecke (zu § 3 UmsStG.).

Ziff. 17 (Note 82) URFH. 14. Februar 1923, StuW. II Sp. 407; 31. Januar 1923, das., betr. Steuerpflicht der Vereinsbeiträge.

Abs. 2 (Note 87) URFH. 16. Dezember 1921, Sl. VIII S. 60 ff., betr. Angemessenheit; URFH. 31. Mai 1922, StuW. I Sp. 738; 3. Mai 1922, das.; 13. Dezember 1922 VI A 235 22, das. II S. 312; 13. Dezember 1922 VI A 150 22 das., sämtliche betr. Anlaß zur Zuwendung als Voraussetzung der Angemessenheit.

Abs. 3: vgl. Ziff. 1, 2.

f) AB.: §§ 34 bis 37, 52.

Inhaltsübersicht.

1. Der § 22 enthält den Kern der Befreiungsvorschriften des Gesetzes in nicht weniger als 18 Ziffern, die zum kleinen Teile neu geschaffen, überwiegend aber aus dem Ges. 1919 in meist mehr oder weniger veränderter Gestalt entnommen sind. Das Ges. 1919 brachte die in § 22 enthaltenen Befreiungsvorschriften, soweit es sie überhaupt kannte, in verschiedenen einzelnen Paragraphen (§§ 27, 33, 37, 40 Abs. 3 Satz 1, 42 — vgl. auch § 35 Ziff. 3).

Die einzelnen Bestimmungen des § 22 haben gegenüber der ursprünglichen Fassung der Nr. 15 (§ 33) des Antrags Herold in den Ausschußberatungen, in den Beratungen des Reichstagsplenums und endlich durch das Geldentwertungsgesetz vom 20. März 1923 (RGBl. I S. 198) zum Teil sehr erhebliche Änderungen erfahren. Im Hinblick auf die zahlreichen Einzelvorschriften unseres Paragraphen soll daher im Interesse größerer Übersichtlichkeit von der sonst geschehenen gemeinsamen Übersicht über die durch das neue Gesetz hervorgerufenen Änderungen, sowie über den Werdegang der Vorschrift Abstand genommen und die notwendige Erläuterung der Besprechung der Einzelbestimmungen überlassen bleiben.

Betreffs der Umgestaltungen durch die Zweite Steuernotverordnung vgl. den neuen § 21 (abgedruckt hinter § 23) und die dazu gegebenen Erläuterungen.

Abs. 1 Ziff. 1 und 2.

2. Nach § 27 Ges. 1919 war nur der den Betrag von 500 Mk. übersteigende Teil des Erwerbes, und soweit der Erwerb einer der zu den Steuerklassen I, II, III 1, IV 1, 5 gehörenden Personen (d. i. Ehegatten, Kinder, entferntere Abkömmlinge, Eltern, Voreltern und Adoptivkinder nebst Abkömmlingen) anfiel, der den Betrag von 5000 Mk. übersteigende Teil des Erwerbes steuerpflichtig. Diese allgemeine Freigrenze hat das Ges. 1922 nicht übernommen, es läßt vielmehr den eine bestimmte Grenze unterschreitenden Erwerb nicht mehr bedingungslos frei, sondern nur dann, wenn der Erwerb unter eben dieser Grenze bleibt. Die Grenze beträgt bei den Steuerklassen I, II, III, IV 1, 5 für Anfälle vor dem 1. Januar 1923 50000 Mk., für Anfälle nach dem 31. Dezember 1922 (nach dem Geldentwertungsgesetz vom 20. März 1923) aber 500000 Mk. und bei den übrigen Steuerklassen 5000 Mk. bzw. 50000 Mk.

Die beiden Ziffern (Nr. 15 § 33 Ziff. 1 und 2 des Antrags Herold) sind sowohl bei den Ausschußberatungen als auch im Reichstagsplenum gegenüber der Fassung des Antrages unverändert und debattelos angenommen. Das Geldentwertungsgesetz vom 20. März 1923 (RGBl. I S. 198) brachte dann die im Vorabsatz erwähnte Erhöhung der Grenze um das Zehnfache für Anfälle nach dem 31. Dezember 1922 (GEG. Art. I § 5, Art. VII Abs. 4). Die Richtlinien des RMdF. (S. 6 Ziff. 14) weisen darauf hin, daß Anfälle, welche die in Nr. 1, 2 genannten Beträge überschreiten, in vollem Umfange steuerpflichtig sind, soweit nicht Abs. 4 eine Ausnahme bedingt.

3. Die nach Ziff. 1 privilegierten Steuerklassen sind die gleichen, die bereits das Ges. 1919 bevorzugte (vgl. Note 2 a. A.). Die Anwendung der Ziff. 1 schließt selbstverständlich die Anwendung der Ziff. 2 aus.

Bezüglich der Anwendung der Befreiungsvorschrift im Falle des § 7 vgl. Note 6 das.

4. Das Wort „Erwerb" ist hier nicht im Sinne des § 10 Abs. 6 als die gesamte Bereicherung zu verstehen, sondern als der steuerpflichtige Erwerb. Demnach sind die nach einer der andern Ziffern des § 22 (4, 5, 7, 8, 10 bis 14) überhaupt nicht oder zum Teil nicht steuerpflichtigen Erwerbsteile für die Bestimmung der Grenzen nach Ziff. 1 und 2 nicht bzw. nur mit ihrem steuerpflichtigen Teile heranzuziehen. Beispiele: Erwerb in Klasse I nach dem 31. Dezember 1922 = Hausrat im Wert von 5 000 000 Mk. + 350 000 Mk. bar. Steuerfreiheit — Erwerb in Klasse IV 2, Hausrat Wert 2 020 000 Mk., bar 35 000 Mk., steuerpflichtig 20 000 + 35 000 = 55 000 Mk. Gl. A. Mirre, Anm. 8 zu § 10, auch URFH. vom 7. März 1923 (Samml. XI S. 333 = DStZ. Jg. XII Sp. 283), welches das gleiche Ergebnis namentlich auf die Erwägung stützt, daß das Ges. 1922 nur eine Neufassung des Ges. 1919 darstelle, nach letzterem es aber nicht zweifelhaft gewesen sei, daß die von der Steuer befreiten Teile eines Erwerbes bei Berechnung der Erbanfallsteuer nicht mitberechnet wurden. A. A. Finger, Anm. 1 zu § 22. — Vgl. auch Note 88 und betreffs des Zusammentreffens mit Ziff. 9 Note 42.

Für das Vorliegen der Freigrenzen ist § 17 zu beachten.

Im übrigen ist für die Höhe des Erwerbes die der Bereicherung im Sinne des § 12 Abs. 1 maßgebend. Es sind daher die Noten zu § 12 vergleichen.

5. Geht der Erwerb über die Grenzen der Ziff. 1 und 2 hinaus, so ist er voll steuerpflichtig. Für die Beurteilung, ob die Grenzen überschritten sind, kommt die in § 35 Abs. 1 vorgeschriebene Abrundung nicht in Frage. Die Ausführungen in Note 17 zu § 10 gelten auch hier. Abs. 4 ist jedoch zu beachten. Demnach ist ein nach dem 31. Dezember 1922 in Klasse I gemachter Erwerb von 500 085 Mark mit 40 Mk. zu versteuern (vgl. § 2 der AbrundVO. vom 27. März 1923, RGBl. S. 241). Ebenso: Finger, Anm. 1 zu § 22.

Bezüglich der Neuregelung (Zweite Steuernotverordnung) vgl. Abs. 1 Nr. 1 bis 3 des neuen § 21 (hinter § 23).

Ziff. 3.

6. Die Vorschrift ist neu; früher konnte nur im Billigkeitswege Befreiung gewährt werden.

In den Ausschußberatungen wurde die entsprechende Ziffer des Antrags Herold (Nr. 15 = § 33 Ziff. 3) in erster Lesung unverändert, in zweiter Lesung mit völlig bedeutungsloser Änderung im Ausdruck angenommen. In der Lesung im Reichstagsplenum ist im letzten Satzteil das Wort „sofern" durch „soweit" ersetzt. Erörterungen der Ziffer haben nicht stattgefunden. Die Richtlinien des RMdF. (S. 6 Nr. 14) weisen darauf hin, daß für Nr. 3 der Abs. 4 des Paragraphen bedeutungslos sei, weil nur der die Wertgrenze übersteigende Betrag steuerpflichtig sei. Das Geldentwertungsgesetz (RGBl. 23 I S. 198) hat die Freigrenze im letzten Satzteil von 10 000 Mk. auf 200 000 Mk. für Anfälle nach dem 31. Dezember 1922 erhöht, ferner in Abs. 4 die Nr. 3 gestrichen (GEG. Art. I § 5, Art. VII Abs. 4).

7. Ziff. 3 gibt sich schon äußerlich als Ergänzung des § 23 Ges. kund. Während letzterer die darin bezeichneten Zuwendungen mit einer Vorzugssteuer von 5 v. H. belegt, läßt Ziff. 3 die gleichen Zuwendungen unter den zu erörternden Voraussetzungen gänzlich frei. Ob

die Steuerfreiheit auch den in Abs. 2 § 23 angeführten Zuwendungen unter den Voraussetzungen der Ziff. 3 zuteil wird, kann zweifelhaft sein. Die Frage dürfte zu bejahen sein, da Ziff. 3 bezüglich der Zuwendungen der in § 23 genannten Art keine Einschränkung macht. Voraussetzung wäre dann aber, daß der RMdF. die nach Abs. 2 Satz 2 § 23 geforderte Entscheidung darüber getroffen hat, daß die Voraussetzungen des Satz 1 das. vorliegen.

8. Im übrigen sind die Voraussetzungen der Steuerfreiheit in Ziff. 3 alternativ gestellt.

a) Entweder muß die Zuwendung anfallen von Personen oder Personenvereinigungen mit ausländischem Wohnsitz, Aufenthalt, Sitz oder Leitungsort. Über letztere Begriffe (Ausland, Wohnsitz usw.) sind die Noten 7, 8, 13, 18 zu § 8 zu vergleichen. Der Anfall muß erfolgen von seiten einer physischen (= natürlichen) Person, einer juristischen Person (Note 14 zu § 8) oder einer nicht rechtsfähigen Personenvereinigung. Zuwendungen seitens nicht rechtsfähiger Stiftungen (Anstalten, Zweckvermögen — vgl. Note 17 zu § 8) fallen also höchstens unter die zweite Alternative (b). Ausländische Staatsangehörigkeit des Zuwendenden wird übrigens nicht erfordert.

b) Oder die Zuwendung darf nicht über 200000 Mk. (für Anfälle vor dem 1. Januar 1923 = 10000 Mk. vgl. Note 6) betragen. Beträgt der Wert der Zuwendung mehr als 200000 Mk. (10000 Mk.), so ist nur der diese Grenze überschreitende Teil steuerpflichtig. Daran läßt die Ersetzung des früheren „sofern" durch „soweit" (Note 6) keinen Zweifel, zumal auch im Geldentwertungsgesetze in Abs. 4 die Nr. 3 gestrichen wurde. Die Abrundungsvorschrift § 35 Abs. 1 bedingt für Anfälle unter 201000 Mk. (10100 Mk.) Steuerfreiheit.

Welcher Art (Erwerb von Todes wegen oder unter Lebenden) die Zuwendung ist, ist gleichgültig, sofern sie nur unter § 23 fällt.

Bei mehreren nacheinander erfolgenden Zuwendungen ist § 17 zu beachten (vgl. Note 8e zu § 17).

Die Zweite Steuernotverordnung stellt die in § 23 a. F. angeführten Erwerbe überhaupt steuerfrei (vgl. § 21 Ziff. 17 und 19 — abgedruckt hinter § 23); infolgedessen ist Ziff. 3 entbehrlich geworden und fortgefallen.

Ziff. 4.

9. Der § 37 Ges. 1919 (im Zusammenhange mit §§ 7, 40 Abs. 1 Satz 5 und § 42 Ziff. 1 das.) verband die Befreiungsvorschriften der Ziff. 4 und 5b § 22 miteinander. Soweit er auf die Befreiung der Ziff. 4 Bezug hatte, seien an Unterschieden zunächst zu der ursprünglichen (nur für Anfälle vor dem 1. Januar 1923 geltenden) Fassung der Novelle hervorgehoben:

Das Ges. 1919 schied zwischen Hausrat und andern nicht unter das Kapitalvermögen fallenden beweglichen körperlichen Gegenständen auf der einen Seite und Kleidungsstücken und Haushaltungsgegenständen auf der andern Seite. Erstere blieben bei Berechnung der Erbanfallsteuer unter der doppelten Voraussetzung außer Betracht, daß sie weder Zubehör eines Grundstücks noch Bestandteile eines Betriebsvermögens waren (§ 7) und Personen der Steuerklasse I oder II anfielen und auch nur, soweit ihr Wert den Betrag von 50000 Mk. nicht überstieg. Für die Schenkungssteuer galt zunächst das gleiche (§ 40 Satz 5); außerdem befreite aber § 42 Nr. 1 Schenkungen beweglicher Sachen im Werte von nicht mehr als 5000 Mk. an Personen der Klassen III und IV, sofern die Sachen dem persönlichen Gebrauche des Beschenkten oder seiner Familie zu dienen bestimmt waren. Letztere waren nur unter der dreifachen Voraussetzung frei, daß sie Personen der Klassen III 2, IV 2, 3, 4, V 1 anfielen, daß sie nicht zum Gewerbebetrieb oder Verkauf bestimmt waren und daß der Wert des Anfalls fraglicher Art den Betrag von 10000 Mk. nicht überstieg. Dies galt auch für Schenkungen (§ 42 Satz 1).

Das Ges. 1922 kennt keine Sondervorschrift mehr für Kleidungsstücke und Haushaltungsgegenstände, vielmehr sind diese im Begriff „Hausrat und andere bewegliche körperliche Gegenstände ....“ enthalten. An Stelle der Einschränkung, daß die Gegenstände nicht zum Kapitalvermögen (§ 6 Ges. 1919) gehören dürfen, ist jetzt der Hinweis auf § 9 VermStG. getreten, wie auch die bezüglich der Eigenschaft als Bestandteil eines Betriebsvermögens getroffene Einschränkung auf dieses Gesetz verweist. Bevorzugt sind die Klassen I und II, soweit der Wert des Anfalls den Betrag von 500000 Mk. und die Klassen III und IV, soweit er den Betrag von 100000 Mk. nicht übersteigt. Bis zu den genannten Grenzen ist der Erwerb auch bei Angehörigen der Klassen III und IV im Gegensatz zu § 37 Ziff. 2 Ges. 1919, der das Wort „sofern“ (nicht „soweit“) gebraucht, unbedingt frei.

10. Das Geldentwertungsgesetz hat der Ziff. 4 für die Anfälle nach dem 31. Dezember 1922 wiederum eine durchaus veränderte Fassung gegeben. Die Änderungen gegenüber der Fassung 1922 bestehen vornehmlich darin, daß Hausrat einschließlich Wäsche und Kleidungsstücke den sonstigen beweglichen körperlichen Gegenständen gegenübergestellt ist. Der Anfall von Hausrat an Angehörige der Klassen I und II ist gänzlich steuerfrei, an Angehörige der Klassen III und IV bis zum Wert von 2000000 Mk. (4a und b). Bei den andern körperlichen Gegenständen (im Sinne der Ziff. 4 Fassung 1922) sind die Freigrenzen auf 1000000 Mk. (Anfälle an Klasse I, II) bzw. auf 200000 Mk. (Anfälle an Klasse III, IV) erhöht. Zu beachten ist auch, daß die gesamten, in § 9 VermStG. aufgeführten Gegenstände (nicht nur die in § 9 Ziff. 1 bis 6, 8 aufgezählten) nach dieser Fassung der Ziff. 4c von der Befreiung ausgeschlossen sind, eine Änderung, die durch die Zweite Steuernotverordnung wieder beseitigt ist. Wegen der Neufassung durch genannte Verordnung vgl. § 21 Ziff. 4a bis c, abgedruckt hinter § 23.

11. Im Antrag Herold u. Gen. lautete die fragliche Ziffer (Nr. 15, § 33 Ziff. 4) dahin, daß nur Hausrat im Werte von nicht mehr als 200000 Mk. frei anfallen sollte und auch nur, sofern er Personen der Klasse I und II anfiel. Weiter enthielt Ziff. 5 genannten Antrags eine Sonderbestimmung betreffs Kleidungsstücke und Haushaltungsgegenstände (vgl. Note 18). In der ersten Lesung des Ausschusses erhielt die Ziffer aber schon die Fassung des Ges. 1922. Erörtert ist die Vorschrift nicht. Die Richtlinien zur Änderung des ErbschStG. 1922 durch das Geldentwertungsgesetz (Erl. d. RMdF. III C 3588 vom 14. April 1923) enthalten Hinweise auf die Änderungen der Ziffer.

12. Nach Ziff. 4a und b n. F. ist privilegiert der Anfall von Hausrat, Wäsche und Kleidungsstücken und zwar in voller Höhe an

Angehörige der Steuerklassen I und II, bis zum Betrage von 2000000 Mk. an Angehörige der Klassen III und IV. Daß der Anfall bis zu 2000000 Mk. Wert an letztere auch dann frei ist, wenn der Wert des Anfalls an Gegenständen dieser Art höher ist, kann wegen der Wahl des Wortes „soweit" nicht zweifelhaft sein. Die dieser Ansicht entgegenstehende Bezugnahme auf die Nr. 4 in Abs. 4 des Paragraphen ist durch das Geldentwertungsgesetz beseitigt. — Anfälle genannter Art an Angehörige der Klasse V können nur nach § 22 Ziff. 2 Freiheit genießen.

Wegen des Verhältnisses der Ziff. 4 zu Ziff. 1 und 2 vgl. Noten 4 und 86 zu diesem Paragraphen, wegen des zu § 10 Abs. 2 und 6 Noten 19, 20 zu § 10. Ferner sind zu vgl. Note 6 zu § 7 und Note 8e zu § 17. Für die Wertfeststellung gelten §§ 31, 32 Ges. Schulden, die in wirtschaftlicher Beziehung zu den genannten Sachen stehen, sind bei Berechnung der Wertgrenzen abzuziehen (Mirre, Anm. 10 zu § 22).

13. Der Begriff „Hausrat" ist im Gesetze nicht entwickelt. Er geht über den im § 37 Ziff. 2 Ges. 1919 angeführten Begriff der „Haushaltsgegenstände" offenbar hinaus. Letzteres (vgl. § 1382 BGB.) sind alle den Zwecken des konkreten ehelichen Haushalts dienenden beweglichen (vgl. Note 14) Sachen, mithin regelmäßig das gesamte Mobiliar einschließlich der dem Komfort oder ästhetischen Bedürfnis dienenden Einrichtungsgegenstände, Bücher, Musikinstrumente, Bett- und Tischwäsche, unter Umständen auch eine Equipage oder ein Automobil. Maßgebend ist stets die Lebensführung des Erblassers, gleichgültig, ob er über seine Verhältnisse gelebt hat (vgl. hierzu v. Staudinger, Komm. z. BGB., Anm. 2a zu § 1382). Zum Hausrat sind darüber hinaus auch Haushaltsvorräte (Brennmaterialien, Nahrungs- und Beleuchtungsmittel) zu zählen, ferner, wie das Gesetz besonders hervorhebt, Wäsche (Leibwäsche) und Kleidungsstücke, auch wohl andere zum persönlichen (nicht gewerblichen oder beruflichen) Gebrauch dienende Gegenstände einschließlich der Schmucksachen, Kostbarkeiten und Luxusstücke, nicht aber zur Ausübung eines Berufes oder Gewerbes dienende Sachen (wie Bücher oder Berufsgerätschaften der Angehörigen freier Berufe einschließlich der Sprech- oder Wartezimmereinrichtung, die nur diesen Zwecken dient), niemals auch Tiere und ebensowenig Sammlungen als solche. Kunstgegenstände können u. U. zum Hausrat gehören. Die Einrichtung eines Fremdenheims ist Betriebsvermögen, also kein Hausrat, wohl aber die Einrichtung abvermieteter Zimmer, da die Abvermietung keinen Gewerbebetrieb darstellt. — Vgl. auch Wünschmann, Beiträge zum Erbschaftssteuerrechte, DStBl. Jg. 1923 Sp. 339 ff. —

Zweifelhaft ist, ob und inwieweit der Anfall von Gegenständen aus Edelmetall, Schmuck- und Luxusgegenständen aus Ziff. 4a oder b Steuerfreiheit genießen kann. Denn diese Sachen fallen, ohne Rücksicht darauf, ob sie etwa zum Hausrat gehören, unter Ziff. 7 des § 9 VermStG., sofern der Anschaffungspreis für den einzelnen Gegenstand 10000 Mk. und darüber betragen hat; insoweit sollen sie aber nach Ziff. 4c keine Freiheit genießen. Da jede Befreiungsvorschrift für sich anzuwenden ist (Abs. 3), muß angenommen werden, daß, soweit jene Gegenstände im Sinne des Vorabsatzes zum Hausrat gehören und die weiteren Voraussetzungen der Ziff. 4a oder b zutreffen, auch Steuerfreiheit eintritt; das würde dann freilich bei Anfällen an die Klassen I und II (an III und IV mit Maßgabe der Grenze von 2000000 Mk.) regelmäßig der Fall sein.

Ein gleiches gilt für Kunstgegenstände, die unter § 9 Ziff. 8 VermStG. fallen; hierbei ist aber auch Ziff. 5 Ges. zu beachten.

Daß Hausrat auf der einen Seite und Schmucksachen, Gegenstände aus Edelmetall und Luxusgegenstände andererseits einander ausschließende Begriffe wären, kann jedenfalls nicht anerkannt werden.

14. Ziff. 4c privilegiert den Anfall anderer (d. h. nicht unter a und b fallender) beweglicher Sachen (körperlicher Gegenstände) unter fünffacher Voraussetzung:

a) Sie dürfen nicht im Sinne des VermStG. im Zeitpunkt der Entstehung der Steuerschuld zum Betriebsvermögen gehören (§ 8 VermStG. — vgl. Noten 22 bis 25 zu § 8 ErbschStG.).

b) Sie dürfen nicht Zubehör eines Grundstücks bilden (vgl. Note 21a zu § 8).

c) Sie dürfen nicht unter § 9 VermStG. fallen (Note 15 zu diesem Paragraphen).

d) Der Anfall muß an Personen der Steuerklassen I bis IV erfolgen.

e) Der Anfall ist nur insoweit (Note 12) frei, als sein Wert den Betrag von 1000000 Mk. (Anfälle an Klasse I, II) bzw. 200000 Mk. (Anfälle an Klasse III, IV) nicht übersteigt.

Der Begriff der körperlichen Gegenstände entspricht dem der Sachen nach § 90 BGB. „Körperlich" bedeutet nicht „fest". Auch Flüssigkeiten und Gase sind körperliche Gegenstände, nicht aber Kräfte (Elektrizität). Beweglich ist eine Sache dann, wenn sie nicht ein Grundstück (Teil der Erdoberfläche) oder ein Bestandteil eines solchen (vgl. Note 20b, c zu § 8) ist. Sind Bauwerke nicht wesentliche Bestandteile eines Grundstücks (§ 95 Satz 2 BGB.), so sind sie zwar bürgerlichrechtlich bewegliche körperliche Gegenstände, doch scheint steuerlich ihre Behandlung als Grundstück gerechtfertigt (vgl. Note 20a zu § 8).

Tiere sind bewegliche Sachen.

Die Frage, ob Wertpapiere (Aktien, Anteilscheine, Kuxe, Geschäftsanteilsscheine usw.) zu den beweglichen Sachen gehören, kann hier unerörtert bleiben, da sie unter § 9 VermStG. fallen. Literarische, künstlerische, gewerbliche Urheberrechte, Verlags- und Patentrechte sind keine körperlichen Gegenstände, wohl aber die Objekte dieser Rechte (Gemälde, Plastiken, Muster, Modelle u. dgl.). Die Manuskripte der Schriftsteller und der Komponisten sind an sich körperliche Sachen; sie werden aber dann als Hinterlassenschaft meist ohne besonderen Wert sein, wenn Vervielfältigungen vorhanden sind, die nicht zum Nachlaß gehören. Alsdann liegt der Wert im hinterlassenen Urheberrecht, welches seinerseits ohne das hinterlassene Manuskript wertlos sein kann, wenn Vervielfältigungen fehlen (z. T. a. A. Mirre, Anm. 4 zu § 22).

15. Das Vermögenssteuergesetz zählt in § 9 in 8 Ziffern die zum „sonstigen" Vermögen (§ 6 Nr. 3) gehörigen Sachen auf. Hiervon betreffen die Ziff. 1, 2, 5 und 6 Rechte und Forderungen und kommen für die Befreiungsvorschrift der Ziff. 4c ohnehin nicht in Betracht. Ein gleiches gilt wohl auch von den in Ziff. 3 § 9 angeführten Wertpapieren (Aktien, Kuxe usw.), da diese nur Rechte verbriefen; aber auch das Papier als solches genießt wegen des Hinweises auf § 9 VermStG. keine Freiheit aus Ziff. 4 c. Von den sonach übrigbleibenden Ziffern betrifft

a) Ziff. 4: bares Geld deutscher Währung, fremde Geldsorten, Banknoten und Kassenscheine, sowie Edelmetalle, Edelsteine und Perlen.

Edelmetalle sind Gold, Silber und Platin, auch wohl die sog. Platinmetalle (Osmium, Iridium, Palladium u. a.), nicht aber z. B. Radium. Gemeint sind im übrigen unverarbeitete Edelmetalle (auch Halbfabrikate, wie Bleche) einschließlich Metallbruch (vgl. aber Ziff. 7 = b).

Edelsteine und Perlen sind nur die „echten". Edelsteine sind: Diamant, Korund (Saphir, Rubin), Chrysoberyll (Alexandrit, Chrysoberyllkatzenauge), Spinell, echter Topas (Aquamarintopas), Beryll (Smaragd, Aquamarin, Aquamarin = Chrysolith, Goldberyll), Zirkon (Hyazinth), Opal, Turmalin, Chrysolith (Peridol, Olivin), Dichroit, Cyanit, Sappare, Dioptas, Diopsid, Vesuvian, Türkis. — Halbedelsteine gehören nicht hier her, noch weniger synthetische Edelsteine. Auch hier kommen zunächst nur unverarbeitete (ungefaßte) Steine und Perlen in Frage (vgl. Ziff. 7 = b).

b) Ziff. 7: Gegenstände aus edlem Metall, Schmuck- und Luxusgegenstände, sofern der Anschaffungspreis (vgl. unter c) für den einzelnen Gegenstand 10000 Mk. und darüber betragen hat (Note 16).

Gegenstände aus edlem Metall sind solche, deren Hauptbestandteil edles Metall (vgl. a) ist. Ob im übrigen der Wert des Metalls oder der der Arbeit (Werk der goldnen Taschenuhr) überwiegt, ist gleichgültig.

Schmuckgegenstände sind Zierate aus Metall, Steinen, Perlen, Schildpatt u. a., die zur Verschönerung des Körpers getragen werden, nicht auch solche, die zur Bekleidung dienen, mögen sie auch kostbar sein.

Luxusgegenstände ist der weitere Schmuckgegenstände mitumfassende, im übrigen sehr unsichere Begriff. Das Merkmal ist darin zu finden, daß der Wert des Gegenstandes offenbar außer Verhältnis zum Gebrauchsnutzen für den Eigentümer steht, oder, wie der Staatssekretär Zapf bei den Reichstagsberatungen des VermStG. dem Sinne nach erklärte, was über den Rahmen des gediegenen und notwendigen Haushalts hinausgehe (Stengr. Ber. S. 6402 B bis G).

c) Ziff. 8: Kunstgegenstände und Sammlungen, sofern sie nach dem 31. Juli 1914 angeschafft sind und der Anschaffungspreis für den einzelnen Gegenstand 20000 Mk. und darüber für mehrere gleichartige oder zusammengehörige Gegenstände 200000 Mk. und darüber betragen hat und sofern sie nicht von lebenden oder seit 15 Jahren verstorbenen deutschen Künstlern geschaffen sind. „Anschaffen" im Sinne dieser Ziffer kann nur ein entgeltliches Geschäft sein. Hatte der Erblasser (Schenker) den Gegenstand oder die Sammlung seinerseits von Todes wegen oder unentgeltlich unter Lebenden erworben, so kommt der letzte entgeltliche Erwerb (Kauf, Tausch, ev. die Herstellung) in Frage. Diese Ausführungen gelten sinngemäß auch vom Anschaffungspreis im Sinne dieser Ziffer und der Ziff. 7 § 9 VermStG.; an seine Stelle tritt gegebenenfalls der Herstellungspreis. Auch bloß obligatorische Geschäfte werden als „Anschaffungen" anzusprechen sein, wenn sie demnächst zur Eigentumsübertragung geführt haben. Vgl. Noten 16, 21.

Zu Ziff. 4, 7, 8 VermStG. vgl. auch Strutz, Komm. z. VermStG. (Anm. 17 bis 23, 37 bis 45 zu § 9), dem die vorstehenden Ausführungen großenteils entnommen sind.

16. Nicht unter die Befreiungsvorschrift 4 c fallen diejenigen beweglichen Sachen, welche in § 9 VermStG. aufgezählt sind (Note 15). Hier kann fraglich erscheinen, ob der Hinweis auf § 9 VermStG. nur die dort angeführten Gegenstände als solche betrifft, oder mit den Einschränkungen betr. Anschaffungspreis und Anschaffungszeit, wie sie die Ziff. 7 und 8 VermStG. erkennen lassen. Letzteres scheint richtig; es fällt demnach z. B. ein Luxusgegenstand (dessen Anfall nicht schon nach 4 a oder b frei ist — vgl. Note 13) unter die Befreiungsvorschrift 4 c, wenn sein Anschaffungspreis (Herstellungspreis) unter 10000 Mk. bleibt; auf den damaligen oder jetzigen Wert kommt es nicht an.

Über das Verhältnis der Ziff. 4 c und 5 a vgl. Note 22.

17. Für die Anwendung der Befreiungsvorschriften der Ziffer ist es gleichgültig, ob der Erwerber an den hier bezeichneten Sachen das Eigentum oder den Nießbrauch (nicht aber auch ein Pfandrecht) erwirbt, ferner ob er infolge der Zuwendung nur einen obligatorischen Anspruch (Vermächtnis) erlangt, ja selbst, ob ihm überhaupt nur ein obligatorischer Anspruch auf Übereignung solcher noch nicht zum Nachlaß gehöriger Sachen (z. B. aus einem vom Erblasser abgeschlossenen Kauf- oder Tauschvertrage) zugewendet ist. Allerdings muß der Anspruch auf Übereignung bereits bestehen (§ 2169 Abs. 3 BGB.). Es dürfte zu weit gehen, auch den Fall des reinen Verschaffungsvermächtnisses (§§ 2170, 2169 Abs. 1), d. h. das Vermächtnis eines zur Erbschaft nicht gehörigen Gegenstandes, auf dessen Übereignung der Erblasser noch keinen Anspruch hatte, hierunter fallen zu lassen (Beispiel: Der Erbe soll ein Brockhaus, Konversationslexikon, neueste Auflage, käuflich erwerben und dem X übereignen). Ebenso scheint es zu weit zu gehen, die Befreiung dann eintreten zu lassen, wenn eine Geldsumme unter der Auflage oder Bedingung vermacht oder geschenkt wird, sie zur Beschaffung von Hausrat usw. zu verwenden. In beiden letzteren Beziehungen a. A.: Mirre, Bem. 10 zu § 22. Für die hier vertretene Ansicht spricht, daß die Befreiung den in Ziff. 4 bezeichneten Sachen gewährt wird; die gegenteilige Ansicht würde dem Erblasser die Möglichkeit geben, seinem an sich steuerpflichtigen Nachlaß weitgehend Befreiung aus Ziff. 4 zu verschaffen.

Bezüglich des Erwerbs eines Nießbrauchs an Hausrat usw. vgl. Erl. d. RMdF. vom 2. Februar 1921 III a 690, der die hier vertretene Ansicht unter Berufung auf § 4 AbgO. im Gegensatze zu einem Erlaß des Reichsschatzamts vom 24. Mai 1910 II 6521 wiedergibt.

18. Für die Frage, inwieweit betreffs des Anfalls von Hausrat usw. an die Erben die Abmachungen der letzteren maßgebend sind, sei auf Noten 19 und 20 zu § 2 verwiesen.

Ziff. 5.

19. Die Vorschrift der Ziff. 5 a ist neu, die der Ziff. 5 b entspricht vollständig derjenigen des § 7 Ges. 1919 in Verbindung mit § 37 Nr. 1 daselbst. Die Zweite Steuernotverordnung hat die Ziff. 5 a mit geringer Änderung als Nr. 5 Abs. 1 in § 21 (abgedruckt hinter § 23) übernommen.

20. Kunstgegenstände sind nur Erzeugnisse der bildenden Künste, nicht auch solche des Kunstgewerbes; auf mechanischem Wege hergestellte Nachbildungen von Kunstwerken fallen nicht hierunter.

Sammlungen sind eine nicht zum Zwecke des laufenden wirtschaftlichen Gebrauchs oder des Verkaufs und um ihres Gebrauchswerts willen, sondern aus wissenschaftlichem, künstlerischem Interesse oder Liebhaberei nach bestimmten Gesichtspunkten zusammengebrachte und geordnete Menge von Gegenständen aller Art (Strutz, Komm. z. VermStG., Anm. 48 zu § 9). Dahin gehören außer Sammlungen von Gemälden, Skulpturen, Stichen, Radierungen und anderen Kunstgegenständen auch solche von kunstgewerblichen Erzeugnissen, Waffen, Briefmarken, Münzen, Notgeld, Steinen, Altertümern, Porzellan, Schmetterlingen, Käfern, Pflanzen und andere naturwissenschaftliche Sammlungen, auch Büchereien, sofern das Sammelinteresse ausschlaggebend ist, nicht aber Sammlungen von Gebrauchsgegenständen (Tafelservicen u. a.). — Vgl. Strutz a. a. O.

21. Die Befreiung in Ziff. a tritt unter der doppelten Voraussetzung ein, daß

a) der Anfall (vgl. Schlußsatz der Note 18) an Personen der Steuerklassen I oder II erfolgt, und daß außerdem

b) entweder der Anschaffungspreis für den einzelnen Gegenstand (d. i. die als Einheit bestehende Sache, nicht deren Bestandteile — Strutz a. a. O., Anm. 43 zu § 9) weniger als 20 000 Mk. oder für mehrere gleichartige (d. h. in dasselbe Gebiet der Sammeltätigkeit fallende) oder zusammengehörige (d. h. nach ihrer äußeren Beschaffenheit als zu gemeinsamem Gebrauch sich darstellende — „Pendants") Gegenstände weniger als 200 000 Mk. betragen hat,

oder daß sie von lebenden bzw. seit 15 Jahren verstorbenen deutschen Künstlern geschaffen sind. Diese Alternative kommt nur für Kunstgegenstände oder für Sammlungen solcher in Frage. Der Künstler muß dann am Tage des Anfalls — richtiger allgemein am Tage der Entstehung der Steuerschuld (§ 18 Abs. 1) — noch leben bzw. er darf an diesem Tage noch nicht länger als 15 Jahre (§§ 187 Abs. 2, 188 Abs. 2 BGB.) tot sein. Die Fassung „seit 15 Jahren verstorbenen" ist sprachlich nicht glücklich. Daß ihr Sinn nur der wiedergegebene sein kann, folgt aus dem Zwecke der Vorschrift, die dem Schutze der lebenden und unlängst verstorbenen Künstler dienen soll (gl. A. Thümen, Zwangsanleihe, Anm. 37 Abs. 1 S. 67 für VermStG.; a. A. Finger, Anm. 4 zu § 22). Schon das Kriegssteuergesetz vom 21. Juni 1916 (RGBl. S. 561) erkannte diesen Künstlerschutz an in § 5 Abs. 3. Hier wurde geschützt der Erwerb von Kunstwerken lebender oder seit dem 1. Januar 1909 verstorbener Deutscher sowie im Deutschen Reiche wohnender Künstler. Kunstwerke letzterer werden durch Ziff. 5a ErbschStG. nicht geschützt. Es muß sich also hier um Künstler deutscher Staatsangehörigkeit handeln, auf Wohnsitz oder Aufenthalt kommt es nicht an. Stichtag für die deutsche Staatsangehörigkeit dürfte der Tag der Schaffung (Fertigstellung) des Kunstwerks sein.

22. Kunstgegenstände und Sammlungen fallen unter den in Note 15 unter c wiedergegebenen, den Voraussetzungen der Befreiung nach Ziff. 5a im wesentlichen entgegengesetzten Voraussetzungen unter § 9 (Ziff. 8) VermStG.; sie sind schon nach § 22 4c ErbschStG. steuerfrei, soweit sie eben nicht unter § 9 Ziff. 8 VermStG. fallen. Das folgt zwingend aus Abs. 3 § 22, demzufolge jede Befreiungsvorschrift für sich anzuwenden ist (so auch Mirre, Anm. 11 zu § 22). Die Befreiungsvorschrift der Ziff. 4 c geht aber insofern über die der Ziff. 5 a hinaus, als auch Anfälle an Personen der Klasse III und IV und ferner Anfälle von Kunstgegenständen und Sammlungen frei sind, die nach dem 31. Juli 1914 angeschafft sind, vorausgesetzt, daß der Wert des Anfalls der gesamten unter 4 c fallenden Gegenstände die Grenzen von 1 000 000 Mk. (Klassen I, II) bzw. 200 000 Mk. (Klassen III, IV) nicht übersteigt. Demnach hat Ziff. 5 a nur insofern eine selbständige Bedeutung, als die hiernach befreiten Gegenstände bei Bemessung der in Ziff. 4 c erwähnten Wertgrenzen nicht miteingerechnet werden.

23. Daß die Befreiung aus Ziff. 5 a versage, wenn die hier genannten Gegenstände zu einem Betriebsvermögen (Umlaufskapital eines Kunsthändlers) gehören, bestimmt das Gesetz nicht ausdrücklich. Es ist aber Mirre (Anm. 12 a. E. zu § 22) zuzugeben, daß eine Befreiung in solchem Falle dem Zwecke des Gesetzes (§ 4 AbgO.) widerspricht, folglich abzulehnen ist.

24. Ziff. 5 b, die gleichfalls nur Anfälle an Personen der Steuerklassen I und II freistellt, verdankt einem Antrage aus der Nationalversammlung ihre Aufnahme in das Ges. 1919. Begründet wurde der „Vorschlag mit dem Hinweis darauf, daß sich in manchen Familien alter Hausrat und sonstige Gegenstände befänden, die geschichtlichen und verwandten Wert haben, auch beim Verkauf unter Umständen hohe Erlöse erzielen würden; wollte man diese mit der jetzt doch sehr hoch werdenden Erbschaftssteuer belegen, so könnte das leicht dazu führen, daß sie veräußert werden müßten, damit die Erben die hohe darauf ruhende Steuer zahlen könnten. Es entstehe damit die große Gefahr, daß wertvoller Besitz an Kunst- und ähnlichen Gegenständen ins Ausland wandere, das selbstverständlich zurzeit für solche Sachen die höchsten Preise zahlen könne und zu zahlen bereit sei". Auch dieser Antrag wurde mehrseitig unterstützt, wobei jedoch geltend gemacht wurde, daß die Steuerbefreiung nur eintreten könne, wenn die Gegenstände in irgendeiner Weise der Öffentlichkeit zugänglich gemacht würden. In letzterer Richtung wurde Zusatzantrag gestellt. Danach fand die Vorschrift in ihrer jetzigen Fassung die Zustimmung der Nationalversammlung und der Regierung. — Von der Zweiten Steuernotverordnung ist Ziff. 5 b unverändert übernommen (§ 21 Abs. 1 Nr. 6 — abgedruckt hinter § 23).

25. Unter die Vorschrift fallen nur bewegliche körperliche Gegenstände, die geschichtlichen oder kunstgeschichtlichen oder wissenschaftlichen Wert haben. In den meisten Fällen dürfte eine Entscheidung hierüber, die sich nach dem Sinne der Bestimmung in nicht allzu engen Grenzen zu bewegen haben wird, auf keine größeren Schwierigkeiten stoßen. Unter Sonderlage wird jedoch zu einer Begutachtung durch Sachverständige gegriffen werden müssen, wenn die Steuerbehörde Bedenken trägt, die von dem Erwerber geltend gemachte Eingliederung unter die fraglichen Werte als berechtigt zuzugestehen. Die erlassenen Ausführungsbestimmungen weisen in ihrem § 34 hierauf besonders hin. Gegenstände lediglich künstlerischen Werts fallen nicht unter die Vorschrift; sie müssen gleichzeitig kunstgeschichtlichen Wert haben, wenn die Vorschrift auf sie Anwendung finden soll. Die Abscheidung zwischen künstlerischem und kunstgeschichtlichem Wert kann unter Umständen eine schwierigere sein, die ohne besondere Sachkundige nicht zu lösen sein wird. Wenn die Vorschrift ihrem Grundcharakter nach auch in erster Linie Sammlungen oder umfassendere Vereinigungen derartiger besonders zu bewertender körperlicher Gegenstände im Auge hat, so ist sie nach ihrer gesetzlichen Fassung hierauf keineswegs beschränkt. Die mehr oder weniger große Menge der fraglichen Gegenstände spielt keine Rolle; im äußersten Falle kann sogar ein einziger geschichtlich, kunstgeschichtlich oder wissenschaftlich zu bewertender Gegenstand in Betracht kommen. Ebenso ist es ohne Bedeutung, ob der finanzielle Wert der entsprechend qualifizierten Gegenstände in ihrer Gesamtheit oder auch im einzelnen höher oder niedriger einzuschätzen ist. Insbesondere kann es nicht als Vorbedingung gelten, daß dieser finanzielle Wert sich besonders hoch stellt.

26. Die geschichtlich, kunstgeschichtlich oder wissenschaftlich zu bewertenden Gegenstände dürfen nicht zur Veräußerung bestimmt sein und müssen sich seit mindestens zwanzig Jahren im Besitz der Familie des Erblassers befinden. Daß zur Veräußerung bestimmte Gegenstände nicht entsprechend begünstigt werden, entspricht der Grundidee der Bestimmung. Insbesondere fallen die Lager und die Bestände sowie die Sammlungen der gewerbsmäßigen Kunst- und Antiquitätenhändler hier aus. Dabei verschlägt es nichts, ob der Händler Gegenstände der fraglichen Art bereits zwanzig oder mehr Jahre auf Lager oder im Besitz gehabt hat. Auch ein nicht gewerbsmäßiges Handeln mit derartigen Gegenständen muß die Befreiungsvorschrift ausschließen, wenn von vornherein an die Veräußerung gedacht ist. Insonderheit trifft solches für Spekulationskäufe zu, mag bei denselben der Wiederverkauf auch erst in langer Frist in Aussicht stehen und nach Lage der Sache sich vollziehen können. Die Befreiung von der Steuer soll nur Platz greifen, wenn die Gegenstände sich mindestens 20 Jahre im Besitze der Familie des Erblassers befinden. In welcher Tragweite diese Bestimmung auszulegen ist, kann zu Zweifeln führen. Lediglich dem Wortlaut nach würde für jeden einzelnen Gegenstand die vorgeschriebene Besitzdauer gefordert werden müssen. Unbedingt wird eine derartige Anwendung der Bestimmung da Platz zu greifen haben, wo es sich nur um einzelne Gegenstände oder um eine zusammenhanglose Vereinigung mehrerer solcher handelt. Anders liegt die Sache aber, wenn in sich geschlossene Sammlungen gleichartiger Gegenstände geschichtlichen, kunstgeschichtlichen oder wissenschaftlichen Wertes für den Nachlaß in Betracht kommen. Hier muß es zweifelhaft erscheinen, ob dieselben hinsichtlich der Besitzdauer als ein Ganzes oder lediglich nach ihren einzelnen Teilen oder Gegenständen zu behandeln sind. Der Wortlaut der Vorschrift spricht für letzteres, der Sinn und der Grundgedanke derselben aber für ersteres. In diesem Widerstreit glauben wir uns für eine Behandlung nach dem Grundgedanken entscheiden zu sollen, durch welche allein der Natur der Sache entsprochen werden dürfte. Steht eine geschlossene Sammlung einheitlich qualifizierter Gegenstände in Frage, welche nach ihrem Grundstamm schon 20 Jahre sich im Besitz der Familie des Erblassers befindet, so fällt dieselbe als Einheit ohne weiteres unter die vorliegende gesetzliche Vorschrift, gleichgültig ob und welche Vermehrung oder Veränderung die Sammlung in den letzten 20 Jahren erfahren hat. Verlangt muß dabei werden, daß die Sammlung als solche 20 Jahre Besitz der Familie gewesen ist. Besitz ist die tatsächliche Gewalt (BGB. §§ 854 ff.) und setzt Eigentum nicht voraus. Ununterbrochener Besitz wird zu erfordern sein, jedoch bedeutet Entziehung durch verbotene Eigenmacht noch keine Unterbrechung in dem Sinne (vgl. § 858 BGB.). Mittelbarer Besitz (§ 868 das.) genügt. Fremdbesitz (z. B. als Mieter) dürfte nicht genügen, da das Gesetz offenbar den Eigenbesitz (BGB. § 872) im Sinne hat. Trifft letzteres nur für einzelne Stücke der Sammlung, die zu begründen erst innerhalb der 20jährigen Frist begonnen ist, zu, so kann die Behandlung als Einheit mit dem Erfolg der Steuerfreiheit nicht zur Anwendung kommen. Die Entscheidung wird hier wiederum je nach den Verhältnissen des einzelnen Falles zu treffen sein. Um der der Befreiungsvorschrift zugrunde liegenden Absicht des Gesetzgebers gerecht zu werden, wird man den Begriff der Familie in weitem Sinne zu fassen haben. Man wird die Familie nicht etwa nur auf die direkte Abstammung in männlicher Linie beschränken und fordern dürfen, daß die Sammlung oder die entsprechend qualifizierten Gegenstände auf den Erwerber vom Vater, Großvater, Urgroßvater usw. übernommen sind. Der weiblichen Abstammung und der Seitenlinie ist in vollem Umfang Rechnung zu tragen. Eine Sammlung einschlagender Art, die der Erblasser von seiner Mutter oder Großmutter aus deren besonderer Familie überkommen hat und nunmehr auf seinen Sohn oder seine Tochter überträgt, wird als im einheitlichen Familienbesitz verblieben anzusehen sein; letzteres wird sogar zutreffen, wenn der Erblasser im fraglichen Fall einem Neffen oder sonstigen Seitenverwandten die Sammlung hinterlassen hat, wobei es keine Rolle spielen kann, ob der Erblasser kinderlos gewesen ist oder nicht. Die Familie wird hiernach niemals durch den gleichen Familiennamen bestimmt werden können. Hatte der Erblasser einen Teil der Sammlung von väterlicher Seite, einen anderen von mütterlicher Seite geerbt, die Sammlung in seinem Besitz aber zu einem Ganzen vereinigt, so geht die Sammlung in dieser einheitlichen Form auf den Erwerber über und es wird demnach genügen, wenn für den Hauptteil der Sammlung ein Familienbesitz von mindestens 20 Jahren in der vorberührten Weise nachgewiesen wird. Den Sonderverhältnissen des einzelnen Falls wird stets unter milder Auslegung Rücksicht zu tragen sein. Adoptivverwandtschaft genügt. Auch die natürliche Verwandtschaft des Vaters zum unehelichen Kinde — selbst ohne Anerkennung — hierunter fallen zu lassen (Finger, Anm. 5 c) geht aber wohl zu weit.

27. Die zu dem besonderen Wert qualifizierten Gegenstände müssen nach näherer behördlicher Anweisung den Zwecken der Forschung und Volksbildung nutzbar gemacht werden. In dieser Hinsicht bildet die behördliche Anweisung das Entscheidende. Bei der Beratung in der Nationalversammlung hat der Reichsminister der Finanzen hierzu erklärt, daß bezüglich der öffentlichen Nutzbarmachung der zu befreienden Gegenstände die Ausführungsbestimmungen entsprechend milde Vorschriften erbringen müßten (Drucksache 941 der verfassunggebenden Deutschen Nationalversammlung S. 16). Die Ausführungsbestimmungen enthalten derartige Vorschriften jedoch nicht. Sie bestimmen hinsichtlich des zur Erörterung Stehenden in ihrem § 34 lediglich, daß der Steuerpflichtige dem Finanzamt ein besonderes Verzeichnis der Gegenstände nebst Angabe ihres Wertes vorzulegen und nachzuweisen habe, daß er die Gegenstände gemäß der von der zuständigen Behörde erlassenen Anweisung den Zwecken der Forschung und Volksbildung nutzbar gemacht habe. Bei der Art und Weise des Zustandekommens der Vorschrift kann es nicht in der Absicht des Gesetzgebers gelegen haben, dem Erwerber in der fraglichen Beziehung größere Weiterungen, insbesondere auch Kosten zu bereiten. Für die Regel dürfte die behördliche Anweisung im Einvernehmen mit dem Erwerber festgesetzt werden. Unter Umständen, speziell wo es sich um wenige Gegenstände handelt, wird die Verpflichtung des Erwerbers, die betreffenden Gegenstände gegebenenfalls dem interessierten Forscher zur Verfügung zu stellen, für genügend zu erachten sein. Die die Anweisung erlassende Behörde wird dafür Sorge zu tragen haben, daß ihrer Anweisung Genüge geleistet wird. Eine Nachprüfung in dieser Beziehung wird der Steuerbehörde je nach Lage der Sache nicht zu versagen sein. Will der Erwerber der behördlichen Anweisung überhaupt nicht Folge leisten oder die Nutzbarmachung der Gegenstände zu Zwecken der Forschung und Volksbildung grundsätzlich verweigern, so ist Versteuerung nach den allgemeinen Vorschriften zu bewirken bzw. zu berichtigen (§ 214 AbgO.).

28. In einem zweiten Satz zu Ziff. 2 ist bestimmt, daß die Steuerbefreiung außer Kraft treten solle, wenn die betreffenden Gegenstände innerhalb zehn Jahren nach dem Erbfall veräußert werden. Diese Bedingung entspricht dem Grundgedanken der Vorschrift, daß die Vergünstigung nur im Interesse der Erhaltung eines eigengearteten Familienbesitzes zu gewähren sei. Sie soll auch einer Sicherung gegen unberechtigte Inanspruchnahme der Steuerbefreiung dienen. Nach Lage der Sache wird man nicht umhin können, sie streng nach dem Wortlaut auszulegen. Demgemäß hat sie in jedem Falle, auch bei der Veräußerung eines einzelnen Stückes aus einer Sammlung, Platz zu greifen. Keine Anwendung dürfte sie aber finden, wenn lediglich ein Tausch bei einer geschlossenen Sammlung stattfindet. Infolge des Außerkrafttretens der Steuerbefreiung hat die regelmäßige Versteuerung nach den einschlagenden Verhältnissen des einzelnen Falles einzutreten, welche auf den Zeitpunkt des Todes des Erblassers zurückzubeziehen ist. Die nachzuzahlende Steuer hat der erste Erwerber bzw. dessen Rechtsnachfolger, nicht etwa der Käufer, zu tragen. Mit Rücksicht auf die Möglichkeit einer nachträglichen Versteuerung liegt der Steuerbehörde bezüglich der unter die Befreiung gekommenen Steuerfälle die Überwachungspflicht ob. Die betreffenden Fälle sind daher in die nach § 52 Abs. 1 c der Ausführungsvorschriften zu führende Überwachungsliste aufzunehmen.

Unter „Veräußerung" wird im Rechtsleben ein dem weiteren Begriff „Verfügung" unterstellter Akt rechtsgeschäftlicher Art verstanden, durch welchen der Berechtigte sein Recht zwecks Übertragung auf einen andern aufgibt (v. Staudinger, Komm. z. BGB., Vorbem. VIII B vor Buch I Abschn. 3 = Rechtsgeschäfte). Den Begriff steuerrechtlich anders zu fassen, liegt kein ausreichender Grund vor. Allenfalls mag es gerechtfertigt erscheinen, auch Rechtsübertragungen im Wege der Zwangsversteigerung, der Arrestvollziehung oder durch den Konkursverwalter der rechtsgeschäftlichen Veräußerung gleichzustellen (Mirre, Anm. 14 zu § 22; Finger, Anm. 5g zu § 22), weil auch bürgerlichrechtlich häufig — keineswegs aber durchgehend — derartige Akte den rechtsgeschäftlichen Verfügungen gleichgestellt sind (BGB. §§ 161, 184, 353, 499, 833, 2115). Zu weitgehend erscheint es aber, auch den Untergang einer Sache unter Entstehung von Ersatzansprüchen der Veräußerung gleichzustellen (a. A. Mirre a. a. O.). Ebensowenig sind bloße obligatorische Verpflichtungen zur Veräußerung schon Veräußerungsakte, so daß die zehnjährige Frist nicht, wie Mirre (a. a. O.) meint, bis zum Abschluß des obligatorischen Vertrags läuft, sondern bis zum Veräußerungsakte selbst.

Fällt die Steuerbefreiung nach Satz 2 fort, so hat die dann notwendige Neuveranlagung bezw. Berichtigung der Veranlagung nach dem Werte und den Verhältnissen zur Zeit des Anfalls (§§ 31, 18 Abs. 1) zu erfolgen. Mirre (Bem. 14 zu § 22) will hier die Vorschriften über bedingten Erwerb anwenden, wozu es jedoch an der gesetzlichen Handhabe fehlen dürfte. Erfolgt die Veräußerung innerhalb der zehnjährigen Frist durch den Rechtsnachfolger, insbesondere Erben des ersten Erwerbers, so hat eine zweifache Neuveranlagung nach dem Werte zur Zeit jedes der Anfälle zu erfolgen.

29. Für die Frage des „Anfalls" im Sinne der Ziff. 5 entscheidet auch hier die tatsächliche Gestaltung im Rahmen der Ausführungen in den Noten 19 und 20 zu § 2. — Vgl. oben Note 18.

Ziff. 6.

30. Die Befreiungsvorschrift ist wörtlich dem § 33 Nr. 1 Ges. 1919 (= § 11 Ziff. 2 Ges. 1906) entnommen. Im Antrag Herold bildete sie in Nr. 15 die Ziff. 6 des § 33. Erörterungen in den Parlamentsverhandlungen haben nicht stattgefunden. Die Zweite Steuernotverordnung hat die Ziffer unberührt gelassen (vgl. § 21 Abs. 1 Nr. 7 n. F. — abgedruckt hinter § 23).

Der § 1969 BGB. bestimmt über den sog. Dreißigsten:

„§ 1969. Der Erbe ist verpflichtet, Familienangehörigen des „Erblassers, die zur Zeit des Todes des Erblassers zu dessen Haus„stande gehört und von ihm Unterhalt bezogen haben, in den ersten „dreißig Tagen nach dem Eintritte des Erbfalls in demselben Um„fange, wie der Erblasser es getan hat, Unterhalt zu gewähren „und die Benutzung der Wohnung und der Haushaltungsgegenstände „zu gestatten. Der Erblasser kann durch letztwillige Verfügung eine „abweichende Anordnung treffen."

„Die Vorschriften über Vermächtnisse finden entsprechende An„wendung."

Ein gesetzlicher Erwerb nach Maßgabe dieses Paragraphen würde an sich nach § 2 Abs. 1 Ziff. 3 steuerpflichtig sein. Der Reichstag hatte den bezüglichen Erwerb seinerzeit bei den Beratungen des Ges. 1906 von der Steuer frei gelassen, „sowohl mit Rücksicht auf den keinesfalls erheblichen Wert des Erwerbes als auch darum, weil die auf die Feststellung der Steuer aufzuwendende Mühe und die damit verbundenen Belästigungen der Beteiligten in keinem richtigen Verhältnisse zu dem finanziellen Aufkommen aus dieser Steuer stehe" (Kommissionsbericht). Für das neue Gesetz werden die gleichen Gründe bestimmend gewesen sein.

Den Anspruch auf den „Dreißigsten" haben Familienangehörige des Erblassers im weitesten Sinne, mögen sie durch Verwandtschaft, Schwägerschaft, Adoptivverhältnis, auch wohl durch bloßes Pflegeverhältnis (Pflegeeltern und Pflegekinder) mit ihm verbunden sein. Vorausgesetzt wird weiter: Zugehörigkeit zum Haushalt und Unterhaltsbezug, nicht aber Unterhaltspflicht des Erblassers. Personen, die, ohne Familienangehörige zu sein, sich vertraglich oder auch bloß tatsächlich im Hause befunden haben, sind nicht berechtigt.

Auch Erben (d. h. Miterben) oder Vermächtnisnehmern kann das Recht zustehen. Bei Bemessung der Grenzen aus Ziff. 1 und 2 dieses Paragraphen wird alsdann der Wert des Dreißigsten nicht eingerechnet (Abs. 3).

Ziff. 7.

31. Auch Ziff. 7 ist dem Ges. 1919 entnommen (§ 33 Ziff. 2, § 40 Abs. 1 Satz 5, § 42 Satz 1). Die Zweite Steuernotverordnung hat sie unberührt gelassen (§ 21 Ziff. 8 n. F. — Abdruck hinter § 23). Befreit ist aber nur die Befreiung von einer Schuld gegenüber dem Erblasser (Schenker), was nach dem Ges. 1919 zweifelhaft sein konnte (vgl. aber Urt. d. RFH. vom 10. Mai 1922, StuW. Jg. I Sp. 735, welches die Begünstigung ebenfalls nur Schuldbefreiungen gegenüber dem Erblasser [Schenker] zuteil werden ließ). Im Antrag Herold bildete sie in Nr. 15 (§ 33) die Ziff. 7. Veränderungen oder Erörterungen ist sie in den Parlamentsverhandlungen nicht unterzogen. Die Richtlinien enthalten nichts.

Die Befreiung kannte das Ges. 1906 nicht. Sie ist bei der Beratung im Staatenausschuß in das Ges. 1919 gekommen, wesentlich veranlaßt durch die nunmehrige Heranziehung der Ehegatten und Abkömmlinge zur Steuer. Nur letztere werden daher von der Befreiung berührt. Daß die Befreiung eines dieser nächsten Familienangehörigen von einer Schuld, soweit durch dieselbe lediglich die Beseitigung einer Überschuldung erreicht wird, hier durch eine Steuerbefreiung begünstigt wird, kann nur gerechtfertigt erscheinen. Abgesehen von dem Vorhandensein des vorberührten Verwandtschaftsverhältnisses ist eine notwendige Voraussetzung für den Eintritt der Befreiungsvorschrift, daß eine Schuld zwischen den Beteiligten zu Lasten des Bedachten bestanden hat und daß der Bedachte von dieser Schuld befreit worden ist. Wodurch die Schuld entstanden und welcher Art dieselbe gewesen ist, spielt dabei keine Rolle, ebensowenig die Form und Weise, in welcher die Befreiung von der Schuld erfolgt. Es ist gleichfalls nicht erforderlich, daß in letzterer Beziehung eine besondere Anordnung des Erblassers vorliegt oder daß die Befreiung überhaupt auf einer absichtlichen Zuwendung durch den Erblasser beruht, denn nach ihrer Fassung nimmt die Vorschrift nicht wie beispielsweise die unter der folgenden Ziff. 8 auf eine Anordnung Bezug. Man wird die Befreiungsvorschrift mithin auch bei der gesetzlichen Erbfolge anzuwenden haben, wenn einem überschuldeten Erben durch solche eine Forderung gegen sich selbst anfällt. Die Schuld, im letzteren Fall die Forderung gegen den Erben, muß nur rechtlich fest begründet gewesen sein; es muß sich tatsächlich und rechtlich um den Wegfall einer Schuld gehandelt haben. Die zweite Voraussetzung des Eintritts der Befreiungsvorschrift ist, daß der Bedachte vor der Schuldbefreiung überschuldet gewesen ist und daß durch die Schuldbefreiung eine Beseitigung der Überschuldung erreicht wird. Überschuldung ist das Überwiegen der Vermögenspassiven gegenüber den gesamten Aktiven, mag deren Anfall auch nach § 22 Ziff. 4 oder 5 der Erbschaftssteuer nicht unterworfen sein. Nicht notwendig kann erscheinen, daß eine vollständige Beseitigung der Überschuldung erzielt wird; nach Lage der Sache und der Fassung der Befreiungsvorschrift ist anzunehmen, daß auch eine teilweise Beseitigung der Überschuldung die Befreiung von der Steuer begründet. Verbleibt durch den Schulderlaß bzw. die selbsttätige Schuldbefreiung nach Beseitigung der Überschuldung noch ein aktiver Vorteil für den Bedachten, so unterliegt dieser in seiner vollen Höhe der Besteuerung, soweit nicht die selbständig anzuwendenden Befreiungsvorschriften in Ziff. 1 und 2 eingreifen (vgl. Abs. 3). Um die Befreiungsvorschrift der Ziff. 7 in Kraft treten zu lassen, ist es jedoch keineswegs notwendig, daß der Erwerb, durch welchen mit oder ohne Anordnung des Erblassers die Schuldbefreiung des Erwerbers herbeigeführt wird, den gesamten Anfall des letzteren aus dem Erbfall ausmacht. Neben dem Schuldbefreiungserwerb (Erlaß einer Schuld seitens des Erblassers, Anfall einer Forderung gegen sich selbst an überschuldeten gesetzlichen Erben) kann dem Erwerber noch sonstiges Vermögen aus gleichem Erbfall anfallen, ohne daß dadurch die Anwendung der Befreiungsvorschrift irgend beeinflußt wird. Die Anwendung bezieht sich jedoch ausschließlich auf den ersteren Erwerb (Schuldbefreiungserwerb) und läßt den weiteren Vermögenserwerb gänzlich unberührt; gl. A. Mirre, Note 16 zu § 22 und Talmon-Gros (Steuerfreigrenzen im ErbschStG. 1907, DVR. Jg. XV S. 34), der darauf hinweist, daß im Falle der Richtigkeit der auch von ihm vertretenen vorstehenden Ansicht statt „durch den Anfall" besser „durch den Schulderlaß" zu sagen wäre. — Gl. A. ferner (für Ges. 1919) Zimmermann-Mühe, Anm. 2 Abs. 3 zu § 33. Der weitere Vermögenserwerb unterliegt der Steuerpflicht ganz nach den allgemeinen Grundsätzen; es werden hier auch die Freigrenzen der Ziff. 1 und 2 zur Geltung kommen. Die hauptsächlichste Bedeutung wird die Vorschrift erst, wie die Begründung blicken läßt, in ihrer entsprechenden Anwendung auf die Schenkungsbesteuerung erlangen.

Für die Anwendung des § 17 vgl. Note 8e daselbst, bezüglich des Zusammentreffens mit der Befreiungsvorschrift aus Nr. 8 Note 40 hierunter.

Ziff. 8.

32. Ziff. 8 entspricht der Nr. 3 in § 33 in Verbindung mit Nr. 3 in § 42 bzw. § 40 Abs. 1 Satz 5 Ges. 1919, enthält aber neben formalen Änderungen folgende materielle Neuerungen:

a) Befreit ist nur die Befreiung von einer Schuld gegenüber dem Erblasser bzw. Schenker — was nach dem Ges. 1919 immerhin zweifelhaft sein konnte (vgl. Ziff. 7, Note 31 a. A.).

b) Die Befreiung gilt für letztwillige wie für schenkweise Erlasse gleichmäßig. Das bedeutet für letztwillige Befreiungen eine Erweiterung auf Erlasse solcher Schulden, die durch Gewährung von Mitteln zum Zwecke des angemessenen Unterhalts oder zur Ausbildung des Bedachten begründet worden sind, andererseits für schenkweise Befreiungen insofern eine Einengung, als die vorerwähnten Schuldbefreiungen nicht begünstigt sind, soweit die Steuer aus der Hälfte einer dem Bedachten neben dem Erlaß anfallenden Zuwendung gedeckt werden kann.

Die Ziff. 8 (= § 33 Ziff. 8 in Nr. 15 des Antrags Herold) wurde im Reichstagsausschuß wie im Plenum ohne Erörterung angenommen. Die Richtlinien des RMdF. weisen auf die vorstehend zu b wiedergegebene Erweiterung hin.

Die Ziffer entspricht wörtlich der Nr. 9 in Abs. 1 § 21 der durch die Zweite Steuernotverordnung gegebenen Fassung (Abdruck hinter § 23).

33. Beide Befreiungsfälle der Ziff. 8 betreffen lediglich Schuldbefreiungen gegenüber dem Erblasser (Schenker); die Befreiung tritt aber bei Anfällen an Personen jeder Steuerklasse ein. Der erste Befreiungsfall der Ziffer ist von der Art des Anfalls (Schenkung, letztwillige Anordnung, gesetzliche Erbfolge) durchaus unabhängig, während es für Anwendung der zweiten Vorschrift einer Befreiungsanordnung bedarf. Umgekehrt ist der Schuldgrund im Falle 2 gleichgültig, nicht aber im Falle 1. Die einschränkende Bestimmung des Satz 2 gilt für beide Befreiungsfälle der Ziff. 8.

34. Begünstigt ist zunächst die Befreiung von einer Schuld, die durch Gewährung von Mitteln zum Zwecke des angemessenen Unterhalts oder zur Ausbildung des Bedachten begründet worden ist. Die Vorschrift steht in gewisser Beziehung zu der in Ziff. 13 § 22 ausgesprochenen Befreiung, setzt aber im Gegensatz zu letzterer voraus, daß die Gewährung der Mittel zunächst entgeltlich erfolgt ist und erst durch die später eingetretene Befreiung zu einer unentgeltlichen geworden ist. Immerhin wird es gestattet sein, die an sich nur für die Befreiung in Nr. 13 geltende gesetzliche Auslegung in Abs. 2 Satz 1 unseres Paragraphen sowie die zum Begriffe des „angemessenen" Unterhalts im Sinne dieser Bestimmungen ergangenen Reichsfinanzhofsentscheidungen (vgl. Note 87) auch für die Ziff. 8 heranzuziehen. Auch der Gedanke des Abs. 2 Satz 2 scheint verwendbar. War also das zum Zwecke des Unterhalts gegebene und später erlassene Darlehen ein übermäßiges im Sinne des Abs. 2, so ist die Befreiung von der Schuld, soweit nicht andere Befreiungsvorschriften eingreifen, voll steuerpflichtig.

Die Bestimmung, daß der Erlaß von Forderungen bezüglicher Art von der Schenkungssteuer befreit sein solle, war derzeit von der Kommission des Reichstags dem Ges. 1906 eingefügt worden, deren Bericht darüber folgendes, was auch für die nunmehrige Bestimmung zutreffen dürfte, angibt: „Hierher gehöre z. B. der Fall, daß jemand einen bedürftigen jungen Mann studieren lasse. Es komme nun nicht selten vor, daß der Wohltäter bona mente, um den Studenten mehr am Zügel zu behalten, demselben das zum Studium erforderliche Geld zunächst als Darlehen gebe und es von seiner Führung abhängig sein lasse, ob er ihm später seine Schuld erlassen wolle. Trete der Erlaß ein, so entspreche es der Billigkeit, daß dieser ebenfalls steuerfrei bleibe."

35. Befreit sind zunächst die Zuwendungen zum Zwecke eines angemessenen Unterhalts. Unterhalt ist in weiterem Sinne zu nehmen und begreift alles, was zur gesamten Lebensführung notwendig ist. Dementsprechend fällt nicht nur das unmittelbar zum

Leben Erforderliche, das Nahrungsbedürfnis, sondern des weiteren auch Kleidung, Wohnung mit allen Zubehörungen, Kindererziehung sowie -Versorgung u. dgl. darunter. Es braucht ferner nicht der Unterhalt selbst in seinen verschiedenen Gestaltungen zugewendet zu werden; die Befreiung bezieht sich vielmehr ebenso auf Geldleistungen, die zur Beschaffung des Unterhalts bestimmt sind. In allen Fällen kann es sich sowohl um einmalige wie um fortlaufende, ständige Zuwendungen handeln. Hinsichtlich des Umfangs und der Höhe ist die Befreiung insofern beschränkt, als allein der „angemessene" Unterhalt zu berücksichtigen ist. Bezüglich des Begriffes der Angemessenheit sind die Ausführungen unten in Note 87 zu vergleichen.

36. Zweitens trifft die Vorschrift Zuwendungen zum Zwecke der Ausbildung des Bedachten. Auch der Begriff der Ausbildung ist im weitesten Sinne zu nehmen. Er umfaßt nicht nur die Schulausbildung jeder Art (Volksschul-, Mittelschul-, Realschul-, Gymnasial-, Spezialschul-Ausbildung usw.), sondern auch die weitere gewerbliche, technische, wissenschaftliche, künstlerische Ausbildung, sowie alle Berufsausbildung. Ebensowenig liegt es im Sinne der Gesetzesvorschrift, dieselbe allzu scharf auf den Zweck der Ausbildung zuzuspitzen und sie ausschließlich da, wo dieser Zweck ganz unmittelbar zum Durchbruch kommt, anzuwenden, wie etwa nur auf das Schulgeld, das Kollegienhonorar, Lehrgeld u. dgl. Wenn zu einer bestimmten Ausbildung ein Aufenthalt an einem anderen Orte als dem Heimatsorte des Bedachten notwendig ist, so werden Zuwendungen, welche einen solchen Ausbildungsaufenthalt außerhalb der Heimat ermöglichen sollen, unter die Befreiungsvorschrift fallen. Dieses wird auch da zu gelten haben, wo es sich lediglich um eine besonders hervorragende Ausbildung handelt. Es hat selbst dann Platz zu greifen, wenn Technikern, Künstlern usw. Reisestipendien behufs weiterer Ausbildung und Vervollkommnung gewährt werden. Die Art, Dauer und Höhe der Zuwendungen ist nicht weiter eingeschränkt. Insbesondere bezieht sich das bei dem Unterhalt gebrauchte Beiwort „angemessene" nicht mit auf die Ausbildung. Das schließt jedoch nicht aus, daß die Zuwendung im allgemeinen den Verhältnissen der Beteiligten zu entsprechen hat, namentlich insoweit, als es vermieden werden muß, die Befreiungsvorschrift zur Steuerumgehung zu benutzen. Auch die Zuwendung zur Ausbildung erfordert (ebenso wie die zum Unterhalt) einen Anlaß (vgl. Urt. d. RFH. vom 23. Februar 1922, StuW. I Sp. 630 und Note 85 zu diesem Paragraphen). Eine über den bisherigen Stand des Beschenkten hinausgehende Ausbildung wird selbstredend unter der Befreiungsvorschrift gewährt werden können. Was die Dauer anlangt, so fallen alle bezüglichen Zuwendungen bis zur Vollendung der Ausbildung unter die Steuerbefreiung. Auch für einen Wechsel wird dieses zu gelten haben, wenn der Beschenkte sich zunächst für einen bestimmten Beruf vorbereitet, dann aber zu einem anderen, gleichgültig aus welchem Grunde, übergeht. Im einzelnen wird die abgrenzende Entscheidung nach all diesen Richtungen hin stets nach den dem praktischen Fall unterliegenden Verhältnissen zu treffen sein.

37. Endlich ist nach Ziff. 8 privilegiert eine vom Erblasser mit Rücksicht auf die Notlage des Schuldners angeordnete Befreiung von einer Schuld gegenüber dem Erblasser unter der Voraussetzung, daß die Notlage durch die Zuwendung nicht beseitigt wird.

Die Befreiungsvorschrift setzt zunächst im Gegensatz zu der vorerörterten Befreiungsvorschrift eine Anordnung des Erblassers (Schenkers) voraus, welche mangels irgendeiner einengenden Bestimmung in jeder überhaupt für letztwillige Anordnungen zulässigen Form (Testament, Erbvertrag, Erbeseinsetzung, Vermächtnis, Auflage usw.) — bei der Schenkung formfrei — erfolgen kann; beruht eine Schuldbefreiung auf gesetzlicher Erbfolge, so kann die Steuerbefreiung nicht Platz greifen. Weiter muß es sich bei der Befreiung um eine Schuld gegenüber dem Erblasser handeln. Der Erblasser muß ferner die Anordnung mit Rücksicht auf die Notlage des Schuldners getroffen haben; daß er bei der Anordnung diesen notwendigen Bestimmungsgrund ausdrücklich erläutert, ist nicht erforderlich; es ist lediglich auf irgendwelche Art der Nachweis von dem Vorhandensein des Bestimmungsgrundes zu erbringen. Jedoch muß ein bestimmter Nachweis in dieser Beziehung geführt werden und wird es nicht als genügend zu erachten sein, wenn nur die Möglichkeit, daß der Erblasser durch jene Rücksicht zu seiner Anordnung bestimmt worden sei, klargelegt wird. Nachzuweisen ist eine wirkliche Notlage des Schuldners sowohl für die Zeit der Anordnung wie für die Zeit des Anfalls; eine bedürftige oder bedrängte Lage ist nicht als ausreichend anzusehen. Eine Notlage ist noch nicht vorhanden, wenn jemand durch seine Verpflichtungen speziell durch zu tilgende Schulden in seinen Einnahmen lediglich bis auf das geringste Maß, welches zu seinem und der Seinen standesgemäßen Unterhalt ausreicht, hinabgesunken ist; erst wenn die verfügbaren Einkünfte über diese Grenze hinaus beschränkt sind, kann man von einer Notlage sprechen, wie sie die Befreiungsvorschrift voraussetzt — ähnlich Urt. d. RFH. vom 18. Mai 1921, StuW. Jg. I Sp. 260 —. Andererseits ist die Notlage aber nicht gleichbedeutend mit dem Fall der äußersten Not oder der Entblößung von allen Subsistenzmitteln. Der Begriff der Notlage bestimmt sich im einzelnen Fall individuell nach dem Lebensstand des Schuldners. Durch den freien Besitz einer standesgemäßen häuslichen Einrichtung wird eine Notlage keineswegs ausgeschlossen. Einen Anhalt für die Bestimmung der Notlage werden die gesetzlichen Vorschriften, welche der § 850 ZPO. über die der Pfändung nicht unterworfenen Einkünfte gibt, bieten, doch können dieselben nicht als stets maßgebend für diese Bestimmung gelten.

Auch bei juristischen Personen erscheint die Annahme einer Notlage nicht ausgeschlossen.

38. Die Notlage darf durch die Zuwendung nicht beseitigt sein. Das Ges. 1919 (§ 33 Ziff. 3) schrieb vor, daß die Notlage durch den Erbfall „im wesentlichen" nicht beseitigt sein dürfe. Es ist nicht anzunehmen, daß das neue Gesetz hieran etwas hat ändern wollen, abgesehen davon natürlich, daß die Befreiung nicht durch „Erbfall" (richtiger „Zuwendung von Todes wegen") herbeigeführt zu sein braucht. Aus der Fortlassung der Worte „im wesentlichen" dürfte daher nichts zu folgern sein und anderseits ist aus der Wahl der Worte „durch die Zuwendung nicht beseitigt wird" zu schließen, daß für die Frage, ob die Notlage fortbesteht, die Zuwendung in ihrer Gesamtheit, also unter Einschluß etwaiger fernerweit anfallenden Zuwendungen, betrachtet werden muß. (In beiden Richtungen a. A. Talmon-Gros in DVR. Jg. XV S. 54.) Überhaupt wird für die Beurteilung des Fortbestehens der Notlage die Gesamtlage maßgebend sein, wie sie sich nach der Zuwendung ergibt.

Daher ist zu beachten, daß die Notlage nicht etwa durch die Notwendigkeit, auf die Gesamtzuwendung eine hohe Erbschaftssteuer entrichten zu müssen, wieder eintreten darf.

39. Die Einschränkung in Satz 2 gilt für beide Fälle der in Ziff. 8 genannten Befreiung. Die Wahl des Wortes „soweit" (statt „sofern") führt zu der Folgerung, daß die neben der Schuldbefreiung anfallende Zuwendung zur Hälfte für die Deckung der Steuer heranzuziehen ist. Zweifelhaft kann aber sein, was unter „Steuer" im Sinne der Vorschrift gemeint ist:

a) Gemeint sein kann einmal die für die einheitlich zu versteuernde Gesamtzuwendung errechnete Steuer.

b) Soll die Steuer gemeint sein, die auf die Schuldbefreiung entfällt, so ergeben sich wieder Berechnungszweifel bezüglich des maßgebenden Hundertsatzes, ob dieser nämlich

aa) so zu berechnen ist, wie wenn nur die Schuldbefreiung zugewandt wäre, oder ob

bb) der Prozentsatz anzunehmen ist, der dem Gesamtbetrage des Anfalls entspricht.

Im ersteren Falle (a) kann wohl als der Betrag der anfallenden Zuwendung nur der Bruttobetrag derselben (ungekürzt um die Steuer) in Frage kommen, während in den Fällen zu b neben dem Bruttobetrage auch der Nettobetrag angenommen werden kann, wobei die Höhe des letzteren wieder von dem Hundertsatze, hier der auf die neben der Schuldbefreiung anfallenden Zuwendung fallenden Steuer abhängt.

Zur Veranschaulichung der Zweifel diene ein im Januar 1923 eingetretener Erbfall in Klasse V, zusammengesetzt aus einer Schuldbefreiung nach Ziff. 8 im Wert von 10000000 Mk. und einer sonstigen Zuwendung im Werte von 6500000 Mk. (Barzuwendung!). Bei der Berechnung zu a würde die Gesamtsteuer (= 63 v. H. auf 16500000 = 10395000 Mk.) aus $\frac{6500000}{2}$ Mk. zu decken sein, also 3250000 Mk. betragen. Im Falle b wäre als der zu deckende Steuerbetrag entweder (aa) 47,6 v. H. = 4760000 Mk. oder (bb) 63 v. H. = 6300000 Mk. zu entnehmen aus der Hälfte des Bruttobetrages = 3250000 Mk. oder des Nettobetrages, der nach Abzug der auf die neben der Schuldbefreiung angefallene Zuwendung entfallenden Steuer berechnet wird. Der Nettobetrag wäre danach, je nachdem der auf die fernere Zuwendung (6500000 Mk.) angewandte Hundertsatz nach einem Anfalle von 6500000 oder 16500000 angenommen wird, entweder 6500000 — (§ 10 Ziff. 4 b) 2315000 = 4185000 Mk. oder 6500000 — 4095000 = 2405000 Mk. An Steuern wären dann zu entrichten: Auf die Schuldbefreiung 2092500 Mk. bzw. 1202500 Mk. und auf die sonstige Zuwendung 2315000 Mk. bzw 4095000 Mk., daher als Gesamtsteuern 4407500 Mk. bzw. 5297500 Mk. Die Steuerbeträge weichen also ganz außerordentlich voneinander ab und schwanken zwischen 3250000 (Fall a) und, sofern man im Falle b die auf die Befreiung entfallende Steuer dem Bruttobetrage der sonstigen Zuwendung entnimmt, bis zu 3250000 + 2315000 = 5565000 bzw. 3250000 + 4095000 Mk. = 7345000 Mk. Dem Wortlaute des Satzes 2 dürfte am ehesten die zu einem Gesamtsteuerergebnis von 4407500 Mk. führende Berechnungsweise entsprechen, mithin dürften die Steuern für beide Zuwendungen getrennt auszuwerfen und die auf die Schuldbefreiung entfallende Steuer aus der Hälfte des Nettobetrages der nebenher gemachten Zuwendung zu entnehmen sein. Die in Satz 1 ausgedrückte grundsätzliche Steuerfreiheit der dort angeführten Schuldbefreiungen läßt eine getrennte Behandlung beider Zuwendungen und demnach auch die Auswerfung getrennter Steuersätze für beide sehr wohl berechtigt erscheinen.

Zuwendung im Sinne des Satz 2 wird eine Zuwendung beliebiger Art, auch eine an sich (z. B. nach Ziff. 4) steuerfreie sein können (ebenso Finger, Anm. 8 c zu § 22); bleibt diese Zuwendung unter einer Wertgrenze, die die Steuerpflicht erst bedingt (z. B. Ziff. 1, 2, 4 b, c), so dürfte jedoch eine Zusammenrechnung mit dem Wert der Schuldbefreiung selbst dann nicht stattfinden, wenn letztere aus Satz 2 voll steuerpflichtig ist (Abs. 3 — a. A. scheinbar Finger a. a. O.). Beispiel: Anfall im Januar 1923 in Klasse II, bestehend aus 600000 Mk. Schulderlaß gemäß § 22 Ziff. 8 und 80000 Mk. Barzuwendung. Zu zahlen sind nur 33000 Mk. Steuer wegen der Schuldbefreiung.

Wegen der Anwendung des § 17 Ges. vgl. Note 8e zu § 17.

40. Wenn Anfälle der in Ziff. 8 bezeichneten Art an Pflichtige der Klassen I und II in Frage kommen, so können die Befreiungsvorschriften der Ziff. 7 und 8 nebeneinander anzuwenden sein, sofern der Schulderlaß eben nach beiden Ziffern Befreiung genießt. Dem Grundgedanken in Abs. 3 dürfte in der von Mirre (Anm. 17 zu § 22) empfohlenen Weise Rechnung zu tragen sein. Demnach sind zunächst sämtliche Schuldbefreiungen zur Deckung der Überschuldung (Ziff. 7) heranzuziehen; ein etwaiger Überschuß ist zur Deckung der Steuer nach Ziff. 8 Satz 2 zu verwenden.

Beispiel a: Erbanfall an Steuerklasse II im Januar 1923. Erwerber (A) besaß beim Erbanfall 20000000 Aktiven, 30000000 Passiven, darunter eine zur Ausbildung gewährte Schuld von 15000000, die erlassen wird; außerdem erhält A 800000 Mk. in bar; der Schulderlaß bringt dem A einen Überschuß an Aktiven von 5000000 Mk., dessen Steuer aus der Hälfte des Nettobetrages (Anm. 39) der ferneren Zuwendung, d. i. $\frac{800000 - 44000 \text{ (Steuer auf 800000)}}{2} = 378000$ Mk. zu entnehmen ist. A hat also insgesamt 378000 + 44000 = 422000 Mk. Steuer zu entrichten.

Beispiel b: wie a, jedoch unter den Passiven zwei Schuldposten an den Erblasser, nämlich 5000000 zur Geschäftseinrichtung, 3000000 zur Ausbildung, ferner Zuwendung 3000000. Die Überschuldung wird nicht beseitigt, also Steuer: 8,5 v. H. auf 3000000 = 255000 Mk.

Beispiel c: wie a, jedoch unter den Passiven zwei Schuldposten an den Erblasser, nämlich 11000000 zur Geschäftseinrichtung, 10000000 zur Ausbildung, außer dem Schulderlaß ist nichts hinterlassen. Die auf 10000000 Mk. zu entrichtende Steuer ist aus der Hälfte von 1000000 Mk. (dem nach Deckung der Überschuldung verbleibenden Betrage) — 60000 Mk. (Steuern hierauf) zu entnehmen. A hat also 470000 + 60000 = 530000 Mk. Steuern zu zahlen.

Ziff. 9.

41. Ziff. 9 entspricht wörtlich der Ziff. 4a Abs. 1 in § 33 Ges. 1919 mit der Maßgabe, daß die Anfallgrenze von 100000 Mk. auf zunächst 300000 Mk. und durch das Geldentwertungsgesetz vom 20. März 1923 (RGBl. I S. 198) auf 1000000 Mk. erhöht ist. Demgemäß ist die Vorschrift weder in den Ausschußsitzungen, in welchen dieselbe als Nr. 15 — § 33 Ziff. 8 — des Antrags Herold unverändert angenommen wurde, noch im Reichstagsplenum erörtert. Auch die Richtlinien des RMdF. enthalten nur einen Hinweis auf die Erhöhung der Anfallgrenze. — Die Zweite Steuernotverordnung hat die Befreiungsvorschrift mit geringen Änderungen als Ziff. 10 in § 21 (abgedruckt hinter § 23) übernommen.

42. Die Befreiung unter a trifft die Ehegatten und Abkömmlinge (Steuerklassen I, II § 9) sowie die Eltern und Großeltern, nicht aber auch die entfernteren Voreltern des Erblassers. Weitere Voraussetzungen sind einerseits, daß der Erwerb einschließlich des sonstigen Vermögens des Erwerbers den Betrag von 1000000 Mk. (300000 Mk. für Erwerbe vor dem 1. Januar 1923) nicht übersteigt, andererseits Erwerbsunfähigkeit oder bestimmte Beeinträchtigung in der Erwerbstätigkeit des Erwerbers. Der für die Befreiung maßgebende Gesamtbetrag ist durch Zusammenziehung des bereits vor dem Erwerbe vorhandenen Vermögens des Erwerbers mit dem Erwerbe desselben festzustellen.

Da die Befreiungsvorschriften für sich anzuwenden sind (Abs. 3 Note 88), so dürften für die Bemessung der Grenze von 1000000 Mk. (300000 Mk.) zunächst alle Erwerbe in solchen Gegenständen ausscheiden, welche das Gesetz — sei es in voller Höhe (Ziff. 4a, 5), sei es in bestimmten Wertgrenzen (Ziff. 4b, c) — für steuerfrei erklärt (ebenso Mirre, Anm. 23 zu § 22). Demnach erscheint es gerechtfertigt, auch das „sonstige Vermögen" nicht weiter zu fassen, als den Erwerb, denn Ziff. 9 will beide als Einheit behandelt wissen. (In beiden Hinsichten a. A. Finger, Anm. 9b zu § 22, der Erwerb und sonstiges Vermögen im weitesten Sinne auffaßt.) Es würde also vorhandener Hausrat bei Verwandten der Klassen I, II als sonstiges Vermögen ausscheiden, bei Eltern und Großeltern nur, soweit er unter 2000000 Mk. Wert bleibt (Ziff. 4a und b). Noch weiter geht Mirre (a. a. O.), der im Anschluß an die für das Ges. 1919 getroffenen Entsch. d. RFH. vom 27. Januar 1922, StuW. Jg. I Sp. 479, das nach § 11 ermittelte oder zu ermittelnde Vermögen als das sonstige Vermögen auffaßt. Hiergegen wendet Finger (a. a. O.) mit Recht ein, daß § 11 nur für den Zuschlag nach § 10 Abs. 3 Bedeutung habe. — Dem Sinne der Vorschrift entspricht es wohl, ausländisches Vermögen, wenn es sonst als steuerpflichtiger Anfall in Frage käme, sowohl als Erwerb wie als sonstiges Vermögen anzusprechen.

Der Behandlung von Erwerb und sonstigem Vermögen als Einheit entspricht es weiterhin, daß es auf die Höhe des ersteren überhaupt nicht ankommt, sofern nur die Gesamthöchstgrenze von 1000000 Mk. (300000 Mk.) nicht überschritten wird. Überwogen beim sonstigen Vermögen die Passiven, so kann der Erwerb sogar höher sein, als 1000000 Mk. (300000 Mk.). Als fernere Folge ergibt sich, daß ungeachtet des Abs. 3 die Befreiungsvorschriften der Ziff. 1, 2, 10, 11, 13, 14, an deren Anwendung zu denken wäre, nicht noch neben der Befreiung aus Ziff. 9 Platz greifen können, denn die hier bezeichneten Erwerbe gehören mit ihrem Anfalle zum „sonstigen Vermögen" der Ziff. 9

und bilden mit dem hier bezeichneten Erwerbe die nämliche Einheit, wie das bereits vorher vorhanden gewesene Vermögen. Weiter folgt, daß auch die Befreiungen aus Ziff. 7 und 8 neben Ziff. 9 keine selbständige Bedeutung beanspruchen können, daß vielmehr aus Ziff. 9 keine Befreiung mehr erfolgen kann, wenn infolge der Schuldbefreiung das Gesamtvermögen über die hier gesetzte Grenze hinausgeht. Dagegen dürfte der Erwerb aus Ziff. 6 zu den unbedingt befreiten Erwerben gehören, also in die Grenze der Ziff. 9 nicht einzubeziehen sein.

Bezüglich der Einwirkung des § 17 Ges. vgl. Note 8 unter e zu § 17.

43. Die Erwerbsunfähigkeit als fernere Voraussetzung des Eintritts der Befreiungsvorschrift braucht keine absolute zu sein. Gefordert wird nur, daß der Erwerber infolge körperlicher oder geistiger Gebrechen und unter Berücksichtigung seiner bisherigen Lebensstellung als erwerbsunfähig anzusehen ist. Das Vorhandensein eines körperlichen oder geistigen Gebrechens ist Vorbedingung. Gebrechen erfordert einen nicht nur vorübergehenden Zustand; Altersschwäche nicht als Gebrechen aufzufassen (so Finger, Anm. 9 c α zu § 22) geht wohl zu weit. Auch Kinder können gebrechlich sein, doch sind sie in ihrer Eigenschaft als Kinder nicht erwerbsunfähig im Sinne der Befreiungsvorschrift (Urt. d. RFH. vom 28. Juli 1920, Samml. III S. 223 = JW. L S. 1163). Das Gebrechen muß von einer derartigen Schwere sein, daß an und für sich die Erwerbsfähigkeit des Erwerbers beeinträchtigt erscheint. Das Maß der Beeinträchtigung ist nach ausdrücklicher Gesetzesbestimmung unter Berücksichtigung der bisherigen Lebensstellung des Erwerbers zu beurteilen. Bei der stets erforderlichen Prüfung der Verhältnisse des einzelnen Falles soll demnach speziell der individuellen Sonderlage des Erwerbers Rechnung getragen werden, um zu entscheiden, ob Erwerbsunfähigkeit vorliegt oder nicht. Das Gesetz gibt hier den an sich weiten Begriff der Lebensstellung als Unterlage. Das schließt sozusagen die Gesamtheit der persönlichen Verhältnisse des Erwerbers ein, seinen vollen Personenstand nach allgemeiner, wirtschaftlicher, gesellschaftlicher Lage, die bisher geübte Erwerbstätigkeit, die Betätigung im öffentlichen und privaten Leben, die dadurch beeinflußte Befähigung zu eigenem Schaffen usw. Alles dieses ist ins Gewicht zu ziehen und danach über das Vorhandensein einer individuellen Erwerbsunfähigkeit zu entscheiden. Das Gesetz fordert demnach Entscheidung nach einer abgemilderten Form. Als dem Sinne des Gesetzes entsprechend wird es angesehen werden müssen, wenn in Zweifelsfällen die Entscheidung nach der dem Erwerber günstigeren Seite hin ausschlägt. — Die Fähigkeit, den eigenen Haushalt zu führen, schließt die Erwerbsunfähigkeit nicht aus (Urt. d. RFH. vom 10. Mai 1921, StuW. Jg. I Sp. 261 = Samml. VI S. 31). Eine Notlage des Erwerbers wird nicht vorausgesetzt (Urt. d. RFH. vom 27. Januar 1922, RStR. Sp. S. V S. 20 = JW. LI S. 942 [80]).

44. An Stelle der Erwerbsunfähigkeit kann auch eine eigengeartete Behinderung an der Ausübung einer Erwerbstätigkeit als Voraussetzung für die Anwendung der Befreiungsvorschrift treten. Die Behinderung muß durch die Führung eines gemeinsamen Haushalts mit erwerbsunfähigen oder in der Ausbildung zu einem Lebensberufe begriffenen Abkömmlingen gegeben sein. Es ist dadurch wiederum ein Doppeltes als Voraussetzung für den Eintritt der Befreiung hingestellt. Einmal müssen erwerbsunfähige oder in der

Ausbildung zu einem Lebensberufe begriffene Abkömmlinge vorhanden sein. Als Abkömmlinge kommen hierbei die in die Klasse II des § 9 fallenden Personen in Frage (vgl. Note 13 zu § 9). Gemeint sind wohl nur Abkömmlinge des Erwerbers, nicht auch solche des Erblassers (vgl. Mirre, Anm. 25 zu § 22). Die Erwerbsunfähigkeit muß eine absolute sein, so daß jedwede Fähigkeit, irgendeinem Erwerbe nachzugehen, ausgeschlossen ist. Eine weitergehende Auslegung des Begriffs, wie sie für die Erwerbsunfähigkeit des Erwerbers im vorgehenden Teil der Vorschrift zugelassen ist, insbesondere auch eine Berücksichtigung der Lebensstellung darf hier nicht Platz greifen. Die Ursache der Erwerbsunfähigkeit ist ohne Bedeutung. Hinsichtlich der Ausbildung zu einem Lebensberufe sind weitere Einschränkungen nicht getroffen. Aus der Natur der Sache ergibt sich, daß der Abkömmling den in Frage kommenden Lebensberuf tatsächlich und als solchen mit der festen Absicht, sich in ihm zu betätigen, ergriffen hat und daß er in ernstlicher Ausbildung für denselben begriffen ist. Die Art des Berufes spielt wiederum keine Rolle; jeder Beruf, mag er auf diesen oder auf jenen Beschäftigungsmodus hinauslaufen, erfüllt die Vorschrift. Als Ausbildung wird die für den gewählten Beruf übliche zu berücksichtigen sein. Alle weiteren Einzelheiten bestimmen sich nach der besonderen Lage des einzelnen praktischen Falles.

Die zweite Voraussetzung bildet, daß der Erwerber mit den nach Vorstehendem qualifizierten Abkömmlingen einen gemeinsamen Hausstand führt und dadurch an der Ausübung einer Erwerbstätigkeit gehindert ist. Der tatsächliche Grund der Behinderung in der Erwerbstätigkeit soll demnach in der besonderen Fürsorge für die bezeichneten Abkömmlinge liegen. Äußerlich wird verlangt, daß die Abkömmlinge zum Hausstande des Erwerbers gehören, wodurch sie im allgemeinen seiner Aufsicht und Sorge unterstehen. Letzteres hat aber den Erwerber persönlich in einem derartigen Maße in Anspruch zu nehmen, daß er seine volle Kraft nicht, wie er sonst tun würde und an und für sich müßte, für eine Erwerbstätigkeit einsetzen kann. Wenn die Fürsorge für die fraglichen Abkömmlinge nicht von dem Erwerber persönlich geübt wird und wenn diese Fürsorge, die Zeit, welche er seiner Erwerbstätigkeit normalerweise zu widmen haben würde, nicht einschränkt, so kann die Befreiungsvorschrift nicht Platz greifen. Im einzelnen werden dabei wieder die Verhältnisse des jeweiligen praktischen Falles in erster Linie ausschlaggebend sein.

Trotz des entgegenstehenden Wortlauts der Vorschrift ist diese übrigens auch dann anzuwenden, wenn der Erwerber auch nur mit einem Abkömmling einen gemeinsamen Haushalt führt (Talmon-Gros, DBR. XV S. 54).

45. Bei Überschreiten der Grenze von 1000000 (300000) Mk. ist der gesamte Anfall steuerpflichtig; vgl. jedoch Abs. 4.

Ziff. 10.

46. Ziff. 10 entspricht der Ziff. 4c in §§ Ges. 1919, ist aber anders gefaßt und gewährt insbesondere die Vergünstigung denjenigen, die dem Erblasser . . . . „Pflege oder Unterhalt gewährt haben" — das Ges. 1919 sagte statt dessen „verpflegt haben". Die Änderung ist, wie die Richtlinien hervorheben, im Hinblick auf die Rechtsprechung des

Reichsfinanzhofs erfolgt. — Vgl. dessen Urteile vom 5. Mai 1921, StuW. Jg. I Sp. 261: „Das Wort Verpflegung umfaßt auch körperliche Pflege und Aufwartung" und 5. Juli 1921, Samml. VI S. 252, die den gleichen Gedanken wiedergibt.

Der ursprüngliche Antrag Herold enthielt in der maßgeblichen Ziff. 15 § 33 Nr. 10 als Einschränkungswort „sofern". Die Ersetzung durch „soweit" erfolgte in zweiter Lesung auf Antrag des Berichterstatters ohne Erörterung. Auch das Ges. 1919 enthielt als Bedingungswort „soweit". Die Befreiungsvorschrift ist durch die Zweite Steuernotverordnung nicht geändert (vgl. § 21 Abs. 1 Nr. 11 n. F., abgedruckt hinter § 23).

47. Die Befreiung bezieht sich, freilich ohne Beschränkung auf bestimmte Steuerklassen, nur auf Personen, welche den Erblasser bei seinen Lebzeiten verpflegt oder ihm Unterhalt gewährt haben. Dadurch ist bedingt, daß eine engere persönliche Beziehung zu dem Erblasser bestanden hat. Eine Zugehörigkeit zum Hausstande des Erblassers wird auf der einen Seite allein die Anwendbarkeit der Befreiungsvorschrift nicht begründen, auf der andern Seite aber auch nicht als unbedingte Voraussetzung derselben gefordert werden können. Bezüglich des früheren Rechts (Ges. 1906) ist durch ein Urt. d. RFH. vom 16. Juli 1919 — Samml. RFH. Bd. 1 S. 148 — ausgesprochen, daß die Befreiungsvorschrift des § 11 Ziff. 4 h REStG. auch Platz greife, wenn die bedachte Person dem Erblasser, ohne seiner Hausgemeinschaft angehört zu haben, persönliche Dienste gegen die Zusage, letztwillig bedacht zu werden, geleistet habe. Personen des Hausstandes des Erblassers, welche sich nicht speziell der Fürsorge für letzteren zu widmen haben, obwohl ihre Tätigkeit insgesamt auch ihm nutzbringend ist, fallen nicht unter die Befreiungsvorschrift, sofern sie nicht im besonderen Unterhalt gewährt haben. Man wird jedoch den Begriff der Pflege weitergehend und nicht etwa lediglich in der Beschränkung auf Krankenpflege zu fassen haben. Im Gegensatz dazu muß die Befreiung bei nicht zum Hausstande des Erblassers gehörigen Personen, die mit einer gewissen Regelmäßigkeit und Dauer sich in der Pflege des Erblassers oder der Unterhaltsgewährung an ihn betätigt haben, Anwendung finden. Ob die Pflege sich auf niedere oder fachkundige Dienstleistungen gründet, ist dabei ohne Bedeutung. Eine Entscheidung wird stets nur unter besonderer Berücksichtigung der Verhältnisse des einzelnen praktischen Falles zu treffen sein. Die Befreiungsvorschrift setzt eine letztwillige Verfügung des Erblassers nicht voraus, wie Talmon-Gros (DBR. XV S. 35) und Finger (Anm. 10 Abs. 8 zu § 22) annehmen. Der Gebrauch des Wortes „das Zugewendete" im Bedingungssatze spricht nicht notwendig für die gegenteilige Auffassung, denn eine Zuwendung setzt nicht notwendig einen rechtsgeschäftlichen Akt voraus (vgl. die entsprechenden Noten zu § 3 Abs. 1 Nr. 1 und 2); es ist auch kein verständiger Grund gegeben, weshalb die Befreiung auf Zuwendungen durch Testament oder Erbvertrag beschränkt sein sollte (gl. A. Mirre, Anm. 28 zu § 22). Notwendig ist aber stets, daß die Gewährung in der Erwartung einer letztwilligen Versicherung geschieht. Hierzu führt ein Urt. d. RFH. vom 27. Januar 1922, StuW. Jg. I Sp. 479 = RStR., Sp. S. V S. 20 aus, daß die Erbeinsetzung (besser Zuwendung) eine gewisse Ähnlichkeit mit einer Gegenleistung für eine Verpflegung haben müsse; diesen Charakter verliere sie auch dann nicht, wenn eine noch günstigere Aussicht — Eheschließung — für den Schluß der Übernahme der Pflege in erster Linie bestimmend gewesen sei, sofern sich diese Aussicht nicht verwirklicht habe.

Die Befreiungsvorschrift findet auch auf juristische Personen und auch dann Anwendung, wenn die Beerbung des Erblassers durch Erbvertrag mit dem Verpflegenden gesichert war (so Urt. d. RFH. vom 18. Januar 1923, Samml. XI S. 208 = StuW. Jg. II Sp. 405 = DVR. XV S. 45, betr. Erbvertrag zwischen Altersstiftung und Pfründner).

48. Notwendig ist, daß die Gewährung von Pflege oder Unterhalt unentgeltlich oder gegen unzureichendes (d. h. den Verhältnissen zur Zeit der Gewährung nicht entsprechendes) Entgelt erfolgt ist. War die Gewährung entgeltlich erfolgt, das Entgelt aber noch nicht gewährt, so ist der Erwerber zugleich Nachlaßgläubiger und in Höhe seiner Forderung ohnehin nicht bereichert.

Die Wahl des Bedingungswortes „soweit" läßt keinen Zweifel, daß die Zuwendung in Höhe des angemessenen Entgelts stets steuerfrei ist, wie das der RFH. im Urt. vom 11. März 1921, RStR., Sp. S. IV S. 19 = StuW. Jg. I Sp. 261 für das frühere Recht bereits anerkannte. Bei Bemessung der Angemessenheit können nur die Verhältnisse zur Zeit des Anfalls maßgebend sein (ebenso wohl auch Mirre, Anm. 28 zu § 12; a. A. Finger, Anm. 10 Abs. 8 zu § 12). Die Ausführungen in Note 6 zu § 13 gelten auch hier. Nach Urt. d. RFH. vom 11. März 1921 (s. oben) entscheiden für die Angemessenheit des Entgelts die Verhältnisse des Erblassers; es komme nicht auf die Kaufkraft des Geldes am Todestage an, sondern auf die Angemessenheit zur Zeit der Verpflegung. Daß der Befreiungsvorschrift angesichts der Entwicklung der Verhältnisse in Zeiten des Währungsverfalls das Grab gegraben ist, wenn der RFH. auf seiner Ansicht bestehen bleibt, braucht kaum hervorgehoben werden.

49. Die Vorschrift ist bei Zusammentreffen mit andern Befreiungsvorschriften, namentlich der Ziff. 1 und 2, selbständig anzuwenden (Abs. 3). Bezüglich des Zusammentreffens mit Ziff. 9 ist jedoch Note 42 zu vergleichen. Treffen auf den Erwerb zugleich die Voraussetzungen des § 13 zu, so genießt er beide Begünstigungen, d. h. zunächst erfolgt Abzug aus § 13; auf den Rest findet Ziff. 10 § 22 Anwendung (ebenso Finger, Anm. 10 Abs. 1 zu § 22).

Ziff. 10 gilt auch für Schenkungen (§ 1 Abs. 2! Ebenso Mirre, Anm. 29 zu § 22; Talmon-Gros, DVR. XV S. 35).

Ziff. 11.

50. Ziff. 11 entspricht wörtlich der Ziff. 6 in § 33 Ges. 1919, welche ihrerseits dem Ges. 1906 (§ 11 Ziff. 4 g) mit der Maßgabe entnommen war, daß an Stelle des Wortes „Sachen" der auch Rechte umfassende Begriff „Vermögen" eingestellt wurde (vgl. Urt. d. RFH. vom 17. November 1919, mitgeteilt im Schreiben des RMdF. vom 30. Januar 1920 III Mi 1480). In den Ausschußsitzungen, im Reichstagsplenum oder in den Richtlinien ist die Ziffer (Nr. 15, § 33 Ziff. 11 Antr. Herold) nicht erörtert. — Die Zweite Steuernotverordnung hat die Vorschrift unberührt gelassen (§ 21 Abs. 1 Nr. 12 n. F., abgedruckt hinter § 23).

51. Die in Ziff. 11 genannten verwandtschaftlichen Begriffe sind im Sinne des § 9 (vgl. Noten 14 und 16 daselbst) zu verstehen. Doch schließt das Wort „leibliche", das naturgemäß auch den Großeltern und Voreltern gilt, jedenfalls das Einkindschaftsverhältnis und wohl auch die Ehelichkeitserklärung und Anerkennung unehelicher Kinder — letztere beiden mindestens im Verhältnis zu den Groß- und Voreltern — aus; auch der bösgläubige Vater bei nichtiger Ehe, der nicht die aus der Vaterschaft sich ergebenden Rechte hat (BGB. § 1701), scheidet hier aus (i. a. gl. A. Finger, Anm. 11 b zu § 22).

Wie bereits ausgeführt (Note 47), umfaßt der Begriff „Vermögen" Sachen und Rechte, unter ersteren Grundstücke und bewegliche Sachen, an und für sich auch vertretbare und verbrauchbare Sachen, wie Bargeld. Das Reichsgericht (Urt. vom 28. November 1913, RGE. 83 S. 312 ff.) forderte für die Anwendung der entsprechenden Vorschrift in § 11 Nr. 4 g Ges. 1906, daß die zurückfallenden Gegenstände, die seinerzeit von den Aszendenten übertragen waren, sich noch unterscheidbar als früheres Vermögen der Eltern im Nachlaß der Kinder vorfinden müßten. Das Urteil verweist darauf, daß bei Beratung des Ges. 1906 die Reichstagskommission in Anlehnung an Art. 747 Code civil den Rückerwerb der Eltern steuerlich hätte begünstigen wollen, daß aber nach dem genannten Art. 747 sich die Sachen unter dem Nachlasse in Natur vorfinden müßten. Diese Begründung trifft an sich noch heute zu, doch wird an die Forderung des Rückanfalls in Natur kein zu enger Maßstab angelegt werden dürfen (Mirre, Bem. 30 zu § 22). Sog. „Surrogate", also Gegenstände, die als Ersatzstücke für untergegangene, verloren gegangene oder beschädigte Stücke erworben sind oder mit Mitteln, die von den Aszendenten durch Schenkung usw. zugewandt waren, beschafft sind (durch Umtausch, Kauf usw.), werden den in Natur vorhandenen gleichzustellen sein (Finger, Anm. 11 d Abs. 4 zu § 22), wobei natürlich die Surrogatseigenschaft vom Steuerpflichtigen nachzuweisen ist. Anderer Ansicht eine Verf. d. PrFM. vom 4. November 1908 III 18 994, nach welcher für Ersatzstücke, die z. B. bei einem Inbegriff von Sachen, einem Warenlager, dem Zubehör eines Landguts an die Stelle zugewandter Sachen getreten sind, oder die mit geschenktem baren Gelde gekauft sind, die Befreiung keine Anwendung findet. Bei Gesellschaftsbeteiligungen, die von den Eltern auf ein Kind übertragen sind und infolge Todes des Kindes zurückfallen, fehlt die Identität, weil die an Stelle eines durch Tod ausscheidenden Gesellschafters tretenden Erben entweder — im Falle der Auflösung der Gesellschaft — das Liquidationsguthaben des Erblassers oder — im Falle der Fortsetzung der Gesellschaft, § 131 Nr. 4 HGB. — auf Grund besonderer Abrede, die sich nach dem jeweiligen Vermögensstande richtende Mitberechtigung, niemals aber den früheren Anteil des Erblassers erhalten (RG. im vorzitierten Urteil).

Hatte der Erblasser während seiner Besitzzeit eine Verbesserung oder Erweiterung des Gegenstandes oder des Zubehörs desselben vorgenommen, z. B. ein Grundstück bebaut, einen hypothekarisch belasteten Besitz hypothekenfrei gemacht, ein Landgut durch Zukauf vergrößert oder mit erweitertem, wertvollerem Inventar versehen usw., so wird dem steuerlich Rechnung zu tragen sein; der Betrag, um den sich der Wert der Sache auf diese Weise erhöht hat, unterliegt der entsprechenden Besteuerung. Dem der Steuerbefreiung zugrunde liegende Zweck der möglichsten Schonung und geringsten Belästigung der engeren Familie des Erblassers dürfte es jedoch entsprechen, wenn nur nennenswertere Veränderungen, die sich augenfällig als eine Verbesserung von einem gewissen und nicht untergeordneten Wert darstellen, für die Steuererhebung berücksichtigt, unwesentliche und geringfügige Veränderungen aber außer acht gelassen werden. Daß letzteres bei Veränderungen, welche durch die Natur der Sache geboten waren, ohne weiteres zu geschehen hat, liegt auf der Hand. Das wird beispielsweise zutreffen, wenn der Erblasser für eine auf der Sache haftende, einer regelmäßigen Tilgung unterliegende Hypothekschuld während seiner Besitzzeit die vorgeschriebenen Abträge geleistet und so die Hypothek vermindert hat; dieses bleibt bei Anwendung der Befreiungsvorschrift unberücksichtigt, während andererseits, wenn der Erblasser einen außerordentlichen Abtrag über den vorgeschriebenen hinaus eingezahlt hätte, bezüglich der dadurch gegebenen Verbesserung der Sache eine Steuererhebung Platz greifen müßte. Daraus, daß die Steuerbefreiung für das Vermögen bzw. den Gegenstand desselben als solchen ausgesprochen ist, ergibt sich als naturgemäße Folge, daß jede Werterhöhung, welche ohne Zutun des Erblassers lediglich durch Änderung in den Verhältnissen eingetreten ist, — wenn z. B. ein landwirtschaftliches Grundstück durch Verkehrsaufschließung zu Baugrund geworden ist — ohne Berücksichtigung bleibt.

52. Der Begriff der Schenkung ist dem § 3 Ges. zu entnehmen. Unter Übergabeverträgen im Sinne des § 11 Ziff. 4g Ges. 1906 — entsprechend unserer Ziffer — sind nach einer Entscheidung des Württ. Steuerkollegiums vom 3. Juni 1918 nicht nur solche Verträge zu verstehen, welche einen vorweggenommenen Erbgang darstellen, sondern alle — entgeltlichen oder unentgeltlichen — Verträge, welche die Übertragung von Sachen (§ 90 BGB.) an Abkömmlinge zum Gegenstande haben, WABl. 1918 S. 132. Nach einem Urt d. RG. vom 21. Januar 1916 — den Bundesregierungen durch Schreiben des Reichskanzlers (Reichsschatzamt) vom 9. März II A 1861 mitgeteilt — ist entsprechend dem ebenfalls steuerrechtlichen Begriff des „Überlassungsvertrags" im Sinne der Befreiungsvorschrift 2 zur Tarifnummer 11a des Reichsstempelgesetzes unter „Übergabevertrag" im Sinne des § 11 Ziff. 4g RESt G. jeder entgeltliche Vertrag zu verstehen, der die Übertragung von Grundstücken an Abkömmlinge zum Gegenstand hat, demnach auch ein Vertrag, durch den der überlebende Elternteil den Kindern — Nacherben — gegenüber hinsichtlich eines Grundstücks auf die Ausübung seines Vorerbrechts unter Vereinbarung einer Abfindung verzichtet. Amtl. Mitt. 1916 S. 85; PrZBl. 1916 S. 80; BlfBF. 1916 S. 131; BremABl. 1916 S. 65. Nach den näheren grundsätzlichen Ausführungen in einem Schreiben des Reichskanzlers (Reichsschatzamt) vom 11. März 1915 II A 1616 hat, wenn auch für den Fall des § 11 Ziff. 4g RESt G. die anteilige Berücksichtigung der Nachlaßverbindlichkeiten durch einen Hinweis auf § 9 im Gesetze nicht vorgeschrieben ist, eine solche doch stattzufinden. „Es würde eine nicht gerechtfertigte Schmälerung des Steueraufkommens bedeuten, wenn bei der Erbschaftssteuerberechnung die allgemeinen Verbindlichkeiten voll von dem nach Absatz des ungekürzten Betrages des Rückerwerbs verbleibenden Teile des Nachlasses abgezogen würden. Denn der Erbe haftet für die Nachlaßverbindlichkeiten mit den gesamten Kräften des Nachlasses. Seine Bereicherung durch die nicht unter § 11 Ziff. 4g fallenden Nachlaßgegenstände ist daher auch nur insoweit eingeschränkt, als die Nachlaßverbindlichkeiten auf diesen Gegenständen anteilig haften. Daß diese Folgerung aus der allgemeinen Rechtslage zwar bei § 11 Ziff. 4 f, nicht aber bei § 11 Ziff. 4 g ausdrücklich als Wille des Gesetzes ausgesprochen ist, erklärt sich daraus, daß bei Ziff. 4 f zweifelhaft bleiben konnte, ob die Befreiung dieser Ziffer auch dann einzutreten habe, wenn die steuerfreie Wertgrenze erst nach Abzug der anteiligen Verbindlichkeiten gegeben ist." Dieser Ansicht ist der Preuß. Finanzminister beigetreten, ebenso ist sie in einer Entsch. d. Bayer. FMin. vom 30. März 1915 anerkannt. Amtl. Mitt. 1915 S. 129; ZfZuSt. 1915 S. 150; BlfBF. 1915 S. 128. Ruhen die Schulden nur auf dem zurückfallenden Vermögen, so können sie natürlich voll gekürzt werden.

53. Das Vermögen muß an den Zuwendenden zurückfallen und nur insoweit ist der Erwerb steuerfrei. Im Urt. d. RG. vom 13. Dezember 1918 — den Regierungen durch Schreiben des Reichsschatzamts vom 27. Januar 1919 III W 245 mitgeteilt, RGE. 94 S. 239 — ist der auch heute noch geltende Grundsatz ausgesprochen, daß, wenn nur ein Elternteil schenkt, aber beide erben, die Befreiungsvorschrift nur auf den schenkenden Teil anwendbar ist (ebenso Mirre, Anm. 32 zu § 22). Hatte also der Ehemann A seinem Sohne Werte von 1 000 000 Mk. geschenkt, die sich bei dessen bald darauf erfolgtem Tode neben weiteren steuerbaren Werten von 1 500 000 Mk. im Nachlaß befinden, und wird der Sohn von A und dessen Frau je zur Hälfte beerbt, so hat A 750 000 Mk., Frau A 1 250 000 Mk. zu versteuern. Betrüge der sonstige Nachlaß nur 1 000 000 Mk., so wäre A aus Ziff. 1 steuerfrei, da die Befreiungsvorschriften nebeneinander anwendbar sind.

Nach dem Wortlaute der Vorschrift scheint es gleichgültig, ob die fraglichen Werte von denjenigen Abkömmlingen zurückfallen, an welche die Übergabe oder Schenkung erfolgt war oder von dritten Personen, welche die Gegenstände in irgendeiner Form zwischendurch erworben hatten. Indes entspricht diese weitgehende Auslegung wohl nicht dem Willen des Gesetzgebers, der den Rückerwerb der Eltern im Anschluß an das Heimfallsrecht derselben nach Art. 747 Code civil (vgl. Note 49) begünstigen will, dieses Heimfallsrecht aber nur gegenüber den beschenkten Abkömmlingen bestand. (Im Ergebnis gl. A.: Finger, Anm. 11 d zu § 22, vermittelnd Mirre, Anm. 31 zu § 22, der bei Weitervererbung oder Schenkung an die Kinder der ursprünglich beschenkten Abkömmlinge den Rückfall an die ursprünglichen Schenker steuerfrei stellen will.) Dagegen dürfte dem Zwecke der Vorschrift nicht entgegenstehen, auch den Rückfall durch Schenkung in Anwendung des § 1 Abs. 2 unter Ziff. 11 zu bringen, da die Schenkung letzten Endes den steuerlich begünstigten Heimfall nur vorwegnimmt (a. A. Mirre, Anm. 34 zu § 22; gl. A. Finger, Anm. d Abs. 1 zu § 22).

Bezüglich der selbständigen Anwendbarkeit der Vorschrift neben anderen Befreiungsvorschriften vgl. namentlich Noten 3, 42, 88.

Ziff. 12.

54. Die Vorschrift entspricht der des Abs. 3 Satz 1, 2 Halbsatz des § 40 Ges. 1919, derzufolge der Verzicht auf den Pflichtteilsanspruch nicht als Schenkung gelten sollte. Demgemäß ist die Bestimmung (Nr. 15 § 33 Ziff. 12 des Antrags Herold) weder in den Parlamentsverhandlungen noch in den Richtlinien des RMdF. erörtert; die Zweite Steuernotverordnung hat sie unberührt gelassen (§ 21 Abs. 1 Nr. 13 n. F., abgedruckt hinter § 23).

Die Vorschrift steht in einem inneren Zusammenhang mit der des § 2 unter Ziff. 1, sofern letztere nur den geltend gemachten Pflichtteilsanspruch der Erbanfallsteuer unterwirft. Beide sollen gemeinsam und sich gegenseitig ergänzend dazu dienen, eine unter der formellen Regelung des bürgerlichen Rechts unabweisbare Härte durch besondere steuerliche Ordnung auszugleichen. Der Pflichtteilsanspruch entsteht mit dem Erbfall ohne Ausschlagungsbefugnis (§§ 2317, 1942, 1946 BGB.), so daß ein unentgeltlicher Verzicht des Pflichtteilsberechtigten auf den entstandenen Pflichtteilsanspruch sich nach bürgerlichem Recht als eine Schenkung darstellt und ebenso nach dem REStG. 1906 der Schenkungssteuer unterlag. Dadurch ergab sich eine Art Doppelbesteuerung, welche als unbillige und ungerechtfertigte Härte angesehen werden mußte, zumal sie lediglich auf der besonderen formellen Regelung des bürgerlichen Rechts beruhte, die steuerlich in gleicher Weise zu beachten keine Notwendigkeit bestand. Ein Doppeltes muß hier den Ausgleich bringen. Einmal die Vorschrift des § 2 Ziff. 1, durch welche nur der geltend gemachte Pflichtteilsanspruch der Erbanfallsteuer unterstellt wird. Sodann die zur Erörterung stehende Bestimmung, welche den Verzicht auf den Pflichtteilsanspruch nicht als Schenkung gelten läßt. Infolge des Verzichts auf den Pflichtteilsanspruch gelangt der bezügliche Nachlaßteil an die durch die Verfügung des Erblassers oder nach Intestaterbfolge dazu Berufenen und wird von diesen entsprechend versteuert. Damit erscheint das steuerliche Interesse an dem Erbfall voll gedeckt. Den Verzicht, der dem Pflichtteilsberechtigten keinerlei Vorteil bringt, von diesem versteuern zu lassen, liegt keinerlei Grund vor; ebensowenig besteht aber ein gerechtfertigter Anlaß den durch den Verzicht berührten Anfall selbst besonders unter der Firma der Schenkung zur Steuer heranzuziehen, da derselbe schon der Erbanfallsteuer unterliegt, die derjenige, welcher gleichzeitig als Beschenkter in Frage kommen würde, trägt. Sofern der Pflichtteilsberechtigte für seinen Verzicht eine Abfindung erhält, ist diese durch Abs. 2 Ziff. 4 des § 2 besonders der Steuer unterworfen. Die Bestimmung spricht vom Pflichtteilsanspruch schlechthin und greift somit allgemein Platz, auch in dem Falle, daß der Pflichtteilsanspruch bereits geltend gemacht ist (gl. A. Finger, Anm. 12 zu § 22; Ehm, Anm. 15 zu § 40; a. A. Mirre, Anm. 35 zu § 22), wenngleich eine so weitgehende steuerliche Begünstigung kaum zu rechtfertigen ist.

Ziff. 13.

55. Die Vorschrift entspricht fast wörtlich derjenigen der Ziff. 2 (am Anfang) in § 42. Der Antrag Herold (Nr. 15 § 33 Ziff. 13) enthielt gegenüber der jetzigen Fassung den einschränkenden Zusatz „soweit dieser — d. i. der Bedachte — auf die Zuwendung angewiesen ist und die Art der Zuwendung der Sachlage entspricht". Dieser Zusatz fiel bereits in erster Lesung des Ausschusses. Erörtert ist die Vorschrift in den Parlamentsberichten im übrigen nicht. Die Richtlinien heben lediglich den Zusammenhang mit Abs. 2 hervor. Die Vorschrift ist in § 21 Abs. 1 in Nr. 14 — Fassung der Zweiten Steuernotverordnung — übernommen (Abdruck hinter § 23).

Die Befreiungsvorschrift ist im engsten Zusammenhange mit der in Ziff. 8 und mit der erläuternden Bestimmung in Abs. 2 zu verstehen. Bezüglich der Begriffe des Unterhalts und der Ausbildung ist daher auf die Noten 35 und 36 oben und der Angemessenheit auf die Note 87 unten zu verweisen.

Nach dem klaren Wortlaute der Bestimmung gilt diese nur für Zuwendungen unter Lebenden.

Bezüglich der selbständigen Anwendung der Befreiungsvorschrift neben denen aus Ziff. 1, 2, 9 vgl. Noten 3, 42, 88.

Ziff. 14.

56. Während Ziff. 14, von den Gelegenheitsgeschenken abgesehen, neben Zuwendungen unter Lebenden auch solche von Todes wegen betrifft, befreite § 42 Ziff. 2 Ges. 1919 Ruhegehalte und ähnliche Zuwendungen an Angestellte nur von der Schenkungssteuer; von dieser waren auch, entsprechend unserer Ziffer, die üblichen Gelegenheitsgeschenke befreit. Für Anfälle an Unterstützungskassen des eigenen Betriebs enthielt § 35 Ziff. 4 nur eine Steuerermäßigung auf 10 v. H., welche Pensionskassen nicht zugute kam; Satz 2 daselbst ließ diese Ermäßigung aber auch Kassen zuteil werden, welche die Unterstützung von Personen sowie deren Angehörigen bezweckten, die zu einem wirtschaftlichen Unternehmen in einem Dienst- oder Arbeitsverhältnis standen, bei welchem der Erblasser nur beteiligt oder tätig war. Die Ermäßigung galt auch für die Schenkungssteuer (§ 40 Abs. 1 Satz 5).

Ziff. 14 (im Antrag Herold Nr. 15, § 33 Ziff. 14) wurde in den Ausschußsitzungen sowie im Plenum des Reichstags unverändert und ohne Erörterungen angenommen. Die Richtlinien des RMdF. (S. 7) weisen darauf hin, daß die Ziffer neben der Vorschrift des bisherigen § 42 Nr. 2 eine Einschränkung der bisher im § 35 Nr. 4 genannten Zuwendungen enthalte; soweit für letztere jetzt eine Steuerbefreiung nicht mehr eintrete, sei die Steuer nach Klasse V zu berechnen.

Die Zweite Steuernotverordnung hat die Befreiungen der Ziff. 14 in § 21 Abs. 1 Ziff. 15 und 16 übernommen (Abdruck hinter § 23).

Wegen der selbständigen Anwendung der Vorschrift neben den Befreiungen nach Ziff. 1, 2, 9 vgl. Noten 3, 42, 88.

57. Befreit sind zunächst Ruhegehalte usw., die ohne rechtliche Verpflichtung früheren oder jetzigen Angestellten oder Bediensteten gewährt werden. Grundbedingung für die Anwendbarkeit der Vorschrift ist einmal, daß die Zuwendung ohne eine Verpflichtung und ferner, daß sie früheren oder jetzigen Angestellten oder Bediensteten des Schenkers oder Erblassers gewährt wird. Zuwendungen, welche auf Grund eines gesetzlichen oder rechtlichen Anspruchs gemacht werden, fallen als solche nicht unter den Begriff der Schenkung und können daher für die Steuer überall nicht in Betracht kommen, auch wenn sie den herausgehobenen Zwecken dienen. Dahingegen wird dasjenige, was über die bestehende Verpflichtung hinaus zugewendet wird, sich als Schenkung charakterisieren und damit an sich steuerpflichtig werden. Treffen die übrigen Vorbedingungen der Vorschrift auf eine derartige, die Verpflichtung überschreitende Zuwendung zu, so wird sie unter der Vorschrift steuerfrei. Eine vertragsmäßige Abmachung zwischen Arbeitgeber und Arbeitnehmer begründet stets für ersteren eine rechtliche Verpflichtung; darauf fußende Leistungen können nicht als Schenkungen in Betracht kommen. Dahingegen wird dasjenige, was auf Grund eines wirklichen Schenkungsversprechens geleistet wird, nicht als eine Zuwendung unter Verpflichtung im Sinne der Vorschrift anzusehen sein. Bezüglich der Person des Schenkers ist keine Einschränkung getroffen; es können als solche nicht nur natürliche, sondern auch juristische Personen in Betracht kommen.

58. Ruhegehalte und ähnliche Zuwendungen fallen unter die Befreiungsvorschrift. Die Umgrenzung ist hier schon an sich durch die Fassung sehr weit gezogen und gestattet eine Anwendung in breitester Ausdehnung. Zu beachten ist, daß die Grundbedingung des Mangels einer rechtlichen Verpflichtung von einer vorragenderen Bedeutung wird und insofern wiederum einschränkend wirkt. Die Verwilligung einer Erhöhung oder eines Zuschusses zu dem kraft rechtlicher Verpflichtung zu zahlenden Ruhegehalt charakterisiert sich bei Vorhandensein der sonstigen Vorbedingungen als eine unter die Befreiungsvorschrift fallende Zuwendung. Auch trifft das von Zimmermann (Komm. z. Kriegssteuergesetz, Anm. 6 Abs. 3 zu § 4) und von Strutz (Komm. z. Kriegssteuergesetz, Anm. 6d zu § 4 S. 156/57) bezüglich des Kriegssteuergesetzes Ausgeführte hier zu, daß zu den durch die Bestimmung getroffenen Zuwendungen auch Leistungen an einzelne Angestellte und Bedienstete aus nicht rechtsfähigen Pensionskassen, deren Vermögen nur einen ausgeschiedenen Teil des Vermögens des Schenkers bildet, gehören, nicht dagegen Zuschüsse desselben an solche Pensionskassen, weil diese eben noch in seinem Vermögen verbleiben; bei Zuschüssen an eine rechtsfähige Pensionskasse kann nur die zweite Alternative unserer Vorschrift (vgl. Noten 60, 61) in Frage kommen. Es kann aber nicht als genügend angesehen werden, wenn eine Schenkung nur als Ruhegehalt bezeichnet wird; sie muß auch tatsächlich dem Begriff eines solchen entsprechen. Das bedingt wieder, daß die Schenkung ihrem Betrage nach in Wirklichkeit sich unter Berücksichtigung der für den einzelnen praktischen Fall einschlagenden Verhältnisse innerhalb derjenigen Grenzen hält, welche nach der ganzen Lage der Sache als übliche zu erachten sind. Geht die Schenkung über diese Grenzen hinaus, so wird sie trotz der Bezeichnung als Ruhegehalt oder dgl. steuerpflichtig und zwar zum vollen Betrag. Bei Beurteilung der Frage, ob die Grenzen eines wirklichen Ruhegehalts in der Schenkung überschritten sind, wird man den gegebenenfalls nach rechtlicher Verpflichtung zu zahlenden Ruhegehalt nicht unberücksichtigt lassen dürfen. Die Form der Zuwendung ist nicht beschränkt. Demnach ist auch die Schenkung eines kapitalisierten Ruhegehalts frei, sofern die Grenzen des Ruhegehalts nach Vorstehendem gewahrt sind.

„Ähnliche Zuwendungen" sind z. B. Unterstützungen bei Erkrankung, Unglücks- und Sterbefällen in der Familie oder zur Kur. Ruhegehalte usw. können nicht nur dann vorliegen, wenn sie nach dem Dienstverhältnis gewährt werden. Es muß aber ein Anlaß zur Zuwendung vorliegen, also der Bedachte jahrelang im Dienste des Schenkers (Erblassers) gestanden haben, auch muß in absehbarer Zeit damit zu rechnen sein, daß der Bedachte seinen Unterhalt nicht mehr ausreichend bestreiten kann. Neben eigener Krankheit und eigenem Alter des Bedachten kommt auch Alter und Krankheit des Schenkers in Betracht, wenn dem Bedachten nach dem zu erwartenden Tode des Schenkers das Aufsuchen eines andern Dienstes nicht mehr zugemutet werden kann (Urt. d. RFH. vom 20. September 1922, DVR. 1922 S. 21).

59. Der Begriff der Angestellten und Bediensteten ist im weitesten Sinne zu nehmen. Angestellte sind alle diejenigen, welche in irgendeinem Erwerbsunternehmen des Schenkers von jedweder Art und Ausdehnung in fest geregelter Weise beschäftigt sind. Der gewöhnliche Arbeiter fällt hier mit unter den Begriff der Angestellten. Letzterer setzt jedoch eine gewisse Ständigkeit der Tätigkeit, eine engere Verbindung mit dem Betrieb voraus, in welcher Hinsicht die besonderen Verhältnisse des einzelnen Falls die Entscheidung bringen müssen. Eine kurze, von vornherein nur als vorübergehend gedachte Gelegenheitsarbeit wird für die Regel den Begriff des Angestellten nicht erfüllen. Das Unternehmen, auf welches sich die Angestellteneigenschaft gründet, muß ein Unternehmen des Schenkers (Erblassers) sein, zu dem er in unmittelbarer persönlicher Beziehung steht, denn das besondere Verhältnis zwischen Arbeitgeber und Arbeitnehmer gibt den inneren Grund für die Steuerbefreiung ab. Die Ausführungen in Note 61 gelten auch hier. Dementsprechend scheint es zu weit zu gehen, wenn Mirre, Anm. 40 zu § 22 die Befreiungsvorschrift bezüglich der Ruhegehalte selbst in dem Falle für anwendbar erachtet, daß es sich nur um Angestellte eines Erblassers des Schenkers handelt. Hier ermangelt es an der notwendigen persönlichen Beziehung, die als Grundlage der Vorschrift anzusehen ist — gl. A. Finger, Anm. 14a Abs. 4 zu § 22. Angestellte einer Aktiengesellschaft sind nicht Angestellte der einzelnen Aktionäre; auf ein solches Verhältnis hin kann die Befreiungsvorschrift nicht Platz greifen. Die Zeit der Beschäftigung spielt unter der jetzigen Fassung der Vorschrift keine Rolle mehr; letztere begreift die früheren und die jetzigen Angestellten in gleicher Weise.

60. Ziff. 14 befreit ferner Zuwendungen an Pensions- oder Unterstützungskassen des eigenen Betriebs ohne Höhenbegrenzung.

Die Befreiung kann nur für einen Erwerb, der den betreffenden Kassen anfällt, in Frage kommen; er darf also nicht unmittelbar zum Besten der zu dem Erblasser in einem Dienst- oder Arbeitsverhältnis stehenden Personen bestimmt sein, sondern lediglich mittelbar dadurch, daß er die Kassen ins Leben ruft oder für ihren Unterstützungszweck leistungsfähiger macht. Die Rechte einer juristischen Person brauchen die Kassen nicht zu besitzen; nur ist eine gewisse Geschlossenheit und Abgeschlossenheit derselben erforderlich, so daß sie ein selbständiges Vermögen und nicht etwa nur einen Bestandteil des Vermögens des Erblassers oder eines Dritten darstellen (Urt. d. RFH. vom 21. Oktober 1921, StuW. Jg. I Sp. 262, Samml. VII S. 177, JW. LI S. 943 [21]). Die Kassen müssen entweder der Unterstützung der Arbeiter oder Angestellten bzw. ihrer Familienangehörigen, etwa in der Form von Kranken- oder Sterbekassen, dienen, oder aber (anders wie nach § 35 Ziff. 4 Ges. 1919) der Zahlung von Ruhegehältern (einschließlich Witwen- und Waisengeld). Bedürftigkeit der Unterstützten ist nicht Voraussetzung.

Daß die Kasse bereits besteht, ist nicht erforderlich, es genügt auch die Begründung und gleichzeitige Dotierung einer rechtsfähigen Stiftung mit entsprechenden Zwecken (Mirre, Anm. 41 zu § 22) oder eine Zweckzuwendung, durch die eine nicht rechtsfähige Stiftung mit entsprechenden Zwecken geschaffen wird, unbeschadet des vorerörterten Erfordernisses der Abgeschlossenheit des Vermögens (vgl. Urt. d. RFH. vom 21. Juni 1922, AStR. V Sp. 841).

Die Arbeiterschaft eines Unternehmens als Gesamtheit ohne einen gesellschaftlichen oder vereinsmäßigen Zusammenschluß hat keine Rechtspersönlichkeit, Zuwendungen an sie genießen also keine Befreiung (Urt. d. RFH. vom 21. Oktober 1921, RStR. Sp. S. V S. 20; JW. LI S. 943 [21]).

61. Immer muß es sich um Kassen des eigenen Betriebs des Zuwendenden handeln. Es genügt also nicht mehr (anders Ges. 1919, § 35 Nr. 4), daß der Zuwendende bei dem Unternehmen finanziell beteiligt oder tätig war oder ist. Daß das Unternehmen gesellschaftlich betrieben wird, schließt den Begriff des eigenen Betriebs noch nicht aus, vorausgesetzt, daß der Gesellschafter wirtschaftlich als Betriebsinhaber aufzufassen ist. Das trifft zu bei den Gesellschaftern einer offenen Handelsgesellschaft, einer bürgerlichrechtlichen Gesellschaft, einer Kommanditgesellschaft (hier einschließlich der Kommanditisten), auch wohl den persönlich haftenden Gesellschaftern einer Kommanditgesellschaft auf Aktien (vgl. § 7 Ziff. 2 EinkStG.), nicht — vom letzten Falle abgesehen — den Mitgliedern einer juristischen Person, wie eines Vereines, einer Genossenschaft, eines Versicherungsvereins auf Gegenseitigkeit, den Aktionären, den Mitgliedern einer GmbH., in beiden letzteren Fällen selbst dann nicht, wenn der Zuwendende alleiniger Aktionär oder Gesellschafter ist, weil die Aktien oder Geschäftsanteile jederzeit getrennt übertragen werden können. Ebensowenig kommen stille Gesellschafter oder nur kaufmännische Angestellte in Frage, selbst wenn sie als Betriebsleiter anzusehen sind (Direktoren einer Aktiengesellschaft).

Daß der Zuwendende auch hier eine juristische Person, eine nicht mit Rechtspersönlichkeit ausgestattete Personenvereinigung oder eine fiduziarische (unselbständige) Stiftung sein kann, wird nicht zweifelhaft sein. Ist aber ein Pensionsverein (Pensionskasse) mehreren Firmen gemeinsam, so sind die ihnen gemachten Zuwendungen nur dann befreit, wenn sie von sämtlichen Firmen nach Maßgabe ihrer Beteiligung gemacht werden (Urt. d. RFH. vom 14. Februar 1923, StuW. Jg. II Sp. 407).

62. Als dritte Gruppe befreit unsere Ziffer die üblichen Gelegenheitsgeschenke. Die gleiche Befreiung enthielt § 42 Ziff. 2 Ges. 1919, während das Ges. 1906 in § 56 Abs. 2 Satz 1 ganz allgemein Schenkungen befreite, durch welche einer sittlichen Pflicht oder einen auf den Anstand zu nehmenden Rücksicht entsprochen wird. Unter letzterem waren die Gelegenheitsgeschenke einbegriffen (Motive zum Regierungsentwurf, Urt. d. RFH. vom 30. April 1919, Samml. Bd. I S. 35).

Durch die besondere Aufführung, welche die Gelegenheitsgeschenke nunmehr gefunden haben, erscheinen sie von den Anstandsschenkungen abgegrenzt; es sind das Zuwendungen unter Lebenden, welche sich an ein bestimmtes, gegebenenfalls sich wiederholendes Ereignis anschließen, wie Weihnachts-, Neujahrs-, Geburtstags-, Namenstags-, Paten-, Konfirmations- und Firmungs-, Braut-, Hochzeits-, Jubiläumsgeschenke, die üblichen Trinkgelder, Gewährung von Unterkunft und Unterhalt an eingeladene Gäste, Gratifikationen, Spenden bei Unglücksfällen oder ähnlichen Anlässen u. dgl. mehr. Die verschämt als Gelegenheitsgeschenke bezeichneten „Schmiergelder" an Angestellte von Abnehmerfirmen können jedoch nur dann als Gelegenheitsgeschenke begünstigt werden, wenn sie nicht gegen §§ 1, 12 des Gesetzes gegen den unlauteren Wettbewerb vom 7. Juni 1909 (RGBl. S. 499) verstoßen — vgl. Ludewig, Schmiergelder und Werbungskosten in StA. Jg. 1923 S. 78. — Im übrigen können auch Zweckzuwendungen in Betracht kommen, Urt. d. RFH. vom 21. März 1923, Samml. XII S. 39.

Strutz, Komm. z. Kriegssteuergesetz, Anm. 7 zu § 4 gibt folgende, auch hier einschlagende Begriffsbestimmung: „übliche Gelegenheitsgeschenke sind Geschenke, wie sie nach den Verhältnissen zwischen Schenker und Beschenkten, Anlaß der Schenkung, Art und Weise des Geschenkes und Vermögensverhältnisses des Schenkers, dem Stande und Berufe des Schenkers und des Beschenkten gebräuchlich sind, insbesondere nicht durch die Höhe ihres Wertes mit den wirtschaftlichen Verhältnissen des Schenkers, seinen Beziehungen zum Beschenkten und dem Anlaß der Schenkung im Mißverhältnis stehen." Durch diese Begriffsbestimmung werden alle maßgebenden Einzelheiten entsprechend hervorgekehrt. Regelmäßig wird eine gewisse nähere Beziehung zwischen Schenker und Beschenkten vorausgesetzt. Durch das Beiwort „üblich" wird besonders gekennzeichnet, daß bei der Beurteilung einer Schenkung als Gelegenheitsgeschenk auch der örtlichen und standesgemäßen Verkehrssitte, wie sie wieder verschieden durchgebildet erscheinen kann, Rechnung zu tragen ist. Die Entscheidung darüber, ob eine Schenkung als Gelegenheitsgeschenk anzusprechen ist oder nicht, wird stets je nach den unterliegenden Verhältnissen des einzelnen praktischen Falls unter Berücksichtigung der ausgeführten allgemeinen Richtlinien zu fällen sein. Auch der Höhe nach ist das Gelegenheitsgeschenk lediglich durch Üblichkeit und Sitte, sowie durch die Vermögensverhältnisse der Beteiligten umgrenzt. Danach können Schenkungen von einem ansehnlicheren Betrage gegebenenfalls sehr wohl unter die Befreiung fallen. Geht eine Schenkung über das Maß dessen, was in dem betreffenden Fall nach Lage der Sache für ein Gelegenheitsgeschenk anzunehmen wäre, hinaus, so ist sie geschlossen nicht als Gelegenheitsgeschenk anzusehen und fällt demnach insgesamt nicht unter die Befreiungsvorschrift. Daß eine Schenkung, namentlich eine solche von besonderer Höhe, welche lediglich der Steuerbefreiung wegen als Gelegenheitsgeschenk charakterisiert ist, bezüglich der danach die Absicht einer Steuerumgehung zweifelsfrei zutage tritt, nicht unter die Befreiungsvorschrift zu bringen ist, bedarf wohl kaum einer besonderen Heraushebung.

Ziff. 15.

63. Die Vorschrift ist neu. Das Ges. 1919 unterwarf die sämtlichen hier genannten Zuwendungen einer Steuer von 10 v. H., die für Erwerbe von Todes wegen sowie für Schenkungen galt (§ 35 Abs. 1 Ziff. 1 bis 3 und § 40 Abs. 1 Satz 5). Für die am Schlusse unserer Ziffer genannten Zweckzuwendungen verlangte § 35 Ziff. 3 neben der Sicherung der Verwendung, daß die Zuwendung nicht auf einzelne Familien oder bestimmte Personen beschränkt sein durfte, eine Einschränkung, die für die in Ziff. 15 genannten Zuwendungen fallen gelassen ist. Abs. 2 der Ziff. 15 ist eine fast wörtliche Wiedergabe von Abs. 2 § 35.

Der Antrag Herold u. Gen. enthielt als Nr. 15, § 33 Ziff. 15 eine wörtlich der freilich nur für die Schenkungssteuer geltenden Vorschrift der Nr. 4 § 42 entsprechende Zusammenfassung der gegenwärtigen Ziff. 15 und 16, Ziff. 15 jedoch in Beschränkung auf kirchliche Zweckzuwendungen; Voraussetzung für die Befreiung sollte sein, daß die Zuwendungen aus Mitteln erfolgten, wie sie die Ziff. 16 jetziger Fassung noch für mildtätige und gemeinnützige Zweckzuwendungen aufführt. Diese letztere Beschränkung fiel in der ersten Lesung im Ausschuß, so daß jetzt Zuwendungen zu ausschließlich kirchlichen, mildtätigen oder gemeinnützigen Zwecken befreit waren. Daneben galten noch die Ermäßigungen der Ziff. 1 und 2 in § 35 (s. Vorabsatz), wobei der Hundertsatz auf 5 herabgesetzt war. Ihre gegenwärtige Fassung hat die Vorschrift erst durch das Reichstagsplenum erhalten. Ein vom Abgeordneten D. Mumm begründeter Antrag Hergt u. Gen., der auch Zuwendungen zur Förderung interkonfessioneller Liebestätigkeit in die Befreiung nach Ziff. 15 einbezogen wissen wollte, fand keine Mehrheit (vgl. auch Note 71).

Die Richtlinien des RMdF. führen aus:

„Zuwendungen an inländische Kirchen, Stiftungen usw. mit ausschließlich kirchlicher Zweckbestimmung und Zuwendungen zu ausschließlich kirchlichen Zwecken sind in vollem Umfange steuerfrei (vgl. § 33 Nr. 15 Nov.). Der Begriff ‚kirchlich‘ ist im Anschluß an die bisherige Rechtsprechung des Reichsfinanzhofs (vgl. Sammlung Bd. 1 S. 20) auszulegen. Dort ist allgemein ausgeführt, daß, wenn bei einer Zuwendung an eine juristische Person die getroffene Zweckbestimmung sich nicht mit den von der juristischen Person verfolgten Zwecken deckt, sei es, daß sie nur einen Ausschnitt aus dem Kreise dieser Zwecke umfaßt, sei es, daß sie darüber hinausgeht, die Steuerpflicht der Zuwendung unabhängig ist von einer etwaigen steuerlich begünstigten Stellung der juristischen Person. Daraus folgt, daß Zuwendungen an Kirchen dann nicht als steuerbefreit angesehen werden können, wenn sie nur einen Einzelzweck begünstigen, mag auch dieser Einzelzweck mit zum Aufgabenkreis der Kirche gehören. Hiernach unterfallen z. B. Zuwendungen an Kirchen zu charitativen Zwecken nicht der Befreiungsvorschrift. Weiter ergibt sich aus dieser grundsätzlichen Stellungnahme des Reichsfinanzhofs, daß solche Anstalten, Stiftungen, Gesellschaften und Vereine nicht als kirchliche anzusehen sind, die sich Zwecken widmen, welche nur einen Ausschnitt aus dem Kreise der von den anerkannten Religionsgesellschaften verfolgten Aufgaben darstellen.

Zweckzuwendungen, die der Pflege des Andenkens oder des Seelenheils dienen, sind ebenfalls steuerfrei. Die Fassung dieser Vorschrift setzt jedoch voraus, daß Maßnahmen angeordnet sein müssen, die die Pflege des Andenkens usw. sicherstellen."

Durch die Zweite Steuernotverordnung ist die Vorschrift nicht geändert (§ 21 Abs. 1 Nr. 18 n. F., abgedruckt hinter § 23).

64. Die Ziffer befreit zunächst Zuwendungen (von Todes wegen oder unter Lebenden) an Kirchen. Zunächst ist zu bemerken, daß dasjenige, was unter „inländischen Kirchen" zu verstehen ist, im Abs. 2 der Ziffer näher erläutert worden ist. Das zu diesem Absatz unten in Note 70 Ausgeführte ist zu vergleichen. Die Steuerermäßigung greift bei jedem Erwerb, der einer inländischen Kirche anfällt, Platz, ohne daß dabei die möglicherweise getroffene Verwendungsbestimmung von irgendwelchem Einfluß sein könnte; auch wenn der Erwerb zu einem Zweck bestimmt ist, der nicht als ausschließlich kirchlicher, ja überhaupt nicht als ein kirchlicher angesehen werden kann, tritt die Steuerermäßigung ein. Der Ausdruck „Kirche" begreift nicht nur die gesetzlich anerkannte Religionsgesellschaft in ihrer Gesamtheit, soweit sie einheitlich als solche in Erscheinung tritt, sondern ebenmäßig alle die einzelnen Teile, die organischen Glieder und selbständigen Einrichtungen derselben, sofern sie als Träger kirchlichen Zwecks anzusehen und als solche entsprechend anerkannt sind. Es kommen demnach Kirchengemeinden und Pfarrverbände, die darüber stehenden zusammenfassenden Verwaltungskörper verschiedener Art, sowie auch besondere Organisationsausgestaltungen in Betracht. Vorbedingung ist immer Zugehörigkeit und unmittelbare Einfügung in den Gesamtorganismus der betreffenden Religionsgesellschaft, während lediglich ein engerer innerer oder äußerer Anschluß an letztere nicht als maßgebend erachtet werden kann. Folgeweise findet die Steuerermäßigung keine Anwendung auf kirchliche Orden und Klöster, geistliche Gesellschaften und Stiftungen usw. Bezüglich der Anwendbarkeit auf den Bischöflichen Stuhl vgl. Urt. d. RG. vom 5. Januar 1897 (RGE. Bd. 38 S. 324, JW. 1897 S. 98 Nr. 59). In einer Verf. SFM. vom 18. Mai 1909 Nr. 2250 ist eine Neuapostolische Gemeinde als unter die Befreiungsvorschrift fallend anerkannt worden. — Der Begriff des „inländisch" bestimmt sich lediglich nach dem Sitz der kirchlichen Organisation, welcher der Erwerb anfällt; eine inländische Kirche hat erworben, wenn dieser Sitz im Inlande, eine ausländische, wenn der Sitz im Auslande ist; dabei wird es keinen Unterschied ausmachen, wenn zu der Organisation mit ausländischem Sitz inländisches Gebiet gehört oder umgekehrt zur inländischen Organisation auswärtiges Gebiet (ebenso Finger, Anm. 15a Abs. 6 zu § 22). Wegen der Begriffe Inland, Ausland, Sitz vgl. Note 7 und 18 zu § 8.

65. Für die des weiteren befreiten Stiftungen usw. sind zunächst zwei allgemeine Erfordernisse aufgestellt: sie müssen inländische sein und die Rechte juristischer Personen besitzen. Unter inländischen Stiftungen usw. sind nur diejenigen zu verstehen, welche innerhalb des Deutschen Reiches ihren Sitz haben; die Schutzgebiete können hier nicht in Frage kommen, um so mehr als dieselben in der Befreiung der Zweckzuwendungen (Note 67) ausdrücklich angezogen sind, während solches bei der vorliegenden Bestimmung nicht geschehen. Dahingegen ist es, ebenfalls im Gegensatz zu der Steuerermäßigung der Zweckzuwendungen nicht erforderlich, daß die in Frage stehenden Zwecke der Stiftung usw. auch im Inlande verfolgt werden. Nach Verf. BdFM. vom 20. Februar 1907 Nr. 1801 ist es gleichgültig, ob freie Mittel im In- oder Ausland verwertet werden, es sei denn, daß Zuwendung an einen ausländischen Zweigverein in Frage steht. In den Verhandlungen der gesetzgebenden Faktoren über das RErbStG. 1907 ist ausdrücklich anerkannt, daß die Steuerermäßigung der Ziff. 2 auch dann Anwendung findet, wenn die Stiftung erst durch das Stiftungsgeschäft, welches in der Verfügung von Todes wegen enthalten ist, ins Leben gerufen wird (Stenogr. Reichstagsbericht, XI. LegPer., II. Sess. 1905/06 Bd. IV S. 3350 c). Nach einer Entscheidung des Württ. FM. vom 4. Mai 1912 Nr. 2392 treffen auf den Franz Xaverius-Missionsverein die Ermäßigungen des § 12 Abs. 1 Ziff. 2 und 3 nicht zu, weil dem Verein die Rechte einer juristischen Person nicht zustehen und weil Zuwendungen an denselben nicht ausschließlich kirchlichen Zwecken im Reich oder in den Schutzgebieten gewidmet sind; WABl. 1913 Beibl. 2 S. 40.

Juristische Personen können entweder solche des Privatrechtes oder solche des öffentlichen Rechtes sein; nur für die ersteren trifft das BGB. unter der Scheidung in Vereine und in Stiftungen in den §§ 21 bis 88 eine Regelung, welche hier, was Rechtsfähigkeit usw. anlangt, als maßgebend zu betrachten ist. Für die juristischen Personen des öffentlichen Rechts ist die Landesgesetzgebung der Bundesstaaten bestimmend und können nur diejenigen Körperschaften, Anstalten usw. als juristische Personen in Frage kommen, welche diese Eigenschaft nach der für sie maßgebenden Landesgesetzgebung tatsächlich besitzen, bzw. auf Grund dieser als juristische Person anerkannt werden. Wo der Art. 68 EG. BGB. in Frage kommt, kann von einem Erwerb erst die Rede sein, wenn und soweit die landesgesetzlichen Vorschriften bezüglich desselben erfüllt sind; auch das Eintreten der Steuerermäßigung ist dementsprechend davon abhängig. Über die Besteuerung von Zuwendungen an juristische Personen zu anderen als ihren satzungsmäßigen Zwecken gibt das in Note 61 angeführte Urt. d. RFH. vom 26. März 1919 (Samml. I S. 20) nähere Ausführungen. — Vgl. bezüglich der einzelnen juristischen Personen Note 14 zu § 8.

Stiftungen und Anstalten sind von den Gesellschaften und Vereinen dadurch unterschieden, daß bei ersteren ein sog. Zweckvermögen, bei letzteren eine Vereinigung von Personen die Unterlage bildet, welche sodann vermöge einer besonderen Organisation, die auf gesetzlichen Vorschriften beruht und diesen entsprechen muß, mit eigener Persönlichkeit ausgestattet ist und dadurch selbständig Rechte und Pflichten erwerben kann.

66. Die Stiftungen usw. müssen, um die Steuerermäßigung zu genießen, ausschließlich kirchliche Zwecke verfolgen. Sofern also eine Stiftung usw. neben ihrem Hauptzweck, der ein kirchlicher ist, noch einen anderen Zweck nebenher verfolgt, welcher sich nicht als ein kirchlicher darstellt, kann die Steuererleichterung nicht Platz greifen; vgl. dazu Erl. d. PrFM. vom 16. März 1907 III 4878; PrZBl. 1907 S. 102. Dabei macht es keinen Unterschied aus, ob der nebenher verfolgte Zweck, dem die Steuererleichterung nicht zugestanden ist, dem befreienden Hauptzweck gegenüber nur in einer ganz untergeordneten oder in einer wesentlicheren Weise in Frage kommt. Notwendig, um die Befreiung auszuschließen, ist es, daß es sich bei dem fraglichen Zweck um einen wirklich selbständigen Zweck handelt, der sich neben dem Hauptzweck als ein Selbstzweck darstellt und nicht etwa nur der Förderung des ersteren dient. Ausgeschlossen muß die Steuerermäßigung namentlich in allen den Fällen sein, in welchem die Stiftung usw. neben dem privilegierten Zwecke auch noch Vorteile für ihre Mitglieder im Auge hat, wirtschaftliche oder sonstige Zwecke in derem Interesse verfolgt.

Betreffs der gleichzeitigen Verfolgung mildtätiger oder gemeinnütziger Zwecke vgl. Note 77.

Bezüglich des Begriffs „kirchlicher Zwecke" vgl. Abs. 2 dieser Ziffer und Note 71 unten.

67. Die Ziff. 15 enthält zum Dritten die Befreiung der kirchlichen Zweckzuwendungen, also unselbständiger Stiftungen. Die Steuerbefreiung ist hier nicht an eine Persönlichkeit, welcher ein Erwerb anfällt, sondern an die Zuwendung selbst unter der besonderen Zweckbestimmung derselben angegliedert. Da die Zweckbestimmung das Maßgebende ist, so muß durch sie eine Selbständigkeit der in ihr besonders gekennzeichneten Zuwendung begründet werden. Über die Anwendbarkeit der Steuerermäßigung des § 12 Abs. 1 Ziff. 3

Ges. 1906, die zu der Befreiungsvorschrift unserer Ziffer ausgestaltet ist, hat sich ein Urt. d. RFH. vom 14. März 1919 — den Gliedstaaten vom Reichsminister der Finanzen mit Schreiben vom 31. Mai 1919 III Fg 4177 mitgeteilt — folgendermaßen ausgelassen: 1. Die Anwendung der Ermäßigungsvorschrift des § 12 Abs. 1 Ziff. 3 REStG. hat zur Voraussetzung, daß die Bestimmung der Zuwendung zu den begünstigten Zwecken in rechtsverbindlicher Weise vom Erblasser selbst ausgegangen ist. 2. Bei der Frage nach der Anwendbarkeit der vorbezeichneten Gesetzesvorschrift ist den bei der Zweckbestimmung gebrauchten Worten keine ausschlaggebende Bedeutung beizumessen, vielmehr der wirkliche Wille des Erblassers zur Auslegung seiner Willenserklärung zu erforschen, aber nur insofern, als diese mißverständlich oder mehrdeutig ist. 3. Eine Zuwendung im Sinne der vorbezeichneten Gesetzesvorschrift ist steuerlich als eine Einheit anzusehen, die ebenso wie eine Zuwendung an eine bestimmte Person für sich versteuert und bei der Bemessung des Steuersatzes für den Erwerb des Beschwerten gemäß § 10 Abs. 2 REStG. ausgeschieden werden muß; Amtl. Mitt. 1919 S. 230; Samml. RFH. Bd. 1 S. 10.

68. Für die Steuerbefreiung sind sodann zwei einschränkende Voraussetzungen gesetzlich begründet. Zunächst eine ortsgebietliche Begrenzung. Die Steuerermäßigung tritt übereinstimmend nach dem früheren und nach dem jetzigen Gesetz nur ein für Zuwendungen, welche dem privilegierten Zwecke im Deutschen Reich oder seinen Schutzgebieten gewidmet sind; es wird eine Erfüllung oder Verwirklichung im Inlande oder in den Schutzgebieten verlangt.

Die Ausdehnung auf die Schutzgebiete ist zur Zeit gegenstandslos, da das Reich keine Schutzgebiete mehr besitzt. Die Vorschrift ist aus dem Ges. 1906 in die Ges. 1919 und 1922 übergegangen; gleichwohl kann der Gesetzgeber die ehemaligen Schutzgebiete nicht im Sinne haben.

Gleichgültig ist es, ob die Zweckerfüllung In- oder Ausländern obliegt, ob auch die Zuwendung inländischen oder ausländischen Personen zugute kommt. Bezüglich des Erfüllungsgebietes des Zweckes ist die Ausschließlichkeit nicht mit der gleichen Schärfe wie bezüglich der bestimmten Charakterisierung desselben betont. Man wird daraus den Schluß ziehen können, daß ein gewisses Übergreifen der Zweckverwirklichung über das gesetzte Gebiet hinaus die Steuerbefreiung nicht ohne weiteres ausschließt, sofern nur der Zweck im wesentlichen und weitaus überwiegend im Reich oder dem Schutzgebiet zur Erfüllung gelangt. Nach einer Verf. d. Bayer. Staatsministers der Finanzen vom 20. Dezember 1911, welche in der Verf. d. PrFM. vom 29. Dezember 1911 III 21026 anerkannt worden ist, kann der Zweck des Bonifaziusvereins zu Paderborn — Unterstützung der in der Diaspora lebenden Katholiken in bezug auf Seelsorge und Schule — nicht als ausschließlich innerhalb des Deutschen Reichs und seiner Schutzgebiete zur Verwirklichung gelangend angesehen werden. Auch Zuwendungen zur Ausbildung im Auslande wirkender Missionare sind keine kirchlichen Zwecke innerhalb des Reichs (ebenso Finger, Anm. 15 c α zu § 22 gegen Mirre, Anm. 4 b zu § 22). — Eine Entscheidung wird stets nach den besonderen Verhältnissen des einzelnen Falles zu treffen sein. Die Zweckverbindung innerhalb des Deutschen Reichs oder der Schutzgebiete muß vom Erblasser gewollt sein, sei es, daß sich dieses aus einer ausdrücklichen Anordnung desselben (Verf. PrFM. vom 17. September und 12. Oktober 1908 III 16073, 14945) oder aus den allgemeinen Verhältnissen ergibt.

Eine Ausnahme von der Bedingung der Örtlichkeit der Zuwendung machen die kirchlichen Zweckzuwendungen zugunsten deutscher Reichsangehöriger im Ausland. Bezüglich des Erwerbs und Verlustes der Reichsangehörigkeit vgl. Note 4 zu § 8. Nach Lage der Sache ist anzunehmen, daß die Zwecke ausschließlich für deutsche Reichsangehörige erfüllt werden müssen, um die Steuerermäßigung zu begründen. Sofern Ausländer in Mitleidenschaft kommen, erscheint die Vorschrift ausgeschlossen.

69. Die zweite einschränkende Voraussetzung ist die Sicherung der Zweckverwendung. Zum Eintritt der Steuerermäßigung wird verlangt, daß die Verwendung zu dem gedachten Zweck gesichert sei. Ob eine derartige Sicherung gegeben ist, bleibt stets eine Tatfrage. Nach der konkreten Sachlage des einzelnen Falls hat die Steuerbehörde unter pflichtmäßigem Ermessen zu entscheiden, ob genügende Umstände für die bezügliche Sicherung vorliegen (Urt. d. RG. vom 27. Juni 1899, JW. 1899 S. 548 Nr. 61). Lediglich aus dem Umstande, daß dem Testamentsvollstrecker oder einem Erben im Testament der Auftrag zu bezüglicher Verwendung erteilt ist, kann die Sicherung nicht hergeleitet werden (Urt. d. RG. vom 21. Oktober 1895, JW. 1895 S. 611 Nr. 76). Unter Umständen wird eine genügende Sicherung schon durch die Persönlichkeit usw. dessen gegeben sein, in dessen Hände die Zuwendung behuf Zweckerfüllung gelangt, so wenn die Zweckverwendung einer öffentlichen Körperschaft, einer Gemeinde obliegt (Urt. d. RG. vom 16. Januar 1903, RGE. Bd. 55 S. 294), wenn sie unter staatlicher Oberaufsicht steht oder landesherrlich genehmigt werden muß (Urt. d. RG. vom 8. November 1886; Bolze, Praxis des RG. in Zivils. Bd. 3 Nr. 968), wenn die Zuwendung an eine nicht privilegierte Stiftung, Anstalt oder dgl. gelangt, dadurch daß die Stiftung usw. die fraglichen Zwecke schon lange Zeit hindurch fortdauernd ausgeübt hat (Urt. d. RG. vom 6. März 1899, JW. 1899 S. 292 Nr. 42) oder durch die anerkannte Zuverlässigkeit und das allgemeine Ansehen der Stiftung usw. (das oben angeführte Urt. d. RG. vom 8. November 1886), oder durch die angesehene Stellung derjenigen, welche an der Spitze der Stiftung usw. stehen (Erl. d. PrFM. vom 13. August 1910 III 15699 im Einverständnisse mit dem Reichskanzler). Die Sicherung hat sich stets darauf mit zu beziehen, daß die Zweckverwendung innerhalb des Deutschen Reichs und der deutschen Schutzgebiete stattfindet bzw. deutschen Reichsangehörigen im Auslande zugute kommt, denn die Steuerermäßigung fordert nicht nur die Zweckverwendung als solche, sondern auch die bestimmte örtliche Zweckverwendung. Bezüglich der Frage, ob im einzelnen Fall die Zweckverwendung genügend gesichert erscheint, war nach § 57 RErbStG. 1906 der Rechtsweg zulässig. Dadurch, daß im Spezialfall die Sicherung der Zweckverwendung als vorhanden anerkannt und die Steuer nach dem ermäßigten Satz festgesetzt ist, wird für später ein weiteres Eingreifen der Steuerbehörde nicht ausgeschlossen; letztere hat vielmehr das Recht und entsprechend die Pflicht, trotz der anerkannten Sicherung die tatsächliche Verwendung der ausgesetzten Beträge zu dem bestimmten Zwecke in ihr geeignet erscheinender Weise nachzuprüfen und eventuell nach dem Ergebnis der Nachprüfung eine neue Steuerfestsetzung vorzunehmen. Zu vergleichen ist die Entsch. d. RFH.

vom 11. Februar 1919, derzufolge Zuwendungen an nicht rechtsfähige Vereine als einheitliche im Sinne des § 12 Abs. 1 Ziff. 3 Ges. 1906 (entsprechend § 22 Ziff. 15), nicht als Zuwendungen an die einzelnen Vereinsmitglieder zu betrachten sind und für die Beurteilung der Frage der Zwecksicherung die Tatsache der Organisation des Bedachten als Verein und die verhältnismäßige Geringfügigkeit der Zuwendung mitsprechen soll (durch Schreiben des RMdF. IV Fg 7292 den Ländern mitgeteilt). In einem weiteren Urt. d. RFH. vom 14. Mai 1919 — Samml. RFH. Bd. 1 S. 57 — ist ausgesprochen, daß die Frage, ob die Verwendung zu dem bestimmten Zwecke (REStG. § 12 Abs. 5) gesichert sei, der Nachprüfung durch den Reichsfinanzhof unterliege. Ist überhaupt nur eine ungenügende oder teilweise Sicherung zu erlangen, so versagt die Ermäßigungsvorschrift für den vollen Umfang der Zuwendung.

Eine dritte einschränkende Voraussetzung, die Bestimmung für das gemeine Beste, ist in das Ges. 1922 nicht übernommen (vgl. Note 63).

70. Der erste Satz des Abs. 2 erklärt den Begriff der inländischen Kirchen und der Zwecke derselben, wie solches durch das REStG. 1906 § 12 Abs. 2 in etwas anderer Fassung geschah. Der zweite Satz ist neu in das Ges. 1919 aufgenommen und zwar auf einen Antrag aus der Nationalversammlung; im Entwurf der Regierung fehlte der Satz.

Während das REStG. 1906 unter inländischen Kirchen nur die inländischen öffentlichen zugelassenen Religionsgesellschaften, denen die Rechte juristischer Personen zustehen, verstand, hat das neue Gesetz in Übereinstimmung mit dem Ges. 1919, die Vorbedingung der öffentlichen Zulassung ausgeschieden und dadurch die Religionsgesellschaften in breiterer Ausdehnung unter die Steuerermäßigung gestellt. Es steht dieses im Einklang mit der Verfassung des Deutschen Reichs vom 11. August 1919, welche im Art. 137 zunächst die Freiheit der Vereinigung zu Religionsgesellschaften gewährleistet und jede Beschränkung des Zusammenschlusses von Religionsgesellschaften innerhalb des Reichsgebietes ausschließt, sodann aber als Körperschaften des öffentlichen Rechts nur Religionsgesellschaften, soweit sie solche bereits waren, anerkennt, die Gewährung gleicher Rechte an andere Religionsgesellschaften unter gewissen Voraussetzungen vorbehaltend und der Landesgesetzgebung übertragend. Neben den öffentliche Körperschaften bildenden Religionsgesellschaften fallen nach der Begriffsbestimmung der inländischen Kirche auch sämtliche andere Religionsgesellschaften unter die Ermäßigungsvorschrift, sofern sie die allgemein gestellte Bedingung, Besitz juristischer Persönlichkeit, erfüllen. In letzterer Beziehung ist lediglich das bürgerliche Recht maßgebend, da der angezogene Artikel der Verfassung weiter anordnet, daß Religionsgesellschaften die Rechtsfähigkeit nach den allgemeinen Vorschriften des bürgerlichen Rechts erwerben. Hinsichtlich der Religionsgesellschaften als Körperschaften des öffentlichen Rechts sind die Verhältnisse im wesentlichen unverändert geblieben und treffen daher insoweit unsere bezüglichen Ausführungen in der zweiten Auflage des Kommentars noch zu, die wir deshalb hier einfügen: „Der Begriff der Kirche ist nicht auf die christliche Kirche beschränkt, sondern umfaßt auch nichtchristliche Religionsgesellschaften, wenn sie unter Verleihung der Rechte juristischer Personen öffentlich zugelassen, d. h. vom Staate anerkannt sind (nach der Fassung in der Begründung des Regierungsentwurfs). Für letzteres ist der Stand und die Landesgesetzgebung in den einzelnen Bundesstaaten maßgebend; welcher Bundesstaat dabei in Frage kommt, bestimmt sich nach dem Sitz derjenigen kirchlichen Organisation, welcher im einzelnen Fall der Erwerb zufällt — a. M. U. Hoffmann, 2. Aufl. Anm. 1 c zu § 12 —; die Zuständigkeit zur Steuererhebung ist demgegenüber ohne Einfluß. Für die Regel dürften überall in Betracht kommen die evangelisch-lutherische, die reformierte, die römisch-katholische Kirche und die israelitische Religionsgemeinschaft. Für Preußen führt als in Rücksicht zu ziehen Dr. A. Hoffmann (Note 2 a zu § 12) „außer der römisch-katholischen und der evangelischen Landeskirche die altkatholischen Kirchen, die Altlutheraner, die evangelischen Brüdergemeinden (Herrnhuter), die Mennonitengemeinden, die Baptistengemeinden, die Synagogengemeinden der Juden" an. Vgl. auch U. Hoffmann, 2. Aufl. Anm. 1 zu § 12. In Baden gehören nach Verf. VdStd. vom 25. Juli 1910 Nr. 983 und vom 15. September 1910 Nr. 315 zu den öffentlich zugelassenen Religionsgesellschaften, denen die Rechte juristischer Personen zustehen, die vereinigte evangelisch-protestantische Landeskirche, die römisch-katholische Kirche, die Altkatholiken, die Israeliten und die evangelische Brüdergemeinde zu Königsfeld, sowie die freireligiöse Gemeinde in Mannheim. Nähere Angaben über die bezügliche Landesgesetzgebung finden sich bei Josewski (Anm. 11 zu §§ 11—15)."

71. Als kirchliche Zwecke sind die Zwecke der inländischen Religionsgesellschaften mit juristischer Persönlichkeit hingestellt. Damit hat aber nicht gesagt sein sollen, daß jeder Zweck, den eine Religionsgesellschaft tatsächlich verfolgt, als ein kirchlicher anzusehen sei. Der kirchliche Zweck muß vielmehr auf dem kirchlichen Gebiete als solchem liegen; seine Verfolgung muß eine Betätigung der Religionsgesellschaft als solcher darstellen, wie sie den ihr als Kirche, sei es mit, sei es ohne staatliche Zulassung gestellten Aufgaben entspricht. Danach kann eine Verschiedenheit in der Begriffsbestimmung durch die bundesstaatliche Zulassung oder die tatsächlichen Verhältnisse begründet sein. Unbedingt gehören zu ihren Aufgaben die Pflege des Gottesdienstes und Unterrichts im Glauben, die sog. innere Mission (wohl auch die Heidenmission), die Ausbildung von Predigern und Religionslehrern, die Pflege des Begräbniswesens und die Ehrung der Toten. Auch die Besoldung und Unterstützung der Geistlichen, Religionslehrer und Kirchenbeamten ist ein — mittelbarer — kirchlicher Zweck (Urt. d. RFH. vom 18. Oktober 1922, StuW. Jg. II S. 81 für jüdischen Kultus), nicht aber wohl der Prediger-Witwen und -Waisen (ebenso Schreiben des Reichsschatzamts an die Regierungen vom 9. Mai 1913 II A 3880). Zuwendungen zu kirchlichen Zwecken sind auch solche zur Bestreitung der Kirchenbaulast, der inneren Ausschmückung der Kirche, der Beschaffung von gottesdienstlichen Geräten, Altardecken, Meßgewändern u. a. — Von besonderem Interesse sind noch die Ausführungen des Abgeordneten D. Mumm im Deutschen Reichstage (Bericht über die 253. Sitzung S. 8634), der ohne Widerspruch u. a. ausführte: Nur die Religionsgesellschaften selbst hätten festzustellen, was ihre Zwecke seien. Maßgebend für die 28 evangelischen Volkskirchen im Reiche sei die am Himmelfahrtstage 1922 in Kraft getretene Verfassung des Deutschen Evangelischen Kirchenbundes. Nach § 2 Abs. 4 dieser Verfassung — ähnlich stehe es auch in der werdenden Verfassung der alt-

preußischen Kirche, ähnlich dürfte es sich auch bei andern Religionsgesellschaften verhalten — umfasse die Bundestätigkeit auch Werke der kirchlichen Arbeitsorganisationen, z. B. die christliche Liebestätigkeit, die kirchliche Versorgung der öffentlichen Anstalten für Kranke, Waisen, Gefangene, die Werke der äußeren und inneren Mission und Bibelverbreitung. Alle interkonfessionelle Liebestätigkeit, z. B. die des Roten Kreuzes, werde aber durch die vorgeschlagene Fassung nicht erfaßt.

Ziff. 16.

72. Eine der der Ziff. 16 gleiche Befreiung — aber in Beschränkung auf die Schenkungssteuer — enthielt § 42 Abs. 1 Nr. 4 Ges. 1919; nur die Zuwendungen zu kirchlichen Zwecken, die in der weiter gehenden Befreiungsvorschrift in Ziff. 15 Eingang gefunden haben, sind entsprechend in Ziff. 16 gestrichen.

Wie bereits in Note 61 ausgeführt wurde, hatte der Antrag Herold u. Gen. in Nr. 15, § 33 Ziff. 15 die Ziff. 4 des § 42 Ges. 1919 unter Ausdehnung auf alle der Erbschaftssteuer unterliegenden Erwerbe übernommen. In erster Lesung des Ausschusses fiel die Beschränkung bezüglich der Mittel, aus denen die Zuwendungen zu entnehmen waren und erst im Reichstagsplenum wurde die ursprüngliche Fassung des Antrags Herold, aber unter Auslassung kirchlicher Zweckzuwendungen, die ja in der stark veränderten Ziff. 15 blieben und weitergehenden Schutz erhielten, als Ziff. 16 wieder hergestellt.

Die Richtlinien des RMdF. verweisen darauf, daß im Gegensatz zu unserer Ziffer die Zuwendungen an inländische Gemeinden, an inländische Stiftungen, die ausschließlich gemeinnützige oder mildtätige Zwecke verfolgen, sowie Zuwendungen zu solchen Zwecken mit 5 v. H. steuerpflichtig sind (§ 23).

Die Zweite Steuernotverordnung hat Zuwendungen zu ausschließlich mildtätigen oder gemeinnützigen Zwecken durch § 21 Abs. 1 Nr. 19b in weiterem Umfange steuerfrei gestellt (vgl. Abdruck hinter § 23).

73. Die Befreiungen der Ziff. 16 enthalten ein Seitenstück zu den in Noten 65 ff. erörterten kirchlichen Zweckzuwendungen, nämlich die mildtätigen und gemeinnützigen Zweckzuwendungen. Ebensowenig wie bei jenen kommt es bei diesen auf die gewählte Mittelsperson an. Entscheidend ist neben der Herkunft der Mittel die Ausschließlichkeit des Zwecks. In dieser Beziehung ist auf die Ausführungen in Note 64 zu verweisen.

Der Begriff des mildtätigen Zwecks ist in weitestem Sinne zu nehmen, so daß er auch den wohltätigen Zweck, wie ihn speziell das frühere Preuß. EStG. kannte, mit umfaßt, vgl. Erl. d. PrFM. vom 16. März 1907 III 4878 (PrZBl. 1907 S. 102). Allgemein wird man danach als Zuwendungen zu mildtätigen Zwecken solche bezeichnen können, welche einer gewissen Bedürftigkeit, die aber keineswegs eine Notlage zu sein oder an diese heranzukommen braucht, in irgendeiner Weise ausgleichend entgegenzukommen oder auch nur beschränkteren Verhältnissen ohne eine eigentliche Hilfsbedürftigkeit fördernd aufzuhelfen bestimmt sind. Die engere Eingrenzung des milden Zwecks auf eine Unterstützung Hilfsbedürftiger durch unentgeltliche Zuwendungen, wie sie früher für das Preuß. Recht gegeben war (Urt. d. RG. vom 5. Oktober 1900, JW. 1900 S. 769 Nr. 57), ist schon im REStG. nicht anerkannt und kann ebenmäßig auch jetzt unter dem neuen Gesetz nicht als anerkannt gelten. Der milde Zweck erfordert keine ausgesprochene materielle Hilfsbedürftigkeit, welcher aufgehoben werden soll, ebensowenig setzt er das Vorhandensein unmittelbarer äußerer körperlicher Not oder eines sittlichen Elends voraus; letzteres ist für den Begriff der Wohltätigkeit in dem Urt. d. RG. vom 8. November 1886 (JW. 1886 S. 455 Nr. 41) besonders ausgesprochen; ähnlich bezüglich des gleichen Begriffs im Körperschaftssteuergesetz § 6 der Verordnung des RMdF. über die Anerkennung der Gemeinnützigkeit usw. im Sinne des KörperschStG. vom 22. April 1922(Reichszentralblatt 1922 S. 181) und Urt. d. RFH. vom 27. Januar 1922, Samml. VIII S. 176). — Daß der mildtätige Zweck einer politisch begrenzten Gesamtheit zugute kommen muß, ist nicht erforderlich; immerhin muß der Kreis der Begünstigten über das enge Band der Familien- oder Vereinszugehörigkeit hinausgehen (vgl. Urt. d. RFH. vom 16. Dezember 1921, betr. Ausstattung jüdischer Bräute, Samml. VII S. 334 und Urt. vom 7. Mai 1922, welches einen Nutzen für die Allgemeinheit fordert, DVR. XV S. 29). Betr. Einzelfälle vgl. auch Note 74 a. E. Einen Hauptfall bilden die Zuwendungen an milde Stiftungen, wobei der Verwendungszweck nicht besonders herausgehoben zu sein braucht, andererseits aber natürlich nicht auf andere als die in Ziff. 16 bezeichneten Zwecke gerichtet sein darf. Die milde Stiftung ist eine Stiftung, deren Zweck hauptsächlich darin besteht, der Notlage Hilfsbedürftiger zu steuern (Urt. d. RG. vom 29. Oktober 1888, JW. 1888 S. 448 Nr. 23, auch Urt. d. RG. vom 4. Oktober 1912, PrZBl. 1912 S. 362, von denen ersteres den Begriff der milden Stiftung nach dem Preuß. Stempel- und Erbschaftssteuergesetz behandelt). Dabei ist zu beachten, daß durch die Verleihung der Rechte einer juristischen Person eine Stiftung keineswegs schon als milde Stiftung anerkannt ist, es vielmehr stets noch der Festlegung des bezüglichen Zwecks bedarf (Urt. d. RG. vom 16. Dezember 1891, Gruch.-Beitr. 36 S. 1102). Daß die Stiftungen usw. ihre mildtätigen Zwecke ohne jedwedes Entgelt von seiten der Betroffenen, der Verwandten und Angehörigen derselben oder auch Dritter ausüben, ist nicht erforderlich; nur darf das Entgelt nicht dem vollen Wert der Leistungen entsprechen (vgl. Urt. d. RG. vom 20. September 1890, JW. 1890 S. 365 Nr. 15; Urt. d. RG. vom 8. Mai 1893, PrZBl. 1893 S. 270, JW. 1893 S. 372 Nr. 92; Urt. d. RG. vom 21. Dezember 1900, JW. 1901 S. 95 Nr. 46). Durch die Rechtsprechung sind als Stiftungen usw. mit mildtätigen Zwecken ausdrücklich anerkannt: Hilfsverein mit dem Zweck, mittellosen Studierenden zinslose Darlehen auf unbestimmte Zeit unter der Verpflichtung einer Rückerstattung bei besseren Verhältnissen zu gewähren (Urt. d. RG. vom 8. November 1886, JW. 1886 S. 455 Nr. 41); Stiftung zur Unterstützung unverschuldet in Not geratener Handwerker durch Gewährung zinsfreier Darlehen (Urt. d. RG. vom 20. September 1890, JW. 1890 S. 365 Nr. 15); Heil- und Pflegeanstalt für Epileptische (Urt. d. RG. vom 16. Dezember 1891, GruchBeitr. 36 S. 1102); öffentliches Waisenhaus (Urt. d. RG. vom 27. Mai 1892, PrZBl. 1892 S. 381, JW. 1892 S. 324 Nr. 51); Erziehungshaus zur Aufnahme schwachsinniger und blödsinniger Mädchen (Urt. d. RG. vom 8. Mai 1893, PrZBl. 1893 S. 270, JW. 1893 S. 372 Nr. 92; in dem letzteren Urteil ist es besonders hervorgehoben, daß der Begriff der unentgeltlichen Zuwendung dadurch nicht ausgeschlossen werde, daß ein Teil des Unterhalts der hilfsbedürftigen Personen aus ihren eigenen Mitteln oder aus den von ihnen oder für sie gezahlten Pflegegeldern bestritten werde); Gesellschaft zur Unterstützung hilfsbedürftiger Mitglieder und deren Witwen und Waisen, sowie zur Ehrung des Andenkens verstorbener Mitglieder durch Totenfeiern (jüdisch) usw. (Urt. d. RG. vom 6. März 1899, JW. 1899 S. 292 Nr. 42). — Im Gegensatz dazu ist der Charakter einer milden Stiftung ausdrücklich abgesprochen Witwen- und Waisenversorgungsanstalten, Sterbekassen u. dgl., welche ihre Leistungen lediglich auf Grund der Mitgliedschaft und ohne Rücksicht auf die Vermögensverhältnisse oder die Hilfsbedürftigkeit der Empfänger gewähren (Urt. d. RG. vom 9. November 1885, Gruch.-Beitr. 32 S. 1067; Urt. d. RG. vom 21. Februar 1895, JW. 1895 S. 212 Nr. 50; Urt. d. RG. vom 21. Dezember 1900, JW. 1901 S. 95 Nr. 46).

74. Über den Begriff der Gemeinnützigkeit stellt die Verordnung über die Anerkennung der Gemeinnützigkeit und Mildtätigkeit im Sinne des Körperschaftssteuergesetzes vom 22. April 1922 (Zentralblatt für das Deutsche Reich S. 181) eine Reihe von Grundsätzen auf, welche nach dem Erlaß des RMdF. III E 8985 vom 26. Mai 1922 auch für die einschlagenden Bestimmungen des Erbschaftssteuergesetzes sinngemäß anzuwenden sind und daher die Verwaltungspraxis binden. Die wesentlichen Bestimmungen sind:

1. Personenvereinigungen, Anstalten, Stiftungen und Zweckvermögen sind gemeinnützig, wenn sie unmittelbar (b) der Förderung (a) der Allgemeinheit (2) zu dienen bestimmt sind und tatsächlich dienen.

a) Eine Förderung der Allgemeinheit ist anzunehmen, wenn die Tätigkeit dem gemeinen Besten auf materiellem, geistigem oder sittlichem Gebiete nutzt.

b) Eine unmittelbare Förderung der Allgemeinheit liegt nicht vor, wenn eine Personenvereinigung oder ein Zweckvermögen nur den Interessen bestimmter Personen oder eines engeren Kreises von solchen oder in erster Linie Erwerbs- oder sonstigen eigenwirtschaftlichen Zwecken dient. — § 1 VO. —

Eine Anwendung vorstehender Grundsätze auf gemeinnützige Zwecke erscheint um so mehr geboten, als die Zuwendungen zu solchen Zwecken an bereits bestehende Personenvereinigungen oder Zweckvermögen, die solchen Zwecken dienen, gemacht zu werden pflegen.

2. Allgemeinheit können auch Personenkreise sein, die nach Ort, Beruf, Stand oder Religionsbekenntnis oder nach mehreren dieser Merkmale abgegrenzt sind. Es genügt aber nicht ein Personenkreis, der durch ein engeres Band (Zugehörigkeit zu einer Familie, einem Familienverband, einem geschlossenen Verein), durch Anstellung an einer bestimmten Anstalt u. dgl. fest abgeschlossen ist, oder wenn infolge seiner Abgrenzung nach mehreren im Vorsatze bezeichneten Merkmalen die Zahl der in Betracht kommenden Personen dauernd überhaupt nur eine kleine sein kann. Das Zufließen von Erträgen eines Unternehmens an eine öffentlichrechtliche Körperschaft bedeutet allein noch keine unmittelbare Förderung der Allgemeinheit (§ 2 VO.).

3. Als Förderung der Allgemeinheit ist regelmäßig anzuerkennen insbesondere die Förderung der Wissenschaft, Kunst, Erziehung, Volks- und Berufsbildung, Denkmal- und Heimatpflege, Heimatkunde und des Deutschtums im Auslande, der öffentlichen Gesundheitspflege und -fürsorge sowie der körperlichen Ertüchtigung des Volks durch Leibesübungen

(Turnen, Spiel, Sport). — § 3 BO. — Doch ist nicht die Förderung jeden Sports als gemeinnützig anzuerkennen. Beim Renn- und Trabersport wird die Grenze oft fließend sein; Automobil-, Segel-, Motorboot, Golf-, Tennis- und Polosport und ähnliche mehr dem Luxus oder der Geselligkeit als der körperlichen Ertüchtigung des Volkes dienende Sportarten werden von steuerlichen Begünstigungen auszunehmen sein (Erl. d. RMdF. III E 8985 vom 26. Mai 1922).

4. Die Gemeinnützigkeit ist in den Fällen der §§ 1 bis 3 nur anzuerkennen:

A. Bei Personenvereinigungen, wenn

a) den Mitgliedern an Reingewinn satzungsgemäß und tatsächlich höchstens eine Verzinsung ihrer Einlagen von 5 v. H. gewährt wird und sichergestellt ist, daß den Mitgliedern, abgesehen von den Vorteilen, die innerhalb des auf die Förderung der Allgemeinheit gerichteten Zwecks der Vereinigung liegen, keine Vermögensvorteile zugewandt werden;

b) sichergestellt ist, daß die Mitglieder beim Ausscheiden oder der Auflösung der Vereinigung höchstens ihre Einlagen zurückerhalten und daß im Falle der Auflösung oder des Wegfalls der Gemeinnützigkeit das über die Einlagen hinaus vorhandene Vermögen für gemeinnützige oder mildtätige Zwecke verwendet wird;

c) keine Vergünstigung Einzelner durch unverhältnismäßig hohe Vergütungen, Entschädigungen, Gehälter u. dgl. erfolgt;

B. bei Zweckvermögen,

wenn die zu A c bezeichnete Voraussetzung gegeben ist und außerdem durch die Satzung oder Verfassung vorgeschrieben und sichergestellt ist, daß nach Erlöschen oder Auflösung das vorhandene Vermögen zu gemeinnützigen oder mildtätigen Zwecken verwendet wird. — § 4 BO.

5. In jedem Falle gelten als gemeinnützig Personenvereinigungen zur Förderung des Kleinwohnungsbaus, die gemäß Verordnung vom 12. Juni 1921 (ZBl. S. 595) anerkannt sind, die sonstigen von den Landesbehörden begründeten oder anerkannten Siedlungsunternehmen im Sinne des Reichsgesetzes vom 11. August 1919 (RGBl. S. 1429) sowie Stiftungen und andere Zweckvermögen, die rechtsfähig sind, stiftungs- oder satzungsgemäß und tatsächlich ausschließlich die Förderung des Kleinwohnungsbaus im Sinne der vorgenannten Verordnung bezwecken und den Voraussetzungen zu 4 B genügen. — § 5 BO.

75. Als Stiftungen usw. mit gemeinnützigem Zweck sind schon unter der früheren Landesgesetzgebung anerkannt: Baugenossenschaften behufs Herstellung gesunder und billiger Wohnungen für minderbemittelte Familien, freiwillige Feuerwehren, Volksbadeanstalten, Verschönerungsvereine, Vereine zur Hebung des Fremdenverkehrs, Tierschutzvereine, Vereine zur Förderung der Blindenbildung, Vereine für Gesundheitspflege, für arzneilose Heilweise, Kunstvereine, Arbeiterbildungsvereine usw. Durch Verf. SFM. sind unter dem bisherigen RStG. als ausschließlich gemeinnützige bzw. gemeinnützige und mildtätige Zwecke verfolgende Vereine ausdrücklich anerkannt: Tierschutzverein (3. Mai 1907 Nr. 1965), Rennverein (6. September 1907 Nr. 3554), Verein für Familien- und Volkserziehung (5. September 1910 Nr. 4377), Allgemeine ständige Lehrausstellung für die Fortschritte der Maschinentechnik (27. Juni 1910 Nr. 3140), Allgemeine Lehrer-, Witwen- und Waisenkasse (26. November 1907 Nr. 5292),

Guttemplerloge (24. März 1909 Nr. 1078), Pensionsfonds für städtische Theaterangestellte und Pensionsanstalt eines städtischen Theaters 29. Juni 1907 Nr. 2889), Heilsarmee-Grundstücks-Gesellschaft m. b. H. (29. März 1908 Nr. 1164), Hilfs- und Töchterpensionskasse einer Universität (7. Juli 1909 Nr. 3057), Turnvereine (14. Februar 1908 Nr. 790; 16. Februar 1909 Nr. 687), Stiftungen, welche dem Ministerium des Innern unterstellt sind (15. April 1908 Nr. 7766); eine ausschließliche Verfolgung gemeinnütziger bzw. mildtätiger Zwecke ist als nicht vorhanden bei folgenden Vereinen angenommen: Tierschutzverein, welcher grundsätzlich Vivisektion bekämpft (18. November 1907 Nr. 4214; 3. Dezember 1910 Nr. 6053; das Reichsschatzamt hat sich hierzu auf den gleichen Standpunkt gestellt in einem Schreiben vom 30. Dezember 1910 II 16170 [ZfZuSt. 1911 S. 89], weil, wenn nach dem Stande der Wissenschaft und der allgemeinen Anschauung die Auffassung darüber, was ausschließlich gemeinnützig anzusehen ist, der Wandlung unterliegt, die Steuerverwaltung, um nicht selbst Partei in dem Streite der Meinungen zu ergreifen, sich auf den Boden des positiven Rechtszustandes stellen müsse, ein Grundsatz, der später vom RFH. im Beschluß vom 15. März 1921, Samml. V S. 194 ausdrücklich anerkannt wurde), Zoologischer Garten (weil Erwerbsgesellschaft; 17. November 1907 Nr. 4042), Schwimmanstalt (weil Erwerbsgesellschaft; 7. November 1907 Nr. 3966), Witwen- und Waisenkasse städtischer Offizianten und Subalternbeamten (weil Bezüge aus der Kasse ohne Rücksicht auf Bedürftigkeit gewährt werden; 22. Januar 1907 Nr. 294), Verein Frauenschutz (18. November 1917 Nr. 4119), Verein Volkswohl (weil Einrichtungen nur Mitgliedern oder bedingungsweise zugelassenen Nichtmitgliedern zugänglich; 27. Juli 1907 Nr. 3376), Verein für naturgemäße Gesundheitspflege (weil Zwecke im Gegensatz zu den überwiegend anerkannten Grundsätzen stehen: 30. November 1907 Nr. 5174), Verein Kunsthütte (weil Pflege von Interessen der Mitglieder gegeben, 23. Juli 1910 Nr. 6053), Frauengewerbeverein (1. Juli 1907 Nr. 2342), Rudergesellschaft (17. Oktober 1910 Nr. 5093), Internationaler Verein für Bekämpfung der Vivisektion (3. Dezember 1910 Nr. 6053), Freimaurerloge (31. August 1908 Nr. 3558). Durch Verf. BdStd. ist ein ausschließlich gemeinnütziger Zweck angenommen für freireligiöse Gemeinden und für Militärvereine (20. Dezember 1907 Nr. 37801). Durch die vorher angeführte Verf PrFM. vom 13. August 1910 ist der Keplerbund zur Förderung der Naturwissenschaften als gemeinnütziger Verein anerkannt, weil er wissenschaftliche Zwecke verfolge und es dabei nicht in Betracht komme, ob diejenigen, welche über die Steuerfrage zu entscheiden haben, mit den wissenschaftlichen Ansichten übereinstimmen, deren Verbreitung der Verein sich vorgenommen hat. Für Zuwendungen „an die Jubiläumsstiftung für Unteroffiziere beim X. Infanterie-Regiment" ist vom Bayer. StMdF. die ausschließliche Gemeinnützigkeit im Sinne des § 12 RESt G. anerkannt worden, weil es dem Schenker mit seinen Zuwendungen hauptsächlich und in erster Linie darum zu tun war, die Schaffung und Erhaltung eines guten Unteroffizierstandes überhaupt zu fördern und damit der Allgemeinheit einen Dienst zu erweisen, und die Besserstellung der Unteroffiziere des X. Infanterie-Regiments lediglich als Mittel zur Erreichung des Zweckes anzusehen ist (RGE. 55 S. 294); BlfVF. 1913 S. 137. · Vereine für Feuerbestattung, sofern sie allgemein und für die Allgemeinheit die Förderung der Feuerbestattung bezwecken, werden als Vereine mit gemeinnützigen Zwecken da angesehen werden müssen, wo die Feuerbestattung staatlich zugelassen ist; bezügliche Vereine mit dem Sitz in Staatsgebieten, in denen die Feuerbestattung nicht zugelassen bzw. verboten ist, können jedoch nicht als Vereine mit gemeinnützigem Zweck betrachtet werden, weil die Nichtzulassung oder das Verbot die Möglichkeit einer Gemeinnützigkeit ausschließt. Vorstehendes ist im allgemeinen grundsätzlich anerkannt in einem Schreiben des Reichskanzlers (Reichsschatzamt) vom 21. März 1911 II 2165 (ZfZuSt. 1911 S. 89); auch der preuß. Finanzminister stand auf gleichem Standpunkt und hat einem Verein für Feuerbestattung die Steuervergünstigung des § 12 (= § 35 Ges. 1919, entsprechend unserer Ziffer) versagt, weil in Preußen die Feuerbestattung gesetzlich nicht zugelassen sei, deshalb die Anerkennung der Zwecke der Feuerbestattungsvereine als ausschließlich gemeinnützige zur Zeit nicht erfolgen, sondern erst dann in Frage kommen könne, wenn die Feuerbestattung gesetzlich gestattet sei. Unter der der Feuerbestattung günstigen Entwicklung hat diese Frage ihre Bedeutung verloren. Vereine, die für die Idee der Feuerbestattung werben, sind nicht gemeinnützig (Urt. d. RFH. vom 19. Mai 1922, RStBl. 1922 S. 231 — vgl. folgende Note). Kaum zu billigen ist, wenn der RFH. im Urt. vom 2. Juni 1923 (StuW. 1923 Sp. 696) ganz allgemein die Gemeinnützigkeit die Feuerbestattungsvereine mit der Begründung verneint, daß sie einem erheblichen Teile der Bevölkerung als verwerflich erscheinen. In einem Schreiben des Reichskanzlers (Reichsschatzamt) vom 13. November 1916 II A 7741 an die Bundesregierungen wird darauf hingewiesen, daß möglicherweise Zuwendungen von Gemälden und sonstigen Kunstgegenständen an öffentliche (staatliche, städtische usw.) Kunst- usw. Sammlungen nicht immer zur Versteuerung angemeldet würden, obwohl sie an sich unter § 12 Abs. 1 Ziff. 2 oder 3 als steuerpflichtig anzusehen seien, selbst wenn sie in eine besondere Form gekleidet wären, z. B. Kunstgegenstände angeblich nur leihweise zu dauernder Ausstellung überlassen oder durch Vermittlung des Landesfürsten übermittelt würden. Es wird anheimgestellt, die Erbschaftssteuerbehörden anzuweisen, den fr. Zuwendungen ihre Aufmerksamkeit zuzuwenden.

Anläßlich der durch den Krieg geschaffenen Sonderlage hat der Bundesrat in mehrfachen Beschlüssen aus Billigkeitsrücksichten eine erweiternde Auslegung der Steuerermäßigung anerkannt und ihrer Anwendung für eigens qualifizierte Zuwendungen zugestimmt. So durch Beschluß vom 8. August 1914 für Zuwendungen zugunsten der von den Deutschen Vereinen vom Roten Kreuz verfolgten Zwecke, sowie für sonstige unter § 12 Ziff. 3 fallende Zuwendungen zugunsten der Teilnehmer an dem gegenwärtigen Kriege oder deren Familienangehörigen, sofern die Zuwendungen während oder aus Anlaß des gegenwärtigen Krieges erfolgen; Amtl. Mitt. 1914 S. 251. Ferner nach Beschluß vom 24. August 1914 Zuwendungen zur Behebung eines durch den gegenwärtigen Krieg hervorgerufenen oder zu besorgenden Notstandes unter den Voraussetzungen des Beschlusses vom 8. August 1914; Amtl. Mitt. 1914 S. 251; BremABl. 1916 S. 174. Vermittelst Schreibens vom 23. Juni 1916 II A 3668 hat der Reichskanzler (Reichsschatzamt) erklärt, daß er, wenn auch die vorbezeichneten Bundesratsbeschlüsse ihrem Wortlaut nach sich nur auf unselbständige Zweckzuwendungen im Sinne des § 12 Abs. 1

Ziff. 3 REStG. bezögen und die selbständigen Stiftungen der Ziff. 2 nicht ausdrücklich erwähnt wären, doch keine Bedenken trage, die Steuerbefreiung auf Grund dieser Beschlüsse auch auf bezügliche Anfälle an selbständige Stiftungen anzuwenden; die Verfügung stehe allerdings den Landesfinanzbehörden zu; für Preußen Entsprechendes angeordnet durch Verf. d. FM. vom 12. Juli 1916 III 7657, für Braunschweig durch Verf. d. Staatsministeriums vom 3. Juli 1916 A 1205.

76. Aus der Rechtsprechung des Reichsfinanzhofs seien hervorgehoben: Beschl. vom 15. März 1921, Bd. V S. 194 (vgl. Note 73): Keine Gemeinnützigkeit einer Verkaufsstelle für städtische Waren, die den freien Handel unterbieten soll. Urt. vom 26. Januar 1921, RStBl. Jg. 1921 S. 152: Fonds, die ausschließlich für Kirchen bestimmt sind (Glocken-, Ausschmückungsfonds usw.) dienen nicht gemeinnützigen Zwecken (betr. Kapitalertragsteuer — hier kommt aber Ziff. 15 in Frage —; Beschl. 1. Februar 1922, RStBl. 1921 S. 175: Eine wirtschaftliche Vereinigung von Beamten und Angestellten, die die Versorgung ihrer Mitglieder mit Gegenständen des täglichen Bedarfs bezweckt unter Ausschaltung des Zwischenhandels und ohne eigenen Gewinn, ist nicht gemeinnützig (betr. Umsatzsteuer); Beschl. 25. Februar 1921, RStBl. 1921 S. 203: Wohltätigkeitsanstalten für Angehörige des gebildeten Mittelstands können gemeinnützige Zwecke verfolgen (betr. Umsatzsteuer); Beschl. 22. April 1921, RStBl. 1921 S. 202 und 11. Februar 1921, das. S. 202: Betriebswerkstätten eines Gewerkvereins der Heimarbeiterinnen verfolgen keine gemeinnützigen Zwecke, wenn sie Bestellungen auf Arbeitsleistungen entgegennehmen (betr. Umsatzsteuer); Beschl. 18. Mai 1921 bzw. 25. Mai 1921, RStBl. 1921 S. 286: Keine Gemeinnützigkeit von städtischen Markthallenbetrieben bzw. Einkaufsstellen von Beamten; Beschl. 25. Mai 1921, das. S. 287: Gemeinnützigkeit eines Mittagstisches für Studierende (sämtliche betr. Umsatzsteuer); Beschl. 23. Juni 1921, RStBl. 1921 S. 330 und 331: Gemeinnützigkeit eines der Förderung christlichen Lebens dienenden Vereins bzw. einer städtischen Kindermilchanstalt (betr. Umsatzsteuer); Beschl. 9. Juni 1921, RStBl. 1921 S. 359: Der Zweck eines Unternehmens ist auch dann ausschließlich gemeinnützig, wenn sein Nutzen in der Weise der Allgemeinheit zufällt, daß er zunächst einem Unternehmen zuwächst, das selbst ausschließlich gemeinnützige Zwecke verfolgt (betr. Umsatzsteuer); Beschl. 18. Mai 1921, RStBl. 1921 S. 359: Kreismolkereien zur Versorgung der Bevölkerung mit Milch und Butter sind keine gemeinnützigen Unternehmungen (betr. Umsatzsteuer); Beschl. 5. Juli 1921, RStBl. 1921 S. 368: Höhere Privatschulen können bei gewissen, von Gemeindebehörden auferlegten Beschränkungen in der Leitung und Geschäftsführung als gemeinnützige Unternehmen anzuerkennen sein (betr. Umsatzsteuer); Beschl. 28. Juli 1921, RStBl. 1921 S. 368: Gemeinnützigkeit einer der Jugendfürsorge gewidmeten Besserungsanstalt (betr. Umsatzsteuer); Beschl. 8. Juli 1921, das. S. 369: Anerkennung des Töchterheims eines evangelischen Pfarrvereins als gemeinnützig (betr. Umsatzsteuer); Beschl. 8. Juli 1921, das.; desgl. einer unter Bereitstellung öffentlicher Mittel errichteten Gesellschaft m. b. H. zur Beschaffung einfacher Wohnungseinrichtungen. Urt. vom 9. Dezember 1921 Samml. VII S. 330: Auch der Zweck der Entfaltung kirchlicher Liebestätigkeit, z. B. in Gestalt religiöser Fürsorge für Taubstumme, ist gemeinnützig (Urt. betr. das Kapitalertragsteuergesetz); Urt. vom 2. Dezember 1921, Samml. VIII S. 339: Aus dem Erfordernis der Uneigennützigkeit des Vereinszwecks ergibt sich nicht, daß der Verein seine Darbietungen unentgeltlich gewähren muß; er kann vielmehr auch Entgelte erheben, die nicht vollständig oder nur gerade ausreichen, seine Selbstkosten zu decken; die Förderung des deutschen Kunstgewerbes ist ein gemeinnütziger Zweck; Urt. vom 14. Juli 1922, Samml. X S. 85: Erhaltung und Stärkung des Deutschtums ist ein gemeinnütziger Zweck (betr. Kapitalertragsteuer); Urt. vom 19. Mai 1922, RStBl. Jg. 1922 S. 231: Die Förderung der Pferderennen und der Pferdezucht in Deutschland ist ein gemeinnütziger Zweck (betr. Notopfergesetz); Urt. vom 13. Juni 1922, RStBl. Jg. 1922 S. 232: Parteipolitische oder auf Bekämpfung anderer Bekenntnisformen gerichtete konfessionelle Bestrebungen sowie die Werbung für den Gedanken der Feuerbestattung können nicht als gemeinnützig anerkannt werden (betr. Notopfergesetz); Urt. vom 2. Juni 1923 (StuW. 1923 Sp. 696) verneint allgemein die Gemeinnützigkeit der Feuerbestattungsvereine (vgl. Note 75); Urt. vom 10. Mai 1921, RStBl. 1922 S. 162: Die Veranstaltung hervorragender künstlerischer Aufführungen edler Werke der Tonkunst lediglich aus Kunstinteresse unter Ausschluß jeglicher Erwerbsabsicht ist gemeinnützig (betr. Kapitalertragsteuer); Urt. d. RFH. vom 19. September 1923, Samml. XII S. 322: Gesellige Nebenzwecke eines Gesangvereins schließen dessen Gemeinnützigkeit nicht aus (betr. Umsatzsteuer); Urt. vom 16. September 1921, RStBl. 1922 S. 87: Gemeinnützigkeit fehlt bei der Revisionstätigkeit einer Raiffeisengenossenschaft (betr. Umsatzsteuer); Urt. vom 31. Mai 1922, JW. LII S. 93: Ausschließlich mildtätige oder gemeinnützige Zwecke liegen nicht vor bei einer Loge, aus deren Satzung zu entnehmen ist, daß die Mitglieder einen geschlossenen Personenkreis darstellen und daß die Einkünfte nicht unmittelbar dazu bestimmt sind, dem allgemeinen Besten zu dienen, vielmehr in erster Reihe dem engen Personenkreis der Mitglieder oder ihrer Witwen und Waisen zugute kommen; Urt. vom 14. Februar 1923, StuW. Jg. II S. 407: Ein Pensionsverein, der den Angestellten der angehörigen Firmen Pensionen gewährt, ist nicht mildtätig oder gemeinnützig; Urt. vom 8. Jan. 1924, Sl. XIII, S. 210. Die Kleiderverkaufsstelle einer Großstadt, die sich auf die Abgabe von Kleidern usw. an Minderbemittelte beschränkt, kann als ausschließlich gemeinnütziges Unternehmen angesehen werden (betr. Umsatzsteuer).

77. Der Begriff sowohl der mildtätigen wie der gemeinnützigen Stiftungen usw. bleibt immer ein mehr oder weniger fließender vermöge der großen Verschiedenheit der möglichen Fälle; er wird sich nach und nach mehr festlegen. Dem Sinne des ganzen Gesetzes, sowohl des früheren wie des jetzigen, dürfte es entsprechen, wenn bei der praktischen Auslegung nicht zu enge Grenzen gezogen und die fiskalischen Interessen nicht vorwiegend ins Auge gefaßt werden; andererseits darf jedoch die Ermäßigungsvorschrift nicht zu sehr ins Ungemessene ausgedehnt werden. Vgl. dazu auch Zimmermann-Mühe, Anm. 10 zu § 35. Bei dem Fließen der Begriffe kommt es namentlich vor, daß die privilegierten Zwecke selbst ineinander übergehen, daß bei einer Stiftung usw. eine Verbindung von mildtätig und gemeinnützig oder von einem von beiden bzw. beiden mit kirchlich (Ziff. 15) in Frage kommt. In diesen Fällen muß selbstredend die Vergünstigungsvorschrift zur Anwendung kommen, ohne daß dem das Wort „ausschließlich" in derselben entgegengesetzt werden könnte; solches ist ausdrücklich anerkannt in Verf. des Reichskanzlers (Reichsschatzamt) vom 26. Januar 1910 II 15568/09 unter

Ziff. 3 (ZfZuSt. 1910 S. 53). In der Rechtsprechung ist schon früher ein Zusammenfallen von mildtätigen und gemeinnützigen Zwecken speziell festgestellt bezüglich der Waisenhäuser, die über den Rahmen der bestimmungsgemäßen Aufgaben der Waisenhäuser oder der Armenpflege hinausgehen (Urt. d. RG. vom 27. Mai 1892, PrZBl. 1892 S. 381, JW. 1892 S. 324 Nr. 51; Urt. d. RG. vom 23. September 1895, PrZBl. 1895 S. 415, JW. 1895 S. 513 Nr. 35, 36 und 38), bezüglich der Unterstützung hilfsbedürftiger Personen und der Förderung der öffentlichen Gesundheitspflege (Urt. d. RG. vom 7. Mai 1894, JW. 1894 S. 329 Nr. 61), bezüglich der Versorgungsanstalten für das weibliche Geschlecht gleichzeitig mit Fürsorge für eine höhere wissenschaftliche, künstlerische oder technische Ausbildung und Dotierung im Heiratsfall (Urt. d. RG. vom 6. Oktober 1898, JW. 1898 S. 652 Nr. 34).

78. Bei unserer Vorschrift kommt zunächst, was die Ausschließlichkeit der Zweckbestimmung sowie die Zweckbestimmung als solche anlangt, in entsprechender Weise das oben in Note 64 Ausgeführte in Betracht. Die Ausschließlichkeit muß auch hier die Wirkung ausüben, daß die Steuerermäßigung nicht eintritt, sobald der Zweck, zu welchem die Zuwendung erfolgt ist, nur irgendwie über die einzelnen privilegierten Zwecke hinausgeht, und besonders, sobald die privilegierten Zwecke nur innerhalb eines darüber hinausgehenden Gesamtzwecks zur Erscheinung kommen. Nur wenn innerhalb des umfassenden Gesamtzwecks einer der privilegierten Zwecke sich so ausscheiden läßt, daß ein materiell zu bestimmender Teil der Zuwendung lediglich auf den letzteren kommen könnte, ist für einen solchen tatsächlich ausgeschiedenen Teil der Zuwendung die Steuerermäßigung anzuerkennen. Hinsichtlich der mildtätigen und gemeinnützigen Zwecke können Zweifel namentlich dann entstehen, wenn Korporationen, Stiftungen, Anstalten u. dgl., welche zwar die fraglichen Zwecke, jedoch nur neben andern, eventuell als die Hauptzwecke anzusehenden, verfolgen, eine Zuwendung schlechthin und ohne besondere Heraushebung des Zwecks gemacht ist, wobei der bestimmte Zweck wieder aus den Umständen zu folgern sein kann oder nicht. In dieser Beziehung liegt zunächst hinsichtlich des früheren Rechts ein Beschluß des K. Bayer. Verwaltungsgerichtshofes vom 25. Mai 1908 (36 III/09, BlfVZ. 1908 S. 314) vor, welcher besagt, daß eine letztwillige Verfügung an eine Gemeinde kein Zuwendung zu einem gemeinnützigen Zweck darstelle, wenn der Erblasser der bedachten Gemeinde freie Verfügung über den zugewendeten Gegenstand oder Betrag eingeräumt habe. Ebenmäßig ist in einer Verf. SFM. vom 15. Januar 1907 Nr. 37 anerkannt, daß eine Zuwendung an eine Gemeinde ohne Bestimmung des Verwendungszwecks nicht steuerbegünstigt sei und daß bei Verwendungsbestimmung hinsichtlich eines Teils getrennte Beurteilung einzutreten habe. Gegenteilig entscheidet Verf. BdStd. vom 24. Oktober 1907 Nr. 31 741.

Die Verfügung des Reichskanzlers (Reichsschatzamt) vom 26. Januar 1910 II 15 568/09 (ZfZuSt. 1910 S. 53) erkennt an, daß Zuwendungen an einen Staat oder eine Gemeinde ohne jede weitere Zweckbestimmung nicht unter die Vergünstigungen des § 12 fallen, sondern unter dem RESt G. 1906 dem allgemeinen Steuersatz nach § 10 Abs. 1 IV (später V) und Abs. 2 unterliegen, weil derartige Zuwendungen, denen jede Beziehung auf eine besondere Betätigung des Gemeinwohls fehlt und die demnach lediglich einen Einnahmezuwachs des Staates oder der Gemeinde darstellen, tatsächlich keine andere Bedeutung als die einer Entlastung der Steuerzahler haben. Gewissermaßen eine Ausnahme hiervon ist dann bezüglich der Gemeindearmenkassen gemacht. Nach den Ausführungen in meinem Aufsatz in der ZfZuSt. 1909 S. 295 ff. unter Ziff. 2 b würde an sich die Zuwendung an eine gemeindliche Armenkasse ohne weitere Zweckbestimmung nicht nach der Vorschrift § 12 Ziff. 3 steuerlich behandelt werden können. Nachdem aber der Bundesrat durch Beschluß vom 9. Dezember 1909 (§ 971 der Protokolle) anerkannt hat, daß ein der städtischen Armenkasse zu Gotha ohne nähere Zweckbestimmung zugewendetes Vermächtnis unter 5000 Mk. gemäß § 12 Abs. 1 Ziff. 3 und Abs. 3 von der Reichserbschaftssteuer befreit sei, hat der Reichskanzler in der gedachten Verf. den Bundesregierungen behuf Herbeiführung eines gleichmäßigen Verfahrens anheimgestellt, in gleichartigen Fällen die Entscheidung nach § 12 Abs. 5 in dem Sinne des Bundesrats zu treffen, welchem Anheimstellen allseitig nachgekommen sein dürfte. Begründet wird dieses damit, daß die Betätigung der Gemeindearmenpflege an sich ein gemeinnütziger Zweck sei; dies höre sie auch dann nicht auf zu sein, wenn die Mittel dazu unter Entlastung der Steuerzahler durch letztwillige Zuwendungen aufgebracht würden; es komme nach dem Wortlaut für die Anwendung des § 12 Abs. 1 Ziff. 3 alsdann nur darauf an, daß der Geber bei der Zuwendung den gemeinnützigen Zweck und nicht die Entlastung der Steuerzahler im Auge gehabt habe. In dem die Verfügung des Reichskanzlers für Preußen zur Anwendung bringenden Erl. d. PrFM. vom 7. Februar 1910 III 2285 wird die vorstehende Begründung als nicht ohne Bedenken bezeichnet. Für Bayern ist die fragliche Verfügung durch gleichlautende Entsch. d. Bayer. Staatsministeriums der Finanzen vom 18. Februar 1910 Nr. 4585 (BlfBF. 1910 S. 90) zur Einführung gebracht. U. Hoffmann, 2. Aufl. Anm. 2 a zu § 12 versicht hierzu eine besondere abweichende Ansicht, ohne daß ihm eine zutreffende Begründung derselben gelungen ist.

Unter dem früheren Landesrecht ist durch reichsgerichtliche Entscheidung eine Reihe bestimmter Zwecke ausdrücklich als mildtätig oder als gemeinnützig anerkannt, die in gleicher Weise nach dem REStG. und nach dem jetzigen Gesetze zu beurteilen sein werden. Die Befreiung (nach früherem Gesetz Ermäßigung) ist anerkannt in folgenden Fällen: Zweckbestimmung aus den Zinsen eines Kapitals jährlich Stipendien an Studierende zu verleihen (Urt. d. RG. vom 10. März 1887; PrZBl. 1887 S. 500), Zuwendung an Universitäten zu Stipendienzwecken (Urt. d. RG. vom 31. Mai 1904; PrZBl. 1904 S. 213), Fonds zur Errichtung eines zu Konzerten, theatralischen Aufführungen usw. geeigneten Gebäudes (Urt. d. RG. vom 30. Januar 1896; JW. 1896 S. 275 Nr. 37), Verstärkung des Pensionsfonds eines bestehenden städtischen Orchesters, wobei als ohne Einfluß ausdrücklich anerkannt, daß sich aus der Zuwendung auch Vorteile für die Mitglieder des fraglichen Orchesters ergeben müßten (Urt. d. RG. vom 16. Januar 1903; RGE. Bd. 55 S. 294). Unter dem REStG. 1906 ist in einem durch Schreiben des Reichskanzlers (Reichsschatzamt) vom 25. März 1911 II 2553 den Bundesregierungen mitgeteilten Urt. d. RG. vom 3. Januar 1911 als ausschließlich gemeinnützigen Zwecken dienend anerkannt eine Zuwendung an eine Aktiengesellschaft (Fabrik) unter der Auflage, den zugewendeten Betrag zur Errichtung freundlicher und gesunder Arbeiterwohnungen auf dem Grund und Boden der Bedachten zu verwenden und diese Wohnungen an in der Fabrik beschäftigte Meister, Arbeiter und Arbeiterinnen zu solchen Mietpreisen zu vermieten, daß nach Abzug der Unterhaltungskosten und Steuern höchstens eine einprozentige Verzinsung sich ergebe, die zu Reparaturen, Erneuerungs- und Verbesserungsbauten zurückgestellt werden sollte. Des ferneren sind für Preußen durch Entscheidung der obersten Landesfinanzbehörde nach U. Hoffmann (PrESt G. Anm. 1b zu Tarifstelle C e) als den privilegierten Zwecken dienend früher anerkannt: Zuwendungen an eine Stadt zur Verschönerung der Stadt und zur Feier vaterländischer Gedenktage; Zuwendungen zur Anlegung eines Stadtparks, Zuwendungen für Schulkinder zu Festlichkeiten aus Anlaß vaterländischer Feiern, Zuwendungen zur Errichtung von Denkmälern für deutsche Kaiser, Zuwendungen zur Belohnung besonders pflichttreuer städtischer Krankenwärter, Zuwendungen zu religiösen und Missionszwecken. Vgl. auch Josewski, Note 26 und 27 zu §§ 11 bis 15, sowie nunmehr weiter U. Hoffmann, 2. Aufl. Anm. 2e und f zu § 12, woselbst aus der Neuzeit hinzugefügt sind: Verf. PrFM. vom 10. Juni 1910 II 11 321, nach welcher eine Zuwendung zur Gewährung von Zulagen für verdiente Wachtmeister eines Regiments als gemeinnützig anerkannt ist; Verf. PrFM. vom 12. November 1909 III 18 704, zufolge welcher eine Zuwendung für Zuschüsse zu Tischgeldern von Offizieren mit geringstem Einkommen nicht als mildtätig anzusehen ist. Durch Verf. SFM. sind unter dem früheren RESt G. als ausschließlich zu mildtätigem oder gemeinnützigem Zweck erfolgt anerkannt: Zuwendung, um Grundstück mit Turnhalle zu bebauen (11. Februar 1907 Nr. 594), Zuwendung zur Anlage einer Schwimmhalle bzw. einer städtischen Wasserleitung (4. März 1907 Nr. 972), Legat zur Verwendung für Kinder einer Volksschule (21. Mai 1907 Nr. 2258), Zuwendung für Zahlungen an eine Gemeindeschwester (28. Mai 1910 Nr. 2670), Zuwendung für jährliches Kinderfest (19. Februar 1907 Nr. 697); Zuwendung an ein Regiment mit dem Zweck, unverschuldet in bedrängte Lage gelangte Offiziere daraus zu befreien und eventuell zur Verbilligung des Mittagstisches für unverheiratete weniger bemittelte Offiziere des Regiments beizutragen (14. Januar 1909; andererseits ist Gemeinnützigkeit wie Mildtätigkeit verneint bei einer Zuwendung an ein Regiment mit dem Zweck, einen geeigneten Offiziersersatz für dasselbe zu sichern, Verf. vom 13. August 1908 Nr. 3483); die Anerkennung eines privilegierten Zwecks wurde ebenso versagt einer Zuwendung zur Unterstützung der Insassen eines erst zu errichtenden Bürgerhospitals (19. Juni 1907 Nr. 2728).

79. Aus der Rechtsprechung des Reichsfinanzhofs seien noch folgende, zu § 3 Umsatzsteuergesetzes ergangene, hier aber ebenfalls verwendbare Beschlüsse ergangen, die die Ausschließlichkeit der Gemeinnützigkeit oder Wohltätigkeit (= Mildtätigkeit) verneinen; sämtliche Entscheidungen sind im RStBl. Jg. 1921 abgedruckt: 10. November 1920 (S. 10): Unternehmen, die zugleich die Unterlage oder das Mittel für einen Erwerb sind; 3. Dezember 1920 (S. 58): Genossenschaft, die in erster Linie die wirtschaftliche Förderung der Mitglieder und nur mittelbar die des Kleinhandels und der Kundschaft des Kleinhandels bezweckt; 14. Januar 1921 (S. 108): Konsumvereine nach § 1 Genossenschaftsgesetz; dasselbe: 18. Februar 1921 (S. 174); 11. Februar 1921 (S. 176): Die vom Betriebsrat geleitete Werksküche und Kantine einer Fabrik; 25. Februar 1921 (S. 203): Genossenschaften, die den Kleinwohnungsbau im Interesse ihrer minderbemittelten Genossen bezwecken; 4. März 1921 (S. 204) und 18. Februar

1921 (das.): Genossenschaftsmolkereien; 25. Februar 1921 (das.): Kreisviehweide zur entgeltlichen Aufnahme von Vieh der Landwirte; 15. März 1921 (S. 240): Heuerstelle eines Reedereivereins; 5. Juli 1921 (S. 371): Lieferungs- und Einkaufsgenossenschaften des Handwerks.

80. Die Zuwendung muß aus öffentlichen Mitteln oder aus Mitteln solcher juristischer Personen oder ihnen gleich zu achtenden Personengemeinschaften gemacht werden, die ausschließlich Zwecke der bezeichneten Art verfolgen. Der Zuwendende hat danach kraft seiner ganzen Stellung im öffentlichen Leben zu der fraglichen Zweckverwendung besonders autorisiert zu erscheinen. Dieser Stellung muß es entsprechen, Mittel zu den besagten Zwecken aufzuwenden; demgemäß muß er die Mittel für dieselben zur Verfügung gestellt haben. Wie solches sich im einzelnen vollzieht, ist wiederum gleichgültig; es kommt nur darauf an, daß die Zuwendungen den bezeichneten Quellen entstammen und tatsächlich aus bezüglichen Mitteln bestritten werden. Öffentliche Mittel sind solche der öffentlichen Körperschaften im weitesten Sinne, nicht nur die des Staates und der ihm untergeordneten staatlichen Verbände, Provinz, Kreis, Gemeinde, sondern auch die der staatlich anerkannten und in die Staatsorganisation eingegliederten Selbstverwaltungskörperschaften. Bei den Mitteln der unter der besonderen Zweckbestimmung stehenden juristischen Persönlichkeiten wird es sich im wesentlichen um die vorstehend herausgehobenen Stiftungen, Gesellschaften, Vereine oder Anstalten handeln; es greift dafür das in den Vornoten Ausgeführte in entsprechender Weise Platz. Die Steuerbefreiung läßt jedoch das Erfordernis der juristischen Persönlichkeit fallen und stellt die jenen gleich zu achtenden Personengemeinschaften mit denselben Zwecken ausdrücklich neben die fraglichen juristischen Personen. Auch hier wird eine Entscheidung stets nach den jeweiligen Umständen des einzelnen praktischen Falles zu treffen sein.

Ziff. 17.

81. Die Befreiungsvorschrift ist neu. Es entsprach indes der Verwaltungspraxis zur Zeit des früheren Gesetzes, grundsätzlich laufende Mitgliederbeiträge sowie satzungsgemäß feststehende einmalige Beiträge zum Erwerb der Mitgliedschaft von Vereinen von der Schenkungssteuer freizulassen, und zwar auch dann, wenn die Vereine nicht den Interessen ihrer Mitglieder dienten. Diese Verwaltungspraxis wurde vom RMdF. durch Erl. III V 5154 vom 25. Juli 1921 mit der Maßgabe gebilligt, daß die Steuerfreiheit dann nicht Platz greifen könne, wenn sich im Einzelfall aus den Vereinssatzungen oder aus sonstigen Umständen ergäbe, daß der Verein nur in der Absicht begründet sei, für Zuwendungen zu einem bestimmten Zwecke in der Form von Vereinsbeiträgen Steuerfreiheit zu gewähren oder wenn besondere Einrichtungen eine solche Absicht erkennen ließen (§ 5 AbgO.). Insbesondere seien „Gönner", „Stifter" oder dgl. mit ihren über den laufenden Mindestbeitrag hinausgehenden Leistungen, einmalige oder außerordentliche Beiträge, die offensichtlich den nach den Umständen des Falls zu berechnenden Kapitalwert des Mindest-Jahresbeitrages überstiegen, aber in voller Höhe heranzuziehen.

Der Antrag Herold sah eine der Ziff. 17 entsprechende Befreiung nicht vor. Erst in zweiter Lesung des Ausschusses wurde beantragt, in die Ziff. 15 des § 33, die in der damaligen Fassung Zuwendungen zu ausschließlich kirchlichen, mildtätigen oder gemeinnützigen Zwecken frei ließ, das Wort „politische" einzufügen. Dieser Antrag veranlaßte einen lebhaften Meinungsaustausch über die Frage der steuerlichen Behandlung von politischen Vereinigungen. Es wurde von verschiedenen Seiten die Befürchtung geäußert, daß die mit der Steuerpflicht von Beiträgen oder Zuwendungen an politische Vereinigungen verknüpften Ermittelungen der Steuerbehörden leicht mißbraucht werden könnten. Ein Vertreter der Reichsregierung legte die gegenwärtige steuerliche Behandlung der Beiträge zu Vereinen usw. im einzelnen dar und wies darauf hin, daß die neu vorgeschlagene Regelung der Frage zweifellos eine Erleichterung herbeiführe, mit der sich alle Parteien einverstanden erklären sollten. Eine Ausnutzung der etwa nötigen Ermittelungen zu nicht steuerlichen Zwecken käme nicht in Frage, der Bruch des Steuergeheimnisses sei zudem mit schweren Strafen bedroht (Aussch.-Ber. S. 15).

Schließlich gelangte der Antrag Nr. 420 Ziff. 1b, der die Einfügung der Ziff. 16 (und 17) — das sind die jetzigen Ziff. 17 und 18 — in § 33 Abs. 1 vorsah, zur Annahme, nachdem das anfänglich vorgesehene Wort „sofern" durch „soweit" ersetzt war. Im Reichstagsplenum ist die Vorschrift nicht mehr erörtert.

Die Richtlinien des RMdF. führen wörtlich aus:

„Eine besondere Regelung haben die Zuwendungen an Personenvereinigungen erfahren, die nicht lediglich der Förderung ihrer Mitglieder dienen. In Erweiterung des Erlasses vom 25. Juli 1921 — III V 5154 — sind Beiträge bis zu 5000 Mk. in einem Kalenderjahr steuerfrei. Darüber hinaus sind sie mit dem überschießenden Betrag in voller Höhe nach der Klasse V steuerpflichtig (§ 33 Nr. 17 Nov.). Der Abs. 4 des § 33 findet hier keine Anwendung. Zu beachten ist, daß Beiträge bis zu 5000 Mk. in einem Kalenderjahr an derartige Vereinigungen bei der Zusammenrechnung nach § 38 Nov. (= § 17 Neufassung) nicht berücksichtigt werden; nur für die überschießenden Beträge gilt die Zusammenrechnungsvorschrift des § 38."

Die Zweite Steuernotverordnung hat die Befreiungsvorschrift mit Abänderungen und Ergänzungen nach § 24 übertragen (vgl. daselbst).

82. Die Steuerpflicht der Vereinsbeiträge ist scharf umstritten. Nach allgemeinen Grundsätzen (vgl. § 3 Ziff. 2) kann mangels Bereicherung (Note 11 zu § 3) und mangels Freigebigkeit (Note 24 das.) eine unentgeltliche Zuwendung nicht in Frage kommen, wenn und soweit der Beitragsleistung eine Pflicht zur Gegenleistung des Vereins entgegensteht. Dabei ist aber zu beachten, daß nach § 3 Abs. 3 für die Frage der Bereicherung solche Gegenleistungen ausscheiden, die nicht in Geld veranschlagbar sind (Note 35 zu § 3). Die Grenzen, wann eine Leistung in Geld veranschlagt werden kann, sind aber recht flüssig. Zweifellos ist, daß bloße Gewährung von Ehrenrechten, wie die Verleihung der Stellung eines Gründers oder Ehrenstifters, keine Gegenleistung darstellt, die in Geld schätzbar ist, während umgekehrt die Verschaffung auch rein idealer Genüsse sehr wohl in Geld schätzbar sein kann und auch abgeschätzt zu werden pflegt, wie die Gewährung des Zutritts zu Konzerten, Aufführungen und Vorträgen, zur Besichtigung von Sammlungen, zoologischen oder botanischen Gärten oder der Benutzung einer Bücherei, einer Turnhalle, von Turn-, Sportgeräten u. dgl. mehr, oder gar der Teilnahme an Unterrichts- und Ausbildungskursen, an Turnieren und Wettspielen. Ob aber auch die Gewährung der Teilnahme an Sangesübungen oder den Veranstaltungen einer studentischen Korporation oder anderer geselliger Vereine in Geld abschätzbar ist (richtiger: abgeschätzt zu werden pflegt — Note 35 zu § 3), ist doch mehr als fraglich. Noch weniger ist die Stellung der Mitglieder eines in allererster Linie auf das Wohl der „aktiven" Korporation bedachten studentischen Altherrnverbandes in Geld abschätzbar. Gleichwohl dürften aber auch bei solchen Vereinigungen die gewöhnlichen Beiträge steuerfrei sein, weil die Leistung der Beiträge auf einer privatrechtlichen Verpflichtung, eben der Vereinszugehörigkeit beruht, die keineswegs ohne Gegenleistung (unentgeltlich) übernommen ist. Es fehlt also insoweit ein Element der Freigebigkeit (Note 24 zu § 3). Dem entspricht, soweit bekannt, auch die Praxis der Veranlagungsbehörden.

Sonach bedarf es schon einer besonderen Vorschrift, wenn regelmäßige Pflichtbeiträge an Vereinigungen zu beliebigen Zwecken, selbst zu solchen, die nicht in Geld zu veranschlagen sind, der Erbschaftssteuer unterworfen werden sollen. Diese Sondervorschrift sieht der RFH. im Urt. vom 14. Februar 1923 (StuW. Jg. II Sp. 407) in unserer Ziff. 17, aus welcher, was sonst zweifelhaft sein könne, zu folgern sei, daß alle Beiträge an die hier genannten Personenvereinigungen als freigebige Zuwendungen nach § 3 Nr. 2 anzusehen seien (ähnlich auch Urt. d. RFH. vom 31. Januar 1923, StuW. Jg. II S. 407 = StA. Jg. 1923 S. 114). Dem ist beizutreten, weil der Gesetzgeber es nicht nötig gehabt hätte, eine besondere Befreiungsvorschrift zu schaffen, wenn derartige Beiträge — und noch dazu ohne Rücksicht auf ihre Höhe — ohnehin befreit sein sollten. Allerdings hätte die Deutlichkeit erfordert, eine dementsprechende Ziffer in § 3 einzufügen, anstatt der Rechtsanwendung zu überlassen, die Steuerpflicht durch Gegenschluß aus einer Befreiungsvorschrift zu folgern. Daß die Einfügung einer Sonderziffer in § 3 unterblieben ist, kann eigentlich nur damit erklärt werden, daß der Gesetzgeber die Steuerpflicht schon aus § 3 Ziff. 2 in Verbindung mit Abs. 3 das. gefolgert hat. Aber diese Folgerung erscheint nach dem Vorgetragenen bedenklich.

Es ergibt sich hiernach das Folgende:

A. Bei den in Ziff. 17 genannten Personenvereinigungen (hierüber vgl. die folgende Note) sind alle Beiträge (ordentliche und außerordentliche, pflichtgemäße und freiwillige) steuerpflichtig, soweit nicht nach § 22 (Ziff. 2, 3, 15 bis 17) oder nach § 24 Befreiung oder nach § 23 Steuerermäßigung eintritt.

B. Bei allen andern Personenvereinigungen sind Pflichtbeiträge (ordentliche und außerordentliche) frei, freiwillige aber steuerpflichtig, soweit nicht Befreiung aus § 22 Ziff. 2, nicht aber 17, eintritt.

Eintrittsgelder sind überall den Beiträgen gleichzuachten.

Auffälligerweise bejaht das zitierte Urt. d. RFH. vom 14. Februar 1923 (StuW. Jg. II Sp. 407) allgemein die Steuerpflicht außerordentlicher Beiträge, offenbar weil es an entsprechender Gegenleistung fehlt. Das scheint aber bedenklich, da eine Pflicht zur Beitragsleistung, die durch den Eintritt in einen Verein und die notwendige Unterwerfung unter den Mehrheitsbeschluß begründet wird, schon allein die Freigebigkeit beseitigt (Note 35 zu § 3); natürlich kann aber die Anwendung des § 5 AbgO. zur Bejahung der Steuerpflicht führen.

Nach Finger (Anm. 17 zu § 22) sollen ordentliche Beiträge bei allen Vereinen steuerfrei sein.

83. Beiträge sind, wie bereits in der Voranmerkung hervorgehoben, solche jeder Art. Der Begriff ist gegenüber dem der Zuwendung der engere; sie werden begrifflich von Vereinsmitgliedern (im weitesten Sinne verstanden) geleistet. Zuwendungen Dritter sind durch Ziff. 17 nicht begünstigt (vgl. aber § 24 und Note 2 dazu). Ebenso ist der Begriff der Personenvereinigung im weitesten Sinne (= solche mit und ohne Rechtspersönlichkeit) zu nehmen. Nur darf die Personenvereinigung nicht lediglich die Förderung ihrer Mitglieder zum Zwecke haben; Mitzweck, selbst Hauptzweck der Förderung schließt die Anwendung der Vorschrift nicht aus, wenn nur noch andere Zwecke hierneben in Frage kommen. Pensionsvereine, die den Zweck verfolgen, den Angestellten der ihnen angehörenden Firmen Pensionen zu gewähren, dienen ausschließlich den Zwecken ihrer Mitglieder (Urt. d. RFH. vom 14. Februar 1923, StuW. Jg. II Sp. 407). Förderung der Mitglieder ist weitgehend zu verstehen, wirtschaftliche Förderung ist nicht erfordert, auch Turn- und Schachvereine gehören hierher (zit. RFH. Urt.). Der Zweck wird aus der Satzung zu entnehmen sein, sofern nicht die tatsächliche Übung die Satzung verleugnet.

Der Beitrag ist bis zur jährlichen Höhe von 5000 Mk. unbedingt steuerfrei, wie die Wahl des Wortes „soweit" ergibt.

84. Ziff. 17 hat, wie die übrigen Befreiungsvorschriften des § 22, den andern Befreiungsbestimmungen gegenüber Selbständigkeit (Abs. 3). Demnach tritt völlige Freiheit der Beiträge an die hier genannten Personenvereinigungen ein, wenn dieselben nach Ziff. 15, 16 Freiheit genießen. Handelt es sich um Zuwendungen der in Ziff. 3 genannten Art, so gilt die speziellere und günstigere Vorschrift dieser Ziffer; ein gleiches gilt für Zuwendungen der in § 24 genannten Art bezüglich der Anwendung dieses Paragraphen. Trifft auch die Vorschrift der Ziff. 2 § 23 zu, so ist der 5000 Mk. jährlich übersteigende Beitragsteil mit 5 v. H. zu versteuern.

Zweifelhaft ist, ob für Ziff. 2 § 22 neben Ziff. 17 Raum ist, m. a. W., ob Beiträge bis zu 50000 Mk. (vor 1. Januar 1923 = 5000 Mk.) nicht ohne weiteres befreit sind. Mirre (Anm. 51 zu § 22) scheint die Frage zu verneinen, doch dürfte sich diese Ansicht gegenüber Abs. 3 kaum halten lassen. Mißt man diesem Absatze die auch von Mirre anerkannte Bedeutung der vollen Ausnutzungsfähigkeit sämtlicher Befreiungsvorschriften nebeneinander bei, so sind Ausnahmen von der Regel willkürlich. Die Bedeutung der Ziff. 2 neben derjenigen der Ziff. 17 zeigt sich aber besonders deutlich durch die nach dem Geldentwertungsgesetz eingetretene Erhöhung der Freigrenze ersterer Ziffer auf 50000 Mk., die Ziff. 17 nicht mitgemacht hat. Warum Vereinsbeiträge schlechter behandelt werden sollen, als andere Zuwendungen, ist eigentlich nicht einzusehen. Danach gewinnt Ziff. 17 nur insofern besondere Bedeutung neben Ziff. 2, als der Jahresbetrag bis 5000 Mk. stets frei bleibt. Bedeutungsvoll wird das für die Anwendung des § 17 Ges. Diese Vorschrift scheidet zwar aus, soweit es sich um Bestimmung der Grenze von 5000 Mk. handelt, denn bezüglich dieses Betrages ist die Befreiung Jahr für Jahr abgeschlossen. Die Überschüsse sind aber zusammenzurechnen. Leistet also X jährlich 20000 Mk. Beiträge, die unter Ziff. 17 fallen, so wird erst der vierte Beitrag, dieser aber mit 60000 Mk. steuerpflichtig, während bei dem fünften die Steuer nach 75000 Mk. abzüglich der auf 60000 Mk. zu entrichtenden zu bemessen ist. Stellt X nach drei Jahren seine Beiträge ein, so ist der Verein überhaupt steuerfrei. — Richtig dürfte es allerdings sein, die Freigrenze von 50000 Mk. (Ziff. 2) nicht noch mit der der Ziff. 17 insofern zu verbinden, als etwa eine Zusammenzählung beider Grenzen stattzufinden hätte. Ein Beitrag von 55000 Mk. ist also nicht steuerfrei, sondern in Höhe von 50000 Mk. steuerpflichtig.

Die Gesamtheit der im Jahre geleisteten Beiträge derselben Person an dieselbe Vereinigung dürfte als Einheit zu behandeln sein, derart, daß die Steuerpflicht erst am Jahresschlusse entsteht und die Veranlagung folgeweise für die Gesamtsumme (abzüglich der Freibeträge) erst nach Jahresschluß erfolgen darf. Bezüglich der Neuregelung durch die Zweite Steuernotverordnung vgl. Note 8 zu § 24.

Ziff. 18.

85. Die Vorschrift ist neu; sie wurde erst in zweiter Lesung des Ausschusses als Ziff. 17 dem § 33 eingefügt. Erörtert ist sie weder in den Parlamentsberichten noch in den Richtlinien des RMdF. Der Antrag, statt der Worte „oder dem Seelenheil" zu setzen „oder der kirchlichen Versorgung" wurde im Ausschuß abgelehnt (Ber. S. 53). Die Vorschrift ist wörtlich nach § 21 Abs. 1 Nr. 20 der Fassung der Zweiten Steuernotverordnung übertragen (vgl. Abdruck hinter § 23).

Bezüglich des Begriffs „Zweckzuwendungen" ist § 4 Ges. zu vergleichen; in Frage kommen solche in jeder der in § 4 genannten Formen. Die Zuwendung muß der Pflege des Andenkens (z. B. Grabschmuck, Gedenktafel) oder dem Seelenheile (Seelenmessen) des Zuwendenden selbst oder seiner Angehörigen dienen. Angehöriger geht weiter als „naher Angehöriger" im Sinne des § 178 AbgO. Letzterer Begriff umfaßt Verlobte, Ehegatten, auch wenn die Ehe nicht mehr besteht, Verwandte und Verschwägerte der auf- und absteigenden Linie (Eltern, Voreltern, Abkömmlinge — Schwieger- und Stiefeltern und -Kinder) sowie solche der Seitenlinie, die bis zum dritten Grade verwandt (voll- und halbbürtige Geschwister und deren Kinder sowie Geschwister der Eltern) bzw. bis zum zweiten Grade verschwägert (Geschwister des Ehegatten und Ehegatten der Geschwister) sind. Außer den hier Genannten werden noch entsprechend § 52 Abs. 2 des Reichsstrafgesetzbuches die nicht blutsverwandten oder verschwägerten Adoptiv- und Pflege-Eltern und -Kinder den Angehörigen zuzurechnen sein.

Die hier genannten Zweckzuwendungen sind ohne Rücksicht auf die Angemessenheit oder Höhe befreit.

Abs. 2.

86. Abs. 2 ist neu. Im Antrag Herold u. Gen. war er bereits enthalten und wurde im Ausschuß und Reichstagsplenum debattelos angenommen. Die Richtlinien erörtern ihn nicht; er ist durch die Zweite Steuernotverordnung nicht beeinflußt (vgl. § 21 Abs. 2 n. F. — Abdruck hinter § 23).

Abs. 2 stellt seinem Wortlaute nach nur eine Ergänzung der Ziff. 13 des Abs. 1 dar, dürfte indes auch für den Begriff der Angemessenheit im Sinne der Ziff. 8 heranzuziehen sein (vgl. Note 84 oben).

87. Anders wie in § 3 Abs. 5 ist der Begriff der Angemessenheit im Sinne unseres Absatzes einseitig auf die Vermögensverhältnisse und die Lebensstellung des Bedachten zugeschnitten. Demgegenüber kommen die Verhältnisse des Zuwendenden nur insoweit in Frage, als sie die Lebensstellung des Bedachten beeinflussen (Mirre, Anm. 54 zu § 22).

Angemessen ist nach dem Urt. d. RFH. vom 16. Dezember 1921 (Samml. VIII S. 60 ff., bes. S. 66) mehr als „notwendig", aber weniger als „standesgemäß". Innerhalb dieser Grenzen soll das als angemessen zu bezeichnen sein, was unter Zugrundelegung der verständigen Anschauung der Allgemeinheit, nicht bloß der Standesgenossen der Beteiligten, als zur Lebensführung in dem Bevölkerungskreise, dem der Bedachte angehört, unter den herrschenden wirtschaftlichen Zeitverhältnissen als ausreichend gelten muß. In ständiger Rechtsprechung ist vom RFH. angenommen, daß der Begriff der Angemessenheit einen Anlaß zur Zuwendung erfordere, wie das ja für die Angemessenheit der steuerfreien Aussteuer in § 3 Abs. 5 Satz 1 ausdrücklich festgelegt ist (vgl. Urt. Samml. III S. 223). An solchem Anlaß fehlt es, wenn der sehr vermögende Vater jederzeit in der Lage gewesen wäre, seinen sich aus §§ 1601, 1631 BGB. ergebenden Verpflichtungen zum Unterhalt und zur Ausbildung seines Sohnes ohne weiteres zu entsprechen, so daß es der Zuwendung eines Kapitals zu diesem Zwecke nicht bedurfte. Überhaupt dient ein zur Ablösung der Unterhaltspflicht gegebenes Kapital — auf dessen Zahlung die Eltern keinen Anspruch haben — nicht unmittelbar dem Unterhalte, was für die Anwendung der Befreiungsvorschrift unerläßlich ist (vgl. Urt. d. RFH. vom 31. Mai 1922, StuW. Jg. I Sp. 738). Ebensowenig ist regelmäßig die Gewährung eines Rentenstammrechts als schenkungsfrei zuzulassen, wenn auch der Beschenkte unterstützungsbedürftig war, sofern nicht zugleich feststand, daß dieser Zustand bis zum Lebensende des Bedürftigen fortdauern werde (Urt. vom 3. Mai 1922, das.). Anderseits läßt die schon angeführte Entscheidung Samml. VIII S. 66 die Steuerfreiheit einer Leibrente an eine verwitwete Tochter zu. Geht die Zuwendung über das zum Unterhalt für die nächste Zeit Erforderliche hinaus, so ist sie nur dann steuerfrei, wenn ein Anlaß zur Sicherstellung für die Zukunft bestand, was zu verneinen ist, wenn nach den Vermögensverhältnissen des Vaters der Unterhaltsanspruch für die erforderliche Zeit gewährleistet ist. Es muß der ganze zugewendete Betrag, nicht nur der Zinsertrag, zum Unterhalte bestimmt sein (Urt. vom 13. Dezember 1922 VI A 235 22, StuW. Jg. II Sp. 312). Unerheblich ist, daß der Vater die Gleichstellung mit andern Geschwistern beabsichtigt hat. Auch der Hinweis, der Vater habe mit seinem Tode rechnen müssen, genügt nicht (Urt. vom 13. Dezember 1922 VI A 150 22, StuW. Jg. II Sp. 312).

Satz 2 dürfte keine Anwendungsschwierigkeiten bieten. Dient die Zuwendung der Erfüllung der gesetzlichen Unterhaltspflicht, so liegt eine Freigebigkeit natürlich überhaupt nicht vor (Note 24 zu § 3). Daher ist eine solche Zuwendung auch dann frei, wenn sie zwar die Grenze der Angemessenheit, nicht aber die der Standesmäßigkeit überschreitet. Übersteigt sie letztere, so ist nur der Überschuß eine freigebige Zuwendung. Die Regelung der gesetzlichen Unterhaltspflichten enthalten BGB. §§ 1360, 1361 (Ehegatten), §§ 1578 bis 1583 (geschiedene Ehegatten), §§ 1345 bis 1347 (Ehegatten aus nichtiger Ehe), § 1351 (Ehegatten aus einer nach § 1350 angefochtenen Ehe), §§ 1601 bis 1615 (Verwandte auf- und absteigender Linie), § 1703 (Kinder aus nichtiger Ehe, die als unehelich gelten), §§ 1708 bis 1714 (uneheliche Kinder gegenüber dem Erzeuger). Das Maß der Verpflichtung wird grundsätzlich durch den standesmäßigen Unterhalt, ausnahmsweise durch den notdürftigen bestimmt (vgl. BGB. §§ 1360, 1578, 1610, 1611).

Abs. 3.

88. Die Vorschrift ist neu. Für ihre Entstehung gilt sinngemäß das in Note 84 Abs. 1 Ausgeführte. Auch sie ist von der Zweiten Steuernotverordnung nicht berührt (§ 21 Abs. 4 n. F. — Abdruck hinter § 23).

Die Bestimmung drückt in dürren Worten aus, daß jede einzelne Befreiungsvorschrift voll neben der andern ausgenutzt werden kann. Die Ansicht, daß immer nur die günstigste Bestimmung angewandt werden könne, ist danach abzulehnen. Ebenso Mirre, Anm. 55 zu § 22, sowie Urt. d. RFH. vom 7. März 1923 (Samml. XI S. 333 = DStZ. XII Sp. 283): Wenn die Voraussetzungen mehrerer Befreiungen gegeben sind, sind sie nebeneinander anzuwenden. — Diese Selbständigkeit gilt nicht gegenüber den Befreiungs- und Ermäßigungsvorschriften anderer Paragraphen. Zu beachten ist, daß trotz Abs. 3 die in den Ziff. 1 und 2 ausgesprochenen Befreiungen einander ausschließen, da sie für Anfälle an durchaus verschiedene Steuerklassen gelten.

Im übrigen ist auf die Bemerkungen zu den einzelnen Ziffern (Noten 3, 4, 22, 40, 42, 49, 77, 84) zu verweisen.

Abs. 4.

89. Die Vorschrift ist gleichfalls neu. Sie wurde erst in zweiter Lesung im Ausschuß in die gesetzliche Fassung gebracht; die gegenüber dem Antrage Herold vorgenommene Änderung war jedoch nur redaktionell. Durch das Geldentwertungsgesetz wurden die Worte „Nr. 1 bis 5" durch „Nr. 1, 2" ersetzt. Die frühere Fassung war sinnwidrig und beruhte wohl auf redaktionellem Versehen. Auch die Richtlinien des RMdF. zum Ges. 1922 erkennen an, daß die Bestimmung des Abs. 4 für die Nr. 3 und 4 ohne praktische Bedeutung sei. Ein gleiches mußte aber auch in Ansehung der Ziff. 5 gelten (Mirre, Note 56 zu § 22). Eine tatsächliche Änderung des früheren Zustandes ist demnach durch das Geldentwertungsgesetz nicht herbeigeführt; auch die Zweite Steuernotverordnung enthält keine sachliche Änderung der Vorschrift (§ 21 Abs. 4 n. F. — Abdruck hinter § 23).

Die Vorschrift soll ähnlich wie die des Abs. 4 § 10 unbillige Härten ausgleichen; dem Erwerber sollen immer mindestens 500000 Mk. usw. zuzüglich der Hälfte des Überschusses verbleiben. So beträgt die Steuer beispielsweise bei einem Erwerbe von 505000 Mk., der von einem Kinde im Januar 1923 gemacht ist, nur 2500 Mk. — Bezüglich des Zusammentreffens mit Abs. 4 § 10 vgl. das zu § 10 in Note 23 unter d gegebene Beispiel.

Abs. 5.

90. Abs. 5 ist erst vom Geldentwertungsgesetze vom 20. März 1923 zugefügt. Die auf Grund dieser Ermächtigung etwa ergehenden Verordnungen haben Gesetzeskraft, binden also auch die Finanzgerichte. Die Zweite Steuernotverordnung hat die Vorschrift beseitigt (vgl. Abdruck des § 21 n. F. hinter § 23).

Allgemeinbemerkung zu § 22.

91. Von den Einzelbestimmungen des § 22 haben Bedeutung:

a) für sämtliche der Steuer unterliegende Erwerbsarten (§ 1 Ges.): Abs. 1 Ziff. 2 bis 5, 14, 15, Abs. 3 bis 5;

b) für die Erwerbsarten der §§ 2 und 3: Abs. 1 Ziff. 1, 7 bis 11;

c) für die Erwerbsarten des § 2 allein: Abs. 1 Ziff. 6 und 12;

d) für die Erwerbsarten nach § 3 und 4: Abs. 1 Ziff. 17;

e) für die Erwerbsarten des § 3 allein: Abs. 1 Ziff. 13 und Abs. 2;

f) für die Erwerbsarten des § 4 allein: Abs. 1 Ziff. 16, 18.

§ 23.

(1) *Die Steuer beträgt 5 vom Hundert*

1. *für einen Erwerb, der einer inländischen Gemeinde (Gemeindeverband) anfällt;*
2. *für einen Erwerb, der solchen inländischen Stiftungen, Gesellschaften, Vereinen oder Anstalten anfällt, die ausschließlich mildtätige oder gemeinnützige Zwecke verfolgen, sofern ihnen die Rechte juristischer Personen zustehen;*
3. *für Zuwendungen, die ausschließlich mildtätigen oder gemeinnützigen Zwecken innerhalb des Deutschen Reichs oder seiner Schutzgebiete oder deutschen Reichsangehörigen im Ausland gewidmet sind, sofern die Verwendung zu dem bestimmten Zwecke gesichert und die Zuwendung nicht auf einzelne Familien oder bestimmte Personen beschränkt ist.*

(2) *Die im Abs. 1 bezeichneten Vergünstigungen können zugunsten ausländischer Stiftungen, Gesellschaften, Vereine und Anstalten der in Abs. 1 Nr. 2 (und 3)*) bezeichneten Art und zugunsten solcher Zuwendungen, die den unter Nr. 3 bezeichneten Zwecken im Auslande zu dienen bestimmt sind, zugestanden werden, sofern der ausländische Staat dem Deutschen Reiche gegenüber die gleiche Rücksicht übt. Die Entscheidung darüber, ob diese Voraussetzungen vorliegen, trifft der Reichsminister der Finanzen.*

a) Aussch.-Ber.: S. 6, 16, 40, 41. — Sitz.-Ber.: S. 8635.

b) Richtl.: S. 7.

c) Ges. 1919: § 35 (geändert).

d) Schriftt.: Maier, Zum Begriff gemeinnütziger Unternehmungen, Verbst. I S. 180. — Vgl. auch zu §§ 21, 22.

e) Rechtspr.: Vgl. auch zu § 22 Abs. 1 Ziff. 16. — (Note 5) Urt. RFH. 14. Februar 1923, StuW. Jg. II Sp. 405, betr. Gemeinnützigkeit von Familienstiftungen. — (Note 6) Urt. RG. 28. September 1891, GruchBeitr.

---

*) Die eingeklammerten Worte sind durch das Geldentwertungsgesetz vom 20. März 1923 (RGBl. I S. 209) gestrichen.

36 S. 1097, betr. Beschränkung auf Familien; Urt. RFH. 18. Januar 1923, RStBl. Jg. 1923 S. 198, betr. Widmung (Ziff. 3).
f) AB.: §§ 35, 36.

Inhaltsübersicht.

1. Vergleich mit Ges. 1919.	5. Ziff. 2.
2. Geschichtliche Entwicklung.	6. Ziff. 3.
3. Vergleich mit § 22 Ges.	7. Abs. 2.
4. Abs. 1 Ziff. 1.	8. Anwendungsgebiet (§ 1 Abs. 2).

1. Der § 23 entspricht dem § 35 Ges. 1919 mit folgenden Abweichungen:
a) Die Steuer ist auf 5 v. H. ermäßigt.
b) In Ziff. 1 ist die Notwendigkeit der Verwendung für öffentliche Zwecke gestrichen. Zuwendungen an Kirchen sind schon nach § 22 Ziff. 15 steuerfrei, folglich hier gestrichen.
c) Aus gleichem Grunde sind in Ziff. 2 und 3 „kirchliche" bzw. „kirchlichen" gestrichen.
d) Die Abs. 2 und 3 sind gefallen (vgl. § 22 Ziff. 15 Abs. 2 und § 4).
e) Abs. 4 entspricht dem Abs. 2 Ges. 1922, wobei aber naturgemäß der Hinweis auf Nr. 4 (§ 35) fallen mußte. — Satz 2 in Abs. 2 Ges. 1922 ist neu.
f) Abs. 5 des § 35, welcher die Entscheidung über das Vorliegen der im Abs. 1 Nr. 2, 3 und im Abs. 4 bezeichneten Zwecke dem Landesfinanzamte bzw. Reichsfinanzhof überließ, ist gestrichen. Bezüglich der Voraussetzungen in Nr. 2 und 3 ist jetzt der Rechtsweg gegeben, während bezüglich der Voraussetzung des Abs. 4 (jetzt 2) nunmehr der Reichsfinanzminister zu entscheiden hat (Abs. 2 Satz 2).

2. Der Antrag Herold u. Gen. sah als Änderungen des § 35 Ges. 1919 vor: Die Steuerermäßigung auf 5 v. H., die Streichung der in Ziff. 1 vorgesehenen Zweckverwendung, die Streichung von Nr. 4 und den Ersatz von Abs. 5 durch einen Zusatz zu Abs. 4, wonach die Entscheidung über das Vorliegen der Voraussetzung dem Reichsminister der Finanzen obliegen sollte. In der ersten Lesung des Ausschusses wurde auch Nr. 3 in Abs. 1 gestrichen, weil sie als Befreiung in § 22 Nr. 15 Aufnahme gefunden hatte (vgl. Note 63 zu § 22). Ein Regierungsvertreter hatte ausgeführt, daß die Streichung des Abs. 5 eine Verbesserung der Rechtsstellung des Steuerpflichtigen bedeute. Es habe zu Unzuträglichkeiten geführt, daß zwei Verfahren nebeneinander hergelaufen seien. Ferner habe es an einer Bestimmung gefehlt, welches Landesfinanzamt für die Entscheidung zuständig sei. Durch die Streichung des Abs. 5 würde auch diese Frage dem ordentlichen Rechtsmittelweg überlassen (Aussch.-Ber. S. 6). — In zweiter Lesung des Ausschusses wurde der Berichterstatter beauftragt, die sich aus den Beschlüssen zu § 33 (jetzt 22) Ziff. 15 und 16 ergebenden Änderungen des § 35 dem Plenum vorzuschlagen. Einige Mitglieder behielten sich Nachprüfung der Beschlüsse zu § 33 Ziff. 3, 15, 16, 17 und § 35 Abs. 1 Ziff. 3 und Stellung entsprechender Anträge vor. Als neue Ziff. 3 wurde vorgesehen: „3. für einen Erwerb, der einer politischen Vereinigung anfällt, sofern er nicht nach § 33 Ziff. 16 (§ 22 Ziff. 17) steuerfrei ist". Im Plenum wurde dann die durch die Änderung des § 33 (22) Ziff. 15 bis 17 und Einfügung des § 24 notwendig gewordene Fassung des Ges. 1922 hergestellt.

Die Richtlinien des RMdF. (S. 7) führen aus:

„Zuwendungen zu ausschließlich gemeinnützigen und mildtätigen Zwecken aus öffentlichen Mitteln sind wie bisher (§ 42 Nr. 4) steuerfrei (§ 33 Nr. 16 Nov.).

Dagegen sind Zuwendungen an inländische Gemeinden, an inländische Stiftungen, die ausschließlich gemeinnützige oder mildtätige Zwecke verfolgen, sowie Zuwendungen zu solchen Zwecken mit 5 v. H. steuerpflichtig (§ 35 Nov.). Zu beachten ist dabei wegen der Freigrenze die Vorschrift des § 33 Nr. 3 Nov. (vgl. oben zu Nr. 14).

Die Entscheidung, ob die Voraussetzung für eine Steuerermäßigung nach § 35 vorliegt, ist nicht mehr vom Landesfinanzamt, sondern von den Veranlagungs- und Rechtsmittelbehörden zu treffen. Das Verfahren wird noch näher geregelt werden."

Das Geldentwertungsgesetz vom 20. März 1923 (RGBl. I S. 209) hat in Abs. 2 den unnötigen Hinweis auf Nr. 3 gestrichen.

Die Zweite Steuernotverordnung hat eine völlige Befreiung der in § 23 genannten Erwerbe eintreten lassen (§ 21 Abs. 1 Nr. 17 und 19 n. F. — Abdruck hinter § 23). Abs. 2 ist mit einer Erweiterung auf ausländische Kirchen als Abs. 3 in § 21 n. F. eingestellt.

3. Die sämtlichen in § 23 bezeichneten Zuwendungen sind steuerfrei, wenn die Voraussetzungen der Ziff. 3 § 22 zutreffen. Fällt die Zuwendung der in Ziff. 3 § 22 genannten Art von einer Person mit inländischem Wohnsitz usw. an, so sind die ersten 200000 Mk. des Wertes (früher 10000 Mk.) frei, der überschießende Teil ist mit 5 v. H. zu versteuern. Auch aus andern Ziffern des § 22 Ges. (10, 16, 17) kann Steuerfreiheit eintreten.

Abs. 1 Ziff. 1.

4. Während das RESt G. 1906 für Zuwendungen an Gemeinden überhaupt keine Erleichterung zuließ, erkannte das Ges. 1919 eine Steuerermäßigung auf 10 v. H. für Erwerbe der inländischen Gemeinden zur Verwendung für öffentliche Zwecke an. Es steht dieses in einem gewissen inneren Zusammenhang mit der Steuerbefreiung für das Reich und die einzelnen Länder nach § 21. In der Nationalversammlung wurde bei der Beratung des Ges. 1919 daraufhin der Antrag gestellt, die Gemeinden ganz erbanfallsteuerfrei zu lassen, weil dieselben ohnehin infolge der zukünftigen Reichssteuerpolitik noch mehr auf milde Zuwendungen, die aber immer geringer würden, angewiesen seien. Der Antrag gelangte jedoch nicht zur Annahme. Der Gesetzentwurf sprach nur von Gemeinden schlechthin. In der Nationalversammlung glaubte man durch Einschiebung des Wortes „inländisch" (vgl. Note 65 zu § 22) besonders kennzeichnen zu sollen, daß die Steuerermäßigung nur als eine Vergünstigung für Inlandsgemeinden gedacht sei, von welchem Gedanken der Entwurf wohl auch ausgegangen war. „Gemeinde" ist im weiteren Sinne zu fassen. Dieses läßt sich aus der Beifügung des Wortes „Gemeindeverband" in Klammer entnehmen. Von der Vergünstigung betroffen werden demnach nicht nur die eigentlichen Ortsgemeinden, sondern auch andere Verbände, welche als Gemeinden anzusehen bzw. denselben gleichzuachten sind (Kreise, Provinzen u. a.). Entscheidend werden dafür die Organisationsvorschriften der einzelnen Länder sein. Der Begriff ist aber auf die politische Gemeinde beschränkt und wird in dieser

Beziehung nicht zu erweitern sein, beispielsweise nicht auf die Schul- oder Realgemeinden.

Das vom Ges. 1919 aufgestellte Erfordernis der Verwendung für öffentliche Zwecke ist fallen gelassen.

Ziff. 2.

5. Ziff. 2 privilegiert Erwerbe an inländische Stiftungen, Anstalten und Personenvereinigungen unter der doppelten Voraussetzung, daß sie einmal ausschließlich mildtätige oder gemeinnützige Zwecke verfolgen und daß ihnen die Rechte juristischer Personen zustehen. Bezüglich der einschlagenden Begriffe ist auf frühere Noten zu § 22 zu verweisen und zwar wegen „inländische" Note 65, „Stiftungen, Anstalten, Gesellschaften, Vereine" und der „juristischen Persönlichkeit" daselbst, ferner Note 14 zu § 8, wegen „mildtätige und gemeinnützige Zwecke" Noten 73 bzw. 74 bis 79, wegen „ausschließlich" Noten 66 und 78, 79.

Familienstiftungen verfolgen keine ausschließlich gemeinnützige oder mildtätige Zwecke und sind daher nicht begünstigt (Urt. d. RFH. vom 14. Februar 1923, StuW. Jg. II Sp. 405).

Ziff. 3.

6. Ziff. 3 bevorzugt im Gegensatze zu den beiden Vorziffern Zweckzuwendungen, sofern sie a) ausschließlich mildtätigen oder gemeinnützigen Zwecken dienen und zwar b) innerhalb des Reichs oder seiner Schutzgebiete oder deutschen Reichsangehörigen im Auslande, c) die Zweckverwendung gesichert ist und endlich d) die Zuwendung nicht auf einzelne Familien oder bestimmte Personen beschränkt ist. Auch hier ist im wesentlichen auf frühere Noten zu verweisen und zwar wegen der Voraussetzung zu a auf die Noten 72 bis 79, wegen der zu b auf Note 68, wegen der zu c auf Note 69 zu § 22.

Einschränkende Voraussetzung ist die Bestimmung für das gemeine Beste. Die Steuerermäßigung bedingt, daß die Zuwendung nicht auf einzelne Familien oder bestimmte Personen beschränkt sein darf. Es sollen demnach nur diejenigen Zuwendungen der Steuererleichterung teilhaftig werden, welche nicht nur einem individuell festgelegten Personenkreise, sondern unmittelbar dem gemeinen Besten zu dienen bestimmt sind (Urt. d. RG. vom 28. September 1891, GruchBeitr. 36 S. 1097). Nach der Sachlage und der Zusammenstellung mit „einzelnen Familien" sind unter „bestimmten Personen" hier nur „individuell bestimmte Personen" zu verstehen und nicht etwa Personenkreise, welche sich in der Allgemeinheit in einer bestimmten Weise abheben, wie z. B. Studierende, oder auch Studierende einer bestimmten Fakultät, eines bestimmten Glaubens. Die Notwendigkeit, daß die Zuwendung dem allgemeinen Besten diene, bedingt jedoch nicht, daß sie auch jedem aus der Allgemeinheit tatsächlich zugute kommen müsse oder zugute kommen könne; es ist nur erforderlich, daß an sich die Allgemeinheit einen Nutzen von der Zuwendung habe; dementsprechend kann die Zuwendung auf gewisse in der Allgemeinheit sich besonders charakterisierende Kreise, wie Berufs- und Standeskreise usw. beschränkt sein. Nichts verschlagen wird es ebenmäßig, wenn die Zuwendung als solche dem gemeinen Besten bestimmt ist, dabei aber gleichzeitig eine gewisse Bevorzugung der Familienangehörigen des Stifters oder anderer Personen ausbedungen wurde, so wenn bei einer allgemeinen Zuwendung für Stipendienzwecke vorgeschrieben wird, daß bei Verleihung des einzelnen Stipendiums unter gleicher Qualifikation Verwandte des Stifters oder sonstige Personen den Vorzug haben sollen.

Die Steuerpflicht erfordert die Widmung der Zuwendung. Eine Widmung liegt nicht vor, wenn die Zweckbestimmung des Zugewendeten bereits feststand und nur dessen Verwaltung in andere Hände überging (Urt. d. RFH. vom 18. Januar 1923, RStBl. Jg. 1923 S. 198).

Abs. 2.

7. Der Abs. 2 ist mit der sich aus dem Fortfall der bisherigen Ziff. 4 ergebenden Abweichung wörtlich dem § 35 Abs. 4 Ges. 1919 und letzterer seinerseits dem Ges. 1906 entnommen. Die Vorschrift des Abs. 2 verbürgt bei Gegenseitigkeit ausländischen Stiftungen usw., sowie ausländischen Zweckzuwendungen die Steuerermäßigung nach Abs. 1 des § 23. Bei bestehenden Zweifeln ist der Nachweis der verbürgten Gegenseitigkeit von demjenigen zu erbringen, der sich darauf beruft. Die Frage, ob den ausländischen Stiftungen, Gesellschaften, Vereinen oder Anstalten die Rechte juristischer Personen zustehen, entscheidet sich nach dem ausländischen Recht; besitzen die Stiftungen usw. nach letzterem die juristische Persönlichkeit, so ist solches diesseits ohne weiteres anzuerkennen; den Nachweis über den bezüglichen Besitz haben diejenigen zu führen, welche die Steuerermäßigung oder Steuerbefreiung beanspruchen wollen. Ebenmäßig haben letztere darüber den Nachweis zu erbringen, daß die ausländischen Stiftungen usw. ausschließlich mildtätigen oder gemeinnützigen Zwecken dienen. Ein Anspruch auf die Vergünstigung besteht in keinem Falle. Vielmehr entscheidet der RMdF. endgültig und unter Ausschluß des Rechtsweges über das Vorliegen der Voraussetzungen, unter denen die Vergünstigung zugestanden werden kann und ob sie zugestanden werden soll. Die unter der Herrschaft des REStG. 1906 ergangenen zahlreichen Feststellungen des Reichsschatzamtes — vgl. die 3. Aufl. Note 27 zu § 35 — bieten zwar eine brauchbare Grundlage für die zu treffende Entscheidung, ohne jedoch bindend zu sein. Die Einholung der Entscheidung des Ministers ist auch dann nötig, wenn der ausländische Staat keine Erbschaftssteuer erhebt.

Im Erlaß des RMdF. vom 1. September 1922 III V 5847 ist auf Grund des § 108 AbgO. widerruflich genehmigt, daß § 23 auf Zuwendungen an das Missionshaus St. Michael in Steyl (Holland) Anwendung findet.

Anwendungsgebiet.

8. Abs. 1 Ziff. 1 und 2 gelten ausschließlich für Zuwendungen der §§ 2 und 3 Ges., Ziff. 3 dagegen hat nur für Zweckzuwendungen Bedeutung. Abs. 2 gilt für alle Erwerbsarten.

§ 21. (EStG. 19. Dez. 1923).

(1) Steuerfrei bleiben

1. bei den Steuerklassen I, II ein Erwerb von nicht mehr als 3000 Goldmark;
2. bei den Steuerklassen III, IV ein Erwerb von nicht mehr als 2000 Goldmark;

3. bei der Steuerklasse V ein Erwerb von nicht mehr als 500 Goldmark;
4. a) Hausrat, einschließlich Wäsche und Kleidungsstücke, sofern er Personen der Steuerklassen I, II anfällt,
   b) Hausrat, einschließlich Wäsche und Kleidungsstücke, soweit der Wert bei einem Anfall an Personen der Steuerklassen III, IV den Betrag von 5000 Goldmark nicht übersteigt,
   c) andere bewegliche körperliche Gegenstände, einschließlich derjenigen der in § 9 Nr. 7 des Vermögensteuergesetzes genannten Art, sofern sie Personen der Steuerklassen I bis IV anfallen und soweit ihr Wert bei einem Anfall an Personen der Steuerklassen I, II den Betrag von 5000 Goldmark bei einem Anfall an Personen der Steuerklassen III, IV den Betrag von 2000 Goldmark nicht übersteigt; sonstige im § 9 des Vermögensteuergesetzes aufgezählte bewegliche körperliche Gegenstände, sowie solche, die im Sinne des Vermögensteuergesetzes zum Betriebsvermögen gehören oder Zubehör eines Grundstückes bilden, sind von der Befreiung ausgenommen;
5. Kunstgegenstände und Sammlungen, die Personen der Steuerklassen I, II anfallen, sofern sie von leben den oder seit nicht mehr als fünfzehn Jahren verstorbenen deutschen Künstlern geschaffen sind oder sofern der Anschaffungspreis betragen hat
   für den einzelnen Gegenstand
   a) bei Anschaffungen vor dem 1. Januar 1919 nicht mehr als 10000 Mark,
   b) bei Anschaffungen nach dem 31. Dezember 1918 nicht mehr als 1000 Goldmark,
   oder für mehrere gleichartige oder zusammengehörige Gegenstände
   a) bei Anschaffungen vor dem 1. Januar 1919 nicht mehr als 100000 Mark,
   b) bei Anschaffungen nach dem 31. Dezember 1918 nicht mehr als 10000 Goldmark.

   Kunstgegenstände und Sammlungen, die im Sinne des Vermögensteuergesetzes zum Betriebsvermögen gehören, sind von der Befreiung ausgenommen.

   Der Reichsminister der Finanzen trifft die näheren Bestimmungen, wie bei Anschaffungen nach dem 31. Dezember 1918 der auf Papiermark lautende Anschaffungspreis in Goldmark umzurechnen ist;

6. nicht zur Veräußerung bestimmte bewegliche körperliche Gegenstände, die geschichtlichen oder kunstgeschichtlichen oder wissenschaftlichen Wert haben und sich seit mindestens 20 Jahren im Besitze der Familie des Erblassers befinden, sofern sie Personen der Steuerklasse I, II anfallen und nach näherer behördlicher Anweisung den Zwecken der Forschung oder Volksbildung nutzbar gemacht werden. Werden solche Gegenstände innerhalb zehn Jahren nach dem Erbfall veräußert, so tritt die Steuerbefreiung außer Kraft;
7. ein Erwerb nach § 1969 des Bürgerlichen Gesetzbuchs;
8. die Befreiung eines Steuerpflichtigen der Steuerklassen I, II von einer Schuld gegenüber dem Erblasser, soweit durch den Anfall lediglich die Beseitigung einer Überschuldung erreicht wird;
9. die Befreiung von einer Schuld gegenüber dem Erblasser, sofern die Schuld durch Gewährung von Mitteln zum Zwecke des angemessenen Unterhalts oder zur Ausbildung des Bedachten begründet worden ist oder der Erblasser die Befreiung mit Rücksicht auf die Notlage des Schuldners angeordnet hat und diese auch durch die Zuwendung nicht beseitigt wird. Die Steuerbefreiung entfällt, soweit die Steuer aus der Hälfte einer neben der erlassenen Schuld dem Bedachten anfallenden Zuwendung gedeckt werden kann;
10. ein Erwerb, der einem Steuerpflichtigen der Steuerklassen I, II Eltern, Stiefeltern oder Großeltern des Erblassers anfällt, sofern der Erwerb zusammen mit dem sonstigen Vermögen des Erwerbers 5000 Goldmark nicht übersteigt, und der Erwerber infolge körperlicher oder geistiger Gebrechen und unter Berücksichtigung seiner bisherigen Lebensstellung als erwerbsunfähig anzusehen ist oder durch die Führung eines gemeinsamen Hausstandes mit erwerbsunfähigen oder in der Ausbildung zu einem Lebensberufe begriffenen Abkömmlingen an der Ausübung einer Erwerbstätigkeit gehindert ist;
11. ein Erwerb, der Personen anfällt, die dem Erblasser in Erwartung einer letztwilligen Zuwendung unentgeltlich oder gegen unzureichendes Entgelt Pflege oder Unterhalt gewährt haben, soweit das Zugewendete als angemessenes Entgelt anzusehen ist;
12. Vermögen, das leibliche Eltern, Großeltern oder entfernte Voreltern ihren Abkömmlingen durch Schenkung oder Über-

gabevertrag zugewandt hatten und das an diese Personen zurückfällt;
13. der Verzicht auf den Pflichtteilsanspruch;
14. Zuwendungen unter Lebenden zum Zwecke des angemessenen Unterhalts oder zur Ausbildung des Bedachten;
15. Ruhegehalte und ähnliche Zuwendungen, die ohne rechtliche Verpflichtung früheren oder jetzigen Angestellten oder Bediensteten gewährt werden, sowie Zuwendungen an Pensions- oder Unterstützungskassen des eigenen Betriebs;
16. die üblichen Gelegenheitsgeschenke;
17. Anfälle an das Reich, ein Land oder eine inländische Gemeinde (Gemeindeverband), sowie solche Anfälle, die ausschließlich Zwecken des Reichs, eines Landes oder einer inländischen Gemeinde (Gemeindeverband) dienen;
18. Zuwendungen an inländische Kirchen, an inländische Stiftungen, Gesellschaften, Vereine oder Anstalten, die ausschließlich kirchliche Zwecke verfolgen, sofern ihnen die Rechte juristischer Personen zustehen, sowie Zuwendungen zu ausschließlich kirchlichen Zwecken innerhalb des Deutschen Reichs oder seiner Schutzgebiete oder zugunsten deutscher Reichsangehöriger im Ausland, sofern die Verwendung zu diesem Zwecke gesichert ist.

Unter Kirchen sind alle inländischen Religionsgesellschaften, denen die Rechte juristischer Personen zustehen, unter kirchlichen Zwecken sind die Zwecke solcher Religionsgesellschaften zu verstehen. Den Religionsgesellschaften sind gleichgestellt inländische Vereinigungen, die sich die gemeinschaftliche Pflege einer Weltanschauung zur Aufgabe machen und denen die Rechte juristischer Personen zustehen; kirchlichen Zwecken sind die Zwecke solcher Vereinigungen gleichgestellt;
19. Zuwendungen
a) an solche inländische Stiftungen, Gesellschaften, Vereine oder Anstalten, die ausschließlich mildtätige oder gemeinnützige Zwecke verfolgen, sofern ihnen die Rechte juristischer Personen zustehen,
b) die ausschließlich mildtätigen oder gemeinnützigen Zwecken innerhalb des Deutschen Reichs oder seiner Schutzgebiete oder deutschen Reichsangehörigen im Ausland gewidmet sind, sofern die Verwendung zu dem bestimmten Zwecke gesichert und die Zuwendung nicht auf einzelne Familien oder bestimmte Personen beschränkt ist;

20. Zuwendungen, die der Pflege des Andenkens oder dem Seelenheile des Zuwendenden oder seiner Angehörigen dienen.

(2) Angemessen im Sinne des Abs. 1 Nr. 14 ist eine den Vermögensverhältnissen und der Lebensstellung des Bedachten entsprechende Zuwendung. Eine dieses Maß übersteigende Zuwendung ist in vollem Umfang steuerpflichtig.

(3) Steuerbefreiung kann zugunsten ausländischer Kirchen, Stiftungen, Gesellschaften, Vereine oder Anstalten der in Abs. 1 Nr. 18, 19 bezeichneten Art sowie zugunsten solcher Zuwendungen, die den in Abs. 1 Nr. 18, 19 bezeichneten Zwecken im Ausland zu dienen bestimmt sind, zugestanden werden, sofern der ausländische Staat Gegenseitigkeit gewährt.

Die Entscheidung darüber, ob diese Voraussetzungen vorliegen, trifft der Reichsminister der Finanzen.

(4) Jede Befreiungsvorschrift ist für sich anzuwenden.

(5) Übersteigt der Wert des Erwerbes einen der im Abs. 1 Nr. 1 bis 3 genannten Beträge oder der Wert des Erwerbes zusammen mit dem sonstigen Vermögen des Erwerbers den in Abs. 1 Nr. 10 genannten Betrag, so wird die Steuer nur insoweit erhoben, als sie aus der Hälfte des die Wertgrenze übersteigenden Betrags gedeckt werden kann.

Gesetzesmaterialien: Vgl. Erl. RMdF. III C 5 30 vom 14. Januar 1924, Anl. 1 S. 4 Nr. 7, 8.

Schrifttum: vgl. zu § 22.

Inhaltsübersicht.

1. Der Erlaß des Reichsministers der Finanzen III C 5 30 vom 14. Januar 1924 stellt in Anlage 1 (S. 4) unter 7 und 8 die wesentlichen Änderungen, welche die Zweite Steuernotverordnung vom 19. Dezember 1923 (RGBl. I S. 1205) in Art. III §§ 1 und 3 mit Wirkungen für solche Erwerbe gebracht hat, deren Steuerpflicht nach dem 30. Juni 1923 entstanden ist (§ 18), zusammen, wie folgt:

„(7.) Zu §§ 21 bis 23 ErbschStG. (Art. III § 1 Nr. 8 NV.).

a) Die Vorschriften des bisherigen § 21 finden sich wieder im § 21 Abs. 1 Nr. 17 der Neufassung. Ob die Voraussetzungen der Steuerbefreiung vorliegen, ist künftig nicht mehr vom Reichsminister der Finanzen, sondern im ordentlichen Veranlagungs- und Rechtsmittelverfahren zu entscheiden.

b) Die zahlenmäßig begrenzten Befreiungen des bisherigen § 22 Abs. 1 sind mit Rücksicht auf die Neuregelung der Bewertungsvorschriften auf Goldmark abgestellt.

c) Die allgemeinen Befreiungsvorschriften im bisherigen § 22 Abs. 1 Nr. 1, 2 haben eine Dreiteilung nach näheren Verwandten (Nr. 1: Steuerklasse I, II = 3000 GMk.), entfernteren Verwandten (Nr. 2: Steuerklasse III, IV = 2000 GMk.) und Nichtverwandten (Nr. 3: Steuerklasse V = 500 GMk.) erfahren.

d) Durch die Änderung des § 22 Abs. 1 Nr. 4 c wird der Anfall von Gegenständen aus edlem Metall, von Schmuck- und Luxusgegenständen (vgl. § 9 Nr. 7 VermStG.) von der Steuer befreit und damit insoweit die durch das Geldentwertungsgesetz vom 20. März 1923 abgeänderte Rechtslage wiederhergestellt. Im übrigen sind die Änderungen nur redaktionell.

e) Die Vorschriften des bisherigen § 22 Abs. 1 Nr. 5 a und b sind je unter eine neue Nummer (5 und 6) gebracht worden. Neu ist bei der jetzigen Nr. 5 nur die unterschiedliche Behandlung der Kunstgegenstände und Sammlungen je nachdem sie vor dem 1. Januar 1919 oder nach dem 31. Dezember 1918 angeschafft worden sind. Der neue Abs. 2 der jetzigen Nr. 5 dient der Klarstellung. — Nähere Bestimmungen gemäß Abs. 3 werden demnächst erlassen werden.

f) Die Vorschriften des bisherigen § 22 Abs. 1 Nr. 14 sind gleichfalls unter zwei neue Nummern (15 und 16) gebracht worden; sachlich ist nichts geändert.

g) Die Befreiungsvorschrift des bisherigen § 22 Abs. 1 Nr. 17 findet sich wieder im § 24 Abs. 1 der neuen Fassung (vgl. Art. III § 1 Nr. 9 RB.). Diese Übernahme ist erfolgt einmal wegen des Zusammenhangs der Vereinsbeiträge mit den Beiträgen an politische Vereinigungen und zugleich zur Klarstellung, daß neben der für sie besonders bestimmten Befreiungsgrenze nicht die allgemeine Befreiungsgrenze des jetzigen § 21 Abs. 1 Nr. 3 (vgl. auch daselbst Abs. 4) gelten soll. Satz 2 des Abs. 1 des § 24 in der neuen Fassung ist beigefügt worden, um eine Schlechterstellung von Beiträgen an Personenvereinigungen, die ausschließlich kirchliche, mildtätige oder gemeinnützige Zwecke verfolgen, gegenüber Zuwendungen an solche Vereinigungen zu vermeiden. § 24 Abs. 1 Satz 1 hat daher künftig nur noch praktische Bedeutung für Beiträge an Personenvereinigungen, die nicht lediglich die Förderung ihrer Mitglieder zum Zwecke haben und nicht ausschließlich kirchliche, mildtätige oder gemeinnützige Zwecke verfolgen.

(8.) Zu § 23 ErbschStG. (Art. III § 1 Nr. 8 zu § 21 Abs. 1 Nr. 17, 19 RB.).

Die dem bisherigen § 23 unterfallenden Zuwendungen (an Gemeinden, Gemeindeverbände sowie ausschließlich mildtätiger oder gemeinnütziger Art) sind nunmehr in vollem Umfange steuerfrei; den Zuwendungen an inländische Gemeinden (Gemeindeverbände) sind solche Anfälle gleichgestellt, die ausschließlich Zwecken einer inländischen Gemeinde (Gemeindeverband) dienen. Durch diese Neuregelung sind die Vorschriften des bisherigen § 22 Abs. 1 Nr. 3, 16 entbehrlich geworden. Zuwendungen an ausländische Kirchen sowie zu ausschließlich kirchlichen Zwecken im Auslande sind im jetzigen § 21 Abs. 3 den Zuwendungen an ausländische Stiftungen usw. sowie zu Zwecken ausschließlich mildtätiger oder gemeinnütziger Art im Auslande gleichgestellt worden."

Eine erschöpfende Zusammenstellung aller Befreiungsvorschriften des Gesetzes enthält § 21 noch immer nicht. Außer den in der Vorbemerkung I zu §§ 21 bis 25 angeführten Befreiungsvorschriften (von denen § 14 gefallen ist) enthält auch § 24 Abs. 1 n. F. eine zum Teil neue Steuerbefreiung. Immerhin ist die Zusammenfassung der bisherigen §§ 21 bis 23 in einen einheitlichen Paragraphen zu begrüßen.

Abs. 1 Nr. 1 bis 3.

2. Den sachlichen Änderungen gegenüber § 22 Abs. 1 Nr. 1, 2 ist bereits in Note 1 unter (7) b, c gedacht. Eltern, Großeltern, Voreltern sind aus der Gruppe der meistbegünstigten Verwandten (Nr. 1) ausgeschieden und der Gruppe der Zweitbegünstigten (Nr. 2) zugewiesen. Dagegen sind durch die Erweiterung der Klasse I durch die Zweite Steuernotverordnung (§ 9 Abs. 1 I 1) die Adoptivkinder und deren durch das Annahmeverhältnis mitbetroffene Abkömmlinge in der Gruppe der Meistbevorzugten geblieben, die Stiefkinder durch die gleiche Bestimmung in diese Gruppe versetzt. Die Umgruppierung der Stiefeltern von Klasse IV nach Klasse III berührt die Befreiungsvorschriften nicht, da beide Klassen der Gruppe der Zweitbegünstigten (Nr. 2) angehören.

Im übrigen sei auf die noch zutreffenden Ausführungen der Noten 2 bis 5 zu § 22 verwiesen.

Betreffs „Goldmark" vgl. Note 25 zu § 10.

Abs. 1 Nr. 4.

3. Bezüglich der sachlichen Änderungen gegenüber dem Ges. 1922 vgl. Note 1 (7) b und d, wegen des Goldwerts Note 25 zu § 10. Die Zugehörigkeit zu den Klassen I bis IV ist nach der durch die Zweite Steuernotverordnung geschehenen Umgruppierung zu verstehen. Soweit die Ziff. 4c auf den § 9 VermStG. verweist, kommen die durch Art. II § 10 der Zweiten Steuernotverordnung herbeigeführten Veränderungen nicht in Frage, da diese einstweilen nur auf die Veranlagung für das Kalenderjahr 1924 Bezug haben.

Des weiteren vgl. Noten 9 bis 18 zu § 21.

Abs. 1 Nr. 5 und 6.

4. Wegen der Änderungen gegenüber dem Ges. 1922 vgl. Note 1 (7) e. Wie der Erl. d. RMdF. vom 14. Januar 1924 III C 5 30 hervorhebt, dient der neue Abs. 2 der jetzigen Nr. 5 nur der Klarstellung; ein gleiches gilt von der Einschiebung der Worte „nicht mehr als" zwischen „seit" und „fünfzehn Jahren" in Nr. 5 Abs. 1 der Neufassung. Beide Zusätze bestätigen die Richtigkeit der in Note 23 bzw. 21 zu § 22 gegebenen Auslegungen.

Für die Anwendung der Befreiungsvorschrift in Nr. 5 unterscheidet das Gesetz bezüglich des Anschaffungspreises nunmehr nicht allein dahin, ob ein einzelner oder ob mehrere gleichartige oder zusammengehörige Gegenstände angeschafft sind, sondern auch dahin, ob die Anschaffung vor dem 1. Januar 1919 oder nach dem 31. Dezember 1918 erfolgt ist. Nur für letztere Anschaffungen ist der Goldwert in Gemäßheit der inzwischen in § 12 der Durchführungsbestimmungen über die Bewertung des Vermögens usw. vom 28. März 1924 (RMBl. S. 147) — vgl. Anhang

— getroffenen näheren Bestimmungen zu ermitteln; für Anschaffungen vor dem 1. Januar 1919 gilt der Grundsatz „Mark = Mark". Unter „Anschaffung" wird auch das obligatorische Geschäft zu verstehen sein, wenn es zum dinglichen Erwerbe geführt hat; die zu diesem Begriffe in Note 15 unter c a. E. zu § 22 gegebenen Ausführungen sind zu vergleichen.

Im übrigen sei auf die Noten 19 bis 29 zu § 22 verwiesen.

Zu dem in Abs. 2 dieser Note angeführten § 12 ErbschStDB. führt der Erlaß des RMdF. III C 5 300 vom 28. März, betr. Erbschaftssteuer auf S. 2, 3 aus.

„Hier handelt es sich nicht um eine Bewertungsvorschrift, sondern lediglich um die Regelung einer der Voraussetzungen, unter denen der Erwerb von Kunstgegenständen und Sammlungen steuerfrei bleibt. Der Erwerb ist, wenn auch die übrigen Befreiungsvoraussetzungen des § 21 Abs. 1 Nr. 5 ErbschStG. in der Fassung des Art. III § 1 Nr. 8 der Zweiten Steuernotverordnung erfüllt sind, nur dann befreit, wenn der Anschaffungspreis bei Anschaffung vor dem 1. Januar 1919 für den einzelnen Gegenstand nicht mehr als 10000 Mk. oder für mehrere gleichartige oder zusammengehörige Gegenstände nicht mehr als 100000 Mk. betragen hat; sind die Gegenstände nach dem 31. Dezember 1918 angeschafft, so ist ihr Erwerb steuerfrei, wenn der Anschaffungspreis (im Zeitpunkt der Anschaffung) nicht höher gewesen ist als der im § 12 Abs. 1 ErbschStDB. bestimmte Papiermarkbetrag.

Zu bewerten sind Kunstgegenstände und Sammlungen, wenn ihr Erwerb steuerpflichtig ist, mit dem gemeinen Werte (§ 137 Abs. 1 AbgO.) am Stichtag; für die Umrechnung in Goldmark findet § 3 ErbschStDB. Anwendung."

Abs. 1 Nr. 7 bis 16.

5. Die Nr. 7, 8, 9, 11, 12, 13, 14 entsprechen wörtlich den Nr. 6, 7, 8, 10, 11, 12, 13 des bisherigen § 22 Abs. 1. Auch die Zerlegung der bisherigen Befreiungsvorschrift der Nr. 14 in zwei selbständige Ziffern (15 und 16) ist rein äußerlich. Dagegen enthält Ziff. 10, abgesehen von der durch die Zweite Steuernotverordnung bedingten Erweiterung der Steuerklassen I und II (vgl. § 9 n. F.), eine zwiefache sachliche Änderung insofern, als einmal der entsprechende Erwerb an Stiefeltern (vgl. § 9 Abs. 1 III Klasse I) steuerfrei geworden, zum andern aber die für Erwerb und sonstiges Vermögen gegebene Wertgrenze nunmehr auf Goldmark (Note 25 zu § 10) gestellt ist. Die Noten 30 bis 62 zu § 22 sind zu vergleichen.

Abs. 1 Nr. 17.

6. Bezüglich der Änderung gegenüber dem Ges. 1922 vgl. Note 1 (7) a und (8). Anfälle an das Reich, ein Land, sowie solche Anfälle, die ausschließlich Zwecken des Reiches oder eines Landes dienen, waren bereits in § 21 Ges. 1922 in jeder Höhe steuerfrei; in dieser Hinsicht sei auf die Ausführungen zu § 21 Abs. 1 Ziff. 1 (a. F.) verwiesen. Anfälle an inländische Gemeinden (Gemeindeverbände) unterlagen unbeschadet der Befreiungsvorschrift in § 22 Abs. 1 Nr. 3 a. F. nach § 23 Abs. 1 Nr. 1 einer 5%igen Steuer, während solche, die ausschließlich Zwecken einer inländischen Gemeinde (Gemeindeverband) dienen, nur im Rahmen besonderer Befreiungsvorschriften bevorzugt waren. Die Zweite Steuer-

notverordnung stellt die im Vorsatze genannten Anfälle einander gleich und spricht ihre Befreiung aus. Welche Zwecke eine Gemeinde (Gemeindeverband) zu erfüllen hat, ist aus allgemeinen Verwaltungsgrundsätzen und den einschlägigen landesgesetzlichen Vorschriften (Verfassung, Städte-, Landgemeinde-, Kreis-Ordnungen, Gemeindestatuten usw.) zu entnehmen. Ist die Zuwendung unmittelbar an das Reich, ein Land oder eine Gemeinde (Gemeindeverband) erfolgt, so ist die Zufügung einer Bedingung oder Auflage, die die Verwendung zu Zwecken vorschreibt, welche außerhalb der Aufgaben des Gemeinwesens liegen, ohne Einfluß auf die Befreiung. — Anfall ist jede Form des Erwerbes, auch ein Erwerb des gesetzlichen Erben (BGB. § 1936, EG. BGB. Art. 138, 139). — Für die Anfälle an eine Gemeinde (Gemeindeverband) gelten im übrigen sinngemäß die Ausführungen zu § 23 Abs. 1 Nr. 1.

Die Vorschrift des § 21 Abs. 1 Nr. 2, demzufolge Anfälle an solche Gesellschaften usw., die ausschließlich Zwecke des Reiches oder eines Landes verfolgen, steuerfrei waren, ist von der Zweiten Steuernotverordnung nicht übernommen. Der mehrfach erwähnte Erlaß des RMdF. vom 14. Januar 1924 III C 5 30 weist hierauf nicht besonders hin. Regelmäßig werden ja auch derartige Anfälle ausschließlich Zwecken des Reiches oder eines Landes dienen, also ohnehin nach Ziff. 17 der Neufassung befreit sein. Unbedingt notwendig ist das aber nicht. Handelt es sich nämlich um Zuwendungen an derartige Gesellschaften usw., denen eine Bedingung oder Auflage beigefügt ist, welche die Verwendung zu Zwecken vorschreibt, die außerhalb der Aufgabe des Reiches oder Landes liegen, so tritt keine Steuerfreiheit ein.

Fortgefallen ist auch das Bestimmungsrecht des RMdF. [vgl. oben Note 1 unter (7) a].

Abs. 1 Nr. 18 bis 20.

7. Während die Nr. 18 und 20 ohne jede Änderung den Befreiungsvorschriften in § 22 Abs. 1 Nr. 15 bzw. 18 entsprechen, begründet Nr. 19 eine völlige Steuerbefreiung der dort genannten Zuwendungen an Stelle der — unbeschadet der Befreiung in § 22 Abs. 1 Nr. 3 a. F. ausgesprochenen Befreiung — durch § 23 Abs. 1 Nr. 2, 3 begründeten milderen Besteuerung. Davon abgesehen entspricht Ziff. 19 n. F. sachlich vollständig den Ziff. 2 und 3 des § 23 a. F. Die Wahl des Wortes „Zuwendungen" für „Erwerb" (§ 23 Abs. 1 Nr. 2) ist nur formal, da der Begriff der „Zuwendung" nicht notwendig einen rechtsgeschäftlichen Akt erfordert, vielmehr auch Anfälle im Wege gesetzlicher Erbfolge in sich begreift. Es kann daher auf die entsprechenden Ausführungen zu den Vorschriften der § 22 Abs. 1 Nr. 15, 18, § 23 Abs. 1 Nr. 2 und 3 bzw. § 22 Abs. 1 Nr. 16 verwiesen werden. Die Befreiungsvorschriften des bisherigen § 22 Nr. 16 und 3 sind übrigens durch die Neuregelung entbehrlich geworden und daher fallen gelassen. — Vgl. auch Note 1 (8).

Eine wesentliche Ergänzung haben die Befreiungsvorschriften der Nr. 18 und 19 durch Abs. 3 unseres Paragraphen erfahren (vgl. Note 8).

Abs. 2 bis 5.

8. Abs. 2 entspricht mit der sich aus der Umbezeichnung der Befreiungsvorschrift (§ 22 Abs. 1 Ziff. 13 a. F. in Ziff. 14 n. F. (§ 21 Abs. 1) ergebenden Änderung wörtlich dem Abs. 2 in § 22; auf die Noten zu letzterem sei daher verwiesen.

Abs. 3 entspricht inhaltlich dem Abs. 2 des § 23 a. F. mit der Maßgabe, daß Steuerbefreiung (nach dem Ges. 1922: Steuerermäßigung) auch an inländische Kirchen, Stiftungen, Gesellschaften, Vereine oder Anstalten mit juristischer Persönlichkeit, die ausschließlich kirchliche Zwecke verfolgen, sowie zugunsten ausschließlich kirchlicher Zwecke im Auslande — letzterenfalls, sofern die Verwendung zu diesem Zwecke gesichert ist — zugestanden werden kann. Selbstverständlich greift Abs. 2 der Ziff. 18 auch für die Anwendung unseres Absatzes Platz, so daß Befreiung z. B. auch an ausländische Vereinigungen mit juristischer Persönlichkeit, die sich die gemeinschaftliche Pflege einer Weltanschauung zur Aufgabe machen, gewährt werden kann. Alle weiteren Änderungen sind nur redaktioneller Natur; insbesondere ist die „Gewährung der Gegenseitigkeit" der „Übung gleicher Rücksicht dem Reiche gegenüber" gleichzustellen. Auf die Noten zu § 22 Ziff. 15, 16 und § 23 Abs. 1 Nr. 2, 3 Abs. 2 sei verwiesen.

Bemerkt sei noch folgendes:

Nach Ziff. 18 der Neufassung sind Zuwendungen an inländische Stiftungen usw., die ausschließlich kirchliche Zwecke verfolgen oder die gemeinschaftliche Pflege einer Weltanschauung sich zur Aufgabe machen, nur dann steuerfrei, wenn die Stiftung usw. mit juristischer Persönlichkeit ausgestattet ist. Auch die Möglichkeit der Steuerbefreiung zugunsten ausländischer Stiftungen usw. mit gleichen Zielen ist danach (Abs. 3) von der juristischen Persönlichkeit des Zuwendungsempfängers abhängig. In dieser Hinsicht dürfte die Anerkennung als juristische Person im Auslande nicht genügen, vielmehr wird erforderlich sein, daß die Rechtsfähigkeit auch im Inlande anerkannt werde. Das ist bei den mit juristischer Persönlichkeit durch die ausländische Gesetzgebung ausgestatteten Handelsgesellschaften, z. B. den ausländischen Aktiengesellschaften oder Gesellschaften m. b. H., in deren Formen auch eine Religionsgesellschaft gekleidet sein könnte, ohne inländischen Anerkennungsakt der Fall (Urt. d. RG. vom 16. Dezember 1913, Samml. Bd. 83 S. 367), während Vereine, die im Inlande nur nach §§ 21, 22 BGB. Rechtsfähigkeit erlangen könnten (d. h. Vereine mit ideellen und wirtschaftlichen Zwecken), nur dann im Reiche als rechtsfähig gelten, wenn ihre Rechtsfähigkeit durch Beschluß des Bundesrats (jetzt Reichsrats) anerkannt ist (EG. BGB. Art. 10). Ein gleiches gilt für ausländische Stiftungen (Urt. d. RG. vom 29. September 1914, GruchBeitr. 59 S. 154). In Staatsverträgen können besondere Anerkennungen ausgesprochen sein, wie das z. B. im deutsch-amerikanischen Handelsvertrage vom 18. Dezember 1923 (Art. 12, 13) der Fall ist.

Abs. 4 entspricht wörtlich dem Abs. 3 des § 22. Auf die Ausführungen in Note 88 zu § 22 sei verwiesen. Die daselbst gezogene Folgerung, daß jede der Befreiungsvorschriften des § 22 (jetzt § 21) voll nebeneinander ausgenutzt werden kann, muß auch noch heute gelten. Zwar spricht die Neufassung des Abs. 1 § 12, derzufolge als Erwerb der gesamte Vermögensanfall gilt, gegen vorstehende Annahme. Doch greift die Allgemeinregel des § 12 Abs. 1 nur ein, soweit nichts anderes vorgeschrieben ist und Abs. 4 § 21 (n. F.) ist eben als „andere Vorschrift" anzusprechen. Wie bereits in der Schlußbemerkung zu § 12 ausgeführt wurde, vertritt der als Gesetzgeber anzusehende RMdF. in seinem Erlaß III C 5 30 vom 14. Januar 1924 (Anl. 1 S. 4 Nr. 4) die Ansicht, daß die Neufassung des § 12 Abs. 1 keine sachliche Änderung der bisherigen Fassung enthalte, eine Auffassung, die zu dem Schlusse zwingt, daß es bei der durch die Entsch. d. RFH. vom 7. März 1923 (Samml. XI S. 333) geschaffenen, vom RMdF. durch Erlaß besonders gebilligten Verwaltungspraxis sein Bewenden habe. Hervorgehoben sei, daß der vorgenannte Erlaß III C 5 30 unter 7 g darauf hinweist, daß die Übernahme der bisherigen Nr. 17 § 22 nach § 24 auch klarstellen solle, daß neben der für die Vereinsbeiträge besonders bestimmten Freigrenze nicht noch die allgemeine Freigrenze des jetzigen § 21 Abs. 1 Nr. 3 (vgl. auch daselbst Abs. 4) gelten solle. Diese Begründung, insbesondere der Hinweis auf § 21 Abs. 4 n. F. wäre unverständlich, wenn nicht eben Abs. 4 die hier gegebene Bedeutung haben soll.

Abs. 5 entspricht sachlich durchaus dem § 22 Abs. 4 a. F., so daß auf Note 89 zu § 22 verwiesen werden kann. Auch hier kann „Erwerb" nunmehr nur als „steuerfreier Erwerb" aufgefaßt werden, so daß sich irgendwelche Berechnungsschwierigkeiten nicht mehr ergeben können.

§ 24.

A. Fassung nach dem Geldentwertungsgesetze vom 20. März 1923 (RGBl. I, S. 209):

(1) Beiträge und Zuwendungen an eine politische Vereinigung sind steuerfrei, soweit die von einer Person dieser Vereinigung geleisteten Beiträge und Zuwendungen in einem Kalenderjahr insgesamt *200 000 Mark* nicht übersteigen.

(2) Soweit die Beiträge und Zuwendungen insgesamt den Betrag von *200 000 Mark* in einem Jahr übersteigen, werden sie mit 5 vom Hundert besteuert.

B. Fassung nach dem Gesetz vom 20. Juni 1922:

(1) Beiträge und Zuwendungen an eine politische Vereinigung sind steuerfrei, soweit die von einer Person dieser Vereinigung geleisteten Beiträge und Zuwendungen in einem Kalenderjahr insgesamt 5000 Mark nicht übersteigen.

(2) Soweit die Beiträge und Zuwendungen insgesamt den Betrag von 5000 Mark in einem Jahre übersteigen, werden sie
bei einem Gesamtbetrage von nicht mehr als 100 000 Mark mit 5 vom Hundert,
bei einem höheren Gesamtbetrage mit 10 vom Hundert
besteuert.

C. Fassung nach der Zweiten Steuernotverordnung vom 19. Dezember 1923. (RGBl. I S. 1205 ff.) — (vgl. Note 8).

(1) Beiträge an eine Personenvereinigung, die nicht lediglich die Förderung ihrer Mitglieder zum Zwecke hat, sind steuerfrei, soweit die von einer Person dieser Personenvereinigung geleisteten

Beiträge in einem Kalenderjahre 50 Goldmark nicht übersteigen. Auf Beiträge an eine Personenvereinigung, die ausschließlich kirchliche, mildtätige oder gemeinnützige Zwecke verfolgt, finden die Vorschriften des § 51 Abs. 1 Nr. 18, 19 Anwendung.

(³) Beiträge und Zuwendungen an eine politische Vereinigung sind steuerfrei, soweit die von einer Person dieser Vereinigung geleisteten Beiträge und Zuwendungen in einem Kalenderjahr insgesamt 100 Goldmark nicht übersteigen. Soweit sie insgesamt den Betrag von 100 Goldmark in einem Jahr übersteigen, werden sie mit 5 vom Hundert besteuert.

a) Aussch.-Ber.: S. 15, 41. — Sitz.-Ber.: S. 8635.
b) Richtl.: S. 7.
c) Ges. 1919: —.
d) Schriftt.: —.
e) Rechtspr.: (Note 3) Urt. RG. 15. Januar 1900, RGE. in StS. 33 S. 66, betr. Gemeinden als politische Körperschaften.
f) AB.: § 37.

Inhaltsübersicht.

1. Die Vorschrift ist neu. In der zweiten Lesung des Antrags Herold u. Gen. im Ausschuß wurde ein Antrag des Zentrums angenommen, demzufolge ein Erwerb, der einer politischen Vereinigung anfällt, mit 5 v. H. besteuert werden sollte, sofern er nicht nach § 33 Nr. 16 (jetzt § 22 Ziff. 17) steuerfrei ist. Erst im Reichstagsplenum wurde die Bestimmung in der Gesetz gewordenen Form als § 35 a aufgenommen (Nr. 17 a des Beratungsgegenstandes). Die durch das Geldentwertungsgesetz vom 20. März 1923 (RGBl. I S. 209) geschaffene Neufassung gilt für Erwerbe nach dem 31. Dezember 1922 (Art. VII Abs. 5 das.). Betreffs der durch die Zweite Steuernotverordnung vom 19. Dezember 1923 herbeigeführten Änderungen vgl. Note 8.

2. Politische Vereinigungen gehören zu denjenigen Personenvereinigungen, die nicht lediglich die Förderung der Mitglieder zum Zwecke haben. Folglich würden Beiträge an sie durch Rückschluß aus § 22 Ziff. 17 über den Jahresbetrag von 5000 Mk. hinaus in Klasse V zu versteuern sein (vgl. Note 82 zu § 22), wenn nicht eben § 24 eine Sonderregelung enthielte. § 24 befreit aber nicht nur Mitgliederbeiträge (Note 83 zu § 22), sondern auch Zuwendungen jeder Art (§§ 2 bis 4 Ges.) seitens dritter Personen. Die Befreiungsvorschriften des § 22 behalten gegenüber § 24 ihre Selbständigkeit (z. B. Ziff. 16, wenn der Vereinigung eine entsprechende Zweckzuwendung gemacht ist).

3. Politisch ist eine Vereinigung dann, wenn sie sich mit der Politik, d. h. der zweckmäßigen Gestaltung der Angelegenheiten des Staates befaßt. Staatsangelegenheiten sind weit zu fassen. Gemeinden sind Selbstverwaltungskörper des Staates, ihre Angelegenheiten also mittelbar solche des Staates. — Vgl. Urt. d. RG. vom 15. Januar 1900, Entsch. in Straff. Bd. 33 S. 66, wonach Körperschaften, die — wie Stadtverordnetenversammlungen — mit Gemeindeangelegenheiten sich zu befassen haben, als politische Körperschaften im Sinne des § 197 RStGB. anzusehen sind. Die Befassung mit Gemeindeangelegenheiten genügt also zur Anwendung der Ziffer (gl. A. Finger, Anm. 3 zu § 24; a. A. Mirre, Anm. 4 das.), nicht aber mit rein kirchenpolitischen. Daß die Vereinigung sich ausschließlich mit politischen Angelegenheiten befaßt, ist nicht notwendig.

4. Die Vereinigungen brauchen nicht rechtsfähig zu sein. Ortsgruppen politischer Parteien haben im Sinne des § 24 ihre Selbständigkeit. A. A. Mirre, Anm. 2 zu § 24 (gegen Finger, Anm. 3 das.), der unter der politischen Vereinigung die politische Partei verstehen und demgemäß alles zusammenrechnen will, was an verschiedene Zweigstellen derselben Partei gezahlt ist. Wäre das richtig, hätte der Gesetzgeber von einer politischen Partei, nicht Vereinigung, sprechen sollen. Es ist aber auch nicht einzusehen, warum ein Beitrag, der an eine Ortsgruppe (e. V.) einer politischen Vereinigung für eine Kommunalwahl gegeben ist, von der Gesamtpartei versteuert werden sollte.

5. Gleichgültig ist, ob der Zuwendung eine Zweckbestimmung beigefügt ist, selbst wenn das in einer Form geschehen sein sollte, die die Zuwendung als Zweckzuwendung im Sinne des § 4 erscheinen läßt. Indes wird zu fordern sein, daß der Zweck der Zuwendung ein politischer sein muß (ebenso Finger, Anm. 3 zu § 24); andernfalls greifen die allgemeinen Besteuerungsvorschriften ein, sofern nicht Befreiung aus § 22 eintritt.

6. Befreiung tritt ein, soweit die von einer Person in einem Kalender (nicht Geschäfts-) jahre geleisteten Beiträge usw. insgesamt 200 000 Mk. nicht übersteigen. Der genannte Betrag ist also auch dann steuerfrei, wenn der Gesamtbeitrag höher ist. Die Beiträge und Zuwendungen, die vom Erblasser unter Lebenden versprochen bzw. satzungsmäßig geschuldet, vom Erben aber vollzogen sind, gelten als Beiträge usw. des ersteren. Der 200 000 Mk. übersteigende Teil wird gleichmäßig mit 5 v. H. versteuert; auf die Höhe des Vermögens der Vereinigung kommt es nicht an.

Für Anfälle, deren Steuerschuld vor dem 1. Januar 1923 entstanden ist, gilt der Text zu B. Hiernach waren Beiträge usw. bis zum Gesamtbetrage von 5000 Mk. frei; ein Betrag von mehr als 5000 Mk. wurde über diese Grenze hinaus mit 5 v. H. besteuert, wenn aber der Gesamtbetrag der Zuwendung 100 000 Mk. überstieg, mit 10 v. H. und zwar einheitlich über die absolute Freigrenze (5000 Mk.) hinaus. An einer die Härte mildernden Vorschrift nach Art des § 10 Abs. 4 fehlte es hier.

Die Entstehung der Steuerschuld richtet sich nach allgemeinen Vorschriften (§ 18). Bei Beiträgen unter Lebenden entscheidet also die Ausführung der Zuwendung.

Die Beiträge eines jeden Kalenderjahres bilden ein in sich geschlossenes Ganzes; eine Zusammenrechnung der 200 000 Mk. übersteigenden Beträge gemäß § 17 Ges. findet daher nicht statt. Die Steuerschuld entsteht mit dem Schluß des Kalenderjahres, die Veranlagung kann also erst nach diesem Zeitpunkte erfolgen.

7. § 24 gilt für Zuwendungen jeder Art (§ 1 Abs. 2 Ges.).

8. Die oben im Gesetzestext unter C gegebene Fassung der Zweiten Steuernotverordnung gilt für diejenigen Erwerbe, deren Steuerpflicht nach dem 30. Juni 1923 entstanden ist (§ 18 Ges. — vgl Art. III § 1 Nr. 9, § 3 der Zweiten Steuernotverordnung vom 19. Dezember 1923, RGBl. I S. 1205 ff.). Die Änderungen gegenüber dem früheren Zustande sind die folgenden:

a) Die bisherige Befreiungsvorschrift in Ziff. 17 § 22 a. F. ist unter Abstellung der Freigrenze auf Goldmark nach § 24 als Abs. 1 Satz 1 übertragen. Wie der Erlaß des RMdF. III C 5 30 vom 14. Januar 1924 (vgl. Note 1 zu § 21 n. F.) unter 7 g ausführt, soll hierdurch klargestellt werden, daß neben der Befreiungsgrenze von 50 GMk. nicht die allgemeine Freigrenze des jetzigen § 21 Abs. 1 Nr. 3 (500 GMk.) gelten soll. Nach den Ausführungen in Note 84 zu § 22 bedeutet die Übernahme nach § 24 nicht eine Klarstellung, sondern eine sachliche Änderung, welche auch die gesamten, im Kalenderjahr 1923 entrichteten, daher einheitlich mit Jahresschluß 1923 steuerpflichtig gewordenen Beiträge (vgl. Note 84 zu § 22) ergreift.

Bezüglich der Goldbewertung vgl. Note 25 zu § 10 und die entsprechenden Ausführungen zu der Neufassung des § 32. Da alle in einem Kalenderjahre geleisteten Beiträge eine einheitliche Zuwendung darstellen, müssen die in Papiermark entrichteten Beiträge nach ihrem Zahlungstermine in Goldmark umgerechnet werden. Die Goldbeträge sind sodann zu summieren; erst die Endsumme ergibt, ob und in welcher Höhe die Steuerpflicht begründet ist.

Zu bemerken ist, daß die durch das Geldentwertungsgesetz bewirkte Änderung des § 22 Ziff. 17 und § 24 a. F. nicht zur praktischen Anwendung gelangen kann, da für die Beiträge des Jahres 1922 noch die ältere Fassung, für die des Jahres 1923 — und zwar in ihrer Gesamtheit — aber schon die Fassung der Zweiten Steuernotverordnung gilt, da hier die gesamten Beiträge erst nach dem 30. Juni 1923, nämlich mit Schluß des 31. Dezember 1923 steuerpflichtig werden.

Im übrigen sind die Ausführungen der Noten 81 bis 84 zu § 22 zu vergleichen.

b) Da Beiträge an Personenvereinigungen, wenn anders ihre Steuerpflicht überhaupt begründbar sein soll (Note 82 zu § 22), zu den Zuwendungen im Sinne des § 3 Ziff. 2 und damit gegebenenfalls auch zu denen im Sinne der Ziff. 18 und 19 des § 21 Abs. 1 n. F. gehören, so war die Vorschrift des Satzes 2 Abs. 1 § 24 eigentlich unnötig. Immerhin dient sie der Klarstellung. Freiheit nach Ziff. 18, 19 § 21 tritt aber nur ein, wenn sämtliche Voraussetzungen genannter Ziffern erfüllt sind, also beispielsweise die begünstigte Personenvereinigung Rechtspersönlichkeit hat. Trifft das nicht zu, kann nur aus § 24 Satz 1 Befreiung erfolgen.

c) Abs. 2 entspricht durchaus dem bisherigen § 24, so daß auf die Noten 1 bis 7 zu diesem Paragraphen verwiesen werden kann. Die einzige sachliche Änderung ist die Umstellung der Freigrenzen auf Goldmark. Hierzu sind die Ausführungen oben zu a zu vergleichen.

§ 25.

Wenn Personen der Steuerklasse I oder II Vermögen anfällt, das in den letzten fünf Jahren vor dem Anfall von Personen der gleichen Steuerklassen erworben worden ist und der Besteuerung nach diesem Gesetz unterlegen hat, so bleibt der auf dieses Vermögen entfallende Steuerbetrag zur Hälfte, und wenn der frühere Steuerfall mehr als fünf Jahre, aber nicht mehr als zehn Jahre hinter dem späteren zurückliegt, zu einem Viertel unerhoben.

a) Aussch.-Ber.: —.
b) Richtl.: —.
c) Ges. 1919: § 39 (unverändert).
d) Schriftt.: F. W. R. Zimmermann, Die Steuerermäßigung im Erbschaftssteuerrecht bei wiederholtem Steuerfall, ZStFr. II S. 138.
e) Rechtspr.: —.

Inhaltsübersicht.

1. Der § 25 entspricht wörtlich dem § 39 Ges. 1919. Letzterer hat seine Fassung erst nach lebhaften Erörterungen in der Nationalversammlung erhalten. Der Regierungsentwurf des Ges. 1919 sah in § 36 eine Begünstigung für solche den Klassen I bis III (!) angefallenen Erwerbe vor, welche land- oder forstwirtschaftliche Grundstücke betrafen. Diese einseitige Privilegierung wurde für unberechtigt erklärt und so gelangte in zweiter Lesung der Antrag auf Verallgemeinerung und Ausdehnung der Vergünstigung auf alles Vermögen zur Annahme. — Vgl. die Ausführungen der 3. Aufl. Note 1 zu § 39. —

§ 25 ist weder in den Parlamentsverhandlungen zum Ges. 1922, noch in den Richtlinien des Reichsministers der Finanzen erörtert. Das fernere Privileg des Erwerbes von Abkömmlingen, welches § 36 Ges. 1919 enthielt, ist im neuen Gesetze nicht übernommen.

2. Die Vergünstigung ist auf die Personen der Steuerklassen I und II beschränkt, während der Regierungsentwurf auch die Steuerklasse III entsprechend bedenken wollte. In ihrer jetzigen Fassung erscheint die Vorschrift als eine Milderung des Steuerdrucks für Ehegatten und Abkömmlinge. Daß die schnelle Aufeinanderfolge der Erbanfälle hinsichtlich des gleichen Vermögens zu besonderen Härten namentlich für die nächsten Angehörigen wie Ehegatten und Abkömmlinge führen muß, kann nicht verkannt werden. Mit Rücksicht auf diesen Umstand, der jetzt das allein Maßgebende für die Vorschrift abgibt, dürften Billigkeitsgründe für letztere sprechen. Bei den beiden zeitlich auseinanderliegenden Erbfällen, um welche es sich hier stets handelt, müssen Personen der I. oder II. Steuerklasse beteiligt sein. Dieses ist jedoch nicht so eingeschränkt aufzufassen, daß jedesmal bei den beiden zusammenhängenden Erbfällen die gleiche Steuerklasse also entweder beide Male die erste, oder beide

Male die zweite beteiligt sein muß. Für die Anwendbarkeit der Vergünstigungsvorschrift wird als ausreichend zu erachten sein, wenn überhaupt beide Steuerklassen also auch wechselseitig in Betracht kommen, beim ersten Erbanfall die erste und beim zweiten die zweite sowie umgekehrt. Nur wenn und insoweit sich andere Steuerklassen einschieben, versagt die Vorschrift. Im übrigen trifft dieselbe für jeden Erben zu; sie hat mithin, sofern die sonstigen Voraussetzungen gegeben, selbst bei der Vorerbschaft und bei der Nacherbschaft Anwendung zu finden. Auch bei dem Vorhandensein einer Mehrheit von entsprechend privilegierten Erben hat die Vorschrift Gültigkeit, wobei es wiederum ohne besonderen Einfluß ist, ob das „gleiche Vermögen" allein oder neben anderem sonstigen Erwerb den Nachlaß bildet. Da die Vergünstigung unmittelbar an das „gleiche Vermögen" geknüpft ist, so kann sie jeder Erbe nur insoweit geltend machen, als sein Erwerb aus dem gleichen Vermögen besteht, gleichgültig wiederum, auf welchem Rechts- oder tatsächlichem Grunde die Zuteilung des Anfalls auf dem gleichen Vermögen beruht, ob auf einer Anordnung des Erblassers oder auf einer bezüglichen Vereinbarung unter den mehreren Erben. A. M. Zimmermann-Mühe, Anm. 7 zu § 39.

3. Vorbedingung ist weiter, daß die beiden zusammenhängenden Erbanfälle sich auf das g l e i c h e V e r m ö g e n beziehen. Was den Ausdruck „Vermögen" anlangt, so ist vorweg zu betonen, daß er im weitesten Sinn zu nehmen ist, so daß Vermögen jedweder Art darunter begriffen ist, insonderheit sowohl Sachen- wie Rechtsvermögen und ebenso das Eigentum am Vermögen wie die Nutzungsrechte an solchem. Bezüglich des „gleichen" Vermögens ist eine s t r e n g wörtliche Auslegung, welche fordern würde, daß das Vermögen genau in dem Stand, den es beim ersten Erbanfall gezeigt habe, in den zweiten überkommen sein müsse, n i c h t angängig, denn damit würde die Anwendbarkeit der Vorschrift, da sich jedes aus zahlreicheren Einzelstücken zusammengesetzte Vermögen schon in kürzerer Frist in mannigfacher Weise verändern kann und zu verändern pflegt, von vornherein so gut wie ausgeschlossen sein. Nur im großen und ganzen und in einer g e w i s s e n G e s c h l o s s e n h e i t muß das Vermögen als solches beim zweiten Erbanfall vorhanden sein. In der Zwischenzeit vorgekommene Veränderungen und Verschiebungen desselben schließen an und für sich die Anwendung der Vergünstigung nicht aus, nur muß denselben dabei entsprechend Rechnung getragen werden, was im einzelnen wiederum unterschiedlich zu geschehen hat. Ist das Vermögen durch Aufzehrung oder sonstwie verringert worden, so greift die Vergünstigung bezüglich des verringerten Vermögens, das allein ja in den zweiten Erbanfall kommt, ohne weiteres Platz; daß das Vermögen beim ersten Erbanfall ein größeres gewesen ist, bleibt vollkommen außer Betracht. Bei einer Vergrößerung oder einer den Gesamtwert erhöhenden Verbesserung des Vermögens liegt die Sache nicht so einfach. Sind einzelne Vermögensstücke durch besondere Aufwendungen in der Zwischenzeit verbessert worden und dadurch auf einen höheren Wert gebracht, so kann diese Werterhöhung bei der Durchführung der Vorschrift nicht mit in Frage kommen, denn sie gehört nicht zum früheren Vermögen, sondern ist etwas aus besonderem Anlaß neu hinzugekommenes; die Vergünstigung ist lediglich nach dem früheren Wert zu berechnen. Ohne Einfluß ist dabei, ob die betreffenden Vermögensstücke einen er-

heblicheren oder einen geringeren Anteil des Gesamtvermögens ausmachen. Sind die einzelnen Vermögensstücke genau die gleichen wie früher geblieben, haben jedoch durch eine allgemeine Verschiebung der wirtschaftlichen Verhältnisse einen anderen Wert, sei es höheren sei es niederen erlangt, so ist daraus kein Anlaß zu nehmen, auf die früheren Werte zurückzugreifen; die Vergünstigung ist vielmehr lediglich auf die neuen Werte, mögen sie die früheren übertreffen oder nicht erreichen, zu beziehen, wie solche auch der Besteuerung des zweiten Erbanfalls zugrunde zu legen sind. Dieses trifft z. B. zu, wenn die gleichen Wertpapiere im Vermögen verblieben sind, aber durch Steigen oder Fallen des Kurses eine Wertminderung erfahren haben, oder für ein unverändert gebliebenes Grundstück hat sich durch Wechsel in der allgemeinen Wirtschaftslage der Ertrag nach der einen oder der anderen Richtung hin verschoben, so daß sich danach die Bewertung geändert hat.

Hat lediglich ein Wechsel in einzelnen Gegenständen des Vermögens stattgefunden, so daß zum Teil neue an Stelle der alten getreten sind, wie derartige Verschiebungen bei Fortbestand des Vermögens schon aus der Natur der Dinge sich ergeben, so wird dieses regelmäßig auf die Anwendung der Steuervergünstigung keine Einwirkung ausüben; dieselbe wird sich wie sonst an die Versteuerung des zweiten Erbanfalls angliedern und die neuen Gegenstände nur als Ersatz der alten behandeln, in denen sich das Vermögen als solches verkörpert. Selbstredend darf aber mit dem Ersatz keine Verbesserung durch eine besondere Aufwendung herbeigeführt sein und der Ersatz nicht zu einer tatsächlichen Verschiebung im ganzen Stand des Vermögens als solchen geführt haben. In diesen Fällen müßte sich die Anwendbarkeit der Vorschrift entsprechend einschränken. Hinsichtlich der Anwendbarkeit an sich ist es gleichgültig, ob das Vermögen insgesamt oder nur zu einem Teil bei dem zweiten Erbfall an Personen der I. oder II. Steuerklasse fällt. Erben neben letzteren Personen anderer Steuerklassen, so bleibt der diesen anfallende Teil des Vermögens für die Vergünstigung unberücksichtigt; letztere greift nur bezüglich des den Personen der beiden ersten Steuerklassen anfallenden Vermögens Platz. Daß die Vergünstigung Anwendung finden muß, wenn das privilegierte Vermögen, „das gleiche Vermögen", nicht den gesamten Erwerb der begünstigten Steuerpflichtigen aus dem betreffenden Erbanfall ausmacht, braucht kaum besonders herausgehoben zu werden.

4. Der Wert des für die Vergünstigung in Betracht kommenden Vermögens wird stets besonders festzustellen sein, wobei je nach den Umständen des einzelnen Falles die vorstehenden Ausführungen zu beachten sind. Ausgeschlossen ist es namentlich ein für allemal einfach den Steuerbetrag, den der Erwerber beim zweiten Erbanfall für diesen insgesamt zu entrichten hat, zugrunde zu legen und diesen zur Hälfte bzw. zu einem Viertel unerhoben zu lassen. Der tatsächliche Gesamtanfall des neuen Erwerbers des Vermögens aus dem ersten Erbanfall braucht mit letzterem keineswegs von gleicher Höhe zu sein; er wird solches auch nach unseren vorgehenden Ausführungen nur unter ganz bestimmten Voraussetzungen sein, die vielleicht sogar die Ausnahme bilden. Wie in dem § 25 deutlich zum Ausdruck gebracht ist, soll sich die Vergünstigung nur auf das fragliche zum zweiten Male zur Vererbung gelangende Vermögen beziehen. Es kommt daher allein die

Steuer, die sich nach der Höhe des Vermögens und der Beziehung des Erwerbers zum Erblasser nach § 10 berechnet, in Betracht und zwar ist die Steuer, die quotal nicht zu erheben ist, lediglich nach der Stufe und der Höhe des doppelt zur Vererbung gelangenden Vermögens in Ansatz zu bringen.

Zweifelhaft kann sein, nach welchem Satze der auf das vererbte Vermögen entfallende Steuerbetrag zu berechnen ist. Das Gesetz spricht nicht von dem Steuerbetrage, der auf das Vermögen zu erheben sein würde. Deshalb muß die in der früheren Auflage vertretene Auffassung, es greife derjenige Satz ein, der durch die Höhe des doppelt zur Vererbung gelangenden Vermögens bedingt ist, fallen gelassen werden. Anderseits ist auch nicht von dem Steuerbetrage geredet, der durch das fragliche Vermögen veranlaßt ist. Es erscheint also auch nicht richtig, unter den „auf dieses Vermögen entfallenden Steuerbetrag" denjenigen zu verstehen, der sich durch Abzug des auf das nicht doppelt vererbte Vermögen zu errechnenden Betrages von dem auf den Gesamtanfall zu errechnenden Steuerbetrage ergibt. Richtig und dem Wortlaute des Gesetzes entsprechend dürfte es vielmehr sein, den Prozentsatz für den ganzen Erwerb auch für den auf das doppelt vererbte Vermögen anzuwenden (ebenso Mirre, Anm. 6 zu § 35, Finger, Anm. 4e das.). Beträgt also der Gesamtanfall in Klasse II im Januar 1923 steuerpflichtige 4400000 Mark, wovon 1100000 Mark doppelt vererbt sind, so sind von der Gesamtsteuer (440000 Mk.) 55000 Mk. bzw. 22500 Mk. (1/2 oder 1/4 von 110000 Mk.) zu kürzen. Betrüge der Anfall 4410000 Mk., käme also § 10 Abs. 4 zum Zuge, so muß unseres Dafürhaltens gerechnet werden: Gesamtsteuer = 445000 Mk., wovon auf das doppelt vererbte Vermögen $\frac{1100000}{4410000}$ = 110997 Mk. entfallen (a. A. Mirre a. a. O.).

Die gesondert auf dem „gleichen Vermögen" ruhenden Schulden und Lasten sind insgesamt von diesem abzusetzen; die sonstigen Schulden und Lasten sind auf den gesamten Nachlaß anteilig zu verrechnen.

5. Die beiden als Unterlage der Steuervergünstigung dienenden Erbanfälle dürfen nur eine bestimmte Frist auseinanderliegen und müssen im übrigen einander folgen, dürfen also nicht durch andere Erbfälle, Schenkungen oder Verkäufe durchbrochen sein (ebenso Mirre, Anm. 2 zu § 25). Die Frist wird nach Anfang und Ende durch die Zeitpunkte der beiden Erbanfälle, also die Todestage der beiden Erblasser, bestimmt und umfaßt die zwischen diesen beiden Punkten laufende Zeit. Liegen in diesem Zeitraum zehn volle Jahre, welche genau nach dem Datum zu berechnen sind, so ist die Anwendbarkeit der Vorschrift des § 25 ausgeschlossen. Sind zwar fünf, aber noch nicht zehn Jahre in dem Zeitraum vollendet, so bleibt die Steuer für das zum zweitenmal zur Vererbung gelangende Vermögen zu einem Viertel unerhoben. Sofern auch fünf Jahre in demselben noch nicht abgelaufen sind, kommt die Hälfte der genannten Steuer außer Hebung. Gesetzt der erste Erblasser sei am 6. Oktober 1919 verstorben und von seinem Sohn beerbt, welcher das väterliche Vermögen bei seinem Tode wiederum auf seinen Sohn überträgt. Tritt der Tod des Sohnes des ersten Erblassers am 6. Oktober 1929 ein, so versagt die Vorschrift des § 25, weil volle zehn Jahre nach dem Tode des ersten Erblassers abgelaufen sind. Sofern der Sohn schon

am 5. Oktober 1929 verstorben wäre, würde das letzte Jahr noch nicht voll abgelaufen sein, die Steuer bliebe mithin zu einem Viertel unerhoben. In der gleichen Weise berechnet sich die fünfjährige Frist. Beim Tode am 6. Oktober 1924 würde ein Viertel der Steuer ebenmäßig wie beim Tode zum 5. Oktober 1929 und an allen zwischenliegenden Tagen nicht zu erheben sein, beim Tode am 5. Oktober 1924 und an allen vor diesem liegenden Tagen die Hälfte. Die Vorschrift ist auch anzuwenden, wenn der maßgebende oder der erste Erwerb durch Schenkung erfolgte (ebenso Mirre, Anm. 1 zu § 25 und Finger, Anm. 5 zu § 25).

Bezüglich der Fristberechnung vgl. § 64 AbgO. (§§ 187, 188 BGB.).

6. Nach der ausdrücklichen Vorschrift des Gesetzes muß der erste der beiden maßgebenden Erbanfälle der Besteuerung „nach diesem Gesetz", also nach dem neuen Erbschaftssteuergesetz oder nach dem Ges. 1919, dessen Neufassung das Ges. 1922 ist, unterlegen haben. Da nach § 74 des Ges. 1919 dieses mit dem 1. September 1919 in Kraft gesetzt ist und nach § 72 Abs. 1 die Steuerpflicht sich nach dem bisherigen Gesetze bestimmt, wenn der Erblasser vor dem Inkrafttreten des neuen Gesetzes, also vor dem 1. September 1919, verstorben ist, so kann die Vorschrift des § 25 nur Platz greifen, wenn der Tod des ersten Erblassers am 1. September 1919 oder an einem hinter diesem liegenden Tage erfolgt ist. Entsprechendes gilt für Schenkungen. Es entsteht dadurch allerdings zeitweise eine Lücke, in der weder die alte noch die neue Steuervergünstigung Platz greifen kann, nämlich wenn der erste Erbanfall nach dem Ges. 1906, der zweite nach dem neuen Gesetz zu behandeln ist. Härten, welche hieraus entstehen, können lediglich im Wege des Billigkeitserlasses ausgeglichen werden, wozu der § 108 RAbgO. die Handhabe bieten dürfte, welcher das Reichsfinanzministerium allgemein ermächtigt, für einzelne Fälle Steuern, deren Einziehung nach Lage der Sache unbillig wäre, ganz oder zum Teil zu erlassen, oder in solchen Fällen die Erstattung oder Anrechnung bereits entrichteter Steuern zu verfügen.

Unbedingte Voraussetzung für die Anwendung des § 25 ist, daß der frühere Erwerb tatsächlich der Besteuerung unterlegen hat, also nicht etwa nach § 8 oder § 22 befreit war. Steuererlasse aus § 108 AbgO. (vgl. Vorbemerk. vor § 21) ändern nichts daran, daß der frühere Erwerb der Besteuerung unterlegen hat. Ein gleiches dürfte auch dann gelten, wenn die Steuerfreiheit nur in Anwendung des § 13 Ges. eingetreten ist. Ob der Erwerb der Steuer in voller Höhe oder nur zum Teil unterlegen hat (z. B. gemäß § 22 Ziff. 4), ist gleichgültig.

7. Bezüglich des Anwendungsgebietes (§ 1 Abs. 2) ist auf Note 5 a. E. zu verweisen. Es kommen hiernach sowohl für die frühere wie die jetzige Zuwendung Erwerbe von Todes wegen und Schenkungen (§§ 2, 3) in Frage, nicht aber Zweckzuwendungen (§ 4).

II. Teil.

Veranlagung und Erhebung.

I. Steuererklärung.

§ 26.

Jeder der Erbschaftssteuer unterliegende Erwerb ist vom Erwerber, bei einer Zweckzuwendung vom Beschwerten binnen einer Frist von drei Monaten nach erlangter Kenntnis von dem Anfall oder von dem Eintritt der Verpflichtung dem Finanzamt anzumelden.

Erfolgt der steuerpflichtige Erwerb durch ein Rechtsgeschäft unter Lebenden, so ist zur Anmeldung auch derjenige verpflichtet, aus dessen Vermögen der Erwerb stammt.

Einer Anmeldung bedarf es nicht, wenn der Erwerb auf einer von einem deutschen Gericht oder einem deutschen Notar eröffneten Verfügung von Todes wegen beruht und sich aus der Verfügung das Verhältnis des Erwerbers zum Erblasser unzweifelhaft ergibt. Das gleiche gilt, wenn eine Schenkung unter Lebenden oder eine Zweckzuwendung gerichtlich oder notariell beurkundet ist.

a) Verh. bz. Ges.-Erl.: Rt. 1920/22 Aussch.-Ber. Drucks. Nr. 4856 S. 44/45.
b) Richtl.: —
c) Ausf.-Best.: §§ 3—5 sowie §§ 12—15.
d) Erl. d. RFM.: Erl. v. 21. Jan. 1922 (zu § 54 Ges. 19).
e) Ges. 19: § 54 (fast unverändert).
f) Rechtspr.: Urt. d. Preuß. Obertribunals vom 25. Oktober 1877; Urt. d RFH. vom 27. September 1922.
g) Schriftt.: Marcus, Die Anmeldung von Bargutbaben bei Todesfall. DStZ. IX. Sp. 236. Anonym, Anmeldung von Erbschaften und Schenkungen. DStZ. VIII. Sp. 173. Weinbach, Nachlaßanmeldung durch Vermögensverwahrer und Verwalter. DStZ. VIII. Sp. 207.

Inhaltsübersicht.

1. Der § 26 gibt die allgemeine Ordnung für die Anmeldepflicht. Er entspricht fast unverändert dem § 54 des Gesetzes 1919, nur der frühere zweite Satz des Abs. 1 ist gestrichen, welcher die Zulässigkeit einer Verbindung der Anmeldung mit der Einreichung der Nachlaßsteuererklärung aussprach. Folgeweise verdient alles dasjenige, was speziell in Anmerkung 1 zu § 54 in Auflage 3, desgleichen aber auch in den folgenden Anmerkungen über die Entstehung und die Sonderheiten der Fassung gesagt war, jetzt noch Beachtung; es sei darauf Bezug genommen. **Abs. 1.**

2. Nach der aus dem Gesetz 1919 übernommenen Fassung ist die Anmeldepflicht in erster Linie auf den Erwerb gestellt. Dieselbe wird tatsächlich regelmäßig durch den Anfall begründet. Es ist nicht erforderlich, daß stets schon ein vollständiger tatsächlicher Erwerb stattgefunden, daß die Anfallgegenstände in Besitz genommen usw. Da es sich lediglich um eine Anmeldung behuf Genügung einer Steuerpflicht handelt, so bestimmt sich der Anfall bzw. Erwerb nach den besonderen Grundsätzen der Steuergesetzgebung, auch da, wo letztere von dem bürgerlichen Recht abweichen. Der Vorerbe wird nunmehr als Erwerber durch Anfall anmeldepflichtig. Ebenso sind die Grundsätze über bedingten Erwerb usw. als maßgebend anzuwenden. Vgl. Urteil des PrObertribunals vom 25. Oktober 1877 (PrZBl. 1878 S. 209). Im Einzelnen greifen nunmehr die besonderen Vorschriften der Reichsabgabenordnung Platz. Anzumelden ist jedoch nur der eigene steuerpflichtige Erwerb. Da demjenigen, welcher eine Erbschaft innerhalb der gesetzlichen Frist ausschlägt, ein Erwerb aus der Erbschaft nicht anfällt, so muß durch eine Ausschlagung der Erbschaft die Anmeldepflicht beseitigt werden. Ebenmäßig ist jedem einzelnen Erwerber die Anmeldepflicht auferlegt. Dieselbe trifft also nicht etwa nur den oder die Erben, sondern die Vermächtnisnehmer, die Pflichtteilsberechtigten und überhaupt jeden Erwerber von Todes wegen bzw. durch Schenkung unter Lebenden. Die dadurch gegebene Zersplitterung und weitere Verzweigung der Anmeldepflicht wird in der praktischen Durchführung unter den näheren Vorschriften der Ausführungsbestimmungen (vgl. § 4 derselben) im wesentlichen wieder aufgehoben und entsprechend vereinfacht.

Eine allgemeine Darlegung hinsichtlich der Anmeldung von Erbschaften und Schenkungen erbringt auf Grundlage des Gesetzes 1919 DStZ. VIII Sp. 173. Speziell die Anmeldung von Bargutharen bei Todesfall behandelt nach dem früheren Gesetz 19 Marcus in DStZ. IX Sp. 236.

3. Nach einer schon unter dem früheren Gesetz geltenden, jetzt hier besonders verlautbarten Bestimmung ist bei einer Zweckzuwendung der Beschwerte in der gleichen Weise wie der Erwerber eines Anfalls an dessen Stelle anmeldepflichtig gemacht. Dieses entspricht durchaus der eigenartigen Natur der Zweckzuwendung und mußte sich als notwendig erweisen, um das bezügliche Steueraufkommen zu sichern. Die Anmeldepflicht selbst unterliegt den gleichen Grundsätzen wie die des Erwerbers; dieses ist insonderheit bezüglich der Anmeldefrist anzunehmen. Zu vergleichen ist hierzu § 15 der Ausführungsvorschriften.

4. Die Vorschrift des Paragraphen bezieht sich nur auf den der Erbschaftssteuer unterliegenden Erwerb. Folgeweise ist allein ein steuerpflichtiger Erwerb, ein Erwerb, hinsichtlich dessen nach den Vorschriften des Gesetzes die Steuerpflicht rechtlich und tatsächlich begründet ist, zur Anmeldung zu bringen. Ein Erwerb, der wegen einer sachlichen oder persönlichen Befreiung in dem Einzelfall nicht steuerpflichtig ist, braucht nicht angemeldet zu werden. Auch unter der früheren Gesetzgebung galt das Gleiche. So ist insonderheit ein Erwerb, welcher unter den Freigrenzen verbleibt oder sonst nach den §§ 21, 22 des Gesetzes von der Steuer befreit ist, nicht anmeldepflichtig. Ein Erwerb, der infolge Zusammenrechnung nach § 17 des Gesetzes steuerpflichtig wird, unterliegt auch der Anmeldepflicht. Sofern jemand die Anmeldung unterläßt, weil er den Erwerb irrtümlich für steuerfrei hält, hat er selbstredend die Folgen der unterlassenen Anmeldung entsprechend zu tragen.

5. Die Anmeldepflicht entsteht nicht mit dem Anfall, sondern erst in dem Augenblick, in welchem der Bedachte Kenntnis von dem Anfall erhält. Eine Rechtsvermutung, daß diese Kenntnis innerhalb einer bestimmten Zeit nach dem Anfall erlangt sein werde, spricht das Gesetz nicht aus. Den Zeitpunkt der erlangten Kenntnis hat der Anmeldepflichtige bei seiner Anmeldung anzugeben und gegebenenfalls nachzuweisen. Um aus einer Versäumnis der Anmeldepflicht Folgen ziehen zu können, wird das Finanzamt die weiteren Nachweise zu erbringen bzw. den Nachweis des Verpflichteten hinsichtlich einer rechtzeitigen Anmeldung zu entkräftigen haben. Nach Ausschlagung einer Erbschaft kann für denjenigen, welcher infolge der Ausschlagung zu der Erbschaft berufen wird, die Anmeldepflicht erst entstehen, wenn er von der Ausschlagung und damit von seinem Anfall Kenntnis erhält. In Ermangelung von Sondervorschriften gelten für den Lauf der Frist die allgemeinen Grundsätze und zwar in erster Linie nach § 64 der Reichsabgabenordnung die des Bürgerlichen Gesetzbuches, daneben sodann die besonderen der Reichsabgabenordnung in den §§ 65—72, darunter insbesondere der des § 65 über die Zulässigkeit einer Fristverlängerung.

6. Die Anmeldung hat bei dem „Finanzamt" zu geschehen. Nach der Natur der Sache ist unter Finanzamt das zuständige Finanzamt zu verstehen. Über die Zuständigkeit geben die §§ 1, 2 der Ausführungsbestimmungen das Nähere an. Die Anmeldung bei einer nicht zuständigen Steuerbehörde kann demnach an sich den Pflichtigen von seiner Verpflichtung nicht befreien; nach praktischem Brauch dürfte sie tatsächlich in der Regel von der unzuständigen Stelle an die zuständige weitergegeben und so zu einer ordnungsmäßigen gemacht werden; hinsichtlich der Anmeldefrist wird jedoch immer nur der Eingang beim zuständigen Finanzamt maßgebend sein. Die Anmeldung kann schriftlich eingereicht oder mündlich vor dem Finanzamt abgegeben werden, wofür § 170 Abs. 1 der Reichsabgabenordnung entsprechenden Anhalt bieten dürfte. Über die schriftliche Anmeldung sind in der 3. Aufl., Anm. 5, nähere Ausführungen gegeben, auf welche als weiter Platz greifend Bezug genommen wird. Vgl. auch § 4 Abs. 1 Satz 1 der Ausführungvorschriften. Die Verpflichtung zur Anmeldung liegt demjenigen, dem anfällt, persönlich ob; er hat derselben persönlich nachzukommen. Sofern er sich dazu eines Bevollmächtigten oder Vertreters bedient, trägt er die volle Verantwortung und wird nicht entlastet, wenn der Bevollmächtigte oder Vertreter gegen den Auftrag die Anmeldung mangelhaft ausführt oder sie unterläßt. Für geschäftsunfähige, in der Ge-

schäftsfähigkeit beschränkte und für juristische Personen sind die gesetzlichen Vertreter ohne weiteres verpflichtet, s. unter Anm. 11. Ein Erlaß des Reichsfinanzministers vom 21. Januar 1922, welcher zwar zum früheren Gesetz ergangen ist, jetzt aber noch gleiche Bedeutung hat, ordnet an, daß bei Schenkungen an Wohlfahrtsanstalten nicht ohne besonderen Grund Anfragen an die Schenker gerichtet werden sollen.

7. Über den Inhalt der Anmeldung gibt das Gesetz keine besonderen Vorschriften. Demgemäß wird es an sich als genügend zu erachten sein, wenn der Inhalt dem eigentlichen Zweck der Anmeldung, d. i. dem Finanzamt von dem Steuerfall Kenntnis zu geben, erfüllt. Diese Kenntnisgabe muß immerhin so weitgehend sein, daß das Finanzamt bezüglich des betreffenden Falles steuerlich vorgehen kann. Die näheren Vorschriften über den Inhalt der Anmeldung treffen die Ausführungsvorschriften, und zwar hinsichtlich des Erwerbs von Todes wegen in § 5, hinsichtlich der Schenkungen in § 13 und hinsichtlich der Zweckzuwendungen in § 15. Eine ungenügende oder unvollständige Anmeldung wird zur Ergänzung zurückzugeben sein. Nach Maßgabe der allgemeinen Verpflichtung des Finanzamts, für die tatsächliche Besteuerung der gesetzlich der Steuer unterstellten Vorgänge Sorge zu tragen, muß das Finanzamt befugt erscheinen, hinsichtlich derjenigen Erwerbe, für welche möglicherweise eine Steuerpflicht anzunehmen steht, bei den Beteiligten entsprechende Ermittlungen anzustellen und von ihnen Aufklärung, gegebenenfalls durch Anmeldung, zu erlangen. Eine besondere Bestätigung hierfür gibt einerseits ein Urteil des RFH. vom 9. Okt. 1920 (RFHE. III S. 296) mit der Erklärung, der als Steuerpflichtiger in Anspruch Genommene habe nach den §§ 168, 169, 173 RAO. auf alle Fragen Auskunft zu erteilen, deren Beantwortung für die Besteuerung von Bedeutung sein kann, und andererseits ein Urteil des RFH. vom 27. September 1922, indem es ausspricht: Da im Abschluß eines Ehevertrages eine Schenkung liegen kann, so hat das Finanzamt das Recht, Ermittelungen über die Steuerpflicht anzustellen und Auskünfte zu verlangen, auch wenn von den Beteiligten die Schenkungsabsicht verneint wird, denn diese Absicht ist kein einseitiger Begriff und die Auffassung des Pflichtigen und der Steuerbehörde können hierüber sehr verschieden sein (vgl. DVR. 14. Jahrg., S. 229).

Abs. 2.

8. Die Vorschrift des Absatz 2 dehnt die Anmeldepflicht für den Fall, daß der steuerpflichtige Erwerb durch ein Rechtsgeschäft unter Lebenden erfolgt, auf denjenigen aus, aus dessen Vermögen der Erwerb stammt. Als Rechtsgeschäfte unter Lebenden können hier alle diejenigen Fälle in Betracht kommen, welche § 3 des Gesetzes als Schenkungen in steuerlichem Sinne aufführt. Die Verpflichtung hebt die nach der allgemeinen Bestimmung des ersten Absatzes des Paragraphen begründete Pflicht des Erwerbers nicht auf, sondern setzt sich lediglich neben solche. Erfüllt jedoch der Eine die Anmeldepflicht, so wird der Andere frei, wie solches allgemein nach § 94 der Reichsabgabenordnung für alle Fälle gilt, in denen hinsichtlich gleichen Erwerbes mehrere Personen anmeldepflichtig sind. Den Beginn der Frist bestimmt hier nach der Natur der Sache der Zeitpunkt, mit welchem das Rechtsgeschäft zum Abschluß gelangte, denn in diesem Zeitpunkt

vereinigt sich das Entstehen eines steuerpflichtigen Erwerbs mit der Kenntniserlangung der Beteiligten von solchem. Im übrigen kommen lediglich die allgemeinen Grundsätze zum Zuge.

Abs. 3.

9. Der in Abs. 3 ausgesprochene Wegfall der Anmeldepflicht trifft ohne Ausnahme alle diejenigen, denen nach der von einem deutschen Gericht oder einem deutschen Notar eröffneten Verfügung von Todes wegen ein Erwerb anfällt. Nicht befreit wird ein Pflichtteilsberechtigter, welcher der Verfügung entgegen Ansprüche erhebt. Ob Gericht oder Notar der ihnen in diesen Fällen nach § 28 Abs. 2 des Gesetzes obliegenden Verpflichtung der Abschriftsübersendung nachkommen, ist ohne Bedeutung, speziell insoweit, als durch Unterlassen die Beteiligten nicht gegen die Vorschrift des Abs. 3 anmeldepflichtig werden. Der erweiterte Begriff, der hier dem Worte „deutsches Gericht" unterzulegen ist, wurde näher in der 3. Aufl. Anm. 8 zu § 54 dargelegt. Die betreffenden Ausführungen besitzen im wesentlichen jetzt noch Geltung, weshalb auf dieselben Bezug genommen werden soll. Über das praktisch sich an eine Testamentseröffnung anschließende Verfahren des Nachlaßgerichts gibt Finger ESt G. 22 Anm. 6 zu § 26 eine nähere Darlegung. Da in der Vorschrift des Abs. 3 nur gesagt ist, daß es einer Anmeldung in den fraglichen Fällen „nicht bedarf", so ist die an sich bestehende Anmeldepflicht für den steuerpflichtigen Erwerb nicht als solche beseitigt; es besteht keine absolute Befreiung für die betreffenden steuerpflichtigen Erwerber; letztere werden an sich zu den Anmeldepflichtigen zu rechnen sein. Daß mit dem Wegfall der Anmeldepflicht nicht auch die Verpflichtung zur Abgabe einer Erbschaftssteuererklärung beseitigt ist, bedarf kaum einer besonderen Bekräftigung, wie sie jedoch schon in § 12 Abs. 1 der Ausführungsbestimmungen zum Gesetz 1919 gegeben ist.

10. Die Ausnahmevorschrift des Abs. 3 ist an die besondere Voraussetzung geknüpft, daß sich aus der Verfügung das Verhältnis des Erwerbers zum Erblasser unzweifelhaft ergeben müsse. Da die Anmeldung eines steuerpflichtigen Erwerbes eine Klarlegung des besagten Verhältnisses schon der Natur der Sache nach von vornherein erfordern muß, auch die einzelnen Angaben, welche die Anmeldung enthalten soll, in den Ausführungsbestimmungen zu dem Gesetz § 5 dementsprechend festgelegt sind, so läßt sich nicht verkennen, daß eine bezügliche Verfügung eine Anmeldung nur ersetzen kann, wenn sie das in besagter Richtung Erforderliche enthält. In den meisten Fällen wird solches wohl der Fall sein. Trifft letzteres nicht zu, so fällt zwar die Anmeldepflicht der Erwerber nicht fort, es wird die gesetzliche Vorschrift jedoch nicht so strikt ausgelegt zu werden brauchen und nicht ausgelegt werden dürfen, daß nunmehr die betreffende Verfügung überall nicht mehr bei der Anmeldung zur Geltung kommen könne. Legt der Anmeldepflichtige sein Verhältnis zum Erblasser neben der betreffenden Verfügung unzweifelhaft klar und nimmt im übrigen auf letztere, welche er anschließt, bezug, so muß dieses von der Steuerbehörde als eine genügende Anmeldung anerkannt werden. Was das Finanzamt des Weiteren zur Klärung für notwendig erachtet, wird es durch Anfragen von den Erwerbern sich mitteilen lassen können, gegebenenfalls durch Fordern der Steuererklärung nach § 27 des Gesetzes.

11. Der zweite Satz des Absatz 3 enthält die weitere Sonderbestimmung, daß das gleiche wie im ersten Satz gelten solle, wenn eine Schenkung unter Lebenden oder eine Zweckzuwendung gerichtlich oder notariell beurkundet ist. In Übereinstimmung mit dem ersten Satz ist als stillschweigende Voraussetzung anzunehmen, daß die Beurkundung der Schenkung bzw. Zweckzuwendung von einem deutschen Gericht oder einem deutschen Notar vollzogen ist, wiederum in dem erweiterten Sinn zu verstehen ist, wie ihn die Note erklärt. Auch im übrigen findet dasselbe Anwendung, was zu dem ersten Satz hervorgehoben ist. Namentlich ist es wiederum Vorbedingung des vollkommenen Ersatzes, daß aus der Beurkundung das Verhältnis des Beschenkten zum Schenker unzweifelhaft hervorgeht. Die ganze Vorschrift, auch in ihren Einzelheiten, steht in näherer Verbindung einerseits mit den Verpflichtungen, welche das BGB. den Gerichten als Nachlaßgerichten (§§ 2260, 2261, 2262 BGB.) auferlegt, andererseits mit der Anmeldepflicht der Gerichte und Notare nach § 28 des Gesetzes, wozu ferner § 17 der Ausführungsbestimmungen eine Ergänzung bietet. Der Charakter der gerichtlichen oder notariellen Beurkundung der Schenkung unter Lebenden (gesetzliche Notwendigkeit freier Vereinbarung) übt keinerlei Einfluß aus.

Zu Abs. 1—3.

11. In den Absätzen 1—3 des § 26 sind lediglich diejenigen Vorschriften verlautbart, welche ausschließlich für die Erbschaftssteuer hinsichtlich der Anmeldung zur Anwendung kommen sollen. Neben diesen Sondervorschriften greifen aber die allgemeinen Bestimmungen, welche die Reichsabgabenordnung in fraglicher Beziehung für das Steuerrecht insgesamt trifft, entsprechend Platz, sofern sie nicht durch erstere materiell außer Kraft gesetzt sind. Hierher schlagen namentlich die §§ 84, 85 der Reichsabgabenordnung, von denen der erstere den gesetzlichen Vertretern juristischer Personen, und solcher Personen, die geschäftsunfähig oder in der Geschäftsfähigkeit beschränkt sind, die Erfüllung aller Pflichten auferlegt, welche den Personen, die sie vertreten, obliegen, während der letztere für den Fall, daß eine Vermögensverwaltung nach Gesetz, Verordnung der Behörde oder letztwilliger Verfügung anderen Personen als den Eigentümern oder deren gesetzlichen Vertretern zusteht, für die diesbezüglichen Vermögensverwalter, soweit ihre Verwaltung reicht, die gleiche Pflicht begründet. Die letztere Vorschrift trifft insbesondere den Testamentsvollstrecker und Nachlaßverwalter. Eine besondere Darlegung hinsichtlich des Vorbezeichneten gibt Weinbach, Nachlaßanmeldung durch Vermögensverwahrer und -Verwalter (DSZ. VIII Sp. 207) auf Grund des Gesetzes 1919. Des Weiteren ist § 86 a. a. O. anzuführen mit der Bestimmung, daß bei Personenvereinigungen, die als solche steuerpflichtig sind, aber keine eigene Rechtspersönlichkeit besitzen, die Vorstände oder Geschäftsführer und, soweit solche nicht vorhanden sind, die Mitglieder die Pflichten zu erfüllen haben, welche den Personenvereinigungen wegen der Besteuerung auferlegt sind, sowie, daß das gleiche auch für Zweckvermögen und sonstige, einer juristischen Person ähnliche Gebilde, die als solche der

Besteuerung unterliegen, gelten solle. Das Vorberührte ordnete im wesentlichen für das Gesetz 1919, das vor der Reichsabgabenordnung erlassen war, der § 56 besonders an; der Paragraph war in dieser Beziehung für das neue Gesetz gegenstandslos geworden und konnte, wie geschehen, fallen gelassen werden.

12. Die Unterlassung der Anmeldung seitens eines Verpflichteten unterliegt gleicherweise den allgemeinen Strafvorschriften der Reichsabgabenordnung. Es wird sich hierbei mehr oder weniger ausschließlich um die Ordnungsstrafe des § 377 a. a. O., sowie um die danach möglichen Zwangsmittel handeln. Mirre, ESt. 1922 Anm. 1 zu § 26 zieht auch die §§ 359 und 367 als gegebenenfalls anwendbar an; die inneren Voraussetzungen dieser Paragraphen dürften aber kaum je erfüllt werden. — Auf der anderen Seite regelt sich auch der Schutz des Steuer- oder sonst Pflichtigen gegen zu weitgreifende oder ungerechtfertigte Anforderungen des Finanzamtes hinsichtlich der Anmeldung vollständig nach den Vorschriften der Reichsabgabenordnung, da das Erbschaftssteuergesetz in dieser Beziehung keine Vorschriften enthält. Der Hauptsache nach wird auf der Grundlage des § 224 der Reichsabgabenordnung das Beschwerdeverfahren derselben (2. Teil, 4. Abschnitt, 5. Titel) in den §§ 281—283 praktisch werden. Das Berufungsverfahren (daselbst 3. Titel) wird nur mehr ausnahmsweise begründet erscheinen können. Gegebenenfalls werden in letzterer Beziehung nunmehr die Vorschriften über die Vereinfachung im Besteuerungsverfahren unter IV (§§ 13, 14, 15) der Verordnung des Reichspräsidenten über Steueraufwertung und Vereinfachungen im Besteuerungsverfahren vom 11. Okt. 1923 (Steueraufwertungsverordnung) zur Geltung gelangen.

§ 27.

In den Fällen des § 26 kann das Finanzamt von den zur Anmeldung Verpflichteten innerhalb einer von ihm zu bestimmenden Frist die Abgabe einer Erklärung verlangen. Die Frist muß mindestens einen Monat betragen.

Die Erklärung hat ein Verzeichnis der zum Nachlaß gehörenden Gegenstände und die sonstigen für die Feststellung des Gegenstandes und des Wertes des Erwerbes erforderlichen Angaben nach näherer Bestimmung des Reichsministers der Finanzen zu enthalten.

a) Verh. bz. Ges.-Erl.: Rt. 1920/22. Aussch.-Ber. Druckf. Nr. 4856 S. 44/45.

b) Richtl.: —

c) Ausfbest.: §§ 27—30.

d) Erl. d. RFM.: —

e) Ges. 19: § 55 (letzter Satz gestrichen, neuer Abs. 2 zugesetzt).

f) Rechtspr.: Urt. d. RFH. v. 28. Oktober 1921, RStR. Spr. S. V S. 19; Urt. d. RFH. vom 22. Dezember 1921, DStR. 14. Jahrg. S. 229; Urt. d RFH. vom 9. Oktober 1920, Urt. d. RFH. vom 5. Juli 1921.

g) Schrifttt.: Karger, Die Auseinandersetzung der Ehegatten vor Abgabe der Erbschaftssteuererklärung. DStZ. XI Sp. 1157.

Inhaltsübersicht.

1. Die Vorschriften des § 27 beziehen sich auf die Steuererklärung, wenngleich sie selbst nur von „Erklärung" sprechen und den Ausdruck „Steuererklärung" nicht haben; letzterer findet sich aber in der Überschrift des Abschnittes. An sich stellt sich die Steuererklärung als eine Erweiterung der Anmeldung dar; während die Anmeldung den Steuerfall als solchen nur zur Kenntnis des Finanzamtes bringen soll, hat die Steuererklärung die näheren Unterlagen für die steuerliche Beurteilung des Falls zu erbringen; der § 168 der Reichsabgabenordnung kennzeichnet die Steuererklärungen als „Erklärungen, die nach Vorschrift der Gesetze oder Ausführungsbestimmungen als Unterlage für die Festsetzung einer Steuer dienen". Der Abs. 1 des § 27 gibt im wesentlichen den § 55 des Gesetzes von 1919 wieder, nur der Schlußsatz desselben ist gestrichen; die berührte Eigenart hinsichtlich der Bezeichnung findet sich schon im früheren Gesetz. Die näheren Ausführungen über den Erlaß und über letztere Eigenart, welche die Anm. 1, 2 der 3. Aufl. zu § 55 bringen, haben mithin jetzt noch eine gewisse Bedeutung. Der Abs. 2 ist eine Neueinfügung des Gesetzes 1922; vgl. unten Anm. 6.

Absatz. 1.

2. Die Einreichung einer Steuererklärung wird von dem Gesetz nicht ohne weiteres jedem, dem ein steuerpflichtiger Erwerb anfällt oder zugewendet wird, zur Pflicht gemacht; es wird vielmehr das Verlangen einer solchen in das Ermessen des Finanzamts gestellt, wodurch eine nicht unwesentliche Erleichterung für die Steuerpflichtigen bedingt ist. In welchen Fällen das Finanzamt von der Berechtigung zum Einfordern einer Steuererklärung Gebrauch machen will oder Gebrauch machen zu müssen glaubt, unterliegt lediglich seiner freien Beurteilung. Nach Maßgabe der Anmeldung hat das Finanzamt in jedem Fall die einschlagenden Verhältnisse näher zu prüfen; wenn danach zur gründlichen Klärung der Sachlage in steuerlichem Interesse, das hierbei in erster Linie in Frage kommt, die Einreichung einer Steuererklärung notwendig erscheint, so hat es eine solche anzuordnen. Nach der Fassung des jetzigen Gesetzes soll eine Steuererklärung in „den Fällen des § 26" gefordert werden können; dadurch wird also der Fall des Abs. 3 dieses Paragraphen mit getroffen; folgeweise ist auch derjenige, welcher nach § 26 Absatz 3 von der Anmeldepflicht befreit ist, zur Abgabe einer Steuererklärung auf Anfordern des Finanzamts verpflichtet; vgl. im folgenden Note 5. Ebenso ist das Finanzamt bezüglich seiner Anforderung nicht beschränkt; es kann solche schon vor der Anmeldung und beliebig nach derselben stellen. Sofern Zweifel über die Steuerpflicht, die in erster Linie für das Anfordern einer Steuererklärung die Grundlage bildet, bestehen, wird

das Finanzamt immerhin berechtigt erscheinen, eine Erklärung zu verlangen, weil solche erforderlich sein wird, um die Zweifel zu heben. Eine Begründung hat das Finanzamt seiner Forderung der Steuererklärung nicht beizugeben. Ein Urteil d. RFH. vom 22. Dez. 1921, welches, obwohl zum EStG. 19 ergangen, noch als maßgebend anzusehen ist, spricht aus: Die Bestimmung des § 169 Satz 2 RAO. wird durch den § 55 EStG. 19, nach der das Finanzamt Steuererklärung fordern kann, nicht beseitigt; wie der RFH. schon mehrfach ausgesprochen (Urt. vom 9. Okt. 1920; Urt. vom 5. Juli 1921) kann das dem Finanzamt zugebilligte Ermessen auch dazu führen, bei zweifelhafter Rechtslage die Möglichkeit einer Steuerpflicht als gegeben anzusehen und demgemäß eine Steuererklärung zu fordern (DVR. 14. Jahrg. S. 229). Dem Steuerpflichtigen steht auch hier der Schutz des Rechtsmittelverfahrens zu. Unter Umständen kann hierbei eine vorläufige Festsetzung der Steuer nach § 82 Abs. 1 RAO. und ein vorläufiger Steuerbescheid als ein Aushilfsmittel dienen; vgl. dazu Finger EStG. 22 Anm. 1 zu § 27. Aus der Entstehungsgeschichte der Vorschrift, wie sie in der 3. Auflage Anm. 5 zu § 55 näher dargelegt ist, ergibt sich, daß der Gesetzgeber von Haus aus eine milde Handhabung derselben im Interesse des Steuerpflichtigen beabsichtigt hat. Das Gesetz 1919 hatte in seinem § 56 den Kreis der zur Abgabe einer Steuererklärung verpflichteten Personen unter bestimmten Voraussetzungen noch erweitert; dieses ist im neuen Gesetz fallen gelassen, weil sich eine derartige besondere Bestimmung mit Rücksicht auf die inzwischen erlassene Reichsabgabenordnung erübrigte; vgl. unten Anm. 7.

3. Die **Frist**, innerhalb welcher die Steuererklärung einzureichen ist, hat das anordnende Finanzamt zu bestimmen. Es muß eine solche Frist bei jeder Forderung einer Steuererklärung festlegen und wird die Festsetzung je nach den verwickelteren oder einfacheren Verhältnissen des einzelnen Falles für einen längeren oder kürzeren Zeitraum zu treffen haben. Der Natur der Sache wird es entsprechen, daß die gesetzte Frist nicht schon innerhalb des Laufes der Anmeldungsfrist ihr Ende erreicht; letzteres war hinsichtlich der früheren Gesetzgebung bestritten, vgl. 3. Aufl., Anm. 4 zu § 55. Finger, EStG. 22 Anm. 5 zu § 27 hält auch jetzt die Wahrung der Anmeldefrist für nicht erforderlich. Nach ausdrücklicher Gesetzesvorschrift soll die Frist mindestens **einen** Monat betragen. Die Festsetzung ist von dem Finanzamt regelmäßig in der Verfügung, mit welcher die Steuererklärung verlangt wird, zu treffen. Auf entsprechendes Ansuchen eine Verlängerung der zunächst bestimmten Frist eintreten zu lassen, muß das Finanzamt nach Lage der Sache und nach allgemeinem Grundsatz als befugt angesehen werden, wenn auch das Gesetz eine besondere Vorschrift nach dieser Richtung hin nicht vorgesehen hat. Die Ausführungsbestimmungen lassen jetzt nach § 27 Abs. 5 unter Bezugnahme auf § 65 der Reichsabgabenordnung eine Verlängerung der festgesetzten Frist ausdrücklich zu. Die Berechnung der gesetzten Frist erfolgt nach den allgemeinen Grundsätzen.

4. Eine Steuererklärung kann von **jedem Anmeldepflichtigen**, also von jedem, dem ein steuerpflichtiger Erwerb anfällt oder zugewendet wird, bei der Zweckzuwendung vom Beschwerten, verlangt werden, mithin nicht nur vom Erben, sondern auch vom Vermächtnisnehmer, dem Erwerber aus einer Schenkung, sei es von Todes wegen, sei es unter Lebenden usw., sofern nur das Finanzamt solches nach Lage der Sache für geboten erachtet. Es findet vollständig dasjenige Anwendung, was bezüglich der Anmeldung oben zu § 26 ausgeführt wurde. Unter mehreren Verpflichteten kann das Finanzamt nach freiem Ermessen denjenigen auswählen, von dem es die Steuererklärung verlangt. Spezielle Anweisungen hiefür geben die Ausführungsvorschriften im Abs. 2 des § 27. Bekommt das Finanzamt von dem zuerst gewählten Pflichtigen eine ausreichende Steuererklärung nicht, weil demselben eine entsprechende Kenntnis oder die erforderlichen Unterlagen fehlen, so kann es auf einen anderen Pflichtigen greifen und von diesem ebenfalls eine volle Steuererklärung fordern, sofern eine Ergänzung der ersten nicht genügend erscheint. Das gleiche gilt allgemein für jede einzelne Steuererklärung. Die Frage, ob eine solche nach den Verhältnissen des einzelnen Falles als genügend zu erachten ist, hat wiederum allein das Finanzamt zu entscheiden. Erachtet dieses die Steuererklärung als ungenügend, so kann es das Verlangen nach einer solchen wiederholen; es wird in diesem Fall die erste Einreichung einer Steuererklärung nicht weiter in Betracht kommen; in letzterer Beziehung bestanden unter der früheren Gesetzgebung Zweifel, vgl. 3. Auflage, Anm. 6 zu § 55.

5. Ebenso wie nach Lage der Sache und ohne daß solches im Gesetz besonders hervorgehoben zu werden brauchte, das Verlangen einer Steuererklärung nur ein zuständiges Finanzamt stellen kann, ebenso hat der Anmeldepflichtige dem bezüglichen Verlangen eines jeden zuständigen Finanzamts Folge zu leisten. Hinsichtlich der Zuständigkeit enthalten die §§ 1, 2 der Ausführungsbestimmungen das Nähere. Wenn Zweifel über die Zuständigkeit entstanden sind, sei es wegen einer unvollständigen ersten Feststellung der Sachlage, sei es wegen irgendwelcher Meinungsverschiedenheiten, und es ist sodann nach voller Klärung der Sachlage die Zuständigkeit endgültig festgelegt, so hat der Anmeldepflichtige dem Verlangen des danach zuständigen Finanzamts auf eine Steuererklärung stattzugeben, selbst wenn er die bezügliche Anmeldung seines steuerpflichtigen Erwerbes bei einem anderen Finanzamt bereits gemacht hatte. Das gleiche ist an sich der Fall, wenn der Anmeldepflichtige seine Anmeldung an ein nicht zuständiges Finanzamt gesendet und das letztere die Anmeldung an das zuständige abgegeben hatte. Eine entsprechende Aufklärung über die Zuständigkeit wird in derartigen besonderen Fällen dem Anmeldepflichtigen beim Verlangen der Steuererklärung von dem Finanzamt gegeben werden müssen. Dem in Anspruch genommenen Erwerber steht ein Beschwerderecht zu. Eine Steuererklärung zu Protokoll wird nur das zuständige Finanzamt entgegenzunehmen haben. Der besondere Fall, daß das Übersenden einer Steuererklärung entbehrlich erscheint, wird in den Ausführungsbestimmungen § 27 Absatz 3 berührt.

Absatz 2.

6. Die Einfügung des Absatz 2 in das neue Gesetz bedeutet keine materielle, sondern nur eine formelle Änderung, die sich dadurch als notwendig erweist, daß der § 53 des Gesetzes 1919 und und damit auch der letzte Satz des § 55 in Wegfall kam. In dem Abs. 2 sind gewisse Grundbedingungen für die Steuererklärung verlautbart,

die aber gleichzeitig in ihren Einzelheiten der näheren Regelung des Reichsministers der Finanzen vorbehalten sind. Ein Gleiches war in fast derselben Weise durch den § 53 Absatz 3 des Gesetzes 1919 vorgeschrieben, nur war der Reichsfinanzminister hinsichtlich der näheren Bestimmungen an die Zustimmung des Reichsrats gebunden. In Wirklichkeit liegt das Hauptgewicht in den Ausführungsvorschriften des Reichsfinanzministers. Der frühere Stand und seine Entwicklung ist in der 3. Auflage in den Anmerkungen 6 und 7 zu § 53 sowie 9 und 10 zu § 55 dargestellt und dürfte im einzelnen noch ein gewisses Interesse bieten. — Einen Sonderfall, der sich im wesentlichen auf die Vorgänge vor Abgabe der Steuererklärung bezieht, behandelt unter dem Gesichtspunkt des neuen Gesetzes Karger, Die Auseinandersetzung der Ehegatten vor Abgabe der Erbschaftssteuererklärung, DStZ. XI, Sp. 1157.

Zu Abs. 1 und 2.

7. Die Bestimmungen des § 27 über die Steuererklärung stehen in dem gleichen Verhältnis zu den bezüglichen allgemeinen Vorschriften der Reichsabgabenordnung wie die des § 26 über die Anmeldung; vgl. Anm. 11 zu § 26. Es greifen bezüglich der Regelung des § 27 in erster Linie die Bestimmungen unter II, Pflichten der Steuerpflichtigen, Reichsabgabenordnung zweiter Teil, dritter Abschnitt, erster Titel in den §§ 168—176 Platz. Die eigentliche Grundlage für die Steuererklärung enthält der § 168 a. a. O., der gleichzeitig in Verbindung mit § 169 den Kreis der zur Abgabe Verpflichteten abgrenzt. Ebenso kommen aber auch die Spezialvorschriften über die Form der Steuererklärung (§ 170), über Wertangaben (§ 171), über persönliches Erscheinen vor dem Finanzamt (§ 172), über den Nachweis der Richtigkeit der Angaben (§ 173) usw. in Betracht. Als besonders beachtenswert ist die Vorschrift des § 170 Abs. 2 hervorzuheben, nach welcher das Finanzamt befugt ist, Steuerpflichtigen, welche die Frist zur Abgabe der Steuererklärung nicht wahren, zugunsten des Reiches einen Zuschlag bis zu 10 v. H. der endgültig festgesetzten Steuer aufzuerlegen. Dementsprechend sind auch für die Erbschaftssteuer in entsprechender Weise die Entscheidungen maßgebend, welche der Reichsfinanzhof über Steuererklärungen im allgemeinen — vgl. insbesondere Urt. d. RFH. vom 28. Oktober 1921 RStR. Sp. 1 V. S. 19 — gefällt hat. Die hauptsächlichsten Einzelbestimmungen, welche für die Steuererklärung bei der Erbschaftssteuer Platz greifen, haben die Ausführungsbestimmungen hinsichtlich des Erwerbs von Todes wegen in den §§ 27, 28, hinsichtlich der Schenkungen im § 29 und hinsichtlich der Zweckzuwendungen im § 30 unter entsprechender Zuspitzung und Beigabe von Mustern (Muster 9, 10) verlautbart.

8. Die Besteuerung insgesamt treffenden Strafvorschriften der Reichsabgabenordnung sind ebenmäßig wie bei der Anmeldung (vgl. Anm. 12 zu § 26) für die Steuererklärung bezüglich der Erbschaftssteuer zur Anwendung zu bringen und zwar bei der Erweiterung des Gehalts und der Bedeutung der letzteren gegenüber ersterer in einem umfassenderen Maße. Neben dem immerhin noch hauptsächlichsten § 377 der Reichsabgabenordnung werden hier die §§ 359 und 367 voller zur Geltung kommen, gegebenenfalls daneben auch noch weitere Vorschriften. — Der Schutz, der den Steuerpflichtigen grundsätzlich gegen

zweifelhafte, die Steuererklärung betreffende Maßnahmen des Finanzamts gewährt werden muß, regelt sich ausschließlich nach den Vorschriften der Reichsabgabenordnung. Es greifen wiederum im wesentlichen die bezüglichen Ausführungen in Anm. 12 zu § 26 Platz, nur daß neben dem Beschwerdeverfahren das Berufungsverfahren zu weitergehender Bedeutung gelangen wird. Ebenmäßig trifft der Hinweis auf die Steueraufwertungsverordnung — Verordnung des Reichspräsidenten über Steueraufwertung und Vereinfachungen im Besteuerungsverfahren vom 11. Oktober 1923 — zu, welchen Anm. 12 zu § 26 erbringt. — In allen diesen Einzelbeziehungen gelten hinsichtlich der Erbschaftssteuer ausschließlich, aber ebenso auch vollständig, die gesetzlichen Vorschriften, welche die Reichsabgabenordnung als allgemein getroffen hat.

II. Pflichten Dritter.

§ 28.

Dem Finanzamt haben von Amts wegen mitzuteilen

1. die Standesämter: die Sterbefälle;
2. die Gerichte: Erbscheine, Todeserklärungen, die sie ausgesprochen haben, und die von ihnen angeordneten Nachlaßpflegschaften;
3. die Gerichte und die Notare: die Vornahme von Erbauseinandersetzungen.

Gerichte, Notare und andere zur Beurkundung von Grundstücksverträgen zuständige Beamte haben beglaubigte Abschriften der von ihnen eröffneten Verfügungen von Todes wegen und beurkundeten Schenkungen und Zweckzuwendungen zu übersenden. Die Verpflichtung bezieht sich auch auf Geschäfte, die sachlich eine Schenkung enthalten.

a) Verh. bz. Ges.-Erlaß: Rt. 1920/22 Aussch.-Ber. Drucks. Nr. 4856 S. 46/47.

b) Richtl.: B Ziff. 25.

c) Ausfbest.: §§ 6, 7, 9—11, 16—19, 21.

d) Erl. d. RFM.: Erl. vom 15. Januar 1921; Erl. vom 21. November 1921. (früheres Gesetz); Erl. vom 7. August 1922 (G. 1922).

e) Ges. 19; § 58 (mit einigen erweiternden Änderungen).

f) Rechtspr.: Urt. d. RFH. vom 27. Januar 1922. Beschl. d. KG. vom 9. November 1922.

g) Schrifttt.: Riemann, Die Auskunftspflicht Dritter gegenüber den Finanzämtern gemäß §§ 177, 209 RAO. DStBl. 4. Jahrg. Sp. 107. Löffler, Vom neuen Erbschaftssteuergesetz. Verbst. 3. Jahrg. S. 14, Josef Marcus, Der teuere Erbschein DStZ. XII Sp. 665.

Inhaltsübersicht.

5. Erbschein.
6. Todeserklärung.
7. Nachlaßpflegschaft.
8. Erbauseinandersetzungen.
9. Neuordnung des Absatz 2.
10. Zuständigkeit für Beurkundung von Grundstücksverträgen.
11. Allgemeine Beistandspflicht.
12. Zuständigkeit. Kosten.
13. Weitere behördliche Verpflichtungen.

1. Der Eigenart der Erbschaftsbesteuerung entspricht es, daß die Finanzämter bei der Ermittlung und Veranlagung der Steuer in besonderer und umfassenderer Weise der Mitwirkung von Behörden und Dritter bedürfen, wie solche in den §§ 28—30 näher festgelegt ist. Dieses Bedürfnis hat sich von Anfang an in dem gleichen Maße gezeigt und ist im wesentlichen unverändert geblieben. Die jetzigen Vorschriften erscheinen daher mit nur geringfügigen Abweichungen, welche wir bei den Einzelpunkten berühren werden, bereits in den Erbschaftssteuergesetzen 1906 und 1919; so entspricht speziell der jetzige § 28 dem § 58 des Gesetzes 1919 und dem § 40 des Gesetzes 1906. Folgeweise greifen die früheren Ausführungen über die Entstehung und die Begründung der bezüglichen Gesetzesvorschriften jetzt noch in gleicher Weise Platz; insbesondere sei auf die Anm. 1 zu den §§ 58, 59 in der 3. Aufl. verwiesen. Allgemein ist bezüglich der Pflichten Dritter zu vergleichen der Aufsatz von Löffler, Vom neuen Erbschaftssteuergesetz. Verbst. 3. Jahrg., S. 14.

2. Der 28 regelt die Mitwirkung, welche den Steuerbehörden bei der Erhebung der Erbschaftssteuer von den sonst nicht mit dieser Erhebung betrauten anderen Behörden zuteil werden muß, um eine allgemeine ausnahmslose Durchführung der Steuererhebung zu ermöglichen. Als solche zur Mitwirkung berufene Behörden kommen namentlich die Standesbeamten und die Gerichte in Frage. Mit Rücksicht darauf, daß die Anordnung der Mitwirkung der in Betracht kommenden Behörden immerhin in das allgemeine Verwaltungsrecht und die bestehende Verwaltungsordnung der einzelnen Länder eingreifen muß, war es in gleicher Weise wie früher notwendig, die Verpflichtung der fraglichen Behörden zur Mitwirkung im Gesetz selbst festzulegen. Auf Grund der gesetzlich normierten Mitwirkungspflicht erscheint der Reichsrat zweifellos befugt, die näheren Anordnungen hierfür in den Ausführungsvorschriften zu treffen. Außer den Standesämtern und den Gerichten sind es die Notare und die zur Beurkundung von Grundstücksverträgen zuständigen Beamten, deren Mitwirkung beansprucht werden muß. Auch hierfür gibt § 28 die gesetzliche Unterlage.

Neben den besonderen Vorschriften des § 28 kommen uneingeschränkt die allgemeinen Bestimmungen des Steuerrechts über die Inanspruchnahme von Behörden und Dritten zur Geltung, welche in der Reichsabgabenordnung verlautbart sind. Insbesondere greift die Regelung über die Beistandspflicht der Behörden und berufsständischen Vertretungen in den §§ 191, 192 Reichsabgabenordnung Platz, daneben die Erweiterung, welche § 22 Abs. 1 a. a. O., trifft. Bezüglich des Näheren sei auf die Ausführungen in der 3. Auflage in der Anm. 9 zu § 58 verwiesen.

Absatz 1.

3. Wesentlich muß es zunächst erscheinen, daß die Finanzämter von jedem Sterbefalle Kenntnis erhalten, um danach zu prüfen,

ob ein steuerpflichtiger Anfall begründet ist oder nicht. Diese Kenntnis ist sachgemäß nur durch die mit der amtlichen Verlautbarung der Sterbefälle betrauten Standesbeamten zu erlangen; folgeweise sind diese zu der Mitteilung der eingetretenen Sterbefälle verpflichtet worden. Wie diese Mitteilungen im einzelnen zu machen sind, bestimmen die Ausführungsbestimmungen in ihren §§ 6—8 über die Totenlisten, vermittelst welcher die fraglichen Mitteilungen von den Standesämtern zu erstatten sind. Insbesondere schneidet hier der § 6 in das Verwaltungsgebiet der Länder ein, indem er übereinstimmende Vorschriften über das gewissermaßen die Grundlage bildende Verzeichnis der Standesämter trifft, das überall im Deutschen Reiche nach gleichen Grundsätzen aufzustellen und zu behandeln ist. Der § 7 enthält die notwendigen Bestimmungen über den Inhalt der Totenlisten; ihm sind als Muster 1 der Formulare für die regelmäßig monatlich aufzustellenden Totenlisten und als Muster 2 das Formular für die Fehlanzeigen, die mangels mitzuteilender Sterbefälle einzusenden sind, angefügt. Die Totgeburten, welche im Sterberegister des Standesamts erscheinen, sind nicht mit in die Totenlisten aufzunehmen; a. M. Finger EStG. 22 Anm. 4 zu § 28; vgl. jedoch Muster 1 der Totenliste unter Ziffer 4a der Anleitung zur Ausfüllung. Der § 8 endlich macht den Finanzämtern eine Überwachung des pünktlichen Eingangs der Totenlisten und Fehlanzeigen nach bestimmter Einzelordnung zur Pflicht. — Für die Finanzämter muß es von Interesse sein, sowie gleichzeitig zur Vereinfachung des ganzen Verfahrens dienen, wenn die zu gebenden Mitteilungen von vornherein in einzelnen Beziehungen über dasjenige, was von den Standesbeamten in dem Sterberegister zu verlautbaren ist, hinausgehen; demgemäß enthalten die Totenlisten einige Fragen, die nicht ohne weiteres aus dem Sterberegister zu beantworten sind. Da es nicht angängig erscheint, den Standesbeamten mit einer außerhalb seiner eigentlichen Dienstverrichtungen liegenden Tätigkeit zu belasten, so ist er zur Beantwortung der letzteren Fragen nur verpflichtet, soweit er es aus eigenem Wissen oder infolge Befragung des den Sterbefall Anmeldenden vermag; weitere besondere Ermittelungen aufzustellen hat er nicht nötig, doch steht natürlich nichts entgegen, wenn er sich dem freiwillig im Interesse der Sache unterzieht.

4. Die gleiche Verpflichtung wie den Standesämtern liegt, wie § 9 der Ausführungsbestimmungen besonders hervorhebt, den zur Beurkundung der Sterbefälle von Deutschen ermächtigten diplomatischen Vertretern und Konsuln des Reichs bezüglich der von ihnen beurkundeten Sterbefälle von Deutschen ob. Ebenso sind diese Stellen verpflichtet, die innerhalb ihres Amtsbezirks vorkommenden, ihnen auf sonstige Weise bekannt werdenden Sterbefälle von Deutschen mitzuteilen. Die Mitteilungen sind dem Auswärtigen Amt oder der von diesem bestimmten Amtsstelle zu übersenden; das dem § 9 angeschlossene Muster 3 gibt das erforderliche Formular dafür. — Ein Erlaß des Reichsministers der Finanzen vom 21. Nov. 1921 — zum EStG. 19 erlassen, aber auch jetzt als zu Kraft bestehend anzusehen — legt den Seemannsämtern eine entsprechende Verpflichtung auf; vgl. unten Anm. 12 a. E.

5. Unter den besonderen Verpflichtungen, welche § 28 Abs. 1 für die Gerichte begründet, steht an erster Stelle die Mitteilung

des Erbscheines. In dieser Verpflichtung haben wir eine Neuerung des jetzigen Gesetzes zu erblicken, welche auf der eigenen Bedeutung, die der Erbschein für die Ermittlung der Sterbefälle und der dabei in Frage kommenden Einzelheiten besitzt, sich gründet. Die gesetzliche Regelung bezüglich des Erbscheines erbringt BGB. unter dem 8. Abschnitt des 5. Buches in den §§ 2353—2370. Der Erbschein stellt sich demnach als ein Zeugnis dar, welches das Nachlaßgericht dem Erben auf Antrag über sein Erbrecht, und, wenn er nur zu einem Teile der Erbschaft berufen ist, über die Größe des Erbteiles zu erteilen hat (BGB. § 2353). Für die dem Nachlaßgericht obliegenden Verpflichtungen sind die Amtsgerichte zuständig (Gesetz über die Angelegenheiten der freiwilligen Gerichtsbarkeit vom 17. Mai 1898 § 72). Die Ausführungsbestimmungen zum Erbschaftssteuergesetz regeln die Sonderpflicht allgemein (Erteilung beglaubigter Abschrift) in dem Absatz 6 ihres § 16 und stellen dabei die besondere Pflicht zur Übersendung von Zeugnissen über die fortgesetzte Gütergemeinschaft fest. Wegen der gegebenenfalls Platz greifenden Erweiterung der Pflicht vgl. unten Anm. 11. — Im allgemeinen Zusammenhang sei hier auf einen Aufsatz von Josef Marcus, Der teuere Erbschein DStZ. XII Sp. 615 hingewiesen, in welchem die außerordentlich hohen Kosten, die die Erteilung des Erbscheines für den Steuerpflichtigen verursacht, bemängelt werden.

6. Wie die Sterbefälle können die Todeserklärungen Aufklärung über einen steuerpflichtigen Anfall bieten; es sind deshalb die Gerichte verpflichtet, von den ergangenen Todeserklärungen den Finanzämtern Mitteilung zu machen. Verpflichtet sind diejenigen Gerichte, welche die Todeserklärungen ausgesprochen haben. Zu machen sind die Mitteilungen dem zuständigen Finanzamt und zwar sofort nach Erlaß des bezüglichen Urteils. Die Ausführungsbestimmungen geben in ihrem § 10 Näheres. Danach sind beglaubigte Abschriften des Urteils unverzüglich nach der Verkündigung zu übersenden und mitzuteilen, was über das Vorhandensein einer Verfügung des Erblassers von Todes wegen, die Person des Erben und die Höhe des Nachlasses sowie der Erbteile bekannt geworden ist. Der Ablauf der im § 976 ZPO. für die Anfechtungsklage bestimmten Frist ist nicht abzuwarten.

7. Des Weiteren sind die Gerichte nach Ziffer 2 des 1. Absatzes des § 28 verpflichtet, den Finanzämtern die von ihnen angeordneten Nachlaßpflegschaften (§ 1960 BGB.) mitzuteilen. Diese Bestimmung wurde in das Erbschaftssteuergesetz 1919 neu eingefügt und hinsichtlich des Näheren ist die 3. Auflage in den Anm. 8 zu § 19 und 5 zu § 58 zu vergleichen. Die jetzigen Ausführungsbestimmungen ordnen die bezüglichen Einzelheiten in ihrem § 16 Abs. 5 an, der in gleicher Weise die Erbauseinandersetzungen (s. nachstehend Anm. 8) trifft; eine beglaubigte Abschrift der ergangenen Verhandlungen wird nicht verlangt, dahingegen sind die einzelnen Punkte, auf welche sich die Mitteilung zu erstrecken hat, ausdrücklich anzugeben. Und, was bezüglich der Nachlaßpflegschaft gilt, ist in vollem Umfang auf die Nachlaßverwaltung, sofern eine solche von dem Nachlaßgericht selbständig angeordnet wird, anzuwenden, da sich nach § 1975 BGB. die Nachlaßverwaltung nur als eine materielle Abscheidung aus der Nachlaßpflegschaft bzw. als ein Teil oder eine Art der letzteren darstellt.

8. Nach Ziffer 3 sollen ferner die Gerichte und Notare die **Vornahme von Erbauseinandersetzungen** amtlich zur Kenntnis bringen. Auch diese Bestimmung ist dem Erbschaftssteuergesetz 1919 neu eingefügt, nach der Begründung des Entwurfs aus Zweckmäßigkeitsrücksichten, die sich nicht verkennen lassen. Das Nachlaßgericht und neben demselben oder an dessen Stelle die dazu landesgesetzlich berufenen Notare haben eine vermittelnde Tätigkeit zur Erleichterung der Erbauseinandersetzung nach Maßgabe der Bestimmungen des Gesetzes über die Angelegenheiten der freiwilligen Gerichtsbarkeit in den §§ 86—98, 192, 193 sowie unter Beachtung der Vorschriften in §§ 2042—2049 BGB. auszuüben, welche sich auf die Feststellung der Teilungsmasse, die Ermittelung der Anrechte der Beteiligten und die eigentliche Auseinandersetzung bezieht; letztere kann wiederum durch Teilung der Nachlaßgegenstände in Natur oder durch Verkauf derselben und Teilung des Erlöses oder durch Übernahme von Nachlaßgegenständen seitens einzelner Erben und Abfindung der übrigen vollzogen werden. Aus allen diesen Betätigungen können sich brauchbare Unterlagen für das Vorgehen der Finanzämter ergeben. Den letzteren wird dabei die Berechtigung zuzugestehen sein, gegebenenfalls auf das Nachlaßgericht behuf Erfüllung dessen Verpflichtung zur Testamentseröffnung usw. (BGB. § 2260) nach Maßgabe ihrer besonderen Interessen vermittelst Anträgen und dergleichen einzuwirken, gegebenenfalls beschwerdeführend vorzugehen. Die Ausführungsbestimmungen zum Gesetz berühren die fragliche Mitteilungspflicht im § 16 Absatz 5 und stellen bezüglich derselben die gleichen Anforderungen wie für die Nachlaßpflegschaften (s. Anm. 7). In dem gleichen Maße kommen hinsichtlich der fraglichen Mitteilungen die deutschen Konsuln zufolge der §§ 16 ff. des Bundesgesetzes vom 8. Nov. 1867 und der dazu vom Einführungsgesetz zu BGB. in Artikel 38 getroffenen Ergänzung in Betracht.

Absatz 2.

9. Der zweite Absatz des § 28 hat dem früheren § 58 gegenüber allerdings unter Beibehaltung seiner materiellen Grundlage mehrfache **Änderungen** erfahren, auf welche die Richtlinien unter B Ziffer 25 allgemein hinweisen. Die durch den Absatz konstatierte Verpflichtung wird einesteils nach der **persönlichen** Seite durch Einbeziehung der „**anderen zur Beurkundung von Grundstücksverträgen zuständigen Beamten**" und anderenteils nach der **sachlichen** Seite durch Ausdehnung auf die „**Zweckzuwendungen**" und auf die „**Geschäfte, die sachlich eine Schenkung enthalten**", erweitert. Die Änderungen tragen lediglich dem hervorgetretenen praktischen Bedürfnis bzw. der neuen Gesetzesformulierung Rechnung und müssen als solche durchaus zweckentsprechend erscheinen. Der § 58 Erbschaftssteuergesetzes 1919 enthielt schon eine Erweiterung des früheren Rechts von 1906, worüber in Anm. 7 der 3. Auflage das Nähere angegeben ist. In einem unter dem früheren Recht ergangenen Urt. des RFH. vom 27. Jan. 1922 (EdRFH. VIII, S. 162; JW. LI S. 946 [25]; RStR. SpS. V S. 22) ist ausgesprochen, daß der § 58 Absatz 2 auch auf Notariatsurkunden Anwendung finde, die in der Zeit von 31. Dez. 1916 bis 31. August 1919 über Zuwendungen der in § 72 Absatz 2 bezeichneten Art errichtet sind.

10. Die Verpflichtung des Absatz 2 trifft in gleichem Maße G e r i c h t e, N o t a r e u n d a n d e r e z u r B e u r k u n d u n g v o n G r u n d s t ü c k s v e r t r ä g e n z u s t ä n d i g e B e a m t e. Daß andere Beamte neben den Gerichten und Notaren zur Beurkundung von Grundstücksverträgen zuständig sind, bildet im wesentlichen nur eine Ausnahme, der das Gesetz aber Rechnung tragen mußte. In Frage kommen beispielsweise Gemeindebeamte nach den Artikeln 142, 143 des Einführungsgesetzes zum BGB. vom 18. August 1896, worauf auch die Ausführungsbestimmungen in § 18 Abs. 2 hinweisen. Materiell bezieht sich die Verpflichtung auf die eröffneten Verfügungen von Todes wegen und auf die Beurkundung von Schenkungen, von Zweckzuwendungen und von Geschäften, welche sachlich eine Schenkung enthalten. Aus der unbedingten Notwendigkeit eines steten Zusammentreffens der persönlichen und der sachlichen Seite der Verpflichtung ergibt sich, daß sie für andere Beamte nur bezüglich derjenigen von ihnen beurkundeten Grundstücksverträge Platz greifen kann, welche Schenkungen unter Lebenden oder Zweckzuwendungen unter Lebenden enthalten; dieses bestätigen die Ausführungsbestimmungen im § 18 Absatz 2. — Hinsichtlich der Erbauseinandersetzungen greift die Verpflichtung der Gerichte und Notare nicht nur dann Platz, wenn die Erbauseinandersetzungen von den Gerichten oder Notaren speziell geleitet und insgesamt durchgeführt werden, sondern schon dann, wenn sie von ihnen nur beurkundet werden. Der Begriff der Vornahme schließt die Beurkundung ein. Die Verpflichtung bezüglich der beurkundeten Schenkungen ist ebenmäßig nicht auf die der Steuerpflicht unterliegenden Schenkungen usw. beschränkt, sondern bezieht sich auf alle Schenkungen usw., auch die steuerfreien; insbesondere wird das Schenkungsversprechen davon berührt und in gleicher Weise die gemischten Schenkungen. Letztere werden allerdings der Hauptsache nach zu den Geschäften gehören, die zwar nicht der Form wohl aber der Sache nach eine Schenkung unter Lebenden oder eine Zweckzuwendung unter Lebenden enthalten und so unter den zweiten Satz des Absatzes fallen. Ein schon zu dem jetzigen Gesetz ergangener Erlaß des Reichsministers der Finanzen vom 7. Aug. 1922 III V 7680 erkennt an, daß eine Verpflichtung der Notare zur Übersendung beglaubigter Abschriften a l l e r von ihnen beurkundeten Grundstücksüberlassungsverträge nicht gegeben sei, eine Übersendungspflicht bestehe vielmehr nur soweit nach dem pflichtmäßigen Ermessen des Notars der Urkundeninhalt und die Umstände des Falls sachlich eine Schenkung im Sinne des Erbschaftsteuergesetzes erkennen ließen; soweit für die Notare eine gesetzliche Verpflichtung zur Übersendung von Urkunden vorliege, sei solche von ihnen für die Verwaltung kostenfrei zu erfüllen. Die Übersendung der beglaubigten Abschriften hat alsbald nach der Eröffnung bzw. Beurkundung zu geschehen, § 16 Abs. 1, § 17 Abs. 1 der Ausführungsbestimmungen. Nach den letzteren, Abs. 2 a. a. O. sind weitere Mitteilungen bezüglich der für die Erbschaftsteuer erheblichen Umstände, bei den Schenkungen und Zweckzuwendungen unter Lebenden namentlich bezüglich des Verwandtschafts- und Schwägerschaftsverhältnisses des Erwerbers zum Schenker und bezüglich des Wertes der Zuwendung anzufügen. Aus der uneingeschränkten Nebeneinanderstellung der §§ 26 und 28 ist zu folgern, daß die Verpflichtungen der Erwerber nach § 26 durch die Pflichten Dritter nach § 28 Absatz 2 nicht weiter beeinflußt sein sollen, beide Verpflichtungen bestehen daher nebeneinander; a. M. F i nger EStG. 22, Anm. 9 zu § 28, welcher die Anmeldepflicht der Erwerber und Schenker durch die Mitteilungspflicht der Gerichte usw. als ersetzt ansieht.

Zu Absatz 1 und 2.

11. Charakteristisch für die im § 28 ausgesprochenen Anordnungen ist es, daß mit einer strikten Durchführung derselben durch die betreffenden Stellen die allgemeine Beistandspflicht letzterer gegenüber den Finanzämtern keineswegs voll ausgeglichen ist, daß vielmehr stets noch der innere Zweck, unter dem diese Anordnung stehen, voll im Auge behalten und zur Wirkung gebracht werden muß, nämlich der Zweck, den Finanzämtern nicht nur die Steuerfälle selbst, sondern auch alles, was für die Beurteilung und die weitere Behandlung solcher dienlich sein kann, zur Kenntnis zu bringen. So können beispielsweise die Verhandlungen des Nachlaßgerichtes, welche der Erteilung des Erbscheines vorangehen, welche zu einer Todeserklärung führen usw., vieles enthalten, das zu erfahren dem Finanzamt von Interesse sein würde. Ähnlich liegt es bei den Erbauseinandersetzungen der Gerichte und Notare, bei der Eröffnung von Verfügungen von Todes wegen, der Beurkundung von Schenkungen unter Lebenden und von Zweckzuwendungen unter Lebenden usw. In allen diesen Fällen muß die Beistandspflicht der einzelnen Stellen über die einfache, wenn auch strenge Befolgung der gesetzlichen Anordnung bzw. über den Wortlaut derselben hinausgehen, wie solches sich schon auf die oben (vgl. Anm. 2) angezogenen §§ 191, 192 der Reichsabgabenordnung gründet. Die Ausführungsvorschriften zum Gesetz erbringen daher eine ganze Reihe von einzelnen Mitteilungen und dergleichen, denen sich gegebenenfalls die in Betracht kommenden Behörden und Stellen zu unterziehen haben, wodurch die Beistandspflicht in einem nicht unerheblichen Maße ausgedehnt wird. Es sei in dieser Beziehung nur auf die Vorschriften der Ausführungsbestimmungen in § 7 Abs. 4, § 10 Abs. 2, § 16 Abs. 2, 3, 5, 6 und § 17 Abs. 2 hingewiesen. Zu vergleichen ist insbesondere auch Finger EStG. 22, Anm. 11 zu § 28.

12. Zu dem § 28 insgesamt ist des Weiteren hervorzuheben, daß alle Mitteilungen, zu welchen derselbe die einzelnen Stellen verpflichtet, durchweg an das zuständige Finanzamt zu richten sind. Nur in diesem Falle ist der Verpflichtung genügt. Als das zuständige Finanzamt ist immer dasjenige anzusehen, welches hinsichtlich des einschlagenden Vorgangs die Steuer zu erheben hat, wofür lediglich die allgemeinen Grundsätze des Steuerrechts maßgebend sind. In bestimmten Fällen von besonderer Eigenart, z. B. hinsichtlich der Mitteilungen der Konsuln, der Seemannsämter, sind die Mitteilungen zunächst an eine Zwischenstelle zu richten, welche sie an das zuständige Finanzamt weiter zu befördern hat; grundsätzlich hat solches keine weitere Bedeutung. — Der § 28 legt die in ihm verlautbarten Verpflichtungen den Dritten ohne irgendwelche Einschränkung auf. Daraus ergibt sich, daß die in Anspruch genommenen Dritten die regelmäßigen Kosten der Erfüllung ihrer Pflicht in vollem Umfange zu tragen haben. Gerichte, Notare usw., können keine Entschädigung für die Anfertigung der Abschriften und die Beglaubigung derselben verlangen. Die Übersendungskosten sind von den Mitteilenden zu tragen. Hinsichtlich der Gerichte und amtlichen Stellen würde an sich auch der Erlaß des Reichsministers der Finanzen vom 15. Januar 1921 eingreifen, welcher die Reichs-Landes- und Gemeindebehörden zu portofreier Sendung im gegenseitigen Verkehr verpflichtet. Für außerordentliche Kosten in Sonderfällen kann möglicherweise das Finanzamt eintreten, doch steht solches lediglich in dessen eigenem Ermessen. Eine weitere Bestätigung bietet ein Beschluß des Kammergerichts zu Berlin vom 3. Nov. 1922 (RStBl. XIII 1923 S. 130), der ausspricht, daß von den Finanzämtern Schreibgebühren für auf ihren Antrag aus Notariats- oder Gerichtsakten gefertigten beglaubigten Abschriften nicht zu entrichten sind.

13. Im Anschluß ist zweier behördlicher Verpflichtungen zur Beistandsleistung zu gedenken, welche die Ausführungsbestimmungen anordnen. Daß eine derartige Anordnung durch die Ausführungsbestimmungen volle Rechtsbeständigkeit hat, wird nicht bezweifelt werden können. Der erste Fall bezieht sich auf die Genehmigungsbehörden. Nach § 19 Abs. 1 der Ausführungsbestimmungen haben die Landesregierungen jedem dem zuständigen Finanzamt übergeordneten Landesfinanzamt am Schlusse jedes Kalenderjahres eine Nachweisung über die von ihnen nach § 80 BGB. und nach den Art. 86, 87 des Einführungsgesetzes zum BGB. erteilten Genehmigungen zu übermitteln. Es handelt sich hierbei um die staatlichen Genehmigungen von Stiftungen, vom Erwerb von Rechten durch juristische Personen und von Schenkungen an die Mitglieder religiöser Orden und ordensähnlichen Kongregationen. Bezüglich der Einzelheiten ist weitere Regelung getroffen. Zweitens ist im § 21 der Ausführungsbestimmungen vorgeschrieben, was den zuständigen Erbschaftsteuerstellen von sonstigen Steuerstellen — d. s. im Sinne der Vorschrift die Sachbearbeiter der einzelnen Steuerzweige sowohl des für die Bearbeitung des Erbschaftsteuerfalls zuständigen Finanzamts als auch anderer Finanzämter — regelmäßig mitzuteilen ist. Es werden dabei andere Steuerstellen der Finanzämter, Vermögensteuerstellen und Grunderwerbsteuerstellen von einander geschieden. — Des weiteren sei noch auf einen unter früherem Gesetz ergangenen, jetzt aber noch unverändert als zu Kraft bestehend anzuerkennenden Erlaß des Reichsministers der Finanzen vom 21. Nov. 1921 III V 7986 hingewiesen, der folgendermaßen Mitteilungen der Seemannsämter einführt: „Auf meine Anregung hin sind die Seemannsämter von den für sie zuständigen Landesregierung angewiesen worden, eine Abschrift der nach dem Personenstandsgesetz erforderlichen Anzeige des Sterbefalls eines auf der Seereise verstorbenen Seemannes mit einer Aufstellung des dem Seemannsamt bekannten Bar- und Sachnachlasses des Erblassers dem nach § 55 in Verbindung mit § 51 AbgO. zuständigen Finanzamt mitzuteilen und vor Aushändigung des Nachlasses in das Ausland oder an ausländische Vertreter (Konsuln usw.) dem Finanzamt rechtzeitig Nachricht zu geben." — Vgl. oben Anm. 3.

§ 29.

Wer sich geschäftsmäßig mit der Verwahrung oder Verwaltung fremden Vermögens befaßt, ist verpflichtet, Vermögen des Erblassers, das sich in seinem Gewahrsam befindet, und Vermögen, das bei ihm zur Verfügung des Erblassers hinterlegt ist, binnen einem Monat, nachdem er von dem Eintritt des Erbfalls Kenntnis erlangt hat, dem Finanzamt nach näherer Bestimmung des Reichsministers der Finanzen anzumelden. Soweit nach der mit einem ausländischen Staate getroffenen Vereinbarung die zum Nachlaß eines Angehörigen dieses Staates gehörenden Vermögensgegenstände seinem konsularischen Vertreter auszuantworten sind, hat die Anmeldung spätestens gleichzeitig mit der Ausantwortung zu erfolgen.

Dem Finanzamt ist ferner seitens derjenigen, die auf den Namen lautende Aktien oder Schuldverschreibungen ausgegeben haben, bevor sie die auf den Namen des Erblassers gestellten Wertpapiere nach Eintritt des ihnen bekannt gewordenen Erbfalls in ihren Büchern auf den Namen einer anderen Person umschreiben, von der beantragten Umschreibung schriftlich oder zu Protokoll Mitteilung zu machen.

a) Verh. bzw. Ges.-Erl.: Rt. 1920/22 Aussch.-Ber. Drucks. Nr. 4856 S. 46/47.

b) Richtl.: —

c) Ausf.-Best.: § 20.

d) Erl. d. RFM.: Erl. v. 22. September 1920, v. 5. Februar 1921, v. 20. Mai 1921; Erl. v. 21. November 1921 (zu § 59 FG.). Erl. v. 7. Juni 1923; Erl v 17. November 1923.

e) Ges 19: § 59 (etwas geändert); § 56 Abs. 2 letzter Satz.

f) Rechtspr.: Beschl. d. RFH. v. 25. Juni 1920 (zu § 59 FG.).

g) Schriftt.: Eberstadt, Die Bedeutung des § 59 Abs. Erbschaftssteuergesetzes. JW. 1920 S. 96. Haberstrumpf, Ist die Verfügungsgewalt des Nachlaßgerichts (§ 1960 BGB.) durch § 59 Erbschaftssteuergesetzes beschränkt worden? Leipz. Zeitschr. 1921 S. 50. Löffler, Die Meldepflicht der Banken auf Grund des Erbschaftssteuergesetzes. Verbst. I S. 92. Rau, Zur Frage der Konten und Depots einer offenen Handelsgesellschaft durch die Banken gemäß § 59 Erbschaftssteuergesetzes beim Ableben eines offenen Handelsgesellschafters. BA. XXI S. 285. Spangenberg, Sperrung von Bankguthaben des Erblassers. Verbst. I S. 66. Löffler, Bankkonten im Todesfalle. Verbst. III. S 109.

Inhaltsübersicht.

1. Die Vorschriften des § 29 betreffen weiter die besondere Beistandspflicht Dritter bei der Ermittlung und Feststellung der Erbschaftssteuer und behandeln speziell die Pflichten der geschäftsmäßigen Verwalter und Verwahrer fremden Vermögens. Sie entsprechen im großen und ganzen der bezüglichen Anordnung des § 59 früheren Gesetzes; nur ist die Ausantwortungsbeschränkung letzteren Paragraphes weggefallen und eine besondere Regelung bezüglich der an auswärtige Vertretungen auszuantwortenden Vermögensteile aus § 56 des früheren Gesetzes eingeschaltet. Die besondere Entwicklungsgeschichte und Begründung des früheren § 59, welche auch jetzt noch ein gewisses Interesse haben dürfte, ist in der 3. Aufl. Anm. 1 zu § 59 näher dargelegt; es genügt, auf diese Darlegung Bezug zu nehmen.

Absatz 1.

2. Der erste Absatz des Paragraphen begründet eine bestimmt umgrenzte Anmeldepflicht für diejenigen, welche sich geschäftsmäßig mit der Verwahrung oder Verwaltung fremden Vermögens befassen. Die Verwahrung läßt nach dem § 688 BGB. für den Verwahrer die Verpflichtung entstehen, die ihm von dem Hinterleger übergebene bewegliche Sache aufzubewahren. Die Verwaltung, vom BGB. nicht generell charakterisiert, geht darüber hinaus; auch sie beruht auf Hinterlegung und begründet die Aufbewahrungspflicht einer fremden Sache, gibt aber gleichzeitig ein gewisses Verfügungsrecht über letztere zu bestimmten Zwecken. Nur der geschäftsmäßige Vermögensverwahrer oder -verwalter soll getroffen werden, mithin der Hauptsache nach die Banken, Sparkassen und Geldinstitute, zu deren regelmäßigem Geschäftskreis die Verwaltung oder Verwahrung fremden Vermögens gehört, daneben sodann die Verwahrer einzelner Vermögensstücke (Aufbewahrung von Waren, Möbeln und dergl.), kaufmännische Verwahrungsanlagen usw., sowie endlich Einzelpersonen und Sonderbetriebe, sofern sie sich nebenher mit derartigen Geschäften befassen (Vermögensverwahrung bei Rechtsbeiständen, Verkehrsanstalten usw.). Die Notare nehmen hierbei eine besondere Stellung nicht ein; es erwächst ihnen lediglich die Verpflichtung nach den allgemeinen Grundsätzen; vgl. Mirre EStG. 1922 Anm. 2 zu § 29. Wenn in einem an sich anderen Zwecken dienenden Betriebe, zum Beisp. dem eines Rechtsanwalts, ausnahmsweise in einem oder auch mehreren Fällen im Anschluß an die sonstige regelmäßige Geschäftsführung eine Verwaltung oder Verwahrung fremden Vermögens stattfindet, so ist dadurch eine Anmeldepflicht nach § 29 noch nicht gegeben; nur wenn die an sich ferner liegenden besonderen Geschäfte zu einer ständigen Übung oder einer Art Gewerbsmäßigkeit auswachsen, würde letzteres eintreten. Mit dem geschäftsmäßigen Betrieb braucht nicht unbedingt ein unmittelbarer finanzieller Vorteil für den Betreibenden verbunden zu sein, obwohl solches tatsächlich für die Regel der Fall sein dürfte. Wenn Finger EStG. 19 Anm. 2 zu § 59 die Absicht einer dauernden Einnahmequelle fordert, so scheint dieses etwas zu weit zu gehen. Nach Zimmermann-Mühe, EStG. 19 Anm. 1 Absatz 2 zu § 59 setzt der Begriff „geschäftsmäßig" die Absicht der Gewinnerzielung nicht voraus; das geht wiederum nach der anderen Richtung zu weit. Eine Entscheidung wird nur nach den unterliegenden Verhältnissen des einzelnen praktischen Falles zu treffen sein. Finger, EStG. 22 Anm. 3 zu § 29 hat die frühere Ansicht eingeschränkt, so daß materiell ein Unterschied mit der hier vertretenen kaum mehr besteht. Ob die Verwaltung fremden Vermögens allein oder die Verwahrung solchen Vermögens allein oder auch beides vereinigt geschäftsmäßig betrieben wird, übt keinen Einfluß aus; in jedem der bezüglichen Fälle entsteht die Anmeldepflicht. Letztere erstreckt sich einerseits auf Vermögen des Erblassers, das sich im Gewahrsam des Pflichtigen befindet, andererseits auf Vermögen, das bei ihm zur Verfügung des Erblassers hinterlegt ist. Sie bezieht sich also nicht nur auf einzelne Vermögensgegenstände, sondern ebenso auf das Vermögen schlechthin in allen seinen einzelnen Arten, gegebenenfalls auch unbewegliches Vermögen, körperliche Gegenstände jeder Art, auch vertretbare und verbrauchbare). Dem praktischen Erfolg nach werden hauptsächlich Wertpapiere, Kapitalien und Geldbeträge in Betracht kommen. Unterschiedslos fallen sodann alle Vermögensansprüche, welche dem Erblasser aus der von ihm übertragenen Verwaltung oder Verwahrung zustehen, unter die Anmeldepflicht. Daß der Erblasser das Vermögen oder die einzelnen Vermögensteile selbst in den Gewahrsam des Pflichtigen überbracht hat, ist nicht erforderlich; auch Vermögen, welches von Dritten zur Verfügung des Erblassers an den Pflichtigen gekommen, schlägt ebenmäßig hierher. Eine Reihe bezüglicher Einzelfälle berührt Finger EStG. 19 Anm. 4 zu § 59. Die Pflicht zur Anmeldung entsteht mit dem Zeitpunkt, zu welchem der Pflichtige Kenntnis von dem Eintritt des Erbfalls erlangt hat; ihr ist innerhalb Monatsfrist von da ab zu genügen. In dieser Beziehung und auch sonst greifen die allgemeinen Grundsätze, welche für die Anmeldepflicht gelten, Platz; es ist auf die betreffenden Ausführungen zu den vorgehenden Paragraphen (insbesondere § 26) zu verweisen. Insgesamt ist jedoch nur eine Pflicht zur Anmeldung begründet, nicht daneben eine solche zur Abgabe einer Steuererklärung.

3. Besondere Weiterungen veranlaßten unter der Geltung des früheren § 59 die Bargutʜaben eines Erblassers bei Banken, Sparkassen usw. Es führte dieses dazu, daß der Reichsfinanzhof sich in einem Beschlusse vom 25. Juni 1920 (vgl. EdRFH. III, S. 246; JW. L S. 122 [5], S. 1162; RStR. Sp. S. III S. 17 gutachtlich dahin äußerte: „Banken und ähnliche Geldinstitute haben auch an Barguthaben eines Erblassers Gewahrsam im Sinne des § 19 Abs. 2 und § 59 Absatz 1 des Erbschaftssteuergesetzes vom 10. September 1919.“ Daraufhin hat der Reichsminister der Finanzen zu näherer bezüglicher Regelung eine Rundverfügung vom 22. September 1920 III a 5212 erlassen, in welcher grundsätzlich zunächst ausgesprochen wurde, daß die Pflicht zur Anmeldung nach § 59 des Erbschaftssteuergesetzes 1919 sich auch auf Barguthaben eines Erblassers bei Banken, Sparkassen usw. erstrecke. Diese Entscheidungen dürften an sich noch zu Kraft bestehen. Ihr Entwicklungsgang ist eingehender in der 3. Auflage Anm. 2 zu § 59 geschildert, worauf Bezug genommen werden soll; ergänzend ist noch auf die bezüglichen beiden Erlasse des Reichsministers der Finanzen vom 5. Februar 1921 III a 816 und vom 20. Mai 1921 III a 2428 zu verweisen. In einem weiteren Erlaß vom 21. November 1921 III V 6748 hat sich der Reichsminister der Finanzen vorläufig damit einverstanden erklärt, daß von den sich aus § 59 Erbschaftssteuergesetz ergebenden Verpflichtungen die Postscheckämter vorläufig entbunden bleiben, zumal ihnen der Tod des Postscheckkunden vielfach unbekannt bleiben werde. — Den Kernpunkt bei der ganzen Frage bildete allerdings die Beschränkung in der Ausantwortung des verwahrten Vermögens, welche der zweite Satz des

Absatz 1 des früheren § 59 traf, eine Beschränkung, welche in den § 29 des neuen Gesetzes nicht mit übergegangen ist. Der Wegfall dieser Beschränkung bedeutet für die praktische Handhabung eine wesentliche Vereinfachung. Daß die Barguthaben der Anmeldepflicht unterliegen, bestätigen die neuen Ausführungsbestimmungen in § 20 Absatz 2. Anschließend sei noch bemerkt, daß die Verlautbarung des früheren § 59, nach welcher die bezügliche Anmeldepflicht durch Vorschriften des Reichsfinanzministers mit Zustimmung des Reichsrats zu regeln stand, gleicherweise in Fortfall gekommen ist. Die Ausführungsbestimmungen enthalten die näheren Anordnungen in § 20. Danach haben die Pflichtigen mit der Anmeldung die Vermögensgegenstände nach Zahl, Gattung und sonstigen Unterschiedsmerkmalen, Wertpapiere nach dem Nennwert, aufzuführen. Sind Vermögensstücke verschlossen verwahrt oder sind dem Erblasser zum Zwecke der Verwahrung Sicherheitsfächer unter seinem Mitverschlusse zur Verfügung gestellt, so hat sich die Anmeldung darauf zu beschränken, daß die Verwahrung besteht oder die Fächer zur Verfügung gestellt sind. Im letzteren Falle sind die Personen zu bezeichnen, die etwa nach der Bestimmung des Erblassers berechtigt sind, die Ausantwortung des verwahrten Vermögens zu fordern oder das Fach zu öffnen. Die Frage, welches Finanzamt bezüglich der fraglichen Anmeldepflicht als zuständig zu erachten ist, entscheidet sich nach den allgemeinen Grundsätzen; vgl. die Ausführungen § 26 Anm. 6. In einem Erlaß vom 7. Juni 1923 hat sich der Reichsminister der Finanzen mit Rücksicht auf die Geldentwertung und die jetzige Höhe der Befreiungsgrenzen des EStG. 22 bis auf weiteres damit einverstanden erklärt, daß die Anmeldungen der im § 29 Abs. 1 genannten physischen und nichtphysischen Personen über das von ihnen verwahrte oder verwaltete oder bei ihnen hinterlegte Vermögen des Erblassers unterbleibt, wenn solches Vermögen einschließlich Zinsen, Dividenden usw. den Betrag von 50 000 Mark nicht übersteigt. Der letztere Satz, welcher unter der derzeit mit besonderer Schärfe fortschreitenden Geldentwertung bald die beabsichtigte Bedeutung und Wirkung verlor, ist später durch einen Erlaß des Reichsfinanzministers vom 17. November 1923 auf 100 Goldmark erhöht worden; vgl. Anm. 8 zu § 30, woselbst der fragliche Erlaß in seinen Einzelheiten wiedergegeben ist.

4. Die Vorschrift im zweiten Satz des Absatz 1 ist hier unverändert aus dem sonst weggefallenen § 56 (letzter Satz Absatz 2) des Gesetzes von 1919 eingeschaltet. Die Begründung, welche der derzeitige Regierungsentwurf für die Bestimmung gibt, greift jetzt noch Platz; sie ist in der 3. Auflage in Anm. 1 zu § 56 wörtlich wiedergegeben, worauf hier Bezug zu nehmen ist. Das Charakteristische liegt in der Sonderbestimmung bezüglich der Frist. Die Anmeldepflicht an sich wird für die behandelten Fälle bezüglich derjenigen zum Nachlaß eines Angehörigen eines ausländischen Staates gehörigen Vermögensgegenstände begründet, welche nach der mit diesem ausländischen Staat getroffenen Vereinbarung dessen konsularischem Vertreter auszuantworten sind. Bezüglich derartiger Vermögensgegenstände hat die Anmeldung spätestens gleichzeitig mit der Ausantwortung zu erfolgen. Wie die Begründung zum Regierungsentwurf für das EStG. 19 anführt, soll das Finanzamt in die Lage versetzt werden, für Entrichtung der Steuer vor Auslieferung der Vermögensgegenstände seitens des Konsuls in das Ausland zu sorgen.

Hinsichtlich der berührten Anmeldepflicht kommen im übrigen lediglich die allgemeinen Vorschriften der Ausführungsbestimmungen in Betracht, da letztere Besonderes für die Fälle nicht anordnen. Der zu § 28 Anm. 13 angezogene Erlaß des Reichsfinanzministers vom 21. November 1921 über die Meldepflicht der Seemannsämter greift ein, da er sich an die Aushändigung des Nachlasses an das Ausland oder an ausländische Vertreter anschließt.

Abs. 2.

5. Eine weitere Anmeldepflicht führt der Absatz 2 für diejenigen ein, welche auf den Namen lautende Aktien oder Schuldverschreibungen ausgegeben haben. Begrifflich stellte die Aktie die Einheit dar, mit welcher der Eigentümer derselben an dem Grundkapital der Aktiengesellschaft oder der Kommanditgesellschaft auf Aktien beteiligt ist. Neben den grundlegenden Vorschriften der §§ 178 und 320 Absatz 1 des Handelsgesetzbuches greifen namentlich die Bestimmungen in § 179 Abs. 1 und 2, in § 222 Abs. 1 und 2 und in § 223 Abs. 1 Platz. Letztere, welche 3. Aufl. Anm. 5 zu § 59 wörtlich angezogen sind, gelten in der gleichen Weise wie für die Aktiengesellschaft auch für die Kommanditgesellschaft auf Aktien (HGB. § 320 Abs. 3). Hier werden nur diejenigen Fälle getroffen, in welchen auf den Namen lautende Aktien ausgegeben sind. Schuldverschreibungen verlautbaren in ähnlicher Weise wie die Aktien den Anteil des Gläubigers an einer Gesamtschuld, welche in einer eigenartigen, gesetzlich genau bekräftigten Form unter Inanspruchnahme der Allgemeinheit von einer öffentlichen oder sonstigen Körperschaft, einem Verkehrs- oder Industrieunternehmen usw. eingegangen ist. Schuldverschreibungen können gleichfalls auf den Inhaber und auf den Namen lautend ausgegeben werden. Nur der letztere Fall schlägt wiederum hierher. Als anmeldepflichtig werden die Ausgeber der betreffenden Aktien oder Schuldverschreibungen bezeichnet. Darunter sind in erster Linie diejenigen zu verstehen, welche die Geschäfte der ausgebenden Gesellschaft, Korporation, Unternehmung usw. verantwortlich zu leiten haben, so z. B. bei der Aktiengesellschaft der Vorstand, bei der Kommanditgesellschaft auf Aktien der persönlich haftende Gesellschafter. Gegebenenfalls wird die Verpflichtung sich auf diejenigen erstrecken, welchen die Sondergeschäftsführung bezüglich der Aktien oder Schuldverschreibungen insbesondere die Umschreibung derselben übertragen ist. Letzteres wird je nach der besonderen Lage des Falles speziell der Einzelorganisation der Gesellschaft, Korporation usw. zu beurteilen sein.

6. Die Anmeldepflicht ist eigenartig gestaltet. Sie läuft im Grunde darauf hinaus, daß dem Finanzamt von dem Pflichtigen Mitteilung gemacht wird, wenn bei ihm der Antrag auf Umschreibung der Aktien oder Schuldverschreibungen von den Beteiligten eingebracht ist. Grundlegende Voraussetzung ist, daß der Pflichtige Kenntnis von dem Eintritt des Erbfalls erhalten hat, was für die Regel stets bei Eingang des Antrages auf Umschreibung der Fall sein ~~wird~~, zumal vielfach der Grund oder Anlaß der Umschreibung angegeben werden muß. Nimmt der Pflichtige, ohne Kenntnis von dem Erbfall zu haben, eine Umschreibung ohne weiteres vor, so trifft ihn kein Verschulden. Geht dem mit dem Erbfall bekannten Pflichtigen

der Antrag zu, die auf den Namen des Erblassers gestellten Wertpapiere in den Büchern auf den Namen einer anderen Person umzuschreiben, so hat er dem Finanzamt Mitteilung zu machen. Die Form dieser Mitteilung ist vorgeschrieben; sie hat schriftlich oder zu Protokoll zu geschehen. Eine Frist ist dagegen für die Mitteilung nicht bestimmt; nur darf dem Antrage auf Umschreibung nicht vor der erfolgten Mitteilung stattgegeben werden. Durch letzteren Umstand dürfte die Mitteilung für die Regel genügend beschleunigt erscheinen. Hat der Pflichtige die Mitteilung gemacht, d. h. ordnungsmäßig an das Finanzamt gelangen lassen — bei schriftlicher Mitteilung wird schon die Absendung in gebräuchlicher Sicherung genügen —, so ist er zu weiterem nicht verpflichtet; er kann sofort dem Antrage auf Umschreibung Folge geben; eine aufschiebende Frist ist ihm dafür nicht gesetzt. Nach den Ausführungsbestimmungen § 20 Abs. 3 haben die Mitteilungen ohne Rücksicht darauf zu erfolgen, ob die Mitteilungspflichtigen die Steuerpflicht für gegeben erachten; das Finanzamt hat, sobald es von den die Mitteilungspflicht begründenden Tatsachen Kenntnis erlangt, die Verpflichteten zur Erfüllung ihrer Obliegenheiten anzuhalten.

§ 30.

Versicherungsunternehmungen sind verpflichtet, bevor sie Versicherungssummen oder Leibrenten an einen anderen als den Versicherungsnehmer auszahlen, dem Finanzamt den wesentlichen Inhalt des Versicherungsvertrags und die Person des Empfangsberechtigten nach Name, Stand und Wohnung mitzuteilen.

a) Verh. bzw. Ges.-Erl.: Rt. 1920/22 Aussch.-Ber. Drucks. Nr. 4856 S. 46/47.
b) Richtl: B Ziff. 26.
c) Ausf.-Best.: § 20.
d) Erl. d. RFM.: Verf. v. 18. Juni 1920, Erl. v. 2. Juli 1920, Erl. v. 12. März 1921, Erl. v. 19. April 1921, Erl. v. 23. Juni 1921, Erl. v. 25. Juni 1921, Erl. v. 11. Dezember 1922, Erl. v. 7. Juni 1923, Erl. v. 17. November 1923.
e) Ges. 19: § 60 (in Fassung geändert).
f) Rechtspr.: —
g) Schriftt.: —

Inhaltsübersicht.

1. Der § 30 schließt die besonderen Vorschriften über die Beistandspflicht hinsichtlich der Erbschaftssteuer ab, indem er eine Anmeldepflicht für die Versicherungsunternehmungen begründet. Materiell entspricht der Paragraph dem § 60 des Gesetzes 1919, nur ist die Beistandspflicht jetzt gleichmäßig für alle Versicherungsunternehmungen ausgesprochen und auf die Anmeldung beschränkt, die frühere

Forderung einer Abschrift des Versicherungsscheines und der Nachträge zu demselben ist fallen gelassen. Letzteres bedeutet immerhin eine nicht unwesentliche Erleichterung für die Pflichtigen, die jedoch die steuerlichen Interessen nicht schädigen dürften. Wie die Vorschrift zunächst bei Erlaß des Erbschaftssteuergesetzes 1919 entstanden ist, findet sich in der 3. Auflage unter der Anm. 1 zu § 60 angeführt, worauf Bezug genommen wird.

2. Eine eigene Erschwernis und gleichzeitig Gefährdung entsteht für die Durchführung der Besteuerung überall da, wo gegebenenfalls steuerpflichtige Vermögensteile von Versicherungsunternehmungen zur Auszahlung zu bringen sind. Mit Rücksicht hierauf begründet der § 30 für die Versicherungsunternehmungen eine Anmeldepflicht, welche im allgemeinen der nach Absatz 2 des § 29 für die Ausgeber von auf den Namen lautenden Aktien oder Schuldverschreibungen eingeführten entspricht. Getroffen werden durch den § 30 ausschließlich Versicherungsunternehmungen. Was unter solchen zu verstehen ist, wird in der folgenden Anm. 3 näher erläutert. Die Anmeldepflicht trifft die Versicherungsunternehmung als solche, welche stets dem Finanzamt gegenüber haftbar bleibt. Für die Erfüllung hat in erster Linie der Vorstand bzw. derjenige, welcher die Unternehmung Dritten gegenüber zu vertreten hat, zu sorgen. Je nach der Organisation der Unternehmung werden auch Angestellte in Frage kommen können. Die grundsätzliche Haftung der Versicherungsunternehmung selbst wird dadurch nicht berührt. Die Mitteilungspflicht greift als solche jedoch nur Platz, wenn die Versicherungsunternehmungen an einen anderen als den Versicherungsnehmer Versicherungssummen oder Leibrenten auszahlen, wie solches im Gesetz verlautbart und in den Richtlinien unter B Ziff. 26 nochmals besonders hervorgehoben ist. — Zu dem Erbschaftssteuergesetz 1919 war in einem Erlaß des Reichsministers der Finanzen vom 2. Juli 1920, welcher durch einen weiteren Erlaß vom 23. Juni 1921 ergänzt wurde, ausgesprochen, man trete der Ansicht bei, daß Berufsverbände, soweit sie die Lebens-, Sterbegeld- oder Leibrentenversicherung betreiben, unter die §§ 19 Absatz 2, 56 Absatz 2 und 60 des EStG. 1919 fallen, daß dagegen die Ortskrankenkassen nicht als Versicherungsunternehmungen im Sinne dieser Vorschriften anzusehen seien. Die bezüglichen Erlasse dürften auch unter dem EStG. 1922 und dem EStG. 1923 ihre Bedeutung behalten haben. Vgl. dazu Marcus EStG. 22 S. 274.

3. Versicherungsunternehmungen sind nach dem Gesetze über die privaten Versicherungsunternehmen vom 12. Mai 1901 (RGBl. 1901 S. 139) § 1 Unternehmungen, welche den Betrieb von Versicherungsgeschäften zum Gegenstand haben. Das BGB. läßt nach Art. 75 des Einführungsgesetzes die landesgesetzlichen Vorschriften, welche dem Versicherungsrecht angehören, unberührt, soweit nicht in dem BGB. besondere Bestimmungen getroffen werden. Bezüglich der privaten Versicherungsunternehmen ist sodann das obenbezeichnete, durch Gesetz vom 20. Dezember 1911 (RGBl. 1911 S. 985) abgeänderte Reichsgesetz erlassen und demnächst der Versicherungsvertrag durch Gesetz vom 30. Mai 1908 (RGBl. 1908 S. 263) eingehend geregelt. Aus dem letzteren Gesetz schlägt der zweite Satz des § 1 mit folgender Bestimmung hierher: „Bei der Lebensversicherung ist der Versicherer verpflichtet, nach dem

Eintritte des Versicherungsfalles den vereinbarten Betrag an Kapital oder Rente zu zahlen oder die sonst vereinbarte Leistung zu bewirken." Die in letzterem begründete Auszahlungsverpflichtung der Versicherungsunternehmungen wird durch die Vorschrift des § 30 behuf Sicherung des auf dem auszuzahlenden Betrage ruhenden steuerlichen Anspruchs eingeschränkt. Als Versicherungsunternehmungen kamen nach dem § 60 früheren Gesetzes nur diejenigen in Betracht, welche die Lebensversicherung zum Gegenstand ihres Geschäftsbetriebes gemacht haben, nunmehr bezieht sich aber die Vorschrift ganz allgemein auf Versicherungsunternehmungen, sobald sie die Versicherungssumme nicht an den Versicherungsnehmer auszahlen (Richtlinien B Ziffer 26). Gleichmäßig getroffen werden Versicherungsunternehmungen jeder Art (Aktiengesellschaften, Gegenseitigkeitsgesellschaften, Sterbekassen usw.). Die Verpflichtung trifft jetzt Versicherungsunternehmungen schlechthin, ohne daß die Art der von ihnen betriebenen Geschäfte eine Rolle spielt; jede Unternehmung unterliegt der Mitteilungspflicht, sobald sie in entsprechender Weise auszahlen will, mag sich dieselbe mit Lebensversicherung, Unfallversicherung, Brandversicherung, Diebstahlsversicherung, Einbruchsversicherung oder mit sonstiger Versicherung befassen; es braucht nur jene grundsätzliche Charakterseite der Versicherungsgesellschaft gegeben zu sein, wie sie der oben angezogene § 1 des Gesetzes über die privaten Versicherungsunternehmen ausspricht. Ohne Einfluß ist, ob der Versicherungsvertrag von dem Erblasser selbst oder von einem Dritten in der Weise, daß die Versicherungsleistung in den Nachlaß zu fallen hat, mit der Versicherungsunternehmung vereinbart wurde. Ebenso ist es gleichgültig, ob nach den vom Erblasser getroffenen Vereinbarungen der Versicherungsbetrag in den Nachlaß oder unmittelbar an einen Dritten fällt bzw. auszuzahlen ist. Endlich spielt die Art der ausbedungenen Versicherungsleistung, ob Kapitalversicherung, ob Rentenversicherung in Frage steht, keine Rolle, denn die gesetzliche Vorschrift zieht ebensowohl die zu zahlenden Versicherungssummen, wie die zu zahlenden Leibrenten an. Handelt es sich um eine Leibrente, so greift die Vorschrift bezüglich jeder einzelnen Rentenzahlung Platz.

4. Ebenso, wie hinsichtlich der pflichtigen Versicherungsunternehmungen keinerlei Beschränkung mehr obwaltet, sind die Versicherungssummen oder Leibrenten, welche entsprechend zur Auszahlung gebracht werden sollen, der Verpflichtung des § 30 gegenüber in keiner Weise spezieller umgrenzt oder eingeengt. Versicherungssummen oder Leibrenten jeder Art fallen unter den § 30. So ist namentlich die Persönlichkeit des Versicherungsnehmers oder desjenigen, an den die Auszahlung zu erfolgen hat, ohne alle Bedeutung, es macht nichts aus, ob es sich dabei um einen Inländer oder um einen Ausländer handelt. Ebenmäßig ist es gleichgültig, wohin die Zahlung zu gelangen hat, eine Beschränkung auf Zahlungen ins Ausland, wie sie § 18 Abs. 7 trifft, ist hier nicht gegeben; Inlandszahlungen und Auslandszahlungen stehen vollkommen gleich. Der unmittelbare Anlaß der Zahlung bzw. der Verpflichtung der Unternehmung, ob es sich dabei um Todesfall, Unfall, Brand, Einbruch oder sonstiges dreht, übt keinerlei Einfluß aus. Das Gleiche gilt hinsichtlich der Art der Zahlung, ob

dieselbe sich als eine einmalige oder wiederkehrende, als Voll- oder Teilzahlung, als Prämie oder sonstwie darstellt. So ist auch jedwede sonstige Unterscheidung indifferent. Für die Versicherungsunternehmung erwächst aus dieser gänzlichen Unbeschränktheit allerdings eine nicht unwesentliche Arbeitslast, welche aber durch anderweite Erleichterungen, speziell Wegfall der ausgedehnten Abschriftenmitteilung, ausgeglichen ist. Auch ist zu berücksichtigen, daß die Verpflichtung lediglich entsteht, wenn eine Auszahlung gemacht werden soll.

5. Die Anmeldepflicht der Versicherungsunternehmungen beschränkt sich auf eine Mitteilung, welche sie dem Finanzamt zu machen haben, bevor sie Versicherungssummen oder Leibrenten an einen anderen als den Versicherungsnehmer auszahlen. Wie bei den Ausgebern von auf den Namen lautender Aktien und Schuldverschreibungen ist die Verpflichtung lediglich an die Tätigkeit, welche die Pflichtigen gegebenenfalls bezüglich der der Steuer unterliegenden Vermögensstücke auszuüben haben, angegliedert. Sofern und sobald die Versicherungsunternehmungen die vorgeschriebene Mitteilung an das Finanzamt ordnungsgemäß gemacht haben, sind sie in ihrem weiteren Vorgehen bezüglich des Vertrages nicht behindert; die zu leistenden Versicherungssummen und Leibrenten können sie ohne weiteres auszahlen, soweit sie der Vertrag dazu verpflichtet. Über die Bestimmungen des Vertrags hinaus dürfen sie jedoch den Empfängern der Versicherungssumme nicht entgegenkommen, da sie dadurch möglicherweise das Steuerinteresse schädigen und Steuerhinterziehungen begünstigen oder unterstützen würden. Wie regelmäßig ist die Mitteilung an das zuständige Finanzamt zu richten. Die Zuständigkeit regelt sich wiederum nach den allgemeinen Grundsätzen, welche in Note 6 zu § 29 näher dargelegt sind. In einem Rundschreiben vom 9. Juli 1920 III a 3204 Mi erklärte sich der Reichsminister der Finanzen damit einverstanden, daß bis zu der in Kürze zu erwartenden Veröffentlichung eines Verzeichnisses der Finanzämter und ihrer Bezirke die Mitteilungen nach § 60 des EStG. in Zweifelsfällen an das Finanzamt, das für den Sitz des Versicherungsunternehmens zuständig ist (§ 51 Abs. 3 Ziffer 2 zweiter Halbsatz der Reichsabgabenordnung), und falls dort mehrere Finanzämter bestehen, an eines von ihnen gemacht werden. Gleichzeitig ist verfügt, die Finanzämter anzuweisen, die bei ihnen eingehenden Mitteilungen nach § 60 EStG. alsbald weiterzusenden, wenn sie zur Zuständigkeit eines anderen Finanzamtes gehören. Die letztere Vorschrift dürfte als noch jetzt zu Recht bestehend anzusehen sein.

6. Unter dem früheren Gesetz wurde die bezügliche Verpflichtung der Versicherungsunternehmungen von diesen allgemein als eine unbillige Härte empfunden. Der Hauptsache nach beruhte dieses allerdings darauf, daß derzeit grundsätzlich die Beibringung von Abschriften des Versicherungsscheins und der Nachträge zu demselben gefordert war, eine Forderung, welche das neue Gesetz fallen gelassen hat. Diese Beschwernis zeitigte besondere Verhandlungen zwischen dem Reichsminister der Finanzen und dem Verbande Deutscher Lebensversicherungsgesellschaften, über welche das Nähere in der 3. Aufl. unter Anm. 4 zu § 60 nachzusehen ist. Die Verhandlungen führten zu der Verfügung des Reichsministers der Finanzen vom 18. Juni 1920

III a 2316, in welcher erhebliche Erleichterungen zugestanden wurden, so insbesondere auch, daß gegebenenfalls an Stelle der Abschriften des Versicherungsscheines und der Nachträge zu demselben ein Auszug aus diesen nach einem besonders vorgeschriebenen Muster treten könne. Es lag darin die erste Überleitung zu der Abmilderung des jetzigen Gesetzes. Eine weitere Erleichterung erbrachte der nachstehende Erlaß des Reichsministers der Finanzen vom 19. April 1921 III a 2532, welcher auch unter dem neuen Gesetze als zu Kraft bestehend anzusehen sein wird: „Soweit die Versicherungssummen 500 Mark nicht übersteigen und ein Fall des § 19 Abs. 2 nicht vorliegt, genügt es, wenn die nach § 60 erforderlichen Anzeigen binnen 1 Monat nach Kenntnis des Versicherungsunternehmens von dem Erbfall erfolgen. — Die Finanzämter werden ermächtigt, den in ihrem Bezirk ansässigen Versicherungsunternehmungen und Zweigniederlassungen zu gestatten, daß die unter Abs. 1 fallenden, für das Finanzamt selbst bestimmten Anzeigen in Form einer monatlichen Nachweisung bewirkt werden. Voraussetzung ist, daß die Versicherungen formularmäßig abgeschlossen sind und sich ein Stück des Formulars bei den Akten des Finanzamts befindet. Werden mehrere Formulare benutzt, so ist bei jedem Fall das in Betracht kommende Formular anzugeben." Die sich an die frühere Sonderheit der gesetzlichen Regelung unmittelbar anschließenden Abmilderungen sind jetzt unter dem neuen Gesetz 1922 als hinfällig geworden anzusehen.

7. Die Verpflichtung der Versicherungsunternehmungen ist nach der jetzigen Regelung ausschließlich auf die **Mitteilung des wesentlichen Inhalts des Versicherungsvertrages und der Person des Empfangsberechtigten nach Name, Stand und Wohnung** beschränkt. Die Ausführungsbestimmungen nehmen in § 20 Abs. 1 nur allgemein auf die gesetzliche Verpflichtung Bezug, ohne weitere Einzelheiten oder Bedingungen bezüglich der Erfüllung derselben zu verlautbaren; insbesondere auch ohne ein eigenes Muster für die Mitteilung des wesentlichen Inhaltes des Versicherungsvertrages vorzuschreiben. Was jeweils als wesentlicher Inhalt des Versicherungsvertrages anzusehen ist, wird sich durchweg nur nach den Sonderverhältnissen des Einzelfalles entscheiden lassen, wobei in erster Linie der innere Zweck der Mitteilung, das steuerliche Interesse, im Auge zu behalten ist. Die schließliche Entscheidung wird stets dem Finanzamt zustehen. Erachtete dieses die erste Mitteilung des Pflichtigen als für seine Zwecke nicht ausreichend, so kann es entsprechende Vervollständigung verlangen. Gegebenenfalls würde Entscheidung im Instanzenwege stattfinden können. Unter Umständen wird eine gewisse Erweiterung der Anmeldepflicht nach Maßgabe der Ausführungen in Anm. 12 zu § 28 zulässig erscheinen. Derartige Ergänzungsforderungen bezüglich der ersten Mitteilung, sind aber auf die Berechtigung der Versicherungsunternehmung, die Versicherungssummen oder Leibrenten an einen anderen als den Versicherungsnehmer auszuzahlen, ohne Einfluß; diese Berechtigung ist durch die erste Mitteilung, sofern solche sich nicht von vornherein als absolut ungenügend und für die Erfüllung der Verpflichtung ungeeignet zeigen sollte, ohne weiteres ausgelöst; es ist demgemäß an sich eine Bestätigung des Finanzamts über den Eingang oder das Genügen der Mitteilung nicht erforderlich.

8. Ein an sich auf breiterer Grundlage sich bewegender Erlaß des Reichsministers der Finanzen vom 12. März 1921 III a 1630 (RStBl. 1921 S. 172) wird insoweit noch unter dem neuen Gesetz zu Recht bestehend angesehen werden müssen, als er ausspricht, daß die Voraussetzungen des § 60 — jetzt die bezüglichen des § 30 — für die Verpflichtung der Versicherungsunternehmungen nicht gegeben seien, wenn nur die eingezahlten Prämien, die Prämienreserve oder der Rückkaufswert (z. B. bei der sogenannten Wartezeit, bei Selbstmord, Betrug oder dergl.) ausgezahlt werden. Die angezogene Verfügung ist später durch den Erlaß des Reichsfinanzministers vom 25. Juni 1921 III V 4236 (RStBl. 1921 S. 295) nochmals besonders bestätigt und näher erläutert, wobei des Weiteren erklärt worden, daß Unfallversicherungen mit Prämienrückgewähr unter den § 60 Erbschaftssteuergesetzes 1919 fallen. Auch letzteres wird eventuell jetzt noch Bedeutung haben. — Um die Versicherungsunternehmungen nicht schon bei untergeordneten Auszahlungen mit Mitteilungen, welche für das Steuerinteresse nicht in Frage kommen konnten, unnötig zu belasten, ist vom Reichsminister der Finanzen der Wegfall der Mitteilungen bei Auszahlungen unter einer gewissen Mindestgrenze zugelassen. Zunächst geschah solches durch den Erlaß vom 11. Dezember 1922 bei einer Mindestgrenze von 5000 Mark. Ein Erlaß vom 7. Juni 1923 hat sodann Folgendes angeordnet: „Mit Rücksicht auf die Geldentwertung und die jetzige Höhe der allgemeinen Befreiungsgrenzen des EStG. 1922 erkläre ich mich bis auf weiteres damit einverstanden, daß Mitteilungen der Versicherungsunternehmungen nach § 30 a. a. O. unterbleiben, soweit im Einzelfalle die auszuzahlende Versicherungssumme (einschließlich angesammelter Dividenden und dergl.) insgesamt den Betrag von 50 000 Mark nicht übersteigt." Unter der fortschreitenden Geldentwertung mußte auch letztere Abgrenzung bald überholt erscheinen. Es erging deshalb der weitere Erlaß des Reichsministers der Finanzen betr. Erleichterungen des Verfahrens zu § 29 Abs. 1, § 30 und § 18 Abs. 7 ErbStG. 1922 vom 17. November 1923 III C 12 905 mit folgendem Wortlaut: „Mit Rücksicht auf die fortgeschrittene Geldentwertung erhöhe ich bis auf weiteres die in Abs. 1 bis 3 meines Runderlasses vom 7. Juni 1923 — III C 6947 (RStBl. S. 210) festgesetzte Grenze von 50 000 Mark (Papiermark) auf den Betrag von einhundert Goldmark. — Für die Umrechnung von auf Papiermark lautenden Beträgen in Goldmark gelten vom 24. Oktober 1923 ab die von mir nach § 2 Absatz 1 der Durchführungsbestimmungen zur Aufwertungsverordnung vom 13. Oktober 1923 (RGBl. I S. 951) fortlaufend zu veröffentlichenden Goldumrechnungssätze für Reichssteuern, für die Zeit bis zum 23. Okt. 1923 die in Art. I Nr. 2 der Dritten Durchführungsbestimmungen zur Aufwertungsverordnung vom 12. November 1923 (RGBl. I S. 1089) bekanntgemachten Goldumrechnungssätze. — Zur Beseitigung von Zweifeln weise ich darauf hin, daß für die Umrechnung der Tag der Entstehung der Steuerschuld im Sinne des Erbschaftssteuergesetzes (Todestag) maßgebend ist."

III. Wertfeststellung.

Vorbemerkung, Ausgestaltung des Drucks der Gesetzesvorschriften betreffend: Die Vorschriften, welche das Erbschaftssteuergesetz in der ursprünglichen Fassung der Bekanntmachung vom 7. August 1922 bezüglich

der Wertfeststellung enthielt, sind inzwischen zweimal, zunächst durch das Gesetz über die Berücksichtigung der Geldentwertung in den Steuergesetzen vom 20. März 1923 und sodann durch die zweite Steuernotverordnung vom 19. Dezember 1923, in einschneidender Weise und zwar so geändert worden, daß vermöge der eigenartigen Regelung des Inkrafttretens der einzelnen Bestimmungen noch eine gewisse Zeit das Alte neben dem Neuen für Einzelfälle zur Anwendung zu bringen sein wird. Dem muß die Kommentierung durch eine gleiche Berücksichtigung der anfänglichen und der späteren Regelungen Rechnung tragen, die im Gesetzestext genau nach ihrem Wortlaut zur Erscheinung zu bringen sind. Die Änderungen konzentieren sich auf den § 32. Von dem Gesetz vom 20. März 1923 sind dieselben in das ursprüngliche Gesetz eingegliedert, während die Steuernotverordnung vom 19. Dezember 1923 dem § 32 eine vollkommen neue Fassung gibt. In dem Druck der Gesetzesvorschriften ist das Vorberührte in der Weise zum Ausdruck gebracht, daß zunächst als § 32 EStG. 1922 der anfängliche Gesetzestext mit den Änderungen des Gesetzes vom 20. März 1923, letztere durch Kursivdruck und Häkchen („“) gekennzeichnet, erscheint und sich dem sodann als § 32 EStG. 1923 die neue Fassung der Steuernotverordnung vom 19. Dezember 1923 gesondert anschließt. Es ist damit jede der drei Regelungen wörtlich gegeben.

§ 31.

Für die Ermittlung des Wertes des Anfalls ist, soweit in diesem Gesetze nichts anderes bestimmt ist, der Zeitpunkt des Entstehens der Steuerschuld maßgebend.

a) Verh. bzw. Ges.-Erl.: Nt. 1920/22 Aussch.-Ber. Drucks. Nr. 4856 S. 42/43.

b) Richtl.: A, I Ziff. 1a; B, Ziff. 22.

c) Ausf.-Best.: § 32.

d) Erl. d. RFM.: —

e) Ges. 19: § 45 Neue Fassung.

f) Rechtspr.: —

g) Schriftt.: Roth, Der Zeitpunkt des Entstehens der Steuerschuld. AStR. V. Sp. 1020. Thieme, Wann tritt die Steuerschuld einer Schenkung ein? DStBl. Zwischen-Jahrg Sp. 103. Philippsborn, Die Berücksichtigung der Geldentwertung im Erbschaftssteuergesetz. ZStFr. IV. S. 79. Kern, Wegen Formmangels nichtige Verfügungen und Erbschaftssteuer (§ 45 EStG.). DBR. XIII, S. 100.

Inhaltsübersicht.

1. Zweck. Entstehung.
2. Wert des Anfalls.
3. Zeitpunkt.

1. Der § 31 enthält den allgemeinen Grundsatz über die Wertfeststellung oder die Ermittelung des Wertes des Anfalles, an welchen sich sodann im § 32 die besondere Regelung hinsichtlich der Ermittlung des Wertes einzelner Vermögensstücke, wie sie

für die Erbschaftssteuer als solche bzw. nach deren Eigenart als notwendig erscheinen muß, anschließt. Trotz der neuen Fassung entspricht der innere Gehalt des Paragraphen materiell vollkommen dem § 45 Gesetzes 1919. Während in letzterem der Zeitpunkt für das Entstehen der Steuerschuld und für die Wertfeststellung in Eins behandelt war, ist, in dem neuen Gesetz (§ 18) die grundsätzliche Regelung über die Steuerschuld (Entstehen derselben) und über den Steuerschuldner (Verpflichtung die Steuer zu tragen) zusammengezogen. Folgeweise braucht der § 31 den allgemeinen Grundsatz über die Wertfeststellung nur an diese Regelung anzugliedern. Weder die Richtlinien noch die Ausführungsbestimmungen haben besondere hier einschlagende Ausführungen oder Vorschriften; letztere verweisen im § 32 lediglich auf die Gesetzesreglung; nach Lage der Sache wird ein vortretendes Bedürfnis dazu auch nicht anzuerkennen sein. Über die Entstehung des § 45 früheren Gesetzes enthält Anm. 1 zu § 45 in der 3. Auflage das Nähere, worauf Bezug zu nehmen ist.

2. Die Steuerfeststellung soll sich nach dem Wortlaut des § 31 auf die Ermittlung des Wertes des Anfalls beziehen. Üblicherweise und auch im Gesetz wird die Bezeichnung „Anfall" meist gleichbedeutend mit „Erbanfall" gebraucht und dadurch lediglich der Anfall der Erbschaft nach Maßgabe der Festlegung des Ausdrucks im § 1942 BGB. getroffen. Hier ist aber der Ausdruck Anfall in einer erweiterten Bedeutung angewendet, denn nach der ganzen Lage der Sache muß es als zweifellos betrachtet werden, daß der Gesetzgeber die Schenkung und die Zweckzuwendung mit einbegriffen sehen will. Der Anfall deckt demnach auch das durch Schenkung oder durch Zweckzuwendung übertragene; vgl. Finger EStG. 22 Anm. 2 zu § 31. Zweckentsprechender hätte man statt Anfall wohl Erwerb oder steuerpflichtiger Erwerb sagen sollen, wie sich die Steuerfeststellung und die Wertermittlung dafür als solche an den Erwerb anschließt und diesen treffen muß. Nach Finger a. a. O. soll im § 31 Anfall hervorgehoben sein, weil die Bestimmung nicht für den § 11 des Gesetzes (Festlegung der Zuschläge nach § 10 Abs. 3 des Gesetzes) gilt. Materiell ist dem Ganzen eine weitere Bedeutung nicht beizumessen, da das, was gesagt sein soll, zweifelsfrei ist.

3. Als allgemeinen Grundsatz stellt die gesetzliche Vorschrift hin, daß für die Ermittlung des Wertes des Anfalls der Zeitpunkt des Entstehens der Steuerschuld maßgebend sei. Dadurch wird der § 31 in eine feste Abhängigkeit von § 18 des Gesetzes gebracht, welcher letzteren Zeitpunkt festlegt. Folgeweise erübrigt es, dem Zeitpunkt des Entstehens der Steuerschuld hier näher nachzugehen; es braucht nur auf die bezüglichen eingehenderen Darlegungen, welche oben zu § 18 erbracht sind, verwiesen zu werden. Der Entstehenszeitpunkt ist aber nur ausschlaggebend, soweit in dem Erbschaftssteuergesetz nicht anders bestimmt ist. Alle Sondervorschriften, welche das Gesetz bezüglich des Zeitpunktes für die Wertermittlung trifft, gehen mithin dem allgemeinen Grundsatz vor und modifizieren denselben in entsprechender Weise. Mirre Gesetz 1922 Anm. zu § 31 erklärt die Bestimmung insofern für ungenau, als auch die Vorschriften der Reichsabgabenordnung zu beachten seien. Eine gewisse Berechtigung des Vorwurfs kann nicht verkannt werden. Der Mangel dürfte jedoch dadurch im wesentlichen ausgeglichen erscheinen, daß in dem ersten Absatz des folgenden § 32 auf die allgemeine Geltung der Vorschriften der Reichsabgabenordnung über die Wert-

ermittlung ausdrücklich hingewiesen wird. Zu materiellen Zweifeln ist jedenfalls kein Anlaß geboten. Zweckmäßiger wäre es vielleicht gewesen, die Vorschrift des § 32 Absatz 1 eventuell unter besonderer Formulierung und unter ausdrücklichem Hinweis auf die Vorschriften über die Entstehung der Steuerschuld als eine allgemeine mit in den § 31 aufzunehmen. Alle tatsächlich möglichen Zweifel werden stets in der Frage nach dem Entstehen der Steuerschuld gipfeln, die schon zu § 18 zu prüfen war. Die dortigen Ausführungen müssen hier in dem gleichen Maße in Betracht kommen; es handelt sich dabei namentlich um die Anm. 5—23 zu § 18, in welchen vorzugsweise die einschlagenden Einzelheiten berührt werden. — Für die vorberührte Frage ist es ohne Bedeutung, daß durch die zweite Steuernotverordnung vom 19. Dez. 1923 dem § 32 eine vollkommen neue Fassung gegeben und in derselben nicht mehr auf die Reichsabgabenordnung, sondern generell auf das Vermögenssteuergesetz verwiesen wird, denn durch letzteren Hinweis sind die allgemeinen Regelungen der Reichsabgabenordnung über die Wertermittlung in der gleichen Weise wie früher gedeckt, weil sie in § 15 des Vermögenssteuergesetzes 1922 genau ebenso wie früher im Erbschaftssteuergesetz § 32 angezogen sind.

§ 32. ESt G. 1922.

Bei Bewertung von Vermögen gelten die Vorschriften der Reichsabgabenordnung über die Wertermittlung mit folgenden ergänzenden Bestimmungen.

Die Vermögensgegenstände sind jeweils unter Berücksichtigung der allgemeinen wirtschaftlichen Verhältnisse zu bewerten.

Für die dauernd dem Betriebe gewidmeten Gegenstände hat eine von § 139 Abs. 2 Reichsabgabenordnung abweichende Bewertung stattzufinden, wenn und soweit infolge der wirtschaftlichen Verhältnisse ein höherer dauernder Wert anzunehmen ist.

Die Feststellung der Werterhöhung von einzelnen Betriebsgegenständen hat unter Berücksichtigung der Einheit des ganzen Unternehmens und der Annahme der Weiterführung des Betriebs zu erfolgen.

„Für Erwerbe, für welche die Steuerschuld bis zum 31. Dezember 1925 entsteht, sind Wertpapiere und auf ausländische Währung lautente Zahlungsmittel und Forderungen „mit Durchschnittskursen zu bewerten, die ermittelt werden „aus den nach § 24 des Gesetzes über die Zwangsanleihe „in der Fassung des Gesetzes vom 22. Dezember 1922 (RGBl. „I S. 955) und unter Berücksichtigung von § 24 a des Gesetzes über die Zwangsanleihe (Art. II § 4 des Gesetzes „über die Berücksichtigung der Geldentwertung in den Steuergesetzen vom 20. März 1923 — RGBl. I S. 198 —) festgesetzten Kursen einerseits und aus den Kursen am Tage der

„Entstehung der Steuerschuld andererseits, keinesfalls aber höher „als mit dem Kurse am Tage der Entstehung der Steuerschuld.

„Für Erwerbe, für welche die Steuerschuld bis zum 31. De-„zember 1925 entsteht, ist bei der Ermittlung des Ertrags-„werts der land- und forstwirtschaftlichen oder gärtnerischen „Zwecken dienenden Grundstücke der Reinertrag der drei „Jahre, die dem Jahre der Entstehung der Steuerschuld „unmittelbar vorangegangen sind, und der Reinertrag der „beiden letzten Friedensjahre zu berücksichtigen.

„Die näheren Bestimmungen zur Durchführung der Vor-„schriften des Abs. 5 und 6 erlässt der Reichsminister der „Finanzen.“

Wird nach dem Ertragswerte veranlagter Grundbesitz innerhalb zehn Jahren nach dem für die Berechnung der Steuer massgebenden Zeitpunkt zu einem Preise veräussert, der um ein Viertel höher ist als der veranlagte Wert, so hat eine Neuveranlagung zu erfolgen. Der Neuveranlagung ist als Wert des Grundstücks der Verkaufspreis abzüglich der nach dem Erwerbe gemachten besonderen Aufwendungen zugrunde zu legen, jedoch nicht über den gemeinen Wert zur Zeit des Erwerbes hinaus.

Gegenstände oder Münzen aus Edelmetall sind mindestens mit dem Metallwert anzusetzen.

§ 32. ESt G. 1923.

Für die Bewertung von Vermögen finden die Grundsätze des Vermögensteuergesetzes entsprechende Anwendung. Der Reichsminister der Finanzen erläßt mit Zustimmung des Reichsrats die näheren Bestimmungen.

Bei Erwerben, für welche die Steuerschuld in der Zeit zwischen dem 1. Juli 1923 und dem 31. Dezember 1924 entsteht, sind die Bestimmungen des Artikel II § 2 Satz 1, § 3 dieser Verordnung über die Wertermittlung bei der Vermögensteuerveranlagung für das Kalenderjahr 1924, unbeschadet des späteren Inkrafttretens dieser Bestimmungen, entsprechend anzuwenden; Artikel II § 3 Abs. 1 Nr. 5 Satz 2 gilt nicht. Die näheren Bestimmungen erläßt der Reichsminister der Finanzen.

Vorbemerkung: Bezüglich der Ausgestaltung des Drucks der Gesetzesvorschrift ist die Vorbemerkung vor § 31 zu vergleichen.

a) Verh. bzw. Ges.-Erl.: Erbschaftssteuergesetz: Rt. 1920/22 Aussch.-Ber. Drucks. Nr. 4856 S. 42/43, 44/45. Geldentwertungsgesetz 20. März 1923: Rt. 1922. Drucks. Nr. 370 S. 6, 12, 14, 23, 25.

b) Richtl.: A. I Ziff. 1b; B Ziff. 23.

c) Ausf.-Best.: §§ 32 und 33 sowie §§ 52—56.

d) Erl. d. RFM.: Erl. v. 29. April 1920 (zu § 47 Ges. 19). Erl. v. 16. Oktober 1920. Erl. v. 23. Mai 1922. Erl. v. 10. April 1923. Erl. v. 14. April 1923. Erl. v. 8. September 1923. Erl v. 17. November 1923. Erl. v 14. Januar 1924. Durchf.-Best. v. 8. März 1924. Erl. v. 18. März 1924. Durchf.-Best. v. 28. März 1924. Erl. v. 28. März 1924. Erl. v. 10. April 1924.

e) Ges. 19: § 47 (nur Abs. 6 des § 47 als Abs. 8 jetzigen Gesetzes bestehen geblieben, sonst vollständig neue Fassung, die durch das Ges. v 20. März 1923 bereits wiederum — Abs. 5, 6, 7 — umgestaltet ist.

f) Rechtspr.: Urt d. RFH. v. 2. November 1922.

g) Schriftt.: Arlt, Über die Bewertung des Nießbrauchs an einem Betriebsvermögen, Nießbrauchvermächtnis und Vorerbschaft. DStBl. IV Sp. 11. Arlt, Die Bewertungsgrundsätze für die Vermögensteuer des Kalenderjahres 1924. DStBl. VII Sp. 3. Arndt, Auszugsbewertungen in Grundstücksüberlassungsverträgen und ihre Wirkung auf Erbschafts-, Schenkungs- und Grunderwerbsteuer. RStR. III S. 73. Bader, Die Grundstücksbewertung bei der Erbschaftssteuer. StA. XXVI S. 82. Berolzheimer, Die Durchführungsbestimmungen zum Erbschaftssteuergesetz (DB) vom 28. März 1924. StW. III Sp. 687. Beuck, Ist das Vermögen von Ehegatten bei der Erbschaftssteuer zusammenzurechnen? DStZ. X Sp. 565. Beuck, Zusammenhang der Bewertungsvorschriften der neuen Vermögenssteuer und der Abgabenordnung. DStZ. XIII Sp. 255. Eckstein, Bilanz und Erbschaftssteuer. DStZ. X Sp. 237. Friedrich, Die Grundstücksbewertung bei der Erbschaftssteuer. StA. XXVI S. 201. Fürnrohr, Bewertung der Wertpapiere bei der neuen Erbschaftssteuer. DStZ. XII Sp. 12. Dr. Karl Gröhn, Steuerrechtliche Wirkungen des Gutsüberlassungsvertrages. DStZ. XII Sp. 516. Gröhn, Karl, Die neuen Steuerbewertungsvorschriften für Gutsüberlassungsverträge. AStR. VII Sp. 190. Haußmann, Die Bewertung des gewerblichen Vermögens nach dem Vermögenssteuergesetze. DStBl. IV Sp. 491. Karger, Zweifelsfragen im Geldentwertungsgesetz. DStZ. XII Sp. 215. Karger, Die Gutsüberlassung an Abkömmlinge. StZbL. II S. 5. Kern, Berücksichtigung des Werts von Handelsgeschäften bei der Erbschaftssteuer. RStR. III S. 13. Liebes, Einfluß von Urteilen und Vergleich bei der Erbschaftssteuer. RStR. III S. 69. Jos. Marcus, Ist bei der Ermittlung des Ertragswerts von landwirtschaftlichen usw. Zwecken dienenden Grundstücken von dem Geldertrag oder von dem Naturalertrag auszugehen? DStZ. XII Sp. 558. Josef Marcus, Die Abänderung des Erbschaftssteuergesetzes durch die zweite Steuernotverordnung. DStZ. XIII Sp. 28. Mirre, Die Verordnung über die Bewertung von landwirtschaftlichen usw. Zwecken dienenden Grundstücken bei der Veranlagung zur Erbschaftssteuer. StW. II Sp. 641. Mirre, Die Änderung des Erbschaftssteuergesetzes durch die zweite Steuernotverordnung. StW. III Sp. 49. Ott-München, Die Erbschaftssteuer bei Todesfällen aus der Zeit vom 1. Juli bis 1. Dezember 1923. DStBl. VII Sp. 162. Peuckmann, Berechnung des Ertragswertes bei landwirtschaftlichen Grundstücken. DBR. XV S. 124. Roth, Das abgeänderte Erbschaftssteuerrecht. RStR. V S. 25. Strutz, Das Gesetz über die Geldentwertung in den Steuergesetzen vom 20. März 1923. StW. II Sp. 225. Wachsmann, Die Bewertung von Wertpapieren beim Erbfall auch für die Erbschaftssteuerveranlagung. DStZ. XI Sp. 1093. Walther, Wertpapiere und Erbsteuer. Verbst. III S. 100. v. Werthern,

Sind bei der Wertfeststellung des nachlaßsteuerpflichtigen Vermögens die Wertpapiere mit laufenden Stückzinsen anzusetzen? BA. XXI S. 381. Winter, Aufhebung des § 145 Abs. 3 RAO. für die Erbschaftssteuer. DBR. XIV S. 180. Wünschmann, Vermögensbegriff im Erbschaftssteuergesetz. DStBl. III S. 71. Wünschmann, Beiträge zum Erbschaftssteuerrecht. DStBl. VII Sp. 66. Wünschmann, Die Änderung des Erbschaftssteuerrechtes. AStR. VII Sp. 76. Wünschmann, Bedenkliches zur Berücksichtigung der Geldentwertung in den Steuergesetzen. AStR. VI Sp. 166. Wünschmann, Die Änderung des Erbschaftssteuergesetzes. AStR. VII Sp. 174. Wurzel, Die Änderung des Erbschaftssteuergesetzes. DStBl. VII Sp. 16. Wurzel, Die Durchführungsbestimmungen zu Art. III der 2. Steuernotverordnung (Erbschaftssteuer) DStBl. VII Sp. 214. Wurzel, Die Durchführungsbestimmungen über die Bewertung des Vermögens und die beschleunigte Steuererhebung bei der Erbschaftssteuer. DBR. XVI S. 24, 45. Wüst, Berechnung des Ertragswerts bei landwirtschaftlichen Grundstücken StA. XXVI S. 222.

Inhaltsübersicht.

1. In dem § 32 sind die allgemeinen und die besonderen Grundsätze über die Wertfeststellung verlautbart, welche

für das Gesetz 1919 der § 47 erbrachte. Die ursprüngliche Fassung (EStG. 1922) war durchweg neu, nur der Absatz 8 des § 32 ist aus dem früheren Gesetz übernommen. Das allgemein Grundsätzliche ist in dem ersten Absatz zusammengefaßt lediglich durch eine Bezugnahme auf die Vorschriften der Reichsabgabenordnung über die Wertermittlung, welche als für die Erbschaftssteuer geltend ausdrücklich anerkannt werden. Die übrigen Absätze des Paragraphen (EStG. 1922) enthalten die besonderen Wertermittlungsbestimmungen, wie sie nur für die Erbschaftsbesteuerung in Betracht kommen und wiederum durch die Eigenart dieser bedingt sind. Der historische Entwicklungsgang erscheint hier von besonderer Bedeutung. In dem Erbschaftssteuergesetz 1906 waren, wie sich solches nach der derzeitigen Rechts- und Steuerrechtslage als notwendig erwies, die allgemeinen Grundsätze über die Wertermittlung in vollem Umfang neben den besonderen, die teils auf dem Steuerrecht insgesamt, teils lediglich auf der Erbschaftsbesteuerung beruhten, angeführt und zwar in den §§ 16—20 des Gesetzes; das Nähere hierüber ist in der 2. Auflage in den Vorbemerkungen zu den letztbezeichneten Paragraphen ausgeführt. — Das Erbschaftssteuergesetz 1919 fiel sodann mit dem Erlaß der Reichsabgabenordnung, in welcher das allgemeine Steuerrecht des Deutschen Reiches nach seinen Grundsätzen einheitlich verkörpert wurde, zusammen, doch wurde letztere erst zu einem etwas späteren Zeitpunkte gesetzlich formuliert. Mit Rücksicht auf letzteren Umstand mußten die allgemeinen Grundsätze zunächst nochmals in dem Erbschaftssteuergesetz Aufnahme finden, wozu der § 47 diente. Letzterer Paragraph fiel mit dem Inkrafttreten der Reichsabgabenordnung mit Ausnahme seines Absatz 6 (im EStG. 1922 Abs. 8 des § 32) fort. Näheres bezüglich dieser früheren Regelung gibt die 3. Auflage in den Anm. 1 und 2 zu § 47 an, auf welche verwiesen sein soll. — Inzwischen hat aber der § 32 des Gesetzes vom 7. Aug. 1922 (Datum der neuen Fassung) zunächst eine Veränderung durch das Gesetz über die Berücksichtigung der Geldentwertung in den Steuergesetzen vom 20. März 1923 durch Umgestaltung des Absatzes 5 und Einfügung zweier weiterer Absätze 6 und 7 — die bisherigen Absätze 6, 7 werden Absatz 8, 9 — erlitten, wie solches unten in den Anm. 15, 22, 27 zu den genannten Absätzen im einzelnen zur Darstellung gebracht werden wird. Die darauf sich gründende Neuformulierung erscheint in dem vorgehenden Gesetzesabdruck als § 32 EStG. 1922 und ist in sich wiederum nach den beiden maßgebenden Regelungen (ursprüngliches Gesetz; Gesetz vom 20. März 1923) im Druck gekennzeichnet; vgl. Vorbemerkung, bzw. Vorbemerkung vor § 31. — Einschneidender hat sodann neuerdings die zweite Steuernotverordnung vom 19. Dez. 1923 durch ihren Art. III § 1 unter Ziffer 11 in den § 32 eingegriffen, indem sie die bisherige Fassung des Paragraphen gänzlich beseitigte und eine neue, auch materiell abweichende Formulierung für denselben einführte. Der vorgehende Gesetzesdruck gibt die Neugestaltung des Paragraphen unter der Bezeichnung § 32 EStG. 1923, eine Bezeichnung, welche sich auf Ziffer 3 des Erlasses des Reichsministers der Finanzen vom 14. Jan. 1924, betr. Änderung des Erbschaftssteuergesetzes durch die zweite Steuernotverordnung, gründet. — Durch die eigengearteten Bestimmungen, welche jede der drei genannten Regelungen hinsichtlich ihres Inkrafttretens trifft — vgl. das Nähere darüber in den Ausführungen zu § 48 — bestehen für die nächste Folgezeit alle drei Regelungen nebeneinander in praktischer Wirkung, da gewisse Fälle noch immer nach den ersteren Regelungen steuerlich zu behandeln sein werden. Dementsprechend müssen sich unsere Erläuterungen auf die Einzelheiten aller drei Regelungen beziehen, weil solche fortgesetzt noch aktuell sind, was insbesondere noch durch Anordnungen in den Erlassen des Reichsministers vom 8. Sept. und 17. Nov. 1923 — vgl. unten Anm. 36 — verschärft wurde. In der äußeren Anordnung der Erläuterungen werden wir der Formulierung des Gesetzestextes folgen und zuerst unter A das EStG. 1922 (ursprüngliches Gesetz mit den Abänderungen durch das Geldentwertungsgesetz vom 20. März 1923) und sodann unter B das EStG. 1923 (neue Fassung des Paragraphen durch die zweite Steuernotverordnung vom 19. Dez. 1923) behandeln, gegebenenfalls der inneren Verbindung zwischen beiden Teilen durch wechselseitige Hinweise auf die bezüglichen einzelnen Anmerkungen Rechnung tragend.

2. Unter der früheren Regelung war der Begriff des Wertes nach seinen verschiedentlichen Erscheinungsformen grundsätzlich klarzulegen. Solches ist derzeit in eingehender Weise geschehen, muß sich jedoch jetzt als überflüssig erweisen, da bezügliche Ausführungen nunmehr zu der Reichsabgabenordnung zu erbringen sein werden. Die Erläuterungen, welche die 3. Auflage in fraglicher Beziehung in den Ausführungen zu § 47 speziell in den Anm. 4—12 enthält, sind zwar im wesentlichen jetzt noch maßgebend; wir sehen jedoch davon ab, sie hier zu wiederholen und heben nur die besondere Behandlung der einzelnen Erscheinungsformen des Wertbegriffes mit Angabe der früheren erläuternden Anm. heraus: Geldwert Anm. 4; Tausch- oder Verkaufsrecht, Schätzungswert Anm. 5; objektiver und subjektiver Wert Anm. 6, 7; ordentlicher, bleibender und normaler Wert Anm. 8; außerordentlicher Wert Anm. 9; innerer Wert Anm. 10; Ertragswert Anm. 11; gemeiner Wert Anm. 12. Weitere Einzelwerte wie Affektionswert, Kunstwert usw. sind an entsprechender Stelle in den angezogenen Ausführungen berücksichtigt worden.

A. EStG. 1922.

Absatz 1.

3. Der Absatz 1 des § 32 enthält die allgemeine Grundlage für die Wertfeststellung, die wiederum ausschließlich in der Reichsabgabenordnung wurzelt. Die ganze Regelung beschränkt sich auf die Anordnung, daß die Vorschriften der Reichsabgabenordnung über die Wertermittlung grundsätzlich auch für die Erbschaftssteuer maßgebend sein sollen. Darin liegt die ausdrückliche Anerkennung, daß bei der Wertermittlung und Wertfeststellung für die Erbschaftssteuer überall stets in erster Linie die Grundregeln, welche die Reichsabgabenordnung in der fraglichen Beziehung allgemein und übereinstimmend hinsichtlich des Steuerrechts und der Besteuerung trifft, zur Anwendung zu bringen sind. Die betreffenden Grundsätze der Reichsabgabenordnung greifen nicht etwa nur mit sekundärer Wirkung ein, wie solches wohl schon ohne weiteres selbst bei Mangel jedweder Spezialvorschrift hätte angenommen werden müssen; sie füllen nicht etwa nur die Lücken, welche das Erbschaftssteuergesetz mit oder ohne Absicht gelassen hat, aus, sondern es ist ihnen vielmehr grundsätzlich die primäre Bedeutung zugesprochen; sie bilden die feste Basis für die Wertfeststellung bei der Erbschaftssteuer, der durchweg zunächst Rechnung zu tragen ist. Gegebenenfalls ist diesem Umstand bei der praktischen Durchführung der Wertfeststellung und bei der eventuell notwendigen Kraftabmessung der Gesetzesvorschriften gegen einander Rechnung zu tragen. In diesem Stande ist übrigens durch das EStG. 1923 keine Änderung eingetreten, da auch das Vermögenssteuergesetz, welches nunmehr die Grundlage für die Wertermittlung bei der Erbschaftssteuer abgeben soll, in etwa der gleichen Form wie EStG. 22 die Reichsabgabenordnung als den Ausgangspunkt für die Wertermittlung im allgemeinen hinstellt; vgl. unten Anm. 39. — Dadurch, daß das Erbschaftssteuergesetz 1922 die allgemeinen Grundsätze über die Wertermittlung und Wertfeststellung gänzlich aus der eigenen Regelung ausscheidet und in dieser Beziehung insgesamt ein anderes Gesetz mit seinen einschlagenden Bestimmungen eintreten läßt, wird gleichzeitig die Erläuterung dieser allgemeinen Grundsätze aus dem Rahmen unserer Arbeit entrückt. Die fragliche Behandlung wird nunmehr Sache der Kommentare zur Reichsabgabenordnung sein. Wir haben demnach im wesentlichen hier auf diese Kommentare zu verweisen, deren eine größere Zahl erschienen ist; wir heben aus derselben insbesondere heraus den Kommentar von Mrozek, Boethke, Arlt und Pünder, die erläuternde Handausgabe von Becker, den Kommentar von Rübe, Mühe und Hauser, den von Buck und Lucas, und die Textausgaben von Trautvetter, von Schmöger und Zschuche, sowie von Beuck. Nur bezüglich der Hauptbegriffe, wie sie Reichsabgabenordnung aufstellt, wollen in den folgenden Anm. 4 und 5 einiges kurz ausführen, weil solches zur Klärung im allgemeinen beitragen dürfte. Durch diese fast vollständige Ausscheidung der Wertfeststellungsvorschriften weicht unser Erläuterungsbuch wesentlich von Mirre EStG. 22 und von Finger EStG. 22 ab. Ersterer berührt, indem er zwar die Ziffer der Anmerkung zu § 32 lediglich fortlaufen läßt, nahezu die sämtlichen bezüglichen Bestimmungen, welche die Reichsabgabenordnung in dem zweiten Abschnitt ihres zweiten Teils unter den §§ 137 bis 161 über die Wertermittlung trifft, im einzelnen und erläutert dieselben. Finger geht noch etwas weiter, indem er in der sehr umfassenden Anm. 1 zum § 32 die sämtlichen oben genannten Paragraphen der Reichsabgabenordnung wiedergibt und sie je durch besondere Anmerkungen erklärt. Auf diese Erläuterungen muß hier an erster Stelle verwiesen werden.

4. Die Reichsabgabenordnung stellt in § 137 Absatz 1 als Hauptgrundsatz auf, daß bei Bewertungen, soweit nichts anderes vorgeschrieben ist, der gemeine Wert zugrunde gelegt werden soll. Was unter „gemeinem Wert" zu verstehen ist, bestimmen die beiden ersten Absätze des § 138 folgendermaßen: „Der gemeine Wert wird durch den Preis bestimmt, der im gewöhnlichen Geschäftsverkehre nach der Beschaffenheit des Gegenstandes unter Berücksichtigung aller den Preis beeinflussenden Umstände bei einer Veräußerung zu erzielen wäre; ungewöhnliche oder lediglich persönliche Verhältnisse sind nicht zu berücksichtigen. — Als lediglich persönliche Verhältnisse sind auch Verfügungsbeschränkungen anzusehen, denen der Steuerpflichtige aus Gründen, die in seiner Person oder der Person seiner Rechtsvorgänger liegen, unterworfen ist. Dies gilt insbesondere für Verfügungsbeschränkungen, die auf letztwilligen

Anordnungen beruhen". Dazu sei aus der Begründung des Entwurfs zur Reichsabgabenordnung noch das Nachstehende als besonders charakteristisch hinzugefügt: „§ 138 bestimmt den Begriff des gemeinen Werts entsprechend der herrschenden Auffassung, die der Rechtsprechung der höchsten Gerichte entspricht. Die Hinweisung auf den Fall einer Veräußerung ist nicht so zu verstehen, als ob ein Preis maßgebend sein sollte, der bei sofort erzwungenem Verkaufe zu erzielen wäre, so daß also bei fruchtlosem Ausbieten eines Grundstückes das höchste oder gar einzig abgegebene Gebot maßgebend wäre; zu ermitteln ist vielmehr, welcher Preis bei Unterstellung eines Kaufabschlusses nach Lage aller Umstände bei gleichmäßiger Berücksichtigung der Interessen des Käufers und Verkäufers als angemessen anzuerkennen sei. Wichtig sind die besonderen Verhältnisse des einzelnen Falles. Danach ist zu entscheiden, ob der Erzeuger- oder Großhandels- oder der Kleinhandelspreis zugrunde zu legen ist." Der Hauptbewertungsgrundsatz ist mithin der gleiche wie er schon in dem Erbschaftssteuergesetz 1919 ausgesprochen war. Auch dasjenige, was die Reichsabgabenordnung unter gemeinem Wert verstanden wissen will, ist nicht neu; es ist materiell das früher schon mehr oder weniger durchgängig Anerkannte, nur in einer etwas anderen Formulierung. Folgeweise werden die Ausführungen der 3. Aufl. in Anm. 12 zu § 49 im wesentlichen noch als zu Recht bestehend zu gelten haben. Zu vergleichen ist Becker Kommentar zur Reichsabgabenordnung unter Anm. 1 zu § 138. Besondere nähere Ausführungen, auf die hier nicht näher einzugehen steht, geben Mirre EStG. 22 Anm. 1—8 zu § 32 und Finger EStG. 22 Anm. 1 (Anm. zu § 138 RAO.).

5. Neben dem in der vorgehenden Anmerkung berührten, in erster Linie zu berücksichtigenden Bewertungsgrundsatz stellt sich dann noch ein zweiter von ähnlicher Bedeutung, der über die wirtschaftliche Einheit. Der § 137 Abs. 2 der Reichsabgabenordnung formuliert denselben in folgender Weise: „Jede wirtschaftliche Einheit ist für sich zu bewerten und ihr Wert im ganzen festzustellen. Was als wirtschaftliche Einheit zu gelten hat, ist nach den Anschauungen des Verkehrs zu entscheiden; die örtliche Gewohnheit, die tatsächliche Übung sowie die Zweckbestimmung und wirtschaftliche Zusammengehörigkeit oder Abhängigkeit der einzelnen Gegenstände sind zu berücksichtigen." Diese Vorschrift enthält wiederum nicht etwa eine Neuerung der Reichsabgabenordnung, sondern lediglich die formelle Anerkennung und Verlautbarung eines schon von länger her zur Anwendung gebrachten Grundsatzes, der auf dem wirtschaftlichen Leben beruht, und voll der Natur der Sache entspricht. Die Reichsabgabenordnung stellt den unterliegenden wirtschaftlichen Begriff auf die breiteste Grundlage des Tatsächlichen und läßt alle Einwirkungen des Wirtschaftslebens und des Verkehrs sich in demselben durchsetzen. Dadurch ist es möglich, dem Tatsächlichen nach jeder Richtung hin gerecht zu werden. Die Vorschrift bekräftigt, daß jede wirtschaftliche Einheit in sich geschlossen und als Ganzes zu bewerten ist. Stets ist der Gesamtwert einer solchen festzustellen. Dieses gilt sowohl in sachlicher wie in persönlicher Beziehung. Der Gesamtwert eines Erbfalls, einer Schenkung, desgleichen der eines Vermögens setzt sich aus den Werten der geschlossenen wirtschaftlichen Einheiten, welche zu Erbfall, Schenkung oder Vermögen gehören, zusammen. Ebenso berech-

net sich der Gesamtwert des Erwerbes eines einzelnen Erwerbers aus den Werten der geschlossenen wirtschaftlichen Einheiten, welche seinen Erwerb bilden. In umgekehrter Richtung ist das Gleiche der Fall. Sind an einer wirtschaftlichen Einheit mehrere Personen berechtigt, bzw. verteilt sie sich auf mehrere Erwerber, so ist der zunächst für die wirtschaftliche Einheit festzustellende Gesamtwert dem einzelnen Berechtigten oder Erwerber entsprechend seiner Berechnung zuzurechnen. Regelmäßig werden dabei Bruchteile zur Anwendung zu bringen sein. Dieses gilt ebenmäßig bei dem Vermögen zur gesamten Hand, Erbengemeinschaft, Gütergemeinschaft, Gesellschaft usw., wobei so zu verfahren ist, als ob die Beteiligten nach Bruchteilen berechtigt wären; die Bruchteile bestimmen sich nach den Anteilen am gemeinsamen Vermögen, gegebenenfalls auch nach den Anteilen bei Auflösung der Gemeinschaft. Hierfür ist der § 80 Absatz 2 der Reichsabgabenordnung als maßgebend zu berücksichtigen. Wegen der weiteren Einzelheiten verweisen wir auf Becker Kommentar zur Reichsabgabenordnung Anm. 2 zu § 137, desgleichen auf Mirre EStG. 22, Anm. 5 zu § 32 und Finger EStG. 22 Anm. 1 (Anmerkungen zu § 137 RAG.). Für neuesten Stand auch zu vergleichen: Berolzheimer, Die Durchführungsbestimmungen zum Erbschaftssteuergesetz vom 28. März 1924. StW. III Sp. 687 unter II ff.

Absatz 2.

6. Ob es gegenüber der weitgehenden Berücksichtigung der tatsächlichen wirtschaftlichen Verhältnisse bei der Bewertung der wirtschaftlichen Einheit, welche nach den Ausführungen in der vorgehenden Anmerkung schon nach der grundsätzlichen Bestimmung der Reichsabgabenordnung einzutreten hat, notwendig war, die im großen und ganzen gleichlaufende Bestimmung des Abs. 2 nochmals besonders zu verlautbaren, kann zweifelhaft erscheinen. Mirre EStG. 22 Anm. 9 Abs. 2 zu § 32 nimmt als Grund an, daß es geschehen sei, weil bei der Beratung der Reichsabgabenordnung die Kriegsfolgen in gewisser Beziehung als außergewöhnliche Verhältnisse angesehen wurden. Eine Bestimmung wie die des Abs. 2 gibt wörtlich gleichlautend der § 15 Absatz 2 des Vermögenssteuergesetzes vom 8. April 1922, ohne daß die besondere Absicht, die der Gesetzgeber mit der bezüglichen Einfügung verfolgte, näher gekennzeichnet wäre; Strutz, Handausgabe der Vermögenssteuergesetze Anm. 7 zu § 15 obenbezeichneten Gesetzes sucht in sehr eingehenden Ausführungen dieser Absicht auf den Grund zu kommen, jedoch ohne ein vollkommen gesichertes oder befriedigendes Ergebnis; ebenso macht Strutz a. a. O. Anm. 8 zu § 15 gewisse Bedenken gegen die Vorschrift als solche unter näherer Begründung geltend, auf welche einzugehen uns hier zu weit führen würde, ein Hinweis darauf muß genügen.

7. Für die praktische Anwendung der Vorschrift des Absatz 2 ist im wesentlichen dasjenige maßgebend, was oben unter Anm. 5 ausgeführt wurde. Das tatsächliche Wirtschafts- und Verkehrsleben soll für die Bewertung die allgemeine Grundlage bilden. Es wird dabei ausdrücklich unterstellt, daß die „jeweils" herrschenden Verhältnisse zu berücksichtigen seien. Demgemäß sind nicht etwa nur die normalen, eine längere Dauer versprechenden Verhältnisse, sondern ebenso auch diejenigen, welche auf eigengearteten Umständen und Ausnahme-

erscheinungen beruhen und das Wirtschaftsleben dadurch anormal beeinflußt haben, in Rücksicht zu ziehen, es ist der jeweils vorhandenen Lage, der gesunden wie der kranken, Rechnung zu tragen. Damit ist namentlich bestätigt, daß außerordentliche oder außergewöhnliche, aber allgemein zum Durchbruch kommende Verhältnisse, wie die während des Krieges gezeitigten oder die der Nachkriegszeit in dem umfassenden Niedergang des Wirtschaftsstandes und in der stetig fortschreitenden Geldentwertung nicht unberücksichtigt bei der Bewertung bleiben dürfen. Selbstredend muß es dabei sein, daß diese besonders charakterisierten Verhältnisse nicht mit dem gleichen Maße wie ein normaler Stand bemessen werden können. Sie sind stets nur gemäß ihres Außerordentlichen oder Außergewöhnlichen, also gemäß ihres eigenartigen Charakters zu würdigen und dementsprechend zu berücksichtigen. Das Zutreffende dieser Auffassung hat letzthin wohl eine besondere Bestätigung durch das Gesetz über die Berücksichtigung der Geldentwertung in den Steuergesetzen vom 20. März 1923 erfahren und zwar in dem Umstande, daß das genannte Gesetz, welches sonst den § 32 seinem Sonderzweck — Berücksichtigung der Geldentwertung — entsprechend umgestaltet, den Absatz 2 unverändert gelassen hat, damit die schon vorhandene Übereinstimmung mit jenem Zweck anerkennend. Hinsichtlich des Vermögenssteuergesetzes und der dort verlautbarten gleichen Bestimmung vertritt Strutz dieselbe Ansicht, indem er a. a. O. Anm. 8a zu den „allgemeinen wirtschaftlichen Verhältnissen" ausführt: „Nach den in den Verhandlungen erkennbar gewordenen Absichten werden hierunter aber auch nur örtliche, besonders gelagerte wirtschaftliche Verhältnisse, die keine Dauer versprechen, zu verstehen sein." Nach seiner ganzen Fassung läßt der Absatz 2 nicht zweifelhaft, daß er allgemeine Geltung für alles Vermögen ohne irgend einen Unterschied beansprucht. Durch diese Allgemeinheit steht er in einem gewissen Gegensatz zu den folgenden Absätzen, die ja nur für bestimmte besondere Arten des Vermögens (Grundvermögen, Betriebsvermögen, sonstiges Vermögen) eine Regelung treffen. Auch die weiteren Scheidungen innerhalb der vorgenannten großen Kategorien oder neben denselben sind ohne Einfluß.

Absatz 3.

8. Während die Vorschrift des vorgehenden Absatzes 2 sich noch im großen und ganzen mit der Bewertungsregelung der Reichsabgabenordnung im Einklang bewegt, tritt uns im Absatz 3 die erste grundsätzliche Abweichung von letzterer entgegen, welche nach der Eigenart der Erbschaftsbesteuerung für notwendig erachtet wurde. Es handelt sich dabei um eine Beschränkung der Anwendung des § 139 Absatz 2 der Reichsabgabenordnung. Die Bestimmung des letzteren lautet: „Für die Bewertung der dauernd dem Betriebe gewidmeten Gegenstände ist der Anschaffungs- oder Herstellungspreis abzüglich angemessener Abnutzung maßgebend unter Zulassung des Ansatzes eines niedrigeren Wertes, wenn er dem wirklichen Werte zurzeit der Bilanzaufstellung entspricht." Sie soll für die Erbschaftsbesteuerung nicht Platz greifen, „wenn und soweit infolge der wirtschaftlichen Verhältnisse ein höherer dauernder Wert anzunehmen ist". Die Vorschrift des Absatz 3 ist gleicherweise wie Absatz 2 dem Vermögenssteuergesetz vom 8. April 1922 § 15 Absatz 4 Satz 1 nachgebildet; in dem Wortlaut findet sich nur die Ab-

weichung, daß das Erbschaftssteuergesetz von den „wirtschaftlichen Verhältnissen" das Vermögenssteuergesetz von der „Entwicklung der Wirtschaftsverhältnisse" spricht; aus dem Gesetzgebungsmaterial ist nicht ersichtlich, ob der Gesetzgeber bei der Abweichung im Wortlaut überhaupt einen besonderen Zweck im Auge gehabt hat; mit Rücksicht hierauf und bei dem im wesentlichen gleichlaufenden Wortsinn, steht anzunehmen, daß dieses nicht der Fall gewesen ist; man wird demnach der Abweichung keine besondere Bedeutung beizulegen haben; vgl. auch Mirre EStG. 1922 Anm. 12 zu § 32 Absatz 1. Hinsichtlich der bezüglichen Bestimmung des Vermögenssteuergesetzes ist auf den Aufsatz von Haußmann, Die Bewertung des gewerblichen Vermögens nach dem Vermögenssteuergesetze, DStBl. IV Sp. 491 zu verweisen.

9. Hinsichtlich der allgemeinen Erläuterung der Vorschrift des § 139 Absatz 2 der Reichsabgabenordnung nehmen wir wiederum auf die Kommentierung zu letzterer Bezug. Bemerkt sei, daß die Vorschrift selbst zu mannigfachen Zweifeln Anlaß geboten hat, welche bislang nur teilweise durch die Rechtsprechung geklärt sind. Allgemein sei daher auf Beckers Handausgabe der Reichsabgabenordnung Anm. 2—8 zu § 139 verwiesen. Im einzelnen wollen wir nur das Grundlegende kurz herausheben, wobei zum Teil auf die Bestimmungen des Vermögenssteuergesetzes zurückzugreifen ist. Hinsichtlich der „Betriebe" ist die Scheidung des Vermögens in Grundvermögen, Betriebsvermögen und sonstiges Vermögen (§ 6 des Vermögenssteuergesetzes) maßgebend; es kommen alle diejenigen Unternehmungen in Frage, welche ein Betriebsvermögen besitzen können, mithin die Betriebe der Land- und Forstwirtschaft, des Bergbaues oder eines Gewerbes und zwar mit ihren Nebenzweigen bzw. in dem weiteren Sinn, wie er für das Betriebsvermögen gilt. Unter „dauernd dem Betriebe gewidmete Gegenstände" versteht man das Anlage- oder stehende Kapital im Gegensatz zu dem umlaufenden oder Betriebskapital wiederum in dem für die Vermögenssteuer geltenden Sinn. Der Anschaffungs- oder Herstellungspreis, wie er hier den Ausgangspunkt bildet, wird je nach den Sonderverhältnissen des einzelnen Falls festzulegen sein, wozu die bezüglichen Bilanzaufstellungen herangezogen werden können; entscheidend ist das für die Reichsabgabenordnung Geregelte. Hinsichtlich der verhältnismäßig weitgreifenden Einzelheiten ist insbesondere auf die Kommentare von Becker (Reichsabgabenordnung) in den Anm. 2—7 zu § 139 und von Strutz (Vermögenssteuer) in den Anm. 18—22 zu § 15 Bezug zu nehmen, bezüglich der Anschaffungs- und Herstellungskosten auch auf Strutz a. a. O. Anm. 27 Absatz 2 zu § 15. — Insonderheit sei auf ein zu dem EStG. 1919 ergangenes Urteil des RFH. vom 2. Februar 1922 (ERFH. Band XI S. 3), dem jetzt noch Bedeutung beizumessen ist, hingewiesen. In demselben ist einerseits ausgesprochen, daß der § 139 Abs. 2 Reichsabgabenordnung bei Berechnung der Erbschaftssteuer nach dem EStG. 1919 nicht anwendbar sei, und andererseits, daß bei Grundstücken, die nur für einen bestimmten Fabrikbetrieb bestimmt sind, die Ansitzung des Ertragswerts nicht in Betracht komme. Vgl. Marcus EStG. 22 S. 280.

10. Die von der Grundregel der Reichsabgabenordnung abweichende Behandlung bezüglich der Erbschaftssteuer soll eintreten, **wenn und soweit infolge der wirtschaftlichen Verhältnisse ein höherer dauernder Wert anzunehmen ist**". Für die praktische Durchführung ergibt sich daraus stets ein Doppeltes. Das Finanzamt wird in allen Fällen einerseits den **Anschaffungs- oder Herstellungspreis** (abzüglich einer angemessenen Abnutzung) nach Maßgabe der allgemeinen Grundsätze der Reichsabgabenordnung zu ermitteln, und andererseits den **dauernden Wert am Stichtage** (Zeitpunkt des Entstehens der Steuerschuld vgl. § 31, § 18 Abs. 1 des Erbschaftssteuergesetzes) festzulegen haben. Ergibt sich bei einer Vergleichung der beiden entsprechend nachgewiesenen Wertbeträge eine volle Übereinstimmung oder ein Zurückbleiben des zu zweit bezeichneten Wertes, so greift die regelmäßige Vorschrift der Reichsabgabenordnung Platz, die Sondervorschrift des Absatz 2 kommt nicht zum Zuge. Sofern jedoch der zweite Wertbetrag den ersteren überragt, ist die Voraussetzung des Absatz 2 erfüllt; die Erbschaftssteuer ist nach ihm zu veranlagen und zwar auf Grund des zweiten Wertbetrages. Der innere Grund für die Sondervorschrift ist ein durchaus berechtigter und beruht auf dem einschneidenden Wechsel in den stets maßgebenden wirtschaftlichen Verhältnissen, welcher sich in der Zeit zwischen der Beschaffung oder Herstellung des zu bewertenden Gegenstandes und dem eigentlichen Bewertungszeitpunkt (Entstehen der Steuerschuld) vollzogen haben kann bzw. vollzogen hat. Für die Jetztzeit macht sich dieses namentlich schwerwiegend in dem Gegensatz zwischen dem Wirtschaftsstand in der Vorkriegszeit und dem in der Kriegszeit oder in der Nachkriegszeit und in dem Gegensatz zwischen der Anfangsepoche der Geldentwertung und einer Epoche der stark vorgeschrittenen Geldentwertung geltend. Aus letzterem ergeben sich Unterschiede von so bedeutender Tragweite, daß der Gesetzgeber schon vor Erlaß des Gesetzes über die Berücksichtigung der Geldentwertung in den Steuergesetzen daran nicht vorübergehen konnte. Sind in einem jetzt vererbten Betriebe die Gegenstände des Betriebsvermögens schon vor Beginn des Krieges beschafft, so ist nach den derzeitigen wirtschaftlichen Verhältnissen der Anschaffungs- oder Herstellungspreis für dieselben bezahlt, von welchem für die Abnutzung ein entsprechender Abzug zu machen sein würde. Inzwischen haben sich aber durch den ungemeinen Rückgang der Währung, durch die Geldentwertung die wirtschaftlichen Verhältnisse vollkommen verschoben. Nach dem entsprechenden Stande unter der weit geringeren Kaufkraft der umlaufenden Zahlungsmittel stellen die Gegenstände des Betriebsvermögens, die sich im großen und ganzen als Sachwerte charakterisieren, einen ganz anderen, trotz der Abnutzung meist mit höherem Wert (d. i. Währungswert) dar, als im Zeitpunkt der Anschaffung. Würde der Steuerpflichtige hinsichtlich seines bezüglichen Anfalles lediglich nach dem Anschaffungspreis veranlagt, so könnte das mit den neueren wirtschaftlichen Verhältnissen nicht im Einklang stehen. Der Steuerpflichtige erbt Betriebsvermögen, welches zurzeit des Anfalls unter der eingetretenen Geldentwertung erheblich höher im Preise steht, als im Augenblick seiner Beschaffung und zahlt in den neueren entwerteten Zahlungsmitteln einen Steuerbetrag, der nach der früheren Normalwährung, mithin gegenüber den neuen Zahlungsmitteln in einer ganz untergeordneten Geldsumme, festgelegt ist. Der Steuerpflichtige würde auf diese Weise einen finanziellen Vorteil genießen, der durch nichts gerechtfertigt wird und ausschließlich der inzwischen eingetretenen

Geldentwertung entspringt. Auf der anderen Seite wird der Staat in seinem Steuerertrtägnis entsprechend und ebenso ungerechtfertigt verkürzt. Wenn der Staat sich dagegen durch seine Steuergesetzgebung schützt, so wird man solches nur als billig anerkennen können. Der Absatz 3 des § 32 gibt diesen Schutz.

11. Die praktische Durchführung gipfelt nach dem in der vorgehenden Anmerkung Gesagten in zwei Momenten. Es ist einmal der Anschaffungs- und Herstellungspreis der Gegenstände des Betriebsvermögens nebst der angemessenen Abnutzung derselben zu ermitteln. Dieses fällt ausschließlich unter die Grundregelung der Reichsabgabenordnung und ist folgeweise bei letzterer zu erläutern, so daß es hier ausfällt. Das Zweite betrifft die Festlegung des höheren dauernden Werts. Diese ist eine Sonderheit der Erbschaftsbesteuerung, die sich jedoch bei der Vermögensteuer in gleichem Maße zeigt. Sie ist stets auf die wirtschaftlichen Verhältnisse im Zeitpunkt des Entstehens der Steuerschuld zu basieren und dürfte in dieser Richtung keinerlei Schwierigkeiten bieten. Anders stellt sich aber die Sache bei der Frage, was hier unter einem höheren dauernden Wert zu verstehen, wann ein solcher anzunehmen sei. Namentlich spitzt sich dieses auf die Erklärung des Wortes dauernd zu. Wie bei so vielen anderen Fragen bieten die Verhandlungen über den Gesetzeserlaß sowohl des Erbschaftssteuergesetzes wie des Vermögenssteuergesetzes nicht den geringsten Anhalt für eine gesicherte Klärung, die sich aus dem Wortlaut allein ebenmäßig nicht gewinnen läßt. Strutz nimmt für das Vermögenssteuergesetz in Anm. 26 zu § 15 an, die Ansicht des Gesetzgebers werde dahin gegangen sein, „nur diejenige Wertsteigerung zu berücksichtigen, die auf die als dauernd anzunehmende Entwertung der Mark zurückzuführen ist, indem er davon ausging, daß die Mark zwar in irgend absehbarer Zeit nicht wieder ihren vollen Vorkriegswert erreichen werde, daß sie sich aber in absehbarer Zeit von einem Teile ihrer gegenwärtigen Entwertung erholen werde, die letztere also zum Teil nur als eine vorübergehende anzusehen sei". Das mag man als richtig zugeben können, für die praktische Durchführung ist damit aber noch nichts gewonnen. Strutz gibt im Anschluß auch selbst zu, daß es an jedem Anhalt fehle, inwieweit die Geldentwertung und daher die auf sie zurückzuführende Wertsteigerung der Anlagegegenstände als dauernd und inwieweit als vorübergehend anzusehen sei. Mirre EStG. 22, Anm. 12 Absatz 2 will einen höheren dauernden Wert annehmen, sobald im Verkehrsleben nicht mehr mit einem Herabgehen der Preise zu rechnen ist. Mit dieser Erklärung, mag man sie grundsätzlich auch nicht beanstanden, wird der Praxis ebenmäßig wenig gedient sein. Ähnlich dürfte es wohl mit jeder theoretischen Lösung gehen. Die Frage ist ausschließlich als eine praktische nach den wirtschaftlichen Verhältnissen im Augenblick des Entstehens der Steuerschuld zu behandeln. Das läuft im großen und ganzen auf eine strikte Anwendung des Absatz 2 hinaus. Ist aus letzterem der Schluß zu ziehen, daß der höhere Wert weiter von Dauer sein werde, so ist derselbe einzustellen. Bei der Abwägung dürften namentlich vorübergehende Erscheinungen und Rückschläge in der allgemeinen Entwicklung Schwierigkeiten bieten. Sache des hier ganz auf sich selbst gestellten Finanzamts ist es, unter sorgsamer Berücksichtigung der einschlagenden Verhältnisse des Wirtschafts- und Verkehrslebens zu entscheiden. Gegebenenfalls kann die Entscheidung im Instanzenzuge eingebessert werden.

Absatz 4.

12. Die Vorschrift im Absatz 4 entspricht wiederum wörtlich dem Vermögenssteuergesetz vom 8. April 1922, nur stellt letzteres die bezügliche Bestimmung nicht in einen besonderen Absatz, sondern schließt sie unmittelbar an die vorerörterte Bestimmung (Absatz 3) als Satz 2 des bezüglichen Absatzes an, gleichzeitig noch einen dritten Satz anfügend, der in das Erbschaftssteuergesetz nicht mit übernommen ist, voraussichtlich, weil man ihn für die Erbschaftsbesteuerung nicht von entsprechender Bedeutung erachtete. Seinem inneren Gehalt nach gliedert sich der Absatz eng an den vorhergehenden an, zu dessen Ergänzung er in gewisser Beziehung dient; die Zusammenziehung im Vermögenssteuergesetz erscheint danach durchaus gerechtfertigt. Die Vorschrift selbst soll die Bewertung nach der wirtschaftlichen Einheit weiter zum Durchbruch bringen und steht insofern in näherer Verbindung einesteils mit der allgemeinen Regelung des § 137 Absatz 2 der Reichsabgabenordnung, welche wir oben in Anm. 5 erörtert haben, und anderenteils mit der spezielleren Bestimmung dieses Gesetzes in § 139 Absatz 1, welche lautet: „Bei der Bewertung von Vermögen, das einem Unternehmen gewidmet ist, wird in der Regel von der Voraussetzung ausgegangen, daß das Unternehmen bei der Veräußerung nicht aufgelöst, sondern weitergeführt wird." Die Bestimmung des Absatzes 4 gibt hinsichtlich der Feststellung der Werterhöhung, welche nach dem Absatz 3 vorzunehmen ist, den allgemeinen Grundsatz, daß für die einzelnen Betriebsgegenstände diese Festlegung stets unter der Berücksichtigung der Einheit des ganzen Unternehmens und der Annahme der Weiterführung des Betriebes zu erfolgen habe.

13. Für die Durchführung der Sonderbestimmung des Absatz 3 des § 32 hatten wir oben in Anm. 11 zwar selbständige Festlegungen als notwendig nachgewiesen, einmal die des Anschaffungs- oder Herstellungspreises der dem Betrieb gewidmeten Gegenstände und ferner die des dauernd höheren Wertes im Zeitpunkt des Entstehens der Steuerschuld. Nach ihrer ausdrücklichen Fassung trifft die Bestimmung des Absatz 4 ausschließlich den letzteren Fall; nur hinsichtlich dieses ist sie zur Anwendung zu bringen. Die erstere Feststellung bleibt von der Vorschrift mithin vollkommen unberührt. Die Festlegung des Anschaffungs- und Herstellungspreises hat demgemäß lediglich nach den allgemein geltenden Grundsätzen und zwar, wie wir oben sahen, nach denen der Reichsabgabenordnung zu geschehen. Dabei sind dann aber die in der vorgehenden Anmerkung angezogenen, mit der Vorschrift des Absatz 4 gleichlaufenden grundsätzlichen Regelungen der Reichsabgabenordnung in § 137 Absatz 2 und im 139 Absatz 1 entsprechend zu berücksichtigen, so daß der tatsächliche Erfolg auf das Gleiche hinauslaufen wird.

14. Der dauernd höhere Wert der bezüglichen anfallenden Gegenstände soll einmal unter Berücksichtigung der Einheit des ganzen Unternehmens festgestellt werden. Hinsichtlich der Art und Weise, wie dieses im einzelnen zur Geltung zu bringen ist, wird sich ein grundsätzlicher Maßstab zur allgemeinen Anwendung nicht nachweisen lassen. Es wird stets in erster Linie nur den tatsächlichen Verhältnissen des einzelnen Falles Rechnung zu tragen sein, wobei wiederum dem Finanzamt die Entscheidung nach bestem Ermessen zu treffen obliegt. Gegebenenfalls, speziell wenn es sich um ein kleineres oder einfacheres Unternehmen, das geschlossen auf einen einzelnen Erwerber übergeht, handelt, wird eine alleinige Gesamtbewertung des ganzen Unternehmens sich als genügend erweisen können, da in solcher immerhin schon der dauernde Wert der einzelnen Gegenstände unter Berücksichtigung der Einheit des Unternehmens abgegolten erscheint. Für die Regel, in der die ganze Lage durchweg eine kompliziertere sein dürfte, wird man jedoch nicht um eine Berücksichtigung der einzelnen Gegenstände als solcher und eine entsprechende Bewertung derselben hinwegkommen. Das praktische Verfahren wird sich dann meist so gestalten, daß die Bewertung der einzelnen Gegenstände den Ausgangspunkt bildet. Dieselben werden nach ihrem jeweiligen Wert (gemeiner Wert, Verkaufswert, eventuell Anschaffungs- oder Herstellungspreis am Stichtag) eingeschätzt und eingestellt und danach wird aus den einzelnen Wertbeträgen die Gesamtsumme gezogen. Nunmehr kommt die Berücksichtigung der Einheit des Unternehmens. Man wird zu prüfen haben, welcher höhere Wert den Einzelgegenständen deswegen beizumessen sein wird, weil sie in dem Unternehmen vereinigt erscheinen oder Teile desselben bilden. Dabei werden aber auch die besonderen Qualifikationen des Unternehmens, wie z. B. altbewährte Firma, festgesicherte Kundschaft, bevorzugte örtliche Lage nicht außer acht zu lassen sein. Je nach dem Ergebnis dieser Prüfung ist ein unterschiedlicher Zuschlag jener Gesamtsumme der Einzelwerte hinzuzurechnen. Ob man diesen Zuschlag in Eins auswirft oder eine Verteilung auf die einzelnen Gegenstände vornimmt, wird sich je nach den besonderen Verhältnissen des Einzelfalles bestimmen. Kommt man überall nicht zu einem Zuschlag, so verbleibt die Gesamtsumme der Einzelwerte, unter welche nicht herabgegangen werden kann, das Maßgebende. Die Gesamtsumme muß deshalb stets das Minimum bilden, weil die Einzelwerte bereits unter voller Berücksichtigung der einschlagenden wirtschaftlichen Verhältnisse eingestellt sind. Von diesem regelmäßigen praktischen Verfahren kann nach verschiedenen Richtungen, sofern es die Umstände gebieten, oder als zweckmäßig erscheinen lassen, abgewichen werden, so insonderheit durch die Heraushebung von Einzelgegenständen, bezüglich derer Sonderumstände eine eigengeartete Behandlung bedingen.

15. Zu Zweit schreibt der Absatz 4 vor, daß bei der Werterhöhung von der Annahme der Fortführung des Betriebes auszugehen sei. Diese Vorschrift hat bei der Erbschaftsbesteuerung eine etwas andere tatsächliche Bedeutung und Einwirkung wie bei der Vermögenssteuer. An und für sich bildet die von der Vorschrift geforderte Annahme das Primäre des Ganzen und hätte danach vorweg gestellt werden müssen, denn nur unter der Annahme, daß das Unternehmen weitergeführt wird, läßt sich normalerweise eine Berücksichtigung der Einheit des Unternehmens durchführen. Zu der Annahme als solcher bzw. der betreffenden Vorschrift insgesamt werden bei dem einfachen und klaren Wortlaut weitere Erläuterungen erübrigen. Hinsichtlich der Vermögenssteuer wird die Vorschrift allgemein und ausnahmslos Platz greifen können und dementsprechend zur Anwendung zu bringen sein. Nicht ganz so liegt die Sache bei der Erbschaftssteuer. Bei letzterer kann der Erblasser bzw. der Schenker oder Zuwendende bindende Verfügungen über das Unternehmen getroffen haben, welchen unbedingt vorweg Rechnung zu tragen ist, welche aber auf eine vollständige oder teilweise Auflösung des Betriebes hinauslaufen können. Es ist beispielsweise die Möglichkeit für die Anordnung gegeben, daß das Unternehmen vom Testamentsvollstrecker veräußert und der Erlös unter die oder einzelne Bedachten verteilt werden soll, daß das Unternehmen reell in mehrere Teile zerlegt wird, die selbständig gemacht, von verschiedenen Bedachten je als eigenes Unternehmen fortzuführen sind, daß nur ein einzelner Zweig von dem Unternehmen abgetrennt und einem anderen Bedachten, für den solcher Zweig als eigenes Unternehmen gilt, überwiesen wird. Alle derartigen Verfügungen des Erblassers usw. sind stets zuerst und vor der Bewertung zur Anwendung zu bringen; die Bewertung schließt sich erst an das dadurch erzielte Ergebnis an. Fällt, wie im ersten Beispiel, das Unternehmen durch Verkauf aus der Masse, so ist für unsere Annahme kein Raum mehr, sie versagt in gleicher Weise, damit ebenso aber auch die erste Vorschrift des Absatz 4 und die des Absatz 3, weil Betriebsvermögen überall nicht mehr in Frage steht. In den übrigen Fällen wird sich regelmäßig die Annahme unter entsprechenden Einschränkungen noch durchsetzen können; so werden Teil- oder abgegliederte Betriebe als besondere Unternehmungen anzunehmen sein, auf welche sich sodann die Bewertung zuzuspitzen hat. Das Finanzamt wird sich dabei je nach den Sonderverhältnissen des Einzelfalles zu richten haben; die Entscheidung liegt lediglich in dessen Ermessen.

Absatz 5.

16. Die Vorschrift des Absatz 5 ist durch das Gesetz über die Berücksichtigung der Geldentwertung in den Steuergesetzen vom 20. März 1923, Artikel II (Berücksichtigung der Geldentwertung bei den Bewertungsvorschriften) § 3 unter b vollkommen neu formuliert. Die bezügliche frühere Gesetzesvorschrift lautete: „Der Wert der zum Kapitalvermögen gehörenden Wertpapiere, Noten und Forderungen in ausländischer Währung wird nach Durchschnittskursen festgestellt, welche der Reichsminister der Finanzen gemäß § 142 Absatz 2 der Reichsabgabenordnung festzusetzen hat." Der angezogene § 142 Absatz 2 der Reichsabgabenordnung bestimmt: „Die Steuerkurse der zum Börsenhandel zugelassenen Wertpapiere werden von den Börsenvorständen, die Steuerwerte anderer Wertpapiere und der Gewerkschafts- und Gesellschaftsanteile werden von Sachverständigenausschüssen ermittelt, die der Reichsminister der Finanzen beruft. Auf Grund dieser Ermittelungen setzt der Reichsminister der Finanzen die Steuerkurse und Steuerwerte vorläufig fest und veröffentlicht sie. Nach Ablauf eines Monats, vom Tage der Veröffentlichung der vorläufigen Festsetzung gerechnet, setzt der Reichsrat die Steuerkurse und Steuerwerte endgültig fest. Die so festgesetzten Kurse und Werte treten an die Stelle der im § 141 bezeichneten Werte." — Wenngleich der Regierungsentwurf zu dem oben bezeichneten Gesetz vom 20. März 1923 durch die sich länger hinziehenden Verhandlungen im Reichsrat und im Reichstag im einzelnen und zwar insonderheit auch bezüglich der hier zur Erörterung stehenden Vorschrift verschiedentliche, nicht unwesentliche Änderungen erfahren hat, so wird doch in der Begründung dieses Entwurfs die Grundtendenz, welche mit den neuen Vorschlägen verwirklicht werden sollte, in auch jetzt noch zu beachtender Weise genügend gekennzeichnet. Wir geben deshalb diese Begründung in der Form, in welcher sie zu dem Entwurf beim Einbringen desselben an den Reichsrat verlautbart ist, nachstehend wieder. Zunächst wird in dem ersten Abschnitt „Im Allgemeinen" zu Art. II Berücksichtigung der Geldentwertung bei der Bewertung unter Ziffer 3, Erbschaftssteuer (Nr. 370 der Drucksachen des Reichsrats. Tagung 1922, S. 14) folgendes ausgeführt: „Nach § 32 Absatz 5 des Erbschaftssteuergesetzes in der Fassung der Bekanntmachung vom 7. August 1922 — Reichsgesetzblatt I S. 695 — soll der Wert der zum Kapitalvermögen gehörenden Wertpapiere, Noten und Forderungen in ausländischer Währung nach Durchschnittskursen festgestellt werden, die der Reichsminister der Finanzen gemäß § 142 Absatz 2 der AO. festzusetzen hat. Soll diese Festlegung im Rahmen des § 142 Absatz 2 der AO. erfolgen, so würde das technisch nicht durchführbar sein. Es empfiehlt sich daher, die Grundlagen der Durchschnittsberechnung gesetzlich festzulegen. In Anlehnung an die Regelung des Gesetzes zur Änderung des Gesetzes über die Zwangsanleihe vom 22. Dezember 1922 wird daher im Artikel II § 3 des Entwurfs vorgeschlagen, die zum Kapitalvermögen gehörigen Wertpapiere und auf ausländische Währung lautenden Noten und Forderungen mit Kursen zu bewerten, die sich aus der Hälfte der aus den Kursen am Ende der ersten Hälfte der Jahre 1920, 1921 und 1922 gebildeten Durchschnittskurse und aus der Hälfte des Kurses am Tage der Entstehung der Steuerschuld ergeben. Diese Regelung hat den Vorteil, daß die Durchschnittskurse aus den Kursen einer Zeit, in der die Geldentwertung noch nicht soweit vorgeschritten war, und aus den Kursen am Todestage des Erblassers errechnet werden. Es wird also dem Gedanken, daß einerseits die Verhältnisse am Todestage des Erblassers zugrunde zu legen sind, andererseits aber wegen der vorgeschriebenen Berücksichtigung der jeweiligen allgemeinen wirtschaftlichen Verhältnisse die Inflationskurse an einem einzigen Tage nicht ausschlaggebend sein dürfen, Rechnung getragen. Mit Rücksicht darauf, daß sich die Entwicklung der Verhältnisse auf einen längeren Zeitraum heute auch noch nicht annähernd übersehen läßt, soll diese Regelung zunächst für alle bis zum 31. Dezember 1925 eintretenden Steuerfälle gelten."

Demnächst enthält der zweite Abschnitt der Begründung „Im Einzelnen" zu Artikel II § 53 a. a. O. S. 23 folgende weitere Ausführungen:

„Der Artikel II § 3 betrifft die Bewertung der Wertpapiere für die Erbschaftssteuer. Die vorgeschlagene Fassung schließt sich eng an die neue Fassung des § 24 des Zwangsanleihegesetzes in der Fassung des Gesetzes zur Änderung des Gesetzes über die Zwangsanleihe vom 22. Dezember 1922 an. Während aber nach letzterem der Durchschnittskurs aus den Kursen vom 30. Juni 1920, 1921 und 1922 einerseits und aus den Kursen vom ersten Börsentage des letzten Vierteljahres 1922 (3. Oktober 1922) andererseits errechnet werden soll, soll für die Erbschaftssteuer, für die grundsätzlich der Todestag des einzelnen Erblassers der Stichtag ist, der Durchschnittskurs aus den Kursen vom 30. Juni 1920, 1921 und 1922 einerseits und dem Kurse am Todestage des Erblassers (Schenkungstage) andererseits ermittelt werden. Das gilt für inländische und ausländische Wertpapiere. Die näheren Bestimmungen zur Ausführung dieser Vorschriften soll der Reichsminister der Finanzen nach Anhörung von Sachverständigen erlassen. Darunter fallen auch die Fälle, in denen ausländische Wertpapiere auf Grund des Friedensvertrages der Verfügung des Steuerpflichtigen entzogen oder aus besonderen Gründen, z. B. wegen erschwerter Lieferbarkeit an ausländischen Börsen, nicht oder nicht voll verwertbar sind. Nötigenfalls muß bis zur endgültigen Klärung der Sachlage die Veranlagung unter Vorbehalt gemäß § 82 der Reichsabgabenordnung erfolgen. Es kann auch mit § 38 des Erbschaftssteuergesetzes und § 108 der Reichsabgabenordung geholfen werden. Für die Fälle, in denen ein Kurs oder Verkaufswert an einem der maßgebenden Stichtage nicht zu ermitteln ist, soll ebenfalls der Reichsminister der Finanzen besondere Bestimmungen erlassen können. Es kann sich dies auf alle Fälle beziehen, in denen ein Papier an den betreffenden Tagen überhaupt noch nicht emittiert war, oder in denen es zwar emittiert, aber nicht Gegenstand des Handels gewesen ist; in Fällen der letztgenannten Art wird im allgemeinen von dem letzten Kurs- oder Verkaufswert vor dem maßgebenden Zeitpunkt auszugehen sein. Diese Regelung soll aber nur für Erwerbe, die zwischen dem 1. Januar 1923 und 31. Dezember 1925 liegen, gelten. Ein Endtermin ist eingefügt, weil bei der Unsicherheit der Verhältnisse sich für einen längeren Zeitraum eine zutreffende Regelung nicht finden läßt. Für die vor dem 31. Dezember 1922 eingetretenen Erbschaftssteuerfälle wird das Wertermittelungsverfahren durch besondere Verordnung geregelt werden." Der Regierungsentwurf zu dem Gesetze vom 20. März 1923 ist sodann, wie oben schon angedeutet, vom Reichsrat und namentlich vom Reichstag in verhältnismäßig weitgehender Weise umgestaltet und dabei nicht nur durch Vereinfachung in seiner Formulierung und in dem geordneten Verfahren, sondern auch durch Ausdehnung seiner Tragweite in den Einzelheiten auf eine gesundere Grundlage gestellt. Wenn das Gesetz, das allerdings manche Wünsche unerledigt gelassen und auch in seiner ganzen Ausgestaltung bei dem derzeitigen Tiefstande der Gesetzgebungskunst vielfachen Zweifeln Raum gegeben hat, schon jetzt zu mannigfachen Beanstandungen teils in generellen Besprechungen, vgl. beispielsweise Strutz StW. 2. Jahrgang Sp. 225, teils auch in Sonderabhandlungen, wie die von Karger, Zweifelsfragen im Geldentwertungsgesetz DStZ. 12. Jahrg. Sp. 215, von Wünschmann, Bedenkliches zur Berücksichtigung der Geldentwertung in den Steuergesetzen AStR. 6. Jahrg. Sp. 166 u. a. geführt hat, so trifft dieses unmittelbar die Änderungen in der Erbschaftsbesteuerung weniger, denn im wesentlichen werden die Einkommensteuer und die Vermögenssteuer nebst Zwangsanleihegesetz berührt, dadurch allerdings indirekt wieder die Erbschaftsbesteuerung. Für die uns hier interessierende Bestimmung galt es namentlich die komplizierte Regelung über die Herausgabe eines amtlichen Steuerkurszettels für Wertpapiere und ausländische Werte zu beseitigen und gleichzeitig die neue Ordnung im Einklang mit den bezüglichen Maßnahmen, welche für Vermögenssteuer und Zwangsanleihe zu treffen waren, zu halten. Beides ist unter dem Grundzweck, der Berücksichtigung der Geldentwertung eine festere und bleibendere Handhabe zu bieten, im allgemeinen erreicht.

17. Die Bestimmung des Absatz 5 trifft Wertpapiere und auf ausländische Währung lautende Zahlungsmittel und Forderungen, und zwar ohne eine Beschränkung hinsichtlich der Vermögensgattung, so daß sie demgemäß übereinstimmend für Betriebsvermögen und für sonstiges Vermögen gilt. Wertpapiere sind allgemein angeführt, so daß sowohl inländische wie ausländische unter die Vorschrift fallen müssen. Bei der ursprünglichen Fassung im EStG. 22 konnten Zweifel entstehen, ob inländische Wertpapiere mit in Frage kommen sollten, was aber vom Gesetzgeber unbedingt beabsichtigt war; vgl. Mirre EStG. 22 Anm. 15 zu § 32. Durch die neue Fassung nach dem Gesetz vom 20. März 1923 sind jedwede Zweifel ausgeschlossen. Der Begriff der Wertpapiere scheint auch sonst nicht weiter eingeschränkt. Er umfaßt die über Rechtsverhältnisse lautenden Papiere, welche Träger der in ihnen verbrieften Rechte sind; es fallen darunter Anleihepapiere der Staaten, Gemeinden, öffentlichen Verbände, Aktien, Pfandbriefe, Prioritäten, Genußscheine, Kuxe, Gesellschaftsanteile usw. Von den Zahlungsmitteln und den Forderungen werden nur die auf ausländische Währung lautenden erfaßt, diese aber gleicherweise uneingeschränkt. Zu den Zahlungsmitteln zählen insbesondere bares Geld, Banknoten, Kassenscheine; als Forderungen gelten Geldforderungen jeder Art, speziell solche aus Wechseln, Darlehen, Kautionen, Hinterlegungen, aus Einlagen bei Sparkassen und Banken usw., soweit für sie eine ausländische Währung in Betracht kommt bzw. in Betracht kommen kann. Allgemein zu Absatz 5 sind die Aufsätze zu vergleichen von Wachsmann, Die Bewertung von Wertpapieren beim Erbanfall auch für die Erbschaftssteuernovelle. DStZ. XI Sp. 1093, sowie von Fürnrohr, Bewertung der Wertpapiere bei der neuen Erbschaftssteuer, DStZ. XII Sp. 12 und von Carl Walther, Wertpapiere und Erbsteuer Verbst. III S. 100.

18. Die Wertfeststellung für Wertpapiere und auf ausländische Währung lautende Zahlungsmittel und Forderungen soll auf Grund von Durchschnittskursen erfolgen, über deren allgemeine Ermittlung das Gesetz selbst in unmittelbarem Anschluß an die revidierten Vorschriften des Zwangsanleihegesetzes das Erforderliche vorschreibt. Auch die frühere Fassung des Absatz hatte auf Durchschnittskurse gegriffen, welche aber der Reichsminister der Finanzen nach Maßgabe des § 142 Absatz 2 der Reichsabgabenordnung, der dafür ein an sich verwickelteres Verfahren anordnet, festzusetzen hatte. Daß die danach bisher eine hauptsächliche Rolle spielenden amtlichen Steuerkurszettel in Wegfall gekommen sind und nach der gesetzlichen Vorschrift im wesentlichen ohne weiteres festliegt, aus welchen Kursen für den einzelnen Fall der Durchschnitt gezogen werden soll, ist unbedingt als ein Vorzug der jetzigen Fassung anzusehen. Das Gleiche wird sich jedoch nicht bezüglich des Umstandes sagen lassen, daß der Ermittelungsgrundsatz ausschließlich durch die Bezugnahme auf die bezüglichen Vorschriften zweier anderer Gesetze zum Ausdruck gebracht ist. Hierdurch ist zwar die an sich beabsichtigte und notwendige Übereinstimmung mit Vermögenssteuer und Zwangsanleihe unanfechtbar gewährleistet. Solches hätte sich jedoch mit ausreichender Sicherheit auch erreichen lassen, wenn man den inneren Gehalt jener angezogenen Vorschriften des Zwangsanleihegesetzes und des Gesetzes über die Berücksichtigung der Geldentwertung in den Steuer-

gesetzen in einer entsprechenden Weise für die Erbschaftssteuer formuliert hätte. Über eine gewisse in der jetzigen Fassung liegende Unebenheit oder störende Schwerfälligkeit in der Form wird man nicht hinwegkommen.

19. Für die Ermittlung der Durchschnittskurse ist einmal der § 24 des Gesetzes über die Zwangsanleihe in der Fassung des Gesetzes vom 22. Dez. 1922 maßgebend, welcher folgendermaßen lautet: „Für die erste Veranlagung der Vermögenssteuer sind inländische und ausländische Wertpapiere, die in Deutschland einen Kurswert haben, mit Durchschnittskursen zu bewerten, die ermittelt werden, aus der durch drei geteilten Summe der Kurse am Ende der ersten Hälfte der Jahre 1920, 1921, 1922 einerseits und aus den Kursen vom ersten Börsentage des letzten Vierteljahres des Kalenderjahres 1922 andererseits. Nach den gleichen Grundsätzen sind die Verkaufswerte von inländischen Wertpapieren ohne Kurswert zu ermitteln. — Ausländische Wertpapiere ohne inländischen Kurswert sind mit den Kursen oder Werten am 31. Dezember 1922 anzusetzen. Bei Wertpapieren, die auf eine am 31. Dezember 1922 der deutschen gegenüber hochwertige Währung lauten, ist für die Umrechnung aus der ausländischen in die inländische Währung der Durchschnittskurs der ausländischen Währung zugrunde zu legen, der ermittelt wird aus der durch drei geteilten Summe der Kurse am Ende der ersten Hälfte der Jahre 1920, 1921, 1922 einerseits und aus den Kursen vom ersten Börsentage des letzten Vierteljahrs des Kalenderjahres 1922 andererseits. — Die näheren Bestimmungen erläßt der Reichsminister der Finanzen nach Anhörung von Sachverständigen. Er trifft auch Bestimmungen für die Fälle, in denen ein Kurswert oder ein Verkaufswert an einem der nach Absatz 1 maßgebenden Zeitpunkte nicht zu ermitteln ist."

Zu Zweit kommt der § 24a des Gesetzes über die Zwangsanleihe zur Anwendung, welcher diesem Gesetze durch Art. II § 54 des Gesetzes über die Berücksichtigung der Geldentwertung in den Steuergesetzen vom 20. März 1923 eingefügt wurde. Dieser Paragraph hat folgenden Wortlaut:

„Für die Bewertung des Vermögens zur ersten Veranlagung der Vermögenssteuer sind der § 24 sowie die Bewertungsrichtlinien des Reichsministers der Finanzen maßgebend, soweit diese feste, rechnungsmäßige Unterlagen für die Wertermittlung enthalten. Grundstücke, die im Jahre 1922 käuflich erworben worden sind, sind mindestens mit dem Anschaffungspreis anzusetzen. Hat ein Steuerpflichtiger nach dem 31. August 1922 Wertpapiere erworben und Schulden aufgenommen, so sind die Wertpapiere bis zum Betrage der Schulden mindestens mit dem Anschaffungspreis anzusetzen. — Zu den nach Abs. 1 Satz 1 festgesetzten Werten tritt ein Zuschlag von 300 vom Hundert ein. — Vom Zuschlag sind ausgenommen:

1. bebaute Grundstücke, die Wohnzwecken zu dienen bestimmt sind, Villen jedoch nur, sofern ihr Wehrbeitragswert 50000 Mark nicht übersteigt;
2. Bauland (Baustellen, Terrains);
3. inländische, auf Reichsmark lautende, festverzinsliche Wertpapiere;
4. inländische, auf Reichsmark lautende, Hypothekenforderungen, Grundschuldforderungen und Rentenschulden;

5. andere Vermögensgegenstände, die nach dem Gesetz oder den Bewertungsrichtlinien mit dem Marktpreis oder Kurswert am Stichtag zu bewerten sind. — Von den Vorschriften des Absatz 1 Satz 1 und des Abs. 2 kann nur abgewichen werden, wenn der Steuerpflichtige es beantragt und gleichzeitig nachweist, daß sich bei Anwendung dieser Vorschriften eine zu hohe Bewertung ergibt; dies gilt nicht nur für Wertpapiere. Der in Satz 1 vorgesehene Antrag muß spätestens bei Einlegung des Einspruchs gegen den Steuerbescheid gestellt werden. Führen Verhandlungen mit dem Steuerpflichtigen über die Feststellung eines Pauschbetrags für die Gegenstände, deren Bewertung streitig ist, zu keinem Ergebnis, so entscheidet im Berufungsverfahren das Finanzgericht über das Vorliegen der Voraussetzungen des Satz 1 endgültig."

Damit ist die Bewertung nach Absatz 5 bei der Erbschaftssteuer, soweit für erforderlich zu erachten, in vollen Einklang mit der zur Zwangsanleihe und Vermögenssteuer gestellt. Auf alle Einzelheiten der beiden angezogenen Paragraphen, speziell nach ihrer inneren Begründung, einzugehen, würde über den hier gesetzten Rahmen hinausgehen; es gehört dieses unter die besondere Erläuterung des Zwangsanleihegesetzes. Wir müssen uns hier auf die Heraushebung der Grundzüge beschränken.

20. Das Hauptcharakteristikum der Wertfestsetzung bildet, daß dieselbe auf Grund von Durchschnittskursen erfolgte, in welcher einerseits der frühere Währungsstand und andererseits der im Zeitpunkt der Entstehung der Steuerschuld zur Geltung kommt. Der letztere Kurs, der nach dem jetzigen Währungsstand, liegt für jeden einzelnen Steuerfall mit dem Entstehen desselben fest; er bestimmt sich lediglich nach der Begründung der Steuerschuld, also nach dem Todestage des Erblassers, dem Vollzug der Schenkung oder mit dem Eintritt der Verpflichtung des mit einer Zweckzuwendung Beschwerten. Die Kurse, in welchen sich der frühere Währungsstand durchsetzen soll, sind diejenigen, welche die in der vorgehenden Anm. 19 angeführten Paragraphen des Zwangsanleihegesetzes im einzelnen festlegen. Es sind in sich schon Durchschnittskurse, wie sie für die erste Veranlagung zur Vermögenssteuer und für die Zwangsanleihe maßgebend waren. Wo einzelne derselben vermöge der Fassung des Gesetzes schon in sich zu einem Durchschnitt zusammenzuziehen waren, hat dieses in gleicher Weise für die Erbschaftssteuer zu geschehen. Besonders zu beachten ist, daß den Bewertungsrichtlinien, welche der Reichsminister der Finanzen für die erste Veranlagung zur Vermögenssteuer und für die Veranlagung zur Zwangsanleihe unter dem 23. Dezember 1922 erlassen hat, durch eine entsprechende Anziehung im Gesetz volle Gesetzeskraft beigelegt ist. Neben den Kursen ist auch der Zuschlag von 300 vom Hundert, welchen der Absatz 2 des § 24a Zwangsanleihegesetzes anordnet, entsprechend in Rechnung zu ziehen, sofern nicht eine Ausnahme nach Abs. 3 a. a. O. Platz greift. — Die Bestimmung unseres Absatzes 5 schreibt vor, daß bei der Ermittelung der Durchschnittskurse auf der einen Seite (früherer Währungsstand) die in den angezogenen Gesetzesparagraphen festgesetzten Kurse berücksichtigt werden sollen. Bei der Fassung der Bestimmung steht nur anzunehmen, daß eine Mehrheit von Kursen, d. h. alle diejenigen, welche nach den beiden Paragraphen des Zwangsanleihegesetzes als selbständige Posten erscheinen und nicht schon vorweg zusammengezogen werden müssen (s. oben), in Ansatz zu bringen sind. Dementsprechend ist nicht etwa zunächst aus den Kursen des früheren Währungsstandes ein Durchschnittskurs zu ziehen und dieser sodann mit dem einen Kurs jetzigen Währungsstandes nach dem Verhältnis von 1 zu 2 zum Ausgleich zu bringen. Man hat vielmehr die sämtlichen selbständigen Kurse des früheren Währungsstandes mit dem alleinigen Kurse des jetzigen zusammenzurechnen und durch Teilung mit der Gesamtzahl dieser zusammengerechneten Kurse den schließlich anzuwendenden Durchschnitt zu ermitteln. — Die unterschiedliche Behandlung, welche die maßgebenden Vorschriften des Zwangsanleihegesetzes bezüglich der Bewertung der einzelnen Arten von Gegenständen (inländische Wertpapiere, ausländische Wertpapiere, ausländische Zahlungsmittel, ausländische Forderungen) Platz greifen läßt, die zum Teil dann aber auch wieder in gewissen Beziehungen übereinstimmend zusammenfällt (Wertpapiere, gleichgültig, ob inländisch oder ausländisch), ist bei der Erbschaftsbesteuerung genau in demselben Maße durchzuführen. Auf inländische Währung lautende Zahlungsmittel und Forderungen werden durch die Vorschrift überall nicht berührt; sie stehen mithin lediglich unter der allgemeinen grundsätzlichen Regelung der Reichsabgabenordnung.

21. Der Absatz 5 hat an seinem Schluß noch eine selbständige Vorschrift, welche sich in den beiden maßgebenden Paragraphen des Zwangsanleihegesetzes nicht findet und demnach der Erbschaftsbesteuerung eigentümlich ist. Wenn der nach den Vorschriften des Absatzes errechnete Durchschnittskurs ein höherer ist als der Kurs am Tage der Entstehung der Steuerschuld, also als der Kurs der jüngsten Währung, so soll nicht der Durchschnittskurs, sondern lediglich der letztere zur Anwendung kommen. Der Kurs der jüngsten Währung ist damit für die Bewertung grundsätzlich als die äußerste Grenze nach oben hingestellt worden. Diese Vorschrift ist in der Tendenz der ganzen Sonderregelung begründet. Durch letztere soll der stetig fortschreitenden Geldentwertung Rechnung getragen und der Steuerpflichtige gegen die aus solcher ihm erwachsenden Härten geschützt werden. Dieser Schutz würde aber mangels der vorberührten Vorschrift versagen und in das Gegenteil, in eine neue Härte, umschlagen. Der Fall, daß die Kurse älterer Währung nach ihrem Durchschnitt höher sind als der Kurs jüngster Währung, kann nur auf besonderen Umständen, die mit der Geldentwertung in keinem Zusammenhange stehen, beruhen. Diese ganz außerhalb der getroffenen Regelung stehenden Umstände in ihrer eigenartigen Einwirkung besonders zu berücksichtigen, liegt aber keinerlei Anlaß vor. Unbedingt auszuschalten sind sie aber da, wo sie zu einschneidenderer Geltung kommen und dadurch für den Steuerpflichtigen eine eigene Belastung begründen. Letzteres würde eintreten, wenn der Durchschnitt der Kurse älterer Währung über den Kurs jüngster Währung herauswächst. Hier ist ein Schutz für den Steuerpflichtigen geboten, den die berührte Vorschrift erbringt. Die Vorschrift selbst wird weiterer Erläuterungen nicht bedürfen.

22. Am Ende unserer Betrachtungen haben wir noch einer Sonderbestimmung unseres Absatzes zu gedenken, die als solche in den Anfang derselben gestellt ist und ebenso auch in dem folgenden Absatz erscheint, die Beschränkung in ihrer Geltungsdauer. Nur für Erwerbe, für welche die Steuerschuld bis zum 31. Dezember 1925 entsteht, soll die Vorschrift des Absatzes 5 und gleicherweise die des folgenden Absatzes 6 zum Zuge kommen. Die Beschränkung entstammt schon dem Regierungsentwurf zu dem Gesetz über die Berücksichtigung der Geldentwertung in den Steuergesetzen vom 20. März 1923 und ist in der Begründung desselben (vgl. oben Anm. 16) entsprechend erläutert. Sie erscheint mit Rücksicht darauf geboten, daß sich die Entwicklung der wirtschaftlichen und insbesondere der Währungsverhältnisse im gegenwärtigen Augenblick auf einen längeren Zeitraum noch nicht annähernd übersehen läßt und man daher zutreffende Bestimmungen stets nur für eine kürzere Zeitspanne zu treffen in der Lage sein kann. Die unbedingte Richtigkeit wird sich nicht verkennen lassen. Ebensowenig wird gegen die Bemessung jener Zeitspanne bis zum Ablauf des Jahres 1925 etwas zu erinnern sein. Zu beachten ist mir, daß die zeitliche Begrenzung der Gültigkeit hier niemals den Sinn haben kann, nur bis zum Ablauf der gesetzlichen Frist bestehe überhaupt das Bedürfnis nach einer bezüglichen Regelung. Der innere Grund, welcher zum Erlaß der Sondervorschrift gedrängt hat, ist zweifellos ein dauernder. Die Beschränkung trifft nur die Form der Regelung, welche stets mit den wirtschaftlichen Verhältnissen im Einklang stehen muß. Der Gesetzgeber muß die Angelegenheit im Auge behalten, um rechtzeitig eine weitere Ordnung in die Wege zu leiten, mag solche in einer Verlängerung der jetzigen Fassung oder in einer der inzwischen eingetretenen wirtschaftlichen Entwicklung Rechnung tragenden neuen Fassung bestehen.

Absatz 6.

23. Bei der Vorschrift des Absatz 6 handelt es sich um eine gänzliche Neueinstellung in das ursprüngliche Erbschaftssteuergesetz 1922, welche auf dem Gesetz über die Berücksichtigung der Geldentwertung in den Steuergesetzen vom 20. März 1923 Art. II (Berücksichtigung der Geldentwertung bei den Bewertungsvorschriften) § 3 unter b beruht und an fraglicher Stelle mit der Neufassung des vorgehenden Absatz 5 in unmittelbare Verbindung gebracht ist. Die Vorschrift bezieht sich auf die Ermittlung des Ertragswertes der land- und forstwirtschaftlichen oder gärtnerischen Zwecken dienenden Grundstücke. Sie ist erst aus den längeren Verhandlungen über den von der Regierung vorgelegten Gesetzentwurf mit Reichsrat und Reichstag entsprungen, so daß in der Begründung zu dem fraglichen Entwurf sich nichts darüber findet. Neben dem allgemeinen Zwecke der Berücksichtigung der Geldentwertung verfolgt sie weiter den Sonderzweck, eine gesichertere Klarheit in die bisherigen bezüglichen Ermittlungsbestimmungen zu bringen; daß solches erreicht, ist anzuerkennen. — Die Vorschrift des Absatz 6 hat ein umfassenderes Schrifttum gezeitigt, in dem zum Teil besondere Meinungsverschiedenheiten verfochten werden. Speziell sei hingewiesen auf: Bader, Die Grundstücksbewertung bei der Erbschaftssteuer. StA. XXVI S. 82, gegen dessen Ausführungen sich Friedrich, Die Grundstücksbewertung bei der Erbschaftssteuer. StA. XXVI S. 201 wendet; Peuckmann, Berechnung des Ertragswerts bei landwirtschaftlichen Grundstücken. DBR. XV S. 124, welcher wiederum von Wüst, Berechnungen des Ertragswerts bei landwirtschaftlichen Grundstücken. StA. XXVI S. 222 angegriffen wird; Dr. Karl Gröhn, Steuerrechtliche Wirkungen des Gutsüberlassungsvertrages. DStZ. XII Sp. 516, der in dem Aufsatz von Josef Marcus, Ist bei der Ermittlung des Ertragswerts landwirtschaftlicher Grundstücke von dem Geldertrag oder von dem Naturalertrag auszugehen? DStZ. XII Sp. 558 bekämpft wird.

24. Der innere Gehalt der Vorschrift des Absatz 6 ist ein verhältnismäßig einfacher; es wird lediglich bestimmt, aus welchen einzelnen Jahren der Reinertrag bei der Ermittlung des Ertragswerts gewisser Grundstücke berücksichtigt werden soll. Folgeweise erscheinen die allgemeinen Bewertungsvorschriften der Reichsabgabenordnung, welche grundlegend zur Anwendung zu bringen sind, nur in einer geringeren Begrenzung modifiziert. Die Vorschrift schließt sich an den § 152 Absatz 3 der Reichsabgabenordnung, welcher die grundsätzliche Regelung hinsichtlich der Feststellung des Ertragswertes für die fraglichen Fälle enthält, an, greift aber nur insoweit ein, als sie den Reinertrag, der prinzipiell berücksichtigt werden soll, festlegt. In eine gewisse Beziehung kommt sie dadurch zu dem § 15 Absatz 3 des Vermögenssteuergesetzes vom 8. April 1922, welcher für die Dauer der Zuschlagerhebung, d. i. für die nächsten 15 Jahre, allerdings in einer sehr unklaren und geschrobenen Weise die Berücksichtigung des Ertrags der letzten drei Jahre bei der Ermittlung des nachhaltigen Ertrags zuläßt. Letzterem gegenüber bedeutet die jetzige Vorschrift einen wesentlichen Fortschritt, da sie unbedingt ausspricht, daß dem Ertragswert der Reinertrag aus den drei letzten Jahren und den beiden letzten Friedensjahren zugrunde zu legen ist; alle Zweifel, zu denen die Fassung des § 15 Abs. 3 Anlaß bot (vgl. Strutz, Handausgabe zum Vermögenssteuergesetz vom 8. April 1922 Anm. 14 zu § 15), sind damit beseitigt.

25. Die Vorschrift bezieht sich in Übereinstimmung mit dem § 152 Abs. 3 Reichsabgabenordnung ausschließlich auf Grundstücke, welche land- und forstwirtschaftlichen oder gärtnerischen Zwecken dienen. Die so gearteten Grundstücke werden häufiger in den Steuergesetzen besonders hervorgehoben und berücksichtigt, so daß über die Abgrenzung sich feste Richtlinien gebildet haben, die auch hier Anwendung finden; vgl. dazu die näheren Ausführungen der 3. Auflage in den Anm. 14—17 zu § 47, desgleichen beispielsweise Becker Reichsabgabenordnung Anm. 5 zu § 152. Der Bewertung bzw. der Ermittlung des Ertragswertes für die nach Vorstehendem qualifizierten Grundstücke ist der Reinertrag zugrunde zu legen. Der Reinertrag wird an und für sich aus dem Rohertrag durch Abzug der Bewirtschaftungskosten festgelegt. Hier kommt der Begriff des Reinertrages in der besonderen Weise, wie ihn § 152 Abs. 3 Satz 1 näher bestimmt, zur Anwendung; also ein Reinertrag, welchen die Grundstücke nach ihrer wirtschaftlichen Bestimmung bei ordnungsmäßiger und gemeinüblicher Bewirtschaftung unter gewöhnlichen Verhältnissen mit entlohnten fremden Arbeitskräften im Durchschnitt nachhaltig gewähren können. Danach gilt das Gleiche, das schon in dem § 47 Absatz 3 des Erbschaftssteuergesetzes 1919 angeordnet war. Insbesondere ist nicht etwa der tatsächlich erzielte Ertrag, sondern der normal erzielbare Ertrag maßgebend. Die bezüglichen eingehenden Erläuterungen der 3. Auflage in den Anm. 24 bis 31 zu § 47 greifen jetzt noch Platz und soll auf dieselben hier ausdrücklich verwiesen werden, ebenso auf Becker a. a. O. Anm. 6 zu § 152.

26. Die Vorschrift des Absatz 6 legt sodann — und dieses ist ihr eigentlicher Gehalt — diejenigen Jahre fest, deren Reinertrag in Betracht gezogen werden soll; es sind dieses einerseits die drei Jahre, welche dem Jahre der Entstehung der Steuerschuld unmittelbar vorangehen und andererseits die beiden letzten Friedensjahre. Durch dieses Doppelte, teils Berücksichtigung des nunmehrigen anormalen Verhältnisses, teils Berücksichtigung des letzten normalen Verhältnisses, soll der besonderen Einwirkung der ungünstigen Entwicklung unserer Währung, der fortschreitenden Geldentwertung, soweit solches grundsätzlich durchführbar ist, Rechnung getragen werden. Ob man mit der bezüglichen Regelung, welche sich wie jede ähnliche, immerhin nur als ein Griff darstellen kann, einen durchschlagenden Erfolg erzielen wird, läßt sich von vorneherein nicht mit Sicherheit bestimmen; mit Rücksicht auf die sorgfältigen Abwägungen wird man aber eine gewisse Hoffnung hegen können. Als „Jahr" wird regelmäßig das Kalenderjahr unterzulegen sein, weil der Betrieb der Land-, Forst- und Gartenwirtschaft sich im allgemeinen schon ohne weiteres an dieses anschließt. Sollte vermöge der Eigenart der inneren Ausgestaltung eines Einzelfalls ein vom Kalenderjahr abweichendes Wirtschaftsjahr notwendig oder zweckmäßig zu bilden gewesen sein, so wird man auf dieses zu greifen haben. Entscheidend muß es hierbei immer sein, für welchen Zeitabschnitt sich in abgeschlossener Weise ein Reinertrag feststellen läßt. Als die beiden letzten Friedensjahre haben die Jahre 1912 und 1913 zu gelten. Die weitere Berechnung vollzieht sich vollkommen nach den allgemeinen Bestimmungen. — Auf Grund der ihm durch Absatz 7 erteilten Ermächtigung — vgl. nachstehend Anm. 28 — hat der Reichsminister der Finanzen unter dem 18. Juni 1923 (Reichssteuerblatt 1923 S. 211) eine Verordnung über die Bewertung von land- oder forstwirtschaftlichen oder gärtnerischen Zwecken dienenden Grundstücken behuf Veranlagung zur Erbschaftssteuer mit näheren grundsätzlichen Anweisungen über die anzusetzenden Ertragswerte erlassen, deren Rechtsgültigkeit jedoch in einem Aufsatze von Mirre, Die Verordnung über die Bewertung von landwirtschaftlichen usw. Zwecken dienenden Grundstücken bei der Veranlagung zur Erbschaftssteuer. StW. II Sp. 641 angezweifelt wird.

27. Im Eingang des Absatz 6 ist ebenso wie bei Absatz 5 bestimmt, daß das Angeordnete nur für Erwerbe, für welche die Steuerschuld bis zum 31. Dezember 1925 entsteht, zum Zuge kommen solle. Die Begründung hierfür ist in beiden Fällen die gleiche, so daß die oben in Anm. 22 gegebenen Ausführungen durchweg auch für Absatz 6 gelten; es ist lediglich auf diese Bezug zu nehmen; besondere Hinzufügungen sind nicht zu machen.

Absatz 7.

28. Der Absatz 7, welcher gleichwie der Absatz 6 durch das Gesetz über die Berücksichtigung der Geldentwertung in den Steuergesetzen vom 20. März 1923 Art. II § 3 unter b neu in das Erbschaftssteuergesetz

1922 eingeschoben ist, überträgt dem Reichsminister der Finanzen die Befugnis, die näheren Bestimmungen zur Durchführung der Vorschriften der Absätze 5 und 6 zu erlassen. Darin liegt eine Abweichung vom § 49 des Erbschaftssteuergesetzes, der den Reichsminister der Finanzen nur ermächtigt, mit Zustimmung des Reichsrats Ausführungsbestimmungen zum Erbschaftssteuergesetze zu erlassen. Die Erleichterung, die aus der Abstandnahme von der Zustimmung des Reichsrats erfolgt, erscheint durch die durchweg geklärte und in sich geschlossene materielle Regelung der Absätze 5 und 6 gerechtfertigt. — Soweit die Bewertung von Wertpapieren nach Maßgabe der vorbehandelten Absätze 5 und 6 in Frage kommt, hat der Reichsminister der Finanzen auf Grund des Absatz 7 unter dem 10. April 1923 die eingehendere Verordnung über die Bewertung von Wertpapieren und von ausländischen Zahlungsmitteln und Forderungen bei Veranlagung zur Erbschaftssteuer — dieselbe ist abgedruckt Verbst. III S. 100, desgl. bei Marcus EStG. 22 S. 284 — erlassen, welche sodann durch einen weiteren Erlaß des Reichsfinanzministers vom 14. April 1923 III C 3588 in einigen Einzelheiten näher erläutert wurde. Auf die korrespondierende Verordnung vom 18. Juni 1923 über die Bewertung landwirtschaftlicher Grundstücke ist schon oben am Schluß von Anm. 26 hingewiesen, vgl. Marcus EStG. 1922 S. 288.

Absatz 8

29. Während die bisher erörterten Vorschriften des § 32 in ihrer jetzigen Fassung durchweg neue sind und ihren Ursprung teils dem jetzigen Erbschaftssteuergesetz (Abs. 1—4) teils erst dem Gesetz über die Berücksichtigung der Geldentwertung in den Steuergesetzen vom 20. März 1923 (Absatz 5—7) verdanken, ist die Vorschrift des Absatz 8, welche für den nach Ertragswert veranlagten Grundbesitz bei Veräußerung desselben nach kürzerer Frist eine Neuveranlagung nach Maßgabe des erzielten Verkaufspreises einführt, das alleinige Überbleibsel aus der ersten Fassung des Erbschaftssteuergesetzes 1919; vgl. oben Anm. 1. Die Entstehungsgeschichte der Vorschrift gibt im einzelnen die Anm. 35 zu § 47 in der 3. Auflage wieder, worauf hier Bezug genommen werden soll. — Bei Erlaß der fraglichen Vorschrift ging man von dem durchaus berechtigten Gesichtspunkte aus, daß die Vergünstigung, welche für die privilegierten Grundstücke in Zugrundelegung des Ertragswertes bei der Wertfeststellung zweifellos liegt, ihren inneren Grund verliert, wenn diese Grundstücke von dem Erben als ihrem neuen Eigentümer innerhalb einer gewissen Frist nach der Versteuerung zu einem Preise veräußert werden, welcher über den bei der Besteuerung zugrunde gelegten Wert wesentlich herausgeht, und es in diesem Falle nur gerechtfertigt sein kann, eine Neuveranlagung und eine Nachversteuerung bis zu einer bestimmten Grenze vorzunehmen.

30. Das praktische Platzgreifen der Vorschrift steht unter einer dreifachen Voraussetzung: Veräußerung des Grundbesitzes überhaupt, Veräußerung innerhalb einer bestimmten Frist und Veräußerung zu einem über den angenommenen Ertragswert hinausgehenden Preise. Der nach dem Ertragswert veranlagte (diese allgemeine Qualifizierung der Vorschrift darf natürlich nicht fehlen, denn bei nach gemeinem Wert veranlagtem Grundbesitz kann der Absatz 8 überall nicht in Frage kommen) Grundbesitz muß überhaupt veräußert sein. Nach seinem Wortlaut gibt das Gesetz keine Beschränkung bezüglich der Person des Veräußerers. Aus der in der vorgehenden Anmerkung hervorgehobenen Tendenz der Vorschrift und dem ganzen Zusammenhang, in welchem sie erscheint, ist jedoch anzunehmen, daß dieselbe nur zur Anwendung kommen soll, wenn der frühere Steuerpflichtige oder ein Vertreter desselben für seine Rechnung die Veräußerung vornimmt, nicht aber, wenn ein Rechtsnachfolger solches tut, wie Mirre EStG. 22 Anm. 31 Abs. 3 zu § 32 allgemein hervorhebt. Eine praktische Wirkung hat diese grundsätzliche Annahme wohl nur insofern, als für eine fernere Veräußerung des Grundbesitzes, welche noch innerhalb der gesetzlichen Frist von dem zweiten an der früheren Besteuerung unbeteiligten Erwerber vorgenommen wird, auch bei Vorhandensein der weiteren Voraussetzungen die Vorschrift nicht nochmals zur Anwendung gebracht werden kann. Hat eine Veränderung im Eigentum der Grundstücke durch Erbfall oder Schenkung stattgefunden, so hatte diese eine neuerliche steuerliche Wertfeststellung zur Folge, der gegenüber die Vorschrift selbständig wiederum zur Begründung kommt. Mangels jedweden inneren Grundes muß es ausgeschlossen erscheinen, die Vorschrift für eine zweite entgeltliche Veräußerung Platz greifen zu lassen. Dieses gilt auch dann, wenn die erste Veräußerung zu einem Preise erfolgte, der unter der Abgrenzung der Vorschrift lag, bei der zweiten Veräußerung dagegen die letztere Beschränkung überschritten ward. Die Veräußerung muß den Grundbesitz in seiner früheren Gestalt treffen. Ist der Grundbesitz seit der Steuerveranlagung so wesentlich umgestaltet, daß eine Vergleichbarkeit des früheren und des jetzigen Werts überall nicht mehr in Frage kommen kann, so ist eine Neuveranlagung nach unserer Vorschrift ausgeschlossen. Veränderungen weniger weittragender Art werden gegebenenfalls hinsichtlich der Preisberücksichtigung sich durchsetzen können. Daß stets der gesamte zur Steuerveranlagung gekommene Grundbesitz veräußert sein muß, erscheint nicht erforderlich. Auf eine Teilveräußerung wird die Vorschrift namentlich anzuwenden sein, wenn der veräußerte Teil innerhalb der geschlossenen Einheit des Gesamtgrundbesitzes eine gewisse Selbständigkeit besaß und dementsprechend einzuschätzen stand. Die Entscheidung hinsichtlich der vorberührten Sonderheiten wird immer nach der individuellen Lage des einzelnen praktischen Falls zu treffen sein. An wen die Veräußerung erfolgt, ist ohne Bedeutung; die Vorschrift setzt auch ein, wenn an Personen, die am Nachlaß beteiligt sind, veräußert wird. Stets muß aber eine entgeltliche Veräußerung vorliegen, wie durch den Hinweis auf den Preis schon gekennzeichnet ist. Den regelmäßigen Fall wird die Veräußerung durch Verkauf bilden; ob nicht unter bestimmten Umständen auch eine gemischte Schenkung für die wenigstens beschränkte Anwendbarkeit der Vorschrift in Frage kommen kann, steht nach dem Vorausgeführten dahin; Mirre a. a. O. schließt sie allerdings grundsätzlich aus. In der Erbteilung kann an sich niemals eine Veräußerung erblickt werden. — Die Veräußerung muß innerhalb einer bestimmten Frist erfolgt sein. Der Lauf der Frist beginnt mit dem für die Berechnung der Steuer maßgebenden Zeitpunkt, also regelmäßig mit dem Zeitpunkte des Entstehens der Steuerschuld. Der Anfang des Laufes erscheint danach tunlichst weit zurückverlegt. Die

Dauer der Frist beträgt 10 Jahre und wird nach der ganzen Lage der Sache als verhältnismäßig weit gegriffen anzusehen sein. Nach unseren obigen Ausführungen erreicht die Frist vor Ablauf von 10 Jahren ihr Ende, wenn und soweit der Grundbesitz vorher den Eigentümer wechselt. Endlich muß die Veräußerung zu einem gegen den Ertragswert höheren Preise vorgenommen sein. Der erzielte Veräußerungspreis (Gesamtbetrag der Gegenleistung) muß um ein Viertel höher sein als der bei der Steuerveranlagung angenommene Ertragswert. Die Abmessung von Preis und Wert gegeneinander setzt selbstredend die volle innere Vergleichbarkeit beider voraus. Demgemäß muß der Grundbesitz der Hauptsache nach der gleiche geblieben sein wie früher. Etwaigen Veränderungen der Grundstücke ist, soweit solches möglich erscheint, entsprechend Rechnung zu tragen. Sind Verbesserungen an dem Grundbesitz vorgenommen, so ist derjenige Teil des Preises, welcher lediglich auf die Verbesserung entfällt, abzusetzen. Eine Festlegung wird gegebenenfalls durch Schätzung erfolgen müssen. Wegen der Berücksichtigung von Aufwendungen, die jedoch hier bei der Entscheidung über die Anwendbarkeit der Vorschrift überhaupt nicht Platz greift, vgl. die nachfolgende Anm. 31. Sind die Veränderungen oder Umgestaltungen derartig bedeutende, daß eine Vergleichung im Wert von jetzt und früher überhaupt ausgeschlossen ist, so muß damit, wie schon oben bemerkt, die Anwendbarkeit der Vorschrift hinfällig werden. Nach der ganzen Fassung der Vorschrift wird eine seit der Steuerveranlagung eingetretene Verschiebung in den allgemeinen Preis- und Wertverhältnissen nicht zu berücksichtigen sein. Der Steuerpflichtige erscheint demgegenüber genügend dadurch gesichert zu sein, daß die Steuerveranlagung nicht über den gemeinen Wert zur Zeit des Erwerbes hinausgehen darf, vgl. folgende Anm. 31.

31. Sind die in der vorgehenden Anm. 30 erörterten Vorbedingungen erfüllt, so tritt von Amts wegen eine Neuveranlagung in einer eigens geordneten, verhältnismäßig einfachen Art ein. In erster Linie hat sich die Neuveranlagung an die tatsächlichen Verhältnisse und zwar an die nach der früheren Veranlagung bzw. dem Erwerbe durch den Steuerpflichtigen zu halten. Die Hauptunterlage bildet nunmehr der bei der Veräußerung der Grundstücke erzielte Verkaufspreis. Dabei kann nach Lage der Sache nur derjenige Preis in Frage kommen, der für die Grundstücke als solche und lediglich für diese, sowie sie früher bewertet sind, gezahlt ist. Bezieht sich der tatsächlich in Eins festgesetzte und gezahlte Preis auf Nebenleistungen, welche der Veräußerer gleichzeitig zu erfüllen übernommen hat, so wird der auf diese Nebenleistungen entfallende Betrag ohne weiteres auszuscheiden haben, ebenso wie solches überhaupt bei der Prüfung der Frage der Anwendbarkeit der Vorschrift, also der Überschreitung zu mehr als einem Viertel des früher angenommenen Ertragswerts, der Fall sein mußte. Der für die Nebenleistungen angesetzte Betrag, welcher, wenn er sich sonst nicht aus dem Gesamtpreis abhebt, durch Schätzung zu ermitteln sein würde, ist vorweg von dem Gesamtverkaufspreis abzurechnen. Erst auf diese Weise erscheint der in Wirklichkeit für die Grundstücke gezahlte Preis, wie er hier allein maßgebend sein kann. Von diesem Preis sind die nach dem Erwerbe gemachten besonderen Aufwendungen abzuziehen. — Unter diesen besonderen Aufwendungen sind nicht etwa die Instandhaltungskosten zu verstehen. Sie bleiben gänzlich aus dem Spiel. Als besondere Aufwendungen können hier nur solche gelten, welche in irgendeiner Weise zu einer Verbesserung der Grundstücke — Verbesserung im weitesten Sinne des Wortes zu nehmen — gedient haben. Es trifft dieses dem Wesen nach etwa alles, was über die Instandhaltungskosten hinausgeht, und demnächst alle Umgestaltungen, wie sie namentlich zu einer Werterhöhung geeignet sind. Bei unbebauten Grundstücken schlagen Meliorationen, Ent- und Bewässerungsanlagen, Drainierungen, Weideanlagen, Aufschließung besonderer Bodenschätze und dergl. hierher, bei bebauten Grundstücken Anbauten, Umbauten, Erweiterungsbauten usw. Nur die tatsächlich für derartige Verbesserungen im weitesten Sinne gemachten Aufwendungen dürfen abgezogen werden. Ob und welchen Erfolg die Aufwendungen gehabt haben, kommt nicht weiter in Betracht. Namentlich macht es nichts aus, ob mit kleinen Aufwendungen ein großer Erfolg oder mit großen Aufwendungen ein kleiner Erfolg erzielt worden ist; in beiden Fällen ist übereinstimmend ausschließlich der tatsächliche Aufwand abzusetzen. Die Aufwendungen müssen nach dem Erwerbe, also nach dem für den Steuerfall ursprünglich maßgebenden Zeitpunkt, gemacht sein. Wem dieselben zur Last gefallen sind, ob sie vom Erwerber getragen wurden, ob und wie sie von einem Dritten zugunsten des steuerpflichtigen Erwerbers gemacht worden sind, ist ohne jede Bedeutung. Der Betrag der Aufwendungen ist nachzuweisen und entsprechend zu belegen. Die Beweispflicht liegt in dieser Hinsicht dem Steuerpflichtigen ob. Nur hinsichtlich der genügend beglaubigten Aufwendungen ist die Abzugsfähigkeit anzuerkennen. Über die genügende Beglaubigung hat das Finanzamt nach freiem Ermessen für den einzelnen Fall je nach den unterliegenden Sonderverhältnissen desselben die Entscheidung zu treffen. — Werden die als abzugsfähig ihrem Betrage nach anerkannten Aufwendungen von dem ausschließlich die Grundstücke betreffenden Veräußerungspreise abgerechnet, so ergibt sich der für die weitere Anwendung der Vorschrift maßgebende Wert des Verkaufspreises. Nach ausdrücklicher Vorschrift des Gesetzes darf dieser Wert nicht über den gemeinen Wert der Grundstücke zur Zeit des Erwerbes hinaus angesetzt werden. Er ist also zunächst noch mit dem gemeinen Wert, welchen die Grundstücke zur Zeit des Erwerbes, also im maßgebenden Zeitpunkt des ersten Steuerfalles, hatten, in Vergleich zu bringen. Verbleibt er unter letzterem gemeinen Wert, so wird er voll für die Neuveranlagung in Rechnung gestellt; überschreitet er den gemeinen Wert, so muß er bis auf den Betrag des letzteren herabgesetzt werden. Der gemeine Wert zur Zeit des Erwerbes ist gegebenenfalls, sofern er nicht schon anderweit festliegt, durch nachträgliche Schätzung zu bestimmen, in welcher Beziehung wiederum der Steuerbehörde die Entscheidung zusteht. Nach dem Enderfolg läuft demnach die Neuveranlagung äußerstenfalls nur darauf hinaus, daß für den Steuerfall an Stelle des zunächst zugrunde zu legenden Ertragswertes der gemeine Wert des gleichen Zeitpunktes tritt.

32. Hinsichtlich der Art, in welcher für die gegebenenfalls nach Absatz 8 notwendig werdende Neuveranlagung zur Steuer eine Überwachung seitens des Finanzamtes auszuüben ist, greifen die Bestimmungen Platz, welche in den Ausführungsbestimmungen zu dem EStG. 1922 unter dem Abschnitt V Steuerüberwachung in den §§ 52—56 gegeben sind. Für die frühere Zeit traf ein Rundschreiben des Reichsministers der Finanzen vom 29. April 1920 III a 1404 M i die näheren Anordnungen, von denen Einzelnes gegebenenfalls noch beachtenswert sein kann; das Rundschreiben ist nach seinem Wortlaut in der 3. Aufl., Anm. 37 zu § 47 zum Abdruck gebracht, worauf hier verwiesen sein soll. Eine Ergänzung dazu bietet der Erlaß des Reichsministers der Finanzen vom 16. Okt. 1920 III a 5745, dessen allgemeine Anführung genügen dürfte. Die doppelte Wertfeststellung wird nach der Natur der Sache regelmäßig von dem Finanzamt nur dann vorzunehmen sein, wenn tatsächlich eine Veräußerung innerhalb der gesetzten Frist stattgefunden hat und dadurch eine Neuveranlagung zur Notwendigkeit geworden ist. Um aber gegebenenfalls für spätere Fälle sogleich Vorsorge zu treffen, hat der Reichsminister der Finanzen unter dem 23. Mai 1922 III V 3198 an sämtliche Landesfinanzämter den nachstehenden Erlaß gerichtet: „Es kann zwar nicht Aufgabe der Veranlagungsbehörden sein, in jedem Falle neben dem der Veranlagung zugrunde zu legenden Ertragswert auch noch den gemeinen Wert festzustellen; wenn jedoch nach den Verhältnissen des Falls mit der nicht zu entfernten Möglichkeit einer baldigen Veräußerung der Grundstücke nach pflichtmäßigem Ermessen des Finanzamtes zu rechnen ist, ersuche ich, durch Feststellung des gemeinen Wertes der Grundstücke, tunlichst in gütlicher Einigung mit den Beteiligten, späteren Streitigkeiten bei der Nachveranlagung vorzubeugen." — Des weiteren wird durch die Überwachung dem Steuerinteresse Rechnung zu tragen sein.

Absatz 9.

33. Der Absatz 9, welcher neu in das Erbschaftssteuergesetz 1922 eingefügt, aber von dem Gesetz über die Berücksichtigung der Geldentwertung in den Steuergesetzen unberührt geblieben ist, schreibt einen Mindestwert für Gegenstände und Münzen aus Edelmetall vor. Eine Vorschrift ähnlicher Art findet sich in der Reichsabgabenordnung nicht, trotz ihres allgemeinen Charakters. Sie erscheint zunächst in dem Vermögenssteuergesetz vom 8. April 1922 im § 15 Absatz 6 in etwas anderer Fassung, lediglich auf Gold- und Silbermünzen bezogen; hinsichtlich der derzeitigen Begründung vgl. Strutz, Handausgabe zum Vermögenssteuergesetz Anm. 44 zu § 15. Für das Erbschaftssteuergesetz ist die Vorschrift in der jetzigen Fassung bereits in den Regierungsentwurf, jedoch ohne besondere Begründung, aufgenommen worden; bei den Verhandlungen im Reichsrat und im Reichstag wurde sie nicht weiter berührt.

34. Die Vorschrift trifft Gegenstände oder Münzen aus Edelmetall. Die besondere Hervorhebung der Münzen hätte vielleicht erübrigen können, da Münzen an sich auch zu den Gegenständen zu rechnen sein werden; mit Rücksicht auf die historische Entwicklung (vgl. vorstehende Anm. 33) und behuf Beseitigung jedweden Zweifels wird man es für zweckmäßiger erachtet haben, die Münzen speziell mit aufzuführen. Die Anwendung der Vorschrift erstreckt sich auf Gegenstände und Münzen aller Art, sofern sie nur aus Edelmetall bestehen, ohne jedwede Beschränkung. Insbesondere macht es keinen Unterschied, ob die Gegenstände dem regelmäßigen, notwendigen Gebrauch oder dem

Luxus dienen. Von den Münzen kommen inländische wie ausländische, in Kurs befindliche oder außer Kurs gesetzte, aus neuerer, wie aus ältester Zeit, in Frage. Edelmetalle sind unbedingt nur Gold, Silber und Platin; vgl. auch Mirre EStG. 22 Anm. 32 zu § 32. Ob die sog. Platinmetalle, d. s. die im Platinerze vorkommenden Metalle Osmium, Iridium, Ruthenium usw. auch zu den Edelmetallen zu zählen sind, bezeichnet Strutz, Handausgabe, Vermögenssteuergesetz, Anm. 19 zu § 9 als zweifelhaft. Da Gegenstände oder Münzen aus den fraglichen Metallen nicht vorkommen dürften, so wird der Frage hier keine praktische Bedeutung beizumessen sein.

35. Die nach Anm. 34 qualifizierten Gegenstände oder Münzen sind zum mindesten mit dem Metallwert anzusetzen. Es macht sich hier die Eigenart des inneren Wertes geltend, d. h. desjenigen Wertes, welchen ein Gegenstand ausschließlich bezüglich seiner Substanz ohne Rücksicht auf seine Ausgestaltung und sonstigen Umstände hat; näheres hierüber haben wir in der 3. Auflage Anm. 10 zu § 47 ausgeführt, worauf Bezug genommen werden soll. Der innere Wert ist in der Vorschrift des Absatz 9 durch den Metallwert ausgedrückt, wie er an und für sich durch diesen dargestellt wird. Unter den Metallwert darf die Wertfestsetzung niemals herabgehen. Die innere Rechtfertigung der Vorschrift liegt wohl auf der Hand und bedarf keiner weiteren Erläuterung. Wenn sich aus den Begleitumständen des einzelnen Falls ohne weiteres ersehen läßt, daß der gemeine Wert oder Verkaufswert den Metallwert überragt, so werden weitere Ermittlungen erübrigen. Dieses wird namentlich der Fall sein, wenn bei dem Gegenstand ein Kunstwert oder ein Altertumswert, bei einer Münze ein Sammlungswert in Betracht kommt. Treten irgend Schwierigkeiten oder Zweifel hinsichtlich der Abgrenzung zwischen gemeinem Wert und Metallwert zur Erscheinung, so ist stets die Festlegung des Metallwerts vorzunehmen, die sich aber nur auf den Wert des in Gegenstand oder Münze vorhandenen Edelmetalls und nicht etwa auch auf den Wert von Zusätzen anderer Metalle, Legierungen und dergleichen, zu erstrecken hat; nur der reine Edelmetallwert kann die Mindestgrenze repräsentieren. Der Metallwert bestimmt sich wiederum nach dem jeweiligen Inlandpreise im Zeitpunkt des Entstehens der Steuerschuld. Unter den besonderen wirtschaftlichen Verhältnissen im Deutschen Reich mußte der Metallwert der Edelmetalle der stetig sich verschlechternden Währung gegenüber verhältnismäßig stark in die Höhe schnellen. Hinsichtlich der noch Gültigkeit besitzenden deutschen Gold- und Silbermünzen bestimmte sich der Metallwert nach den Preisen, welche die Reichsbank dafür zahlte und regelmäßig bekannt gab, da es sich dabei lediglich um einen Ankauf und nicht um eine Einlösung handelte. Die Vorschrift des Abs. 9 ist ohne eine Beschränkung bezüglich der Vermögensgattung formuliert; nach Lage der Sache wird sie beim Betriebsvermögen und beim sonstigen Vermögen zum Zuge kommen können; Finger EStG. 22 Anm. 7 zu § 32 will sie auf letzteres beschränken.

B. EStG. 1923.

36. Die Änderung der Erbschaftsbesteuerung durch die zweite Steuernotverordnung vom 19. Dezember 1923 hat auf diese Besteuerung schon vor der Verlautbarung der neuen Vorschriften einen gewissen Einfluß ausgeübt, wie hier zusammenfassend dargelegt werden soll. Da von Anfang an in Aussicht genommen war, die neuen erbschaftssteuerlichen Vorschriften mit rückwirkender Kraft vom 1. Juli 1923 an einzuführen, — wie solches denn auch tatsächlich nach § 3 des Artikels III der Steuernotverordnung vom 19. Dezember 1923 geschehen —, so wurde durch einen Erlaß des Reichsministers der Finanzen vom 8. Sept. 1923 III C 10670 die Bearbeitung der nach dem 30. Juni 1923 liegenden Steuerfälle eingestellt. Der Wortlaut dieses Erlasses in seinem maßgebenden Teil ist folgender: „Es ist beabsichtigt, den gesetzlichen Körperschaften den Entwurf eines Gesetzes zur Änderung des Erbschaftssteuergesetzes vorzulegen und das Abänderungsgesetz mit Wirkung vom 1. Juli 1923 ab in Kraft treten zu lassen. Ich ordne deshalb an, daß in den Fällen, in denen die Steuerschuld nach dem 30. Juni 1923 entstanden ist oder entsteht, die Veranlagung bis auf weiteres unterbleibt. Die dadurch vorübergehend freiwerdenden Arbeitskräfte sind zu möglichst vollständiger Aufarbeitung der Erbschaftssteuerfälle zu verwenden, bei denen die Steuerschuld vor dem 1. Juli 1923 entstanden ist und der voraussichtliche Ertrag der Steuer noch in angemessenem Verhältnis zu der aufzuwendenden Beamtenarbeit steht. Es muß dafür gesorgt werden, daß nicht kostbare Arbeit auf unbedeutende Sachen verschwendet wird." Gleichzeitig wurde auf die Bestimmungen der Kleinbetragsverordnung 1922 hingewiesen, welche entsprechend zur Anwendung gebracht werden konnten. Durch den weiteren Erlaß des Reichsministers der Finanzen betreffend die Aufwertungsverordnung und Novelle zum Erbschaftssteuergesetz vom 17. November 1923 III C 14230 fand eine Ergänzung des Vorberührten in folgendem Wortlaut statt: „Zur Beseitigung von Zweifeln wird folgendes angeordnet:

I. Mein Runderlaß vom 8. September 1923 — III C 10760 —, wonach in den Fällen, in denen die Steuerschuld nach dem 30. Juni 1923 entstanden ist, die Veranlagung bis auf weiteres zu unterbleiben hat, ist durch das Inkrafttreten der Aufwertungsverordnung vom 14. Oktober 1923 (RGBl. I S. 939), / 18. Oktober 1923 (RGBl. I S. 979), — RStBl. S. 363 — nicht berührt worden. Mit der Verkündung des in dem Runderlaß in Aussicht gestellten Abänderungsgesetzes zum Erbschaftssteuergesetz ist in nächster Zeit zu rechnen.

II. Wie mir von einigen Landesfinanzämtern berichtet worden ist, gehen bei den Finanzämtern vielfach Anträge ein, die unter Hinweis auf die Schonfrist des § 9 Absatz 2 der Durchführungsbestimmungen zur Aufwertungsverordnung vom 13. Oktober 1923 (Reichsgesetzbl. I S. 951; RStBl. S. 366) alsbaldige Veranlagung von Erbschaftssteuerfällen verlangen, bei denen die Steuerschuld nach dem 30. Juni 1923 entstanden ist. Da durch die Novelle zum Erbschaftssteuergesetz mit rückwirkender Kraft vom 1. Juli 1923 die Berechnung der Erbschaftssteuer auf Goldbasis vorgeschrieben werden wird, so kommt für solche Fälle gemäß § 1 Absatz 1 Nr. 2 der genannten Durchführungsbestimmungen die Anwendung der Aufwertungsverordnung und damit der Vorschrift des § 9 Absatz 2 der Durchführungsbestimmungen überhaupt nicht in Frage. Derartige Anträge sind somit gegenstandslos."

Die Anordnungen dieser beiden Erlasse müssen unbedingt als zweckmäßige und für die Vereinfachung des Besteuerungsverfahrens nutzbringende bezeichnet werden und sind als solche allgemeiner in der Praxis und vom Schrifttum anerkannt worden. Wenn dieselben zunächst bis gegen Ende des Jahres 1923 für die Finanzämter eine außerordentliche Geschäftsverminderung bedeuteten, so ist dieses zum Teil allerdings durch die stärkere Inanspruchnahme nach dem Inkrafttreten bzw. der Verlautbarung der Zweiten Steuernotverordnung ausgeglichen worden. Dabei ist jedoch zu berücksichtigen, daß die bezügliche vermehrte Arbeitslast insgesamt auf einheitlicher Grundlage beruhte und unbedingt das Einarbeiten in die neuen steuerlichen Bestimmungen fördern und vereinfachen mußte. Die große Menge der ohne die Anordnungen der Erlasse notwendigen Doppelveranlagungen der gleichen Steuerfälle ist ausgeschaltet worden. Die verbleibende Belastungsvermehrung verteilte sich außerdem schon dadurch auf einen längeren Zeitraum, daß es zur Durchführung der neuen Steuergrundsätze nach der Steuernotverordnung verschiedener Ausführungserlasse des Reichsfinanzministers (zum Teil mit Zustimmung des Reichsrats) bedurfte, welche erst nach und nach in sachgemäßer Ausgestaltung ergehen konnten. Was die in dem Erlasse vom 8. Sept. 1923 angezogene sog. Kleinbetragsverordnung anlangt, welche derzeit allerdings eine nicht zu unterschätzende Handhabe zur Kurzerhanderledigung von Steuerfällen bot, so handelt es sich dabei um die Verordnung zur Übertragung von Zuständigkeiten auf die Landesfinanzämter und über die Behandlung kleiner Beträge im Steuerverfahren vom 3. Oktober 1922 (RGBl. 1922 I S. 760). In derselben war unter gleichzeitiger Übertragung bezüglicher Zuständigkeiten auf die Landesfinanzämter bzw. auf die Finanzämter vorgesehen eine Niederschlagung bei Steuerbeträgen, die 1000 Mark nicht übersteigen, und eine Nachforderung, Berichtigung, erstmalige Feststellung, Erstattung und Verzicht auf Gebühren bei Beträgen, welche 50 Mark nicht übersteigen, eintreten zu lassen. Durch die Verordnung zur Erhöhung der Beträge in der Kleinbetragsverordnung (vorbezeichnete Verordnung) vom 6. Jan. 1923 (RGBl. 1923 I S. 63) wurden sodann im ersteren Fall der Betrag von 1000 Mark auf 5000 Mark und in anderen Fällen der Betrag von 50 Mark auf 200 Mark erhöht. Die weitere Verordnung zur Änderung der Kleinbetragsverordnung vom 28. Febr. 1923 (RGBl. 1923 I S. 162) ließ nochmals eine Erhöhung und zwar für ersteren Fall auf das Hundertfache des Briefportos und im zweiten Fall auf das Sechsfache des Briefportos eintreten und bestimmte, daß dabei als Briefporto jeweilig der Betrag gelten solle, welcher für die Beförderung eines Briefes bis zu 20 Gramm im Fernverkehr zu entrichten sei. Unter diesen Vorschriften mußte sich immerhin die sofortige Erledigung zahlreicherer Steuerfälle — dieselben wurden tatsächlich für die Regel sofort ausgeschieden und als erledigt angesetzt — als möglich erweisen. Die zunächst verlautende Absicht einer nochmaligen Heraufsetzung der Grenzen der Kleinbetragsverordnung ist nicht verwirklicht worden.

37. Äußerlich hebt sich die grundlegende Hauptänderung, welche die Zweite Steuernotverordnung für die Wertfeststellung bezüglich der Erbschaftssteuer trifft, darin heraus, daß an die Stelle der Reichsabgabenordnung, deren Vorschriften nach § 32 ESt G. 22 Abs. 2 in erster Linie

die Unterlage für die Wertermittlung bilden sollten, nunmehr durch Absatz 1 des § 32 EStG. 23 das Vermögenssteuergesetz gestellt worden ist. Materiell erweist sich diese Änderung jedoch nur von einer geringeren Tragweite, weil bislang schon, und speziell unter dem Eingreifen des Gesetzes vom 20. März 1923 über die Berücksichtigung der Geldentwertung in den Steuergesetzen, die Wertermittlung nach dem EStG. 22 und dem Vermögenssteuergesetz vom 8. April 1922 — unter sich, wie auch in dem beiderseitigen Verhältnis zu der Reichsabgabenordnung — in einer weitgehenden Übereinstimmung ausgebaut waren. Es zeigt sich dieses zunächst schon darin, daß das Vermögenssteuergesetz 1922 in seinem § 15 Absatz 1 wörtlich die gleiche Vorschrift wie das EStG. 1922 § 32 Absatz 1 enthält, daß also bei beiden die Wertermittlung auf den allgemeinen Vorschriften der Reichsabgabenordnung beruhen soll, sofern solche nicht durch Sondervorschriften beider Gesetze ergänzt werden sollten. Damit ist die allgemeine Unterlage der Erbschaftsbesteuerung in der Reichsabgabenordnung unverändert bestehen geblieben; folgeweise ist auch unseren obigen Ausführungen zu dem Absatz 1 des § 32 EStG. 1922 in den Anmerkungen 3 bis 5 eine weitere Geltung beizumessen. Wo dieses erforderlich erschien, sind solche durch entsprechende Hinweise auf das Vermögenssteuergesetz ergänzt, weil wir insgesamt eine Wiederholung der allgemeinen Grundsätze vermeiden und uns mit einem Hinweis auf das früher Ausgeführte hier begnügen wollten. Letzteres schien umso mehr geboten, als die Sondervorschriften, die für EStG. 1922 und Vermögenssteuergesetz 1922 als die Reichsabgabenordnung ergänzend verlautbart wurden, meist wörtlich mit nur verhältnismäßig geringfügigen Modifikationen die gleichen waren. In dieser Weise entspricht von dem § 32 EStG. 22 der Absatz 2 dem § 15 Absatz 2 des Vermögenssteuergesetzes 1922, der Absatz 3 dem § 15 Absatz 4 Satz 1 daselbst, der Absatz 4 dem § 15 Absatz 4 Satz 2 daselbst und endlich Absatz 9 dem § 15 Absatz 6 Vermögenssteuergesetzes 1922. Es greifen demgemäß die gesamten Ausführungen, welche wir über die allgemeine Unterlage der Wertermittlung zu den genannten Absätzen des § 32 EStG. 1922 gegeben haben, im wesentlichen jetzt noch für § 32 EStG. 1922 Platz, zumal die geringfügigen Abweichungen, welche das Vermögenssteuergesetz zeigt, soweit erforderlich darin bereits berührt wurden. Hinsichtlich des Absatz 2 des § 32 EStG. 1922 ist namentlich auf die Geltung der Anmerkungen 6 und 7 hinzuweisen, hinsichtlich des Absatzes 3 auf die der Anmerkungen 8 bis 11, hinsichtlich des Absatzes 4 auf die Anmerkungen 12 bis 15 und hinsichtlich des Absatzes 9 auf die Anmerkungen 33 bis 35. Die Absätze 5—8 des § 32 EStG. 1922 scheiden aus, weil sie spezifisch erbschaftssteuerrechtliche Vorschriften enthalten, welche für die Vermögenssteuer nicht überall in Betracht kommen, obgleich einzelne Anklänge an die Vermögenssteuer sich auch in diesen Absätzen finden lassen, welche den näheren Ausführungen zu denselben eine gewisse Beachtung verschaffen können; es trifft dieses beispielsweise bezüglich der Ausführungen über die Ermittlung der Durchschnittskurse in den obigen Anmerkungen 19 und 20 zu. Die materielle Seite der allgemeinen Wertermittlungsunterlagen erscheint demnach durch die formelle Ersetzung der Reichsabgabenordnung durch das Vermögenssteuergesetz im § 32 EStG. 1923 der Hauptsache nach unverändert und wir werden unsere bezüglichen Ausführungen auf ein Geringes beschränken können. Der eigentliche Schwerpunkt jener Ersetzung liegt erst in den allerdings sehr wesentlichen Änderungen, welche die Zweite Steuernotverordnung vom 19. Dezember 1923 bezüglich der Wertermittlung bei der Vermögenssteuer durch die §§ 2, 3 ihres Artikels II einführt. — Hinsichtlich der neuen Bewertungsvorschriften welche die Zweite Steuernotverordnung vom 19. Dezember 1922 für die Erbschaftssteuer nach den Grundsätzen für die Vermögenssteuer bringt, ist es im allgemeinen und im einzelnen zu vergleichen: Wünschmann, Beiträge zum Erbschaftssteuerrechte. DStBl. VII Sp. 66. Des ferneren sind in gleicher Beziehung herauszuheben: Arlt, Die Bewertungsgrundsätze für die Vermögenssteuer des Kalenderjahres 1924. DStBl. VII Sp. 3; Roth, Das abgeänderte Erbschaftssteuerrecht. RStR. V S. 25 und Wünschmann, Die Änderung des Erbschaftssteuerrechts. RStR. VII Sp. 76.

38. Die in der Anm. 36 berührten besonderen Anordnungen der Erlasse des Reichsministers der Finanzen vom 8. Sept. und vom 17. Nov. 1923 haben, nachdem die Zweite Steuernotverordnung unter dem 19. Dez. 1923 tatsächlich verlautbart war, zu dem weiteren Erlaß des Reichsministers der Finanzen vom 14. Jan. 1924 III C 3 30, betr. Änderung des Erbschaftssteuergesetzes durch die Zweite Steuernotverordnung Anlaß gegeben, der speziell in seinen Ziffern 4—9 hier einschlagend ist und die näheren Bestimmungen bezüglich der nunmehrigen Aufarbeitung der vorläufig zurückgesetzten Steuerfälle trifft. Mit Rücksicht auf ihre praktische Bedeutung werden die betreffenden Vorschriften in ihrem Wortlaut wiederzugeben sein, der sich folgendermaßen stellt:

„4. Bis zum Erlaß der näheren Bestimmungen über die Bewertung des Vermögens ist zunächst die Bearbeitung derjenigen Fälle umgehend in Angriff zu nehmen, bei denen der Anfall in Zahlungsmitteln in- oder ausländischer Währung, in Wertpapieren oder in Gegenständen der im § 21 Absatz I Nr. 4 und 6 genannten Art besteht. Das gleiche gilt für Anfälle, die nach §§ 21, 24 unzweifelhaft steuerfrei sind (z. B. mildtätige oder gemeinnützige Zuwendungen, Anfälle an das Reich, ein Land oder eine inländische Gemeinde, Zuwendungen zum Zwecke des angemessenen Unterhalts oder zur Ausbildung).

5. Für Zahlungsmittel inländischer Währung ist der Nennwert maßgebend; soweit er auf Papiermark lautet, ist er auf den Goldwert für den Zeitpunkt der Entstehung der Steuerschuld (Todestag, Tag der Ausführung der Schenkung) umzurechnen. Für die Umrechnung sind maßgebend:

a) für die Zeit vom 1. Juli bis zum 31. August 1923 der laufende Kurs (Mittelkurs) des Dollars an der Berliner Börse;

b) für die Zeit vom 1. September bis zum 23. Oktober 1923 die Goldumrechnungssätze der Dritten Durchführungsbestimmungen zur Aufwertungsverordnung vom 12. November 1923 (Reichsgesetzbl. I S. 1089);

c) für die Zeit vom 24. Oktober 1923 ab die nach § 2 Absatz 1 der (Ersten) Durchführungsbestimmungen zur Aufwertungsverordnung vom 13. Oktober 1923 (Reichsgesetzblatt I S. 951) fortlaufend zu veröffentlichenden Goldumrechnungssätze für Reichssteuern.

6. Zahlungsmittel in ausländischer Währung sind mit dem laufenden Kurse (Mittelkurse) an der Berliner Börse am Tage der Entstehung der Steuerschuld zu bewerten. Der so gewonnene Wert ist, sofern er auf Papiermark lautet, nach Maßgabe der Nr. 5 auf Goldmark umzurechnen.

7. Wertpapiere sind mit dem Kurswert an der Berliner Börse oder mit dem ermittelten Verkaufswert am Tage der Entstehung der Steuerschuld zu bewerten; wird ein Kurs an der Berliner Börse nicht notiert, so ist der Kurs an der Börse maßgebend, an der die Wertpapiere vorzugsweise gehandelt werden. Bei ausländischen Wertpapieren ohne inländischen Kurswert ist zunächst der Kurs- oder Verkaufswert im Ausland zu ermitteln und der gewonnene Wert nach Maßgabe der Nr. 6 weiterzubehandeln.

Es wird darauf hingewiesen, daß Anteile an inländischen Erwerbsgesellschaften (Aktien, Kuxe) sowie Genußscheine im Gegensatz zur Bewertung bei der Vermögenssteuer mit ihrem vollen Werte anzusetzen sind (§ 32 Abs. 2 Satz 1 Halbsatz 2 der neuen Fassung).

8. Gegenstände der im § 21 Abs. 1 Nr. 4 und 6 genannten Art sind nach ihrem gemeinen Wert am Tage der Entstehung der Steuerschuld zu bewerten. Lautet dieser Wert auf Papiermark, so ist Nr. 5 entsprechend anzuwenden.

9. Die Bearbeitung der Unterlagen im Sinne des § 22 Abs. 1 ABErbStG. ist, soweit es nicht schon geschehen ist, alsbald in Angriff zu nehmen."

Nach diesen Bestimmungen des Reichsfinanzministers hatte nunmehr unter spezieller Berücksichtigung der Zweiten Steuernotverordnung die Steuerveranlagung für die Erbschaftssteuer wiederum in vollem Umfange einzusetzen. Obwohl eine nicht unerhebliche Zahl von Steuerfällen, wie wir in Anm. 36 oben näher gekennzeichnet haben, infolge der früheren Erlasse vom 8. September und 17. November 1923 bereits ausgeschieden bzw. kurzerhand erledigt war, mußte die Inanspruchnahme der Finanzämter sich zu einer recht beträchtlichen gestalten. Hinsichtlich der Erledigung des Einzelfalles brachten die neuen Vorschriften aber immerhin auch nennenswertere Erleichterungen. So war es insbesondere nicht zu unterschätzen, daß bei der Wertermittlung für Wertpapiere nicht mehr Durchschnittskurse, sondern nur der Einheitskurs vom Tage des Entstehens der Steuerschuld (Todestag, Tag der Ausführung der Schenkung) zur Berücksichtigung zu ziehen ist. Eine gleichlaufende Wirkung zeitigte es, daß die Mittelstufe der Gesamtentwicklung, welche in der Steueraufwertungsverordnung vom 11. Okt. 1923 zu erblicken ist, infolge der Aussetzung der Veranlagung für die Erbschaftssteuer nur in verhältnismäßig ganz untergeordnetem Grade sich durchsetzen konnte und eigentlich nur mehr oder weniger ausnahmsweise zur Anwendung zu bringen stand; wir werden auf diesen Punkt näher in den Ausführungen zum folgenden § 33 zurückzukommen haben.

Absatz 1 und 2.

39. Als alleinige materielle Vorschrift enthält der Absatz 1 die Bestimmung, daß für die Bewertung von Vermögen die Grundsätze des Vermögenssteuergesetzes entsprechende Anwendung finden sollen. Im Zusammenhang mit dem gleichzeitigen Fortfall des Absatz 1 des § 32 EStG. 1922 enthält diese Vorschrift jene Ersetzung der Reichsabgabenordnung durch das Vermögenssteuergesetz, welche wir insgesamt oben in Anm. 37 behandelt haben. Wir sehen dabei, daß die allgemeine Unterlage für die Wertermittlung nach EStG. 1923 trotz der formellen Verschiebung im großen und ganzen unverändert geblieben ist und damit unsere obigen Ausführungen zu den Absätzen 1 bis 4 und 9 ihre Geltung behalten haben. Eine weitere Erläuterung ist nicht erforderlich; es sei lediglich auf Anm. 37 und das dort Angezogene verwiesen. Ebenmäßig würde eine vollständige Erörterung der Bewertungsgrundsätze des Vermögenssteuergesetzes über den Rahmen unseres Kommentars hinausgehen; dieselbe gehört sachgemäß in die Kommentierung des Vermögenssteuergesetzes. Indem wir die bezügliche Erörterung auf letztere verweisen, beobachten wir hier das gleiche Verfahren, welches wir oben hinsichtlich des entsprechenden Eingreifens der Reichsabgabenordnung zur Anwendung gebracht und näher begründet haben; vgl. oben Anm. 3. Aus den Kommentierungen zum Vermögenssteuergesetz wollen wir namentlich Strutz, Handausgabe der Vermögenssteuergesetze 1922, Dr. G. Thümen, Das Vermögenssteuergesetz, Thümen-Hotopp, Vermögenssteuer und Zwangsanleihe, und Lademann, Vermögenssteuer, in Marcuse, Das neue Reichssteuerrecht, herausheben. — Wir haben hier noch eine allgemeine Anordnung des Reichsministers der Finanzen, welche wesentlich den neuen § 32 trifft, auf welche wir oben Anm. 1 schon hingewiesen haben, einzufügen, welche einer besonderen Erläuterung nicht bedarf. In dem Erlaß des Reichsfinanzministers vom 14. Jan. 1924 III C 3 30 — bereits in der vorgehenden Anm. 38 berührt — ist unter Ziffer 3 vorgeschrieben: „Das Erbschaftssteuergesetz in der Fassung der Verordnung (d. i. Zweite Steuernotverordnung) ist im Geschäftsgange als Erbschaftssteuergesetz 1923 zu bezeichnen.“ Wir haben dieser Anordnung auch in unserem Erläuterungsbuch Rechnung getragen.

40. Oben (Anm. 37 a. E.) war schon darauf hingewiesen, daß das tatsächliche Schwergewicht der Einschaltung des Vermögenssteuergesetzes in die erbschaftssteuerliche Wertfeststellung und Wertermittlung in den neuen Grundsätzen liegt, welche durch die Zweite Steuernotverordnung vom 19. Dez. 1923 für das Vermögenssteuergesetz 1922 gegeben sind. Hierdurch gewinnen letztere naturgemäß für die Erbschaftsbesteuerung eine ganz besondere Bedeutung, da stets ein Rückgriff auf dieselben zu nehmen sein wird. Als ein Bedürfnis oder zum Mindesten eine wesentliche Erleichterung für die praktische Benutzung unseres Kommentars muß es sich demnach erweisen, wenn wenigstens diese neuen Grundsätze selbst aus demselben zu ersehen sind. Ohne ein näheres Eingehen auf dieselben bzw. eine Kommentierung bringen wir nachstehend jene Änderungen in den Grundsätzen der Bewertung, welche die §§ 2, 3 des Artikels II (Vermögenssteuer) der Zweiten Steuernotverordnung vom 19. Dezember 1923 enthalten, zum Abdruck; indem wir gleichzeitig auf eine eingehende prinzipielle Würdigung derselben in dem Aufsatz von Arlt die Bewertungsgrundsätze für die Vermögenssteuer des Kalenderjahres 1924 DStBl. VII Sp. 3, sowie des Weiteren auf den Aufsatz von Benck, Zusammenhang der Bewertungsvorschriften der neuen Vermögenssteuer und der Abgabenordnung DStZ. XIII Sp. 255 verweisen:

„§ 2. Das Vermögen wird in Goldmark bewertet. Zur Bewertung der Vermögenssteuer wird das steuerbare Vermögen auf volle Hunderte nach unten abgerundet.

§ 3. (1) Für die Wertermittlung gilt folgendes:

1. Grundstücke sind mit dem Wehrbeitragswert zu bewerten, zu dessen Berichtigung Bestimmungen zu erlassen sind, um eine gleichmäßige Belastung aller Steuerpflichtigen zu erreichen.
2. Beim Betriebsvermögen ist das Anlagekapital mit dem Preise, der Ende des Jahres 1913 zur Anschaffung oder Herstellung des Gegenstandes aufzuwenden gewesen wäre, abzüglich eines angemessenen Betrags für Abnutzung, zu bewerten.
3. Beim Betriebsvermögen sind Vorräte an Rohstoffen, Halbfabrikaten, Fertigfabrikaten sowie Waren mit dem Preise, der zur Anschaffung oder Herstellung des Gegenstandes am 31. Dezember 1923 aufzuwenden wäre, zu bewerten.
4. Das steuerbare Vermögen von inländischen Erwerbsgesellschaften im Sinne des § 11 Abs. 3 des Körperschaftssteuergesetzes ist mit mindestens dem Betrage anzusetzen, der der Summe der für die Anteile an der Gesellschaft und für die von der Gesellschaft ausgegebenen Genußscheine und Schuldverschreibungen festgesetzten Steuerkurswerte oder ermittelten Verkaufswerte entspricht.

   Der Reichsminister der Finanzen kann bestimmen, inwieweit bei Erwerbsgesellschaften, für deren Anteile ein Steuerkurswert nicht festgesetzt ist, an Stelle des im Abs. 1 bezeichneten Betrags der Betrag zugrunde gelegt werden kann, welcher von der für das Unternehmen zuständigen amtlichen Handelsvertretung oder einer bei ihr errichteten Gutachterstelle unter sinngemäßer Anwendung des Abs. 1 als Gesamtwert des Betriebsvermögens der Gesellschaft geschätzt wird. Das gleiche gilt für das Betriebsvermögen von Steuerpflichtigen, die Handelsbücher nach den Vorschriften des Handelsgesetzbuches zu führen verpflichtet sind, wenn das Unternehmen in einer anderen Rechtsform als der einer Erwerbsgesellschaft im Sinne des § 11 Abs. 3 des Körperschaftssteuergesetzes betrieben wird.
5. Wertpapiere sind ohne Rücksicht darauf, ob sie zum Betriebsvermögen oder zum sonstigen Vermögen des Steuerpflichtigen gehören, mit dem Steuerkurswert oder ermittelten Verkaufswert am 31. Dezember 1923 zu bewerten; § 142 Abs. 3 der Reichsabgabenordnung findet keine Anwendung. Anteile an inländischen Erwerbsgesellschaften im Sinne des § 11 Abs. 3 des Körperschaftssteuergesetzes und die von solchen Gesellschaften ausgegebenen Genußscheine sind beim Eigentümer der Anteile oder Genußscheine nur mit der Hälfte dieses Wertes anzusetzen.
6. Zahlungsmittel und Forderungen in ausländischer Währung sind ohne Rücksicht darauf, ob sie zum Betriebsvermögen oder zum sonstigen Vermögen des Steuerpflichtigen gehören, mit dem laufenden Kurse (Mittelkurse) am 31. Dezember 1923 zu bewerten.
7. Soweit für die Bewertung der Wehrbeitragswert oder Vorkriegspreise zugrunde zu legen sind (Nr. 1, 2), hat der Reichsminister der Finanzen mit Zustimmung des Reichsrats für Gegenstände oder für Gruppen von Gegenständen, bei denen der Wert oder Preis am 31. Dezember 1923 den Wehrbeitragswert oder Vorkriegspreis übersteigt, Zuschläge zu dem Wehrbeitragswert oder Vorkriegspreis zu bestimmen, wenn anzunehmen ist, daß das Übersteigen des

Wehrbeitragswerts oder Vorkriegspreises nicht nur vorübergehend sein wird. Entsprechend hat der Reichsminister der Finanzen mit Zustimmung des Reichsrats für Gegenstände oder für Gruppen von Gegenständen, bei denen der Wert oder Preis am 31. Dezember 1923 den Wehrbeitragswert oder Vorkriegspreis nicht erreicht hat, Abschläge zu bestimmen, wenn anzunehmen ist, daß das Zurückbleiben hinter dem Wehrbeitragswert oder Vorkriegspreis nicht nur vorübergehend sein wird.

Soweit der Wehrbeitragswert oder Vorkriegspreise nicht vorhanden sind oder soweit seit dem Wehrbeitragsstichtag in der Beschaffenheit des Grundstücks wesentliche Veränderungen eingetreten sind, hat der Reichsminister der Finanzen mit Zustimmung des Reichsrats die näheren Bestimmungen über die Wertermittlung zu treffen.

8. Ist ein für die Bewertung maßgebender Preis oder Wert in Papiermark oder einer sonstigen nicht auf Goldmark lautenden Rechnungseinheit ausgedrückt, so ist er in Goldmark umzurechnen. Für die Umrechnung in Goldmark ist der laufende Kurs (Mittelkurs) des Dollars an der Berliner Börse am letzten Tage des Monats Dezember 1923, an dem dieser festgestellt worden ist, maßgebend. Der Reichsminister der Finanzen hat den Umrechnungssatz abgerundet festzustellen und bekanntzugeben.

9. Der Reichsminister der Finanzen ist ermächtigt, für die Bewertung des Vermögens oder einer Gruppe von Vermögensgegenständen an Stelle des 31. Dezember 1923 einen anderen zwischen dem 16. November und 31. Dezember 1923 liegenden Tag als maßgebend zu bestimmen, sowie für die Umrechnung der Papiermark oder einer anderen Rechnungseinheit in Goldmark an Stelle des Dollarkurses am letzten Tage des Monats Dezember 1923, an dem dieser an der Berliner Börse festgestellt ist, den Kurs des Dollars an einem anderen zwischen dem 16. November und 31. Dezember 1923 liegenden Tage zugrunde zu legen.

(2) Für die Fälle des Eintritts in die Steuerpflicht (§ 14 Abs. 2 des Vermögensteuergesetzes) oder der Erweiterung der Steuerpflicht (§ 14 Abs. 3 des Vermögensteuergesetzes) im Laufe des Kalenderjahres 1924 erläßt der Reichsminister der Finanzen mit Zustimmung des Reichsrats für die Wertermittlung weitere Bestimmungen mit rechtsverbindlicher Kraft unter entsprechender Berücksichtigung der im Abs. 1 aufgestellten Richtlinien."

Daß bei der praktischen Anwendung der vorbezeichneten, an sich für ein anderes Steuergesetz festgelegten Grundsätze dem durchgreifenden Sondercharakter der Erbschaftsbesteuerung entsprechend Rechnung getragen werden muß, liegt wohl ohne weiteres auf der Hand und braucht nicht weiter begründet zu werden. Unter dieser Modifikation sind auch die Durchführungsbestimmungen für die Vermögensteuer 1924 vom 8. März 1924 und der dazu ergangene Erlaß des Reichsfinanzministers vom 18. März 1924 III C [3] 1000 zu berücksichtigen, auf welche wir hier nur hinweisen können. In einer besonderen Zuspitzung auf die Erbschaftssteuer werden die Bewertungsgrundsätze und Zugehöriges durch die Anleitung zur Ausfüllung der Erbschaftssteuererklärung, welche nach dem Erlaß des Reichsministers der Finanzen vom 10. April 1924

III C[5] 320 betr. Erbschaftssteuer (insbesondere Änderung der Muster zu den Ausführungsbestimmungen und Änderung der Arbeitsanweisung für die Erbschaftssteuerstatistik) dem abgeänderten Muster 9 (Steuererklärung) beigefügt ist, in gedrängter Übersicht wiedergegeben. Damit ist ein einfaches Hilfsmittel für eine allgemeine Orientierung geschaffen, das als solches von praktischem Wert ist. Wenn wir auch an sich beschränkten Raumes wegen von einer Wiedergabe der Muster zu den Ausführungsbestimmungen absehen, so glaubten wir doch hinsichtlich dieser Anleitung eine Ausnahme machen zu müssen. Sie reiht sich unten in ihrem Wortlaut als Anlage B den Ausführungsbestimmungen (Anlage A) an.

41. Abgesehen von jener allgemeinen Einschaltung der Grundsätze des Vermögenssteuergesetzes für die wirtschaftssteuerliche Bewertung von Vermögen enthält der erste Absatz des nunmehrigen § 32 nur noch die Vorschrift, daß die näheren Bestimmungen der Reichsminister der Finanzen mit Zustimmung des Reichsrats zu erlassen habe. Daß hier ausdrücklich die Zustimmung des Reichsrats gefordert wird — zu Abs. 2 nachfolgend wird der Reichsfinanzminister in ähnlicher Weise zu näheren Bestimmungen, aber ohne Bindung, an die Zustimmung des Reichsrats ermächtigt —, ist, und zwar berechtigterweise, in der besonderen Bedeutung begründet, welche den näheren Bestimmungen im bezüglichen Fall durchgehend beizumessen sein wird. Denn bei den fraglichen Bestimmungen wird es sich nicht etwa nur um Ergänzungen oder nähere Erläuterungen handeln, sondern um Sondervorschriften neben oder abweichend von der grundsätzlichen Regelung, welche speziell für die Erbschaftsbesteuerung zur Anwendung gebracht werden sollen, Vorschriften, wie sie sich sonst regelmäßig nur in den Gesetzen selbst zu finden pflegen. Für diese Vorschriften war unbedingt eine weitergehende Garantie, wie sie in der Zustimmung des Reichsrats zu erblicken ist, zu fordern.

42. Zur Ausführung der in die Erbschaftsbesteuerung einschneidenden Regelungen der Zweiten Steuernotverordnung vom 19. Dez. 1923 und so speziell auch des hier zur Erörterung stehenden Absatzes sind die Durchführungsbestimmungen über die Bewertung des Vermögens und die beschleunigte Steuerentrichtung bei der Erbschaftssteuer (Artikel III der Zweiten Steuernotverordnung) vom 28. März 1924 festgelegt und mit Erlaß des Reichsfinanzministers vom gleichen Tage III C[5] 300 den Landesfinanzämtern mitgeteilt. In Anbetracht ihrer vorragenderen Bedeutung werden diese Durchführungsbestimmungen unten als Anlage C in ihrem Wortlaut wiedergegeben werden. Mit der Bewertung, wie sie der zur Behandlung stehende Absatz 1 des § 32 im Auge hat, beschäftigt sich nur der unter A zusammengefaßte erste Teil der Durchführungsbestimmungen in den §§ 1 bis 11 einschließlich. Materiell kommen dabei nach der Natur der Sache die gleichen Grundsätze zum Durchbruch, auf welche wir schon in der Anm. 40 näher hingewiesen hatten; dieselben erscheinen nur in der Hauptsache mehr auf die tatsächliche Bemessung der Erbschaftssteuerschuld zugeschnitten. Wir werden dieselben lediglich dem großen Zuge nach berühren, zumal sie vielfach wiederum den Hinweis auf die Vorschriften des Vermögenssteuergesetzes und der Reichsabgabenordnung enthalten. Dahingegen werden wir die erläuternden und ergänzenden Bestimmungen des vorbezeichneten Erlasses des Reichsfinanzministers vom 28. März 1924 III C [5] 300 sogleich, soweit erforderlich, nach ihrem gesamten Umfang an die Einzelvorschriften der Durchführungsbestimmungen anschließen und so eigenen Abdruck dieses Erlasses sparen.

43. Die Durchführungsbestimmungen behandeln zunächst in den §§ 1—3 Allgemeines (I) innerhalb des zusammengefaßten größeren Abschnittes A Bewertung. Dazu spricht der § 1 aus, daß die Bestimmungen der §§ 2—11 nur hinsichtlich der Veranlagung der Erwerbe gelten, für welche die Steuerschuld in der Zeit zwischen dem 1. Juli 1923 und dem 31. Dezember 1924 entstanden ist oder entsteht, und daß, soweit in den fraglichen §§ 2—11 nichts anders bestimmt ist, die Vorschriften der Reichsabgabenordnung zur Anwendung kommen. Danach können bezüglich der Abgrenzung der Geltung der Vorschriften gegeneinander Zweifel nicht aufkommen. Als Stichtag im Sinne der Bestimmungen (§ 2) ist der nach § 31 EStG. (vgl. Anm. 3 zu § 31) für die Ermittlung des Wertes des Anfalls maßgebende Zeitpunkt angesetzt. Das Verhältnis der Goldmark zu anderen Rechnungseinheiten regelt der § 3. (Stets Umrechnung von in anderen Rechnungseinheiten ausgedrückter Preise oder Werte in Goldmark; Umrechnung der Papiermark nach zwei getrennten Zeitabschnitten im einzelnen vorgeschrieben; Rentenmark bis auf weiteres einer Goldmark gleichzusetzen; bei ausländischen Rechnungseinheiten für die Regel Mittelkurs für die Auszahlungen am Stichtage maßgebend.) Der Erlaß vom 28. März 1924 bemerkt dazu, daß durch die Durchführungsbestimmungen die im Runderlasse vom 14. Januar 1924 III C [5] 30 (vgl. oben Anm. 38) getroffenen Anordnungen ergänzt und die Anweisungen im Runderlasse vom 8. September 1923 (vgl. oben Anm. 36) gegenstandslos werden. Des Weiteren sollen bei der Anwendung der Durchführungsbestimmungen allgemein die Durchführungsbestimmungen für die Vermögensteuer 1924 vom 8. März 1924 sowie der dazu ergangene Runderlaß vom 18. März 1924 III C [3] 1000 berücksichtigt werden. Letzteres trifft naturgemäß nur insoweit zu, als sie nicht durch Spezialbestimmungen für die Erbschaftsteuer überholt sind.

44. Mit dem Grundvermögen (II) befassen sich die §§ 4 (inländische Grundstücke) und 5 (ausländische Grundstücke) der Durchführungsbestimmungen. Ausländische Grundstücke sind ausschließlich nach den §§ 152 bis 154 der Reichsabgabenordnung zu bewerten. Für inländische Grundstücke gilt allgemein und in erster Linie der nach Maßgabe der §§ 3 bis 25, 28, 29 der Durchführungsbestimmungen für die Vermögensteuer 1924 vom 8. März 1924 (Reichsministerialblatt 1924 S. 103) für den 31. Dezember 1923 festzustellende Wert; das Gleiche greift hinsichtlich der Berechtigungen, für welche die Vorschriften des Bürgerlichen Rechts über Grundstücke gelten, Platz. Bezüglich der inländischen Grundstücke ordnet der § 4 jedoch für drei Fälle besondere Modifikationen an, nämlich bei wesentlicher Veränderung des tatsächlichen Zustandes eines Grundstückes am Stichtag gegenüber dem 31. Dezember 1923 Platzgreifen der Durchführungsbestimmungen für die Vermögensteuer 1924 über die Zugrundelegung des Wehrbeitragswertes, die Berichtigung des Wehrbeitragswerts und die Abschläge vom Wehrbeitragswert, ferner Ansetzung des Verkaufswerts am Stichtag

für Grundstücke, deren Wert nach ihrer Lage als Bauland oder als Land zu Verkaufszwecken bestimmt ist, und endlich Zulassung gewisser, speziell bedingter Abschläge für Grundstücke, die dauernd landwirtschaftlichen oder gärtnerischen Zwecken zu dienen bestimmt sind. Der Erlaß vom 28. März 1924 weist darauf hin, daß für den Begriff des Grundvermögens der § 6 Nr. 1, und § 7 des Vermögenssteuergesetzes maßgebend sei. Grundsätzlich ist eine verschiedenartige Feststellung des Wertes für die Erbschaftssteuer und für die Vermögenssteuer zu vermeiden. Liegen zur Zeit der Erbschaftsbesteuerung bereits Wertfeststellungen für die Vermögenssteuer vor, so ist auf sie zurückzugreifen. Sind Feststellungen für die Vermögenssteuer noch nicht getroffen, so sind sie, soweit sie für die Vermögenssteuer überhaupt in Betracht kommen, in Zusammenarbeit der Erbschafts- mit den Vermögenssteuerstellen vorzunehmen; erhebliche Verzögerungen in der Erledigung weiter zurückliegender Fälle sind zu vermeiden. — Die nach § 4 Absatz 2 der Durchführungsbestimmungen für die Berichtigung des Wehrbeitragswerts unter bestimmten Voraussetzungen vorgeschriebene Zugrundlegung der Verhältnisse am Stichtag bedeutet nicht etwa, daß für die Berichtigung auch von den Wertverhältnissen am Stichtag auszugehen sei, daß also bei der Berichtigung des Wehrbeitragswerts auch die veränderten wirtschaftlichen Verhältnisse gegenüber denen am Wehrbeitragsstichtage zu berücksichtigen seien. Den gegenwärtigen, gegenüber dem Friedensstande veränderten allgemeinen Wirtschaftsverhältnissen wird ausschließlich durch Bemessung der Abschläge Rechnung getragen; sie sind daher für die Berichtigung des Wehrbeitragswerts unberücksichtigt zu lassen. Sollten in der Folgezeit weitere allgemeine Veränderungen der Wirtschaftsverhältnisse eintreten, so soll anderweite Regelung vorbehalten bleiben; die jetzige Regelung der Bewertung gilt gemäß § 4 nur „bis auf weiteres". — Die in Absatz 4 des § 4 vorgesehenen weiteren Abschläge bei der Bewertung landwirtschaftlicher und gärtnerischer Grundstücke waren mit Rücksicht auf die besonderen wirtschaftlichen Verhältnisse bei der Landwirtschaft und dem Gartenbau in dieser Zeit geboten. Die Regelung bezieht sich nicht auf Grundstücke, die dauernd forstwirtschaftlichen Zwecken zu dienen bestimmt sind.

45. Unter A III der Durchführungsbestimmungen wird das Betriebsvermögen in den §§ 6 und 7 behandelt. Anlagekapital (§ 6) ist nach den Durchführungsbestimmungen für die Vermögenssteuer 1924 §§ 31, 32 zu bewerten mit Stichtag an Stelle des 31. Dezember 1923. Betriebskapital (§ 7) ist mit zwei Modifikationen nach § 33 Absatz 1, 3 der Durchführungsbestimmungen für die Vermögenssteuer 1924 zu behandeln; einerseits ist für Betriebskapital in Vorräten an Rohstoffen, Halbfabrikaten, Fertigfabrikaten sowie Waren der Anschaffungs- oder Herstellungspreis der Gegenstände am Stichtage anzusetzen, andererseits hat Steuerpflichtiger unter bestimmten Voraussetzungen die Berechtigung die Ansetzung des Preises von Ende März 1924 zu verlangen. Der Erlaß vom 28. März 1924 bezeichnet § 6 Nr. 2 und § 7 des Vermögenssteuergesetzes als für den Begriff des Betriebsvermögens maßgebend. Daneben wird nur noch bemerkt, daß die Besteuerung im § 7 Absatz 1 Satz 2 der Durchführungsbestimmungen in Anlehnung an die entsprechende Regelung im § 33 Absatz 2 Satz 2 der Vermögenssteuerdurchführungsbestimmungen getroffen sei; sie trage dem Rechnung, daß die allgemeinen Preisverhältnisse nach Stabilisierung der Währung, insbesondere im Laufe des ersten Vierteljahres 1924, eine nicht unerhebliche Senkung erfahren haben.

46. Mit dem sonstigen Vermögen (IV) befassen sich die §§ 8 und 9 der Durchführungsbestimmungen. Allgemein (§ 8) kommen die §§ 36, 38—43 der Durchführungsbestimmungen für die Vermögensteuer 1924 zur Anwendung, nur ist dazu der maßgebende Zeitpunkt mit einigen Unterscheidungen speziell geordnet. Von den Wertpapieren (§ 9) sind die unter Zugrundelegung ihres Papiermarknennbetrages zu bewertenden Schuldverschreibungen nach § 38 der oben bezeichneten Durchführungsbestimmungen zu bewerten; die sonstigen Wertpapiere sind mit dem vollen für den Stichtag festzustellenden Kurs- oder Verkaufswert anzusetzen; bezüglich der Feststellung des letzteren sind nähere Anweisungen gegeben. Der Bewertung von Aktien, Kuxen und und Genußscheinen mit Erwerben mit dem Stichtag zwischen 1. Juli und 31. Dezember 1923 ist der für die Vermögensteuer 1924 maßgebenden volle Steuerkurswert oder Verkaufswert am 31. Dezember 1923 zugrunde zu legen, sofern der Kurs- oder Verkaufswert am Stichtage nicht niedriger ist. In dem Erlaß vom 28. März 1924 ist der Begriff des sonstigen Vermögens in Übereinstimmung mit § 6 Nr. 3 des Vermögensteuergesetzes nur negativ umgrenzt; als sonstiges Vermögen gilt das Vermögen, das nicht als Grund- oder Betriebsvermögen anzusehen ist. — Zu § 9 Absatz 1 Satz 1 weist der Erlaß nochmals darauf hin, daß Wertpapiere mit Ausnahme der unter Zugrundelegung ihres Papiermarknennbetrages zu bewertenden Schuldverschreibungen (§ 38 Vermögensteuerdurchführungsbestimmungen) im Gegensatze zu der Regelung im § 37 der Vermögensteuerdurchführungsbestimmungen stets mit dem vollen Kurs- oder Verkaufswert zu bewerten sind (§ 32 Absatz 2 Satz 1 Halbsatz 2 EStG. 1923). — Für die Bestimmung im § 9 Absatz 2 waren die gleichen wirtschaftlichen Erwägungen maßgebend wie für die Sonderregelung im § 7 Absatz 2 der Durchführungsbestimmungen (vgl. die vorgehende Anm. 45); die außerordentliche Kursbewegung im zweiten Halbjahr 1923 — vielfach weit über den Paristand — und der erhebliche Kursrückgang in der Folgezeit machten die Ausnahmebestimmung erforderlich. — Ist bei Erwerben der im § 9 Absatz 2 genannten Art eine Veranlagung bereits durchgeführt und sind der Bewertung von Aktien, Kuxen und Genußscheinen auf Grund der vorläufigen Regelung unter Nr. 7 des Runderlasses vom 14. Januar 1924 III C 5 30 (vgl. oben Anm. 38) höhere Werte zugrunde gelegt worden, als nach § 9 Absatz 2 zugrunde zu legen waren, so hat das Finanzamt den übererhobenen Betrag auf Antrag zu erstatten (§ 108 Absatz 1 Reichsabgabenordnung). — Daß der Erlaß bezüglich der letzteren Erstattung den Antrag des Steuerpflichtigen fordert und nicht eine Erstattung von amtswegen zuläßt, muß als eine Härte oder gar Ungerechtigkeit gegenüber den Betroffenen erscheinen, für welche der angezogene § 108 der Reichsabgabenordnung keine Handhabe bietet. Ist unter den gleichen Voraussetzungen die Veranlagung noch nicht durchgeführt, so hat das Finanzamt ohne weiteres die neuen Anordnungen mit der sachgemäßeren Abmilderung eintreten zu lassen. Nach den gegebenen Umständen werden aber die Fälle durchgeführter und noch nicht durchgeführter Veranlagung hier zeitlich stets mehr zusammenliegen, ohne daß der Steuerpflichtige auf

Beschleunigung oder Verzögerung der Veranlagung eine Einwirkung hat. Für die unbillige verschiedenartige Behandlung ist kein rechtfertigender Grund vorhanden.

47. Bezüglich der Schulden (V, §§ 10, 11) ist in den Durchführungsbestimmungen allgemein (§ 10) vorgeschrieben, daß für ihre Bewertung die Vorschriften der §§ 38, 40 der Durchführungsbestimmungen für die Vermögenssteuer 1924 zur Geltung zu bringen sind (Stichtag statt 31. Dezember 1923). Für Nachlaßverbindlichkeiten besonderer Art (§ 11) — gewisse, vom Erblasser herrührende, laufende Verbindlichkeiten und infolge des Erbfalls entstandene Nachlaßverbindlichkeiten bestimmter Art — sollen, wenn sie auf Papiermark lauten, mit dem für den Tag ihrer Bezahlung maßgebenden Umrechnungssatz in Goldmark umgerechnet werden unter entsprechender Anwendung der bezüglichen Vorschriften des § 3 (s. oben Anm. 43). Der Erlaß vom 28. März 1924 bemerkt zu der letzteren Umrechnungsvorschrift des § 11 allgemein, daß der Grund für die Regelung im wesentlichen ein praktischer sei. Die Papiermarkbeträge stehen für den Tag der Bezahlung in der Regel fest, während ihre Feststellung für den Todestag, der an sich für die Bewertung maßgebend wäre (§ 10 der Durchführungsbestimmung, § 31 EStG.) zu Weiterungen führen würden. Kleinliche Erörterungen bei der Bewertung von Verbindlichkeiten der in § 11 der Durchführungsbestimmungen genannten Art sind zu vermeiden. — Als vom Erblasser herrührende laufende Nachlaßverbindlichkeiten im Sinne des § 11 sind, wie bereits die aufgeführten Beispiele (es wurden folgende herausgehoben: Kosten der Krankheit des Erblassers, Versicherungsbeiträge, Mietzins, Kosten für Lebensmittel, Heizung, Licht, Lohn für Hausangestellte) zeigen, nur solche anzusehen, welche die Fürsorge für die Person des Erblassers oder seinen Hausstand betreffen; es fallen dagegen nicht darunter sonstige vom Erblasser herrührende Verbindlichkeiten, wie Darlehens-, Hypotheken-, Grund-, Renten- und Geschäftsschulden. Von den infolge des Erbfalls entstandenen Nachlaßverbindlichkeiten trifft die Sonderregelung nur Verbindlichkeiten der in § 12 Abs. 4 EStG. genannten Art; andere Verbindlichkeiten, z. B. aus Pflichtteilsrechten, Vermächtnissen und Auflagen, umfaßt sie nicht. — Halbsatz 2 des § 11 (entsprechende Anwendung des § 3 Abs. 2) bedeutet, daß für die Umrechnung der Papiermark in Goldmark § 3 Abs. 2 der Durchführungsbestimmungen mit der Maßgabe Anwendung findet, daß an die Stelle des Stichtages der Tag der Bezahlung der Nachlaßverbindlichkeit tritt. — Für die Umrechnung von Schulden, auf welche sich der § 11 nicht bezieht, in Goldmark gilt der allgemeine Grundsatz, daß für die Bewertung der Erbschaftssteuerstichtag maßgebend ist. — Die angezogenen Nachlaßverbindlichkeiten der in § 12 Abs. 4 EStG. genannten Art sind oben an ihrem bezeichneten Platz näher behandelt; es sei hier nur auf die Anm. 18—29 zu § 12 verwiesen.

48. Mit Vorgehendem ist die Regelung der Durchführungsvorschriften vom 28. März 1924 über die Bewertung Abschnitt A derselben, erschöpft. In dem sich anschließenden Abschnitt B geben die Durchführungsvorschriften in einem Paragraphen (§ 12) eine Vorschrift über die Steuerbefreiung bei Kunstgegenständen und Sammlungen, welche sich an den § 22 Abs. 1 Nr. 5 EStG. 1923 angliedert und einer Ermächtigung des Reichsfinanzministers nach dem letzten Satz vorgenannter Gesetzesregelung entspricht. Dieselbe ist bereits zu § 22 an genannter Stelle behandelt worden und sind insbesondere die Anm. 19—29 zu § 22 zu vergleichen. Der Abschnitt C enthält in § 13 eine Regelung über die beschleunigte Steuerentrichtung, zu welcher der Reichsminister der Finanzen nach § 2 des Artikels III der Zweiten Steuernotverordnung vom 19. Dezember 1923 ausdrücklich ermächtigt war. Materiell schließt sich die Regelung an den § 34 EStG. an; folgeweise werden wir sie dort zur Erörterung bringen; vgl. Anm. 5 zu § 34. Endlich umfassen die Durchführungsbestimmungen in Abschnitt D §§ 14—18 verschiedene Überleitungs- und Schlußbestimmungen, welche verschiedentlich einzugliedern sind. Der § 14 berührt die Zusammenrechnung mehrerer Erwerbe; derselbe ist oben bereits im Anschluß an den § 17 behandelt, die Anm. 12 zu § 17 ist zu vergleichen. Der § 15 befaßt sich mit der Anrechnung in Papiermark festgesetzter Steuerbeträge und wird, wie schon § 13, demnächst bei dem § 34 des Gesetzes berücksichtigt werden; vgl. Anm. 6 zu § 34. Eine Sondervorschrift zu § 9 Abs. 3 EStG. gibt der § 16, welcher bereits zu dem genannten Gesetzesparagraphen Rechnung getragen ist; zu vgl. Anm. zu § 9. Über bisherige Veranlagungen und Steuerzahlungen schreibt der § 17 Besonderes vor, das am Zweckmäßigsten im Anschluß an den § 39 EStG. zur Erörterung zu bringen ist; vgl. Anm. 6 zu § 39. Zum Schluß regelt § 18 das Inkrafttreten mit der Vorschrift: „Diese Bestimmungen finden auf Erwerbe Anwendung, für welche die Steuerschuld nach dem 30. Juni 1923 entstanden ist." Der Vorschrift wird auch zu § 48 zu gedenken sein; vgl. Anm. 26 zu § 48. — Der Erlaß vom 28. März 1924 gibt zu den vorbezeichneten Materien ergänzende Erläuterungen, welche an den bezeichneten Stellen, an denen die betreffenden Vorschriften der Durchführungsbestimmungen betrachtet werden, gleichfalls mit zur Berücksichtigung kommen. In dem Erlaß sind sodann unter III und IV noch zwei selbstständige Vorschriften verlautbart: III. Rückzahlung von Versicherungssummen infolge des Wegfalls des § 14 EStG. 1922; IV. Behandlung von Ausgleichsforderungen, Entschädigungsansprüchen und dergl. Die erstere ist zu § 14 EStG., die letztere zu § 17 EStG. besprochen worden; vgl. Anm. 2 zu § 14 und 12 zu § 17.

IV. Steuerfestsetzung.

§ 33.

Das Finanzamt stellt die Steuer fest und erteilt einen schriftlichen Steuerbescheid.

[Unabhängig von dem Zeitpunkt der Zustellung des Steuerbescheids ist die Steuer nach Ablauf von drei Monaten nach dem im § 18 festgesetzten Zeitpunkt mit fünf von Hundert zu verzinsen].

Die Steuer ist nach dem Goldwert zu leisten.

a) Verh. bz. Ges-Erl: Rt. 1920/22 Aussch.-Ber. Drucks. Nr. 4856 S. 46/47.

b) Richtl.: —
c) Ausf.-Best.: §§ 39, 41.
d) Erl. d. RFM.: Rundschr. v. 27. April 1920 (EStG. 19). Erl. v. 4. Dezember 1922. Erl. v. 28. April 1923. Erl. v. 31. August 1923 Erl. v. 5. Oktober 1923. Durchführungsbestimmungen v. 10. Oktober 1923, v. 15. Oktober 1923 und v. 12. November 1923, Runderlaß v. 17. November 1923. Erl. v. 14. Januar 1924. Runderlaß v. 18. Januar 1924.
e) Ges. 19: § 62 (durch Zusatz von Absatz 2 zunächst erweitert).
f) Rechtspr.: Urt. d. RG. v. 20. März 1890; Urt. d. RG. v. 21. Oktober 1892; Urt. d. RG. v. 16. Mai 1899; Urt. d. RFH. v. 19. März 1920 (EStG. 16). Urt. d. RFH. v. 2. November 1922.
g) Schriftt.: Bartsch, Beitrag zur Festsetzung der Erbschaftssteuer Erbschaftssteuergesetz v. 20. August 1922. RStR. IV. S. 146. Delbrück, Verspätete Steuerzahlung und ihre Folgen DStZ. 12, Jahrg. Sp 254. Eberhardt, Die Schätzung nach § 210 Abs. 2 u. 3 RAO. StA 26. Jahrg. S. 7. Dr. H., Verzinsung von Reichssteuern und Verzugszuschlägen. RStR. 4. Jahrg S. 117. Röttscher, Die Vereinfachung und schnellere Durchführung der Erbschaftssteueranlagung. DStBl. Zw. Jahrg S. 71. Strutz, Die Entlastungsordnung v. 24. Oktober 1923. StW. II Sp. 313. Hager, Erbschaftssteuer berechnung bei teilweise steuerfreiem Erwerbe DStZ. XII Sp. 310. Heinrich, Die Beitreibungsordnung v. 23. Juni 1923 DStBl VI Sp. 314 u. VII Sp. 56. Hendel, Vorläufige Steuerbescheide in Erbschaftssteuersachen. DBR. XIV. S. 66. Schriftleitung. Die Schätzung durch die Finanzämter. Verbst. III, S. 98.

Inhaltsübersicht.

1. Der § 33 regelte zunächst einerseits allgemein die Feststellung der Steuer und die Erteilung eines Steuerbescheids, andererseits die Verzinsunng der Steuerschuld von einem festen Zeitpunkt nach Entstehung derselben an. Die erstere Vorschrift ist wörtlich aus dem Erbschaftssteuergesetz 1919 (§ 62 desselben) übernommen, in welches sie als Neuerung dem früheren Stand gegenüber eingefügt war. Die maßgebenden Einzelheiten sind in der 3. Auflage Anm. 1 zu § 62 ausgeführt worden, worauf hier Bezug zu nehmen ist. In den Verhandlungen über das vorliegende Gesetz ist die Vorschrift nicht besonders berührt. In der zweiten eigentlich nicht in unmittelbarem Zusammenhang zu der ersteren stehenden Vorschrift erblicken wir eine Neuerung, die im Regierungsentwurf noch nicht erscheint, sondern erst bei den Beratungen im Reichstag aus der Initiative des letzteren in das Gesetz übernommen ist, ohne daß dafür eine nähere Begründung in den bezüglichen Drucksachen verlautbart wäre. Auch Richtlinien und Ausführungsbestimmungen gaben keinen weiteren Aufschluß. Allgemein über die

Feststellung ist zu vergleichen: Röttscher, Die Vereinfachung und schnellere Durchführung der Erbschaftssteuerveranlagung. DStBl. 3. Jahrgang Sp. 71. Durch die Zweite Steuernotverordnung vom 19. Dezember 1923 wurde der 2. Absatz des Paragraphen mit der Vorschrift über die Verzinsung wieder beseitigt und statt dessen entsprechend der Grundtendenz jener Verordnung neu vorgeschrieben, daß die Steuer nach dem Goldwert zu leisten sei. Nach Lage der Sache wird die Verzinsungsvorschrift für Fälle, in denen das frühere Recht zur Anwendung kommt, noch praktisch bleiben, so daß wir eine vollständige Erläuterung derselben, mit der sich die späteren Anm. 7—9 befassen, nicht umgehen können.

Absatz 1.

2. Zunächst bestimmt der Absatz 1 des § 33, daß das Finanzamt die Steuer feststelle. Ob es erforderlich war, eine derartige Bestimmung besonders im Gesetz zu verlautbaren, kann zweifelhaft erscheinen, denn aus den vorgehend geregelten Einzelheiten über die Wertfeststellungen ist wohl schon ohne weiteres zu entnehmen, daß schließlich in jedem Fall die Steuer festgestellt werden müsse, wie auch, daß das Finanzamt diese Feststellungen vorzunehmen habe. Selbstredend hängt die Feststellung der Steuer wiederum eng mit der Erteilung eines Steuerbescheides zusammen. Die besondere Einfügung des sich schon wesentlich aus der Natur der Sache ergebenden ersten Satzes des Absatz 1 soll in der Hauptsache nur auf den Steuerbescheid zur Verschärfung seiner die ganze Veranlagung abschließenden Wirkung überleiten. Gleichzeitig wird die Pflicht der Finanzämter, die Steuer festzustellen, nochmals besonders bekräftigt. Die Feststellung der Steuer und der Erlaß des Steuerbescheides hat stets durch das zuständige Finanzamt zu erfolgen. Bezüglich der Zuständigkeit greifen die allgemeinen Vorschriften, insbesondere die der §§ 51 und 55 der Reichsabgabenordnung Platz, desgleichen die §§ 1 und 2 der Ausführungsverordnungen zum EStG. Über die Frage, wann die Feststellungen als abgeschlossen anzusehen sind und der Steuerbescheid zu erteilen ist, steht die Entscheidung lediglich dem Finanzamt zu. Sofern aus den Ermittlungen und den tatsächlichen Unterlagen der für die Besteuerung maßgebende Betrag sich in einer festen Höhe nicht mit Sicherheit bestimmen läßt, wird im äußersten Fall zu der Schätzung zu greifen sein, wie solches im § 210 der RAO. angeordnet ist. Nach einem Urt. des RG. vom 2. Nov. 1922 setzt die Vornahme einer Schätzung voraus, daß die Unterlagen, die für eine richtige Bewertung von Bedeutung sind, soweit möglich, zuvor beschafft worden sind (StW. II Sp. 138). Vgl. Eberhardt, Die Schätzung nach § 210 Abs. 2 und 3 RAO., StA. 26. Jahrg. S. 7. Schriftleitung, Die Schätzung durch die Finanzämter. Verbst. III S. 98. — Als einer Sonderheit, welche erst unter der Herrschaft des neuen Gesetzes zur Einführung gelangte, ist der Wegfall der Steuerfestlegung und damit der Besteuerung und des Steuerbescheids wegen Geringfügigkeit des zu erwartenden Steuerbetrages behuf Vermeidung einer unwirtschaftlichen Belastung der Finanzämter zu gedenken. Dieselbe beruht auf der sog. Kleinbetragsverordnung, der Verordnung zur Übertragung von Zuständigkeiten auf die Landesfinanzämter und auf die Behandlung kleiner Beträge im Steuerverfahren vom 3. Okt. 1922 (RGBl. 1922 I S. 760), welche in ihrem § 5 vorschreibt: „Die Feststellung von Steuern kann nach näherer Anordnung des Landesfinanzamtes unterbleiben, wenn der einzuziehende Betrag 50 Mark voraussichtlich nicht überschreitet, und die Kosten der Festsetzung und Einziehung außer Verhältnis zu dem einzuziehenden Betrage stehen. — Der § 4 Satz 2 findet entsprechende Anwendung." Der im zweiten Absatz angezogene Satz des § 4 lautet: „Wenn auf Grund von Nachforderungen oder Berichtigungen mehrere Beträge von demselben Steuerpflichtigen (§ 79 Reichsabgabenordnung) gleichzeitig eingezogen werden können, so sind die Beträge zusammenzurechnen." Hinsichtlich der Ausführung gibt ein Erlaß des Reichsministers der Finanzen vom 4. Dezember 1922 III R 9968/II p 230 86 nähere Anweisung. Mit Rücksicht auf die fortschreitende Entwertung der Mark ist der maßgebende Betrag des § 5 von 50 Mark zunächst durch eine Verordnung vom 6. Jan. 1923 (RGBl. I S. 63) auf 200 Mark und bald darauf durch die weitere Verordnung vom 28. Februar 1923 (RGBl. 1923 I S. 162) Artikel I Ziff. 2 von 200 Mark auf das Sechsfache des Briefportos erhöht: Artikel II der letzteren Verordnung bestimmt dazu, daß als Briefporto im Sinne des Artikels I der für die Beförderung eines Briefes bis zu 20 Gramm im Fernverkehr jeweils zu entrichtende ist. Dementsprechend bildet vom 1. Sept. 1923 ab der Betrag von 420 000 Mark die Abgrenzung, vom 20. Sept. 1923 ab der Betrag von 1 500 000 Mark und vom 1. Dez. 1923 ab der Betrag von 60 Goldpfennigen.

3. Der Steuerbescheid bildet den eigentlichen Abschluß des aus Bestandes-, Steuerpflicht- und Wertermittlung sowie Berechnung der Steuer sich zusammensetzenden Steuerfeststellungsverfahrens. Derselbe ist nach gesetzlicher Vorschrift schriftlich auszufertigen. Aus der Fassung der Vorschrift, die nur von einem schriftlichen Steuerbescheid spricht, ist ferner zu entnehmen, daß der Steuerbescheid für die Regel einheitlich und ungetrennt für den ganzen Erbfall in eins auszustellen ist, natürlich unter Ausscheidung der einzelnen Anfälle nach Beteiligten innerhalb des Bescheides selbst. Das Finanzamt ist jedoch an diese Regel keineswegs fest gebunden. Es kann vielmehr auch vorläufige oder Teil-Erbschaftssteuerbescheide erlassen, sofern die Umstände des einzelnen Falles oder das steuerliche Interesse solches geeignet erscheinen lassen. Für das frühere Recht (EStG. 1906) ist in einem Urteil des Reichsfinanzhofes vom 19. März 1920 ausgesprochen, daß es keinem Bedenken unterliege, sofern ein Teil des Nachlasses feststehe, hinsichtlich dieses Teiles des Nachlasses einen Erbschaftssteuerbescheid zu erlassen; derartige Teilerbschaftssteuerbescheide seien auf Grund des § 45 Abs. 1 des REStG. 1906 jederzeit zulässig, da demjenigen, der das Recht auf das Ganze habe, die Anforderung eines Teiles nicht versagt werden könne. Daß dieses Urteil nach seiner Begründung auch für das EStG. 1919 als maßgebend anzusehen sei, ist in einem Rundschreiben des Reichsministers der Finanzen vom 27. April 1920 III a 1386 Mi anerkannt. Gleichzeitig sind in dem fraglichen Rundschreiben die Landesfinanzämter ersucht, die Finanzämter (Erbschaftssteuerämter) im Interesse eines möglichst schnellen Einganges fälliger Steuerbeträge anzuweisen, in weitgehendem Maße vorläufige oder Teil-Erbschaftssteuerbescheide zu erlassen, soweit dadurch nicht eine erhebliche Mehrarbeit entstehe. Die bezüglichen Entscheidungen sind als für das EStG. 1922 zu Kraft bestehend anzusehen. Vgl. hierzu Henckel,

Vorläufige Steuerbescheide in Erbschaftssteuersachen. DVR. XIV S. 66. — Das EStG. 1906 hatte den Inhalt des Erbschaftssteuerbescheides gesetzlich in einer Weise festgelegt, daß aus dem Bescheide alle für die Steuerfestsetzung maßgebenden Punkte zu ersehen und damit dem Steuerpflichtigen die Möglichkeit der vollen Nachprüfung gegeben war. Das Erbschaftssteuergesetz 1919 und in Übereinstimmung damit das jetzige EStG. 1922 haben die Ordnung aller weiteren Einzelheiten bezüglich des Steuerbescheides in erster Linie unter die allgemeinen Bestimmungen der Reichsabgabenordnung gestellt. Letztere regelt das gesamte Ermittlungs- und Feststellungsverfahren für Steuersachen in ihrem zweiten Teil, Abschnitt 2, Titel 2 in den §§ 204—216. Für den Steuerbescheid im Falle des Erbschaftssteuergesetzes ist namentlich der § 211 mit den folgenden Vorschriften maßgebend: „§ 211. Steuerbescheide, die nach den Steuergesetzen schriftlich zu erteilen sind, müssen die Höhe der Steuer enthalten. — Sie sollen ferner enthalten: 1. eine Belehrung, welches Rechtsmittel zulässig ist und binnen welcher Frist und bei welcher Behörde es einzulegen ist, 2. die Grundlagen der Feststellung und Veranlagung, soweit sie dem Steuerpflichtigen nicht schon mitgeteilt sind, 3. eine Anweisung, wo, wann und wie die Steuer oder Sicherheit zu entrichten ist, 4. die Punkte, in denen von der Steuererklärung abgewichen ist. — Die Steuerbescheide sind verschlossen zuzustellen." Dem Wesen nach sind darin die Einzelanforderungen, welche der § 45 des REStG. 1906 bezüglich des Erbschaftssteuerbescheides aufstellte, enthalten. Eine Sonderergänzung zu den allgemeinen Vorschriften der Reichsabgabenordnung geben die §§ 39—42 der Ausführungsvorschriften, welche speziell den Steuerbescheid und das weitere bezüglich desselben einzuschlagende Verfahren in den Einzelheiten regeln. Gleichzeitig sind zwei Muster festgelegt, das eine hinsichtlich des Steuerbescheides für Anfälle von Todes wegen (Muster 13), das andere hinsichtlich des Steuerbescheides für Anfälle unter Lebenden (Muster 14). In diesen Mustern, welche den eigentlichen Schwerpunkt der ganzen bezüglichen Regelung bilden, kommen alle die einzelnen für die Steuerfeststellung und für die Steuerforderung maßgebenden Punkte zu entsprechender Klärung und zu abschließender Darlegung. — Die gesamten Vorgänge dieses Steuerfeststellungsverfahrens und alles dasjenige, was dabei im einzelnen zu beachten ist und was in dasselbe hineinschlägt, schildert in eingehender Ausführung der Aufsatz von Bartsch, Beitrag zur Festsetzung der Erbschaftssteuer (EStG. vom 20. Aug. 1922) RStR. IV S. 146, welchem zwar das EStG. 1922 für die Einzelheiten zugrunde liegt, dessen wesentlich grundsätzliche Ausführungen jedoch als unverändert weiter geltend anzusehen sind.

4. Der Steuerbescheid ist nach Feststellung der Steuer grundsätzlich jedem Steuerpflichtigen zuzustellen und zwar für Anfälle von Todes wegen der Steuerbescheid nach Muster 13, für Anfälle unter Lebenden der Steuerbescheid nach Muster 14 der Ausführungsbestimmungen, welche die näheren Vorschriften über die Zustellung im § 41 geben. Bei Anfällen von Todes wegen ist der Steuerbescheid grundsätzlich dem Erben zuzustellen und zwar ohne Rücksicht darauf, ob er für seine Person steuerpflichtig ist; bei Schenkungen unter Lebenden erfolgt die Zustellung an den Erwerber (ausnahmsweise an den Schenker) und bei Zweckzuwendungen unter Lebenden an den Beschwerten. Ist ein Testamentsvollstrecker ohne Beschränkung der Verwaltungsbefugnis auf einzelne Gegenstände oder ein Nachlaßpfleger oder ein Nachlaßverwalter bestellt und haben diese Personen die Verwaltung des Nachlasses geführt, so ist der Steuerbescheid ihnen zuzustellen. Hat einer von mehreren Erben der Steuerbehörde gegenüber die Berichtigung der Steuer übernommen, so kann der Steuerbescheid ihm zugestellt werden. Haften mehrere für die Steuer als Gesamtschuldner, so kann die Zustellung nach Auswahl des Finanzamts an einen oder mehrere von ihnen erfolgen, falls das Finanzamt nicht sofort sämtliche Schuldner in Anspruch nehmen will. In geeigneten Fällen ist der Steuerbescheid oder ein Auszug daraus dem Erwerber zuzustellen. Auf den Mustern zu den Steuerbescheiden ist neben der Festsetzung der Steuer namentlich die Zahlungsanweisung mit ihren Einzelheiten verlautbart, desgleichen ein Hinweis auf die Folgen nicht rechtzeitiger Zahlung und auf die Zulässigkeit der Rechtsmittel, letzterer mit dem ausdrücklichen Bemerken, daß durch die Einlegung des Einspruchs die Hebung der Steuer nicht aufgehalten werde.

5. Die rechtliche Bedeutung gibt dem Steuerbescheid die in ihm enthaltene Anweisung zur Entrichtung eines bestimmten Steuerbetrages bzw. die damit gleichzeitig verbundene Entscheidung über etwaige Steuerbefreiungen. Alle weiteren Einzelheiten, welche der Steuerbescheid enthalten muß, bilden gewissermaßen nur die Begründung für jenen Hauptpunkt. Die Anweisung zur Steuerentrichtung, welche die feste Grundlage für die Steuer im Einzelfalle abgibt, stellt sich als eine Zwangsauflage dar und hat als solche die Eigenschaft eines vollstreckbaren Schuldtitels. Wenngleich der Steuerbescheid das Steuerfestsetzungsverfahren abschließt, so ist dieser Abschluß doch keineswegs ein unbedingt endgültiger, selbst sofern man die dem Steuerpflichtigen mögliche Anfechtung außer Betracht läßt. Der Steuerbescheid ist für das Finanzamt wie für den Steuerpflichtigen nur insoweit bindend, als in ihm ein Vergleich nach Maßgabe des § 39 verlautbart wird. Insbesondere ist das Finanzamt berechtigt, nach Erlaß des Steuerbescheides weitere Steuerforderungen aus dem Erbfall in entsprechender Weise geltend zu machen; der Steuerpflichtige kann solchen Nachforderungen nicht den Einwand der entschiedenen Sache entgegensetzen; vgl. Urt. d. RG. vom 21. Okt. 1892 (JW. 1892 S. 492 Nr. 45); hier greifen weiter die Bestimmungen der Reichsabgabenordnung in den §§ 73 ff. ein. Die formale Bedeutung des Steuerbescheids zeigt sich in der Zulässigkeit der Zwangsvollstreckung, welche durch die Beschwerde des Steuerpflichtigen ebenso wenig wie durch eine Klaganstellung (vgl. Urt. des RG. vom 20. März 1890; RGE. Bd. 25 S. 406) aufgehalten werden kann und schon bei einem vorläufigen Steuerbescheid Geltung hat (vgl. Urt. des RG. vom 16. Mai 1899; JW. 1899 S. 460 Nr. 84). Die früher den Absatz 2 des § 45 RESt G. 1906 bildende Vorschrift, daß die Verzögerung der Auseinandersetzung der Erben die Entrichtung der Steuer nicht aufhalten dürfe, soweit diese aus dem Nachlaß entnommen werden könne, ist jetzt ohne die letztere Einschränkung in dem Steuerbescheid für Anfälle von Todes wegen (Muster 13 der Ausführungsbestimmungen) in der gleichen Weise wie schon bezüglich EStG. 1919 zum Ausdruck gebracht. Der einmal erlassene Steuerbescheid ist für das Finanzamt insofern ein endgültiger, als er nur unter den gesetzlich be-

sonders zulässigen Voraussetzungen zurückgenommen oder geändert werden kann. Diese Voraussetzungen regelt die Reichsabgabenordnung in ihrem § 76 folgendermaßen: „§ 76. Einen Steuerbescheid im Sinne der §§ 211, 220 kann die Behörde, die ihn erlassen hat, zurücknehmen oder ändern: 1. wenn der Bescheid Zölle oder Verbrauchssteuern betrifft, 2. wenn er andere Steuern betrifft, falls der Steuerpflichtige zustimmt; ist jedoch ein solcher Bescheid bereits unanfechtbar geworden, so darf er nur zum Nachteil des Steuerpflichtigen zurückgenommen oder geändert werden. — Die Vorschriften über die Nachforderung hinterzogener Steuern, über die Nach- und Neuveranlagung über die Berichtigung von Veranlagungen bleiben unberührt. — Rechtsmittelentscheidungen können nicht zurückgenommen oder geändert werden.

6. Hinsichtlich der gegen den Steuerbescheid zulässigen Rechtsmittel hatte das REStG. von 1906 eingehende Bestimmungen getroffen, die dann aber gegenüber der allgemeinen Regelung durch die Reichsabgabenordnung hinfällig werden mußten. Sie sind schon in das EStG. 1919 nicht übergegangen; unter letzterem wie ebenmäßig unter dem jetzigen Gesetz 1922/23 greifen vielmehr in der fraglichen Richtung ausschließlich die Bestimmungen der Reichsabgabenordnung ein, welche diese in dem vierten Abschnitt ihres zweiten Teiles in den §§ 217 bis 297 erbringt. Wir heben die grundlegenden Vorschriften und die über die Fristen hier heraus: „§ 217. Gegen Steuerbescheide (§ 211, 220) und gegen die im § 223 bezeichneten Bescheide ist als Rechtsmittelverfahren gegeben: 1. soweit es sich nicht um Zölle und Verbrauchsabgaben handelt: das Berufungsverfahren; 2. soweit es sich um Zölle und Verbrauchsabgaben handelt: das Anfechtungsverfahren. § 218. Im Berufungsverfahren sind gegeben: gegen die Entscheidung des Finanzamts oder einer Hilfsstelle des Finanzamts: der Einspruch; über ihn entscheidet das Finanzamt; gegen die Einspruchsentscheidung des Finanzamts: die Berufung; über sie entscheidet das Finanzgericht; gegen die Berufungsentscheidung des Finanzgerichts: die Rechtsbeschwerde; über sie entscheidet der Reichsfinanzhof. § 225. Befugt, ein Rechtsmittel einzulegen, ist der, gegen den der Bescheid oder die Verfügung ergangen ist. Für seine Vertretung gelten die § 83 Absatz 2, §§ 84—91. Stirbt jemand, der berechtigt ist, ein Rechtsmittel einzulegen, während eine Rechtsmittelfrist läuft, bevor er das Rechtsmittel eingelegt hat, so kann jeder Erbe das Rechtsmittel einlegen. § 227. In Steuersachen ist der Rechtsweg vor den ordentlichen Gerichten ausgeschlossen. Dies gilt auch für die Rückforderung bezahlter Steuern und anderer Leistungen. § 230. Die Frist für die Einlegung eines Rechtsmittels beträgt einen Monat. § 231. Die Frist zur Einlegung eines Rechtsmittels beginnt mit dem Ablauf des Tages, an dem der Bescheid dem Berechtigten zugestellt oder, wenn keine Zustellung erfolgt, bekannt geworden ist oder als bekanntgemacht gilt. — Ein Rechtsmittel kann eingelegt werden, sobald der Bescheid vorliegt. — Fehlt in einem Bescheid eine gesetzlich vorgeschriebene Rechtsmittelbelehrung oder ist sie unrichtig erteilt, so wird die Rechtsmittelfrist nicht in Lauf gesetzt. § 235. Durch Einlegung eines Rechtsmittels wird die Wirksamkeit des angefochtenen Bescheides nicht gehemmt, insbesondere die Erhebung einer Steuer nicht aufgehalten. Die Behörde, die den Bescheid erlassen hat, kann die Vollziehung aussetzen, geeignetenfalls gegen Sicherheitsleistung." — Einen schwerwiegenden Eingriff in

den Rechtsschutz des Steuerpflichtigen hat neuerdings die Verordnung des Reichspräsidenten über Steueraufwertung und Vereinfachung im Besteuerungsverfahren vom 11. Okt. 1923 im Interesse einer Entlastung der Finanzämter gebracht, durch welche der Reichsfinanzminister ermächtigt wird, Rechtsmittel unter besonderen Voraussetzungen für erledigt zu erklären. Von letzterer Befugnis hat der Reichsminister der Finanzen durch die Verordnung zur Entlastung der Finanzbehörden vom 24. Okt. 1923 (Entlastungsverordnung) in umfassenderer Weise Gebrauch gemacht, ein Vorgehen, welches grundsätzlich nicht ohne Bedenken ist; vgl. dazu Strutz, Die Entlastungsverordnung vom 24. Okt. 1923 StW. II Sp. 313. — Die nähere Erläuterung hinsichtlich der Rechtsmittel schlägt in das Gebiet der Reichsabgabenordnung; es ist daher hier auf die Kommentare zu letzterer zu verweisen; so beispielsweise auf Becker, Handausgabe S. 308 ff. (2. Auflage). Einen ausführlicheren Überblick über die Rechtsmittel erbringt Mirre, EStG. 22 in den Anmerkungen zu § 33, ebenso Marcus. In der 3. Auflage war unter Anm. 7 zu § 62 auf gewisse Rechtserscheinungen, welche sich unmittelbar oder mittelbar an den Steuerbescheid bzw. den diesen festgelegten Steueranspruch angliedern, wie Zahlung, Stundung, Niederschlagung und Erlasse, Sicherheitsleistung besonders hingewiesen und aus der maßgebenden Regelung der Reichsabgabenordnung auf die bezüglichen allgemeinen Grundlagen besonders hingewiesen. Wir sehen davon ab, diese Ausführungen hier zu wiederholen, wollen aber nicht unterlassen, auf dieselben, welche im wesentlichen noch aktuell sein dürften, Bezug zu nehmen.

Absatz 2. EStG. 1922.

7. Die Vorschrift des Absatz 2 EStG. 1922, welche durch dieses Gesetz erst zur Einführung kam, dann aber durch die Zweite Steuernotverordnung vom 19. Dez. 1923 wieder beseitigt wurde; vgl. oben Anm. 1, führt eine Verzinsung der Steuerschuld ein, welche mit dem vierten Monat nach dem Entstehen derselben beginnen und allgemein ohne weitere Differenzierung oder Einschränkung Platz greifen soll. Materiell liegt darin eine eigengeartete durchgängige Erhöhung der Steuerschuld, die allerdings wohl nur unter ganz außerordentlichen Umständen eine nennenswertere Tragweite erreichen wird. Innerlich gerechtfertigt erscheint diese Erhöhung der Steuerschuld damit, daß die staatlichen Interessen durch die verspätete Einzahlung der Steuern, welche sich wietgehender, teils mit, teils ohne Schuld der Steuerpflichtigen, bemerkbar macht, nicht unerheblich geschädigt werden und demnach der Staat bestrebt sein muß, sich demgegenüber wo irgend möglich einen Ausgleich zu schaffen. Gerade bei der Erbschaftsbesteuerung wird ein später Eingang der Steuer schon um deshalb in vorwiegenderem Maße sich geltend machen, weil hier die Festlegung des steuerpflichtigen Objekts, der Steuerpflicht und des Wertes schon an und für sich verhältnismäßig größere Weiterungen zu bereiten pflegt. Die Verzinsungspflicht soll unabhängig von dem Zeitpunkt der Zustellung des Steuerbescheides einsetzen, so daß dieselbe in keiner Weise mit irgend einem Verschulden des Steuerpflichtigen verbunden oder an ein solches geknüpft ist. Der Charakter der Steuererhöhung wird damit insbesondere zum

Ausdruck gebracht. Die Verzinsung beginnt in jedem Falle nach Ablauf von drei Monaten nach Entstehen der Steuerschuld, das ist der im § 18 des Gesetzes festgesetzte Zeitpunkt. Sie fängt also gegebenenfalls an, wenn und obwohl die Höhe der Steuerschuld überall noch nicht festgelegt ist. Über den Endpunkt ist wiederum nichts gesagt. Die Verzinsung läuft also unverändert weiter bis zu dem Wegfall der Steuerschuld durch die Zahlung des Steuerpflichtigen. In den den Ausführungsbestimmungen beigegebenen Mustern 13 und 14 für den Steuerbescheid ist der Verzinsung, wie der Absatz 2 anordnet, entsprechend Rechnung getragen.

8. Nicht ohne Zweifel ist es, ob die Verordnung zur Entlastung der Finanzämter (Finanzkassen, Zahlkassen) während der Übergangszeit vom 19. Sept. 1922 (RGBl. 1922 I S. 773) hinsichtlich der Verzinsung nach § 33 Absatz 2 zur Anwendung zu bringen ist. Die Verordnung schreibt in jenem § 1 vor: „Zinsen, die für festgesetzte Reichssteuern von Steuerpflichtigen geschuldet werden, sollen bis auf weiteres unerhoben bleiben, wenn die geschuldeten Zinsbeträge 1000 Mark nicht überschreiten. Betragen die Zinsen mehr als 1000 Mark und wird nur ein Teilbetrag gezahlt, so ist der Restbetrag auch dann zu erheben, wenn er 1000 Mark nicht überschreitet. — Die Bestimmungen im Absatz 1 finden keine Anwendung, soweit die Zinsen im Steuerbescheide zu berechnen sind", und weiter im § 3: „Bei der Berechnung von Zinsen soll bis auf weiteres die Zeit, für welche die Zinsen berechnet werden, auf volle Monate von der Fälligkeit an abgerundet werden, angefangene Monate sollen nicht gerechnet werden". Eine nähere Anweisung gibt zu der Verordnung ein Erlaß des Reichsministers der Finanzen vom 19. Sept. 1922 III P 25308/II P 20879, ohne bezüglich der berührten Zweifel Klärung zu schaffen. Von Finger EStG. 22 Anm. 3d zu § 33 wird die Anwendbarkeit bejaht. Dem wird beizupflichten sein, auch mit aus Rücksicht auf den Zweck der Verordnung, welche zur Entlastung der Finanzämter und Finanzkassen dienen soll. Die Frage ist nunmehr kaum von irgendwelcher Bedeutung, da die die Erbschaftssteuer insbesondere betreffenden Vorschriften der Zweiten Steuernotverordnung (Artikel III § 1 derselben) mit Wirkung vom 1. Juli 1923 ab in Kraft gesetzt sind.

9. Zu der Bestimmung des Absatz 2 ist durch das Gesetz über die Berücksichtigung der Geldentwertung in den Steuergesetzen vom 20. März 1923 eine Ergänzung hinzugetreten. Dieselbe ist im Artikel III dieses Gesetzes über die Berücksichtigung der Geldentwertung bei der Zahlung in den folgenden drei Paragraphen enthalten: „§ 1. Wird eine Zahlung, die nach dem Einkommensteuergesetz, Körperschaftssteuergesetz, Vermögenssteuergesetz, Erbschaftssteuergesetz und Umsatzsteuergesetz zu leisten ist, nicht rechtzeitig entrichtet, so ist für jeden auf den Zeitpunkt der Fälligkeit folgenden angefangenen Kalendermonat ein Zuschlag von 15 vom Hundert des Rückstandes und, falls die Zahlung länger als drei Monate im Rückstande bleibt, 30 vom Hundert des Rückstandes zu zahlen. Als Zahlungen im Sinne dieser Vorschrift gelten auch die Zuschläge gemäß § 170 Absatz 2 der Reichsabgabenordnung, aber nicht Strafen. — Der Zuschlag wird nur von vollen 1000 Mark des rückständigen Betrages und nur dann erhoben,

wenn der rückständige Betrag 10000 Mark übersteigt. Der Reichsminister der Finanzen ist ermächtigt, mit Zustimmung des Reichsrats die Grenze anders festzusetzen. — Gegen die Anforderung des Zuschlags steht nur die Beschwerde offen. — Soweit ein Zuschlag erhoben wird, findet eine Verzinsung der rückständigen Beträge nicht statt. — § 2. Für Verzugszinsen, die auf Grund des § 104 der Reichsabgabenordnung oder auf Grund anderer Vorschriften der Reichssteuergesetze dem Reiche geschuldet werden, sowie für Zinsen, die bei Zahlungsaufschub (§ 105 Abs. 1 der Reichsabgabenordnung) oder bei Stundung (§ 105 Abs. 2 der Reichsabgabenordnung) zu entrichten sind, kann der Reichsminister der Finanzen den Zinsfuß auf mehr als 5 vom Hundert jährlich, jedoch höchstens 10 vom Hundert monatlich festsetzen. Übergangsbestimmungen, die bei Änderung des Zinsfußes erforderlich werden, trifft der Reichsminister der Finanzen. — § 7. Die Vorschriften der § 1—6 gelten für Zahlungen, welche vor dem 30. Juni 1924 fällig geworden und nicht rechtzeitig entrichtet worden sind; sie finden erstmals auf die am 1. April 1923 fälligen Zahlungen Anwendung." Der innere Grund dieser Vorschriften liegt auf der Hand; sie sollen eine Sicherung der Interessen des Reiches gewährleisten. Vgl. die Begründung zum bezüglichen Regierungsentwurf. Drucks. des Reichsrats. Tagung 1922. Nr. 370 S. 15. Zu denselben sind drei Verordnungen erlassen: die Verordnung über die Verzinsung von Reichssteuern vom 3. April 1923 (RGBl. 1923 I S. 245), und die zweite Verordnung über die Verzinsung von Reichssteuern vom 20. April 1923 (RGBl. 1923 I S. 256) und die dritte Verordnung über die Verzinsung von Reichssteuern vom 21. Juli 1923 (RGBl. 1923 I S. 728; die zweite Verordnung bestimmt speziell, daß für Verzugszinsen, die auf Grund des § 104 der Reichsabgabenordnung oder auf Grund anderer Vorschriften der Reichssteuergesetze dem Reiche geschuldet werden, der Zinsfuß 10 vom Hundert monatlich betragen; damit ist also auf den höchsten im Geldentwertungsgesetz zugelassenen Satz gegriffen. Endlich kommt nunmehr das Steuerzinsgesetz vom 11. Aug. 1923 (RGBl. 1923 I S. 774) in Betracht, welches in Artikel 1 folgendes anordnet: „1. Art. III § 1 Abs. 1 Satz 1 (Geldentwertungsgesetz) wird durch folgende Vorschriften ersetzt: Wird eine Zahlung, die nach dem Einkommensteuergesetz, Vermögenssteuergesetz, Erbschaftssteuergesetz, Umsatzsteuergesetz und § 5 des Gesetzes zur Sicherung der Brotversorgung im Wirtschaftsjahr 1923/24 vom 23. Juni 1923 zu leisten ist, nicht rechtzeitig entrichtet, so ist vom Zeitpunkt der Fälligkeit ab nach näherer Anordnung des Reichsministers der Finanzen ein Zuschlag zu zahlen. Der Reichsminister der Finanzen kann Übergangsbestimmungen treffen, die bei Änderung des Zuschlags erforderlich werden. 2. Artikel III § 2 erhält folgende Fassung: Für Verzugszinsen, die auf Grund des § 104 der Reichsabgabenordnung oder auf Grund anderer Vorschriften der Reichssteuergesetze dem Reiche geschuldet werden, sowie für Zinsen, die bei Zahlungsaufschub (§ 105 Abs. 1 RAO.) oder bei Stundung (§ 105 Absatz 2 RAO.) zu entrichten sind, kann der Reichsminister der Finanzen den Zinsfuß auf mehr als 5 vom Hundert jährlich festsetzen. Der Reichsminister der Finanzen kann Übergangsbestimmungen treffen, die bei Änderung des Zinsfußes erforderlich werden." Außerdem wird die Reichsabgabenordnung in ihren §§ 289 und 292 geändert. Zu dem vorbehandelten Gesetz ist eine Durchführungsverordnung vom 15. Aug. 1923 (RGBl. 1923 I S. 804, diese wieder abgeändert durch die Zweite Steuernotverordnung vom 19. Dez. 1923 Artikel XVI § 3) mit einem zugehörigen Runderlaß des Reichsfinanzministers vom 20. Aug. 1923 III D 2172 ergangen. Es erübrigt, hierauf näher einzugehen. Aus dem Schrifttum ist namentlich zu vergleichen: Delbrück, Verspätete Steuerzahlung und ihre Folgen. DStZ. 12. Jahrg. Sp. 254. Dr. H., Verzinsung von Reichssteuern und Verzugszuschläge. RStR. 4. Jahrg. S. 117. — Auf die vorbehandelten besonderen Vorschriften hat die Aufhebung des Abs. 2 durch die Zweite Steuernotverordnung keinen Einfluß; es kommt aber der Artikel XVIII der letzteren mit seinen bezüglichen Einzelvorschriften zum Zuge. — Auf Grund des Art. XVIII § 2 der Zweiten Steuernotverordnung hat der Reichsfinanzminister die Steuerzinsordnung vom 26. März 1924 erlassen, welche unter näherer Ordnung des Einzelnen bestimmt, daß für Verzugszinsen, die auf Grund des § 104 der Reichsabgabenordnung oder auf Grund anderer Vorschriften der Reichssteuergesetze dem Reich geschuldet werden, der Zinsfuß bis auf weiteres 18 vom Hundert beträgt und ebenmäßig der Zinsfuß 12 vom Hundert, soweit bei Zahlungsaufschub (§ 105 Abs. 1 der Reichsabgabenordnung) Zinsen zu entrichten sind.

10. Mit Rücksicht auf einen gewissen inneren Zusammenhang soll an das Vorgehende ein Hinweis auf die sog. Abänderungsverordnung angeschlossen werden. Es handelt sich dabei um eine Regelung allgemeinen Charakters, welche in der Verordnung über die Abrundung von Reichsabgaben (Abrundungsverordnung) vom 31. März 1923 in 10 einzelnen Paragraphen formuliert ist und eine durchgängige Abrundung für Geldleistungen, die auf Grund von Steuergesetzen (§ 3 RAO.) geschuldet werden, in einer näher bestimmten Weise vorschreibt; einerseits wird dabei nach der Art der Steuer und andererseits nach der Art der Leistung bzw. Schuld (Steuer, Steuerzuschlag, Geldstrafe, Ersatzstrafe, Zinsen) geschieden; teils findet Abrundung nach unten, teils auch nach oben statt und das Maß der Abrundung ist ebenfalls ein unterschiedliches. Diese Abrundung griff ohne weitere Sonderheiten und uneingeschränkt für die Erbschaftssteuer Platz und machte durch ihre höheren Sätze die Vorschrift des Abs. 2 des § 35 tatsächlich bereits illusorisch. Die vorerwähnte Verordnung wurde zunächst durch die Verordnungen vom 9. Aug. 1923 (RGBl. 1923 I S. 795) und vom 4. Okt. 1923 (RGBl. 1923 I S. 942) ergänzt, sodann aber in ihrer Gesamtheit durch die Abrundungsverordnung vom 23. Okt. 1923 (RGBl. 1923 I S. 1049) ersetzt, welche zur Streichung des zweiten Absatzes des § 35 EStG. 1922 führte und dort näher erörtert werden muß; vgl. Anm. 4 zu § 35. Die Abrundungsordnung 1923 trat mit dem 9. Nov. 1923 in Kraft; für zwischenliegende Steuerfälle ist dieses besonders zu beachten. Vgl. im übrigen § 35 Anm. 4.

Absatz 2 EStG. 23.

11. An die Stelle des bisherigen Absatz 2 des § 33, welcher aufgehoben wird, setzt die Zweite Steuernotverordnung vom 19. Dezember 1923 die kurze Bestimmung, daß die Steuer nach dem Goldwert zu leisten sei. In dem Erlaß über die Änderung des Erbschaftssteuergesetzes vom 14. Januar 1924 gibt der Reichsfinanzminister keine weitere Erläuterung hierzu. Der neue Absatz charakterisiert sich als eine allgemeine Vorschrift über die Zahlung, die als solche dem Steuerverfahren angehört und folgeweise entsprechend in der Reichsabgabenordnung zu verlautbaren gewesen wäre. Es wird in dieser Hinsicht speziell auf die Ausführungen der 3. Auflage unter Anm. 7 zu § 62 hingewiesen. Die Reichsabgabenordnung trifft verhältnismäßig einfache Vorschriften in ihren §§ 102 und den folgenden. Durch die eigengeartete wirtschaftliche Entwicklung und insonderheit durch das lang andauernde Fortschreiten der Geldentwertung wurde aber auch in dieser Beziehung die Sachlage eine kompliziertere und es erwiesen sich zahlreiche Sonderanordnungen als notwendig, von denen wir einzelne, hier einschlagende, bereits in den unmittelbar vorhergehenden Paragraphen berührt haben. Analoge Bestimmungen wie die des jetzigen Absatz 2 des § 33 hat die Zweite Steuernotverordnung einer ganzen Reihe anderer Steuergesetze eingefügt bzw. sonst die Bestimmung als Grundsatz hingestellt. Damit ist gewissermaßen ein Abschluß oder ein Stillstand in der bezüglichen Entwicklung begründet, von dem gehofft werden muß, daß er aufrecht erhalten und weiter ausgebaut werden kann. Trotz ihrer besagten Abschlußcharakterisierung ist aber die jetzige Vorschrift des Absatz 2 keineswegs das für die Folge allein Maßgebende, dem alle Steuerfälle, die noch in Frage kommen, untergeordnet werden mußten. Die Mannigfaltigkeit in den zeitlich dicht aneinander schließenden gesetzlichen Regelungen einerseits und andererseits die noch größere Verschiedenheit in dem Inkrafttreten und der Geltungsperiode der Einzelbestimmungen stehen dem entgegen und verleihen auch den Zwischenbestimmungen noch eine weitere praktische Bedeutung, der wir hier Rechnung tragen müssen. Neben dem Gesetz über die Berücksichtigung der Geldentwertung in den Steuergesetzen vom 20. März 1923, welche bereits in das EStG. 1922 einbezogen und mit diesem in Eins verarbeitet wurde, gilt solches namentlich von der Aufwertungsverordnung vom 11. Okt. 1923, der die folgende Anmerkung gewidmet sein soll.

12. Die Verordnung des Reichspräsidenten über Steueraufwertung und Vereinfachung im Besteuerungsverfahren vom 11. Okt. 1923 (RGBl. 1923 I S. 939), welche in ihrem ersten Teile unter den Ziffern I bis III die eigentliche Aufwertungsverordnung umfaßt, bestimmt unter näherer Regelung der hauptsächlichsten Einzelheiten, daß mit Ausnahme einiger besonders herausgehobener sämtliche Steuerzahlungen, bezüglich deren die Schuld nach dem 31. Aug. 1923 entstanden ist, auch dann nach dem Goldwert geleistet werden sollen, wenn die Steuer selbst nicht in Gold bezeichnet worden ist und daß der Goldmarkbetrag der Zahlung sich nach dem Zeitpunkt der Entstehung der Schuld richte; der Reichsminister der Finanzen hat das Wertverhältnis zu bestimmen, zu welchem Zahlungen, die in deutschem Währungsgelde berechnet sind, in Gold umgerechnet werden sollen (Goldumrechnungssatz). Auf Grund letzterer und sonstiger Ermächtigung hat der Reichsfinanzminister drei „Durchführungsbestimmungen zur Aufwertungsverordnung" erlassen, die erste unterm 15. Okt. 1923 (RGBl. 1923 I S. 951), die zweite unter dem 11. Oktober 1923 (RGBl. 1923 I S. 939) und die dritte unter dem 12. Nov. 1923 (RGBl. 1923 I S. 1089); zu erwähnen ist ferner der Runderlaß des Reichsfinanzministers betr. Steueraufwertung und Vereinfachung im Besteuerungsverfahren vom 17. Okt. 1923 III D 2711 (abgedruckt MRBJ. VI S. 299). Auf die Einzelheiten dieser Vorschriflen können wir im Rahmen unseres Kommentars nicht näher eingehen, wir beschränken uns auf die allgemeine Angabe. Da die Zweite Steuernotverordnung sich eine rückwirkende Kraft vom 23. Juli 1923 an beigelegt hat, die Aufwertungsverordnung aber nur die Zahlungen vom 1. Sept. 1923 ab trifft, so kann naturgemäß die Wirkung der letzteren auf dem Gebiete der Erbschaftsbesteuerung nur eine geringe sein, immerhin kommen jedoch mehr oder weniger vereinzelte Fälle vor, in denen sie zur Anwendung zu bringen ist, so daß die Finanzämter dieselbe nicht etwa gänzlich außer acht lassen dürfen. Vornehmlich wird es sich dabei um Steuerfälle handeln, bei denen die Schuld in der ersten Hälfte des Jahres 1923 entstanden ist und sich die Zahlung eigener Komplikationen wegen länger herausgezogen hat. Auf Näheres einzugehen, muß sich hier verbieten, zumal die ganze Anwendung nur von untergeordneter Bedeutung ist; der Schwerpunkt liegt immer in der Zweiten Steuernotverordnung mit ihrer allgemeinen Einführung der Goldzahlung.

13. Der neue Absatz 2 des § 33 ordnet schlechthin an, daß die Steuer in Gold zu leisten sei. Dadurch kann für die Folge ausschließlich eine Zahlung in Gold in Frage kommen. Die Steuer, d. i. der Betrag der Zahlung ist regelmäßig im Steuerbescheid festzustellen. Für letztere Feststellung ist fortan nur der Goldwert maßgebend. Alle Steuerbeträge, die noch zu bestimmen sind, müssen schon im Steuerbescheid auf Goldwert bemessen werden. Damit ist für die Zahlung selbst jeder Zweifel ausgeschlossen; was der Steuerbescheid an Steuer auswirft, ist von dem Pflichtigen (dem Empfänger des Zahlungsbescheides) zu zahlen. In Anbetracht des verhältnismäßig weiten Zurückgreifens mit der rückwirkenden Kraft der Zweiten Steuernotverordnung und des Aufhaltens der Steuerveranlagung nach dem Erlaß des Reichsfinanzministers vom 8. September 1923 wird der vorbezeichnete einfachste Fall weitaus der vorwiegende sein, da die bezüglichen Steuerbescheide bislang noch ausstanden und entsprechend nach der neuen Vorschrift zu erledigen sind. Hierfür gibt wieder der Erlaß des Reichsfinanzministers über die Änderung des Erbschaftssteuergesetzes durch die Zweite Steuernotverordnung vom 14. Januar 1924 die notwendige Handhabe, der aber in gleicher Weise schon für die Wertermittlung in Betracht kommt und deshalb von uns bereits zu § 32 Anm. 38 in seinen Einzelheiten angezogen ist. Durch das mannigfache Nebeneinandergelten der verschiedenen gesetzlichen Regelungen, das sich über eine längere Zeitspanne hinzieht, wird jedoch immerhin eine gewisse Anzahl von Steuerfällen vorkommen, welche sich außerhalb der allgemeinen Form bewegt, weil auf sie die Zweite Steuernotverordnung nicht einwirkt. Ebenmäßig besteht die Möglichkeit, daß Steuerbescheide zur Zahlung zu bringen sind, in denen der Steuerbetrag noch in Papiermark ausgeworfen ist. Im großen und ganzen dürften solches stets nur Ausnahmefälle sein. Derartige Steuerbescheide können von dem Finanzamt umgestaltet werden; sie können aber auch, sofern sonst die Sache klar liegt, von der Einlieferungskasse auf Goldwert umgerechnet werden, wobei die Vorschriften der Aufwertungsverordnung und der dazu erlassenen Durchführungsbestimmungen (vgl. die vorgehende Anm. 12) entsprechend zu beachten sind. Die in dem berührten Erlaß vom 14. Januar 1924 hinsichtlich der Vermögensbewertung in Aussicht gestellten weiteren Bestimmungen werden gegebenenfalls weiter hierfür Einschlagendes erbringen. Allgemein ist noch darauf hinzuweisen, daß in dem § 2 des Art. III der Zweiten Steuernotverordnung vom 19. Dezember 1923 der Reichsminister der Finanzen ermächtigt wird, Bestimmungen zu erlassen, welche die beschleunigte Entrichtung der Erbschaftssteuer bezwecken. An die Zustimmung des Reichsrats ist der Reichsminister hinsichtlich dieser Bestimmungen nicht gebunden. Auf Grund dieser Ermächtigung sind nunmehr die Durchführungsbestimmungen für die Bewertung des Vermögens und die beschleunigte Entrichtung der Erbschaftssteuer vom 28. März 1924 erlassen; vgl. Anm. 42—47 zu § 32, desgleichen Anm. 5 zu § 49. Im übrigen sind stets noch letzten Endes die Vorschriften der Reichsabgabenordnung über die Zahlung in Rechnung zu ziehen, worauf wir schon oben Anm. 11 hingewiesen haben. — Schließlich wollen wir hier auf eine Reihe von Einzelanordnungen bezüglich der Zahlung aufmerksam machen, welche meist durch die eigenartige neue Entwicklung der Wirtschaftsverhältnisse gezeitigt wurden. Von allgemeiner Bedeutung liegt eine amtliche Äußerung des Reichsfinanzministers über die zugelassenen Zahlungsmittel vor (abgedruckt MRBJ. VII S. 26). Desgleichen Erlaß des Reichsministers der Finanzen vom 28. April 1923 zur Finanzkassenanweisung (Zahlung durch Bankschecks). Erlaß des Reichsministers der Finanzen vom 31. August 1923, mit welchem unter näherer Erläuterung eine eingehendere Verordnung über die Annahme von Reichsschatzanweisungen an Zahlungsstatt auf die Erbschaftssteuer vom 31. August 1923 den Landesfinanzämtern behuf Veranlassung des Weiteren mitgeteilt wird. Erlaß des Reichsministers vom 5. Oktober 1923, Neuregelung der Steuerzahlung betr. (keine Annahme von Bankschecks mehr). Runderlaß vom 18. Januar 1924, Nichtannahme von Goldanleihestücken von 10 Dollar an aufwärts.

14. An die Zahlung mit ihren Einzelphasen schließt sich unmittelbar die Beitreibung (Zwangsverfahren) an, der für die Durchführung der Besteuerung und damit für das praktische Leben eine vorragende Bedeutung beizumessen ist, weshalb ein kurzer Hinweis darauf nicht zu vermeiden sein wird. Die allgemeine und die Einzelregelung, in den Grundzügen mehr oder weniger an die Zivilprozeßordnung angegliedert, findet die Beitreibung in der Reichsabgabenordnung in deren fünften Abschnitt des zweiten Teils in den §§ 298 bis 354. Eine Spezialbetrachtung würde zu weit führen; es sei wie sonst auf die Kommentare zur RAO. verwiesen, z. B. auf den häufiger angezogenen von Becker S. 434 ff. Zur Ergänzung hat neuerdings der Reichsminister der Finanzen auf Grund der §§ 444 Abs. 3, 463 RAO. der Beitreibung noch eine eigene Regelung in der Beitreibungsordnung vom 23. Juni 1923 (Reichsministerialblatt 1923 S. 595) gegeben, der er die Verordnung zur Einführung der Beitreibungsordnung vom 5. Juli 1923 (Reichsministerialblatt 1923 S. 645) angeschlossen hat. Die Beitreibungsordnung behandelt in einem ersten Teil ohne weitere Abschnitte die Behörden und in einem umfassenderen zweiten Teil das Verfahren in sechs Abschnitten (Anwendungsgebiet des Verwaltungszwangsverfahrens; Vorbereitung der Zwangsvollstreckung; Anordnung und Leitung der Zwangsvollstreckung; Ausführung der Zwangsvollstreckung; Offenbarungseid; Sicherungsverfahren); einige Schlußbestimmungen sind angefügt. Als speziell die Erbschaftsbesteuerung berührend ist § 11 Abs. 4 (kein Erfordernis des Leistungsgebots zur Fortsetzung der Zwangsvollstreckung gegen Erben, Testamentsvollstrecker, Nachlaßverwalter und Nachlaßpfleger), § 47 Absatz 1, 4 (Form und Inhalt des Zwangsvollstreckungsantrags bei Anträgen auf Eintragung einer Sicherungshypothek im Falle der Zwangsvollstreckung gegen einen Erben, einen Nachlaßpfleger — Nachlaßverwalter — oder einen Testamentsvollstrecker) und § 58 Abs. 4 (aufschiebende Einreden des Vollstreckungsschuldners in seiner Eigenschaft als Erbe, Testamentsvollstrecker, Nachlaßverwalter oder Nachlaßpfleger gegen die Ausführung der Zwangsvollstreckung in den Nachlaß) herauszugreifen. In sachlichem Zusammenhang mit der Beitreibungsordnung steht die allerdings schon etwas früher auf Grund des § 315 der Reichsabgabenordnung mit Zustimmung des Reichsrats vom Reichsfinanzminister erlassene Verordnung über die Kosten des Mahn- und Zwangsverfahrens nach der RAO. vom 21. April 1923 (RGBl. 1923 I S. 259). Eine beschränkte Abänderung, welche in der Hauptsache die bisher auf anderer Grundlage (Briefporto) fixierten, für den Einzelfall maßgebenden Beträge auf Goldmark umstellt, hat die Beitreibungsordnung inzwischen durch den Art. II der Verordnung des Reichsministers der Finanzen über Wertgrenzen im Steuerrechte vom 21. Dezember 1923 (RGBl. 1923 I S. 1238) erfahren. Eine zusammenfassende Darlegung über die Beitreibungsordnung bringt Dr. Hans Heinrich. Die Beitreibungsordnung vom 23. Juni 1923 DStBl. VI Sp. 314 und VII Sp. 56.

§ 34.

Auf Grund der Steuererklärung ist der ihr entsprechende Betrag der Steuer als vorläufige Zahlung zu entrichten. Das Finanzamt setzt die vorläufige Zahlung fest; sie ist binnen einem Monat nach der Zustellung des *[Feststellungsbescheids]* Steuerbescheids fällig.

a) Verh. bz. Gef.-Erl.: Rt. 1920/22 Aussch.-Ber. Druckf. Nr. 4856 S. 10, 46/47.

b) Richtl. A III Ziff. 2. B Ziff. 27.

c) Ausf.-Best.: § 39 Abf. 2, 3.

d) Erl. d. RFM.: Erl. v. 14. Januar 1924. Durchführ.-Best. v. 28. März 1924. Erl. v. 28. März 1924.

e) Ges. 19: —

f) Rechtspr.: —

g) Schriftt.: —

Inhaltsübersicht.

1. Zweck und Entstehung.
2. Steuererklärung als alleinige Grundlage.
3. Formelle Regelung.
4. Verzinsung.
5. Beschleunigte Steuerentrichtung.
6. Anrechnung von in Papiermark festgesetzten Steuerbeträgen.

1. Die Vorschrift des § 34 ist als eine neue in das EStG. 22 (zunächst als § 62 a) eingefügt und soll ihrem inneren Gehalt nach den gleichen Zweck wie die des zweiten Absatzes des vorgehenden Paragraphen (vgl. Anm. 7 zu § 33) dienen, nämlich der regelmäßigen Verzögerung im Eingang der Steuer in einer bestimmten

Weise den Interessen des Staats entsprechend entgegenzuwirken. Die Vorschrift als solche hat sich in der Steuergesetzgebung nach und nach in eigenartiger Entwicklung herausgebildet. Den eigentlichen Ausgangspunkt bildet § 24 EStG. 1906, welcher eine vorläufige Einziehung der Erbschaftssteuer bei Unsicherheit und Weiterungen in der Wertermittlung zuließ. Diese Vorschrift wurde unter einer gewissen Erweiterung durch § 82 Abs. 1 der Reichsabgabenordnung als eine allgemeine für die deutsche Besteuerung ausschlaggebend und damit der Grundsatz einer vorläufigen Steuerfeststellung eingeführt. Letzterer Grundsatz der vorläufigen Steuerfeststellung bzw. des vorläufigen Steuerbescheids wurde in seinem Gegensatz zu der endgültigen Steuerfestsetzung bzw. zu dem endgültigen Steuerbescheid unter dem sich nunmehr in den Vordergrund schiebenden Interesse des Staats an einer Beschleunigung des Steuereingangs zunächst für die Einkommensteuer (speziell durch die Novelle zum Einkommensteuergesetz vom 24. März 1912 mit der Neufassung der §§ 30 und 42 des Einkommensteuergesetzes) weiter durchgebildet, um dann für die Einkommensteuer durch die Novelle zum Einkommensteuergesetz vom 20. Dezember 1921 (Streichung des § 30, Neufassung des § 42) durch das Prinzip der Vorauszahlungen ersetzt zu werden. Da für die Erbschaftssteuer, welche nicht wie die Einkommensteuer fortlaufend auf Grund dauernder Steuerpflicht, sondern nur einmalig aus besonderem Anlaß zu entrichten ist, das Prinzip der Vorauszahlungen nicht zur Anwendung kommen konnte, so mußte es bezüglich dieser mit der früheren Ausgestaltung der vorläufigen Steuerfeststellung und des vorläufigen Steuerbescheids sein Bewenden haben, wie solches in § 34 zum Ausdruck kommt. Bei der Formulierung des Paragraphen war aber nicht von einem vorläufigen Steuerbescheid, sondern von einem Feststellungsbescheid gesprochen. Dieses führte zu Zweifeln darüber, ob der hier angeordnete Feststellungsbescheid als ein Steuerbescheid angesehen und entsprechend bewertet werden könne. Um diese Zweifel zu heben, hat die Zweite Steuernotverordnung vom 19. Dezember 1923 das Wort „Feststellungsbescheids" durch „Steuerbescheids" ersetzt. „Die Änderung dient lediglich zur Klarstellung", wie unter B Ziff. 13 der Anlage 1 zum Erlaß des Reichsministers der Finanzen betr. Änderung des Erbschaftssteuergesetzes durch die Zweite Steuernotverordnung vom 14. Januar 1924 III C 5 30 ausdrücklich hervorgehoben ist. — Zu der späteren Erweiterung durch die beschleunigte Steuerentrichtung vgl. unten Anm. 5.

2. Der ganze § 34 steht unter dem Gesichtspunkt des Vorläufigen und ist lediglich unter diesem durchzuführen. Er verpflichtet ausdrücklich nur zu einer vorläufigen Zahlung. Die Rechte des Steuerpflichtigen, welche ihm hinsichtlich des Steuerfalls in allen seinen Einzelheiten zustehen, bleiben voll gewahrt; es kann keinerlei Präjudiz gegen dieselben geschaffen werden. Hierfür muß die endgültige Steuerfestsetzung und der endgültige Steuerbescheid die erforderliche Sicherung in weitgehendstem Maße bieten. Durch den endgültigen Steuerbescheid werden daher Ausgleichungen nach beiden Richtungen hin zu Gunsten wie zu Ungunsten des Steuerpflichtigen zu bewirken sein. Die bezügliche vorläufige Besteuerung ist bislang ständig und anstandslos durchgeführt worden, ohne daß, so viel bekannt geworden, sich daraus Schwierigkeiten oder unbillige Härten für die Steuerpflichtigen ergeben hätten. — Wenn

in dem ersten Satze der Vorschrift des § 34 der vorläufigen Zahlung die Steuererklärung des Steuerpflichtigen zugrunde gelegt und nur ein entsprechender Betrag der Steuer als vorläufige Zahlung gefordert werden soll, so liegt dabei wohl die Annahme zugrunde, daß auf diese Weise die Interessen des Steuerpflichtigen nicht gefährdet werden können, weil in der Steuererklärung regelmäßig sein Standpunkt in erster Linie und am günstigsten vertreten ist. Dieser Vorschrift, daß die Steuererklärung die Unterlage für die vorläufige Zahlung bilden müsse, wird stets Rechnung zu tragen sein. Mit einer an sich strikten Auslegung wird man jedoch nicht bis zu den äußersten Konsequenzen gehen dürfen. Sind in der Steuererklärung offenbare Irrtümer untergelaufen oder zweifellose Unrichtigkeiten sachlicher oder rechtlicher Natur enthalten, so dürften einer entsprechenden, aus der Sache selbst folgenden, sofortigen Einbesserung Bedenken nicht entgegenstehen. Die Grundlage für die Forderung einer vorläufigen Zahlung kann für das Finanzamt aber stets nur die formelle Steuererklärung, die dem § 27 des Gesetzes entspricht, bilden, nicht etwa schon eine Anmeldung nach Maßgabe des § 26. Beruhigt sich das Finanzamt auf Grund der Verhältnisse im Einzelfall mit der Anmeldung nach § 26 und sieht von einer Steuererklärung ab, so entsagt es damit ohne weiteres der Forderung einer vorläufigen Zahlung durch Feststellungsbescheid oder vorläufigen Steuerbescheid und kann die Steuer nur durch den endgültigen Steuerbescheid nach § 33 Absatz 1 einfordern.

3. Der zweite Satz des Paragraphen gibt dem Ganzen eine in sich gefestigte formelle Regelung, wie sie als notwendig zu erachten ist. Das Finanzamt setzt die vorläufige Zahlung fest. Schon aus dem zweiten Teile des Satzes ergibt sich, daß diese Festsetzung in einem Feststellungsbescheid (nach erster Fassung der Vorschrift), welcher dem Steuerpflichtigen zuzustellen ist, verlautbar werden soll. Auch die Richtlinien für die Anwendung des neuen Erbschaftssteuergesetzes sagen, daß ein „vorläufiger Steuerbescheid auf Grund der Erklärung des Pflichtigen zu erlassen" sei (Richtl. B Ziffer 27), ebenso die Ausführungsbestimmungen im § 39 Abs. 2, daß der im § 34 des Gesetzes vorgesehene Feststellungsbescheid als vorläufiger Steuerbescheid zu erlassen sei. Die Feststellung der vorläufigen Zahlung in dem Feststellungsbescheid — gleichzeit aber auch letzterer selbst — charakterisiert sich danach unbedingt als vorläufiger Steuerbescheid und ist dementsprechend einzuschätzen und zu behandeln. Die feste steuerliche Unterlage ist damit in vollem Maße geschaffen. Das Finanzamt hat den Feststellungsbescheid nur nach sorgsamer Sachprüfung und mit der gleichen Präzision wie jeden anderen Steuerbescheid, vorläufigen wie endgültigen, abzufassen. Insbesondere darf nicht angenommen werden, eine etwas leichtere Sachbehandlung sei zulässig, weil die Zahlung nur als eine vorläufige sich darstelle und der Steuerpflichtige in seinen Interessen durch die Aussichten auf den endgültigen Steuerbescheid gesichert erscheine. Hinsichtlich des Feststellungsbescheids greifen mithin die Vorschriften, welche die Reichsabgabenordnung allgemein für die Steuerbescheide trifft, insbesondere die des § 211 dieses Gesetzes (wegen des Näheren sind die beispielsweisen Ausführungen von Becker, Handausgabe der Reichsabgabenordnung zu § 211 zu vergleichen) Platz; das Erbschaftssteuergesetz bringt keine Sondervor-

schriften dazu. Das Gleiche gilt bezüglich der Rechtsmittel, die nach Maßgabe der Vorschriften der Reichsabgabenordnung im vierten Abschnitt des zweiten Teils §§ 217—297 zur Anwendung kommen. Vgl. dazu Mirre ESTG. 22 Anm. zu § 34, sowie Finger ESTG. 22 Anm. 4 zu § 34, welche beide den Feststellungsbescheid als vorläufigen Steuerbescheid charakterisieren und ebenmäßig die Konsequenzen daraus ziehen. Diese schon vor dem Erlaß der Zweiten Steuernotverordnung aufgezeichneten Ausführungen haben durch die letztere ihrem Ergebnis nach, die volle offizielle Bestätigung gefunden; vgl. oben Anm. 1. Wie in den Ausführungsbestimmungen § 39 Abs. 2 Satz 2 ausdrücklich hervorgehoben ist, wird durch die Vorschrift des § 34 die Befugnis des Finanzamts zu weiteren vorläufigen Steuerfestsetzungen auf Grund des § 82 Abs. 1 der Reichsabgabenordnung nicht berührt; letztere Bestimmung der Reichsabgabenordnung ermächtigt das Finanzamt, die Steuer vorläufig festzusetzen, wenn es ungewiß ist, ob oder inwieweit die Voraussetzungen für die Entstehung einer Steuerschuld eingetreten sind, insbesondere, ob jemandem ein Gegenstand gehört oder ob ein Recht verwirklicht werden kann.

4. Was die Verzinsung der Steuerschuld anlangt, so kam von Anfang an die erbschaftssteuerliche Sondervorschrift des § 33 Abs. 2 nicht zur Anwendung, weil sie den Erlaß eines endgültigen Steuerbescheides voraussetzt; zudem ist sie jetzt durch die Zweite Steuernotverordnung beseitigt; vgl. Anm. 1 zu § 33. Demnach greifen lediglich die allgemeinen bezüglichen Vorschriften Platz und zwar insbesondere § 104 RAO. mit der Anordnung, daß bei nicht rechtzeitiger Zahlung die Steuerschuld von der Fälligkeit an mit 5 vom Hundert zu verzinsen sei. Wird die festgesetzte vorläufige Zahlung nicht binnen eines Monats nach der Zustellung des Feststellungsbescheids bzw. Steuerbescheids ausgeführt, so sind von dem Ablauf dieses Monats, dem Fälligkeitszeitpunkt, an die fünprozentigen Zinsen einzufordern. Die in Anm. 8 zu § 33 hervorgehobene Verordnung vom 19. September 1922 (vgl. a. a. O.) gelangt dazu zur Anwendung, da sie sich ausdrücklich auf festgesetzte Steuern bezieht und im Feststellungsbescheid bzw. Steuerbescheid immerhin, wenn auch nur vorläufig, eine Steuer festgesetzt ist; es ist das in Anm. 8 zu § 33 Ausgeführte zu vergleichen. Des Weiteren greifen auch die besonderen Anordnungen des Gesetzes über die Berücksichtigung der Geldentwertung in den Steuergesetzen vom 20. März 1923 (Zuschlagerhebung) mit den gesetzlichen Änderungen, welche sie inzwischen bereits erfahren haben, so namentlich und in letzter Linie durch das Steuerzinsgesetz vom 11. August 1923, ein; die bezüglichen Einzelregelegungen sind in Anm. 9 zu § 33 des Näheren dargelegt, worauf hier Bezug zu nehmen ist. — Die Zahlung selbst unterliegt der Abrundung nach Maßgabe der Abrundungsverordnung vom 31. März 1923; es gilt in dieser Richtung das in Anm. 10 zu § 33 Ausgeführte. Wo die Zweite Steuernotverordnung zur Anwendung kommt, wird dem kaum noch eine besondere Bedeutung beizumessen sein.

5. Neben der im § 34 geregelten vorläufigen Zahlungspflicht für die Erbschaftssteuer führt die Zweite Steuernotverordnung vom 19. Dezember eine beschleunigte Steuerentrichtung ein. In ihrem Artikel III § 2 wird der Reichsminister der Finanzen ermächtigt, Bestimmungen zu erlassen, welche die beschleunigte Entrichtung der

Erbschaftssteuer bezwecken. Von dieser Ermächtigung ist in den Durchführungsbestimmungen über die Bewertung des Vermögens und die beschleunigte Steuerentrichtung bei der Erbschaftssteuer vom 28. März 1924 (an die Ausführungsbestimmungen angeschlossen, unten unter C abgedruckt) unter C „Beschleunigte Steuerentrichtung“ (§ 13) in folgenden Bestimmungen Gebrauch gemacht: „Wird bei Erwerben von Todes wegen oder Zweckzuwendungen von Todes wegen die Steuererklärung nicht innerhalb der vom Finanzamt bestimmten Frist abgegeben, so ist eine Vorauszahlung in der Höhe des Betrages zu entrichten, der sich als Erbschaftssteuer errechnet, wenn drei Viertel des zur letzten Vermögenssteuerveranlagung festgesetzten Reinvermögens des Erblassers als Reinwert des Nachlasses zugrunde gelegt werden. Die Vorauszahlungspflicht entfällt, wenn das zur Vermögenssteuerveranlagung festgesetzte Reinvermögen nicht mehr als 200000 Goldmark beträgt. — Das Finanzamt setzt die Vorauszahlung fest; sie ist binnen einem Monat nach der Zustellung des Vorauszahlungsbescheides fällig. Gegen diesen Bescheid ist nur die Beschwerde an das Landesfinanzamt (§§ 224, 281 Reichsabgabenordnung) zulässig. — Die Vorschrift des § 34 EStG. über die Verpflichtung zu vorläufigen Zahlungen nach Abgabe der Steuererklärung bleibt unberührt; auf eine zu entrichtende vorläufige Zahlung ist eine nach Abs. 1, 2 bewirkte Vorauszahlung anzurechnen. Übersteigt der Betrag der vorläufigen Zahlung den der Vorauszahlung um nicht mehr als 10 vom Hundert, so hat die Festsetzung der vorläufigen Zahlung zu unterbleiben.“ — Der innere Grund für die Anordnung ist im wesentlichen der gleiche wie beim § 34 (vgl. oben Anm. 1). Der zu den Durchführungsbestimmungen ergangene Erlaß des Reichsfinanzministers vom 28. März 1924 C 5 300 führt dazu weiter aus: Steuerpflichtige haben bisher versucht, durch Hinausschieben der Steuererklärung die vorläufige Zahlung nach § 34 EStG. 22 zu verzögern. Die jetzige fernere Vorschrift soll ermöglichen, bei größeren Nachlässen die Steuer unabhängig von der Steuererklärung vorläufig festzulegen und einzuheben, und mittelbar einen Druck auf die Steuerpflichtigen zu beschleunigter Abgabe der Steuererklärung ausüben. Unter diesen Gesichtspunkten stellt sich die beschleunigte Steuerentrichtung als eine Erweiterung der Maßnahme des § 34 dar. — Die beschleunigte Steuerentrichtung soll grundsätzlich ausschließlich bei größeren Nachlässen Platz greifen. Dieses ist in dem Ministerialerlaß vom 28. März 1924 besonders ausgesprochen und in der Verfügung selbst durch die hohe Abgrenzung des maßgebenden zur Vermögenssteuerveranlagung festgesetzten Reinvermögens gekennzeichnet. Des Ferneren ist eine Vorauszahlungspflicht bei Schenkungen und Zweckzuwendungen unter Lebenden allgemein nicht begründet, voraussichtlich unter der Annahme, daß bei solchen unter den im großen und ganzen einfacheren Verhältnis ein bezügliches Bedürfnis nicht vorliegen dürfte. Der Betrag der Vorauszahlung ist an sich hoch gegriffen und so bemessen, daß er in der Mehrheit der Fälle nicht weit hinter dem der endgültigen Veranlagung zurückbleiben wird. Es müßte dieses erforderlich erscheinen, um die Maßnahme zu einer ihren Zweck erfüllenden zu machen; auch wird man umso weniger dagegen etwas einwenden können, als lediglich der mit der Steuererklärung sich im Verzuge befindliche Steuerpflichtige getroffen wird und außerdem der Steuerpflichtige stets durch den Rückgriff auf die endgültige Veranlagung gesichert ist. Das Durchführungsverfahren entspricht der Hauptsache nach dem für die vorläufige Zahlung auf Grund der Steuererklärung in § 34 vorgeschriebenen (Festsetzung durch Finanzamt, Vorauszahlungsbescheid, Zahlungsfrist); es findet entsprechend das oben in Anm. 3 Ausgeführte Anwendung. Der Vorauszahlungsbescheid charakterisiert sich als Steuerbescheid und ist als solcher zu behandeln (vgl. in dieser Beziehung das oben in Anm. 1 Ausgeführte); die Grundsätze über den Steuerbescheid, wie sie in Anm. 3 zu § 33 dargelegt sind, kommen sinngemäß zur Geltung, des weiteren die einschlagenden Vorschriften der Reichsabgabenordnung. Eine gewisse Sonderstellung gewinnt der Vorauszahlungsbescheid jedoch durch eine für ihn eigens verlautbarte Beschränkung des Rechtsmittelverfahrens; gegen denselben ist lediglich die Beschwerde an das Landesfinanzamt zulässig. Diese Beschränkung zielt auf eine Vereinfachung hin, welche durch die Eigenart des Vorauszahlungsbescheids gerechtfertigt sein dürfte. Im ganzen will man anscheinend die Durchführung der Bestimmung tunlichst ohne Härten und rücksichtsvoll gestaltet wissen. Der Erlaß vom 28. März 1924 führt in dieser Hinsicht aus, daß die Vorauszahlung in der Regel erst nach vorausgegangener Androhung zu fordern und die Androhung mit der Erinnerung an die Abgabe der Steuererklärung zu verbinden ist. Liegt eine Veranlagung zur Vermögenssteuer (Vermögenssteuerveranlagungen für einen früheren Stichtag als den 31. Dezember 1923 bleiben außer Betracht) noch nicht vor, so findet die beschleunigte Steuerentrichtung keine Anwendung. Dagegen steht der Anwendung die Anhängigkeit eines Rechtsmittelverfahrens gegen die Vermögenssteuerveranlagung nicht entgegen; ebensowenig berührt eine Herabsetzung des Wertes des Reinvermögens bei der Vermögenssteuer im Rechtsmittelverfahren die bezüglich der beschleunigten Steuerentrichtung getroffenen Maßnahmen. In dem genannten Erlaß ermächtigt der Reichsminister der Finanzen die Landesfinanzämter ausdrücklich, auf Grund des § 108 Abs. 1 der Reichsabgabenordnung unbillige Härten auszugleichen, die dadurch entstehen können, daß im Einzelfall der Wert des Nachlasses nachweislich erheblich niedriger ist, als der Wert des zur Vermögensteuer festgesetzten Reinvermögens, mag dieser Wert für die Vermögenssteuer im Veranlagungs- oder Rechtsmittelverfahren herabgesetzt, oder vom Erblasser zu hoch angegeben worden, oder zwischen dem Vermögenssteuer- oder dem Erbschaftssteuerstichtag eine Minderung des Reinvermögens eingetreten sein. — Das Recht des Finanzamts, gemäß § 34 EStG. auf Grund der nachträglich abgegebenen Steuererklärung vorläufige Zahlung zu fordern, wird durch § 13 Absatz 3 Satz 2 der Durchführungsbestimmungen (s. oben) aus Zweckmäßigkeitsgründen zwar eingeschränkt, bleibt im übrigen aber unberührt. Die Erhebung des Zuschlags nach § 170 Absatz 2 Reichsabgabenordnung wird durch die Anwendung des § 13 der Durchführungsbestimmungen nicht ausgeschlossen. — Auf beschleunigte Steuerentrichtung ist auch dadurch hinzuwirken, daß Gesuchen um Verlängerung der Steuererklärungsfrist nur beim Vorliegen ganz besonderer Gründe entsprochen wird.

6. Die Durchführungsbestimmungen vom 28. März 1924 bringen unter D Überleitungs- und Schlußbestimmungen im § 15 noch eine Vorschrift bezüglich der Anrechnung von in Papier-

mark festgesetzten Steuerbeträgen, welche zu weiteren Ausführungen keinen Anlaß bietet. Wir schließen dieselbe dem Wortlaut nach an: „Ist die Anrechnung entrichteter Erbschaftssteuer gesetzlich vorgeschrieben, so ist ein in Papiermark festgesetzter Steuerbetrag in Höhe des Goldwerts, den er am Tag der Zahlung gehabt hat, auf die neue Erbschaftssteuerschuld anzurechnen. § 3 Abs. 2 findet entsprechende Anwendung; ist der Steuerbetrag vor dem 1. Juli 1923 gezahlt worden, so ist der Berechnung des Goldwerts der laufende Kurs (Mittelkurs) des Dollars an der Berliner Börse zugrunde zu legen." Hinsichtlich des angezogenen § 3 Abs. 2 Durchführungsbestimmungen vgl. Anmerkung 43 zu § 32.

§ 35.

Für die Berechnung der Steuer wird der steuerpflichtige Betrag auf volle *[tausend Mark]* zehn Goldmark nach unten abgerundet.

[Die Steuer wird auf volle Mark nach unten abgerundet].

a) Verh. bz. Ges.-Entw.: Rt. 1920/22 Aussch.-Ber. Drucks. Nr. 4856 S. 42/43

b) Richtl.: —

c) Ausf.-Best.: —

d) Erl. d. RFM: Erl. v. 14. Januar 1924.

e) Ges. 19: § 46 (umgestaltet und in der neuen Fassung bereits wieder geändert durch Ges. v. 20. März 1923).

f) Rechtspr.: Urt. d. RG. v. 6. Juli 1915 (Ges. 1906).

g) Schriftt.: —

Inhaltsübersicht.

1. Zweck. Entstehung.
2. Abrundung beim steuerpflichtigen Betrag.
3. Abrundung nach unten.
4. Abrundung der Steuer (Abrundungsordnung).

1. Die Vorschrift des § 35 dient der Abrundung auf bestimmte volle Markbeträge und ließ eine solche zunächst einerseits hinsichtlich des steuerpflichtigen Betrages (Absatz 1) und andererseits hinsichtlich der Steuer selbst (Absatz 2) zu. Die Abrundung des steuerpflichtigen Betrages ist an Stelle der Abrundung des steuerpflichtigen Vermögens getreten, welche das EStG. 1919 im § 46 Abs. 1 — vgl. dazu 3. Auflage Anm. 1 zu § 46 — neu eingeführt hatte. Die Vorschrift des § 46 Abs. 1 hatte zu verschiedenen Zweifeln bezüglich ihrer Anwendung geführt, worüber Näheres in der 3. Auflage in den Anm. 1—5 zu § 46 ausgeführt ist. Die jetzt gewählte anderweite Fassung der Gesetzesvorschrift gibt volle Klarheit darüber, daß die Abrundung nur einmal und zwar für das letzte Stadium der Wertfestsetzung vorzunehmen ist; die Verhandlungen über das Gesetz lassen hierüber allerdings Näheres nicht ersehen. — Der ursprüngliche Abrundungsbetrag, welchen das Gesetz für die Steuerbewertung angenommen hatte, ist inzwischen durch das Gesetz über die Berücksichtigung der Geldentwertung in den Steuergesetzen vom 20. März 1923 von hundert Mark auf tausend Mark erhöht worden, eine Erhöhung, welche jedoch nach kurzer Frist gegenüber dem Fortschreiten der Geldentwertung mehr oder weniger bedeutungslos wurde. Eine weitere Änderung, welche vorläufig als Abschluß anzusehen sein wird, erbringt die Zweite Steuernotverordnung vom 19. Dezember 1923 mit der Abgrenzung auf 10 Goldmark. Gleichzeitig hat letztere Verordnung den zweiten Absatz des § 35 gestrichen. Der Erlaß des Reichsfinanzministers vom 14. Januar 1924 über die Änderung des Erbschaftssteuergesetzes durch die Zweite Steuernotverordnung führt in seiner Anlage 1 unter B Ziff. 14 folgende Begründung für die beiden bezeichneten Eingriffe an: „Die Abrundung des steuerpflichtigen Betrages auf volle 10 Goldmark nach unten ist durch die Einführung der Bewertung nach Goldmark veranlaßt. Die bisher in Absatz 2 vorgeschriebene Abrundung der Steuer ist durch die volle Abrundungsverordnung vom 31. Oktober 1923 (RGBl. I S. 1049) allgemein geregelt." Vgl. insbesondere unten Anm. 4. — Die Abrundung der Steuer entstammte schon dem RESt G. 1906 (§ 28 Abs. 2): sie war unverändert in das ESt G. 1919 übergegangen, vgl. 3. Auflage Anm. 6 zu § 46. Für das jetzige Gesetz hatte man die Vorschrift fallen lassen, sie ist dann aber durch die Verhandlungen beim Reichstag wieder aufgenommen; eine Begründung ist in beiden Beziehungen aus den vorliegenden Drucksachen nicht ersichtlich. — Bei der Berechnung des vorhandenen Vermögens nach § 11 des Gesetzes als Grundlage für die Zuschläge zur Steuer nach § 10 kommen die Vorschriften des § 35 nicht zur Anwendung, denn sie beziehen sich ausdrücklich auf steuerpflichtigen Betrag und Steuer; für die Abrundung ist hier das Vermögenssteuergesetz vom 8. April 1922 in seinem § 17 (Abrundung auf volle Tausende nach unten) als maßgebend anzusehen.

Absatz 1.

2. Die Abrundung soll ausschließlich für die Berechnung der Steuer hinsichtlich des steuerpflichtigen Betrages vorgenommen werden. Durch diese Fassung ist die Vorschrift mit voller Bestimmtheit abgegrenzt werden. Bei der Feststellung des Anfalls selbst, der Bewertung der einzelnen Gegenstände desselben, der Berücksichtigung der Schulden und Abzüge jeder Art usw. ist eine Abrundung nicht zugelassen. Sie tritt nur nach dem Abschluß der ganzen Feststellungen ein, wenn im letzten Stadium die Steuer selbst zu berechnen ist. Allein die Endsumme, welche sich aus den Feststellungen ergibt und nach welcher schließlich die Höhe der Steuer zu bestimmen ist, kann den steuerpflichtigen Betrag, der allein der Abrundung unterliegt, darstellen. Aber auch für jede derartige Endsumme, welche den steuerpflichtigen Betrag bildet, ist die Abrundung zur Anwendung zu bringen. Da die Steuer für jeden einzelnen Steuerpflichtigen auszuweisen ist, so ergibt sich daraus ohne weiteres, daß für den steuerpflichtigen Betrag jedes einzelnen Steuerpflichtigen die Abrundung zu geschehen hat, und nicht etwa nur für den Gesamtbetrag des ganzen Anfalles. Sofern letzterer in mehrere, verschiedenen Steuerpflichtigen zukommenden Teile zerfällt, kann dementsprechend für ihn eine Abrundung nicht weiter in Betracht kommen, da solche bereits in den einzelnen Teilen durchgeführt ist und in der Gesamtsumme auf diese Weise zum Durchbruch gelangt.

3. Die Abrundung soll zu einer Vereinfachung im Steuerverfahren führen, welche jedoch den Steuerpflichtigen nicht benachteiligen darf.

Deshalb ist vorgeschrieben, daß die Abrundung stets nach unten vorzunehmen ist. Die volle Summe, auf welche abgerundet werden sollte, war in dem EStG. 1922 auf 100 Mark bemessen. Das Gesetz über die Berücksichtigung der Geldentwertung in den Steuergesetzen vom 20. März 1922 Artikel I § 5 Ziffer 6 hat diesen Betrag auf 1000 Mark erhöht und gibt dafür — Drucksachen des Deutschen Reichsrats, Tagung 1922, S. 20 Sp. 1 — folgende Begründung: „Nach § 35 des Gesetzes soll für die Steuerberechnung der steuerpflichtige Betrag auf volle 100 Mark nach unten abgerundet werden. Die Geldentwertung läßt es angezeigt erscheinen, die Abrundung auf 1000 Mark nach unten vorzunehmen." Bezüglich des Inkrafttretens seiner Bestimmungen schreibt das Geldentwertungsgesetz vom 20. März 1923 in seinem Artikel VIII Abs. 4 vor: „Der Artikel I § 5 und der Artikel II § 3 finden auf die dem Erbschaftssteuergesetz unterliegenden Erwerbe Anwendung, für welche die Steuerschuld nach dem 31. Dezember 1922 entstanden ist." Artikel I § 5 ist der hier einschlagende. Danach war also die ursprüngliche Vorschrift des EStG. 1922 noch entsprechend weiter zu beachten und es trat zunächst eine zweifache Behandlung ein. Bei denjenigen unter das EStG. 1922 schlagenden Steuerfällen, für welche die Steuerschuld am 31. Dezember 1922 und früher entstanden war, mußte der steuerpflichtige Betrag auf volle 100 Mark abgerundet werden, bei denjenigen aber, für welche die Steuerschuld nach dem 31. Dezember 1922 begründet war, auf volle 1000 Mark. In der vom Reichsfinanzministerium herausgegebenen offiziellen Ausgabe des Erbschaftssteuergesetzes 1922 (mit den Änderungen des Gesetzes vom 20. März 1923) ist in einer Fußnote zu § 35 ausdrücklich auf diese Verschiedenheit in der Behandlung hingewiesen. — Hier greift dann wiederum (vgl. oben Anm. 1) die Zweite Steuernotverordnung vom 19. Dezember 1923 ein, indem sie mit Rücksicht auf die Einführung der Bewertung nach Goldmark auch die Abrundung auf Goldmark einstellt und mit 10 vollen Goldmark abgrenzt. Die Zweite Steuernotverordnung legt sich rückwirkende Kraft vom 1. Juli 1923 an zu; dieses trifft auch die Vorschrift über die Abrundung; für alle Steuerfälle, hinsichtlich derer die Steuerschuld nach dem 30. Juni 1923 entstanden ist, wird mithin die Abrundung auf Goldmark Platz zu greifen haben.

Absatz 2.

4. In der gleichen Vorschrift des früheren EStG. 1919 war statt „Steuer" der Ausdruck „Steuerbetrag" gewählt. Der späteren Änderung ist eine materielle Bedeutung nicht beizulegen; durch dieselbe hat wohl lediglich der Gegensatz zu dem steuerpflichtigen Betrag im ersten Absatz entschiedener zum Ausdruck gebracht werden sollen; vgl. hierzu Finger EStG. 22 Anm. 3 Abs. 2 zu § 35. Die Abrundung greift auch hier hinsichtlich der Steuerentrichtung jedes einzelnen Steuerpflichtigen Platz; entsprechend gilt dasjenige, was oben in Anm. 2 ausgeführt wurde. Der Begriff Steuer ist im weitesten Sinne zu fassen, so daß namentlich Zuschläge nach § 11 des Gesetzes eingeschlossen sind; die Abgrenzungsfrage ist jedoch durch die Abrundungsverordnung (s. nachstehend) gegenstandslos geworden, da deren bezügliche Einzelsätze über den § 35 hinausgehen. Das Gesetz über die Berücksichtigung der Geldentwertung in den Steuergesetzen vom 20. März 1923 hat hier

nicht eingegriffen; die Behandlung der vorgekommenen Steuerfälle, die nach dem Gesetz 1922 zu veranlagen sind, ist danach eine einheitliche. Schon unter dem REStG. 1906 hatte ein Urt. des RG. v. 6. Juli 1915 entschieden, daß die Abrundung auf volle Mark (derzeit nach § 28 Absatz 2) auf Zinsbeträge zurückzuzahlender Steuern keine Anwendung finde; diesem Urteil wird jetzt noch Beachtung zu schenken sein; vgl. 3. Auflage Anm. 6 zu § 46. — Dahingegen wurde durch die Verordnung über die Abrundung von Reichsabgaben (Abrundungsverordnung) vom 31. März 1923 (RGBl. 1923 I S. 217), auf welche in Anm. 10 zu § 33 bereits hingewiesen ist, eine weiter greifende Änderung auf allgemeiner Grundlage eingeführt; die Abrundung ist getrennt für Steuer, Steuerzuschlag, Geldstrafe, Ersatzstrafe und Zinsen geregelt; auf die Einzelheiten näher einzugehen, würde zu weit führen; wir heben nur hervor, daß Steuern auf volle 10 Mark nach unten, Steuerzuschläge im großen und ganzen nach demselben Satz, Geldstrafen und Ersatzstrafen in der Regel auf volle 100 Mark nach unten und Zinsen auf volle Mark nach oben abgerundet werden sollen, wobei in den Einzelheiten noch mannigfache unterschiedliche Abweichungen Platz greifen. Durch die Höhe der letzteren Abrundungssätze, welche durch die ergänzenden Verordnungen vom 9. August 1923 (RGBl. 1923 I S. 795) und vom 4. Oktober 1923 (RGBl. 1923 I S. 942) noch verschärfend modifiziert wurden, war der Absatz 2 des § 35 tatsächlich bereits beseitigt; a. M. Marcus EStG. 22 S. 307, welche ohne weitere Begründung angibt, daß die Vorschriften des § 35 durch die Bestimmungen der Abänderungsverordnung vom 31. März 1923 nicht berührt würden. Eine vollständige Umgestaltung trat dann aber mit der Abrundungsverordnung vom 31. Oktober 1923 (RGBl. 1923 I S. 1049) ein, welche am 9. November 1923 in Kraft gesetzt wurde und nicht nur die drei genannten früheren Abrundungsverordnungen, sondern auch die Vorschriften der Steuergesetze, welche ihr zuwiderlaufen, ausdrücklich aufhob (§ 5 a. a. O.). Damit war die formelle Aufhebung des Abs. 2 des § 35 EStG. 22 ausgesprochen; es war nur folgerichtig, wenn er für das EStG. 1923 durch die Zweite Steuernotverordnung vom 19. Dezember 1923 gestrichen wurde; vgl. oben unter Anm. 1. Nach der Abrundungsordnung vom 31. Oktober 1923, welche durch die vom Reichsfinanzminister erlassene Verordnung über Wertgrenzen im Steuerrecht vom 21. Dezember 1923 (RGBl. 1923 I S. 1238) eine Änderung erfuhr, sind Geldleistungen, welche auf Grund von Steuergesetzen (§ 3 der Reichsabgabenordnung) geschuldet werden, insbesondere auch Zinsen, Kosten, Geldstrafen, folgendermaßen abzuändern: 1. Beträge, die in Gold ausgedrückt sind, werden auf den nächsten durch fünf teilbaren Goldpfennigbetrag nach unten abgerundet; 2. Beträge, die in Papiermark ausgedrückt sind, werden auf den nächsten durch 10 Millionen — jetzt 10 Milliarden (Verordn. vom 21. Dezember 1923) — teilbaren Papiermarkbetrag nach unten abgerundet (§ 1 a. a. O.). Die der Abrundung unterliegenden Leistungen sind näher spezifiziert (§ 2 a. a. O.). Die Abrundung hat in erster Linie die Finanzbehörde, welche eine Steuer oder eine andere steuerrechtliche Geldleistung feststellt, bei der Feststellung vorzunehmen; wer eine Steuer oder eine andere steuerrechtliche Geldleistung, die nicht von einer Finanzbehörde festgestellt ist, zu entrichten hat, ist berechtigt, die Abrundung nach Maßgabe der Verordnung vorzunehmen (§ 3 a. a. O.). Die Gesetzesvorschriften, welche durch die Bestimmungen der Verordnung nicht berührt werden, sind speziell gekennzeichnet (§ 4 a. a. O.).

§ 36.

Steuern, die von dem Kapitalwert von Renten oder anderen wiederkehrenden Nutzungen oder Leistungen zu entrichten sind, können nach Wahl des Steuerpflichtigen statt vom Kapitalwerte jährlich im voraus von dem Jahreswert entrichtet werden. Die Steuer wird in diesem Falle von dem Hundertsatz erhoben, der sich nach § 10 für den gesamten Kapitalbetrag ergibt.

a) Verh. bz. Ges.-Erl: —
b) Richtl.: —
c) Ausf.-Best.: —
d) Erl. d. RFM.: —
e) Ges. 19: § 50 (unverändert).
f) Rechtspr.:
g) Schriftt.: Fürnrohr, Unerträgliche Steuerlasten. DStZ. XII Sp. 304. Mirre, Unerträgliche Steuerlasten. DStZ. XII. Sp. 346.

Inhaltsübersicht.

1. Zweck. Entstehung.	5. Berechnungsverfahren
2. Renten und Gleichstehendes.	6. Dauer der Rentenzahlung.
3. Kapitalwert.	7. Jährliche Vorausbezahlung.
4. Festes Recht des Steuerpflichtigen.	

1. Die Vorschrift des § 36 erscheint zum ersten Male in dem Erbschaftssteuergesetz 1919, eingeführt im Interesse des Steuerpflichtigen, um diesem vermöge einer Ratenzahlung die Möglichkeit zu verschaffen, einer Härte, die gegebenenfalls für ihn durch das regelmäßige Verfahren begründet sein könnte, in entsprechender Weise auszuweichen. Die Entstehungsgeschichte ist nach ihren Einzelheiten in der 3. Auflage Anm. 1 zu § 50 dargelegt, worauf hier Bezug genommen wird. Die bezügliche Regelung traf das EStG. 1919 in seinem § 50, welcher wörtlich, nur unter der notwendigen Ersetzung der Zahl des in der Vorschrift angezogenen Paragraphen durch die entsprechende des neuen Gesetzes, in letzteres übernommen wurde. Weder in den gedruckten vorliegenden Verhandlungen des Reichsrats und des Reichstages, noch in den späteren Richtlinien des Reichsfinanzministers für die Anwendung des neuen Erbschaftssteuergesetzes ist der an sich selbständigen Bestimmung des § 36 Rechnung getragen; ebenso schweigen die neuen Ausführungsbestimmungen darüber.

2. Wenn Renten oder andere zeitlich regelmäßig wiederkehrende Nutzungen oder Leistungen Gegenstand eines Erbanfalls, einer Schenkung unter Lebenden oder einer Zweckzuwendung bilden, so sind nach den allgemeinen Vorschriften der Reichsabgabenordnung (§§ 144, 145) nach ihrem in einem genau geregelten Verfahren zu berechnenden Kapitalwert vom Steuerpflichtigen, also der Regel nach vom Rentenempfänger, in Eins zu versteuern. Wie nicht zu verkennen, liegt darin für den Letzteren unter Umständen eine schwerwiegende Härte, zumal auch die Steuererstattung, welche schließlich bei Wegfall der Rente usw. wegen eines stärkeren Abweichens der wirklichen Dauer derselben von der bei der Steuerveranlagung zugrunde gelegten stattfindet, bei regelmäßigem Verlauf ihm nicht zugute kommt. Dem will der § 36 abhelfen, indem er dem Steuerpflichtigen das Wahlrecht zwischen der Besteuerung des Kapitalwerts, wodurch der Steuerfall in Eins vorläufig erledigt sein würde, und der des Jahreswerts der Rente usw., welche jährliche Zahlungen während der Dauer der Rente usw. zur Folge hätte, gibt. Eine Frist, binnen welcher sich der Steuerpflichtige in fraglicher Beziehung zu entscheiden hat, ist weder durch das Gesetz noch durch die Ausführungsvorschriften vorgeschrieben. Nach Lage der Sache ist zum mindesten anzunehmen, daß der Steuerpflichtige die Wahl nach Erteilung des Steuerbescheides noch ausüben darf, denn erst, wenn der Steuerbescheid in seinen Händen ist, kann der Steuerpflichtige einen voll gesicherten Überblick über seine Verpflichtungen hinsichtlich des Steuerfalls gewinnen, wie er zur Grundlage für eine sachgemäße, seinen Interessen entsprechende Ausübung des Wahlrechts stets als unumgängliche Vorbedingung anzusehen ist. Aus dem Umstande, daß die ganze Vorschrift des § 36 ausschließlich zugunsten des Steuerpflichtigen, um ihn vor Härten gegebenenfalls zu schützen, in das Gesetz eingefügt wurde, wird man aber weiter zu folgern haben, daß die gesetzlich unbegrenzte Frist so lange zu laufen hat, wie irgend dem Vorteil des Steuerpflichtigen entspricht. Danach wird man dem Steuerpflichtigen die Ausübung des Wahlrechts uneingeschränkt bis zur Zahlung der Steuerschuld und dem damit begründeten Wegfalle der letzteren zugestehen müssen; das Gleiche vertritt Marcus EStG. 22 S. 309. Eine nähere Prüfung hat diese Auffassung, welche früher nicht mit der gleichen Entschiedenheit vertreten wurde (vgl. 3. Auflage Anm. 2 zu § 50) als die richtige erscheinen lassen; dieselbe dürfte in der Literatur auch wohl die herrschende sein, vgl. Finger EStG. 19, Anm. 3 zu § 50, EStG. 22 Anm. 3 zu § 36, Marcus EStG. 19 vorletzter Absatz der Ausführungen zu § 50, Ehm, EStG. 19 Anm. 2 zu § 50. Das Wahlrecht erlischt, falls vor Ausübung desselben die Rente selbst aus besonderen Umständen in Wegfall kommen sollte. Wie übrigens die als Vergünstigung gedachte Vorschrift allerdings unter ganz besonderen Umständen auch zu einer außerordentlichen Unbilligkeit führen kann, zeigen die unter der Bezeichnung „Unerträgliche Steuerlästen" veröffentlichten beiden Aufsätze von Fürnrohr DStZ. XII Sp. 304 und von Mirre DStZ. XII Sp. 346.

3. Als allgemeine Grundlage für ihre Anwendbarkeit setzt die Vorschrift voraus, daß eine Steuer von dem Kapitalwert von Renten oder anderen wiederkehrenden Nutzungen oder Leistungen zu entrichten ist. Durch Anfall muß also eine Rente usw. erworben sein, die bei Anwendung der allgemeinen Grundsätze nach dem Kapitalwert zu versteuern ist. Für das Steuerverfahren (Ermittlung und Berechnung) ist die Ausübung des Wahlrechts nach § 36 zunächst ohne Bedeutung. Dasselbe hat unter allen Umständen sowohl den Jahreswert, wie auf Grund dieses den Kapitalwert der Rente usw. festzulegen, da bei der regelmäßigen Versteuerung der Steuersatz sich nach dem Kapitalwert bestimmt und auch die Versteuerung des Jahreswerts auf dem Kapital-

wert sich aufzubauen hat, vgl. folgende Anm. 4. Wird das Wahlrecht vor Erlaß des Steuerbescheides ausgeübt, so ist letzterer dementsprechend auszufertigen. Ist der Steuerbescheid bei einer auf den Jahreswert gerichteten Ausübung des Wahlrechts schon erlassen, so liegen die Grundlagen für die notwendige Umrechnung der Steuerbeträge bereits fest; materiell handelt es sich dann eigentlich nur um Festlegung eines anderen Modus für die Steuerentrichtung. Aus dem Verfahren wird man demnach kein Bedenken dagegen ableiten können, das Wahlrecht des Steuerpflichtigen noch bei Vorliegen des Steuerbescheides zuzulassen; vgl. dazu die vorgehende Anm. 2. Hat der Steuerpflichtige sein Wahlrecht in ordnungsmäßiger Weise ausgeübt und der Steuerbehörde gegenüber (schriftlich oder mündlich, gegebenenfalls zu Protokoll) verlautbart, so ist damit die Frage, ob nach Kapitalwert oder nach Jahreswert zu versteuern, endgültig entschieden. Zu einem Wechsel oder einer Änderung seiner Wahl erscheint der Steuerpflichtige nicht berechtigt. Sofern die Steuerbehörde einem Änderungsantrag stattgeben will, dürfte dem nichts entgegenstehen. Vgl. zu letzterem Zimmermann-Mühe EStG. 19 Abs. 2 der Ausführungen zu § 50, des weiteren Finger EStG. 22 Anm. 3 zu § 36.

4. In rechtlicher Beziehung ist das durch § 36 begründete Wahlrecht als ein gesetzmäßiger Anspruch des Steuerpflichtigen auf eine vom Allgemeinen abweichende eigengeartete Steuerveranlagung und Steuererhebung anzusehen. Der Steuerpflichtige erhält ein eigenes festes Recht hinsichtlich der Wahl, zu dessen Ausübung es nur der entsprechenden Anmeldung bei dem Finanzamt bedarf. In dem Wahlrecht ist ohne weiteres das Recht auf die besondere Steuerveranlagung und Steuererhebung enthalten. Dieses muß sich naturgemäß in den Folgeerscheinungen ausprägen. Die Vorschrift des § 36 charakterisiert sich als eine Sonderbestimmung hinsichtlich der Steuerveranlagung und Steuererhebung für die Erbschaftssteuer, die sich demgemäß von der allgemeinen Regelung des § 145 der Reichsabgabenordnung abhebt. Sie steht als solche selbständig da und es können auf sie nur diejenigen einschränkenden Ordnungen, sei es zu Gunsten der Steuerpflichtigen sei es zu Ungunsten desselben, Platz greifen, denen diese Wirkung gesetzlich eingeräumt ist. Dieses trifft vornehmlich die Vergünstigung nach Abs. 3 des § 145 der Reichsabgabenordnung. Hat der Steuerpflichtige die Zahlung der Steuer nach dem Jahreswert gewählt, so kann er für den Fall eines früheren Wegfalls der Rente usw. eine Berichtigung der Veranlagung nach Maßgabe des § 145 Abs. 3 Reichsabgabenordnung nicht in Anspruch nehmen; es verbleibt vielmehr ausschließlich bei der besonderen Veranlagung nach § 36 EStG. Vgl. hierzu Schachian EStG. 1919 Anm. 2 letzter Absatz zu § 50 und Mirre EStG. 22 Anm. 1 zu § 36, welche die hier vertretene Auffassung teilen; eine etwas andere Ansicht bei Finger EStG. 22 Anm. 4 zu § 36; Breit EStG. 19 § 140 unter II sieht das Rechtsverhältnis ohne weitere Begründung als ein Stundungsrecht an und zieht hieraus weitere vom vorstehenden abweichende Konsequenzen; mit der Absicht des Gesetzgebers dürfte dieses nicht zu vereinen sein, zumal unter der Fassung des neuen Gesetzes 1922, nach welcher die bezügliche Vorschrift ausdrücklich in Abschnitt 4 des zweiten Teils „Steuerfestsetzung" und nicht in den Abschnitt 5 „Stundung" eingestellt ist. Vgl. Anm. 5 zu § 37.

5. Hat der Steuerpflichtige die Versteuerung nach dem Jahreswert gewählt, so ist eine Berechnung dieses Jahreswerts und der für denseben ratenweise zu entrichtenden Steuer nach dem zweiten nicht sehr glücklich gefaßten Satz des § 36 vorzunehmen, welcher beides sogleich in Eins zusammenfaßt. Der Jahreswert wird sich regelmäßig durch den Betrag der Rente bestimmen. Es soll eine Steuer erhoben werden zu „dem Hundertsatz, der sich nach § 10 für den gesamten Kapitalbetrag ergibt". Soviel ist aus der Bestimmung mit Sicherheit zu entnehmen, daß der Hundertsatz aus dem Steuerbetrag zu berechnen ist, welcher sich bei der regelmäßigen Veranlagung der Rente nach deren Kapitalwert ergeben würde. Folgeweise ist zunächst stets eine Veranlagung der Rente ganz nach den allgemeinen Bestimmungen bzw. in der gleichen Weise, wie wenn der Steuerpflichtige auf eine Versteuerung nach dem Kapitalwert gegriffen hätte, vorzunehmen. Bei dieser Veranlagung ist allen Bestimmungen des § 10 — denn dieser wird von dem § 36 Satz 2 voll und uneingeschränkt angezogen — Rechnung zu tragen, mithin sowohl der Erhöhung des Steuersatzes nach dem Wert des Erwerbes (§ 10 Absatz 2), sowie der Zuschläge nach dem bereits vorhandenen Vermögen des Erwerbers (Abs. 3) und der sonstigen Ordnungen (Abs. 4—6). Der so festgelegte, gegebenenfalls für den Kapitalwert der Rente in Eins zu zahlende Steuerbetrag bildet die Grundlage für die weitere Berechnung der Jahressteuer. Der für letztere zur Anwendung zu bringende Hundertsatz, welchen der Satz 2 des § 36 anordnet, wird nach Lage der Sache nur aus dem Verhältnis jenes errechneten Steuerbetrages zu dem Kapitalbetrag der Rente, wie er durch Anwendung der Vorschriften der Reichsabgabenordnung sich ergab, zu bestimmen sein. Es ist mithin das Prozentualverhältnis zu berechnen, in welchem jener Steuerbetrag zu dem Kapitalbetrag steht; dieses macht den vom Gesetz vorgeschriebenen Hundertsatz aus, der sonach einem Durchschnittssatz der für die Veranlagung zum Zuge kommenden Prozentsätze unter Berücksichtigung des Maßes ihres Platzgreifens entsprechen muß. Nach dem so ermittelten Prozentsatz ist sodann von dem Jahreswert, d. i. regelmäßig der für das einzelne Jahr fälligen Rate der Rente oder dem eigentlichen Rentenbetrag die jährlich zu entrichtende Steuersumme festzustellen. — Multipliziert man den auf diese ziemlich umständliche Weise errechneten Jahresbetrag der Steuer mit dem Vielfachen, welches bei Berechnung des Gesamtwerts der Rente aus dem Jahresbetrage der letzteren nach den bezüglichen Bestimmungen der Reichsabgabenordnung anzuwenden war, so muß man bei dem entsprechenden Ineinandergreifen des ganzen Berechnungsverfahrens wieder auf den Ausgangspunkt, den Endbetrag der für den Kapitalwert der Rente insgesamt berechneten Steuer, kommen. Man wird deshalb den Jahresbetrag der Steuer ungleich einfacher dadurch errechnen können, daß man den für den Kapitalwert der Rente insgesamt zu entrichtenden Steuerbetrag, welcher in jedem Falle festzustellen ist, mit jenem Vielfachen, nach dem der Gesamtwert der Rente sich bestimmt und das lediglich die Zahl der Jahre angibt, für welche nach den Verhältnissen des einzelnen Falles der Rentenbezug tatsächlich zu erwarten steht, dividiert. Das Ergebnis würde den Jahresbetrag der Steuer darstellen. Ein derartiges Verfahren scheint Finger EStG. 19 Anm. 4 zu § 50 als das tatsächlich Einzuschlagende im Auge gehabt zu haben, obwohl solches der gesetzlichen

Vorschrift äußerlich nicht entsprechen würde; jetzt klar ausgesprochen EStG. 22 Anm. 4 zu § 36. — Im übrigen ist die Jahreswertberechnung stets nur gesondert für die Renten usw. als solche aufzustellen und nicht auf den ganzen Erbfall auszudehnen, wie Mirre EStG. 22 Anm. 3 zu § 36 solches will; bei Finger EStG. 22 Anm. 4 Abs. 2 zu § 36 ist die diesseitige Auffassung vertreten.

6. An einer Unklarheit, die schon das EStG. 19 § 50 zeigte, leidet durch die unveränderte Übernahme des § 50 auch das jetzige Gesetz insofern, als gesagt ist, die Steuer wird „von dem Hundertsatz" erhoben. Der Hundertsatz selbst kann niemals eine Grundlage für die Steuer und die Steuererhebung als solche bilden; er gibt lediglich den Maßstab, nach welchem die Steuer zu berechnen ist, an. Richtig wäre gewesen, zu sagen, „nach dem Hundertsatz". Wir tragen kein Bedenken, dieses ohne weiteres als gewollt anzunehmen, weil man auf keine andere Weise zu einem irgend sachgemäßen Ergebnis hätte gelangen können. Des weiteren läßt die Vorschrift im Zweifel, für welche Dauer die Steuer von dem Jahreswert erhoben werden soll. Dabei wird es sich namentlich darum handeln, ob die Jahressteuer nur für diejenigen Jahre, welche bei Berechnung des Kapitalwerts der Rente als mutmaßliche Dauer der letzteren angenommen sind (das Vielfache der Jahresrente, das wir oben zu berühren hatten), oder darüber hinaus für die ganze Lebenszeit des Steuerpflichtigen, der die Rente ja ebenfalls dementsprechend bezieht, zur Hebung zu bringen ist. Stirbt der zum Rentenbezug Berechtigte vor dem vorberührten kritischen Zeitpunkt, so ist der Steuerfall damit stets voll erledigt; denn die Zahlung in Jahresraten ist endgültig an die Stelle der einmaligen Zahlung nach dem Kapitalwert getreten; das Finanzamt kann deshalb keinen Anspruch aus dem Umstande herleiten, daß es die Steuer in jener letzteren Höhe tatsächlich nicht erhalten habe. Letzteres ist die naturgemäße Folge der Steuervergünstigung, welche dem Pflichtigen zugestanden ist; sie wird in gleicher Weise sonst bei Steuervergünstigungen Platz greifen. Bei der weiteren Entscheidung der Frage wird man davon auszugehen haben, daß die Vorschrift im EStG. 19 für den Steuerpflichtigen eine Vergünstigung darstellen soll. Danach wird man sich nur für die erstere der oben angeführten Möglichkeiten entscheiden können. Die Jahresraten der Steuer sind also nur für diejenigen Jahre zu heben, welche bei Berechnung des Kapitalwerts der Rente als mutmaßliche Dauer nach den Vorschriften der Reichsabgabenordnung angenommen sind. Dabei ergibt sich weiter die Möglichkeit, die Berechnungsweise nach dem oben Ausgeführten zu vereinfachen. Wenngleich nicht scharf ausgesprochen, so scheinen sowohl Finger wie Zimmermann-Mühe EStG. 19 die hier vertretene Auffassung in ihren Auffassungen zu § 50 zu teilen — Finger jetzt EStG. 22 Anm. 4 zu § 36 unumwunden —, desgleichen in beschränkter Weise Breit EStG. 19 § 140 II, unbeschränkt. Schachier EStG. 19 Anm. 2 zu § 50 letzter Absatz; anderer Ansicht (Zahlung für die Lebenszeit des Steuerpflichtigen, Mirre EStG. 19 Anm. 1 zu § 50 und EStG. 22 Anm. 1 zu § 36, sowie Marcus EStG. 22 S. 309.

7. Die Steuer nach dem Jahreswert ist jährlich im voraus zu entrichten. Das „jährlich" bezieht sich hier nicht auf das Kalenderjahr vom 1. Januar bis 31. Dezember. Das maßgebende Jahr ist viel-

mehr nach dem ersten Fälligkeitsdatum der Steuer zu berechnen und läuft von dem Kalendertage dieses Jahres bis zu dem entsprechenden Kalendertage des nächsten Jahres. Es bestimmt sich also stets nach den besonderen Verhältnissen des Einzelfalles. Die Steuer ist im voraus zu bezahlen, wie solches der Versteuerung nach dem Kapitalwert entspricht. Erlebt der Steuerpflichtige den ersten Kalendertag des für die Versteuerung maßgebenden Jahres, so hat er den vollen Steuerbetrag für das Jahr zu bezahlen, gleichgültig, ob und inwieweit er jenen Kalendertag überlebt. Der Steuerpflichtige hat diese Steuer nach dem Jahreswert für die weiter folgenden Jahre in vorbezeichneter Weise zu entrichten; die Steuerzahlung hat jedoch aufzuhören, wenn der Steuerbetrag nach dem Kapitalwert erfüllt sein würde; der Steuerpflichtige hat das Risiko, welches durch seine Lebensdauer gegeben ist, insofern nicht zu tragen; vgl. dazu die vorstehende Anmerkung. Die nach dem Wahlrecht getroffene Regelung bezüglich der Steuerentrichtung ist im übrigen in jeder Beziehung als eine endgültige anzusehen und als solche zu behandeln; vgl. oben Anm. 4. Demgemäß ist der von Mirre ESt G. 19 in Anm. 2 zu § 50 allerdings nur als zweifelhaft hingestellten Auffassung — „fällt die Rente so frühzeitig weg, daß bei Versteuerung des Kapitalwerts eine Erstattung zu erfolgen hätte, so ist auch bei der Versteuerung des Jahreswerts eine Neuberechnung zwecks anderweiter Bestimmung des Hundertsatzes vorzunehmen" — nicht beizupflichten. Eigenartigerweise hat Mirre EStG. 22 diesen Satz fallen lassen, dahingegen hat ihn Finger EStG. 22 Anm. 4 zu § 36 aufgenommen. — Eine Sicherheitsleistung kann von dem Steuerpflichtigen bei der Versteuerung von dem Jahreswert nicht gefordert werden. In der bezüglichen Gesetzesvorschrift findet sich keine Anordnung einer solchen; ebenso wenig bieten die allgemeinen Bestimmungen hierfür eine Handhabe. Irgend ein innerer Grund für eine solche dürfte auch nicht vorliegen.

§ 37.

Beim Erwerbe von Vermögen, dessen Nutzung einem anderen als dem Steuerpflichtigen zusteht, kann der Pflichtige verlangen, daß die Versteuerung bis zum Erlöschen des Nutzungsrechts ausgesetzt bleibt. In diesem Falle erfolgt die Versteuerung nach dem Werte des Vermögens zur Zeit des Erlöschens des Nutzungsrechts. Auf Verlangen des Finanzamts hat der Steuerpflichtige für die Steuer Sicherheit zu leisten.

Geht in dem Falle des Abs. 1 das mit dem Nutzungsrechte belastete Vermögen vor dem Erlöschen des Nutzungsrechts durch Erbfolge auf einen anderen über, so wird die Steuer für diesen Übergang nicht erhoben, vielmehr tritt die gleiche Behandlung ein, wie wenn derjenige, dem das Vermögen zur Zeit des Erlöschens gehört, das Vermögen unmittelbar von dem ursprünglichen Erblasser erworben hätte.

a) Verh. bz. Ges.-Erl.: —
b) Richtl.: —

c) Ausf.-Best.: § 51, § 52 Abs. 1 unter e.
d) Erl. d. RFM.: —
e) Ges. 1919: § 51 (unverändert).
f) Rechtspr.: Urt. d RG v 19. September 1881 und v. 24. Februar 1885. Erk. d PrObTrib. v. 25. Oktober 1877. Urt. d. RFH. v 22. März 1922.
g) Schrift.: Marcus, Berechnung der Erbanfallsteuer und der Schenkungssteuer von der Nießbrauchszuwendung an einen solchen Nutzungsberechtigten, dem der Nießbrauch schon kraft Gesetzes zusteht AStR. V. Sp 356. Zeller, Erbschaftssteuerpflicht der gesetzlichen Nießbraucher. JW. L. S. 1069.

Inhaltsübersicht.

1. Der § 37 befaßt sich mit Regelung des Erwerbs von Vermögen ohne die Nutzung, hinsichtlich dessen in erbschaftssteuerlicher Beziehung bleibend Sondervorschriften neben der bezüglichen Allgemeinregelung der Reichsabgabenordnung zu treffen sein dürften, wie solches auch bislang stets der Fall gewesen ist. Die jetzige Vorschrift ist wörtlich mit nur zwei weiter nicht ins Gewicht fallenden Fassungsänderungen aus dem EStG. 1919 übernommen und gibt den § 51 desselben wieder. Die historische Entwicklung bis zum Gesetz 1919 und bezüglich des letzteren ist in der 3. Auflage Anm. I im einzelnen dargestellt, worauf Bezug zu nehmen ist. In den Verhandlungen über das neue Gesetz, des Reichsrats sowohl wie des Reichstags, ist der Vorschrift überall nicht gedacht, ebenso nicht in den Richtlinien für die Anwendung des neuen Erbschaftssteuergesetzes und in den Ausführungsbestimmungen zu demselben. An praktischer Tragweite hat die Bestimmung des § 37 wesentlich durch die anderweite Regelung der Vorerbschaft und Nacherbschaft — früher (§ 23 EStG. 19) Vorerbe Nießbraucher, Nacherbe Erbe des herauszugebenden Vermögens, jetzt (§ 7 EStG. 22) Vorerbe und Nacherbe Substanzerben, Nacherbe als Erbe des Vorerben bestimmt — verloren. Um von vorneherein eine gewisse Klärung des ganzen Verhältnisses zu schaffen, sind in der 3. Auflage den Ausführungen zu § 51 einige allgemeine Bemerkungen über den Erwerb von Vermögen ohne die Nutzung unter Heranziehung der rechtlichen Unterlagen (Anm. 2 und 3), sowie ein Überblick über den allgemeinen, durch die Reichsabgabenordnung geregelten Fall vorweggeschickt; auf diese Einzelausführungen, welche in der Hauptsache noch als aktuell anzusehen sind, sei speziell verwiesen.

Absatz 1.

2. Die Sondervorschrift hinsichtlich der Wertfeststellung eines Erwerbs von Vermögen ohne die Nutzung für die Erbschaftssteuer, welche der Absatz 1 enthält, gibt dem Steuerpflichtigen das Recht auf Aussetzung der Versteuerung bis zum Erlöschen des Nutzungsrechts. Unbedingte Voraussetzung ist demnach das demnächstige Erlöschen des Nutzungsrechts, so daß bei immerwährenden Nutzungen der § 37 nicht in Betracht kommt. Die Zulassung des Rechts auf Aussetzung der Versteuerung beruht darauf, daß bei dem Erwerb des Vermögens ohne die Nutzung mit dem Erbfall bzw. Schenkungsfall zwar sofort ein endgültiger Erwerb und damit die Steuerpflicht begründet wird, daß aber dieser Erwerb materiell zunächst eine Bedeutung kaum oder doch nur in untergeordneter Weise hat und namentlich eine Bereicherung, aus welcher ohne weiteres der Steuerbetrag bestritten werden könnte, regelmäßig nicht enthält, während sonst prinzipiell eine solche Bereicherung gerade die Grundlage für die Besteuerung überhaupt bildet. Die dem schließlichen vollen Erwerb entsprechende, tatsächliche Bereicherung des Erwerbers tritt erst mit dem Erlöschen des Nutzungsrechts ein. Es mußte demnach billig erscheinen, dem Steuerpflichtigen das Recht, die Versteuerung bis zu diesem Zeitpunkt zu verschieben, einzuräumen. Diesem inneren Grunde entspricht es, daß die Aussetzung der Versteuerung nicht allgemein angeordnet, sondern, daß nur ein Recht des Steuerpflichtigen, eine solche Aussetzung zu verlangen, begründet ist. Demgemäß steht dem Finanzamt aus dem alleinigen Grunde, weil es sich um den Anfall eines Vermögens ohne die Nutzung handelt, ein Recht, die Versteuerung auszusetzen, nicht zu; es kann ein derartiges Recht nur aus den besonderen Gründen haben, nach welchen ein Zurücksetzen der Versteuerung allgemein für dasselbe gerechtfertigt sein würde. Die Steuerfestlegung und Erhebung bleibt ausgesetzt, bis daß das Nutzungsrecht rechtlich erlischt; jede anderweite Veränderung mit dem Nutzungsrecht ist dagegen ohne Einfluß, namentlich die Überlassung der Ausübung des Rechts an einem Dritten, welche der § 1059 BGB. beim Nießbrauch als zulässig erklärt; auch die Überlassung der Ausübung an den Erwerber des Stammvermögens kann dem Erlöschen des Rechts nicht gleichgeachtet werden, denn der Nießbrauch selbst bleibt in diesem Falle weiter zu Recht bestehen, weil er nach § 1059 BGB. nicht übertragbar ist. Die unentgeltliche Überlassung der Nutzung stellt sich eventuell als Schenkung dar und kann als solche selbständig wiederum steuerpflichtig werden. (Vgl. Urt. d. RG. vom 24. Febr. 1885; PrZBl. 1885 S. 124.) Verzichtet der Nutzungsberechtigte von vorneherein auf das ihm vermachte Nutzungsrecht, so daß ein solches überall nicht zur Entstehung gelangt, so greifen die Sondervorschriften überhaupt nicht Platz, weil es sich dann für den Erwerber des Vermögens um den Erwerb eines vollen Vermögens und nicht um einen solchen von Vermögen ohne Nutzung handelt; in diesem Falle kann jedoch durch den Verzicht wiederum eine Schenkung begründet sein. Durch das Erlöschen des Nutzungsrechts muß Nutzung und Vermögen wieder zu Eins vereinigt werden; es muß ein volles Vermögen entstehen. Folgeweise ist es für die steuerliche Behandlung, besonders für die Beendigung der Aussetzung, ohne Einfluß, wenn der erste Erwerber des Vermögens für den Fall des Erlöschens des Nutzungsrechts das letztere weiter einem Dritten vermacht hat und sodann vor dem Erlöschen des Nutzungsrechts des ersten Berechtigten verstirbt; der Erbe des ersten Erwerbers hat bei dem Erlöschen des ersten Nutzungsrechts nicht etwa die Wahl zwischen sofortiger Versteuerung und Aussetzung der Versteuerung bis zum Erlöschen des zweiten Nutzungsrechts, sondern die Aussetzung läuft ohne weiteres bis zu dem letzteren Zeitpunkte fort. Nach der neuen steuerlichen Ordnung hinsichtlich der Vor- und Nacherbschaft kommt die Vorschrift des § 37 wesentlich zur Anwendung, wenn dem Erben lediglich die Substanz eines Vermögens, einem anderen aber der Nießbrauch desselben vermacht ist, desgleichen bei dem Übergang eines bereits mit einem Nießbrauch belasteten Vermögens. Auf die gesetzliche familienrechtliche Belastung des Vermögens bezieht sich die Vorschrift nicht, wenn solche auch in die Wertfeststellung einschneidet; in letzterer Beziehung ist auf die oben in den Vorbemerkungen unter g angeführten Aufsätze von Marcus und Zeller zu verweisen. Die Vergünstigung des § 37 gibt dem Steuerpflichtigen ein persönliches Recht, über welches er allein zu entscheiden hat. Kommen mehrere Personen für den gleichen Erwerb des Vermögens ohne die Nutzung in Frage, so hat jeder einzelne ein selbständiges Recht, das er ohne Rücksicht auf die anderen Beteiligten, ausüben kann; jeder kann für seinen Erwerbsteil zwischen sofortiger Versteuerung und Aussetzung derselben wählen. Der Testamentsvollstrecker ist nicht berechtigt, eine Entscheidung nach § 37 zu treffen. Vgl. auch unten Anm. 5, 6 und 7.

3. Wählt der Steuerpflichtige die sofortige Versteuerung, so tritt das regelmäßige Verfahren nach Maßgabe der §§ 144, 145 der Reichsabgabenordnung ein. Daß nach der Zweiten Steuernotverordnung vom 19. Dezember 1923 die Wertermittlung sich fortan nach den besonders modifizierten Bestimmungen des Vermögenssteuergesetzes 1922 zu vollziehen hat, kann hierbei irgend einen Einfluß nicht ausüben. Die Besteuerung ist endgültig; der Steuerfall ist mit Abschluß dieses Verfahrens durch Steuerentrichtung erledigt, sofern nicht nach der Ausnahmevorschrift des § 145 Abs. 3 letzter Satz der Reichsabgabenordnung wegen Herabsetzung des Nutzungswerts einer auf die Lebenszeit einer Person beschränkten Nutzung auf den tatsächlichen Betrag derselben eine Nacherhebung der entsprechenden Steuer von dem zunächst ohne Nutzung vererbten Vermögen zugelassen ist. Der endgültige Abschluß des Steuerfalls bei der sofortigen Versteuerung zeigt seine materielle Hauptwirkung bei der Weitervererbung des Vermögens ohne die Nutzung, solange es tatsächlich noch Vermögen ohne Nutzung geblieben ist. Tritt eine Vererbung des Vermögens vor der Vereinigung mit der Nutzung ein, so handelt es sich um einen selbständigen neuen Steuerfall, welcher wiederum ganz den hier behandelten Sondervorschriften unterliegt. Maßgebend ist dabei ausschließlich das Verhältnis des zweiten Erwerbers zu seinem Erblasser, also zu dem ersten Erwerber. Es bestimmt sich danach zunächst, ob eine Steuerpflicht vorhanden ist oder nicht. Liegt Steuerpflicht vor, so hat der zweite Erwerber in der gleichen Weise wie der erste Erwerber die Wahl zwischen sofortiger Versteuerung und Aussetzung derselben. Bei der sofortigen Versteuerung hat sich die Wertermittlung auf den neuen Anfall, also auf den Zeitpunkt des Todes des ersten Erwerbers, zu beziehen. Wählt der zweite Erwerber die Aussetzung der Versteuerung, so hat er bei dem Erlöschen des Nutzungsrechts die Steuer nach Maßgabe der in der vorstehenden Anmerkung gegebenen Einzelausführungen zu entrichten; die Steuersätze bestimmen sich nicht nach dem Verhältnis des ersten Erwerbers zum ersten Erblasser, sondern nach dem Verhältnis des zweiten Erwerbers zum ersten Erwerber und gleichzeitigen zweiten Erblasser. Ohne allen Einfluß ist es dabei, wenn bei dem Tode des ersten Erwerbers noch eine Nacherhebung von Steuer aus dem ersten Anfall nach Maßgabe des letzten Satzes des Abs. 3 des § 145 der Reichsabgabenordnung notwendig wird. Diese Nacherhebung bedeutet nur eine allgemeine Belastung der Erbschaftsmasse, welcher dementsprechend Rechnung zu tragen ist; die Besteuerungsart für das Vermögen ohne Nutzung anläßlich des zweiten Anfalls, sofern es als solches fortbesteht, kann dadurch nicht berührt werden.

4. Wählt der Steuerpflichtige die Aussetzung der Versteuerung bis zum Erlöschen des Nutzungsrechts, so wird die Verwirklichung der Steuerpflicht von dem Zeitpunkt des An- oder Erbfalls auf den Zeitpunkt des Erlöschens des Nutzungsrechts verschoben und zwar in der Weise, daß der letztere Zeitpunkt nach jeder Richtung hin voll an die Stelle des ersteren tritt, wie solches in der Fassung der Gesetzesvorschrift speziell zum Ausdruck gebracht ist. Die Nutzung besteht nicht mehr und bleibt steuerlich ganz außer Betracht; es handelt sich jetzt lediglich um das Vermögen, das durch die Vereinigung mit der Nutzung aus einem Vermögen ohne Nutzung zu einem vollen Vermögen geworden ist. Für die Bewertung des Vermögens als eines vollen ist der Zeitpunkt des Erlöschens des Nutzungsrechts der bestimmende und nicht etwa der Zeitpunkt des Anfalls, welcher ganz ausscheidet; sowohl die Werterhöhung wie die Wertverminderung, welche das Vermögen in der Zeit von dem Anfall bis zu dem Erlöschen des Nutzungsrechts erfahren hat, ist zu berücksichtigen. Ebenmäßig werden die Steuersätze zugrunde gelegt, wie sie sich nach dem Verhältnis des tatsächlichen Erwerbers zu dem ersten Erblasser oder Schenker ergeben, so daß also in dem Falle einer Weitervererbung vor der Vereinigung der Nutzung mit dem Vermögen nicht das Verhältnis des ersten Erblassers bzw. Schenkers zu dem ersten Erwerber, sondern das Verhältnis jenes zu dem zweiten oder weiteren Erwerber, welcher im Augenblicke der Vereinigung von Vermögen und Nutzung als der Steuerpflichtige erscheint, maßgebend ist. Die einzelnen Momente der persönlichen Steuerpflicht (§ 8) und der Berechnung der Steuer sind lediglich nach dem Stand im Augenblicke des Erlöschens des Nutzungsrechts zur Anwendung zu bringen. Die Steuer ist so zu entrichten, als wenn der Anfall im Augenblicke des Erlöschens des Nutzungsrechts stattgefunden hätte, so daß also eine Verzinsung für die Zeit der Aussetzung nicht in Frage kommen kann; vgl. Marcus ESt G. 22 S. 312/313. Durch das Recht des Steuerpflichtigen, die Aussetzung der Versteuerung zu verlangen, wird die Verpflichtung zur Anmeldung des fraglichen Erwerbs (§ 26) nicht berührt, wie solches für früheres Recht zur Entscheidung gebracht ist; vgl. Erk. d. PrObertribunal vom 25. Oktober 1877, PrJBl. 1878 S. 209.

5. Hinsichtlich ihrer rechtlichen Grundlage steht die Vorschrift des § 37 Absatz 1 vollkommen der des vorgehenden § 36 gleich (s. Anm. 4 zu diesem Paragraphen). Sie stellt sich insbesondere scharf ausgesprochen als eine Bestimmung der Steuerveranlagung und Steuerfestsetzung dar und ist unter diesem Charakter in ihrer Tragweite

zu berücksichtigen. Daraus ergibt sich auch die Natur der besonderen Berechtigung, welche dem Steuerpflichtigen in seinem Interesse durch die Vorschrift eingeräumt wird. Wenn Breit EStG. 19 § 140 III dieses Recht des Steuerpflichtigen unter dem Gesichtspunkt der Stundung behandelt wissen will, so kann dem ebenso wenig beigepflichtet werden, wie der gleichen Auffassung zu § 36; das dort in Anm. 4 Ausgeführte greift auch hier Platz; vgl. Finger EStG. 22 Anm. 3 unter C zu § 37, desgl. Marcus EStG. 22 S. 312 letzter Abs. Die von Breit a. a. O. weiter vertretene Ansicht sowohl das Wahlrecht nach § 36 (§ 50 Ges. 19) wie auch das Recht auf Aussetzung der Besteuerung nach § 37 Abs. 1 (§ 51 Abs. 1 Ges. 19) könne bei einer Schenkung ausschließlich vom Beschenkten, nicht aber auch vom Schenker trotz dessen übereinstimmender Qualifikation als Steuerschuldner geltend gemacht werden, muß als zutreffend anerkannt werden; dieses gründet sich aber darauf, daß beide Vergünstigungen gesetzlich dem Erwerber des Anfalls, nicht aber dem Steuerschuldner allgemein eingeräumt sind.

6. Die Aussetzung der Versteuerung kann nicht ohne weiteres von amtswegen erfolgen; sie geschieht nur auf „Verlangen". Es bedarf dazu also eines Antrags des Steuerpflichtigen an das Finanzamt. Irgend welche gesetzliche oder sonstige Vorschriften sind für die fragliche Beantragung nicht getroffen; es finden danach die allgemeinen bezüglich jedes Antrags zu stellenden Erfordernisse Anwendung. Der Antrag hat von dem Steuerpflichtigen selbst oder dem berechtigten Vertreter oder dem ordnungsmäßig Bevöllmächtigten desselben auszugehen. Hat ein Dritter den Antrag gestellt, so muß er erst durch die Einwilligung des Steuerpflichtigen oder eines Vertreters desselben bekräftigt werden; ob diese Einwilligung eine ausdrückliche zu sein braucht, oder auch eine stillschweigende sein kann, wird je nach den Verhältnissen des einzelnen Falles zu bestimmen sein, da in der Lage der Sache kein Grund gegeben ist, eine stillschweigende Einwilligung vollständig auszuschließen. Der Testamentsvollstrecker als solcher erscheint, wie schon Anm. 2 hervorgehoben, nicht befugt, den Antrag zu stellen; vgl. dazu Zimmermann-Mühe EStG. 19 Anm. 3 unter a zu § 51; Mirre EStG. 22 Anm. 2 zu § 37; Finger EStG. 22 Anm. 3 unter b zu § 37. Eine Frist für die Stellung des Antrags ist gesetzlich nicht vorgeschrieben; der Steuerpflichtige hat demnach das Recht der Antragstellung bis zur Erledigung des Steuerfalls, welche sich erst durch die Steuerentrichtung vollzieht. Das Recht der Antragstellung bis zur Erledigung des Steuerfalls durch Steuerentrichtung muß als dem Steuerpflichtigen unter allen Umständen gleichmäßig zustehend angesehen werden. Es kann deshalb nicht verloren gehen, wenn die Versteuerung sich aus irgend welchen Gründen ohne ein Verschulden des Steuerpflichtigen verzögert und inzwischen eine Vereinigung der Nutzung mit dem Vermögen tatsächlich bereits stattgefunden hat. Auch in diesem Falle steht dem Steuerpflichtigen noch das Wahlrecht zu zwischen der sofortigen Versteuerung, die auf den Anfall unter Berücksichtigung des derzeit anzunehmenden Nutzungswerts zurückzubeziehen wäre, und der Aussetzung der Versteuerung, für welche der Zeitpunkt des bereits eingetretenen Erlöschens der Nutzung und der volle Wert des Vermögens ohne Berücksichtigung der Nutzung

maßgebend sein müßte und die sich tatsächlich als eine nahezu sofortige Versteuerung darstellen würde. Das Vorstehende findet Bestätigung in einem Urt. d. RFH. vom 22. März 1922 (RFH. E. VIII S. 328), das zwar zu dem RErbStG. 1906 ergangen ist, aber noch jetzt speziell in seiner Begründung als zutreffend anzuerkennen ist. Ist der Antrag auf Aussetzung der Versteuerung ordnungsmäßig gestellt, so ist die Frage, ob sofortige Versteuerung oder Aussetzung stattfinden soll, damit endgültig entschieden; eine Zurücknahme des Antrages ist nicht zugelassen und erscheint deshalb unstatthaft; das Gleiche vertritt Marcus ESt G. 22 Seite 312. In einem Schreiben des Reichskanzlers (Reichsschatzamt) vom 30. Juni 1908 II 4682 ist ausgesprochen, daß die Erben an ihr einmal gestelltes Verlangen auf Aussetzung der Versteuerung gebunden sind; das Verlangen, sobald es gestellt, habe bestimmte Rechtsfolgen in Ansehung der Berechnung der Steuer; um dem Steuerpflichtigen das Recht zu geben, diese Rechtsfolgen durch Änderung seines Antrages später zu beseitigen, hätte es einer besonderen Vorschrift im Gesetz bedurft: der Ausschluß eines Rechts des Steuerpflichtigen, in seiner Erklärung zu wechseln, hindere indessen die Steuerbehörde nicht, zur Vermeidung von Weiterungen oder aus anderen Gründen einem nachträglichen Wunsche des Steuerpflichtigen auf sofortige Vornahme der Besteuerung stattzugeben, falls nicht in der Zwischenzeit die Verhältnisse sich derart verändert hätten, daß die Berücksichtigung des Widerrufs eine Schädigung des Fiskus zur Folge haben würde. Die fragliche Verfügung wird jetzt noch als zu Kraft bestehend anzuerkennen sein. Den ordungsmäßig gestellten Antrag des Steuerpflichtigen auf Aussetzung der Versteuerung kann das Finanzamt nicht ablehnen; vgl. Urt. des RG. vom 19. September 1881, GruchBeitr. Bd. 26 S. 1138.

7. Das Recht, die Aussetzung der Versteuerung zu verlangen, ist ohne jede Beschränkung allen Steuerpflichtigen, denen ein Vermögen ohne die Nutzung anfällt, zugesprochen, gleichgültig, ob es sich um einen Erwerb von Todes wegen oder um einen Anfall unter Lebenden handelt. Ebenso kann jeder Steuerpflichtige für sich dieses Recht geltend machen. Infolge hiervon und dem allgemeinen Grundsatz, daß die Erbschaftssteuer für jeden einzelnen Beteiligten nach dessem Erwerbe besonders zu berechnen ist, wird in dem Falle, daß mehrere steuerpflichtige Personen gemeinsam ein Vermögen ohne die Nutzung erwerben, jedem einzelnen derselben das Recht, Aussetzung der Versteuerung für sich und seinen Anteil zu verlangen, zustehen; er kann dieses Recht ausüben, ohne daß er dabei irgendwie von seinen Mitbeteiligten und deren bezüglichen Entschließungen abhängig ist. Vgl. oben Anm. 2 a. E. Auf diese Weise ist es möglich, daß bezüglich desselben Vermögens ohne Nutzung zu einem Teile eine sofortige Versteuerung, zu dem anderen Teile eine Aussetzung der Versteuerung stattfindet. Der einzelne Steuerpflichtige muß jedoch das ihm ohne die Nutzung angefallene Vermögen in seiner Gesamtheit einheitlich versteuern; er kann nicht für einen Teil desselben sofortige Versteuerung verlangen und für den anderen Aussetzung beantragen; er hat nur die Wahl zwischen sofortiger Versteuerung und Aussetzung für das ihm ohne Nutzung angefallene Vermögen insgesamt.

8. Bei der Aussetzung der Versteuerung ist eine gewisse sofortige Inanspruchnahme des Steuerpflichtigen insofern zugelassen, als eine Sicherheitsleistung für die demnächst zu entrichtende Erbschaftssteuer verlangt werden kann. Ob eine Sicherheit im einzelnen Fall zu leisten ist, entscheidet das Finanzamt. Dasselbe bestimmt in gleicher Weise, in welcher Höhe die Sicherheit bestellt werden soll; selbstredend darf die Sicherheit nur im Verhältnis zu dem später zu entrichtenden Steuerbetrage gefordert und dabei über den höchstmöglichen Betrag nicht hinausgegangen werden. Vgl. dazu speziell auch über die Zulässigkeit von Rechtsmittel. Marcus EStG. 22 S. 312/313 Eine Sicherheitsleistung aus der Masse kann in diesem Falle nicht gefordert werden, da es sich nur um ein Sonderverhältnis des einzelnen Steuerpflichtigen handelt. Ohne Einfluß für die Forderung einer Sicherheitsleistung ist es, ob der Steuerpflichtige sofort beim Erbfall bzw. bei der Schenkung aus der Masse einen tatsächlichen Erwerb hat oder nicht, da die Forderung der Sicherheitsleistung im Gesetz unbedingt ausgesprochen ist. Das Recht des Steuerpflichtigen, die Aussetzung der Besteuerung zu verlangen, ist von der Sicherheitsleistung unabhängig; letztere kann nicht zur Bedingung für die Gewährung der Aussetzung gemacht werden, ebenso wenig wie die Aussetzung zurückgenommen oder verweigert werden darf, wenn die geforderte Sicherheit nicht geleistet wird. Bezüglich der Sicherheitsleistung trifft der § 51 der Ausführungsbestimmungen nähere Anordnungen. Dem Finanzamt liegt im Falle der Aussetzung der Versteuerung, abgesehen von der Entscheidung über die Sicherheitsleistung, die weitere Pflicht ob, den entsprechenden Anfall in die Überwachungsliste einzutragen und dadurch zu überwachen; Ausführungsbestimmungen § 52 Abs. 1 unter e.

Absatz 2.

9. Wird das Vermögen ohne Nutzung vor dem Erlöschen der letzteren vererbt, so bleibt die Aussetzung der Versteuerung bestehen, denn der erste, maßgebende Steuerfall als solcher wird dadurch nicht geändert. Dem neuen Erwerber steht namentlich ein Wahlrecht inbezug auf die Versteuerungsart — sofortige Versteuerung oder Aussetzung — nicht zu; die Entscheidung in dieser Richtung ist beim ersten Anfall endgültig getroffen. Der neue Erwerber tritt lediglich an die Stelle seines Erblassers. Vereinigt sich die Nutzung mit dem Vermögen, so ist so zu verfahren, als ob der letzte Erwerber unmittelbar von dem ersten Erblasser bzw. Schenker erworben hätte; es liegt dieses in der Natur der Sache und entspricht dem in dem zweiten Absatz des § 37 Verlautbarten. Für die Wertermittlung ist der Wert im Zeitpunkt der Vereinigung von Nutzung und Vermögen maßgebend; die Steuersätze bestimmt das Verhältnis des letzten Erwerbers zu seinem Erblasser, dem vorgehenden Erwerber. Wird das mit dem Nutzungsrechte belastete Vermögen vor dem Erlöschen des Nutzungsrechts und ohne ein Erlöschen des letzteren weitervererbt, so wird nach der Vorschrift des Absatz 2 für diesen Übergang eine Erbschaftssteuer nicht erhoben. Da das Gesetz ganz allgemein von einem Übergang durch Erbfolge spricht, so greift die Vorschrift des Abs. 2 bei jeder Art der Erbfolge, nicht etwa nur bei der gesetzlichen Erbfolge, Platz. Es darf daher für keinerlei Übergang Erbschaftssteuer erhoben werden. Weiter soll die gleiche Behandlung eintreten, wie wenn derjenige, dem das Vermögen zur Zeit des Erlöschens des Nutzungsrechts gehört, das Vermögen unmittelbar von dem ursprünglichen Erblasser bzw. Schenker erworben hätte; hierauf und auf die dadurch bedingten Folgen ist oben in dieser Anmerkung schon hingewiesen. Die Vorschriften greifen nicht nur für die erste Weitervererbung des mit dem Nutzungsrechte belasteten Vermögens Platz, sondern in der gleichen Weise auch für jede etwa noch folgende, wie schon aus der Fassung des letzten Satzes des Absatzes hervorgeht. Wenn die gesetzliche Vorschrift des zweiten Absatzes des § 37 am Schluß nur „von dem ursprünglichen Erblasser" spricht, so ist darin wohl keine besondere Absicht zu erblicken; es ist vielmehr auf eine unvollständige oder abgekürzte Fassung zurückzuführen, der richtiger die Worte „beziehungsweise Schenker" hinzuzufügen gewesen wären. Denn der erste Erwerb des Vermögens ohne die Nutzung kann ebensowohl auf Schenkung wie auf Erbfall beruhen. Beruht der weitere Vermögensübergang nicht auf Erbfolge, sondern auf Schenkung, so kann die lediglich auf die Erbfolge gestellte Vorschrift überhaupt nicht Platz greifen. Diese die Vorschrift einschränkende Auffassung vertritt auch Mirre EStG. 19 Anm. 6 zu § 51 und EStG. 22 Anm. 8 zu § 37, dieselbe in näheren Ausführungen gegen eine entgegengesetzte Ansicht verteidigend; die Mirresche und diesseitige Auffassung teilt Finger EStG. 22 Anm. 6 unter a zu § 37. Es treten hier die gleichen Folgen wie bei der entgeltlichen Veräußerung (vgl. folgende Anmerkung) ein, nur mit der Modifikation, daß bezüglich der weiteren Übertragung die Schenkungssteuer nach dem Verhältnis des Beschenkten zum ersten Steuerpflichtigen bzw. Schenker in Rechnung zu bringen ist.

10. Wird bei ausgesetzter Versteuerung das Vermögen ohne Nutzung durch Rechtsgeschäft unter Lebenden veräußert, so hat dieses auf die Steuerpflicht keinen Einfluß; es finden insbesondere die Vorschriften des zweiten Absatzes des Paragraphen keine Anwendung. Der Veräußerer bleibt als Steuerpflichtiger nach wie vor verhaftet und nach seiner Person, seinem Verhältnis zum Erblasser bzw. Schenker bestimmen sich die Steuersätze. Handelt es sich bei der Veräußerung um eine Schenkung unter Lebenden, so wird diese ohne Rücksicht auf den früheren Steuerfall und ohne jede Änderung desselben wiederum besonders steuerlich zu behandeln sein; vgl. dazu Marcus EStG. 22 S. 314. Für steuerfreien Erwerb eines Vermögens ohne die Nutzung hat die Vorschrift des Abs. 2 ebensowenig wie die des Abs. 1 des § 37 eine Bedeutung; die Steuerfreiheit schließt die Anwendung des § 37 insgesamt aus. Wird das betreffende Vermögen vor Erlöschen des Nutzungsrechts durch entgeltliches Rechtsgeschäft unter Lebenden weiter veräußert, so ist nach Maßgabe des Vorausgeführten für die Anwendung des § 37 kein Feld gegeben. Bildet aber ein Erbfall oder eine Schenkung den Rechtsgrund der bezüglichen Veränderung, so ist dadurch ein neuer selbständiger Steuerfall gegeben, für welchen uneingeschränkt die Regelungen des § 37 und damit die Ausführungen in den vorgehenden Anmerkungen Platz greifen.

Zu Absatz 1 und 2.

11. Ist von dem Erwerber eines Vermögens ohne die Nutzung die Aussetzung der Besteuerung beantragt worden, so kann sich je nach den besonderen Umständen des Einzelfalls die endgültige

Regelung eine verhältnismäßig lange Zeit hinausschieben und dürfte dieses sogar als Regel anzunehmen sein. Umgekehrt kann aber noch jetzt die Aussetzung der Besteuerung, welche das Erbschaftssteuerrecht fast allgemein schon von länger her kannte, entsprechend weit in die Vergangenheit zurückgreifen, so daß sie sich durch mehrere steuerliche Regelungen (Landeserbschaftssteuergesetz, Reichserbschaftssteuergesetz 1906, Erbschaftssteuergesetz 1919, Erbschaftssteuergesetz 1922, Erbschaftssteuergesetz 1923) hindurchzieht. Es frägt sich, wie ist bezüglich der Konkurrenz der verschiedenen Steuergesetze zu entscheiden, wenn unter dem neuesten Gesetz der Steuerfall zur Erledigung kommt. Bei Entscheidung dieser Frage ist von dem jüngsten Gesetz auszugehen. Nach § 48 des Erbschaftssteuergesetzes 1922 ist dieses Gesetz mit der Wirkung vom 1. Juli 1921 in Kraft getreten; des weiteren bestimmt sich die Steuerpflicht nach den bisherigen Vorschriften, wenn der Erblasser vor dem 1. Juli 1921 verstorben ist. Diese Bestimmungen, bezüglich deren das EStG. 1923, abgesehen vom Termin, keinen großen Einfluß über die Änderung erbringt, decken die Aussetzung der Besteuerung bzw. die endgültige Erledigung derselben nur zu einem Teil (Erledigung durch Erbfall, Tod des Erblassers vor dem 1. Juli 1921). Man wird daher zu einer sinngemäß ausdehnenden Auslegung greifen müssen. Diese wird dahin gehen können, daß man das Entstehen der Steuerschuld für die Aussetzungsfälle als maßgebend annimmt. Die Steuerschuld entsteht aber auch bezüglich des Erwerbs von Vermögen ohne die Nutzung als solche bei dem ersten Anfall; nur die Besteuerung, nicht das Entstehen der Steuerschuld wird bei der Aussetzung der Besteuerung herausgeschoben. Grundsätzlich muß es gerechtfertigt scheinen, hinsichtlich der fraglichen Aussetzung der Besteuerung das gleiche Steuergesetz am Anfang der Aussetzung bis zur endgültigen Erledigung des Steuerfalls anzuwenden. Man wird danach dazu kommen, die Aussetzungen der Besteuerung stets nach demjenigen Steuergesetz zu behandeln, unter dem die Aussetzung beantragt und zugelassen war. Nur auf diese Weise kommt man zu einem Ergebnis, das den tatsächlichen Verhältnissen nach jeder Richtung hin gerecht wird. Nach der ganzen Lage der Sache wird eine derartige Auslegung als gegen die Absichten der Gesetzgeber verstoßend nicht angesehen werden können. Die bezüglichen Vorschriften des Erbschaftssteuergesetzes 1919 (§ 72) und des Reichserbschaftssteuergesetzes 1906 (§ 61) sind derart gefaßt, daß sie eine gleiche Behandlung als zulässig erscheinen lassen. Unbedenklich wird demnach auf die endgültige Erledigung der unter früherer gesetzlicher Regelung begründeten Aussetzungsfälle das frühere Recht zur Anwendung bringen dürfen, wenn auch diese endgültige Erledigung sich nicht auf Erbfall stützte und nach dem 1. Juli 1921 zur Durchführung kam. Zu dem gleichen Ergebnis, obwohl auf etwas anderem Wege, gelangt Mirre EStG. 22 Anm. 7 zu § 37.

§ 38.

Das Landesfinanzamt ist ermächtigt, auf Antrag der Steuerpflichtigen von der genauen Ermittlung des steuerpflichtigen Vermögens *[oder des Vermögens des Erwerbers]* und der Vorlegung eines Verzeichnisses ganz oder zum Teil abzusehen und einen Pauschbetrag für die Steuer anzunehmen, auch die Pauschversteuerung in solchen Fällen, in denen die Versteuerung andernfalls noch ausgesetzt sein müßte, zu gestatten.

a) Verh. bz. Ges.-Entw.: Rt. 1920/22 Aussch.-Ber. Drucks. Nr. 4856 S. 46/47.
b) Richtl.: —
c) Ausf.-Best.: —
d) Erl. d. RFM.: Erl. v. 14. Januar 1924.
e) Ges. 19: § 61 (zunächst durch untergeordnetem Zusatz erweitert).
f) Rechtspr.: Urt. d. RG. v. 8. März 1886.
g) Schriftt.: —

Inhaltsübersicht.

1. Der § 38 regelt die Pauschversteuerung, welche in ähnlicher Weise schon in dem Reichserbschaftssteuergesetz 1906 (§ 44) erscheint und aus letzterem in das Erbschaftssteuergesetz 1919 (§ 61) übernommen wurde. Letzterer Vorgang ist in seinen Einzelheiten in der 3. Auflage Anm. 1 zu § 61 dargelegt, worauf Bezug genommen werden soll. Der § 61 des früheren Gesetzes ist wörtlich dem jetzigen Gesetz eingefügt, nur sind durch die Verhandlungen im Reichstag hinter den Worten „des steuerpflichtigen Vermögens" die Worte „oder des Vermögens des Erwerbers" eingeschaltet, ohne daß für die Einschaltung in den Drucksachen eine weitere Begründung angeführt ist. Im übrigen ist der Paragraph weder in den Verhandlungen des Reichsrats noch in denen des RReichstags irgendwie berührt worden, ebenso wie ihn die Richtlinien für die Anwendung des neuen Erbschaftssteuergesetzes nicht berücksichtigen. Auch die Ausführungsvorschriften befassen sich mit der Vorschrift des § 38 nicht. — Der soeben bezeichnete Zusatz, um welchen das EStG. 1922 von dem Reichstag erweitert wurde, „und das Vermögen des Erwerbers", ist durch die Zweite Steuernotverordnung vom 19. Dezember 1923 wieder beseitigt worden, so daß EStG. 1923 bezüglich des § 38 wieder ganz auf das EStG. 1919 führte. Nach dem Erlaß des Reichsfinanzministers betr. Änderung des Erbschaftssteuergesetzes durch die Zweite Steuernotverordnung vom 14. Januar 1924 C 5 30 Anlage 1 unter B Ziff. 15 ist die Streichung die Folge des Wegfalls des bisherigen § 10 Abs. 3 EStG. Damit wird zugleich der Zweck verlautbart, der den Reichstag veranlaßte, die Worte in das EStG. 1922 neu einzufügen. Der besagte § 10 Abs. 3 regelte den Zuschlag, welchen der Erwerber nach seinem bereits vorhandenen Vermögen neben dem Grundbetrage der Steuer zu entrichten hatte, wie er durch das EStG. 1919 neu eingeführt und in das EStG. 1922 übernommen war. Bei der Neuformulierung des § 10 durch die Zweite Steuernotverordnung wurde dieser Zuschlag überhaupt beseitigt. Wenn man in dem EStG. 1922 eine Pauschversteuerung auch wegen etwaiger Schwierigkeiten

bei Feststellung des Zuschlagsvermögens des Erwerbers hätte zulassen wollen, so war dem durch den gänzlichen Wegfall des Zuschlags der Boden entzogen und man mußte den neuen Zusatz für das EStG. 1923 wieder aufgeben. Auf diese Weise kam eine grundsätzliche und wörtliche volle Übereinstimmung zwischen den Erbschaftssteuergesetzen von 1919 und von 1923 zum Durchbruch.

2. Die Pauschversteuerung (Aversionalversteuerung, Abkommensversteuerung, Steuerabfindung, Abfindungsversteuerung) bedarf als eine ausnahmsweise Versteuerungsform mit abgekürztem Verfahren wesentlich zur Vereinfachung der Veranlagung im Einzelfall der Genehmigung des Landesfinanzamts. Letzteres kann die Pauschversteuerung nach freiem Ermessen zulassen oder versagen; der Steuerpflichtige hat kein Recht, dieselbe zu verlangen; falls jedoch die von ihm beantragte Zulassung der Pauschversteuerung von dem Landesfinanzamt abgelehnt ist, wird man ihm ein Beschwerderecht gegen diese Ablehnungsverfügung nach Maßgabe des § 224 der Reichsabgabenordnung nicht versagen dürfen; wogegen eine Rechtsbeschwerde an den Reichsfinanzhof jedenfalls unzulässig erscheint. Diese Ansicht wird insbesondere auch von Schachian EStG. 19 Anm. 1 zu § 61 und von Mirre EStG. 19 Anm. 1 zu § 61 sowie EStG. 22 Anm. 1 zu § 38 vertreten; desgl. von Marcus EStG. 22 S. 315. Die Beschwerde geht an den Reichsminister der Finanzen; das Landesfinanzamt kann vor Entscheidung des letzteren der Beschwerde abhelfen. Über das Verfahren enthalten weder das Gesetz noch die Ausführungsbestimmungen zu demselben (in gleicher Weise wie bisher) nähere Bestimmungen. Soweit nicht das Landesfinanzamt, welches die Einzelheiten bezüglich der Pauschversteuerung zu regeln befugt erscheint, anderweite Vorschriften trifft, ist die Pauschversteuerung bei der unterstellten Steuerbehörde, dem Finanzamt bzw. dessen Hilfsstelle, zu beantragen bzw. von dieser zu veranlassen und weiter zu verhandeln, sowie demnächst zur Entscheidung des Landesfinanzamts zu bringen.

3. Früher war diesseits — vgl. insbesondere 3. Auflage Anm. 3 und 7 zu § 61 — die Ansicht vertreten, daß nach dem Gesetz zwei verschiedene Fälle der Pauschversteuerung zugelassen seien, einmal eine solche auf Antrag des Steuerpflichtigen, ohne daß dabei bezüglich des Anfalls besondere Bedingungen vorgeschrieben wären, und sodann eine solche ohne Antrag des Steuerpflichtigen bezüglich solcher Anfälle, deren Versteuerung sonst noch ausgesetzt bleiben müßte. Diese Unterscheidung war wesentlich mit der Fassung der gesetzlichen Vorschrift begründet. Sie fand jedoch keinen Anklang und wurde namentlich von Mirre EStG. 19 Anm. 1 Abs. 2 zu § 61 und von Breit EStG. 19 § 26 unter I, 2 mit dem Hinweis bekämpft, daß das Schlußwort der gesetzlichen Vorschrift „gestattet" entgegenstehe. Letzteres wird bis zu einem gewissen Grade anzuerkennen sein. Wenn auch nicht vollkommen überzeugt, so tragen wir doch keine Bedenken, die frühere Ansicht fallen zu lassen, zumal der ganzen Frage eine größere praktische Bedeutung nicht beizumessen sein wird, denn die Pauschversteuerung setzt stets eine Vereinbarung mit dem Steuerpflichtigen voraus; für den Fall, daß eine solche zu erzielen ist, wird die Steuerbehörde regelmäßig in der Lage sein, den Steuerpflichtigen zur Stellung eines Antrages zu veranlassen.

4. Nach den Ausführungen in der vorgehenden Anm. 3 ist davon auszugehen, daß eine Pauschversteuerung nur auf Antrag des Steuerpflichtigen erfolgen, das Landesfinanzamt solche aber nicht aus eigener Machtvollkommenheit anordnen kann, selbst wenn zwingende Gründe dafür sprechen sollten. Die gesetzliche Vorschrift unterscheidet in ihrer besonderen Fassung zwei Fälle: der Antrag kann einmal darauf hinauslaufen, von der genauen Ermittlung des steuerpflichtigen Vermögens (nach ESt G. 1922 auch des Vermögens des Erwerbers) und der Vorlegung eines Verzeichnisses ganz oder zum Teil abzusehen und einen Pauschbetrag für die Steuer anzunehmen; er kann sich aber zweitens auch darauf richten, die Pauschversteuerung in solchen Fällen, in denen die Versteuerung andererseits ausgesetzt sein müßte, zu gestatten. Für den ersteren Fall schreibt das Gesetz keinerlei Unterlagen vor, auf welche der Antrag des Steuerpflichtigen gestützt werden müßte. Da es sich dabei stets um ein ausnahmsweises Versteuerungsverfahren handelt, so wird es mangels einer speziellen darauf hinzielender gesetzlichen Vorschrift immer eines besonderen Grundes bedürfen, der regelmäßig in größeren Schwierigkeiten bestehen wird, welche eine Versteuerung im ordentlichen Verfahren bereiten würde. Solche Schwierigkeiten können durch außerordentliche und verwickelte Verhältnisse, welche für die steuerpflichtige Masse in tatsächlicher oder in rechtlicher Beziehung bestehen und eine Ermittelung des Bestandes und des Wertes im einzelnen in einer ungewöhnlichen Weise hemmend beeinflussen müssen, gegeben sein. Nach der für das ESt G. 1922 gemachten Einschaltung werden auch Schwierigkeiten zu berücksichtigen sein, welche sich hinsichtlich einer notwendigen Festlegung des Vermögens des Erwerbers ergeben sollten — speziell bei Ausländern — von Bedeutung. Das Vorhandensein außerordentlicher Umstände wird stets die Vorbedingung für die Gewährung der Pauschversteuerung bilden. Ob für letztere der vorgebrachte Grund genügt, entscheidet lediglich das Landesfinanzamt. Da die besonderen Schwierigkeiten für die Bestandsaufnahme und die Wertermittlung in der Regel nicht allein den Steuerpflichtigen, sondern in einem ähnlichen Grade die Steuerbehörde, insonderheit das Finanzamt, treffen werden, so ist auch für letztere meist ein Interesse an der Pauschversteuerung vorhanden. Daß ein solches behördliches Interesse stets gegeben sein müßte, um die Pauschversteuerung zu begründen, kann nicht als notwendig erscheinen; denn in der ausdrücklichen Gewährung des Antragsrechts an den Steuerpflichtigen liegt, daß seine Interessen in erster Linie in Betracht kommen sollen. Zu Zweit fordert das Gesetz besondere Unterlagen; der Antrag des Steuerpflichtigen ist auf solche Fälle, deren Versteuerung sonst ausgesetzt bleiben müßte, beschränkt, also im wesentlichen auf Anfälle, bei denen der Erwerb von dem Eintritt einer aufschiebenden Bedingung abhängt, und auf Anfälle des Vermögens ohne die Nutzung. Eine Berechtigung zu einer Antragstellung ist bezüglich dieser Fälle nur bei dem Zutreffen der angeführten Voraussetzungen vorhanden; das Landesfinanzamt seinerseits hat auch hier über die Pauschversteuerung nach eigenem Ermessen zu beschließen. Gegen den Willen des Steuerpflichtigen kann die Pauschversteuerung niemals durchgeführt werden, da sie stets eine Einigung mit dem Steuerpflichtigen voraussetzt. Selbst in diesen Fällen wird die Pauschversteuerung immer lediglich ausnahmsweise eintreten können, wenn ganz

besondere Verhältnisse vorliegen, durch welche das Hinausschieben der Versteuerung gegen das Interesse des Steuerpflichtigen wie auch des Fiskus sein würde, sei es, daß für die spätere Versteuerung besondere Schwierigkeiten durch inzwischen mögliche Verdunklung der Sachlage voraussichtlich entstehen würden, sei es, daß eine Unsicherheit bezüglich des Steuereingangs zu befürchten wäre oder sonst dergleichen. Regelmäßig wird in diesen Fällen ebenmäßig das Interesse des Steuerpflichtigen an der Pauschversteigerung mit dem der Steuerbehörde mehr oder weniger übereinstimmen, so daß immer eine Unterlage für die Vereinbarung, wie sie die Pauschversteuerung voraussetzt, gefunden werden dürfte. Eine Feststellung der persönlichen Steuerpflicht und des persönlichen Verhältnisses des Steuerpflichtigen zum Erblasser oder Schenker wird stets notwendig sein. Vgl. hierzu Finger EStG. 22 Anm. 4 und 5 zu § 38.

5. Den Antrag auf Pauschversteuerung kann nur der Steuerpflichtige bzw., sofern derselbe geschäftsunfähig oder in der Geschäftsführung beschränkt ist, sein gesetzlicher Vertreter stellen; ob auch der Testamentsvollstrecker, der Nachlaßpfleger oder Nachlaßverwalter als antragsberechtigt anzusehen sind, wie solches Finger EStG. 22 Anm. 3 Abs. 2 zu § 38 annimmt, wird zum mindesten zweifelhaft erscheinen. Der Antrag wird von vorneherein entsprechend zu begründen sein; es ergibt sich daraus die Notwendigkeit, daß er in der Regel schriftlich einzubringen ist, wenn solches auch nicht als zwingende Vorschrift angesehen werden kann. Der Antrag muß die tatsächlichen Unterlagen, nach welchen die Zulassung der Pauschversteuerung sich rechtfertigt, enthalten, des weiteren die Unterlagen für die Festsetzung oder Vereinbarung eines Pauschbetrages für die Erbschaftssteuer. Ausreichendes und vollständiges Material in beiden Beziehungen beizubringen, muß im Interesse des Antragstellers liegen, da er nur dadurch auf einen Erfolg seines Antrags rechnen kann. Hält das Landesfinanzamt oder das von diesem beauftragte Finanzamt den Antrag in einzelnen Punkten einer Ergänzung bedürftig, so kann es den Antragsteller zu einer solchen anhalten. Zu dem Zweck steht ihm wie auch sonst die volle Befugnis der Auskunftsforderung gegenüber dem Antragsteller zu, da die Stellung des Antrags auf Pauschversteuerung die allgemeine Verpflichtung zur Auskunfterteilung für den Antragsteller nicht beseitigen kann, während nach Lage der Sache allerdings anzunehmen ist, daß der Antrag auf Pauschversteuerung die Verpflichtung zur Abgabe einer Erbschaftssteuererklärung zum mindesten insoweit aufschiebend beeinflußt, als die Erbschaftssteuererklärung erst wieder verlangt werden kann, wenn der Antrag auf Pauschversteuerung abgelehnt ist; wird dem Antrage stattgegeben, so ist damit die Verpflichtung zur Erbschaftssteuererklärung ohne weiteres beseitigt. Die allgemeine Auskunftspflicht bleibt nach zugelassener Pauschversteuerung bestehen, sofern es sich um Tatumstände handelt, welche der Steuerbehörde die Berechtigung, die Pauschversteuerung aufzuheben bezw. Nachforderungen zu stellen, geben (vgl. unten Anm. 7).

6. Sofern ihm ein entsprechender Grund zur Seite steht, ist jeder Steuerpflichtige berechtigt, den Antrag auf Pauschversteuerung zu stellen, also nicht etwa nur der Erbe, sondern in

der gleichen Weise der Vermächtnisnehmer, der Erwerber einer Schenkung von Todes wegen usw. In dieser Richtung greift das in Anm. 2 zu § 26 Ausgeführte Platz. Nach dem Gesetz braucht der Antrag auf Pauschversteuerung sich nicht auf den ganzen Anfall des Steuerpflichtigen zu beziehen, sondern letzterer ist berechtigt, einen Teil des Anfalls für den Antrag herauszugreifen, wenn nur für diesen entsprechende Verhältnisse vorliegen. Ebenso wird es als zulässig erscheinen, daß sich mehrere oder die sämtlichen Steuerpflichtigen eines Erbfalls zu dem Antrag auf Pauschversteuerung vereinigen, wenn für die Gesamtheit ihrer Anfälle oder die Erbschaft als Ganzes Schwierigkeiten, wie sie für die Begründung des Antrages erforderlich sein würden, geltend zu machen sind. Pauschversteuerung und regelmäßige Veranlagung müssen bei Zusammentreffen notwendigerweise stets Hand in Hand gehen.

7. Die genehmigte Pauschversteuerung ist rechtlich als ein Vergleich zwischen dem Landesfinanzamt und dem Steuerpflichtigen über die von diesem zu erlegende Erbschaftssteuer aufzufassen; vgl. Urt. des RG. vom 8. März 1886 (JW. 1886 S. 159 Nr. 32). Der Kommissionsbericht des Reichstags bei der Verhandlung über das frühere RErbStG. 1906 enthält in dieser Beziehung folgendes: „Der Berichterstatter bemerkte, daß nach seiner Auffassung die zwischen dem Steuerfiskus und dem Steuerpflichtigen getroffene Einigung, auf Grund derer die Annahme des Pauschbetrags erfolgt, den Charakter eines Vergleichs im Sinne des § 779 BGB. habe. Ein Vertreter der Reichsregierung bestätigte die Richtigkeit dieser Auffassung." Der angezogene, für den Vergleich im Sinne des Privatrechts maßgebende § 779 BGB. lautet:

„§ 779. Ein Vertrag, durch den der Streit oder die Ungewißheit „der Parteien über ein Rechtsverhältnis im Wege gegenseitigen „Nachgebens beseitigt wird (Vergleich), ist unwirksam, wenn der „nach dem Inhalte des Vertrags als feststehend zugrunde gelegte „Sachverhalt der Wirklichkeit nicht entspricht und der Streit oder „die Ungewißheit bei Kenntnis der Sachlage nicht entstanden „sein würde. — Der Ungewißheit über ein Rechtsverhältnis steht „es gleich, wenn die Verwirklichung eines Anspruchs unsicher ist."

Bezüglich der rechtlichen Wirkungen der Pauschversteuerung finden die vorstehenden Vorschriften des bürgerlichen Rechts entsprechende Anwendung. Es hat dieses namentlich Bedeutung für die Frage, ob und wann einerseits eine ganze oder besonders teilweise Rückerstattung des bezahlten Pauschbetrages von dem Landesfinanzamt an den Steuerpflichtigen, anderseits eine Nachforderung des Landesfinanzamts gegen den Steuerpflichtigen Platz greifen kann. Beides, Rückerstattung wie Nachforderung, wird für die Regel ausgeschlossen sein und kann nur eintreten, wenn der Vergleich nach dem § 779 BGB. sich als unwirksam erweist. Eine solche Unwirksamkeit kann nicht in Frage kommen, wenn sich lediglich die unbestimmten und ungewissen Verhältnisse, welche den Grund für die Pauschversteuerung gebildet haben, später klären und sich dadurch der gezahlte Pauschbetrag den nunmehrigen klaren tatsächlichen Verhältnissen gegenüber als zu hoch oder als zu niedrig — gleichgültig, auch in welchem Grade — erweisen sollte; denn in diesem Falle hat die Ungewißheit, welche die Voraussetzung des Vergleichs bildet, zur Abschlußzeit vorgelegen und damit ist der rechtlichen

Vorbedingung genügt; eine Unwirksamkeit nach dieser Richtung hin ist ausgeschlossen. Eine Änderung des Pauschbetrages zugunsten oder zuungunsten des Steuerpflichtigen kann demnach nur dann sich vollziehen, wenn die Grundlage der Pauschversteuerung der Wirklichkeit nicht entspricht und die Ungewißheit bei Kenntnis der wirklichen Sachlage überhaupt nicht entstanden sein würde, ein Fall, der bei den besonderen Verhältnissen der Pauschversteuerung wohl nur selten eintreten wird, jedoch immerhin möglich sein kann. Auch im allgemeinen bei Irrtum (§ 119 BGB.) wird eine Anfechtung des bezüglich der Pauschversteuerung getroffenen Abkommens sowohl für das Landesfinanzamt wie für den Steuerpflichtigen zulässig erscheinen. Daß bei arglistiger Täuschung (§ 123 BGB.), wenn der Steuerpflichtige wissentlich falsche Angaben gemacht oder die tatsächlichen Verhältnisse entstellt hat, die Pauschversteuerung angefochten und aufgehoben werden kann, bedarf wohl kaum der Hervorhebung. — Einen dem Vorstehenden entgegengesetzten Standpunkt nimmt Schachian EStG. 19 Anm. 4 zu § 61 ein, indem er in der Pauschversteuerung einen obrigkeitlichen Akt sieht, auf den die Grundsätze des Vergleichs (BGB. § 779) nicht zur Anwendung zu bringen sind. Diesem hat sich nunmehr Mirre EStG. 22 Anm. 4 zu § 38 angeschlossen, der insbesondere § 78 der Reichsabgabenordnung für anwendbar erklärt. Gegenüber dem oben Geltendgemachten wird dem nicht beigepflichtet werden können. — Die diesseitige Auffassung vertritt uneingeschränkt früher wie jetzt Finger EStG. 19 Anm. 6 zu § 61 und EStG. 22 Anm. 6 zu § 38, ebenso Marcus EStG. 1922 S. 315. Einen mittleren, im Erfolg dem diesseitigen gleichlaufenden Standpunkt nimmt Breit EStG. 19 § 26 letzter Absatz S. 105 ein, indem er das Vorhandensein eines zivilrechtlichen Vertrages in Abrede stellt, die Anwendbarkeit des § 779 BGB. aber zugesteht, da die Bestimmungen des letzteren auch der Natur des öffentlich-rechtlichen Vertrages angepaßt seien. — Mit der im § 210 der Reichsabgabenordnung geregelten Schätzung steht die Pauschversteuerung als solche nicht in Verbindung, wenn man erstere auch als eine Ergänzung der letzteren betrachten kann, wie solches von Schachian EStG. 19 Anm. 5 zu § 61 geschieht.

§ 39.

Sind bei der Erteilung des Steuerbescheids abzugsfähige Verbindlichkeiten nicht berücksichtigt worden, weil sie dem Steuerpflichtigen unbekannt waren, so kann er bis zum Ablauf von fünf Jahren seit der Veranlagung Berichtigung des Steuerbescheids beantragen.

a) Verh. bz. Ges.-Erl.: Rt. 1920/22 Aussch.-Ber. Drucks. Nr. 4856 S. 44/45.

b) Richtl.: —

c) Ausf.-Best.: —

d) Erl d. RFM.: Erl. v. 3. Juli und v. 28. Dezember 1920. Durchführ.-Best. v. 28. März 1924. Erl. v. 28. März 1924.

e) Ges. 19: § 49 (etwas geändert).

f) Rechtspr.:

g) Schriftt.:

Inhaltsübersicht.

1. Die Vorschrift des § 39 gibt die Möglichkeit einer Berichtigung der Veranlagung für den Fall, daß abzugsfähige Verbindlichkeiten noch nachträglich bekannt werden. Sie kommt in ähnlicher Weise bereits im Reichserbschaftssteuergesetz von 1906 vor und sollte nach dem Regierungsentwurf für das EStG. von 1919 eine gewisse Erweiterung erfahren, die aber in den Verhandlungen mit dem Reichstag fallen gelassen wurde; wegen des Näheren hierüber ist auf die 3. Auflage Anm. 1 zu § 49 zu verweisen. Die jetzige Fassung der Vorschrift entspricht mit zwei materiell weniger bedeutenden Änderungen der des EStG. 19 § 49, nur ist die Frist für den Berichtigungsantrag anderweitig bemessen (s. unten Anm. 3 a. E.). Hinsichtlich der Gründe für die bezeichnete Änderung gibt das Druckmaterial der Gesetzesverhandlungen keinerlei Aufschluß. Die Richtlinien für die Anwendung des neuen Erbschaftssteuergesetzes und die Ausführungsbestimmungen berühren den § 39 nicht. Die Zweite Steuernotverordnung vom 19. Dezember 1923 wirkt nicht ein.

2. Die Vorschrift des § 39 gibt ausschließlich dem Steuerpflichtigen eine Berechtigung, welche in einem Antrage zu verwirklichen ist. Diesen Antrag hat entweder der Steuerpflichtige selbst oder sein gesetzlicher bzw. sonst bevollmächtigter Vertreter zu stellen; Testamentsvollstrecker, Nachlaßpfleger oder Nachlaßverwalter werden nach Lage der Sache zur Antragstellung nicht berechtigt erscheinen, obwohl hiergegen sich Zweifel erheben können. Werden mehrere Steuerpflichtige, deren Steuerpflicht durch den gleichen bzw. einheitlichen Steuerbescheid festgelegt worden ist, durch das dem Antrag zugrunde liegende Verhältnis berührt, so genügt es, wenn einer derselben den Antrag stellt, weil die daraufhin vorzunehmende Berichtigung infolge des nicht außer acht zu lassenden Zusammenhangs desselben ohne weiteres die übrigen Steuerpflichtigen in Mitleidenschaft ziehen muß. Voraussetzung für die Berechtigung zu dem Antrag ist einmal, daß der Steuerbescheid bereits erteilt ist, ferner, daß in demselben abzugsfähige Verbindlichkeiten durch Unkenntnis des Steuerpflichtigen nicht berücksichtigt sind und endlich, daß die für die Stellung des Antrags gesetzte Frist (fünf Jahre seit der Veranlagung; vgl. nachfolgende Anm. 3 a. E.) noch läuft. Die erste Voraussetzung ergibt sich ohne weiteres aus der Natur der Sache. Erst mit der Erteilung des Steuerbescheids, d. i. mit der Zustellung desselben an den Steuerpflichtigen, ist das Veranlagungsverfahren abgeschlossen, steht mithin die Veranlagung endgültig fest. Da das Finanzamt abzugsfähige Verbindlichkeit zu berücksichtigen hat, so ist bezüglich solcher das Rechtsmittelverfahren zur Sicherung des Steuerpflichtigen ohne weiteres gegeben. Erst vom Augenblicke des erlassenen Steuerbescheides an kann von einer Berichtigung der Veranlagung überhaupt die Rede sein. Werden dem Steuerpflichtigen zunächst nicht berücksichtigte abzugsfähige Verbindlichkeiten früher bekannt, so hat er dieselben lediglich durch Anzeige oder

Anmeldung zur Kenntnis der Steuerbehörde zu bringen, welche denselben entsprechend bei der noch ausstehenden Endveranlagung Rechnung zu tragen hat. Bis zur Erteilung des Steuerbescheids ist damit den Interessen des Steuerpflichtigen genügt. Vgl. auch Anm. 6 zu § 37. Wenn in der Fassung des früheren Gesetzes 19 von einer „Berichtigung der Steuerveranlagung" in der jetzigen von einer „Berichtigung des Steuerbescheids" gesprochen wird, so ist dem eine materielle Bedeutung nicht weiter beizumessen; die neuere Fassung wird eventuell als die präzisere zu gelten haben.

3. Der eigentliche innere Kern der Vorschrift liegt in der zweiten Vorbedingung. Einerseits muß es sich dabei um abzugsfähige Verbindlichkeiten handeln, andererseits müssen diese abzugsfähigen Verbindlichkeiten auf die Bereicherung des Steuerpflichtigen von Einfluß sein. Nach der Fassung des § 49 EStG. 19 war dieses durch die Anziehung der beiden maßgebenden Paragraphen (10, 25) in der gesetzlichen Vorschrift besonders gekennzeichnet. In dem anschließenden Gesetz 22 ist die Klammer mit den beiden Paragraphen gestrichen worden. Damit kann jedoch eine materielle Änderung nicht beabsichtigt sein; man wird die Anziehung der Paragraphen lediglich fallen gelassen haben, weil man dieselben für überflüssig erachtete, was sie auch tatsächlich war. Wären die Verbindlichkeiten ohne Einwirkung auf die Bereicherung des Steuerpflichtigen, so hätte der Antrag überhaupt keine Bedeutung. Nicht abzugsfähige Verbindlichkeiten können nach Lage der Sache nicht in Frage kommen, weil sie auf die geschehene Besteuerung ohne Einfluß bleiben. Die Verbindlichkeiten dürfen in dem Steuerbescheid nicht berücksichtigt sein; gegenteiligenfalls wäre wiederum für den Antrag kein Raum geboten. Die Verbindlichkeiten müssen dem Steuerpflichtigen unbekannt gewesen sein. Der Grund, weshalb dieses geschehen, ist dabei gleichgültig; namentlich ist die Frage, ob und inwieweit dem Erwerber ein Verschulden beizumessen sein könnte, für den Antrag auf Berichtigung der Veranlagung ohne Einfluß. Auch Rechtsunkenntnis kann den Anlaß des Unbekanntseins bieten. In der Regel wird es sich bei den unbekannten Ansprüchen um solche handeln, von deren Vorhandensein der Erbe bei der ersten Regelung der Steuerfrage überall keine Kenntnis haben konnte, wie beispielsweise versteckte Schuldurkunden, welche erst nachträglich aufgefunden werden usw. Sind die Verbindlichkeiten lediglich durch ein Versehen des Anmeldepflichtigen in die Erbschaftssteuererklärung nicht aufgenommen und deshalb unbeachtet geblieben, so kann die Vorschrift selbstredend keine Anwendung finden, weil in diesem Falle ein Unbekanntsein des Steuerpflichtigen nicht vorliegt. Die Verbindlichkeit muß dem Steuerpflichtigen unbekannt gewesen sein, mithin dem einzelnen Erwerber, der zur Steuerzahlung herangezogen ist, hinsichtlich seines Erwerbes. — Die Steuerpflicht an sich kann durch das spätere Bekanntwerden des Anspruchs nicht beeinflußt werden. Der Anfall gilt auch hier regelmäßig als im Augenblick des Erbfalls erfolgt; dementsprechend ist der letztere Zeitpunkt für die Berechnung der Steuer der maßgebende; die nunmehrige Berichtigung muß auf ihn zurückbezogen werden. Handelt es sich um einen bedingten Anspruch, so finden die Sondervorschriften über bedingten Erwerb und bedingte Belastung gleicherweise Anwendung. Voraussetzung für die letztere ist jedoch immer, daß es sich um neu hervor-

getretene Ansprüche handelt, nicht etwa nur um eine nachträgliche Veränderung bekannter und bereits berücksichtigter Ansprüche; es ist dieses namentlich bezüglich der ungewissen oder unsicheren Rechte und der zweifelhaften Belastungen zu beachten, welche von Anfang an zur Berücksichtigung gezogen wurden. Ansprüche, die als abzugsfähige erst nach Erteilung des Steuerbescheides entstehen, werden regelmäßig als den unbekannten gleich zu erachten sein, so daß auch sie entsprechend der Vorschrift des Paragraphen zu behandeln sind. Ein derartiger, erst später entstandener Anspruch ist namentlich der geltend gemachte Pflichtteilsanspruch. Daß derselbe der in Frage stehenden Vorschrift unterliegen solle, war von Anfang an angenommen und deshalb im Regierungsentwurf zu EStG. 19 in einem zweiten Satz des Paragraphen besonders verlautbart (vgl. 3. Auflage Anm. 1 zu § 49). Auch ohne besondere Verlautbarung wird der vom Berechtigten erst nach Erteilung des Steuerbescheides geltend gemachte Pflichtteilsanspruch als durch den § 39 getroffen anzuerkennen sein, wie solches übereinstimmend von Finger EStG. 19 Anm. 3 zu § 49, von Zimmermann-Mühe EStG. 19 Abs. 3 der Anm. zu § 49, von Mirre EStG. 19 Anm. 4 zu § 49 (EStG. 22 in den Ausführungen zu § 39 Fall nicht besonders hervorgehoben) und jetzt wieder von Finger EStG. 22 Anm. 4 zu § 39 sowie von Marcus EStG. 22 S. 316 geschieht. — Daß der Antrag nach Maßgabe seiner letzten Voraussetzung nicht zeitlich unbeschränkt, sondern nur während des Laufes von fünf Jahren seit der Veranlagung zugelassen ist, wird als vollberechtigt anzuerkennen sein. Das frühere EStG. 19 § 49 hatte die allgemeine Verjährungsfrist als maßgebend eingesetzt, jetzt ist der Zeitraum von fünf Jahren gewählt. Auch hierin liegt keine materielle Änderung, da § 121 der Reichsabgabenordnung die allgemeine Verjährung bei dem Anspruch auf die Erbschaftssteuer auf fünf Jahre bemißt; lediglich steuertechnische Gründe werden die Änderung veranlaßt haben. Versäumt der Steuerpflichtige die Frist, so kann er einen Antrag auf Berücksichtigung nicht mehr einbringen; gegebenenfalls wird ihm aber nach den allgemeinen Grundsätzen der § 108 der Reichsabgabenordnung noch ein Hilfsmittel bieten können.

4. Der mit dem Antrag des Steuerpflichtigen zu erzielende Erfolg ist die Berichtigung des Steuerbescheids. Die Berichtigung hat sich stets nur in der einen Richtung, zugunsten des Steuerpflichtigen, zu bewegen. In ihrem Endergebnis führt sie dazu, daß die bei der ersten Berechnung und Veranlagung zu viel angesetzte Steuer abgesetzt, bzw., sofern die Steuer bereits bezahlt ist, erstattet wird. Es ist dabei wiederum diejenige Veränderung in Rechnung zu ziehen, welche durch die nachträgliche Berücksichtigung der erst später bekannt gewordenen abzugsfähigen Verbindlichkeiten in dem Gesamterwerb des oder der betroffenen Steuerpflichtigen aus dem Erbfall herbeigeführt wird. Das praktische Verfahren wird in der Hauptsache darauf hinauslaufen, daß für den Gesamterwerb jedes einzelnen betroffenen Steuerpflichtigen, wie er sich nunmehr unter der Berücksichtigung der erst später bekannt gewordenen abzugsfähigen Verbindlichkeiten stellt, nach dessen Werthöhe die danach zu erhebende Steuer ausgeworfen wird; der so berechnete Steuerbetrag ist derjenige, welcher von dem Pflichtigen endgültig zu erheben ist; die Differenz zwischen ihm und der früher angesetzten eventuell bereits entrichteten Steuer ist zu Absatz bzw. Erstattung zu bringen. Ob bei Ablehnung der Berichtigung seitens des Finanzamts ein Rechtsmittelverfahren zulässig ist, erscheint nach der Fassung der einschlagenden Bestimmung des § 222 der Reichsabgabenordnung zweifelhaft, wird jedoch als dem Willen des Gesetzgebers entsprechend anzunehmen sein, wie solches von Mirre EStG. 22 Anm. 2 zu § 39 unter Bezugnahme auf Becker Reichsabgabenordnung Anm. 3 zu § 222 desgleichen wie Finger EStG. 22 Anm. 5 Abs. 2 zu § 39) geschieht. — Die Erlasse des Reichsministers der Finanzen vom 3. Juli und 28. Dezember 1920, welche anordnen, daß die Berichtigung des Steuerbescheids (§ 213 BGB.) unterbleiben solle, wenn im einzelnen Erbschaftssteuerfall (nicht Anfall des einzelnen Erwerbers) der in Frage stehende Betrag voraussichtlich 20 Mark nicht übersteigen werde, können für die Sondervorschrift des § 39 nicht zur Anwendung gebracht werden, da sie lediglich den allgemeinen Fall nach § 213 RAO. im Auge haben.

5. Generell ist zu dem § 39 hervorzuheben, daß es sich dabei lediglich um eine in der Eigenart der Erbschaftssteuer begründete Sondervorschrift für die Berichtigung der Veranlagung handelt, welche jedoch, wie regelmäßig derartige Sondervorschriften, in den Einzelsteuergesetzen, die allgemeine bezügliche Regelung, welche die Reichsabgabenordnung trifft, nicht ausschließt, sondern sich nur neben dieselbe stellt. Die einschlagenden Vorschriften der Reichsabgabenordnung über Berichtigung der Veranlagung und entsprechende Steuererstattung greifen daher neben dem § 39 Platz, der allerdings in erster Linie in Betracht kommt. Auf jene Vorschriften näher einzugehen, liegt außerhalb des uns gesetzten Rahmens. Einen eingehenderen Überblick gibt Finger EStG. 22 Anm. 1 ff. zu § 39. — Gewissermaßen als Anhang zu den Ausführungen, für welche die vorstehend behandelte Gesetzesvorschrift Anlaß bot, waren in der 3. Auflage in den Anm. 5 und 6 zu § 49 zwei Punkte besonders herausgehoben und erläutert, welche an sich mit der behandelten Gesetzesvorschrift in einer gewissen Verbindung stehen, aber ihrem inneren Gehalt nach allgemeinerer Bedeutung sind, so daß ihre gesetzliche Regelung nicht mehr wie früher, und so speziell auch in dem Reichserbschaftssteuergesetz 1906, erbschaftssteuerlich geschieht, sondern nunmehr in die Reichsabgabenordnung übernommen ist. Es betrifft dieses einmal die Nacherhebungen und sodann die unsicheren sowie ungewissen Rechte. In dem jetzt beschränkteren Rahmen müssen wir davon absehen, die früheren Ausführungen, obwohl sie noch durchweg als aktuell anzusehen sind, zu wiederholen und wollen lediglich auf die oben bezeichneten Anmerkungen der 3. Auflage verweisen.

6. Über die Behandlung bisheriger Veranlagungen und Steuerzahlungen bringen die Durchführungsbestimmungen über die Bewertung des Vermögens und die beschleunigte Steuerentrichtung vom 28. März 1924 (geschlossen abgedruckt unten nach den Ausführungsbestimmungen zum Gesetz unter C) unter ihrem Abschnitt D, Überleitungs- und Schlußbestimmungen, im § 17 einige Sonderbestimmungen, welche sich sachgemäß am besten hier angliedern lassen. Es handelt sich dabei um folgende drei Vorschriften: 1. Ist

für einen den neuen Vorschriften (Zweite Steuernotverordnung vom 19. Dezember 1923) unterliegenden Erwerb die Steuer bereits nach den bisherigen Vorschriften festgesetzt, so findet eine Neuveranlagung im Hinblick auf die Gesetzesänderung nur statt, wenn die Festsetzung am Tage der Veröffentlichung dieser Verordnung (2. April 1924) noch nicht rechtskräftig geworden oder die Neuveranlagung bei der Festsetzung vorbehalten ist. Entsprechendes gilt, wenn für einen den neuen Vorschriften unterliegenden Erwerb die Steuer bereits nach den neuen Vorschriften, aber unter Außerachtlassung dieser Durchführungsbestimmungen, festgesetzt worden ist. — 2. Ist für einen Erwerb, für den nach Abs. 1 eine Neuveranlagung zulässig ist, Steuer bereits entrichtet, so ist sie in Höhe des Goldwerts, den sie am Tage der Zahlung gehabt hat, auf die nach den neuen Vorschriften und diesen Durchführungsbestimmungen festgesetzte Steuerschuld anzurechnen; das Gleiche gilt, wenn für einen den neuen Vorschriften unterliegenden Erwerb Steuer ohne vorausgegangene Veranlagung bis zum 1. Dezember 1923 auf Grund des § 9 Abs. 2 der Durchführungsbestimmungen zur Aufwertungsverordnung vom 13. Oktober 1923 (RGBl. 1923 I S. 951) entrichtet worden ist. § 3 findet entsprechende Anwendung. Ein sich ergebender Mehrbetrag ist auf Antrag zu erstatten; die Erstattung unterbleibt, wenn der Mehrbetrag fünf Goldmark nicht übersteigt (§ 215 Reichsabgabenordnung). — 3. Soweit nach Abs. 1 Satz 1 eine Neuveranlagung nicht zulässig ist, ist die bis zum 1. Dezember 1923 nicht entrichtete Steuer nach Maßgabe der Aufwertungsverordnung vom 11. Oktober 1923 (RGBl. 1923 I S. 939) und der dazu erlassenen Durchführungsbestimmungen aufzuwerten. — Zu diesen Vorschriften des § 17 der Durchführungsbestimmungen erklärt der ergänzende Erlaß des Reichsministers der Finanzen vom 28. März 1924 III C [5] 300 zunächst allgemein, daß sie nur auf die nach dem 30. Juni 1923 eingetretenen Erwerbe sich beziehen. Des weiteren werden durch den genannten Erlaß verschiedene ergänzende Erläuterungen erbracht, die hier zu berücksichtigen sind. Den Absatz 1 Satz 1 trifft zunächst folgende Vorschrift:

„a) Abs. 1 Satz 1 umfaßt die Fälle, in denen ein dem ESt G. in der Fassung des Art. III der 2. Steuernotverordnung (EStG. 1923) unterliegender Erwerb bereits nach dem EStG. in der Fassung des Geldentwertungsgesetzes (ergänztes EStG. 1922) veranlagt worden ist. Solche Veranlagungen werden im allgemeinen nur vor dem Bekanntwerden des Sperrerlasses vom 8. Sept. 1923 III C 10670 (vgl. Anm. 36 zu § 32) vorgenommen worden sein. Eine Neuveranlagung im Hinblick auf die Änderung des Gesetzes tritt in diesen Fällen grundsätzlich nicht ein; es bewendet also insbesondere bei der Anwendung des früheren Tarifs sowie bei der Bewertung des Nachlasses und bei der Festsetzung der Steuer in Papiermark; nur sind bis zum 1. Dezember 1923 noch nicht entrichtete Papiermarksteuerbeträge aufzuwerten (§ 17 Abs. 3 der Durchführungsbestimmungen). Eine Neuveranlagung findet lediglich dann statt, wenn die Steuerfestsetzung am Tage der Veröffentlichung der Durchführungsbestimmungen (2. April 1924) noch nicht rechtskräftig geworden oder die Neuveranlagung bei der Festsetzung vorbehalten worden ist. Ihr sind dann selbstverständlich ausschließlich die neuen Gesetzesvorschriften und die Durchführungsbestimmungen zugrunde zu legen."

— Diese Vorschrift wird man mit der getroffenen Abgrenzung als berechtigt anerkennen müssen; es wird weiterer Hinzufügungen nicht bedürfen. Zu der weiteren Vorschrift ist vorweg der § 9 Abs. 2 der ersten Durchführungsbestimmungen zur Aufwertungsverordnung vom 13. Oktober 1923 (vgl. Anm. 12 zu § 33) näher zu spezifizieren. Nach demselben konnten bis zum 25. Oktober 1923 und für die Erbschaftssteuer bei Erwerben und Zweckzuwendungen von Todes wegen bis zum 1. Dezember 1923 Schulden, die nach den Vorschriften der Aufwertungsverordnung aufzuwerten sind, noch durch Leistung des ursprünglichen Papiermarkbetrages getilgt werden; soweit von dieser Vergünstigung Gebrauch gemacht wurde, gelten die bisherigen Gesetzesvorschriften und Verordnungsbestimmungen über die Nachteile bei verspäteter Zahlung weiter; insoweit fand § 9 der Aufwertungsverordnung (Aufhebung bestimmter bezüglicher Vorschriften) keine Anwendung. Die Vorschrift des Erlasses vom 28. März 1924 lautet:

„b) Besonderer Hervorhebung bedürfen die Erwerbe, für die in Verfolg der in den Runderlassen vom 8. September 1923 III C 10670 und vom 17. November 1923 III C 14230 (vgl. Anm. 36 zu § 32) erteilten Anweisungen Veranlagungen durch die Finanzämter nicht vorgenommen worden sind, für die aber eine Anzahl Steuerpflichtiger von sich aus ohne vorausgegangene Veranlagung Steuer bis zum 1. Dezember 1923 auf Grund des § 9 Abs. 2 der (Ersten) Durchführungsbestimmungen zur Aufwertungsverordnung vom 13. Okt. 1923 (inhaltlich oben im Voraus angegeben) entrichtet hat. Zur Zeit dieser Zahlung galt noch das Erbschaftssteuergesetz in der Fassung des Geldentwertungsgesetzes (ergänztes EStG. 1922); die abgeführten Beträge sind von den Steuerpflichtigen daher auch nach Maßgabe der bisherigen Vorschriften, also insbesondere unter Anwendung des bisherigen Tarifs und der bisherigen Bewertungsvorschriften in Papiermark errechnet worden (soweit solche Bewertungsvorschriften überhaupt vorhanden waren; für land- und forstwirtschaftliche oder gärtnerische Grundstücke fehlten sie, vgl. VO. vom 18. Juni 1923 RStBl. S. 211). Die 2. Steuernotverordnung vom 19. Dezember 1923 schreibt im Art. III § 3 vor, daß die durch sie getroffenen Änderungen mit Wirkung vom 1. Juli 1923 an in Kraft treten; sie will damit bei allen Erwerben, für welche die Steuerschuld nach dem 30. Juni 1923 entstanden ist, die Rechtslage in jeder Hinsicht nach den neuen Vorschriften beurteilt wissen. Da für solche Erwerbe hiernach eine Steuer zu erheben ist, die auf der Goldbasis errechnet wird, kommt — wie im Runderlaß vom 17. November 1923 III C 14230 unter II bereits ausgeführt worden ist — unbeschadet der Sonderregelung im § 17 Abs. 3 der Durchführungsbestimmungen nach § 1 Abs. 1 Nr. 2 der (Ersten) Durchführungsbestimmungen zur Aufwertungsverordnung vom 13. Okt. 1923 eine Aufwertung nicht in Frage. Daraus folgt, daß auf solche Erwerbe auch § 9 Abs. 2 der genannten Durchführungsbestimmungen nicht anzuwenden ist. Die noch ausstehende Veranlagung ist daher nach den neuen Vorschriften vorzunehmen; sie wird in der Regel ergeben, daß bis zum 1. Dezember 1923 entweder zu wenig oder zu viel — letzteres insbesondere, wenn der Erwerb nach den neuen Vorschriften steuerfrei bleibt — Steuer entrichtet worden ist; die Bestimmung über Anrechnung oder Erstattung bereits gezahlter Steuer enthält § 17 Abs. 2

Satz 1, Halbsatz 2, Satz 2, 3 der Durchführungsbestimmungen." — In sich erscheint die Vorschrift genügend geklärt, so daß sich weitere Erläuterungen erübrigen. Der Erlaß vom 28. März 1924 gibt sodann noch folgende beiden Vorschriften:

„c) § 17 Absatz 1 Satz 2 der Durchführungsbestimmungen umfaßt die Fälle, in denen ein den neuen Gesetzesvorschriften unterliegender Erwerb zwar nach diesen, aber unter Außerachtlassung der Durchführungsbestimmungen veranlagt worden ist. Eine Neuveranlagung im Hinblick auf die Durchführungsbestimmungen tritt auch hier grundsätzlich nicht ein, es sei denn, daß die Festsetzung am Tage der Veröffentlichung der Durchführungsbestimmungen (2. April 1924) noch nicht rechtskräftig geworden oder die Neuveranlagung bei der Festsetzung vorbehalten worden ist.

d) § 17 Absatz 2 Satz 2 bedeutet, daß für die Umrechnung in Goldmark § 3 der Durchführungsbestimmungen mit der Maßgabe Anwendung findet, daß an die Stelle des Stichtags der Tag der früheren Zahlung tritt."

Beide Vorschriften sind als gerechtfertigt anzuerkennen und bedürfen keiner besonderen Erläuterung.

V. Stundung.

§ 40.

Soweit die Steuerpflicht sich auf Grundstücke bezieht, ist dem Steuerpflichtigen, nötigenfalls gegen ausreichende Sicherung, nach Maßgabe des von ihm gestellten Antrags die Zahlung der Steuer in höchstens zehn Jahresbeträgen zu gestatten, sofern nicht seine Vermögensverhältnisse eine mit sofortiger Einziehung der Steuer verbundene Härte ausschließen. Die Stundungsbewilligung kann zurückgenommen werden, wenn die Voraussetzung der Stundung wegfällt. Als ausreichende Sicherheitsleistung gilt die Eintragung einer Sicherungshypothek für die Steuerforderung auf die Grundstücke, sofern der Hypothek andere als die zur Zeit des Anfalls bestehende Rechte nicht vorgehen. Soweit die Bestellung einer Hypothek an einem Grundstück in der Art zulässig ist, daß Befriedigung aus dem Grundstücke lediglich im Wege der Zwangsverwaltung gesucht werden kann, genügt die Bestellung einer solchen Hypothek.

a) Verh. bz. Ges.-Erl.: —
b) Richtl.: —
c) Ausf.-Best: §§ 48, 49.
d) Erl. d. RFM.: Erl. v. 5. Nov. 1923; Erl. v. 6. Juni 1924; Erl. v. 15. Juli 1924.
e) Ges. 19: § 63 (unverändert), abgesehen von kleiner redaktioneller Modifikation).
f) Rechtspr.: —

g) Schriftt.: Hotop, Die Stundung von Reichssteuern StA. XXVI. S. 107. Dr Carl Walther, Erlaß oder Stundung Verbst. XV Sp. 33c. Sp. 177.

Inhaltsübersicht.

1. Mit dem § 40 beginnt der Abschnitt 5 des zweiten Teils des Erbschaftssteuergesetzes, welcher die Sondervorschriften über die Stundung enthält und sich materiell in zwei Unterabschnitte gliedert, deren einer den § 40, der andere in sich geschlossen die §§ 41 bis 44 umfaßt. Wie die allgemeinen Vorschriften über die Stundung mit dem Gesetz 1919 aus der Erbschaftsbesteuerung herausgeschält und in die Reichsabgabenordnung übernommen sind, wurde in der 3. Auflage Anm. 2 zu § 63 näher geschildert, worauf hier verwiesen sein soll; über das nunmehrige Eingreifen der Stundungsordnung vom 29. Januar 1923 vgl. unten Anm. 2, 7. — Die Vorschrift des § 40, die lediglich eine Sonderbestimmung für die Stundung bei Grundstückserwerb enthält, erscheint zuerst in dem Reichserbschaftssteuergesetz 1906 (§ 47 Abs. 2); die Verhandlungen der gesetzgebenden Körperschaften über die Einführung sind in der angezogenen Anmerkung 2 § 63 in der 3. Auflage dargelegt. Bei dem Übergang der ursprünglichen Vorschrift in das Erbschaftssteuergesetz 1919 (als § 63) war von der Nationalversammlung eine Erweiterung beantragt, die sich aber nicht durchsetzte, das Nähere hierüber enthält Anm. 1 zu § 63 in der 3. Auflage. Die Fassung der jetzigen Vorschrift ist, abgesehen von einer ganz untergeordneten redaktionellen Änderung (im zweiten Satz ist statt „Voraussetzungen" „Voraussetzung" gesagt) die gleiche wie im § 63 des Gesetzes 1919. Die neuen Verhandlungen im Reichsrat und Reichstag haben sich nicht weiter mit der Vorschrift beschäftigt, ebenso wenig wird dieselbe in den Richtlinien für die Anwendung des neuen Erbschaftssteuergesetzes erwähnt. Eine nähere Ordnung dazu erbringt der § 49 der Ausführungsbestimmungen. — Die Zweite Steuernotverordnung vom 19. Dezember 1923 berührt den Abschnitt 5 über die Stundung überall nicht.

2. Wenn es sich um den Erwerb von Grundstücken handelt, müssen Teilzahlungen nach der Vorschrift des Paragraphen stets zugelassen werden, sofern nicht die Vermögensverhältnisse des Steuerpflichtigen eine mit sofortiger Einziehung der Steuer verbundene Härte ausschließen; vgl. Ausführungsbestimmungen § 49 Satz 1. Bezüglich der Gewährung dieser Vergünstigung besteht für das Finanzamt demnach ein gesetzlicher Zwang. Dem Sinne nach soll die Vorschrift eine Erweiterung der allgemeinen Stundungsgrundsätze der Reichsabgabenordnung (bzw. jetzt der Stundungsordnung vom 29. Januar 1923) bilden; die letzteren finden daher bei dem Grundstückserwerb neben der erstgenannten Anwendung und werden nicht etwa durch solche ausgeschlossen. Die Vorschrift findet allgemein bei der Erbschaftssteuer Anwendung. Die Vergünstigung bezieht sich auf Grundstücke schlechthin, demnach auf Grundstücke jeder Art und nicht nur auf diejenigen, welche dauernd land- oder forstwirtschaftlichen oder gärtnerischen Zwecken zu dienen bestimmt bzw. zu Wohnzwecken oder gewerblichen Zwecken bebaut sind. Den Grundstücken stehen Berechtigungen gleich, für welche die sich auf Grundstücke beziehenden Vorschriften gelten; über frühere besondere Verhandlungen der gesetzgebenden Körperschaften in dieser Beziehung vgl. 3. Auflage Anm. 4 zu § 63. Die Ausführungsvorschriften heben in gleicher Weise wie früher besonders hervor, daß bei Grundstücken, die Spekulationszwecken dienen, in der sofortigen Steuereinziehung der Regel nach eine Härte nicht gefunden werden könne, ebenso sei bei Verkauf des Grundstückes vor Ablauf der Stundungsfrist die Stundungsbewilligung zurückzuziehen.

3. Durch die gesetzliche Bestimmung ist die Stellung eines Antrags des Steuerpflichtigen (Bevollmächtigte und gesetzliche Vertreter stehen gleich; Testamentsvollstrecker, Nachlaßpfleger und Nachlaßverwalter kommen nicht in Betracht) ausdrücklich vorgeschrieben; ein solcher Antrag ist auch bei Stundungen nach den allgemeinen Grundsätzen regelmäßig erforderlich (RAO. § 105). Eine besondere Form ist nicht angeordnet, doch wird schriftliche Anbringung oder zu Protokoll der Steuerbehörde notwendig sein. Der Antrag ist an das zuständige Finanzamt zu richten. In dem Antrage ist die Vorbedingung der Bewilligung nachzuweisen; ebenso werden in demselben die Wünsche des Steuerpflichtigen über die Einrichtung der Teilzahlung nach Zahl und Höhe der Jahresleistungen vorzubringen sein. Da nach der Fassung der Gesetzesvorschrift für den Steuerpflichtigen ein festes Recht auf die Vergünstigung der Vorschrift begründet ist, so muß das Finanzamt dem Antrage stattgeben, sofern die sonstigen Voraussetzungen, die das Gesetz fordert, erfüllt sind. Hält das Finanzamt den letzteren Fall nicht für gegeben, so wird es den Antrag ablehnen. Ohne Antrag, also von amtswegen, ist das Finanzamt nicht befugt, nach Maßgabe des § 40 zu handeln. Bei Ablehnung des Antrags des Steuerpflichtigen bzw. seiner Vorschläge über die Ausdehnung und Höhe der Jahresleistungen ist Beschwerde an das Landesfinanzamt zulässig. Die gleiche Beschwerde wird gegenüber der Zurücknahme begründet sein.

4. Die Vergünstigung ist auf die Zulassung von höchstens zehn Jahresteilbeträgen beschränkt. Wie weit im einzelnen Fall bis an diese Grenze zu gehen ist, bestimmt das Finanzamt nach den besonderen Verhältnissen des Falls. Über die Höhe der einzelnen Teilzahlung sind keine Vorschriften getroffen; das Finanzamt hat also freie Hand; es kann, wie wohl regelmäßig, die Gesamtsteuer gleichmäßig auf die zugelassenen Jahresraten verteilen, aber auch die Jahresraten in verschiedener Höhe festsetzen, wenn die Umstände des Falles solches erwünscht erscheinen lassen. Die Gewährung der Teilzahlung ist an die Bedingung zu knüpfen, daß bei dem Ausbleiben einer Teilzahlung die sofortige Beitreibung der ganzen noch rückständigen Steuerschuld erfolgen werde. Nach Zimmermann-Mühe EStG. 19 Anm. 7 zu § 63 soll bei der Zulassung zur Steuerzahlung in Jahresbeträgen nach § 63 EStG. 19 auf Grund der allgemeinen Vorschriften in § 105 der Reichsabgabenordnung eine Verzinsung der gestundeten Teilbeträge mit 5% verlangt werden. Dem konnten wir nicht beipflichten. Der besagte § 105 faßt Sicherheitsleistung Verzinsung zusammen und macht beide zur Voraussetzung der Stundung, die aber nur in der Regel Platz greifen solle. Die Stundung nach § 63 ist jedoch nicht die regelmäßige, sondern eine besondere.

Außerdem sagt der § 63, daß seine Vergünstigung nötigenfalls gegen Sicherheitsleistung gewährt werden solle, erwähnt dabei aber, daß die Verzinsung für den geregelten Sonderfall nicht gewollt ist. Die diesseitige Auffassung teilte Mirre EStG. 19 Anm. 2 zu § 63. Hinsichtlich der Verzinsung bei Anwendung der Vergünstigung ist jedoch nunmehr gegenüber dem früheren Stand durch die Einschaltung des zweiten Absatzes zu dem jetzigen § 33, welcher die Pflicht zur Verzinsung der Steuerschuld allgemein ausspricht, eine Änderung eingetreten. Für das frühere Gesetz wurde die Verzinsungspflicht verneint; jetzt wird die Notwendigkeit der Verzinsung außer Zweifel stehen; vgl. Mirre EStG. 22 Anm. 3 zu § 40. Auch für jetzt wird die Verzinsungspflicht nicht anerkannt von Finger EStG. 22 Anm. 6 zu § 40.

5. In den beiden letzten Sätzen des Paragraphen sind besondere Vorschriften bezüglich der Sicherheitsleistung getroffen, welche jetzt als reichsgesetzliche allein zur Anwendung zu bringen sind, weil die frühere Regelung der einzelnen Bundesstaaten nunmehr nach Übergang der Steuerverwaltung auf das Reich in Fortfall gekommen ist. Da es sich um Sonderbestimmungen handelt, ist eine analoge Ausdehnung auf andere Fälle ausgeschlossen. Die Vorschriften gliedern sich den allgemeinen Bestimmungen der Reichsabgabenordnung über die Sicherheitsleistung §§ 109 ff. an. Für den Begriff der Sicherungshypothek ist § 1184 BGB. maßgebend mit folgendem Wortlaut:

„§ 1184. Eine Hypothek kann in der Weise bestellt werden, daß „das Recht des Gläubigers aus der Hypothek sich nur nach der „Forderung bestimmt und der Gläubiger sich zum Beweise der „Forderung nicht auf die Eintragung berufen kann (Sicherungs„hypothek). Die Hypothek muß im Grundbuch als Sicherungs„hypothek bezeichnet werden."

Es sind danach im § 1185 BGB. diejenigen für die Hypotheken im allgemeinen geltenden Vorschriften bezeichnet, welche bei der Sicherungshypothek nicht Platz greifen sollen. Unter diesen Vorschriften findet sich jedoch die des § 1147 nicht, die folgendermaßen lautet:

„§ 1147. Die Befriedigung des Gläubigers aus dem Grundstück „und den Gegenständen, auf die sich die Hypothek erstreckt, erfolgt „im Wege der Zwangsvollstreckung."

Die Mittel der Zwangsvollstreckung sind die Zwangsversteigerung und die Zwangsverwaltung, welche an und für sich beide dem Gläubiger einer Sicherungshypothek gegeben sind. Die Bestellung einer Sicherungshypothek kann nur für inländische Grundstücke in Frage kommen; handelt es sich um ausländische Grundstücke, so muß Sicherheitsleistung in anderer Art erfolgen; es greifen hier die allgemeinen Bestimmungen der Reichsabgabenordnung bzw. der Stundungsordnung ein.

6. Der letzte Satz des Paragraphen hat seine Grundlage im Art. 60 EG. BGB., der folgendes bestimmt:

„Art. 60. Unberührt bleiben die landesgesetzlichen Vorschriften, „welche die Bestellung einer Hypothek, Grundschuld oder Renten„schuld an einem Grundstücke, dessen Belastung nach den in den „Artikeln 57 bis 59 bezeichneten Vorschriften nur beschränkt zu„lässig ist, dahin gestatten, daß der Gläubiger Befriedigung aus „dem Grundstücke lediglich im Wege der Zwangsverwaltung suchen „kann".

Damit sind also die landesrechtlichen Vorschriften über die Revenuenhypotheken nach dem Inkrafttreten des BGB., welches selbst die Revenuenhypotheken nicht kennt, in Gültigkeit geblieben. Soweit solches für die einzelnen Länder zutrifft, genügt für die Sicherheitsleistung wegen der Erbschaftssteuer aus dem Erwerb des Grundstücks die Bestellung einer solchen Revenuenhypothek. Diese Zulassung wird man auf alle Fälle als gerechtfertigt ansehen müssen.

7. Wie schon oben Anm. 1 hervorgehoben, bildet die Vorschrift des § 40 nur eine Ergänzung zu der allgemeinen Regelung des Steuerrechts über die Stundung, wie sie in der Eigenart der Erbschaftsbesteuerung, für welche sie allein Platz greift, begründet ist. Die allgemeinen Vorschriften, in welche sich die erbschaftssteuerliche Vergünstigung des § 40 eingliedert, enthält in erster Linie die Reichsabgabenordnung, neben welcher jedoch zunächst auch noch in einzelner Beziehung die Landesgesetzgebung eingriff, da ein größerer Teil der Bestimmungen der Reichsabgabenordnung vorläufig noch außer Kraft gesetzt war. Eine einheitliche umfassendere Ordnung hat die Stundungsordnung vom 29. Januar 1923 (RGBl. 1923 I S. 75) erbracht. Dieselbe erklärt einerseits die anfangs zurückgestellten Paragraphen der Reichsabgabenordnung zu weiterer Ergänzung in Gültigkeit und enthält andererseits neben allgemeinen und Schlußbestimmungen, wesentlich auch unter Beseitigung der Landesgesetzgebung, zwei Abschnitte, einen über Zahlungsaufschub und Stundung; den anderen über Sicherheitsleistung. In Kraft gesetzt werden, sofern sie den eigenen Bestimmungen der Stundungsordnung nicht widersprechen, die §§ 105, 106, 109 bis 111, 114 bis 118 und 119 Abs. 2, 3 der Reichsabgabenordnung. Auf die vielfachen Einzelheiten einzugehen, liegt außerhalb unserer Aufgabe. Eine Anzahl der letzteren berührt Finger EStG. 22 in den Anmerkungen zu § 40. Einen systematischen weiteren Überblick gewährt Hotop. Die Stundung von Reichssteuern. StA. XXVI S. 107. Die Stundungsordnung 1923 ist weiter ergänzt durch die Verordnung zur Änderung der Stundungsordnung vom 17. August 1923 (RGBl. 1923 I S. 811), durch die zweite Verordnung Änderung zur Stundungsordnung vom 26. September 1923 (RGBl. 1923 I S. 917) und durch die Verordnung über Wertgrenzen im Steuerrecht vom 21. Dezember 1923 (RGBl. 1923 I S. 1238). Die letztangeführte Verordnung stellt die bisher auf anderer Grundlage (Briefporto) fixierten, für den Einzelfall maßgebenden Beträge auf Goldmark um. Anschließend ist aus neuester Zeit auf einige Erlasse des Reichsministers der Finanzen hinzuweisen, welche die verlautbarten gesetzlichen Grundsätze näher spezialisieren und für die praktische Anwendung anweisend erläutern, so zunächst der allgemeine Erlaß vom 5. November 1923 III C 13700 und sodann namentlich die hinsichtlich der Besitzsteuern einschließlich Erbschaftssteuer ausgegebenen Erlasse vom 6. Juni 1924 III C 1/2700 und vom 15. Juli 1924 III C 1/3240 (letzterer Erlaß abgedruckt StA. XXVI S. 199, sowie RStR. V S. 212). Insonderheit die maßgebenden Gesichtspunkte der Erlasse vom 5. November 1923 und vom 6. Juni 1924 sind unter besonderen Schlußfolgerungen in den beiden Aufsätzen von Dr. Carl Walther dargelegt: Erlaß oder Stundung von Steuern Verbst. XV Sp. 33 und Erlaß oder Stundung von Steuern Verbst. XV Sp. 177.

Vorbemerkung zu §§ 41—44.

Die §§ 41—44 stehen, wie schon oben in Anm. 1 zu § 40 bemerkt, in einem unmittelbaren Zusammenhang miteinander und beziehen sich auf eigengeartete Stundungsvergünstigungen für den Erwerb von Grundstücken. Sie sind unverändert aus dem Erbschaftssteuergesetz 1919 übernommen, in welches sie seinerzeit als neue Vorschrift eingegliedert wurden. Der bezügliche Vorgang hat jetzt noch die gleiche Bedeutung wie früher; er wurde in der 3. Auflage in Vorbemerkungen zu den §§ 64—67 näher dargelegt. Bei dem wesentlichen Interesse, das hier gerade die Einzelheiten für die Auslegung und Anwendung bieten müssen, werden diese Vorbemerkungen nachstehend wiedergegeben:

Die §§ 64—67 (RE. §§ 61—64) hängen eng mit einander zusammen und bilden ihrem inneren Wesen nach eine einheitliche, in sich geschlossene Vorschrift. Sie sind neu in das Gesetz eingefügt und zwar wesentlich zu dem Zweck, die Ausdehnung der Steuerpflicht auf die Ehegatten und Abkömmlinge speziell hinsichtlich des Erwerbs von Grundstücken soweit als irgend möglich und mit dem Steuerinteresse vereinbar den Pflichtigen zu erleichtern. Betreffs allgemeiner Kennzeichnung des einheitlichen Ganzen können wir auf die nachstehende Begründung des Entwurfs der Regierung Bezug nehmen. Die Nationalversammlung billigte ohne weitere Bemerkungen die Vorschrift insgesamt und in ihren Einzelheiten. Die Begründung des Regierungsentwurfs zu den Paragraphen insgesamt lautet:

„Diese neuen Vorschriften sollen mit Rücksicht auf die im Entwurfe vorgeschlagene Steuerpflicht der Abkömmlinge und des Ehegatten und die besondere Lage der Verhältnisse bei Grundstücken neben den im § 60 vorgesehenen Erleichterungen noch eine andere erleichternde Zahlungseinrichtung den Steuerpflichtigen auf ihren Antrag zur Wahl stellen, und zwar ohne Beschränkung auf land- und forstwirtschaftliche Grundstücke.

Die Vergünstigung soll darin bestehen, daß die Steuer in Form einer auf die Grundstücke einzutragenden, höchstens 20 Jahre hindurch zu zahlenden Amortisationsrente getilgt werden kann, und daß, wenn in der Zwischenzeit eine neue Veranlagung eintritt, die Verpflichtung zur Zahlung der alsdann zu entrichtenden weiteren Rente nicht vor Fälligkeit der letzten Rentenzahlung einzutreten hat, sich also an die vorgehende anschließt (§ 62).

Die näheren Bestimmungen, deren Erlaß dem Staatenausschuß übertragen werden soll, werden sich z. B. dahin gestalten, daß die Tilgungsrente so zu bemessen ist, daß die Steuerschuld bei einer Verzinsung von 4 v. H. in dem vereinbarten Zeitraum getilgt wird, und daß als Kapital der Grundschuld der Steuerbetrag nebst Zinsen zu 4 v. H. einzutragen ist, mit der Bestimmung, daß die Zahlung durch die Geldleistung erfolgt.

Dadurch wird die Abtragung der Steuerschuld unter Bedingung einer angemessenen Verzinsung in einem die bisher zugelassene Stundungsfrist (I 60) erheblich erweiternden Zeitraum ermöglicht und der Gedanke durchgeführt, bei in kürzeren Zeiträumen sich wiederholendem Erbgang zu verhindern, daß die Steuerlast in einem die Kräfte des Grundvermögens übersteigenden Maße anwächst.

Die gegebene Form ist die Grundschuld (§§ 1191 ff. BGB.). Um eine Rentenschuld (§§ 1199 ff. BGB.) handelt es sich deshalb nicht, weil durch die Einzahlungen ein Kapital getilgt werden soll und die Zahlung zeitlich beschränkt ist.

Infolge der Grundschuld kann von der persönlichen Haftung des Steuerpflichtigen abgesehen und die Befriedigung für die Steuerschuld lediglich aus den Grundstücken gesucht werden. Die Zwangsvollstreckung wegen rückständiger Rentenzahlungen ist ohne weiteres zulässig (§ 1192 BGB.).

Da bei Bemessung der Rente eine Verzinsung der Steuerschuld vorgesehen ist, soll der Steuerpflichtige einen Rechtsanspruch auf die Bestellung der Grundschuld („ist auf Antrag zu gestatten") haben unter der Voraussetzung, daß der Grundschuld andere als die zur Zeit des Eintritts der Steuerpflicht bestehenden Rechte nicht vorgehen (§ 61 Abs. 3). Für die neue Rente des § 62 soll jedoch das Ermessen der Steuerbescheide entscheiden („kann").

Soweit das Grundbuch noch nicht als angelegt anzusehen ist, trifft § 64 entsprechende Zahlungserleichterung ermöglichende Bestimmung in Gestalt einer Sicherungshypothek. In Gliedstaaten, die keine „Sicherungshypothek" haben, genügt eine entsprechende Hypothek.

Das Kapital der Grundschuld muß in das Grundbuch eingetragen werden (§ 1192 BGB.).

In Abweichung von § 1193 Abs. 1 BGB. soll die Steuerbehörde kein Kündigungsrecht haben (§ 63 Abs. 1).

§ 63 Abs. 2 ist wegen § 1194 BGB. erforderlich." —

Da die Vorschriften der §§ 41—44 lediglich wortgetreu die §§ 64 bis 67 des Erbschaftssteuergesetzes von 1919 wiederholen, so ist weder im Reichsrat noch im Reichstag weiter über dieselben verhandelt; im Druckmaterial der Körperschaften sind sie nicht erwähnt. Letzteres gilt auch hinsichtlich der Richtlinien für die Anwendung des neuen Erbschaftssteuergesetzes. Die Ausführungsbestimmungen geben im § 50 eine nähere Bestimmung.

§ 41.

Soweit das steuerbare Vermögen aus Grundstücken besteht, ist auf Antrag des Steuerpflichtigen zu gestatten, daß zum Zwecke der Befriedigung wegen des auf die Grundstücke entfallenden Teiles der Steuer während eines Zeitraums von höchstens zwanzig Jahren jährlich ein gleicher Geldbetrag (Tilgungsrente) entrichtet und hierfür an den Grundstücken eine Grundschuld bestellt wird. Die näheren Bestimmungen erläßt der Reichsminister der Finanzen mit Zustimmung des Reichsrats.

Ist der Vermögenswert nach Nutzungen oder Leistungen berechnet, so ist die Tilgungsrente durch so viele Jahre zu entrichten, als dem bei der Berechnung der Steuer angenommenen Vielfachen des Wertes der einjährigen Nutzung oder Leistung entspricht.

Diese Vorschriften finden keine Anwendung, sofern der Grundschuld andere als die zur Zeit des Eintritts der Steuerpflicht bestehenden Rechte vorgehen würden.

a) Verh. bz. Ges.-Erl.: —
b) Richtl.: —
c) Ausf.-Best.: § 50.
d) Erl. d. RFM.: —
e) Ges. 19: § 64 (unverändert.)
f) Rechtspr.: —
g) Schriftt.: —

Inhaltsübersicht.

1. Der § 41 enthält die grundlegenden Bestimmungen hinsichtlich der einheitlichen Vergünstigung, nach welcher die auf Grundstücke entfallende Steuer in der Form einer Tilgungsrente entrichtet werden kann. Der Steueranspruch wird gleichmäßig auf eine Reihe von Jahren verteilt und gleicherzeit in eine Grundschuld umgewandelt, die in das Grundbuch einzutragen ist. Derselbe ist nunmehr in der Grundschuld verkörpert und ruht auf dem die Steuerpflicht begründenden Grundstück. Demgegenüber tritt die persönliche Haftung des Steuerpflichtigen zurück. In dem ersten an den Staatenausschuß gelangenden Entwurf des Gesetzes von 1919 war in einem besonderen Absatz 2 des Paragraphen vorgeschrieben, daß mit der Bestellung der Grundschuld der Anspruch auf die Steuer erlösche. Dieses ist bei den Verhandlungen im Staatenausschuß gestrichen worden. Der Steueranspruch als solcher bleibt in der Grundschuld bestehen, wenn auch die Grundschuld an sich im Gegensatz zu der Hypothek von einer unterliegenden Forderung unabhängig ist. Tritt bezüglich des Steueranspruchs später eine Änderung ein, so muß dieselbe entsprechend zur Vollziehung gebracht werden; allerdings würde solches, soweit die Grundschuld in Mitleidenschaft kommt, ein besonderes Verfahren bedingen. Mirre EStG. 19 Anm. 2 zu § 64 und EStG. 22 Anm. 3 zu § 41 nimmt an, daß mit der Eintragung der Grundschuld die persönliche Steuerpflicht erlischt, ebenso Hofmann-Hendel EStG. 19 Anm. 7 zu § 64, Ehm EStG. 19 Anm. 4 zu § 64, Breit EStG. 19 § 28 II Abs. 4, Finger EStG. 19 Anm. 7 zu § 64 sowie EStG. 22 Anm. 7 zu § 41 und Marcus EStG. 22 S. 321, während Schachian EStG. 19 Anm. 4 zu § 64 die diesseitige entgegengesetzte Auffassung vertritt.

Absatz 1.

2. Die Zahlungsvergünstigung des Paragraphen tritt ein, „soweit das steuerbare Vermögen aus Grundstücken besteht". Sie trifft mithin in gleicher Weise wie die Stundungsvergünstigung des § 40 (vgl. Anm. 2 zu diesem Paragraphen) die sämtlichen Grundstücke und nicht etwa nur die land- und forstwirtschaftlich oder gärtnerisch benutzten oder die bebauten Grundstücke für Wohn- oder gewerbliche Zwecke. Nach der ganzen Art und Weise der Einzelregelung, insbesondere der Notwendigkeit einer eigengearteten Schuldeintragung auf das Grundstück selbst, dürfte die Vorschrift sich jedoch allein bei inländischen Grundstücken als anwendbar erweisen, wie auch Finger EStG. 22 Anm. 2 zu § 41 und Mirre EStG. 22 Anm. 6 zu § 41 annehmen. Den Grundstücken stehen an sich die Zubehörungen derselben gleich; selbständig, d. h. von dem Grundstück losgelöst, werden sie allerdings nicht in Frage kommen, weil die Grundschuld nur auf dem Grundstück selbst lasten kann. Ebenso steht es mit den Berechtigungen, auf welche die Vorschriften des bürgerlichen Rechts über die Grundstücke Anwendung finden. Auch für sie wird die Vergünstigung nur insoweit Bedeutung haben, als sie überhaupt mit einer Grundschuld zu belasten sind. Aus der Fassung ergibt sich, daß die Vorschrift nicht nur Platz greift, wenn die Grundstücke den alleinigen oder ganzen Erwerb eines Steuerpflichtigen bilden, sondern ebenso, wenn sie einen Teil desselben ausmachen.

3. Die Vergünstigung ist „auf Antrag des Steuerpflichtigen" zu gewähren. Auch in dieser Hinsicht herrscht Übereinstimmung mit dem § 40, nur ist der Antrag hier unter allen Umständen zulässig, also selbst dann, wenn mit der sofortigen Einziehung der Steuer überhaupt irgend eine Härte nicht verbunden sein würde. Den Antrag hat der Steuerpflichtige oder derjenige, welcher diesen rechtskräftig zu vertreten befugt ist, zu stellen. Dem Testamentsvollstrecker, Nachlaßpfleger oder Nachlaßverwalter steht das Recht der Antragstellung nicht zu. Hinsichtlich der Form des Antrags bestehen keine Beschränkungen. Vgl. Anm. 3 zu § 40. Wird der Antrag von dem Steuerpflichtigen oder dessen Vertreter in ordnungsmäßiger Weise gestellt, so muß demselben von dem Finanzamt Folge gegeben werden. Durch die Fassung der Vorschrift wird der Steuerbehörde eine Entscheidung darüber, ob die Vorschrift im einzelnen praktischen Fall zur Anwendung gebracht werden soll oder nicht, entzogen. Dem Steuerpflichtigen ist ein festes Recht auf die Vergünstigung der Vorschrift zugesprochen. Eine Frist für die Einbringung des Antrags ist nicht vorgeschrieben; dieselbe wird ebenso wie bei § 36 zu bemessen sein, so daß sie noch nach Erlaß des Steuerbescheides bis zur Zahlung der Steuerschuld läuft; vgl. Anm. 2 zu § 36.

4. Die besondere Zahlungsart wird zugestanden „zum Zwecke der Befriedigung wegen des auf die Grundstücke entfallenden Teiles der Steuer". Also lediglich diejenige Steuer, welche bezüglich der Grundstücke selbst zu entrichten ist, die aus Erbfall oder Schenkung des Grundstücks als solchen entspringt, kann in der eigenartigen Weise des Paragraphen gezahlt werden. Hat ein Steuerpflichtiger aus dem gleichen Erbfall oder der gleichen Schenkung neben Grundstücken noch andere Vermögensgegenstände (Betriebsvermögen, Kapitalvermögen) zugewendet erhalten, so sind beide Erwerbe bei Anwendung der Vorschrift des § 41 auseinanderzuhalten; hinsichtlich der Steuer aus dem Erwerbe der Grundstücke kann der besondere Zahlungsmodus Platz greifen, hinsichtlich der Steuer aus dem Erwerbe der übrigen Vermögensgegenstände jedoch nicht; eine einheitliche Be-

handlung der Gesamtsteuer aus gleichem Erbfall oder gleicher Schenkung nach § 41 ist ausgeschlossen. Wenn inländische oder ausländische Grundstücke zu dem gleichen Erwerbe gehören, so muß in derselben Weise eine getrennte Behandlung eintreten. Dahingegen fällt mit dem Grundstücke selbst alles, was mit demselben im Zusammenhang steht, alles Zubehör usw. desselben, sofern dafür eine Steuer veranlagt ist, mit unter die Vorschrift des Paragraphen; die gesamte, auf das Grundstück in weitestem Sinn berechnete Steuer kann in besagter Art gezahlt werden, jedoch nur unter der Voraussetzung, daß das Zubehör usw. sich einheitlich an das Grundstück selbst bei dem Erbfall angliedert, daß namentlich das Grundstück Gegenstand des steuerpflichtigen Anfalls bildet, und daß die Steuer entsprechend geschlossen veranlagt wird. Es kann solches gleichzeitig nur insoweit geschehen, als sich die Eintragung einer Grundschuld als möglich erweist, wie ohne weiteres aus der ganzen Vorschrift insonderheit aus dem noch zu Erörternden sich ergibt. Umfaßt der gleiche Erwerb mehrere Grundstücke, so steht es in dem freien Willen des Erwerbers, hinsichtlich des einen Grundstücks von der Vergünstigung des § 41 Gebrauch zu machen, hinsichtlich des anderen nicht. Zweifelhaft kann es sein, ob ein analoges Verfahren auch bei einer einheitlichen Steuerveranlagung für ein einzelnes Grundstück in der Weise zulässig erscheint, daß für einen bestimmten Teil der Steuer die Vergünstigung der Ratenzahlung nach § 41 in Anspruch genommen, während die übrige Steuer in anderer Weise beglichen wird. Da die Vorschrift in erster Linie das Interesse des Steuerpflichtigen im Auge hat, dem unter Umständen die verschiedenartige Behandlung der Steuerteile entsprechen würde, so wird man sich für die Anwendbarkeit auch dieser unterschiedlichen Steuerbehandlung aussprechen dürfen. Als eine natürliche Folge ergibt sich dann weiter, daß der Steuerteil, für welchen die Vergünstigung des § 41 nicht in Anspruch genommen wird, nach Maßgabe des § 40 behandelt werden kann, sofern der Steuerpflichtige nicht sofortige Steuerentrichtung wählt.

5. Nach der Sonderregelung des Paragraphen soll die Tilgung des Steuereinspruchs in der Weise erfolgen, daß „während eines Zeitraumes von höchstens 20 Jahren jährlich ein gleicher Geldbetrag (Tilgungsrente) entrichtet" wird. Der Steuerbetrag, der auf dem Grundstück ruht, wird daher in eine Rente umgewandelt. Diesem Umstande entspricht es, daß jährlich gleiche Geldbeträge für die Steuerzahlung festgelegt werden sollen. Dabei ist eine entsprechende Verzinsung zu berücksichtigen; dieses galt schon unter dem früheren Gesetz von 1919, weil nach § 103 der Reichsabgabenordnung alle nach den Steuergesetzen zu leistenden Zahlungen, welche nicht rechtzeitig erfolgen, mit 5 vom Hundert von der Fälligkeit an zu verzinsen sind, sofern nichts anderes bestimmt ist, und diese Vorschrift nach § 104 a. a. O. auf Stundungen in der Regel Anwendung findet, auch eine solche Anwendung im vorliegenden Fall offenbar vom Gesetzgeber beabsichtigt war; für das EStG. 1922 war die Verzinsung speziell durch den § 33 Abs. 2 gedeckt, den allerdings die Zweite Steuernotverordnung beseitigte; außerdem kamen aber dann die Bestimmungen der verschiedenen Steuerzinsgesetze in Betracht, die in ihrer neuesten Fassung noch unter dem EStG. 1923 zu Recht bestehen; vgl. Anm. 9 zu § 33. Auf Grund der letzteren Regelungen wird eine Verzinsung von

5 vom Hundert in Ansatz zu bringen sein; vgl. auch Ausführungsbestimmungen EStG. 1922 § 50. Jetzt erscheint auch die Stundungsordnung von gewissem Einfluß, vgl. Anm. 7 zu § 40. — Die Tilgung darf höchstens bis auf einen Zeitraum von 20 Jahren ausgedehnt werden, also auf das Doppelte der Zeit, bis zu welcher die Teilzahlung nach § 40 bewilligt werden kann. Die Entscheidung darüber, für welche Dauer die Tilgung im einzelnen praktischen Fall festgelegt werden soll, steht dem Finanzamt zu, welches dabei berechtigten Wünschen des Steuerpflichtigen Rechnung zu tragen hat. Mit Rücksicht auf die größere Weiterungen bereitende Form der Grundschuld dürften sich die Anträge meist auf einen längeren Zeitraum richten, bzw. nur dann gestellt werden, wenn es sich um einen solchen handelt. Bei Meinungsverschiedenheit zwischen Finanzamt und Steuerpflichtigem speziell bei Verkürzung der vom Steuerpflichtigen geforderten Dauer durch Entscheidung des Finanzamts steht dem Steuerpflichtigen das Beschwerderecht nach §§ 224, 281 RAO. zu. Nach den Ausführungsbestimmungen § 50 sind die gleichmäßigen Geldbeträge (Tilgungsrente) so zu bemessen, daß die Steuerschuld bei einer Verzinsung von 5 vom Hundert in dem vereinbarten Zeitraum getilgt wird. Als Kapital der Grundschuld ist der Steuerbetrag nebst Zinsen mit 5 vom Hundert einzutragen mit der Bestimmung, daß die Zahlung durch die während des vereinbarten Zeitraums zu entrichtende Tilgungsrente erfolgt. Zur Berechnung der Tilgungsrente geben die Ausführungsbestimmungen eine besondere Hilfstafel 3. Dieselbe hat unter Zugrundelegung eines Steueranspruchs von 10000 Mk. den jährlichen Geldbetrag der Tilgungsrente je nach der möglichen Anzahl der Zahlungen (1—20) unter Berücksichtigung der fünfprozentigen Verzinsung berechnet, und zwar mit der Maßgabe, daß die erste Zahlung sofort zu leisten ist. Nach Anhalt dieser Tabelle läßt sich die Jahreszahlung der Tilgungsrente für jeden anderen beliebigen Steueranspruch mit Leichtigkeit berechnen. Man multipliziert den betreffenden Steueranspruch mit demjenigen Betrage, welcher als Jahressumme der Tilgungsrente nach der festgelegten Anzahl der Zahlungen in die Hilfstafel eingestellt ist und teilt die berechnete Summe mit 10000; das Ergebnis stellt den Jahresbetrag der Tilgung für den betreffenden Steuerbetrag bei der Anzahl der Zahlungen, auf welche die Tilgung für den praktischen Fall angeordnet ist, dar. Das der Hilfstafel beigegebene Beispiel veranschaulicht dieses Verfahren. Die Bemessung der Dauer der Tilgungsrente wird sich an die Verhältnisse des jeweiligen einzelnen Falles anzuschließen haben; sie darf aber nicht über 20 Jahre hinausgehen.

6. Für den gleichmäßigen Geldbetrag, welcher in der durch vorige Anmerkung erörterten Weise festgelegt ist, soll „an den Grundstücken eine Grundschuld bestellt" werden. Der Steueranspruch oder die Steuerschuld wird dadurch mit den Grundstücken, welche den steuerpflichtigen Erwerb bilden, unmittelbar verknüpft. Die Grundschuld darf ausschließlich an denjenigen Grundstücken bestellt werden, welche den Anlaß zur Besteuerung geboten haben; sie muß aber an diesen insgesamt bestellt werden, soweit die Steuerschuld in gleicher Weise für sie besteht und auf sie in Form der Grundschuld zu übertragen ist. Der Begriff der Grundschuld bestimmt sich nach dem BGB.: „§ 1191. Ein Grundstück kann in der Weise belastet werden, daß an denjenigen, zu dessen Gunsten die Belastung erfolgt, eine bestimmte Geldsumme aus dem Grundstücke zu zahlen ist (Grundschuld). Die Belastung kann auch in der Weise erfolgen, daß Zinsen von der Geldsumme sowie andere Nebenleistungen aus dem Grundstücke zu entrichten sind. § 1192. Auf die Grundschuld finden die Vorschriften über die Hypothek entsprechende Anwendung, soweit sich nicht daraus ein anderes ergibt, daß die Grundschuld nicht eine Forderung voraussetzt. — Für Zinsen der Grundschuld gelten die Vorschriften über die Zinsen einer Hypothekenforderung". Zu den nach Maßgabe der letztangeführten Bestimmung auf die Grundschuld Anwendung findenden Vorschrift über die Hypothek zählt der § 1147 BGB., nach welchem die Befriedigung des Gläubigers aus dem Grundstück und den Gegenständen, auf die sich die Hypothek erstreckt, im Wege der Zwangsvollstreckung erfolgt. Kommt der Pflichtige mit den Teilzahlungen aus der Grundschuld in Verzug, so kann das Grundstück zur Zwangsversteigerung gebracht werden. Dieses greift auch Platz, wenn der Steuerpflichtige oder der Eigentümer des Grundstücks ein Deutscher ist, da die Sondervorschrift des § 48 des früheren RESt G. 1906, nach welcher zum Zwecke der Einziehung der Erbschaftssteuer die Zwangsversteigerung des Grundstücks eines Deutschen ohne seine Zustimmung nicht zulässig war, weder im ESt G. 1919, noch im ESt G. 1922, noch in der Reichsabgabenordnung Aufnahme gefunden hat. Gegebenenfalls würde nur der § 345 Abs. 3 der RAO. einschlagen: „§ 345 Abs. 3. In Kleinsiedelungen (Ackernahrungen, Kleinwohnungen), die der Schuldner bewohnt, ist, wenn der Schuldner ein Deutscher ist, eine Zwangsversteigerung oder Zwangsverwaltung nur mit Zustimmung des Schuldners zulässig. Das Landesfinanzamt kann von der Bedingung der Reichsangehörigkeit absehen. Ob eine vom Schuldner bewohnte Kleinsiedelung vorliegt, entscheidet das Landesfinanzamt endgültig". — Wie die Begründung zum Entwurf des Gesetzes von 1919 anführt, ist die einfache Grundschuld des § 1191 BGB. die gegebene Form für den vorliegenden Fall. Das BGB. kennt daneben die Rentenschuld: „§ 1199. Eine Grundschuld kann in der Weise bestellt werden, daß in regelmäßig wiederkehrenden Terminen eine bestimmte Geldsumme aus dem Grundstücke zu zahlen ist (Rentenschuld). — Bei der Bestellung der Rentenschuld muß der Betrag bestimmt werden, durch dessen Zahlung die Rentenschuld abgelöst werden kann. Die Ablösungssumme muß im Grundbuch angegeben werden." Eine Rentenschuld kann nicht in Frage kommen, weil durch die Einzelzahlungen ein Kapital getilgt werden soll und die Zahlung zeitlich beschränkt ist.

7. Der letzte Satz des Absatz 1 des Paragraphen ordnet an, daß die näheren Bestimmungen vom Reichsminister der Finanzen mit Zustimmung des Reichsrats zu erlassen sind. Abgesehen von der schon angeführten Vorschrift in den Ausführungsbestimmungen (§ 50) sind bislang weitere Erlasse des Reichsfinanzministers zu dem § 41 nicht ergangen.

Absatz 2.

8. Der Abs. 2 gibt eine besondere Bestimmung bezüglich der Dauer der Grundschuld für den Fall, daß der Vermögenswert nach Nutzungen oder Leistungen berechnet ist, so speziell bei gebundenem Vermögen und bei Nießbrauch. Die Sondervorschrift be-

stimmt sich im wesentlichen nach den §§ 144, 145 der Reichsabgabenordnung. Nach ihrer Eigenart ausgeschieden und je für sich behandelt werden dabei die Nutzungen und Leistungen, die auf eine bestimmte Zeit beschränkt sind. Der Gesamtwert dieser ist durch Zusammenzählen der einzelnen Jahreswerte unter Abrechnung der Zwischenzinsen festzustellen. Sodann kommen die immerwährenden Nutzungen und Leistungen, welche mit dem Fünfundzwanzigfachen des Jahreswertes zu veranschlagen sind. Die Nutzungen und Leistungen von unbestimmter Dauer sind im allgemeinen mit dem Zwölfeinhalbfachen ihres Jahreswertes anzusetzen, nur bei den auf die Lebenszeit einer Person beschränkten Nutzungen und Leistungen bestimmt sich der Gesamtwert nach dem Lebensalter dieser Person, wobei nach festgelegten Altersklassen ein Zwei- bis Achtzehnfaches des Jahreswerts in Frage kommen kann. Überall handelt es sich für den Gesamtwert um ein Mehrfaches des Werts der einjährigen Nutzung oder Leistung.

9. Die Tilgungsrente soll durch so viele Jahre entrichtet werden, als dem bei der Berechnung der Steuer angenommenen Vielfachen des Wertes der einjährigen Nutzung oder Leistung entspricht. Sofern der Vermögenswert nach Nutzungen oder Leistungen berechnet wird, fällt die Entscheidung des Finanzamts über die Dauer der Tilgungsrente (vgl. oben Anm. 5) fort; für diese Fälle ist die Dauer von vornherein gesetzlich in besagter Weise festgelegt. Nach der Fassung ist die Vorschrift zwingender Natur, so daß das Finanzamt unbedingt an dieselbe gebunden und zu einer Abänderung selbst unter der Zustimmung des Steuerpflichtigen nicht berechtigt erscheint. Es hat die Dauer stets nach dem bei der Berechnung der Steuer angenommenen Vielfachen des Wertes der einjährigen Nutzung festzulegen. Aus der Art und Weise, in welcher im Gesetz die Vorschrift des Absatz 2 selbständig neben die des Absatz 1 hingestellt ist, muß angenommen werden, daß in den Fällen des Absatz 2 die Beschränkung der Dauer der Rente auf höchstens 20 Jahre keine Anwendung finden soll. Dieses ist ohne Einfluß, sofern es sich um Nutzungen oder Leistungen handelt, welche von unbestimmter Dauer (maßgebend ist das $12^1/_2$fache) oder auf die Lebenszeit einer Person beschränkt sind (maßgebend das 2—18fache). Dahingegen kann es sich geltend machen bei den auf bestimmte Zeit beschränkten Nutzungen und Leistungen, wenn die zeitliche Beschränkung über 20 Jahre hinausgeht, und muß solches bei den immerwährenden Nutzungen oder Leistungen (maßgebend das 25fache).

Absatz 3.

10. Der Absatz 3 spricht von „diesen Vorschriften". Er bezieht sich mithin sowohl auf die Vorschrift des Absatz 1 wie auf die des Absatz 2. Beide Vorschriften also sollen nicht Platz greifen, wenn der Grundschuld andere als die zur Zeit des Eintritts der Steuerpflicht bestehenden Rechte vorgehen würden. Die Grundschuld soll stets durch den vollen Wert, welchen das aus Grundstücken bestehende Vermögen beim Eintritt der Steuerpflicht besaß, welcher folgeweise auch die Unterlage für die Besteuerung gebildet hätte, gesichert sein. Im Interesse des die Steuer erhebenden Staates war eine derartige Einschränkung dringend geboten, weil dem Steuerpflichtigen ein festes Recht auf die Vergünstigung der Vorschriften eingeräumt und demnach die Steuerbehörde nicht in der Lage war, eine Wertminderung der für die Steuer haftenden Grundstücke, welche in der Zwischenzeit nach dem Eintritt der Steuerpflicht, also nach dem Anfall bzw. Erwerb, bis zu der Festlegung des Wertes und der Grundschuld eingetreten war, entsprechend zu berücksichtigen. Jede nach dem Eintritt der Steuerpflicht vorgenommene Belastung der Grundstücke, welche der später zur Eintragung kommenden Grundschuld vorgehen würde, schließt die Anwendbarkeit der in Frage stehenden Zahlungsvergünstigung aus. Welcher Art und welchen Umfangs das nach Eintritt der Steuerpflicht begründete bzw. durch Eintragung gesicherte Recht ist, bleibt ohne Einfluß, so insbesondere der Geldwert des Rechts und folgeweise ebenmäßig der Umstand, ob durch das Recht eine Gefährdung der Grundschuld begründet wird oder nicht. Nach der Art, wie sie gegeben, ist die Vorschrift des Absatz 3 wiederum zwingender Natur. Unter der verlautbarten Voraussetzung verliert der Steuerpflichtige ohne weiteres sein Recht auf die Zahlungsvergünstigung. In dem gleichen Maße ist das Finanzamt fest gebunden. Es darf in besagtem Falle unter keinen Umständen eine Steuerzahlung durch Grundschuld zulassen, selbst wenn es die begründetste Überzeugung hätte, eine Gefährdung des Steuerinteresses sei nach Lage des konkreten Falls absolut ausgeschlossen. Gegebenenfalls wird durch Vorrangseinräumung BGB. § 880 eine Abhilfe ermöglicht werden können.

§ 42.

Unterliegen die Grundstücke innerhalb des Zeitraums, während dessen die Tilgungsrente zu zahlen ist, von neuem einer Veranlagung, so kann zum Zwecke der Befriedigung wegen der infolge des weiteren Steuerfalls geschuldeten Steuer auf Antrag des Steuerpflichtigen eine neue, den Vorschriften des § 41 entsprechende Grundschuld in der Art bestellt werden, daß die Verpflichtung zur Zahlung der Rente der späteren Grundschuld nicht vor Ablauf eines Jahres nach Fälligkeit der letzten Rentenzahlung aus der vorhergehenden Grundschuld beginnt.

Die Vorschrift des Abs. 1 findet keine Anwendung, wenn die Grundstücke innerhalb des bezeichneten Zeitraums gegen Entgelt an andere Personen als solche der Steuerklassen I und II veräußert worden sind.

a) Verh. bz. Ges.-Erl.: —
b) Richtl.: —
c) Ausf.-Best.: § 50.
d) Erl. d. RFM.: —
e) Ges. 19: § 65 (unverändert).
f) Rechtspr.: —
g) Schriftt.: —

Inhaltsübersicht.

1. Weiterer Steuerfall.
2. Nochmaliger Eintritt der Vergünstigung.
3. Zweite Grundschuld.
4. Antrag des Steuerpflichtigen.
5. Absatz 2.

Absatz 1.

1. Der § 42 Absatz 1 trifft Ordnung für den Fall, daß während des Laufs der Tilgungsrente ein weiterer Steuerfall bezüglich der mit der Grundschuld belasteten Grundstücke eintritt. Sind die sämtlichen festgesetzten Zahlungen bezüglich der Grundschuld geleistet, so daß das Kapital der Grundschuld getilgt worden ist, so sind die Grundstücke steuerlich wiederum vollständig frei; der § 41 kann abermals ohne weiteres auf sie uneingeschränkt zur Anwendung kommen; jedwede besondere Anordnung erübrigt. Die Vorschrift des § 42 soll Platz greifen, wenn der Steuerfall „innerhalb des Zeitraums, während dessen die Tilgungsrente zu zahlen ist", eintritt. Dieses muß nach Lage der Sache so aufgefaßt werden, daß an und für sich als Endpunkt des besagten Zeitraums der Fälligkeitstag der letzten Rentenzahlung angesehen wird, gleichgültig, ob die Zahlung wirklich an dem Fälligkeitstermin erfolgte oder nicht. Grundsätzlich wird der Endpunkt des Tilgungszeitraums in einem festen und gleichmäßigen, durch die Rechtslage an sich bestimmten Termin festzulegen sein. Den Eintritt der Vorschrift lediglich und allgemein von der tatsächlichen Leistung der letzten Zahlung abhängig zu machen, muß ausgeschlossen scheinen, weil dadurch kein fester, gleichmäßiger Termin gegeben ist, der Endpunkt vielmehr stets auf einen vorher nicht abzusehenden Termin, gegebenenfalls bald kürzer, bald länger vor bzw. hinter der rechtlichen Zahlungspflicht liegend, fallen würde bzw. fallen könnte. Im Interesse der unverrückbaren, von Zufälligkeiten unabhängigen Bestimmtheit und der gleichen Regelmäßigkeit wird daher allgemein der Fälligkeitstermin der letzten Rentenzahlung als der Endpunkt des besagten Zwischenraumes anzusehen sein. Fällt der neue Steuerfall, dessen Eintritt sich nach den allgemeinen Grundsätzen bestimmt, vor den Fälligkeitstermin der letzten Rentenzahlung, so greift der § 42 Platz, fällt er hinter den letzteren Termin, so ist dieses nicht der Fall. Eine Ausnahme von vorstehender Regel wird allerdings dann stattfinden, wenn die letzte Teilzahlung vor ihrem Fälligkeitstermin geleistet wird, wobei namentlich der Fall des nachfolgenden § 43 ins Gewicht schlägt. Mit dieser letzten Zahlung ist materiell der Gesamtbetrag des Kapitals der Grundschuld getilgt und die Grundschuld selbst tatsächlich beseitigt; die rechtliche volle Beseitigung geschieht erst durch die Löschung im Grundbuche, welche hier aber, weil lediglich formaler Natur, nicht als maßgebend für die Terminsbestimmung in steuerlicher Beziehung angenommen werden kann. Gleichzeitig wird der Fälligkeitstermin für die letzte Teilzahlung gegenstandslos und kann folgeweise nicht mehr irgendwie bestimmend in Betracht kommen. An Stelle des letzteren muß für diese Fälle der Termin der tatsächlich geleisteten Zahlung treten.

2. Ereignet sich der neue Steuerfall vor dem nach vorstehenden Ausführungen sich bestimmenden Endtermin der Grundschuld, so läßt der § 42 trotz des weiteren Laufs der Zahlungen aus der Grundschuld nochmals die Zahlungsvergünstigung durch Grundschuldbestellung, wie sie der § 41 ordnet, zu. Nach der Fassung des Gesetzes beschränkt sich diese Zulassung auf einen weiteren Steuerfall; a. M. Finger, EStG. 19, Anm. 4 zu § 65, desgleichen EStG. 22 Anm. 4 zu § 42, welcher auch einen dritten usw. innerhalb der Tilgungsfrist eintretenden Steuerfall in gleicher Weise behandelt wissen will, mit dieser Ansicht allerdings, soweit ersichtlich, bislang alleinstehend. Sollte nach dem zweiten Steuerfall noch ein dritter während des Laufs der Zahlungen aus der ersten Grundschuld sich ereignen, so ist dieser von der Zahlungsvergünstigung nach §§ 41, 42 ausgeschlossen und würde lediglich nach den sonstigen Bestimmungen zu behandeln sein. Wenn der dritte Steuerfall jedoch erst nach Wegfall der ersten Grundschuld während des Laufs der Zahlungen aus der zweiten Grundschuld eintritt, so ändert sich die Sache. Der erste Steuerfall ist vollkommen erledigt und scheidet mithin aus. Die Grundstücke sind allein mit der Grundschuld aus dem zweiten Steuerfall belastet, welcher, weil der allein noch Folgen zeitigende, nunmehr als der erste im Sinne der Gesetzesvorschrift anzusehen ist. Daraus ergibt sich weiter, daß der insgesamt dritte Steuerfall rechtlich der zweite wird. Mithin wird auf ihn nunmehr die Zahlungsvergünstigung des § 42 Anwendung finden können. Für diese Fälle muß die genaue Fristlegung, wie sie in der vorgehenden Anm. 1 gegeben wurde, von besonderer Bedeutung sein.

3. Gegebenenfalls soll für den weiteren Steuerfall „eine neue, den Vorschriften des § 41 entsprechende Grundschuld" bestellt werden. Vorbehaltlich der demnächst zu erörternden Beschränkung (vgl. folgende Anm. 4) finden also die Vorschriften des § 41 voll auf die neuen Grundschuld Anwendung. Es kommen entsprechend alle drei Absätze des Paragraphen in ihren verschiedenartigen Einzelheiten zur Geltung. Alles dasjenige, was wir zu § 41 ausgeführt haben, wird in gleicher Weise bezüglich der zweiten Grundschuld zu berücksichtigen sein, so daß auf die angeführten Ausführungen lediglich zu verweisen ist. Nur bezüglich des Anfangstermins der Zahlungsleistungen aus der neuen Grundschuld ist im § 42 eine Sonderbestimmung getroffen, welche es verhindern soll, daß die Grundstücke zeitweise aus der zweiten und der ersten Grundschuld zugleich mit Steuer- und Rentenzahlungen belastet werden. Da es sich bei dem § 42 im Ganzen um eine Vergünstigung für den Steuerpflichtigen handelt, war eine derartige Vorschrift unerläßlich. Nach ausdrücklicher Bestimmung des Paragraphen soll die neue Grundschuld „in der Art bestellt werden, daß die Verpflichtung zur Zahlung der Rente der späteren Grundschuld nicht vor Ablauf eines Jahres nach Fälligkeit der letzten Rentenzahlung aus der vorhergehenden Grundschuld beginnt." Damit hat das Gesetz als regelmäßigen Fall hinstellen wollen, daß die Fälligkeitstermine der alten Grundschuld in denen der neuen einfach fortgesetzt werden, daß sozusagen die neue Grundschuld unmittelbar an die frühere anschließt. Unter normalen Verhältnissen dürfte so den berechtigten Interessen des Steuerpflichtigen voll genügt sein, denn es wird nicht stets erforderlich erscheinen, und ist vom Gesetzgeber offenbar nicht beabsichtigt, die Grundstücke zwischen erster und zweiter Grundschuld eine gewisse Zeit lang von allen Steuerzahlungen zu befreien. Die Möglichkeit des Letzteren ist jedoch nicht ausgeschlossen. Dem trägt das Gesetz dadurch Rechnung, daß es nur den frühesten Zeitpunkt für die erste Zahlung aus der neuen Grundschuld in der oben geschilderten Weise festleget, dadurch aber das Finanzamt ermächtigt, den ersten Fälligkeitstermin der neuen Schuld je nach den Verhältnissen des einzelnen Falles weiter hinauszuschieben, so daß entsprechend ein von Steuerzahlungen freier Zeitraum für die pflichtigen Grundstücke

entsteht. Das Finanzamt hat in dieser Beziehung vollkommen freie Hand und kann allen in dem praktischen Fall liegenden Sonderumständen folgen, nur sind die äußersten zeitlichen Grenzen, welche der § 41 festlegt (vgl. die Anm. 5 und 9 zu § 41), zu berücksichtigen. Wenn in beiden Fällen bis zu den äußersten zeitlichen Grenzen gegangen wird, ist die Grundschuldbelastung der pflichtigen Grundstücke sowieso eine verhältnismäßig lange, wie es häufig kaum den Interessen des Steuerpflichtigen entsprechen kann. Bei ihren bezüglichen Festlegungen wird das Finanzamt das nicht außer acht lassen dürfen.

4. Auch die Bestellung der zweiten Grundschuld findet nur „auf Antrag des Steuerpflichtigen" statt. Bezüglich der Einzelheiten ist in dieser Beziehung auf die Anm. 3 zu § 41 zu verweisen. Hier macht sich jedoch eine beachtenswerte Einschränkung des § 42 gegenüber dem § 41 bemerkbar. Während im § 41 der Antrag des Steuerpflichtigen als ein zwingender hingestellt ist, dem das Finanzamt uneingeschränkt Folge geben muß, läßt der § 42 den Antrag nicht als zwingenden erscheinen; das Finanzamt kann den Antrag je nach den besonderen Verhältnissen des einzelnen Falles entweder annehmen oder ablehnen. Daß die Ablehnung entsprechend begründet sein muß, liegt in der Natur der Sache, die willkürliche Entscheidungen der Steuerbehörde in derartigen Fällen ohne weiteres ausschließt. Die endgültige Entscheidung darüber, ob eine Grundschuld überhaupt bestellt werden soll oder nicht, trifft für den ersten Fall nach § 41 der Steuerpflichtige durch seinen Antrag bzw. das Unterlassen eines bezüglichen Antrages, im zweiten Fall nach § 42 das Finanzamt. Darin liegt die einzige wesentliche materielle Abweichung beider Paragraphen von einander. Gegen die ablehnende Entscheidung des Finanzamts kann der Steuerpflichtige beim Landesfinanzamt Beschwerde führen (§§ 224, 281 RAO.).

Absatz 2.

5. Die Anwendbarkeit der grundsätzlichen Bestimmung des Paragraphen schließt ein zweiter Absatz desselben aus, „wenn Grundstücke innerhalb des bezeichneten Zeitraums gegen Entgelt an andere Personen als solche der Steuerklassen I und II veräußert worden sind." Der innere Grund der Zahlungsvergünstigung liegt in der schnellen Aufeinanderfolge von Erbfällen innerhalb gleichen Besitzstandes oder bei gleicher Familie; vgl. oben Vorbemerkungen zu den §§ 41—44. Dieser Grund entfällt, wenn die Grundstücke, mit der Grundschuld belastet, gegen Entgelt auf einen nicht dem engen Familienverbande angehörigen Dritten übergehen. Durch diesen Übergang wird ein neuer Besitzstand begründet, der mit dem früheren nicht im Zusammenhange steht. Das Recht aus § 41 bleibt unter dem neuen Besitzstand für diesen gewahrt. Tritt ein Steuerfall nach dem entgeltlichen Erwerb der Grundstücke ein, so greift bezüglich dieses der § 41 selbständig Platz. Der Steuerpflichtige kann den Antrag auf Bestellung einer Grundschuld einbringen; der Fall ist als erster Steuerfall zu behandeln. Auf diesen Fall auch die Vorschrift des § 42 hinsichtlich einer Hinausschiebung der Rentenzahlungen gelten zu lassen, lag keinerlei Grund vor. Die Rentenzahlungen haben daher neben denen aus der alten Grundschuld zu beginnen. Die Grundstücke verbleiben jedoch andererseits sozusagen in demselben Besitzstande, in dem gleichen Familienbesitz, wenn die entgeltliche Veräußerung an Personen

der Steuerklassen I und II, wesentlich an Abkömmlinge, erfolgt. Es wird sich hier durchweg um die sogenannte verfrühte Erbfolge handeln, speziell soweit landwirtschaftlicher Grundbesitz in Frage kommt. Gerade in diesen Fällen muß die Bestimmung des § 42 dem Steuerpflichtigen den besonderen Schutz gewähren. Die Einzelheiten bestimmen sich nach den gleichen Grundsätzen wie beim ersten Absatz des Paragraphen. Nach der Fassung und dem inneren Grund sowie der Bedeutung des Absatz 2 ist anzunehmen, daß die Umgrenzung der Steuerklassen I und II innerhalb des Personenkreises, welcher für die Veräußerung in Frage kommt, festzulegen ist, daß mithin das Verhältnis der entgeltlichen Erwerber zu dem Veräußerer, dem Steuerpflichtigen im ersten Fall, das Maßgebende ist. Der Absatz 2 handelt ausschließlich von der Veräußerung; an und für sich wird daher diese bezüglich aller Einzelheiten die Richtlinien abzugeben haben; daß ein anderes vom Gesetzgeber gewollt sei, ist aus der Vorschrift selbst und deren Fassung nicht ersichtlich. Als innerer Grund spricht dafür, daß anzunehmen, die Vergünstigung solle in gleicher Weise wie dem durch den ersten Steuerfall in Besitz gekommenen Veräußerer auch seinen nächsten Angehörigen, die mit ihm in dem Verhältnis der Steuerklassen I und II stehen, zugute kommen. Die Grenze hier besonders eng zu ziehen, lag für den Gesetzgeber kein Anlaß vor. Die Steuerklassen I und II sind demnach nach dem Verhältnis der entgeltlichen Erwerber zu dem Veräußerer, dem Steuerpflichtigen des ersten Anfalles, zu bestimmen. Das gleiche vertritt Mirre ESt G. 19 Anm. 22 zu § 65; wenn derselbe ESt G. 22 Anm. 2 zu § 42 betont, ein entgeltliches Geschäft sei ausgeschlossen, sofern nur eine sogenannte gemischte Schenkung vorliege, so wird dem mit Rücksicht auf die hier grundsätzlich zu vertretende formelle Auslegung beizupflichten sein. Finger ESt G. 19 Anm. 7 zu § 65 und ESt G. 22 Anm. 7 zu 42 bezeichnet das Verhältnis des veräußernden Eigentümers (Steuerpflichtiger im vorhergehenden Fall) zu den gegen Entgelt Erwerbenden als das maßgebende, läßt aber die gemischte Schenkung nur insoweit, als Entgeltlichkeit vorliegt, wirken. Schachian ESt G. 19 Anm. 2 Abs. 2 zu § 65 nimmt an, daß eine entgeltliche Veräußerung im Sinne des Absatzes 2 nicht vorliege, wenn überhaupt eine Steuer nach dem Erbschaftssteuergesetz auf das Veräußerungsgeschäft erhoben wird, also z. B. nicht bei den gemischten Schenkungen, Hoffmann-Henckel ESt G. 19 Anm. 2 zu § 65 weist darauf hin, daß die Zuteilung bei der Erbteilung nicht als entgeltliches Geschäft anzusehen sei, was an und für sich anzuerkennen ist. Werden die mit der ersten Grundschuld belasteten Grundstücke an mehrere Personen gegen Entgelt veräußert, von denen eine oder einzelne zu den Steuerklassen I und II gehören, so trifft die Anwendbarkeit des § 42 nur bezüglich des an letztere fallenden Teiles zu.

§ 43.

Der noch nicht getilgte Betrag des Kapitals der Grundschuld kann von dem Eigentümer der Grundstücke jederzeit gezahlt werden. Dem Finanzamt steht eine Kündigung nicht zu.

Die Zahlung des Kapitals und der anderen Leistungen (§§ 41,

42) hat an die von dem Landesfinanzamt bestimmte Stelle zu erfolgen.

a) Verh. bz. Ges.-Erl.: —
b) Richtl.: —
c) Ausf.-Best.: § 50.
d) Erl. d. RFM.: —
e) Ges. 19: § 66 (unverändert).
f) Rechtspr.: —
g) Schriftt.: —

Inhaltsübersicht.

Absatz 1.

1. Der erste Absatz des § 43 trifft eigene Vorschriften über die Tilgung der Grundschuld außerhalb des festgelegten Rahmens derselben, welche sich an § 1193 BGB. anschließen bzw. durch diesen bedingt sind. Der § 1193 BGB. lautet: „§ 1193. Das Kapital der Grundschuld wird erst nach vorgängiger Kündigung fällig. Die Kündigung steht sowohl dem Eigentümer als dem Gläubiger zu. Die Kündigungsfrist beträgt sechs Monate. — Abweichende Bestimmungen sind zulässig." Wenn das Bürgerliche Recht in der fraglichen Beziehung den Eigentümer des Grundstücks und den Gläubiger der Grundschuld gleichstellt und beide mit denselben Rechten ausstattet, so konnte ihm die steuerliche Regelung in Berücksichtigung des besonderen Zwecks und der solchem entsprechenden eigenartigen Durchbildung der Grundschuld für den Steueranspruch nicht folgen. Der Sonderzweck der steuerlichen Grundschuld bedingte, daß dem Eigentümer der Grundstücke, also dem Steuerpflichtigen, auf der einen Seite eine möglichste Freiheit bezüglich seiner in der Tilgung der Grundschuld sich ausprägenden Steuerzahlungen gewährt, auf der anderen Seite aber gleichzeitig eine volle Sicherung gegen Forderungen der Steuerbehörde geboten werde, soweit solche mit der ersten Abmachung bei der Bestellung der Grundschuld hinsichtlich der von ihm zu leistenden Zahlungen in Gegensatz treten könnten. Dem tragen die beiden Sätze des ersten Absatzes durch eine entsprechende verschiedenartige Behandlung des Eigentümers der Grundstücke, also des Steuerpflichtigen, und des Gläubigers der Grundschuld, der Steuerbehörde (Finanzamt), in einer von dem BGB. abweichenden Ordnung der rechtlichen Verhältnisse Rechnung.

2. Dem Eigentümer der Grundstücke — also sowohl dem Steuerpflichtigen wie seinen Rechtsnachfolgern im Eigentum der Grundstücke — wird in dem ersten Satz das Recht eingeräumt, den noch nicht getilgten Betrag des Kapitals der Grundschuld jederzeit zahlen zu können. Er wird daher in die Lage versetzt, in jedem Augenblicke nach freiem Belieben für sich eine gänzliche Befreiung von dem Steueranspruch herbeizuführen und damit seine Grundstücke von der Grundschuld zu entlasten. Diese Vorschrift verleiht dem Eigentümer der Grundstücke ein festes Recht, dem das Finanzamt die

Anerkennung nicht versagen darf. Sie steht durchaus im Einklang mit der Eigenart der steuerlichen Grundschuld als einer Zahlungsvergünstigung für den Steuerpflichtigen und wird unter diesem Gesichtspunkte voll berechtigt erscheinen. Der noch nicht getilgte Betrag des Kapitals der Grundschuld wird jedoch nicht durch die noch nicht fälligen Teilzahlungen, welche auf die Grundschuld nach Maßgabe der Bestellung derselben zu leisten sind, dargestellt. Einzelne dieser Teilzahlungen kann der Eigentümer der Grundstücke jederzeit im Voraus machen. Bezüglich einer solchen Vorauszahlung ist derselbe an den allgemeinen Fälligkeitstermin, welcher für die Zahlungen gleichmäßig festgesetzt ist, nicht gebunden; er kann jeden beliebigen Tag zur Zahlung wählen; die Zahlungen müssen an jedem Tage, selbstredend zur Kassenzeit, von dem Finanzamt entgegengenommen werden. Eine derartige Vorauszahlung nur einzelner der noch ausstehenden Teilzahlungen muß nach der unbeschränkten und weiten Fassung der Vorschrift bzw. aus allgemeinen Gründen zwar zulässig erscheinen, hat aber auf den inneren Bestand der Grundschuld als solcher keinen Einfluß: es wird dadurch nur der noch nicht getilgte Betrag des Kapitals der Grundschuld verringert. In jedem Falle sind solche Einzelteilzahlungen, welche vor der Fälligkeit erfolgen, in ihrer vollen Höhe, wie solche bei der Bestellung der Grundschuld festgelegt worden ist, zu leisten. Irgend welche Absätze oder Abzüge wegen der vorzeitigen Zahlung dürfen nicht gemacht werden. Im Gegensatz zu derartigen einfachen Vorauszahlungen regelt der § 43 in eigenartiger Weise den Fall, wenn es sich darum handelt, vor der Zeit eine Gesamtentlastung von der Grundschuld zu erzielen. Will der Steuerpflichtige bzw. der Eigentümer des mit der Grundschuld belasteten Grundstücks sich von der Steuerzahlung bezw. der Grundschuld in Eins befreien, so hat er nach dem Wortlaut des § 43 den „noch nicht getilgten Betrag des Kapitals der Grundschuld" zu zahlen. Dieser noch nicht getilgte Kapitalbetrag der Grundschuld ist selbstredend geringer als die Gesamtsumme der noch auf die Grundschuld zu leistenden Teilzahlungen, weil bei der Festlegung der Teilbeträge die Verzinsung derselben bis zu dem Fälligkeitstermine entsprechend berücksichtigt worden ist. Bei vorzeitiger Rückzahlung der Grundschuld ist mithin eine neue Berechnung der Steuerschuld vorzunehmen, die auf den Augenblick der Rückzahlung zuzuschneiden ist. Es ist festzustellen, welcher Teil der ursprünglichen Steuerschuld durch die bislang geleisteten Teilzahlungen auf die Grundschuld bereits getilgt ist und welcher nicht getilgt ist. Hierfür dürfte die von Mirre EStG. 22 Anm. zu § 43 vorgeschlagene Berechnungsart zu einem richtigen Ergebnis nicht führen. Wenn Finger EStG. 1922 Anm. 1 unter a zu § 43 den noch nicht getilgten Steuerbetrag dadurch berechnet, daß er von der ursprünglichen Gesamtsumme der Steuer einfach die bis zur Rückzahlung geleisteten Zahlungen absetzt, so ist dies insofern nicht ganz richtig, als diese Zahlungen nicht nur Steuern, sondern auch Zinsbeträge enthalten; lediglich die schon gezahlte Steuer darf aber abgesetzt werden. Die Gesamtsumme der bisher geleisteten reinen Steuerzahlungen läßt sich nur so berechnen, daß man die ursprüngliche Gesamtsumme der Steuer mit der Gesamtzahl der festgelegetn Tilgungsraten dividiert und so die Steuerzahlung des Einzeljahres festlegt; hieraus erhält man durch Multiplikation mit der Zahl der bisher entrichteten Tilgungsraten die reine

Steuersumme, welche im Augenblicke der Rückzahlung als bereits getilgt anzusehen ist; nur dieser Betrag geht mithin von der ursprünglichen Gesamtsumme der Steuer ab, um den noch rückständigen alleinigen Steuerbetrag festzulegen. Von dem so errechneten für die Gesamtrückzahlung in Frage kommenden Steuerbetrag sind die Zinsen von dem Zeitpunkt des Entstehens der Zahlungspflicht bis zum Augenblicke der wirklichen Zahlung als eine Verpflichtung des Steuerschuldners entsprechend mit in Rechnung zu ziehen. Die nach diesen Grundzügen festgelegten Summe der noch bestehenden Steuerschuld ist als nicht getilgter Kapitalbetrag der Grundschuld zu zahlen, um letztere zur Ablösung zu bringen. Dieses Ganze, insofern es sich auf den Schuldbetrag bezieht, steht im grundsätzlichen Einklang mit dem § 1193 BGB., welcher die Fälligkeit des Kapitals der Grundschuld ordnet. Abweichend von der besonderen Regelung des letzteren Paragraphen, welche die Fälligkeit des Kapitals erst nach vorgängiger Kündigung (Kündigungsfrist 6 Monate) eintreten läßt, gesteht der § 43 dem Eigentümer der Grundstücke, der nunmehr die Steuerschuld vertritt, uneingeschränkt die jederzeitige Rückzahlung der Schuld zu. Damit ist die allgemein gültige Kündigungsfrist des BGB. beseitigt; der Eigentümer bzw. Steuerschuldner ist an eine solche nicht gebunden. Das BGB läßt eine Abänderung der Bestimmungen des § 1193 in dieser Beziehung ausdrücklich zu.

3. Durch den zweiten Satz des Absatz 1 wird dem Finanzamt das Kündigungsrecht, welches demselben nach der grundsätzlichen Regelung des § 1193 BGB. zustehen würde, allgemein abgesprochen. Dem Finanzamt wird damit die Möglichkeit, auf eine vorzeitige Verwirklichung bzw. Tilgung seines Steueranspruches hinzuwirken, entzogen. Insgesamt erscheint es sonach in doppelter Weise den Bestimmungen des Bürgerlichen Rechts gegenüber eingeschränkt; es muß sich seinerseits Vorauszahlung des Kapitals ohne Kündigung gefallen lassen, während es selbst ein Kündigungsrecht, welches eine schnellere Befriedigung ermöglichen würde, nicht besitzt. Diese Regelung entspricht jedoch in ihrem Gesamtumfang der Eigenart der steuerlichen Grundschuld insbesondere dem maßgebenden Zweck derselben, als Zahlungsvergünstigung für den Steuerpflichtigen zu dienen.

Absatz 2.

4. Im zweiten Absatz des Paragraphen wird lediglich Bestimmung hinsichtlich der Stelle getroffen, an welche die sämtlichen Zahlungen aus der Grundschuld abzuführen sind. Die Notwendigkeit einer derartigen Vorschrift war wiederum durch das BGB. bedingt, welches hinsichtlich der Zahlungen bei der Grundschuld vorschreibt: „§ 1194. Die Zahlung des Kapitals sowie der Zinsen und anderen Nebenleistungen hat, soweit nicht ein anderes bestimmt ist, an dem Orte zu erfolgen, an dem das Grundbuchamt seinen Sitz hat.“ Die im vorstehenden Paragraphen vorgesehene anderweite Bestimmung trifft der Absatz 2 in der Weise, daß das Landesfinanzamt die Stelle zu bezeichnen hat, an welche die Zahlung des Kapitals oder der anderen Leistungen, mithin in der Hauptsache die Rentenzahlungen, aus der steuerlichen Grundschuld zu erfolgen haben. Daraufhin dürfte jedes einzelne Landesfinanzamt für seinen Zuständigkeitsbezirk eine allgemeine

Anordnung bezüglich der Zahlungsstellen bekannt zu geben haben. Regelmäßig wird daneben bzw. dementsprechend von dem für die Festlegung der Steuerpflicht zuständigen Finanzamt bei der Bestellung der Grundschuld im einzelnen praktischen Fall die Zahlungsstelle für die festgelegten Teilzahlungen — durchweg wohl der Finanzkasse des betreffenden Finanzamts — näher zu bezeichnen sein bzw. bezeichnet werden.

§ 44.

Ist das Grundbuch noch nicht als angelegt anzusehen, so ist in den Fällen des § 41 auf Antrag des Steuerpflichtigen zu gestatten, daß die Steuerschuld durch die dort bezeichneten Geldleistungen getilgt wird, sofern hierfür an den Grundstücken eine Sicherungshypothek bestellt wird, der andere als die zur Zeit des Anfalls bestehenden Rechte nicht vorgehen. Die Vorschrift des § 42 findet sinngemäße Anwendung.

a) Verh. bz. Ges.-Erl.: —
b) Richtl.: —
c) Ausf.-Best.: § 50.
d) Erl. d. RFM.: —
e) Ges. 19: § 67 (unverändert).
f) Rechtspr.: —
g) Schriftt.: —

Inhaltsübersicht.

1. Ersatz der Grundbucheintragung.
2. Dauer der Ersatzmaßnahme.
3. Zulässigkeit für einen Steuerfall.
4. Verfahren.
5. Sicherungshypothek.

1. Nach den allgemeinen Vorschriften des Bürgerlichen Rechts über die Rechte an Grundstücken, insonderheit dem § 873 BGB., verbunden mit den Sondervorschriften über die Grundschuld im § 1192 BGB. und über die Hypothek in den §§ 1113 ff. muß das Kapital der Grundschuld in das Grundbuch eingetragen werden, um die Rechtsverbindlichkeit der Grundschuld zu begründen. Dieses wird da, wo ein Grundbuch nach Maßgabe der Bestimmungen der Grundbuchordnung vom 20. Mai 1898 (neue Fassung) bereits angelegt bezw. als angelegt anzusehen ist, also für den regelmäßigen Fall, keine weiteren Schwierigkeiten bereiten oder besondere Regelungen erfordern. Anders liegt die Sache hinsichtlich derjenigen Bezirke, für welche das Grundbuch noch nicht als angelegt anzusehen ist, da für diese die Eintragung einer Grundschuld, wie sie in Frage steht, sich als unmöglich erweist. Im Interesse der unbedingt notwendigen steuerlichen Gleichbehandlung der einschlagenden Fälle war mithin eine besondere gesetzliche Bestimmung darüber erforderlich, in welcher Weise die Eintragung der Grundschuld in den Bezirken ohne entsprechend angelegtes Grundbuch zu ersetzen ist. Dem dient der § 44.

2. Die Vorschrift des § 44 findet nur Anwendung für diejenigen örtlichen Bezirke, für welche „das Grundbuch noch nicht als

angelegt anzusehen" ist. Welche Bezirke dadurch betroffen werden, entscheidet sich lediglich nach den tatsächlichen Verhältnissen. Da die Grundbuchordnung in allen ihren Einzelregelungen grundsätzlich darauf hinausläuft, daß überall, wo die Umstände solches gestatten, in tunlichster Beschleunigung mit der Anlage von Grundbüchern vorgegangen wird, so stellt sich die Vorschrift in der Hauptsache als eine vorübergehende dar. Sobald für einen örtlichen Bezirk das Grundbuch als angelegt anzusehen ist, entfällt für solchen die bislang dort Platz greifende Vorschrift. Für diesen Fall wird sowohl dem Steuerpflichtigen wie auch dem Finanzamt das Recht zuzusprechen sein, bezüglich der zunächst unter der Ausnahmebestimmung des § 44 geregelten Rentenzahlungen, welche nach der Grundbucheinrichtung fortlaufen würden, nunmehr eine Umgestaltung in eine regelrechte Grundschuld, wie sie in den vorhergehenden Paragraphen vorgesehen ist, zu beantragen bzw. einzuleiten.

3. Lediglich „in den Fällen des § 41" soll die Vorschrift zum Zuge kommen. Sie bezieht sich demnach zunächst nur auf einen Steuerfall und es würde an sich allein für den ersten Steuerfall die Zahlungsvergünstigung gewährt werden können. Hierzu ist jedoch sogleich der letzte Satz des Paragraphen hinzunehmen, welcher die sinngemäße Anwendung der Vorschrift des § 42 vorschreibt. Dadurch ist auch der nächste Steuerfall, wenn die Grundstücke innerhalb des Zeitraumes, während dessen die Tilgungsrente zu zahlen ist, von neuem einer Veranlagung zur Erbschaftssteuer unterliegen, in der gleichen Weise wie bei der Grundschuldbestellung bezüglich des Zahlungsmodus begünstigt. Die Einzelheiten des § 42 greifen demnach entsprechend Platz. Es wird genügen, auf die bezüglichen Ausführungen in den Anmerkungen zu dem genannten Paragraphen zu verweisen.

4. Es kommt zunächst das Verfahren des § 41 zur Anwendung. Die Steuerschuld soll „durch die dort bezeichneten Geldleistungen getilgt" werden können. Es ist demnach in der durch § 41 geordneten Weise behuf Zahlung der auf die Grundstücke entfallenden Steuer eine Tilgungsrente festzulegen, die aus jährlich für einen bestimmten Zeitraum zu zahlenden gleichen Geldbeträgen sich zusammensetzt. Der Hauptsache nach treffen die Ausführungen in Anm. 5 zu § 41 zu, auf welche zu verweisen ist. Dem § 41 entspricht es ferner, daß die Zahlungsvergünstigung „auf Antrag des Steuerpflichtigen" zu gewähren ist, mithin von dem Finanzamt ex officio nicht zur Anwendung gebracht werden kann. Nach der Fassung — „ist . . . . . zu gestatten" — ist auch hier der Antrag des Steuerpflichtigen ein zwingender, dem das Finanzamt in jedem Falle Folge geben muß. Vgl. dazu Anm. 3 zu § 41.

5. Die Steuerentrichtung durch die vorbezeichneten Geldleistungen (Anm. 4) ist zuzugestehen, „sofern hierfür an den Grundstücken eine Sicherungshypothek bestellt wird, der andere als die zur Zeit des Anfalls bestehenden Rechte nicht vorgehen." An Stelle der Grundschuld tritt also die Sicherungshypothek. Dadurch läuft das Ganze mehr oder weniger auf die Vergünstigung des § 40 hinaus. Bei der Sicherungshypothek, deren maßgebende Regelung durch das Bürgerliche Recht bereits in Anm. 5 zu § 40 entsprechend dargelegt wurde, liegt das charakteristische Merkmal darin, daß der gute Glaube des Grundbuchs nicht für die Forderung gilt, für welche die Hypothek

bestellt ist. Die Sicherungshypothek ist streng akzessorisch auch dem gutgläubigen Erwerber gegenüber. Mit dem Grundsatze des öffentlichen Glaubens steht die Rechtsvermutung des § 891 im Zusammenhange; findet jener bei der Sicherungshypothek auf die Forderung keine Anwendung, so muß auch die Rechtsvermutung für das Bestehen der Forderung fortfallen. Vgl. dazu Planck, Bürgerl. Gesetzbuch Bd. III Anmerkungen 1—4 zu § 1184. Es ist damit aber noch eine weitere Vorbedingung verbunden. Die Sicherungshypothek muß derart bestellt werden, daß ihr andere als die zur Zeit des Anfalls bestehenden Rechte nicht vorgehen. Dieses ist die gleiche Vorschrift, welche bezüglich der Bestellung der Grundschuld im Absatz 3 des § 41 getroffen ist. Anm. 3 zu § 41. Wie in der Begründung des Regierungsentwurfs zu den §§ 64 bis 67 des EStG. 1919 — vgl. oben Vorbemerkungen zu den §§ 41 bis 44 — ausdrücklich hervorgehoben ist, soll in Ländern, welche noch keine „Sicherungshypothek" haben, eine entsprechende Hypothek genügen.

VI. Erstattung.

§ 45.

Die Steuer ist zu erstatten,

1. soweit ein Geschenk wegen eines Rückforderungsrechts hat herausgegeben werden müssen;
2. wenn die Herausgabe gemäß § 528 Abs. 1 Satz 2 des Bürgerlichen Gesetzbuchs abgewendet worden ist.

a) Verh. bz. Ges.-Erl.: —
b) Richtl.: —
c) Ausf.-Best.: —
d) Erl. d. RFM: —
e) Ges 19: § 44 (unverändert).
f) Rechtspr.: —
g) Schrift.: Dr. F. W. R. Zimmermann, Berechnung für die besondere Erstattung der Schenkungssteuer ZfZuSt. 1909 S. 58.

Inhaltsübersicht.

1. Der § 45 erbringt eine Sondervorschrift bezüglich der Erstattung der Steuer, welche sich ausschließlich auf die Schenkungssteuer bezieht, in der gleichen Weise aber bereits in dem Reichserbschaftssteuergesetz 1906 und in dem Erbschaftssteuergesetz 1919 erscheint. Im übrigen greifen hinsichtlich der Steuererstattung nunmehr lediglich die Vorschriften Platz, welche die Reichsabgabenordnung im ersten Abschnitt ihres zweiten Teiles, zweiter Titel unter II in den §§ 127—136 allgemein für die Besteuerung anordnet. Wie die allgemeine Regelung der Erstattung, welche die frühere Erbschaftsbesteuerung enthielt, in die Reichsabgabenordnung übergeleitet wurde, desgleichen wie die Sonderbestimmung des § 45 in den früheren Gesetzen von 1906 und 1919 ausgestaltet und für dieselben begründet worden, ist in der 3. Auflage in den Anm. 1—3 zu dem § 44 näher dargelegt, worauf hier

Bezug genommen werden soll. Die Vorschrift des § 45 ist unverändert aus dem Erbschaftssteuergesetz 1919, wo sie den § 44 bildet, übernommen. Folgeweise ist sie in den neuen Verhandlungen der gesetzgebenden Körperschaften nicht weiter berührt; in den Drucksachen des Reichsrats wie des Reichstags findet sich nichts über dieselbe. In den Richtlinien für die Anwendung des neuen Erbschaftssteuergesetzes kommt sie ebenso wenig zu Tage, wie in den Ausführungsbestimmungen. — Die Zweite Steuernotverordnung vom 19. Dezember 1923 läßt die Sondervorschrift des § 45 unberührt, so daß in dieser Beziehung volle Übereinstimmung zwischen ESt G. 1922 und ESt G. 1923 besteht.

2. Eine allein für die Erbschaftssteuer als Schenkungssteuer in Betracht kommende Erstattung entrichteter Steuer läßt das Gesetz unter zwei besonderen einzelnen Voraussetzungen zu. Einmal, soweit ein Geschenk wegen eines Rückforderungsrechts hat herausgegeben werden müssen. Das erste Reichserbschaftssteuergesetz von 1906 kannte die Erstattung nur bei auf Gesetz beruhendem Rückforderungsrecht. Man glaubte, die Einschränkung nicht aufrecht erhalten zu sollen und hat in dem Erbschaftssteuergesetz 1919 und so auch jetzt wieder dem Rückforderungsrecht schlechthin die betreffende Wirkung zugebilligt. In erster Linie maßgebend ist das BGB., welches ein bezügliches Rückforderungsrecht in den folgenden Fällen gewährt:

„§ 528 Abs. 1 Satz 1. Soweit der Schenker nach der Vollziehung „der Schenkung außer Stande ist, seinen standesmäßigen Unter„halt zu bestreiten und die ihm seinen Verwandten, seinem Ehe„gatten oder seinem früheren Ehegatten gegenüber gesetzlich ob„liegende Unterhaltspflicht zu erfüllen, kann er von dem Be„schenkten die Herausgabe des Geschenkes nach den Vorschriften über „die Herausgabe einer ungerechtfertigten Bereicherung fordern.....

„§ 1301. Unterbleibt die Eheschließung, so kann jeder Verlobte von „dem anderen die Herausgabe desjenigen, was er ihm geschenkt „oder zum Zeichen des Verlöbnisses gegeben hat, nach den Vor„schriften über die Herausgabe einer ungerechtfertigten Bereiche„rung fordern. Im Zweifel ist anzunehmen, daß die Rückforderung „ausgeschlossen sein soll, wenn das Verlöbnis durch den Tod eines „der Verlobten aufgelöst wird.

„§ 2287. Hat der Erblasser in der Absicht, den Vertragserben „zu beeinträchtigen, eine Schenkung gemacht, so kann der Vertrags„erbe, nachdem ihm die Erbschaft angefallen ist, von dem Be„schenkten die Herausgabe des Geschenkes nach den Vorschriften „über die Herausgabe einer ungerechtfertigten Bereicherung fordern. „Der Anspruch verjährt in drei Jahren von dem Anfalle der „Erbschaft an.

„§ 2288. Hat der Erblasser den Gegenstand eines vertragsmäßig „angeordneten Vermächtnisses in der Absicht, den Bedachten zu „beeinträchtigen, zerstört, bei Seite geschafft oder beschädigt, so tritt, „soweit der Erbe dadurch außer Stand gesetzt ist, die Leistung zu „bewirken, an die Stelle des Gegenstandes der Wert.

„Hat der Erblasser den Gegenstand in der Absicht, den Bedachten „zu beeinträchtigen, veräußert oder belastet, so ist der Erbe ver„pflichtet, dem Bedachten den Gegenstand zu verschaffen oder die

„Belastung zu beseitigen; auf diese Verpflichtung finden die Vor-
„schriften des § 2170 Absatz 2 entsprechende Anwendung. Ist die
„Veräußerung oder die Belastung schenkweise erfolgt, so steht dem
„Bedachten, soweit er Ersatz nicht von dem Erben erlangen kann,
„der im § 2287 bestimmte Anspruch gegen den Beschenkten zu.
„§ 2329. Soweit der Erbe zur Ergänzung des Pflichtteils nicht
„verpflichtet ist, kann der Pflichtteilsberechtigte von dem Beschenkten
„die Herausgabe des Geschenkes zum Zwecke der Befriedigung
„wegen des fehlenden Betrages nach den Vorschriften über die
„Herausgabe einer ungerechtfertigten Bereicherung fordern. Ist
„der Pflichtteilsberechtigte der alleinige Erbe, so steht ihm das
„gleiche Recht zu."

3. Damit ist aber die Anwendbarkeit der Vorschrift unter Ziff. 1 keineswegs erschöpft. So wird man auch, wie meist geschieht, die Fälle der nichtigen, der anfechtbaren und mit Erfolg angefochtenen, sowie die unwirksamen Schenkungen trotz der entgegenstehenden Ausführungen in den Motiven zum Erbschaftssteuergesetz 1906 (vgl. 3. Auflage Anm. 1 zu § 44) hierher rechnen dürfen, desgleichen Ansprüche auf Grund etwa maßgebender ausländischer Rechte, welche Mirre EStG. 22 Anm. 2 zu § 45 anzieht, sowie im wesentlichen die zahlreichen Einzelfälle, deren Hoffmann-Henckel EStG. 19 Anm. 2 zu § 44 gedenkt, und anderes mehr. Wegen des Widerrufes der Schenkung vgl. unten Anm. 5. Stets ist jedoch als Vorbedingung zu fordern, daß für das Geschenk Steuer entrichtet ist, daß das Geschenk tatsächlich zurückgegeben ist und daß die Herausgabe sich unmittelbar auf ein Rückforderungsrecht stütze. Bei irgend freiwilliger Rückgabe kann die Vorschrift niemals zur Anwendung kommen. — Wesentlich ist namentlich das Moment herauszuheben, daß eine Erstattung der entrichteten Steuer nur dann stattfinden kann, wenn das Rückforderungsrecht verwirklicht worden ist, wenn eine Herausgabe des Geschenkten tatsächlich stattgefunden hat. Wird das ganze Geschenk zurückgegeben, so ist naturgemäß die ganze Steuer zu erstatten. Sofern nur ein Teil des Geschenkes zur Herausgabe gelangt, wie solches namentlich in den Fällen der §§ 2288 und 2329 vorkommen kann, findet nur eine teilweise Erstattung statt. Die Erstattung ist dabei so zu bemessen, daß lediglich ein Betrag von der entrichteten Steuer innebehalten wird, wie er demjenigen entsprechen würde, was der Beschenkte nach der ihm verbliebenen Bereicherung an Steuer zu zahlen gehabt haben würde. Verringert demnach die Herausgabe den Wert des Geschenkes in der Weise, daß bezüglich der beim Beschenkten verbleibenden Bereicherung nach Maßgabe des § 10 des Gesetzes geringere Steuersätze anzunehmen sein würden, als bezüglich des ganzen Geschenks zur Anwendung zu bringen waren und tatsächlich zur Anwendung gebracht sind, so ist dem bei der Erstattung entsprechend Rechnung zu tragen; die letztere ist auf dasjenige Mehr auszudehnen, das infolge der angewandten höheren Steuersätze an Steuer zunächst von dem ganzen Geschenk zu entrichten war; dieses Mehr oder der Unterschied zwischen den höheren und den niederen Steuersätzen ist auch bezüglich des beim Beschenkten verbleibenden Teils des Geschenkes zu erstatten. Bei der Berechnung der zu erstattenden Beträge ist lediglich der tatsächliche Stand zur Zeit der Besteuerung der Schenkung, also der im Augenblick des Erwerbs der letzteren, zugrunde zu legen; alles dasjenige, was nach

diesem Zeitpunkt, der allein für die Besteuerung und die sich wiederum an diese angliedernde Erstattung maßgebend sein kann, mit dem Geschenk sich ereignet, was also eventuell den Wert der Schenkung nach oben oder nach unten hin verändert hat, bleibt vollständig außer Betracht. Folgeweise ist die Bereicherung, welche der Beschenkte auf diese Weise durch den der Herausgabe unterliegenden Teil der Schenkung erfahren hat, auch wenn er sie nicht mit herauszugeben hat, unberücksichtigt zu lassen.

4. Weiter findet eine besondere Erstattung bei der Schenkungssteuer statt, wenn die Herausgabe des Geschenks nach Maßgabe des § 528 Abs. 1 Satz 2 BGB. abgewendet worden ist. Der § 528 Abs. 1 BGB., dessen erster Satz oben (Anm. 2) schon zum Abdruck gebracht ist, lautet in seinem 2. Satz und den weiteren, welche für die praktische Durchführung Bedeutung haben, folgendermaßen:

„§ 528. . . . . Der Beschenkte kann die Herausgabe durch Zahlung „des für den Unterhalt erforderlichen Betrags abwenden. Auf „die Verpflichtung des Beschenkten finden die Vorschriften des „§ 760 sowie die für die Unterhaltspflicht der Verwandten gel- „tende Vorschrift des § 1613 und im Falle des Todes des Schen- „kers auch die Vorschriften des § 1615 entsprechende Anwendung. „Unter mehreren Beschenkten haftet der frühere Beschenkte nur „insoweit, als der später Beschenkte nicht verpflichtet ist.“

In dem berührten Falle bleibt die Schenkung als solche zu Recht bestehen; sie wird jedoch mit einer dem Schenker zu gewährenden Leibrente belastet. Dadurch erscheint die Bereicherung des Beschenkten entsprechend vermindert; es hat nach Maßgabe dieser Verminderung, also nach dem Wert der Leibrente, eine Erstattung der entrichteten Steuer stattzufinden. Für den Wert der Rente ist maßgebend einerseits die Höhe derselben, die sich wieder nach den jeweiligen Verhältnissen des einzelnen Falles bestimmt, anderseits die Art der Zahlung, in welcher Beziehung die Vorschrift des angezogenen § 760 BGB., daß die Leibrente im voraus zu entrichten, die Geldrente für drei Monate vorauszuzahlen usw. Platz greift, endlich auch die sonstigen Sonderumstände. Im übrigen sind bei der Wertermittlung die allgemeinen Grundsätze, welche die Reichsabgabenordnung gibt, zur Anwendung zu bringen. Da es sich um eine erst später und selbständig eintretende Belastung der Schenkung handelt, so kann für die weiteren Festlegungen nur der Zeitpunkt des Entstehens der Belastung bestimmend sein. Dieser Zeitpunkt kommt für die Bemessung nach dem Alter des Schenkers und nach der Dauer der Rente in Frage; ein besonderer, mit der Zeit wechselnder Wert des zu leistenden Gegenstandes wird kaum gegeben sein können, da nur eine Geldzahlung den Gegenstand bildet. Findet nach dem so berechneten Wert der dem Schenker zu gewährenden Rente eine Erstattung der Steuer, bei welcher übrigens wie oben die bei dem geringeren Wert der Schenkung selbst sich etwa entsprechend ermäßigenden Steuersätze zu berücksichtigen sein würden, statt, so ist der Steuerfall damit noch nicht endgültig erledigt. Es kann vielmehr nach der früher im Abs. 2 des § 18 RESt G. 1906 gegebenen Vorschrift, welche in ähnlicher Weise in die Reichsabgabenordnung übergegangen ist, eine Wiedererhebung eines Teils der erstatteten Steuer stattfinden, wenn wegen des in kürzerer Frist erfolgenden Ablebens des Schenkers eine Wertberechnung nach der Dauer der Rente zugrunde zu legen ist, wobei gleichfalls eine Änderung der Steuersätze möglich und zu berücksichtigen sein kann. Vgl. meinen Aufsatz in ZfZuSt. 1909 S. 58 f.

5. Keinen Erstattungsgrund für die Schenkungssteuer bildet der Widerruf der Schenkung, welcher als eine besonderer Grund gleichfalls hätte in Frage kommen können. Die Motive zum Regierungsentwurf des RESt G. 1906 (vgl. 3. Auflage Anm. 2 zu § 44) führen ausdrücklich an, daß man sich nicht hätte veranlaßt sehen können, die Erstattung auf diejenigen Fälle auszudehnen, in welchen es wie beim Widerruf für die Rückforderung der Schenkung noch einer in der Willkür des Rückfordernden liegenden vorausgehenden Handlung bedürfe. Diesen Standpunkt hat der Gesetzgeber bis jetzt beibehalten. Denn weder in den Verhandlungen der gesetzgebenden Faktoren über das Erbschaftssteuergesetz 1919 noch in denen über das Gesetz 1922/23 ist etwas verlautbart worden, was auf die Annahme einer anderen Auffassung irgendwie schließen lassen könnte, wie auch in den Gesetzesfassungen keine darauf hindeutende Änderung vorgenommen ist. — Das BGB. läßt bezüglich der Schenkung zu einmal ein Widerrufsrecht wegen groben Undanks:

„§ 530 Abs. 1. Eine Schenkung kann widerrufen werden, wenn sich „der Beschenkte durch eine schwere Verfehlung gegen den Schenker „oder einen nahen Angehörigen des Schenkers groben Undankes „schuldig macht."

(Nähere Bestimmungen dazu sind im folgenden Absatz und in den §§ 531—533 gegeben.)

und sodann ferner ein Widerrufsrecht des unschuldigen Teiles im Falle der Ehescheidung:

„§ 1584 Abs. 1. Ist ein Ehegatte allein für schuldig erklärt, so „kann der andere Ehegatte Schenkungen, die er ihm während des „Brautstandes oder während der Ehe gemacht hat, widerrufen." ....

Wenn schon zu dem Reichserbschaftssteuergesetz 1906 U. Hoffmann in Note 10 zu § 56 auch den vorangeführten Paragraphen als einen besonderen Erstattungsanspruch begründend unter Gleichstellung mit § 1301 BGB. anzieht, so verstößt dieses zweifellos gegen den Willen der gesetzgebenden Faktoren, welche für das Reichserbschaftssteuergesetz 1906 maßgebend waren, und muß danach als eine unrichtige Auffassung bezeichnet werden. Für das Erbschaftssteuergesetz 1919 hat trotz nicht veränderter Sachlage die bezügliche Ansicht breiteren Raum gewonnen. So wird sie namentlich von Mirre EStG. 19 Anm. 1 zu § 44 vertreten, indem er sowohl den Rückforderungsanspruch bei Auflösung der Ehe durch Scheidung (BGB. § 1584) als den bei Widerruf wegen Undanks des Beschenkten (§ 530 daselbst) zu den die Vorschrift erfüllenden Rückforderungsrechten zählt. Des weiteren findet sie sich bei Breit EStG. 19 § 142 II; Ehm EStG. 19 Anm. 3 zu § 44; Hoffmann-Hendel EStG. 19 Anm. 2 zu § 44; Schachian EStG. 19 Anm. 1 zu § 44. Die hier vertretene Auffassung teilen Zimmermann-Mühe EStG. 19 Anm. zu § 44 unter a, ebenso Marcus EStG. 19 Anm. zu Nr. 1 des §§ 44, welcher jedoch EStG. 22 die gegenseitige Meinung angenommen hat, und Aron EStG. 19 Anm. 1 zu § 44. Mirre EStG. 22 Anm. 2 zu § 45 hält auch für das jetzige Gesetz an seiner früheren Auffassung fest. Finger EStG. 19 Anm. 2 zu § 44 und EStG. 22

Anm. 3 zu § 45 gibt den Erstattungsanspruch allgemein, wenn das Geschenk, sei es auf Grund gesetzlichen, sei es auf Grund vertraglichen Rückforderungsrechts tatsächlich herausgegeben ist.

III. Teil.

Strafvorschriften, Übergangs- und Schlußvorschriften.

§ 46.

Wer die nach diesem Gesetze zu entrichtende Steuer hinterzieht, wird mit einer Geldstrafe bis zum Zwanzigfachen der hinterzogenen Steuer bestraft. Neben der Geldstrafe kann auf Gefängnis erkannt werden.

a) Verh. bz. Ges.-Erl.: —
b) Richtl.: —
c) Ausf.-Best.: —
d) Erl. d. RFM.: Erl. d. RFM. v. 14. Juli 1923.
e) Ges. 19: § 68 (unverändert).
f) Rechtspr.: —
g) Schriftt.: Zum Geldstrafengesetz v. 27. April 1923: Bumke, Zum neuen Geldstrafengesetz. DJZ. 28. Jahrg Sp. 328. Heinrich, Das neue Geldstrafengesetz v. 27. April 1923. DStZ 12. Jahrg. Sp. 247. — Schäfer, Geldentwertung und Strafrecht. JW. 52. Jahrg S. 436. Jadesohn, Ist versuchte Erbschafts- und Grunderwerbshinterziehung strafbar? DWR 14. Jahrg. S. 91. Schierholt, Grundstrafengesetz und Steuerstrafrecht. RStR IV S. 172. Zum Gesetz v. 13. Oktober 1923: Doerr, Das neue Geldstrafengesetz v 13. Oktober 1923. AStR VI Sp. 481 Pauly, Die Aufwertung der Geldstrafen im Steuerstrafverfahren DStZ XII Sp. 541. Reißer, Die Aufwertung der Geldstrafen ZfZ. u. 23 II Sp. 375.

Inhaltsübersicht:

1. Die selbständige Regelung sowohl der Strafen wie des Strafverfahrens, welche das RES tG. 1906 traf, kam schon für das Erbschaftssteuergesetz 1919 in Wegfall, da für letzteres das allgemeine Steuerstrafrecht, welches in der Reichsabgabenordnung §§ 353 bis 439 einheitlich hinsichtlich der sämtlichen Steuern des Reichs geordnet ist, maßgebend wurde. Dieser Stand verbleibt für das ESt G. 1922/23 unverändert. Die Reichsabgabenordnung bestimmt zwar in ihrem § 356 den Begriff der Steuerhinterziehung, sieht aber davon ab, die durch solche verwirkten Strafen festzulegen, überläßt letzteres vielmehr den einzelnen Steuergesetzen, deren verschiedenartige Tragweite hier eine unterschiedliche Ordnung notwendig macht. Ein Eingreifen des Erbschaftssteuergesetzes in das Steuerstrafrecht kam danach hinsichtlich der Strafbemessung für die Steuerhinterziehung in Frage. Dem diente für das Erbschaftssteuergesetz 1919 der § 68, welcher seinerzeit nach den Vorschlägen der Regierung angenommen wurde und durch die Verhandlungen in der Nationalversammlung keinerlei Veränderung erlitten hat. Die Begründung des Regierungsentwurfs lautet: „Die Reichsabgabenordnung wird das Steuerstrafrecht allgemein regeln. Insbesondere wird sie auch den Tatbestand der Hinterziehung der Steuer bestimmen. Hier ist daher lediglich der Strafrahmen festzusetzen." Wie sich der Begriff der Steuerhinterziehung nach und nach entwickelt hat und schließlich in der Reichsabgabenordnung festgelegt wurde, ist in der 3. Auflage in der Anm. 2 zu § 68 im Einzelnen ausgeführt worden; es sei hierauf Bezug genommen. Die jetzige Vorschrift des § 46 gibt unverändert den § 68 des Erbschaftssteuergesetzes 1919. Auf letzteren war das Geldstrafengesetz vom 21. Dezember 1921 ohne Einfluß geblieben, weil dieses Gesetz nicht eingreift, wenn die angedrohte Geldstrafe in dem Mehrfachen des verkürzten Steuerbetrages besteht, wie solches hinsichtlich der Hinterziehungsstrafe des Erbschaftssteuergesetzes der Fall ist; anders liegt die Sache jedoch mit dem Geldstrafengesetz vom 27. April 1923, welches mit seinem Inkrafttreten zum 1. Mai 1923 an die Stelle des Gesetzes von 1923 trat, wie der weiteren bezüglichen Gesetzgebung s. unten Anm. 2. Die Strafbestimmung des § 46 bot zu Verhandlungen im Reichsrat und im Reichstag keinen Anlaß, erscheint auch weder in den Richtlinien für die Anwendung des neuen Erbschaftssteuergesetzes noch in den Ausführungsbestimmungen zu demselben. — Da das Erbschaftssteuergesetz, abgesehen von der des § 46 keine weiteren Strafvorschriften trifft, so greifen im übrigen lediglich die das Steuerstrafrecht betreffenden Bestimmungen der Reichsabgabenordnung Platz. Es gilt dieses sowohl hinsichtlich der Strafen wie hinsichtlich des Strafverfahrens. Die bezüglichen Einzelbestimmungen trifft die Reichsabgabenordnung in ihrem dritten Teil, Strafrecht und Strafverfahren. Derselbe zerfällt wiederum in zwei Abschnitte, deren erster ohne jede weitere Untergliederung das Strafrecht in den §§ 355—384 behandelt, während der zweite Abschnitt das Strafverfahren umfaßt. Letzterer besteht aus vier Titeln. Der erste Titel, der nur den § 385 begreift, gibt eine allgemeine Vorschrift, der zweite Titel regelt das Verwaltungsstrafverfahren in vier Unterabteilungen — I. Allgemeine Vorschriften §§ 386—404; II. Das Verfahren §§ 405—418; III. Kosten des Verfahrens §§ 419—422; IV. Strafvollstreckung §§ 423—425 —, der dritte das gerichtliche Verfahren — ungeteilt in den §§ 426—442 — und der vierte die Niederschlagung in dem einen § 443. Auch diese Vorschriften sind durch die neuere Geldstrafengesetzgebung modifiziert siehe Anm. 2.

2. Nach dem ersten Satz des Paragraphen wird die Steuerhinterziehung mit einer Geldstrafe bis zum Zwanzigfachen der hinterzogenen Steuer belegt. Den gleichen Strafsatz hatte das EStG. 1919 in seinem hier nur wiederholten § 68. Gegenüber der Strafandrohung des RES tG. 1906 (§ 49 Abs. 1 Geldstrafe im zwei- bis vierfachen Betrage der Erbschaftssteuer) lag darin seinerzeit eine ganz wesentliche Erhöhung der Strafe, die jedoch mit der weit schärferen Anziehung der Erbschaftsbesteuerung Hand in Hand ging und darin ihre volle Begründung fand. Während das Gesetz 1906 den Mindestbetrag der Strafe auf den zweifachen Betrag der Erbschaftssteuer von dem betreffenden Erwerb festlegt, sieht das Gesetz von 1919 und danach auch die jetzige Vorschrift des § 45 von einer besonderen Strafbegrenzung nach unten ab. Folgeweise tritt für die Bestrafung der Hinterziehung der Erbschaftssteuer der allgemeine Mindestsatz der Geldstrafe für Steuerhinterziehungen ein, welchen die Reichsabgabenordnung in ihrem § 359 Abs. 1 in folgender Weise regelt: „§ 359 Abs. 1 Satz 2. Der Mindestbetrag einer Geldstrafe ist, soweit kein anderer Betrag bestimmt ist, zwanzig Mark". Letztere Vorschrift konnte durch das Geldstrafengesetz vom 21. Dezember 1921 nicht berührt werden, da von diesem die Mindeststrafen überhaupt nicht geändert werden. Die Höchstgrenze entspricht der im Wehrbeitrags- und im Besitzsteuergesetz angedrohten. Wenn nun auch das Gesetz vom 21. Dezember 1921 in die Vorschrift des § 46 nach dem Vorausgeführten nicht unmittelbar eingreift, so hat es doch im übrigen eine weitergehende Einwirkung, da durch seine Änderung der allgemeinen Vorschriften das Erbschaftsteuerstrafrecht in gleichem Maße mitgetroffen wird. Letzteres gilt ebenmäßig von der weiteren Geldstrafengesetzgebung, so daß es zweckmäßig erscheint, einen allgemeinen Überblick über letztere hier einzuschalten. Zweck der Geldstrafengesetzgebung war einerseits die Höhe der Geldstrafen mit der ständig fortschreitenden Geldentwertung in Einklang zu bringen, andererseits die Geldstrafe als solche den übrigen Strafen gegenüber auf einen angemessenen Stand zu heben und ihr eine weitergehende Bedeutung zu geben. Diesem Doppelwerk diente schon in einschneidender Weise das Gesetz zur Erweiterung des Anwendungsgebiets der Geldstrafe und zur Einschränkung der kurzen Freiheitsstrafen vom 21. Dezember 1921 (RGBl. 1921 S. 1604), welches wir oben anführten. Mit Rücksicht auf die baldige Aufhebung sehen wir davon ab, auf die Einzelvorschriften näher einzugehen, über welche Marcus EStG. 1922 S. 327 einen Überblick bringt. Die nächste Entwicklungsstufe bildet das Geldstrafengesetz vom 27. April 1923 (RGBl. I S. 254). Dieses setzt die Geldstrafen auf eine Höhe, wie sie der derzeitigen Geldentwertung entspricht und fügt die berührten Bestimmungen des Gesetzes von 1921 mit sachgemäßen Erweiterungen und Ergänzungen in das Reichsstrafgesetzbuch mit einer Anzahl neuer Paragraphen ein, zugleich folgerichtig verschiedene betroffene andere Gesetze modifizierend und das frühere Gesetz von 1921 aufhebend. Dasselbe trat am 1. Mai 1923 in Kraft. Mit einer speziellen Darlegung der bezüglichen Regelung befassen sich die in den Vorbemerkungen angezogenen Aufsätze von Bumke, Heinrich, Jadesohn, Schäfer und Schierholt. Nunmehr folgt das Gesetz über Vermögensstrafen und Bußen vom 13. Oktober 1923 (RGBl. 1923 I S. 943), welches sich allerdings von vornherein mehr oder weniger als ein provisorisches kennzeichnete. Durchweg werden die Rahmen der Geldstrafen nach Maßgabe der Geldentwertung in den einzelnen Strafvorschriften, wie sie speziell in dem Gesetz vom 27. April 1923 verlautbart waren, aufgewertet, jedoch in Papiermarkwährung, so daß die an sich nennenswerten Nominalbeträge durch die wirtschaftliche Entwicklung schnell wieder überholt waren. Daneben wurden verschiedene anderweite Anordnungen getroffen, namentlich die Reichsregierung ermächtigt, mit Zustimmung des Reichsrats die Strafbeträge, wie sie im Gesetz ausgeworfen, anderweitig festzusetzen, insbesondere auch wertbeständig zu machen. Die Aufsätze von Doerr, Pauly und Reißner (s. oben Vorbemerkung) beschäftigen sich mit den Einzelheiten der getroffenen Regelung. Nach Maßgabe der vorbezeichneten Ermächtigung ist endlich die Verordnung auf Grund des Gesetzes über Vermögensstrafen und Bußen vom 23. November 1923 (RGBl. 1923 I S. 1117) erlassen, die gewissermaßen im Einklang mit der Zweiten Steuernotverordnung vom 19. Dezember 1923 steht. Sie ordnet generell an, die Geldstrafe ist in Goldmark festzusetzen. Letztere beträgt: 1) bei Verbrechen und Vergehen, soweit nicht höhere Beträge oder Geldstrafe in unbeschränkter Höhe angedroht sind oder werden, mindestens drei und höchstens zehntausend Goldmark; 2) bei Übertretungen mindestens eine Goldmark, soweit nicht ein höherer Mindestbetrag angedroht ist oder wird, und höchstens einhundertfünfzig Goldmark. In einer Reihe sonstiger Vorschriften werden die übrigen Einzelregelungen mit der bezüglichen grundsätzlichen Umgestaltung in Übereinstimmung gesetzt. — Die Zweite Steuernotverordnung vom 19. Dezember 1923 bringt dazu in ihrem Artikel XV Steuergeldstrafen den vorläufigen Abschluß. Ihre Hauptbestimmung lautet: „Ist bei Steuerzuwiderhandlungen als Strafe das Mehrfache, das Einfache oder ein Bruchteil eines bestimmten Betrages angedroht und ist die Steuer nicht selbst in Goldmark bemessen, so wird der Berechnung der Geldstrafe der Goldmarkbetrag zugrunde gelegt, der sich nach den §§ 2, 3,6 der Aufwertungsverordnung vom 11./18. Oktober 1923 (RGBl. I S. 939, 979) und der ersten Durchführungsbestimmung zur Aufwertungsverordnung vom 13. Oktober 1923 (RGBl. I S. 951) ergibt. — Die Bestimmung des Abs. 1 gilt auch für Steuerzuwiderhandlungen, die vor dem Inkrafttreten dieser Verordnung begangen worden sind." Neben einigen Anpassungsbestimmungen für die bisherige Gesetzgebung wird sodann der Reichsfinanzminister ermächtigt, mit Zustimmung des Reichsrats die Wertgrenzen, die im Steuerstrafrecht gesetzt sind, von Papiermark auf Goldmark umzustellen und das Steuerstrafrecht an die Vorschriften des allgemeinen Strafrechts anzupassen. Eine entsprechende Ermächtigung wird den Regierungen der Länder hinsichtlich der Landessteuern, Gemeindeabgaben usw. erteilt.

3. Der zweite Satz des § 46 spricht aus, daß neben der Geldstrafe auf Gefängnis erkannt werden kann. Hierin liegt der eigentliche Schwerpunkt der Strafbestimmung. Das REStG. 1906 kannte eine Freiheitsstrafe für die Steuerhinterziehung nicht, während solche sich in anderen neueren Steuergesetzen des Reiches z. B. im Wehrbeitrags- und im Besitzsteuergesetz — mit einer Beschränkung der Dauer auf sechs Monate — findet. Bei Erlaß der Reichsabgabenordnung ging man grundsätzlich davon aus, daß eine Bestrafung der Steuerhinterziehung mit Gefängnis an und für sich angebracht erscheine, glaubte aber nicht so weit gehen zu sollen, eine derartige Zulässigkeit allgemein auszusprechen. Die Begründung zum Entwurf der Reichsabgabenordnung sagt in dieser Beziehung: „Die Strafen für die Steuerhinterziehung werden in den einzelnen Gesetzen so hoch zu bemessen sein, daß sie die für Betrug vorgesehenen Strafen vielfach übersteigen. Da die Fälle jedoch sehr verschieden liegen, man denke an geringfügige Zollhinterziehungen oder an die Nichtanwendung geringer Wechselstempelmarken, sieht der Entwurf davon ab, allgemein wegen Steuerhinterziehung Gefängnis zuzulassen" (vgl. Drucksache Nr. 759 der verfassunggebenden deutschen Nationalversammlung S. 130). Daß bei der jetzigen ungemein hohen Steuer des Erbschaftssteuergesetzes die Zulässigkeit der Gefängnisstrafe und zwar uneingeschränkt gerechtfertigt

ist, wird nicht in Zweifel zu ziehen sein. Die Gefängnisstrafe braucht nicht in jedem Falle verhängt zu werden; sie „kann" verhängt werden; ob solches im einzelnen Falle zu geschehen hat oder nicht, entscheidet das Gericht nach pflichtmäßigem Ermessen. Andererseits kann die Gefängnisstrafe nur „neben" der Geldstrafe angeordnet werden; die Verhängung einer Geldstrafe bildet mithin die notwendige Voraussetzung für die Gefängnisstrafe. Eine besondere Umgrenzung wie bei der Geldstrafe gibt das Gesetz für die Gefängnisstrafe nicht, ebenso wie eine solche sich in der Reichsabgabenordnung nicht findet. Nach § 355 der letzteren gilt demnach in dieser Beziehung das Strafgesetzbuch, nach dessen § 16 der Höchstbetrag der Gefängnisstrafe fünf Jahre, ihr Mindestbetrag ein Tag ist. Die Geldstrafe, neben welcher auf Gefängnis erkannt ist, kann nach § 378 der Reichsabgabenordnung gleicherweise in Freiheitsstrafe umgewandelt werden. Hinsichtlich der Anwendung des Geldstrafengesetzes 1923 im Verwaltungsstrafverfahren gibt ein Erlaß des Reichsministers der Finanzen vom 14. Juli 1923 III D 1510/VI z. 8256 nähere Anweisung. — Aus dem Schrifttum sei hier auf einen das Erbschaftssteuerstrafrecht unmittelbar berührenden Aufsatz verwiesen: Jadesohn, Ist versuchte Erbschafts- und Grunderwerbsteuerhinterziehung strafbar? DVR. 14. Jahrg. S. 91.

§ 47.

Die Vorschriften der Landesgesetze und Gemeindeordnungen, welche die Erhebung einer Abgabe von dem den Gegenstand der Erbschaftssteuer bildenden Erwerb oder von den über einen solchen Erwerb ausgestellten Urkunden betreffen, treten außer Kraft. Die Erhebung von Zuschlägen zu der auf Grund dieses Gesetzes erhobenen Steuer durch Länder, Gemeinden oder Gemeindeverbände ist unzulässig.

a) Verh. bz. Ges.-Erl.: Rt. 1920/22 Aussch.-Ber. Drucks. Nr. 4856 S. 46/47.
b) Richtl.: —
c) Ausf.-Best.: —
d) Erl. d. RFM: —
e) Ges. 19: § 70 (mit geringer Veränderung).
f) Rechtspr.: —
g) Schriftt.: Eyck, Das Finanzausgleichsgesetz vom 23. Juni 1923. DStZ. 12. Jahrg. Sp. 394. Markull, Die Novelle zum Landessteuergesetz. DJZ. 28. Jahrg. Sp. 453. Röttinger, Das Gesetz zur Änderung des Landessteuergesetzes. StW. II Sp. 837. Boethke, Das Finanzausgleichsgesetz DStBl. VI Sp. 309.

Inhaltsübersicht.

1. Einerseits die neuerdings scharf in den Vordergrund gerückte allgemeine Tendenz des Reiches, die Besteuerung überall, wo sie für die Interessen des Reiches in Anspruch genommen wurde, vollkommen in die eigene Hand zu nehmen und sich von jedem Eingriff bzw. jeder Mitwirkung der Länder unabhängig zu machen, andererseits das starke Anziehen der Steuerschraube hinsichtlich der Erbschaftsbesteuerung, welche schon für das Reich bis in die äußersten Konsequenzen ausgestaltet wurde und daneben jede Möglichkeit für eine anderweite steuerliche Inanspruchnahme ausschloß, mußte notwendig zu einer Vorschrift wie die des § 47 drängen, welche die volle Monopolstellung des Reiches auf dem Gebiete der Erbschaftsbesteuerung ausspricht. Diese Notwendigkeit trat schon bei Erlaß des Erbschaftssteuergesetzes 1919 hervor und führte zu dem § 70 dieses Gesetzes, der mit geringfügiger Abänderung als § 47 in das jetzige Gesetz 1922 überging. Wie sich die einschneidende Wirkung der neuen Vorschrift bei ihrer ersten Einführung durch das Erbschaftssteuergesetz 1919 in ihren Einzelheiten zeigte, ist in der 3. Auflage in Anm. 1 zu § 70 entsprechend dargelegt und wird auf diese Ausführungen hier Bezug genommen. Die Verhandlungen des Reichsrats und des Reichstags haben sich mit dem § 47 nicht besonders beschäftigt; die materielle Abänderung, welche das neue Gesetz trifft — Einfügung der Worte „und Gemeindeordnungen" hinter „Landesgesetze" im Anfang — ist nicht weiter begründet worden. Die Richtlinien für die Anwendung des neuen Erbschaftssteuergesetzes und die Ausführungsbestimmungen zu letzterem lassen den § 47 außer Acht. Für die Zweite Steuernotverordnung vom 19. Dezember 1923 lag ein Anlaß zu einem Eingreifen nicht vor.

2. Nach dem ersten Satz des § 47 sollen die Landesgesetze und Gemeindeordnungen (diese letzteren sind in der jetzigen Vorschrift neu hinzugefügt), welche die Erhebung einer Abgabe von dem den Gegenstand der Erbschaftssteuer bildenden Erwerb oder von den über einen solchen Erwerb ausgestellten Urkunden betreffen, außer Kraft treten. Rücksichtslos setzt sich damit die alleinige Erbschaftsbesteuerung des Reiches in weitestem Umfange durch. Den Landesgesetzen und Gemeindeordnungen — in der Hauptsache den ersteren — ist allerdings ein gewisser Teil der gerade in neuerer Zeit in weitem Umfang durchgebildeten Stempelgesetzgebung erhalten geblieben, soweit durch dieselbe nicht ein den Gegenstand der Erbanfall- und Schenkungssteuer bildenden Erwerb als solcher getroffen wird. Unter letzterer Voraussetzung sind selbst Urkundenstempel für die Aufnahme von Testamenten, Erbvergleichen, Erbrezessen usw. zulässig. Unberührt bleiben insbesondere alle Stempel für Urkundenaufnahmen der Notariate, die wesentlich die damit erlangte öffentliche Bekräftigung ganz ohne Rücksicht auf das unterliegende Geschäft abgelten sollen und mit letzterem nicht weiter in Zusammenhang stehen. Als von der Vorschrift des § 47 nicht getroffen können namentlich in Betracht kommen Besitzwechselabgaben, Auflassungsstempel, Abtretungs- und Schuldverschreibungsstempel, Beglaubigungsstempel, Stiftungsstempel usw. Insbesondere werden die einzelnen Länder für die Folge befugt erscheinen, Gebühren, die sich als eine Entschädigung oder Gegenleistung für eine Tätigkeit oder ein bestimmtes Handeln der staatlichen Behörden darstellen und dadurch den Steuern und Abgaben entgegengesetzt sind, in jeder

beliebigen Art zu erheben, auch wenn solche zu einem Erwerb von Todes wegen oder zu einer Schenkung bzw. freigebigen Zuwendung in eine gewisse Beziehung treten. Es mag hierzu noch hinzugefügt werden, daß schwerwiegender vielleicht als durch die Vorschrift des ersten Satzes des § 47 in die steuerliche Kompetenz der Länder und Gemeinden durch das Vorgehen des Reichs hinsichtlich der Reichsstempelsteuer und die Zerlegung derselben in besondere Einzelsteuern eingegriffen ist, wobei namentlich das Grunderwerbsteuergesetz sich von größerer Bedeutung zeigt. Die materielle Schädigung der Länder und Gemeinden, welche eine Vorschrift wie die des Satzes 1 zeitigen muß, tritt aber nicht erst jetzt zutage; sie hat sich bereits durch das Erbschaftssteuergesetz von 1919 vom 1. September 1919, dem Tage des Inkrafttretens dieses Gesetzes, an geltend gemacht.

3. Der zweite Satz schließt jede Zuschlagerhebung zu der Erbschaftssteuer des Reiches für die Folge aus. Die Bestimmung beruht in der gleichen Weise auf der Ausschließlichkeit, mit welcher das Reich die Erbschaftsbesteuerung in Anspruch nimmt und unter der grundsätzlichen äußersten Anspannung derselben in Anspruch nehmen muß. Mit dem Inkrafttreten des Erbschaftssteuergesetzes von 1919, das die Vorschrift des zweiten Satzes des § 47 schon enthielt, entfiel somit bereits sowohl die Möglichkeit zum Erlaß eines Landesgesetzes behuf Einführung von Zuschlägen zur Erbschaftssteuer für ein Land, wie auch die Möglichkeit zum Erlaß statutarischer Bestimmungen zu dem gleichen Zweck für eine Gemeinde oder einen Gemeindeverband. Daß es gleicherweise unzulässig ist, in irgend anderer Form den unter die Steuerpflicht des Erbschaftssteuergesetzes fallenden Erwerb rücksichtlich dieses Anfalls landesgesetzlich oder gemeindestatutarisch steuerlich zu belasten, ist nach der Natur der Sache als dem § 47 unterfallend anzusehen.

4. Bezüglich der Gesamtvorschrift des § 47 ist auf den unmittelbaren Zusammenhang hingewiesen, in welchem dieselbe schon zu dem Landessteuergesetz vom 30. März 1920 sich befand. Dieses Gesetz begründet die allgemeine grundsätzliche Regelung für die Abgrenzung der Kompetenz des Reiches und der Länder sowie Gemeinden auf steuerlichem Gebiete. Nach Maßgabe seines inneren Gehalts muß sich dieses Gesetz in der hier berührten Richtung stets in erster Linie durchsetzen; Sonderbestimmungen, wie die des § 47, können nur als eine Ergänzung zu den allgemeinen Bestimmungen des Landessteuergesetzes erscheinen. Dieses ist bei Bemessung der Tragweite des § 47 nicht außer Acht zu lassen. Die näheren Vorschriften über die Landessteuern und die Gemeindeabgaben finden sich in dem ersten Teil des Gesetzes in den §§ 1—15. Von wesentlicher Bedeutung sind vorzugsweise die noch unverändert zu Recht bestehenden Bestimmungen im § 2: „Die Inanspruchnahme von Steuern für das Reich schließt die Erhebung gleichartiger Steuern durch die Länder und Gemeinden (Gemeindeverbände) aus, wenn nicht reichsgesetzlich ein anderes vorgeschrieben ist. — Die Erhebung von Zuschlägen zu Reichssteuern ist den Ländern und Gemeinden (Gemeindeverbänden) nur auf Grund reichsgesetzlicher Genehmigung gestattet." Und im § 3: „Landes- und Gemeindesteuern, die die Steuereinnahmen des Reiches zu schädigen geeignet sind, sollen nicht erhoben werden, wenn überwiegende Interessen der Reichsfinanzen entgegenstehen." Speziell die kautschukartige Fas-

sung des letzteren Paragraphen gab Länder und Gemeinden hinsichtlich ihrer Besteuerungsbefugnis gänzlich in die Hand des Reichs, um nicht zu sagen, in die Willkür desselben. — Als mit dem Reichserbschaftssteuergesetz von 1906 das Reich die Erbschafts- und Schenkungsbesteuerung für sich in Anspruch nahm, wurde den derzeitigen Bundesstaaten ein bestimmter Anteil an dem Aufkommen aus der neuen Reichssteuer neben gewissen anderen vorübergehenden Vorteilen zugesichert. Wie sich diese Beteiligung der Bundesstaaten und Länder an der Reichserbschaftssteuer bis unter das Erbschaftssteuergesetz von 1919 weiter entwickelt hat, ist in der 3. Auflage in den Anm. 1—4 zu § 69 näher dargelegt. Bei dem rein historischen Interesse genügt hier eine Bezugnahme auf diese Ausführungen. Maßgebend für die andauernde Beteiligung der Länder wurde das vorgehend berührte Landessteuergesetz vom 30. März 1920, welches in seinem zweiten Teil allgemein die Beteiligung der Länder und Gemeinden am Ertrage von Reichssteuern regelt. Den Erbschaftssteuern insbesondere sind die §§ 34—36 des Gesetzes gewidmet. § 34 bestimmt, daß von dem Steueraufkommen auf Grund des Erbschaftssteuergesetzes die Länder 20 vom Hundert erhalten. In dem anderen Paragraphen sind nähere Grundsätze für die Bemessung der Anteile gegeben. Aus dem Angeführten erklärt sich, daß das neue Erbschaftssteuergesetz 1922 den Anteil der Länder an den Aufkünften aus der Erbschaftssteuer des Reiches überall nicht mehr erwähnt.

5. Die durchaus ungenügende Berücksichtigung der steuerlichen und wirtschaftlichen Interessen der Länder und Gemeinden in dem Landessteuergesetz, bezüglich deren sich in weitgehendstem Maße allseitig Klagen erhoben, drängte notwendig zu einer Novelle. Nach verhältnismäßig langen Verhandlungen — die gesetzgebenden Faktoren haben sich nahezu ¾ Jahr mit dem bezüglichen Regierungsentwurf beschäftigt. — ist unter dem 23. Juni 1923 das Gesetz zur Änderung des Landessteuergesetzes vom 30. März 1920 (RGBl. 1923 I S. 483) erlassen, welches das Landessteuergesetz zwar nicht aufhob, es aber in weitgehendem Maße umgestaltete, so daß Veröffentlichung in neuer Fassung notwendig erschien. Letztere erfolgte mit Bekanntmachung vom 23. Juni 1923 und wurde nunmehr als Gesetz über den Finanzausgleich zwischen Reich, Ländern und Gemeinden (Finanzausgleichsgesetz) bezeichnet (RGBl. 1923 I S. 494). Materiell wird speziell die Erbschaftssteuer von der Novelle kaum betroffen. Die in vorgehender Anm. 4 angeführten allgemeinen grundlegenden Bestimmungen der §§ 2, 3 blieben unverändert und stehen auch im Finanzausgleichsgesetz als §§ 2, 3. Ebenmäßig sind die Sonderbestimmungen für die Erbschaftssteuer, welche jetzt als §§ 32, 33 erscheinen, im großen und ganzen die gleichen, namentlich ist der Anteil der Länder wie bisher auf 20% festgesetzt, wobei jedoch die Berechnung der Anteile allgemein zweckentsprechender gestaltet wurde. Grundsätzlich ist die Bewegungsfreiheit der Gemeinden etwas erweitert, als gegebenenfalls auch hinsichtlich der Erbschaftsbesteuerung von Wirkung sein kann. Einen befriedigenden Ausgleich hat das Finanzausgleichsgesetz jedenfalls nicht getroffen; man scheint dieses beim Erlaß selbst angenommen zu haben, weshalb seine Wirksamkeit nur bis zum 1. April 1925 bemessen wurde. Einen allgemeinen Überblick über die Vorschriften des neuen Gesetzes geben: Eyck, Das Finanzausgleichsgesetz vom 23. Juni 1923. DStZ. 12. Jahrg. Sp. 394. Markull, Die Novelle zum Landes-

steuergesetz DJZ. 28. Jahrg. Sp. 453. Röttinger, Das Gesetz zur Änderung des Landessteuergesetzes StW. II Sp. 837. Boethke, Das Finanzausgleichsgesetz. DStBl. VI Sp. 309. — Die Dritte Steuernotverordnung vom 14. Februar 1924 ändert in ihrem Art. V §§ 39—42 den Finanzausgleich wiederum in einschneidender Weise ab. Dabei wird nach § 39 Ziff. 4 der Anteil der Länder an der Erbschaftssteuer überhaupt ausgeschaltet, indem die solchen bislang regelnden §§ 32, 33 des Finanzausgleichsgesetzes gestrichen werden.

§ 48.

Dieses Gesetz tritt mit Wirkung vom 1. Juli 1921 in Kraft.

EStG. 1923: Die Bestimmungen des § 1 (des Artikel III der Steuernotverordnung vom 19. Dezember 1923) treten mit Wirkung vom 1. Juli 1923 in Kraft; die bisherigen Vorschriften des Erbschaftssteuergesetzes bleiben für Erwerbe, für welche die Steuerschuld vor dem 1. Juli 1923 entstanden ist, massgebend.

Die Steuerpflicht bestimmt sich nach den bisherigen Vorschriften, wenn der Erlasser vor dem 1. Juli 1921 verstorben ist. Im Falle des § 9 Abs. 3 ist der Tod des überlebenden Ehegatten maßgebend.

Ist ein nach diesem Gesetze steuerpflichtiger Rechtsvorgang bereits nach dem Gesetze von 1919 versteuert, so ist die gezahlte Steuer insoweit zu erstatten, als sie die nach diesem Gesetze zu entrichtende Steuer übersteigt.

Im übrigen erläßt der Reichsminister der Finanzen die näheren Überleitungsbestimmungen; dabei ist insbesondere vorzusehen, daß auf Antrag der steuerpflichtigen Familienstiftungen, die vor dem Tage der Verkündung dieses Gesetzes errichtet, und Vorerbschaften, die vor diesem Tage angefallen sind, nach den bisher geltenden Vorschriften besteuert werden.

a) Verh. bz. Ges.-Erl.: Rt. 1920/22 Aussch.-Ber. Drucks. Nr. 4856 S. 48/49.

b) Richtl.: B. Ziff. 28; C. Ziff. 1—4. Daneben Verordnung zur Überleitung des Erbschaftssteuerrechts vom 7. August 1922. RGBl. 1922 I S. 708.

c) Ausf.-Best: —

d) Erl. d. RFM.: Verf. d. RFM. v. 21. August 1920 III a 3505. Erl d. RFM. v. 11. April 1921 III 2571 Erl v. 8 September 1923. Erl. vom 17. November 1923. Durchführ.Best. v. 28. März 1924.

e) Ges. 19: § 72 Absatz 1; § 74 (erweitert)

f) Rechtspr.: Urt. d. RG. v 21. März 1911. Urt. d. RG. v. 23. Mai 1913. Urt. d RFH. v. 23. Juni 1920. Ent d RFH v 25 Februar 1921. Urt. d. RFH. v. 27. Januar 1922. Urt. d. RFH. v. 27. April 1922. Urt. d. RFH v. 26. September 1922. Urt. d. RFH. v. 27. September 1922. Urt. d. RFH. v. 20. April 1923.

g) F. W. R. Zimmermann, Die allgemeine Abgrenzung der Gültigkeit der neuen und der bisherigen Gesetzgebung nach dem Erbschaftssteuergesetz vom 10. September 1919. ZStFr. I S. 17. Albrecht, Etwas über Familienstiftungen und ihre erbschaftssteuerliche Behandlung. RStR. V S. 124. Bartsch, Die Verordnung zur Überleitung des Erbschaftssteuerrechtes vom 7. August 1922. RStR. III S. 228. Georg Gast, Über die Rückwirkung des Erbschaftssteuergesetzes in der Fassung des Gesetzes zur Änderung des Erbschaftssteuergesetzes vom 20. Juli 1922. DStBl. VI Sp. 317. Katzenstein, Eine Lücke im Erbschaftssteuergesetz vom 20. Juli 1922. RStR. III S. 240. Rombach, Die rückwirkende Kraft der neuen Schenkungsbesteuerung. DStBl. III S. 169. Talmon-Gros, Die steuerliche Behandlung der Familienstiftungen nach dem Erbschaftssteuergesetz 1919. DBR. XIII Heft 9, 10. Talmon-Gros, Die steuerliche Behandlung der Familienstiftungen nach dem Erbschaftssteuergesetz 1922. DBR. XIV S. 275. Wünschmann, Besteuerung der Schenkungen vor dem 1. September 1919 nach dem Erbschaftssteuergesetz. DStBl. II S. 534 und 633. Wurzel, Zur Änderung des Erbschaftssteuergesetzes. DBR. XIV S. 141 und 151.

Inhaltsübersicht.

1. Zunächst ist hinsichtlich des § 48, welcher das Inkrafttreten des Gesetzes festlegt und die §§ 74 und 72 Abs. 1 des EStG. 1919 in sich vereinigt, zu bemerken, daß er nunmehr, als an dem ihm sachgemäß zukommenden Platz in das Gesetz eingereiht erscheint, indem er der Ermächtigung zum Erlaß von Ausführungsbestimmungen (§ 49) vorgesetzt ist; bei Erlaß des Gesetzes von 1919 war das umgekehrte Verfahren beobachtet, welches Schachian EStG. 19 Anm. 1 zu § 74 mit Recht als nicht logisch und sinnentsprechend bezeichnet. Eine zweite bedeutungsvollere Eigenart des Paragraphen nach seiner Fassung im EStG. 1922 (vgl. unten den zweiten Teil der Anm.) liegt darin, daß er dem Gesetz allgemein eine rückwirkende Kraft bis zum 1. Juli 1921 in Berücksichtigung des besonderen inneren Gehalts seiner Neuerungen beilegt. Teils hierdurch teils bzw. in Verbindung mit der eigenartigen Tragweite der neuen Vorschriften des Gesetzes selbst wurde die ganze Sachlage eine verwickeltere. Dem mußte wiederum nicht nur durch eine umfassendere Behandlung in den Richtlinien für die Anwendung des neuen Erbschaftssteuergesetzes, sondern ferner durch eine eigene Verordnung zur Überleitung des Erbschaftssteuerrechts Rechnung getragen werden, welche der Reichsminister der Finanzen auf Grund des Artikels 2 Abs. 4 des Gesetzes zur Änderung des Erbschaftssteuergesetzes vom 20. Juli 1922 unter dem 7. August 1922 — materiell als einen Teil des Gesetzes behuf Erweiterung bzw. Ergänzung des § 48 — erließ und im Reichsgesetzblatt 1922 I S. 708 veröffentlichte. Folgeweise beachten die Ausführungsvorschriften den Paragraphen nicht weiter, ebenso wie aus dem Druckmaterial über die Verhandlungen im Reichsrat und im Reichstag nichts Besonderes bezüglich desselben zu ersehen ist. Des weiteren machte sich dann aber die Einwirkung des Gesetzes über die Berücksichtigung der Geldentwertung in den Steuergesetzen vom 20. März 1923 fühlbar, welches gleicherweise gerade bezüglich des Inkrafttretens in seinem Artikel VIII eine Reihe von Einzelvorschriften enthält, durch die auch das Erbschaftssteuergesetz berührt wird; wir werden dieses an den entsprechenden Stellen hervorheben. Nicht zu übersehen ist, daß der § 48 selbst schon eine Erweiterung gegenüber dem Erbschaftssteuergesetz 19 (§ 74) durch die Einschaltung zweier neuer Absätze (3, 4) erfuhr. — Zu der vorerörterten Sachlage, wie sie lediglich das Erbschaftssteuergesetz 1922 umfaßt, kommt nunmehr das Erbschaftssteuergesetz 1923 oder die Neuerung, welche die Zweite Steuernotverordnung vom 19. Dezember 1923 einführt, hinzu. Die genannte Steuernotverordnung verlautbart ihr Inkrafttreten bezüglich der Erbschaftssteuer in dem § 3 ihres Art. III, der insbesondere die Erbschaftssteuer betrifft. Wir haben den Wortlaut dieses § 3 unter entsprechender Kennzeichnung oben in den Gesetzestext eingeschoben. Die Verlautbarung beschränkt sich lediglich darauf, den zeitlichen Termin, das Kalenderdatum, von welchem ab die neuen Bestimmungen in ihrem bezüglichen Einbau in die schon bestehende und nur geänderte Erbschaftsbesteuerung zur Anwendung zu bringen sind, festzulegen (1. Juli 1923) und gleichzeitig die zeitliche Geltung des Erbschaftssteuergesetzes 1922 (Zeit vor dem 1. Juli 1923) und des Erbschaftssteuergesetzes 1923 (Zeit vom 1. Juli 1923 ab) genau gegeneinander abzugrenzen. Im übrigen werden alle sonstigen rechtlichen und tatsächlichen Unterlagen, auf denen an sich das Inkrafttreten der gesetzlichen Regelung beruht, bzw. welche durch dasselbe und für dasselbe maßgebend berührt werden, unverändert, also im Stande des Erbschaftssteuergesetzes 1922 belassen, während die früheren gesetzlichen Regelungen in ihrem Zusammenstoß aneinander gerade in dieser Beziehung durchweg nennenswerte Abweichungen und Gegensätze aufwiesen, welche Schwierigkeiten und Zweifel für die praktische Durchführung im Gefolge hatten und nach Lage der Sache haben mußten. Letzteres fällt in dem Verhältnis der Erbschaftssteuergesetze 1922 und 1923 zu einander weg. Darin liegt eine wesentliche Vereinfachung auch für die Kommentierung, die den Übergang von dem einen Gesetz zum anderen kaum weiter zu berühren braucht. Die Erläuterungen zu dem § 48, welche schon vor dem Erscheinen der Zweiten Steuernotverordnung aufgezeichnet waren, ließen sich, obwohl sie zunächst nur den bezüglichen Anschluß des Erbschaftssteuergesetzes 1922 an die früheren Erbschaftssteuergesetze in Deutschland im Auge hatten, in ihrer Fassung gleichmäßig beibehalten und waren gegebenenfalls nur vereinzelt durch kurze, klärende Zusätze zu ergänzen. Auf diese Weise erübrigte eine getrennte Behandlung hinsichtlich des Inkrafttretens beider Gesetze. In demselbe Maße muß sich diese Erleichterung für die praktische Durchführung bei den Finanzämtern geltend machen.

Absatz 1.

2. Nach dem Abs. 1 des § 48 in der Fassung des Erbschaftssteuergesetzes von 1922 soll letzteres mit dem 1. Juli 1921 in Kraft treten. Da das Gesetz betreffend Änderung des Erbschaftssteuergesetzes unter dem 20. Juli 1922, die neue Fassung des Erbschaftssteuergesetzes unter dem 7. August 1922 erlassen wurde, so hat man also mit dem Termin für das Inkrafttreten über ein Jahr zurückgegriffen. Bei dem Erbschaftssteuergesetz von 1919 war man mit dem Inkrafttreten um einige Tage zurückgegangen; dieser allerdings etwas ausnahmsweisen Regelung war der geringfügigen Zeitspanne wegen derzeit keine besondere Bedeutung beizumessen; vgl. 3. Auflage Anm. 1 zu § 74. Daß 1922 dem Gesetz in einem weiteren Umfang rückwirkende Kraft verliehen ist, geschah nur deswegen, weil das Gesetz wesentlich den Interessen der Steuerpflichtigen zu dienen bestimmt war und insbesondere die Sätze in der Tarifierung sowie bei den Befreiungen und Ermäßigungen den allgemeinen wirtschaftlichen Verhältnissen unter der vorgeschrittenen Geldentwertung anpassen sollte. Selbstredend konnte man nicht allgemein die rückwirkende Kraft nach einer Seite hin, nur zugunsten des Steuerpflichtigen, wirken lassen. Die rückwirkende Kraft setzt sich demnach durchgehend nach beiden Richtungen hin durch; sie kommt überall zur Geltung, also auch da, wo sie für den Steuerpflichtigen beschwerend wirkt. Dabei tritt allerdings in den Einzelbestimmungen insgesamt bzw. in der Art der Fassung derselben wiederum die Grundtendenz der Begünstigung des Steuerpflichtigen schärfer in den Vordergrund, wie wir bei der näheren Erörterung der Einzelvorschriften sehen werden. Notwendig, nicht nur hinsichtlich des speziellen Termins, sondern auch allgemein, war es im Gesetz besonders zu verlautbaren, daß und inwieweit demselben rückwirkende Kraft innewohnen solle, weil andernfalls die generelle Anordnung im Artikel 71 der Reichsverfassung Platz gegriffen hätte, nach welcher Reichsgesetze, soweit sie nichts anderes bestimmen, mit dem 14. Tage nach Ablauf des Tages, an dem das Reichsgesetzblatt in der Reichshauptstadt ausgegeben worden ist, in Kraft treten. Auf die früheren Gesetzesregelungen (1906, 1919) und deren Herrschaftszeit hat die Verlautbarung des Abs. 1 des § 48 keinen weiteren Einfluß. Die Anwendbarkeit und gegebenenfalls rückwirkende Kraft bestimmt sich da, wo die betreffende Regelung noch zum Zuge gelangt, ausschließlich nach den eigenen Vorschriften dieser Regelung. Letzteres ist insbesondere hinsichtlich der Bestimmung im Abs. 2 des § 72 des Erbschaftssteuergesetzes 1919 von Bedeutung, wie wir demnächst zu berühren haben werden. Die Begründung zu dem Regierungsentwurf des Erbschaftssteuergesetzes 1919 gab hinsichtlich der rückwirkenden Kraft des Gesetzes sowohl in ihrem allgemeinen wie in ihrem besonderen Teil nähere Ausführungen, welche in der 3. Auflage Anm. 1 zu

§ 72 wörtlich wiedergegeben sind. — Das Erbschaftssteuergesetz 1923 legt den Termin seines Inkrafttretens nach Maßgabe des angezogenen § 3 des Artikels III der Zweiten Steuernotverordnung vom 19. Dezember 1923 auf den 1. Juli 1923 und grenzt damit seine Geltung gegenüber dem Gesetz 1922 in scharfer Präzision ab. Um die volle Tragweite zu kennzeichnen, wollen wir nochmals besonders darauf hinweisen, daß sämtliche Änderungen, welche die Zweite Steuernotverordnung hinsichtlich der Erbschaftssteuer als solcher einführt, in dem § 51 des Artikels III, auf welchen in § 3 Bezug genommen wird, verlautbart worden sind; demgemäß ist man unbedingt befugt, die Inkraftsetzungsbestimmung des § 3 als das Erbschaftssteuergesetz 1923 insgesamt treffend anzusehen. Behuf weiterer Klärung fügt der angezogene § 3 noch hinzu, die bisherigen Vorschriften des Erbschaftssteuergesetzes — also Erbschaftssteuergesetz 1922 — blieben für Erwerbe maßgebend, für welche die Steuerschuld vor dem 1. Juli 1923 entstanden sei. Damit ist jeder Zweifel über die Abgrenzung der Geltungszeiten beider Steuergesetze ausgeschlossen. Hinsichtlich des Entstehens der Steuerschuld greifen ausschließlich die allgemeinen Vorschriften, insonderheit der § 18 des Gesetzes Platz; die Ausführungen zu letzterem sowie auch die in den nachfolgenden Anmerkungen werden als Anwendung findend zu beachten sein. Nach dem bezeichneten Abgrenzungstermin (1. Juli 1923) hat sich auch das Erbschaftssteuergesetz 1923 rückwirkende Kraft beigelegt, denn es ist erst in der Zweiten Steuernotverordnung vom 19. Dezember 1923 verlautbart worden. Der Anlaß war ähnlich wie bei dem Erbschaftssteuergesetz 1922. Die rapid fortschreitende Geldentwertung erforderte unbedingt schleunigst besondere Maßnahmen, welche sich jedoch in kürzerer Frist nicht sachgemäß ausarbeiten und in Gesetzesform bringen ließen. Für die Erbschaftsbesteuerung hatte man aber den gangbaren Notbehelf das erst später erscheinende Gesetz mit rückwirkender Kraft auszustatten. Man faßte diesen von Anfang an ins Auge. Darauf beruhen die beiden Erlasse des Reichsfinanzministers vom 8. September und vom 17. November 1923, welche in Anm. 36 zu § 32 wiedergegeben sind. Sie ordnen mit Rücksicht darauf, daß man eine Novelle zum Erbschaftssteuergesetz 1922 mit rückwirkender Kraft vom 1. Juli 1923 zu erlassen gedenke, an, daß in den Fällen, in denen die Steuerschuld nach dem 30. Juni 1923 entstanden sei oder entstehe, die Veranlagung zur Erbschaftssteuer bis auf weiteres unterbleibe. Damit war, wie wir schon wiederholt betont haben, eine nicht zu unterschätzende Erleichterung für die praktische Durchführung der Bestimmung, also für die Finanzämter, erzielt; die Aufarbeitung der älteren Fälle (vor 1. Juli 1923) ließ sich beschleunigen; aus den neueren Fällen (nach 30. Juni 1923) konnte ein größerer Teil, weil Veranlagung nicht erfordernd, ausscheiden; für die nachzuarbeitenden Fälle vereinheitlichte sich die Bearbeitung. Grundsätzlich kommt hinsichtlich der Beilegung der rückwirkenden Kraft hier nur das Gleiche wie bei dem Erbschaftssteuergesetz 1922 zum Durchbruch; es gelten durchweg unsere bezüglichen obigen Ausführungen. Einen besonderen Vorteil bilden dabei aber die Anordnungen in den angezogenen Erlassen des Reichsfinanzministers, welche für das frühere Gesetz fehlten. Weiterer Erläuterungen wird es nicht bedürfen.

Absatz 2.

3. Die besondere äußere Abgrenzung, nach welcher das Gesetz seine zeitliche Wirkung bestimmt, gibt der Abs. 2 des § 48 und zwar stellt er den Tod des Erblassers als das maßgebende Ereignis hin. Die Art und Weise dieser zeitlichen Abgrenzung hat in den einzelnen Erbschaftssteuerrechten vielfach und nach den verschiedensten Richtungen hin gewechselt sowohl in den früheren Landessteuergesetzen wie in der Reichsbesteuerung selbst. Der jetzige Grundsatz entspricht zwar dem Erbschaftssteuergesetz von 1919, denn der Abs. 2 des § 48 ist im wesentlichen aus diesem Gesetz — § 72, Abs. 1 — übernommen; das Reichserbschaftssteuergesetz 1906 hatte jedoch eine abweichende Regelung. Die geschichtliche Entwicklung ist nach großen Zügen in der 3. Auflage Anm. 2 zu § 72 geschildert; auch ist daselbst das Einschlagende aus den Motiven zu dem Entwurf sowohl des Gesetzes 1906 wie des Gesetzes 1919 wiedergegeben, wie solches gegebenenfalls für die Auslegung im einzelnen noch Klärung schaffen kann; hier wird genügen, auf diese eingehenderen Ausführungen zu verweisen. Nähere Nachweisungen bezüglich des Verhältnisses 1919, welche durchgängig jetzt noch Platz greifen, erbringt mein Aufsatz „Die allgemeine Abgrenzung der Gültigkeit der neuen und der bisherigen Gesetzgebung gegeneinander nach dem Erbschaftssteuergesetz vom 10. September 1919" ZStFr. 1. Jahrg. Seite 17.

4. Maßgebend für die zeitliche Abgrenzung der alten und der neuen Gesetzgebung gegeneinander (1919 zu 1922) ist nach der Fassung des Paragraphen der Tod des Erblassers, also der Zeitpunkt, welcher gleicherzeit nach § 1922 BGB. den Erbfall kennzeichnet. Die Geltungsabgrenzung ist damit auf einen festen Zeitpunkt gestellt, der sich lediglich nach einem tatsächlichen Ereignis, das in jedem einzelnen Fall ohne weiteres festliegt, bestimmt, so daß über den Abscheidungsmoment rechtliche Zweifel nicht obwalten können. Insofern wird die schon 1919 getroffene und jetzt mit Recht beibehaltene Lösung als die sachgemäßeste zu begrüßen sein. Im Falle der Todeserklärung tritt der rechtlich festgelegte Zeitpunkt des Todes an Stelle des nicht zu ermittelnden tatsächlichen. Demnach würde an und für sich derjenige Tag in Frage kommen, welcher in dem gerichtlichen Ausschlußurteil als Todestag festgesetzt ist. Hier greift aber die Reichsabgabenordnung mit einer Sondervorschrift ein, denn deren § 81 Abs. 5 bestimmt allgemein, daß bei Verschollenen für die Steuergesetze der Tag, mit dessen Ablauf das Ausschlußurteil rechtskräftig wird, als Todestag gilt. Dementsprechend ist hier in Abweichung von dem bisherigen Recht der letztbezeichnete Tag als Todestag des Verscholenen anzusehen. Die abweichenden Ausführungen in meinem in vorstehender Anm. 3 a. E. angezogenen Aufsatz (S. 18 Spalte 2 unten) sind entsprechend zu berichtigen, da dieselben vor Erlaß der Reichsabgabenordnung geschrieben waren. Der gesetzliche Abgrenzungstermin erscheint demnach als ein tatsächlich stets zweifelsfrei festliegender. An und für sich wird die Anwendung der früheren Gesetzgebung noch in verhältnismäßig zahlreicheren, aus der Zeit vor dem Inkrafttreten des neuen Erbschaftssteuergesetzes herrührenden Einzelfällen stattfinden müssen, so bei dem bedingten Erwerb, sei es bezüglich der Versteuerung eines von einer aufschiebenden Bedingung abhängenden Erwerbes, sei es bei der Steuer-

erstattung für einen unter eine auflösende Bedingung gestellten Erwerb, ebenso bei der bedingten Belastung, mag eine Steuerfestlegung wegen einer aufschiebenden oder wegen einer auflösenden Bedingung notwendig werden, desgleichen bei dem Erwerb und der Belastung, welche von einem nur hinsichtlich des Zeitpunktes des Eintritts ungewissen Ereignis abhängig sind, ferner, wenn wegen ungewisser oder unsicherer Rechte nach eingetretener Klarheit über dieselben eine anderweite Steuerfestsetzung Platz greifen muß oder wenn nachträglich unbekannte Ansprüche der Masse oder an die Masse zu berücksichtigen sind, oder wenn bei einem Erwerb von Vermögen ohne die Nutzung irgend wie die Versteuerung hinausgeschoben war, sowie endlich in allen Fällen, in denen aus besonderen in der Sache liegenden Gründen von einer sofortigen Besteuerung abgesehen und die Aussetzung derselben bis zu einem späteren Zeitpunkte verfügt war. Vorerbschaft und Nacherbschaft sind nunmehr unter der besonderen Regelung des § 7 des neuen Gesetzes zu behandeln. Dieses verhältnismäßig langfristigere Übergreifen der alten Gesetzgebung in die Geltungszeit der neuen begründete, bei dem Inkrafttreten des Gesetzes von 1919 unter der bedeutenden Verschärfung der Besteuerung für den Steuerpflichtigen einen finanziellen Vorteil, bei dem jetzigen Gesetz dagegen einen, wenn auch weniger bedeutenden finanziellen Nachteil, dem ein entsprechender Nachteil bzw. Vorteil für den Steuerfiskus gegenübersteht. Mit Recht ist dem jedoch in beiden Fällen eine ausschlaggebende Bedeutung für die Regelung selbst nicht beigemessen.

5. Ohne jeden Einfluß auf die zeitliche Wirkung von altem und neuem Recht ist es, wenn wegen bestimmter rechtlicher oder tatsächlicher Vorbedingungen des Einzelfalls die faktische Vollziehung des Anfalls oder die wirkliche Bereicherung erst zu einem besonderen, meist hinter dem Todestage des Erblassers liegenden Zeitpunkte Platz greifen kann. Ein solcher Zeitpunkt ist für die Abgrenzung der Geltung des alten und des neuen Erbschaftssteuergesetzes vollkommen bedeutungslos, so der Zeitpunkt der Erteilung einer obrigkeitlichen Genehmigung für einen von solcher abhängigen Anfall, der Errichtung einer Stiftung im Zusammenhang mit dem Anfall, der Annahme einer Erbschaft, des Anfalls infolge Ausschlagung der Erbschaft durch den zunächst Berechtigten, der Abfindung für den Verzicht auf den Pflichtteil, der Erfüllung einer Auflage usw. — Liegt das entscheidende Moment für die Entstehung der Steuerpflicht nicht in dem Tode des Erblassers, sondern in einem anderen Ereignis, so kommt grundsätzlich der Zeitpunkt des Eintritts dieses Ereignisses anstelle des Todestages des Erblassers für die Abgrenzung zwischen altem und neuem Recht in Betracht. Dieses ist schon unter dem Erbschaftssteuergesetz von 1919 bei den gleichen Gesetzesvorschriften wie den jetzigen als rechtsgültig anerkannt. Getroffen werden speziell die Schenkungen und die Zweckzuwendungen. Für erstere muß danach (§ 18 des Gesetzes 22) der Zeitpunkt der Ausführung der Zuwendung, für letztere der Zeitpunkt des Eintritts der Verpflichtung des Beschwerten den Abscheidungspunkt bilden. Hinsichtlich des Erbschaftssteuergesetzes von 1922 können in fraglicher Beziehung Zweifel nicht entstehen, da die Verordnung zur Überleitung des Erbschaftssteuerrechtes vom 7. August 1922 in ihrem § 2 ausdrücklich bestimmt: ist bei Schenkungen unter Lebenden die Zuwendung vor dem

1. Juli 1921 ausgeführt oder ist bei Zweckzuwendungen die Verpflichtung des Beschwerten vor dem 1. Juli 1921 eingetreten, so bestimmt sich die Steuerpflicht nach den bisherigen Vorschriften: Näheres hierüber unten in Anm. 10. Die Schenkungen auf den Todesfall werden hierdurch selbstredend nicht getroffen: für sie ist stets der Todestag des Erblassers das Bestimmende. — Ist ein Steuerfall nach altem Recht zu behandeln, so finden auf denselben in gleicher Weise die früheren Vorschriften über das Verfahren Anwendung und umgekehrt. Bezüglich des Erbschaftssteuergesetzes 1919 war solches in den Ausführungsbestimmungen zu demselben § 54 ausdrücklich anerkannt. Die Ausführungsbestimmungen zu dem Gesetz 1922 enthalten eine gleiche Vorschrift zwar nicht, der Grundsatz bleibt aber trotzdem der gleiche und ist auch für jetzt zu beachten. Dieses wird in einer Entscheidung des Reichsfinanzhofes vom 27. September 1922 (DBR. 14. Jahrg. S. 227) ausdrücklich bestätigt.

6. Wenn in dem zweiten Satze des Abs. 2 des § 48 bestimmt ist, im Falle des § 9 Abs. 3 solle der Tod des überlebenden Ehegatten maßgebend sein, so schließt sich damit die Steuergesetzgebung wiederum lediglich an die bezüglichen Grundsätze des bürgerlichen Rechtes an. Der Absatz 3 des § 9 bezieht sich auf das gemeinschaftliche Testament der Ehegatten, durch das sie sich gegenseitig zu Erben einsetzen und gleichzeitig bestimmen, daß nach dem Tode des überlebenden der beiderseitige Nachlaß an einen Dritten fallen soll (sogen. Berliner Testament). Nach § 2269 BGB. ist dabei im Zweifel anzunehmen, daß der Dritte für den gesamten Nachlaß als Erbe des zuletzt verstorbenen Ehegatten eingesetzt sei. Dem folgt die Steuergesetzgebung, indem sie im fraglichen Fall den Tod des überlebenden Ehegatten als für die Besteuerung bzw. die Anwendbarkeit des früheren oder neueren Steuergesetzes maßgebend hinstellt. Der zweite Satz muß unter diesen Umständen als die notwendige Konsequenz des ersten Satzes des § 48 Abs. 2 erscheinen. Bei Erlaß des Erbschaftssteuergesetzes 1919 mit der gleichen Vorschrift lag hierin wie überhaupt in dem Abweichen von dem Grundsatz des § 61 RESt G. 1906 eine Härte für den Steuerpflichtigen, welche derzeit bei der außerordentlichen Erhöhung der Besteuerung sich schwer empfindbar machen mußte. Jetzt, unter dem Erbschaftssteuergesetz 1922, ist, wenn auch nur in beschränkterer Weise, das Gegenteil der Fall, da das neue Gesetz in der Hauptsache Erleichterungen für den Steuerpflichtigen erbringt. — Die Steuervorschrift greift im übrigen unbeschränkt und so namentlich auch für diejenigen gemeinschaftlichen Testamente der Ehegatten Platz, welche vor dem 1. Januar 1900, dem Inkrafttreten des BGB., abgefaßt sind, ein Fall, der jetzt allerdings nur noch recht ausnahmsweise praktisch werden wird. Die Rechtsvermutung des § 2269 BGB. ist zwar nur zur Regelung der vom 1. Januar 1900 ab entstehenden, nicht der schon früher entstandenen Rechtsverhältnisse bestimmt, vgl. Urt. d. RG. vom 21. März 1911 (WABl. 1912, Beibl. S. 76). Die Steuervorschrift als solche gründet sich jedoch nicht auf die im § 2269 BGB. ausgesprochene Rechtsvermutung, sondern knüpft sich nur an den im fraglichen Paragraphen hervorgehobenen Testamentsfall an, so daß die Gültigkeit oder Nichtgültigkeit der Rechtsvermittlung dabei vollkommen außer Betracht bleibt. Vgl. hierzu insgesamt meinen oben in Anm. 3 a. A. angezogenen Aufsatz. — Anschließend ist auf eine

Verfügung des Reichsministers der Finanzen vom 21. August 1920 III a 3505 mit folgendem Wortlaut hinzuweisen, der immerhin für einzelne Fälle eine praktische Bedeutung beigemessen werden kann: „Das Reichsgericht hat in der Entscheidung vom 23. Mai 1913 Band 82 Seite 305 (vgl. auch Zentralblatt 1914 Seite 194 und Wunsch 2. Auflage Seite 482) ausgesprochen, daß, wenn bei gemeinschaftlichen Testamenten der überlebende Ehegatte vermöge der Abhängigkeit der beiderseitigen Verfügungen voneinander nicht mehr in der Lage war, seine Verfügungen zu ändern, der Erwerb, auch soweit der überlebende Ehegatte als Erblasser gilt, als mit dem Tode des Vorverstorbenen begründet im Sinne des § 61 des Erbschaftssteuergesetzes vom 3. Juni 1906 anzusehen sei, so daß, wenn der eine Ehegatte 1905 und der andere 1918 gestorben ist, das Reichserbschaftssteuergesetz nicht anzuwenden war. — Dieser Entscheidung ist, nachdem der Reichsfinanzhof in der Entscheidung vom 23. Juni 1920 II A 372/19, allerdings ohne Begründung, einen abweichenden Standpunkt eingenommen hat, nicht mehr zu folgen. Ist also nach einem gemeinschaftlichen Testament oder einem Erbvertrag der überlebende Gatte nach der Regel des § 2269 BGB. als Erblasser anzusehen, so gilt der Erwerb des gesamten Vermögens erst als mit seinem Tode begründet, auch wenn er nach aa 2270, 2271 BGB. die Verfügung nicht mehr ändern konnte. War er als Vorerbe zu betrachten, so ist bezüglich des Vermögens des verstorbenen Ehegatten dessen Todestag maßgebend. — Soweit die Steuerbescheide bereits erlassen sind, ist eine Abänderung nach § 212 Abs. 4 A.O. nicht mehr zulässig. — Für das geltende Recht kommt die Frage nach § 72 Abs. 1 EStG. nicht in Betracht." — War der überlebende Ehegatte nur Vorerbe, so kommt nicht die Vorschrift des Satzes 2, sondern die des Satzes 1 des Abs. 2 des § 48 zum Zuge; bezüglich des Vermögens vorverstorbener Ehegatten bestimmt sich die Steuerpflicht oder die Abgrenzung der zeitlichen Wirkung zwischen alter und neuer Regelung nach dessen Todestag. Im Anschluß sei noch auf einige höchstgerichtliche Entscheidungen hingewiesen. Eine Entscheidung des RFH. vom 26. September 1922 (DBR. 14. Jahr. S. 211), in welchem die Entscheidung des Finanzamts aufgehoben wird, spricht aus: Das Gesetz (1922) tritt nach § 48 mit dem 1. Juli 1921 in Kraft, dergestalt, daß seine Verfahrensvorschriften von dem genannten Tage an Geltung haben: um eine Verfahrensvorschrift handelt es sich aber bei der vom Finanzamt getroffenen Entscheidung; für sie war das Finanzamt am 10. März 1922 nicht mehr zuständig; durch Aufhebung mußte daher der Weg für das in dem neuen Gesetz geregelte Verfahren freigemacht werden. Urt. vom 27. September 1922 (RFH. E. X S. 256; DR. 27. Jahrg. Sp. 114) sagt: Das EStG. 22 hat sich mit der Wirkung rückwirkende Kraft beigelegt, daß der Reichsfinanzhof bei Prüfung der durch Rechtsbeschwerde angefochtenen Entscheidung auch dann das neue Gesetz anzuwenden hat, wenn die Entscheidung vor der Verkündung ergangen war. In einem weiteren Urt. des RFH. vom 27. September 1922 (DBR. 14. Jahrg. S. 227) ist hinsichtlich der Zuständigkeit des Finanzamts zur Entscheidung bei § 35 EStG. 19 verlautbart: Zur Zubilligung der Ermäßigung nach § 35 Abs. 1 Ziff. 3 EStG. 1919 war das Finanzamt nach Abs. 3 a. a. O. nicht zuständig; durch EStG. 1922 ist jedoch die Zuständigkeit des Finanzamts mit rückwirkender Kraft (auch für die Fälle vor dem 1. Juli

1921) begründet. Nach dem Urt. d. RFH. vom 7. Juli 1922 (RFH. E. X S. 159) kann die Rechtsbeschwerde nicht auf Rechtsverletzung gestützt werden, weil nach Erlaß der angefochtenen Entscheidung das maßgebende Recht mit rückwirkender Kraft geändert worden ist.

Vorbemerkungen zu den Anmerkungen 7—16.

Es ist hier der geeignete Platz, um die Überleitungsverordnung des Reichsministers der Finanzen v. 7. Aug. 1922 einzuschalten und zu erläutern, welche in den § 48 mit ihren Einzelheiten eigengeartet eingreift. Sie wird nachstehend nach ihrem vollen Wortlaut in der Weise wiedergegeben, daß ihre Bezeichnung und ihr erster Satz den Schluß dieser Vorbemerkung bilden und in Anm. 7 nachstehend erläutert werden, während danach die einzelnen, in Paragraphen getroffenen Anordnungen vor den fortlaufenden, sie behandelnden Anmerkungen erscheinen. Die Überschrift und der Anfang der Verordnung lautet:

Verordnung zur Überleitung des Erbschaftssteuerrechts (Gesetz von 20. Juli 1922 — Reichsgesetzbl. I S. 610) in der Fassung der Bekanntmachung vom 7. August 1922 (Reichsgesetzbl. I S. 606). Vom 7. August 1922.

Auf Grund des Artikels 2 Abs. 4 des Gesetzes zur Änderung des Erbschaftssteuergesetzes vom 20. Juli 1922 (Reichsgesetzbl. I S. 610) wird folgendes bestimmt:

7. Vorweg ist hinsichtlich der Überleitungsverordnung nochmals darauf hingewiesen, daß die Bestimmungen derselben einen Teil des Erbschaftssteuergesetzes selbst bilden und daß ihnen daher volle Gesetzeskraft innewohnt. Es beruht dieses speziell auf dem Art. 2 Abs. 4 des Gesetzes zur Änderung des Erbschaftssteuergesetzes vom 20. Juli 1922 (RGBl. I S. 695), der dem Reichsminister die besondere Ermächtigung erteilt hat. Zum Ausdruck gekommen ist es äußerlich durch die Veröffentlichung im Reichsgesetzblatt (RGBl. 1923 I S. 708). Die Bestimmungen insgesamt sind als eine sachgemäße Ergänzung bzw. Erweiterung des § 48 des Gesetzes anzusehen; mit Rücksicht darauf war ihre nähere Erläuterung hier einzuschalten. Die allgemeinen Ausführungen dazu sind in der Hauptsache bereits in den Anm. 2 und 3 oben gegeben worden, worauf Bezug zu nehmen ist. Der Fundamentalgrundsatz, an welchen sich die Einzelbestimmungen sämtlich angliedern, ist in der Verordnung nicht nochmals besonders ausgesprochen. Ihn verlautbart der § 48 Abs. 2 Satz 1 des Gesetzes: Die Steuerpflicht bestimmt sich nach den bisherigen Vorschriften, wenn der Erblasser vor dem 1. Juli 1921 verstorben ist. Das Nähere hinsichtlich dieses Grundsatzes enthalten oben die Anm. 2—5. Die Einzelvorschriften der Verordnung sind durchweg auf die Abgrenzung der zeitlichen Wirkung von neuem und altem Recht gegeneinander zugespitzt. Die vorliegende Einzelregelung konnte sich aber nicht etwa nur auf eine bezügliche Abgrenzung zwischen den Erbschaftssteuergesetzen von 1922 und 1919 beschränken, sondern mußte weiter auf die Vorzeit zurückgreifen, da immerhin noch Fälle, welche nach früheren Regelungen entschieden werden müssen, vorkommen können. Für das Erbschaftssteuergesetz 1923 kommt dieses entsprechend in gleichem Maße in Betracht. Im großen und gan-

zen liegt dieser weitere Rückgriff schon an sich in der Natur der Sache begründet und braucht in seiner Sonderwirkung nicht speziell betont zu werden. So kann auch die zeitliche Abgrenzung der Erbschaftssteuerregelung von 1919 gegenüber dem Reichserbschaftssteuergesetz von 1906 sich geltend machen, wofür die §§ 72 und 74 der ersteren Regelung die maßgebenden Vorschriften enthalten, und ebenso die Abgrenzung zwischen dem Reichserbschaftssteuergesetz von 1906 und der früheren Landesgesetzgebung, welche der § 61 ersteren Gesetzes regelt. Gegebenenfalls könnte sich für Einzelfälle auch noch die beschränkte Steuerreform von 1913, welche in dem Reichsgesetze über die Änderungen im Finanzwesen vom 3. Juli 1913 (RGBl. 1913 S. 521 ff.) im § 4 getroffen wurde, entsprechend durchsetzen. Wenn mit Rücksicht auf diesen häufigen und weitgehenden Rückgriff auf früheres Recht Mirre EStG. 22 Anm. 1 Abs. 1 zu § 1 der Verordnung vom 7. August 1922 es für empfehlenswert erachtet, die grundlegende Bestimmung zu fassen: „wenn nach den bisherigen Gesetzen eine Steuer auf Grund eines nach dem 30. Juni 1921 eintretenden Ereignisses fällig wird, so ist das neue Gesetz anzuwenden, sofern es für den Steuerpflichtigen günstiger ist", und annimmt, daß eine derartige Bestimmung werde vielleicht auf Grund des § 108 Abs. 1 oder Abs. 2 der Reichsabgabenordnung erlassen werden, so muß es zweifelhaft erscheinen, ob damit die gehoffte Wirkung, Ausschaltung der fortgesetzten Anwendung der alten Bestimmungen, tatsächlich zu erreichen steht. Eine nähere Erörterung der Verordnung vom 7. August 1922 gibt ein Aufsatz von Bartsch: „Die Verordnung zur Überleitung des Erbschaftssteuerrechtes vom 7. August 1922" RStR. 3. Jahrg. S. 228.

§ 1.

Ist der Erblasser vor dem 1. Juli 1921 verstorben, so bestimmt sich die Steuerpflicht für den Erwerb des Vorerben und für den Erwerb des Nacherben nach den bisherigen Vorschriften.

Ist der Erblasser nach dem 30. Juni 1921, aber vor dem 25. Juli 1922, dem Tage der Verkündung des Gesetzes zur Änderung des Erbschaftssteuergesetzes vom 20. Juli 1922, verstorben, so sind die bisherigen Vorschriften auf Antrag des Vorerben anzuwenden. Das Antragsrecht erlischt binnen drei Monaten nach Inkrafttreten dieser Verordnung; wird die Steuererklärung erst nach dem Ablauf dieser Frist abgegeben, so erlischt das Antragsrecht mit der Abgabe der Steuererklärung.

8. Auf die Vorerbschaft und auf die Nacherbschaft beziehen sich die Vorschriften im § 1 der Verordnung. Die Grundbestimmung im Absatz 1 dieses Paragraphen stellt den Scheidepunkt zwischen altem und neuem Recht in der gleichen Weise für den Steuerfall des Vorerben wie für den des Nacherben auf den Todestag des „Erblassers" ein. Liegt dieser Todestag vor dem 1. Juli 1921, so bestimmt sich die Steuerpflicht nach den „bisherigen Vorschriften". Was hier unter „Erblasser" zu verstehen sei, kann keinem Zweifel unterliegen. Daß der Vorerbe damit gemeint sein solle, ist nach der Fassung der Bestimmung ausgeschlossen; hätte er maßgebend werden sollen,

so hätte die Bezeichnung „Vorerbe" gebraucht werden müssen. Als Erblasser kann mithin nur derjenige in Frage kommen, auf dessen Anordnung sowohl die Zuwendung an den Vorerben wie die an den Nacherben beruht, der ursprüngliche Erblasser für beide Steuerfälle. Das Steuerrecht greift hier wie nach allgemeinerer Üblichkeit unmittelbar auf das Bürgerliche Recht zurück. Das BGB. versteht in seinen bezüglichen Vorschriften der §§ 2100—2146 unter Erblasser stets denjenigen, welcher von der im § 2100 zugelassenen Befugnis Gebrauch macht, einen „Erben in der Weise einzusetzen, daß dieser erst Erbe wird, nachdem zunächst ein anderer Erbe geworden ist" (Nacherbe). Das, was nach dem Willen des Gesetzgebers mit der Bezeichnung „Erblasser" zum Ausdruck gebracht werden sollte, steht danach unbedingt fest. Daß die unterschiedlichen Ordnungen der Vorerbschaft, wie reine Vorerbschaft, Vorerbschaft mit Verbrauchsrecht, keinerlei Einfluß ausüben können, folgt ohne weiteres aus der Natur der Sache. Daraus ergibt sich zunächst, daß ohne jedweden Unterschied für alle diejenigen Steuerfälle, bei denen der Tod des Erblassers, d. i. des Anordners von Vor- und Nacherbschaft nach dem 30. Juni 1921 eingetreten ist, die Steuerpflicht nach den Vorschriften des neuen Erbschaftssteuergesetzes von 1922 zu beurteilen ist; für das Erbschaftssteuergesetz 1923 tritt darin an sich keine Änderung ein. Bei dem Todesfall des Erblassers vor dem 1. Juli 1921 treten die „bisherigen Vorschriften" nach der Bezeichnung des Gesetzes ein. Die bisherigen Vorschriften sind aber nicht allein die des Erbschaftssteuergesetzes 1919, sondern gegebenenfalls auch die der vor diesem liegenden Gesetze, wie solche schon in der vorgehenden Anm. 7 herauszuheben waren. Demgemäß kommen zur Anwendung: Die Vorschriften des Erbschaftssteuergesetzes von 1919, wenn der Tod des Erblassers in der Zeit vom 1. September 1919 bis zum 30. Juni 1921 eingetreten ist; die Vorschriften des Reichserbschaftssteuergesetzes von 1906, wenn der Erblasser in der Zeit vom 1. Juli 1906 bis zum 31. August 1919 verstorben ist und daneben noch gegebenenfalls die Abänderungsvorschriften im § 4 des Gesetzes über Änderungen im Finanzwesen vom 3. Juli 1913, wenn der Tod des Erblassers in der Zeit vom 12. Juli 1913 bis zum 31. August 1919 erfolgt ist; die Vorschriften der früheren Landesgesetze über die Erbschaftssteuer, wenn der Erblasser vor dem 1. Juli 1906 verstorben ist. Die einschlagenden Paragraphen, welche eventuell in den einzelnen Fällen zur Anwendung zu bringen wären, sind beim neuen Erbschaftssteuergesetz von 1922/1923 der § 7, beim Erbschaftssteuergesetz von 1919 § 23, § 26 Abs. 2 und § 51, beim Reichserbschaftssteuergesetz von 1906 § 26 und § 27 (eventuell daneben § 4 des Gesetzes vom 3. Juli 1913). Über das nunmehrige weitere Eingreifen des Geldentwertungsgesetzes vom 20. März 1923 siehe unten insbesondere Anmerkung 23.

9. Zu dieser allgemeinen grundsätzlichen Ordnung der zeitlichen Wirkung von altem und neuem Recht hinsichtlich Vor- und Nacherbschaft und im Absatz 2 des § 1 der Verordnung wurde eine Sonderregelung erlassen, welche sich ausschließlich auf diejenigen Steuerfälle bezieht, bei denen der Tod des Erblassers (Anordner der Vor- und Nacherbschaft nach dem 30. Juni 1921 aber vor dem 25. Juli 1922, dem Tage der Verkündung des Gesetzes zur Abänderung des Erbschaftssteuergesetzes vom 20. Juli 1922, liegt. Es sind dieses also diejenigen Steuerfälle, welche unmittelbar durch die rückwirkende Kraft des

neuen Gesetzes betroffen werden und für welche dadurch unter Umständen ungerechtfertigte Härten entstehen könnten, die durch die Vorschrift des Abs. 2 ausgeglichen werden sollen. Für diese Fälle sind auf Antrag des Steuerpflichtigen die bisherigen Vorschriften anzuwenden. Als bisherige Vorschriften sind nach Lage der Sache lediglich die Vorschriften des Erbschaftssteuergesetzes von 1919 in Betracht zu ziehen. Ein bezügliches Antragsrecht ist nur dem Vorerben eingeräumt; den Nacherben hier mit einzubeziehen, lag kein Anlaß vor. Der Vorerbe hat zu prüfen, ob für ihn die Versteuerung nach dem neuen Gesetz oder die nach dem alten Gesetz die vorteilhaftere ist und kann je nach dem Ergebnis dieser Prüfung den Antrag stellen oder nicht. Unterläßt er es, den Antrag fristgerecht einzubringen, so regelt sich die Versteuerung nach dem neuen Gesetz; das Finanzamt hat ohne weiteres dessen Vorschriften Folge zu geben. Wird der Antrag von dem Vorerben gestellt, so dürfte nach der Fassung der Vorschrift die bisherige Regelung des Erbschaftssteuergesetzes 1919 uneingeschränkt beobachtet werden müssen. Dadurch wird gegebenenfalls auch die Erhebung einer Nachlaßsteuer getroffen. Sollte letzteres nicht beabsichtigt gewesen sein, so hätte solches in der Vorschrift der Verordnung ausdrücklich verlautbart werden müssen. Eine Härte für den Steuerpflichtigen kann dadurch nicht entstehen, da er es ja in der Hand hat, den Antrag zu stellen oder nicht zu stellen. Mirre EStG. 22 Anm. 2 Absatz 2 zu § 1 der Verordnung ist der Ansicht, daß die Erhebung der Nachlaßsteuer nicht anzunehmen sein dürfte. Das Antragsrecht ist nur ein enger befristetes. Es erlischt binnen drei Monaten nach dem Inkrafttreten der Verordnung, also, da letzteres Inkrafttreten mit dem 28. August 1922 erfolgt ist, mit dem 28. November 1922. An letztgenanntem Tage muß mithin der Antrag beim Finanzamt eingebracht sein. Wird die Erbschaftssteuererklärung erst nach dem Ablauf dieser Frist abgegeben, so erlischt das Antragsrecht mit der Abgabe der Erbschaftssteuererklärung. Im übrigen gelten bezüglich der Beantragung die allgemeinen Vorschriften.

§ 2

Ist bei Schenkungen unter Lebenden die Zuwendung vor dem 1. Juli 1921 ausgeführt oder ist bei Zweckzuwendungen die Verpflichtung des Beschwerten vor dem 1. Juli 1921 eingetreten, so bestimmt sich die Steuerpflicht nach den bisherigen Vorschriften.

10. Der § 2 der Überleitungsverordnung dient zur Ergänzung des § 48 Absatz 2 Satz 1, der die allgemeine Abgrenzung zwischen altem und neuem Recht lediglich auf den Tod des Erblassers stellt. Unter der gleichen unvollständigen Regelung des Gesetzes 1919 in § 72 Absatz 1 konnte man zu einem Ergebnis speziell für Schenkungen nur durch eine ausdehnende analoge Anwendung gelangen unter der Annahme, daß es da, wo nicht der Tod des Erblassers, sondern ein anderes Ereignis für die Steuerpflicht maßgebend sei, auf den Zeitpunkt von dessen Eintritt ankomme. Man würde sich mit dieser analogen Anwendung an sich auch weiter unter dem Gesetz von 1922 haben behelfen müssen und können; vgl. oben Anm. 5. Als wesentliche Verbesserung erscheint es, wenn nunmehr der § 2 der Überleitungsverordnung eine unmittelbare gesetzliche Grundlage schafft. Vorgeschrieben wird, daß sich die Steuerpflicht nach den bisherigen Vorschriften bestimme, wenn bei Schenkungen unter Lebenden, die Zuwendung vor dem 1. Juli 1921 ausgeführt oder bei Zweckzuwendungen die Verpflichtung des Beschwerten vor dem 1. Juli 1921 eingetreten ist. Damit ist auch für diese Fälle eine feste und klare, auf nachweisbaren Tatsachen beruhende Abscheidung getroffen, wie sie im wesentlichen der früher unter der analogen Anwendung angenommenen entspricht. Die bisherigen Vorschriften sind hier ebenmäßig in dem oben erörterten weiteren Umfang (vgl. Anm. 7) zu verstehen, so daß auch das Reichserbschaftssteuergesetz 1906 und eventuell die früheren Landeserbschaftssteuergesetze einbezogen sind. Der Begriff der Ausführung der Zuwendung bestimmt sich nach dem oben zu § 18 Erörterten, ingleichen ist dort dargelegt, wann die Verpflichtung des Beschwerten bei der Zweckzuwendung als eingetreten zu gelten hat. Die praktische Anwendung kann bei der eigentlichen Schenkung und bei der Zweckzuwendung zu keinen Schwierigkeiten und Zweifeln führen. Etwas verwickelter liegt die Sache bezüglich des Schenkungsversprechens, das nach dem Reichserbschaftssteuergesetz 1906 schon an sich steuerpflichtig war, solches nach den Erbschaftssteuergesetzen 1919 und 1922 aber erst mit der Vollziehung oder Ausführung wird. Vorweg ist hervorzuheben, daß es wohl nicht anzunehmen ist, der Gesetzgeber habe zwischen Vollziehung und Ausführung in der einschlagenden Beziehung einen Unterschied konstruieren wollen; man wird daher davon ausgehen können, daß beide Begriffe sich hier grundsätzlich decken; damit dürfte der von Mirre EStG. 22 Anm. 1 Abs. 2 zu § 2 der Überleitungsverordnung etwas künstlich herausgebildete und gleicherzeit schon auf Schrauben gestellte Fall überhaupt gegenstandslos werden. Anders liegt die Sache bei dem Schenkungsversprechen, das unter der Geltung des Reichserbschaftssteuergesetzes 1906, also vor dem 1. September 1919 gültig und in bindender Form abgegeben, aber bis zu letzterem Termin noch nicht vollzogen oder ausgeführt war. Dieses Schenkungsversprechen ist nach dem Gesetz 1906 in einer entsprechenden Weise versteuert. Wird dasselbe in der Zeit vom 1. September 1919 bis zum 30. Juli 1921 vollzogen, so entsteht dadurch eine vollzogene Schenkung, welche nach dem Erbschaftssteuergesetze 1919 steuerpflichtig wird; fällt die Ausführung nach dem 30. Juni 1921, so ist eine Steuerpflicht in gleicher Weise nach dem Erbschaftssteuergesetze 1922 begründet. Für beide Steuerfälle würde eine Neuveranlagung nach dem jeweils gültigen Gesetz einzutreten haben, bei der jedoch die frühere aus dem gleichen Anlaß bereits gezahlte Steuer abgerechnet werden müßte. Eine Erstattung der Steuer nach Maßgabe des § 4 der Überleitungsverordnung würde nicht möglich sein, da der § 4 auf das unmittelbar vorgehende Erbschaftssteuergesetz 1919 beschränkt erscheint; vgl. unten Anmerkung 13. Gegenüber der Vorschrift des § 2 bleibt es ohne Einfluß, ob und wie die Schenkung beurkundet, bedingt, befristet usw. ist; es gilt das Gleiche wie oben in Anm. 5, 6 ausgeführt wurde. Wenn in dem § 2 bei den Zweckzuwendungen nicht wie bei den Schenkungen der Zusatz „unter Lebenden" eingeschaltet ist, so ist dem keine weitere besondere Bedeutung beizumessen. Nach Lage der Sache können hier nur Zweckzuwendungen unter Lebenden in Betracht kommen; denn für die Zweckzuwendungen von Todes wegen muß sich die Abgrenzung ebenso wie für die Schenkungen von Todes wegen nach dem § 48 Abs. 2 Satz 1 des Gesetzes regeln. Vgl. die Aufsätze von Rombach, Die rückwirkende Kraft der neuen Schenkungsbesteuerung. DStBl. III S. 169. Wünschmann, Besteuerung der Schenkung vor dem 1. September 1919 nach dem Erbschaftssteuergesetz. DStBl. II. S. 534, 633.

§ 3

In den Fällen des § 33 Nr. 5 des Erbschaftssteuergesetzes vom 10. September 1919 (Reichsgesetzbl. S. 1543) bestimmt sich die Steuerpflicht für den Anfall des Vermögens an die Familienstiftung und für den Erwerb der Bezüge (§ 20 Abs. 1 Nr. 5 des Erbschaftssteuergesetzes vom 10. September 1919) nach den bisherigen Vorschriften, wenn der Erblasser vor dem 1. Juli 1921 verstorben ist oder wenn bei einem Stiftungsgeschäft unter Lebenden die Stiftung vor diesem Tage errichtet worden ist.

Ist der Erblasser nach dem 30. Juni 1921, aber vor dem 25. Juli 1922 verstorben oder ist bei einem Stiftungsgeschäft unter Lebenden die Stiftung während dieses Zeitraums errichtet worden, so sind die bisherigen Vorschriften auf Antrag des Steuerpflichtigen anzuwenden. § 1 Abs. 2 Satz 2 findet Anwendung.

11. Für die Vorschriften des § 3 der Überleitungsverordnung bot die verschiedenartige Behandlung der Familienstiftungen in dem neuen Erbschaftssteuergesetz von 1922 und in dem unmittelbar vorhergehenden von 1919 den Anlaß. Nur diese beiden Gesetze werden überall in den Vorschriften berührt; das Reichserbschaftssteuergesetz von 1906 kommt nicht in Frage, ebenso wenig die frühere Landesbesteuerung. Das jetzige Erbschaftssteuergesetz von 1922 (und in gleicher Weise EStG. 1923) hebt die Familienstiftungen nicht mehr besonders heraus, sondern behandeln sie gleich wie alle übrigen Stiftungen; eine Steuerpflicht ist begründet einerseits nach § 2 Abs. 2 Ziff. 1 für den Übergang von Vermögen auf Grund eines Stiftungsgeschäfts unter Lebenden (bezüglich des Näheren vgl. die einschlagenden Ausführungen zu den beiden Paragraphen in den Anm. 35—39 zu § 2 und Anm. 31 zu § 3). Das frühere Erbschaftssteuergesetz von 1919 hatte für die Familienstiftungen eine eigene begünstigende steuerliche Regelung getroffen und zwar in den beiden Paragraphen, welche der § 3 der Überleitungsvorschrift besonders anzieht. Nach § 33 ist von der Erbanfallsteuer befreit:

5. ein Erwerb, der auf Grund eines in einer Verfügung von Todes wegen bestehenden Stiftungsgeschäfts inländischen Familienstiftungen zufällt, sofern die Bezüge aus der Stiftung nach § 20 Abs. 1 Nr. 5 als Erwerb von Todes wegen anzusehen sind. Das gleiche gilt, wenn das Stiftungsgeschäft zur Vollziehung einer durch Verfügung von Todes wegen angeordneten Auflage oder deshalb errichtet worden ist, weil der Erblasser von der Errichtung einen Erwerb von Todes wegen abhängig gemacht hat;

und nach § 20 Abs. 1 gelten als ein Erwerb von Todes wegen:

5. Bezüge aus Familienstiftungen, sofern sie infolge Todesfalls an den stiftungsmäßig oder gesetzlich dazu Berufenen gelangen, sowie

der Erwerb des Vermögens einer solchen Stiftung, sofern das Vermögen infolge Erlöschens der Stiftung an die stiftungsmäßig oder gesetzlich dazu Berufenen gelangt.

Familienstiftungen sind solche Stiftungen, die wesentlich im Interesse einer Familie oder bestimmter Familien gemacht sind, wenn auch vorübergehend oder ausnahmsweise Bezüge an andere Personen gelangen können. Hinzuzufügen zu letzterer Bestimmung ist noch, daß im Sinne derselben als Erblasser der zuletzt Berechtigte anzusehen ist, wie solches der letzte Absatz des § 20 besonders verlautbart.

Bezüglich des Näheren zu diesen beiden Bestimmungen sind zu vergleichen in der 3. Auflage die Anm. 11—13 zu § 33 und die Anm. 25 bis 31 zu § 20. Diese günstigere Stellung der Familienstiftungen nach dem Erbschaftsteuergesetz von 1919 sollte behuf Erleichterung des Übergangs für eine gewisse Zeit gewahrt bleiben. Nach dem § 3 Abs. 1 der Überleitungsverordnung wird deshalb hinsichtlich derjenigen Familienstiftungen, welche die Voraussetzungen der angezogenen §§ 20, 33 erfüllen, die Steuerpflicht sich nach den bisherigen Vorschriften, d. i. nach dem Erbschaftsteuergesetz von 1919 bestimmen, sofern der Erblasser vor dem 1. Juli 1921 verstorben oder bei einem Stiftungsgeschäft unter Lebenden die Stiftung vor diesem Tage errichtet worden ist. Das frühere Recht ist mithin sowohl für den Anfall des Vermögens an die Familienstiftung als für den Erwerb der Bezüge maßgebend; das bezieht sich selbstredend ohne weiteres auch auf die früheren Steuersätze, hat jedoch hinsichtlich der Versteuerung der Bezüge mit Rücksicht auf die Ermäßigungen nach dem Gesetz von 1922 eine eigenartige Bedeutung. Nicht mit Unrecht bemängelt Mirre EStG. 22 Anm. 2 zu § 3 der Überleitungsverordnung, daß für die Vererbung der Bezüge die hohen Sätze des alten Gesetzes, die von einem anderen Geldwerte ausgingen, noch maßgebend sein sollen; die von ihm angedeutete Remedur im Wege der Rechtsprechung, die er selbst für zweifelhaft hält, dürfte wohl kaum auf einen Erfolg rechnen können. Als wichtigste Vorbedingung für das Platzgreifen des alten Rechts stellt es sich einerseits dar, daß die Voraussetzungen der Familienstiftungen tatsächlich vorliegen und andererseits, daß die Nachfolgeordnung entsprechend festgelegt ist. Bei der Zuwendung an eine bestehende Familienstiftung kann die Vorschrift des § 3 nicht Platz greifen, da sich auf eine solche der § 33 Ziff. 5 überall nicht bezieht; dieselben unterliegen daher ausschließlich dem neuen Recht. Vgl. allgemein zu den Vorschriften der Überleitungsverordnung hinsichtlich der Familienstiftungen. Talmon-Gros, Die steuerliche Behandlung der Familienstiftungen nach dem Erbschaftssteuergesetz 1919 DVR. 13. Jahrg. Heft 9, 10. Talmon-Gros, Die steuerliche Behandlung der Familienstiftungen nach dem Erbschaftssteuergesetz 1922 DVR. 14. Jahrg. S. 215. Albrecht, Etwas über Familienstiftungen und ihre erbschaftssteuerrechtliche Behandlung. RStR. V S. 124.

12. Der zweite Absatz des § 3 der Überleitungsverordnung entspricht nach seiner Formulierung und nach seinem Anlaß im großen und ganzen dem Absatz 2 des § 1. Für Familienstiftungen der im Abs. 1 charakterisierten Art, deren Stifter in der Zeit vom 1. Juli 1921 bis zum 25. Juli 1922 verstorben oder bei denen in diesem Zeitraum bei einem Stiftungsgeschäft unter Lebenden die

Stiftung errichtet worden ist, kann der Steuerpflichtige den Antrag stellen, die bisherigen Vorschriften anzuwenden. Es handelt sich wiederum um den Zeitraum zwischen dem Inkrafttreten und der Verkündung des Gesetzes, also um die Zeit, bezüglich deren die rückwirkende Kraft sich äußert. Auch hier zeigt sich die Tendenz, dem Steuerpflichtigen ein Mittel zu bieten, um sich gegen besondere Härten, die die Rückwirkung im Gefolge haben kann, zu schützen. Wenn in der Vorschrift von dem Versterben des Erblassers gesprochen ist, so wird darunter nach der Natur der Sache nur der Stifter zu verstehen sein. Ebenso kann als Steuerpflichtiger nur derjenige in Betracht kommen, dem nach dem Erbschaftssteuergesetze von 1922 die Steuerpflicht trifft; das würde nach dem § 2 Abs. 2 Ziff. 1 des Gesetzes die Stiftung sein; vgl. die bezüglichen näheren Ausführungen zu § 2 in den Anm. 35—39. Da die Vorschrift sich an den Absatz 1 angliedert, so kann es keinem Zweifel unterliegen, daß sie sich nur auf diejenigen Familienstiftungen beziehen kann, welche Absatz 1 besonders heraushebt. Hinsichtlich der Stellung des Antrags, der Fristen für solche, des Erlöschens des Antragsrechts usw. gelten genau die gleichen Vorschriften und Grundsätze, wie für den Antrag des Vorerben nach § 1 Absatz 2; es sind die Ausführungen oben zu Anm. 9 zu vergleichen. Dadurch, daß unter dem früheren Recht die Bezugsberechtigten hinsichtlich ihrer Bezüge dauernd steuerpflichtig werden können, dürfte die Stellung des Antrags unter Umständen ihr Bedenkliches haben; unter allen Umständen muß sich eine vorherige genaue Prüfung der Sachlage empfehlen.

§ 4.

Ist durch das Erbschaftssteuergesetz in der Fassung der Bekanntmachung vom 7. August 1922 (Reichsgesetzbl. I S. 695) eine Herabsetzung oder Erhöhung einer auf Grund der bisherigen Vorschriften veranlagten Steuer oder die Freistellung von der Steuer vorgeschrieben, so ist die Steuer neu zu veranlagen. Über die Neuveranlagung ist ein schriftlicher Steuerbescheid (Freistellungsbescheid) zu erteilen.

13. Der Umstand, daß das Erbschaftssteuergesetz von 1922 sich eine rückwirkende Kraft bis auf den 1. Juli 1921 beilegt, mußte die naturgemäße Wirkung haben, daß das neue Gesetz nachträglich noch auf eine größere Reihe von Steuerfällen anzuwenden stand, welche steuerlich bereits nach dem früheren Gesetz von 1919 behandelt und abgeschlossen waren. Diese Steuerfälle müssen von neuem aufgerollt werden. Dem trägt der § 4 der Überleitungsverordnung Rechnung. Die Vorschrift des Paragraphen trifft ausdrücklich diejenigen Fälle, in denen die Steuer auf Grund der bisherigen Vorschriften bereits veranlagt, in denen mithin das steuerliche Verfahren nach dem früheren Gesetz schon zum Abschluß gelangt ist. Sofern das steuerliche Verfahren nach dem bisherigen Recht überall noch nicht eingeleitet oder nicht weiter verfolgt war, weil unter dem Erbschaftssteuergesetz 1919 entgegen zu jetzt eine Steuerpflicht nicht vorlag, wird das Verfahren nunmehr ausschließlich unter den Vorschriften des neuen Steuergesetzes in die Wege geleitet. Insbesondere hierzu führen die Richtlinien unter C Ziffer 2 folgendes an:

„2. Die Berichtigung einer Steuerfestsetzung nach § 1 ÜV. kommt für die Steuerfälle in Frage, die der Besteuerung nach dem Gesetze vom 20. Juli 1922 unterliegen (vgl. Nr. 1), aber bereits nach den früheren Vorschriften behandelt worden sind. Daher sind nicht nur die nach dem 30. Juni 1921 eingetretenen Fälle, in denen Steuer berechnet worden ist, sondern auch die infolge Freistellung erledigten daraufhin zu prüfen, ob eine Berichtigung erforderlich ist. Als Steuerfälle, die auf Grund der früheren Vorschriften steuerfrei zu belassen waren, nach den neuen Vorschriften jedoch zur Versteuerung heranzuziehen sind, kommen im wesentlichen folgende in Betracht:

a) der Übergang von Vermögen auf eine Familienstiftung der in § 33 Nr. 5 G bezeichneten Art (vgl. Art. 1 Ziffer 3, 4, § 20 Abs. 2 Nr. 1, § 20a Abs. 1 Nr. 7 Nov., § 2 Abs. 1, § 3 Abs. 1 Nr. 7 N. F.,

b) die vorzeitige Herausgabe von Vorerbschaftsvermögen seitens des Vorerben an den Nacherben (Art. 1 Ziff. 4 § 20a Abs. 1 Nr. 6 Nov., § 3 Nr. 6 N. F.), wobei es für die Heranziehung zur Besteuerung nach dem Gesetze von 1922 lediglich darauf ankommt, ob die Herausgabe nach dem 30. Juni 1921 erfolgt ist, während der Zeitpunkt des Todes des Erblassers unerheblich ist,

c) der Anfall an Ausländer mit Rücksicht auf die durch Artikel 1 Ziffer 7 Nov. — § 8 N. F. — erweiterte Steuerpflicht.

Die Berichtigung hat auch dann zu erfolgen, wenn eine Freistellung auf Grund der früheren Vorschriften bereits verfügt war."

Läuft ein Steuerverfahren nach dem alten Recht noch, so wird es nicht bis zum Abschluß weitergeführt, sondern lediglich auf die Vorschriften des neuen Gesetzes von 1922 umgestellt, oder, wenn nach letzteren eine Steuerpflicht nicht mehr begründet sein kann, eingestellt. Die entsprechende Durchführung wird in diesen Fällen keine Schwierigkeiten bereiten; es waren für dieselben keine besonderen Vorschriften zu erlassen. Hinsichtlich der durch die rückwirkende Kraft des neuen Erbschaftssteuergesetzes 1922 berührten, aber nach dem früheren Recht bereits veranlagten Steuerfälle (Entstehen der Steuerpflicht in der Zeit vom 1. Juli 1921 bis zum 25. Juli 1922 nach Maßgabe des § 18 des neuen Gesetzes) soll nach der Anordnung des § 4 die Steuer neu veranlagt werden und zwar unter allen Umständen, gleichgültig, ob dadurch eine Herabsetzung oder eine Erhöhung der Steuer oder eine Freistellung von derselben erzielt wird. Angeordnet wird schlechthin die Neuveranlagung, ohne daß bezüglich derselben eigene Vorschriften gegeben werden. Die Neuveranlagung ist demgemäß vollständig und in allen Einzelheiten nach dem neuen Erbschaftssteuergesetz 1922 wie jede andere, für welche dieses Gesetz maßgebend ist, durchzuführen. Insbesondere ist sie in keiner Weise hinsichtlich der tatsächlichen und der rechtlichen Unterlagen an die frühere Veranlagung gebunden. Letzteres kann nie zu Bedenken Anlaß bieten, denn neue Tatsachen würden sich in der Hauptsache schon sowieso haben geltend machen lassen und die frühere rechtliche Unterlage kann nicht mehr maßgebend sein, weil jetzt ein neues Recht das Entscheidende ist. Namentlich wird schon an sich selbst ohne die besondere Anordnung in Paragraphen für die Neuberechnung das Erfordernis eines neuen förmlichen Steuerbescheides geltend zu machen sein; es kommt in dieser Beziehung speziell die Entscheidung des Reichsfinanzhofes vom 25. Febr. 1921 (vgl. DSR. 13. Jahrg. S. 109) in Frage, welche ausführt: „Die Aufforderung, einen in einem früheren (aufgehobenen) Steuerbescheide festgesetzten Steuerbetrag zu zahlen, genügt allein nicht als Grundlage für die neue Steuerforderung und das Rechtsmittelverfahren, selbst wenn die Aufforderung sich als Bescheid bezeichnet und die Voraussetzungen des § 211 Reichsabgabenordnung für Steuerbescheide erfüllt." Nur ein förmlicher Steuerbescheid nach Muster 8 bzw. 9 (Ausführungsbestimmungen zum ESt G. § 39) kann die Erbschafts-(Schenkungs-)Steuerforderung mit allen Folgen begründen. Gegen die Neuveranlagung müssen dem Steuerpflichtigen alle Rechtsmittel, welche das derzeitige Recht bietet, zur Verfügung stehen; auch in dieser Richtung ist keinerlei Sonderheit, speziell keine Beschränkung, begründet. Jeder Steuerfall wird vollkommen von neuem unter einem neuen Recht behandelt und ergibt sich daraus das Vorausgeführte als notwendige Konsequenz. Die Neuveranlagung hat das Finanzamt von amtswegen einzuleiten, ohne daß es eines Antrages des Steuerpflichtigen bedarf, der ja nur unter bestimmten Umständen gestellt werden würde. Auf eine Herabsetzung der veranlagten Steuer wird die Neuveranlagung namentlich infolge der Tarifveränderungen im neuen Gesetze hinauslaufen, auf eine Erhöhung durch die erweiterte Steuerpflicht bei dem Anfall an Ausländer, durch die verschärfte Steuerpflicht der Familienstiftungen, durch die Änderung der Steuerpflicht bezüglich der Personen der Klasse V usw. und auf eine Freistellung von der Steuer namentlich durch die weitergehenden Steuerbefreiungen im § 22 des neuen Gesetzes. Nach ausdrücklicher Vorschrift des § 4 ist über die Neuveranlagung ein schriftlicher Steuerbescheid (Freistellungsbescheid) zu erteilen; es entspricht dieses dem § 33 des neuen Gesetzes. Einige spezielle hier einwirkende Bestimmungen erbringt der § 6 der Überleitungsverordnung, welche bei diesem behandelt werden; vgl. unten Anm. 15.

§ 5

Die Anwendung des § 17 des Erbschaftssteuergesetzes in der Fassung der Bekanntmachung vom 7. August 1922 (Reichsgesetzbl. I S. 695) beschränkt sich auf Anfälle seit dem 1. Januar 1917.

14. Eine weitere besondere Überleitungsvorschrift ordnet der § 5 hinsichtlich der Zusammenrechnung mehrerer dem gleichen Erwerber von derselben Person innerhalb einer bestimmten Frist zufallenden Vermögensvorteile an. Nach Anordnung des § 17 Erbschaftssteuergesetzes 1922, welche sich in ähnlicher Weise bereits im Erbschaftssteuergesetz 1919 § 38 fand, sollen mehrere innerhalb 10 Jahren von derselben Person anfallende Vermögensvorteile in der Weise zusammengerechnet werden, daß dem letzten Erwerbe die früheren Erwerbe nach ihrem früheren Wert zugerechnet werden und von der Steuer für den Gesamtbetrag die Steuer abgezogen wird, welche für die früheren Erwerbe zur Zeit des letzten zu erheben gewesen wäre. Die Anwendung dieser Bestimmung wird nach dem § 5 der Überleitungsverordnung für die Zeit der rückwirkenden Kraft des neuen Gesetzes bzw. auch noch darüber hinaus eingeschränkt. Vor dem

1. Juli 1921 gemachte Zuwendungen werden mit späteren Anfällen nur zusammengerechnet, soweit der frühere Erwerb nach dem 31. Dezember 1916 liegt. Die Richtlinien weisen unter 3 zu C ausdrücklich jedoch ohne weitere Erläuterung hierauf hin und führen gleicherzeit an, daß der Zeitpunkt mit Rücksicht auf die rückwirkende Kraft des Gesetzes von 1919 (§ 72 Absatz 2) gewählt sei. Da es sich lediglich um eine Terminverschiebung handelt, werden Zweifel bezüglich der Durchführung ausgeschlossen sein. In den vom § 5 betroffenen Fällen kommen im übrigen die Bestimmungen des § 17 wie sonst in ihren Einzelheiten zur Anwendung; es greift insofern alles dasjenige Platz, was oben zu diesem Paragraphen ausgeführt wurde, vgl. insonderheit die Anm. 6—11 zu § 17. In der Anm. zu § 5 der Überleitungsverordnung bezeichnet Mirre EStG. 22 es als zweifelhaft, ob es zulässig war, die Zurechnung von Zuwendungen auf Fälle auszudehnen, die nicht unter das EStG. 19 fallen; die Berechtigung dieses Zweifels wird anerkannt werden müssen; vgl. auch Anm. 5 zu § 17 des Gesetzes. — Hier dürfte der geeignete Ort sein, um anschließend einen weiteren Einfluß auf die zeitliche Abgrenzung zwischen altem und neuem Recht durch eine Bestimmung zu erörtern, welche wir soeben schon zu berühren hatten. Das Erbschaftssteuergesetz 1919 hatte sich ausnahmsweise für einen besonderen Fall im Absatz 2 seines § 72 eine rückwirkende Kraft beigelegt: der Schenkungssteuer sollen auch die nach dem 31. Dezember 1916 zugunsten der Steuerklassen I und II gemachten Zuwendungen unterliegen, die gemäß § 40 steuerbar sein würden, mit dem Werte der beim Inkrafttreten des Gesetzes 1919 noch vorhanden ist, falls der Erblasser nicht vor dem Inkrafttreten des Gesetzes gestorben ist. Überall, wo nach der derzeitigen Regelung der Abgrenzung zwischen altem und neuem Recht das Erbschaftssteuergesetz von 1919 zum Zuge kommt, wird auch der angeführten Bestimmung entsprechend Rechnung zu tragen sein. Nach der ganzen Lage der Sache wird es allerdings jetzt wohl nur ausnahmsweise vorkommen, daß die besonderen Voraussetzungen der Bestimmung begründet sind. Das hindert aber nicht, daß an und für sich der Vorschrift über die Rückwirkung noch Geltung beizumessen ist, worauf speziell hingewiesen werden muß. Es findet dieses in den Richtlinien B Ziffer 28 Bestätigung, die ausdrücklich erklären: „Der § 72 des bisherigen Gesetzes behielt seine Wirksamkeit; sollten noch nachträglich nach Absatz 2 des § 72 steuerpflichtige Schenkungen bekannt werden, so sind hierauf die Vorschriften des Gesetzes von 1919 anzuwenden." Hinsichtlich der Vorschrift des § 72 Absatz 2 selbst speziell über ihren Anlaß, ihre Entstehung, Tragweite, Durchführung sind eingehendere Ausführungen in der 3. Auflage in den Anm. 5—10 gegeben, auf welche Bezug zu nehmen ist. Des weiteren gibt ein Erlaß des Reichsministers der Finanzen vom 11. April 1921 III 2571 eingehendere Anweisung darüber, wie bezüglich der zu § 72 Absatz 2 aufgetauchten Zweifelsfragen bis zu einer etwaigen abweichenden gerichtlichen Entscheidung zu verfahren sei; derselbe wird noch jetzt in erster Linie zu beachten sein. Anschließend haben wir einer etwas auffallenden Ansicht von Marcus EStG. 22 S. 335 Anm. z. ÜberleitungsV. § 2 zu gedenken. Marcus führt an, daß das Abänderungsgesetz vom 20. Juli 1922 den § 72 EStG. 1919 weder „gestrichen", noch ihn „geändert", noch ihm eine „andere Fassung" gegeben habe, so daß derselbe seine Wirk-

samkeit behalten habe; er schaltete deshalb an der gedachten Stelle den § 72 seinem Wortlaut nach ein und nimmt zur Bekräftigung auf den oben angeführten Satz der Richtlinien (B Ziffer 28) Bezug. Vom streng formalistischen Standpunkt läßt sich für diese Ansicht allerdings Einiges vorbringen. Bei den Verhandlungen im Reichstag (Kommission wie Plenum) über die Novelle 1922 ist man insofern eigenartig vorgegangen, als man alle die einzelnen Abänderungen zu dem Gesetz von 1919 bis auf die zu § 72 in dem Artt. 1 der Novelle zusammengefaßt hat und dann in dem Art. 2 dasjenige formuliert hat, was an Stelle des § 72 früheren Gesetzes treten solle (also die Einzelvorschriften des § 48 EStG. 1922), ohne dabei jedoch irgendwie des § 72 zu gedenken, so daß letztere rein nach der äußeren Form weder als gestrichen noch als abgeändert erscheint. Materiell kann es aber gar keinem Zweifel unterliegen und braucht nicht weiter begründet zu werden, daß die Absicht der gesetzgebenden Faktoren dahin gegangen ist, den alten § 72 durch die Vorschrift des Art. 2 des Abänderungsgesetzes oder den jetzigen § 48 EStG. 1922 zu ersetzen. Eine besondere formelle Bekräftigung, durch welche die ersten Ungenauigkeiten voll ausgeglichen erscheinen, bietet dazu die neue Fassung des Erbschaftssteuergesetzes, welche der Reichsminister der Finanzen nach Maßgabe der ihm gesetzlich erteilten Ermächtigung unter dem 7. August 1922 im Reichsgesetzblatt bekannt gemacht hat, denn in derselben erscheint an Stelle des früheren § 72 der jetzige § 48; der erstere ist nunmehr gestrichen. Der Reichstag hat gegen diese Fassung — auch bei seinen weiteren erbschaftssteuerlichen Verhandlungen — keinerlei Bedenken erhoben, so daß sie als voll anerkannt zu gelten hat. Die Wirksamkeit, welche dem § 72 trotzdem noch verblieben, bezieht sich lediglich auf das oben Ausgeführte, mithin auf Fälle, in denen das frühere Recht des EStG. 1919 noch zur Anwendung zu bringen. In dieser Beziehung besteht jedoch keinerlei Abweichung von anderen Fällen, in denen ein für das neue Gesetz fortgefallener Paragraph des früheren Gesetzes zu berücksichtigen ist, wenn ausnahmsweise unter der besonderen Geltungsabgrenzung das frühere Gesetz in seinem vollen Umfang noch Platz zu greifen hat. Ausschließlich dieses ist in der angezogenen Bestimmung B 28 der Richtlinien zum Ausdruck gebracht. Eine praktische Bedeutung dürfte für die Ansicht von **Marcus** überall nicht in Frage kommen, obwohl grundsätzlich hier auch mit dem EStG. 1923 keine Änderung eingetreten ist.

§ 6

Die Verzinsung nach § 33 Abs. 2 des Erbschaftssteuergesetzes in der Fassung der Bekanntmachung vom 7. August 1922 (Reichsgesetzbl. I S. 695) beginnt frühestens mit dem 25. Juli 1922, bei Nachforderungen auf Grund des § 4 dieser Verordnung frühestens mit der Fälligkeit der Steuerschuld. Herauszuzahlende Steuerbeträge sind frühestens vom Tage der Zustellung des berichtigten Steuerbescheids ab zu verzinsen.

15. Der § 6 der Überleitungsverordnung bezieht sich auf die Verzinsung der Steuerschuld. Von vornherein ist dabei zu beachten, einerseits, daß die Überleitungsverordnung als solche durchgängig nur für die Steuerfälle der Übergangszeit eine besondere Ordnung schaffen will, und andererseits, daß die Vorschrift des § 6 sich ausschließlich auf die Termine, zu welchen eine Verzinsung in den bezüglichen Fällen beginnen soll, bezieht und in die materielle Ordnung der Verzinsung, soweit solche nicht durch die Termine selbst bestimmt wird, nicht weiter eingreift. Diese materielle Ordnung, welche teils in dem Erbschaftssteuergesetz selbst, teils in der Reichsabgabenordnung, teils auch in dem Gesetz über die Berücksichtigung der Geldentwertung in den Steuergesetzen vom 20. März 1923, teils in den späteren besonderen Regelungen über die Verzinsung (vgl. Anm. 9 zu § 33) begründet ist, bleibt mithin, sofern nicht durch den Termin als solchen beeinflußt, trotz bzw. neben § 6 uneingeschränkt bestehen. Dieses gilt zunächst hinsichtlich des § 33 Absatz 2 des Erbschaftssteuergesetzes 1922, dessen allgemeine Grundlage nicht weiter verrückt erscheint. Ebenso muß es sich hinsichtlich des § 132 der Reichsabgabenordnung durchsetzen, dessen Vorschriften durch den § 6 keineswegs ausgeschaltet werden bzw. als ausgeschaltet anzusehen sind; dieses wird insbesondere auch von Finger EStG. 22 Anm. 3 zu § 6 der Überleitungsverordnung und von Mirre EStG. 22 Anm. zu dem vorangeführten § 6 vertreten, speziell im Gegensatz zu einem Aufsatz von Wurzel, Eine Änderung des Erbschaftssteuergesetzes. DBR. 14. Jahrg. S. 141, 157, der zu anderer Auffassung kommt. Endlich greifen aber auch die allgemeinen, jedoch die Erbschaftssteuer mit bindenden Vorschriften des Artikels III des Geldentwertungsgesetzes vom 20. März 1923 über die Berücksichtigung der Geldentwertung bei der Zahlung in den §§ 1, 2, 7 Platz, wozu oben Anm. 9 zu § 33 zu vergleichen ist. — Der § 6 selbst bestimmt daneben ein Dreifaches. Erstens soll die Verzinsung nach § 33 Abs. 2 des neuen Erbschaftssteuergesetzes nicht vor dem 25. Juli 1922 — dem Tage des Inkrafttretens der Erbschaftssteuernovelle vom 20. Juli 1922 — beginnen. Es sollen dadurch die unter der rückwirkenden Kraft des neuen Gesetzes liegenden Steuerfälle vor der Härte einer Verzinsung innerhalb dieser Zeit bewahrt werden. Am 25. Juli 1922 fängt die Verzinsung für diejenigen Steuerfälle an, bei denen die Steuerschuld drei Monate vor dem angeführten Termin entstanden ist; bei den nach Maßgabe des Entstehens der Steuerschuld jüngeren Steuerfällen setzt die Verzinsung entsprechend später ein; es tritt dabei schon die allgemeine Wirkung des § 33 Absatz 2 uneingeschränkt in Kraft. Wie lange der Steuerfall bzw. das Entstehen der Steuerschuld aus demselben über die drei Monate vor dem gesetzten Termin hinausgreift, ist ohne Bedeutung. Die allgemeinen Ausführungen zu dem § 33 Abs. 2 oben in Anm. 7 zu dem Paragraphen finden Anwendung. Der fraglichen Verzinsung ist nunmehr durch die Aufhebung des Absatz 2 des § 33 in dem Erbschaftssteuergesetz 1923 ein Ziel gesetzt. Zweitens soll die Verzinsung bei Nachforderungen auf Grund des § 4 der Überleitungsverordnung frühestens mit der Fälligkeit der Steuerschuld den Anfang nehmen. Darin liegt eine für den Steuerpflichtigen günstige Erweiterung der Vorschriften des § 4, auf welche wir oben schon hingewiesen haben (vgl. oben Anm. 13). Die Ursache der Einfügung ist die gleiche wie bei der vorberührten Anordnung. Die Bestimmung selbst schließt sich in gewisser Weise an den § 104 der Reichsabgabenordnung an bzw. ist durch diesen beeinflußt. Die Fälligkeit bestimmt sich nach den allgemeinen Grundsätzen; es kommt speziell § 81 Absatz 3 der Reichsabgabenordnung in Betracht. Die Frist für die Zahlung setzt das Finanzamt in dem schriftlichen Steuerbescheid über die Nachveranlagung an, der nach § 4 zu erteilen ist. Drittens sind herauszuzahlende Steuerbeträge spätestens vom Tage der Zustellung des berichtigten Steuerbescheids ab zu verzinsen. Obwohl diese Vorschrift in einem besonderen Satz des § 6 zum Ausdruck kommt, so bezieht sie sich doch lediglich auf Neuveranlagungen, die auf Grund des § 4 der Überleitungsverordnung erfolgen; dafür sprechen der enge Zusammenhang zwischen beiden Sätzen und die ganze Fassung der Vorschrift selbst. Auch diese Vorschrift bedeutet eine begünstigende Erweiterung des § 4 der Überleitungsverordnung. Im übrigen kommt für die Durchführung der § 132 der Reichsabgabenordnung — Verzinsung nur bei Beträgen über 300 Mark; Verzinsung zu 5%; Nichtausbezahlung der Zinsbeträge nicht unter 10 Mark — zur Geltung. Hinsichtlich des Einflusses des Gesetzes über die Berücksichtigung der Geldentwertung in den Steuergesetzen sowie der neueren Sonderregelungen über die Verzinsung von Reichssteuern vgl. Anm. 9 zu § 33.

§ 7

[16] Die Fristen des § 14 Abs. 3 und 4 des Erbschaftssteuergesetzes in der Fassung der Bekanntmachung vom 7. August 1922 Reichsgesetzbl. I S. 695) laufen frühestens vom Tage der Verkündung dieser Verordnung ab.

Berlin, den 7. August 1922.

Der Reichsminister der Finanzen

Dr. Hermes

16. Eine besondere Regelung bezüglich des Fristenlaufs bei der Erbschaftssteuerversicherung ist endlich noch Gegenstand des § 7 der Überleitungsverordnung. Der § 14 des Erbschaftssteuergesetzes 1922 enthält gewisse Steuervergünstigungen für die Erbschaftssteuerversicherung, wie sie in beschränkterer Weise zuerst das Erbschaftssteuergesetz 1919 im § 9 für die Nachlaßsteuer eingeführt hatte. Mit Rücksicht auf das Weitergehende der Vergünstigung sind die Vorschriften in eine eingehendere Ordnung gebracht. So sind insbesondere in den Absätzen 3 und 4 des § 14 für die Abführung der die Steuer darstellende Versicherungssummen an die Finanzkasse eigene Fristen je nach bezüglicher Sonderlage vorgeschrieben, auf welche sich der § 7 der Überleitungsverordnung bezieht. Er bestimmt lediglich, die Fristen des § 14 Absatz 3 und 4 Erbschaftssteuergesetzes 1924 laufen frühestens vom Tage der Verkündung dieser Verordnung (Überleitungsverordnung) an. Absatz 3 läßt die Begünstigung des § 14 nur eintreten, wenn die Versicherungssummen binnen einem Monat nach dem Tode des Versicherungsnehmers an eine Finanzkasse abgeführt ist. Absatz 4 fordert in gleicher Weise bei Fälligkeit der Versicherungssummen vor dem Tode des Versicherungsnehmers die Abführung derselben binnen drei Monaten nach der Fälligkeit. Äußerstenfalls stellt sich mithin der Fristenlauf unter dem Absatz 3 auf die Zeit vom 14. Aug. 1922 (Tag der Verkündung der Überleitungsverordnung) bis zum 14. September 1922 und unter dem Absatz 4 auf die Zeit vom 14. August 1922 bis zum 14. November 1922, gleichgültig ob und inwieweit Tod des Erblassers oder Fälligkeit vor dem angegebenen Anfangstermine eingetreten ist. Im übrigen waren die sonstigen Voraussetzungen und Vorschriften des § 14 unberührt geblieben und es fand alles das entsprechend Anwendung, was oben zu § 14 angeführt wurde; insbesondere sind die Anm. 7—11 zu § 14 zu vergleichen. Die ganze Vorschrift ist aber für das Erbschaftssteuergesetz 1923 bedeutungslos geworden, da die Zweite Steuernotverordnung vom 19. Dezember 1923 den § 14 überhaupt gestrichen hat.

17. Anschließend ist hier hervorzuheben, daß die Richtlinien unter C Ziffer 4 noch einige Überleitungsbestimmungen selbständig getroffen haben, welche sie den Erläuterungen zu den Vorschriften der Überleitungsverordnung unmittelbar angliedern. Man hat es wohl nicht für notwendig oder für zweckmäßig erachtet, dieselben in die Überleitungsverordnung selbst aufzunehmen und ihnen dadurch eine heraushebende Form zu geben, weil es sich in ihnen um reine Verwaltungsmaßnahmen von wenig wesentlicher Bedeutung handelt, zu deren Erlaß der Reichsminister der Finanzen ohne weiteres für befugt zu erachten ist (vgl. § 49 Anm. 4). Die fraglichen Bestimmungen lauten folgendermaßen: „4. Von allgemeiner Einforderung der Erbscheine (Art. 1 Ziff. 66 Nov., § 28 Abs. 1 Nr. 2 N. F.) für die verflossene Zeit ist abzusehen, ebenso von der Erfüllung der den Versicherungsgesellschaften durch Art. 1 Ziffer 38 Nov., § 30 N. F. neu auferlegten Verpflichtungen für die Zeit bis zum 25. Juli 1922, sofern nicht die Angabe im Einzelfall erforderlich erscheint.“ Besondere Erläuterungen werden denselben nicht hinzuzufügen sein.

Absatz 3 des § 48.

18. Die Vorschrift des Absatz 3 des § 48 stellt sich an und für sich als etwas Neues dar, wie schon oben in Anm. 1 angedeutet worden. Sie ist in den Verhandlungen mit Reichsrat und Reichstag über den Regierungsentwurf in den § 48 eingefügt, in der offensichtlichen, aber in dem Druckmaterial nicht speziell zum Ausdruck gelangten Absicht, dem Steuerpflichtigen durch die ausdrückliche Gewährung eines Erstattungsanspruchs die beabsichtigte Vergünstigung durch die dem Gesetze beigelegte rückwirkende Kraft auf alle Fälle zu sichern. Die Vorschrift gewährt und behandelt ausschließlich einen Erstattungsanspruch. Sofern ein nach dem neuen Erbschaftssteuergesetz von 1922 steuerpflichtiger Rechtsvorgang bereits nach dem Gesetz von 1919 versteuert ist, soll die gezahlte Steuer insoweit erstattet werden, als sie die nach dem neuen Gesetz zu entrichtende Steuer übersteigt. Das Gesetz gebraucht den Ausdruck Rechtsvorgang wohl wesentlich nur, um die hier möglichen Fälle nach dem weitesten Umfang zu decken. Im großen und ganzen ist darunter im Einklang mit der allgemeinen Regelung des Gesetzes Erwerb im weitesten Sinne des Wortes zu verstehen. Wenn man sich lediglich an den Wortlaut hält, so gewährt diese Vorschrift den Erstattungsanspruch nur, wenn ein nach dem neuen Gesetz steuerpflichtiger Rechtsvorgang in Frage steht. Sie würde danach nicht zum

Zuge kommen können, wenn das neue Gesetz gegenüber dem früheren Gesetz eine Freistellung von der Steuer erbringt. Eine derartig einschränkende Wirkung kann jedoch von dem Gesetzgeber unmöglich beabsichtigt sein, zumal er seine Vorschrift ausgesprochen im Interesse des Steuerpflichtigen hat treffen wollen. Eine besondere und ausschlaggebende Bekräftigung hierfür ist dem § 4 der Überleitungsverordnung mit deren Gesetzeskraft zu entnehmen. Der § 4 steht mit dem Abs. 3 des § 48 in engster Wechselbeziehung und enthält gleicherzeit die Ausführungsmaßnahmen für den letzteren Absatz. Er nimmt aber neben Erhöhung und Herabsetzung auf die Freistellung ausdrücklich Bezug und zieht sie voll in den Kreis der Behandlung, wie insbesondere der Hinweis auf den Feststellungsbescheid ersehen läßt. Die Richtlinien des Reichsministers der Finanzen unterstützen dieses in vorragendem Grade, indem sie gerade den Fall der gänzlichen Freistellung mit einer sich stark abhebenden Ausführlichkeit besprechen und nicht zweifelhaft lassen, daß er hierher fällt. Es sind dazu die näheren Ausführungen oben unter Anm. 13 zu vergleichen. Nach alledem ist unbedingt anzunehmen, daß der Erstattungsanspruch nach Absatz 3 auch eingreift, wenn der unter dem früheren Gesetz zur Steuer veranlagte Steuerfall nach den Bestimmungen des neuen Gesetzes überall von der Steuer befreit bleibt. Die gleiche Ansicht vertritt im wesentlichen, wenngleich in etwas anderer Schlußfolgerung Finger EStG. 22 Anm. 4 zu § 48. Die hauptsächlichste praktische Bedeutung des Vorausgeführten zeigt sich bei der Nachlaßsteuer des Gesetzes von 1919, namentlich da, wo solche gesondert in Frage kommt. — Der Absatz 3 enthält ausschließlich die Gewährung des Erstattungsanspruchs, ohne weiteres bezüglich desselben zu ordnen. Über die Art und Weise, wie derselbe geltend zu machen und wie er durchzuführen ist, trifft der § 4 der Überleitungsverordnung, wie oben schon angedeutet, die näheren Vorschriften; auch in dieser Beziehung ist auf die oben angezogene Anm. 13 zu verweisen. Das Endergebnis läuft auf den hinsichtlich der Neuveranlagung nach dem besagten § 4 auszustellenden schriftlichen Steuerbescheid oder den Freistellungsbescheid hinaus.

Absatz 4 des § 48.

19. Der Absatz 4 des § 48 bevollmächtigt den Reichsminister der Finanzen im übrigen die näheren Überleitungsbestimmungen zu erlassen. Daß derselbe dabei an die Zustimmung des Reichsrats oder des Reichsministeriums gebunden sei, ist nicht ausgesprochen. Dahingegen sind noch zwei Punkte ausdrücklich herausgehoben, die in den Überleitungsbestimmungen Berücksichtigung finden sollen. Einerseits ist vorzusehen, daß auf Antrag des Steuerpflichtigen Familienstiftungen, die vor dem Tage der Verkündung des neuen Gesetzes errichtet sind, nach den bisher geltenden Vorschriften besteuert werden; andererseits sollen die vorbezeichnete begünstigende Behandlung in gleicher Weise auch Vorerbschaften erfahren, die vor dem maßgebenden Tage angefallen sind. Als Folge dieser Ermächtigung ist zunächst die bereits im Vorgehenden behandelte Verordnung zur Überleitung des Erbschaftssteuerrechtes vom 7. August 1922 anzusehen, welche sich allerdings in ihrem Eingang auf den Art. 2 Absatz 4 des Gesetzes zur Änderung des Erbschaftssteuergesetzes vom 20. Juli 1922 stützt.

Der Regelungsforderung des Absatz 4 des § 48 ist hinsichtlich des ersten Punktes im § 3 dieser Verordnung, hinsichtlich des zweiten Punktes im § 1 Rechnung getragen. Der Überleitungsverordnung reihen sich dann weiter die vom Reichsminister der Finanzen erlassenen Richtlinien an, die gleicherweise als mit auf dem Absatz 4 beruhend anzusehen sind. Besonders dürften aus denselben die Vorschriften unter C schon nach ihrer Bezeichnung als „Überleitungsbestimmungen" hierherschlagen.

Einschlagende Bestimmungen des Geldentwertungsgesetzes vom 20. März 1923.

20. Auf das verschiedentliche mobifizierende Eingreifen des Gesetzes über die Berücksichtigung der Geldentwertung in den Steuergesetzen vom 20. März 1923 ist an den betreffenden Stellen entsprechend hingewiesen worden. Dieses Eingreifen muß sich nach der Natur der Sache durchgehend auch hinsichtlich der zeitlichen Wirkung äußern und damit das Gebiet des § 48, die gesetzliche Abgrenzung zwischen dem alten und dem neuen Recht, berühren. Solches kommt nach den eigenen Bestimmungen des genannten Geldentwertungsgesetzes in einer doppelten Weise zum Zuge, einmal durch die allgemeine Vorschrift bezüglich des Inkrafttretens des fraglichen Gesetzes und daneben nochmals durch Sondervorschriften, die ein Abweichen von jener grundlegenden Vorschrift bekunden. Vermöge des unmittelbaren Eingreifens des Geldentwertungsgesetzes in fast sämtliche Steuergesetze ist die bezügliche Gesamtregelung hinsichtlich des Inkrafttretens eine verhältnismäßig umfassende und verwickelte; ihr ist der Art. VIII des Geldentwertungsgesetzes mit einer größeren Zahl von Einzelabsätzen gewidmet. Für das Erbschaftssteuergesetz kommen lediglich der Absatz 1 mit der allgemeinen Regelung sowie mit einem weiteren Rückgriff auf Art. III § 7 und der Absatz 4 mit einer bezüglichen Sonderregelung in Betracht, die hier zu erläutern sind. In die bezügliche weitere Behandlung in den nachstehenden Noten wird das Erbschaftssteuergesetz 1923, also die Einwirkung der Zweiten Steuernotverordnung vom 19. Dezember 1923, mit einbezogen worden.

21. Der Artikel VIII Abs. 1 des Geldentwertungsgesetzes lautet:

„Soweit sich aus diesem Gesetz oder aus dem Absatz 2 bis 10 nichts anderes ergibt, tritt dieses Gesetz mit Wirkung vom 1. April 1923 ab in Kraft."

Das Geldentwertungsgesetz setzt also allgemein den Zeitpunkt seines Inkrafttretens auf den 1. April 1923. Nach diesem Zeitpunkt bestimmt sich damit grundsätzlich die Abgrenzung zwischen altem (Erbschaftssteuergesetz 1922) und neuem Recht (Geldentwertungsgesetz). Analog gestaltet sich das Verhältnis bezüglich der zur Zeit letzten Erbschaftssteuerregelung zu der Zweiten Steuernotverordnung vom 19. Dezember 1923 oder dem Erbschaftssteuergesetz 1923. Letztere repräsentiert dabei das neue Recht, das Geldentwertungsgesetz das alte. Soweit das Geldentwertungsgesetz im Gegensatz zur Zweiten Steuernotverordnung steht und von letzterem dementsprechend ausgeschaltet wird, hat es nur eine verhältnismäßig kurze Dauer; seine Wirkung beginnt mit dem 1. April 1923 und endigt mit dem 30. Juni 1923, da die Zweite Steuernotverordnung für die Erbschaftssteuer mit dem 1. Juli 1923 in Kraft tritt;

vgl. oben Anm. 1 und 2. Wenn diese allgemeinen Zeitpunkte in Frage kommen, findet im übrigen lediglich die grundsätzliche Regelung des Inkrafttretens, wie sie durchgängig für die Reichsgesetze und speziell für die Steuergesetze gilt, Anwendung, da das Geldentwertungsgesetz in dieser Beziehung keine Abweichungen oder Änderungen beurkundet. Im Regierungsentwurf zu dem Geldentwertungsgesetz war zunächst ein früherer Zeitpunkt für das Inkrafttreten des Geldentwertungsgesetzes vorgesehen, der unter der langen Dauer der Verhandlungen über dieses Gesetz im Reichsrat und Reichstag schließlich hinausgeschoben werden mußte. Speziell hinsichtlich der früheren Bestimmung für die Erbschaftssteuer vgl. die Begründung des Regierungsentwurfs in Nr. 370 der Drucksachen des Reichsrats, Tagung 1922, unter „Im Einzelnen" Absatz 4 unter c S. 25 Sp. 2. Die allgemeine Ordnung des Inkrafttretens tritt aber, wie ausdrücklich verlautbart, zurück, wenn aus dem Gesetze an sich oder aus den Absätzen 2—10 des Art. VIII sich ein anderes ergibt. Das Erstere ist, jedoch in beschränkterem Maße, unter dem § 7 des Art. III des Gesetzes, das Zweite nach Abs. 4 des Art. VIII der Fall.

22. Der § 7 des Art. III des Geldentwertungsgesetzes ordnet an:

„Die Vorschriften der §§ 1 bis 6 gelten für Zahlungen, die vor dem 30. Juni 1924 fällig geworden und nicht rechtzeitig entrichtet worden sind; sie finden erstmals auf die am 1. April 1923 fälligen Zahlungen Anwendung."

Der Artikel III des Gesetzes über die Geldentwertung regelt die Berücksichtigung der Geldentwertung bei der Zahlung und begründet insbesondere die Zuschlagerhebung zur Steuer bei nicht rechtzeitiger Zahlung derselben; wie solches zu § 33 Absatz 2 oben schon besonders behandelt ist; vgl. Anm. 9 zu § 33. Nach dem die Zuschlagerhebung bei nicht rechtzeitiger Zahlung allgemein anordnenden § 1 des Art. III soll dieselbe bei den Zahlungen nach dem Einkommensteuergesetz, dem Körperschaftssteuergesetz, dem Vermögenssteuergesetz, dem Erbschaftssteuergesetz und dem Umsatzsteuergesetz Platz greifen. Während bezüglich der vier anderen Steuern in den §§ 3—6 — der § 2 enthält eine bestimmte Ermächtigung des Reichsministers der Finanzen und kommt für die Abgrenzung zwischen neuem und altem Recht nicht in Betracht — Sonderbestimmungen hinsichtlich der Zuschlagerhebung verordnet sind, ist solches bezüglich der Erbschaftssteuer nicht der Fall, so daß für diese ausschließlich die allgemeine Einführung der Zuschlagerhebung zum Zuge gelangt. Der oben angeführte § 7 spricht aus, daß die Vorschriften des Art. III, also die Zuschlagerhebung bei nicht rechtzeitiger Zahlung, einmal auf Zahlungen, die vor dem 30. Juni 1924 fällig geworden und nicht rechtzeitig entrichtet worden sind, angewendet werden sollen (das ist eine Vorschrift, die hier anstehende Frage nicht weiter berührt) und ferner, daß sie erstmals auf die am 1. April 1923 — also dem allgemeinen Termin des Inkrafttretens des Geldentwertungsgesetzes — fälligen Zahlungen Anwendung finden sollen. Damit ist materiell hinsichtlich der Erbschaftssteuer nur angeordnet, daß der allgemeine Termin für das Inkrafttreten des Geldentwertungsgesetzes bezüglich der Zuschlagerhebung bei nicht rechtzeitiger Zahlung und damit die

Abgrenzung zwischen neuem (Erhebung des Zuschlags) und altem (Nichterhebung des Zuschlags) Recht bis zur äußersten Konsequenz beobachtet werden soll. Für eine am 31. März 1923 fällige, aber nicht entrichtete Steuer wird der Zuschlag nicht erhoben, für eine am 1. April 1923 fällige, aber nicht entrichtete Steuer wird der Zuschlag eingezogen.

23. Eine eigene Vorschrift bezüglich des Inkrafttretens ist endlich in dem Absatz 4 des Art. VIII Geldentwertungsgesetzes speziell für die Erbschaftssteuer mit folgendem Wortlaut beurkundet:

„Der Artikel I § 5 und der Artikel II § 3 finden auf die dem Erbschaftssteuergesetze unterliegenden Erwerbe Anwendung, für welche die Steuerschuld nach dem 31. Dezember 1922 entstanden ist. Bei Erwerben, bei denen die Steuerschuld in der Zeit vom 1. Juli bis zum 31. Dezember 1922 entstanden ist, sind Wertpapiere und auf ausländische Währung lautende Zahlungsmittel und Forderungen mit Durchschnittskursen zu bewerten, die ermittelt werden aus der durch drei geteilten Summe der Kurse am Ende der ersten Hälfte der Jahre 1920, 1921 und 1922 einerseits und aus den Kursen am Tage der Entstehung der Steuerschuld andererseits."

Das Geldentwertungsgesetz trifft in dem angezogenen Art. I § 5 die besonderen Vorschriften, welche bei der Erbschaftssteuer hinsichtlich der Berücksichtigung der Geldentwertung bei den Tarifen und Befreiungsvorschriften eingreifen sollen, und im Art. II § 3 ebenso qualifizierte Bestimmungen hinsichtlich der Berücksichtigung der Geldentwertung bei den Bewertungsvorschriften. Die Anordnungen selbst sind bereits da, wo sie in das Erbschaftssteuergesetz eingreifen, berührt; nachstehend sind in Klammern bei den einzelnen betroffenen Paragraphen die Anm. zu dem Paragraphen angezogen, in welchem solches geschehen ist. Der Art. I § 5 ändert das Erbschaftssteuergesetz bei dem § 8 (Ziffer 1 Anm. 3, 4), § 10 (Ziffer 2; Anm. 4, 5), § 22 (Ziffer 3; Anmerkung 6—8), § 23 (Ziffer 4; Anm. 7), § 24 (Ziffer 5; Anm. 4—7), und § 35 (Ziffer 6; Anm. 1 und 3), der Art. II § 3 ausschließlich, aber verhältnismäßig umfassender, bei § 32 (Anm. 1, 15, 22, 27). Der oben im Wortlaut wiedergegebene Absatz 4 des Art. VIII trifft lediglich da Ordnung, wo die Abgrenzung zwischen dem neuen (Geldentwertungsgesetz) und dem alten (ursprüngliches Erbschaftssteuergesetz 1922) Recht von der Grundregel, die in dem Inkrafttreten des Geldentwertungsgesetzes als solchem (Art. VIII Abs. 1; vgl. oben Anm. 21) liegt, abweichen soll. Diese Grundregel kommt demnach bezüglich aller derjenigen Steuerfälle, welche durch die Sonderbestimmungen des Abs. 4 nicht betroffen werden, ausschließlich zur Anwendung. An das Erbschaftssteuergesetz 1922 gliedert sich auch hier wiederum als neuestes Recht das Erbschaftssteuergesetz 1923 nach Maßgabe der Zweiten Steuernotverordnung vom 19. Dezember 1923 entsprechend an, wie solches Eingreifen schon bei den genannten Gesetzesparagraphen näher dargelegt wurde. Die Abgrenzung zwischen altem (EStG. 1922) und neuem (EStG. 1923) Recht äußert sich hier durchweg in verhältnismäßig einfacher Wirkung. Es wird genügen, auf die Ausführungen in den oben bezeichneten Anmerkungen zu den einzelnen Paragraphen allgemein Bezug zu nehmen.

24. Der Absatz 4 des Art. VIII enthält zunächst eine Bestimmung von allgemeinerer Tragweite, welche sich auf sämtliche in dem Artikel I § 5 und Artikel II § 3 verlautbarten Sondervorschriften bezieht. Letztere insgesamt finden auf die dem Erbschaftssteuergesetz unterliegenden Erwerbe Anwendung, für welche die Steuerschuld nach dem 31. Dezember 1922 entstanden ist. Während das Geldentwertungsgesetz in seiner Gesamtheit erst zum 1. April 1923 in Kraft gesetzt ist, sollen die berührten Sondervorschriften bereits vom 1. Januar 1923 an in Wirkung treten. Es entspricht solches vollkommen der Grundtendenz des Geldentwertungsgesetzes und der Absicht der Gesetzgeber, das Gesetz in allen Einzelheiten nach Möglichkeit der schon geraume Zeit sich geltend machenden und stetig fortschreitenden tatsächlichen Geldentwertung anzupassen. Geregelt wird wiederum allein der Termin, zu welchem die Wirkung der Vorschriften beginnen soll. Bezüglich des weiteren bleibt alles unverändert; es kommen uneingeschränkt die allgemeinen Vorschriften, wie sie das Erbschaftssteuergesetz getroffen hat, zum Zuge; insbesondere bestimmt sich das Entstehen der Steuerschuld, das für die Abgrenzung die Grundlage bildet, voll nach dem § 18 des Erbschaftssteuergesetzes. Die Vorschrift selbst dürfte einer weiteren Erläuterung nicht bedürfen. Sie greift in das Erbschaftssteuergesetz 1923 für diejenigen Fälle über, welche noch nach dem alten Recht (EStG. 1922) zu behandeln sind.

25. Neben der vorbehandelten allgemeineren trifft der Absatz 4 des Art. VIII noch eine spezielle Anordnung, welche ausschließlich die Bewertung der Wertpapiere und auf ausländische Währung lautende Zahlungsmittel und Forderungen mit gewissen Durchschnittskursen betrifft und in den § 32 des Erbschaftssteuergesetzes eingreift. Der materielle kompliziertere Gehalt der Bewertungsvorschrift selbst ist oben bereits als ein Teil des § 32 des Erbschaftssteuergesetzes 1922 entsprechend erläutert worden und ist in dieser Beziehung auf die Anm. 15 bis 21 zum § 32 zu verweisen. In diese materielle Regelung wird hier wiederum nicht weiter eingegriffen; es wird lediglich der Termin, von welchem ab die Vorschriften Wirkung haben sollen, bestimmt und damit die Abgrenzung zwischen neuem und altem Recht in einer besonderen Art festgelegt. Die berührte Bewertung soll nach dem Absatz 4 auch hinsichtlich aller Erwerbe Platz greifen, bei denen die Steuerschuld in der Zeit vom 1. Juli bis zum 31. Dezember 1922 entstanden ist. Die rückwirkende Kraft, welche die zuerst berührte allgemeinere Vorschrift des Abs. 4 bereits bis zum 1. Januar 1923 (also für die Zeit vom 1. Januar bis 31. März 1923) verlängert hatte, wird demnach hier nochmals um ein halbes Jahr (für die Zeit vom 1. Juli bis 31. Dezember 1922) zurückgeschoben. Bezüglich der Vorschrift selbst, welche ausschließlich eine Terminsbestimmung gibt, können irgendwelche Zweifel nicht entstehen; weitere Erläuterungen werden sich erübrigen. Als Sonderheit sei nur noch darauf hingewiesen, daß in der materiellen Regelung durch das Gesetz die Wirkung der Vorschrift auch nach ihrem Endpunkt (31. Dezember 1925) begrenzt ist, was auf der Eigenart des Geldentwertungsgesetzes beruht; vgl. Anm. 21. Das Erbschaftssteuergesetz 1923 hat hier durch eine vollkommen neue, grundsätzliche Ordnung scharf eingeschnitten, wie solches eingehend oben in den Anm. 36 und folgende zu dem § 32 dargelegt ist. Hierauf Bezug zu nehmen, wird ausreichend sein.

26. Die Durchführungsbestimmungen über die Bewertung des Vermögens und die beschleunigte Steuerentrichtung bei der Erbschaftssteuer vom 28. März 1924 (vgl. oben die Anm. 42 bis 48 zu § 32) enthalten im Abschnitt D Überleitungs- und Schlußbestimmungen bezüglich ihres Inkrafttretens unter § 18 der Vorschrift: „Diese Bestimmungen finden auf Erwerbe Anwendung, für welche die Steuerschuld nach dem 30. Juni 1923 entstanden ist." Damit ist die tunlichst einfache Abgrenzung gegeben, die lediglich an das Entstehen der Steuerschuld und an einen festen Zeitabschnitt oder Zeitpunkt geknüpft ist; jedwede Zweifel erscheinen dabei an sich ausgeschlossen. Die Vorschrift wird für den gesamten Inhalt der Durchführungsvorschriften ausgesprochen. Sie findet daher nicht nur auf die Bewertungsvorschriften derselben (Abschnitt A vgl. Anm. 42 bis 47 zu § 32) Anwendung, sondern in gleicher Weise auf die Steuerbefreiung bei Kunstgegenständen und Sammlungen (Abschnitt B; vgl. Anm. 19—29 zu § 22), und auf die beschleunigte Steuerentrichtung (Abschnitt C; vgl. Anm. 5 zu § 34), sowie auf die ihr vorgehenden Einzelbestimmungen des Abschnittes D bezüglich des Zusammenfallens mehrerer Erwerbe (vgl. Anm. 1 und folgende zu § 17), der Anrechnung in Papiermark festgesetzter Steuerbeträge (vgl. Anm. 6 zu § 34); der Vorschrift zu § 9 Abs. 3 (vgl. Anm. 27—38 zu § 9) und bezüglich der bisherigen Veranlagungen und Steuerzahlungen (vgl. Anm. 6 zu § 39).

27. Allgemein sei auf einige Urteile des Reichsfinanzhofs, welche spezielle Fragen namentlich bei Anwendung des § 72 Abs. 2 EStG. 1919 betreffen, hingewiesen: In einem Urt. vom 27. Januar 1922 (RFH. Sl. VIII S. 162. DVR. 14. Jahrg. S. 118) ist ausgesprochen, daß der § 58 Abs. 2 EStG. 1919 auch auf Notariatsurkunden Anwendung finde, die in der Zeit vom 31. Dezember 1916 bis zum 31. August 1919 über Zuwendungen der im § 72 Absatz 2 ebenda bezeichneten Art errichtet sind. Ein Urt. v. 20. April 1923 (AStR. VI ZSp. 375) enthält Näheres über die Berücksichtigung der Kriegsabgabe nach § 72 EStG. 1919; zum gleichen Gegenstand sagt ein Urt. vom 27. April 1922 (DStBl. IV, Sp. 531), daß die Vorschrift des § 72 Abs. 2 Satz 3 über die Anrechnung der Kriegsabgabe vom Vermögenszuwachs sich nur auf solche Schenkungen beziehe, die bis zum 30. Juni 1919 vollzogen worden sind. Ein weiteres Urteil (DStBl. IV Sp. 531) verlautbart, daß die Beschränkung der Steuerpflicht auf den Wert, der beim Inkrafttreten des Gesetzes noch vorhanden ist, zur völligen Steuerbefreiung führe, wenn der Beschenkte das ihm Zugewendete vor dem 1. September 1919 seinerseits weiter verschenkt habe.

§ 49.

Die Ausführungsbestimmungen zu diesem Gesetz erläßt der Reichsminister der Finanzen mit Zustimmung des Reichsrats.

a) **Verh.** bz. Ges.-Erl.: —
b) **Richtl.**: —
c) **Ausf.-Best.**: § 64.
d) **Erl.** d. RFM.: —
e) **Ges.** 19: § 73 (unverändert).

f) Rechtspr.: Urt. d. RG. v. 7. Oktober 1910; Urt. d. RG. v. 3. Oktober 1919; Urt. d. RFH. v. 9. Juni 1921. Urt. d. RFH. v. 8. November 1922.

g) Schriftt.: Bühler, Das Verordnungsrecht nach den neuen Steuergesetzen und der Praxis des Reichsfinanzministeriums. DStBl. IV Sp. 145, 220, 310.

Inhaltsübersicht.

1. Die Vorschrift des § 49 über den Erlaß von Ausführungsbestimmungen ist wörtlich dem § 73 des Erbschaftssteuergesetzes von 1919 gleich. Für letzteres Gesetz war eine anderweite Fassung der schon im Reichserbschaftssteuergesetz 1906 sich findenden Vorschrift mit Rücksicht auf die inzwischen eingetretene Umgestaltung des Deutschen Reiches erforderlich. Über die Notwendigkeit der Umgestaltung und die Art und Weise der Durchführung derselben sind die Einzelheiten in der 3. Auflage in Anm. 1 zu § 73 dargelegt, worauf Bezug zu nehmen ist. In dem Druckmaterial über die Verhandlungen des Reichsrats und des Reichstags zu dem jetzigen Gesetz wird der Vorschrift überall nicht gedacht, ebensowenig in den Richtlinien für die Anwendung des neuen Erbschaftssteuergesetzes.

2. Der Kernpunkt der Vorschrift liegt darin, daß der Erlaß der Ausführungsbestimmungen an die Zustimmung des Reichsrats geknüpft ist. Die Vorschrift trägt insofern den Charakter einer Ausnahmebestimmung, als der Art. 77 der Reichsverfassung vom 11. August 1919 eine Zustimmung des Reichsrats zu den an sich von der Reichsregierung zu erlassenden allgemeinen Verwaltungsvorschriften zur Ausführung der Reichsgesetze nur in dem Falle fordert, wenn die Ausführung der Reichsgesetze den Landesbehörden zusteht; letzteres ist aber nicht mehr zutreffend, nachdem das Reich die Verwaltung der Erbschaftssteuer in die Hand genommen hat. Es zeigt sich in dem § 49 ein gewisser Anklang an das frühere Recht unter dem Reichserbschaftssteuergesetz von 1906 (Erlaß durch den Bundesrat). Nachdem durch die Reichsabgabenordnung §§ 1, 8 die Verwaltung der Reichssteuern mit Einschluß der Veranlagung und Erhebung auf das Reich übernommen ist, war es verfassungsrechtlich nicht notwendig, die Gültigkeit der Ausführungsbestimmungen an die Zustimmung des Reichsrats zu knüpfen. Ebenso stand jedoch nichts entgegen, eine derartige Einschränkung der Reichsregierung im Gesetz selbst auszusprechen, die demnach voll zu Recht besteht. Es ist darin vielleicht ein Gegengewicht dem gegenüber zu erblicken, daß an Stelle der Reichsregierung dem Reichsminister der Finanzen die Befugnis zum Erlaß von Ausführungsbestimmungen übertragen ist. Dadurch, daß die Ausführungsbestimmungen unter der Zustimmung des Reichsrats erscheinen, gewinnen sie zweifellos äußerlich an Bedeutung. Bedenklich muß es aber scheinen, ihnen geradezu Gesetzeskraft beizulegen, wie solches von Finger EStG. 19 Anm. zu § 73 (jedoch nicht mehr in dem EStG. 22 — 2. Aufl. von 19 — nach Anm. 2 zu § 49) und von Ehm EStG. 19 Anm. 1 zu a 73, sowie nicht ganz scharf ausgesprochen auch von Marcus EStG. 19 Anm. zu § 73 (ebenfalls nicht mehr EStG. 22 S. 338/339) geschieht. Sie müssen von den Verwaltungsbehörden (Finanzämtern) allerdings unbedingt in der gleichen Weise wie das Gesetz beachtet werden, sind aber für die Finanzgerichte als solche nicht verbindlich und geben insofern keine zwingenden Auslegungsregeln. — Über die allgemeine Tragweite der Ausführungsbestimmungen spricht sich ein Urt. des Reichsfinanzhofes vom 3. Oktober 1919 — Amtl. Mitt. 1919 S. 386; Sl. RFH. Bd. 1 S. 199 — in folgender Weise aus: Die zur Ausführung eines Gesetzes erlassenen Vorschriften, die die Natur einer Rechtsverordnung haben, können immer nur die Ergänzung des Gesetzes, nicht seine Auslegung zum Gegenstand haben. Des weiteren schlägt hierher das Urt. d. RFH. vom 9. Juni 1921 (DStBl. IV Sp. 180) mit dem Ausspruche: Für den RFH. besteht eine Bindung an die Ausführungsbestimmungen des Reichsministers der Finanzen, soweit sie mit dem Gesetz nicht im Einklang stehen, nicht; es ist vielmehr gerade seine Aufgabe, dem Gesetz selbst gegenüber der rechtsirrigen Auslegung durch die Ausführungsbestimmungen Geltung zu verschaffen. Ferner d. Urt. d. RFH. vom 8. Nov. 1922 (RFH. Sl. X S. 272) mit dem Ausspruch: Der Artikel 77 in Verbindung mit Artikel 56 der Reichsverfassung ermächtigt den Reichsminister der Finanzen nicht zum Erlaß von Rechtsverordnungen. — Durch diese höchstrichterlichen Entscheidungen wird unsere bezügliche Auffassung bekräftigt. Zu vergleichen ist der Aufsatz von Bühler. Das Verordnungsrecht nach den neuen Steuergesetzen und der Praxis des Reichsfinanzministeriums DStBl. IV Sp. 145, 220, 310.

3. Mit Zustimmung des Reichsrats sind die **Ausführungsbestimmungen zum Erbschaftssteuergesetz** von dem Reichsminister der Finanzen **unter dem 31. Januar 1923** erlassen und in dem Reichsministerialblatt 1923 S. 151 veröffentlicht worden, wie wir sie hier dem Gesetz anschließen. Eine Reihe von Mustern und Hilfstafeln ist den Bestimmungen beigefügt. Der Reichsminister der Finanzen ist durch § 64 der Ausführungsbestimmungen ausdrücklich ermächtigt worden, die Bestimmungen über die Muster, die Buch- und Aktenführung zu ändern oder zu ergänzen, sowie die Wertgrenzen des § 52 Absatz 2 Halbsatz 2 (Ausführungsbestimmungen) der Veränderung des Geldwerts anzupassen. Daß die nach gesetzlicher Vorschrift beschlossenen Ausführungsbestimmungen, welche an und für sich ebenso wie das Gesetz selbst einer Verkündung bedürfen, durch eine Veröffentlichung im Zentralblatt für das Deutsche Reich (an Stelle des Zentralblattes für das Deutsche Reich ist nunmehr das Reichsministerialblatt getreten) als gehörig **verkündet** gelten, ist in einem Urt. d. RG. v. 7. Oktober 1910 ausgesprochen.

4. Die Vorschrift des § 49 bezieht sich nur auf die zu treffenden **allgemeinen und grundsätzlichen Ausführungsbestimmungen**, nicht aber auf jede **einzelne Verwaltungsmaßregel**, die zur Durchführung der gesetzlichen Anordnungen sich als notwendig erweist. Nur für erstere ist die Zustimmung des Reichsrats erforderlich. Der Reichsminister der Finanzen ist jedoch daneben befugt, selbständig, ohne Zustimmung des Reichsrats, gegebenenfalls mit Billigung der Reichsregierung (Artikel 52 der Verfassung), Verfügungen und Anordnungen, welche für das ganze Geltungsgebiet des Gesetzes Anerkennung beanspruchen können, zu erlassen. Das muß auch für Ver-

fügungen von einer gewissen allgemeinen Bedeutung Platz greifen. Teils ist dieses schon an und für sich aus der Verwaltungsbefugnis herzuleiten, teils wird es durch den § 8 der Reichsabgabenordnung gestützt, welcher in seinem Absatz 2 die oberste Leitung der Verwaltung der Steuern dem Reichsfinanzministerium überträgt. Besonders in der Periode des Übergangs der Steuerverwaltung von den Ländern auf das Reich mußte sich die Notwendigkeit derartiger Anordnungen mehr genereller Art in vorwiegenderem Grade geltend machen. Verschiedene solcher Verfügungen, wesentlich den Übergang betreffend, sind derzeit ergangen, so beispielsweise die Verfügung vom 4. September 1919 III 11806, Verfügung vom 21. Oktober 1919 III 13963, Verfügung vom 3. November 1919 III 14918, in Verbindung mit Verfügung vom 3. Oktober 1919 III 13143, Verfügung vom 10. November 1919 III 15310, auch allgemeinere Verfügung vom 10. Oktober IV 1914, deren Gültigkeit durchweg unbeanstandet anerkannt wurde. Aber auch bei den jetzigen geklärteren Verhältnissen wird der Reichsminister der Finanzen derartige Verfügungen selbständig erlassen können. — In einer beschränkteren Weise sind auch die Landesfinanzämter zum Erlaß von Verwaltungsverordnungen, aber lediglich hinsichtlich ihres örtlichen Bezirks, für befugt zu erachten, soweit sie sich dabei innerhalb ihrer durch RAO. § 13 abgegrenzten Befugnisse halten und das Gesetz, ebenso wie die Ausführungsbestimmungen des Reichsfinanzministers entsprechend beobachten. Zu vergleichen im allgemeinen der zu Anm. 2 angezogene Aufsatz von Bühler.

5. Hinsichtlich des Erbschaftssteuergesetzes 1923 bringt der § 2 des Artikels III der Zweiten Steuernotverordnung eine selbständige Vorschrift, welche den Reichsminister der Finanzen ermächtigt, Bestimmungen zu erlassen, welche die beschleunigte Entrichtung der Erbschaftssteuer bezwecken. Die Zustimmung des Reichsrats ist hier grundsätzlich fallen gelassen, der Reichsfinanzminister ist als solcher und allein kompetent. Vgl. Anm. 13 zu § 33.

Anlage A.

Ausführungsbestimmungen

zum Erbschaftssteuergesetz in der Fassung der Bekanntmachung des Reichsministers der Finanzen.

vom 7. August 1922.

§§ 41—44.

Vorbemerkung.

Die Ausführungsbestimmungen sind in erster Linie genau nach dem Wortlaut ihrer Veröffentlichung im Reichsministerialblatt 1923 S. 151 ff. wieder gegeben Da dieselben von dem Gesetz über Berücksichtigung der Geldentwertung in den Steuergesetzen vom 20. März 1923 nicht berührt sind, so entsprechen dieselben in dieser Form der weiteren vom Reichsfinanzministerium herausgegebenen offiziellen Ausgabe des Erbschaftssteuergesetzes und Zubehör nach den Änderungen des vorbezeichneten Gesetzes aus dem Jahre 1923, des Erbschaftssteuergesetzes 1922. Wie in der 3. Auflage sind die den Ausführungsbestimmungen beigegebenen Muster mangels eines allgemeinen Interesses nicht mit aufgenommen, wohl aber die drei Hilfstafeln. Die Verschiebungen, welche die Änderung des Erbschaftssteuerrechts durch die Zweite Steuernotverordnung in den Ausführungsbestimmungen notwendig machten, sind nach der Kennzeichnung derselben in dem Erlasse des Reichsministers der Finanzen vom 14. Januar 1924 Anlage 2 in der Weise in den ursprünglichen Abdruck eingefügt, daß die gestrichenen früheren Bestimmungen in eckige Klammern [ ] gesetzt sind, während das solche Ersetzende bzw. Neueinstellungen mit Kursivlettern gedruckt wurden; die Abänderung insgesamt ist nicht von großer Bedeutung, weil in der Hauptsache die nicht mit abgedrucktem Muster beeinflußt werden. Auf diese Art erscheinen auch die Ausführungsbestimmungen zum Erbschaftssteuergesetz 1923. Anmerkungen sind zu den Ausführungsbestimmungen nicht gemacht.

Auf Grund der §§ 27 Abs. 2 41 Abs. 1, 49 des Erbschaftssteuergesetzes in der Fassung der Bekanntmachung vom 7. August 1922 (Reichsgesetzbl. I S. 695) wird, soweit erforderlich mit Zustimmung des Reichsrats, folgendes bestimmt:

I. Zuständigkeit.

Sachliche Zuständigkeit

§ 1. Die Erbschaftssteuer wird von den Finanzämtern verwaltet.

Örtliche Zuständigkeit

§ 2. (1) Die örtliche Zuständigkeit der Finanzämter ergibt sich für Erwerbe von Todes wegen und für Schenkungen unter Lebenden aus

§ 55 A.O. Ist der Schenker eine juristische Person, eine nichtrechtsfähige Personenvereinigung, Anstalt, Stiftung oder ein anderes Zweckvermögen, so richtet sich die Zuständigkeit nach § 52 A.O.; läßt sich hieraus die Zuständigkeit eines Finanzamts nicht begründen, so ist § 55 Abs. 2 A.O. entsprechend anzuwenden. Für Zweckzuwendungen von Todes wegen gilt dasselbe wie für Erwerbe von Todes wegen, für Zweckzuwendungen unter Lebenden dasselbe wie für Schenkungen unter Lebenden; soweit § 55 Abs. 2 A.O. anzuwenden ist, tritt an die Stelle des Erwerbers der Beschwerte. Kann die Zuständigkeit eines Finanzamts für einen einzelnen Fall aus diesen Bestimmungen nicht hergeleitet werden, so ist das Finanzamt Berlin-Mitte zuständig.

(²) Ist die juristische Person, die Personenvereinigung oder das Zweckvermögen bei Schenkungen unter Lebenden der Erwerber oder bei Zweckzuwendungen unter Lebenden der Beschwerte, so ist das Finanzamt zuständig, in dessen Bezirk der Ort der Leitung des Erwerbers oder des Beschwerten liegt. Bei Schenkungen unter Lebenden oder Zweckzuwendungen unter Lebenden seitens einer Miterbengemeinschaft richtet sich die Zuständigkeit nach den Verhältnissen des Erblassers zur Zeit seines Todes. Fehlt es hiernach an der Zuständigkeit eines Finanzamts, so gelten die allgemeinen Bestimmungen des Abs. 1.

II. Ermittlung der Steuerfälle.

Allgemeine Unterlagen für die Ermittlung.

1. Bei Erwerb von Todes wegen.

Im Allgemeinen

§ 3. Der Ermittlung der Steuerfälle dienen insbesondere

a) die Anmeldungen durch die Erwerber,

b) die Totenlisten der Standesämter,

c) die Anzeigen der Auslandsterbefälle durch die diplomatischen Vertreter und Konsuln des Deutschen Reichs,

d) die Todeserklärungen der Amtsgerichte.

Anmeldung durch den Erwerber

§ 4. (¹) Der Erwerber hat den Erwerb entweder schriftlich oder zu Protokoll bei dem zuständigen Finanzamt binnen der im § 26 Abs. 1 des Gesetzes bestimmten Frist von drei Monaten anzumelden. Die Anmeldung kann mit der Steuererklärung (§ 27) verbunden werden; eine vorschriftsmäßige Steuererklärung gilt zugleich als Anmeldung.

(²) Im Falle des § 26 Abs. 3 Satz 1 des Gesetzes entfällt die Anmeldepflicht.

Inhalt der Anmeldung

§ 5. (¹) Die Anmeldung soll angeben

a) Vor- und Familiennamen, Stand oder Gewerbe, Wohnung (Wohnort, Straße, Hausnummer) des Erblassers und des Erwerbers;

b) Todestag, Sterbeort (Straße, Hausnummer) des Erblassers, Staatsangehörigkeit des Erblassers und des Erwerbers;

c) den Gegenstand und Wert des Erwerbes;

d) den Rechtsgrund des Erwerbes (gesetzliche Erbfolge, Verfügung von Todes wegen usw.);

e) ein Verwandtschafts- oder Schwägerschaftsverhältnis des Erwerbers zum Erblasser;

f) den Wert des zur Zeit des Anfalls vorhandenen in- und ausländischen Vermögens des Erwerbers oder das Finanzamt, von dem der Erwerber zuletzt zur Vermögensteuer veranlagt worden ist;

g) Zeitpunkt und Höhe früherer Zuwendungen (auch Ausstattungen, Vermögensübergaben usw.), die der Erwerber vom Erblasser innerhalb der letzten zehn Jahre vor dessen Tode erhalten hat;

h) sofern der Erwerber der Ehegatte des Erblassers ist, die Geburtstage und den Tag der Eheschließung der Ehegatten.

(²) Die Anmeldung ist unter Angabe der Wohnung des Anmeldenden sowie des Tages der Abgabe zu unterschreiben.

Totenlisten

a) Verzeichnis der Standesämter

§ 6. (¹) Die Totenlisten werden von den Standesämtern aufgestellt.

(²) Die Landesregierungen haben den für ihr Gebiet zuständigen Landesfinanzämtern eine Zusammenstellung der in den Bezirken der einzelnen Landesfinanzämter gelegenen Standesämter unter Angabe von deren örtlicher Zuständigkeit zu übersenden. In gleicher Weise sind ihnen etwaige Änderungen des Bestandes oder der Zuständigkeit der Standesämter mitzuteilen.

(³) Auf Grund dieser Unterlagen führen die Landesfinanzämter ein nach Finanzämtern geordnetes Verzeichnis der Standesämter und ihrer Bezirke. Der Inhalt dieses Verzeichnisses ist den Finanzämtern, soweit er ihren Bezirk betrifft, mitzuteilen; ebenso ist ihnen von allen Änderungen Kenntnis zu geben.

(⁴) Die Mitteilungspflicht nach Abs. 2 Satz 1, Abs. 3 Satz 2 Halbsatz 1 entfällt, soweit die Landesfinanzämter oder Finanzämter bereits im Besitze der Verzeichnisse sind.

(⁵) Die Finanzämter geben jedem Standesamt ihres Bezirkes eine Ordnungsnummer; diese ist dem Standesamte mitzuteilen.

b) Inhalt

§ 7. (¹) Die Totenlisten haben sämtliche von den Standesämtern beurkundeten Sterbefälle nach der Reihenfolge der Eintragungen in das Sterberegister zu enthalten; sie sind nach Muster 1 für den Zeitraum eines Monats aufzustellen und binnen zehn Tagen nach Ablauf des Monats dem Finanzamt einzureichen, in dessen Bezirk sich der Sitz des Standesamts befindet oder das durch besondere Anordnung des Reichsministers der Finanzen zur Entgegennahme der Totenlisten bestimmt ist.

(²) Das Landesfinanzamt kann die Aufstellung der Totenlisten in kürzeren oder längeren Zeiträumen anordnen.

(³) Sind für den vorgeschriebenen Zeitraum keine Sterbefälle anzugeben, so ist dies dem Finanzamt innerhalb der im Abs. 1 bestimmten Frist durch eine Fehlanzeige nach Muster 2 mitzuteilen.

(⁴) In die Totenlisten hat das Standesamt auch die im Ausland eingetretenen und ihm glaubhaft bekannt gewordenen Sterbefälle von Deutschen, sowie von den Ausländern aufzunehmen, die im Inland einen

Wohnsitz oder in Ermangelung eines solchen ihren dauernden Aufenthalt hatten oder im Inland zur Zeit ihres Todes Vermögen gehabt haben.

(5) Das Standesamt hat die ihm nach § 6 Abs. 5 zugeteilte Ordnungsnummer auf der Totenliste anzugeben.

c) Überwachung des Einganges

§ 8. Die Finanzämter überwachen den pünktlichen Eingang der Totenlisten und Fehlanzeigen. Sie führen auf Grund der ihnen vom Landesfinanzamt nach § 6 Abs. 3 Satz 2 übersandten Unterlagen ein Verzeichnis; darin sind die Standesämter in der Reihenfolge der ihnen zugeteilten Ordnungsnummern einzutragen; ferner ist der für das einzelne Standesamt nach § 7 Abs. 1 oder 2 maßgebende Zeitraum, der Tag des Einganges der Totenlisten, der Tag einer Erinnerung an ihre Einsendung und der Tag der endgültigen Erledigung der Totenliste (durch Feststellung der Steuerfreiheit, Übertragung des Steuerfalles in die Steuerliste oder dessen Übernahme durch das zuständige Finanzamt, § 22 Abs. 2, § 23 Abs. 2, 3) zu vermerken.

Anzeigen über Auslandsterbefälle

§ 9. (1) Die zur Beurkundung der Sterbefälle von Deutschen ermächtigten diplomatischen Vertreter und Konsuln des Deutschen Reichs sind zur Mitteilung der von ihnen beurkundeten Sterbefälle von Deutschen verpflichtet. Die gleiche Verpflichtung haben sie hinsichtlich der innerhalb ihres Amtsbezirks vorkommenden, ihnen auf sonstige Weise bekannt werdenden Sterbefälle von Deutschen. Die Mitteilung ist dem Auswärtigen Amte oder der von diesem bestimmten Amtsstelle unter Benutzung des Musters 3 alsbald zu übersenden.

(2) Das Auswärtige Amt oder die von ihm bestimmte Amtsstelle gibt die Mitteilungen an den Reichsminister der Finanzen ab, der sie durch die Landesfinanzämter an die zuständigen Finanzämter weiterleitet.

Todeserklärungen

§ 10. (1) Bei Todeserklärungen treten die im Aufgebotsverfahren zum Zwecke der Todeserklärung ergangenen Urteile (§§ 13 ff. des Bürgerlichen Gesetzbuchs, §§ 960 ff. der Zivilprozeßordnung, §§ 1 ff. der Verordnung über die Todeserklärung Kriegsverschollener vom 9. August 1917, Reichsgesetzbl. S. 703) an die Stelle der Totenliste.

(2) Die Amtsgerichte haben eine beglaubigte Abschrift des Urteils unverzüglich nach der Verkündung dem zuständigen Finanzamt zu übersenden und dabei mitzuteilen, was ihnen über das Vorhandensein einer Verfügung des Erblassers von Todes wegen, die Person der Erben und die Höhe des Nachlasses sowie der Erbteile bekannt geworden ist.

(3) Der Ablauf der im § 976 der Zivilprozeßordnung für die Anfechtungsklage bestimmten Frist ist nicht abzuwarten, die spätere Erhebung der Anfechtungsklage dem Finanzamt jedoch mitzuteilen.

Totenbeiliste

§ 11. (1) Sterbefälle, die dem Finanzamt in anderer Weise als durch die Totenlisten bekannt werden, sind in die Totenbeiliste nach Muster 4 einzutragen; das gilt insbesondere für Auslandsterbefälle, Todeserklärungen und Sterbefälle, die von anderen Finanzämtern überwiesen werden (§ 22 Abs. 2). Die Totenbeiliste ist für je ein Kalenderjahr und nach Bedarf in Abschnitten, die nach der Buchstabenfolge geordnet sind, zu führen.

(²) Die Sterbefälle werden in die Totenbeiliste des Jahres aufgenommen, in dem sie dem Finanzamt bekannt geworden sind.

2. Bei Schenkungen unter Lebenden.

Ermittlung der Schenkungsfälle

§ 12. Der Ermittlung der Schenkungsfälle dienen insbesondere
a) die Anmeldungen durch die Erwerber und die Personen, aus deren Vermögen der Erwerb stammt,
b) die Mitteilungen der Gerichte und Notare über Beurkundungen und Schenkungen unter Lebenden (§§ 17, 18).

Anmeldung durch den Erwerber

§ 13. (¹) Für die Anmeldungen nach § 12 unter a gelten die Bestimmungen des § 4 Abs. 1.

(²) Im Falle des § 26 Abs. 3 Satz 2 des Gesetzes entfällt die Anmeldungspflicht.

(³) Die Anmeldung soll angeben
a) Vor- und Familiennamen, Stand oder Gewerbe, Wohnung, Staatsangehörigkeit des Schenkers und des Erwerbers;
b) den Zeitpunkt der Ausführung der Schenkung;
c) den Gegenstand und Wert der Schenkung;
d) ein Verwandtschafts- oder Schwägerschaftsverhältnis des Erwerbers zum Schenker;
e) Zeitpunkt und Höhe früherer Schenkungen, die der Erwerber vom Schenker innerhalb der letzten zehn Jahre erhalten hat;
f) ob die Schenkung beurkundet ist, bejahendenfalls in welcher Weise, durch wen und wann;
g) sofern der Erwerber der Ehegatte des Schenkers ist, die Geburtstage und den Tag der Eheschließung der Ehegatten.

(⁴) Die Bestimmung des § 5 Abs. 2 findet Anwendung.

Verzeichnis der Schenkungen

§ 14. (¹) Die dem Finanzamt nach § 12 oder sonst bekannt gewordenen Schenkungen sind in das Verzeichnis der Schenkungen unter Lebenden nach Muster 5 einzutragen. Das Verzeichnis ist für je ein Kalenderjahr und nach Bedarf in Abschnitten, die nach der Buchstabenfolge geordnet sind, zu führen. Für die Eintragungen in die einzelnen Abschnitte ist der Anfangsbuchstabe des Namens des Schenkers maßgebend.

(²) § 11 Abs. 2 ist entsprechend anzuwenden.

3. Bei Zweckzuwendungen.

§ 15. Auf Zweckzuwendungen von Todes wegen finden die Bestimmungen über den Erwerb von Todes wegen und auf Zweckzuwendungen unter Lebenden diejenigen über Schenkungen unter Lebenden mit der Maßgabe sinngemäß Anwendung, daß an die Stelle des Erwerbers der Beschwerte tritt.

B. Besondere Unterlagen für die Ermittlung.

Gerichte

a) Mitteilungen zu Erbfällen

§ 16. (¹) Die Gerichte haben alsbald nach Eröffnung einer Verfügung von Todes wegen deren wesentlichen Inhalt dem Finanzamt mitzuteilen oder diesem eine beglaubigte Abschrift der Verfügung zu übersenden; dabei haben sie sich über die Rechtsgültigkeit der Verfügung zu äußern. Im Falle der Eröffnung eines gemeinschaftlichen Testaments oder eines Erbvertrags ist nur der wesentliche Inhalt des verkündeten Teiles mitzuteilen oder eine Abschrift dieses Teiles zu übersenden. Die Übersendung einer beglaubigten Abschrift hat immer zu geschehen, wenn das Finanzamt sie verlangt. Hat das Gericht die Verfügung nach der Eröffnung an das Nachlaßgericht abgeliefert, so liegen die Verpflichtungen diesem ob.

(2) Bei der Übersendung haben die Gerichte die ihnen bekannt gewordenen, für die Erbschaftsteuer erheblichen Umstände mitzuteilen, insbesondere

a) Veränderungen in der Person der Erben, Vermächtnisnehmer, Testamentsvollstrecker (durch Tod, Eintritt eines Ersatzerben, Erbausschlagung, Niederlegung des Amtes u. dgl.) und Veränderungen in den Verhältnissen dieser Personen (Namens-, Berufs-, Wohnungsänderungen u. dgl.),

b) den Betrag und die Zusammensetzung des Nachlasses, soweit er dem Gerichte bekannt geworden ist.

(3) Enthält die Eröffnungsverhandlung derartige Angaben oder solche, die für die Beurteilung der Rechtsgültigkeit der Verfügung von Todes wegen von Bedeutung sind, so ist ein Auszug dieser Verhandlung beizufügen.

(4) Für die Übersendungsschreiben ist Muster 6 maßgebend. Dem Gericht erst nachträglich bekanntgewordene, für die Erbschaftsteuer erhebliche Umstände sind dem Finanzamt alsbald mitzuteilen.

(5) Die Gerichte haben ferner von den von ihnen vorgenommenen Erbauseinandersetzungen und von ihnen angeordneten Nachlaßpflegschaften dem zuständigen Finanzamt Mitteilung zu machen; dabei sind der Name, die letzte Wohnung, der Sterbeort (Standesamt) und der Todestag des Erblassers, die Namen und Wohnungen der an dem Verfahren Beteiligten (Erben, Nachlaßpfleger usw.) sowie die Höhe des Nachlasses anzugeben.

(6) Die Gerichte haben dem zuständigen Finanzamt eine beglaubigte Abschrift der von ihnen erteilten Erbscheine und Zeugnisse über die fortgesetzte Gütergemeinschaft zu übersenden; hierbei sind der Sterbeort und die Wohnung des Erblassers sowie die Nummer des Sterberegisters anzugeben; im übrigen findet Abs. 2 entsprechende Anwendung.

b) Mitteilungen zu Schenkungs- und Zweckzuwendungsfällen

§ 17. (1) Die Gerichte haben ferner dem zuständigen Finanzamt eine beglaubigte Abschrift aller von ihnen beurkundeten Schenkungen unter Lebenden (§ 3 des Gesetzes) und Zweckzuwendungen unter Lebenden (§ 4 Nr. 2 des Gesetzes) alsbald nach der Beurkundung zu übersenden. Auf der Urschrift ist zu vermerken, wann und an welches Finanzamt die Übersendung erfolgt ist.

(2) Ergibt bei Schenkungen unter Lebenden der Inhalt der Beurkundung nicht das Verwandtschafts- oder Schwägerschaftsverhältnis des Erwerbers zum Schenker, so ist der Schenker hierüber zu befragen und sind seine Angaben dem Finanzamt mitzuteilen. Das gleiche gilt bei Schenkungen unter Lebenden und bei Zweckzuwendungen unter Lebenden hinsichtlich des Wertes der Zuwendung.

(³) Vor der Beurkundung sind die Beteiligten auf ihre etwaige Steuerpflicht hinzuweisen.

(⁴) Die vorstehenden Verpflichtungen beziehen sich auch auf Geschäfte, die zwar nicht der Form, wohl aber der Sache nach eine Schenkung unter Lebenden oder eine Zweckzuwendung unter Lebenden enthalten (§ 28 Abs. 2 Satz 2 des Gesetzes).

Notare und sonstige Beurkundungen

§ 18. (¹) Die Verpflichtungen aus den §§ 16, 17 treffen auch die Notare in Ansehung der von ihnen vorgenommenen Erbauseinandersetzungen, eröffneten Verfügungen von Todes wegen und beurkundeten Schenkungen unter Lebenden und Zweckzuwendungen unter Lebenden.

(²) Das gleiche gilt in Ansehung beurkundeter Grundstücksverträge, soweit sie Schenkungen unter Lebenden oder Zweckzuwendungen unter Lebenden enthalten, für andere Beurkundungspersonen (z. B. Gemeindebeamte, Art. 142, 143 des Einführungsgesetzes zum Bürgerlichen Gesetzbuch).

Genehmigungsbehörden

§ 19. (¹) Die Landesregierungen haben jedem dem zuständigen Finanzamt übergeordneten Landesfinanzamt am Schlusse jedes Kalendervierteljahrs eine Nachweisung über die von ihnen nach § 80 des Bürgerlichen Gesetzbuches und nach den Artikeln 86, 87 des Einführungsgesetzes zum Bürgerlichen Gesetzbuch erteilten Genehmigungen zu übermitteln; dabei ist, außer den Wohnungen der Beteiligten, anzugeben, ob ein Anfall von Todes wegen oder unter Lebenden vorliegt. Der Übermittlung bedarf es in Fällen des Artikels 86 nicht, sofern es sich unzweifelhaft um ausschließlich unentgeltliche Rechtsgeschäfte handelt.

(²) Werden bei einer Genehmigung Leistungen an andere Personen angeordnet oder solche zur Erlangung der Genehmigung freiwillig übernommen (§ 2 Abs. 2 Nr. 3 und § 3 Abs. 1 Nr. 4 des Gesetzes), so hat die Nachweisung auch darüber Angaben zu enthalten.

(³) Die Landesfinanzämter teilen Auszüge der Nachweisungen den zuständigen Finanzämtern mit.

Geschäftsmäßige Verwahrer oder Verwalter fremden Vermögens, Aktiengesellschaften, Versicherungsunternehmungen usw.

§ 20. (¹) Weitere Mitteilungspflichten ergeben sich für geschäftsmäßige Verwahrer oder Verwalter fremden Vermögens, Aktiengesellschaften, Versicherungsunternehmungen usw. aus den §§ 29, 30 des Gesetzes.

(²) Die im § 29 Abs. 1 des Gesetzes genannten Personen haben mit der Anmeldung die Vermögensgegenstände nach Zahl, Gattung und sonstigen Unterscheidungsmerkmalen aufzuführen; bei Wertpapieren ist sowohl der Kurs- als auch der Nennwert, bei Barguthaben der Stand am Todestage des Erblassers anzugeben. Sind Vermögensstücke verschlossen verwahrt oder sind dem Erblasser zum Zwecke der Verwahrung Sicherheitsfächer unter seinem Mitverschlusse zur Verfügung gestellt; so hat sich die Anmeldung darauf zu beschränken, daß die Verwahrung besteht oder die Sicherheitsfächer zur Verfügung gestellt sind. Im letzten Falle sind die Personen zu bezeichnen, die etwa nach der Bestimmung des Erblassers berechtigt sind, die Ausantwortung des verwahrten Vermögens zu fordern oder das Fach zu öffnen.

(3) Die Mitteilungen haben ohne Rücksicht darauf zu erfolgen, ob die Mitteilungspflichtigen die Steuerpflicht für gegeben erachten. Das Finanzamt hat, so bald es von den die Mitteilungspflicht begründenden Tatsachen Kenntnis erhält, die Verpflichteten zur Erfüllung ihrer Obliegenheiten anzuhalten.

Steuerstellen

§ 21. (1) Den zuständigen Erbschaftssteuerstellen haben mitzuteilen

a) alle anderen Steuerstellen der Finanzämter die ihnen bekannt gewordenen Anfälle unter Lebenden, die Einkommensteuerstellen zugleich unter Anzeige etwaiger früherer Schenkungen (§ 37),

b) die Vermögenssteuerstellen alsbald nach erlangter Kenntnis vom Tode eines Vermögenssteuerpflichtigen den Namen, die Wohnung, den Zeitpunkt des Todes und die Höhe des zuletzt veranlagten oder ihnen nachträglich bekannt gewordenen Vermögens des Steuerpflichtigen,

c) die Grunderwerbsteuerstellen die ihnen auf Grund des § 1 A, B der Ausführungsbestimmungen zum Grunderwerbsteuergesetze vom 12. September 1919 bekannt gewordenen Anfälle von inländischem Grund- und Betriebsvermögen aus dem Nachlaß eines im Ausland wohnhaft gewesenen Erblassers.

(2) Als Steuerstellen im Sinne dieser Ausführungsbestimmungen gelten die Sachbearbeiter der einzelnen Steuerzweige sowohl des für die Bearbeitung des Erbschaftssteuerfalls zuständigen Finanzamts als auch anderer Finanzämter.

III. Veranlagung der Steuer.

A. Prüfung der Unterlagen. Listenführung

Prüfung der örtlichen Zuständigkeit

§ 22. (1) Nach Eingang der Unterlagen (§§ 3 bis 21) ist vom Finanzamt die Frage der örtlichen Zuständigkeit zu prüfen. Ergibt sich dabei seine Unzuständigkeit, so hat es die Unterlagen an das zuständige Finanzamt abzugeben.

(2) Die Totenlisten insbesondere sind zunächst daraufhin zu prüfen, ob die Sterbefälle nach den laufenden Nummern des Sterberegisters sämtlich mitgeteilt worden sind; das Fehlen einzelner Nummern ist alsbald aufzuklären. Enthält die Totenliste Sterbefälle, die nicht zur Zuständigkeit des Finanzamts gehören, so sind sie dem zuständigen Finanzamt unter Übersendung eines Auszugs aus der Totenliste sowie unter Beifügung bereits vorhandener weiterer Unterlagen zu überweisen. Das zuständige Finanzamt hat dem überweisenden unverzüglich nach Eingang des Überweisungsschreibens eine Empfangsbescheinigung zu übersenden, deren Eingang auf Grund der Totenliste zu überwachen und in ihr zu vermerken ist. Die überwiesenen Fälle trägt das zuständige Finanzamt in die von ihm zu führende Totenbeiliste (§ 11) ein.

Prüfung der Steuerpflicht im allgemeinen. Steuerliste

§ 23. (1) Die Unterlagen sind sodann daraufhin zu prüfen, ob eine Steuerpflicht gegeben ist oder ob Steuerfreiheit in Frage kommt. Dazu sind auch andere beim Finanzamt vorhandene Unterlagen (z. B. Vermögen-, Einkommensteuerakten) heranzuziehen.

(2) Ergibt die Prüfung Steuerfreiheit des Falles, so ist die steuerfreie Erledigung in den Unterlagen ersichtlich zu machen. Erledigte Unterlagen und Freibelege sind geordnet aufzubewahren.

(3) Soweit der Fall nicht nach Abs. 2 zu erledigen ist oder die im Abs. 1 angeordnete Prüfung innerhalb eines Jahres nach Eingang der Unterlagen beim zuständigen Finanzamt noch nicht zu einer Entscheidung über die Steuerpflicht geführt hat, ist der Fall unter fortlaufender Nummer in Steuerlisten einzutragen: diese sind für Anfälle von Todes wegen als Steuerliste E und für Anfälle unter Lebenden als Steuerliste S zu führen. Einzutragen sind auch die zunächst steuerfreien Fälle, die steuerpflichtig werden können und deshalb zu überwachen sind (§ 52). In den Unterlagen sind bei den Einzelfällen die Steuerliste, ihr Jahrgang und die Nummer anzugeben, die der Fall in der Liste erhält.

Steuerliste E

§ 24. (1) Die Steuerliste E ist nach Muster 7 für je ein Kalenderjahr zu führen und nach dessen Ablauf noch ein weiteres Jahr für die Erledigung der eingetragenen Fälle offenzuhalten.

(2) In die laufende Liste sind aufzunehmen

a) die im Laufe des Kalenderjahres nach § 23 Abs. 3 einzutragenden Steuerfälle,

b) die Fälle, die nach Ablauf des weiteren Jahres (Abs. 1) noch unerledigt sind,

c) die Fälle, bei denen nach ihrer Erledigung eine neue Steuerfestsetzung erforderlich wird,

d) die im laufenden Kalenderjahre vollständig oder teilweise erledigten Überwachungsfälle (§ 56).

(3) Die im Abs. 2 unter c und d bezeichneten Fälle sind auch dann in die laufende Steuerliste aufzunehmen, wenn die Liste, in der sie ursprünglich eingetragen waren, noch nicht abgeschlossen ist. Die Neueintragung ist bei der früheren Eintragung (Spalte 16) mit roter Tinte zu vermerken.

(4) Nach Ablauf des im Abs. 1 bestimmten weiteren Kalenderjahres ist die Steuerliste zu schließen. Der Vorsteher des Finanzamts hat unmittelbar hinter der letzten Eintragung zu bescheinigen, daß die in die Liste aufzunehmenden Fälle darin eingetragen und die eingetragenen Fälle erledigt oder, soweit sie unerledigt geblieben sind, in die laufende Liste übertragen worden sind. War kein Steuerfall in die Liste aufzunehmen, so ist dies gleichfalls zu bescheinigen.

Steuerliste S

§ 25. Die Bestimmungen des § 24 sind auf die Steuerliste S entsprechend anzuwenden. Maßgebend ist das Muster 8.

Namenverzeichnis

§ 26. (1) Über die in die Steuerlisten eingetragenen Fälle ist je ein Verzeichnis der Namen der Erblasser oder Schenker nach der Buchstabenfolge fortlaufend zu führen, in dem der Jahrgang und die Nummer der Eintragung zu vermerken ist.

(2) Das Landesfinanzamt kann anordnen, daß Finanzämter mit größerem Geschäftsbetriebe das Namensverzeichnis jahrgangsweise zu führen haben. Die Fälle sind alsdann in das Verzeichnis des Jahres einzutragen, in dem der Erblasser verstorben, für tot erklärt oder die

Zuwendung ausgeführt worden ist; noch nicht ausgeführte, nach § 23 Abs. 3 Satz 1 in die Steuerliste einzutragende Zuwendungen sind zunächst in das Verzeichnis des Jahres aufzunehmen, in dem die Zuwendung versprochen worden ist.

B. Steuererklärung.

Steuererklärung E

§ 27. (1) Zum Zwecke der Steuerermittlung hat das Finanzamt bei Erwerben von Todes wegen dem Erwerber einen Vordruck nach Muster 9 zu übersenden.

(2) Sind in einem Steuerfalle mehrere Erwerber vorhanden, so ist der Vordruck unbeschadet des Rechtes des Finanzamts, die Abgabe der Steuererklärung von jedem oder einigen von ihnen zu verlangen (§§ 94, 169 A.O.), demjenigen zu übersenden, von dem angenommen werden kann, daß er am besten Auskunft zu geben vermag. Sind Vertreter der Erwerber, Testamentsvollstrecker, Nachlaßpfleger oder Nachlaßverwalter vorhanden, so ist der Vordruck in der Regel diesen zu übersenden; das Finanzamt kann verlangen, daß die Steuererklärung von einem Erwerber mitunterschrieben wird.

(3) Der Übersendung bedarf es nicht, wenn sie nach Lage des Falles entbehrlich erscheint. Kann die Aufklärung der für die Steuerpflicht erheblichen Verhältnisse durch die Beantwortung bestimmter Fragen erwartet werden, so genügt die Übersendung eines entsprechenden Fragebogens; dabei ist darauf, daß die Beantwortung der Fragen eine Steuererklärung im Sinne des Gesetzes darstellt, und auf die Vorschrift des § 170 Abs. 2 Satz 1 A.O. hinzuweisen. Bei der Beantwortung der Fragen ist zu versichern, daß die Angaben nach bestem Wissen und Gewissen gemacht worden sind.

(4) Die Frist zur Abgabe der Steuererklärung muß mindestens einen Monat und soll in der Regel nicht mehr als zwei Monate betragen. Das Finanzamt kann die Frist verlängern (§ 65 A.O.).

Kosten des Vordrucks

§ 28. Soweit nicht schon ein Vordruck nach § 27 übersandt worden ist, ist dem Erwerber ein Vordruck kostenlos zu verabfolgen. Auf begründeten Antrag kann ein zweiter Vordruck gegen Erstattung etwa entstehender Zusendungskosten abgegeben werden. Weitere Vordrucke sind nur gegen Erstattung auch der Herstellungskosten zu verabfolgen.

Steuererklärung S

§ 29. (1) Bei Schenkungen unter Lebenden hat das Finanzamt dem Erwerber einen Vordruck zur Steuererklärung S nach Muster 10 zu übersenden; in besonderen Fällen kann der Vordruck dem Schenker übersandt werden.

(2) Die Bestimmungen des § 27 Abs. 2 bis 4 und des § 28 finden entsprechende Anwendung.

Steuererklärung bei Zweckzuwendungen

§ 30. Bei Zweckzuwendungen tritt an die Stelle des Erwerbers im Sinne der §§ 27 bis 29 der Beschwerte.

C. Heranziehung anderer Steuerakten.

§ 31. Zur Nachprüfung der Angaben in der Steuererklärung sind nach Lage des Falles andere Steuerakten (z. B. Reichsnotopfer-,

Vermögen-, Einkommen-, Körperschafts-, Grunderwerb-, Umsatzsteuerakten) des Erblasser, Schenkers oder des Erwerbers [(§ 10 Abs. 3 des Gesetzes)] heranzuziehen.

D. Wertfeststellung.

Im allgemeinen

§ 32. Hinsichtlich der Wertfeststellung wird auf die Vorschriften des Gesetzes (§§ 31, 32) sowie der Reichsabgabenordnung (§§ 137 ff.) verwiesen.

Auf bestimmte Zeit beschränkte Nutzungen oder Leistungen

§ 33. Der Gesamtwert der auf bestimmte Zeit beschränkten Nutzungen oder Leistungen ist nach der Hilfstafel 1 zu ermitteln.

E. Behandlung besonderer Fälle.

Gegenstände von geschichtlichem usw. Werte

§ 34. Wird für Gegenstände der im [§ 22 Abs. 1 Nr. 5 b] *§ 21 Abs. 1 Nr. 6* des Gesetzes bezeichneten Art Steuerfreiheit verlangt, so hat der Steuerpflichtige dem Finanzamt ein besonderes Verzeichnis der Gegenstände nebst Angabe ihres Wertes vorzulegen und nachzuweisen, daß er die Gegenstände gemäß der von der zuständigen Behörde erlassenen Anweisung dem Zwecke der Forschung und Volksbildung nutzbar gemacht hat. Ob die Gegenstände geschichtlichen oder kunstgeschichtlichen oder wissenschaftlichen Wert haben, entscheidet das Finanzamt nötigenfalls unter Zuziehung von Sachverständigen.

Entscheidungen über kirchliche, mildtätige oder gemeinnützige Zwecke

a) Anschreibungen

§ 35. (1) Entscheidungen über ausschließlich kirchliche, mildtätige oder gemeinnützige Zwecke [(§ 22 Abs. 1 Nr. 15, 16, § 23 Abs. 1 Nr. 2, 3 des Gesetzes)], (*§ 21 Abs. 1 Nr. 18, 19 des Gesetzes*), bei denen inländische juristische Personen des bürgerlichen Rechtes, nichtrechtsfähige Personenvereinigungen, Anstalten, Stiftungen und andere Zweckvermögen [als Erwerber, Beschwerte oder als Schenker (§ 22 Abs. 1 Nr. 16 des Gesetzes)] *als Erwerber oder Beschwerte* in Frage kommen, sind nach Eintritt der Rechtskraft in einem fortlaufend nach der Buchstabenfolge zu führenden Verzeichnis gemäß Muster 11 anzuschreiben, soweit erstmalig oder abweichend von der zuletzt ergangenen Entscheidung oder im Rechtsmittelverfahren entschieden worden ist.

(2) Für die Anschreibung ist das Finanzamt zuständig, in dessen Bezirk der Ort der Leitung der juristischen Personen usw. liegt. Sofern dieses nicht zugleich für die Veranlagung des Steuerfalls zuständig ist, ist ihm die getroffene Entscheidung mit allen Angaben mitzuteilen, welche die Anschreibung ermöglichen.

(3) Erhält ein Finanzamt von der Verlegung des Ortes der Leitung einer in das Verzeichnis aufgenommenen juristischen Person usw. Kenntnis, so hat es dem Finanzamt, in dessen Bezirk sich der neue Ort der Leitung befindet, einen Auszug aus dem Verzeichnis zu übersenden.

b) Heranziehung früherer Entscheidungen

§ 36. Bevor ein Finanzamt eine Entscheidung der bezeichneten Art trifft, hat es festzustellen, ob eine die gleiche Frage betreffende Entscheidung schon ergangen ist. Eine bereits getroffene Entscheidung entbindet das Finanzamt nicht von der erneuten Prüfung des Sachverhalts; in Zweifelsfällen ist das nach § 35 Abs. 2 Satz 1 zuständige Finanzamt über den Gegenstand der Entscheidung zu hören.

F. Steuerfestsetzung.

Zusammenrechnung nach § 17 des Gesetzes

§ 37. (1) Wegen der Zusammenrechnungsvorschrift des § 17 des Gesetzes haben die Finanzämter die ihnen bekannt gewordenen Anfälle unter Lebenden mit Ausnahme der nach § 9 Abs. 1 I Nr. 1 Abs. 2, [§ 21, § 22 Abs. 1 Nr. 14 bis 18, § 24 Abs. 1] *§ 21 Abs. 1 Nr. 15 bis 20, § 24 Abs. 1 und Abs. 2 Satz 1* des Gesetzes steuerfreien, mit Muster 12 zu den Einkommensteuerakten des Schenkers und, soweit der Schenker unter die im § 1 des Körperschaftssteuergesetzes [in der Fassung der Bekanntmachung vom 2. Mai 1922 (Reichsgesetzbl. I S. 472)] genannten juristischen Personen usw. fällt, zu den Körperschaftssteuerakten des Schenkers mitzuteilen. Die Übersendung der Mitteilung ist in den Akten oder Freibelegen zu vermerken.

(2) Die Mitteilung ist dem jeweils laufenden Bande der Einkommen- und Körperschaftssteuerakten vorzuheften und bei Anlegung eines neuen Bandes dorthin zu übernehmen. Erlangt die Einkommensteuerstelle vom Tode eines Steuerpflichtigen Kenntnis, so hat sie die Mitteilung der Erbschaftssteuerstelle unter Angabe des Sterbefalls zu übersenden.

(3) Das Finanzamt hat vor der endgültigen Festsetzung der Steuer festzustellen, ob nach § 17 des Gesetzes zusammenrechnungspflichtige Zuwendungen vorausgegangen sind.

Steuerberechnung

§ 38. Zur Berechnung der Steuer dient die Hilfstafel 2.

Steuerbescheid

a) im allgemeinen

§ 39. (1) Über die Festsetzung der Steuer ist ein Steuerbescheid für Anfälle von Todes wegen nach Muster 13, für Anfälle unter Lebenden nach Muster 14 zu erteilen.

(2) Der im § 34 des Gesetzes vorgesehene *Steuerbescheid* [Feststellungsbescheid] ist als vorläufiger Steuerbescheid zu erlassen. Die Befugnis des Finanzamts zu weiteren vorläufigen Steuerfestsetzungen auf Grund des § 82 Abs. 1 A.O. wird durch die Vorschrift des § 34 des Gesetzes nicht berührt.

(3) Ist ein vorläufiger Steuerbescheid ergangen, so ist der endgültige ausdrücklich als solcher zu bezeichnen.

b) Vorlegung bei der Finanzkasse

§ 40. Der vollzogene Entwurf des Steuerbescheides ist vor der Zustellung der Reinschrift der Finanzkasse vorzulegen (§§ 44 Abs. 2). Soweit ein bereits zum Soll gestellter Steuerbetrag durch einen neuen Steuerbescheid (z. B. bei Inanspruchnahme eines weiteren Steuerpflichtigen) angefordert wird, hat dies die Steuerstelle bei der Vorlegung der Finanzkasse unter Angabe der Nummer des Sollbuchs besonders mitzuteilen.

c) Zustellung

§ 41. (1) Bei Anfällen von Todes wegen ist der Steuerbescheid dem Erben, wenn ein Testamentsvollstrecker ohne Beschränkung der Verwaltungsbefugnis auf einzelne Gegenstände oder ein Nachlaßpfleger oder ein Nachlaßverwalter bestellt und die Verwaltung des Nachlasses von ihnen übernommen worden ist, diesen Personen zuzustellen; die Zustellung an den Erben erfolgt, ohne Rücksicht darauf, ob er für seine Person steuerpflichtig ist. Sind mehrere Erben vorhanden, so kann die Zustellung nach Auswahl des Finanzamts an einen oder mehrere von ihnen, auch an sämtliche Erben, und, wenn einer von ihnen dem Finanzamt gegenüber die Berichtigung der Steuer übernommen hat, an diesen erfolgen. In geeigneten Fällen ist der Steuerbescheid oder ein Auszug daraus dem Erwerber zuzustellen.

(²) Bei Schenkungen unter Lebenden hat die Zustellung an den Erwerber zu erfolgen; dem Schenker ist nur in Ausnahmefällen, insbesondere, wenn er es selbst beantragt oder die Steuer übernommen hat, zuzustellen.

(³) Bei Zweckzuwendungen unter Lebenden erfolgt die Zustellung an den Beschwerten.

d) Zahlungsfrist

§ 42. Die Zahlungsfrist ergibt sich für die Fälle des § 39 Abs. 2 Satz 1 aus § 34 des Gesetzes; in den übrigen Fällen ist sie in der Regel auf dieselbe Dauer zu bemessen.

IV. Erhebung der Steuer.

Hebestelle

§ 43. Die Erbschaftsteuer wird durch die Finanzkassen nach Maßgabe der Kassenanweisung und der folgenden Bestimmungen erhoben.

Buchführung

§ 44. (¹) Über die Erhebung der Steuer werden von der Finanzkasse ein Sollbuch nach Muster 15 und ein Einnahmebuch nach Muster 16 für das Rechnungsjahr geführt.

(²) Die Eintragungen in das Sollbuch werden auf Grund der Entwürfe der Steuerbescheide (§ 40 Satz 1) fortlaufend vorgenommen. Der Sollbuchführer trägt die Nummer des Sollbuchs unter Beifügung seines Namens auf dem Entwurfe des Steuerbescheides ein und sendet diesen der Steuerstelle zurück; die Steuerstelle hat den angeforderten Steuerbetrag, die Nummer und den Jahrgang des Sollbuchs vor Absendung der Reinschrift in der Steuerliste zu vermerken.

(³) Das Sollbuch wird nach Ablauf des Rechnungsjahrs, für das es geführt wird, noch ein halbes Jahr für die Erledigung der eingetragenen Fälle offengehalten und alsdann geschlossen. Soweit beim Abschluß zum Soll stehende Steuerbeträge noch nicht oder nicht vollständig erhoben sind, werden die Rückstände in der Spalte 12 vermerkt und in das Sollbuch für das laufende Rechnungsjahr übertragen. Der Kassenaufsichtsbeamte hat unter dem Abschluß des Sollbuchs zu bescheinigen, daß die im Laufe des Jahres festgesetzten Steuerbeträge vollständig und richtig in das Sollbuch eingetragen und die beim Abschluß des Sollbuchs vorhandenen Rückstände vollständig und richtig übertragen worden sind.

(⁴) Das Einnahmebuch wird am Ende des Rechnungsjahrs geschlossen.

Nachricht der Finanzkasse an die Steuerstelle

§ 45. Ist die Steuer nicht rechtzeitig entrichtet, so teilt dies die Finanzkasse der Steuerstelle zugleich mit der Anzeige an die Vollstreckungsabteilung mit. Die Steuerstelle hat sich alsdann der Vollstreckungsabteilung auf Grund der Akten darüber zu äußern, ob und in welcher Weise die Zwangsvollstreckung anzuordnen sein wird.

Verzinsungspflicht

§ 46. Geschuldete Steuerbeträge sind, wenn sie nicht rechtzeitig entrichtet werden, von der Fälligkeit an mit 5 vom Hundert zu verzinsen (§ 104 A.O.); [die Verzinsungspflicht tritt unabhängig von der Säumnis des Steuerpflichtigen nach Ablauf von drei Monaten nach Entstehung der Steuerschuld ein (§ 33 Abs. 2 des Gesetzes)]. Besondere Vorschriften über die Einschränkung der Verzinsungspflicht werden durch diese Bestimmungen nicht berührt.

Erbschaftsteuerversicherungen

[**§ 47.** (1) Wird eine Versicherungssumme nach § 14 des Gesetzes an eine Finanzkasse abgeführt, so hat diese den Betrag in Verwahrung zu nehmen und unter Angabe des Tages der Abführung der Steuerstelle des Finanzamts Mitteilung zu machen, das für die Veranlagung der Erbschaftssteuer zuständig ist oder in dessen Bezirk sich, falls der Versicherungsnehmer noch lebt, sein Wohnsitz oder in Ermangelung eines solchen der Ort seines dauernden Aufenthalts befindet; läßt sich im letzten Falle hienach die Zuständigkeit eines Finanzamts nicht begründen, so ist die Mitteilung an das Finanzamt Berlin-Mitte zu richten.

(2) Ist die Versicherungssumme mit dem Tode des Versicherungsnehmers fällig geworden, so hat das veranlagende Finanzamt nach der Festsetzung der Steuer die Vereinnahmung der Versicherungssumme als Erbschaftssteuer zu veranlassen. Übersteigt die Versicherungssumme die Steuerschuld, so ist der Unterschiedsbetrag an den nach dem Versicherungsvertrage Berechtigten herauszuzahlen.

(3) Ist die Versicherungssumme vor dem Tode des Versicherungsnehmers fällig geworden, so hat das Finanzamt, dem die Mitteilung nach Abs. 1 zugeht, den Tod des Versicherungsnehmers zu überwachen (§ 52 Abs. 1 unter b). Die Versicherungssumme wird auf die später festgesetzte Erbschaftssteuer angerechnet; Abs. 2 findet entsprechende Anwendung.]

Stundungen und Teilzahlungen

§ 48. Die Steuerstelle hat der Finanzkasse oder nach Einleitung des Beitreibungsverfahrens (§ 45 Satz 1) der Vollstreckungsabteilung die Bewilligung von Stundungen oder Teilzahlungen mitzuteilen.

Teilzahlungen nach § 40 des Gesetzes

§ 49. Im Falle des § 40 des Gesetzes ist die Gewährung von Teilzahlungen zu versagen, wenn nach den Umständen die Annahme ausgeschlossen ist, daß die sofortige Einziehung der Steuer mit Härten verbunden sein würde. Eine solche Härte wird in der Regel dann nicht vorliegen, wenn sich die Steuerpflicht auf Grundstücke bezieht, die Spekulationszwecken dienen, oder der Steuerpflichtige sonstiges Vermögen besitzt, aus dem die Entrichtung der Steuer ohne erhebliche Nachteile möglich ist. Im Falle des Verkaufs eines Grundstücks vor Ablauf der Stundungsfrist ist die Stundungsbewilligung zurückzuziehen, sofern nicht die weitere Stundung billig erscheint.

Tilgungsrente nach § 41 des Gesetzes

§ 50. Die Tilgungsrente (§§ 41 ff. des Gesetzes) ist so zu bemessen, daß die Steuerschuld bei einer Verzinsung von 5 vom Hundert in dem vereinbarten Zeitraum getilgt wird. Als Kapital der Grundschuld ist der Steuerbetrag nebst Zinsen mit 5 vom Hundert einzutragen mit der Bestimmung, daß die Zahlung durch die während des vereinbarten Zeitraums zu entrichtende Tilgungsrente erfolgt. Zur Berechnung der Tilgungsrente dient die Hilfstafel 3.

Sicherheitsleistung

§ 51. (1) Soweit nach den gesetzlichen Vorschriften Sicherheitsleistung verlangt werden kann, hat das Finanzamt von diesem Rechte Gebrauch zu machen, es sei denn, daß die Gefährdung des Steueranspruchs ohne Sicherheitsleistung ausgeschlossen oder das Erfordern von Sicherheitsleistung nach Lage des Falles unbillig ist.

(2) Ist Sicherheit zu leisten, so hat das Finanzamt den sicherzustellenden Betrag festzusetzen und die Verpflichteten zu einer Erklärung aufzufordern, in welcher Weise sie die Sicherheit leisten wollen. Die Erklärung ist von dem Finanzamt zu prüfen. Von dem Ergebnis der Prüfung sind die Verpflichteten zu benachrichtigen. Die verlangte Sicherheit ist binnen einer von dem Finanzamt zu bestimmenden Frist zu bestellen. Bei Nichteinhaltung der Frist ist die Sicherheit zwangsweise einzuziehen.

V. Steuerüberwachung.

Überwachungsfälle

§ 52. (1) In den Fällen, in denen die Versteuerung ausgesetzt ist oder eine Steuererhebung nachträglich erforderlich werden kann, hat eine Überwachung stattzufinden. Zu überwachen ist hauptsächlich

a) der Eintritt einer Nacherbfolge oder der Fälligkeit eines Nachvermächtnisses im Falle des § 7 Abs. 3 des Gesetzes;

[b) der Tod des Versicherungsnehmers im Falle des § 14 Abs. 4 des Gesetzes (§ 47 Abs. 3);]

c) der Fortfall der Steuerbefreiung im Falle des § 22 Abs. 1 Nr. 5b Satz 2 des Gesetzes;

[d) die Veräußerung von Grundbesitz im Falle des § 32 Abs. 6 des Gesetzes;]

e) das Erlöschen des Nutzungsrechts bei Aussetzung der Versteuerung im Falle des § 37 des Gesetzes;

f) der vorzeitige Wegfall von Lasten (§ 145 Abs. 3 Satz 2 A.O.);

g) der Eintritt der aufschiebenden Bedingung oder des Ereignisses in den Fällen der §§ 147, 151 A.O.;

h) der Eintritt der auflösenden Bedingung oder des Ereignisses in den Fällen der §§ 150, 151 A.O.

(2) Insoweit eine Erstattung von Steuer in Frage kommt, unterbleibt die Überwachung; das gleiche gilt, wenn die zu erhebende Steuer voraussichtlich [500 Mark] *50 Goldmark* nicht übersteigen wird.

(3) Bei gemeinschaftlichen Testamenten ist die Überwachung des Todes des überlebenden Ehegatten wegen der Besteuerung seines Nachlasses in der Regel nicht erforderlich. Die den Erbfall des zuerst verstorbenen Ehegatten betreffenden Freibelege und Akten sind jedoch beson-

ders kenntlich zu machen und von der Vernichtung so lange auszuschließen (§ 62), als der durch den Tod des zuletzt verstorbenen Ehegatten eingetretene Steuerfall nicht endgültig erledigt ist; zur Bearbeitung des Erbfalls des überlebenden Ehegatten sind die den Steuerfall des zuerst verstorbenen betreffenden Akten stets heranzuziehen.

(4) Die Fälle der [§ 22 Abs. 1 Nr. 17], § 24 des Gesetzes, § 82 Abs. 1 A.O. und andere Fälle können als Überwachungsfälle behandelt werden, wenn es nach Lage der Sache notwendig erscheint. Abs. 2 Halbsatz 2 findet insoweit keine Anwendung.

Überwachungsanordnung

§ 53. In der Überwachungsanordnung ist der Gegenstand, der Grund und die Zeitdauer der Überwachung auszusprechen sowie anzugeben, ob, von wem, in welcher Weise und bei welcher Hinterlegungsstelle Sicherheit bestellt ist. Es ist ferner anzuordnen, in welcher Weise der Wegfall des Überwachungsgrundes festzustellen ist und in welchen Fristen (§ 55) dies zu geschehen hat.

Überwachungsliste

§ 54. (1) Die Überwachungsfälle sind nach der sonstigen Erledigung des Steuerfalls aus der Steuerliste in die Überwachungsliste zu übertragen, die nach Muster 17 fortlaufend zu führen ist.

(2) Der Inhalt der Eintragung ergibt sich aus § 53 Satz 1.

(3) Das Namenverzeichnis zu den Steuerlisten dient gleichzeitig als Namenverzeichnis zur Überwachungsliste. Bei Übertragung des Falles in die Überwachungsliste ist die laufende Nummer dieser Liste im Namenverzeichnis zu vermerken.

Bearbeitung der Überwachungsfälle

§ 55. (1) Wird die Steuer nicht nach einer bestimmten Zeit fällig, so ist in Zeitabschnitten von höchstens drei Jahren festzustellen, ob der Grund der Überwachung noch fortdauert. Der Tag der erfolgten Wiedervorlegung der Akten ist in der Überwachungsliste zu vermerken.

(2) Endigt die Überwachung an einem bestimmten Zeitpunkt (z. B. in den Fällen des [§ 32 Abs. 8 des Gesetzes], § 145 Abs. 3 Satz 2 AO.) oder sind zu einem bestimmten Zeitpunkt Erhebungen anzustellen, so ist die Wiedervorlegung der Akten zu diesem Zeitpunkt durch die nach Muster 18 fortlaufend zu führende Wiedervorlegungsliste zu sichern. Abs. 1 Satz 2 findet Anwendung.

Erledigung der Überwachung

§ 56. (1) Hat sich die Überwachung vollständig erledigt, so ist der Fall in der Überwachungsliste zu löschen und in die laufende Steuerliste zu übernehmen; die Übernahme ist auch dann erforderlich, wenn Steuererhebung nicht in Frage kommt.

(2) Hat sich die Überwachung nur teilweise erledigt, so ist der Fall, wenn eine neue Steuerfestsetzung erforderlich wird, in die Steuerliste einzutragen und in Spalte 9 der Überwachungsliste ein entsprechender Vermerk zu machen.

VI. Nachprüfung des Veranlagungs- und Erhebungsverfahrens.

Im allgemeinen

§ 57. (1) Die Steuerakten, Listen, Freibelege sowie Soll- und Einnahmebücher unterliegen der Prüfung durch das Landesfinanzamt.

Die Prüfung ist eine sachliche und eine rechnerische. Die sachliche Prüfung hat sich darauf zu erstrecken, daß bei der Ermittlung der steuerpflichtigen Fälle und bei der Feststellung der Steuerschuld der Abgabepflichtigen nach den bestehenden Gesetzen und Vorschriften unter Beachtung der maßgebenden Verwaltungsgrundsätze verfahren worden ist, die rechnerische darauf, daß die geschuldeten Beträge eingezogen und richtig zur Reichskasse geflossen sind.

(2) Die Prüfung kann eingeschränkt werden. Der Umfang der Einschränkung wird vom Reichsminister der Finanzen bekanntgegeben.

Sachliche Prüfung

§ 58. Die sachliche Prüfung umfaßt die Steuerakten, die Listen einschließlich der Verzeichnisse der Schenkungen unter Lebenden und die Freibelege. Das Landesfinanzamt bestimmt, ob sie bei ihm oder bei den Finanzämtern vorzunehmen ist.

Rechnerische Prüfung

§ 59. Das Sollbuch ist alsbald nach Abgabe der im § 44 Abs. 3 Satz 3 vorgesehenen Bescheinigung, das Einnahmebuch alsbald nach seinem Abschluß mit den dazugehörigen Belegen dem Landesfinanzamt zur Prüfung einzureichen.

Behandlung des Prüfungsergebnisses

§ 60. (1) Über die Prüfung wird vom Landesfinanzamt eine Niederschrift aufgenommen. Die darin enthaltenen Bemerkungen sind dem Finanzamt zur Beantwortung zu übersenden. Über die endgültige Erledigung der Bemerkungen entscheidet das Landesfinanzamt.

(2) Soweit auf Grund der Prüfung Steuerbeträge nachgefordert oder zur Erstattung angewiesen worden sind, hat das Finanzamt dem Landesfinanzamte zu bescheinigen, daß diese Beträge zum Soll gestellt sind.

VII. Aktenführung. Statistik.

Aktenführung

§ 61. (1) Über jeden in die Steuerliste aufgenommenen Steuerfall sind Akten anzulegen, in die alle ihn betreffenden Eingänge und Verfügungen nach der Zeitfolge geordnet aufzunehmen sind. Die Akten sind so zu führen, daß eine Nachprüfung nach ihrem Inhalt möglich ist.

(2) Die erledigten Akten sind jahrgangsweise nach der Nummer der Steuerliste, und zwar, sofern Übertragungen nach § 24 Abs. 2 unter b bis d erfolgt sind, nach der letzten Nummer zu ordnen und aufzubewahren.

(3) Die Akten über die in die Überwachungsliste aufgenommenen Steuerfälle sind während der Dauer der Überwachung nach der Nummer der Überwachungsliste geordnet besonders aufzubewahren.

Aufbewahrungsfrist

§ 62. (1) Die Freibelege zu den Totenlisten, den Totenbeilisten und den Verzeichnissen der Schenkungen unter Lebenden sind 10 Jahre, die Totenlisten, die Totenbeilisten, die Verzeichnisse der Schenkungen unter Lebenden, die Steuerlisten, die Steuerakten und die Soll- und Einnahmebücher 30 Jahre aufzubewahren; die Bestimmung des § 52 Abs. 3 bleibt unberührt.

(²) Die Überwachungslisten, die Wiedervorlegungslisten, das Verzeichnis der Anschreibungen nach § 35 und die Namenverzeichnisse sind dauernd aufzubewahren.

Statistik

§ 63. Über die Ergebnisse der Veranlagung zur Erbschaftssteuer werden statistische Erhebungen durchgeführt. Die näheren Bestimmungen hierüber erläßt der Reichsminister der Finanzen.

VIII. Schlußbestimmungen.

§ 64. Der Reichsminister der Finanzen wird ermächtigt, die Bestimmungen über die Muster, die Buch- und Aktenführung zu ändern oder zu ergänzen, sowie die Wertgrenze des § 52 Abs. 2 Halbsatz 2 der Veränderung des Geldwerts anzupassen.

Berlin, den 31. Januar 1923.

Der Reichsminister der Finanzen:

In Vertretung: Zapf.

Hilfstafel 1
(Ausf.-Best. § 33)

Hilfstafel

über den gegenwärtigen Kapitalwert einer Rente oder Nutzung von vier vom Hundert im Werte von 1 Mark auf eine bestimmte Anzahl von Jahren zur Berechnung der davon zu entrichtenden Steuer.

Anzahl der Jahre	Kapitalwert Mark	Kapitalwert Pf.	Anzahl der Jahre	Kapitalwert Mark	Kapitalwert Pf.	Anzahl der Jahre	Kapitalwert Mark	Kapitalwert Pf.	Anzahl der Jahre	Kapitalwert Mark	Kapitalwert Pf.
1	1	0,0	22	15	02,9	43	21	18,6	64	23	88,7
2	1	96,2	23	15	45,1	44	21	37,1	65	23	96,9
3	2	88,6	24	15	85,7	45	21	54,9	66	24	04,7
4	3	77,5	25	16	24,7	46	21	72,0	67	24	12,3
5	4	63,0	26	16	62,2	47	21	88,5	68	24	19,4
6	5	45,1	27	16	98,3	48	22	04,3	69	24	26,4
7	6	24,2	28	17	33,0	49	22	19,5	70	24	33,0
8	7	00,2	29	17	66,3	50	22	34,1	71	24	39,5
9	7	73,3	30	17	98,4	51	22	48,2	72	24	45,6
10	8	43,5	31	18	29,0	52	22	61,8	73	24	51,6
11	9	11,1	32	18	58,9	53	22	74,8	74	24	57,3
12	9	76,0	33	18	87,4	54	22	87,3	75	24	62,8
13	10	38,5	34	19	14,8	55	22	99,3	76	24	68,0
14	10	98,6	35	19	41,1	56	23	10,9	77	24	73,1
15	11	56,3	36	19	66,5	57	23	22,0	78	24	78,0
16	12	11,8	37	19	90,8	58	23	32,7	79	24	82,7
17	12	65,2	38	20	14,3	59	23	43,0	80	24	87,3
18	13	16,6	39	20	36,8	60	23	52,8	81	24	91,5
19	13	65,9	40	20	58,5	61	23	62,4	82	24	95,7
20	14	13,4	41	20	79,3	62	23	71,5	83	24	99,7
21	14	59,0	42	20	99,3	63	23	80,3	84 und mehr	25	00,0

Hilfstafel 2
(Ausf.-Best. § 38)

Anfall bis einschl.	Steuerklasse I	II	III	IV	V	Anfall bis einschl.	Steuerklasse I	II	III	IV	V
	v. H.	v. H.	v. H.	v. H.	v. H.		v. H.	v. H.	v. H.	v. H.	v. H.
100 000 M	3,5	5	6	8	14	1 900 000 M	9,8	14	16,8	22,4	39,2
200 000 „	3,85	5,5	6,6	8,8	15,4	2 000 000 „	10,15	14,5	17,4	23,2	40,6
300 000 „	4,2	6	7,2	9,6	16,8	2 100 000 „	10,5	15	18	24	42
400 000 „	4,55	6,5	7,8	10,4	18,2	2 200 000 „	10,85	15,5	18,6	24,8	43,4
500 000 „	4,9	7	8,4	11,2	19,6	2 300 000 „	11,2	16	19,2	25,6	44,8
600 000 „	5,25	7,5	9	12	21	2 400 000 „	11,55	16,5	19,8	26,4	46,2
700 000 „	5,6	8	9,6	12,8	22,4	2 500 000 „	11,9	17	20,4	27,2	47,6
800 000 „	5,95	8,5	10,2	13,6	23,8	2 600 000 „	12,25	17,5	21	28	49
900 000 „	6,3	9	10,8	14,4	25,2	2 700 000 „	12,6	18	21,6	28,8	50,4
1 000 000 „	6,65	9,5	11,4	15,2	26,6	2 800 000 „	12,95	18,5	22,2	29,6	51,8
1 100 000 „	7	10	12	16	28	2 900 000 „	13,3	19	22,8	30,4	53,2
1 200 000 „	7,35	10,5	12,6	16,8	29,4	3 000 000 „	13,65	19,5	23,4	31,2	54,6
1 300 000 „	7,7	11	13,2	17,6	30,8	3 400 000 „	14	20	24	32	56
1 400 000 „	8,05	11,5	13,8	18,4	32,2	3 800 000 „	14,7	21	25,2	33,6	58,8
1 500 000 „	8,4	12	14,4	19,2	33,6	4 200 000 „	15,4	22	26,4	35,2	61,6
1 600 000 „	8,75	12,5	15	20	35	4 600 000 „	16,1	23	27,6	36,8	64,4
1 700 000 „	9,1	13	15,6	20,8	36,4	5 000 000 „	16,8	24	28,8	38,4	67,2
1 800 000 „	9,45	13,5	16,2	21,6	37,8	darüber . . .	17,5	25	30	40	70

Hilfstafel 3
(Ausf.-Best. § 50)

Berechnung

der Tilgungsrente für 10 000 ℳ Steuer nach § 41 des Erbschaftssteuergesetzes.

Anzahl der Zahlungen (wobei die erste Zahlung sofort zu leisten ist)	Jährliche Tilgungsrente ℳ	Anzahl der Zahlungen (wobei die erste Zahlung sofort zu leisten ist)	Jährliche Tilgungsrente ℳ
1	10 000,00	11	1 146,56
2	5 121,96	12	1 074,53
3	3 497,22	13	1 013,86
4	2 685,88	14	962,13
5	2 199,76	15	917,55
6	1 876,36	16	878,76
7	1 645,90	17	844,75
8	1 473,54	18	814,72
9	1 339,91	19	788,05
10	1 283,38	20	764,22

Beispiel: 8 475 ℳ Steuern sollen auf 8 Jahre verteilt werden.

Jährliche Rente

$$\frac{1\,473,54 \cdot 8\,475}{10\,000} = 1\,248,88 \text{ ℳ}$$

Anlage B.

Anleitung zur Ausfüllung der Erbschaftssteuererklärung.

(Vgl. Art. III der Zweiten Steuernotverordnung vom 19. Dezember 1923 — Reichsgesetzbl. I S. 1205 — und die Durchführungsbestimmungen für die Bewertung des Vermögens und die beschleunigte Steuerentrichtung bei der Erbschaftssteuer vom 28. März 1924 — Reichsministerialblatt S. 147 —).

Was gehört zu dem in der Steuererklärung anzugebenden Vermögen und wie ist es zu bewerten?

I. Zu B I der Steuererklärung (Grundvermögen).

(1) Das Grundvermögen umfaßt Grundstücke aller Art einschließlich des Zubehörs; darunter fällt insbesondere auch das dem Betriebe der Land- oder Forstwirtschaft dienende Vermögen (Grundstücke, Gebäude, totes und lebendes Inventar), das dem selbstbewirtschaftenden Eigentümer gehört.

(2) Den Grundstücken stehen Berechtigungen gleich, die den Vorschriften des bürgerlichen Rechts über Grundstücke unterliegen, z. B. Erbbaurechte, Erbpachtrechte, Bergwerkseigentum.

(3) Bei der Bewertung der Grundstücke ist von dem, gegebenenfalls für die Veranlagung zur Vermögenssteuer 1924 berichtigten Wehrbeitragswert auszugehen (Ausnahmen unter I Abs. 5, 6). Hypotheken, Grundschulden sowie sonstige auf den Grundstücken ruhende Schulden und Lasten sind von dem Wert der Grundstücke hier nicht abzuziehen, sondern unter C Nr. 1 der Steuererklärung (Nachlaßverbindlichkeiten) anzusetzen.

(4) Von dem (berichtigten) Wehrbeitragswert dürfen folgende Abschläge gemacht werden:

a) bei landwirtschaftlichen Grundstücken: Der Abschlag beträgt, wenn der auf ein Hektar umgerechnete Durchschnitt des Wehrbeitragswerts sich beläuft auf

mehr als 3000 Goldmark	10 v. H.
mehr als 1600 Goldmark, aber nicht mehr als 3000 Goldmark	20 v. H.
mehr als 1000 Goldmark, aber nicht mehr als 1600 Goldmark	30 v. H.
nicht mehr als 1000 Goldmark	40 v. H.

des Wehrbeitragswerts.

Beispiel: Berichtigter Wehrbeitragswert 100000 Goldmark; Größe des Grundstücks 50 ha. Der auf 1 ha umgerechnete Durchschnitt des Wehrbeitragswerts beträgt mithin 2000 Goldmark. Abschlag demnach 20 v. H. von 100000 Goldmark = 20000 Goldmark, Steuerwert also 80000 Goldmark.

Fällt der Todestag in die Zeit vom 1. Juli bis zum 31. Oktober 1923, so kann von dem nach dem vorstehenden Absatz ermittelten Wert ein weiterer Abschlag gemacht werden, der beträgt, wenn der Todestag fällt in die Monate

Juli oder August	20 v. H.
September oder Oktober	10 v. H.

b) bei gärtnerischen Grundstücken: Der Abschlag beträgt, soweit nicht von dem Landesfinanzamt, in dessen Bezirk das Grundstück liegt, allgemein oder für bestimmte Arten von gärtnerischen Grundstücken andere Abschläge zugelassen sind, 20 v. H. des Wehrbeitragswerts;

Fällt der Todestag in die Zeit vom 1. Juli bis 31. Oktober 1923, so kann derselbe weitere Abschlag gemacht werden wie bei a letzter Absatz;

c) bei forstwirtschaftlichen Grundstücken: Der Abschlag beträgt durch 5 v H des Wehrbeitragswerts:

d) bei Villen: Der Abschlag beträgt:

bei einem Wehrbeitragswert von nicht mehr als 30000 Goldmark	65 v. H.
bei einem Wehrbeitragswert von mehr als 30000, aber nicht mehr als 60000 Goldmark	50 v. H.
bei einem Wehrbeitragswert von mehr als 60000 Goldmark	30 v. H.

des Wehrbeitragswerts.

Als Villen gelten ausschließlich oder im wesentlichen vom Eigentümer oder von seinen Angehörigen bewohnte Grundstücke. Jedoch gelten eigenbewohnte Grundstücke, die als Kleinwohnungshäuser anzusehen sind, und Grundstücke, die spätestens am Todestage des Erblassers infolge Zwangseinquartierung der freien Verfügung des Eigentümers ganz oder zum wesentlichen Teil entzogen sind, nicht als Villen, sondern als Mietwohngrundstücke;

e) bei Mietwohngrundstücken (d. h. ausschließlich oder im wesentlichen von Mietern bewohnten Grundstücken): Der Abschlag beträgt, soweit nicht vom Landesfinanzamt, in dessen Bezirk das Grundstück liegt, andere Abschläge zugelassen sind, 70 v. H. des Wehrbeitragswerts;

f) bei vermieteten Fabrikgrundstücken, Bürohäusern usw.: Der Abschlag beträgt, soweit nicht von dem Landesfinanzamt, in dessen Bezirk das Grundstück liegt, andere Abschläge zugelassen sind, 40 v. H. des Wehrbeitragswerts.

(5) Ist der tatsächliche Zustand des Grundstücks am Todestag ein wesentlich anderer als am 31. Dezember 1923 (Vermögenssteuerstichtag) — z. B. infolge Bebauung, Verkauf von Grundstücksteilen, Urbarmachung, Änderung der Verkehrslage, Vernichtung durch Brand —, so ist in der Steuererklärung vorläufig der gegebenenfalls für die Veranlagung zur Vermögenssteuer 1924 berichtigte Wehrbeitragswert unter Berücksichtigung der zulässigen Abschläge (siehe oben Abs. 4) anzugeben und gleichzeitig unter entsprechender Begründung die Berichtigung des Wehrbeitragswerts unter Zugrundelegung der tatsächlichen Verhältnisse am Todestage zu beantragen.

(6) Bauland sowie zu Verkehrszwecken bestimmtes Land sind nicht mit dem Wehrbeitragswert, sondern mit ihrem Verkaufswert am Todestage anzusetzen; Abschläge sind nicht zulässig.

II. Zu B II der Steuererklärung (Betriebsvermögen).

Das Betriebsvermögen umfaßt das dem Betriebe der Land- und Forstwirtschaft (in der Hand des Pächters), des Bergbaues oder eines Gewerbes dienende Vermögen.

a) Betriebsvermögen der Pächter von landwirtschaftlichen, forstwirtschaftlichen oder gärtnerischen

Grundstücken: Hier ist nur solches lebendes und totes Inventar anzugeben, das am Todestage dem Erblasser als Pächter gehört hat und von ihm zur Bewirtschaftung der gepachteten Grundstücke benutzt worden ist.

b) Gewerbliches Betriebsvermögen: Zum Vermögen, das dem Betrieb eines Gewerbes gewidmet ist, gehören auch Beteiligungen an einem gewerblichen Unternehmen, bei dem der Erblasser als Mitinhaber des Gewerbebetriebes anzusehen war (z. B. Teilhaber bei einer offenen Handelsgesellschaft oder einer Kommanditgesellschaft).

Bei der Bewertung des Betriebsvermögens ist zwischen Anlagekapital und Betriebskapital zu unterscheiden. Zum Anlagekapital gehören alle dauernd dem Betrieb gewidmeten und dem Betriebsinhaber gehörigen Gegenstände, z. B. Gebäude, Grundstücke, Maschinen, Patente usw. Als Betriebskapital gelten dagegen die Betriebsmittel, die fortlaufend dem Verbrauch, dem Wechsel oder der Formveränderung dienen, Rohstoffe, Halbfabrikate, Fertigfabrikate, Waren, Guthaben, Devisen, Forderungen, Wertpapiere usw.

Anlagekapital ist mit dem Preise zu bewerten, der Ende Dezember 1913 zur Anschaffung oder Herstellung eines entsprechenden neuen Gegenstandes aufzuwenden gewesen wäre. Von diesem Preise kann der Betrag abgezogen werden, welcher für die in der Zeit von der tatsächlichen Anschaffung oder Herstellung des Gegenstandes bis zum Todestag eingetretene Abnutzung als angemessen anzusehen ist. Als angemessener Betrag für die Abnutzung gilt nur der Teil des vorbezeichneten Preises, der dem Verhältnis der Lebensdauer des Gegenstandes zu der seit seiner tatsächlichen Anschaffung oder Herstellung verstrichenen Zeit entspricht. Abschreibungen für Wertverminderungen sind grundsätzlich unzulässig.

Beispiel: Zum Anlagekapital gehört eine vom Erblasser Ende 1910 angeschaffte Maschine mit 20jähriger Lebensdauer. Ende 1913 betrug der Preis, den der Erblasser für die Anschaffung einer derartigen neuen Maschine hätte aufwenden müssen, 5000 Goldmark. Seit der Anschaffung bis zum Todestage sind 13 Jahre verstrichen. Da die Maschine eine 20jährige Lebensdauer hat, darf der Steuerpflichtige von dem Preise von 1913 (5000 Goldmark) $^{13}/_{20}$ = 3250 Goldmark abziehen. Steuerwert also 1750 Goldmark.

Ist bei einem Gegenstand des Anlagekapitals der Preis von Ende Dezember 1913 nicht zu ermitteln, weil Gegenstände der betreffenden Art zu dieser Zeit noch nicht vorhanden waren, so hat der Steuerpflichtige diesen Preis an Hand von Gegenständen ähnlicher Art zu schätzen; ist auch auf diese Weise der Preis von Ende Dezember 1913 nicht zu ermitteln, so treten an dessen Stelle drei Viertel des in Goldmark berechneten Preises, der bei einer Anschaffung oder Herstellung des Gegenstandes am Todestage hätte aufgewendet werden müssen.

Beim Betriebskapital sind Vorräte an Rohstoffen, Halbfabrikaten, Fertigfabrikaten sowie Waren mit dem Preise zu bewerten, der am Todestage zur Anschaffung oder Herstellung des Gegenstandes aufzuwenden gewesen wäre. Ist dieser Preis höher als der Preis, der Ende März 1924 zur Anschaffung oder Herstellung des Gegenstandes hätte aufgewendet werden müssen, so kann der Steuerpflichtige für die Bewertung den Preis von Ende März 1924 zugrunde legen. Für die Bewertung von Wertpapieren, Forderungen (Guthaben, Außenständen) und Zahlungsmitteln, auch wenn sie zum Betriebsvermögen gehören, gelten die nachstehend unter III (sonstiges Vermögen) angeführten Bestimmungen.

Das Betriebsvermögen belastende Schulden sind nicht bei B II abzusetzen, sondern unter C 2 aufzuführen.

III. Zu III der Steuererklärung (sonstiges Vermögen).

a) Wertpapiere (z. B. Aktien, Kuxe und sonstige Anteilscheine, Genußscheine und Schuldverschreibungen).

(1) Wertpapiere mit inländischer Kursnotiz sind mit dem vollen, für den Todestag festzustellenden Kurswert anzusetzen; maßgebend ist der Kurs an der Berliner Börse, in Ermangelung eines solchen der Kurs an der Börse, die für den Handel in dem Wertpapier vorzugsweise in Betracht kommt. Umrechnung in Goldmark s. unter V.

(2) Wertpapiere ohne inländische Kursnotiz sind mit dem vollen, für den Todestag festzustellenden Verkaufswert anzusetzen; maßgebend ist der Verkaufswert an dem Berliner Markte, in Ermangelung eines solchen der Verkaufswert an dem Markte, an dem das Papier vorzugsweise gehandelt wird. Ausländische Wertpapiere ohne inländische Kursnotiz sind mit dem ausländischen Kurs- oder Verkaufswert am Todestag oder, wenn ein solcher nicht zu ermitteln ist, mit dem ausländischen Kurs- oder Verkaufswert an dem letzten Tage, für den vor dem Todestag ein solcher Wert feststellbar ist, anzusetzen. Umrechnung in Goldmark s. unter V.

(3) Ein Dividendenabschlag findet nicht statt.

(4) Fällt der Todestag in die Zeit zwischen dem 1. Juli und dem 31. Dezember 1923, so ist der Bewertung von Aktien, Kuxen und Genußscheinen der für die Vermögenssteuer 1924 maßgebende volle Steuerkurswert oder Verkaufswert am 31. Dezember 1923 zugrunde zu legen, sofern der Kurs- oder Verkaufswert am Todestage nicht niedriger ist.

(5) Schuldverschreibungen (z. B. Reichs- und Staatsanleihen, Rentenanleihen, Losanleihen, Pfandbriefe, Obligationen von Erwerbsgesellschaften), bei denen nach dem am Todestage maßgebenden Bedingungen die Zinszahlung und die Rückzahlung des Kapitals ausschließlich auf Reichsmark (Papiermark) abgestellt waren, sind mit ihrem auf den Todestag in Goldmark umgerechneten (s. unter V) Papiermarknennbetrag anzusetzen. Derartige Schuldverschreibungen brauchen nur dann angesetzt zu werden, wenn der in Gold umgerechnete Nennbetrag aller Schuldverschreibungen 20 Goldmark übersteigt.

b) Hypotheken-, Grundschuldforderungen sowie sonstige Kapitalforderungen (z. B. Bank-, Sparkassen-, Postscheckguthaben, Forderungen aus Pacht, Miete, Wechseln, Darlehen, Kautionen, Tilgungsfonds, durch den Todesfall fällig gewordene Lebens-, Kapital- und Rentenversicherungen).

(1) Forderungen sind mit dem Nennwert am Todestag anzusetzen, sofern nicht besondere Umstände einen höheren oder niedrigeren Wert begründen. Umrechnung in Goldmark s. unter V.

(2) Forderungen, die auf Reichsmark (Papiermark) lauten und die bis zum Todestage weder durch Vereinbarung noch durch rechtskräftige Entscheidung aufgewertet worden sind, sind mit ihrem auf den Todestag in Goldmark umgerechneten (s. unter V) Papiermarknennbetrag anzusetzen. Derartige Forderungen brauchen nur dann angesetzt zu werden,

wenn der in Goldmark umgerechnete Nennbetrag aller Forderungen 20 Goldmark übersteigt.

c) *Geschäftsanteile* an Gesellschaften mit beschränkter Haftung, Geschäftsguthaben bei Erwerbs- und Wirtschaftsgenossenschaften und sonstige Gesellschaftseinlagen (z. B. Einlagen als stiller Gesellschafter) sind mit dem in Goldmark umgerechneten (s. unter V) Verkaufswert am Todestage zu bewerten.

d) *Durch den Todesfall noch nicht fällig gewordene Ansprüche aus Lebens-, Kapital- oder Rentenversicherungen* sind mit dem in Goldmark umgerechneten (s. unter V) Verkaufswert am Todestag anzusetzen.

e) *Rechte auf Renten* (mit Ausnahme der Rechte aus Versicherungen, s. a und d) oder andere *wiederkehrende Nutzungen und Bezüge* (z. B. Nießbrauch, Altenteil) sind nach Maßgabe der §§ 144 bis 146 der Reichsabgabenordnung mit ihrem Kapitalwert anzusetzen.

f) *Sonstige geldwerte Rechte und Gerechtigkeiten* (z. B. Verlags-, Patent- und Urheberrechte) sind mit ihrem in Goldmark umgerechneten (s. unter V) Verkaufswert am Todestage zu bewerten.

g) **Bares Geld und Zahlungsmittel.**

(1) Bargeld *deutscher Währung* (z. B. Metallgeld, soweit es sich nicht um Gold- oder Silbermünzen handelt), Banknoten, Kassenscheine, Rentenmarkscheine, Notgeld und Postwertzeichen sind mit dem Nennwert anzusetzen und, soweit sie auf Papiermark lauten, nach ihrem Papiermarknennbetrag auf den Todestag in Goldmark umzurechnen (siehe unter V).

(2) Für *ausländische Zahlungsmittel* ist der Kurs der ausländischen Währung am Todestage maßgebend, und zwar

für ausländisches Geld (Geldsorten, Papiergeld, Banknoten u. dgl.)
der laufende Kurs (Mittelkurs) für Banknoten,

für ausländische Auszahlungen, Anweisungen Schecks, Wechsel u. dgl.
der laufende Kurs (Mittelkurs) für Auszahlungen.

(3) Gold- und Silbermünzen sind mindestens mit dem Metallwert am Todestage zu bewerten.

h) *Edelmetalle* (z. B. Gold und Silber in Barren, Platin in Tiegeln oder Blechen) sowie *Edelsteine und Perlen* sind mit dem in Goldmark umgerechneten (s. unter V) Verkaufswert am Todestag anzusetzen.

i) *Kunstgegenstände und Sammlungen* sind mit dem in Goldmark umgerechneten (s. unter V) Verkaufswert am Todestage zu bewerten. Wird Steuerbefreiung auf Grund von § 21 Abs. 1 Nr. 5 des Erbschaftssteuergesetzes in der Fassung des Art. III § 1 Nr. 8 der Zweiten Steuernotverordnung und von § 10 der Durchführungsbestimmungen über die Bewertung des Vermögens und die beschleunigte Steuerentrichtung bei der Erbschaftssteuer vom 28. März 1924 geltend gemacht, so ist dies näher zu begründen.

k) *Das übrige Vermögen* ist mit dem in Goldmark umgerechneten (s. unter V) Verkaufswert am Todestage zu bewerten.

Fällt Hausrat, einschließlich **Wäsche** und **Kleidungsstücke**, nur an Personen der Steuerklassen I, II (z. B. **Ehegatten, Kinder,** Stiefkinder, Adoptivkinder, **Enkel**), so kann die Bewertung unterbleiben.

IV. Zu C der Steuererklärung (Nachlaßverbindlichkeiten).

(1) Nachlaßverbindlichkeiten sind mit dem Nennbetrag am Todestage zu bewerten, sofern nicht besondere Umstände einen höheren oder geringeren Wert begründen. Umrechnung in Goldmark s. unter V)

(2) Verbindlichkeiten, die auf Reichsmark (Papiermark) lauten und bis zum Todestage weder durch Vereinbarung noch durch rechtskräftige Entscheidung aufgewertet worden sind, sind mit ihrem auf den Todestag in Goldmark umgerechneten (s. unter V) Papiermarknennbetrag anzusetzen.

(3) Nachlaßverbindlichkeiten der in Abschnitt C unter 3 bis 5 genannten Art, die auf Papiermark lauten, sind nicht auf den Todestag, sondern den Tag der Bezahlung in Goldmark umzurechnen (s. unter V).

(4) Für die Bewertung von Renten und anderen wiederkehrenden Leistungen findet III e entsprechende Anwendung.

(5) Verbindlichkeiten aus Vermächtnissen, Pflichtteilsrechten und Auflagen sind im Abschnitt C nicht anzusetzen.

V. Umrechnung der Steuer in Goldmark.

(1) Da das Vermögen des Erblassers in Goldmark zu bewerten ist, sind die einzelnen Nachlaßgegenstände in Goldmark anzusetzen. Ist ein für die Bewertung maßgebender Preis oder Wert in Papiermark oder in einer sonstigen nicht auf Goldmark lautenden Rechnungseinheit ausgedrückt, so ist er in Goldmark umzurechnen.

(2) Bei der Umrechnung von Papiermark in Goldmark ist, sofern der Todestag in die Zeit vom 1. Juli bis zum 31. August 1923 fällt, der laufende Kurs (Mittelkurs) des Dollars an der Berliner Börse, sofern der Todestag in die Zeit vom 1. September bis zum 19. November 1923 fällt, der Goldumrechnungssatz für Reichssteuern zugrunde zu legen und, sofern der Todestag in die Zeit nach dem 19. November 1923 fällt, eine Billion Papiermark dem Werte einer Goldmark gleichzusetzen. In den Fällen unter IV Abs. 3 tritt an die Stelle des Todestages der Tag der Bezahlung der Schuld.

(3) Bei der Umrechnung von Rentenmark in Goldmark ist eine Rentenmark dem Werte einer Goldmark gleichzusetzen.

(4) Für die Umrechnung ausländischer Rechnungseinheiten in Goldmark ist der laufende Kurs (Mittelkurs) für Auszahlungen am Todestag maßgebend. Werden ausländische Zahlungsmittel in Deutschland amtlich nicht gehandelt, so ist der im freien Handel in Berlin gezahlte Preis zugrunde zu legen. Ist ein solcher nicht zu ermitteln, so ist der Preis an dem Markte zugrunde zu legen, der für den freien Handel in diesem Zahlungsmittel vorzugsweise in Betracht kommt.

Anlage C.

Durchführungsbestimmungen

über die Bewertung des Vermögens und die beschleunigte Steuerentrichtung bei der Erbschaftssteuer.

(Artikel III der Zweiten Steuernotverordnung)

(Erb. St. D. B.)

Vom 28. März 1924.

Auf Grund von Artikel III § 1 Nr. 8, 11, § 2 und Artikel XIX § 6 der Zweiten Steuernotverordnung vom 19. Dezember 1923 (Reichsgesetzblatt I S. 1205) wird folgendes bestimmt:

A. Bewertung.

1. Allgemeines.

§ 1. (1) Die Bestimmungen der §§ 2 bis 11 gelten für die Veranlagung der Erwerbe, für welche die Steuerschuld in der Zeit zwischen dem 1. Juli 1923 und dem 31. Dezember 1924 entstanden ist oder entsteht.

(2) Soweit in den §§ 2 bis 11 nichts anderes bestimmt ist, gelten die Vorschriften der Reichsabgabenordnung.

Stichtag.

§ 2. Stichtag im Sinne dieser Bestimmungen ist der nach § 31 des Erbschaftssteuergesetzes für die Ermittlung des Wertes des Anfalles maßgebende Zeitpunkt.

Verhältnis der Goldmark zu anderen Rechnungseinheiten.

§ 3. (1) Ist ein für die Bewertung maßgebender Preis oder Wert in Papiermark oder in einer sonstigen nicht auf Goldmark lautenden Rechnungseinheit ausgedrückt, so ist er in Goldmark umzurechnen.

(2) Bei der Umrechnung von Papiermark in Goldmark ist, sofern der Stichtag in die Zeit vom 1. Juli bis zum 31. August 1923 fällt, der laufende Kurs (Mittelkurs) des Dollars an der Berliner Börse, sofern der Stichtag in die Zeit vom 1. September bis zum 19. November 1923 fällt, der Goldumrechnungssatz für Reichssteuern zugrunde zu legen, und sofern der Stichtag in die Zeit nach dem 19. November 1923 fällt, bis auf weiteres eine Billion Papiermark dem Werte einer Goldmark gleichzusetzen.

(3) Bei der Umrechnung von Rentenmark in Goldmark ist bis auf weiteres eine Rentenmark dem Werte einer Goldmark gleichzusetzen.

(4) Für die Umrechnung ausländischer Rechnungseinheiten in Goldmark ist der laufende Kurs (Mittelkurs) für Auszahlungen am Stichtage maßgebend. Werden ausländische Zahlungsmittel bestimmter Art in Deutschland amtlich nicht gehandelt, so ist der im freien Handel in Berlin gezahlte Preis zugrunde zu legen. Ist ein solcher nicht zu ermitteln, so ist der Preis an dem Markte zugrunde zu legen, der für den freien Handel in diesem Zahlungsmittel vorzugsweise in Betracht kommt.

II. Grundvermögen.

Inländische Grundstücke.

§ 4. (1) Inländische Grundstücke sind, soweit in Abs. 2 bis 4 nichts anderes bestimmt ist, bis auf weiteres nach Maßgabe der §§ 3 bis 25, 28, 29 der Durchführungsbestimmungen für die Vermögensteuer 1924 vom 8. März 1924 (Reichsministerialbl. S. 103) mit dem für den 31. Dezember 1923 festzustellenden Werte zu bewerten.

(2) Ist der tatsächliche Zustand des Grundstücks am Stichtag ein wesentlich anderer als am 31. Dezember 1923 (z. B. infolge Bebauung, Urbarmachung, Verkauf von Grundstücksteilen, Vernichtung durch Brand, Änderung der Verkehrslage), so finden die Durchführungsbestimmungen für die Vermögensteuer 1924 über die Zugrundelegung des Wehrbeitragswerts, die Berichtigung des Wehrbeitragswerts und die Abschläge vom Wehrbeitragswerte mit der Maßgabe entsprechende Anwendung, daß für die Berichtigung des Wehrbeitragswerts an Stelle der Verhältnisse am 31. Dezember 1923 die Verhältnisse am Stichtage zugrunde zu legen sind.

(3) Grundstücke, deren Wert durch ihre Lage als Bauland oder als Land zu Verkehrszwecken bestimmt ist, sind mit ihrem Verkaufswert am Stichtag anzusetzen.

(4) Bei Grundstücken, die dauernd landwirtschaftlichen oder gärtnerischen Zwecken zu dienen bestimmt sind, ist, sofern der Stichtag in die Zeit vom 1. Juli bis zum 31. Oktober 1923 fällt, von dem nach Abs. 1, 2 ermittelten Wert ein Abschlag zu machen, der beträgt bei Stichtagen in den Monaten

Juli und August . . . . 20 v. H.
September und Oktober . . . . . 10 v. H.

(5) Auf Berechtigungen, für welche die Vorschriften des bürgerlichen Rechtes über Grundstücke gelten, finden Abs. 1 bis 4 entsprechende Anwendung.

Ausländische Grundstücke

§ 5. Ausländische Grundstücke sind nach den §§ 152 bis 154 der Reichsabgabenordnung zu bewerten.

III. Betriebsvermögen.

Anlagekapital

§ 6. Auf die Bewertung von Anlagekapital finden die §§ 31, 32 der Durchführungsbestimmungen für die Vermögenssteuer 1924 mit der Maßgabe entsprechende Anwendung, daß an die Stelle des 31. Dezember 1923 der Stichtag tritt.

Betriebskapital

§ 7. (1) Betriebskapital ist, soweit es in Vorräten an Rohstoffen, Halbfabrikaten, Fertigfabrikaten sowie Waren besteht, mit dem Preise zu bewerten, der am Stichtage zur Anschaffung oder Herstellung des Gegenstandes aufzuwenden gewesen wäre. Fällt der Stichtag in die Zeit vom 1. Juli 1923 bis zum 31. März 1924, so kann der Steuerpflichtige verlangen, daß der Bewertung der Preis von Ende März 1924 zugrunde gelegt wird, wenn er niedriger ist als der Preis am Stichtag.

(²) Im übrigen findet § 33 Abs. 1, 3 der Durchführungsbestimmungen für die Vermögensteuer 1924 entsprechende Anwendung.

IV. Sonstiges Vermögen.

Allgemeines

§ 8. Für die Bewertung des sonstigen Vermögens gelten, soweit im § 9 nichts anderes bestimmt ist, die Bestimmungen der §§ 36, 38 bis 43 der Durchführungsbestimmungen für die Vermögensteuer 1924 mit der Maßgabe, daß an die Stelle des 31. Dezember 1923 der Stichtag und in Fällen des § 39 außerdem an die Stelle des letzten Tages, an dem im Jahre 1923 ein Kurs- oder Verkaufswert zu ermitteln ist, der letzte Tag tritt, für den vor dem Stichtag ein solcher Wert feststellbar ist.

Wertpapiere

§ 9. (¹) Wertpapiere mit Ausnahme der unter Zugrundelegung ihres Papiermarknennbetrages zu bewertenden Schuldverschreibungen (§ 38 der Durchführungsbestimmungen für die Vermögensteuer 1924) sind mit dem vollen für den Stichtag festzustellenden Kurs- oder Verkaufswert anzusetzen. Bei Wertpapieren mit inländischer Kursnotiz ist der Kurs an der Berliner Börse, in Ermangelung eines solchen der Kurs an der Börse zugrunde zu legen, die für den Handel in dem Wertpapiere vorzugsweise in Betracht kommt; entsprechendes gilt für den Verkaufswert von Wertpapieren ohne inländische Kursnotiz hinsichtlich des Marktes, an dem das Papier vorzugsweise gehandelt wird.

(²) Bei Erwerben, bei denen der Stichtag in die Zeit zwischen dem 1. Juli und dem 31. Dezember 1923 fällt, ist der Bewertung von Aktien, Kuxen und Genußscheinen der für die Vermögensteuer 1924 maßgebende volle (Abs. 1 Satz 1) Steuerkurswert oder Verkaufswert am 31. Dezember 1923 zugrunde zu legen, sofern der Kurs oder Verkaufswert am Stichtage nicht niedriger ist.

V. Schulden.

Allgemeines

§ 10. Für die Bewertung der Schulden finden, soweit im § 11 nichts anderes bestimmt ist, die §§ 38, 40 der Durchführungsbestimmungen für die Vermögenssteuer 1924 mit der Maßgabe entsprechende Anwendung, daß an die Stelle des 31. Dezember 1923 der Stichtag tritt.

Nachlaßverbindlichkeiten besonderer Art

§ 11. Vom Erblasser herrührende laufende Verbindlichkeiten (z. B. Kosten der Krankheit des Erblassers, Versicherungsbeiträge, Mietzins, Kosten für Lebensmittel, Heizung, Licht, Lohn für Hausangestellte) sowie infolge des Erbfalls entstandene Nachlaßverbindlichkeiten der im § 12 Abs. 4 des Erbschaftssteuergesetzes genannten Art sind, wenn sie auf Papiermark lauten, mit dem für den Tag ihrer Bezahlung maßgebenden Umrechnungssatz in Goldmark umzurechnen; § 3 Abs. 2 findet entsprechende Anwendung.

B. Steuerbefreiung bei Kunstgegenständen und Sammlungen.

§ 12. (¹) Kunstgegenstände und Sammlungen, die nach dem 31. Dezember 1918 zu einem auf Papiermark lautenden Preis angeschafft worden sind (§ 21 Abs. 1 Nr. 5 des Erbschaftssteuergesetzes), sind von der Erbschaftssteuer befreit, wenn der Anschaffungspreis betragen hat

bei Anschaffungen in der Zeit vom	bei einzelnen Gegenständen	bei mehreren gleichartigen oder zusammengehörigen Gegenständen
	nicht mehr als Papiermark	
1. Januar 1919 bis 30. Juni 1922 .	80 000	800 000
1. Juli 1922 bis 31. Oktober 1922 .	800 000	8 Millionen
1. November 1922 bis 30. April 1922 .	6 Million	60 "
1. Mai 1923 bis 31. Juli 1923 . . .	100 "	1 Milliarde
1. August 1923 bis 30. September 1920.	25 Milliarden	250 Milliarden
1. Oktober 1923 bis 31. Oktober 1923 .	8 Billionen	80 Billionen
1. November 1923 b. 19. November 1923.	500 "	5 000 "
20. November 1923 bis auf weiteres .	1 000 "	10 000 "

(²) Lautet der Anschaffungspreis auf eine ausländische Währung, so ist er nach dem am Tage der Anschaffung maßgebenden laufenden Kurse (Mittelkurs) der Berliner Börse für Auszahlungen in Papiermark umzurechnen.

C. Beschleunigte Steuerentrichtung.

§ 13. (¹) Wird bei Erwerben von Todes wegen oder Zweckzuwendungen von Todes wegen die Steuererklärung nicht innerhalb der vom Finanzamt bestimmten Frist abgegeben, so ist eine Vorauszahlung in Höhe des Betrages zu entrichten, der sich als Erbschaftssteuer errechnet, wenn drei Viertel des zur letzten Vermögenssteuerveranlagung festgesetzten Reinvermögens des Erblassers als Reinwert des Nachlasses zugrunde gelegt werden. Die Vorauszahlungspflicht entfällt, wenn das zur Vermögenssteuerveranlagung festgesetzte Reinvermögen nicht mehr als 200 000 Goldmark beträgt.

(²) Das Finanzamt setzt die Vorauszahlung fest; sie ist binnen einem Monat nach der Zustellung des Vorauszahlungsbescheids fällig. Gegen diesen Bescheid ist nur die Beschwerde an das Landesfinanzamt (§§ 224, 281 der Reichsabgabenordnung) zulässig.

(³) Die Vorschrift des § 34 des Erbschaftssteuergesetzes über die Verpflichtung zu vorläufigen Zahlungen nach Abgabe der Steuererklärung bleibt unberührt; auf eine zu entrichtende vorläufige Zahlung ist eine nach Abs. 1, 2 bewirkte Vorauszahlung anzurechnen. Übersteigt der Betrag der vorläufigen Zahlung den der Vorauszahlung um nicht mehr als 10 vom Hundert, so hat die Festsetzung der vorläufigen Zahlung zu unterbleiben.

Kommentierungs-Anmerkung: Vergl. Anmerk. 5 zu § 34 des Gesetzes

D. Überleitungs- und Schlußbestimmungen.

Zusammenrechnung mehrerer Erwerbe

§ 14. (¹) Zur Vereinfachung der Veranlagung werden nur in Goldmark zu bewertende Erwerbe auf Grund des § 17 des Erbschaftssteuergesetzes zusammengerechnet.

(³) Das gleiche gilt in den Fällen des § 24 des Erbschaftsteuergesetzes.

Anrechnung in Papiermark festgesetzter Steuerbeträge

§ 15. Ist die Anrechnung entrichteter Erbschaftssteuer gesetzlich vorgeschrieben, so ist ein in Papiermark festgesetzter Steuerbetrag in Höhe des Goldwerts, den er am Tage der Zahlung gehabt hat, auf die neue Erbschaftssteuerschuld anzurechnen. § 3 Abs. 2 findet entsprechende Anwendung; ist der Steuerbetrag vor dem 1. Juli 1923 gezahlt worden, so ist der Berechnung des Goldwerts der laufende Kurs (Mittelkurs) des Dollars an der Berliner Börse zugrunde zu legen.

Zu § 9 Abs. 3 des Erbschaftssteuergesetzes

§ 16. Für die Anwendung des Artikels III § 3 der Zweiten Steuernotverordnung ist im Falle des § 9 Abs. 3 des Erbschaftssteuergesetzes der Tod des überlebenden Ehegatten maßgebend.

Bisherige Veranlagungen und Steuerzahlungen

§ 17. (¹) Ist für einen den neuen Vorschriften unterliegenden Erwerb die Steuer bereits nach den bisherigen Vorschriften festgesetzt, so findet eine Neuveranlagung im Hinblick auf die Gesetzesänderung nur statt, wenn die Festsetzung am Tage der Veröffentlichung dieser Verordnung noch nicht rechtskräftig geworden oder die Neuveranlagung bei Festsetzung vorbehalten worden ist. Entsprechendes gilt, wenn für einen den neuen Vorschriften unterliegenden Erwerb die Steuer bereits nach den neuen Vorschriften, aber unter Außerachtlassung dieser Durchführungsbestimmungen festgesetzt worden ist.

(²) Ist für einen Erwerb, für den nach Abs. 1 eine Neuveranlagung zulässig ist, Steuer bereits entrichtet, so ist sie in Höhe des Goldwerts, den sie am Tage der Zahlung gehabt hat, auf die nach den neuen Vorschriften und diesen Durchführungsbestimmungen festgesetzte Steuerschuld anzurechnen; das gleiche gilt, wenn für einen den neuen Vorschriften unterliegenden Erwerb Steuer ohne vorausgegangene Veranlagung bis zum 1. Dezember 1923 auf Grund des § 9 Abs. 2 der Durchführungsbestimmungen zur Aufwertungsverordnung vom 13. Oktober 1923 (Reichsgesetzbl. I S. 951) entrichtet worden ist. § 3 findet entsprechende Anwendung. Ein sich ergebender Mehrbetrag ist auf Antrag zu erstatten; die Erstattung unterbleibt, wenn der Mehrbetrag fünf Goldmark nicht übersteigt (§ 215 der Reichsabgabenordnung).

(³) Soweit nach Abs. 1 Satz 1 eine Neuveranlagung nicht zulässig ist, ist die bis zum 1. Dezember 1923 nicht entrichtete Steuer nach Maßgabe der Aufwertungsverordnung vom 11. Oktober 1923 (Reichsgesetzblatt I S. 939) und der dazu erlassenen Durchführungsbestimmungen aufzuwerten.

Inkrafttreten

§ 18. Diese Bestimmungen finden auf Erwerbe Anwendung, für welche die Steuerschuld nach dem 30. Juni 1923 entstanden ist.

Berlin, den 28. März 1924.

Der Reichsminister der Finanzen.

In Vertretung: Zapf.

Nachträge.

Aus der Zeit während des Druckes.

1. Die Rechtsprechung anlangend sind der ständigen bezüglichen Vorbemerkung unter e einzufügen:

a) zu § 13: Urt. d. RFH. v. 19. September 1923 (zu § 25 ESt G. 1919). DStBl. VII Sp. 368.

b) zu § 18: Urt. d. RFH. v. 26. September 1923. DBR. XVI S. 89.

2. Das Schrifttum anlangend sind der ständigen bezüglichen Vorbemerkung unter g einzufügen:

a) zu § 3: Wünschmann. Beiträge zum Erbschaftssteuerrechte (Schluß VI Freigebige Zuwendung). DStBl. VII Sp. 353.

b) zu § 3: Ott. Die offene Handelsgesellschaft und die einzelnen Steuern (C II Erbschaftssteuer). StW. III Sp. 822.

c) zu § 9: Lion. Die Erbschaftssteuer des Ehegatten (Lex-Stinnes) DStZ. XIII S. 486.

d) zu § 9: Josef Marcus. Zu dem Entwurf eines Gesetzes zur Aufhebung der Erbschaftssteuerfreiheit der Ehegatten. DStZ. XIII Sp. 435.

e) zu § 18: Karger. Vom Entstehen der Erbschaftssteuerschuld. DStBl. VII Sp. 3?2

f) zu § 22: Stölzle. Schuldbefreiungen im Erbschaftssteuergesetz. StA. XXVII S. 183.

g) zu § 22 bezw. 21': Josef Marcus. Steuerfreie Zuwendung von Hausrat und anderen beweglichen Sachen nach dem Erbschaftssteuergesetz 1923. DStZ. XIII Sp. 365.

h) zu § 32: Talmon-Groß. Einige zeitgemäße Erbschaftssteuerfragen (I Bewertung landwirtschaftlicher Grundstücke). DBR. XVI S. 77.

i) zu § 40: Olberz. Steuerpolitische Stundungs- und Zinsbetrachtungen. AStR VII Sp. 341.

k) zu § 9: Walther. Schenkungs- nnd Erbsteuer zwischen Ehegatten. Verbst. XV Sp. 201.

l) zu § 32: Gröhn. Erbschaftssteuerrechtliche Ergänzungsbestimmungen zu den neuen Bewertungsvorschriften für Gutsüberlassungsverträge. AStR. VII Sp. 381.

m) zu § 32: Wurzel. Erbschaftssteuerfragen (Bewertung landwirtschaftlicher Grundstücke). DBR. XVI S 93.

3. Zu § 9 Anmerk. 11. Die Beseitigung der bisherigen Erbschaftssteuerfreiheit der Ehegatten durch Streichung des Abs. 2 Nr. 1 Klasse I § 9 Absatz 1 bezweckt ein beim Reichstag eingebrachter, bislang aber noch nicht verhandelter Gesetzentwurf von Müller und Genossen, den in seinen Einzelheiten Josef Marcus (Zu dem Entwurf eines Gesetzes zur Aufhebung der Erbschaftssteuerfreiheit der Ehegatten DStZ. XIII Sp. 436) kennzeichnet, ebenso auch näher Max Lion (Die Erbschaftssteuer des Ehegatten. DStZ XIII Sp. 486) und Walther (Schenkungs- und Erbsteuer zwischen Ehegatten. Verbst. XV Sp. 201.

4. Zu § 13 Anmerk. 4. In einem Urteil des Reichsfinanzhofs vom 19. September 1923 (DStBl. VII Sp 368) ist zu § 25 Abs. 4 ESt G 1919 ausgesprochen, daß Zuwendungen an Kinder, die im Hausstand ihrer Eltern Dienste geleistet haben, ohne Vorliegen besonderer Umstände nicht als vertragliche Entschädigungen anzusehen seien.

5. Zu § 18 Anmerk. 19. Die Ausführung einer Schenkung durch Begründung einer Forderung wird in dem Urt. d. RFH vom 26. September 1923 (DVR. XVI S. 89) näher behandelt.

6. Zu § 21 (ESt G. 23) Anmerk. 3. Eine zusammenfassende Darstellung der bezüglich der Befreiung unter Ziffer 4 nach der Regelung des Erbschaftssteuergesetzes 1923 gibt Josef Marcus. Zuwendung von Hausrat und anderen beweglichen Sachen nach dem Erbschaftssteuergesetz 1923. DStZ. XIII Sp 365.

7. Zu § 22 Anmerk. 31. Eine systematische Darlegung der Befreiung der Ziffer 7 erbringt Stölzle in dem ersten Teil seines Aufsatzes Schuldbefreiungen im Erbschaftssteuergesetz StA. XXVII S. 183.

8. Zu § 22 Anmerk. 33. Eine ins Einzelne gehende Darstellung der Befreiung der Ziffer 8 gibt der vorgehend zu Anmerkung 31 angezogene Aufsatz von Stölzle in seinem zweiten Teil.

9. Zu § 22 Anmerk. 40. Dem Zusammentreffen der Befreiungsbestimmungen der Ziffern 7 und 8 ist der dritte Teil des vorgehend zu Anmerkung 31 angezogenen Aufsatzes von Stölze gewidmet.

10. Zu § 29 Absatz 1 — Gesetzestext — hätten die Worte „nach näherer Bestimmung des Reichsministers der Finanzen" mit Kursiv-Lettern gedruckt werden müssen, weil sie dem Gesetz erst durch die Zweite Steuernotverordnung Artikel III § 1 Ziffer 10 eingefügt wurden.

Sachregister.

Die großen Arabischen Ziffern ohne weitere Vorbezeichnung (z. B. 6) beziehen sich auf die Paragraphen des Gesetzes, die mit denselben verbundenen kleinen Ziffern (z. B. 6 [3]) auf die betreffenden Anmerkungen zu den Paragraphen des Gesetzes; die durch „u." oder „—" zusammengefaßten großen Arabischen Ziffern in Verbindung mit kleineren (z. B. 26 u. 27 [1] oder 33—35 [2]) beziehen sich auf die Vorbemerkungen zu den entsprechenden Gesetzesparagraphen und die betreffenden Anmerkungen zu den Zusammenfassungen. Wo bei einem Paragraphen eine getrennte Behandlung für das EStG. 22 und das EStG. 23 stattgefunden und gleichzeitig eine eigene Numerierung der Anmerkungen Platz gegriffen hat, ist der großen Paragraphenziffer bei der Kommentierung des EStG. 23 ein Häkchen angefügt (z. B. 21 [1]). Mit E ist die Einleitung angezogen, die beigefügten Arabischen Ziffern (E 2) weisen auf die betreffenden Abschnitte derselben hin (nicht auf die Anmerkungen zu solchen). Mit A sind die Ausführungsbestimmungen zum Gesetz (Anlage A) bezeichnet, mit M das Muster betr. Anleitung zur Ausfüllung der Erbschaftssteuererklärung (Anlage B) und mit D die Durchführungsbestimmungen vom 28. März 1924 (Anlage C). Neben A und D geben die großen Arabischen Ziffern den Paragraphen, die kleinen den Absatz des letzteren an (A 6 [3]; D 5 [2]); Anmerkungen kommen für beide nicht in Frage. Bei M treffen die Römischen Ziffern die Abteilung, die kleinen lateinischen Buchstaben die Unterabteilung und die kleinen Arabischen Ziffern den Absatz, wo solche unter eigener Numerierung erscheint (alles nach den Bezeichnungen der fraglichen Anleitung). Die Nachträge sind mit N und der Arabischen Ziffer derselben gekennzeichnet.

Der Zusatz eines § hinter einer Zahl bedeutet, daß das betreffende Stichwort (Autorenname) unter dem einem jeden Paragraphen vor den Erläuterungen beigegebenen Schrifttum zu finden ist. Z. B. bedeutet: „Koch 3 §", daß das Stichwort im Schrifttum zu § 3 zu suchen ist.

A.

C.

D.

E.

H.

J.

L.

M.

V.

W.

FSC
www.fsc.org
MIX
Papier | Fördert gute Waldnutzung
FSC® C083411

Kolibri 360 GmbH
Ferdinand-Jühlke-Straße 7
99095 Erfurt, Deutschland
produktsicherheit@kolibri360.de